粤桂琼

廉江欧家戚氏族谱

廉江欧家戚氏族谱编纂委员会 编

二零一六年续修版第一卷

中山大学出版社
·广州·

版权所有　翻印必究

图书在版编目（CIP）数据

粤桂琼廉江欧家戚氏族谱 / 廉江欧家戚氏族谱编纂委员会主编 .—广州：中山大学出版社，2017.1
ISBN 978-7-306-05959-8

Ⅰ.①粤… Ⅱ.①廉… Ⅲ.①氏族谱系—研究—中南地区 Ⅳ.① K820.9

中国版本图书馆 CIP 数据核字 (2017) 第 005181 号

粤桂琼廉江欧家戚氏族谱

出 版 人：徐　劲
出版策划：周建华　李永清
责任编辑：周建华
责任校对：武明空
责任技编：黄少伟
装帧设计：戚培仁　山内君
制　　作：卓风修书院
出版发行：中山大学出版社
电　　话：编辑部 020-84111996，84111997，84110779，84113349
　　　　　发行部 020-84111998，84111981
地　　址：广州市新港西路 135 号
邮政编码：510275　　传真：020-84036565
网　　址：http://www.zsup.com.cn
印 刷 者：虎彩印艺股份有限公司
规　　格：889mm×1194mm　1/16　96.5 印张　1600 千字
版次印次：2017 年 3 月第 1 版　　2017 年 3 月第 1 次印刷
定　　价：399.00 元

如发现本书因印装质量影响阅读，请与出版社发行部联系调换

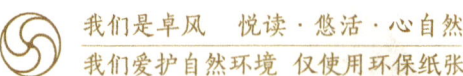

东城门 East City Gate

中华戚氏诞生地——河南濮阳戚城

廉江欧家戚氏百姓宗祠——2011年重建的戚家祠

戚夫人（汉高祖刘邦爱姬戚娘娘）

抗倭民族英雄戚继光

凡　例

一、本谱在袭承老族谱文脉的基础上，进行必要的改革和改进，并拓展了内容，增加了篇目，定名为《粤桂琼廉江欧家戚氏族谱（2016年续修版）》。

二、本谱以马列主义、毛泽东思想、科学发展观为指导，坚持辩证唯物主义和历史唯物主义原理，以"健康、文明、务实、求真"为理念与导向进行编纂。

三、本谱时间断限分两类：属本支族的上自明代嘉靖元年（公元1522年），下至公元2015年年底止；涉及中华戚氏的则上自春秋战国时期周王赐戚姓之年（卫穆公二年，即公元前610年），下至公元2015年年底止。

四、本谱以记叙本支族人事、文化为主。但遵循"寻根问祖，认祖归宗，血脉相通，联谊沟通"的原则，对中华戚氏及全国各地戚氏支系、分支的一些关节性、代表性的人事、文化，也有选择地进行简介。

五、本谱以文字记叙为主，必要时采用图表、影像、照片、吊线等形式配套著录。全谱（一套三册）根据内容归类编为三卷。第一卷为：源流篇、人物篇、文献史迹篇、文化篇等四篇；第二卷和第三卷均为世系篇，系本支族各分支按家族及世代字辈汇总序列的人头谱。各卷按内容分类编拟并自立凡例与目录。全谱不再编设总目录。

六、历史纪年按当时习惯称谓，再在括弧内注明公元纪年。中华人民共和国成立后，一律称新中国成立后或解放后，沿用公元年号。

七、本谱数目字以能读懂、理解为原则，根据实用情况和用词方便，有的用中文数字，有的用阿拉伯数字。

八、本谱在度量衡计算方法上，也按能读懂能理解的原则，从实用效果和使用方便出发，有的使用国际法定的计量单位；有的则使用我国传统的常见非法定计量单位。如"公里"或"市里（里）""公斤"或"市斤""丈""尺"等。

九、本谱中文汉字原则上使用规范的简化汉字。但引用的历史资料原文是繁体字的保留繁体。

十、由于本谱贯彻入谱自愿的原则，本支族仍有部分应入谱的宗亲族人，未能进入谱书之内。

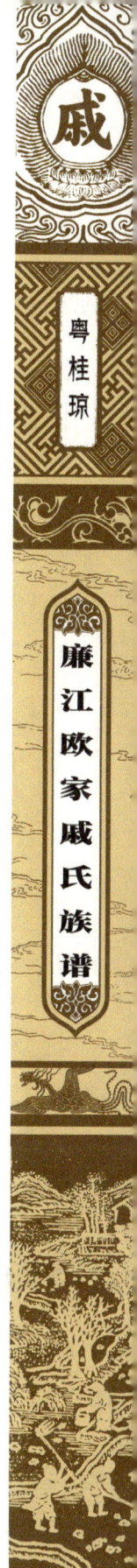

廉江欧家戚氏先祖戚高公龙祐像

神舟飞船总设计师——戚发轫院士

　　戚发轫，生于1933年4月26日。中国工程院院士，空间技术专家，神舟飞船总设计师。辽宁省瓦房店市人。现任中国空间技术研究院技术顾问，兼任北京航空航天大学宇航学院院长、名誉院长，博士生导师，国际空间研究委员会中国委员会副主席。国际宇航科学院院士，第九、十届全国政治协商会议委员会委员。

戚氏家族
源远流长

戚发轫
二〇一五、十二、廿三

粤桂琼
廉江欧家戚氏族谱

广东省廉江戚氏
宗族发展史

戚发叙
二0一五、十二、廿六

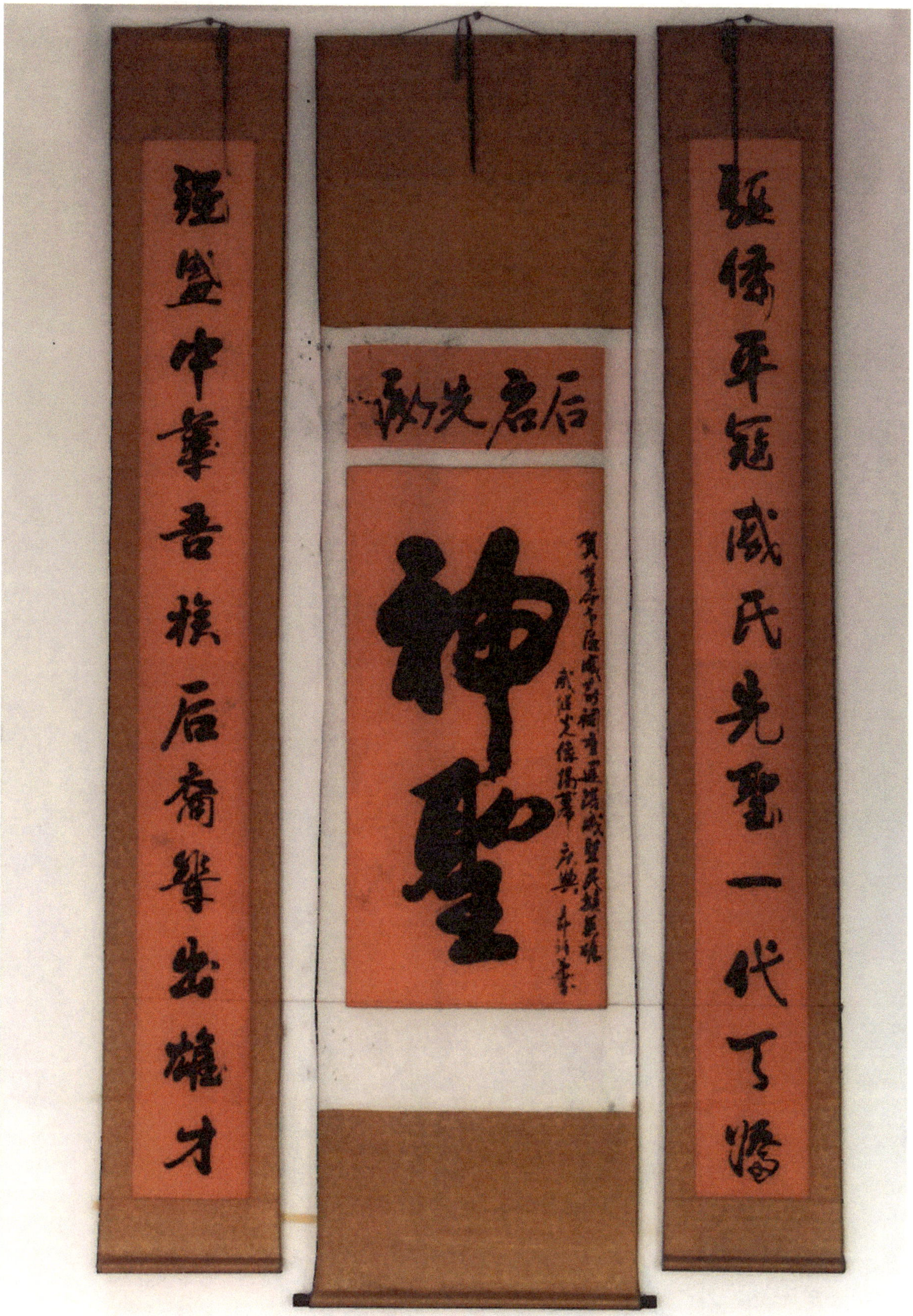

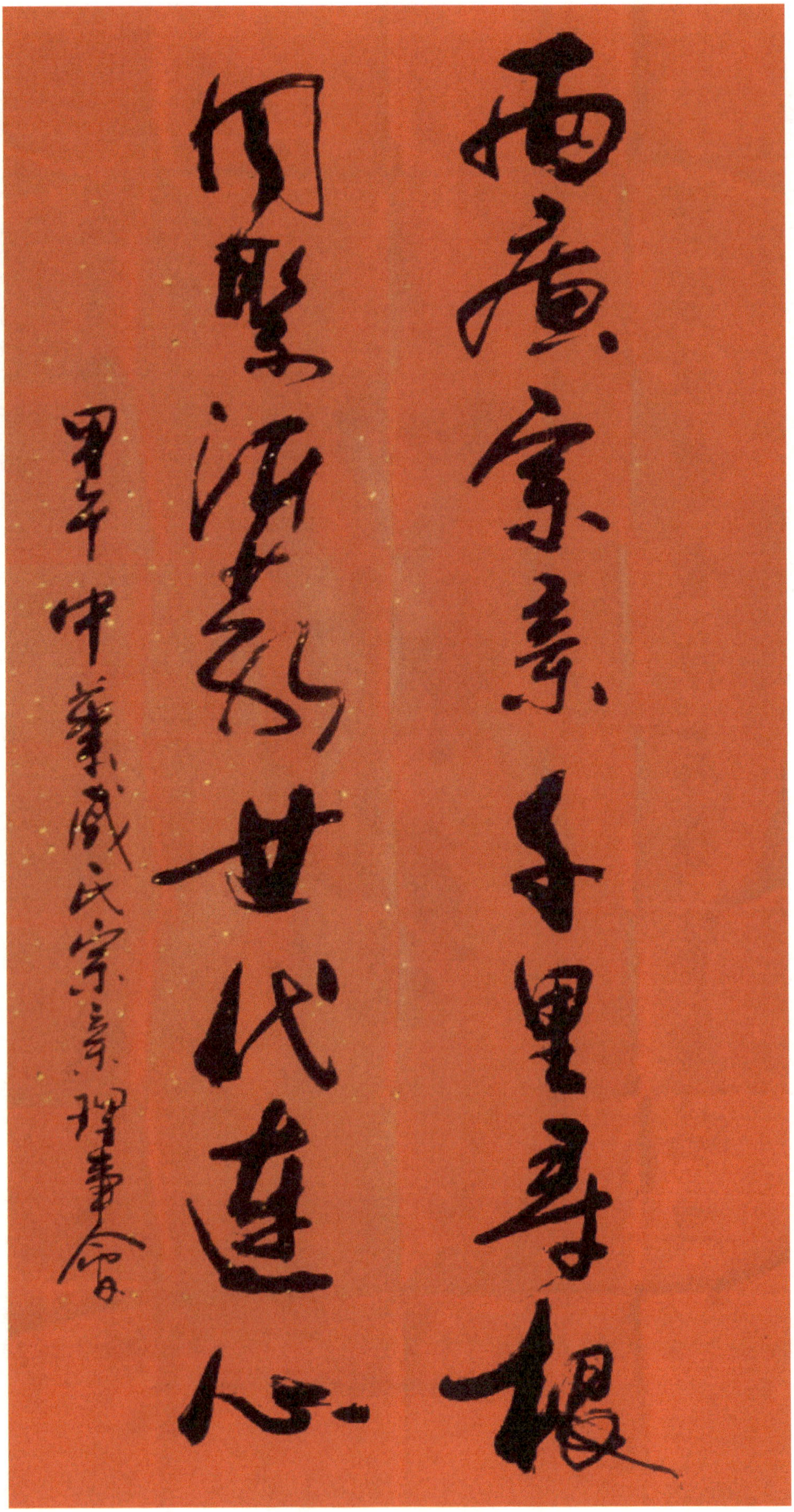

两广宗亲千里寻根
闽黔泸桂世代连心

甲午年中华戚氏宗亲理事会

修族谱溯本寻源
传家珍承先启后

为廉江欧家戚氏族谱修编而题 南国耀
二六年元月

粤桂琼

廉江欧家戚氏族谱

修编廉江欧家戚氏族谱组织机构与人员

戚氏族谱修编委员会正副主任合影

修编委员会

主　任：戚　柏

副主任：戚培仁　戚　强　戚一瑞　戚　伟　戚南有
　　　　　戚广成　戚　虾　戚水永　戚　标

常务理事：戚　柏　戚培仁　戚　强　戚南有　戚一瑞　戚　伟　戚广成
　　　　　　戚　虾　戚水永　戚德恩　戚成林　戚　来　戚　标　戚　志
　　　　　　戚　旺　戚广生　戚康强　戚建夏　戚观养　戚培杰　戚子勤
　　　　　　戚　宇　戚华全　戚华信　戚永双　戚镇光　戚培豪　戚箭挺
　　　　　　戚　平　戚　成　戚培宏　戚月荣　戚　潘　戚华友　戚振德
　　　　　　戚　绍　戚小强　戚方全　戚培荣　戚燕文　戚茂泉　戚周昌
　　　　　　戚茂林　戚贤嵩　戚培仿　戚　信　戚文科　戚日锋　戚　才
　　　　　　戚广益　戚凤恩　戚镇升　戚兆坤　戚振堂　戚陈生　戚永成
　　　　　　戚桂禄　戚祖辉　戚泽文　戚　良　戚　伟（广西沙坡）戚焕才

理　事：（由各村参加修谱人员组成）

戚　忠（欧坡村）	戚南清（欧下村）	戚　九（塘尾村）
戚　辉（白沙口村）	戚　平（茂上村）	戚　伴（茂下村）
戚　英（茂东村）	戚振业（里屋湾村）	戚日生（里屋湾村）
戚　光（里屋湾村）	戚日忠（里屋湾村）	戚振德（对面村）
戚一繁（大坡村）	戚　灿（大坡村）	戚　就（下村）
戚　德（后塘村）	戚康添（双塘村）	戚　秀（石牛潭村）
戚　利（戚村仔村）	戚　润（中间村）	戚光生（洪坡村）
戚　明（秀九村）	戚兆殷（埇仔村）	戚水禄（七块仔村）
戚　琼（角仔村）	戚兆涵（排里老村）	戚　纯（排里老村）
戚培玖（排里老村）	戚振荣（排里新村）	戚　清（石东村）
戚兆增（石中村）	戚　雅（石新村）	戚　福（关仔塘村）
戚小强（三江村）	戚　里（大榄田村）	戚培燕（大榄田村）
戚培坚（大榄田村）	戚观连（大榄田村）	戚兆广（大榄田村）
戚培春（大榄田村）	戚　建（长坡村）	戚　静（荔枝湾村）
戚锦堂（营仔圩）	戚　兴（烟墩村）	戚培宏（天塘村）
戚振东（井埇村）	戚康华（基围头村）	戚培益（龙眼根村）
戚兆平（麻山村）	戚兆强（南蒙塘村）	戚华保（担蚬港村）
戚培聪（樟木埇村）	戚培荣（红路村）	戚章保（上角垌村）
戚秦养（勒竹车村）	戚亚明（洪田塘村）	戚德何（黄桐坑村）
戚德甫（黄桐坑村）	戚　亭（西壁村）	戚康德（深沟村）
戚忠华（遂溪三江村）	戚德南（长岭咀村）	戚　永（横仓戚村）
戚　梁（遂溪一角村）	戚巧聪（上塘村）	戚关安（东北一村）
戚　生（麻公村）	戚永成（中关村）	戚永任（安罗村）
戚李生（东港仔村）	戚振业（杨柑圩）	戚培英（红鹅塘村）
戚良德（源港村）	戚应鑫（蛇头地村）	戚　建（铺头仔村）
戚　交（下垭村）	戚何清（大房下村）	戚飞鸿（杨柑村）
戚洪芳（竹蔗园村）	戚燕文（猪仔山村）	戚　甜（下平湖村）
戚　葵（崩塘村）	戚超俊（白水塘村）	戚英华（龙地村）
戚才章（北合村）	戚洋华（山口村）	戚德球（扇屋村）
戚华初（福建村）	戚庆元（新屋地村）	戚仁兴（大秧地头村）

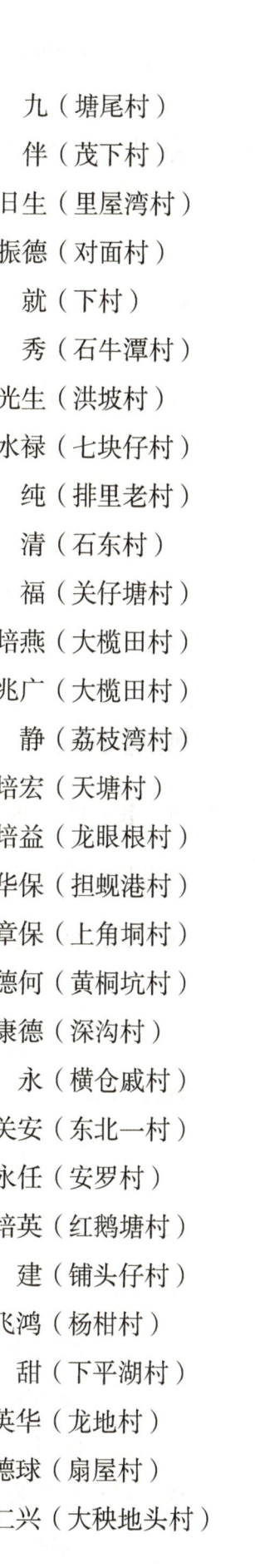

戚理全（双狮岭村）　　戚康梅（黄竹宜村）　　戚茂杰（车头村）
戚贤瑞（石台村）　　　戚贤周（盘龙街）　　　戚武昌（古城草塘）
戚万昌（樟下坪村）　　戚劳光（新屋村）　　　戚应昌（祠堂角村）
戚贤新（西边塘村）　　戚贤财（营盘村）　　　戚贤嵩（旧居廖村）
戚武家（青山头村）　　戚和兴（后塘村）　　　戚汝龙（勒色葵村）
戚汝祥（勒色葵村）　　戚汝强（勒色葵村）　　戚汝卿（勒色葵村）
戚培仿（谷仓村）　　　戚桂明（戚屋村）　　　戚祖新（戚屋村）
戚焕才（北里村）　　　戚达明（福旺村）　　　戚堂武（塘岸村）
戚应贵（石龙新村）　　戚子忠（戚宅村）　　　戚光辉（沙田村）
戚传国（四行村）　　　戚小庆（新盈姓戚村）　戚天保（海南金江镇）
戚家玮（中心垌村）　　戚桂祥（石墨村）　　　戚瑞泉（车元根村）
戚凤三（美竹江村）　　戚兆兴（平天村）　　　戚凤桓（平割村）
戚子惠（双狮岭）

顾问小组

组　长： 戚　虾

副组长： 戚培贤　戚　晚　戚培英

成　员： 戚兆忠　戚兆灼　戚汗南　戚振芳　戚南国　戚培荣　戚仕贵　戚汝龙
　　　　　 戚振宏　戚兆如　戚兆伟　戚培俊　戚德球

编辑部

主　编： 戚一瑞

副主编： 戚培仁　戚　标　戚南有

编　委：（按名字笔划为序）
　　　　戚　伟（廉江）　戚　伟（沙坡）　戚　成　戚　标　戚　绍　戚　信
　　　　戚小庆　戚华友　戚小强　戚月荣　戚劳光　戚成林　戚一瑞　戚德恩
　　　　戚培仁　戚南有　戚日锋　戚雄宇　戚镇光　戚培宏

校　对： 戚月荣　戚华友　戚成林　戚　绍　戚培宏　戚　成　戚镇光
　　　　　 戚培豪　戚小强　戚德恩　戚华全　戚周昌　戚茂林　戚　良

欧家戚氏修谱顾问小组成员合影留念

欧家戚氏修谱常务理事合影留念

欧家戚氏修谱全体人员合影留念

廉江欧家戚氏修谱编辑人员合影留念

廉江欧家戚氏族谱序（主序）
（2016年续修版）

国有史，地有志，家族有谱，此乃中华民族传统文化多元化之特色也。且其三者更是构成中华历史大厦之三大支柱也。自古以来，世人尤其有识之士无不热心倾情兴之为之，乐观其成。进入改革开放，民族复兴昌明盛世之后，举国上下更是千枝竞发，万紫千红，林林总总，蔚然成风。纂史纪事，可浏览春秋国事，知晓历代兴衰；修谱敦亲能辨阖族世系之源流，既可寻根认祖，缅怀前人之业绩，激发世人敬祖爱宗，励精图治，建设美好家园；又能让后人感悟先贤，弘扬前人之风范美德。此乃留住乡愁，承先启后，薪火相传，根深方能叶茂，源远才可流长之大事也。其教育意义，其启迪作用，其激励效应，实不可小觑与低估也。切莫等闲视之，何乐而不为乎！

吾族源于河南濮阳，系出新会陈仓。明朝嘉靖初年，吾族先祖戚高公龙祐之六世祖众兄弟，与之患难与共结拜兄弟的方、赵、黎、梁、吕、宾、何等姓众兄弟（就是历史上所说的八大姓），于兵变战乱，社会动荡之际，辗转于岭南腹地，毅然从新会陈仓携眷举家结伴南下，驻足于高州府石城县十三都之江海滩涂洋田地带，以愚公移山和开荒牛的精神，修堤筑坝，垦滩造田，建村立业。竭尽全力，百折不挠，历尽艰辛，历经近五百年的繁衍生息、迁播拓展，如今吾祖族人已遍布粤、桂、琼各地，发展壮大为拥有110多条村庄、三万五千多人之众，人气鼎盛，族势贲张，声望彰显的戚氏族群。其家族发展史，其人文底蕴与涵养为举世瞩目也。

吾族从九世祖禀生维恩公开始，就有一批先贤曾先后多次修谱与续谱。但由于种种因素所困，或不成，或简编，或失传。而作为记述全支族的一部谱志流传至今的，唯有就是进入改革开放新时期1981年修的谱书。那次续谱基本上厘清吾族世系与族史的脉络，让世人得以对号入座，认祖归宗，其功不可没。但那次续谱仍受种种条件所限，只偏重于传统的人头谱的编排序列，而整部谱志从内容到形式较为单一与单薄。如源流不够详尽，氏族人物、文化、史迹未能展现，女界宗亲未能入谱等等。鉴于这种状况，是次修谱的重要性、必要性、迫切性以及责任的重大，也就凸显了。而是次修谱得益于盛世的天时地利，尤其得益于电子互联网对信息资料的搜集、交流、引用、参照、参考之便捷以及人力、物力的筹措调配等方面之优势。为此，为适应形势的需要和时代的要求，是次修谱在袭承上次族谱文脉的基础上，进行必要的改革与改进：充实和丰富谱书之内容，增加了篇目，其中对源流、人物、文化、文献史迹进行单列立篇记叙。在人头谱的编排上则破除重男轻女思想，让女宗亲名正言顺入谱。新谱书从策划、设计到编排及表现形式力求内容详尽、图文并茂、多姿多彩。其目的是更翔实更详尽更具体更生动地反映和展现吾族的面貌、风貌与特点、特色。使谱书更具可读性、可传性和吸引力，从而提高其知名度和使用价值与社会价值。

　　是次修谱始于 2014 年仲夏，即于 1981 年那次修谱三十余春秋之后的续谱。亦系从 2005 年开始，用了六年时间举人物力重修戚家祠的配套工程。是次续谱由于发动深入，认识到位，组织机构健全、落实，领导筹谋有方，参与人员努力运作，宗氏民众热情高涨，出谋献策，踊跃捐资，先富企业家和商贾老板更是深明大义，慷慨解囊。全族上下联动，层层互动，团结合作，众志成城，历经两载之努力，终使新谱成书出版问世，如愿以偿，可欣可慰，可喜可贺。诚然，由于年事久远，历史资料不全，编纂人员水平有限等方面之不足，新谱书难免仍有错漏和不足之处，望族人审阅明察，提出宝贵意见，纠正谬误，并为下次续谱创造条件。

　　纵观吾族谱志，在历史长河中，尽管吾族集约开族成系相对较晚，族史也相对较短（不足 500 年），族人又多分散聚居于粤桂琼多灾贫穷落后地区，生产、生活环境与条件较为艰苦。但历代族人却能审时度势，适时而变，适者生存，艰苦奋斗，励精图治，奋发图强，团结拼博，勇于开拓进取，创造出可歌可泣、可喜可贺之显赫业绩。在德行情愫方面，吾祖族人更是质朴为人，仁义立世，尊祖敬宗，忠厚传承，在近五百年繁衍生息的发展中涌现出不少贤人志士，谱写了灿烂之篇章，激励后世。实为难能可贵，堪为高山仰止，景行行止。世人与后来者，当以效法与秉承，并努力发扬光大而不怠不倦不辍也。

　　是为序。

二十一世孙一瑞叩作

2015 年 3 月 23 日

贺新编《廉江欧家戚氏族谱》出版（客序）

何银华

廉江欧家戚氏族群盛世修谱，这是传承和弘扬传统文化的一件难能可贵、可喜可贺的盛事。被推选为主编的学友文友戚一瑞受编委会的委托，特邀我为他们的谱书写客序，我欣然应允。其中的原因与理由，除了我与一瑞、一锋兄弟有同窗之谊，洪坡村又有我的同学、亲戚、朋友之外，更有历史上我何氏祖先曾与方、赵、梁、黎、吕、宾、戚等姓兄弟患难与共，并结拜兄弟的情谊这一层面。八姓兄弟在战乱动荡年代先聚居佛山一带，后又一起结伴南下濒海的石城县十三都洋田地带，筑堤围垦，构建家园，繁衍生息，长期以来同舟共济，情如手足。就凭着这种种情缘和关系，我是没有理由拒写客序的。更主要的是，在浏览《廉江欧家戚氏族谱》初稿的过程中，我不断地为戚氏家族的历史、人脉、业绩吸引着，感动着。戚氏家族，亮点纷呈，非同一般，他们无愧于中华民族大家庭的一支精锐的氏族。他们的精神，他们的传统，他们的历史沿革，他们的动人故事，他们的掌故轶事，都被载入了史册。他们的族长父老兄弟致力于完善这项工作，是件功德无量之举。我佩服他们。

盛世修志。我清楚，戚氏家族对修谱编史历来非常重视。据载，自清代道光年间的1826年始至民国至今曾四度修谱，其中因战乱两度失传或中断，但戚氏父老先贤矢志不渝，知难而进，再接再励，使谱史得以逐步更新，内容日臻丰富和完善。戚氏的仁人志士乡亲父老同心协力，出谋献策，一直为族谱的出版劳心劳神出资出力。去年，为了搜集更多的戚姓氏族资料，他们结合宗亲联谊活动跑遍祖国的大江南北，尤其在粤桂琼三省深入调查采访，寻宗问祖，追根溯源，搜集了丰富的原始材料。可以说，他们为族谱的编纂奔波操劳，倾注了大量的心血。

为什么戚氏家族对修谱如此不遗余力？因为他们深刻认识到，族谱文化乃中华民族的传统文化，它跟编史撰志一样，都有存史和教化的作用，是一项承上启下，继往开来，服务当代，有益后世的事。民主革命先驱孙中山先生曾指出："族谱记述中华民族由宗族的团结，扩展到国家民族的大团结，这是中国人民才有的传统观念，应加以利用。"国家档案局、教育部、文化部（国档会字〔1984〕7号）发布《关于协助编好〈中国家谱综合目录〉的通知》中指出："家谱是我国宝贵文化遗产中亟待发掘的一部分，蕴藏着大量有关人口学、社会学、民族学、民俗学、经济史、人物传记、宗族制度及地方史的资料，它不仅对开展学术研究有重要价值，而且对当前某些工作也起着很大作用……"从这个意义来说，编写和出版《戚氏族谱》既是氏族的期盼，也是历史的要求。做好这项工作，光宗耀祖，享誉千秋。他们正是基于这些认识，把族谱文化作为氏族寻根问祖的重要平台，作为激励后人奋发进取造福乡梓的生动教材，所以两年多来族谱编撰人员为此呕心沥血，付出了艰辛的努力。

翻阅新编戚氏族谱，从宏观的中华戚氏到微观的欧家戚氏，洋洋洒洒近数十万字，内容十分丰富。当中详尽记述了本族的氏族源流、辈分列序、宗规族诫、宗氏楹联，还记载族祠的方位及迁徙。氏族的非凡人物、革命老村庄和生态文明村都一一列入谱册。尤其值得称道的是，新编族谱打破旧观念和传统常规，女姓宗亲也名列其中。谱中还穿插了不少相关的姓氏渊源和历史知识，扩充了族谱的信息容量，增强了可读性。

历史是一个漫长的过程。如果说中华民族文化是一片丛林，那么，戚氏族谱就是其中的一束出彩的绿叶！

祝贺新编《廉江欧家戚氏族谱》隆重出版！

2016年2月18日于湛江

（客序作者系湛江日报社原副总编辑兼湛江晚报总编辑、湛江市作家协会名誉主席、湛江市有突出贡献专家）

目 录

第一篇 源流篇

一、中华戚氏源流／30
中华戚氏得姓由来、发源地与始祖戚和公／30

中华戚氏的迁徙分布／36

二、廉江欧家戚氏源流／40
先祖龙祐公／40

本支族源流由来与始居地欧家村／41

迁徙与分布情况／44

本支族世代字辈序列表选录与今后全族统一字辈表／84

三、本支族历次谱序／86
广东省廉江市欧家戚氏族谱序／86

欧家戚氏修族谱序／86

谱例／87

欧家戚氏续修族谱序／88

重修族谱叙／88

戚氏族谱续修序／89

房族分支谱序选录／90

关于方赵黎梁吕宾戚何八大姓结拜兄弟之说／92

四、百姓宗祠／93

　　重建戚家祠序／93

　　戚家祠及其变迁情况／96

　　安铺戚家祠／106

五、源流考／111

　　关于中华戚氏源流之说／111

　　谱记：中华戚氏源流／117

　　寻根始源要点／122

　　戚氏为何由大姓变成小姓／123

　　有关百家姓排位序列及变化情况／124

第二篇　人物篇

一、中华戚氏名人／128

　　历史名人／128

　　明代戚继光家族七代世系简况／134

　　近代当代名人／134

二、本支族人物传记／138

　　祖上历代传奇人物／138

　　祖上贤人志士／146

　　现代当代名人志士／150

　　革命老兵与军中士官／152

　　巾帼楷模／163

　　企业家、商贾老板、各类管理人才／166

　　专家、学者、教授／199

　　中高级职称人员／207

　　副科以上人员／209

　　大学本科以上学历人员／216

社会、民间知名人士 / 219

百岁寿星 / 223

第三篇 文献史迹篇

一、戚姓家谱文献 / 226

二、宗规、族训、家教 / 228

三、祖上蒸尝 / 242

全支族所有蒸尝 / 242

长房世美公家族蒸尝 / 242

四、先祖墓院、墓碑及碑铭 / 243

五、庙宇、祖堂 / 251

六、生态景观 / 262

第四篇 文化篇

一、村志文化 / 270

革命老区村庄 / 270

七块仔村革命事迹简介 / 271

三江村革命斗争史简介 / 273

茂桂路村革命斗争史简介 / 275

秀九村革命斗争史简介 / 278

洪坡村革命斗争情况简介 / 281

中间村革命斗争情况简介 / 282

黄桐坑村革命事迹简介 / 283

扇屋村革命斗争事迹简介 / 286

革命老根据地广西古城镇戚氏村庄简介 / 287

长岭咀村革命事迹简介 / 289

洪田塘村革命斗争史简介 / 291

现代生态文明村 / 292

大榄田村 / 293

青山头新村 / 297

天塘村 / 301

担蚬港村 / 303

后塘村 / 305

二、模范家族、家庭 / 306

三、创业篇章录 / 310

四、宗祠文化 / 315

戚家祠：革命的义祠，忠义之祠 / 315

五、典故、掌故与家族风情 / 331

六、宗亲文艺作品小辑 / 342

七、宗亲联谊活动 / 368

编后语 / 372

附录

修谱捐资芳名册 / 373

源流篇

第一篇　源流篇

一、中华戚氏源流

戚姓之"戚"字，汉语拼音和英文的字母均为"Q"。戚姓是皇帝以地名赐予命名之姓（卫穆公2年，即公元前610年）。戚姓历史上曾是一个诞生较早的大姓，在宋版《百家姓》中排名第33位，在2007年全国姓氏人口排名为第206位。系中国民族中一个古老而单纯的氏族。

中华戚氏得姓由来、发源地与始祖戚和公

从四川老谱记载及经过专家世人多方考究论证，戚姓是春秋时期周王将河南濮阳戚邑（地名）之"戚"赐予当时卫城大夫姬和为戚姓（即姬和变为戚和）。从此戚姓诞生。戚和公是中华戚氏之始祖，即一世祖。和公配卫氏生三子，从一世祖起，戚氏历代族人经过漫长岁月的繁衍生息与传承，发展到中华大戚氏集团与族群。从一世祖至今整个世系上下有序，排世清楚，定理准确，推理合情合理，符合历史常理。至于很多史书和谱志以及有关资料将孙林父说是中华戚氏始祖的说法，那是推理上的谬误。既不符合史实，也不符合发展规律之常理。因为戚和公早于孙林父几十年，他俩不是一个时代的人。再说戚和公受赐得戚姓几十载之后，是孙林父指使尹公夺居戚城，逼和公自杀，二子遇害，三族多诛，少子出逃。他是戚氏杀祖的仇人，而不是戚氏始祖。如果将孙林父说成是戚氏的始祖，那就是认贼作父，大逆不道了。因此我们不要偏信谬误，必须坚定不移地认定和公是中华戚氏之始祖，并以其主源为依据，认祖归宗和修编族谱家谱。致于春秋时宋公族之后有戚姓，明、清时期有些民族有戚姓或赐戚姓，如明赐元人博多姓戚名斌、清满州人姓戚姓，甚至沈阳景颇泡戚氏汉姓为戚，今满、蒙古、回、白、苗、土家族等民族均有戚姓等，这些已流入外族基因的其他源流戚姓都不是中华戚姓始祖之源流，与戚姓最初的由来及始祖的血脉挂不上勾。致于历史上齐姓族人之齐姓是由戚姓改姓而来

的，那是汉高祖刘邦死后，吕后揽权苛政，杀害戚夫人及赵王如意，戚家被剿。为了避免戚氏被灭族之灾，戚姓族人曾改姓为齐。汉高帝刘恒即位，为戚夫人平反昭雪之后，才又恢复戚姓。致于有人说"漆"和"七"姓也是由戚姓改姓而来的，由于查不到可以佐证的资料，也没有人深入调查考究，至今尚难于断定。

中华戚姓诞生的发源地是河南濮阳的戚邑（戚城），而且是中华戚氏最早的发源地。这是毋庸置疑的铁的事实。当时，戚邑是晋、郑、吴、楚等各诸候国的交通要塞，濒临黄河，有险可据，平原沃野，堪称乐土。具体地址位置是位于如今河南濮阳市京开大道西侧戚城村之北，至今遗址尚存。考古专家组织力量经过三次钻探和重点发掘，在戚城古城址东北部发现并排两座宫殿遗址，距地面 0.3 米，高出当时城内道路 2.2—2.4 米，经专家考证认为，该宫殿就是戚氏祖庭圣地。

戚城的考证

历史上戚城是春秋时卫国的重要城邑，是晋卫两国长期反复争夺的要地，同时，也是各诸侯国曾七次会盟的名城，有关戚城的事迹，见于春秋经传的记载竟达二十六处之多，在后代默默无闻的戚城，而在春秋时代确是颇有名声的，这座比较著名的戚城现存情况究竟如何，它的地望与文献记载是否符合。1965年11月中旬，北京大学历史系教授李仰松先生曾来此进行考古调查和试掘。

一、城址的位置与城墙情况

戚城在河南省濮阳县城北约5公里，坐落在安阳濮阳公路以西0.3公里处。古城南紧靠戚城村，再向东南0.5公里是戚城屯，向西2公里是前搜家，向北2公里是白仓集，古城东北约700米有古冢，相传为子路坟，再向东北1.5公里即郦瞰台，特别应提到的是汉代以前的黄河故道，从城址以西1公里处是由南向北入清丰县境，城址南约7.5公里是宋代以前的黄河故道。地面上的残存城垣，原来的高度、厚度已不得而知，几乎三分之一的城墙已与现在地上相平，南墙破坏最甚，西墙次之，北墙与东墙保存较好。经过实地勘查，残存部分最高为8.3米，最宽为16.5米，城垣基本上是方形，但东西稍宽，城墙四面各有缺口，其宽度均在30米到40米之间，很可能是当时的城门遗迹，四面城墙相连接，总长度为1520米，城内总面积约144000M²。

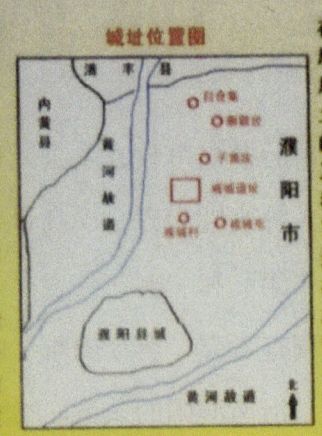

城墙约经夯打、夯层显明可辨，墙基一般在地下面约0.5米，根基地坪经夯打向上即逐层行夯，从南墙东墙缺口可以看出，城墙分先后两次筑成，显而易见，上部夯土以下部夯土为基，上下两部分夯土内的包含物存在显著的差别，下部夯层中大部分是仰韶、龙山以及商周文化遗物，上部夯层除仰韶、龙山商代和西周的陶器片外，还有汉代的绳纹小砖，筒瓦等陶片。从新石器时代仰韶文化和龙山文化遗址表明早在四五千年我们的祖先已经生活在这片土地上，根据夯实遗物分析，此城的筑成应在西周或晚于西周，卫成公由楚丘迁都濮阳，次年春秋经传中开始出现戚城的记载，说明戚城的筑成在迁都之前，戚城先祖康公卫君庄侯封地戚邑，说明戚邑是个重镇，后建此戚城，时间也正相符，到桓公时期，卫国大夫姬耳采食于戚，公元前629年晋国攻打戚城俘虏守城孙绍子，说明了戚邑的重要性。

戚城……北方重镇，……也是戚氏先祖……公……卫君成公……迁都……下赐姓和公指……戚氏，欧公时，改封他孙林父孙戚氏，遣族少子玉，奔山东定居，后繁衍至东南方……

卫都迁徙图

卫国：卫康叔封邑，卫建都朝歌（淇县），历经19代国君时，前659年迁都楚丘（滑县），历经两代国君时，前629年迁都帝丘濮阳，历经24代君后卫国灭亡。

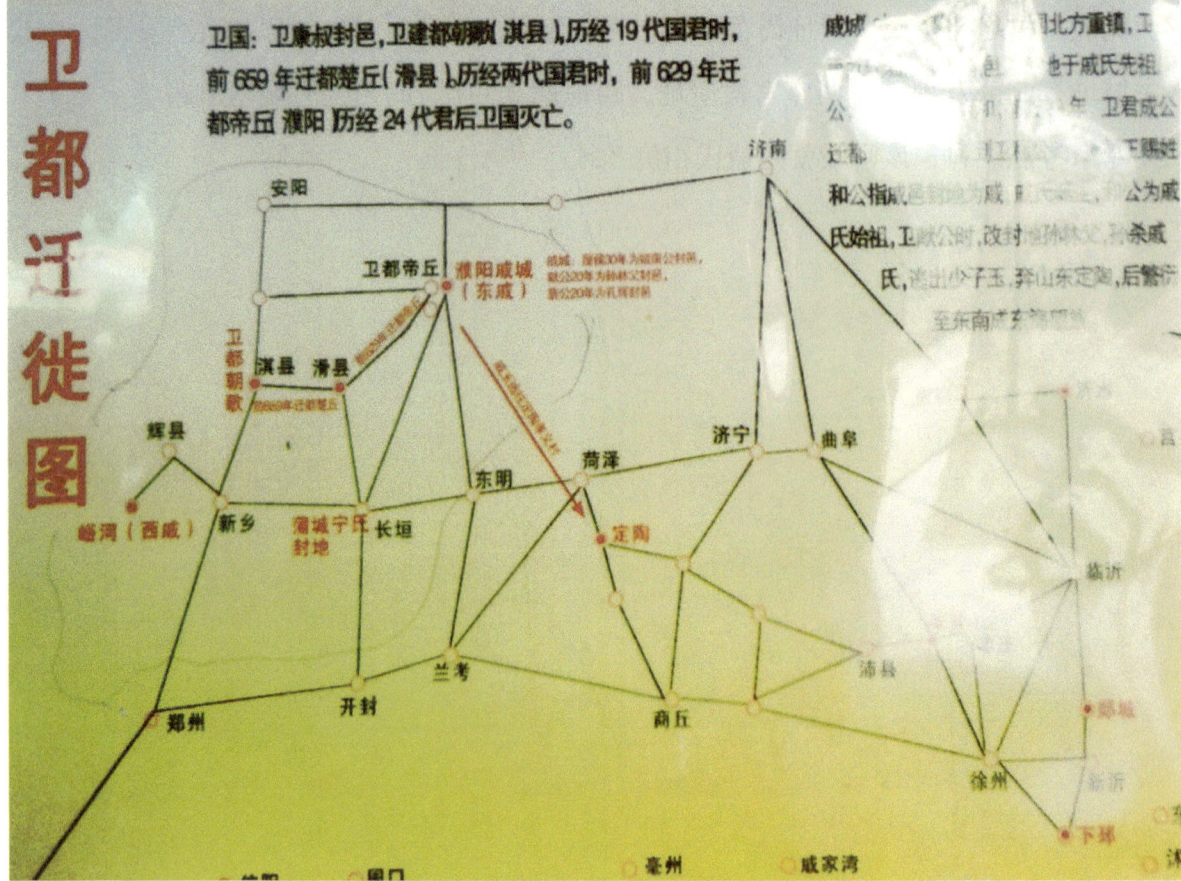

戚城考证与卫都迁徙图中的戚城位置图

戚氏始祖（一世祖）与孙氏始祖对照表

卫康叔 封地卫国		戚氏世系按远祖排列
卫康伯		三十五世姬元灵
卫考伯		三十六世姬辅国
卫嗣伯		三十七世姬玉星（赐姓姬）
卫捷伯		三十八世姬子元
卫靖伯		三十九世姬禄公
卫贞伯		四十世姬时际
卫倾侯 前868-857		四十一世姬星公
卫釐侯 前856-815		四十二世姬康公（封地戚邑）
卫武公 前812-758		四十三世姬容
卫庄公 武公之子	姬公子惠孙	四十四世姬万乾
卫桓公	姬耳（采食于戚）	四十五世姬义浓
卫惠公	孙氏始祖-孙乙（姬乙）	四十六世姬必达
卫文公	二世孙炎	四十七世姬天柱
卫成公	三世孙纥	四十八世姬福
卫穆公	四世孙鰍	戚氏诞生戚和（姬和）为一世祖
卫定公	五世孙良父	二世戚玉（迁逃山东定陶）
卫献公	封戚邑于 六世孙林父	三世戚瑞
卫襄公	七世孙蒯、嘉、襄	四世戚先哲
卫灵公	封戚城于孔悝 孙登	五世戚正客
卫悼公		六世戚建芳
卫敬公		七世戚宏广
卫昭公		八世戚才成
卫慎公		九世戚玉光
卫声公		十世戚凤亭
卫成侯		十一世戚鸣理
卫平侯		十二世戚春林
卫嗣君		十三世戚华苦
卫怀君		十四世戚经多
卫君角 前230-209 前221-207年 秦		十五世戚凤起
前206-公元25 西汉		十六世戚玉龙、戚金贵(戚夫人)

说明

元灵公迁江苏
辅国公 武王封周章 迁吴豫章（江西抚州）

时隔七世，四十二世康公与吴不睦，随嫁卫仕，楚宋累战桐柏山，卫侯命康公往说，兵累二十年未定，因戚邑之地是战争要冲，卫国东临齐鲁，西北与晋国隔相望，南有吴楚宋陈郑曹诸国)，地理位置十分重要，也是晋卫两国争夺要地，周王以戚邑之地为封邑于大夫康公，（周王室以大宗身份把土地分给各诸侯，诸侯又把自己的土地分封给卿大夫与士。周王室以邑社为单位，由各级贵族将土地分配给农户种并按土地多少纳粮上贡)戚邑中心之地历代都是繁华小镇，为更好地扩大发展，崇荣社太井驻守卫国北大门户，在此建设城池，保国守疆。

注：卫武公时派他的孙子卫大夫姬耳，采食于戚，掌管戚城。

注：按周王室制嫡系传姓，非嫡系改姓卫大夫姬乙为纪念祖父公子惠孙，以孙字为姓，孙氏诞生。

注：前629年卫成公时迁都楚丘到帝丘(濮阳)

在晋国称霸期间，四次争夺要地戚城，公元前626年，晋国攻打卫国戚城，俘虏戚城守城孙绍子（孙纥）

前629年时卫成公迁都濮阳后，戚邑之地，按周王室传姓制，章师荣侯入奏周定王，凡赐姓者尽改免诛三族，周王赐姬和公，指封地戚邑更姓为戚，和公为戚氏始祖 戚一世祖 (配卫氏育三子) 未过八十载，定公时孙良父因病早逝，把爵位和采邑交给儿子孙林父，卫国权臣孙林父是个专横之人，他性事反复无常，贯通外国，政敌压下，前564年，和定公不和，弃卫归晋，晋侯又追使卫定公复职，前576年，献公立后，在献公33年期间 中间殇公12年，孙林父是政治权最时期，他从不把卫君放在眼里，前559年，赶走卫献公，立殇公为君，追使殇公封戚邑于他(面积60多个城邑)，并诛杀戚氏全家，逼戚和公自溢花园，二子逃离，戚氏逃出少子戚玉逃山东定陶孝文村定居，前546年，卫大夫宁喜进攻帝丘，抄府，杀死孙襄及孙氏家人，迎回献公君，孙林父又一次在戚宣布叛卫归晋，前535年，襄公去世，晋悼嗣同把戚城归还卫国，襄公26年后，孙林父大儿子归晋，二儿赠齐，三子被杀，在《春秋经传》中显赫的孙氏早已淹没无影无踪，孙氏因晚落而被齐国逐步瓦解，退出历史舞台。

注：卫灵公时期封戚城于孔悝 灵公外孙 为封邑

三世祖戚瑞，不立宗族，何以醒后，立十字为源"先正哲客 才，玉凤鸣春苦"一直延续 到十三世，到十六世时，刘邦妃子戚夫人被 吕后篡权杀害，并诛杀戚氏族人 戚氏逃往 东海郡之多及各地 到两晋南北朝时期，发展成为东海望族，又经历代战争，后繁衍令天全国戚氏。

戚氏源本是一个诞生较早的大姓，由于孙林父、吕后两次迫害诛杀，使戚氏发展人口减少，又因周朝卫国时期的政治背景复杂和戚娶地特殊及戚氏资料较少，使得戚氏源流历史记载模糊不清，《春秋经传》只记载历代历史重要人物及战事，有些细节不详，只能推理，戚地三次封邑，首次是卫釐侯因戚氏先祖娶亲公故事有功以戚邑之地为封邑，传八世孙姬和，周王赐封和公，指戚邑更姓为戚，戚氏诞生 在卫献33年 中间殇公 12年 卫国权臣孙林父是他政治揽权时代，追使卫殇公将戚邑之地二次封邑于他，并诛杀戚氏全家，占据戚城，控制卫君，到襄公26年期间，孙林父又判归晋，而显赫孙氏败落，以后春秋经传中更杂无记载，卫灵公时第三次封戚城，给他外孙孔悝做为封邑，由于孙林父的消失 和戚氏的始源资料更少，春秋经传《中只博及"孙林父采食于戚，因氏焉"，只是推理，没有确定，可现在是越传越说是孙林父采食于戚，是戚氏先祖，这完全是错误的，颠倒了历史，而且孙林父是戚氏的杀祖仇人，从对照表中可以看出，戚氏诞生早于孙林父，不是一个年代，孙林父的儿子孙子都姓孙，戚氏和孙氏没有血缘关系，从卫康釐侯封戚康公起至卫国灭亡，代代卫君时间和戚氏曾祖时间及孙氏世代时间都基本相符对等，这说明历史的正确，戚氏逃往山东定陶后，濮阳戚邑地带几朝代都没有戚氏，直到明朝时期，才有几支从东海郡迁徙封濮阳附近，我们老谱记载源流正确。

戚氏始祖（一世祖）与孙氏始祖对照表

戚氏遗址照片

国家级文物保护单位"戚城遗址"揭牌仪式

戚城遗址试掘剖面文化层（上、下四幅）

中华戚氏的迁徙分布

戚姓发源于河南濮阳,战国时卫国灭亡,戚姓子孙有避居今山东、江苏等地者。西汉初,汉高祖刘邦有宠姬戚夫人,她是济阴定陶人,可见在秦汉之际已有戚姓落籍于鲁西南。并有以中尉填封临辕侯的戚鳃,其子孙袭爵,荣耀非常,传至七世孙戚少时改封关内侯,关内侯是秦汉时的爵名,二十等爵的第十九级,有侯号而居京畿,无封地,而有封户,戚少子孙遂落籍今陕西西安。东汉至魏晋时,繁衍于江苏、山东间地东海郡的戚姓人丁兴旺,族大人众,昌盛为戚姓东海郡望,并为此为中心,在魏晋南北朝时分衍至安徽、江苏南部、浙江等地。隋唐两代,戚姓已广布黄河中下游各省,今山西、河北均有戚姓人落籍。唐末五代的战乱,导致北方戚姓再次徙奔江南,今江苏、浙江成为戚姓人的首先之地,湖北、湖南、四川、江西也有戚姓人散居。两宋时,戚姓繁衍之中心移至今浙江金华和江苏常州一带,其名人辈出,世代书香,为后世所敬仰。元代以后,戚姓散居于华东、华南各省,连西南之广西、云南等地也有戚姓人入居。明初,山西戚姓作为洪洞大槐树迁民姓氏之一,被分迁于河南、河北、山东、陕西、湖北等地。此际,戚继光之先祖仕宦山东,遂由祖籍濠州定远(今属安徽)定居东牟县(今山东莱芜)。明末,戚姓有渡海赴台者,清初,有湖北、湖南之戚姓入迁今四川、重庆。清康熙年间及其以后,有山东半岛之戚姓渡海经旅顺岛入迁东北三省。历民国至今,戚姓分布之地愈广。如今,戚姓在全国分布较广,尤以山东、浙江、江苏等省多此姓,上述三省之戚姓约占全国汉族戚姓总人口的65%。

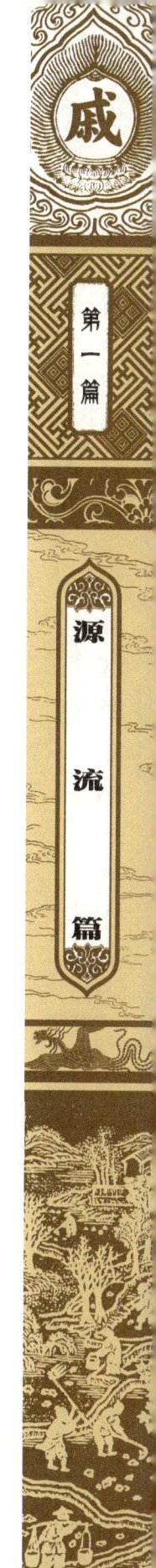

中华戚氏始原迁徙图

郡望堂号

戚姓在长期的繁衍播迁过程中，形成的郡望主要有：东海郡——秦代设置。楚、汉之际亦称郯郡。治所在郯（故城在今山东郯城北）。南朝齐移治涟口（即今江苏涟水）。辖境相当至今山东费县、江苏赣榆以南、山东枣庄、江苏邳州以东、江苏宿迁以北地区。戚姓以"平倭"、"纪效"为堂号。"平倭"和"纪效"的典故均出自明朝抗倭英雄戚继光。另外还有"东海"、"三礼"、"止止"等堂号。

宗族特征

①戚姓是一个具有三千年悠久历史的古老姓氏，可谓人才济济，尤以抗倭英雄继光最为有名。

②戚姓来源比较纯正，几乎没有混入外族血统，直到明、清时，在蒙古人、满洲人中才出现了戚姓。东北地区的戚姓应当已经含有蒙古民族的血统。出自其他源流的戚姓人与戚姓的主源相比，无论是影响还是人口都有很大差异。

戚姓的名字数

通常为两字一辈，下辈则三字。同辈的字数相同。用字上通常五代内不用重字。

戚姓字辈排行

江苏沭阳戚氏字辈："世文永东钟佩隆常宏业延启继绪恒昌"。

江苏宿迁戚氏字辈："秉守家法品绪典章恒敦恭敬肇启修祥"。

江苏沭阳青伊湖戚氏字辈："汝开甫春凤玉耀振士长"。

江苏沛县戚氏字辈："文熙尚良开孝俊自全凤天延世长大道文明兴尊圣敬孟曾守德庆平青"。

江苏盱眙、泗洪戚氏字辈："芸应源（卿）彦（士）继尚秉太景其（振）人如玉（金）嘉善宝（茂）德"。

江苏盐都戚氏字辈："恒清太思龙举"。

江苏淮安戚氏字辈："同加善宝德"。

江苏苏州戚氏字辈："朝芝登瑶通畴时培岳以悦有文楠易鳌惟世明成垂宇器"。

山东郯城戚氏字辈："家传思源圣锦永彦允庆士守庭焕光忠恒久远大振兴昌鸿先勤祖开祥瑞文敏诚孝礼敬善荣"。

山东沂水、费县、莒县戚氏字辈："兴家立业德厚泽长恭宽信敏俭让温良文理密察中正齐庄承先启后福禄祯祥"。

山东龙口、黄县戚氏字辈："仁景相世良延兆祖举中元德善庆长发克大永昌培基广厚诚乃用章家承洪绪天锡安祥同思贻宪裕传芳"。

山东威海戚氏字辈："志道务基本居由习正传敬身斯可贵立德方为贤"。

山东梁山戚氏字辈："广井佃成万甫一元"。

山东阳信戚氏字辈："芳金殿德元秀洪仙天"。

山东胶州戚氏字辈："恕先宝永昌振德秀"。

浙江萧山戚氏字辈："宽信第惠镐清纯世裕昌广恩继仁德寰和华盛煌"。

浙江浦江云溪戚氏字辈："枸晋豫悦和志明华伯慎敬德清澄酬侃尚知贤义忠信廉勤礼广盈佘福缘善庆鉴桂炜泮炜垣钰林润耀坊"。

浙江浦江浦阳戚氏字辈："尔正家维德兴隆永可期学成名望重朝宁奉为仪"。

浙江鄞东梅江戚氏字辈："钦守圣兆文武宏昌茂德正盛显和康敬念尔祖谟训丕彰贤俊美以观国光"。

浙江苍南戚氏字辈："华士世忠承登可焕德观孔孟兴必从风"。

浙江海宁戚氏字辈："秉志允大继嗣克昌奕世有人济美忠良传家孝友华国文章宗英绍起祖德载光"。注：民族英雄戚继光为该支"继"字辈。

浙江永嘉戚氏字辈："悦礼世士奎佰常守宗兴学用智元梦兆嘉盈邦朝光允乃文粹天赐有增荣志国开咱耀星益景德昭"。

安徽砀山、河南夏邑戚氏字辈："忠孝立国本仁爱树继昌先贤明训久承守务永长久"。

安徽戚楼戚氏字辈："文泰安绑圣典瑞升忠信祥合培恒凤永学开良庆德玉纯英"。

安徽霍山戚氏字辈："永大功如敬学"。

安徽戚氏一支字辈："开万永天兴玉长"。

河南原阳戚氏字辈："培朝三学大来殿久绍世德长发祥"。

河南巩义戚氏字辈："广国隆吉玉进有宗君福廷明兴宏德建作应多笃"。

河南驻马店戚氏字辈："玉荣明新政中华大国成人亲开世闲开世续□□□明清"。

辽宁瓦房店戚氏字辈："丕基维瑞盛世允芳宗德广厚家庆乃昌"。

辽宁大连戚氏字辈："善庆长发克大永昌培季广厚"。

辽宁华容戚氏字辈："文运肇世思文应承国选永庆明良继宗登朝佐圣修德贻贤家声远振祖泽长绵"。

湖北武汉戚氏字辈："子忠庭世开秉熙培学元正大维克明国家定永传"。

河南原阳戚氏字辈："裴朝三学大来殿九绍世德常发祥"。

黑龙江宝清戚氏字辈："明翠金继兴轩"。

福建戚氏一支字辈："悦礼世上奎佰常守宗兴学用智元梦兆嘉盈邦朝"。

云南文山戚氏字辈："阑元登向万国清正家兴顺朝方应海兆进"。

另外，从明代起戚姓家族的世代子孙都要按照原定的谱牒字辈取名，其字辈如下：

贵亨琬钢振　继秉辅师绳

勋安王作国　荣有廷开旼

绪统新祯珮　祝衮绍盛麟

孔爵能俊彦　□冠寿崇昕

（资料有待补充）

二、廉江欧家戚氏源流

先祖龙祐公

吾族先祖戚高公龙祐（1213-1296），系中华始祖戚和公主源下几经战乱和社会动荡逃亡迁徙到浙江一带的戚氏裔孙后人。从祖籍河南濮阳随迁皖（今安徽），再迁至山东登州（今山东蓬莱）。高公由浙江省钱塘县乡贡赐进士后，授命出任广西平乐府同知。绍定年间（1229）先后被授封为押粮官、督粮大夫等职衔。约在1240年间奉旨随军南下，忠于职守。祥兴二年（1279年）元灭金后元军由北向南长驱直下，百万大军围攻临安（今杭州），逐迫宋帝禺逃奔至南粤广东新会崖山。我祖义不忘君，不畏元兵锋刃，赤胆忠心冒险运粮来粤援救义振崖山。宋朝灭亡之后，我祖初隐草场。不久元朝建立，我祖于至元年二十六年（1289）再潜居于新城州背坊，父子家室方得团聚安定与繁衍生息。龙祐公一生赋性刚毅好学，聪明正直，通于神明。居官存守，以孝闻廉，政声颇佳，文武兼备，屡立战功，为国为民，戎马一生。元贞二年（公元1296年）吾祖辞世，葬于城南义塚冈。1993年因政府建设征用地需要，与二夫人李氏同迁同葬于新兴古院后山。多年来我支族后人每年均有人前往拜祭。

我祖龙祐公一生娶妻两室。大夫人王氏生一子名戚一曾；二夫人李氏生四子，即仲豪、仲贤、仲竞、仲杰。我们欧家支族裔孙就是王夫人所生之子一曾之六世祖众兄弟的后裔。但此种说法除新兴古院戚家祠的一副对联上写有"二娇"二字外，还没有先祖娶两妻之说，他们或全然不知，或不认同。因此我们只能就本支族老谱的说法确定认祖归宗为宜。

本支族源流由来与始居地欧家村

吾祖支族六世祖众兄弟与患难与共结拜兄弟的方、赵、黎、梁、吕、宾、何等姓众兄弟（即八大姓兄弟），原居广东佛山，因朝廷苛政，官逼民反，八氏族众兄弟义愤填膺杀死了一个都头，被朝廷通缉追捕，结伴逃难到新会陈仓村。之后于嘉靖元年（公元1522年）又携眷举家结伴南下来到高州府石城县十三都的洋田地区。初来乍到时，先在龙潭鸡乸岭搭棚为家临时居住，一边在浅海捕鱼虾为生计，一边到周边地域物色和挑选建村宜居地。曾先后考察安铺、龙潭、黄盘等地，但均不理想，最后选择在欧下这个地方建村立业。当时欧下一带是一片潮起潮落荒凉的江海滩涂，沙洲堆叠连绵，属于洋田地区，没有村落，只几户欧姓人家依傍着一棵大榕树搭寮棚为家，称之为"无遮坑"。吾祖众兄弟与结拜的七姓众兄弟进驻后，这几户欧姓人家便迁往遂溪下菉另辟新居了。于是八大姓众兄弟便安营扎寨，筑堤修坝、垦滩造田，建村立业，开始了以农耕为主的生活。

欧家戚氏支族始居地——欧家村遗址

迁徙与分布情况

吾祖始居地欧家村地处北部湾海边,是九洲江的合江河、营仔河和安铺河交汇处,地势低洼,滩涂莽莽,被称为"船地"。有外人编民谣唱曰:"欧家佬笨过泥,船面不住住船底"。海潮、海啸、台风、洪水等自然灾害频繁。据史载:仅公元1889年农历6月初6那场台风、洪水就淹没了村庄,漫过屋顶,冲毁堤围,大批农作物和禽畜被冲走、浸死,30%的村民被冲走,连地势较高的戚家祠也被台风吹崩被大水浸塌。场景和损失十分惨重。尽管环境恶劣,但我祖族人却既来之则安之,以锲而不舍、百折不挠的精神,勇于战天斗地,甘当愚公和开荒牛。经过几代人的艰苦奋斗,将莽莽荒滩和累累沙洲改造和建设成美丽的鱼米之乡。

但人丁兴旺之后,日趋感到人多地少,资源不足,活动空间和回旋余地缩小。于是宗亲族人也就分期分批地向异地分流迁徙。也有一部分是由于自然灾害、时代变迁、社会变革和家族家庭变化等原因进行迁徙的。在本次修编族谱中根据调查统计,截至在2014年底,全支族从欧家村迁徙分流到各地的宗亲族人已繁衍发展到35000多人,聚居村庄110条。其中广东77条;广西28条;海南5条。可能还有一些村庄未被发现或未弄清楚,未能统计进入本支族居住村庄之列。各省市(县)戚氏聚居村庄如下:

广东廉江市: 欧坡村、欧下村、塘尾村、白沙口村、茂上村、茂下村、茂东村、洪坡村、里屋湾村、对面村、大坡村、下村、中间村、秀九村、后塘村、双塘村、石牛潭村、戚村仔村、埔仔村、七块仔村、角仔村、排里老村、排里新村、石岩塘村、关塘仔村、三江村、大榄田村、长坡村、荔枝湾村、营仔村、烟墩村、天塘村、井埇村、基围头村、龙眼根村、麻山村、南蒙塘村、担蚬港村、樟木埇村、长山仔村、上角垌村、勒竹车村、长岭咀村。

广东遂溪县: 海滨村、黄桐坑村、西壁村、深沟村、三江村、横仓村、姓戚一角村、上塘村、东港北一村、麻公村、石九村、东港仔村、杨柑村(圩)、红鹅塘村、源港村、下山村、铺仔头村、蛇地头村。

广东雷州市: 中关村、安罗村、大房下村。

广东徐闻县: 北合村、戚宅村。

广东电白县(区):
竹蔗园村、猪仔山村、下平湖村、崩塘村。

广东吴川市: 白水塘村。

广东化州市：龙地村。

广东茂名市：双狮岭村。

广东湛江市：山口村、扇屋村、福建村、黄竹宜村。

广西陆川县：新屋村、大秧地头村、才逢村、车头村、石台村、樟下平村、新屋村、祠堂角村、草塘村、马坡戚屋村。

广西博白：中心垌村。

广西桂平市：石龙新村。

广西北海市：西边塘村、营盘村、旧居廖村、青山头村、后塘村。

广西合浦县：车源根村、九尾坡村。

广西柳州市：石墨东村。

广西钦州市：美竹江村、平天村、平割村、谷仓村。

广西防城港市：簕色葵村。

广西贵港市：戚屋村、北里村、福旺村、塘岸村。

海南儋州市：戚宅村、沙田村、四行村。

海南临高县：新盈村。

海南澄迈县：金江村。

本支族聚居村庄现状、村貌掠影集（排列不分新老、大小、前后）。

廉江安铺欧家村

廉江安铺茂桂路村

廉江安铺欧家白沙口村

廉江安铺欧家欧坡村

廉江安铺欧家塘尾村

廉江横山七块仔村

廉江良垌镇上阁垌村

廉江良垌洪田塘村

遂溪黄垌坑村

廉江横山排里老村

廉江横山石岩塘村

廉江营仔大榄田村

廉江营仔天塘村

广西古城新屋村

广西防城港市簕色葵村

广西青山头新村

廉江安铺里屋湾村

廉江安铺洪坡村

廉江安铺秀九村

廉江安铺中间村

廉江安铺担蚬港村

廉江安铺后塘村

湛江官渡扇屋村

湛江坡头黄竹宜村

廉江石城长岭咀村

廉江横山关塘仔村

海南临高新盈镇

海南那大沙田村

海南抱舍戚屋村

廉江安铺大坡村

廉江安铺对面村

廉江安铺下村

廉江安铺双塘村

廉江营仔石牛潭村

廉江安铺茅坡戚村仔

廉江营仔井埇村

廉江营仔长坡村

廉江营仔基围头村

廉江车板龙眼根村

廉江横山埇仔村

廉江横山排里角仔村

廉江横山排里新村

廉江横山三江村

廉江良垌樟木埇村

廉江良垌长山仔村

廉江勒竹车村

遂溪河头上塘村

遂溪杨柑一角村

遂溪城内塘三江村

遂溪杨柑红鹅塘村

遂溪西壁村

遂溪深沟村

遂溪县源港村

遂溪麻公村

遂溪横仓村

吴川白水塘村

化州龙地村

茂名双狮岭村

雷州杨家大房下村

雷州调风中关村

广西陆川古城新屋村

广西陆川古城石台村

广西陆川古城樟下坪村

广西陆川古城樟下坪村

广西陆川古城祠堂角村

广西陆川古城车头村

广西陆川沙坡北安更坡村

广西防城港籇色葵村

钦州大直充文美竹江村

钦州大直充文平割村

钦州大直充文平天村

广西桂平戚屋村（队）

北海市铁山港区营盘镇西边塘村

北海市铁山港区南康镇车元根村

北海市铁山港区营盘镇后塘村

北海市铁山港区营盘镇旧基寮村

本支族世代字辈序列表选录与今后全族统一字辈表

其一：老谱字辈表

佛	长	维	御	友	世	轫	秀	安
一	德	应	日	振	豪	允	从	荣
盈	凤	仕	秉	思	学	子	高	敏
进	永	保	德	洪	国	起	文	才
爵	均	标	元	那	相	仁	麟	定
大	宜	其	有	兆	培	亚	锦	丙
贤	辅	贤	启	奇	长	秀	勇	志
同	茂	王	光	廷	用	希	汝	可
水	尚	裕	梓	兰	祖	大	宗	君
仰	昌	仲	应	立	燕	鼎	悦	全
耀	日	思	文	庆	戚	廷	国	德
成	俊	桂						

其二：从六世祖起（维恩公分支）

世	子	友	维	应	日	振	允	从	荣
一	仕	凤	秉	思	学	子	高	永	敏

其三：从二十三世起（五世分支道保派）

长房：

鸿裕煜志玉　涵柳云功岐

泽树大芝瑞　靖起日良贞

二房：

江东欣棠奕　连样登正昌

汉柏和胜美　雨林敬成章

三房：

永标灼增锡　源本耀基铭

滋荣旺家镇　泰兴昭华庭

四房：

海桂炽斯且　波材熙安龙

达茂昇秀色　润李晖建忠

其四：从十九世起

有　兆　培　锦　永　标　灼　增　锡　源　本　耀

基　铭　滋　荣　旺　嘉　镇　奉　兴　绍　华　廷

从现在起全支族统一的字辈表：

鉴于本支族各分支甚至各房头的世代字辈，都是各行其事，历来不尽相同。全支族从来也没有一个统一的字辈表。这既不合情理，又不科学。不仅不利于支族谱志（史）的编纂、续修和传承，而且也不利于全支族组织开展联宗祭祖、文化交流联谊等各种活动。还会在无形中人为地影响甚至造成分支、房族之间的血脉相连的亲密感和亲切感的缺失、淡漠，不利于团结和睦。为此本次修谱常委会经过讨论决定：从现在起，本支族各分支、各房族所有新出生的裔孙后人一律按以下世代字辈（派）表取名和排列。不能再各自命名排行字辈表。此前出生的世人其字辈与本字辈表不符的，也可照此更改重新命名字辈。统一字辈表如下：

21	22	23	24	25	26	27	28	29	30
培	锦	永	柱	熙	嘉	钦	济	权	焕
31	32	33	34	35	36	37	38	39	40
喜	铭	泽	东	炳	圣	鉴	浩	本	煜
41	42	43	44	45	46	47	48	49	50
增	锐	清	栋	炫	坚	锋	润	彬	灿

三、本支族历次谱序

广东省廉江市欧家戚氏族谱序

　　天下为之而不可传，传之而不可久者，非善举也，为之而可传矣。而或听其残缺传之而可久矣，而或任其散轶，亦非善举也。若夫为之必可久，且为这可传，而不忧其残缺，传之可久而不虞其散轶，则莫如修族谱之一举也。闻之诸侯有国乘大夫，有家乘，家之有谱，夫国之有史一也。谱溯其本源，叙其世系，别其尊卑，联其支派，昉于作史者之追言其始遂言其终，详陈其事，备载其言，故家之有谱，为必期其可传，传必期其可久，绵绵延延，继继承承，岂寺代之所哉然，代有闻人，时而修辑之，为之可传者，未必果能，之可久者未必果能久也。邑欧家戚氏之有谱吾穷闻。

　　可以传之可久也，余廉江三与仁山戚公订交相得如。

　　欢仁山石邑日经士也。系出家天性淳笃博学能文有谱成出城呈其谱以质余。余详阅其谱谓有三善焉遵用贤轨式一也。阙疑二也，简而明三也。穷其源委。综其始终凛先人之遗训，谱世代之源流，纵横互相表里详略务归确当图序井然。规条不紊，世数虽远一按图而瞭然在目，代家学之渊源所由来者远也。一门阀阅前后谱序详哉。其言之矣，余不复赘今仁山恐为之可传者。不能保其无残缺也，传之可久者，能保其无散轶也。于讲读之暇复续而修之，俾永年代宗支出于欧家戚氏者骨肉之惠不江薄也。孝悌之行不缺也。昭穆之序不混也。乡邻风俗之美犹及可见于戚氏一门之父父子子兄兄弟弟也。吾将谓为之真可传。传之真可久，于仁山之续修族谱见之，四方君子有志本源者尚其知所法焉是为引。

　　道光元年岁舍辛巳一阳之月朔日吏部勒授文林教谕衔兼管石城训导事截取知县癸酉科拔贡王公墀拜序

欧家戚氏修族谱序

　　谱牒之作非徒以志蕃衍也。盖将以联一本之谊使之继继承承笃孝思于不匮，亲族朋伦宾本于此，谱之所系不綦重哉。我族自太祖肇基以来，世衍尽收眼底香，家传孝友，谱牒所载，亲爱昭焉。兵灾以来，简编间有缺，人犯犹赖二三老成。如：司训维恩公，廪生应明公，暨先权廪生希孔公，后先继起，屡经修辑。然或创矣，而未成矣，而未备，

我族父老念一本非谱不尽之说而推之。保无有自一人之身分而视若涂人乎，慨然命荣续而修之。荣才识学陋。敢凭臆见，穿凿于其间哉。亦惟兴我族侄孙互相参订。属恪遵成式不支漏，上承列祖，下续新支，按世次以秩，昭穆随伯仲以序，尊卑，凡谱图谱例以及族规行述等，勤成一书，俾后之贤能振兴者，永永年代世守勿失于此，以稽世而考行念祖以修德是则其所厚望也。

道光四年岁舍甲申仲冬长至日岁贡生十四世裔孙汉荣顿首拜撰

谱　例

一、谱图自一至五，法五服之义也。自五至九谱九族之义也。由九至十三世以后，咸依此义。此欧阳氏式也，凡图谱胥仿诸此。

二、谱必书讳者何，盖临文不讳，子修父，孙修祖，例不必避，以示子孙得有所孜及命名不至冒犯昭其慎也。

三、谱何详所娶也，有夫妇然后有子孙，阴阳合而万物生，所以重阴教也，频繁之所主，子姓之所蕃，可不谱诸，至过人之女彼自谱故不著。

四、谱注世数，所以序昭穆也。注年龄所以别尊卑也，注坟墓所以笃孝思，杜侵占也。

五、谱也承入继必书俾后人知得所自出迁居外游必书俾民地知查本宗。

六、谱详行事何也，莫为之前虽美，弗彰莫为之后虽盛弗传诗曰：无念尔祖聿修厥德谱之所示子孙无黍所生焉。

七、谱不可无者规条也。国有国政，家有家法，规模远者泽必长法制明者族必大故规条所必谱。

八、谱有孝悌贞烈必加扬，以劝有不孝不悌以及悖伦乱纪者，必削则于本人名下书违训削三字以示戒，其子孙率德者收复。

九、谱有权书养子者，皆因一时之乏嗣，取承宗祧恐血脉不通难以格祖其子孙止许入祠不许主祭。

十、谱凡妻妾婢出必书所以严庶嫡之分，夫死妻若他出，则削以惩失节。

欧家戚氏续修族谱序

时维辜月，岁在己巳，感霜露之既降。而不觉有思于木本水源也，曰：人生天地间，始祖为先，则知绵绵縓縓皆本血之相牵，一气之相传也，兹我太妈祖讳戚高公以至六世肇基祖，自新会迁欧家，分支以来，迄今已经数世矣，第节远年湮，世祖名某讳无传考之，既无可徵，验之又无足据，已往者难追矣，倘不自今日续修及坠后代子孙，何以支派之分，亲疏之别乎，是以吾等，自十七世尚字辈，至二十一世培字辈，续修族谱以为流传后世，纵有迁居别处，庶百支知归一本，万派识以朝宗，世祖名讳，可览而知尊卑老幼，秩然不紊，子子孙孙，相传勿替，谨赋数言，别为次序。

此谱仝搜辑是岁在于民国己巳年十九世裔孙业于派名德盛别字昌五童试赵郡城屡获前茅之选，生平苦志，驾学讲学舍于装养正轩教授子弟与族老诸位公叔兄弟斟酌即于望于塘本村续纂修编校仝参订。

重修族谱叙

考我戚氏族谱，肇造之初，始于司训维恩公，继而廪生应明公，又继而贡生汉荣戚贤等诸公，念一本之谊，不惮辛勤，几经劳瘁，搜罗散轶，其中昭穆，叙次世注分明。规条已备矣，迄今数十余载，披谱重修，率由旧章，岂容多赘，娄述乎哉，惟戊午冬登祠谒，

祖先见祠之四墙颓塌，堂殿坍葺，不禁扪膺窃欢向二三老成商酌，为修祠之举，成哉难矣，遐想祖祠，迁建于熬是、川坡，不过十有余秋，费赀数千余贯，今忽榱桷朽腐，瓦砾坠地，他风飘水残沙土雍埋，神主渔鱼，为儿孙者，谁不痛心哉，孙等二三同人，于己未春，遵续谱之命，中秋录正，谋议移祠，革故鼎新而蒸尝有限，资斧无由纠同各房筹划善宜照谱抽丁共成厥事，老少咸依，毋敢稍异，采择吉地，各村均非其宜，西于七块仔村相德公遗址，又得光月等后裔送与太祖造祠，佳处立碑，永志俾世子孙，勿替其模也，于是运砖搬瓦，鸠工铺砌，是岁仲冬望一告竣落成，庚申之重季春朔七也。窃幸集腋成裘，积攒成山，各房长幼咸登拜舞，雍雍济济，共攀雅致，此民山明水秀，茂竹修林洵拟朱之学堂程之华厦，为万世之古迹者也。孙妄凭臆见，不揣鄙怀谨志谱以俟有识沐手撰云。

十七世孙士达顿首拜撰

辛酉春续谱编录

十五世孙国学生爵珠　十七世孙国学生维藩

十七世孙郡武生汉扬　仝修辑

十六世孙　元会　十七世孙　文辉　士达　仝参订

十六世孙　元标　十七世孙　文田　仝校录

戚氏族谱续修序

一气未分，无极含太极之秘，两仪既判，太极泄无极之奇，混混尘环，轻清升天，渺渺洪荒，重浊者地，由是阴阳之生也，日月行焉万物育焉。

盘古开天，伏羲画卦，暨三王，传五帝，分邑野，号都城，姓氏有之天下为之，为之而至可久，莫如修谱以举之，阐先人之本，续后世之源，将继往开来，无往而不胜也，有怀投笔，广舒雅集，溯渔洋修契宾谷题襟，千秋胜概，补柳扶桑，次开庆升平之景攀龙，百世流芳附凤，喜占鳌头之上，扬华稿藻，无常胜数，雷塘泛酒，蜀井平泉。

戚氏一脉，渤海流源，山东蓬莱戚家庄，戚高公任宁督粮大夫，威武纷纷，湛恩汪洋洋溢乎方外，生二世讳一曾，生三世讳陈兴至四公三思讳侯保、道保为四世分支之祖，侯保生佛成、佛养、元通等，道保和舜元公谥今五世佛成所生五子，皆世美、秀美、广爱、子美、德美，又佛养生一子名曰：南轩，此皆为六世之祖也。

源远流长，枝盛叶茂，在嘉靖初年，寓居新会埇村，后移居于高州府廉江县宁十三都欧家村聚族落业，时则兴阴似箭，日月如梭，物换星移，寒暑几度，尔后子孙蕃盛，相相继继，先先后后，由欧家分居各地，斯时雁行，折翼，彼去此留，或士或农或事工商，落落豪鸿，便别有晴川，若效扬郎尽义而不克，要作宋祖钟情也。没能云无心而出岫，鸟倦飞而知还，依然尧天舜日，击水三千，扶摇九万，幅幅彩图，呈眼底，豪瑞高峡出平湖，望兄弟共步讯笙霄汉，渤海流源，新会分支，宗功祖德，何其远大，欧家聚族，各地落业。子肖孙贤，不啻荣华，实祖宗德，泽之所遗也。

水远山遥，岁久月长，众睹公之遗谱，残缺散轶，而不传，传之而不久，为沾世祖德详而思谱，物靡不得其所，为独曷为遗已。举踵思慕，若枯旱之望雨也。裔孙有业，有芬有民，兆琼、兆伟、亚晚、培材、培英等，邀集各房父老，诸兄昆弟，筹议，品高

公派下一精心务为，至丙寅年腊月修辑翻印竣美，呈其诸余，并作序，详阅其谱之图序，了然在目，二册纪成一帙，不愧有志本源正英才共济，帆桅连归。看今朝璧合珠联，斗志宠猷，俾资万世之流传，欧家戚氏骨肉之恩，非轻也，笃兄弟之情不薄也。昭彰之序不紊也，戚氏之风永扬也，欧家之谱可久传也。遗显号于后世，美德布于子孙，谈笑有鸿儒，往来无白丁，无丝竹之乱耳，无案牍之劳形，愿戚氏子孙雄居世界姓氏之林，富过胜过比尔盖次贵地皇亲国戚，余之所作非是无端搔痒，聊将笔谈，原属有故虑情，文章憎命，难求锦纱之编诗书拓我终歉蠢笨之言，法作将成，漫谈字字如珠，言也有方，差幸句句是实，敢曷鄙试恭疏短引。

戚家渤海有由来，氏从新会一脉开。高竭他年督粮道，公封指日拜将台。

族中古今多俊杰，谱上春秋显奇才。增笔欣挥鸿图业，修编双成永世藏。

中华人民共和国公元一九八六年岁次丙寅季冬月，二十一世裔孙 培英拜撰

计开丙寅届修谱人员名单

纂修： 十九世孙 有业 二十世孙 瑞辉 兆忠 二十一世培堂 培英 培才

主任： 二十一世孙 培铿 十九世孙 有民 有芬 二十一世孙戚晚

编校： 二十世孙 兆琼

财会： 二十世孙 振泰 二十一世孙 培槐

筹委： 十八世：士贵 十九世：有业 飞雄 有廉 有民 有芬 二十世：兆伟 兆忠 南国 兆般 振泰 兆琼 汗南 瑞辉 兆爵 华有 兆如 振宏 祝文 兆波 振芳 瑞辉 兆忠 华友 二十一世：培槐 培堂 培英 培才 戚金 培成 戚晚 培茂 培寿 培祯 戚章 二十二世：汝龙

房族分支谱序选录

续修戚广爱公房谱序

按欧家戚姓一世祖高公，传至五世祖佛成公，所出五子，广爱公其三世也。公在嘉靖初年，自新会陈村移居高州府石城县宁十三都欧家村，厥后子孙众多，分居于石岩塘、埇仔、龙眼根、里屋湾等处，源远流长，枝蕃叶茂，实祖宗德泽之所遗荫世也。乃世远

年湮，诚恐散轶而不传，传之而不久，汝焕、兆经、兆光等有兄及此。爰邀集房内诸父昆弟酌议，于族谱未修之前，先行续修广爱公房谱，以示一脉之宗。至民国二十八年冬，修辑竣事，呈其谱以资余，併况作序，详阅其谱之图序，必准以五世者，盖以五世则祧故世也，其中父子鱼贯，兄弟雁行，井井有条不紊。由于彝伦攸叙、厥后克昌，子孙绳绳，科名济济，衍麟趾，绵瓜瓞，奕万世于无疆矣。故为之歌曰：云山苍苍，江水泱泱，戚氏之风，山高水长。是为序。

中华民国二十八年三冬下旬廉江县第四区党部莫炽章敬撰

土益　有明　有顺　汝梅　有甫
兆玉　兆璇　桂开　培材　培春　仝纂修

陆川戚祥家族谱序

恭维：

太祖，万世之始。戚高公又名龙祐公，明朝科名，殿举进士，品级尊荣，官居显贵，任总督大夫官；戚氏一脉，渤海流源，山东蓬莱戚家庄，至二世一曾公，三世陈兴公，三公、四公、四世三思公生五世长公派下，长公在嘉靖年（公元1521年-1566年）初，寓居新会陈埇村，后分居廉江安铺欧家村，聚族落业，至六世长公四子继宗生七世道全公，在良垌上阁垌落业。道全公生八子，我开居祖宗盛公属八世第四房，初定居洪田塘及南那山村。南那山已荒废为坡地，今在长垌尾、山寮尾、黎明场定居。源远流长、光阴似箭、日月如梭、物换星移，由八世宗盛公派下，今已二十四世，经历十七代历时四百多年，分居各地。但十二世祖日义公，生七子其后裔十七世共六、七十位香灯，其中十七世香灯有20多位，不见其香灯有传承。或天灾、人祸、疾病或迁移到其它地方落业，个中原因也没有一字半句记载其后裔去向，族谱只能修到其后裔十七为止（十七世的时间约为1850-1873年左右，即为晚清时期）

但愿今后，世世代代，相相继继，子孙蕃盛，人才辈出，承蒙宗祖庇荫，集天地之灵气，优良传统基因得以承传，孕育的后裔，文如泰山北斗，武能封将，农五谷丰登，商富可敌国，纵横中外，标鼎史册，造福宗族，德布天下。

由年湮代远，查阅诸公遗谱，残缺散轶，个中来龙去脉难于辨别，男缺名讳，女缺姓名，裔孙学识浅陋，水平有限，精心务至，谨按原谱记载抄录和收录，也难免在收录中有错漏，敬请先辈舍凉，后辈凉解。

修谱为追根溯源，扬宗功祖德，阐先人之本，续后世之源，渊源有因，世代有序，为不检者，必有其因果，恳望后辈子孙，修身积德，和谐处世，好人有好报……

——洪田塘村二十二世孙锦斌于2013年10月，根据宗族谱及二十一世祖培贤公于2015年3月所收录本村族谱进行重修。

附：戚氏字派表——由十九世起——

有 兆 培 锦 永 标 灼 增 锡 源 本 耀
基 铭 滋 荣 旺 嘉 镇 奉 兴 绍 华 廷

据了解，本支族健在最老字辈宗亲系"仕"字辈，十八世祖，其中廉江车板镇龙眼根村有3人；最晚生裔孙字辈系"树"字辈，属29世孙。其中，湛江官渡镇扇屋村就有10多人。

关于方赵黎梁吕宾戚何八大姓结拜兄弟之说

是天生的结缘，让方、赵、黎、梁、吕、宾、戚、何八姓众兄弟，长期同地域相处，互爱互助，患难与共，同舟共济。久而久之，就变得彼此相守、情深意厚起来。于是心灵相通之后便结拜为兄弟。据说结拜的仪式虽很传统，却十分纯朴而庄重。这种结拜兄弟由来已久，源远流长，起码有600多年历史。1522年南下之前八大姓兄同居于广东佛山。由于朝廷苛政，官逼民反，众兄弟打死一个都头，被朝廷通缉追捕，结伴逃往新会陈仓驻足。后于1522年便携眷举家南下来到当时的高州府石城县十三都的欧家之地。以后又是一起同谋生计：一起修堤筑坝，垦滩造田，建村立业。同垌而耕，同村而住，同办红白喜事，同庙立神而拜，团结和睦犹如同族同姓，亲如一家，并相约互不通婚。这种公约与守则在繁衍生息，人口往外迁徙之后便日趋松动、疏散。但至今八大姓兄仍称兄道弟，友爱相待，相敬如宾。因此多年来有识之士曾建议修建八姓宗祠和编纂八姓流谱，甚至有人开始筹谋。但种种原因未能如愿以偿。进入改革开放，民族复兴昌明盛世之后，更有不少人士建议修建八姓纪念堂。以纪念这种多姓氏族团结之盛事。

四、百姓宗祠

重建戚家祠序

考我高祖戚龙祐，祖籍河南濮阳，迁居于山东蓬莱。南宋时龙祐高祖授督粮大夫、押粮官等职衔，因朝廷内乱，政局不稳，隐居于广东新会陈埇村。其长夫人王氏所生的后辈裔孙六世祖众兄弟，于明代嘉靖初年（1522年）移居安铺欧家村安身立命开创以农耕为主的基业。繁衍生息，人丁兴旺之后，再分居粤、桂、琼三省各地，拓展戚氏家族聚居地域、基业及氏族文化。

戚家祠始建于清代康熙初年（约1662年），祠址在欧家鳌川坡。戊午年（1857年）被洪水冲毁。己未年（1859年）父老宗亲筹资迁址重建于七块仔村之右。戚家祠曾是抗日游击战争和解放战争时期我地下党的秘密交通联络站（代号："四川站"），是收税征粮站和医疗救护站，为抗日救国和解放事业发挥了应有和特殊的贡献。1958年在大跃进、大炼钢铁中，该祠毁于一旦。天灾人祸，一再毁我祖祠，戚氏裔孙无不痛心疾首，仰天长叹。

此后之四十年间，戚氏裔孙每思"羊有跪乳之恩，鸦有返哺之义"之时，无不感怀我祖功名显赫，德恩浩荡，当重建新祠祀之，以告慰在天之灵，荫庇胤嗣。且随着光阴之荏苒，众亲建祠的情义之心与日俱增。步入二十一世纪后更是日趋热切，刻不容缓。中有裔孙大榄田村戚强，更是深明大义大孝，率先垂范，献计出资，并多方邀集各父老宗亲、有志商贾贤士，共商重建戚家祠之大事。不日便成立了以戚柏为首的建祠领导小组，开始筹建工作。继而各地实业志士和经商老板、国家工作人员及父老宗亲氏民纷纷出谋献策，踊跃捐资。众志成城，聚沙成塔，集腋成裘，共筹得专款200多万元。七块仔村全体村民更是积极响应，廉价让出土地作新祠永久用地。于是谨择吉日良辰，新祠工程项目正式举动：公元二〇〇五年十一月二十二日即农历乙酉年十月廿一日寅时破土奠基，公元二〇〇五年十二月六日即农历乙酉年十二月初六寅时行砖兴建，公元二〇一一年十二月三日即农历辛卯年十一月初九日进香陞座庆典。至此，瓜熟蒂落，水到渠成，大功告成，如愿以偿，人心欣慰。

重建的戚家祠，高17.3米，长37.3米，宽34.1米，建筑面积3700平方米，是一座融古今宗祠风格于一身，既古色古香，又富现代气息的二层宫殿式楼宇。新祠设计得体，布局合理，架构雄伟，气势磅礴，格调高雅，质感隽永，雍容华贵，金碧辉煌；山门洞天，威严第府，朱柱挺拔，楼宇巍峨，亭阁轩昂，殿堂宽宏，牌坛壮观，飞檐流彩，壁廊迴荡，台阶序列。门口麒麟在此，如意吉祥。门前民族英雄戚继光巨像高高耸立，正气凛然，义薄云天，更显伟岸与豪气。宽阔的宗祠文化广场及宗祠四周，名贵树木（裔孙戚来捐赠）扶疏叠翠，相映成荫，四季长青，郁郁葱葱，环境清新而优雅，气氛肃穆而幽静，步入此祠此境，无不令人肃然起敬，心旷神怡。

戚家祠劫后重生，重建于改革开放，民族复兴，建设和谐社会之昌明盛世，雄居廉县腹地，揽尽天时地利人和，胜状凸显：宗祠座北向南，背靠大龙山，居高临下，伏案三重，视野天阔，犹如吾祖正襟稳坐交椅，高瞻远瞩，笑看风云，评点江山，激荡情怀，憧憬未来；大门之前母河九洲江横流而过，江流如练，波光粼粼，熠熠生辉，昼夜不息吟唱奔腾而去。川流归海，正是人心所向，众望所归；祠之东毗邻325国道，祠之西紧靠湛渝高速，不仅交通便捷，更是虎踞龙盘，福气聚汇，紫光弥满的风水宝地也。实为湛廉域内融自然风光与人文景观于一体的宗祠文化之鸿篇佳作，也是新生的非物质遗产之一奇葩。此后定当金炉火旺，玉架烛明，千秋万代，绵延永继，人气鼎盛，大放光彩，为我戚氏裔孙弘扬敬仰,并为天下世人之瞩目与颂扬。

恭疏短引,是以为序。

戚氏裔孙　戚一瑞　戚培仁　戚培英　戚德恩　拜撰

公元二〇一一年六月八日

戚家祠及其变迁情况

我欧家支族的首座百姓宗祠——戚家祠，始建于清代同治末年（约1873年），地址在本支族始居地欧家村之东的鳌川坡。该祠砖瓦杉木结构，建筑面积不足200平方米，是一个规模较小的祠堂。装潢也不华丽，外观亦不堂皇，却肃穆庄严。该祠建成后只有十多个春秋，就于1889年农历6月初6被一场百年一遇的台风洪水海潮吹坍浸塌。其毁坏状况十七孙戚士达在老谱的《戚氏族谱叙》中有记述："四墙颓塌，堂殿塌茸""椽角朽腐，瓦砾坠地，风飘水残，沙土壅埋，神主渔鱼，为儿孙者谁不痛心哉"。建祠耗资和寿命也有记述："不过十有余秋，费资数千贯"。

鳌川坡的戚家祠被毁没多久，族上有识之士戚士达等人，就在筹谋重修族谱的同时，商议重修戚家祠事宜且达成共识，并很快就开始密锣紧鼓筹建：祠址从欧家鳌川坡迁往七块村之西相德公旧屋地。建祠用地是相德的后裔赠送；建祠资金来源除了蒸尝提供小部分之外，大部分"照谱抽丁"，按男丁人头分担。该祠是砖瓦杉木结构的"四檐齐"式的祠堂。祠址地域山明水秀，茂林修竹，山泉飞溅，环境宁静幽雅，胜似学堂华厦。上座入伙那天，各房老幼前来拜舞，雍雍济济，共攀雅致，十分隆重与热闹。但好景不长，该祠建好不到80年就在1958年的全民大炼钢铁中被拆掉。天灾人祸一再毁我宗祠，宗亲族人无不痛心疾首，仰天长叹。但氏族百姓不可无祠，先祖忠魂不可无家。吾族宗亲虽受挫折却不气馁。时时都在商议重建新祠事宜，而且日趋热切。新祠于2005年开始筹建。祠址以原七块仔戚家祠遗址为基础拓展地盘和建筑面积。建祠资金主要有两方来源：一是戚氏企业家、商贾老板捐赠；二是照谱抽丁按人头承担一点。聚沙成塔，集腋成裘，积攒成山。由于由戚柏、戚强、戚培仁等人组成的建祠理事会的坚强领导和筹谋，一批包括村干部、退休人员和有识之士及热心人士的参与和运筹，广大宗亲氏民的热情大力支持，经过近六年的努力，终使重建的戚家祠以崭新的面貌耸立于廉江腹地，展现在世人面前。重建的戚家祠建筑面积3700平方米，是既古色古香又富现代气息的二层宫殿式楼宇。宗祠巍峨、雄伟、壮观、威严、高雅，不仅在廉江、湛江地区颇具名气，广受称赞，就是在全国各地戚氏宗亲中也获好评，影响很大。新祠开座入伙那天，来自全国数千名戚氏族人和非戚姓宾客，会聚一堂共同祝贺，共抒雅致，热闹非常，场景动人，盛况空前。对重建戚家祠的情况，今次修谱已录入本族谱本篇的《重建的戚家祠序》中有较为详尽的描述。在在本族文化篇的宗祠文化栏中也以《戚家祠是一座革命的义祠，忠义之祠》为题撰文记述，在此就无需赘述，以免重复。

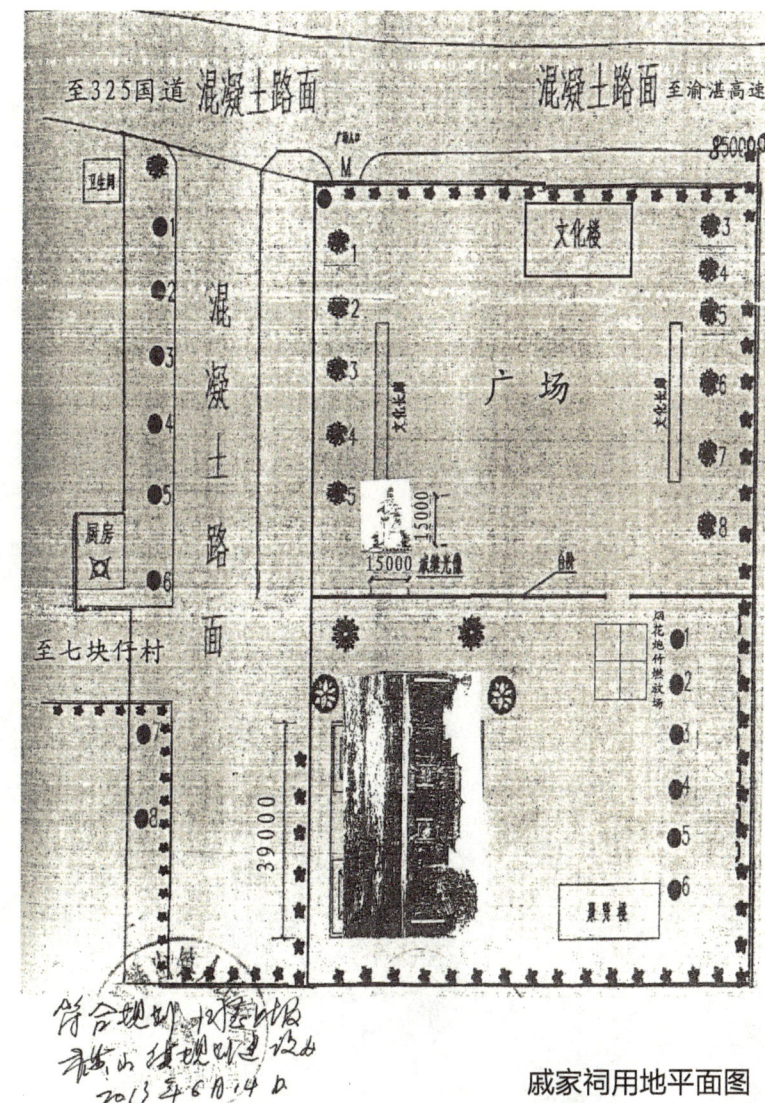

戚家祠用地平面图

第一座戚家祠遗址——欧家鳌川坡

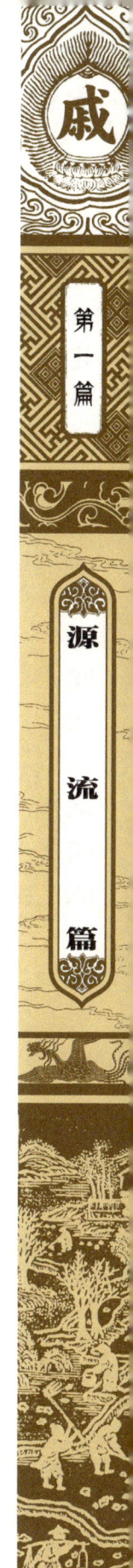

戚家祠——雄伟幽雅的百姓宗祠
——从不同角度摄影的照片中看戚家祠的景观

第一篇

源流篇

铁观音树

用 地 合 同

七块仔村　　　　　　　　　　　　（简称甲方，下同）
重建戚家祠筹委会　　　　　　　　（简称乙方，下同）

现乙方受戚氏族亲委托，需要在原戚家祠旧址扩大重建戚家祠用地面积，经甲、乙双方议定，立合同如下：

一、双方议定在七块仔村大龙山南屋仔岭，原戚家祠旧址重建戚家祠，需要用地面积扩大到贰拾亩（20亩）界至东西宽100米，南北长132米，总面积为13200平方米（含原戚家祠旧址面积在内）。

二、用地补偿金计算办法：经七块仔村干部、各户家长和重建戚家祠筹委会领导代表会议，共同议定：每亩山地应付补偿金人民币陆仟元正（6000元），（含山地青苗款在内）。

三、扩大戚家祠旧址用地面积约贰拾亩（含戚家祠旧址面积在内），经双方签字之日起戚家祠用地的使用权和管理权永远归属戚家祠所有，世世代代共同遵守，任何人不得侵犯或占用。

四、甲方接到乙方用地通知时，必须在七天内自行处理完用地内全部青苗。乙方在施工中若出现群众纠纷，由甲方负责处理，所需一切费用由甲方负责。

五、乙方待甲方处理完青苗，交地给乙方使用之日起，乙方先付给甲方用地补偿金总额的50%，待乙方用地面积平整完毕后按实际用地面积每亩陆仟元（6000元）补偿金付清给甲方。（另付伍仟元于人青苗费由村干部统一处理）

安铺戚家祠

安铺戚家祠是欧家戚氏支族长房世美公家族修建的百姓宗祠。该祠建于民国15年（1926年），祠址位于古镇安铺城南区的林家祠右侧。占地面积约800多平方米，建筑面积约300多平方米，是双瓦面的砖瓦杉木结构，属于会堂式宗祠。建祠的资金来源主要靠世美家族的蒸尝开销。据说兴建安铺戚家祠，不仅耗尽该家族蒸尝多年的积蓄，而且还赊材料、欠人工费等负了一笔不小的债务，宗祠建成若干年之后才逐年分期分批还清。该祠的产权和使用管理权属世美家族所有。祖祠的殿堂宝座也只供该家族先祖英灵入座，每年祭祖也由该房族人自主安排和进行。解放后由于时代的更替，政策法律的转换，该祠的产权和使用权也收归政府，由当地政府调拨给企业或有关单位使用。新中国成立之初曾在这里办牛皮厂，1962年安铺镇民办中学搬进祠内，1980年拆除建棉织厂。（1986年版的《安铺镇志》有记载）。

里屋湾十一世祖日迎公祠堂

茂名双狮岭村戚氏祠堂

广西陆川北安村更坡戚氏宗祠

广西陆川马坡硃砂村槎江戚氏宗祠

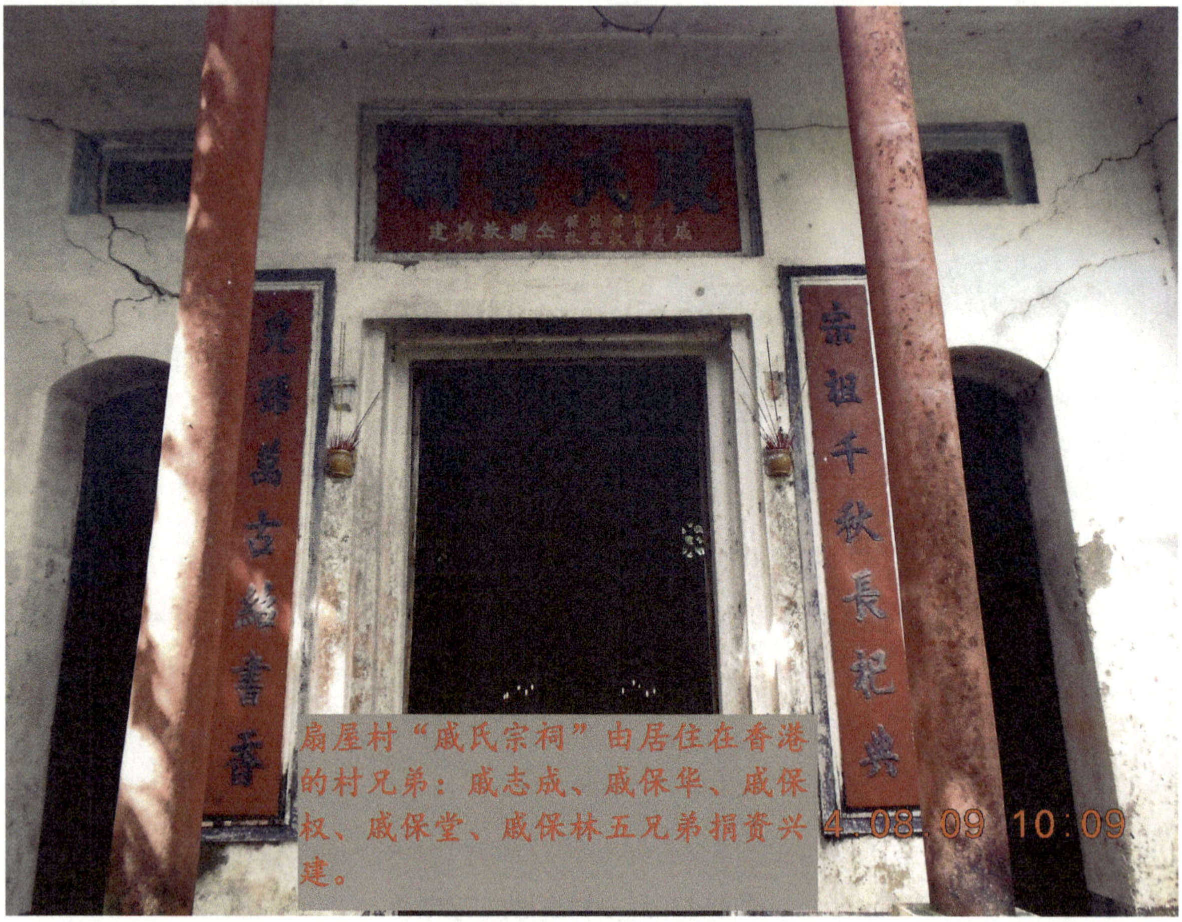

扇屋村"戚氏宗祠"由居住在香港的村兄弟：戚志成、戚保华、戚保权、戚保堂、戚保林五兄弟捐资兴建。

戚氏宗祠

白水洋镇戚公祠

戚公祠简介

戚公祠是纪念民族英雄戚继光,在当年庆功的山岗上修建的。戚继光是明代杰出的军事家和诗人,他的伟大功绩是平息了骚扰沿海多年的倭患。

戚公祠是由祠厅、平远台、蓬莱阁、醉石、文光塔、醉石亭、万象亭、榕寿岩以及补山精舍等景点组成的古园林式建筑群体,自清朝至今,历经兴衰。1933年十九路军将领为激励全国民众的抗日斗志,集资修缮,并增加了许多有关抗日内容的题刻。解放后,政府重视文物保护工作,多次进行修建。戚公祠范围扩大到4489平方米,列为文物保护单位。

戚公祠简介

同属龙祐公派系的新兴古院村的戚氏宗祠

同属龙祐公派系的开平高园村的戚家祠堂

五、源流考

关于中华戚氏源流之说

树发千年皆有根，水流万脉岂无源。自尧舜禹汤文武列国始，吾戚氏源远流长。时至今日，统宗支迁分部全国，据不完全统计，全国已有戚氏总人口约36万。吾族戚氏原是较早的一大姓氏，由于朝代更迭，几经变迁，在繁衍生息的几个时代遭到了迫害、封杀和争斗，颠倒历史的真实性，出现了多次波折，使得各支系宗亲流离失所，但同时我们戚氏历代先祖以强有力的斗志精神，创造了戚氏民族大文化，出现了许多名人志士，为国家社会和戚氏做出了巨大贡献，并激励戚氏后裔"振兴家邦，以戚氏为荣，世代传承"。

俗话说的好，"水有源，树有根，根深则叶茂"，在国家昌盛、民族团结、社会和谐的今天，各地的戚氏后裔念念不忘万脉源流，渴望有一个真实历史，寻回流失后裔，圆寻根求源之梦，谱写正确源流，彰显戚氏大文化。为寻根求源，详世系，明亲疏，知木本水源不可忘，2009年至2011年山东大沂蒙支系宗亲会同全国各支系宗亲，共商戚氏大计，并进行了全国万里行各地考察活动，经过走访考察，得到了各支系的大力支持，获得了老祖宗留下的宝贵财富资料，同时也感受到了戚氏宗亲的尊祖敬宗，团结互助，尊老爱幼，诚信厚德，大爱无限，宗亲一脉的亲情，特别是在各地走访考察时了解到我族宗亲在各行各业中出现了一些有识之士，可谓是吾族人丁兴旺，人才辈出，实乃中华之望族也。经过两年的大考察，行程数万里取得了很大的收获。并于2011年11月19日在（东海郡望）山东省临沂市召开了"中华魂·根脉情"首届中华戚氏宗亲联谊会，中华戚氏文化研讨会第一次会议。参加会议的来自全国各地七省市地区支系宗亲代表120人，经过两天会议的讨论表决通过了撰修全国统谱倡议书，通过了以四川老谱为主干线续修全国统谱。表决、选举产生"中华戚氏宗亲理事会""中华戚氏文化研究会"，通过了中华戚氏理事会章程及今后的工作发展计划、工作目标及今后任务。

按照会议要求，为撰修完成好中华戚氏大统谱这一历史重任，做好充分准备，并有准确性依据，中华戚氏宗亲研究会组织部分专业人员，戚延权、戚思富、戚立德、戚建

生、戚兆祥、戚家贵、戚鹏、戚磊等人对戚氏源流及老谱进行了考察研究，并作了细致的分析和定理。经过我们的考察研究，推理定理，确定历史和老谱的一致性。经中华戚氏宗亲理事会商定，批准制定出《中华戚氏源流图》，并公布于族中。全国各地各支系依据《中华戚氏源流图》寻根接源续修家谱。从老谱的记载，可分为三个段落，一、戚氏渊源始赐姚姬世系共四十八世，至周王赐姓戚，历经尧舜禹汤周；二、从戚氏得姓起七十八世，历经春秋列国秦汉晋唐宋元明；三、以下是各地迁徙世代，迁徙时间的不同，各地派语不同，世系也不同，从戚姓得姓一世起，至今全国已查到最晚辈世系一百零四世，符合发展规律。

据戚氏老谱记载，戚氏自始赐姚姬起，按远祖黄帝三世颛顼帝（原系姬姓，姬姓是黄帝居住地姬水而得姓），配邹屠氏育九子，长子骆明，次子苍舒，三子推恺，四子祷战，五子大临，六子庞降，七子庭坚，八子仲容（仲容具有贤能，称齐圣广渊，明允笃诚，谓之八恺），九子叔季。按仲容为一世祖，一世祖仲容配邹余氏育庭胡，二世庭胡配有林氏育清迎，三世清迎时帝舜赐姓姚氏配龙毛氏育瑞，以姚姓传承后世共32世。前1024年，武王封邦建国，三十五世元灵公时迁江苏育子辅国，辅国配姬寿昌之女腾英育子玉星，赐姓姬（前996年）且以姬姓传承后世。辅国迁豫章时隔六世至前820年，公与吴不睦。四十二世康公时随嫡卫士（卫国史纲要记载，康叔封卫国后，卫国是周王室一个直属军政机关，也是周王室军队"八师"驻地，哪里有战争，就派往哪里），迁河南汝宁府古名汝南离省四百里，楚宋累战桐柏山卫侯命康公往说，罢兵二十余年未寇，功归于公，卫侯故以戚邑之地与为封邑（河南濮阳戚邑）卫大夫康公获邑，配熊氏育容三星二福（西周分封制记载，西周的土地和人民都由周王以天下大宗的身份分封给各个诸侯，诸侯又把自己的封地上的土地和人民分封给卿大夫与士。周王室以邑社为单位，由各级贵族将土地分配下级农户耕种）。时隔八世到四十九世姬和公配卫氏育三子（前629年），时遇卫成公迁都（从楚丘到帝丘）廷居濮阳之地。《老家谱》记载，（前616年）时京师荣侯入奏周王，凡赐姓者尽改免诛三族，（卫康叔世家记载，周王姬姓只有君王嫡系后代传姓，次支后世系尽改赐姓，赐姓免诛三族）。周王指戚邑更姓姬和公为戚，和公为戚氏始祖（一世祖）配卫氏育三子。未几十载卫献公时孙林父为占封地，孙使尹公佗夺居戚邑，逼和公自颈花园，二子遇害，三族多诛，逃出少子玉奔定陶古兖州，属山东曹州府东南四十里，古名济阴即其地也。

注：以上老谱记载就是说，我们都是炎黄子孙，我们按远祖记载黄帝之孙颛顼帝之

八子仲容为一世祖（见始源世系排列图）已姬姓传世到三世祖迎清舜帝赐姓姚，此已姚姓传世。传至35世元灵公，迁江苏育辅国，时逢武王封邦建国，随周章迁豫章（吴），辅国配姬寿昌之女，赐姓姬，后已姬姓传世。时隔六世，四十二世姬康公与吴不睦，随嫡卫士迁河南汝宁府，大名汝南，南阳（离省城四百里）。楚宋两国交战桐柏山，卫候命姬康公往说，兵罢二十年和平相处，此功归于姬康公，卫厘候故已戚邑之地为封邑于卫国大夫康公，康公获邑配熊氏育容二星三福，见图二（周公封制记载，西周的土地和人民都由周王以天下大宗的身份分封给各个诸侯，诸侯又把自己的封地上的土地和人民分封给卿大夫与士。周王室以邑社为单位，由各级贵族将土地分配级农户耕种，并纳粮上贡）。戚邑之地从历史资料上查看，历代是繁荣小镇，是卫国北大门户，战略要冲。因此卫厘候封戚邑于康公是保国守疆，并修建城池，加强防事。从历史考古和卫国史纲要查看，戚城是西周末年修建的，也就是说吾先祖封邑后，因卫国的需要而建戚城（见图戚城考）。到了春秋战国时期，戚城是赫赫有名的城邑，是战国时各诸侯国会盟圣地，春秋经传中记载活动在城二十六次之多，各诸侯国先在戚城会盟就有七次，戚城被当时称为小联合国。到了汉朝，又二次修建，再后来就慢慢消失了。但戚城在春秋史上发挥了巨大的作为，也是戚姓、孙姓、孔姓、文姓诞生发源地，戚城由于地理位置的重要性，也慢慢的成为卫、晋两国争夺地，春秋初卫国十二代君，为加强亲权关系，卫桓公派卫国大夫姬耳掌握戚城，采食于戚。姬耳是卫十代国君卫厘候重孙（同康公重孙姬义浓一个时代）（见卫国历代君王世系与戚氏世系对照表）。是卫武公之孙，公子惠孙之子，姬耳的儿子姬乙（武仲），为纪念祖父公子惠孙已孙字为姓，产生了孙氏，姬乙为孙氏一世祖孙乙，后七代孙氏都是卫国卿大夫，掌握卫国政治大权。

公元前660年，卫国都城朝歌被狄人攻陷后迁都，于公元前658年卫文建都于楚丘（见卫都迁徙图）。在晋国称霸期间，由于戚城的地理位置重要，晋国总是通过控制戚城来控制卫国，并通过控制卫国来驾驭东方、南方诸侯国。公元前626年，卫国得罪晋国，晋国攻打卫国戚城，活捉守城孙绍子（孙纥），先后四次攻打卫国。戚城虽然是卫国的城邑，但晋国通过孙氏一直掌握在晋国手中，公元前629年，卫国再次迁都（卫成公时期）到帝丘（濮阳）戚城附近。迁都后谱记卫穆公时期，（按周王室嫡系传姓制）京师荣侯入奏周王，凡赐姓者尽改免诛三族，吾戚氏先祖四十九世姬和，周王赐姓姬和公指（康公封地）戚邑更姓为戚，戚氏诞生，和公为戚氏始祖（一世祖），配卫氏，育三子。未过几十载，到卫献公时期，老谱记载，戚邑改被孙林父所占，孙林父使尹公佗，

（孙林父手下的卫士）夺居戚邑，逼和公自颈花园，二子遇害，三族多诛，逃出少子玉，奔山东定陶孝义村。从历史的春秋经传资料记载，孙林父是卫国权臣，孙林父是接他父亲孙良父（因病早逝）卫大夫的权，卫献公是卫国第十九代君，在卫献公做太子时，就和孙林父不和，卫献公上任后，君臣之间开始发生争斗，孙林父怕卫献公整他，就把他自己所有的贵重东西从孙府搬到了戚城，以戚城为地盘，占据戚邑。靠晋国的支持为后盾，使孙林父在卫国凌驾于卫君之上，孙林父做事从不把卫君放在眼里，处理问题大权独揽。由于争斗，最后把卫国君卫献公赶出国外，另立国君。孙林父的专横，也加剧了卫国大臣的争斗，卫献公30年，卫大夫宁喜迎卫君卫献公，夺回君位，并杀入孙府，杀死孙林父之子孙襄，从此孙林父在戚城宣布叛卫归晋，晋国又帮助孙林父夺回戚邑周边60多个城邑，归孙林父所有，到襄公26年（公元前547年），显赫的孙氏已败落，大儿子归晋，二儿子奔齐，三儿子被杀，二儿子有一子孙登。后来孙林父怎么死的也没有查到，从此孙氏变得无影无踪了。卫国的孙氏世代掌握卫国大权，到孙林父时，因骄淫而被晋国逐步瓦解，退出了历史舞台。戚城又被卫灵公（襄公26年）改封给他的外孙孔悝，后也称孔悝城。

二世祖戚玉，被孙林父夺邑赶走，逃往定陶后定居，配杨氏育二子，英、瑞。三世祖瑞为戚氏世系有序，已拟字派世系即

"先正建洪才，玉凤鸣春苔"

这十字派系一直用到十三世。到十五世时，凤起官名鳃，汉封辕侯，生秦时孝义村，地在兖州府离省三百三十里东鲁故郡。公安贫守分，敬上恤下，律己清白，与人宽厚，去就惟礼，取舍比义，奉先思孝，敏事慎行。秦王风闻其贤，选为谏议大夫，后任真定府六载。因始皇失政解组归定陶，贫淡自甘，配王氏亦贤良贞青，从德无污，育一子玉龙，一女金贵。汉高祖兵临定陶，投宿，公礼之。已亥灭羽登基，封公为临辕侯，选金贵为妃，封玉龙为晋阳侯，荣封三族泽沾七业。前195年汉高祖刘邦死后，吕后夺权，立自己的儿子为太子，攥改皇意，杀害了刘邦最宠的妃子戚夫人，三族多诛，从此戚氏族人大部分迁出外逃，逃往西安、山西、山东南部及江苏北部较多，到两晋、南北朝时期，戚氏成为东海郡望族，所谓称之为东海郡望，郡治所设在郯（今山东省临沂市郯城）。后由于历代战乱，从东海郡迁出各地甚多。二十七世奇章，明帝召不仕，封邑大梁县亦不受，愿迁居太原潞安州得为富翁足矣，上许之。公此时追念前人三族多诛，冒姓而逃，

思祖宗之怨惆之深，恐后代之子莫识归宗，立派世系云十六字。即：

"基开琼章，孝义贤良，文明蔚起，世代流芳"

从二十五世起直延续到四十一世为止。上下连接又到五十三世敬堂题派复宗派世系曰二十字，即：

"大道正家邦，俊杰登朝堂，德化光天日，世代保荣昌"

从五十三世起又延伸到七十三世。从七十八代起至今，查到最晚世系是104世，但各地的世系派字，由于迁徙时间不同，发展情况不同，世系派字就不同，从得姓起以上三次派字世系排列，以今天的排序看，符合发展常理。虽然各阶段中少几代派字，而世代不缺。从四川老谱记载，戚氏源流始祖只有一个，即诞生于河南省濮阳戚城，始祖是春秋时周王赐姓于戚和公，和公为戚氏一世祖，从一世祖起，历代族人经过了漫长的岁月，生息繁衍发展到今天的中华大戚氏，全国各地支系由于迁徙时间不同，随着年代发展而发展，围绕一个根源，寻根求源，鉴于在各地各支系以及各刊物上出现了孙林父是戚氏先祖之说：根据志谱记载和历史考证，根本就是不符合发展规律之常理。戚氏始祖为春秋时和公，孙林父和戚氏始祖和公不是一个年代，戚氏诞生早于孙林父，某些刊物记载只是推理而已。春秋经传中只记载孙林父当卫国权臣时的历史，又加上孙林父败落后的消失无一记载，连他去了哪里，怎么死都无记载。经传时期只记载，历代国君大臣等人物及战事。戚氏自康公封邑后，一直没有重要人物出现，直到汉朝刘邦爱妃戚夫人及戚夫人父亲戚鳃（临辕侯）才有记载。从历史查看，戚氏诞生于河南濮阳戚邑，始源于春秋戚邑，但春秋经传中并没有详细记载。因孙林父春秋末的消失，戚氏到西汉时期刘邦皇帝爱妃戚夫人才有记载，连贯起来，这样就出现了三种说法：一是《元和姓纂》及《通志氏族略》载戚氏卫大夫采食于戚，因氏焉；二是《世末？氏姓焉》载戚氏卫大夫孙子文采食于戚，因氏焉，因氏焉就是可能是，不确定，是疑问代词，并非确定就是。《中国人名大辞典姓氏考略》载，卫国大夫孙林父采食邑于戚，其支庶以为氏。就是说，孙林父食邑于戚，其支庶以为氏。为什么其支庶以为氏呢？就是因为孙林父有儿子孙子都姓孙，其支庶以为氏，是哪一支庶呢？无记载，这也是含糊其词，推理而已。《世末？氏姓篇》载孙子文采食于戚，因氏焉，也是不确定而已，孙子文和孙林父是同一个人，论采食于戚之说，孙林父的上六辈始祖就采食于戚，世代以孙为氏。卫国权臣孙氏是卫国十一代君卫武公小儿子公子惠孙之后，所以在卫国春秋时期历代是卫国大夫权臣，历

代掌握卫国政治大权，事事都以孙氏为中心。从以上资料定理，因孙林父占据戚邑，加之后来的消失，又因戚氏春秋期间无资料记载，到西汉才出现戚氏的记载，所以就出现了孙林父和戚氏的连贯性，戚氏根源戚邑与孙氏占据戚邑之推理之言由。

在中国的历史上有些史册也都是根据各姓氏家谱而考证的。我们戚氏的家谱出现对戚氏的始源有了正确的依据，也对春秋经传增加了历史依据，通过老谱记载戚氏的世系年代和卫国世代国君年代相比较，戚氏自卫十代君厘侯康公往说封邑起，到戚氏诞生，戚氏为29岁一代。卫国君世代，卫康叔世家记载也是29岁一代国君。再和十一代君卫武公之后孙氏世代表中相等，就一目了然。我们戚氏的老谱记载是正确的，是符合历史发展规律的，是毫无疑问的，我们戚氏是卫国大夫姬康封邑于戚。周王已戚邑封地赐姓姬和公为戚，和公为戚氏的始祖（一世祖）。

整个世系上下有序，从一世祖到现在，排世清楚，为达到定理准确，推理合理，符合历史常理，并作分段计算如下。

从周王室封地（前848年）康公（四十二世）往说二十年（前820年）时隔七世到（四十九世）和公，前629年卫成公迁都于濮阳，周王以戚地（戚邑）赐姓姬和为戚姓，戚氏姬和公为戚氏一世祖（即戚和）共7世，（前820年 – 前616年 =204年/7世 =29岁）平均29岁一世。

从一世祖和公起（前616年）时隔十六世到前195年十五世汉临辕侯凤起之女十六世戚金贵刘邦皇帝之妃（戚夫人）。共15世，（前616年 – 前195年 =421年/15世 =28岁）平均28岁一世。

从十六世起（前195年）至七十三世寿昌南宋理宗时期（公元1250年），共57世，公元前195年 + 公元1250年 =1445年/57世 =25.3岁，平均25.3岁一世。

从七十三世寿昌起，公元1250年至今公元2012年（从戚氏一世起至今，四川最低104世，沂水最低103世，温州最低102世），共31世，公元2012年 – 公元1250年 =762年/31世 =24.6岁，平均24.6岁一世。

以上源流之说，纵观吾族历史发展，我们的先祖历代用智慧创造了伟大的业绩，以忠厚传家，尊祖敬宗，诚实厚德，以仁为善，繁衍生息，传承后世，代代出现了很多名人志士，激励后裔发展壮大。我们这一代戚氏后裔，遵照先祖的遗愿，在老祖宗的庇佑下，齐心协力，尊重历史，共谋未来，为办好戚氏各项事业，撰修好全国戚氏大统谱，（继孔孟之后又一大姓氏完整宗族谱），弘扬戚氏大文化，构建和谐戚氏大家庭，贡献应有的力量。

以上解说，本人根据戚氏老谱记载和去全国各地考察及翻阅大量的历史资料记载而得说明。由于本人文化水平有限，收集材料甚少，在理解程度上难免出现很多误笔，敬请本家族有识之士宗亲提出并指正，并附《戚氏始祖与卫国历代卫君世系表及孙氏始祖对照表》《戚城的考证》《卫都迁徙图》及寻根始源要点，以便更好的完善戚氏渊源，还一个真实的戚氏历史。

戚瑞德

二〇一二年十一月十二日

谱记：中华戚氏源流

天地之赐，亿万众生，人皆有姓，姓乃人之本，祖乃人之根，易姓实为卖本，为人所耻，忘本等于无根，不为人所为。然汝吾戚氏得姓起历代戚氏后裔，以本为生，以根为和，尊祖敬宗，诚实厚德，家庭和谐，世代传承，知木本水源不可忘也。

始祖源于姬姓，出自西周春秋时期。武王伐纣，封邦建国。戚姓属周王赐姓之戚邑封地更姓于戚。前820年，楚宋累战桐柏山，卫国八代国君卫厘侯命大夫康公苤说、遂罢兵二十余年未寇，以戚邑之地与为封地。公配熊氏育容二星三福。至七世孙姬和公时卫文公迁都濮阳，周王赐姓和公指戚邑更姓为戚，戚氏诞生，和公为戚氏一世祖。

戚氏源流按：

远祖排列是黄帝之孙颛顼帝原系姬姓配邹屠氏育九子，长子骆明，次子苍舒，三子惟恺，四子祷战，五子大临，六子庞降，七子庭坚，八子仲容，（仲容具有贤能，称齐圣广渊，明允笃诚，谓之八恺）九子叔季。记仲容为一世，配邹余氏育庭胡，二世庭胡配有林氏育清迎，三世清迎，时帝舜赐姓姚氏配龙毛氏育瑞，四世瑞配乌桓氏育金环，五世金环，仲康六年选都御史后遇寒流害配有熊氏育慎，六世慎配辛丰氏育德起，七世德起配货鄢氏育天星，八世天星配武林氏育高，九世高配何宁氏育先知，十世先知配金

注：作者系中华戚氏宗亲联谊会会长。

山氏育瑞图，十一世瑞图 图林羊氏育腾飞，十二世腾飞帝发七年选谏议，配古湖氏育邦佐，十三世邦、佐成汤立帝五年公官居乎武侯配清江氏育思忠，十四世思忠任父职配山洋氏育虎腾，十五世虎腾配姜辛氏育天泽，十六世天对配马湖氏育奇公，十七世奇公配天雄氏育由义，十八世由义配天雄氏育平江，十九世平江配兴儒氏育彪，二十世彪配有辛氏育昭，二一世昭配羊杜氏育万昌，二二世万昌配紫飞氏育其冲，二三世其冲配辛氏育自阳，二四世自阳，辛四年为都察院后迁侍郎配泰服夫人育九子各有官第四子飞石，二五世飞石官幽州守配湖月氏育山秀，二六世山秀配马湖氏育挥，二七世挥配纪林氏育赏青，二八世赏青配湖月氏育起阳，二九世起阳配马湖氏育天际，三十世天际武丁二年官毫邑守配酉阳氏育居仁，三一世居仁配西湖氏育蛟公，三二世蛟公配星林氏育子图，三二世子图配马湖氏育启良，三四世启良配西这氏育元灵，三五世元灵公迁江苏配有熊氏育辅国，三六世辅国配姬寿昌之妇腾英为妻育玉星赐姓姬，三七世玉星配越氏育子元，三八世子元配卫氏育禄公，三九世禄公配郑氏育时际，四十世时际配秦氏育星公，四一世星公配纪氏育康公，四二世康公按武王践祚周章封吴与公不睦，公遂嫡卫仕汝宁府古名汝南离省四百里，楚宋累战桐柏山，卫侯命公往说，罢兵二十余年未寇，功归于公，公以戚邑之地与为封邑配熊氏育容，四三世容配李氏育二子万乾星受，四四世万乾配姜氏迁北狄、星受配胡氏育义浓，四五世义浓配欲氏育二子必达、应龙，四六世必达不传，应龙配雍氏育天柱，四七世天柱配高氏育三子寿、星、福，四八世长子寿配杨氏，次子星配赵氏，三子福配盛氏育姬和，（和公为四十九世）。

戚氏得姓世系

第一世，和公，福公子，配卫氏育三子。时京师荣侯入奏周王。凡赐姓者尽改免诛三族。和公指戚邑更姓为戚。（和公为戚氏第一世祖）未几十载，卫献公时将地改封孙森父占居戚邑封地。父使尹公位夺居戚邑。逼公自颈花园。二子遇害，三族多诛，逃出少子玉奔定陶古兖州，属山东曹州府东南四十里，古名济阴即其地也。第二世玉，公迁山东兖州定陶孝义村，配杨氏育二子英、瑞，耕读为业，后成世富。二子奉亲至孝公寿享九十八岁而终。第三世英公，三十二岁亡不传，次子瑞配胡氏育二子先哲先文，公布盛衰无常迁徙靡定。不立宗派，何以善后，派曰：先正建宏才，玉凤鸣春萱。第四世先哲配马氏，先文配卫氏育正容。第五世正容，配赫氏育建芳。第六世建芳，配马氏育二子宏广、宏大。第七世宏广未育，次子宏大配李氏育才成。第八世才成配周氏育二子玉光、玉白。第九世玉光配姜氏迁居齐地，玉白配毛氏育三子凤亭、凤岗、凤山。第十世凤亭配王氏育鸣理，凤岗不传，凤山配孙氏迁居晋地。十一世鸣理配郑氏育四子春林、春茂、春发、春华居孝义村。十二世春林不传，春茂配张氏育华萱。十三世华萱配张氏系张仪之侄女，育二子经多、经纬。十四世经多配李氏，经纬配杨氏育凤起。十五世凤起，官名鲲汉封临辕侯。生秦时孝义村，地在兖州府离省三百三十里东鲁故郡。公安贫守分、敬上恤下，律已清白，与人宽厚，去就惟礼，取舍比义，奉先思孝，敏事慎行。秦王风闻其贤，选为谏议大夫，后任真定府六载。因始皇失政解组归定陶，贫淡自甘，配王氏亦贤良贞静，从德无污，育一子玉龙，一女多贵。汉高祖兵临定陶，投宿公礼之。已亥灭羽登基封公为临辕侯，选金贵为妃，封玉龙为晋阳侯，荣封三族，泽沾七业。十六世玉龙，封晋阳侯，配刘氏，系皇族刘钦之女，育四子，高祖十二年崩，惠帝立吕后雉杀如意，断戚姬手足耳鼻，活置厕中，号曰人彘，召帝观之大惊痛哭，因抱病而崩。晋阳侯遇吕害，三子同难，少子年十四，仆人李忠保出奔西安凤翔府猴石山居焉。十七世腾辉迁西安凤翔府猴石山，配靳氏育二子兴、义，冒祖母姓刘。十八世兴配李氏育一子徙扬州复姓；义配杨氏育二子永康、永昭。十九世永康不传，永昭配马氏育二子和忠、和孝。二十世和忠，配羌氏育光耀。二一世光耀 耀林氏育三子瑞达、邦达，少子不传。二二世瑞达不传，邦达配张氏育元开。二三世元开配魏氏育林山。二四世林山配赵氏育二子，基、迎。二五世基配杨氏育开芳。二六世开芳，一生胆略过人，好习武艺，时怨叛复起群盗如林光武，诛莽汉至复兴。冯翼兵讨西安，选为执戈郎旋即太平，时帝时封御骑将军配李夫人育二子，玉熳、奇章，公卒于阵。二七世玉环，配李氏育二子。奇章，明帝召二子不仕封邑大梁县不受，愿迁居太原潞安州得为富翁足矣。上许之公此时追念前人，三族多诛，冒姓而逃，思祖宗多怨惘已深，恐后代之子孙莫识归宗立派云：山基开章 孝义贤良 文明蔚起 世代流芳，配马氏育成孝。二八世孝，配武氏育二子义山，义海。二九世义山不传。义海配毛氏育二子贤仁、贤英。三十世贤仁配程氏育二子良成、良温。贤英配林氏育五子徙西山。三一世良成不传。良温，三十二岁配蒲氏，五十七岁有一子，卒成进士，按公一生好集义，时州中有帮杀一所内塑玉皇金容，公补修金身华彩，毕竟获斯报。三二世文渊，汉献帝时任南阳县六载，教民有方，百姓富庶，配杜氏育二子，明开，明镜。三三世明开，配李氏育三子，蔚然、蔚矣，少子不传。明镜配曹氏，育二子。三四世蔚然，公存心中恕与物和平，配王氏育瑞起。三五世瑞起，公聪慧天授，颖悟性成，承训就垫，博通经史，弱冠举孝廉，时孙曹乱 汉，薄视宦途，晋惠帝元年乙丑年任安庆县配陈氏育世芳。三六世世芳，配杨氏，育二子代恩、代义，一女熳英，婿陈子良。三七世代恩，配何氏育二子流海、流江。代义为商往桂阳立业。地在湖南彬州府，至今子孙犹存。三八世流海不传。流江，公身家清白，取舍不苟。配何底育桂芳。三九世桂芳，公好骑射喜谈兵，刘宋文帝时受职洗马都御，被太子邵作乱，四十余口家眷伏诛，配何氏育一子，从舅氏何荣刚逃甘肃庆阳冒齐姓。四十世映川，配虎氏，育二子，成、治。四一世成，配纪氏育卓山。四二世卓山，配梁氏育二子，思议、思敬。四三世思议不传，思敬 配马氏育国兴。四四世国兴，配罗氏育二子成孝、成贤。四五世成孝，配张氏，自幼读书壮举孝廉，韬居庆阳越至隋文帝。成贤配纪氏育三子，时授扬州守一任归故训读课耕育二子，必达、邦达。迁五国城，至今回教姓齐者便是。四六世必达配钱氏育治平。四七世治平配贾氏育玉连。四八世玉连配周氏育文敬。四九世文敬，官名豹，遇异人传示洞明军机，唐玄守已酉科武魁任都御司，安禄山叛，身经百战著绩王室，封平武将军，配名将张守珪之女，赐姓李，张氏勒正一品夫人，以东昌府宁阳县为封邑，因号东阳氏，公谥武夫人，谥孝育二子孝文、友文。五十世孝文，配赵氏育二子，遇春、遇芳。五一世遇春配王氏育辉芳。五二世辉芳配盛氏育敬堂。五三世敬堂，公束发受书广敦庸行唐宗辛未科孝廉任归德县一载。黄巢杀唐宗室，解组归故，配赵氏育大开，念先人多难谱碟失守。因题派复宗派曰：大道正家邦，俊杰登朝堂，德化光天日，世代保荣昌。遂归隐修养，年四十解脱而去。五四世大开，配何氏育二子道坤、道成。五五世道坤，配郑氏育四子，正国、正邦、正位、正禄。道成配卫氏，育六子迁居辽东小阳县，号六虎。五六世正国配王氏迁楚邱，传七代孙成业，更名同文，宋永和二年丙午科联捷进士。绝意利禄道义，自富从杨，悫受礼记读书累年不懈，率性好施与，未尚营及家室乡里有不孝不弟之人必论以善道。人号坚素先生，子孙有遗楚邱而迁凤县者。正邦配伍氏育家贵。正位不传。正禄，配五氏迁楚邱，传六代孙名臣号世佐，曾为抚州守惠及困民扶持善类，斥毁淫词，时人以三善美其政条，号曰正直公平，子孙有去楚邱而之江西者。五七世家贵，配周氏育二子邦荣、邦华。五八世邦荣，配姜氏育二子世俊、代俊。邦华配杨氏，育二子迁广东。五九世世俊，少正气。代俊配黄氏育二子杰豪、杰英。六十世杰豪，配王氏迁南阳，地属河南省湖北襄阳接壤。公为庸赖，勤俭持家，育二子登元登吉。杰英配宋氏育一子迁山东平原县守淡白。六一世登元，公为庸配张氏育朝富迁云南旋。登地配马氏育朝贵家贫四十余年。六二世朝贵，配贾氏育二子玉堂、迎堂。六三世玉堂，公一生勤俭，置田五十亩，教子有方，配孙氏育三子，德仁、德义、德和。六四世德仁，公生宋哲宗时，通经史字画，秉性正直，居心处世，慈祥待人，徽守癸已科举孝廉，初任青平县后迁升云阳府二年，金兀术寇中原，公愤蔡雍童贯等六贼擅权，解组归南阳青峰山上三聘不出。养性十八载，果园归神，配王氏，育二子，化龙、化凤。六五世化龙，迁东牟县传十七代孙景通为都，指挥佥事，配某氏育二子长继光嗣职备倭讨掳为嘉隆中名将总兵于著纪效新书一部实谈兵者适用。焉次子继美亦为贵川总兵官。化凤迁怀庆九子出离城四十里，配姜氏育三子，光荣、光华、光贵。六六世光荣，配魏氏育二子，天佑、天寿。六七世天佑配何氏育日会。天寿配胡氏，迁桂陵。六八世日会配马氏育二子世杰、世英。六九世世杰，配焦氏，贤德无双，斯时家中清寒，全赖维持育代兴。七十世代兴，配王氏育五子，长次不传，家保、仁保、义保。七一世家保不传，义保配陈氏淑慎清闺育二子长荣、兴荣。七二世长荣，配盛氏育二子寿昌、永昌。兴荣配伍氏育二子迁安阳地，属河南彰德府。七三世寿昌，幼习武艺，善骑射。宋理宗辛未科武魁，端平三十七年即科时也。初任德阳县把总。端宗时升江南省提台，任五载。元入侵境，文天祥率兵四十万大战钢州，公列头提不屈，元帝愿死赵氏与天祥临难吟，诗嘱张世杰曰：辛苦遭逢起一经，干戈寥落四周星，山河破碎风飘絮，身世浮沉雨打萍。惶恐滩头说惶恐，零丁洋里叹零丁。人生自古谁无死？留取丹心照汗青。一场大战，元盛宋衰，军粮不继，屯兵湖阳，元人追之，公等反身糜战，三日未食，喷血而亡，谥曰，武。五年天祥殁北地，元人怜之立庙以祀，追封公为顺义将军，配协镇杨青山之女杨夫人育二子，三同三刚。永昌，迁离省三百八十里之河南府传至七代孙藩宇介人元纶俱明中吉士，景泰四年辛巳科藩公中殿试，宏治八年乙卯科元，公举孝廉仕至武昌令嘉靖六年丁亥科纶公成进士任泰和令考氏族谱赞二公曰，扶流亡建学校，武昌功德最世，题诗句论子民太和老幼多传其子孙到今犹繁衍。七四世三同，配李氏育维常迁湖广麻城县孝感乡，清与里高街子伍家村居之，三刚配何氏迁居川西资州，所属内江县。七五世维常配赵氏育二子清儒、奇儒。七六世清儒不传。奇儒，二公言行夫宜宗祀几斩配杨氏，贤良淑慎育永敬。七七世永敬配胡氏育二子怀通、怀古，时家室淡白。七八世怀通配胡氏迁襄阳零崖山育二子天保、元保。怀古配李氏，育二子人保、珍保。

以上七十八世，系孙姬和公以戚为姓之后，历春秋战国秦汉三国两晋南北朝隋唐五代宋元明等朝，历庆阳东昌宁阳南阳怀庆安阳黄州麻城诸处，世系务载原委。

以上中华戚氏源流，各支系需以此源流为主线，续修家谱。寻根溯源，因各支系迁徙年代不同，续修接源时，请联系宗亲理事会，以便确认定理。

寻根始源要点

黄帝（姬姓）之孙高阳（颛顼帝）育九子，八子仲容，为吾族远祖。

一世：仲容配邹氏余氏育庭湖，庭湖育清迎。

三世：清迎时帝舜赐姓姚氏，以姚氏记世系，后为姚氏。

三十六世：配姬寿晶之女育玉星，赐姓姬姓，后为姬氏。

四十二世：卫大夫姬康于前828年楚宋累战桐柏山，卫侯命康公往说，兵罢20年未寇，公立功，卫侯封地戚邑于康公，卫大夫康公获邑（戚邑）。

四十九世：姬和，前629年时遇卫迁都帝丘（濮阳戚邑附近），周王赐姓和公，公以戚邑更姓为戚，戚氏诞生，和公为戚氏始祖（一世祖）。

前554年，戚邑被孙林父所占，戚氏一世祖戚和，育三子，被孙杀二子，三族多诛，一子玉逃往山东定陶孝义村定居。

三世祖瑞，立宗十字派字：**先正定宏村　玉凤鸣春萱**

二十七世奇章，立十六字派字：**山基开章　孝义贤良　文明蔚起　世代流芳**

五十三世敬堂，立二十字派字：**大道正家邦　俊杰登朝堂　德化光天义　世代保荣昌**

之后各地支系宗亲因历代战乱各奔东西，形成支派，各自立字派生息繁衍。

戚氏为何由大姓变成小姓

关于戚氏原本是一个诞生较早的大姓，为什么后来在全国变成人口小姓之说：

戚氏原本是一个诞生较早的大姓，由于孙林父、吕后两次迫害诛杀，使戚氏发展人口减少。

又因周朝卫国时期的政治背景复杂和戚城要地特殊及戚氏资料较少，使得戚氏源流历史记载模糊不清，《春秋经传》只记载历代历史重要人物及战事，有些细节不详，只做推理，戚地三次封邑，首次是卫厘侯因戚氏先祖姬康公战事有功以戚邑之地为封邑，传八世孙姬和，周王赐姓和公，指戚邑更姓为戚，戚氏诞生。在卫献公33年（中间殇公12年）卫国权臣孙林父也是他政治横权时代，迫使卫殇公将戚邑之地二次封邑于他，并诛杀戚氏全家，占居戚城，控制卫君，到襄公26年期间，孙林父又叛卫归晋，而显赫孙氏败落，以后《春秋经传》中就无记载，卫灵公时第三次封戚城，给他外孙孔悝做为封邑，由于孙林父的消失和戚氏的始源资料甚少，《春秋经传》中只提及"孙林父采食于戚，因氏焉"，只是推理，没有确定，可现在是越传越说是孙林父采食于戚，是戚氏先祖，这完全是错误的，颠倒了历史，而且孙林父是戚氏的杀祖仇人，从对照表中可以看出，戚氏诞生早于孙林父，不是一个年代，孙林父的儿子孙子都姓孙，戚氏和孙氏没有血缘关系，从卫国厘侯封邑康公起至卫国灭亡，代代卫君时间和戚氏世系时间及孙氏世代时间都基本相符对待，这说明历史的正确。戚氏逃往山东定陶后，濮阳戚邑地带几朝代没有戚氏，直到明朝时期，才有几支从东海郡迁徙到濮阳附近，我们老谱记载源流正确。

有关百家姓排位序列及变化情况

宋版《百家姓》一书中的姓氏

《百家姓》是我国流行最长、流传最广的一种蒙学教材。它的成书和普及于《三字经》。《百家姓》本是北宋初年钱塘（杭州）的一个书生所编撰的蒙学读物，将常见的姓氏编成四字一句的韵文，很像一首四言诗，虽然它的内容没有文理，但读来顺口，便于诵读和记忆，因此，流传至今，影响极深。《百家姓》收集姓氏共604个，其中单姓444个，复姓60个。原文如下：

赵钱孙李　周吴郑王　计伏成戴　淡宋茅庞
冯陈褚卫　蒋沈韩杨　熊纪舒屈　项祝董梁
朱秦尤许　何吕施张　杜阮蓝闵　席季麻强
孔曹严华　金魏陶姜　贾路娄危　江童颜郭
戚谢邹喻　柏水窦章　梅盛林刁　钟徐邱骆
云苏潘葛　奚范彭郎　高夏蔡田　樊胡凌霍
鲁韦昌马　苗凤花方　虞万支柯　昝管卢莫
俞任袁柳　邓鲍史唐　纶房裘缪　于解应宗
费廉岑薛　雷贺倪汤　丁宣贲邓　郁单杭洪
腾殷罗毕　郝邬安常　包诸左石　崔吉钮龚
乐于时傅　皮卞齐康　程嵇邢滑　裴陆荣翁
伍佘元卜　顾孟平黄　荀羿於惠　甄麴家封
和穆萧尹　姚邵湛汪　井段富巫　乌焦巴巴
祁毛禹秋　米贝明藏　牧隗山谷　车候宓蓬
全郗班仰　秋仲伊宫　宁仇栾暴　甘斜厉戎
祖武符刘　景詹束龙　叶幸司韶　郜黎蓟薄
印宿白怀　蒲邰从鄂　索咸籍赖　卓蔺屠蒙
池乔阴郁　胥能苍双　闻莘党翟　谭贡芳逢

姬申扶堵	冉宰郦雍	郤璩桑桂	濮牛寿迫
边邑燕冀	郏浦尚农	温别庄晏	柴瞿阎充
慕连茹习	宦艾鱼容	向古易慎	戈廖庾终
暨居衡步	都耿满弘	匡国文寇	广禄阙东
欧殳沃利	蔚越夔隆	师巩厍聂	晁勾敖融
冷訾辛阚	养鞠须丰	巢关蒯相	查俊荆红
游竺权逯	盖益亘公	万俟 司马	上官 欧阳
夏侯 诸葛	闻人 东方	赫连 皇甫	尉迟 公羊
澹台 公冶	宗政 濮阳	淳于 单于	太叔 申屠
公孙 仲孙	轩辕 令狐	钟离 宇文	长孙 慕容
晋楚 闫法	汝鄢 涂钦	段干 百里	东郭 南门
呼延 归海	羊舌 微生	岳帅 缑亢	况后 有琴
黑哈 谯笪	年爱 阳佟	第五 言福	百家 姓终

戚姓在宋版《百家姓》中排列33位。说明戚姓在中国历史上是诞生早的大姓。

中国当代100大姓顺序表（按人口统计）

李	王	张	刘	陈	杨	赵	黄	周	吴
徐	孙	胡	朱	高	林	何	郭	马	罗
梁	宋	郑	谢	韩	唐	冯	于	董	萧
程	曹	袁	邓	许	傅	沈	曾	彭	吕
苏	卢	蒋	蔡	贾	丁	魏	薛	叶	阎
余	潘	杜	戴	夏	钟	汪	田	任	姜
范	方	石	姚	谭	廖	邹	熊	金	陆
郝	孔	白	崔	康	毛	邱	秦	江	史
顾	侯	邵	孟	龙	万	段	雷	钱	汤
尹	黎	易	常	武	乔	贺	赖	龚	文

中国人的姓 10 种主要来源

①源于姓氏族图腾（最早姓来源）。

②来自世系族。

③以国为姓。

④以地名为姓。

⑤以官名为姓。

⑥以先祖的名或字为姓。

⑦以谥号为姓。

⑧以职业为姓。

⑨赐姓。

⑩改姓。

我们戚姓来源既是赐姓（皇帝赐姓）又是以地名为姓。（第④种和第⑨种）。即春秋时期周王将河南濮阳戚邑（地方）的"戚"赐以该城卫戍大夫姬和为戚姓。

人物篇

第二篇

第二篇 人物篇

一、中华戚氏名人

历史名人

戚鳃：西汉初将领。初从刘邦为郎，以都尉守蕲城，后以中尉封临辕侯。显赫多年，他的爵位一连传了七代。

戚衮：字公文，南北朝时吴郡盐官（今浙江余杭）人，祖显，齐给事中。南朝陈学者。通《三礼》，梁武帝策为高第，除扬州祭酒从事史，不久兼太学博士。梁敬帝时升为江州刺史。陈宣帝时卒于始兴王府寻事参军任上。有《周礼音》等。

戚仲：常州毗陵（今江苏常州）人，宋代画家。善绛色山水，师杨士贤，兼画虎，师李迪。多喜作江海团扇面，有《江潮涌月图》最佳。

戚夫人：汉高祖的宠姬，故又称戚姬，生赵王如意。高祖屡欲立为储君，不果。高祖崩，吕后鸩赵王；杀戚夫人，去其耳目手足，置於厕所中，称为"人彘"。汉文帝刘恒即位，为戚姬昭雪，并在戚家寨修庙建宇。

戚逍遥：唐代冀州南宫（女子）人。传说幼好道，父以女诫授逍遥，逍遥曰："此常人之事耳。"遂取老子仙经诵之。年二十余，适同邑蒯浔。不为尘俗事，惟独居一室，绝食静想，作歌云云，人悉以为妖。一夜，闻室内有人语声。又三日，忽闻屋裂声如雷，仰视天半，逍遥与众仙俱在云中，历历闻分别语，观望者无不惊叹。

戚同文：宋州楚丘（今河南滑县）人，宋代学者。聚徒教授，门人登第者五十六人，范仲淹亦在其中。尚信义，好施与，不言人短。藏书甚富，好为诗，有《孟诸集》。长子戚维，出身进士，官至职方郎中、太常少卿；次子戚纶，亦进士出身，官至枢密直学士，有《论思集》。

戚文秀：宋代画家，善画水，史称画水名家。尝画《清济灌河图》，一笔长五丈，

戚娘娘画像

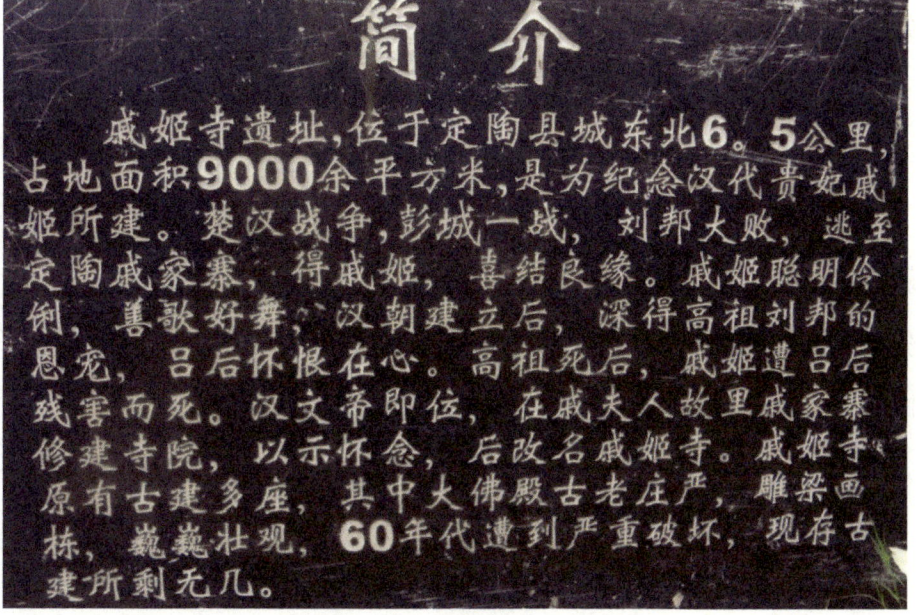

简 介

戚姬寺遗址,位于定陶县城东北6.5公里,占地面积9000余平方米,是为纪念汉代贵妃戚姬所建。楚汉战争,彭城一战,刘邦大败,逃至定陶戚家寨,得戚姬,喜结良缘。戚姬聪明伶俐,善歌好舞。汉朝建立后,深得高祖刘邦的恩宠,吕后怀恨在心。高祖死后,戚姬遭吕后残害而死。汉文帝即位,在戚夫人故里戚家寨修建寺院,以示怀念,后改名戚姬寺。戚姬寺原有古建多座,其中大佛殿古老庄严,雕梁画栋,巍巍壮观,60年代遭到严重破坏,现存古建所剩无几。

戚姬寺简介

自边际起，通贯于波浪之间，与众毫不失次序。

戚舜臣： 字世佐，宋代楚丘人。任抚州知州时，惠及穷苦百姓，又毁坏淫祠（滥建的祠庙）。后官虞郎中。

戚如琥： 婺州金华（今属浙江）人，宋代官吏。笃于修身齐家之道，见诸实用，不为空方。以进士授郴州教授，迁国子监博士。出知台州，寻改袁州，政绩大著。

戚崇僧： 婺州永康（今属浙江）人，元代学者道学家。从谦讲道，同门推为高第。清苦自处。常默然坐一室，环书数百卷逼其室曰："朝阳"。诗文精丽绵密，后潜心性理之学。自奉清约，不以时好改其度。有《春秋纂例原指》《四书仪对》和《复古编》等。

戚贤： 滁州全椒（今属安徽）人，明代官吏。嘉靖进士，任吏科给事中时，多次直言劾佞臣。官至刑科都给事中。

戚延龄： 明万历年间考中岁贡后，任顺天府蓟州平谷县知县。为人正直，体恤民情，后升任蓟州知州，颇得蓟州百姓的敬重和称颂。

戚麒祥： 浙江德清人，清代官吏。康熙进士，官侍讲学士，能占卜，时人谓颇灵验。有《瓶谷笔记》。

戚雄： 字世英，金华人。明代监察御史，正德进士。知建阳县，平易近民，锄恶扶善。有《婺贤文轨》等。

戚学标： 浙江太平人，清代学者。乾隆进士，官河南涉县知县。精考证，有《汉学谐声》《鹤泉文钞》。

戚桂棠： 清代诗人。字梦桃，温岭（今浙江省温岭县西北）人。太令戚学标孙女，孝廉方正王维哲妻。雅擅传词，著有《东犨集》一卷，凡传四十六首，词七首。

戚继光： 字元敬，号南塘，晚号孟诸，明朝山东省蓬莱人。明朝抗倭名将，著名军事家。嘉靖间承袭父职，因于浙闽沿海灭倭有功，所率之军闻名当时，人称"戚家军"。升都督同知，代总兵官，最后官至左都督。著有《纪效新书》《练兵纪实》《止止堂集》《莅戎要略》《武备新书》等书。

戚继光英雄形象荟萃

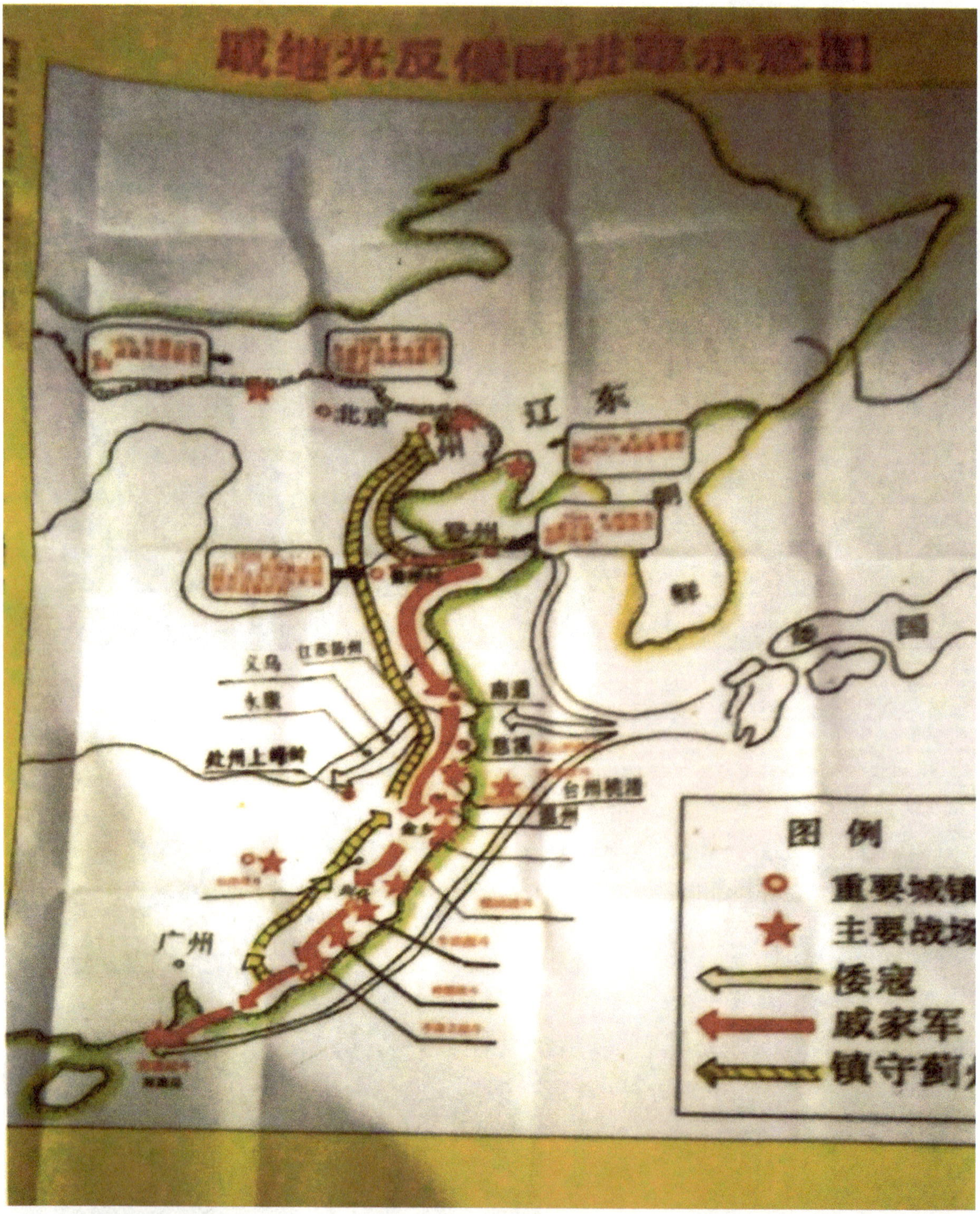

戚继光抗倭作战示意图

　　戚继光,1528年出生,17岁世袭父职,25岁担抗倭重任,亲手创建"戚家军",并著有《纪效新书》《练兵纪实》等兵书,足迹遍及东南沿海6个省,经过25年的浴血奋战,终于荡平了倭寇,后奉命镇守蓟州共16年,防御北方蒙古游牧民族的武装入侵,为广大人民赢得了和平的生存环境,他的丰功伟绩必将千秋万代彪炳史册。

明仇英画《戚军抗倭出征图》

第二篇 人物篇

明代戚继光家族七代世系简况

　　自元末明初，戚继光前六世祖戚祥起，一直到戚继光这一代，前后共历七世，约二百多年，都居住在山东的东牟县（今莱芜县），其间戚祥曾一度迁居到安徽濠州定远县，自其子戚斌承袭登州卫指挥佥事（正四品）以后，仍搬回山东东牟县（据《明史》、《明史纪事本末》、《孝廉将军传》（孝廉将军即戚继光之父戚景通）、《戚少保年谱耆编》（戚少保即戚继光）及《中国名人大辞典》等史籍）。

　　戚祥在元朝末年先后随郭子兴、傅友德、朱元璋转战各地，为明朝的建立立下了功勋。当他在云南战场阵亡以后，明朝廷授与他儿子戚斌以明远将军勋阶，并世袭登州卫指挥佥事（正四品）。

　　戚祥之子戚斌，斌子戚珪，珪子戚谏，谏生二子戚宣、戚宁，宁子景通（景通六岁丧父，遂过继给伯父戚宣为嗣，继即承袭伯父戚宣之职为登州卫指挥佥事，旋升江南运粮把总，转任大宁都指挥使（正二品），后被调到京师（今北京）担任禁军中习用火器的神机营副将。嘉靖二十三年（1544年）病逝，年七十三岁。景通生继光、继美二子和二女。继光十七丧父，即承袭登州卫指挥佥事，不久升都指挥佥事（正三品），嘉靖三十四年调到御倭前线任浙江都司佥事，接着先后任宁绍台参将、福建副总兵官、总兵官（正二品），隆庆二年（1568年）被任命总理蓟州、昌平、辽东、保定军务，节制四镇，在镇十六年。万历十一年（1583年）被调镇守广州，万历十三年告老还乡，万历十五年（1587年）十二月二十八日病逝，年六十岁。戚继光是明代抗倭名将、著名军事家，著有《纪效新书》、《练兵实纪》和《止止堂集》等书传世。戚继光的弟弟戚继美于万历十年（1582年）被调任贵州总兵。

　　自戚继光的六世祖戚祥以下，其历代世系如下：

　　戚祥——戚斌——戚珪——戚谏——戚宣、戚宁——戚景通——戚继光、戚继美。

近代当代名人

　　戚牧（1877-1938），近代学者。浙江余姚人。字领牛，自署牛翁，别署白头宫监。清末在上海主编《国魂报》，与奚燕子、吴眉孙等并称"国魂九才子"，作文具有诙谐幽默的风格。擅长书法，以善于摹写《云麾碑》著称。有时也进引绘画创作。曾从魏钰卿弹词。著有《颂牛翁小丛书》《啼笑因缘弹词》《鹤泉文钞》等。

戚先初（1918-1991）：河南省商城县人。参加过中国工农红军、八路军，历经平型关战斗、百团大战、淮海战役、抗美援朝。首任中国人民解放军第16军干部部部长、第186军师政治委员、高炮101师政治委员、空2军政治部主任、空军后勤部副政治委员。1955年被授予大校军衔。1964年晋升少将军衔。1988年7月被中央军委员授予中国人民解放军一级红军功勋荣誉勋章。1991年3月9日因病逝世，享年73岁。

戚叔含（1898-1978）：幼名毓芳，亦作肃庵，号曜公。浙江上虞谢桥人。自学考入南京东南大学攻读中国文学。后起义，自费考取美国加州斯坦福大学攻读英国文学，以研究莎士比亚获硕士学位。1927年起，历任上海大厦大学、安徽大学教授、外文系主任、暨南大学文学院院长兼外文系主任、浙江大学外文系主任等职。1953年调上海复旦大学外文系教授。曾当选为上海市三、四、五届政协委员。

戚庆隆：字拙石，1937年出生于江苏淮阴，中国书法家协会会员，江苏省书法家协会常务理事，淮安书法家协会主席。曾获全国楷书大赛第一名，国家一级美术师。

戚本禹（1931-2016）：毕业于名牌大学历史系，曾在中央办公厅工作多年。乐于潜心研究学问，钟情于摇笔杆写文章，曾与王力、关锋被誉为三大笔杆子、"文胆"。文革期间系中央文革领导小组成员之一。

戚元靖（1929-1994）：曾任国家冶金部部长。

戚发轫：中国工程院院士，空间技术专家，神舟飞船总设计师。辽宁瓦房店市人。1957年毕业于北京航空学院飞机系，分配到中国运载火箭技术研究院工作。1976年调入中国空间技术研究院从事卫星和飞船的研制，曾任研究院副院长、院长。同时担任过多个卫星型号和飞船的总设计师。现任中国空间技术研究院技术顾问，兼任北京航空航天大学宇航学院院长，博士生导师，国际空间研究委员会中国委员会副主席。国际宇航科学院院士，第九届、第十届全国政治协商会议委员会委员。

戚发轫在发射现场

戚发轫与航天员杨利伟交谈

戚建国： 现任中央军委联合参谋部副参谋长。

戚颖敏： 矿山通风与灭火专家。

戚长谋： 地球化学专家。

戚文航： 心脏内科专家。

戚其章： 历史学家。

戚道孟： 法学家。

戚庆才： 宗教界知名人士。

戚建立： 艺名戚永立，立牌名戚永力。中国著名山东快板创始人。

戚建波： 中国著名作曲家。

戚立明： 女，中央电视台七台主编。

戚谷华： 女，香港文化艺术社社长，香港大学教授。

戚国淦： 外国史学专家。

戚雅仙： 著名越剧演员。

戚薇： 中国女演员，歌手。

戚少斌： 著名滇剧演员。

戚迹： 中国男演员。

戚烈云： 游泳运动员，50米蛙泳世界纪录创造者。

戚务生： 知名足球教练。他带领的中国国家足球队曾是亚洲强队，在世界也有较好的名次。

二、本支族人物传记

祖上历代传奇人物

戚允亮：允观祖德，亮显神机

允亮公原名戚裕，"允亮"既是他的字辈书名，也是他的堂号和庙号，系欧家支族广爱公派下洪坡村十三世创业先祖。得道为神明后，世代宗亲百姓都敬称他戚裕公佬。他生来虽然个头不算高大，却是相貌堂堂，气宇轩昂。他虽躬耕乡里为农，为人处世却是事事处处神机妙算，非同凡人，非同凡响。有"耕田如画画，拉车如玩耍"爽称，轻巧、神速、高效，不可思议。传说他从里屋湾向洪坡迁居那天，有数百只喜鹊一路跟随一路唱歌为他壮行，场景蔚为壮观。如意吉祥，喜气洋洋，初显神机。

到洪坡后他自制了一架牛车，养了一头黄牛牛㹠仔，他驾驭牛㹠仔拉车不管风里雨里，云中雾中，总是健步如飞，如行云流水，无可阻挡。如果遇到对面有牛车过来，而又无处可避让时，他就对着牛㹠仔大喝一声，牛㹠仔便心领神会，旋即奋蹄腾空而起，瞬间在一阵嗖嗖咧咧风声中，就连人带车从对方的车顶飞越过去了。对方还未反应过来时，允亮公的牛车就走远了。他不仅力气超人，甚至力大千钧。有好奇寻趣恶作者，想试试允亮公的力气究竟有多大，便几个人将一个上千斤重的石牛（碌碡）推到牛车路中间或车辙沟中，允亮公见之，不仅不怒无忧，更是喜形于色。只见他口唱着黎歌："前面又有石牛塞依路，又要我出来玩一玩"，便上前双手轻轻一抓，把石牛拎起来，并举重般高高举起来，大喊一声"去！"只听"轰隆"一声巨响，石牛就被他推掷到几丈远的路边。躲在暗处观望的人个个被吓得目瞪口呆。他每天干农活的份量比上百凡人做的总量还多还快，但每餐他要吃三斗六米的饭。其实不是他一个人吃那么多，而是他和他一起干活的天兵天将共吃的饭量（天兵天将是隐身者，凡人肉眼是看不见的）。

允亮公生于农历四月初八，在世六十一岁。辞世那天是农历八月二十六。当晚他就显灵为一盏光亮无比的神灯，在土地山林木中一棵高高的树顶上晃荡，一连三个晚上不息。宗亲们知道他得道了，便砍下大木刻其宝相，并在村东建"允亮公祠"供奉和纪念他。允亮公祠虽然规模不大，却是精美别致、威严肃穆，庙门口墙上的壁画中的风花雪月，历史故事与人物栩栩如生，相当脍炙人口。实为价值连城难寻的精品。可惜该庙文革期间被毁,现有的允亮公祠是文革后重建的,经多场台风暴雨冲刷已显得老旧。允亮公原葬于安铺西郊,2009年迁葬于安铺西郊二公里处牛奶场墓地。有人将他的生平编成黎歌,一直在乡里民间吟唱流传(见本谱《文化编》)。

允亮公宝相

允亮公祠

戚氏娘：行善积德成正果，玉赐南天戚氏娘

　　戚氏娘（得道为神明之后宗亲百姓都称她娘娘），廉江横山排里埇仔村十九世裔孙女子（原名待考）。自小贤惠过人，聪明伶俐、深明大义，善恶分明，常年为乡里做好事而不辍，助弱济贫、救扶危难尽心尽力。十九岁出嫁横山新屋村（原叫狗尾坡），夫君名叫王定忠（该村王氏十九世孙）。出阁那天，春和景明，瑞气氤氲。当新娘轿抬至离夫家新屋村尚有一里地的石岩垌处，停轿整理衣冠，准备进村时，发现娘娘已谢世。轿夫及送嫁接亲众人大惊。夫君及亲友闻讯赶来，发现蚁群正搬泥为娘娘肉身构筑蚁仔坟。当晚村中生物钟被打乱，鸡鸣犬吠猫叫颠三倒四的也乱了套。娘娘也托梦给夫君说她已得道，于是夫家及宗亲族人为其厚葬。之后立其神牌供奉于祠，每逢娘娘旦期做戏庆辰。传说娘娘神机十分灵验，驱邪辅正，殄灾除孽，保佑百姓安康。村中凡有产妇在生子坐月时都请娘娘的神牌到家中坐镇呵护，直到满十二朝（天）。后立娘娘宝相神象，供奉于福寿祠，并定期退彩开光，庆贺诞期。

　　与此同时，同乡域的大岭村王氏族人更是信仰娘娘的神明，他们也立娘娘的神牌供奉朝拜，祈求保佑。后娘娘神牌被一道士借去巡迴做法谋生。不久文革开展，道士慑于"破旧立新"的威力，将神牌弃置于簕竹丛中。却被该乡上林山村陈松、陈才两兄弟捧回家中，每天早晚烧香上茶供奉。乡人闻讯纷纷前来朝拜，祈求保佑。后宗亲乡人立娘娘宝相供奉于本乡华光庙。如今前来朝拜，祈求保佑者，更是络绎不绝，时时香火鼎盛。

　　娘娘的金身玉体葬于大岭岗，立有墓碑。其墓碑的碑联曰："行善积德成正果，玉赐南天戚氏娘。"

戚氏娘碑铭

得道神明戚氏娘宝相

供奉得道神明戚氏娘的福寿祠

戚成杰：老鸦洲的风水宝地

　　戚成杰，担蚬港村人，十三世祖，配揭氏生三子，无女。因人多地少，家庭生活难以为计，年轻时便到广西闸口（后来的闸利）海边租了一张小船从事捕鱼捞虾浅海作业，并在当地认了一个契女。成杰公由于身体较为单薄，难耐海边风寒，常常感冒，浑身发冷。有一天他又感冒发冷了，便离开小船到海滩一个名叫老鸦洲的沙岗上走走。说来也神奇，他一到此地全身就立即变得暖洋洋起来，感冒也好了。从此每当他感冒发冷，感到不适，就到老鸦洲去回暖、康复。一天契女去探望他，发现他不在船上，便往老鸦洲跑。到那儿发现成杰公已经辞世了，亿万只蚂蚁正忙碌着搬来沙、泥将其身体覆盖，筑成一座蚁仔坟。契女见状大惊，大悲，却又感到神奇。于是她便去问神。神告诉她：老鸦洲是块风水宝地，而且前世就属于成杰公及族人，而不属桂人所有。于是她便将这个消息告诉成杰公的兄弟族人。从此兄弟族人每年清明都到老鸦洲扫墓拜祭，一直延续了多年。但由于路途遥远，天下又不太平，去扫墓的兄弟族人常遭到强盗贼人的拦路抢劫。为此他们便决定将成杰公迁回本地安葬。传说他们开挖坟墓那一刻，当地人看到一股瑞气从墓中贲张冲天而起，天空紫气缭绕，海边电闪雷鸣，景象十分神奇。但兄弟族人连续挖了三天却不见成杰公遗骸的影子，个别兄弟动摇了。但老大坚持继续挖下去。第四天再挖时就挖出两只老鸦仔，一只被锄断了头，死了，另一只被锄断了翅膀，受了伤，钻到籁古丛中躲藏起来。最后终于挖出了成杰公的遗骸，拾捡起来装进金缸。可刚抬起来套绳就断了。再套上抬起却又断了。如此反复三次。后来风水先生说这一种玄机和劝告：此风水宝地不能移、不能弃！可子孙们却全然感悟不出来。最后迁回家乡葬于烟墩岭。

　　传说自从有了成杰公的老鸦洲的风水宝地之后，他的子孙们迅速兴旺发达起来，仅在安铺文塔峒等地，就拥有租田近千亩，每年收取租谷2千多担。但他们不满足，还要将家业继续做强做大。于是便将所有租田卖掉，搬银两到遂溪下菉围海造田，决心大干一番伟业。但却被一场百年一遇的台风、洪水、海潮冲垮围堤，血本无归，家族生活又回到最初的艰难日子。对于成杰公后人家业兴衰的大起大落，风水先生如是说法："起，是受成杰公风水宝地所庇佑；落，是后人无知将成杰公迁葬，破坏了风水所致。还说，这是十年河东，十年河西，风水轮流转的结果，云云。

老鸦洲远眺

老鸦洲上的百年簕古树

传说中戚成杰的风水宝地老鸦洲上的百年簕古树。传说当年戚成杰的后人在迁挖其遗骸时,挖出两只老鸦仔,其中被锄伤翅膀的那一只就是钻进这种簕古丛中藏匿起来的。

老鸦洲旅游景点石碑

戚有义：名道士，风水师

戚有义，生于清康熙丙寅年（公元1686年），系欧家支系分流迁往广西陆川县沙坡北安村戚氏十五世立业先祖。此公学道颇具匠心，道义渊博，"打大幡"术尤为高超。其中大幡中的诵经、过火炼、点雄鸡等项目更是炉火纯青，惟妙惟肖、神奇无比，令人赞叹与折服。

有义公的风水学造诣也很深，而且颇具特色和独到之处。人们都说当年他选择沙坡地域作为本家族安身立命之地就很有眼光。因为此地是一块风水宝地，曾有唐朝得道者谢映登（系五虎将之一）在此修炼成仙，名曰"谢仙嶂"。清代进士阮调元有诗传颂："任天下之大乱此地无乱，任天下之大旱此地一半收。"因此又美其名"七星落洞"。

有义公不仅率领族人开天辟地，立业安身，更是为当地百姓做了不少好事、善事，为历代世人所传颂。据说直到今天，当地不论任何道人做什么法事，都要呼唤有义公的名字方能灵验。

戚圣一郎：名道士，得道神明者

戚圣一郎，欧家村十八世祖，民间名道士。自小入法道。其学道渊博而严谨，法事娴熟而精湛。作法时十分投入与认真，演绎得活灵活现、淋漓尽致，令人动容，连幼童也被吸引得夜阑而不眠。在民间他常为乡人排忧解难，行善积德终正果，晚年得道为神明，立有宝相供奉于本境镇福祠，与众神同庙共坐。男女老幼乡人都十分敬崇。

戚圣一郎宝相

供奉戚圣一郎神明宝相的欧家镇福寺

祖上贤人志士

戚维恩：文章既胜翰林，教法又如察案

维恩公，本支族始居地欧家村九世祖，廪生员，号文台。配黄氏生四子。年轻时曾在石城一带教书多年，培养出众多芬芳桃李。后入石城县吏部任司训官。他勤奋好学，聪明过人，才高八斗，文笔犀利。时任石城县的蒋知县赐对联称其"文章既胜翰林，教法又如察案"。时有龙天公的调来知府任要职，其儿子龙少爷倚仗父势，横行乡里，为非作歹，无恶不作，荒淫无耻。凡是被维恩公教过的男生，家庭是龙家佃户的，结婚时当晚都必须把新娘抬到龙家与龙公子过夜。对这种无法无天的"初夜权"，群众恨之入骨。但无奈于其强行权势，难于将其扳倒。据说维恩公一学生的新娘被龙公子糟蹋之后咽不下这口气，便跑到维恩公家来，见公即跪，请求恩师写一张状纸去告龙公子。说如果老师不给写，学生就是跪三天三夜，跪破膝盖也不起来。维恩公感动之下便给这位学生写了状纸。鉴于龙家的权势，为安全起见，维恩公叮嘱学生等他下班出城之后，再将状纸送到知府吏部。这个学生悲愤难耐，急于求成，不等维恩公下班就送到吏部。被龙天公父子觉察，于是便派出心腹杀手潜伏于城门口，待维恩下班坐黑轿行至城门口伸头往外张望时便砍杀过来，将维恩公的首级斩落于地，旋即潜逃而去。消息传到维恩公家中，亲属及宗亲族人悲愤欲绝。但为了避免他们派人来追杀斩草除根，全家族人连夜逃亡到吴川梅菉隐居。从此一百多年也不敢回来。直到前几年才派几个人回来扫墓试探消息。维恩公被杀之后，其无首级的遗体被村中族上兄弟抬回，葬于龙谭车石水口岭，其墓一直是一座"无头坟"。这一历史沉冤至今无可申诉。

维恩公在世时一直是族上事务的热心人。也是欧家支族族谱最早的编纂人之一。十四世祖汉荣公在道光四年（1825年）主笔的《欧家戚氏续修族谱序》中说："……兵变以来，简编间有缺失，尤赖二三老成，如司训维恩公，廪生应明公暨先叔廪生希明公，后先起屡经修辑。"可见维恩公是本族族谱修纂的有知之士，颇具匠心。

戚文祯：民间武士精英，乱世惩恶英雄

戚文祯，生卒于太平天国年代（约公元1840-1873年间）。本支族安铺里屋湾村18世孙。是个英名威震一方的民间武士精英，乱世惩恶的英雄人物。自幼聪明伶俐，

好动好胜，善恶爱憎分明，嫉恶如仇。虽是看牛割草的贫穷农家子弟，却也读过几年私塾。知书识礼，懂仁义伦理，而且迷恋和习练功夫。少年气盛立志做个有用之材。12岁从师进武馆习武，并大器早成。成年后身高1.92米，腰围70厘米，是一个躯体魁梧、高大威猛汉子。18岁自开武馆招收弟子教练少林功夫。此时期正是法国殖民者从越南北上西进入侵我国北部湾粤西一带。他们横行霸道，为非作歹，到处奸淫掳掠，无恶不作，百姓称他们为"红毛鬼"、"刘霸贼"。同时乱世中内地盗贼群起。各类抢村贼、打劫团伙，地方土霸等恶势力趁火打劫，鱼肉百姓，危害社会。戚文祯耳闻目睹，义愤填膺。于是他挑选了200多名胆大艺高的功夫子弟，组成了一支地方民团式的打贼惩恶先锋队。先锋队秉承太平天国"替天行道"的思想理念，以势如破竹、锐不可挡的声势向这些强盗窃贼害群之马发起进攻和讨伐。这支以功夫为武器治乱惩恶先锋队主要活动在安铺周围一带的乡村，也涉及横山、遂溪洋青部分乡村。先锋队英勇强悍、纪律严明，对象目标明确，深受百姓的拥护支持。而队员们个个功夫精湛，龙精虎猛，斗志昂扬，冲锋陷阵。他们让强盗贼人闻风丧胆，所到之处无可逃遁，一触即溃，一败涂地。正义得以申张，社会秩序得以稳定、平静。群众无不拍手称快。有人称先锋队为"敢死队"、"青天队"，称戚文祯为"救世主"、"农民领袖"。戚文祯和他的惩恶打贼先锋队的行动延续了10多年。在这十多年时间里其活动范围的乡里民间不见强盗贼人出没，一方平安得以保障。

据传戚文祯不仅身材高大威猛，力气过人超强，而且他使用的功夫器械如棍棒、马刀、镖枪、钢钗等也是特别的超大、超长、超重，十分犀利。其中棍棒是烟脂木做的，长3.2米，重28斤；马刀27斤；钢钗20斤。与强盗的头人（有的是功夫头）打斗时，飞舞起来就像电闪雷鸣，风卷残云，水泼不进，对方还未反应过来，瞬间就被放倒在地；如果是与个子较小的贼头对打，文祯就像老鹰叼小鸡那样随意将其拎起放下、甩来甩去，让他喊爹喊娘，屁滚尿流。可见他功底何等高超，堪称炉火纯青。

可惜英雄气壮却命短。文祯33岁那年，一次在外步行时被冷箭射伤，卧床治疗多日后不幸身亡。他正如日中天却英年早逝。世人无不痛惜。家族亲朋戚友及武林子弟更是悲痛欲绝。但他的英灵却永垂族史。他原葬于横山黄盘河边青山绿水之间，后因建设用地迁葬于白坟岭。其事迹在二十世纪中期营仔西槎围村籍作家黄康俊写的纪实小说《天国遗风》中有记述。《湛江日报》曾连载。

戚有道：兴学重教，热心公益的"有道门"

戚有道，1889年出生。系本支族从廉江横山镇七块村迁往海南临高县新盈镇新盈村的十九世祖。他为人性情温和、正直、勤俭持家，家教严谨，十分重视子孙后代的教育。一生好善乐施，热心公益事业，是一位忠厚诚实、品学与德行兼优、德高望重的老先生。1949年新盈中学创建时，他捐款独资赠建造校门。校长王溪涧对此十分感动，亲自命名该校门为"有道门"，以表彰和纪念他兴学重教、热心公益的情怀与德行。正是他这种率先垂范的兴学重教、热心公益的"有道门"，影响和激励他整个家族的几代人。子孙后人都以他的"有道门"为座右铭，代代相传并发扬光大。因此家族世代人才辈出、群星闪烁，家声远播。成为世人敬仰与学习的模范家族。

新盈中学的有道门①

新盈中学的有道门②

戚成武：清代翰林

戚成武，生于 1731 年，卒于 1816 年，享年 86 岁，字安邦，号文轩，广西陆川县沙坡北安更坡车头村十一世祖。清朝嘉庆癸亥年（1803年）进庠，甲子恩科（1804年）举人，戊辰年（1808年）进京，已巳科（1809年）会试会钦赐翰林院检讨。

戚兆桢：清代翰林

戚兆桢，生于 1796 年，卒于 1882 年，享年 87 岁，字斡廷，谥文俭，广西陆川县沙坡北安更坡车头村十四世祖。清朝同治乙丑年（1865年）进庠，丁卯科（1867年）钦举人，辛未（1871年）科会试钦赐翰林院编修。

注：翰林即皇帝的文学侍从官，明清两代从进士中选拔。以上十一世祖成武公和十四世祖兆桢公，并称为"子孙翰林院"，陆川县古城镇陆落村叶氏地双龙山之马鞍坟戚氏墓碑上有所记。

另：旧时候本支族女宗亲出嫁，其新娘轿上必有戚兆桢的封条。其条文曰："勃海郡辛未科钦点翰林院戚氏即日谨封"。

广西陆川清代两翰林的牌匾

戚成武的牌匾

戚兆桢的牌匾

戚维谦与戚水清：安铺"八音"队继承者

戚维谦，本支族十八世孙，原籍与生平不详。他是安铺"八音"队第二代继承人（与黄晖轩一起继承）。而戚水清则是安铺"八音"队的第四代继承人。他生于1945年9月24日，卒于2012年2月27日。自小爱好音乐，早年打铁为生，人称"打铁清"，精通各种民间乐器，师从安铺八音队传承人李康权。2008年10月成立安铺八音曲艺团，被选为团长。同年成立廉江市安铺曲艺协会，任曲艺协会主席，多次组织安铺八音参加省市大型活动，备受好评。2009年安铺八音被评为湛江市非物质性文化遗产，2010年与李康权同被湛江市评为非遗传承人。

现代当代名人志士

戚丽光与戚楚周：闻名一方的父子"讼棍头"

戚丽光，生于清朝末年或民国初年，本支族广西陆川县古城镇车头村20世孙。曾任民国时代盘龙乡乡长。自小聪明过人，勤奋好学，从懂事开始就对民间诉讼感兴趣。他熟读法律法规，谙知乡间民情。他写的状纸十分犀利，在民间打官司十有九胜，年纪轻轻就成了小有名气的民间"讼棍头"。其打官司胜诉的故事绘声绘色，传为佳话。在乡里民间颇具威望。有一年一非戚姓族人在周边的石角镇开一间典当铺，老板不知是一时疏忽还是故意不给戚丽光面子，当铺开张时不请他参加剪彩仪式和赴酒宴。戚丽光认为这是老板狗眼看人低，故意奚落他。于是便叫身边一个叫"鬼仔六"的拿一包绣花针去典当。老板刁难地对鬼仔六说："小小绣针无价值，不能典当！"鬼仔六回来汇报后更刺激了戚丽光的自尊心，于是他决定教训一下老板。于是他便和几个身边人扛一条7米多长的杉木桄杆去该当铺典当。丽光根据当时法律条文的精神，胸有成竹威严地向老板发话："如果小不当，大不当，我就要封你的当（封当铺）！"老板叶公好龙却遇到真龙，害怕了。于是赶快当面给他办理典当手续，付款和赔礼道歉，并重设高规格宴席请他为座上宾。戚丽光不仅状纸写得好，各类文章也写得响当当。就连当时当地最大姓的吕姓家族的族头去逝世时，谁也不敢为他写祭文。陆川县县长却推荐戚丽光为其撰写，可见文斗之厉害。

有其父必有其子。戚丽光大子阿三从小也十分机灵，小小年他就能写出好状纸。可惜因染重病，只有十四岁就夭折了。二子戚仕周更是少年气盛，大器早成，他写的状纸更是锋芒毕露。各类民间官司打得十分利索，无人可匹敌。而且为人诚厚、刚强，好打不平，热心为民众写状纸打官司，伸张正义，弘扬正气，在乡里民间拥有良好口碑。

由于戚丽光、戚仕周父子"讼棍头"的名声显赫，又是当地戚氏家族德高望重的族头，加上当地戚氏先祖出了两代翰林的威望，当时在陆川博白一带，甚至九洲江一条水路流域成了一方圣地。在朝廷做官的人，凡是官位低于翰林品级的，路经此地都自觉下马下轿步行过境，不敢怠慢。后来戚楚周听从在广西教育厅任要职的外表哥的劝告，决定参加革命队伍，而且是共产党领导的野战军部队。入伍前他回乡省亲去外家探望时，却遭到昔日与之交恶结仇的同行死对头的围捕。他们并以树代马对他实施五马分尸将其杀害。其手段之残忍，令人惨不忍睹。但此命案事后却不见诉之法律。或许戚仕周是氏族斗争的牺牲品吧。

戚有业：一位钟情于书香文墨的老先生

戚有业，生于1900年，卒于1989年，享年90岁，欧家村十九世祖。一生兴学重教，是一位钟情于书香文墨的老先生。他9岁在本村私塾随父半耕半读，后上过私立小学和公办小学，也进一年师范讲习学校。虽然为社会因素和家境贫寒所困，学业打打停停，断断续续，直到23岁才算小学毕业，却矢志不移，从不言弃。小学毕业后没钱上中学，便出来教书，或在本村私塾为父帮教，或在周边村镇小学执教。几十年如一日兢兢业业，忠于职守。期间于1931-1932年参加欧家行政乡的筹建，任常务委员；1946-1947年参加欧家小学的筹建，任董事长。欧小建成开课后又当教员兼总务，后任校长直至退休。辗转几十年，在教书育人的岗位上用心良苦，竭尽心力，为教育事业作出了贡献。身份虽卑微，也没有惊天动地的业绩，德行却十分高尚、难能可贵，令人尊崇敬仰，在乡里民间有着良好的口碑。

先生晚年写了"展筹名集忌何安，苦力年年托笔端。功业一生无所有，只遗是集后人看"的简介式自传。还留数副墨宝般楹联于世。本谱特选两联入《文化篇》，以飨世人与后来者。

戚有恒：多才多艺的民间艺人

戚有恒，欧家村人，19世孙，系得道神明者戚圣一郎之孙。乡间粤剧名师傅、名角色、吹拉手。吹打拉唱，样样都拿手；生旦净末丑，种种角色皆演活。戏法新颖、精彩生动、活灵活现、栩栩如生，十分吸引观众。他既是后台伴奏，又是台上主演，既演戏又教戏，是乡间有名的"戏头"，且颇具权威。不管什么人什么戏班到欧家地域来做戏，都必须拜他为师，并征得同意才敢入境开场。每年他都到外地开馆教戏，其中在雅塘陀村教戏较多，时间较长。后在吴川梅菉演戏中突发疾病，猝死异乡。

革命老兵与军中士官

戚辅璠：国民革命军十九路军的中校士官

戚辅璠（1899-1952），字玉珊，本支族广西合浦县南康镇（乡）营盘青山头村（原属广东湛江地区，现属广西北海铁山港区）18世祖。自幼聪明伶俐，是个好动好胜，斗玩不服输的孩子王，有"天上闪电仔"之称。深受其父戚定秀（一个忠厚诚实的农民，其家境相当中农产业）的宠爱器重和栽培。家中九男一女十个兄妹中只有他能上学受教育。读书时学习成绩总是名列前班级前三名。1923年在合浦廉州中学毕业后曾先后到合浦浦北白石水小学任教和合浦县政府任职。1931年跟随老乡校友邓世增（时任广州市公安局长）到广州市公安局工作，任庶务主任。淞沪保卫战期间经在军中任职的老乡张均嵩介绍投奔蒋光鼐的十九路军，在南京"京沪卫戍司令长官公署"工作。后又随蒋光鼐十九路军到福州，在"治国绥靖卫戍司令长官公署"任军需主任（中校职衔），直到十九路军成立独立的反蒋介石顽固派的福建人民政府。该举动遭国民党顽固派迫逼失败后回到家乡。其后也曾到广州张均嵩处求职，但看不惯国民党官场的腐败，最后还是决定回乡赋闲在家，直到解放。1952年去世。

在广州公安局工作期间，受邓世增委托回乡主办了两件大好事：一是筹办建起了彬塘小学，解决家乡孩子上学难的问题，对培养教育后代起到了举足轻重的作用；二是筹建婆围圩镇，解决家乡人民群众趁圩难的问题，有利于家乡民众生产、生活物资交流，促进家乡的经济发展，功不可没。

戚辅璠的革命生涯和工作经历,主要在抗日战争之前的国民革命时期(大革命时期),其思想贯穿着孙中山先生的爱国主义思想。从他的履历实践中可以了解到他是一个正面、正义、正气的爱国爱乡军旅士官和社会知名人士,有较高的威望,广受世人尊重。

另,在福州戚继光祠的捐资芳名榜有戚辅璠的名字。

戚平:预备役步兵师师长,大校军衔优秀军官

戚平,1962年出生,本支族广西陆川古城镇 石台村23世裔孙,大学本科学历(桂林陆军学院指挥专业、桂林陆军学院合成军司令部参谋专业、中央党校经济管理专业函授本科、二炮指挥学院军兵种知识交叉培训、国防大学防务学院国防研讨进修、广西民族大学行政管理专业研究生、国防科技大学军事科技培训)。1983年9月在中国人民解放军41军121师361团1连任排长;1985年3月在中国人民解放军41军121师361团1连任连长;1988年8月在中国人民解放军41军121师361团1连任作训股长;1988年9月在中国人民解放军41军121师作训科任副营参谋;1994年5月在广西军区作训处任副团职参谋;1999年3月任广西军区边防1团团长;2003年8月在中国人民解放军41军123师任参谋长、副师长;2005年3月任海军南海舰队第六支队副支队长;2008年8月任广西陆军预备役步兵师参谋长;2012年3月任贺州军分区参谋长;2013年3月至今任广西陆军预备役师师长兼广西军区副参谋长。

在军旅生涯中,于1985年1月至4月期间率队在扳烂地区参加"1305"作战计划实施行动。时任连长。

荣获的主要奖项:1984、1991年参加军事比武各立二等功1次;1984、1987、1988、1990、1994、1995、2001、2003年各立三等功1次;1990年被评为全军首届百名优秀"四会教练员";20013年被评为全军优秀共产党员;2010年被广州军区评为优秀教练员;2011年被广州军区司令部评定为"优等参谋长"。

戚南寿：赤胆忠心干革命，克已奉公为人民

戚南寿，1920年生，本支族安铺茂桂路村20世孙。自幼感受被剥削受压迫之苦，爱憎分明。1944年被南路党组织一领导看中并选送到革命民校学习。在党的教育培养下加入中国共产党，是茂桂路村最早的党员。并受党组织的派遣回村秘密组建党小组，任党小组长。随着革命斗争的深入又成立村党支部，任党支书记，党员从3人发展到20多人，成为革命和对敌斗争的战斗堡垒、核心力量与中坚力量。

茂桂路村距当时日伪和国民党军政的据点古镇安铺不到三公里。由于地理位置的特殊和战略的重要，抗日战争和解放战争都是我南路党组和游击队的革命隐蔽区和红色根据地，党组织和游击队很多领导同志如莫怀、罗培畴、何琼等都在该村隐蔽过，或在此筹谋和指挥过对敌斗争。作为革命时期该村党支书的戚南寿肩负重任，在上级党组织的指挥和指导下，他组织和带领党员和革命群众，在自家门口和敌人的眼皮底下，运用多种形式，勇敢机智地开展对敌斗争：建立农会（对外称"禁睹会"），夜校、武术馆为阵地，向农民灌输革命思想，发动他们支持或参加对敌斗争，并以此为掩护开展对敌斗争；成立抗日村队，粉碎敌人的扫荡和对革命同志的围捕；监视敌人动态，为党组织和游击队收送情报，并向敌散发革命传单；站岗放哨，隐藏和护送领导同志安全转移；为游击队收粮送粮，发动群众向部队捐赠物资等等。他在白色恐怖环境和复杂残酷的斗争中练就一套出奇制胜战术和方式方法。如一天他在九洲江边被敌人的便衣盯上了，他立即纵身跳入河中潜游而去，到对岸时又迅速扯下晒在河边的妇女衣裳把自己男扮女装起来，避开敌人的目光，安全脱险；一次在敌人的突袭围捕中他被捕了，但在伪军将其押送去据点的途中，他用武术威吓敌人，扬言如不放行就将他们杀死。敌人被震慑后就把他放了。

解放后戚南寿曾在廉城镇任副镇长。他忠于职守，廉洁奉公，勤政为民，经常下乡进村串户访贫问苦，认真重视和解决农村建设和民生难题。他虽然是"老革命"，但从不居功自傲，而是淡泊官念与功名利禄，甘当普通一兵。他本可在县机关工作，甚至有望升职。但他却以自己文化低为由，要求转到基层供销社工作，而且一干就是十多年，直到1982年，他病逝时也只是一个乡镇级供销社副主任。他为人忠厚朴实，克已奉公，

先人后已，风格高尚。在职期间几次提工资他都主动提出让给别人，在干部群众中有良好口碑。

戚进余：一个抗战老兵的足迹与情怀

戚进余，1928年出生，本支族欧家上茂村20世孙。1942年16岁时参加革命，1946年入党，参加了抗日战争和解放战争。解放后长期从事劳教部门的行政管理工作，系广东公安厅英德硫铁矿行政管理处处长，1983年退休时享受副厅级待遇。

1943年16岁入伍后，在家乡一带参加中共南路党组织的抗日救亡儿童队，以看牛、割草、钓鱼、趁圩等为掩护监视敌人，为党组织收集情报。为我游击队掌握日伪动向，开展对敌斗争，拔除敌人在欧家渡口设立的反侦察据点等行动中，做了不少卓有成效的工作，是个人小志大、机智勇敢的红小鬼。进入解放战争时期后除了继续监视敌人动向，为组织搜集情报外，还参加了支前宣传部的工作，发动群众为南下大军捐筹粮草，工作艰苦深入，任劳任怨，成绩显著，完成任务较好。解放后服从组织的调遣和安排，长期安心和乐于在条件艰苦的英德农场、英德硫铁矿工作，勇挑重担，兢兢业业，哪里需要哪里去，甘当开荒牛和老黄牛。其中60年代初有三年带领业余剧团夜晚演戏搞宣传，白天搞生产大种蔬菜，解决了当时英德吃菜难的问题，受到上级领导和群众的好评。在英德工作期间，他几乎年年被评为先进工作者，其中1954年被评为公安部华南分局模范优秀工作者。

戚进余荣获的中国人民抗日战争胜利60周年和70周年纪念章

戚土胜：英勇壮烈的革命烈士

戚土胜，出生年月不详，遂溪县黄桐坑村二十世孙。家庭出身十分贫寒，小小年纪就给地主当长工，深受压迫和剥削，尝尽人间凄苦。因此自幼就爱憎分明，痛恨旧社会的黑暗，追求光明与解放。一九四七年十月参加李康平等共产党人领导的游击队，入伍还不到一个月，在还没有经过任何军事训练的情况下，凭着对反动派不同戴天的仇恨和对党对人民和解放事业的赤胆忠心，旋即参加了1947年10月14日北架岭的战斗。在枪林弹雨和血肉横飞的战场上英勇作战，冲锋陷阵，不幸中弹血洒疆场，壮烈牺牲，用青春的生命谱写了壮烈的诗篇。英雄的形象和业绩永远活在人民心中。在高耸入云的北架岭烈士纪念碑中镌刻着烈士的英名。

戚崇元：为革命洒热血抛头颅的烈士

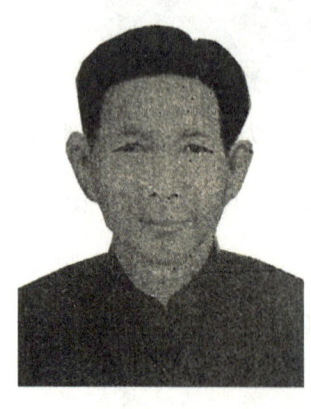

戚崇元，1921年1月9日出生，广西陆川县沙坡北安村戚氏贤孙，初中文化。自小热爱共产党，追求革命真理。1949年12月参加革命，系政治工作队员，革命热情高，工作积极，责任心强，完成任务好。不幸于1950年2月16日晚在土匪袭击榕江人民政府的战斗中，被丧心病狂的匪徒杀害。他是沙坡乡八烈士之一。每年清明当地党政机关工作人员和学校师生都到烈士纪念碑前瞻仰、祭奠。其英名永垂不朽。

戚培贤：双驳壳枪的革命红小鬼

戚培贤，1932年出生，横山排里埇仔村二十一世孙。少年家贫却气盛，15岁参加革命游击队活动时，连父亲也不知道。是当时我南路党游击区区委书记黄兴光经过暗中考察之后让他入伍的。他的主要任务是参加向富人征税和向拥有枪械的地方敌对分子收缴枪支。他虽然年纪小，个子更小，但革命热情高涨，不怕艰难险阻，表现得十分机智勇敢。执行任务时他身上佩戴两支驳壳枪（还有铁链和手扣），被称为"双枪红小鬼"。1947年有一次我游击队向广西十字路进发时，被国民党中央军伏击,战斗十分惨烈,我游击战士有十多人壮烈牺牲。培贤虽然没有被敌击中,却在混战中跌伤了左手,但他不叫一声苦,对参加残酷的革命斗争没有产生半点动摇。他在1949年1月的一次单人独马收缴国民党地方武装排长陈松炳(六格沙古塘人,曾在日本的保安队和国民党的挺进队中当过小官)枪械时,表现得相当出色。当时他正在山脚村的外边放风物色对象,远远就看见陈松炳款款而来,他便隐蔽埋伏起来,待陈炳松走近时,突然一个豹跃般从天而降,大喝一声:"举起手来,缴枪!否则我一枪就毙了你!"旋即以迅雷不及掩耳的神速将陈的三号驳壳枪缴了过来,并将其制服擒获。陈炳松正想拔枪反抗,但已成手下败将。

培贤在游击队工作战斗四年,为解放事业作出了贡献。解放后上级动员他回乡参加土改分田地,并在乡当村官多年,直至退休仍抠守于母土故乡。他是县民政部门评定的"老游击队员",享受应有的待遇。他虽然当不上吃皇粮的国家干部,却无悔无怨。

戚兆良:对革命战士关爱有加的堡垒户

戚兆良,1889年生,横山排里七块仔村二十世戚氏裔孙。家庭出身贫寒,是一个忠厚诚实、爱憎分明、嫉恶如仇的农民子弟。在解放战争时期对革命战士无微不至,关爱有加,对革命事业竭尽心力,忠心耿耿,是一个情怀豁达,无私奉献的模范堡垒户。那时候作为革命根据地的七块仔村,游击队、南路党、工作队的同志经常出入他的家院,以他的家为联络点开展革命斗争活动。在艰苦的岁月里,为让战士们多一点温饱,少一点饥饿,即使家里仅有半筒米,也拿出来煲粥给战士吃;米缸无米时就毫不可惜地将未到收成的番薯、芋头、花生挖拔回来煮给战士们吃;即使手上拮据,身无分文,也千方百计弄点钱买药为伤病员治疗。甚至不惜将自家仅有的一头耕牛拉去卖掉拿钱为伤病员疗理。他视革命战士比亲人还亲,对他们百般爱护、呵护的举动和情怀,让每个战士感动得为之动容,更是激励鼓舞战士们努力工作,英勇杀敌的强大动力。在复杂严竣的环境中,他时刻警惕着,时时顾及战士们的安危。每次下田劳动或有事出门,他总是眼观四面,耳听八方,注意周围的动静,发现与敌情有关的动向和情况,及时向组织汇报和反映。每次上街趁圩都趁机洞察圩镇上的动态,给党组织和革命同志收集情报。千方百计为革命同志和革命事业多做一些有益的工作。正是这种深厚的、难能可贵的军民鱼水情的驱动,当他1966年病逝时,当年的一些老上级、老首长、老战士、老同志特地赶来为他送行,祈愿他好人一路走好,好人有好报,在天之灵安稳、快乐。

戚兆积:当过农会主席的老党员

戚兆积(1911-1950年),横山排里七块仔村20世祖。1947年10月参加革命活动。当年他的工作主要是两项:一是为地下党组织和游击队收集和传递情报;二是做后勤工作。主要是根据斗争需要在队伍转移中挑担子运送武器弹药、粮食等物资。他工作责任心强、吃苦耐劳,任劳任怨,表现出色。1948年他根据组织的指示和安排回本村建立农会,组织发动群众向地主减租减息,被推选为农会会长。在斗争中他旗帜鲜明,立场坚定,态度坚决,事事处处走在斗争的前头。例如,埔仔村有一户地主头在减租减息中从不满到对抗。一天他明目张胆地跑到七块仔佃户家中催粮逼债,还气势汹汹地恐吓佃户。兆积闻讯后迅速赶过去训斥他,面对面与他作斗争,将他反攻倒算的嚣张气焰压下去,并勒令他按规定减租减息。欺软怕硬的地主佬最后贴服了。

经过革命斗争的锻炼和考验,兆积的革命热情大大提高,革命意志更坚强,工作更积极了。1948年7月经南路游击区区委书记黄兴光介绍,戚兆积光荣加入了中国共产党,成为一名坚强的共产党员和革命战士。可惜不幸英年早逝,在刚解放的1950年就病逝了。

戚培豪:满腔热情为革命的老党员

戚培豪,原名镇喜,1928年出生,横山排里七块仔村21世孙。贫苦农民家庭出身。1947年参加革命活动。当年的主要任务是为地下党组织和游击队收送情报和做后勤工作(挑担运送军火弹药、粮食等物资)。1948年遵照党组织的指示与戚兆积等人回本村建立农会,发动群众向地主减租减息,在斗争中立场坚定,工作主动积极,完成任务较好。当年经南路游击区区委书记黄兴光介绍加入中国共产党。解放后在评"革命五老人员"中被评为老共产党员,享受有关待遇。

戚南国:革命斗争中的赤脚医生

戚南国,原名戚九,1936年出生,七块仔村戚氏二十世裔孙。他于1947年经当时南路游击区区委书记黄兴光介绍,在七块仔参加游击队和地方武装队伍的医疗护理工作。由于他勤学苦练,虚心请教别人,很快就学会掌握针灸、包扎等多项护理技术,每年他亲自为上百名伤病员进行医疗护理。在战争环境下，当时七块仔革命医疗站救死扶伤的护理工作，更重要的一环是在敌情紧急的情况下，如何做伤病员的转移疏散工作。戚南国和同志们深知责任的重大，总是未雨绸缪，总能沉着、冷静应对。1948年国民党中央军有一次突袭围攻游击区，情况十分危急。戚南国和同志们听一声"牛食禾"！暗号之后，立即忙而不乱地迅速将全部伤员抬至九洲江河边，马上踏上事先准备好的三张船上，火速向革命老区博教、竹墩疏散并隐蔽起来，确保伤病员的安全。在敌我斗争日趋白热化的情况下，戚南国和同志们的神经线时时紧绷，如箭在弦上一触即发，不断提高处事应急能力。1948年的年末国民党军队朝七块仔方向打炮，炮弹落在周边地区轰轰隆隆炸响着。戚南国和同志立即紧急行动起来，准备转移疏散伤病员。幸好这时传来可靠情报，是敌人试探性的乱放炮，之后就恢复平静。尽管这是一切虚惊，但戚南国和同志们时刻不放松警惕性。

戚南国在七块仔革命医疗站做了三年救死扶伤的护理工作，对解放事业作出一定的贡献。但解放后在评定"五老"（老堡垒户、老游击队员、老交通员、老革区干部、老党员）人员时却没有他的份儿。他虽然有点想不通，但还是无悔无怨的，后来他当了大队赤脚医生，从这点上他感到自慰。对革命也有感激之情。因为是他在战争年代当医务护理为他打下从医的基础。

戚德球：革命斗争中的红小鬼

戚德球，坡头扇屋村二十一世裔孙，系该村白皮红心战士戚敏兴之子。有其父必有其子，德球在革命形势及革命同志的熏陶和父亲的教育带领下，只有十二三岁就参加了革命斗争活动，革命同志在该村设点制造手榴弹时，德球经常在村口站岗放哨，如果遇到可疑迹象和见到陌生人，就通过事先约定的暗号，马上通知革命同志及早应对。确保手榴弹制造点和革命同志的安全。有一次国民党郑为辑（绰号古佬）的清乡队进村搜捕革命同志，被德球远远就看见了，他马上通知革命同志转移。有个同志，跑到村边的土地公庙旁边林木中隐蔽起来，而另一个革命同志因跑得慢了一点，只好就近躲藏在一间闲屋里。屋里堆满柴草，还有三只粪桶。德球见状，便急中生智，马上提了一桶清尿放在闲屋的门口。清乡队士卒跑到门口看一看，闻到一股刺耳臭味，便走开了。革命同志得以脱离险境，转危为安。

戚敏兴：白皮红心为革命

戚敏兴：出生年月不详，本支族坡头扇屋村人。解放战争时期他的公开身份是国民党甲长，但实际上是以甲长的身份作掩护支持和参加革命斗争。他冒着被杀头的危险，机智、勇敢地为革命党人搜集和传递情报，协助地下工作人员宣传革命思想，发动群众起来对敌斗争。曾多次在紧张临危的情况下，沉着应对与敌人周旋，帮助革命党人和革命群众转危为安。为了解决武器缺乏的难题，他主动帮助革命同志物色和选择制造手榴弹地点，并协助筹谋制造手榴弹的工作。在帮助革命工作者建立交通站，开展组织生活等方面更是用心良苦，做了不少仔细、周密的工作。还为革命同志提供一些木薯、红薯，以补充粮食不足。为解放战争的胜利和人民政权的作出了功不可没的贡献，不愧为白皮红心的革命战士。

戚合芳：一个革命老兵的足迹与情愫

戚合芳，1928年出生，湛江坡头区坡头镇黄竹宜村人，二十二世裔孙。父母早逝，家贫如洗，自小靠乞讨、翻捡番薯度日，四处流浪。1948年因家里交不起20块光洋壮丁费，被捉去当壮丁，编在北平傅作义部队。1949年傅作仪率部起义后，改编入中国人民解放军第一野战军第3军7师19团一营机枪连，参加解放大西北战役。其中参加

攻打兰州和西安外围作战，与国民党所谓名牌军马步芳部较量。1951年随部队入朝抗美援朝，参加过上甘岭东线作战和上甘岭总攻战役，枪林弹雨，出生入死，曾被敌炮弹擦伤大腿和炸飞的石头砸伤头颅，立过三等功。1958年回国分配到湖北省洪湖县武装部任作战参谋。1977年调回湛江任麻章法庭庭长，后转入湛江法院任办公室主任，直到1988年离休。

合芳从军和参加工作三十多年，忠于职守，兢兢业业，不谋高位，不图名利，甘当普通一兵。在岗几十年从不要求组织照顾，四个子女都是通过考试或自谋职业参加工作成家立业的。有人说他是"傻仔"，人民群众都颂赞他德行高尚，老兵情怀感人至深。

戚合芳战争时期的荣誉纪念章

解放大西北

抗美援朝

朝鲜纪念章

戚基荣：勇敢的战士，坚强的人生

戚基荣，生于1931年，卒于2014年。本支族广西陆川古城镇车头村（现新屋村）20世孙。16岁参加革命。解放战争时期系粤桂边人民解放军新编14团（1947年5月成立）第一连司务长，参加1947年8月长江坝伏击战和搪活战斗。机智勇敢，奋勇抗敌，表现十分出色。在遭到敌包围的危险情况下，脱光衣裳涉水过河与敌搏斗，并命令和保护战友背着伤员过河，脱离险境，并跟上队伍，受到部队领导的点赞。1949年他参加南岳区武工队，系武工队的骨干分子，与小分队的战友一起四处出击，锄奸肃敌，抓捕特务分子，让敌人闻风丧胆，惊恐万状，大长革命的志气，大灭敌人的威风。

解放后根据党的安排，在本地方工作，踏踏实实，兢兢业业，忠于职守，不图名利，甘当普通一兵。工作几十年也只是一个食品站的副站长。就是在文革期间被"莫须有"的罪名打成"四类分子"，被遣回乡务农也能忍辱负重，襟怀坦诚地生活下去。1981年平反恢复工作后，革命热情不减，工作责任心不减，表现出一个老党员、老革命战士坚强不屈的革命意志和十分可贵的革命品德与情怀。

戚培芳：打拼在基层，一生为革命

戚培芳，生于1925年，卒于2011年，享年87年，本支族安铺茂桂路村21世孙，贫苦农家子弟。1945年参加革命，同年加入中国共产党，系茂桂路党支部最早也是最年轻的共产党员之一。从此在党的领导下，活跃在家乡一带，在艰难险阻的环境中，为推翻反动派的黑暗统治，建立人民民主的新政权，开展隐藏革命斗争。1945年茂桂路村农会和武装队相继成立，他和戚兆让两人担任农会长和武装队长。同时成立了茂桂路夜校，以夜校为阵地向农民灌输革命思想，调动农民支持和参加革命的积极性。当时村的武装队有队员44人，是一支不可小觑的革命小分队。后来武装队转为游击小组，属新三团领导。这支游击队主要活动在茂桂路周围一带的横坡、文瑞、鸭潭、大美埇等村域。主要任务是巡逻、放哨、监视敌人的动向，收集情报，保护革命领导同志的安全，坚持开展艰苦卓绝的革命斗争，配合南下解放军迎来了湛江的解放。

作为一人老党员、老游击队员，解放后戚培芳成为一名乡镇干部，在基层打拼了30年。历任廉江县第四区委会组织干事、委员、区委副书记、书记；雷北县太平公社党委书记；湛江乾塘公社党委书记；湛江市麻章公社党委书记；湛江市第四建筑公司党委书记，兼任湛江市郊委工交办副主任。1984年离休。离休时为正处级干部。

戚华兆：两次参加对越反击战的老兵

戚华兆，1953年10月出生，遂溪黄桐坑村22世孙。1975年10月加入中国共产党；1974年12月应征入伍，在第四十一军123师服役。曾任过班长、排长、参谋、连长等职；1976年参加军事竞演，取得优秀成绩，荣立三等功一次；1979年参加对越自卫还击作战中，荣立三等战功一次；1984年参加对越还炮击作战中，荣立三等战功一次。

1985年12月转业回中国人民银行湛江分行工作，曾任过副科长、科长；后任中国人民银行遂溪县支行副行长；2010年任湛江证券有限公司总经理。2013年10月退休。

戚康清：从穷苦孩子到共产党员和革命战士

戚康清，1934年出生，本支族安铺秀九村20世孙。4岁丧父，小时家贫如洗，靠

翻捡蕃薯、割牛草卖，打短工度日，被称为当地"第一穷苦人家"。因出身贫苦，根子正，爱憎分明，阶级感情纯朴，1947年被当时南路游击区党支部书记李炳看中，将他发展过来参加秘密革命斗争活动。并在当年由李炳和另一名党员李继恒介绍加入了中国共产，成为革命队伍一名战士。康清入伍后立场坚定，不怕艰难险阻，工作主动积极。努力完成组织上交给各项任务。其中在为党组织收送情报、参加惩罚当地敌对分子的斗争中表现出色。

解放后康清一直在县供销社工作，任供销社供销股长多年。1983年离休。

巾帼楷模

戚有莲：一生追求革命理想的女强人

戚有莲，女，1924年出生，本支族广西合浦县南康镇营盘青山头村（原属广东湛江地区）19世孙。自幼受父亲戚辅璠（十九路军爱国中校士官，见本谱人物篇另文）爱国主义的影响和熏陶，并随父到广州读书。由于战乱和社会动荡，后返回北海中学就读。在北中期间她在地下党组织的教育培养下加入了中国共产党，从此她以抗日救国和天下劳苦大众解放为己任，追求革命理想不动摇，革命意志更坚强。她积极参加包括闹学潮在内的和各种革命斗争活动，大力宣传党的抗日救亡主张，反对投降和卖国主义，成为活跃分子和积极分子。受当地顽固派勒令停学一年的处分。但革命理想和斗志没有动摇。后在党组织指导和帮助下，离开北中，辗转于两广各地求学并坚持参加革命斗争活动。从1940年开始，她先后考取就读于中山大学（当时校址在广东韶关平石）、、重庆江陵女子大学、广州岭南大学（但由于战乱在频繁转校中一直没有拿到大学毕业文凭。直到解放又考取华南师范学院才解决文凭的问题）。合浦解放后分配到广西合浦县人民政府做妇联工作。后调任合浦中心小学校长兼合浦师范附小教导主任。1951-1956年调入廉州中学任教，1957年后在合浦师范任教，直至到离休（期间曾调往廉州中学驻校一年）。

在党组织生活方面,她是1938年入党的老党员,但也由于长期的战乱,组织人员的分散,档案资料的失散,党籍问题一直得不到确认,更是拿不到凭证。但她却一直照样过组织生活,是一个没有党籍的共产党员。直到1997年党员身份才获得确认,并办理手续恢复党籍。

戚有莲人生旅途辗转几十年,经历了风风雨雨,坎坎坷坷。但在艰难曲折的人生旅途中她始终以一个共产党员的本色严格要求自己,追求革命理想不动摇,革命事业心和工作责任感不放松,是一名坚强的革命战士和女强人。多次被评为先进工作者和优秀党员,广受赞扬与敬重,并荣获中共中央、国务院、中央军委颁发的中国人民抗日战争胜利六十周年和七十周年纪念章。

戚有莲荣获中国人民抗日战争胜利60周年纪念章　戚有莲荣获中国人民抗日战争胜利70周年纪念章

戚秀珍:全国三八红旗手,医学界巾帼精英

戚秀珍,女,原名南娣,1934年出生,本支族安铺洪坡村21世裔孙。系一个名副其实的女强人,时代的巾帼精英。

秀珍1954年毕业于湛江卫校,当年入阳春保健所当助产士。1961年参加全国医生统考晋升为妇产科医生。1960年调入阳江人民医院任妇产科医生,一干就34年,直至60岁退休。期间于1980年免试升为主治医生,1989年升为副教授级副主任医师;1992年被聘为中国中西医结合学会广东省分会第一届妇产科委员会委员；1989-1994年被聘为广东医学院副教授级客座副主任医师。

秀珍只有中专学历。但却在本职的岗位上做出了骄人的业绩和贡献。靠的是她人生有理

戚秀珍的荣誉证书

想，勤奋好学，刻苦钻研，敢为人先，勇于担当和开拓进取。在业务技术上更是一丝不苟，精益求精：是她在计划生育中做了数以万计手术，而且真正做到万无一失；是她于1983年初，在县级医院做了第一例子宫癌根治手术，开创了广东省县级医院做此种手术的先例；是她于1983年一天正在县城家中吃饭时丢下筷子，火速赶到阳江织篢卫医院，在产房里为一名引产时大出血、十分危急的妇女做了补救手术，扭转局面，转危为安，县委书记要给她记一等功，却被她谢绝了；也正是她在几十年的治病救人，救死扶伤和计生工作中，排除了一个个棘手和疑难问题，攻克一道道难关，发挥了聪明才智，付出了艰辛与汗水做出了贡献。

主要奖项记录：她几十年间荣获的各级奖项数目和种类繁多，奖旗、奖状、奖章、证书等琳琅满目，光环耀眼。其中主的有：1983年8月荣获全国计划生育先进工作者称号；1983年9月荣获全国"三八红旗手"的称号；1983年荣获广东省委一等功晋升一次工资；1994年荣获全国计划生育万例手术无事故先进个人奖。还有多篇专著论文在医学界交流。其中《子宫缝合预防早产一例报告》获全国医学《李时珍杯》论文四等奖。1979年被选为阳江县政协副主席。阳江转为地级市后为该市政协常委。

戚丽杏：学业尖子，新生代才女

戚丽杏，女，1990年4月出生，本支系安铺秀九村22世裔孙。暨南大学研究生毕业，硕士学位，国际注册会计师职称，现在广州英美合办的普华永道会计师事务所工作。

戚丽杏虽然生长在欠发达的小地方，但自小有理想，有志向，勤奋好学。从小学到初中，学习成绩名列班级前茅。2005年她参加全

国奥林匹克数理化竞赛考试，获得数学三等奖和化学三等奖，被湛江一中高中尖子班提前录取。2008年高考以638分的优异成绩考上暨南大学会计系国际注册会计专业。这个专业是暨南大学与英国合办的，旨在为国家培养与国际接轨的人才。这个专业除了完成本科的学习课程外，还要增加16个科目课程的学习和考试，而且都是用英语授课，全部合格后才能获得国际注册会计师证书。丽杏中学时英语虽然不错，但仍感到不适应。为此她努力攻读。勇于攀登，终于取得好成绩并获得奖学金。本科毕业时被该校推荐保送公费读研究生。2014年研究生毕业时又获得硕士学位。随即参加国家公务员考试笔试合格，系国家统计署深圳办事处录取处的18个面试中的一个。但她却人各有志地放弃公务员职位，毅然选择英美在华合办的会计师事务所工作，目的充分发挥自己所学专业的特长，争取更美好的发展前途。

企业家、商贾老板、各类管理人才

戚德：业绩卓著的专家和企业家

戚德，1950年出生，海南临高县新盈镇新盈村人。本支族二十二世裔孙。曾任海口市饮料厂党总支书记、厂长；海口罐头厂党委副书记；海口速溶咖啡厂党支部书记、厂长；海口力神企业股份有限公司董事长、总经理、党委书记。系海南数一数二的老一代著名企业家。

秉承和发扬父辈自强不息，勇于开拓进取的精神和优良传统，戚德自学成才，潜心科技研究，精心打造和开拓科技新产品，业绩骄人、成果累累。多次荣获国家级、省、市级殊荣。连年被评为海口企业工委系统、海口市优秀共产党员；海口市精神文明建设先进个人；全国职工读书自学成才奖；《天然椰奶咖啡的研制》项目科学进步一等奖；海南省有突出贡献的优秀专家；全国工业技术优秀企业家；中国青年科技创业者；海南省工业经济优秀企业家；企业技术创新管理成就奖，省级政府特殊津贴专家。在德国和意大利的智库中有他的人物志资料。

戚强：自学成才事业有成，行善积德宗亲楷模

戚强，1950年生，营仔大榄田二十二世孙。青春年少时正值"四清"运动和文化大革命，无机会升学、参军、招工招干。但坚信天生我才必有用。1974年从泥水工仔做起，由于勤奋自学，刻苦钻研，勇于开拓进取，很快就成为建筑师傅、工程师、建筑企业家。1989年开始任廉江三建公司副经理、党支书记、经理。2006年企业改制后任董事长兼总经理，并被评为高级政工师。

在领导企业中审时度势，紧握时代脉搏，以建造优质工程，提供优质服务为宗旨；以建百年工程，树永久丰碑为追求；以真诚守信，科学管理，筑造精品，回报社会为理念，勇于改革创新，在激烈的竞争中努力将企业做强做大，实现跨越式发展。他广纳英才，守信经营，几十年如一日亲力亲为，带领干部员工艰苦奋斗，同舟共济，团结拼搏，励精图治，在深圳、湛江、南宁、梧州、钦州、柳州以及海南、云南等地开拓建筑市场，精心打造样板，创造出一个又一个优良和样板工程，荣获一个又一个奖项与殊荣。公司每年建安产值超亿元，2010年达2亿，2014年超过5亿。近几年竣工面积达500多万平方米，公司由二级企业晋升为一级企业，并已通过ISO9001、ISO2000国际质量管理体系认证。深受客户和上级部门的信赖与赞扬。仅广西梧州工地2009年就一举被评为广西"建筑业先进施工企业"、"工程安全生产先进企业"和"建筑业诚信施工企业"三大称号。公司连续17年被广东省工商行政管理局授予"重合同，守信用企业"，而且年年被评为廉江市纳税大户。戚强本人更是年年被为先进工作者。

戚强在事业上自学成才，事业有成，而且保持强势。但在为人处事上却保持低调。他忠厚、诚实、谦逊，从不居功自傲。他关心民生，热心公益，行善乐施。仅近几年就捐资上百万元为家乡修建道路、水利、市场、学校、文化楼、自来水、路灯等设施建设。他扶贫济困，资助众多同事、朋友、兄弟宗亲解决工作、生活上的困难，默默地做了大量的好事善事。对族上之事更是率先垂范，关怀备至。在重建戚家祠和重修戚氏族谱中，他不仅带头捐资近百万元，更是工程项目的倡议者、领导者和策划筹谋者。真可谓尽心尽力，仁心大爱，有口皆碑，堪称楷模。

集千万品质　筑广厦万千
汗水成就梦想　荣誉见证未来
——戚强的廉江三建公司优良样板工程剪影及部分荣誉证书

梧州市灏景尚都A区商住楼　框剪28层　建筑面积：181496m²
其中1#、3#、5#、6#、8#楼分别荣获市级"云峰杯"优质工程奖，6#楼荣获广西自治区"优质工程"奖

廉江凯登大酒店　建筑面积：15000m²

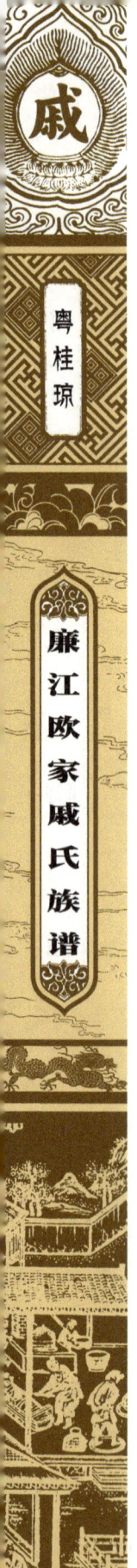

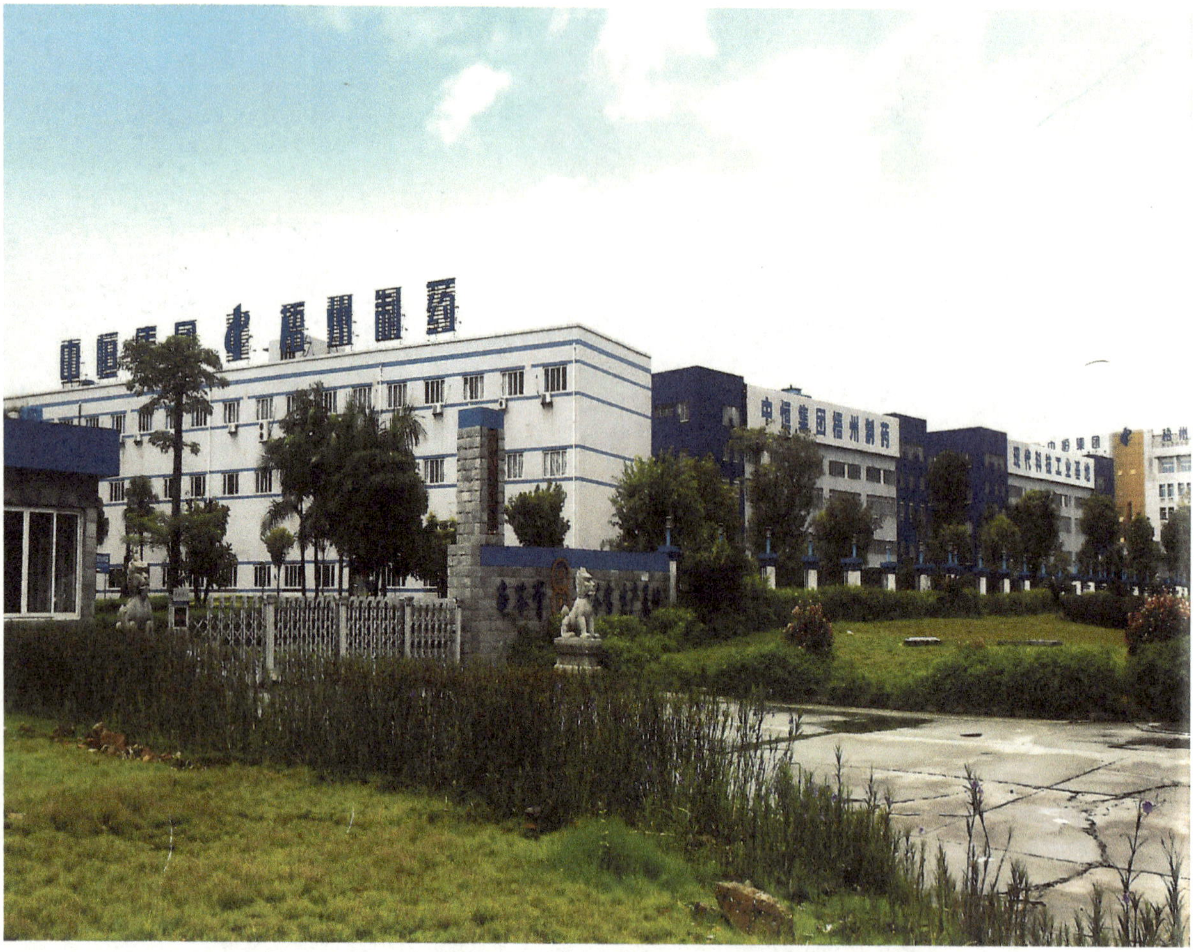

中恒集团梧州制药基地　柜架五层　建筑面积：97000m^2

中华人民共和国
组织机构代码证
19472349-2

代　　廉江市第三建筑工程有限公司

机构名称：

企业法人（法定代表人：戚强）

机构类型：广东省湛江市廉江市迎宾一路六号

地　　址：

自2011年04月27日至2015年04月27日

有效期：广东省湛江市廉江市质量技术监督局

颁发单位：组代管440881-000181-1

登记号：

说　明

中华人民共和国国家质量监督检验检疫总局监制

今后每年04月证书年检
不再另行通知

检记录

NO.2010　6994038

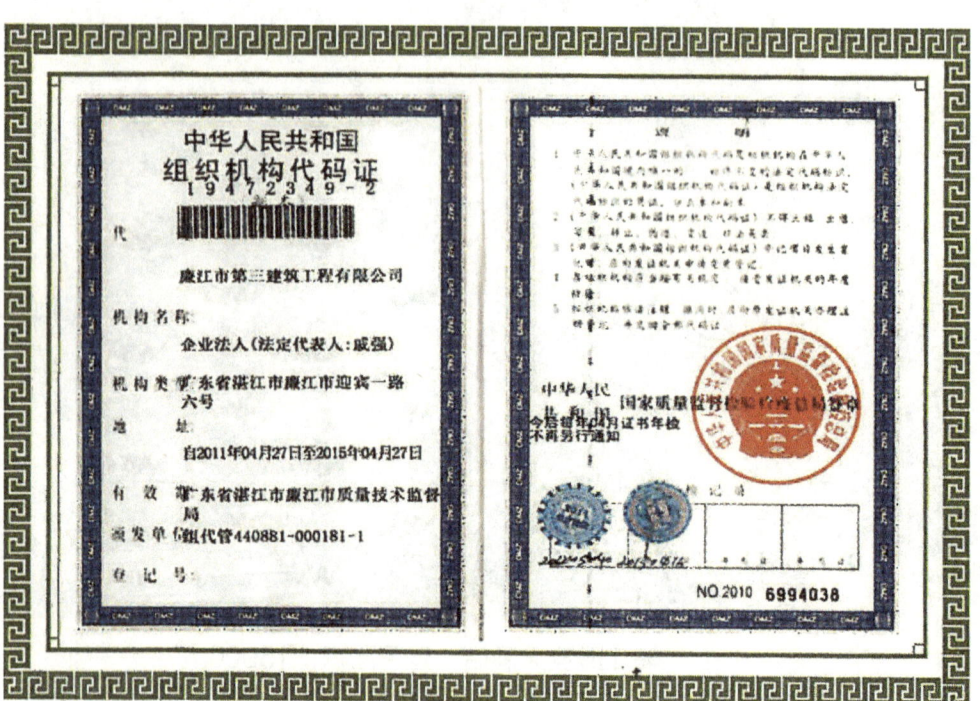

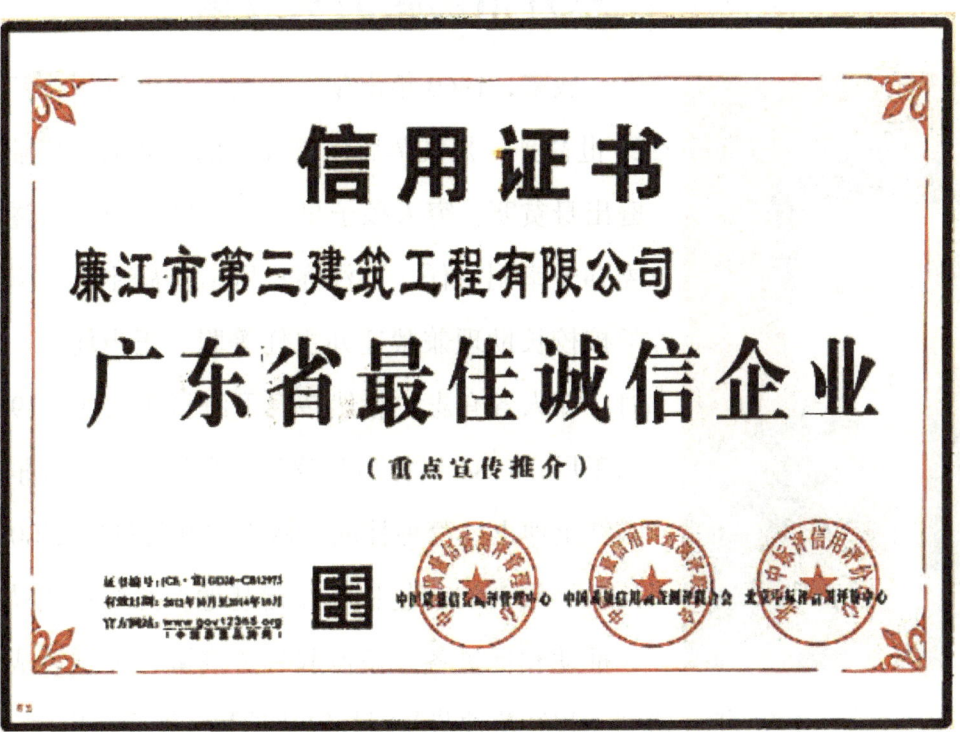

戚来，锐意开拓创新的实业家

戚来，1960年出生，本支族遂溪县河头镇上塘村26世裔孙。是文革后恢复高考的首届大学毕业生。家庭出身贫寒，穷人孩子早当家。23岁就出任遂溪县农委办公室副主任、湛江赤坎区财委副主任、湛江机电学校校长助理兼搬迁办主任等职。正当仕途一片光明时，却人各有志，毅然转身下海打拼实业。1982年开木工厂；1984年甘当开荒牛，在河头镇一片荆棘丛生的红土地上垦荒种甘蔗，精心创办与打造2000多亩全县最早最大的承包甘蔗经营基地，并获得成功。有力地推动和促进各乡镇掀起种蔗高潮，为遂溪成为全国最甜县作出了贡献。1996年开始创办和经营种苗及园林绿化项目。先后在广西、茂名、湛江、遂溪、麻章等地办起了十多个规模不一、品种多样，总面积超过5000亩的园林花木场。其中桉树苗的科学培育、推广成为广东省和全国的品牌和里程碑，荣获全国和广东省质量信得过的种苗单位和广东省诚信示范企业，在湛江科技大会上，湛江市长特地亲自为他颁发科学技术认证证书。戚来现系中国农业经济学会会员、广东省企业家协会会员、广东省花协常委理事、湛江市乡镇企业促进会副会长、诚信协会副会长等。在湛江市甚至在全省享受有盛名。2014年戚来又以全新的理念在麻章花木基地中心带创办戚园美食城，以其幽雅的生态环境、独特的经营方式和不一样的服务准则，盛情招徕四方来客。引起各级领导有关部门的关注、关心和热情支持，多种多家媒体更是长时间为其大力宣传与推介。

戚来创业致富不忘家乡建设和爱祖敬宗。是他穿针引线最早为老家上塘村拉通高压用电。他还捐资出力支持村中修建道路、绿化设施建设等项目。在欧家支族的重修戚家祠和重修族谱中出谋献策，带头捐资捐物，尽心尽力，不愧为先祖贤孝的裔孙传人。

因为戚来对族上之事热心有加，积极参与，勇于担当，所以被推选为中华戚氏联谊会副会长兼西南片联谊会会长。

戚来的园林生态美食城——戚园山庄

戚园山庄的生态造型图腾——凤凰亭

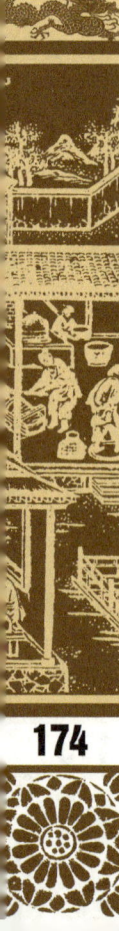

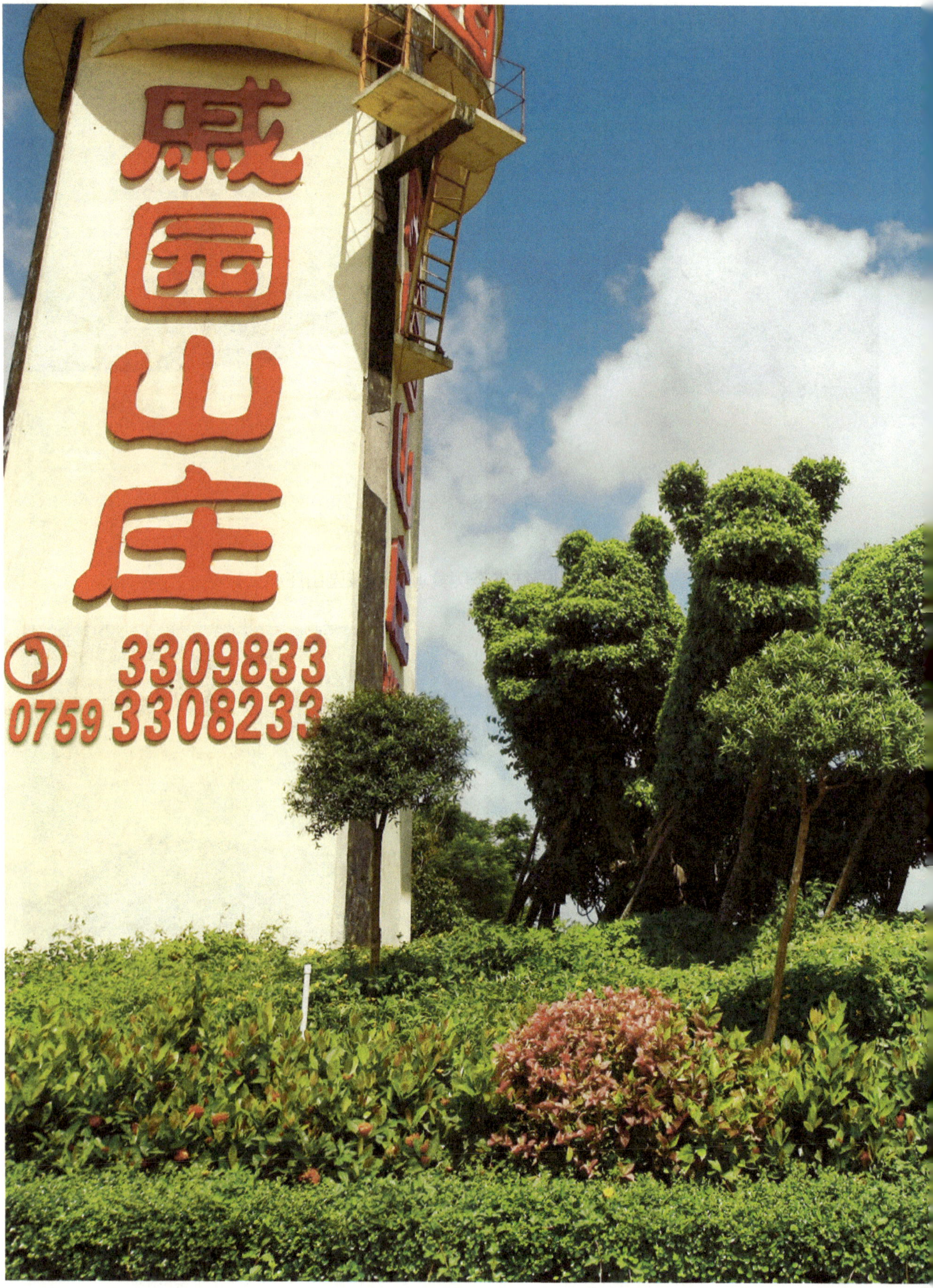
戚园山庄
3309833
0759 3308233

戚来5000亩园林花木基地一角

戚园山庄的狮子生态造型图腾

戚建夏：自强不息，勇于攀登

戚建夏，曾用名戚汝义，1977年2月出生，本支族广西防城港光坡镇籂色葵村二十二世孙。1992年至2007年分别就读于广西交通学校路桥专业和长沙理工大学交通土木工程专业。1996年7月分配到广西防城港城区公路局担任技术主办，负责防城港区域的公路工程基建项目建设技术管理工作，敬岗爱业，刻苦钻研，兢兢业业，勇于担当。深受领导和同事好评。

2000年下海打拼。先后参与和承包了广西钦州至防城高速公路、四川成都至南充高速公路、广西防城港11-12#泊位码头、广西加州莲塘至鹰扬关二级公路、广西钦州陆屋至浦北二级公路、广西沿边公路、广西容县至平南二级公路、广西凤凰至覃塘二级公路、广西至三江至贵州从江二级公路、广西隆林至百色高速公路、广西北部湾大学、广西东兴中越友谊公园、广西东兴中央大道等多个广西区内外的交通公路、港口码头、市政道路和房建工程项目的建设施工，足迹遍布八桂大地及全国各地，是防城港本地第一个到外省承接工程的承包商，也是本地参建国家级及省区重大项目最多的承包商之一。

2009年和2014年分别创办广西华南建设集团防城港分公司和广西华南建设集团东兴分公司；2011年创立广西港湾投资有限公司和广西港湾物流有限公司；2016年创立广西港湾投资集团。主要业务涉及房地产开发、物流园区及平台开发、旅游开发、休闲观光生态农业开发、物流运输及创储、港口码头货物运输及装卸；公路、市政、房建及各类土木工程施工总承包等。企业拥有挖掘机、装载机、自卸汽车等各类大型机械设备近百台套。2014-2015年企业营业额达5亿元。目前主要投资开发的项目有广西港湾物流商品交易中心、防城港西湾旅游码头、万松水库休闲观光农业生态园等。

作为防城港市公路系统第一个离岗创业的技术干部，建夏自2000年创业以来一直秉承务实、创新、团结、奋进的发展理念，白手起家，艰苦创业，勇于创新，开拓进取，善于把握时代脉搏与机遇，自强不息，企业从无到有，并逐步做大做强。在创业途中广交朋友，善结良缘，为人诚恳，得到了众多亲朋好友、同学及社会各界友人的认可和鼎力支持。戚建夏认为财富来源于社会，更要回报于社会，做人要以善为本，心怀感恩，饮水思源，能力越大，责任就越大；越是有能力的个人或企业，就越要承担更多的家庭责任及社会责任，越要多帮助身边的人，多为家庭及大众做一些力所能及的事。所以个

人及企业多年来一直不忘回报乡梓和回馈社会。依法纳税，积极为当地创造就业机会，热心宗亲和社会事业。多年来以不同的方式为宗亲及社会公益事业捐资数十万元，并为本族重建戚家祠及编修族谱捐资十多万元。同时积极参与全国戚氏宗亲联谊活动，主动提供部分活动经费，并被推举为中华戚氏宗亲理事会副会长。

戚建夏位于广西防城港的物流基地

神州飞船总设计师戚发轫院士接见戚建夏时合影

戚旺：创业致富实干家，家乡建设热心人

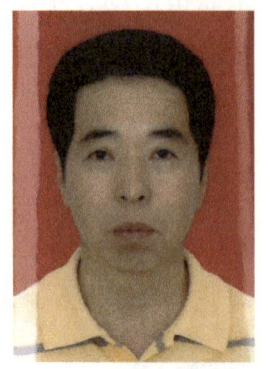

戚旺，1961年出生，本支族营仔镇天塘村21世孙。中山大学MBA毕业。1978年开始经营沙石等建筑材料及煤炭杂货等，在本省各地和广西、海南等地从事个体运输业。1990年在家乡营仔镇创建"文旺工艺厂"，制作生产各类精美草编、竹制、木制、藤制和纸制工艺品，产品远销日本、美国、欧洲各国。该企业至今仍在营运。期间还兼任营仔水运公司经理。并于1998年组建廉江市辉煌实业有限公司和廉江市恒丰高岭土有限公司，系两公司的董事长。实业公司立足本地资源，主要是开发、加工、经营高岭土项目，每年初加工高岭土6万多吨，全部出口销往日本、欧洲各国。在近30年的创业打拼中，戚旺审时度势，知难而进，紧握时代脉搏与机遇与时俱进，勇于开拓创新。其产业逐步拓展，家业逐步增大，成为小有名气实干家、实业老板和勇于治穷致富的带头人。如今他拥有合法企业地产260多亩，租赁用地1000多亩，产业拓展和企业发展仍具潜力、张力和能量。前途一片光明。目前他正在实施一个宏大的产业拓展和升级项目：以儿子戚锦东为法人并主管已成立的"锦东渔业有限公司"，计划投资2亿元购置10艘2177吨级的渔船组建一支国家骨干船队，参与国家南海渔业资源开发与领土主权维护。现已有2艘渔船开始运作。

戚旺大胆热衷创业致富，热心于家乡建设和公益事业。他乐于为家乡做好事、办实事。比如，他捐资100多万元为营仔镇建起美丽的河边街；捐资14万元为本村天塘村修建道路和文化楼；他常常关心弱势群众的疾苦，向他们伸出援手，帮助他们排忧解难。对族上的善事更是热心有加。在重建戚家祠和续修戚氏族谱中，他不仅慷慨解囊捐资21万元，而且在工作上给予大力支持。他积极建议筹建戚氏基金会，并承诺给基金会注资10-100万元。目前在企业转型中，他计划投资在营仔镇多办一些服务型、公益性的建设项目，包括建小学、幼儿园、养老院以及超市、商品楼、旅店等。

戚旺在创业致富，热心家乡建设和公益事业中作出了贡献，受到好评，获得多项荣誉：他的企业连续20年被评为重合同守信用单位；他本人2000-2003年连续4年被评为廉江市劳动模范；从1998年起连续四届被选为廉江市人大代表，并连续10年被选为廉江市政协常委。

廉江市原市长何鑫（右二）祝贺戚旺（右三）当选廉江市第十一届政协常委的照片

戚旺恒丰公司高岭土矿山开采工场（上、下）

戚旺的文旺工艺厂

戚志：创业致富决心大，打造品牌贡献大

戚志，1972年出生，本支族欧家白沙口村20世孙。中山大学MBA毕业。1995年开始从业时在广州开出租车。两年后在广州开店经营五金产品。2001年转到顺德办厂，并创建广东炬森精密五金制造有限公司。由于穷则思变，创业致富决心大、矢志不移，而在实业打拼中善于调查研究，分析和掌握市场导向，开发经营产销对路的产品，强化企业内部管理，坚持科技开发与创新，不断调整花色品种，并努力提高服务质素和水平，十分注重诚信，逐步将企业做大做强。产品上档次，企业上品位，进入广东名优产品之列，2015年"炬森"被评为中国居家五金十大品牌，产品销往欧美等世界各地，与60多个国家有贸易往来。随着生产的发展和市场的拓展，企业经济效益和社会效益日趋显著，企业上岗职工长期保持1500多人，企业年产值超5亿元，每年上缴税近千万元。为国家作出较大贡献。本人被推选为顺德廉江同乡会会长并当选为廉江市十二届政协委员。

戚志创业致富不忘家乡建设和族上公益善事。近几年捐资17万元支持家乡扶贫工作和公益事业。在本支族重建戚家祠中捐资9万元。

戚建聪：电子软件与通信工程专家和企业家

戚建聪，1971年出生，本支族遂溪杨柑一角村21世孙。华南师范大学物理专业毕业，理学学士，大学讲师；南京大学软件工程硕士，通信工程工程师。是一名勇立潮头，敢为人先，努力开拓进取的软件和通信工程的专家和企业家。其事业正如日中天，堪称时代精英。

戚建聪1994年大学毕业后分配到广东邮电职业技术学院从事电子、计算机、通信高科技管理等的教学与研究，很快就晋升为讲师。任教期间成绩突出，为广东省通信行业培养输送大量专业人才，成为南粤通信建设的中坚分子和骨干力量，并被聘为广东移动通信鼎湖培训中心无线电专业客座讲师，为广东移动通信技术的普及和发展作出应有贡献。1999年调离教学岗位，到广东邮电职业学院属下企业广东粤讯工程有限公司从事管理工作。历任无线电项目经理、主管，成为该公司的核心成员，为公司脱亏盈利、年业务收入超亿元作出了贡献。2001年从广东邮电职业技术学院离职，到广东省电信工程有限公司任职。参加中国移动通信广州、佛山、惠州、东莞、湛江、韶关、肇庆等地的通信管道、通信光缆、无线基站等通信建设。历任广东省电信工程有限公司项目主管、工程中心总经理、广州分公司总经理助理等职位。在工作中表现突出，颇有建树，所负责项目被评为省优部优项目，多次被评为先进个人。

2004年11月下海创业打拼，创建广州集阳通信系统有限公司，系公司法人和总经理。对自己所追求的事业和专业潜心研究，努力开拓，科学管理，精心经营，诚信服务。经过多年的艰苦奋斗和拼搏进取，广州集阳通信系统有限公司迅速发展为小有名气的集移动通信服务、安全防范系统及智能系统集成的专业信息服务公司，公司已获得信息系统集成资质，安全技术防范系统资质，ISO9001等资质，是广州黄花岗信息园重点发展的高新科技企业，2015年在广州股权交易中心成功挂牌。

戚建聪与他的团队精英们

广州集阳通信系统有限公司办公区

戚裕：志在四方敢于闯，乐在贵州创业忙

戚裕，1961年出生，本支族广东廉江安铺欧坡村21世孙，大学学历。1982年在湛江房产局工作。九十年代初毅然舍近求远入黔打拼（系湛江籍第一批入黔创业的商人），而且在贵州一干就是三十多年。主要是从事建筑工程、消防工程安装。最初在贵州省公安消防总队工作，系总队第一工程处处长。为当时贫穷落后的贵州带来了先进施工技术和管理理念，为贵州的建筑工程和消防行业注入新活力作出贡献，树立了良好的口碑。1998年创建贵州双轮消防工程有限公司，任董事长。以强烈的事业心和使命感，以及勇于担当和咬住青山不放松的精神，聚拢人才，强化管理，拓展市场，招揽业务，优化服务，三十年如一日，带领员工艰苦奋斗，开拓进取，不断将企业做大做强。公司注册资本1000万元，拥有一级建筑业企业资质，可承接各类型消防、水电和通风空调安装工程；拥有机电、机械、消防、给排水、暖通设备、电子工程预概算、计算机各项专业人才，其中包括一级建造师、高级工程师、专业工程师等技术业务精英。多年来公司完成上百个高效优质工程。其中包括贵阳大剧院、贵阳美的林城时代楼盘、美的遵义市新蒲新区、金阳新世界楼盘、恒大城楼盘、贵阳德天国际新城等的消防安装工程，获得好评。

戚裕在抓项目、拼经济、讲效益的同时，不忘热心公益事业和回报社会，并尽心尽力支持家乡建设和族上慈善事业。曾先后参与汶川地震、湛江6.30扶贫济困、湛江固本强基、彩虹台风、希望工程等公益捐赠活动。在近年本支族重建戚家祠和修编族谱中捐资6万多元。他重友情、讲团结、谋协作、促发展。积极参加各项联谊活动，钟情于商会工作。曾担任过原贵阳湛江经济协作促进会第三届秘书长，系贵州省湛江商会筹备主要负责人，为发起并成立贵州省湛江商会做出贡献，为促进企家在贵州抱团发展和商会的发展，树立湛商的形象做出了积极的贡献。

建设工程项目选录

贵阳大剧院

火灾自动报警系统、消火栓、喷淋系统、防火卷帘系统

黄果树大酒店

火灾自动报警、水喷淋、消防栓、防火门、防火卷帘门等联动系统

中国农业银行贵州省分行

火灾自动报警、水喷淋、消防栓等联动系统

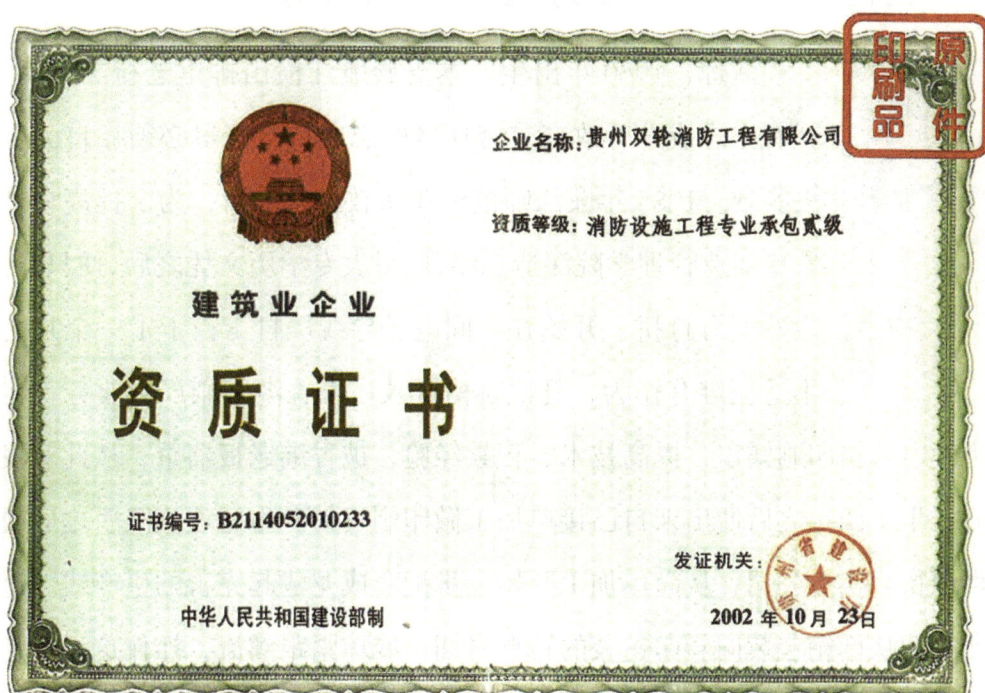

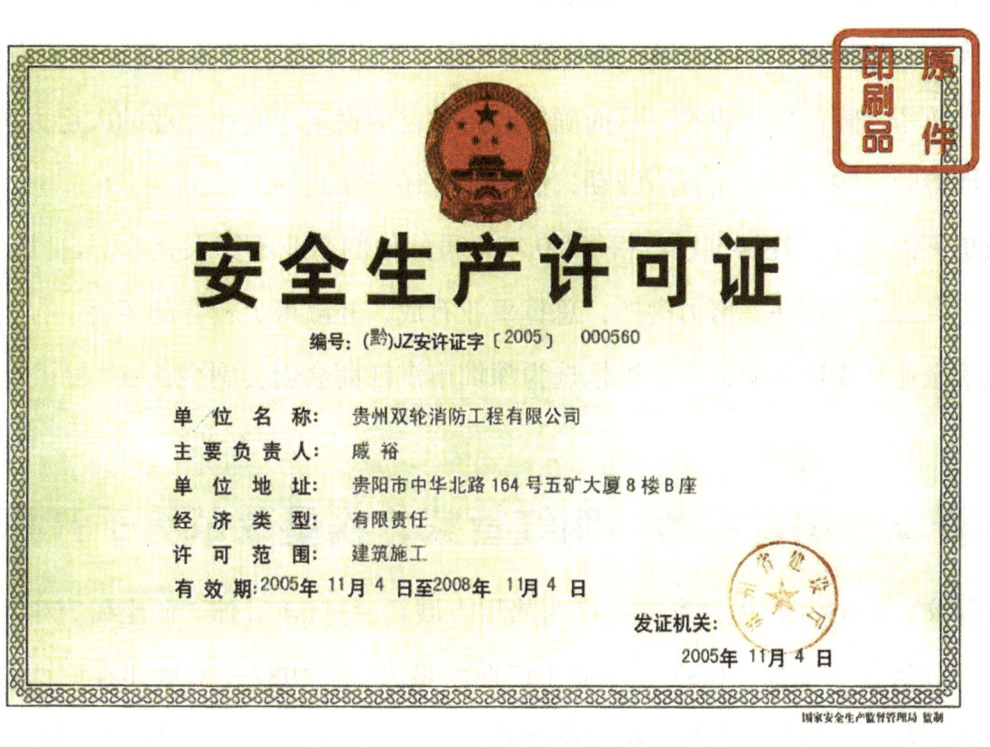

戚琼：穷则思变有志气，创业致富不动摇

戚琼，1960年出生，本支族廉江横山排里老村22世孙。自小就有立志成才，改变贫穷环境的志向，并懂得必须靠自己努力奋斗去实现。1985年廉江师范毕业从教三年之后，为了提高自己到广州农垦商业管理学院深造二年，取得大专学历文凭之后，便只身去深圳，毅然下海打拼。开始在一间电子导线厂打工，干了一个月之后觉得不适应难有作为，赶快跳槽进入一家香港印刷厂做业务，在工作实践中努力学习掌握印刷知识，提高技术、积累经验，被香港老板器重，从此对发展前途充满信心。干了四年之后便出来自己接单加工做印刷贸易。生意逐步上手之后便开办自己的深圳恒德兴实业公司，从简单加工开始逐步配套成龙建起完善的生产线。这期间正是中国印刷业从低箱包装向彩印包装的转型时期，戚琼紧跟潮流，抓住这一有利时机，进行技术改造和设备更新，逐步把企业做大做强。此时他拥有企业用地面积4000多平方米，大型印机2台，配套设备20多台，从业工人120多人，年产值1000多万元。但2008年受金融危机的影响，订单骤然减少，企业发展遇到难题。于是他审时度势，根据市场动向，及时调整生产布局，进行技术挖潜，引进更先进设备，强化企业内部管理，提高生产效率，降低生产成本，从而确保经济效益的稳定，避免企业的大起大落。目前虽然受形势的影响，企业又有所波动，但总体上还是稳定的。

戚琼下海创业，在深圳已打拼了30年。虽然他的企业不算大企业，自己也不算大老板，但经过艰苦奋斗，努力拼搏，总算事业有成，并赢得了较好的声誉。他的公司被评为诚信企业和先进企业，本人被推选为深圳市湛江商会创会副会长。

戚泽文：国营农场精明红管家，农垦改革勇于开拓者

戚泽文，1963年出生，本支族广西陆川古城新屋村24世孙。硕士研究生，高级农艺师，正处级领导干部。1987年毕业于广西农垦大学。1987—2006年在广西农垦国有红山农场工作，先后任技术员、推广站站长、生产部部长、场长助理、副场长、场长兼党委书记（期间在职进修中国人民大学硕士研究生毕业）；2007—2012年任广西农垦五星总场场长兼党委副书记；2012年调任广西农垦旺茂总场场长兼党委副书记至今。

作为农垦战线的党政领导干部，戚泽文思想解放，视野开阔，理念更新，有着时代紧迫感和强烈的事业心及工作责任感。他勇站潮头，开拓进取，与时俱进，敢为人先。在国有农垦农场企业转型产业升级的改革中，他提出在大力推行、积极扶持个体经济发展的同时，必须保护国有财产，壮大集体经济的建议。这个具有战略考量眼光的建议获得广西农垦领导的认可。并在自己任职的农场的工作中尤其是在五星总场的工作中，大胆实践，积极实施与推行。这就是两手抓，两手都要快，两手都要旺。即既要大力推行、积极扶农场广大职工一家一户的分散经营，让他们积极安心生产，治穷致富，又要积极开展多种经营，发展壮大农场的集体经济。几年下来之后，不仅在农场广大职工安居乐业，经济收入和生活水平大大提高，精神面貌焕然一新，而且农场机关管理部门也正常运转。不仅场部机关的办公费、人员工资等得以保证，而且农场职工的社保、医保、住房补贴等也得到保障。集体公益事业如学校、医院、幼儿园、敬老院、文化设施及文化活动等也得以恢复和拓展。据统计，五星总场2012年集体经济的收入已占全场总收入的50%以上。开创了个体、集体双赢两旺的可喜新局面。2012年戚泽文调任广西农垦旺茂总场场长兼党委副书记后，在继续重视抓好两种经济发展的基础上，紧跟城市化的潮流，大力推行产业升级。不仅重视抓好原有的三个工业园区的建设，让更多的职工由务农转为务工，同时积极将农场的经济融入地方经济，并向一体化的方向发展。为此，农场投入15000亩土地，在三个工业园区的基础，与地方政府共建30平方公里的新西龙港新城。目前龙港新城正在积极筹谋，逐步启动，各类建设项目如公共设施、房地产、商贸服务等正陆续进城开发和建设。

戚泽文工作卓有成效，业绩显著，受到上级领导的好评和群众的拥护与赞扬。他年年被评先进工作者和优秀共产党员。

戚培强：情系农垦，开拓进取，不负使命

戚培强，1965年出生，本支族茂上村21世裔孙。广东省委党校行政管理专业毕业。国营农场场长，党委书记，高级政工师，正处级领导干部。

自小有理想，勤奋好学，追求美好人生价值。出来工作后从中小学教师、国营农场管理干事、场长助理、工会副主席、主席到纪委书记、场长、党委书记，以其看得见摸

得着的实干和实绩步步晋升，靠的是奋发向上，矢志不移的人生观，知难而进、百折不挠的坚强意志和勇于改革开放、开拓进取的精神。尤其是2007-2014年在长山农场担任场长、党委书记期间，面对由于社会变革体制变动出现场社关系紧张，农场2.5万亩国有土地有2万亩被侵占，干部员工思想混乱、情绪低落，生产、生活难以为计的局面，培强知难而进，勇于担当。他一方面依靠法律法规，发挥政策的威力，收回被侵占土地的所有权；一方面狠抓内部管理，调动干部员工的积极性，带领他们开展轰轰烈烈的第二次创业高潮，并努力争取上级给予资金等方面的大力支持。农场按照国家的战略要求，在农垦改革中以新的理念和思路调整生产布局，构建新的产业链，实施科学管理，经过两年的艰苦奋斗，打造了15000亩天然橡胶林生产基地，开创了新局。目前橡胶林生长良好，预计2016年部分可投产收益，前途一片光明。

2014年11月培强已调往规模更大、潜力更大的湛江农垦东方红农场任场长、党委副书记。目前他正踌躇满志地以更开阔的视野，带领干部员工深化改革，艰苦创业，绘制新的蓝图续写新的篇章。不负使命。

戚子勤：勇于攻关与登攀的国家一级建造师

戚子勤，1948年出生，本支族广东茂名茂南区金塘镇双狮岭村21世孙。华南理工大学建筑工程系毕业，在茂名建筑集团第一有限公司工作。高级工程师，国家一级建造师。从事工业与民用建筑三十余年，主持、参与众多大中小工程项目的组织设计和施工实施运作，几十年如一日，敬岗爱业，以"咬定青山不放松"的意志与情怀，以其吃苦耐劳、坚忍不拔、勇于攻关与登攀的精神，同团队战友们一起用汗水和智慧攻克和突破一道又一道难关，打造和成就一个又一个工程项目，赢得一个又一个声誉。令人瞩目称道、经得起时间考验的珠海九洲港码头、珠海与澳门通关的拱北检查站、中茂石化科技大楼、上海淮海中路香港广场等工程项目都是大家有目共睹、可圈可点的力作。其中上海淮海中路的香港广场更是让人难以忘怀，赞叹不已。该项目是沉积软土地基、地下三层车库的高层建筑。基坑开挖深度在原地面下19.8米，基坑边离平行上海地铁一号线只有4米，而地铁线路埋深是地面下7米处，周边地下电缆、煤气管道、给水管道、排水管道、通讯设施等城市地下配套设施星罗棋布、密如蛛网。施工时地铁一号线轨道水平位移极限值为3公分以内。在地面地下环境如此复杂、险恶，工程施工难度为此巨大面前，戚子勤与他的团队同事在充分调查、勘探、分析，掌握数据的基础上，采用地下连续墙加混凝土灌注桩和水平支撑的施工方案，终于啃下这块"硬骨头"，并评为质量优良工程。

汗水铸造梦想，业绩赢得声誉。无愧于国家一级建筑师的戚子勤，被评为国家建设部劳动模范。各类各级先进个人、优秀项目经理等殊荣达20多项（次）。但他却为人低调、谦逊，从不居功自傲。而且一如既往地热心公益，乐善好施，总是尽自己的能力去帮助别人排忧解难。

戚子勤组织设计和施工的茂名石化科技大楼

戚子勤与参加劳模表彰大会代表的合影照片

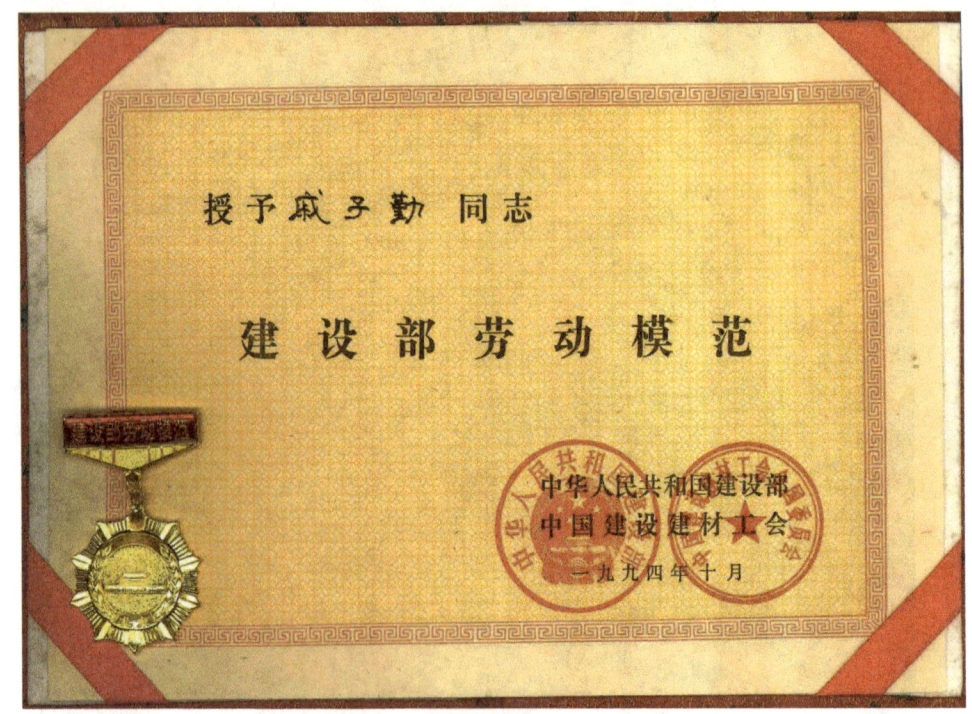

荣获国家建设部劳动模范的证书

戚康强：与大海船舶结缘，击水搏浪三十年

戚康强，1956年出生，本支族横山排里埇仔村22世孙。1978年福建集美航海学院毕业后，一直从事航运工作，人生离不开海和船。1978-1988年在中运集团广州运洋分公司当船舶驾员，劈波斩浪打拼了整整十年；1989-1992年在广州运洋公司驻湛江办事处主管航运海务工作干了2年；1993-1998年在香港福星船务湛江代表处任经理5年；1998-2010年在中运集团散运公司驻湛江办事处任主任近4年；2011毅然下海经商从事民企国际船务、物流、贸易等劳动业务。三十多年与大海船舶结缘，随时代的脉搏而动，随改革的步伐而行，奋力拼搏，开拓进取，知难而进，无悔无怨，为湛江航运事业作出了贡献。

戚康强热心家乡建设和族上公益善事。在本支族重建戚家祠中捐资5万元。

戚宇：钟情体育事业，热心家乡公益善事

戚宇，1958年10月出生，本支族廉江横山镇排里新村22世孙。1976年参加工作，1986年加入中国共产党。现在广东体育职业技术学院工作，系体育事业管理专业人才、副处级干部。其简历为：1976年广东省广州航空运动学校毕业后即留校工作（该校改名为广东省黄村体育训练基地，2013年又改名为广东省黄村体育训练中心）。1986年至2006年任该校场地器材科副科长、行政科副科长、科长、男子手下球队领队等职；2006年至2014年任训练基地副主任，主管射击、射箭、现代五项、自行车等队伍；2014年调入广东体育职业技术学院，任该院信息中心主任。社会团体职务方面：从2013年7月起担任广东省自行车运动协会副主席兼秘书长。多年来他参加众多重大项目活动，其中1987年在广州参加第六届体育运动会射击、航空模型及跳伞赛区后勤保障工作；1997年带领广东男子手下球队在上海参加第八届全国体育运动会比赛；2001年在广州参加第九届全国体育运动会射击、射箭、马术、曲棍球、棒、垒球赛区的后勤工作；2005年在江苏南京参加第十届全国体育运动会射击、曲棍球的后勤保障工作；2009年在山东烟台带领广

东现代五项队参加第十一届全国体育运动会比赛；2011年在广州的亚运会上提任射箭团队的秘书长工作；2013年在辽宁沈阳市、本溪市带广东自行车队参加第十二届全运会比赛。

作为一名体育事业的专职管理干部，戚宇钟情和忠诚于体育事业，几十年如一日勤奋工作，以其强烈的事业心和高度责任感，出色地完成各项任务，为发展我省的体育运动，增强人民体质作出了自己应有的贡献，受到各级多次表扬和表彰。其中1982年和2002年二度受到广东省体育局的记功嘉奖。在关心家乡建设和族上公益善事方面，也是热心有加。在重建戚家祠中他不但捐资几万元，而多次回来亲力亲为参加一些具体工作；在续修戚氏族谱中也带头捐资并提出合理化建议，给予热情指导和大力支持。

戚箭挺：多劳多能管理者，民间医学界专家

戚箭挺，1947年出生，本支族安铺秀九村21世裔孙。大专业文化，政工师，曾任茂名石油公司华粤公司工会副主席，生产技术处副处长等职。在业余骨科方面练就一身好医术，系民间医学界专家。

戚箭挺敬岗爱业，勇于开拓进取，是一个事业心和责任感颇强的干部。1983-1994年任工会副主席期间，在建设职工之家，组织员工争先创优，开展社会主义劳动竞赛和关心职工生活等项活动中成绩卓著，先后18次分别被评为优秀工会干部、先进工作者和优秀共产党员。1989年被选送到北京中国石化公司干部管理学院深造，并有两篇论文在《广东工运》杂志上发表。1994年调任华粤公司生产技术处副处长期间，在主管生产调度、生产工艺、装置基建和工程维修工作中，经常深入基层车间调查研究，帮助解决生产第一线各种困难和问题，确保公司各项任务的完成，受到多次表扬和奖励，在干部员工中树立良好的口碑。被称为管理上的多劳多能者。

戚箭挺工作之余拜名医为师，钟情和潜心于骨科研究，在实践中不断总结和积累经验，练就一身娴熟与高明的医术。并以良好的医德医风为群众服务。据记录统计，多年来他为3200多名患者治好了骨伤。其中不少是重创和危难者。如泮江酒楼的邓小姐在车祸中，右脚内踝关节成粉碎性骨折。先后在骨科医院和地方医生治疗了七个多月，花了几万元都未见好转，认为残废已成定局。但经箭挺治疗不到一个月踝骨就愈合了，而

且走路自如，重新上班工作了。其医术在乡里民间享有盛名，被誉为"妙手回春郎中"。其事迹曾在《茂名晚报》等报纸有详细的报道。

戚水永：与时俱进，事业有成

戚水永，1950年出生，廉江大榄田村二十一世孙。大专学历，副科级干部。1973年从搞建筑施工干起，在孜孜不倦的追求和持之以恒的打磨中成长为一名企业高级管理人才。1985年起历任廉江市服务公司副经理，长岭水泥厂副厂长，建安十分公司经理，廉江市计委企业办主任兼党支书记，廉江市进口物资公司经理兼党支书记。系建筑工程师、二级建造师、高级政工师，廉江市委第九、第十一届党代表，廉江市第十三、十四届人大代表。还是廉江市初级技术职称评委会的委员。有5篇论文在刊物上发表。

他为人善良、忠厚、诚实。热心家乡建设和族上公益事业。在重建戚家祠中尽心尽力，不仅带头捐资，而且参与该项目的设计、策划与筹谋。在重修戚氏族谱中也是带头捐资，并积极出谋献策，做了不少有益的工作。他还是大榄田祖堂的设计者。

戚日强：创业致富，矢志不移

戚日强，1966年出生，横山排里石岩塘村二十一世裔孙。1980年出来工作时在湛江507车队安铺车站当管理员。1984年下海自行创业时在廉江经营五金建筑材料。后于2003年在廉江经济技术开发区创办第一家电器公司——廉江新力电器有限公司，生产销售电饭锅配件及系列产品。2008年向外拓展，在广东中山黄圃镇开发区建立新力量和家家威两家电器有限公司。努力将企业做大做强。

创业并非易事。日强在市场竞争激烈的情况下虽然遇到种种问题和困难，但他矢志不移，知难而进，努力开拓进取。如：当资金困难而银行贷款不足时，他便向亲戚朋友寻求解决；当本地产品市场时，及时向全国各地及东亚和欧美开拓市场；为提高产品的竞争力，他更是致力于技术创新，并努力精心开拓新产品，打造自己的品牌等等。2005年荣获廉江市塑料粒件创新奖。现系驻中山的湛江廉江电饭锅协会副会长。

戚国强：理财能手，企管行家

戚国强，1963年7月出生，本支族海南儋州市那大镇西流四行村二十二世孙。1978年参加工作，大专学历。1978年1月—1979年11月在儋州市洛基供销社任售货员、出纳、助理会计；1985年8月在儋州市财政局贸易公司任助理会计师；1986年7月在中国旅行服务总公司儋州支公司任会计；1987年9月入中山大学大专会计班进修；1988年7月在中国华侨旅游服务总公司儋州支公司任总经理；1990年5月在儋州市中国旅行社任财务部经理（会计师）；1992年3月在海南昌冠橡胶制品有限公司任副总兼厂长；1994年7月在海南洋浦强力发展有限公司任董事长；1999年8月在儋州兴源种养殖有限公司任董事长至今。系儋州市政协五、六、七、八届委员；海南省商会第一、二届副会长。被评为世界杰出华商副理事长、理事长。

戚宁军：MBA学位硕士生，加拿大多咨处CEO行政总监

戚宁军，1978年出生于广西南宁市，原藉广东廉江安铺洪坡秀九村，本支族广爱公派下二十二世孙。1990-1996年就读于广东湛江一中。1998年毕业于广州中山大学法律系。1998-2003年就读于加拿大多伦多大学，获该校MBA学位，系工商管理硕士生。现任职于加拿大多咨处CEO行政总监。

戚观养：一个水兵的足迹

戚观养，原名戚艺耀，1956年出生，本支族大榄田村21世孙。1976年入伍，在南海舰队当水兵。1980年曾参加我国新型火箭运载工程，荣获集体三等功。1981年转业回湛江海关工作，任第三产业总经理。2002年到深圳发展房地产业，系宏达房地产有限公司董事长、总经理。后辞职下海打拼，转为物业贸易营运。系深圳长居安物业有限公司董事长。

戚理全：国营企业行政管理优秀干部

戚理全，1962年出生，本支族广东茂名茂南区金塘镇双狮岭村20世孙。大专学历，中共党员。1987年至2004年在大型国企中国石化茂名石油化工公司属下的建设公司工作，历任建设公司基层单位宣传干事、共青团总支部书记、公司经理办科员。2004年企业改制分流时进入新组建的茂名市恒孚石化工程有限公司工作。历任该公司监事、办公室主任、安全环保部部长等职。

戚理全从事国企行政管理工作多年，敬岗爱业，忠于职守，勤奋工作，勇于开拓进取，表现出色，成绩显著。其中任共青团总支部书记期间，带领青年在茂名石油化工公司水东港口的建设中发挥突击队和生力军的作用，其团总支被茂名石化公司团委树为先进典型，先进事迹在茂名石化公司内部的电视台、报纸上多次报道。本人也被茂名市团委评为优秀团干部，其先进事迹在《茂名石油报》上报道。在恒孚公司工作期间，其所管理的业务也多次被茂名石化公司通报表扬。

戚培杰：打造钢门厂，生活奔小康

戚培杰，1951年出生，本支族广西合浦南康镇21世孙。1968年南康中学高中毕业后，于1970年在南康发电厂当电工。1980—1986年入合浦县南康电站任站长。1986年下半年下海创办南康钢门厂，一干就是30年。30年如一日创业致富在家乡，建设服务为家乡。30年钢门不断叮咚响，生活蒸蒸日上奔小康。

培杰的钢门厂虽然规模不大，算是一个小型厂。但由于立足本地，放眼长远，审时度势，与时俱进，紧跟改革开放及工业化、城市化的新潮流，适应社会主义新农村和小康生活形势发展的需要，工厂从简陋设备办起，不断进行技术革新，从设计、生产工艺、装潢到花色品种，力求优质新颖。尤其儿子戚彦竣2006年从郑州大学电子自动化专业毕业加入钢门厂的设计和管理之后，钢门厂更是如虎添翼，生产的电动化、自动化程度大大提高，并开始运用电动智能化生产工艺几十年来。加上上门服务的热情周到，用户满意。钢门厂的业务虽然经历了金融危机、房地产疲软等时期，但生产业务都没带来多大影响。工厂在继续生产，技术在进步，钢门依然叮咚震响。

由于创业办厂，培杰一家人的生活不仅脱贫温饱，而且步入小康。更可喜的是由于办厂经济收入较好，家庭不仅将三个子女培养成大学生，让他们学有所成，事业有成。而且又能拓展新产业，开辟了致富新门路。其中儿子戚彦竣最近两年在合浦创建了杰竣新能源电动车有限公司（新能源电动车行）。真是春风得意马蹄疾，芝麻开花节节高。

戚培杰的南康钢门厂

戚培杰的合浦新能源车行

专家、学者、教授

戚贤：航天科技专家，新时代的骄子

戚贤，1942年出生，本支族海南临高县新盈镇新盈村人，二十一世裔孙。1960年毕业于华中科技大学。曾任中国航天科工集团3651厂、航天微特电机专业技术中心研究员（教授），产品开发办公室主任、副总经济师、科技委副主任兼工程师办公室主任。系享受国务院和政府特殊津贴专家。曾当选为贵州省桐梓县政协委员，贵州省贵阳市云岩区人大代表。

一生钟情并潜力于科学研究，驰骋拼搏于航天科技第一线，在科技开发和管理中成绩卓著，为国家为民族作出重大贡献。曾荣获国家级科研成果奖二项，部级科研成果奖二项，荣立一等功二次。1978年荣获第一次全国科技大会嘉奖、从事航天三十年贡献奖。主要著作论文有：《一种阶梯波换流器的设计》(《航空学报》1979年第5期)、《HL-750B三相换流器》(《航天科技报告》编号：HF-900100)。

戚荣：专家、教授

戚荣：本支族欧家白沙口村20世孙。国家某研究所副所长；国家某标准化委员会副主任委员。

戚培毅：加拿大科学院博士后，知名专家学者

戚培毅，1962年7月出生，原籍廉江，本支族广爱派下安铺秀九村二十一世孙。1982年毕业于中南大学金属物理专业并获学士学位；1982—1985年深造于中国科学院金属研究所材料科学与工程专业，获硕士学位；2002年完成加拿大科学院博士后学位，任研究员；先后在中国、德国、英国和加拿大的政府研究机构、大学及工业部门从事管理、科研、技术开发及应用工程部门工作。主持完成多项原创性项目并成功实现产业化。其发明专利拥有完全自主知识产权。荣获多项国家级、省部级奖励。其中"航空发动机用抗高温氧化和热腐蚀研制及应用"是国防科工委重点攻关项目，应用该涂层技术装备国产武装直升机参加60周年国庆阅兵式，为国防工业作出了显著贡献。系广州市科学技术协会第九届委员会委员、广东省材料研究会理事。

主要奖项及荣誉称号：1989年获中国热喷涂学会优秀论文奖；1995年获德国著名fraunhofer学会研究基金；1996年获中国有色金属工业总公司科技进步三等奖；2000年获广东省科技进步奖三等奖；2000年获国家科学技术进步奖二等奖；2000年获加拿大自然科学与工程研究会授予加拿大联邦政府博士后基金；2003年获第14届国际材料磨损大会最佳张贴论文奖；2006年获国家教育部和科技部举办的首届"春晖杯"中国留学人员创新创业大赛优秀奖；2009年获第9届香港国际专利发明博览会金奖。

戚培建：留学加拿大的暖通空调系统控制专家

戚培建，1972年7月出生，原籍廉江，系本支族广爱派下安铺洪坡秀九村二十一世孙。2005年毕业于重庆科技大学。2006年留学加拿大，2008年毕业于加拿大卑诗理工学院自动化专业。现供职于加拿大温哥华奥林匹克控制公司，系暖通空调系统控制专家。人生最大特点和亮点是：矢志不移，勤奋好学，刻苦钻研，勇于攻关与攀登。

戚一瑞：从党政干部到作家诗人

戚一瑞，1941年9月出生，本支族广爱派下安铺洪坡村二十一世孙。1967年暨南大学中文系毕业后曾到部队军垦农场锻炼两年。1971年分配到广州第28中学从教一年。1972年调回廉江工作后一直在乡镇和县市基层从事行政管理工作。曾任中共廉江县委农村工作部秘书组长、河堤区区长、区委书记、廉江县委政策研究室主任、市计划委员会主任等职。系中共廉江县委第八届委员。退休后本着对文学及所学专业的钟情，从2008年秋开始诗歌创作，几年间已出版诗集《草垛是山》（中国文化出版社）、《低处的歌谣》（作家出版社）、《近山之恋》（大众文艺出版社）、《天地扫描》（黄河出版社）等四部。2010年加入广东作家协会，2011年参加中国诗歌学会。专家教授称其从党政干部到作家诗人的转变是"漂亮的转身"，大踏步赶上了"文人的步伐"；称其作品"字里行间，抒发着作者热爱自然，关注人生的炽热情怀。诗人以深厚的文学审美意趣，在诗歌中运用精准的场景、张扬的形式、生动的细节和奔放的想象力，将现实与想象在诗句中演绎，契合了东方文化的人文关怀元素，在生活的源头汲取艺术的维他命，具有美学和诗学观念的综合体现"。"由此可见，作者对大千世界的关注可谓放飞了文学的想象翅膀，将暂时与恒远的情感在个性化的精神家园里编织着令人共鸣的优美诗章"。其作品获得国家级奖项"祖国好""中华情"大赛、联赛金奖和特等奖等多个奖项。作品入选《全国特邀诗文书画名家精品大典》《中国文艺名家传世作品集》等多部选集，并被评为最美诗歌奖。还被授予"中国华语文学艺术百杰""中国当代文艺领军人物"等荣誉称号。应邀到北京钓鱼台国宾馆和人民大会堂参加颁奖大会，捧回奖杯和证书。从政期间写了大量的调查报告、工作报告，新闻报道以及各类文案和政论文。2014年参加《廉江欧家戚氏族谱》的编纂工作，系该谱志的主编。

戚一瑞的著作与获奖奖杯、证书（上、下）

戚桂瑜：声誉彰显的跆拳道师范

戚桂瑜，本支族遂溪黄桐坑村22世孙。自幼爱好武术，曾到广州、贵州、云南、河南等地拜师求学。2001年拜"中国跆拳之父"余国森为师。先后被授予"世界跆拳道联盟黑带五段师范"、"中国大众跆拳道一级考官"和"中国大众跆拳道一级教练"、"中国社会体育指导员（跆拳道）"及其资格主证。2002年成立振东跆拳道馆以来，已在湛江各地和南油发展9个分馆，有教练20多人，历年来学员超万人，培养大批优秀人才。历年来振东道馆选手参加广东省跆拳公开赛、精英赛等赛事，共获金牌80多枚，银牌68枚，铜牌138枚，深受各级领导和群众好评。2008年振东跆拳馆被命名为"赤坎区跆拳道训练基地"，并批准晋升为"赤坎区跆拳协会"；2013年湛江市消费委会授予"诚信单位"称号，同年广东省跆拳道协会授权成立湛江市跆拳道示范及人才输送基地，中国中学生体育协会跆拳道分会授权振东为湛江市办事处。2014年吴川市体育局授予"吴川市跆拳道训练基地"。同年经赤坎区教育局批准，湛江市二十一小学特邀进校开展跆拳道课程教学。这样，戚桂瑜主导的跆拳道业越做越大，越做越强。声誉日趋彰显。

戚桂瑜的振东跆拳道馆

训练现场（一）

训练现场（二）

训练现场（三）

戚锦典：品学兼优博士生，国家重点项目参与者

戚锦典（1985-2012），本支族广爱公派下安铺秀九村二十二世孙。农家出身，从小勤奋好学，成绩名列班级前茅，曾被评为优秀少先队员、湛江市三好学生、优秀学生干部。参加廉江市育苗杯数学竞赛获二等奖；参加国家数学、物理奥林匹克竞赛多次获奖。2005年考取中山大学大气科学学系，并获中山大学勤工俭学优秀个人，获中大优秀学生奖学金和国家奖学金与国家贫困生助学金。2009年被保送直接攻读博士学位，师承袁卓建教授。2008年参加国家重点项目（863计划），有两篇论文发表并被SCI收录。性格温柔敦厚，为人孝义谦和、善良友爱，助人为乐，品质优秀，温文儒雅，高才卓识而不矜不伐。虽英年早逝离我们而去，但春华秋实，其榜样的力量与精神永存，不愧戚氏子孙之骄傲。

戚俊灿：一个大学一级讲师的人生核心课题

戚俊灿，1963年9月出生，本支族广东省遂溪县头铺村委会黄桐坑村23世孙。1986年毕业于北京师范大学哲学系。现为广东工业大学政法学院、马克思主义学院一级讲师。研究、讲授、实践的核心课题是：完美健康、共同致富、幸福人生！

戚德恩：教书育人多作贡献，文艺写作小有名气

戚德恩，1939年出生，本支族遂溪县黄桐坑村二十一世孙。从事教育工作四十年，其中任高中毕业班补习班语文二十余年，培养众多人才，尤其是文科人才，为教育事业作出贡献，有较高名望；业余钟情于文艺写作（楹联、诗词、寓言、谜语、杂文等），且几十年笔耕不辍，成绩斐然。作品散见于《中国青年报》《中国楹联报》《对联民间故事》《中国对联作品集》《楹联家》《羊城晚报》《南方日报》《广东农民报》《广州青少年报》《千家新对联》《湛江日报》《湛江晚报》《湛江诗词》《粤西诗选》《高凉文苑联坛副刊》

《西湖诗选》等。退休后，主要是研究创作对联，撰写了数以千计楹联作品，其中上书上报的在三百副以上，并发表有关楹联的短文上百篇。还撰写了许多石刻的祠堂庙宇、乡村牌楼、文化楼、文化室楹联。一些楹联被采用悬挂于名胜风景区。如号称中国第一祠的黄帝祠的"片云缥渺，孤石崔嵬，问祖寻根参帝宇；山色空濛，水光潋滟，观奇览胜仰仙都"；辽宁省营口市庙宇风景区的"问路花前，宝殿常开迎客至；归家月下，山门不锁免僧敲"；广东南海西樵山的"上下数千年，英才辈出，问南海人何日不呈异彩；纵横三五里，神韵天生，看西樵山景，哪方都是奇观"。当对联评师二十余年，评过遂溪县单位嵌名大赛的征联、遂溪春节征联、县楹联学会筹备组的征联，以及遂城联吟社、遂溪文明联吟社、华联三评论、春华诗社的征联。还为我族戚家祠撰写了大门、屏风、大殿等五副对联。数十年来参加各级有奖征联竞赛，有众多对联入选、获奖，其中一等奖近三十副。其代表作如下：

  四海年丰羊贺岁
  九州时泰凤鸣春

  喜颂回归，崛起中华新日月（出句）
  力求和解，统收祖国好山河（对句）

  好雨无声，常趁夜风滋万物
  阳春有脚，喜沿路网走千家

  世纪之交，神龙奋进新时代（出句）
  庚辰伊始，名骥争奔大目标（对句）

  三通互利春风暖
  两制相安月共圆

国接新春，锦绣江山开画卷
门迎盛世，英雄事业展诗篇

鱼跃莺飞，改革洪流催壮志
龙腾狮醒，振兴巨浪激豪情

奥运本牵情，圣火燃时情更切
福娃原有梦，祥云起处梦方圆

卅年春雨千山翠
万里东风九域新

戚集群贤吟曲水
同尊亚圣继尼山

中高级职称人员

戚孟：南粤教坛新秀，教育战线精英

戚孟，1965年出生，本支族遂溪县黄桐坑村二十二世孙。本科学历，中学高级教师、校长。1989年从教以来，一直扼守在遂溪一中这块教育阵地和育才摇篮，以其饱满的政治热情和思想素养，强烈革命事业心和工作责任感，高昂的开拓创新和锐意进取精神，崇高的人生情怀和道德品质，以及尊重科学和务实求真的工作作风，在教书育人神圣的岗位上艰苦奋斗努力拼搏，创造出骄人的业绩，成为南粤教坛新秀，教育战线上的精英。

他在教改实践中总结出来的"读—启—思—讲—证—练"六字教学法，具有较高的水平，而且行之有效，广被认同与赞许。多次代表学校和教育局为本地和外地教师上公开课、观摩课和示范课，启迪效应凸显，广受好评；四次获县教学竞赛一等奖，二次代表湛江市参加广东省优秀课和"说课"竞赛，分别获一等奖和三等奖；在开展第二课堂

活动中成果丰硕。其中指导学生参加各级数学竞赛获国家级奖励 50 多人次，省市级奖励 160 多人次，并被《南方日报》等媒体报道和推介；在教改活动中成绩显著。其中本人参加或主持的教改课题的研讨实验，效果很好，广受好评。他积极撰写专著论文，有多篇在《广东省教学学院学报》、《中国当代教育》等刊物上发表。

主要奖项和荣誉：县级有"名教师"、"十优教师"、"十大杰出青年"、"高考先进教师"等十一项；地市级有"湛江市五一劳动奖章"、"教书育人优秀教师"、"教学目标管理先进工作者"、"高考先进教师"等八项；省级有"南粤教坛新秀"、"南粤优秀教师"、"广东省教育系统'百千万人才工程'名教师培养对象高级研修班优秀学员"等六项；国家级有"全国数学联合竞赛优秀教练员"、"中国数学奥林匹克一级教练员"等两项。

戚振球：兴学重教矢志不移，教书育人用心良苦

戚振球，1946 年出生，大榄田村二十世孙。自小便成了孤儿。谙知世事艰难，人生要成材、有作为就必兴学重教，奋发学习，而且要矢志不移，锲而不舍。1966 年高中毕业后因文革影响，没有机会高考。但追求的理想目标不变，坚持学习不放松，不动摇。因此 1977 年恢复高考后一举考上大学。毕业出来从教之后更是学而不厌，诲人不倦。系中学英语高级教师，湛江市英语教研会理事，廉江市英语教研会会长，还有几篇专著论文在刊物上发表。在教书育人中成绩卓著，被评为南粤教书育人优秀教师，廉江市直优秀党员、廉江市高考先进个人。

戚一锋：气象局天气预报工程师

戚一锋，原名裕方，1943 年 7 月出生，本支族广爱公派下安铺洪坡二十一世孙。1967 年毕业于华南农业大学。先后在曲江、廉江、湛江气象局工作，系天气预报工程师。1991 年 6 月举家移民美国，定居于三藩市（旧金山）。子女在美国完成学业。儿子戚海鹏大专文化，现在美国一家公司从事会计工作；女儿戚海燕

硕士学位，会计师职称，现在美国加州财税局工作。一锋配林氏琦琨，中专学历，原籍广州市，六十年代知青，出国前在教育和劳动部门工作。一锋与绮琨现已退休。一锋虽身在异国，却时常怀念家乡，关心和关注祖国和家乡的建设与民生。并老有所托，老有所乐，爱好文学，时不时泼弄墨香，著有《烟雨人生回忆录——杂诗一百首》一书。

副科以上人员

戚国强：1952年1月出生，本支族廉江市横山镇七块仔村人，二十二世孙。雷州师范专科学校（现岭南师院）中文专业毕业，中共党员。1968年12月作为知识青年安排到广州军区生产建设兵团八师十一团（现黎明农场）工作，曾任政治处干事；1974年11月调任廉江县委农场部干事、副科长，中共广东省委组织部正科级干部；1990年6月至1999年3月，先后任新华社香港分社（现中央人民政府驻香港特别行政区联络办公室）正科级、副处级、正处级秘书；1999年4月至2004年7月，历任广东省委组织部处长、副厅级巡视员；2004年8月至2011年12月调任广东省国资委党委副书记、副主任，后任正厅级巡视员。2012年8月退休。

戚火贵：（1952-1998年）本支族海南省儋州市那大镇西流四行村人二十一世孙。研究生学历。1985年至1989年在海南省国营西联农场任场长、党委副书记；1989年至1993年任乐东市委书记（副厅级）；1993年至1998年任海南省东方市市委书记、市人大常委会主任（副厅级）；1998年3月任海南省司法厅副厅长、省劳改局局长（正厅级）。

戚潘国：1945年10月出生，本支族廉江市横山镇七块仔村人，二十一世孙。高中学历，中共党员。1963年12月在遂溪县江洪公社税务所工作；1970年至1981年，先后任江洪公社团委书记、党委办主任、北潭公社党委宣传委员；1981年7月至1988年5月任遂溪县粤剧团党支部书记（副科级），后任遂溪县文化局副局长；

1988年5月至1990年8月任廉江市安铺镇委副书记；1990年9月至1993年9月任廉江县河堤镇委书记，廉江县委委员常委；1993年10月任廉江市市委常委兼宣传部部长、市委党校校长；1998年10月任廉江市政协常务副主席，后任政协主席、党组书记；2005年11月退休后任市关工委第三主任、主任至今。

戚林富： 1950年9月出生，本支族廉江市横山镇埇仔村人，二十一世孙。1969年2月入伍中国人民解放军广西军区独立第一团二营八连，先后任战士、副班长、班长、排长；1973年转中国人民武装警察部队广西边防总队，先后任检查员、参谋、副处长、处长、副参谋长（上校军衔团级）；1996年转业任广西南宁市对外经济贸易合作局纪委书记（正处级）。

戚柏： 1943年出生，本支族廉江市横山镇排里村委埇仔村人，二十二世孙，初中文化。1961年5月在校应征入伍，1963年加入中国共产党。1965年至2003年，先后在肇庆地委组织部、新兴县委组织部、新兴县保卫组、廉江县保卫组、廉江市人民法院工作，历任保卫组办公室兼政工办主任、法院办公室主任、庭长、审委委员、副院长、党组成员等职务。2003年退休后，主持筹建戚家祠和编修戚氏族谱工作。现系中华戚氏宗亲联谊会顾问，戚氏欧家支族第三次族谱修编委员会主任。

戚广盛： 1932年出生，本支族廉江市营仔镇大榄田村人，二十世孙。1954年在安铺纱布公司工作；1958年调到廉江县机械厂；1962年调任廉江县二轻供销公司副经理；1972年任二轻局生产股长；1979年任二轻局副局长；1982年任二轻局局长并在1987年当选中共廉江县委委员；1990年任廉江县经委副主任兼二轻局局长至1994年退休。

戚伟： 1955年9月出生，本支族廉江市横山镇石岩塘村人，二十二世孙。大专学历，经济师职称。1974年至1984年在廉江县饮服公司、县商业局工作，任商业局办公室秘书、饮服公司经理；1985年任廉江县外经委主任；1991年至2001年任廉江市进出口贸易公司总经理、书记；2001年辞职经商。热心戚氏宗亲事业、系廉江欧家戚氏第三次族谱修编委员会常务理事，并被选为中华戚氏宗亲联谊会副会长兼秘书长。

神州飞船总设计师戚发轫院士接见戚伟时合影

戚虾： 1946年8月出生，本支族廉江市安铺镇后塘村人，十九世孙，初中文化。1964年应征入伍，曾任班长、排长、副连长、连长、二十一团司令部作战参谋（副营级）；1978年10月转业后，历任安铺瓷厂供销科长、安铺食品厂党总支书记、安铺酝酒厂厂长兼书记；1992年调任廉江市供电局副局长。退休后，热心宗亲事业，系欧家戚氏修编委员会副主任。

 **戚华全**：1958年出生，本支族海南省儋州市东成镇抢舍村委戚宅村人，二十二世孙，大专学历。1976年至1981年在部队服役；1982年转业在儋州市林业局工作；1984年至1985年在儋州市公安局前进派出所工作；1985年至今，历任儋州市委保卫科科长、市公安局治安大队、禁毒大队副大队长（主任科员）。

 **戚周昌**：1955年1月出生，本支族广西陆川县古城镇樟下坪村二十二世孙，大专学历，任古城镇党委委员、统战部长、政工助师（享受副处级待遇）。

 **戚尤**：1951年出生，本支族廉江市安铺镇秀九村，二十一世孙。大专学历。曾任广西军区司令部参谋处长，现任湛江市无线电管理办公室主任。

戚国：1955年9月出生，本支族廉江市横山镇排里村人，二十一世孙。大专学历，中共党员。1976年至1993年9月在排里小学任教，期间曾任教导主任；1993

 年10月至2002年2月，在龙湾镇政府工作，历任文教助理，纪检监察委员、人大秘书、镇委委员、人大主席；2002年至今任廉江市旅游局副局长（保留正科级）。

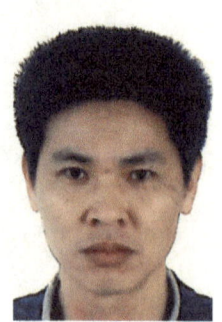 **戚兆锋**：1967年10月出生，初中学历，本支族化州市良光镇龙地村人，二十世孙。现在深圳市创业，系深圳市联佳物流有限公司创办人（正科级）。

 **戚征东**：1982年出生，本支族广西博白双垌村人，二十世孙。大学本科学历。现任广西百色建筑安装工程总公司项目经理，广西贞如清洁服务有限公司总经理（正科级）

 **戚华廷**：1942年出生，本支族廉江市安铺镇欧家村人，二十一世孙。毕业于中南矿冶学院采矿专业。1967年分配到武汉钢铁公司金

山店铁矿任技术员；1977年调回廉江县矿务局；1981年调入廉江县经委；1984年6月任廉江县二轻联社副主任、廉江县经委生产科科长，其间参加廉江县委组织的"扩建安铺糖厂指挥部"任副总指挥；1994年任广东菓皇饮料厂厂长；1996年底调回县经委任生产科长至退休。

戚镇光：1947年出生，本支族廉江市营仔镇大榄田村人，二十二世孙。中共党员，函授大专学历。二十世纪七、八十年代曾任大榄田乡党支部书记，营仔区团委书记。期间多次被评为优秀党员干部出席湛江市积代会。九十年代任廉江市葡萄糖厂副书记。

戚培仁：1944年10月出生，本支族廉江市营仔镇大榄田村人，二十一世孙。毕业于深圳大学行政管理专业，大专学历。1964年应征入伍，历任班长、排长、副指导员、指导员、党支部书记；1967年转业地方，先后任廉江县高桥公社武装部长、红星瓷厂武装部长兼保卫科长；1985年任石城镇党委委员，分管宣传、统战、文教、卫生；1993年任吉水镇党委副书记兼纪委、政法委书记；1995年任廉江市委信访局副局长、市司法局副局长。退休后热心宗亲公益善事，在2014年领导组建大榄田戚氏祖堂后，又参加筹建戚家祠和市观音寺工作。他工作主动积极、尽心尽力，做出了应有贡献；在编纂欧家戚氏族谱中努力工作，积极负责，勇于担当，系修谱委员会副主任、副主编。

戚景生：1943年3月出生，本支族湛江市坡头区塘博乡黄竹宜村人，二十三世孙。1960年在湛江市第二中学读书；1965年在湛江市园林处工作；1983年任湛江市园林建设公司副经理；1992年调任湛江市霞山区二建公司经理；1994年调回湛江市园林处任副主任兼园建公司经理（副科级）。

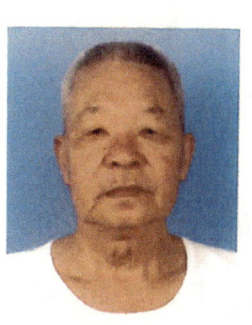

戚春梅：1939年4月9日出生，本支族广西陆川县古城镇北豆石台村二十二世孙。1965年参加工作，中共党员，正科级党政干部。1968-1979年任古城公社革命委员会副主任；1974-1978年被选为古城公社党委委员、常委；2002年以正科级职衔在古城镇人民政府退休。

戚培华： 1953年出生，本支族廉江市安铺镇秀九村人，二十一世孙。大专学历。曾任广西建设银行防城支行副行长、浦北支行行长、钦州分行信贷科长。现任广西钦州市钦北区建设局办公室主任。

戚良： 1955年11月出生，本支族廉江市营仔镇大榄田村人，二十一世孙。大学本科学历，中共党员。1979年参加工作，曾在营仔镇大同小学、多浪坡小学、鱼龙埠小学、大榄田小学任教；1988年任石城镇石龙小学（现市八小）副校长；1995年调入市教育局；1996年在廉江市政府办工作，任政府办督办科副科长；2002年至今任市府办督办室主任。

戚玉仙： 女，1975年12月出生，本支族廉江市安铺镇牛皮塘村委双塘村人。本科学历，中共党员。武汉无线电工业学校毕业后，在廉江市河堤镇、安铺镇政府任办事员、科员期间，曾在中共广东省委党校大专班，中共中央党校函授学院本科班学习，获得大学本科学历；2007年9月至2012年12月，历任安铺镇团委书记、妇联副主席、纪委副书记、社会事务办主任等职务；2012年至今，任廉江市石城镇党委委员、妇联主席。曾被评为廉江市、湛江市优秀共产党员、优秀团干、廉江市"十大优秀基层团委书记"，连续五年被评为镇"十佳干部"。

戚广成： 本支族廉江市横山镇排里新村人，二十三世孙。中共党员，大学本科学历，高级工程师。1992年至2016年在廉江市建筑工程质量监督站工作任站长，现任总工程师室主任。

戚胜： 1945年1月出生，本支族廉江市营仔镇大榄田村人，二十世孙。1964年参加四清工作队（政治学徒），1967年分配到海康县（现雷州市）幸福农场工作，任行政办主任；1988年调任廉江广廉床单有限

公司行政科长（副科级）2004年退休。

司总经理，百色、博白商会副会长（副科级）。

戚超强：1974年9月出生，本支族广西陆川县古城镇新屋村人。研究生学历，中共党员。1992年至1995年在陆川高中读书；1995至1997年在广西税务学校读书；1997至2000年历任陆川县国家税务局良田分局会计、计征股股长；2000至2001年任陆川县国税局科员；2001至2005年任陆川县国税局横山税务所所长兼任乌石分局税源管理股股长；2005至2008年任陆川县国税局计证股、稽查局副主任科员、办公室副主任；2008年至今任玉林市国家税务局副主任科员（期间在职进修研究生学历，在2012年荣立个人三等功）。

戚琪：二十一世孙，1968年7月2日出生，广东廉江市安铺镇欧家村委白沙口村人，大学本科学历，中共党员。1985年7月毕业于安铺河堤中学；1987年10月在广西边防五师十三团侦察连服役；1991年9月考入桂林陆军学院；1994年7月毕业后到中国人民武装警察部队第126师，上尉军衔；2003年12月转业地方工作。现任广东省广州市花都区人民法院机关服务中心副主任（正科级）。

戚家强：1991年出生，广西博白双垌村人。2014年毕业于广西大学，本科学历。现在南宁市从事金融工作（副科级）。

戚超：1961年出生，广西博白双垌村人，高中学历。现任广西百色建筑安装工程总公司第一分公

戚日锋：1967年5月出生，广西防城港市港口区人（祖籍广东廉江，十三世祖迁移到广西防城港簕色癸），1989年7月毕业于广西大学中文系（大专），中共党员、助理政工师。1989年大学毕业后分配到原防城糖厂，直至2000年2月。曾先后任原防城糖厂制炼车间主任，生产科调度、企业管理办公室主任、糖厂办公室主任；2000年2月至2001年10月任防城港

市港口区矿产资源局办公室主任；2001年10月至2004年12月，经公开招聘考试被录任港口区自来水厂副厂长、党支部书记。期间积极筹措资金，解决了本地村镇饮用自来水的"老大难"问题。2005年至今，调任防城港市港口国土资源局土地整理中心主任，为港口区《区志》撰写《自然篇》、《国土资源管理》等两万多字的文章，并争取专项资金，建好了家乡新兴村和白沙村的村屯硬化道路，得到了家乡父老乡亲的一致好评。

大学本科以上学历人员

戚永锋：二十三世孙，1982年出生，廉江市良垌镇蒲苏村委樟木埇村人。2010年获中山大学本科学士学位，期间获得国家类奖学金。现攻读中国科学院物理海洋学博士学位，发表多篇学术论文，参与多项科研项目，多次出海科研考察。

戚振超：1976年9月出生，廉江市横山镇三江村人。1998年获北京大学电子与信息学院本科学士学位；2001年获北京大学无线电物理学硕士学位，现在北京市工作。

戚志锦：二十世孙，1983年12月出生，廉江市安铺镇欧家村委白沙口村人。毕业于安徽建筑大学，获电子信息工程学士学位，后攻读重庆交通大学车辆工程电子专业获硕士学位。现为广东好帮手电子科技股份有限公司电子工程师。

戚建文：1985年10月出生，廉江市横山镇三江村人。毕业于华南理工大学。2007年至今在湛江市国家税务局工作，计算机工程师；2013年攻读华南理工大学硕士研究生。

戚镇朝：1985年出生，本支族廉江营仔大榄田村22世孙。2009年6月毕业于广东海洋大学法律系。2009年12月至今在广东湛江市人民检察院侦查科工作。

戚豪天：二十三世孙，1981年2月出生，廉江市良垌镇蒲苏村委樟木埇村人，中共党员。2005年7月毕业

于广东工业大学；2007 年 7 月攻读桂林理工大学硕士学位，获硕士研究生学历。现在中国工商银行广东省分行任职经理。

戚伟鹏：1981 年出生，廉江市横山镇七块仔村人。2004 年毕业于茂名石油学院。现任湛江市中国海洋石油平台制造工程师。

戚康斌：1986 年 10 月出生，本支族安铺洪坡村 23 世孙。2010 年毕业于中山大学电子信息系，中共党员。现供职于深圳华为公司，从事电子信息专业网络工作，常受公司委派到伊拉克、伊朗等中东国家开展软件设计、装配 对外业务活动。

戚莎莎：女，1987 年出生，廉江市安铺镇秀九村人，中山大学毕业，获硕士研究生学位。现在广西防城港市检察院工作。

戚晓科：1973 年出生，廉江市安铺镇秀九村人，毕业于武汉大学，现广州工作。

戚培辉：1984 年出生，广西博白双垌村人，毕业于澳大利亚卧龙港大学，现从事餐饮休闲行业。

戚丽丽：女，1988 年出生，廉江市安铺镇秀九村人，毕业华南农业大学，现深圳工作。

戚永鹤：二十三世孙，1980 年出生，广东廉江市营仔镇大榄田村人，毕业于广东医学院第一临床学院临床医学专业，本科学历，医学学士。在廉江市人民医院工作。

戚栋柱：曾用名戚向阳，1968 年 12 月出生，本支族廉江安铺洪坡村 22 世孙。1993 年湛江师范学院毕业出来工作后继续深造，取得大学本科学历。先后在安铺中学、廉江二中、廉江新一中任教，系高级教师、年级主任，在教书育人的岗位上兢兢业业，勤奋耕耘，成绩显著，口碑良好，多次被评为高考先进个人。热心教学改革，刻苦钻研教改课题，有七篇论文在《广东教育》等报刊杂志上发表。

**戚海智：**1985年出生，廉江市安铺镇秀九村人，华南理工大学毕业，本科学历。现广州工作。

**戚 露：**女，1993年9月19日出生，本支族广西陆川县古城镇北豆石台村24世孙。2015年在广西艺术学院本科毕业后，又考读该校研究生。是一名有理想有志向，聪明而又勤奋好学的高材生。在读研究生期间学院举办的艺术培训班常请她讲课。

**戚贵文：**二十世孙，1974年出生于福建省漳州市，原籍廉江安铺镇后圹村人。1996年6月毕业于广东外语外贸大学国际贸易专业，本科学历。1996年7月至1997年7月在中国对外贸易开发总公司工作，任外贸业务员；1999年7月至2002年12月在深圳市利顺实业有限公司任外贸经理；2003年至2015年4月在深圳市卡迪克实业有限公司任总经理；2015年至今在深圳环球金城资产管理有限公司任总经理。

戚森：男，1976年10月出生，廉江市营仔镇大榄田村人，中共党员，本科学历。湛江市优秀共青团干部、十大优秀基层团委书记、优秀共产党员。历任廉江市第六中学团委书记、石城镇团委副书记、廉江市第一中学团委书记、办公室主任。现任廉江市实验学校办公室主任。

**戚李双：**男，生于1985年，廉江市横山镇石岩塘村人，毕业于澳州墨尔本大学，澳大利亚籍，现于上海创办一家公司。

**戚李全：**男，生于1990年，廉江市横山镇石岩塘村人，毕业于澳州墨尔本大学，户籍澳大利亚。现在墨尔本大学攻读博士研究生兼任助教。

**戚方全：**一九五九年出生，本支族广东茂名茂南区金塘镇洪山村委双狮岭村20世孙。一九八二年毕业于广东省湛江师范学院中文专科，后入华南师范大学就读哲学专业研究生课程取得本科学历。长期从事教育工作，二〇〇三年获得茂名市茂南区

"名校长"称号；二〇〇五年被共青团茂名市委员会、茂名市教育局、少先队茂名市工作委员会评为"茂名市少先队工作热心支持者"称号；二〇〇六年当选中国共产党茂名市茂南区第六届党代表；二〇〇六年当选茂名市茂南区第七届人大代表；二〇一一年当选中国共产党茂名市茂南区第七届党代表；二〇一一年十一月当选茂名市茂南区第八届人大代表。连续当选县级两届党代表和人大代表。

对事业的追求矢志不渝，专心致志，锲而不舍，孜孜不倦，朝着"教书育人，管理育人，服务育人"的目标努力奋斗；对自己则严于自律，谦逊诚实，淡泊名利，仁义处世，宽厚待人，乐观豁达地工作与生活。

戚汝波： 男，1974年12月出生，汉族，广西防城港市港口区光坡镇新兴村人，在职大学学历，法学学士，中共党员。当过小学教师、校长。从政后先后担任过乡镇团委书记、党委委员、党政办主任，防城港港口区委宣传部副部长、常务副部长，乡镇（街道）党委书记，现在广西防城港市港口区科技局局长。

社会、民间知名人士

戚德凤：一身真功夫的民间武术名教练

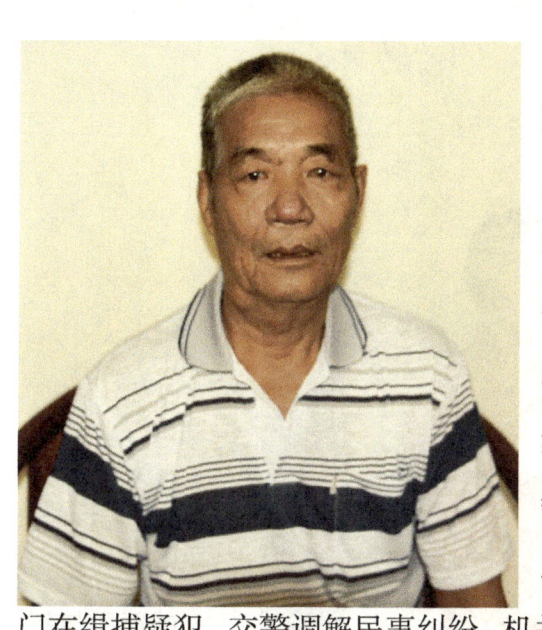

戚德凤，1944年出生，本支族遂溪黄桐坑村21世孙。民间武术名教练。黄桐坑村历来尚武成风，几乎人人习武，世代相传，长盛不衰。生长在这种环境和氛围中的戚德凤，自小受到熏陶。他几岁时就开始习武。由于他聪明机灵，勤奋习练，上进心强，在师傅的指导、传授和培养下进步很快，其搏击技艺出类拔萃，远近闻名。1981年他参加湛江地区武术比赛荣获第2名。由于他忠直诚信，坚持德义习武用武之道，有时公安部门在缉捕疑犯、交警调解民事纠纷、机关押送大额现钞等重要工作中也邀请他出手相助。他是遂溪县有证的武术教练。从1970年开始他坚持健体强身习武的宗旨，在湛江武术学校以及廉江、化州、遂溪等地的乡里民间教馆传授武术，时间长达四十余年。培养出醒狮班数十个，功夫门徒数千人，其中有名气的功夫头十三个。为发展武术体育文化做出贡献。

　　戚德凤在多年的教馆传武中，常有一些心术不正的本地人或外地功夫头，打着"求师"的幌子，到来"踩馆"寻衅，其目的就是想打败戚德凤，为让自己扬名于世。每当遇上此种情况，德凤总是沉着冷静应对，一方面坚持德行、严辞以斥；一方面使出真功夫，施展绝招教训他们，将他们打得狼狈逃窜，维护了武术和人格的尊严。

老当益壮，风采依然

戚德凤与新生代跆拳道精英戚桂瑜交流技艺

戚南有：好学从善热心人

戚南有，1950年出生，本支族欧家白沙口村20世孙，中专文化。1971-1977在部队服役，任卫生员代理医助。退伍后入选公社干部，1981年在河堤公社造纸厂任副厂长、厂长。后于1992-2012年的30年间，作为一个行政管理党政干部，先后在横山镇、石城镇和新民镇财政所任所长。在职期间敬岗爱业，勤政为民，团结友爱，业务精通、娴熟，领导称赞、同事佩服，口碑良好。

肯动脑子，勤奋好学，情趣、爱好较广，尤其对医学、风水学兴趣更浓，且几十年坚持自学、探索不辍。其中对中医内科的胃肠病等消化系统疾病，中医外科的疮痈、皮肤病的研究与治疗尤为擅长。上门求医者不少，治愈者众。对风水学的探索也有一定的见解。热心公益善事。2005-2012年参加本支族重建戚家祠筹建工作，系筹委副主任；从2013年秋开始又参加本支族修谱工作，系理事会副主任。为人重情谊、讲诚信；处事较为温和稳重。系中共廉江市委第九、第十、第十一届党代表；廉江市第十三届人大代表。

戚成林：行善积德的有识之士

戚成林，1939年出生，本支族遂溪县黄桐坑村22世孙。虽系农家子弟，自小却聪明乖巧，勤耕苦读，学而不厌，求知持之以恒，孜孜不倦。他只有中专毕业学历，却凭着自学和边学实践拓展知识层面，因此文化底蕴较为深广，掌握多门知识技能，而且学以致用，将学到的知识用于服务大众。既可农耕，又会经商，又能从医，还谙熟易经和风水学。在为人处世方面则注重修身养性，心中无私，乐善好施，长期活跃在乡里民间，热心尽力为百姓尤其是弱势群众排忧解难。如八十年代初他在遂城东圩开一间"广成中西药店"，长期免费坐诊，以医者父母心为怀，对无钱拾药的穷人一律准予记账赊欠，对一些无钱治病的困难户则借钱给他们就医。他助人为乐的精神与善举，受到了民众的称赞。因此他的药店被评为"文明商店"。他敬祖爱宗，对族上的公益善事，热心有加，积极参与。在造庙、建祠、修谱等项善事中，他总是带头出钱出力，以模范的行动带动宗亲族人将事情办好，尽善尽美。

在应用易经学方面他拥有一套娴熟的本领，无论是择日、占卜，还是睇风水都得心应手，令人佩服。因此被推选为湛江市易学会副会长。他所收教的几位徒弟已成高师，他们在江湖中颇具名气。

有其父必有其子。在成林的言传身教下，家庭团结和睦，全家和谐相处，子孙个个勤奋向上，学有所成，事业有成。是拥有良好口碑、令人赞美与羡慕的文明之家。1986年全家迁入遂溪城经商，1996年迁入珠海市区。

戚素：远近闻名的民间祖传妇科名医

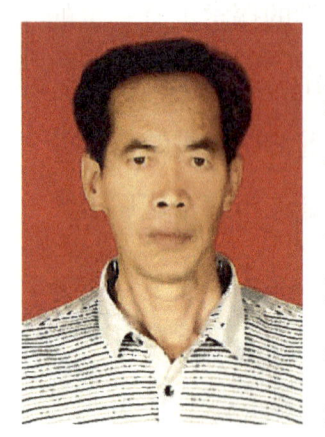

戚素，1953年出生，本支族洪坡村委中间村二十一世孙。其父戚兆英系本家族第二代祖传妇科名医，有口皆碑，名声响贯一个时代。戚素从小随父学医，23岁当助理，26岁开始自独行医，不仅将祖传秘方、秘诀承传下来，而且发扬光大。尤其是他对妇科中的产后风、大出血的治疗真可谓达到药到病除、妙手回春的地步。每年被他治愈的各类妇科患者在2000例以上，其中有50-60例高难临危重症患者被他从死神手中抢救过来。其创造奇迹的病例举不胜举。如遂溪县草潭镇匍匐仔村一个26岁妇女患产后风，双目紧闭，喉咙紧锁，滴水不进，脸呈黄泥色。经几家名医院诊治均无回天之力，已被判死刑，正准备后事。但戚素诊断后立即施救，撬开口灌药，6个小时后病人双目张开，10个小时后病人神智清醒。第2剂药服下之后病人起死回生，没几天就完全康复了。

戚素几十年如一日，在治病救人、救死扶伤的神圣岗位上，以其高明、精湛和近乎神奇的医术和良好的医风医德服务大众，著称于世，不为名来名自扬。不少在山东、湖南、广西、海南等地的患者也都慕名而来给他治病。因此他的名声日趋远播，广受世人的颂扬与敬佩。

戚武：一个打工仔的爱乡情怀

戚武，1963年出生，安铺洪坡村委里屋一队二十一世孙。家庭出身贫寒。改革开放后靠外出打工挣钱维持家庭生活。身分虽低微，情怀却坦荡。为人好善乐施，热心公益，有一颗拳拳赤子心，一片浓浓爱乡情。他打工工资低，几个儿女正在读大学上中学需要供养和供给，家屋已破旧不堪也顾不上修理一下，却一次又一次，一年又一年从工资中抠出钱来捐资为家乡做好事办善事。仅近几年间，他就先后多次捐资近十万元为家乡修道路、建文化楼、修庙宇，还多次赠戏上家乡父老享受文化娱乐，同时还资助安铺老人开展健身活动。虽然捐资金额不算很多，但其精神，其德行却难能可贵，十分高尚，相当感人，堪称行善积德之楷模。

百岁寿星

戚凤：百岁老人的养生智慧

戚凤：女，娘家原籍欧家白沙口村，19世裔孙。生于1909年，卒于2015年，享年106岁。系本支族有史以来最长寿的女宗亲。娘家出身贫寒，17岁嫁到安铺镇牛皮塘村委会坡贞塘村，丈夫姓朱，早逝。生育3个儿女。长寿秘奥主要有四条：一是一生勤劳，农田耕作，家务操持样样吃苦耐劳；二是讲究卫生，特别爱干净；三是饮食清淡，尤其喜欢饮白菜汤和吃鱼。说是"一天没白菜汤，饭都吃不香"；四是性格随和，乐善好施。104岁时走路仍健步如飞。去逝前一年身体差了点，但身骨仍然硬朗，精神爽快，仍不时在做家务事，还种菜养鸡。平时爱讲故事，尤其爱"讲古"。人情味醇香憨厚。她的人生和养生奥秘登载在2014年5月12日《湛江晚报》人物版上，题目叫《廉江安铺百岁老人戚凤的养生智慧——一天没白菜汤，饭都吃不香》。还附上她的照片。

戚玉彰：老革命，老寿星

戚玉彰，字汉英，生于1907年，卒于2006年，本支族广西陆川县古城镇车头村（现新屋村也叫戚家庄）22世孙。16岁下南洋，在马来西亚一个农场打工。19岁返回故里后即参加当地地下党革命活动，系情报交通员。他每天晚上7、8点钟送情报到陆川，第二天黎明前返回车头村，来回夜行100里路。他胆大心细，机智勇敢，任劳任怨，风雨无阻，躲过敌人层层明岗暗哨和诡谲耳目，出色完成任务。送情报工作一直干到解放前夕。解放后从1951-1958年在陆川县县南区从事行政管理工作，系该区域两个负责人之一。1959年修建鹤地水库时在当地食品站工作，任副站长，一直干到1967年离休。

戚玉彰在世100年，系当地有名的"老革命"长寿翁。他之所以长寿百岁，除了当地山明水秀，生态环境幽雅，宜于居住和宜于养生之外，个人因素主要是生活清贫，饮食清淡，从不大鱼大肉，大吃大喝，特别长期喜欢吃自种自产的绿色蔬菜，加上一生勤奋好动闲不着，身骨硬朗，元气充足；为人胸襟坦白，情怀坦荡，性格开朗、豁达、乐观，喜欢广交朋友，重友情，闲赋时常邀一班老人一起游玩、调侃。家庭更是团结和睦，子孙满堂，有儿子4个，孙子11个，玄孙17个。

文献失逸篇

第三篇

第三篇 文献史迹篇

一、戚姓家谱文献

江苏泰州延令戚氏重修族谱十五卷，首一卷，（民国）戚稳寿编辑，民国十九年（公元 1930 年）木刻活字印本十八册。现被收藏在中国国家图书馆。

浙江余姚戚氏宗谱十六卷，首一卷、末一卷，（清）戚维高主修，清光绪二十五年（公元 1899 年）享伦堂木刻活字印本十六册。现被收藏在中国国家图书馆、中国社会科学院历史研究所图书馆、吉林大学图书馆。

浙江鄞县鄞东梅江戚氏宗谱四卷，（清）戚茂灿、戚茂纂修，清光绪二十四年（公元 1898 年）三礼堂木刻活字印本四册。现被收藏在吉林大学图书馆。

浙江鄞县鄞东梅江戚氏宗谱六卷，首一卷，（民国）戚茂珊、戚茂校等纂修，民国十八年（公元 1929 年）三礼堂木刻活字印本六册。现被收茂在浙江省宁波市天一阁文物管理所。

浙江东阳戚氏宗谱八卷，著名待考，民国三十四年（公元 1945 年）木刻活字印本。现被收藏在浙江省东阳县怀鲁乡八字墙村。

浙江温岭泽国戚氏宗谱，著者待考，清光绪年间景文堂木刻活字印本。现被收藏在浙江省临海市博物馆，今仅存第三~四卷。现被收藏在中国家谱网站档案馆。

浙江温岭泽国戚氏宗谱四卷，首一卷，（民国）戚明纂，民国三十一年（公元 1942 年）木刻活字印本，间有石印本页，今仅存卷首、第一~二卷。现被收藏在浙江省临海市博物馆。

山东黄县戚氏宗谱不分卷，（民国）戚才等四修，民国十年（公元 1921 年）石印本。现被收藏在日本东京国立博物馆、美国犹他州家谱学会。

浙江上虞虞东戚氏宗谱四卷，首一卷，（民国）戚孔怀纂修，民国十七年（公元 1928 年）

世德堂木刻活字印本四册。现被收藏在中国家谱网站档案馆。

江苏吴县包山戚氏宗谱六卷，著者待考，民国十八年（公元1929年）坚索山房铅印本一册，今仅存第一卷。现被收藏在中国家谱网站档案馆。

浙江婺州东海戚氏宗谱六卷，（清）戚启道纂，清光绪三年（公元1877年）木刻活字印本六册，现被收藏在中国家谱网站档案馆。

浙江婺州东海戚氏宗谱六卷，（清）戚茂梁纂，清道光十九年（公元1839年）木刻活字印本两册，今仅存第五~六卷。现被收藏在中国家谱网站档案馆。

浙江鄞县鄞东梅江城戚氏宗谱六卷，首一卷，（民国）戚茂珊等纂，民国十八年（公元1929年）三礼堂木刻活字印本六册。现被收藏在中国家谱网站档案馆。

浙江暨阳鄞东梅江戚氏宗谱四卷，（清）戚昌烈纂，清光绪二十四年（公元1898年）三礼堂木刻活字印本四册。现被收藏在中国家谱网站档案馆。

浙江暨阳东海戚氏宗谱三十二卷，（民国）戚显甫纂，民国二十一年（公元1932年）敦睦堂木刻活字印本三十一册，今仅存第二~二十九卷、第三十一~三十二卷。现被收藏在中国家谱网站档案馆。

浙江暨阳东海戚氏宗谱，（清）戚丙炎等纂，清咸丰六年（公元856年）敦睦堂木刻活字印本七册，今仅存第一卷、第四卷、第七~八卷、第十二卷、第十六~十七卷。现被收藏在中国家谱网站档案馆。

浙江余姚戚氏宗谱，著者待考，清朝年间木刻活字印本。现被收藏在中国家谱网站档案馆。

二、宗规、族训、家教

两座戚氏牌坊（"父子总督"坊和"母子节孝"坊）同建于嘉靖四十四年（1565年），均系四柱三间五楼三檐多脊花岗石雕坊，是国内少见的石雕艺术杰作。为国家级重点文物保护单位。

宗规十六条

乡约当遵	祠墓当展	族类当办	各分当正
宗族当睦	谱牒当重	闺门当肃	豢养当豫
烟里当厚	职业当勤	赋役当供	争讼当止
节俭当崇	守望当严	邪巫当禁	四礼当行

乡约当遵

孝顺父母，尊敬长上，和睦邻里，教训子孙，各安生理，毋作非为，这六句包尽做人的道理，凡为忠臣，为孝子，为贤孙，为世良民，皆由此出，无论圣愚，皆晓得此文义，只是不肯着实遵行，故自陷于过恶，祖宗在上，岂忍使子孙辈如此，今于宗祠内仿乡约仪节，每逢朔日，族长督率子弟齐赴听讲，各宜恭敬体涩共成美俗。

祠墓当展

祠乃祖宗神灵所依，墓乃祖宗体魄所藏，子孙思祖宗不可见，所依藏之处，即如见祖宗，时而祠祭，时而墓祭，必加敬谨，凡栋宇有坏则葺之，隙漏则补之，垣砌碑石有损，则重整之，逢棘则剪之，树木什器则爱惜之，或被人侵害，盗卖、盗葬则同心合力复之。患无忽小，视无逾时，若使缓延，所费愈大，此事死如生，事亡如存之道族人所宜首讲者。

族类当办

族类办物，圣人不废，世以门弟相高，间有非族而认为施行得或同姓而杂居一里，或自外移居来本村或继同姓子嗣，其类匪一然，姓虽同，而祠不同入，墓不同祭，是非难淆疑似当办，倘称谓亦从叔侄兄弟，后将右之何，故谱内必不严为之防，盖神不歆非类处，人处已之道当如事也。

名分当正

同族兄弟，叔侄名分彼此称呼，自有定序，近世风欲，浇漓或狎于亵呢或狃于阿承皆非礼也，拜揖必恭，言语必逊，坐次必依先后，不论近族远族，俱照叔侄序列，情既亲洽，心更相安，又有尊庶母为嫡，跻妾为妻，大乘纲常，反蒙诟笑，又女子已娘家，而归，辄居客位，是何礼数，吉水罗念奄先生，于归宁之女，仍依世次，别设一席可法也，若同族义男，亦必有约来，不得凌犯疏房长上，有失族谊，且宜防微杜渐之意。

宗族当睦

书曰：以亲九族，睦族圣王，且尔，况凡众人呼，未俗或以妆当富贵骄或智习抗，或以顽泼欺凌，虽以争胜一时，已皆自作罪孽，当谓睦族之要在三：曰尊尊曰老老，曰贤贤，名分属尊行者也，则恭敬退逊，不敢触犯，分属虽卑，而龄迈众老也，则扶持保，事以高年之礼，有德行族彦贤也，贤本宗桢斡，则亲炙之，景仰之每事效法，忘分忘年以敬之。此之谓三要。又有四炙之，景仰之每效法，忘分忘年以敬之，此之谓三要。又有四务，曰矜幼弱，曰恤孤寡，曰周窘忽，曰解忿竞，幼者稚年弱者鲜势，人所易欺，则矜之。一有悯矜之心，自随处之为效力年，鳏寡孤独，王政所先，况乎同族得以耳闻目击，则恤之，贫者恤以善言，富者恤以财谷，衣食窘急，生计无聊，则周之，量已量彼，可为则为，不必望其报，不必使人知，吾尽吾心焉，人有忿则争竞，得一人劝之气愈然当局而迷者多矣，居间解之，族人之责也，此之谓四务。引伸触类，为义田义仓，为义学为义冢，教养同族，使生列无失所，皆豪杰所当为者善乎，陶渊明之言曰：周源分流，人易世疏，慨然寐欢念兹厥，初范文正公之言曰：宗教于吾固有亲疏，自祖宗视这，则均是子孙，固无亲疏，此先圣格言也。人能以祖宗之念为念，自知宗族之当睦矣。

谱牒当重

谱牒所载，皆宗族祖名讳，孝子顺孙，目可得睹，口不可得言，收藏贵密，保守贵久，每当清明祭祖时，宜各带所编发号原本到宗祠，会看一遍，祭华，仍各带回收藏，如有鼠侵油污，磨坏字迹者，族长同族众，即在祖宗前量加惩戒，另择贤能子孙收管登名于薄以便稽查，或有不肖辈卖谱宗或腾写原本瞒众觅利致使以赝混真，紊乱支派者，不惟得罪族人，抑且得罪祖宗众共黜之，不许放祠，仍会众呈官，追谱治罪。

闺门当肃

男正位乎外，女正位乎内，君子正家，其闺门未有不严肃者，纵使家道贫，富不齐，如勤耕采桑，操井臼之类，势所不免，而清白家风，自在或有不幸寡居，则丹心铁石，白首冰霜，亦以三从四德，母训夙奸，养之者素也，若徇利妄娶，门阀不称，家教无闻，又或赋性不良，凶悍妒忌，傲僻长舌，私弱子女皆为家之索，罪坐其夫，若本妇委果冥顽，化诲不改，夫亦无如之何者，祠中据本夫告词，询访的确，当祖宗前，合众给以名帖，或屏之外氏之家，亦少有所警矣。要之教妇在初来，择妇必世德颜氏家训曰：娶必欲不若吾家者，盖言娶贫，女有益非谓迁就族类。娶卑陋之女，以贻祸也，至于近时恶俗，人家妇女，有相娶二三十人结社讲经，不分晓夜者，有跋涉数千里外望南海走东岱祈福者，有朔望放祠烧香者，有春节看灯者，有纵容女妇往外来搬弄事非者，闲家之道，一切严禁，庶无他患。

蒙养当豫

闺门之内，古人有胎教，又有能言之教，父兄又有小学之教，大学之教，是以子弟易于成材。今俗教子弟者何如，上者教之作文，取科北功名矣。功名之士，道德未教也，次者教之杂字法，以便商贾书计，下者教状词活套，以为他日刁滑之地，是虽教之，实害之也。族中各父兄，须知子弟之当教，又须知教之当正，养正之当豫，七岁便放乡塾，学字习书，随其资质，渐长有知识，便择端悫师友，将正经书史，严加训迪，务使变化气质陶镕德牲，他日若做秀才，做官固为良士，为廉吏，就是为农为工为商亦不失为醇谨君子。

姻里当厚

姻者族之亲，里者族之邻，远则义相关，近则出门相见，宇宙茫茫，幸而聚集，亦是良缘，况童蒙时或多同馆，或共游戏，比之路人回别，凡事皆从厚，通有无恤患难不论贤否相与俱以诚心和气遇之，即使披待我曾薄，我不可以薄彼，久之且感而化矣，若恃强凌弱，倚众暴寡，靠富欺贫，捏故占人田地，风水，侵人山林，疆界，放债违例，过三分取息，皆此薄恶凶习，天道好还，尤宜急戒，毋自害儿孙也。

职业当勤

士农工工商,业虽不同,皆是本职,勤则职业修,惰则职业堕骤修,父母妻子,仰事俯育有无策,不免姗笑于姻里,然所谓勤者,非徒尽力,实要尽道,如士者则先德行,次文艺,切勿因读书识字舞弄文法,颠倒是非,造歌谣,匿名帖,举监生员,不得出入公门,有玷止,士宦不得以贿赂官,贻辱祖宗。农者不得窃田水,纵牺牲畜作践,欺赖田租。工者不可淫巧,售伪器什。商者不得纨社、纨绔冶游,酒色浪费,亦不得越四民之外,为僧道为胥隶,为优戏,为椎埋屠宰,若赌博一事,近来相习成风,凡倾家荡产,招祸害人,无不由此犯者宜会族众送官惩治,不得罪坐房长。

赋役当供

赋税力役,皆国家法度所系,若拖欠田粮,躲避差役,便是不良百姓,连累里长,恼烦官府,身家被亏,玷辱父母,又准不得事,仍要赋役完官,是何等算计,故勤业之人,将一年本等差粮先要办明白。

争讼当止

太平百姓,完赋役,无争讼,便是天堂世界,盖争讼事有害无利,要盘缠,要奔走若造机关又坏心术,无论官府廉明如何判,城市便被歇家撮弄到衙门,便受胥皂呵叱伺候几朝方得见官,理直犹可,理曲到底吃亏,受笞杖受罪刘,甚至破家亡身辱亲,冤冤相报害及子孙,总为一念客风始不可不慎。经曰:君子以作事谋始,始能忍,终无祸,即有万不得已或关系祖宗父母兄弟妻子情事,私下处不得,没奈何闻官,只宜从直告诉官府善察情更易明白,切莫架桥捏怪,致问招回,又要早知回头不可终讼,圣人于讼卦曰:惕中吉讼终凶,此事锦囊妙策,须是自作主张,不可听讼师亲,棍党教唆,财被人得,祸自己当省之省之。

节俭当崇

　　老氏三宝，俭居一焉。人生福分，各有限制者，饮食衣服，日用起居，一一朴啬，留有余不尽之享，以还造化游天年，可以养福，奢靡败度，俭约鲜过，可以养德，多费多取至于多取，不免奴颜婢膝，委曲求全，费少取少，随分随足，浩然自得，可以养气，且以俭示后子孙，可法，有益于家以俭率人，敝俗可挽有益于国世故莫之能行何哉。其弊在于好门面一念，如争讼好赢的门面，则产借债，讨人情钻刺不顾利害，吉凶礼节，好富厚的门面，则卖田嫁女，厚赂聘媳，铺张友引，开厨设供倡优杂还击鲜散帛乱用绫纱，又加招请客宾宴新胥与搬戏许愿，预修祈福，力实不友设法应用，不知挖肉补疮，所损日甚，此皆恶俗，可悯可悲，噫，士者民之倡，贤智者庸众之倡责有所属吾日望之。

守望当严

　　上司设立保甲，只为地方而百姓，却乃欺瞒官府，虚应故事以致防盗无术，束手待寇小则窃大则疆，及至告官得不偿失，即能获盗，牵累无时抛弃本业，是百姓之自为计谋也，民族虽散居然多者千烟少者百室，又少者数十户，兼有乡邻同井相友相助，须依奉上司条约，平居互议出入有事，盾为应援可合或分，随便邀截若约中有不遵防范，踪迹可疑者，即时察之，若果有实事可据，即会呈送官究治，盖患预防，不可不虑奢靡之乡尤所当虑也。

邪巫当禁

　　禁止师巫邪术，更喜媚神福，其惑于邪巫也，尤甚于男子，且风俗日愈，僧道之外，又有斋妇鬼婆，妮姑，跳神卜妇，女相女戏等项，穿门入户，人不知禁，以致哄诱费财，甚有犯奸盗者，为害不小各夫妇须加预防，察其动静，杜其往来，以免后悔，此是齐家最要紧事。

四礼当行

　　先王制冠婚丧四礼,以范后人载在性理大全,及家礼仪节者是皆国朝颁降者也,民生日用常行,此为最切,惟礼则成父道:成子道成夫妇之道,无礼则禽畜耳,然民俗所以不由礼者或谓礼节烦多,未免伤财废事,不知思其意而用其精,至易至简,何不可行,试言其大意,冠则实不用弊归俎止肴品果酒不用牲惟从俭族有将冠者,众则同日行礼,长子众子各从其类,赞与席如冠者之数,祝祠不重出加冠醮酒,祝后次第举之,拜则同庶人三加之礼初用小帽小深衣履鞋,再用折巾绢深衣皂靴,三用方中或儒巾服或直身,婚则禁同姓,禁服妇改嫁,恐犯离异之律,女未及无过门,夫亡,无招赘无招夫养夫,受聘择门第辨良贱,无贫下户货财将女许配作贱,骨肉玷辱,对先人棺内不得用金玉粮物,吊者止束茶途远行待以素饭,不设酒筵,不入公门,葬入择地,避五鬼,不得盗葬不得水葬,尤不得火化,祭必聚精神,此皆孝子慈孙所当尽者。

　　　　　　　　欧家戚氏族谱 道光辛巳续纂修编校
　　　　　　　　岁贡生十四世孙 戚汉荣 族正十五世孙 戚贤 仝纂修
　　　　　　　　邑廪生 十五世孙戚麟玉 戚麟士 戚麟炳 戚爵轩
　　　　　　　　十六世孙 戚元焯 戚光秀 戚均秀 仝参订 搜辑 校录

先祖遗训十二条

一、家规当法

一家有一定之规，凡为人子孙者，事亲当其尽孝，事长当其尽悌。惟而一族之人，莫不皆焉。然则，大伦正大分明，吾今日为子弟如此，他日为父兄子弟事我亦如此，上行下效，理势必然，此家规所当法也。

二、家法当守

家有法度，凡我子孙当守本份，各务正业，戒嫖赌，戒贪饮，戒逸乐，戒争讼，戒奢侈，此数者，败名坏节荡产倾家，最宜功戒并，勿以恶欺善，以富欺贫，以工矜下，以贵藐贱。此家法所当守也。

三、耕读为本

人本有务，不外耕读二字，盖勤耕可以养身，勤读则可以荣身，苟或不耕，仓禀空虚，此乞丐之徒，不读则礼义不明，愚蠢之辈。凡我子孙者，成耕读者，此本业所当务也。

四、勤俭为本

勤乃立身之本，俭乃治家之方。盖勤则能变其贫，俭则常足其用，古云男勤于耕则饱食，女勤于织则身光，量入而出，永无匮乏。此二者人道至要。吾子孙所当务也。

五、族而当教

族大人繁不能无贤、愚、富贵、贫贱之异，凡我子孙当念祖宗一脉，以贤养愚，以富济贫，以贵化贱，不可争小利而伤大义，不可逞小忿而讼大廷，纵有拂意，情有而原理，有可恕当念客以待之，此族所当教也。

六、嫁娶宜慎

结婚其德义，非资其势利，故能者为自强，靠诚者无志，我家先祖历传多是官族书香，凡嫁娶之事，必择良善故家，礼义乔木方可结婚，姻缘女勿贪势利，不审佳媚，娶媳勿图奢而不问淑媛，须知无德，以守冰山易尽，兼败家风，不可不慎也。

七、教子宜严

爱之必劳，劳者即严以教子，成人之谓也。故必以义方，弗纳于邪，亲贤事友，严师勿任放荡、纵其性慎。戒行小慧，防其匪僻，使闻正行，行正事，是谓之严，而又涵有熏陶矣。其自化以养之，则严而泰，和而节，子弟之德可成矣。此二款庭训所当知也。

八、贫而无谄

族众万派，岂必尽丰盈，人生百年，无无偶遭。穷困但当守分，自重不可妄作非为，以致祸败众，卑屈气衰，以敢辱羞也。

九、富而无骄

赖皇天之眷荷，祖宗之德明所以致富，欲长乎天禄光大于前人，切不可骄，故虽有富万顷，应当视有若无，不可恃财傲物，贵为三公，惟是移孝作忠，切勿恃势凌人，若在族犹当一脉所出，车笠同涂可也。

十、远族当亲

叶虽发于九州，根惟生于一处，凡属同姓，不论亲疏远近，都是一脉流传，来往会遇，及须相敬相爱，辨属尊卑，不可以疏远而简弃之。若系贤为族望，则礼敬尤当隆重也。

十一、诚敬祭祀

先灵聚于宗祠，烟祀而肃，祖骸楼于坟墓，祭扫必诚，凡我子孙，每当佳节，凡遇祭期，便备三牲酒礼以行，报本追远之礼，语云，豺狼尚知报本况，人为万物之灵者也。

十二、宝藏谱牒

谱牒者，所以记祖宗之名号，功德而存，奕世之源委者也，故国有史，是国文宝，家有谱，乃家之宝，而不知谱牒之传比之金玉尤重，金玉失落有处寻，谱牒失落无处觅，漏却金玉一时根，漏却谱牒万世绝，凡我子孙前传之谱，当知珍守，后起之谱，宜记增修，庶源源委委奕世流芳。

诗曰：

山有来龙水有源，子孙万代有英贤。

流传不念宗支祖，天雷劈碎变尘烟。

盘初曰：

盘古初开天地间，百姓同分百姓难。

如今钟姓传此谱，留与儿孙最紧关。

戚氏家训

孝老爱亲

和家睦邻

厚善崇德

廉恕忠勤

尚文循道

礼义俭仁

诚信守法

报国利民

戚氏家训释义：

身为戚氏族人，我们应该做到：

一、孝老爱亲、和家睦邻

即：做人要孝顺父母，尊敬长辈，珍惜亲情，呵护亲族；要相互谦让，使家庭和顺和美；与人为善，同街坊邻居和睦相处。

二、厚善崇德、廉恕中勤

即：为人要厚道善良，推崇道德，修养品德，塑造高尚的道德人品；做人要清正廉洁，不贪不占；胸怀大度，对人要宽容谅解；忠诚可靠、不滑不诈；做事要兢兢业业，尽心尽力，不偷懒。

三、尚文循道、礼义俭仁

即：崇尚优秀文化，重视教育，与时俱进，提高自身文明素质；遵循人间正道，不要小聪明；对人谦恭礼貌，以礼相待；对事秉承义理，坚持正义；对己节俭朴素，切忌奢华；对人同情友爱，真诚助人。

四、诚信守法、报国利民

即：为人真诚老实，不欺不骗，注重信誉；做事规矩，遵守国家法律法令，不违法乱纪；常存报国之心，尽己所能，为国效力；多办好事，不办坏事，做一个有利于社会的人。

丙申年春月

家教十要十不要

一、要尊老爱幼，不要欺老压小；

二、要忠厚老实，不要投机取巧；

三、要节衣缩食，不要铺张浪费；

四、要克勤克俭，不要好逸恶劳；

五、要以德治家，不要伤天害理；

六、要苦读传家，不要白丁愚昧；

七、要苦读传家，不要忤逆不孝；

八、要亲邻相帮，不要各扫门雪；

九、要互敬互爱，不要反目为仇；

十、要夫妻和睦，不要打架吵闹。

戚氏家赋

戚氏起源自何方，濮阳戚城始发祥。
封邑获姓周王赐，始祖戚和立宗堂。
戚人同出一棵树，子孙都是一树长。
无论我往哪里去，戚城永远是故乡。

星河戚氏群星亮，光芒闪耀戚继光。
尽忠报国平生愿，驱倭平寇威名扬。
戚氏同出一源河，子孙都是一河浪。
先祖圣德昭后世，栋梁辈出创辉煌。

岁月亘久家史长，祖训箴言永不忘。
耕读敬业传家久，书香门第继世长。
戚门同祭一先祖，子孙共敬一炉香。
一脉传承亲情系，百世族人永繁昌。

丙申年春月

劝学文

尝读书而知欲不可纵，纵欲则败度，志不可满，满志则违行，古圣贤朝乾夕惕，兢业致戒乎，冰渊夜深夙兴，优勤常铭于盘带者诚以般乐，怠傲之下长敬慎戒瞿之须当凛也，兹当修途之始用伸族告诫之意，汝后生放塾读书，务必遵守礼法，遵循规则，切不可放荡形骸，怠惰自甘，古人云：怠惰自甘，家园终替，况为学乎，三更灯火五更鸡，正是男儿读书时，先哲之言，正可味也，又曰：莫谓今年不学，而有来年，日月逝矣，岁不我延，于夫老矣，是谁之愆，宋徽宗曰：学也好，不学也好，学得如禾如稻，不学者如蒿如草。如禾如稻兮，家之珍粮国之大宝。如蒿如草兮，耕者憎嫌，锄者烦恼，他日面啬，悔之已老，汝曹可不谓哉，书曰：皇天无亲惟德是辅，勤学德之基也，诗曰：各敬汝仪，天命不又勤学敬之渐也，所当思天难堪，命靡常惟日就月将庶学有缉熙于光明乎尔曹识之。中华民国十八年春三月德辉字耀宗别号缉熙童试屡列前茅，生平苦志笃学于养正轩教授子弟以自娱书之学塾中左厅。

工作一例

工作之大小，事业之成败，皆由人生主观努力中而创出来，故人生世上，承父母之精血，禀天地之灵气，生而为人，人为万物之灵，自当做出一场刮目惊人之事业，虽不能流芳百世，正中纲常，使人志而不忘，以为君即不能兴世争光，亦当遗臭万年，此亦君子小人之两途也，然君子之流馨，事愈远而心愈近，小遗臭事愈近而人心欲远之惟恐其稍近也，能不悚然而惧之乎？

余观续修戚氏之谱，浮想联翩，回赏工作，欣然命笔，方今泮水同游，真英才共济，业患不能成，无患有司而不明，行患不能成，无患有司之不公，有志者竟成也，焚膏油以继晷，恒兀兀以穷年，补苴隙漏，张皇幽眇，寻坠绪于茫茫，挥毫搜而远绍，障百川而东之，回狂澜于既倒。拘学管中窥豹或抱咫尺之义，久孤尘世，岂若兴世浮沉，而取荣名哉，比如顺风呼声，不须疾而其势亦急，至于闾巷之士，立名声布于天下，莫不称贤是为难矣。

吾于之有所说，众亦之有感焉，司事者各任其能，竭其力以得所欲，各劝其业，乐其事，如水之趋下流无休时，竟时简短岁月在百仞编幅中，志而不倦，披精血，历寒寒暑暑浓墨阔笔，百折不挠地而忘我劳动，业于今岁翻幸秋纪实群公昆仲之功莫忘也。腾蛇凤舞雀跃鱼欢，一朝功业，千秋彰彰，登临赠言，是有感于斯乎。

附：调寄西江月一词

诸公伯叔辛劳，张开秋月春花，

今日圃中多新芽，桃李争妍朝霞。

贺挥笔展宏图，庆谱成纪世华，

愿代代金榜高挂，富贵千秋永嘉。

二十一世孙培茂　二十世孙兆琼　公元一九八六年岁次丙寅秋朔六谷旦裔孙二十一世孙 培英敬辑

祭祖文

公元二〇一六年四月四日，岁在丙申，节值清明，天地澄和，万象更新。中华丰沉鱼落雁祭祖大典活动在濮阳戚城隆重举行。

谨代表全体与会人员，以至诚之心拜祀于始祖戚和尊灵神位前曰：

丙申清明日	恭祭始祖前	酒丰果蔬鲜	三牲祭礼献	人无亲疏别	地无远近间
同为戚氏人	根脉永相连	泱泱成望族	本固枝茂繁	华夏戚氏根	濮阳为起源
东海发祥地	历代有俊贤	世代续血脉	支派得绵延	吾祖敬天地	功德耀河山
方今升平日	不忘念祖先	衣食虽富足	饮水当思源	楼堂居之高	孝思当永言
家风与族训	铭记在心间	父母养育恩	一生报不完	孝为德之本	百善孝为先
耕读传家久	勤勉力垂范	鼠标点世界	书香溢心田	勤劳能致富	创业效前贤
祖宗荫泽广	佑吾万家欢	后昆志向大	勤奋出俊彦	族望生齿繁	光宗耀祖先
族人相守望	有难共承担	敬天暨法祖	祈盼保太平	国泰民安康	人和家团圆
族众虔诚拜	慎终而追远				

伏维尚飨

三、祖上蒸尝

据说本支族的蒸尝（祖尝）是一宗可观的祖业财产，也是族上兴办各类族事的资金物力主要来源。但除了十七世孙戚士达在旧谱的《重修族谱叙》中以"蒸尝有限"的片言只语提及之外，再没有发现任何书面文字记载，更没有发现有什么祖尝条例、公约和账本之类的文字版本传承下来。乡里民间口头所传递也只是蛛丝马迹和一鳞半爪。是次修谱经多方深入查访、挖掘、搜集，综合起来也只是一些粗略零碎的概况。支族祖尝分为以产权及经营使用划界，分为全支族所有蒸尝和世美公家族祖尝两个经营实体。

全支族所有蒸尝

在查访中，据当世一些老者宗亲人士反映，全支族蒸尝的祖田分布在大榄围、龙潭围、珠盘海围、安铺文笔垌以及遂溪横埇田亩。总面积2000多亩，每年收取祖谷2000多担。蒸尝由族上选派智商高、热心公益、办事公道的本族人员进行经营管理，包括管理收支账目。大榄田村的戚维伦（17世）、欧家村的戚仲昇（18世）、里屋湾村的戚有明（19世）先后担任过蒸尝的主管，最后一届是由洪坡村戚兆经（二十世）负责。每年或二、三年一次由族上指派代表组成清账小组进行清账。蒸尝的祖谷、资金的用途和开支渠道主要用于祭祖（祭冬）、修建祖坟、扫墓、修建百姓宗祠等。如果蒸尝当年有结余，则以放贷的形式贷给有实力、讲信用的企业主或贾商老板，积累起来待后使用。至于支族蒸尝何时开始兴办情况不详也无从考究。何时终结也难于查明年月。据反映约于解放前的1945—1947年间解体。终结时祖田如何处置，是盈是亏也无从考究。

长房世美公家族蒸尝

世美公支家族的祖尝，约于民国初年（1912—1915）开始创办。祖田主要是在龙潭围，面积200余亩，每年收得祖谷200余担。由欧家村的戚有佳（十九世）做头负责经营管理（包括收支账目），每年或二、三年一次由族上派出代表组成清账小组进行清账。祖尝财产的用途和开支渠道也是用于修祠堂、修葺祖坟、祭祖（祭冬）、扫墓等。据反映，世美家族祖蒸尝终结前的一次清账是由双塘村的戚仲升、欧家村的戚有琪、欧下村的戚兆龙等三人小组负责。世美家族祖尝最大的一个投资项目是修建安铺戚家祠。据说兴建该项目不仅花光蒸尝多年的积蓄，还赊材料欠下一笔债务。宗祠建成后很多年才逐步还清这笔债务。

四、先祖墓院、墓碑及碑铭

支族先祖龙祐公墓院、墓碑（上、下）（位于广东新兴古院后山）

先祖世美公交椅岭墓院

先祖秀美、广爱、子美、德美的蛇地墓院

蛇地先祖墓院的祭祖盛况

良垌三房七世祖道全公墓院及祭祖盛况

狮子岭七世祖安祥公墓院

七世祖墓碑

三房八世祖崇玉公墓院及祭祖盛况

洪坡村得道神明允亮公（十三世祖）墓院

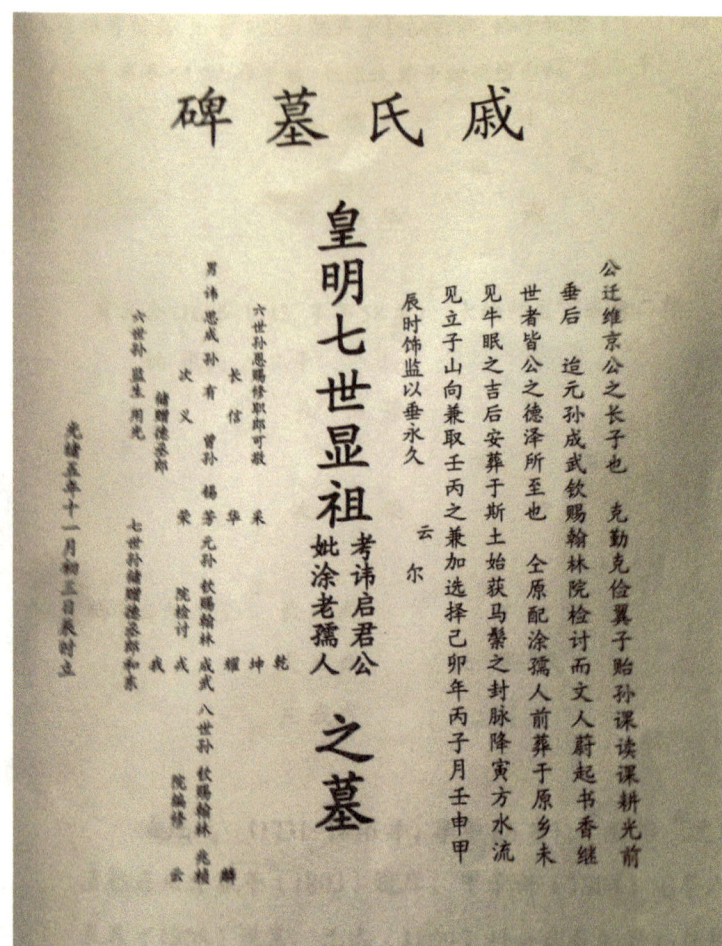

广西车头村十三世祖启君公墓碑碑文

大榄田十四祖相举公墓院

此墓是官渡镇扇屋村廿一世祖戚学通公墓，葬米鹤村边，此岭穿钱过龙，瑞气非常，葬后其子荣华富贵曾在北海发达有多家商铺。

扇屋村戚学通公墓院

广西车头村十四世祖源深公墓碑

海南那大四行村戚氏先祖妣邹氏儒人之墓碑

五、庙宇、祖堂

戚姬寺

戚姬寺村因刘邦爱妃戚姬出生于此而得名。原名是孝义村，戚氏二世祖戚玉迁居此地后改为戚家寨，之后改为戚姬寺。

姬和之子玉公 迁逃山东兖州定陶孝义村配杨氏育二子英瑞耕读为业后成巨富，二子奉亲至孝，公寿享九十八岁而终。

汉高祖爱姬戚娘娘的戚姬寺遗址及后建的戚姬寺

白水洋镇戚公祠

欧家上庙

欧家中庙

欧家下庙

里屋湾永乐祠

秀九村金龙庙

横山三江村英灵堂

大榄田永安庙

广西防城港簕色葵村的土地庙

大榄田村戚氏祖堂

海南那大四行村戚氏祖堂

洪坡村允亮公祠

安铺茅坡戚村仔庙

横山排里新村庙

横山埇仔村庙

横山角仔村庙

遂溪横仓村庙

遂溪县上塘村"白马南国庙"

广西陆川古城樟下坪村阿公厅（庙）

廉江大榄田新安庙

六、生态景观

一棵千年古榕树守护一条排里老村

戚氏聚居的横山排里老村的一棵千年古榕树，被人们美称为"神树"。该古榕树主树干，树围12米左右，14位成人村民手拉手才能完全将它合抱。2013年11月24日《湛江晚报》湛江地理版用整个版面的篇幅报道和点赞这一奇观。赞叹"大榕树让人非常震撼"、"古榕树哺育一代代村民"、"千年古榕树守护一条村"。

古榕浓荫下有一座小庙，庙前的空地则是排里老村的"议事堂"

村干部讲述古榕树的往事

戚家祠文化广场名贵的见血封喉树（国家二级保护树种）

良垌樟木埇村百年香樟树

良垌樟木埇村的名贵药种——沉香木

良垌樟木埇村三百年古榕树

拥有数百年树龄的关塘仔村桐药树

被誉为"天池"的天塘村神奇池塘（上、下）

戚来的戚园山庄生态造型图腾

第三篇 文献史迹篇

戚来的戚园山庄生态造型图腾

文化篇

第四篇 文化篇

一、村志文化

革命老区村庄

概 述

在国内革命战争、抗日战争、解放战争三个时期，我欧家支族（含粤桂琼）聚居村庄，在新中国成立后被各级党委和人民政府评划为革命老区的有：广西陆川县古城镇北豆村委车头村、石台村，清耳村委樟下坪村、茶根村，古城村委新屋村，祠堂角村委草塘村；广东湛江市坡头区官渡镇黄垌村委扇屋村（鳝屋村）；遂溪县黄桐坑村；廉江市安铺镇欧家村委欧家村（含欧坡村、欧家下村、塘尾村、白沙口村）茅桂路村委茅桂路村（含茂上村、茂下村、茂东村）合河村委担蚬港村，洪坡村委中间村，秀九村，横山镇排里村委排里老村、石岩塘村（含石东、石中、石新）七块仔村，下路村委关塘仔村，龙塘角村委三江村，营仔镇云峡村委基围头村、鱼龙埠村委天塘村，良垌镇蒲苏村委樟木埇村，中塘村委洪田圹村，上角垌村委上角垌村，石城镇石头岭村委长岭咀村；海南省儋州市东成镇抱舍村委戚宅村，西流镇四行村委四行村，那大镇白南村委沙田村，临高县新盈镇新盈村委姓戚村。这些革命老区的戚氏先民当年在中国共产党领导下，和全国人民一道所进行的革命斗争历史以及在革命斗争中为中华民族的解放和新中国的建立所付出的巨大贡献和牺牲的英雄事迹，将永远激励后人勿忘历史，缅怀先烈，弘扬革命精神，艰苦创业，为建设现代化国家和美好家园而努力奋斗。下面我们仅选取其中资料收集比较齐全及有代表性的革命老区村庄的革命斗争历史和斗争事迹，作简要的介绍。

七块仔村革命事迹简介

　　七块仔村位于廉江市横山镇北面，背靠大龙山，面朝九洲江。解放前夕，全村18户，80余人。在解放战争时期是中共南路特委的秘密交通联络站，也是廉江县人民解放政府建立的税收分站和粤桂边人民解放军新编第三团（新三团）医疗救护站。在解放战争三年的艰苦岁月里，七块村群众为中国人民的解放事业发挥了特殊的作用和应有贡献。

　　1947年4月，中共廉江县工委成立后，派出工委委员罗培畴（后任廉江县人民解放政府县长）中共党员黄兴光等人到七块仔村发动群众，开展革命活动。并以村中戚家祠作为联络站（代号：義站），同年7月，成立农会、妇女会及民兵组织。农会会长戚兆炽，副会长戚培均。1948年村民戚兆炽、戚镇喜经博教区长黄兴光介绍先后加入中国共产党。自此，在县工委和当地党组织及农会的领导下，村民的革命热情日益高涨，根据上级的部署，开展废租废债，抵制国民党抽丁和征收田赋的斗争。其中当年减交安铺"有和"老板李震粤租谷27担。交通联络站在站长陈文（阮文）的带领下，由罗敬负责，建立了流动税收站，征粮征款，筹集军饷，戚家祠作为收税和储粮之所。时任中共廉江县委委员、县长罗培畴、副县长陆镇华，博教区委书记黄球、区长黄兴光和副区长林民等领导多次到该村检查布置交通站的工作。粤桂边纵队新三团指战员，亦时常在该村驻扎和活动，伤病员也在村中戚家祠治伤疗理。

解放战争游击根据地村庄牌匾

在与国民党顽固派斗争的艰苦岁月里，七块仔村及其附近村庄的村民对途经和驻扎的人民武装和游击战士箪食壶浆以迎，供应粮饷，舍生忘死救护伤病员，节衣缩食支援革命，涌现出一批革命的骨干分子。他们有的为支援革命，捐出自己的财产。如戚兆良，变卖家中仅有的一头耕牛；有的购买物资，征粮征税；有的打探消息，传送情报；有的为新三团指战员和地方游击队员洗衣服、被褥、补衣补鞋；有的料理救护伤病员；有的修桥补路。如1948年8月，在得知国民党地方反动势力准备"清乡"扫荡的消息后，村民迅速组织担架队，冒着生命危险，为正在戚家祠治伤的几位解放军伤病员转移到博教，粉碎了国民党的"清乡"阴谋。

据不完全统计，在解放战争时期，七块仔村民献出个人收藏和村祖上防盗贼用的单响火枪10多枝，救治伤病员100多人次，每年补给部队粮饷伍佰多担，每年征收的税款达1000多银元，捐献衣物、中草药、雨具一大批。戚里发、戚培经、杨康龙、杨广才4人参军参战。为解放廉江作出了贡献。全国解放后，七块仔村被湛江市人民政府授予"解放战争革命老区村庄"的荣誉称号。戚兆良被评为革命堡垒户。戚镇喜、戚春、戚培贤被评为"五老人员"（老游击战士，老苏区队员，老交通员，老堡垒户，老党员）享受党和政府给予的政治、生活待遇。

三江村革命斗争史简介

　　横山镇三江村是抗日战争时期我党开展革命活动的游击根据地。据村中老人回忆讲述，70多年前在那风云变幻、烽火连天的斗争岁月里，这里曾经历着既艰苦卓绝又壮志激昂的斗争场面。虽然他们讲述的都是一些残缺零碎的事件，但也从某个侧面反映出当时雷州半岛地区在我南路党领导下开展敌后游击战争的一个缩影。

　　三江村是位于廉江与遂溪边界的一条偏僻的小山村，抗战时期，全村不过十来户，几十口人。村民大多以种田为生。在那兵反贼乱的年代，村民生活困苦不堪。地理环境的特殊和群众穷则思变的渴望，使三江村成为共产党抗日游击根据地。

　　二十世纪四十年代初，日寇的铁蹄践踏了大半个中国，处于祖国最南端的广州湾（湛江）也被日寇侵占。那时，我南路地下党及所领导下的游击队就已在三江村建立了革命游击根据地。开始，我党利用三江村一座古老的神庙——英灵堂作为秘密联络点。我地下党在这里宣传抗日救国的思想，发动群众参加革命，抗击日伪。为求新生，处于社会最底层的三江村民就象一堆干柴,被革命的烈火点燃。全村群众革命热情异常高涨。村民戚培富就是在革命思想的薰陶和党的培养下,于一九四二年参加中国共产党,在联络点负责放哨、巡逻。后又有村民戚培贵、戚福参加我党领导的游击队。在戚培富等人的率先带动下,全村男女老少都投身到革命的活动中。

在我南路党的组织领导下,三江村的抗战活动搞得如火如荼,成为廉江地区革命较为活跃和较有影响的敌后抗日游击根据地,在我党的秘密组织下,广州沦陷后不少有志于抗日救国的学生青年经长途跋涉来到这里开展抗日救亡活动,他们既是抗战的宣讲员,又是战斗员和伤员护理员,成为一支生气勃勃的革命力量。有一位在广州中山医学院的青年医生王伟来到这里,投身到救护游击队伤病员的工作中,医治和挽救了不少游击队伤病员的生命。

三江村村民在那个革命年代里,也为根据地的建设和抗日救国工作做出了革命的无私的奉献。三江村作为游击根据地设有医疗救护站,前方的战士负伤都有一部分转到这里进行救治。在伤病员多,床位少的情况下,村民都主动把自家门板、床板拆下让给伤病员,他们有的为伤病员抬担架,有的为伤病员喂食,包扎等护理工作,有的望风放哨,使伤病员得到及时和安全的救护。当根据地受到敌人的封锁,在粮食紧缺的情况下,为了游击战士不挨饿,村民纷纷把自家仅有的稻谷、粟米、蕃薯、薯粉等无偿地献给游击队,甚至连家藏的芋种、谷种都毫无吝啬地端出给游击战士。在武器弹药短缺情况下,村民和游击队战士一起制造土枪土炮。在医药紧缺的情况下,村民巧妙机智地冲破敌伪的封锁问医采药。真可谓是军爱民,民拥军,军民融合一家亲。为了革命的胜利,三江村民已经把自己的命运同革命的命运紧紧地联系在一起。

由于三江村有着牢固的革命基础,在一九四六年后的解放战争时期,三江村抗日游击区的游击队编入新三团,三江村又是新三团驻地之一。新三团经常到这里休整宿营,有时多到几十人进驻。为了推翻国民党的反动统治,翻身得解放,三江村民始终不渝地为革命取得最后胜利作贡献。

当时三江村属国民党遂溪保十团的势力范围,经常派便衣到我三江村游击区刺探情报,并扬言要清剿三江村游击区,对我游击区威胁较大。时任新三团团长黄兴光、陈荣典在三江村游击战士戚培富、戚培贵及村民巧妙配合下,充分利用敌人内部矛盾,策反保十团,使保十团弃暗投明,归降共产党,从而使我党地方武装得到壮大,化解游击区的危机,给敌人以沉重的打击。

解放后，我党并没有忘记三江村村民在抗日战争直至解放战争时期为革命所作极大牺牲和贡献。一九九一年被湛江市人民政府命名为"抗日战争游击根据地"村庄，给革命有功人员如戚培富等颁发荣誉证书并发放津贴。如今三江村在党的改革开放政策的激励下，继续发扬光荣革命传统，艰苦创业，在致富的大道上迅跑。

茂桂路村革命斗争史简介

安铺镇茂桂路村位于安铺镇北三公里，是抗日战争和解放战争时期的革命游击区村庄。早在一九四三年日寇侵占广州湾后，就成了我党抗日敌后根据地。在中共南路党的领导下，当地民众积极投身抗日救国运动，开展多种形式的抗日斗争，为抗日战争的胜利作出了贡献。抗日战争胜利后，为推翻国民党的反动派治，茂桂路村民前赴后继，与国民党反动派进行不屈不挠的斗争，为配合南路的解放立下了汗马功劳。

抗日战争时期

一九四三年，由于日寇的侵入，广州湾（湛江）廉江一带变成了敌后，当时距茂桂路三公里的安铺镇就有日伪的据点。为了抗击日寇，中共南方局决定，发动群众、武装群众，开展敌后抗日斗争。当地党组织根据南方局的决定，深入农村发动和组织群众，于一九四四年初成立博教党支部，并以茂桂路村作为第一个联络点。在党的教育和培养下，本村进步青年戚南寿、戚进林、经罗康武同志介绍，于一九四四年二月加入中国共产党。俩人入党后，受博教支部何琼书记的指派回村发展党组织。他们走家串户、秘密活动，宣传抗日救国，团结进步青年，工作得到蓬勃开展，于一九四四年五月十日晚成立茂桂路党小组，戚南寿任党小组长。为进一步扩大党组织，在戚南寿的动员教育下，将本村戚秀（戚兆让）、潘兴、林兴等三人吸收入党。一九四五年一月，经上级党组织决定，成立茂桂路支部，归罗培畴同志领导，由戚南寿担任支部书记，戚兆让任副书记、戚进林任副书记兼组织委员。从此茂桂路的革命斗争有了党的领导和战斗方向。在戚南寿的带领下，经过一年多的动员和培养，吸收了黎灼旋、黎有荣、戚进荣、戚培芳、戚有、司徒龙、吕美镜、吕美恒、吕维珍、戚兆秀、戚兆东、戚兆宗、黎洪业、戚有兴、黎广、潘槐、戚培祥等人加入了党组织。使茂桂路支部由原来的只有三名党员发展到二十多名党员。党组织的发展壮大，为后期革命工作开展打下基础。

一九四四年冬，县委在博教成立了"博教抗日村队"。茂桂路村当时属于博教区，是博教抗日村队警戒放哨的前线，离敌伪据点只有半公里。一九四五年博教抗日村队对盘踞在周围的日伪据点经常进行袭扰并展开过二次激烈的战斗，沉重打击了日伪军。一九四五年冬，日伪军为报复，调集大批兵力，对我敌后根据地进行多次围剿。为避敌锋芒，我军实行"化整为零"的战术，开展隐蔽斗争，并将安全环境较好、交通便捷的茂桂路村划为"革命隐蔽区"。时任我地下党领导的莫怀、罗培畴、何琼、罗康武等同志都曾在这里隐藏过，在群众的保护下，都安全避过了敌人的搜捕。在此期间，茂桂路党支部先后派出戚家祯、戚九、潘兴、王二婶等人作为地下交通联络员。他们冒着生命危险，经常往返于新民及遂溪深泥塘等地传递情报，掩护革命同志。

为了适应斗争的需要，传播革命思想，激发群众更大的抗日热情，在莫怀同志亲自领导和动员下，于一九四五年七月，茂桂路村相继成立了农民夜校和农会（亦称禁赌会），农会由戚兆让和戚培芳担任会长。农民夜校由上级组织派周锡锦、何琼同志指导筹办，具体工作由罗爵（罗志平）负责，何琼任教员，学员有二十三人。农会的成立和夜校的开办，极大地调动了农民参加革命的积极性，在党支部领导下开展二、五减租的斗争。

农民运动的兴起，群众革命热情的高涨，武装群众时机成熟。在莫怀同志的主持下，于一九四五年八月成立茂桂路村武装队，由戚兆让、戚培芳担任队长，队员共有44名。

上级党组织派来周锡锦同志到村队指导训练工作，并下发一批枪支弹药装备村队。村武装队后转为游击小组，属三团调导，活动于茂桂路周边一带的横坡、文端、鸭潭、大美埇等村庄。他们巡逻放哨、监视敌人，并配合了当地深坭塘部队的西征和博教部队的东征。参加东征和西征的村队队员有：戚静、李生、戚进标、戚进禄、潘兴、林兴、潘生、戚卿、戚进焕、戚友、戚日权、戚华连、戚兆强等。他们都为革命胜利作出了贡献。

一九四五年八月，日本宣布无条件投降，而盘踞在安铺镇周边日伪军仍负隅顽抗。当时联络点戚南寿、戚培芳等人受组织委托到敌据点散发"劝日伪投降书"。这一宣传功势，对动摇敌军心，为放下武器缴械投降收到了效果。

解放战争时期

抗日战争胜利后，国内并未实现和平，国民党反动派撕毁和平协议，革命进入三年解放战争时期。一九四六年四月，莫怀、何琼等同志离开茂桂路，奉命北上。上级党组织先后派出谢华胜、莫琼仙、许建凰、梁庆、李英、黄明德、冯凤寿等同志来茂桂路领导革命工作。当时茂桂路革命力量的壮大及影响也惊动国民党的地方势力，曾多次对茂桂路进行袭击，企图扑灭革命力量。一九四七年农历正月十三，天刚蒙蒙亮，国民党灼兴中队偷袭茂桂路村。刚到村口，被村中的谭二婶发现。谭二婶立即通知谢华胜迅速转移，并把莫琼仙掩藏起来。当敌人搜不到我革命同志后，不甘空手而归，抢掠大批衣物、粮食及禽畜扬长而去。一九四七年农历二月二十八日凌晨，国民党欧汉华部队趁村民酣睡之时，再次偷袭茂桂路村。幸得我巡夜小队发现，使在本村的我党领导和革命同志及早转移，使敌扑空。但敌不甘就此罢休，又掠夺财物并抓走村民60多人。几天后，由于我村民宁死不透露半点革命同志的踪迹，至使敌人无计可施，便以罚竹120根，竹担120条以及每人罚2元伪币作为条件释放。敌人两次进村都无法抓捕到我革命同志，他们有如狗急跳墙，一次比一次残忍和狡猾。一九四七年农历十一月十八日，又集结陈卓华大队约400名敌兵对茂桂路进行铁桶式的包围。当时上级派来的高佬黄（黄明德）、黄海等共党领导都住在戚进荣家。在这危急之际，村民把他俩隐藏在一间不显眼的破屋里，躲过了敌人的搜捕。敌人见又抓不到共产党的头目，便丧心病狂地抓走村民和干部70多人。共产党员林兴、李源同志也被抓走。

一九四七年下半年，游击根据地面临着敌人的严密封锁，部队粮食严重不足。于是茂桂路党支部动员全村村民为部队捐粮捐物。由于村民有着极高的革命热情，尽管自己

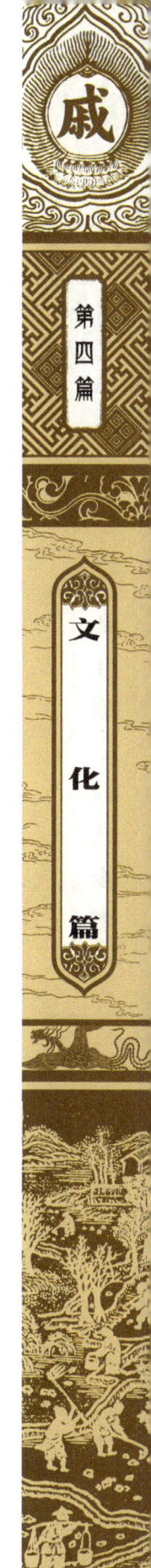

也食不饱穿不暖，也尽最大的可能支持部队。全村共捐出蕃薯五千多斤，大米350斤。由戚进余、林兴运往欧家渡口交给我游击队。除发动村民捐助外，茂桂路支部又派共产党员黎洪业打进永同乡公所，黎洪业利用与乡公所文书马成光的特殊关系，机智地取得大山、急水、茅坡、紧水仔等地应缴租粮的数字的情报，并转交戚南寿同志。在获得这些情报后，立即派出戚兆让等人秘密登门收粮，并送交游击队，在一定程度上缓解部队粮食给养方面的困难，为部队行军打仗提供重要的物质条件。

一九四八年初，我新三团在营仔的新村大队和敌人展开激烈的斗争。在这次战斗中，有十多位战士负伤，其中二位转到茂桂路戚九家治疗，后又经组织安全地转移到遂溪板塘。

随着形势的发展和革命斗争的深入，茂桂路党支部越来越坚强和壮大。一九四八年又发展戚进祥、戚兆海、戚高、戚何生等人加入党组织。茂桂路村民在党组织的带领下，同仇敌忾，齐心合力，积极配合当地部队开展各种形式的对敌斗争，为南路的解放和新中国的建立作出了极大的牺牲和贡献。

秀九村革命斗争史简介

秀九村（过去叫瘦狗村，一九六三年更名为秀九村）现属安铺镇洪坡村委一条自然村，北面距安铺镇三公里，南面离遂溪县山内村四公里，是从山内村到安铺镇一条必经的交通线。抗日战争，解放战争时期是中共遂溪县西北区第三联防区管辖的山内党支部领导。抗日战争时期，秀九村人民在共产党的领导下，展开了轰轰烈烈的抗日革命斗争，为革命作出了贡献。

一九四三年，根据中共遂溪县委的指示，在西北区委的领导下，在山内村成立中共党支部。支部书记李鸿基、委员李仁廉、李琼伦等同志。同年夏，山内党支部派共产党员李炳来秀九村开展秘密革命活动和发展党组织。

一九四四年二月，李炳在秀九村和白沙塘村团结一批爱国进步青年并单线培养吸收了戚福和李廷华加入共产党，成立了一个党小组，由李炳担任小组长。后又在秀九村发展吸收了戚康清、戚康利，白沙塘村的李继恒、李锦加入了党组织，成立了党支部，支部书记由李继恒担任，分为秀九和白沙塘二个党小组。秀九村党小组长由李继恒担任。党组织的建立，标志着秀九村人民的抗日救国革命斗争，有了党的领导和指明了方向。

为了适应对敌斗争的需要。一九四四年，李炳同志在秀九村吸收了洪春、戚福、罗就三人当交通员，后根据上级决定，于一九四五年五月在秀九村建立情报交通站，由洪春担任站长。为搜集驻安铺日伪军活动的情报，当时第三联防区在安铺"合隆"商号秘密设有地下联络站，秀九村情报交通站就是负责从"合隆"商号把情报送往联防区双塘仔总站的。一九四五年间，老一团每次由山内能安全通过遂安公路挺进廉江，很多重要情报都是通过秀九村情报交通站接送的。秀九村的情报交通站还接待了由各地转送来的革命同志和游击队伤病员。老一团的神枪手日本南（日本籍）在一次战争中，他的一条大腿被敌人的子弹穿过，受了重伤，上级经过慎重考虑，把日本南交给李炳同志，由李炳同志转移到秀九村交通员罗就家里养伤。愈治后又回到了部队。一九四五年六月，遂溪县委书记陈开廉派陆锦伦到越南联系革命工作，也是通过秀九村情报交通站把陆锦伦化装成商人，派戚福秘密护送从安铺河下船安全到达越南，后又安全回到秀九村。由于情报工作做得好，多次出色地完成了上级交给的重要任务。

一九四四年春，在中共南路特委西北区委的领导下成立了山内抗日联防区，主任李仁廉，秀九村也相应建立了村政权，负责人戚有顺。一九四五年二月，遂溪西北区抗日民主政府成立，下设四个联防区。第三联防区办事处设在山内，主任李琼伦。秀九村在第三联防区和山内党支部的领导下，经群众会议，推选戚有顺担任村长。在村政权的带

领下，成立了农民"互助会"，会长由戚福担任，全村有40多户农民参加；由戚福发起，全村有二十余名青年参加了村的"兄弟会"；由洪春、罗就发起的全村十多名妇女参加的妇女会及代耕队等群众组织开展抗日救国活动。如抗交地主地租，征收地主的粮食供给部队，发动农民筹粮筹款送给山内联防区政府等。当时秀九村每年都拿出10多担蒸尝谷送给联防区供给部队。同时开展禁赌、禁种鸦片和吸鸦片烟土活动。还开办了夜校，由戚康清等人担任教员上课，学文化、学科学，学政治，教唱抗日歌曲，全村抗日热情非常高涨。

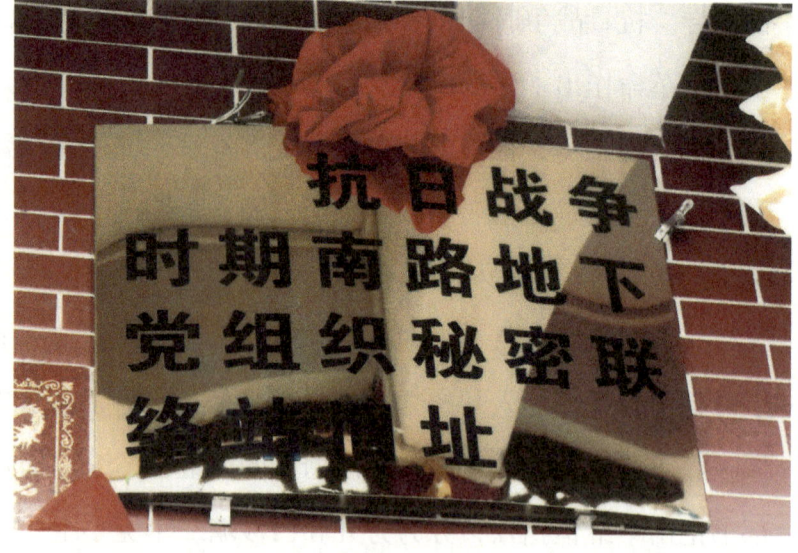

秀九村抗日战争时期南路地下党组织秘密联络站旧地牌匾

一九四三年春，日寇侵占雷州半岛。遂城、洋青、豆坡等地也被日寇占领，并对我联防区进行扫荡。为粉碎日伪军的扫荡，开展山内至安铺敌占区沿线村庄的革命武装斗争，在李炳、王同（已牺牲）同志的组织下，于一九四三年秋，秀九村的抗日联防队成立（联防队公开称为看守农作物的巡夜队）联防队长由戚发、戚康清担任，队员有戚兆鼎共三十多人组成。这支队伍配有五支七九枪和二支粉枪及一批大刀长矛等武器。他们的主要任务是防止敌人偷袭，配合山内联防队抗击日伪军的扫荡。一九四四年至一九四五年间，曾多次配合山内武装联防队及我主力部队进行反扫荡，参加了山内河，龙头围等战斗。同时从联防队中挑选了戚兆南等三个队员输送到部队。后联防队一部分转入了界东乡的游击队（后称乡队）一部分加入了村队，他们拿起武器配合正规部队在界东这带村庄活动，一直坚持到解放战争的胜利。

秀九村人民在共产党的领导下，进行了可歌可泣的抗日救国的革命斗争，迎来了抗日战争的胜利。在解放战争时期，秀九村人民又在党的领导下，进行了反对国民党反动派的解放斗争，一直坚持到一九四九年全国的解放。作为革命老区的秀九村人民为抗日战争和解放战争作出了贡献，在湛江的革命斗争史上写下了光辉的一页。

洪坡村革命斗争情况简介

　　洪坡村是安铺南郊坡塘地区的一条小村庄（解放前邻近村庄的村民常叫它"蒙村仔"、"有祯村仔"），是一条户主纯戚姓的村庄。解放前几年该村只有20来户人家，100多人口。但由于距国民党党政军势力盘踞的窝点老巢古镇安铺不到一公里，战略位置重要，因此解放战争时期成为我南路革命党游击区建在敌人眼皮底下的一个秘密联络站。革命党人和游击战士以该村堡垒户戚兆春、陈柳珠夫妇家的院子为据点开展各种革命斗争活动：一是近距离观察敌情、收集情报、联络工作。因为该站是对敌斗争前沿阵地，南路游击区区委书记黄增光（当时村民都叫他"白毛"，认为他是戚兆春的亲戚朋友）常以去安铺趁圩作掩护到联络站来听取汇报，研究工作，布置任务。本片村庄的党支部书记李炳等同志更是经常到联络站来了解情况，指导革命斗争活动；二是教育发动该村群众支持和参加革命斗争活动。村民戚兆琛（原名南英）、戚裕生（原名戚龙）在革命党人和游击战士的教育下思想觉悟大大提高，自告奋勇参加了游击队，在残酷的斗争中表现良好。其中戚兆琛在一次参加攻打敌人炮楼的战斗中被敌人子弹击中头部，一只耳朵被打聋了。但受伤后仍然以地方部队战士的身份与南下解放军一起参加解放海南岛战役，在渡海作战中表现得英勇顽强；三是向本村富人，尤其亦农亦商的有钱人征收钱物，以解决部队的粮草不足的困难。堡垒戚兆春、陈柳珠一家，在艰苦危险的斗争中，更是为革命党人和革命战士在工作生活方面做了大量细致、可靠工作，为他们营造方便、安全环境，给他们热情的关心、关照及卓有成效的保护。这些在当时很多人都是不知道、不了解的。

洪坡村在解放战争时期由于对革命斗争和解放事业做了大量有益的工作，作出了应有的贡献，因此新中国成立后被评为革命老区村庄。戚兆春、陈柳珠一家也被评为革命老堡垒户，戚兆琛也被评为老游击战士。

中间村革命斗争情况简介

中间村地处安铺近郊，距离古镇只有2公里。解放战争时期该村只有十来户，七八十口人，其中成年人不到50人。村中没有地主、富农，也没有中农，都是清一色的贫下中农。是一条干旱瘦脊贫穷的小村庄。该村虽然处在国民党敌对势力的鼻子和眼皮底下，却成了当时我南路革命党和游击区实施农村包围城市战略中，步步为营开展地下活动、拓展范围壮大革命力量的革命村庄。解放战争时期南路党游击区党组织派西北区界东乡党支部书记麦友带领游击队员到中间村中开展活动。洪坡乡在白沙塘、秀九、鱼鳞塘三条村成立的党支部书记李继恒也带领党员到该村做工作。由于该村群众基础好，民风纯朴，穷则思变，要干，要革命的思想和向往翻身解放的愿望较为强烈，教育和发动群众工作较为顺利，开展对敌斗争卓有成效。村民们的阶级觉悟和革命热情大大提高，支持革命参加革命斗争成了他们的自学行动。村民戚祝隆，在党组织和游击队的教育下更是进步飞快，他阶级意识鲜明，立场坚定，工作积极，不怕走夜路，不怕艰难险阻，走在斗争的前列，很快就成了对敌斗争的骨干分子和积极分子，并很快加入了中国共产党，成为中间村第一个共党员。而且一解放就被选为乡的第一任党支部书记；村民戚朝也不甘心落后，在观察敌情，搜集情报、送信、为地下党人和游击战士收藏、保护枪枝、保护革命同志的安全以及关心关照他们的生活（三月春荒家中无米时也要千方百计想办法弄来一点煮粥给同志吃）等方面做了大量工作，为解放事业作出贡献。

黄桐坑村革命事迹简介

黄桐坑村是一九九二年遂溪县人民政府命名为革命老区村庄。

黄桐坑村位于遂溪县北部，离县城七公里。现属遂溪遂城镇头铺村委会所辖。全村一百五十户，总人口九百人左右（解放前夕三百六十五人）黄桐坑村土地贫脊干旱，过去在国民党的黑暗统治下，村民生活苦不堪言。在村民的内心深处早已燃烧起求翻身、求解放、推翻旧统治的革命火种。加上远离县城，地处偏僻，草木茂密，是我党开展游击活动，建立根据地的理想之地。

早在一九四四年的抗日战争时期，中共上级党组织便派共产党员肖文同志到该村开展革命工作，并动员戚国华参加了抗日部队的老一团。当年六月，遂溪的日伪军联防区四出追捕戚国华并派兵包围黄桐坑村，声称不交出戚国华将全村覆灭。面对日伪军的威迫恐吓，村民毫无畏惧，保持沉默。日伪军无奈之下，抓去了戚国兰、戚山才、戚继仲、戚胜几位村民。在牢中他们受尽日伪军严刑拷打，始终不说出戚国华的下落。后经我党的努力和村民的担保，才得以保释出狱。

一九四七年六月，北区区委和何东乡党总支李康年，陈培伦等负责人，委派武工队房裕等到村开展革命活动，建立游击根据地。这些到村来开展革命活动的共产党人长住在戚田九家，在村中宣传革命思想，动员群众，武装群众。九月，何东乡任命戚胜为村长。十月，在村长戚胜的发动下，戚寿、戚田九、戚土胜、戚荣等十多人参加李康年领导的游击队。尤其是戚土胜在当年十月四日笔架岭的战斗中，冲锋陷阵，勇猛杀敌，不幸英勇牺牲。如今在笔架岭的烈士纪念碑上镌刻着烈士的英名。

一九四八年三月，经房裕，陆国胜介绍，戚胜宣誓加入中国共产党。四月，在房裕、钟旭隆的组织发动下，村成立了农会。戚田保、戚南仔分别担任正副会长。加入农会的有戚田生、戚国伦，戚检等一百五十多人。农会成立后，在何东乡府的撑腰下，即在黄桐坑、白水、七联一带开展清算地主恶霸，减租减息，退租退押的斗争，向他们要钱要粮支援游击队，迫使地主退出租谷七十多担（折九千多斤），特别是在横岭、羊咩坳的战斗中，为了使游击队吃饱上战场，村民还主动向游击队捐粮捐款，计捐送稻谷一万多斤，大银三十五只，还有蕃薯、芋头、南瓜、鸡蛋一大批。征捐集的大量的粮款，有力地支援了地方游击队及在横岭、羊咩坳战斗中的后勤补给。同时农会还积极向封建的世俗观念和旧势力开战，解决诸如一夫多妻，童养媳、婢女等民事问题，效果甚佳，深得民心。

一九四八年五月，村成立护村队，队长由戚方担任，队员有戚开、戚桶共九十五人。村队拥有长短枪七支。村队配合游击队搜集情报、骚扰、打击敌人。一九四八年秋至次年秋，当时我游击队经常到牛圩仔、遂城等地活动，还在村中设立联络站。为了及时准确地把情报送到游击队手里，村队联络、侦察范围不断扩大，上到牛马洋大窝，下至铺塘黑山。村队被游击队称赞是最得力的助手。一九四八年十月八日，国民党保一团一千

余人到横岭、羊咩坳一带抢粮,村游击队联络站负责人戚寿接到消息后,立即召集村中三十多人火速赶到战场,在钟旭隆的率领下,配合地方游击队与敌人展开战斗,取得毙伤敌四十多名,缴获水龙(重机枪)一挺,步枪四十多枝的重大胜利。同年十二月,村队三十五人,在陈培伦、房裕的率领下,到四九林东乡国民党粮站"借粮",村队员机智勇敢地刺死守仓的兵丁,挑回了三十多担谷子。敌发现后,派重兵包围村子。在这关键时刻,村长戚胜沉着镇定,将陈培伦等负责人和谷子藏一间不显眼的厨房、草堆中。甲长戚国南从中巧妙与敌周旋,故意引导国民党兵东拐西窜,从而避开敌人的搜查,使敌扑空。但村民戚开、戚桶被国民党兵抓去严刑吊打,却始终不说一句话,保住了革命同志的生命和夺回的粮饷。

黄垌坑村的旧炮楼

在对敌斗争中,白皮红心国民党甲长,本村的戚国南发挥了特殊的作用。他表面敷衍应付国民党,却暗中为我党及游击队、农会通风报信、打掩护,使我革命同志及村民每在危难之际化险为夷。他多次提供的有价值的情报,使我党及游击队及时知敌情、明动向,主动出击,以致次次取得胜利,成为我党打入敌人内部的白皮红心的人物。

扇屋村革命斗争事迹简介

　　湛江市官渡镇黄桐村委扇屋村是湛江市人民政府命名的"解放战争根据地村庄"。其位于官渡镇北部，与廉江市良垌镇平坦相邻。目前人口近三百人。

　　扇屋村原名为"蟮屋村"，解放前夕，人口不过五十来口。由于村小、地僻、人穷、闭塞，国民党统治力量较为薄弱，这些内外环境为我党建立地下秘密联络点和根据地提供了有利条件。

　　一九四六年春，由于国民党反动军队在吴川西南区的力量比较薄弱。当时任中共吴川西南区长、新四团任连长的冯立均，吴川武工队长程西屏（程耀连）率队员刘汉、黄华、杨华到西南区恢复在当地隐蔽同志的组织生活和建立交通联络站，经常到扇屋村指导工作。其间得到时任国民党政府甲长戚敏兴的暗中掩护和帮助，为他们提供地方制作武器，尤其是制作手榴弹。戚敏兴年仅十二三岁的儿子戚德球，经常按父亲的吩咐在村路口望风放哨。当时同村的也只有十一二岁的戚德明也常常帮助革命同志提供木碳等材料来制作手榴弹。武工队员白天秘密制作，晚上到塘古岭试炸。经试验，终于成功制作了大批手榴弹，供共产党的武工队使用。一九四七年春季，在吴川西南第七区，时常有国民党反动派来搜村捉拿共产党人。同年九月份，国民党开展大扫荡，搜捕共产党人、镇压革命群众，企图推垮共产党的地下组织和据点。国民党反动头子古佬（时任县长郑为辑的绰号）任清乡联防队主任。经常组织清乡联防队到扇屋村这一带进行清乡封村捉人。甲长戚敏兴暗中为共产党通风报信，知道清乡队进村，马上通知革命同志，并冒杀头的风险帮助隐蔽和转移。多次使革命同志化险为夷，使清乡队扑空，保护了革命同志。

一九四九年全国解放后，特别是改革开放以来为革命作出贡献的扇屋村人，不居功自傲，不等靠要，而是穷则思变、艰苦创业、重教兴学、奋发图强。他们向贫困宣战，大搞基础设施建设。在当地是第一个通电的村庄，也是第一批水泥路到村的村庄。他们改变传统种植模式，调整产业结构，发展荔枝产业，荔枝的收入成为村民经济收入的支柱，生活越来越富裕。他们深知不读书难断穷根，无知识富不长久的道理，兴学重教积极资助和鼓励孩子读书成才。八十年代至今，已有十多名大学生，有的还读了国家重点大学和名校。扇屋村虽小，但务工经商外出人员较多，分别在官渡、南油、赤坎、霞山、广州、深圳、甚至香港、台湾、新加坡等地居住都有。他们富了不忘桑梓，纷纷捐资回村搞公益事业、修村道等；不忘祖宗，捐款兴建扇屋村的"戚家祠"。村民安居乐业，和谐相处，为创建生态文明村庄打下基础。

革命老根据地广西古城镇戚氏村庄革命斗争事迹简介

广西古城（又称盘龙）镇位于两广四县的交界部位，是广西的南大门，历来是兵家必争之地，也是具有光荣革命斗争传统的地方。在土地革命斗争时期，就建立了中共党组织，开展农民和学生的革命运动，抗日战争时期，党的组织进一步发展，并成立了人民的武装队伍，打响了桂东南武装起义的第一枪；解放战争时期，中共党组织和地方武装积极配合全国的解放战争，粉碎了敌人的多次清乡、扫荡。由于特殊的地理位置，古城（盘龙）地区成为桂东南和化北地区主要的交通枢纽和可靠的后方。

古城镇有五条戚氏聚居的村庄：北豆村委戚家荘（原为车头村，因修建鹤地水库被水浸，搬迁新址名为新屋村，现修建成村牌坊更名为戚家荘），石台村；清耳村委樟下坪村、茶根村；祠堂角村委草塘村。从土地革命时期开始，古城镇戚氏村庄的村民就投身于当地的革命运动。原车头村村民戚玉彰（1907-2006年）由于当时民不聊生，家境贫寒，十六岁下南洋谋生，三年后重归故里。时值一九二六年大革命时期，当地农运、

学运风起云涌。戚玉彰毅然参加了由中共郁江特委委员陈岸领导的农民运动和后来的群众革命运动和地下党活动。据后人回忆，戚玉彰晚上要送情报到陆川，次日黎明前返回，来回百余里，跋山涉水，风雨无阻。在白色恐怖，特别是革命低潮的环境下，多次避开了敌人的明岗暗哨，机智巧妙地躲过了敌人的盘查，将情报安全送达。

在抗战时期，古城镇戚氏村民在当时党组织的领导下，积极开展除汉奸、防特务、抵制日货、慰问军队，进行街头宣传，下乡演戏的抗日救亡活动，是陆川搞得最好的地区之一。当时盘龙乡永安中心校的领导权为共产党人掌握，培养出来的学生都经过党的教育。车头村戚基荣就是这个学校毕业的，后来参加了地下党的活动和南岳区武工队。一九四四年九月，日寇从廉化边境进入广西陆川，桂东南地区变成了敌后，中共陆川县委根据上级要在敌占区建立革命武装和抗日游击根据地的指示，决定在桂东南建立抗日游击根据地，在陆川组织革命武装起义，建立人民抗日自卫军。在中共地下党的宣传发动下，只经过二、三个月的时间就组织了一支几百人枪的战斗队伍，并于一九四五年二月二十六日（农历正月十四）举行桂东南起义。起义司令部就设在清耳村委戚氏的茶根村。

当时盘龙乡的戚氏村民不少人参加了这次起义，车头村戚基荣就是其中之一。虽然这次起义最后失败了，但它在群众中播下了革命的火种，为后来的革命斗争胜利打下了基础。

在解放战争期间，中共粤桂边地委又把盘龙地区作为发展陆川游击区根据地的

桂东南起义司令部原址——戚氏聚居的茶根村老屋

战略去恢复陆川的革命斗争。一九四七年六月上级党组织派来袁达维同志回陆川建立武装组织，袁先后多次深入车头、茶根等村庄活动，动员了车头村戚佳杰等人转下地下搞革命，并号召群众认清形势，行动起来，支援革命，筹粮捐款，建立交通站，收集情报，发动参军等，并在当地建立粤桂边区人民解放军新编14团第一连队。指导员戚佳杰，事务长戚基荣，战士有戚基名、戚裕强。第一连队在盘龙乡开展对敌斗争，打击地主恶霸，镇压了特务分子罗桂兴等。第一连队的建立使敌人惶恐不安，于是敌人不断对游击区进

行扫荡。八月的一天，国民党部队百余人开往庞村扫荡，得知这一情报，我新编14团采取诱敌深入，设伏袭击的战术，派出戚基荣等人为骨干组织伏击。当敌耀武扬威、毫无戒备进至我游击区长江坝时突然发起袭击，取得毙敌班长一人，伤敌多人的战果。八月上旬，化州中垌国民党李飞强部队进攻我游击区，我方审时度势，在敌强我弱的情况下，不与敌作正面交战。团长袁达维只命令戚基荣、戚裕强、黄米六三名战斗员对敌进行阻击，以掩护部队紧急转移。戚基荣三人接受任务后，选择有利地形进行阻击，直到任务完成才撤出阵地，为部队转移争取了时间。

一九四九年六月，南岳区委成立武工队，戚基荣等为武工队员，活动范围以清湖、盘龙为主，主要任务是打击特务分子和作恶多端的地主、豪绅、恶霸。我武工队戚基荣等队员四处出击，锄奸肃敌，捕捉了良田辖区白石村的特务分子贾文光并就地处决，追杀北豆平山坡村特务分子丘运炎。武工队锄奸肃敌，神出鬼没，使敌人闻风丧胆，惊恐不安。九月，我武工队配合陆川新二团以优势兵力包围山底刘付大宗祠的地主武装，最后迫使敌人投降，俘敌四十余人，缴获步枪三十多枝和物资一批。

在革命战争时期戚氏村庄参加地下革命工作的离休干部有戚基荣、戚基勋、戚国屏；地下交通员有戚裕清；革命堡垒户有：车头村戚裕源家、戚汉英家、戚荣光家、戚裕清家、戚裕彬家、戚贤华家、戚国屏家、戚裕汉家、戚基夫家、戚基寿家。

广西古城革命老区镇的戚氏村庄及村民在盘龙地区的革命斗争中为民族的解放和新中国的建立作出了极大的牺牲和贡献，他们的革命精神象丰碑一样矗立在我们的心中，激励我们永远向前，为中华民族的伟大复兴再谱新篇章。

长岭咀村革命事迹简介

石城镇石头岭村委长岭咀村位于廉江市的南面，距市区约10公里，是石城镇较为偏远的山村。长岭咀村是解放战争时期的革命老区村庄。

解放战争时期，长岭咀村既是我地下党的秘密联络点，又是地下党人和游击战士的隐蔽区，经常受到国民党地方头目良垌区区队长清乡区主任肖联坤的围剿和袭击。不少革命党人和革命群众都惨遭其残杀。作为共产党的秘密联络点和隐蔽区，长岭咀村民就是在这种恐怖的环境下，冒着身家性命的危险掩护革命同志，倾力支持革命，为人民解放事业作过宝贵的贡献。

　　秘密为地下党及游击战士征粮收谷。当时在这里隐蔽常驻的地下党负责人是化州甘村三婶仔（真名未详）在有游击队或地下党到村活动而粮食又非常紧缺的情况下，就指派联络站负责人全灶贵（长岭咀村人）拿着她写的借粮字据到附近村庄的富户私密收取，全灶贵不负重托，冒着暴露身份的危险，好劝歹说，好不容易完成收取任务，并把收取借来的谷粮碾成米交给三婶仔。同时，村民也出于对革命的同情和支持，在自己日子也非常艰难的情况下，毫无保留地把自家充饥的食物，如谷粮、蕃薯等无偿地拿出来送给革命同志。

　　置生死于度外掩护收藏革命同志。当时在国民党统治区革命斗争的环境是非常险恶的。国民党肖联坤部队经常清乡围剿。一次游击队参谋长陈海作战中负伤在长岭咀疗养，一天国民党兵进村搜查，幸得村群众的掩藏才得以脱险。由于长岭咀村群众基础较好，在该片活动的中共地下党领导赖鸿维、陈信才、吴鸿信、陈泰元等多次在这里隐蔽过，每在危急之时，都在群众的掩护下化险为夷。

洪田塘村革命斗争史简介

廉江市良垌镇中塘村委洪塘村是解放战争时期游击根据地村庄。现全村二十来户，百余人。解放战争时期属中塘游击区，是中共南路党游击队经常游击活动的地方。

1946年至1948年期间，中共南路地下党当地游击队负责人种其方（后在广东省政府机关工作）和队员全忠、黄连、

王章、八嫂、蓝汝钊、陈泉（解放后曾任廉江县人武部部长）等同志经常住在洪田塘村，向群众宣传革命思想，发动群众参加革命。当时洪田塘村有多名村民如戚培新、戚培光、戚亚华、戚培贤、戚培聪等人在他们的宣传发动下参加了游击队的活动。经常帮助游击队放哨、望风、送情报、当向导、提供藏身之所，有时也和游击队的同志到良垌国民党区公所侦察敌情，伏击敌人。

在白色恐怖的恶劣环境下，游击队员生活极其艰辛，住在树林里，睡在树底下，用稻草作被蓆，吃红薯、野菜充饥。洪田塘村民出于对革命的同情和支持，宁愿自己忍饥挨饿，也把自己家中能食、有用的东西，冒通匪的杀头危险，千方百计送到游击队的手中。现任村长戚培林的父亲戚兆华和母亲就经常用自己家的米煮饭送给游击队员吃。有一次吃完饭后，当蓝汝钊同志送餐具回来时，发现一群敌人正向着游击队员露宿的方向搜索而来。蓝汝钊同志为了保护游击队员的安全，故意暴露自己，使敌人朝他扑来，游击队员安全转移了，而他自己却被敌人抓住了。在狱中，蓝汝钊同志受到了敌的威逼利诱和严刑拷打，始终坚贞不屈，没有出卖革命的同志。最后被国民党反动派杀害，暴尸野外。蓝汝钊同志遇害的惨状，更加激起了村民对敌人的仇恨和革命的同情。村民自发凑二斗谷找土佬用草蓆裹尸将其埋葬。

解放后，当地人民政府在蓝汝钊等烈士牺牲的地方建墓立碑，让后人永远怀念革命先烈，铭记那段腥风血雨的岁月以及革命老区洪田塘村人对革命无偿的奉献。

现代生态文明村

概况

中国是一个文明古国，有着五千年的文明史。中华民族创造了伟大的中华文明。戚姓氏族作为中华民族的一个组成部分，同中华各姓氏族一道，在继承前人文明成果的基础上，共同传承和发展了中华文明，使中华文明像一颗璀璨的明珠在不同的历史时期放射出耀眼的光芒。特别是进入二十一世纪的今天，在建设富强、民主、文明、和谐的社会主义现代化进程中，在党和政府的倡导和重视下，崇尚文明之风遍及神州大地，文明已成为人们日常行为规范准则，物质文明、精神文明、法治文明和生态文明得到了协调发展。近年来，涌现了一批批被党和政府命名的文明城市和生态文明村庄。我欧家支族聚居的村庄获此荣誉称号的生态文明村有十余条。但遗憾的是，这十余条村庄主要在廉江市所辖范围，迁徙于其他地域的均很少报有，本次编委亦未能派员前往逐个核查。如有疏漏，谨表歉意。现仅就获得被中共湛江市委、市人民政府命名为生态文明村的廉江所辖范围的戚氏村庄列举于下：

安铺镇合河村委担蚬港村；

安铺镇西郊村委后塘村；

安铺镇洪坡村委中间村；

安铺镇排里村委七块仔村排里老村；

安铺镇下路村委关塘仔村；

营仔镇鱼龙埠村委天塘村；

营仔镇云峡村委基围头村；

营仔镇大榄田村委大榄田村；

良垌镇上角垌村委上角垌村。

被广西北海市列为创建生态美丽乡村的铁山港营盘镇彬塘村委青山头村。

大榄田村

廉江市营仔镇大榄田村,地处北部湾九洲江营仔河出海口,是廉江市域内戚氏聚居人口最多的村庄。全村四千多人(含外出)十三个姓氏,其中戚姓人口二千有余。

从325国道转入营仔公路,沿着平直的乡道进入大榄田村,只见村内硬底化道路四通八达,村道两旁直立着整齐的高杆路灯。村中楼房屋宇错落有致,路巷干净整洁。学校、运动场、幼儿园、敬老园、卫生站、文化戏楼等文教体卫各项设施一应俱全。村前是三千亩平川稻田的大榄围,围内稻田成方成块,排灌水渠纵横其间,呈井字形的水彬生态林带分布在机耕道上。十月,翠绿的生态林带点缀着金黄色的禾稻,宛如一块黄金嵌上翠玉一般,如画的景观美不胜收。

彩虹总在风雨后。如今展现在人们面前的生态文明的美好家园,健康向上的精神风貌,有着大榄田人艰辛奋斗的历程。过去几年,他们乘着创建生态文明和宜居乡村的强劲东风,在政府大力扶持和外出老板尤其是市三建公司总经理、企业家戚强的倾力支持下,发动群众集资,群策群力,奋力拼搏,先后投入各项资金计八百万元,软硬环境综合整治,实施完成了系列创建工程。

——除恶习、正民风。赌为万恶之源。

曾一段时间,大榄田村赌博成风,不少青年夜不归宿,沉迷赌摊,致家庭不和,夫妻反目，也给社会治安带来诸多问题，严重影响了村民的正常生产、生活秩序。为刹住这股恶习歪风，端正村风民风，在村中有识之士呼吁下成立村青年教育互助基金会（又称护村队）教助基金会的任务就是禁赌，对村中参赌人员进行劝戒教育，对外村进入设摊的赌徒和参赌人员进行驱除。从而刹住了赌风，社会治安得到明显好转，淳朴民风得到回归。

——**重文教，增设施。**

文化是灵魂，教育为根本。村民素质和修养的提高，有赖于文化教育的增强。为改善教育环境，丰富村民的文体生活，从2007年起先后集资80多万元，在上级的支持下，新建一幢小学教学大楼，增置比较齐全的教学设备、设施。2011年建起了村级文化戏楼。2013年配合学校创强，又建了运动场。运动场内设有足球场、篮球场、排球场、羽毛球场及乒乓球场。校园实现硬底化。同时为使学前儿童受到较好的教育和孤寡老人安度晚年，村中又建了幼儿园和敬老院。其中敬老院投入20多万元，可安置15人起居住宿。

——**修村道，美村容。**

村道是创建生态文明村最基础的硬件建设，贯通村道是整治村容开篇之作。在2008年，经多方努力筹集资金150多万元。为了让工程的顺利进行，村干部做了大量艰苦的工作，在资金筹集、村道走向、屋宅拆除等方面，冲破重重阻力，修通了5米宽、7公里长的乡道，4米宽、2.9公里长的硬底化环村道。并在环村道路安装80盏高杆路灯，入夜路灯通明。为保持村容的整洁，于2014年又建立生活垃圾处理机制。投入近20万元购置了垃圾车，设置垃圾桶35只，专人管理，定时收集，及时清运。是廉江市目前首个对生活垃圾实行统一收集处理的村庄。

——**护生态，改农田。**

近年来，随着人们生态环境意识的增强，大榄田村在保护和营造生态环境方面可谓大投入，花了大气力。首先对村前围田原生态林带1800棵水彬树悉心保护，既美化环境又发挥其保水固路的作用。对后岭生态林，禁止砍伐，现树木茂盛苍茏。同时营造新的生态林，所有荒山荒岭均种上荔枝、龙眼、青枣等果树，水塘、水库养殖鱼虾。其次，把村前三千亩围田纳入国家高标准农田改造项目，由国家扶持，投入资金近四百万元，在七十年代农田化的基础上升级改造，7公里长的排灌水渠建成水泥防渗硬底渠，修通机耕路。农改项目的建成，大榄围将成为旱涝保收的粮仓。

——**建水塔、统供水。**

水是生命之源，饮用水质关乎人的健康。过去全村共饮一口老井水，随着人口的增加，井水日渐不供，不少人在自家的屋前打井，不是咸水就是水质差，不能饮用。为解决饮水难的问题，于2010年在国家的扶持下，投入100多万元，选取并经化验适合饮用标准的水源地打深井建水塔，全村实现统一供自来水，大大改善了生活条件和保证了人畜饮水的安全。

在步入生态文明村的大榄田人，并没有自我陶醉、停步不前，他们有着更远大的规划，更美好的梦想，朝着更高标准的建设生态宜居村庄的目标奋进。

大榄田村道路灯

大榄田村民楼房

大榄田村水塔

大榄田村文化戏楼

大榄田村幼儿园

大榄田村敬老院

青山头新村

　　青山头村地处广西北部湾畔,属广西北海市铁山港区营盘镇辖。全村三千多人,十六个姓氏,戚姓人口在村中排第五位,一百一十五人。青山头村三面环海,水陆交通便捷。改革开放后,由于得天独厚的地理自然条件和区位优势,成为国家和广西自治区投资建设的重点地区。渔港、码头、养殖基地、旅游景区、临海工业园等项目相继建成。处在这一区域的青山头村,搭乘着改革开放和建设的顺风车,也从一条偏居一隅的海边小渔村建设成为欣欣向荣的社会主义新农村。

规划建设青山头美丽新村。

　　早在1997年,广西自治区政府就对青山头村的搬迁建设进行高标准的统一规划。规划总建筑用地15公顷,总建筑面积12123㎡,建筑密度22%,绿地率35%,其余均为道路占地面积和停车面积,安排居住宅基地伍佰块。新村建设采用村民集资和政府扶持相结合的办法,村民集资主要用于新村环村道和自来水管的建设,政府扶持资金主要用于建设自来水塔和架设电力线路。至目前止,政府扶持资金达五百多万元,村民集资近四百万元。在前段经过征地、平整、三通、拆迁等工程后,近三年来,建成新居楼房

278栋，占规划宅地总数的56%。进入新村的村道和村巷硬底化道路已建好通行，规划的绿地面积均已植树和绿化。如今，青山头新村新楼房鳞次栉比，村中绿树掩映，绿草茵茵，村巷平直整洁，家家户户庭院缤纷，好一派美丽新村的景象。

发展近海养殖和捕鱼。

在国家和自治区政府的大力扶持下，利用近海优势和丰富的滩涂资源，发展近海养殖和捕鱼业。目前在青山头这片开发区有闻名迩遐的南珠（珍珠）养殖基地和北海市最大的沙虫养殖基地及村民按海域承包的养虾基地。此外还发展传统的近海捕鱼业。在这片海域的大小捕鱼船一万多艘，每当夜幕降临，都有几百艘渔船回港在码头卸捕获的海鲜渔货，渔港码头一片繁忙的景象，集贸市场人流熙熙攘攘，交易活跃。海水养殖近海捕鱼及海产品的加工贸易和临海工业园的发展，带动了当地和周边村民的就业和致富。青山头村每家每户年收入平均在几十万元左右，多达几百万元，少的也有十万元。家家户户都过上了小康富强的幸福生活。

临海工业园初具规模。

在国家实施高耗能、高劳动密集型产业转移战略中，广西北海市抓住这一契机，承接珠三角工业发达地区的产业转移。于2008年选址并落户在青山头村附近2公里左右的地域建设临海工业园。工业园占地面积达200多平方公里。目前已建好炼油厂、钢厂、纸厂、出口加工区，燃汽码头等项目。炼油厂、钢厂、纸厂均已投产。仅炼油厂、钢厂（含铝钢厂）一年为北海市增加税收就达几十亿元。近水楼台先得月。处在这一区域的青山头新村的规划建设也得到了大量的资金扶持。同时，大大扩展了村民的就业，不少村民都成了工业园工厂、企业的员工。

东风吹来满眼春。有着优越地缘优势的青山头新村，在这片热火朝天的开发热土上，正意气风发，昂首阔步沿着建设现代化社会主义新农村的更高标准迈进。

青山头新村村貌

广西北海铁山港区青山头渔港

青山头村旧碉楼

青山头村"菁山草芦"旧址

青山头旧村村貌

天塘村

　　营仔镇鱼龙埠村委天塘村位于廉江市西。天塘村在岭头居高而建，因村中有口天然形成的水塘而得名。全村七十来户，近六百人。既是中共湛江市委、湛江市人民政府授予的"生态文明村"，也是湛江市人民政府命名的革命老区村庄。

　　一九四四至一九四五年间，当时驻扎在附近大山村日伪军到村抢粮，天塘村民凭着二三十年代而建的四座碉楼，利用村中的四支土枪土炮给予抗击，迫退伪军，保住了村民的生命财产的安全。一九四五年，当时中共南路特委领导黄明德夫妇在这一带从事革命活动，在白色恐怖下把自己刚出生的儿子（现名黄松）交由天塘村的我党地下交通联络员戚德佳抚养直至解放。这些革命的动人事迹一直流传至今。

　　进入二十一世纪的今天，在开展大搞文明村镇建设的热潮中，天塘村在各级政府和社会各界人士的支持下，先后集资四十多万元，大搞生态文明村建设。2公里长的水泥硬底化村道环绕全村，壮观的村文化楼及文化广场已投入使用，村名石碑屹立村道路口。篮球场、村中天然池塘的美化维修、万村绿项目正在有序推进。村风正，民风淳朴，村民严守乡规民约，团结互助，邻里和睦相处。社会治安好，尊师重教，适龄儿童零辍学。如今天塘村村容村貌今非昔比。全村规划布局合理，楼房覆盖率达80%。村场绿树成荫、景色宜人。初步形成一个农、林、果、禽的生态模式，取得了生产发展，生态环境保护资源再生利用，经济效益四者统一的综合效果。

村口石碑

天塘村旧炮楼

天塘村文化楼

担蚬港村

安铺镇合河村委担蚬港村位于安铺镇西面的九洲江畔。全村一百三十多户，一千二百多人（含外出），其中戚姓人口近百户，八百多人。担蚬港既是革命老区村庄，也是生态文明村庄。

改革开放后，在党的富民政策的指引下，具有光荣革命传统的担蚬港人，努力拼博，艰苦创业，改变了贫困落后的面貌，逐渐走上了富裕的道路。

近年来，在政府的扶持和村民的努力下，多方筹措资金达一百三十多万元，建成了供全村人饮用的二十米高自来水塔及供水系统；铺设了长达二公里长平整笔直的硬底化环村道；建设了一幢两层约三百平方米的村级文化楼以及篮球场、乒乓球台等一批文体设施；古榕树下建成了有石台、石凳的休闲公园；村中引种的优质、名贵的风景树装点其间，高雅亮丽。这些文化基础设施的建成及环境的美化，极大地改善了村民生产、生活条件，美化了村容村貌，人的精神面貌焕然一新。文明守法、勤奋创业、兴学重教、尊师敬长、行善积德、蔚然成风。走进担蚬港村是一派生机勃勃的景象。村中人寿年丰，人才辈出，全村健在的九十岁以上的老人近三十人，百岁寿星一人，考上大专院校就读和毕业的大学生、硕士生过百人。

担蚬港村村容村貌

担蚬港村文化楼

后塘村

后塘村是中共湛江市委、湛江市人民政府命名的"生态文明村",紧邻安铺镇,属城乡结合部,在推进城镇化建设的进程中已和安铺镇融为一体,村民的生产、生活和城镇居民无异。由于得天独厚的地域优势,过上小康生活的村民追求着更高层次的生活方式,向往着更高品位的文化生活。近年来,他们献策献力,以开拓创新的精神,努力建设美好的家园。一是改善美化居住环境。村民捐资,政府适当扶持,投入近八十万元建成了3公里长宽阔标准的村道。宅基地统一分配,按城镇规划建设。户户都是二至五层的小洋楼,楼房层次栉比,整齐有序。村道两旁都是一排排的绿化带和风景树。整治了排污系统,生活污水由地下管道排出,村场干净整洁。二是着力构建文体活动设施,营造健康文化娱乐和休闲的活动环境。建成生态塘一口,池塘清波荡漾,塘坝绿树掩映,行走其间,清风习习,心旷神怡。村文化楼、篮球场,村名牌坊门在规划筹建。届时文化体育设施将更为完善,村民的文化生活将进一步提升。

二、模范家族、家庭

戚哲候家族：人才辈出，群星闪烁

　　从十九世祖到二十三世孙，戚哲候家族在一百年四代人中，人才辈出，业绩显赫，殊荣多多，家声远扬。为世人所敬重、赞颂。这是家教有道，承先启后，代代相传的结果，实为吾祖宗亲之楷模。

　　戚哲候的父亲戚有道是一位兴学重教，家教严谨，十分关注子孙教育的老先生（见本谱《人物篇》）；戚哲候秉承其父之理念与志向，更是坚信书中自有黄金屋。在家境十分困难的情况下，千方百计让六男三女九个子女接受良好的教育，使他们具有高等学历，并学有所成，成名成家。其中大儿子戚贤毕业于华中科技大学，是航空技术专家、航天微物电机技术研究员、学者、教授、专家（见本谱《人物篇》）；三儿戚才是高级教师；六儿戚德是优秀企业家（见本谱《人物篇》）。戚哲候的孙辈更是后来居上，群星闪烁。其中，孙戚华民毕业于北京航空学院计算机系，学士学位、高级工程师；孙戚华文毕业于北京航空学院计算机系，学士学位、高级工程师；戚小庆，大学本科学历，是国企领导，企业家；戚小福，大学学历，是商贸业的领导、管理专家；戚华兴毕业于哈尔滨工业大学，学士学位；戚小健学历大学，经济学学士；戚华霖毕业于南昌大学，学士学位，软件开发工程师；戚华强毕业于广州武警学院，学士学位，现役海南省武警总队正营级少校。

戚哲候家族全家福

戚天祥家族：良好家风代代传，人才辈出多官员

翻开本支族广西陆川县古城镇 石台村《戚天祥家谱》，我们就惊喜发现：从21世祖戚天祥的儿子戚基勋开始至天祥曾孙的儿子这一代，已历经一百年。真是百年沧桑，家族兴旺！截至2015年年底共计繁衍苗裔86人。该家族几代人自上而下遵循"忠为心，孝为德，学为智，业为绩"的宗旨，重孝悌，信仁义，治家有道，训子有方，人才辈出，业绩彰显，家声远扬。据统计，财政在编吃"皇粮"者38人，各级教师10人，军人9人，大中专毕业生52人，大学在读4人，外出创业26人。其中副科以上9人。具体名字与职衔如下：

戚基勋：广西卫生干部管理学院办公室主任，正处级。（已故）

谭惠珠（基勋妻）：广西人民银行南宁分行干部，副处级。

戚　平（基勋长子）：广西预备役师师长，大校军衔。

戚　宏（基勋二子）：中国人寿保险广西分公司总经理，正处级。

陈冬梅（基猛长媳）：陆川县地震局党组成员，副局长，副科级。

戚健枫（基茂三子）：广西陆川县食品药品监督管理局党组成员，纪检组长，副科级。

戚桂文（基隆孙）：广西钦州市地方税务钦北分局办公室主任，副科级。

戚桂春（基龙孙）：广州军区某部队服役，少校军衔。

黄明圭（桂春妻）：广州军区某部服役，少校军衔。

戚森一家：父母言传身教树榜样，四个儿子都是大学生

戚森，1937年出生，本支族遂溪县黄桐杭村21世孙。家庭出身贫寒，无田无地，全家靠父亲挑担走乡过村卖咸鱼挣钱糊口。但再苦再难也让孩子上学读书。戚森自小聪明过人，谙知父母望子成才苦心。因此勤奋好学，成绩名列班级前茅。但初中毕业由于无钱交学费，只好考读师范，毕业从教后再进修深造取得大专学历。他1963年结婚，配梁氏瑞英，也是一个书心深邃、为人师表的老师。他俩生了四个男孩，无女。在如何教育培养孩子的问题，他俩理念相同，目标一致。但那时候在很长的时间内，他俩每月的工资合起来也只有80元，要维持一家七口的生活（戚森母亲跟随一起生活），又要供四个孩子上学是多么不容易！为让四个孩子都坚持上，成人成才，夫妇两省吃俭用，

一分钱掰作两分用，从未穿过一件好衣裳，吃过一顿好饭菜。就是家里养鸡生的蛋也舍不得吃一个，总是拿去卖钱补贴孩子读书费用；就连孩子们穿的衣裳也是买布回来自己缝制；就连孩子的理发也由戚森在家自己搞掂。星期天瑞英还要上山勾柴去卖挣钱。在父母率先垂范、言传身教的影响和激励下，四个儿子个个诚实、听话争气，十分勤奋节俭。从不向父母要过一分钱买零食，常年心安理得穿母亲买布自缝的衣裳，而且一套衣裳往往是四兄弟"流轮接班"穿到旧穿到破。放学回家和星期天还跟随母亲上山勾柴、拾树枝去卖多挣一分钱，以减轻父母的负担。而且从不因此感到自负、自悲、羞愧。而在学业上则个个勤奋向上，用心攻读，不甘落后。因此四兄弟个个都考上大学，学有所成，事业有成。老大戚孟，本科学历，中学高级教师，系小有名气的南粤教坛新秀，教育界的精英；老二戚赞，本科学历，现在遂溪县卫计委工作；老三戚颜，本科学历，现在天津中外合资的天狮公司从事物流营销管理工作；老四戚杰，毕业于广州美术学院，现在广州从事装修工程，系广州有巢氏装修总经理。

戚振球一家子：有其父必有其子

本支族大榄田二十世孙戚振球（见本谱《人物篇·中高级职称人员》），自小成为孤儿，谙知时世艰难，人生要有作为就必须兴学重教，而且要矢志不移，持之以恒，孜孜不倦。1966年他高中毕业后虽然因文革无机会高考，但奋斗目标不放弃，坚持勤奋学习不放松。因此1977年恢复高考时一举考上大学。毕业出来从教后，更是学而不厌，诲人不倦，成为英语高级教师，被评广东省"南粤教书育人优秀教师"，受到多次奖励和获多项荣誉，其事迹被编入《廉江人物志》。

有其父必有其子。戚振球三个儿女在他率光重范的影响和激励下，更是懂得学问知识的重要性，特别是在科学技术日新同异的今天，没有知识就难有作为，甚至会被社会淘汰。因此他们以父为楷模，勤奋学习，刻苦攻读。结果个个学有所成，事业有成。长女戚芳春英语本科毕业后很快成为英语教师，曾被公费派任英国学习深造；次女戚焕英本科毕业后考取相当副教授的指导师职称，还是在读研究生。现在广东工程职业技术学院教授英语。儿子戚培桥，桂林工学院本科毕业，现在核工业赣州工程勘察院广州分院工作，任副院长。

戚佳昭一家：农民父母辛苦拼命干，培养四个儿女大学生

戚佳照，1960年出生，本支族广西陆川古城新屋村二十三世孙，正地道的祖传农民。他们所在的村域是相当贫穷的水库移民区，人均只有3分田，生产、生活条件十分艰苦。戚佳绍夫妇生有4女1男5个孩子。为让儿女们都能上学读书并学有所成，夫妇俩长年累月，不分白天黑夜、风里雨里吃大苦，耐大劳，拼命干。不仅把田耕好，更是千方百计养鸡养猪养牛，广开挣钱门路，为解决孩子们的读书和生活费用竭尽心力。夫妇俩平日生活十分悭俭，从未吃过一餐好饭菜，穿过一件好衣裳，一分钱、一粒米都攥得紧紧的。将全部精力和心血都倾注在培养儿女的事业上，而且从不叫一声累不喊一声苦，更是无怨无悔。经过长期持之以恒的艰苦打拼，投入、付出和用心良苦，先后将四个儿女培养成本科大学生，并学有所成，如愿以偿，梦想成真。大女儿戚彦杰毕业于广西师范大学，现系陆川中学教师；儿子戚爱旋毕业于广西大学，现在南宁工作；二女儿戚彦娜毕业于广西百色师范学院，现系中学教师；四女儿戚彦红正就读于湖南南华大学。

贫穷地区一对农民夫妇培养出四个大学生，在当地被称为"秧地出老虎"，传为佳话与美谈。大凡知情者无不为之赞叹。真是人间自有真情在，望子成龙父母心。劳苦功高千仞山，养育之恩深如海。其影响力是相当大的，其榜样与楷模的力量也是十分巨大的。

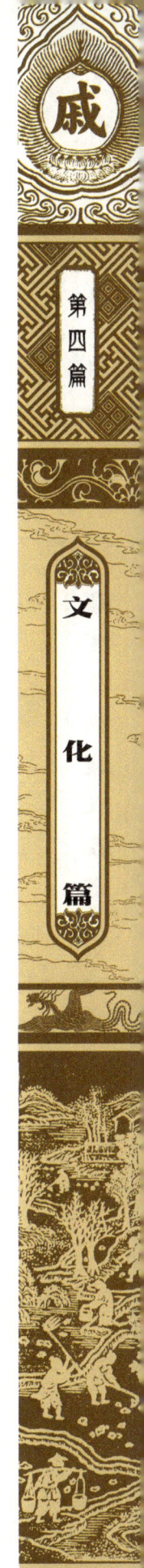

三、创业篇章录

沧海桑田大榄围

　　一提起戚氏家居的村庄大榄田，人们就自然而然联想到大榄围。因为大榄围是该村戚氏族人祖上创业的根基，系世代子孙赖以生存的主要家业。其创业史有着深深时代烙印，可歌可泣。

　　大榄围位于大榄田村之南开阔地带，地处北部湾畔九洲江营仔河入海江口北岸。原是一片潮起潮，沟纵横，榄山莽莽的江涨滩涂。约在300年前居住在长坡村的戚氏14世祖相举公，在谋求拓展家业中，以风水学和经济学的眼光看中这一处女宝地。于是他便带着五个儿子——富、贵、德、瑞、发，举家迁徙而来，还未站稳脚跟就开始筹谋围垦造田大计。但由于围海造田十分艰巨，只靠一家一户少数人是难于成大事的。于是他邀集其他七个姓氏族人兄弟商议，"以劳力和物资入股，按股分田"的股份制形式，组成了八姓族近百名劳力的人围垦团队，打响了围海造田的精神与天斗，与地斗，与海斗，用心良苦，诸多磨难，历尽艰辛，经过几年奋战拼搏，终于围垦出一个堤长近千米，可耕田800亩的围仔。每股分得股田100亩。可好事多磨，宗亲兄弟们的创举惊动了唯利是图的围边欧仔山村大地主张某人，他看中了大榄田的潜力和发展前途，于是插足进来。他野心很大，不是想分一杯，而是要独吞大榄围。于是便凭其财大气粗，有权有势，采取软硬兼施的手段推行赎卖政策，将八姓兄弟辛辛苦苦修建起来围仔及其田亩收卖下来，然后来个统一规划，雇农民统一围垦开发。几年下来之后，就形成了一个拥有江海堤长近7000米，可耕田面积近3000亩的大围——大榄围。据说当时有人这样对大榄围进行测量：在围的中心点的庙仔做社（诞期）时，从动刀宰猪开始，沿着围堤绕行一圈，回到庙仔时做社的一切活动均已结束，人们已走光散尽了。可见大榄围规模的宏大和工程之艰巨！就这样，大榄围就被张家地主家族占为已有。然后他们把全部田亩出租给贫苦农民耕种，季季年年坐收租谷，从中剥削农民兄弟的血汗。而原本是创业者、田地的拥有者的农民兄弟，却成了被剥削受压迫的佃户。因此大榄围可以说是封建旧社会的缩影。直到解放土改斗地主分田地，大榄围才回归原主，农民兄弟翻身解放，扬眉吐气。

在围海造田，修建大榄围中，我祖戚氏族人不仅与天斗，与地斗，与海斗，还要与人斗，与邪恶势力斗。这就是：当时为了保住辛辛苦苦得来股田，并为子孙后代留下一分田产，以相举公为首的戚氏族人，曾坚决抵制大地主张某人的赎卖政策，拒不让股田被他们收买去。甚至宁愿让股田丢荒生草，也不让他们赎去。同时还与他们邪恶势力斗。因为在围垦期间，大地主张某人的一些族人流氓成性，无法无天，依仗权势，对我戚氏宗亲女子时不时动手动脚。对此我祖族人义愤填膺，怒火难忍。其中一个兄弟咽不下这口气，将他们一个为首作恶者狠狠揍了一顿，把他打得眼红鼻肿，头破血流，结果被他们抓去坐牢。但这个兄弟仍然怒火难消，于是他花钱买通狱吏从监仓里潜逃出来，又去把他们的人打一顿。之后又回监仓坐牢。后来双方打官司，我方胜诉，邪恶终不能战胜正义。纵观大榄围创业史，正所谓：沧海桑田大览围，人间正道是沧桑。

三千亩清水良田大榄围

大榄围的江海大堤

活用风水学，沙岗变良田

戚有仪系广西陆川县沙坡镇北安村戚氏十五世创业先祖。但初到北安村时无田无地无产业。如何才能站稳根，安身立命呢？于是他发挥自己谙熟风水术数的长处，在北安村周围察看地势，寻找可耕地。他发现北安村与北流南山村交界处，有一大片被山洪冲积而成的沙丘，上面灌木、野草丛生。他站在沙岗的最高处，打开锣庚察看一番。他看到后水环抱从右边癸方流出，左边亥水流来交癸汇合而去，立丁癸兼末丑分针吉度。他回望四周，数了数共有七个大小不一的沙丘。于是便决定在沙丘高亢开阔处用作宅居地，美其名"七星落垌"。而将四周沙丘开垦为农田。说干就干，他带领族人除草砍木并晒干烧掉，用牛马运石拉土修筑排灌渠道，然后扒高填低，以泥渗沙将横七竖八、高低不平的沙洲因势利导进行整治，并安装了抽水排灌的大水车。就这样，经过艰苦奋斗就在这片沙岗上开拓出了300亩农田。以后逐年耕作逐年继续整治，进一步完善水利系统实行科学种田，这300亩农田就变成高产稳产的清水良田了。同时安装的大水车又可用作研米，大派用场。这样后代子孙们就代代相传，繁衍生息下去。

打索仔，打穷鬼，打天下

——麻绳专业村秀九村发展史小记

安铺镇的秀九村原名瘦九村。因"九"与"狗"本地白话是谐音，加上过去长期瘦脊贫穷，故也叫瘦狗村。该村地处廉遂交界处，过去是一条偏僻、干旱、瘦脊、贫穷的村庄。传说一百多年前有一伙非戚姓经常在北部湾抢劫的海盗，在陆地寻找窝点的踩点中来到了瘦九村，发现这里的环境特殊，既易于藏匿又易逃跑。于是他们就在该村设立窝点，村里村外挖通了纵横交错的地道，既可藏身也可藏匿打劫来的金银珠宝。该村村民是清一色的戚姓氏民，他们虽然不敢告发海盗，但却不愿入伙为贼，而是安分守己、老老实实耕田过着穷日子。村民戚学聪是欧家戚氏十四世孙，生了九个儿子，第九个叫戚九。他不愿与海盗同流合污，但为了解决生活出路，就第一个干起了打麻绳挣钱的手艺。在他的示范和带动下，全村90%的农户也打起麻绳来。由于打麻绳有利可图，能解决贫困难题，因此就一代代地承传发展下去，直到今天仍在运作经营。据统计，每年全村人打绳子的收入系农业收入的60-80%，这是摆脱贫困的一条好出路。因此一百多年来这种手工作业长盛不衰，尤其是解放初达到了高潮。1984年该村被评为麻绳专业村和经济发展文明村。授予大镜屏，并在广东珠江电台上播放他们的事迹。如今秀九村打绳子这种工艺又有新的发展，不仅打绳子都采用了机械操作，减轻劳动强度，大大提高生产效率。而且同时制作包装物品，配套生产经营。销售的地域和范围也扩大了。产品远销到广西、海南等地。麻绳专业村名声远扬。不仅如此，由于辐射和影响，加上该村嫁到外地姑姐的传帮带，不少地方也干起了这种行业。其中安铺有名的麻绳社就是嫁到镇上的秀九姑姐的传帮带发展起来的。"打索仔，打穷鬼，打天下"这首民间顺口溜就是最真实最生动的写照。

秀九村家庭打麻绳作业现场（上、下）

四、宗祠文化

戚家祠：革命的义祠，忠义之祠

　　迁徙和分流分布在粤、桂、琼三省区的欧家戚氏族人的百姓宗祠——戚家祠，两次建祠都选在七块仔村，前后已有一百多年的历史。建在七块仔戚家祠不仅是欧家戚氏先祖忠灵的归所殿堂，世代戚氏族人的祭祀等各种宗氏文化活动的场地，而且以其特殊的环境和功能，成为革命斗争活动的阵地。可以这样表述：戚家祠建在七块仔村，两者血肉相连，休戚与共，并由此引申开来：七块仔世代村民与欧家戚氏族人的命运与梦想息息相关。七块仔是革命老区村庄，戚家祠就是革命老区的百姓宗祠；七块仔是南路党游击队和粤桂边武装队的税站、粮站、交通站和医疗站，那么戚家祠就是这些站的站中之站，或叫活动中心或载体。因为战争年代很多革命斗争活动，都在戚家祠中进行。不仅革命组织很多领导同志、上级首长在戚家祠住过，而且不少重要会议、决策方案、战斗部署也都在戚家祠里酝酿、讨论、决定、制定。戚家祠成了革命斗争活动庇护所和战地大学校，它为革命战士和革命解放事业出了贡献。这种表述依情依理有据，并非牵强附会，也并非小题大做。而解后的戚家祠（包括旧祠和重建的新祠），不仅是戚氏先祖英灵的归宿殿堂、戚氏族人祭祀先祖的场所，而且也是七块仔村民和支族宗亲的文化站、人文景点和非物质文化项目。就此层而言，戚家祠文化建设（当然包括氏族文化和宗祠文化）和精神文明建设的活动场所与载体。

民族英雄戚继光石像

戚家祠文化广场（一）

戚家祠文化广场（二）

戚家祠文化广场（三）

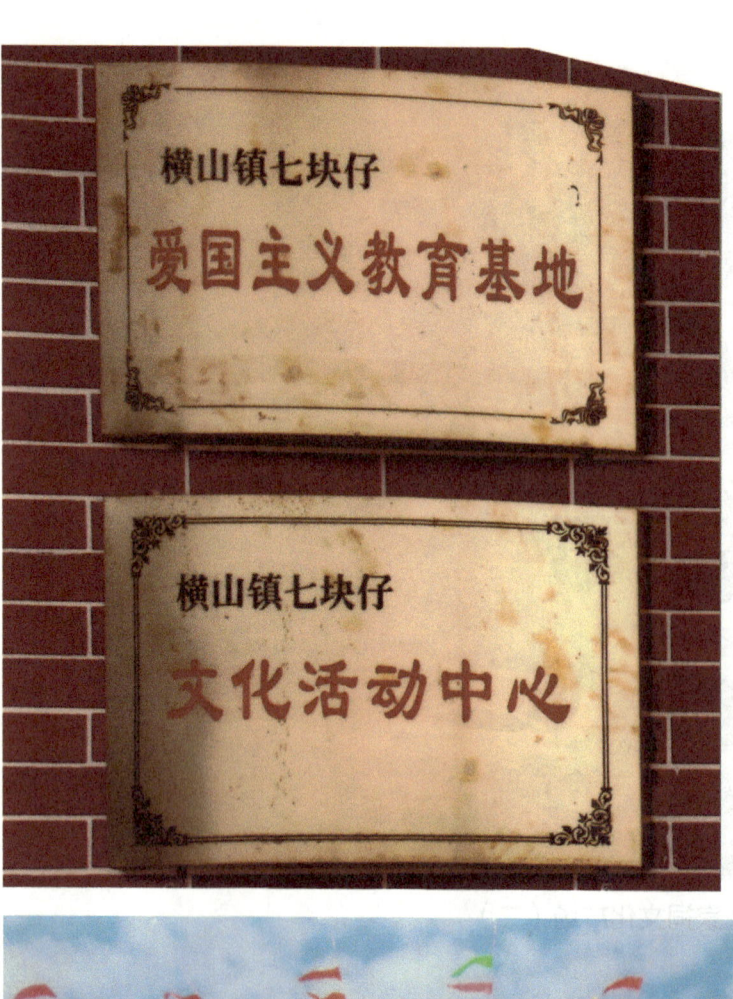

戚家祠的爱国主义教育基地和文化活动中心牌匾

2015年戚继光思想文化研讨联谊活动现场

参加戚继光思想文化研讨联谊活动的全国各地代表合影

祭祀仪式（2015年）

祭祀活动盛况（一）

祭祀活动盛况（二）

美丽幽雅的戚家祠生态景色

戚姓宗祠通用对联

戚姓宗祠四言通用联

望出东海；

源自周姬。

——佚名撰戚姓宗祠通用联

全联典指戚姓的源流和郡望（见上题头《一、姓氏源流》和《四、郡望堂号》介绍）。

东海世泽；

武毅家声。

——佚名撰戚姓宗祠通用联

上联黄指戚氏望居东海郡。下联典指明·戚继光，抗倭英雄，卒谥武毅。

名扬坚素；

惠及困穷。

——佚名撰戚姓宗祠通用联

上联典指北宋初楚丘人戚同文，字同文幼年丧父，以孝闻名。因五代战乱，他无意做官。好施舍，尚信义，喜读书，能作诗，著有《孟诸集》。死后，他的弟子私谥为"坚素先生"。下联典指宋代楚丘人戚舜臣，字世佐，任抚州知州时，惠及穷苦百姓，又毁坏淫祠（滥建的祠庙）。后官虞郎中。

练兵纪效；

妙舞折腰。

——佚名撰戚姓宗祠通用联

上联典指明代抗倭名将、军事家戚继光，字元敬，号南塘，山东省登州人。出身武将家庭，世袭登州卫指挥佥事。嘉靖年间调浙江，任参将，抵抗倭寇，招募义乌的农民、矿工，编练新军，人称"戚家军"，经严格训练，能征善战，成为抗倭主力，首先在台州大胜，继而援闽，捣破倭寇在横屿的老巢，后再援福建，升任总兵。经多年奋战，终于解除了东南的倭寇。隆庆年间，以都督同知调镇蓟州，加强战备，因功进左都督。对练兵、治械、阵图等方面都有创见，著有《纪效新书》、《练兵实记》、《止止堂集》。下联典指西汉高祖的宠姬戚夫人，生子如意，封赵王，曾与吕后争立太子。祖死后，吕后专权，她被囚禁在永巷，受命舂米，因处境困苦，唱《永巷歌》（又名《戚夫人歌》、《舂歌》）。吕后听说大怒，将她斩去四肢，剜去双眼，熏聋耳朵，用哑药灌她，最后扔进厕所，呼为"人彘"。她善于鼓瑟击筑，喜欢跳折腰舞。

家藏三礼；

国裨一心。

——佚名撰戚姓宗祠通用联

全联典指南朝梁·戚衮。

荣封七代；

礼义十篇。

——佚名撰戚姓宗祠通用联

上联典指汉·戚鳃，封侯传七代。下联典指晋·戚寿，著《杂礼义问》十卷。

戚姓宗祠五言通用联

抗倭盛名远；

防海功德高。

——佚名撰戚姓宗祠通用联

全联典指明代抗倭名将戚继光（1528-1578），字元敬，号南塘，晚号孟诸，定远（今安徽定远）人。嘉靖中，任参将，召募金华、义乌兵，数败倭寇，号"戚家军"。嘉靖四十一年（1562年）在福建大破倭军，破其巢穴。翌年，又会兵大败倭寇于平海卫。边备修饬，为九边之冠。

戚姓宗祠七言通用联

笔长五丈宜画水；

室有千册好描图。

——佚名撰戚姓宗祠通用联

上联典指宋代画家戚文秀，善画水，尝画《清济灌河务图》，一笔长五丈，自边际起，通贯于波浪之间，与众毫不失次序。下联典指元代道学家戚崇僧，字仲咸，永康人。从许谦讲道，同门推为高弟。清苦自处。常默坐一室，环书数百卷，匾其室曰："朝阳"，有《历代指掌图》等。

孟诸诗集尚信义；

婺贤文轨扶忠良。

——佚名撰戚姓宗祠通用联

上联典指宋代诗人戚同文，楚丘人。幼孤，以孝闻。性好施与，尚信义。好为诗，有《孟主集》。下联典指明代监察御史戚雄，字世英，金华人。正德进士。知建阳县，平易近民，锄恶扶善。有《婺贤文轨》等。

戚姓宗祠七言以上通用联

侯拜临辕，荣传七叶；

官知抚境，善政三条。

——佚名撰戚姓宗祠通用联

上联典指汉代都尉戚鳃，初从高祖为郎，以都尉守蕲城，后以中尉侯封临辕侯，卒谥坚。下联典指宋代虞部郎中戚舜臣，字世佐，楚丘人。知抚州，惠穷困、扶善类、毁淫祠，被誉为"善政三条"。

讨虏备倭，功勋屡建；

好施睦里，教谕咸遵。

——佚名撰戚姓宗祠通用联

上联典指明代抗倭名将戚继光。下联典指宋代诗人戚同文，楚丘人。

奕叶七侯，簪组临辕之盛；

雄风百胜，韬钤定远之精。

——佚名撰戚姓宗祠通用联

上联典指汉·戚鳃，下联典指明·戚继光。

戚家祠楹联

宗祠大门联

逐寇督粮勋名竹帛垂千古

溯源承望孝友箕裘耀九垠

屏风联

渤系祖祠胜状煌煌麟趾鸿图龙气象

海宗裔胄贤才济济鹏程骏业凰文章

大殿联

堂殿雍容俎豆馨香大彰先祖功高前贤德厚

宗支焕赫人文鼎盛更显濮阳源远渤海流长

立柱联

渤海揭波派派出同源麟趾螽斯千载盛
戚家开泰支支归一本芝兰玉树四时春
裔孙戚德恩敬题

戚家祠大门联注解

竹帛：古代把文字书于竹和帛之上，因此竹帛指代谱册书籍。垂：流传。望：门族。孝友：典出"孝于父母，友于兄弟"，指人有良好的德行。箕裘：指代祖先的业绩。九垠：九洲。

上下联释义

（先祖）驱逐敌寇，督运粮草，其卓著功勋，赫赫威名，记于谱册史书之上，流传千年万代。

（后昆）追溯渊源，继承门族光荣传统，修养良好品德，将先祖业绩发扬光大，使之光耀九州。

宗祠征联作品选辑

龙跃南天气象雍容兴世业
祐源渤海宗支焕赫振家声
——戚德恩

祠邻故址新局鸿开毓秀钟灵龙起势
堂耀名宗英才辈出呈祥衍庆凤来仪
——戚德恩

龙殿提进士品级尊荣功垂祖国昭宋史
祐荫督粮职官居显贵德布民家振中华
——戚培仁

祖祠增辉煌继世英雄万载丰功歌舜日
宗堂添焕彩光宗豪杰千秋伟绩颂尧天
　　　　　——戚培仁

重建宗祠春祀秋尝缅怀庇祖香烟缭绕千秋盛
复修族谱承先启后策励后人科甲延绵万代兴
　　　　　——戚培仁

祖德规模远堂势尊严格昭奕代祖功德
儿孙绍述长孙枝繁衍承万年春祀秋尝
　　　　　——戚信华

戚祖鸿恩彪炳连绵百代仪截衣冠长济世
家曾厚德昭彰络绎千兆年山水永朝宗
　　　　　——戚兆初

高祖鸿恩彪炳连绵络绎继与流芳百世
曾孙厚德昭彰伟业悠来传统永馨千秋
　　　　　——戚兆初

戚氏呈祥雅厦豪华继光英雄古今为国流芳提名传四海
神威献瑞新祠壮丽房族富贵子孙育才有道登科住九洲
　　　　　——戚兆文

古古尊亲厚德流芳长纪典
今今香烟篮胜於篮凯歌旋
　　　　　——戚培柳

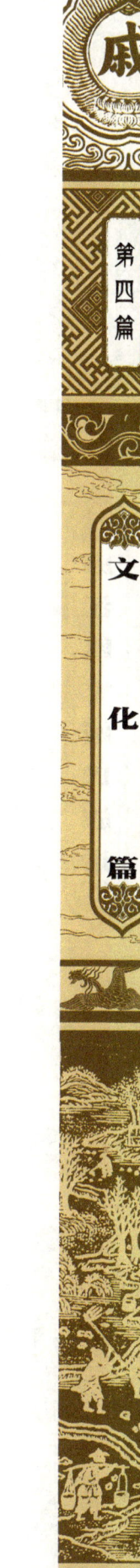

宗祠九州水祖荫旁分藻华焕彩
系乃欧家村宗支繁衍奕代昌隆
　　　　——戚信华

吉日奠基芳百世龙蟠胜地人杰灵
竣业祠宇呈异彩胜利一曲颂千秋
　　　　——戚信华

继世英雄万载丰功传四海
光宗豪杰千秋伟业震三江
　　　　——戚兆初

扶明君赤胆忠心
洁倭寇豪气铁城
　　　　——戚兆忠

尊祖敬宗扬正道
读书修德为人民
　　　　——戚隆

祖树多根叶懋昌明恩浩荡
宗孙广籍园兴鼎盛德隆高
世裔孙李华廷于公元二〇〇七丁亥春题

宗祠诗词

七言诗一首

戚德恩

大宋粮官渤海来，江南立族秀枝开。
追思祖德流芳远，组豆千秋酒满杯。

贺戚家祠落成

戚培仁

九州三江跨长虹，伟大工程百代功。
东西两路龙起舞，戚家宗祠万古雄。

贺戚家祠落成

戚　隆

家祠坐落喜开春，画栋雕梁胜过人。
族人登临同庆贺，骚人来访倍提神。
门庭观景诗怀畅，邻里交情志气真。
兰桂胜芳家业盛，戚氏欢庆乐天伦。
欣逢大庆义情浓，欢接宗祠喜气同。
激诚英姿欲盛世，杨雄能赞兴隆。
翰林墨海描琼景，画栋砚洋胜玉龙。
地灵人杰戚内外，子孙后代更光荣。

贺戚家祠

戚培堂

大朗山下建祠堂，座北向南好风光。
后有青山前缘水，日暮鸳歌燕尔贺。
吉日奠基芳百世，龙蟠胜地人杰灵。
竣业祠宇呈异彩，胜利一曲颂千秋。

先祖积德恩泽深，祠宇覆没重建新。
荫庇裔孙多才智，献计助捐表爱心。
众志城城念宗祖，排计助捐表爱心。
今朝喜看祖祠宇，壮丽辉煌冠神州。

诗二首

戚雄宇

＜一＞

亲朋如春风，抗倭明英雄。
戊叔又多了，寻根是真宗。

＜二＞

戚高裔孙代代传，传遍天南海北天，
天下贤士同比光，光宗耀祖亿万年。

七言诗二首

戚雄振

＜一＞

戚家祖宗世代传，行善积德后裔孙。
孝贤子孙出不穷，光宗耀祖亿万年。

＜二＞

戚家渤海世代留，继承遗志写春秋。
贤士俊杰传千古，增笔欣挥永无休。

五、典故、掌故与家族风情

人彘戚夫人

戚夫人是刘邦在战争中认识的。她能歌善舞,又年轻貌美。因此深受刘邦宠爱,也让吕后嫉恨在心。戚夫人生了一个儿子,取名如意。刘邦常说:"这个孩子像我,甚和我心意。"因此,萌生了废吕后所生的太子刘盈,改立如意为太子的想法。

不过,吕后毕竟心计颇深。她求张良帮忙,为太子刘盈请来了四位号称:"商山四皓"的老人。刘邦见了,十分惊讶,问他们:"朕曾经请你们出山,你们不肯,现在怎么肯帮助太子了?"四位老人回答:"太子仁厚,礼贤下士。我们甘愿为他效命。"刘邦回去后,无奈地对戚夫人说:"太子羽翼已丰,请来了商山四皓帮忙。废不掉了。"

后来,刘邦去世后,吕后干政。她罚戚夫人作奴隶,剃去她的头发,让她穿上粗布衣服,去舂米。戚夫人便歌道:"子为王,母为奴。相隔三千里……"吕后干脆连她的儿子赵如意也一并毒死了。

戚夫人的下场更惨,被吕后灌了哑药,熏聋耳朵,挖去眼珠,割去四肢,割去舌头,然后扔到茅坑里,叫她"人彘"。连吕后的亲儿子刘盈去见了,都不忍心,吓得脸色大变,大叫:"这不是人做出来的事!我是你的儿子,我没脸再掌管天下了!"于是,此后,刘盈果然不理朝政,吕后就名正言顺地开始处理朝政。

戚夫人在茅坑里爬了三天,死去了。

戚继光抗倭

中日两国一衣带水,很早以来,两国人民就友好交往,但在明朝的时候,由于日本国内形势的变化,酿成了倭寇侵扰中国沿海地区的倭患,和以戚继光为首的中国军民抗击倭寇的斗争。

戚继光(1528-1587年),字元敬,山东牟平人。嘉靖中,任都指挥佥事,在山东备倭。他曾用"封侯非我意,但愿海波平"的诗句表达自己消除倭患的决心和志向。

嘉靖三十四年(1555年),戚继光从山东调到浙江抗倭,他看到卫所官军毫无作战能力,而人民却英勇抗战,于是召募义乌等地的农民和矿工3000人加以训练,组成戚家军。戚家军纪律严明,战斗力旺盛。戚继光注意到倭寇的倭刀、长枪、重矢等武器

的特点,创造了新的阵法鸳鸯阵,使长短兵器相互配合,大大提高了战斗力,在抗倭战斗中,屡建奇功,戚家军名闻天下。

嘉靖四十年(1561年),倭寇几千人袭击浙江台州、桃渚、圻头等地,戚继光率部队在人民群众的配合支持下,先后九战九捷,歼灭大量倭寇,取得了决定性的胜利。卢镗、牛天锡也在宁波、温州大败倭寇。浙东的倭寇被全部扫除。

第二年,倭寇大举进犯福建,从温州来的倭寇与福宁、连江的倭寇一起攻陷寿宁、政和、宁德、自广东南澳来的倭寇与福清、长乐等地的倭寇攻陷玄钟所,并延及龙延、松溪、大田、古田、莆田。倭寇在距宁德5公里的横屿,凭险固守,官军与倭寇相持一年多。新来的倭寇又在牛田,兴化筑营固守,互为声援,使福建频频告急。戚继光又率军进入福建剿寇。戚继光攻下横屿,斩首2600。又乘胜攻下牛田,捣毁倭寇巢穴。

倭寇逃向兴化,戚继光乘胜追击,连夜作战,连克60营,斩首无数。戚家军进入兴化城,受到了人民的热烈欢迎。戚继光回师福清,又歼灭登陆的倭寇200人。同时明朝将领刘灏也屡败倭寇,盘踞在福建境内倭寇几乎被全部消灭。

戚继光名字雅趣

"继光"名字的由来:戚继光1528年11月12日(嘉靖七年闰十月初一)诞生于山东济宁60公里的小镇鲁桥。诞生的第二天,正好天气十分晴朗,初升的太阳像一枚火球,周围泛着五色的光彩;空气又显得那么清新。五十六岁的父亲戚景通,暮年得子,心里感到说不出的高兴。他把眼前这瑰丽的清晨景色,和初生的婴儿的前途联系起来,希望这个孩子将会成为一个光辉人物,于是便给他取名叫继光(字元敬,号南塘,后来又易号孟诸)。

"戚虎"威名(称号)的由来:那是1562年(嘉靖41年)9月戚继光率领戚家军乘胜追击,直捣倭寇在福建牛田的贼屈,大败贼寇,收复福清。戚继光的威名大震时,倭寇们害怕地称戚继光的威名为"戚虎"。戚虎,虎之威,威猛的虎将也。

《年谱》卷一谓:"厥明,日华五色,大父(指戚景通)因以命名焉"又《武备全书皇明将略》谓:"是日,日华五色,故孝廉(指戚景通)名之曰继光,字元敬。"可见命名继光与那天日华五色有关。

抗倭英雄怕老婆

说到这个人，就要说到戚继光在听说倭寇进犯新河时露出的那个有点诡异的笑容了。他这个笑容里，甚至有点幸灾乐祸的意思。因为他知道，新河城里正有一位他戚继光也惹不起的人物。倭寇找上门去，正好够他们喝一壶的。

那么，这会是一个什么样的人物呢？居然连天不怕、地不怕、不怕倭寇、不怕打仗、不怕死的戚继光对她也忌惮三分！

这肯定不是一个等闲人物啊！

事实上，这个人确实名闻天下，而且是一位名闻天下的女子。但我们现在居然没办法知道她的名字，这都怪万恶的旧社会，女人一般留不下名字来。我们只知道她姓王，后人一般称她为王夫人，或者叫戚夫人。她就是我们前面说过的戚继光十八岁时娶的那个名闻天下的老婆。

这位王夫人之所以会名闻天下，是因为戚继光的好朋友汪道昆在撰写《孟诸戚公墓志铭》的时候，也就是写纪念戚继光的回忆文章的时候，把这位王夫人的光辉事迹给记录了下来。

当然，她的光辉事迹不止见于文字记录，也见于很多民间传说。在民间传说里，这位王夫人被塑造成了一个有理想、有能力、有魄力、还有功夫的"四有"女青年。

说王夫人原来也是出自官宦之家，她的父亲最高做到总兵官的位置，在明代也就是大军区的司令员了。因为出身军人世家，所以这位王夫人年轻的时候，就喜欢舞枪弄棒，而且据说拜过名师、得过真传，功夫比她后来的老公戚继光还要厉害。一个重要的证据就是后来她成为王夫人之后，据说因为性子比较泼辣，经常会跟武术大师戚继光动起手来，而每一次那位武术大师戚继光最终都会被打得落荒而逃。

但这位身怀绝技的王夫人，在年轻的时候，就像三国时那位同样泼辣的孙尚香公主一样，还就是看中了当时家境贫寒的戚继光，并毅然决然地嫁到戚家，完成了由王小姐到王夫人的伟大蜕变。

对于戚继光来说，这位夫人虽然身份变了，可她的泼辣性子没变，她的女权主义思想也根本和三从四德不搭边儿。她脾气很大，在任何事儿上都特有主张，以至于动不动就跟戚继光顶撞起来。戚继光本来以为，拿出点儿大老爷们儿的威严就可以把这位王夫人震住。哪知道这位"四有"女青年王夫人根本不吃这套,动不动拔出兵器来就跟戚继光比划两下,再加上戚继光居然还打不过她,这下这位做丈夫的戚继光就没好日子过了。

于是,名将戚继光,抗倭英雄戚继光,民族英雄戚继光,在历史上就有了另外一个响亮的名头——怕老婆的戚继光!

有关戚继光怕老婆的典型事例,最被广为传颂的是这样两件事儿。

一是说戚继光在训练出戚家军后,因为王夫人一直都随军,所以戚将军家里的这点儿糗事,部队的兄弟们就都知道了。大家总是在戚继光被老婆欺负后给他出些馊主意。

有一次,戚继光在家里又被打得得荒而逃,一直逃到了军营里。那帮兄弟看戚继光很惨,就鼓捣他说:"你老婆太不像话,这种老婆把她给宰了算了。不如我们在帐中设伏,找人把她叫到军中大帐来,然后我们大家刀枪剑戟一起上,把她给咔嚓了算了。就算不咔嚓,也得收拾她一顿,也好给你解解气啊!"

戚继光一听,一发狠,说:"好!就这么办!"

于是叫个亲兵去家里把老婆诓到大帐来,就说这边有急事。然后戚继光就跟他这帮兄弟们个个刀剑出鞘,杀气腾腾地等着那位王夫人。

过了不一会儿,那们王夫人还就真来了。人还没进帐,戚继光只听得帐外一声吼:

"嗨!我说你没事儿叫我来干嘛!"

说着帐门啪地一挑,王夫人柳眉倒竖,大踏步地就走了进来。

大帐中几十个兄弟看着这位著名的母老虎大模大样地走进帐来,胆子小的心里都突地一跳。不过想想几十个人还收拾不了这个母老虎吗?于是大家都看着帅案后的戚继光,等他一声令下,一拥而上,就算不要这母老虎的命,也是替戚将军教训她一顿再说。

只见戚继光果然是男儿本色,看老婆进来后大摇大摆地在帐中一站,不由得星目圆睁,一脸肃然。他从帅案后啪地一拍案就站了起来,左手一按肋下的宝剑,右手夸张地往空中一挥。

很多人看他这姿势,以为他要先把这个母老虎痛斥一番,然后就要让大家一起动手。所以所有的兄弟都不由得跟着挺了挺胸脯,摁了摁宝剑,就等着这位戚将军发号施令了。

哪知道气宇轩昂的戚继光指着帐中几十个铠甲鲜明的兄弟,然后,气宇轩昂地说了一句话:

"特来请夫人阅兵!"

众人一没憋住,扑哧一下都乐了。没想到这位戚大将军架势摆得如此之足,底气原来却一点儿也不硬。

戚继光冲着这几位一瞪眼,然后看着自己的那位母老虎,又大声地说了句:"特请夫人来阅兵!"

王夫人也不客气,把这些攥着刀、摁着剑的男人们一个打量了一番之后,话都没一句,鼻子里只哼了一声,然后扬长而去。

后来,但凡阅兵,兄弟们都会在心底念叨戚大将军的那句名言——"特来请夫人阅兵"!

还有一次,兄弟们又锲而不舍地给饱受折磨的戚继光出了个馊主意。他们说:"老戚啊,你可以趁你老婆午睡的时候,拿着刀突然冲进去,然后趁她刚睡醒,神智还比较模糊的时候,拿刀架在她的脖子上,这样她肯定很害怕。她只要害怕了,以后就不敢怎么着你了。"

戚继光也真是病急乱投医了,听了之后,居然觉得这个办法也可以试一试。

于是,有一天中午,就在他老婆午睡的时候,他真的抽了把马刀就冲了进去。可冲是冲了进去,但毕竟这是一件风险很大的事情,而且对长期受压迫的戚继光来说,这也是一件危险很大的事情,所以为了克服自己的心理负担,戚继光一边挥舞着马刀,一边哇呀呀地喊两声给自己壮胆。

结果等到冲到老婆的门边,还没进去呢,戚继光突然听到屋里头一声怒吼:

"你要死啊,大中午哇呀呀地喊什么喊!"

戚继光站在门边一抬头,只见老婆大人正坐在床上怒目圆睁地看着自己。这一下戚继光立刻傻眼了,而且自己手上还举着刀呢,这又该做何解释呢?

要说还是戚继光聪明,聪明的人总是有急智。你看鲁智深就很有急智,他三拳打死了镇关西之后,也意识到自己犯法了。但他当时指着镇关西的尸体说:"你诈死,洒家和你慢慢理会。"然后他在大家的众目睽睽之下就跑路了。当时大家只是围观,都不敢上前仔细看,还以为镇关西真的是装死。要知道,如果要是当时就被发现打死了人,鲁智深要想跑路就没那么容易了。所以这叫急智,所以别以为鲁智深是个粗人,其实他的智慧很深,所以名叫鲁智深。

连貌似粗人的鲁智深都有急智,就更别提本来就聪明绝顶的戚继光了。他看着发威的老婆大人只犹豫了1.01秒之后,就很自然地说:"哦,我想杀只鸡来给夫人补一补!"

那位不怒自威的王夫人听了之后,倒头就睡,临了只说了一句话:"以后杀鸡动静

小点儿！"

于是，这位英勇无比的戚继光戚大帅就拎着他的马刀去"马杀鸡"了。

这是有关戚继光怕老婆的两个有名的例证。说老实话，我个人认为，这纯属笑话，我们可以在茶余饭后，聊作谈资，但千万不可当真。

当然，戚继光确实是怕老婆的，这毋庸讳言。但我想，真实的情况应该就像甄子丹在演《叶问》的时候说过的那句名言一样：

"世上没有怕老婆的男人，只有尊重老婆的男人！"

前一段时间有过一条很惊人的新闻，据说科学家发现男性的染色体有问题，于是科学论证的结果是，再过十几万年，男人作为一个物种形式就要彻底消失了。

牛王菩萨渡江救难记

藏头诗曰：

千年佳话传人间，古今乐道皆欣然。

奇事褒扬真善美，谈笑风生喜翩跹。

话说500年前，方赵黎梁吕宾戚何八姓族人前世有缘，志同道合，在患难相交，休戚与共中结拜兄弟，结义同聚于禅城佛山一带。由于朝廷苛政，官逼民反，八姓众兄弟在义愤填膺中杀死一名都头，被朝廷通缉追杀。在逃亡途中遇大江阻拦，而此时追兵将至，情况十分危急。众兄弟正感到无船可渡，无路可走，生命难保，百般无奈难堪之际，忽见江面祥光闪现，浮出一头巨牛。此牛面目和善，背如船状，正乘风破浪快速而来，并大声呼叫："众兄弟莫惊勿躁，快到我背上来，驮带你们过江！"话音刚落，牛船就靠岸了。众兄弟火速骑上牛背，牛船旋即转身急渡而去，转眼间就渡过了大江。众兄弟躲过劫难，转危为安。

事过境迁，史传世族：此乃牛王菩萨于危难之中相助之善义壮举也！自此之后各自庙宇、祖堂供奉的"六真"神明①中便有日晶水光牛王菩萨之金身玉体宝相。

---

① 六真神明指南无大慈大悲救苦救难菩萨、北极镇天真武玄天上帝、赐封感应英烈天姬娘娘、南昌五福车大元帅、日晶水光牛王菩萨、敕赐平海感应大王。

巧用"五指下花"，捍卫风水宝地

民国初年，陆川戚氏家族拥有一块风水宝地，是该家族先祖大幡师主戚金二郎的墓葬之地。由于风水好，当地异姓族人时时虎视眈眈、垂涎三尺。总想毁墓取而代之。他们曾二次组织发动本族氏民挑起事端，企图毁墓占地。我祖族老戚育林以和为贵，叮嘱本族氏人不要过激，主张和平谈判解决问题。但对方却不甘心罢休，再次挑起事端：他指派一些孤寡妇女脱光衣服，赤裸裸光条条向我方冲击而来，而裸女后面跟着一群接应的男人。当时族老育林不在家，族上一些兄弟便以牙还牙，以裸还裸，也叫几个兄弟脱光衣服迎面等着。双方对峙之后，对方男丁冲了上来，我方族人便将他们捉回沙坡村。育林知道之后，十分焦急。当地政府又无派人出来调停处理。怎么办呢？为了防止事件闹大，他急中生智。便向当地最具权威的姚姓族头姚章甫请教。章甫就给他献了一计。此计就是五指印花计。于是育林便到政府办事处对保长说了此事，要求调停解决。保长就派人出来，每人持一张白纸，让被扣的人一个个伸出手掌醮上印油，然后在白纸上按下自己五指手印，之后便放了他们。这些被扣的人回去之后便向他们的族老禀报。族老暴跳如雷，大呼上当。说："你们真是大笨蛋，窝囊废。他们这样做是让你们认错认罪。你们的手印都按了，我们还有什么可说呢！"从此之后，他们就不再无理取闹，不敢再挑事端。我族的风水宝地也就得以保住了。

地理风水先生与大榄田的神奇水井

本支族聚居的营仔镇大榄田村，地处北部湾畔九洲江营仔河入海江口北岸，座北向南，地势开阔，拥有3000多亩清水良田的大榄围，天时地利很不错。但该村200多年前建村以后，在相当长的时间内却无法解决食水问题。因为该村的地盘原系一片榄树丛生的江海滩涂盐碱地，没有淡水河溪从此地经过（而地下有没有淡水河谁也不知道），全靠打井汲水食用。但多年来，该村在村内村外打了几口井，其井水都是黄褐色的酸涩水，难于长期饮用。食水难题一直困扰着好几代人的正常生活，甚至威胁村民的生存。甚至有的村谈水心焦，谈水思渴，谈水思迁，酝酿着搬村搬家易地而居。水就是生命，怎么办呢？正当人们焦虑而急切地像盼星星盼月亮那样盼清水的时候，民国初期有一位

大榄村的神奇水井

大名叫蓝公仔的地理风水先生来到了古镇安铺。得知这个消息后，村中族老和有识之士，马上将这位风水先生请到大榄田村来指点江山看风水，看看能否打出淡水水井，以解决全村人燃眉之急的食水难题。这蓝公仔看来倒是一个谙熟风水的人才，只见他在村中指指点点，比比划划转了一圈之后，就踌躇满志地号定村北一处（即如今村委会办公楼傍）作打井的地址。并信心十足地说，此井一打开，就能让成千上万人长期汲之尽，饮之不竭，何乐而不为！于是村中兴师动众启动了打井工程。但该井挖至两丈多深了仍是干枯石头，却不见水滴泉影。因此一些人泄气了，甚至失去了信心，甚至怀疑风水先生在揾大家的笨拙（愚弄民众）。但蓝公仔却沉着乐观如常，毫无愧色怯色。他安慰大家不要着急，有食慢慢来，要继续挖下去。再挖一些时辰后，蓝公仔便叫一村民持一根禾枪使劲往井里捅插下去——不插则罢，一插惊人！只听轰隆一声，瞬间从井里噼哩啪啦喷起几丈高的水柱，而且都是清凉甘醇的淡水！场景是多么壮观！顿时全村男女老幼簇拥而来，围观得不亦乐呼！他们欢呼跳跃、掬水而饮，眉开眼笑。可惜那时候村里还没有谁拥有照相机，没有摄下这一精彩的历史镜头，留下这千载难忘的奇观！就这样大榄田村打出了第一口淡水井，而且井水清凉、清沏、甘醇，是难得的饮用之甘霖。而且泉源滚滚，不仅供当时全村800多村民和到大榄田耕作、收割的外地民工饮用。而且世代繁衍人口成倍增加之后，仍汲之不尽，用水不竭，直到解放后全村发展到三千多人天天饮用，仍得以充足充沛。进入改革开放盛世之后，该村虽然在创建生态文明村中建起了自来水，但至今仍有不少农户和村民继续饮用此井之水。

　　饮水思源。每当人们饮用此井之水，总是自然而然地想起那位地理风水先生，情不自禁地怀念那位蓝公仔贵人！

成武公三顾学堂求师记

话说我族陆川县沙坡镇更坡村的戚成武，自小习读书诗，坚信书中自有黄金屋、颜如玉。可他多次进京赴考却未中。但从不言弃，而是学到老考到老，终于在八十多岁时于嘉庆癸亥年进庠甲子科恩举人，戊辰进京己巳科会试钦赐翰林检讨。回乡后他总想在有生之年多为族上和子孙后人做一些好事。一天，他的后人到对面的村庄的山岭砍黎竹，被莫氏的人连人带刀抓扣起来。戚成武知道之后十分焦急，想找人帮助调解平息此事。但找谁好呢？他左思右想忽然顿悟起来：莫家不是有一个叫莫一尚书退老后在铜锣庙私塾教书吗？于是他决定去找他。吃过早饭他就起程前往。由于人老步子慢，途中又要过河，到了铜锣学堂时已是响午，学生在自习，莫一老师在睡午觉，成武公不好打扰，就回家了。第二天再去时，又是响午时分，老师又在午睡，又不想打扰他。但看见黑板上老师写的一道作文题，许多学生都在东张西望，苦思冥想，却没有谁把文章做出来。成武公见状便帮助一个学生按照题目做了一篇文章，之后就回家了。过了响午莫老师起床后，见学生在你看我，我看你，都没把文章做好。但有一个学生却说自己做好了。他一看感到十分惊讶。因为这个学生平日从来都不太会写文章，今天是怎么回事呢？便问这个学生：这篇文章是你写的吗？学生点头答：是。但有些学生却说不是他自己写的。便再问那个学生，他仍坚持说是自己写的。老师知道其中必有蹊跷，便生气起来说："是是是？我都写不出这么好的文章，难道你转眼之间就成神童不是？"学生知道自己在说谎，加上那时学习风气是很严的，就只好说实话了：是对面戚家一位头发胡子都白了的老人来找老师，老师正在午睡他不便打扰。他见我窘呆呆不会写，就帮写了一篇。老师听了责备学生为什么不叫醒他。学生说，老师你不是说你在午睡时不能打扰吗？老师又问学生，老人说些什么。学生告诉老师他明天再来找老师。莫老师便心中有数了。第三天再去找时，终于见到了莫尚书。两老互相问候，谈天说地，十分投机，真是文人相兴、相敬啊。聊着聊着莫尚书便问成武找他有何事。成武就将砍黎竹之事一一说来，请求帮忙。莫尚书听后略有所思之后就答应了。因为莫尚书是莫家德高望重的族老，很有威望，说一不二。于是第二天莫家就放人了，还多送了几担黎竹。还告诉成武和我族人，今后有什么困难尽管来找他。从此我祖族人安居落业，还建了一间祠堂。成武公还特地吟了一首诗："屋小乾坤大，人穷志气高。"从此戚莫两姓宗亲族人和睦相处，友好相待，有的还成了亲家。

卖田公：卖田送儿上学堂

"卖田公，卖田送儿上学堂"。这是广西防城港勒色葵村戚成田家族父辈二代人在"万般皆下品，唯有读书高"和望子成龙思想的影响和支配下，把辛苦开垦出来的田亩卖掉，供儿子上学的故事。近百年来在乡里民间传为佳话。

戚成田，生于光绪11年（1885年），本支族广西防城港光坡勒色葵村20世祖。他读过二年私塾，谙知读书求知的重要性，自信书中自有黄金屋，颜如玉。他自小就给地主放牛，稍大后转为地主的长工。后出来自谋生计，割山草卖给当地的瓦窑，有时也做些捕鱼捞虾浅海维持生活。成家后为使家中有些产业，便在海椏滩涂地带的独榄垌和木隆垌两个地方垦荒造田。起早摸黑，一身汗水一身泥淬，拼死拼活，用了近10年时间，终于在这两个地方共开出12亩田并自耕自种。他一生只生一个孩子，名叫戚光。此娃自幼聪明伶俐，活跃好动，并热衷习读书诗和习练武艺，是一株好苗子。为了让儿子能上学读书和从师习练武艺，将来成材有出息，便狠下一条心将独榄垌的6亩田卖掉，筹得费用供儿子上学并拜师习武。儿子戚光也谙知父亲用心良苦，更是十分用功读书，刻苦习练武艺。终于学有所成，而且文武双全，成为当地小有名气的民间拳师。出徒后先在山口大坳山教馆，后再度从师回炉淬火，武艺练至炉火纯青，技高三尺，名声远播。然后应聘为龙门镇郭云飞银庄的镖头，威名显赫一方。

有其父必有其子。戚光成家后生了两个儿子，大儿子叫戚汝春，小儿子叫戚汝生。兄弟俩从小也聪明过人，勤奋好学，十分追求美好理想。为了让两个儿子能坚持学业，戚光也把木隆垌的一半田亩（约3亩多）卖掉，解决儿子上学和深造的费用。功夫不负有心人，结果两个儿子都学有所成，事业有成。大儿子戚汝春大学毕业后为人师表，当了17年中心小学校长，培育出芬芳桃李满天下；小儿子戚汝生大学毕业后在东兴县电影公司工作，后调任防城港市水产局办公室主任。

大榄田的犀牛望月

在大榄田村西沙岗这个地方（也叫沙泊岭），有一片黄泥岗，几座山岗形貌似牛，其中一座较高的座东北朝西南，西向九洲江口和北部湾大海，视野开阔，海阔天空。传说这是一片"皇帝地"，美其名"犀牛望月"（经岁月风化、风雨侵蚀和人为的破坏，

其地貌与如今已大不相同)。传说历代都有社会名流和有识之士慕名到此观赏、点赞，堪称奇观。而本地村民更是时时喜形于色地谈论，并为拥有犀牛望月而感到自豪。作为一方自然景观，里面蕴藏着一个令人神往的神话传说故事。

传说清朝年间本县车板镇出了一名国师，大名叫曹三。这国师曹三十分谙熟、擅长、钟情风水和风水学，更是时时追求，希望拥有。或许他对朝庭有功，皇帝投其所好，就恩赐十块风水地给他，并让他在全国各地察看、物色、勘探和挑选。经过多年的比较、筛选，他终于选定了他感到满意的风水宝地（大部分在外省，其中四川、河南等地占多)，报请皇帝钦准。但在回乡省亲时却发现本县大榄田的犀牛望月竟是最好的风水宝地，已选定的十块无以伦比、媲美。于是他感到相见恨晚，心跳加快，睡不着觉了，埋怨自己踏破铁蹄在全国到处奔走，却为什么当初不在本地察看呢！但皇帝赐予的十块旨数已选足，不能再多了，否则犯天条遭惩罚。怎么办呢？心计多端、贪得无厌的他，便狠心地想出一个歹主意："我国师曹三得不到的，谁也别想得到！"于是他就在犀牛望月地盘上建起了九条碗窑，想让窑火把犀牛烧死。结果犀牛却在烧窑的烈火和滚滚浓烟中奋蹄腾空而起，落脚于遂溪牛哥岭，而且一去不复返了，在原地沙岗空留一片不是遗产的遗址，以及给后人留下一个脍炙人口的传说想象。真可谓：神话传说故事很美，国师曹三可恶可恨！

犀牛望月遗址——沙岗沙泊岭

六、宗亲文艺作品小辑

（1）古体诗词

戚继光诗词六首

韬铃深处

小筑渐高枕，忧时旧有盟。

呼樽来揖客，挥尘坐谈兵。

云护牙签满，星含宝剑横。

封侯非我意，但愿海波平。

客馆

酒散寒江月，空斋夜宿时。

风如万里斗，人似一鸡栖。

生事甘吾拙，流年任物移。

边愁步入眼，俯仰愧心期。

过文登营

冉冉双幡度海涯，晓烟低护野人家。

谁将春色来残堞，独有天风送短笳。

水落尚存秦代石，潮来不见汉时槎。

遥知夷岛浮天际，未敢忘危负年华。

马上作

南北驱驰报国情，江花边月笑平生。

一年三百六十日，都是横戈马上行。

凯歌

万众一心兮，群山可撼。

惟忠与义兮，气冲斗牛。

主将亲我兮，胜如父母。

干犯军法兮，身不自由。

号令明兮，赏罚信。

赴水火兮，敢迟留！

上报天子兮，下救黔首。

杀尽倭奴兮，觅个封候。

督兵过潮洲渡

汗血炎方七见春，又随残月渡江津。

行藏莫谴沙鸥识，一片浮云是此身。

戚斌诗词三首

七夕寄怀

织女牛郎喜会时，西窗月影照相思。

晨愁不长双飞翼，著念常通一点犀。

梦绕西湖花不约，望穿秋水月中桂。

多情蜡烛潜潜泪，难尽心中缕缕丝。

注：花下约指俩人偕游雷州西湖之约。月中技典见寇准诗《酬寇平仲》"与君同折月中枝"名。

中秋寄远

中秋赏月复年年，总有离人愁看天。

玉兔莹莹一倩影，柔情切切两孤鸳。

凤台路远曲难和，娇约童蒙亲失圆。

即使相思侬拒寄，终生无悔做春蚕。

注：凤台句典见箫史和弄玉吹箫的传说。婚约句典出杜牧曾与一个十二岁女孩定婚，后因错过约期未能圆亲的传说。

七 律

启碇南湖九十秋,扬帆博浪敢中流。
一心崛起兴华厦,几度长征惊世眸。
高举锤镰陈旧貌,稳操轮舵运良筹。
民生为本小康路,幸福和谐展大猷。

藏头诗一首

戚 扬

千年佳话传人间,
古往今来是奇闻。
奇缘怪象千般有,
谈笑风生莫究真。

(2)现代新诗

戚一瑞诗二首

打铁的父亲

一手抓钳
一手举锤的父亲
与双手抢锤的伙计
在汗珠和火星飘成
的流星雨中,打铁
呼哧呼哧的喘气声
叮叮的打铁声
以及嘿哟嘿哟的号子声
是他们生命与力量的鸣奏曲

父亲将刚打过的铁

放进水里淬火

可他不知自己

也在汗水里淬火

有人说，打铁

就是打江山

父亲不敢苟同

因为自己没有这种境界

他说，打铁就是打铁

打铁就是甩膀子卖力气

打造生计，打造日子

父亲在打铁

也在锤打自己

他将一块块生铁

打成熟铁，打成器具

的同时，也将自己

打成一根铁柱子

打成一个铁人

为母亲浴足

从当药足师的朋友那儿

学来技术和要来药方子

我用中草药熬汤

为母亲浴足

我泼弄着盘子里的药汤

摸索着母亲脚上的穴位

从小腿的抓捏推拿开始

到脚面的来回搓抹轻拍

到踝跟的一次次的陷挤敲击

到每只脚指的扭捏牵引

然后用食指或拇指或中指

或拼拢这三个手指的合力

一次又一次地摁压脚底的涌泉

用心使劲将药气功能和

亲情的温暖与企盼

挤压输送到母亲的筋骨里去

冲刷艰苦岁月滞积在那儿的

风湿伤痛与增生老化

让母亲躯体的筋络激活起来

使她的腿脚坚挺一点

从而让她足下的路走远一点……

开始，母亲有点不好意思，甚至推却

说是一个牛高马大、大手大脚的好汉儿子

给一个矮小瘦弱的老婆子母亲洗脚

别人会说这是贪享受图回报

我劝母亲别想那么多，要多配合点

同时给她哼唱那首《宝贝儿》催眠曲

经过一番苦口婆心和催眠陶冶之后

母亲顺从了，甚至在搓揉中

心安理得地睡着了

而且进入了梦乡，来了鼾声……

其实，给母亲洗脚

只是亲情的一种小小的轮回

从小到大，一生中我记不清母亲

给我洗过多少次脚了啊

幸　福（二首）

戚炜明

这夜有多浓

等我和妻子呷一口苦丁茶就知道

这夜有多温馨

等儿子喝一口纯牛奶就知道

这夜的风景有多圆

等一家子围坐得像一轮满月就知道

这夜的声音有多轻

等言语像茶叶在水中慢慢张开就知道

这夜的家有多沉

等大人们在苦丁茶中加入一些琐碎的生活就知道

这夜的家有多温馨

等小孩子在微风中加入一点纯牛奶的鼾声就知道

这苦丁茶的夜哟 有多深

一家子围坐一起说说话

这夜色不知不觉就被月光斟满了

这日子就会有纯牛奶的香味升起

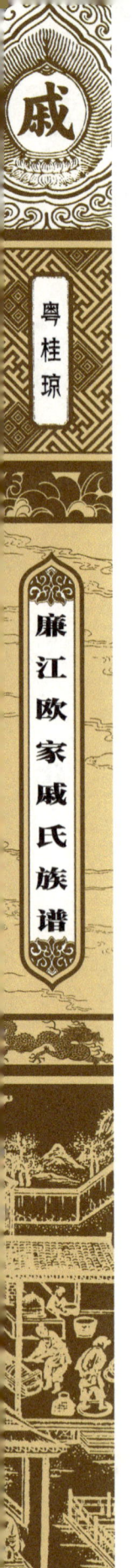

在半岛，建一个春天的网站

在半岛

有多厚的红土地 就有多深的蓝海鲜

在半岛 建一个春天的网站

有多响的雷声 就有多绿的梦想

有多少启航的船只 就有多少不停的鼠标

看吧 一群红嘴鸥正在按着一支捕鱼的船队

在大海的屏幕上设计春天的第一个网页

收到了吗 睡了整整一个冬天的鱼

正在欢蹦乱跳的网上

发来了春汛的第一个 E-mail

听 东南风送了与千古异样的雷声

来吧 在红土地蓝海洋上编写这个春天的程序

希望

戚沛钊

希望是什么

它就是跌倒时的一双手

站起来后的一对拳

它让你不轻言放弃

勇往直前

希望是什么

它就是寒冷时的一簇温暖

炎热时的清凉

它能让你在逆境中站直

在困难前坚强

希望是什么

它就是沙漠中的一片小绿洲

它让你在无助时获得力量

在黑暗中看见光明

放逐的梦

戚锦泉

风暴

冬天被放逐到明年

后年或更遥远的地方

十一月的田野,大片乳房晃动

金黄色东倒西歪:暴君的手指颤动

奶汁挤进水的嘴里

哺乳婴儿

江西的收割机,枕着风暴的堤岸

收割春梦,镰刀被时间弄醒

开始重操旧业

世界慢慢闭上眼睛

秋天静静躺在大地上

黑色的雨从天空坠落

她的空虚被啄食

晨雨

黑色入侵星期五,把雨挂在空中

暴晒

枯树伸出手，收获空虚

单车辗过涟漪，听见

阿婆在向早晨倾诉，米

在电饭煲里慢慢成熟

流水在匆匆赶路，孔子先生曾对它说过：

逝者如斯乎

海在城市的门口

等着

流浪的船队

（3）楹联

一侯虎祝正当关，雄飞万里

三尺龙光新出匣，气夺行军

    ——戚继光

淬炼浩然气 砺磨坚忍心

    ——戚有业

竹枝秀茂堪栖凤 溪水清奇可养龙

    ——戚有业

九州春共暖 百族月同圆

    ——戚德恩

翰苑家风祖导先路

词林世泽孙步后尘

  ——录自广西古城新屋阿公厅

百族颂华年，九州欣奏兴邦曲

五星开盛纪，亿众勤描治世图

——戚德恩

竞渡无涯，学海扬帆齐拼博

争凌绝顶，书山辟路勇攀登

——戚德恩

攻坚贵有恒，勤磨铁砚方穿底

战险须无畏，勇挥骊龙始得珠

——戚德思

志存高远，一往无前，定能学海擒龙，书山伏虎

心有追求，万难不屈，誓让青云铺路，丹桂折枝

——戚德恩

祖赐词林辉宅第

孙恩翰苑耀门庭

——广西古城车头村门楼楹联

（4）民歌民谣

允亮公咒语（雷歌调）

大清康熙乙丑年，夏孟四月八亥时生。

为人时常志原勇，此爱心情志乔仁。

生在石城高一乙，思谱四海天下传。

边贤姓戚名显亮，后娶揭氏吴夫人。

男子有三善斩艰，孙里对赫四千万。

寿星六十并加一，天抹乾隆八月天。

廿六申时归阴府，玉封得道做正神。
理阳管阴连三界，显赫英灵救良民。
速来降，速来临，速降仙童回通报。
　　速降仙童快来临。

（此咒语描写允亮公（戚裕公佬）的生平与得道神明的过程，在乡里民间流传至今。）

一年之歌

正月唱歌是立春，盘古开天到如今。
三国尽归司马懿，一统山河刘伯温。
二月唱歌百花香，山伯有逢祝姑娘。
天生人来天注定，坟头爆开结鸳鸯。
三月唱歌是清明，夜打荆州小罗成。
有主坟头挂白纸，无主坟头草生青。
四月唱歌荔枝红，单兵救主尉迟恭。
秦公神箭会两锏，仁贵单身去征东。
五月唱歌是龙舟，韩信过江望江东。
楚霸乌江败国死，韩信功劳一旦空。
六月唱歌是暑天，知远投军十六年。
将军上山打猎去，母子相逢在井边。
七月唱歌是立秋，槐荫树下拜木头。
百日夫妻归天去，董永望天眼泪流。
八月唱歌是中秋，有人欢喜有人忧。
有钱之人食月饼，冇钱之人食芋头。
九月唱歌是重阳，桃园结义刘关张。
大哥为王弟为将，关公拖刀斩蔡阳。
十月唱歌是立冬，孔明楼上借东风。
百万军中救阿斗，杀败全朝赵子龙。

十一月唱歌是冬至,孟姜女子送寒衣。

朝送寒衣三五件,晚送芙蓉花一枝。

十二月唱歌又一年,为人处世两文钱。

东欠人钱西欠债,怎得身清好过年?

落 雨 大

细个时,水浸街。
细佬细妹嘈生晒①。
柴米油盐都难买,
阿妈心里好闭翳②。

解放后,无浸街。
感谢政府好安排。
将个沟渠整好晒③。
蚊滋窦口都塞埋。
落雨大,无浸街。
阿嫂出门着花鞋。
花鞋花袜花腰带。
珍珠蝴蝶两边排。
落雨大,无浸街。
阿哥送货上街卖。
送货上门工作好。
尼次膞头唔使担④。
轻松坐上解放牌⑤。

①弟弟妹妹闹个不停。②心里难受。③全部修好了。④这一次不用肩挑了。⑤解放牌汽车。

好丈夫（雷歌调）

鱼鳞塘①，猛哥兄，
担水替婆②出名声。
三更半夜水担够，
天光朦胧抱侬③行。

①村名。②妻，老婆。③侬，即小孩子。

诅咒坏人歌（雷歌调）

食在肚，死在路。
也无棺材也无墓。
也无姑丈担幡仔，
也无妗婆抱香炉。

注：以上四首民歌民谣，系本支族洪坡村移民美国的二十一世孙戚一锋，回乡探亲时搜集整理的多首民歌民谣中的几首。这些歌谣都收集在他出版的《杂诗一百首——人生烟雨回忆录》一书中。征得他的同意转载入本谱文化篇。

（5）散文、杂文

南塘公赞

慨倭夷之入寇我闽也，始於嘉靖乙卯日逞其毒，岁益猖獗，屠戮之众而遗骸如积，虐焰之炽而村落为墟。加以无制之兵，重为民生之苦，触目惊心，惨不忍言。至壬戌之秋，幸得我戎戚公奉命南来，以殄灭丑虏。一月之内克捷者三：清之牛田，莆之林墩，福宁之宁德。积寇滋蔓，公悉捣其巢穴而平之。於是闽之人无少长贵贱无不寄命於公，而荷公更生之德者不可胜数。公仁而有勇，严而能宽，每临阵决战，辄杂之伍两中，亲冒矢石，以为士卒先，故士卒乐为之用。其部下将吏奉守纪律，不敢少违。凡所经过，民甚便之。闽外重寄，戚名赫奕。故倭夷畏公如虎，而闽人赖公以为长城也。当必有大建祠宇，生而祀之，以昭答殊勋者，乃其去德之恒情也。但闽之人每以地有遐迩，分有尊卑，虽其祠宇之隆崇也，孰若家传画像，朝夕得以瞻依，而饮食必祭哉。若兆恩者，亦德公而遂逍遥之乐矣。乃命工肖公半影图而梓之，庶便於委巷短壁，尊而张之，亦不为渎也。或者以荷公更生之德，既以武之功而肖公戡乱之像，亦当以武容之。殊不知公乃有道士也，昔有图诸葛武侯者，顶纶巾，扬羽扇，而阳明先生之像，亦惟冠三教之冠，衣阳明之衣，尔公盖诸葛武侯者伦也，而良知之学。又得传於阳明先生者，惟此画像庶或可以概见其有道之容云。

嘉靖壬戌（1562）冬十月廿九日子谷子龙江林兆恩顿首拜书于常原三一堂之集义轩

故乡的木偶戏

戚穷穷

说起来，看木偶戏已是二十多年前的事了。

那里还住在乡下，每年秋收过后，村里总会叫戏班来演几场木偶戏给乡亲们看。我每次听到戏班在村外"安营扎寨"的消息，常常连饭也吃不下，早早就跑去看热闹。

戏场设在村外一块草坪上，四周是稻田，外面有条小道曲曲弯弯地伸进去，夜里遥看去，宛如少女雪白的手臂。

戏楼分前台和后台。前后台用布景隔开，两旁留两道门，用布帘子虚掩着，方便出入。前台上方左右各挂着一盏汽灯，中间吊一只扩音器，用红布包着，远看如一只猪心。后台主要用来放木偶和箱。开演前，戏班的人就把木偶取出，穿上戏服，插在横梁上。二胡、笛、钹、鼓、锣，则摆在戏楼两侧。这样，木偶戏的舞台就搭好了。

天一摸黑，戏就开演了——

伴着一阵急急的"锵锵咚咚"的锣鼓声，便有一人从后台揭开布帘子，手举着一个木偶，冲将出来，绕着戏台，来回舞动着，不时唱着一些我们半懂不懂的台词。演的都是一些历史剧，如《穆桂英大破天门阵》《薛丁山征西》之类的。大人们看得津津有味，我们小孩子爱看打斗场面，见那唱戏的长时间只在慢慢的唱，便厌了。于是，大家便齐齐的退出来，一同在四周游荡起来。

那时，附近村庄的人都过来看戏，小孩子自然也多。于是，精明的小贩把生意都做

到这儿来了——这边一家,那边一家,在草地上铺将开来,点着煤油灯,发着昏黄朦胧的光,如朵朵橙色的小花开在黑夜之水上。有卖甜蔗的,有卖柑桔的,也有卖豆腐脑的……都是专为小孩子准备的。小孩子嘴馋啊,嚷着爹妈要钱。做爹妈的,先是不依,后见拗不过,便骂骂咧咧的把长满老茧的手,挤插进腰间的贴身小口袋里,摸捏了半天,掏出几张小票子来,一角、两角的分给孩子们,孩子们拿了钱,一哄而散……

也有专为大人设的,就是做夜宵之类的——几只肥鸡,一坛烧酒,一盆鸡饭,摆在油纸上,飘着香气,引得好些人围过来。手上有几个剩钱的,便坐下来,慢悠悠的把手一挥,叫来一斤鸡,两斤烧酒,然后在浅斟低酌中,边看着戏,边聊着今年的收成。那些勒紧裤带过日子的,不敢挨得太近,只在暗处蹲着,偶尔附和几句,有时也会搏得一口烧酒,一只鸡爪之类。

大家吃完零食,戏又看不下去,便举着火把在田野里追打田鼠。一时星火起伏,喊声震天,惊得大人们一身冷汗。一打听,知道是怎么回事后,便不作理会,继续看戏。有时喊声太大,盖过唱戏的,村长便立在小坡上,双手一叉腰,倒吸口气,如猛张飞般大喝:兔崽子,再胡闹,叫你老子抽你!大家一听,便静下去,霎时没了声响,只有火光一闪一闪的,依然在田野里流动着,但过不了多久,呼声又起……

至今都忘不了故乡的木偶戏,忘不了付外那块草坪。那草坪上闪烁的朵朵灯花,那田野里流动的串串火光,那小伙伴们逐鼠的阵阵呼喊声,永远都是我记忆里最璀璨夺目的明珠。它们像寒夜里的灯火一样,永远暖彻我——一个游子的心扉,无论我身在何地,人在何方。

（6）绘画

汉高祖刘邦爱姬——戚娘娘（画像）

抗倭民族英雄戚继光画像

第四篇 文化篇

(7) 书法拓片

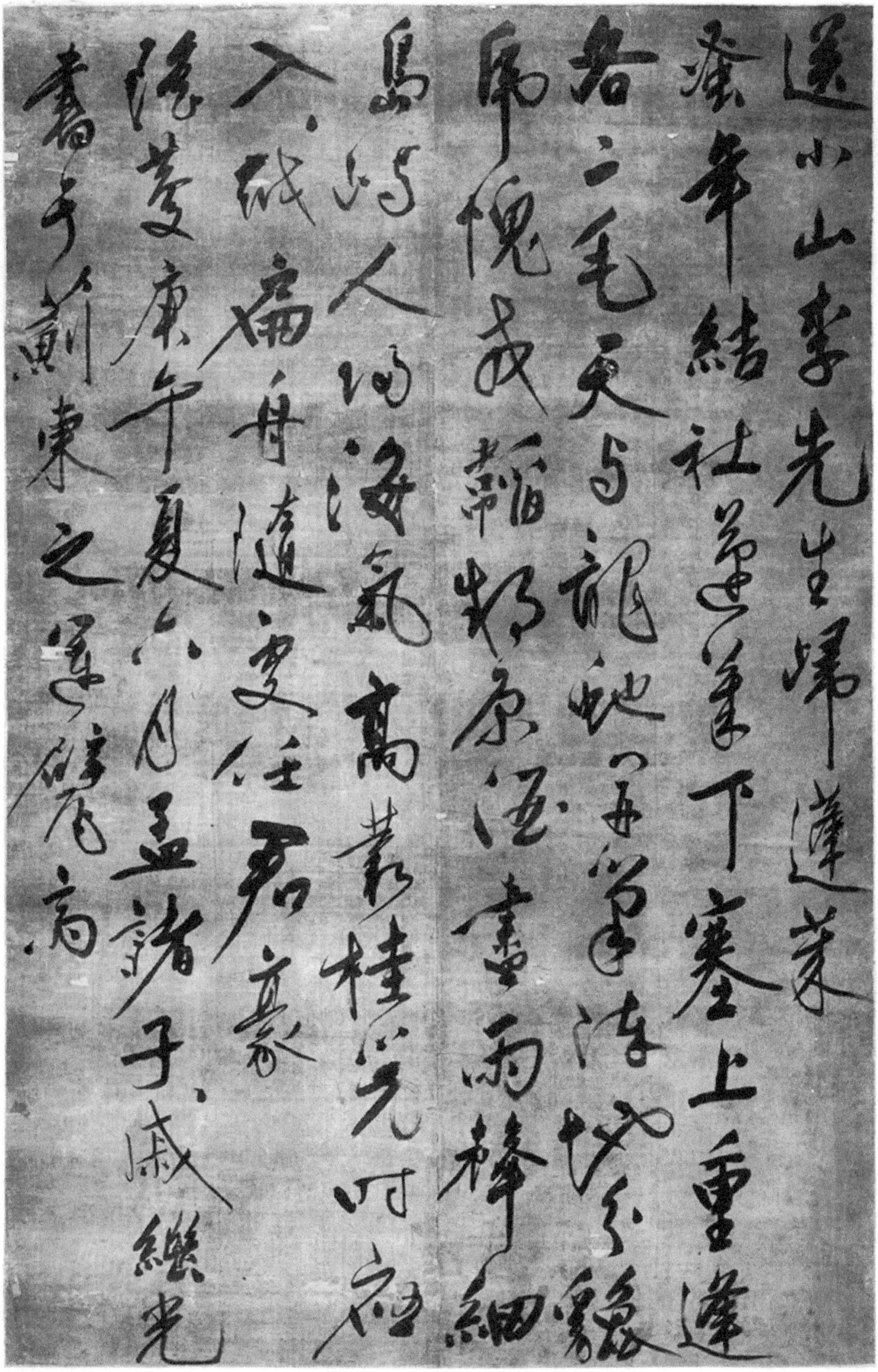

逢小山李先生归蓬莱

蚕年结社蓬莱下塞上重逢

各三毛髪与龙蛇□□当游沙水骤

鞭愧我鞴靮原泥束雨棒细

岛屿人间海气高蓬桂花光时府

入战扁舟适变任君豪

陇蒙庚午夏六月孟诸子戚继光

书于蓟东之署馆高

戚继光墨迹

中华魂·根脉情

中华戚氏宗亲理事会乙未年元月戚瑞德书

神圣领土不可侵犯

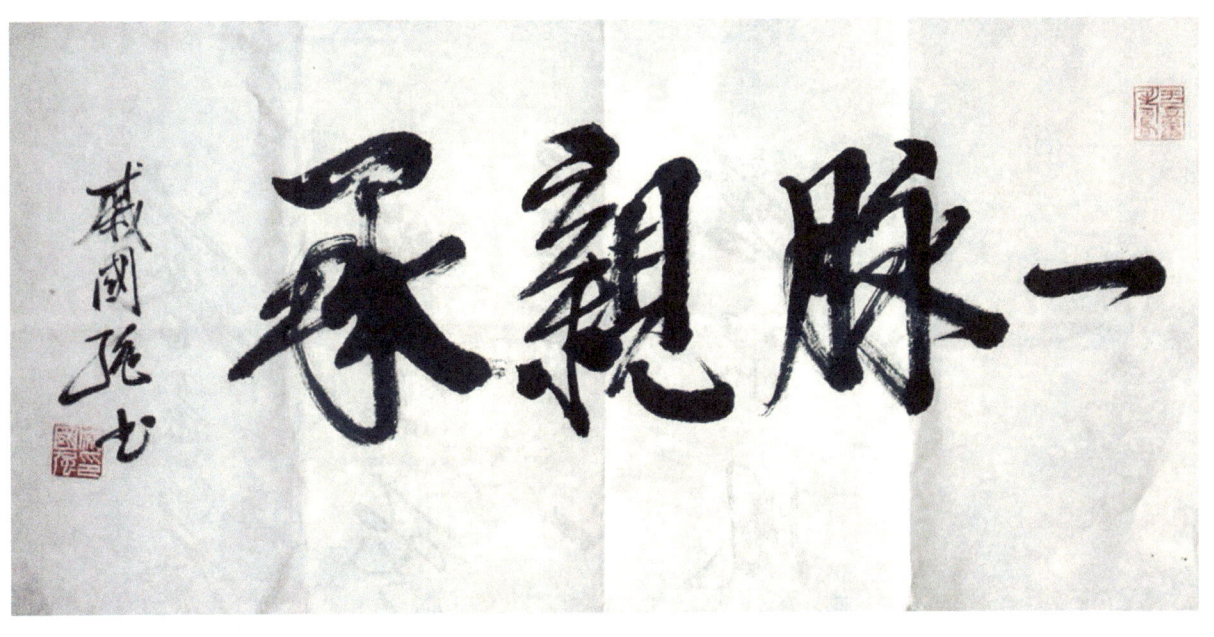

作者 戚国强

作者 戚国强

苍苍芜花暮动摇

乱云飞渡仍从容

正生一个仙人洞

无限风光在险峰

毛泽东诗 戚伟书

作者 戚伟

（8）摄影艺术

静静的漠河　戚伟雄　摄

开心的日子　戚伟雄 摄

良垌鸡笼岛 LIANG DONG JI LONG DAO

对弈 DUI YI

戚照摄影作品选（三幅）

廉江红橙与靓女

七、宗亲联谊活动

不用置疑，由于历史原因和社会因素所致，过去戚氏宗亲之间的联系往来甚少，互相聚会交流就更是少之又少。不仅中华各地不同支系分支的宗亲族人联系很少，就是同一支系分支而不同地域的宗亲族人，除了每年清明时节派代表参加拜祭祖墓，得以相见之外，也很少联系。步入改革开放，民族复兴昌明盛世之后，这种状况获得了极大的改观。不仅同支系分支而不同地域的宗亲的联系大大增加了，而中华各地不同支系、分支的宗亲族人之间联系交流也日趋增加了。平时各地各分支的宗亲族人更是通过电子（电脑）互联网互通讯息，加强联系与沟通。我们欧家支族在这面变得活跃起来。比如我们以在重建戚家祠和重修支系族谱为契机，通过"请进来，走出去"的方式，几年间先后邀请和欢迎全国数百人次的戚氏宗亲兄弟到这里互相交流、互相取经，还有不少宗亲是不请而来的。在重修支系族谱中我们几次组织人员到中南、山东、福建等地寻根问祖、搜集资料和交流联谊活动。戚家祠之建成陞座庆典入伙那天，来自全国各地的戚氏宗亲更是人数众多，热情高涨、热闹非常、盛况空前。随着中华戚氏宗亲理事会、联谊会、文化研讨机构等各种组织机构的建立以及活动的常态化，全国各地各支系分支族人之间的联系活动将日趋频繁更加密切起来，这是中华大戚氏群族 新形势出现的十分可喜可贺大事，也是大中华，大戚氏，大团结的标志。

中华戚氏宗亲网　　www.zhonghuaqishiwang.com

戚发轫院士与中华戚氏联谊会会长戚瑞德合影

戚发轫院士与中华戚氏联谊会部分负责人在电视连续剧《抗倭英雄戚继光》新闻发布会期间合影（右三系本支族戚建夏，右四为本支族戚伟）

本支族考察小组在山东沂水县文苑宾馆展示戚瑞德的题字

本支族考察人员在河南濮阳戚庄与该村戚氏理事负责人合影

参加戚继光思想文化研讨联谊活动的全国各地代表合影

中华戚氏联谊活动掠影

编后语

　　这次修谱顺应国家政策要求，对新编族谱实行格式、内容、方法、编辑等多方面的改革创新，追溯源远，内容丰富，工作量大；在修谱中遇到不少困难，复杂而艰辛。在族谱编纂委员会的领导下，戚氏各片长、村队修谱人员共同努力，全族宗亲鼎力配合，同时得到社会各界友人、有识之士的大力支持，修谱人员不负重托，迎难而上，忘我工作，发扬艰苦奋斗、刻苦耐劳的精神，充分发挥个人和集体智慧，使修谱工作顺利完成。值此机会，我们对关心、支持《粤桂琼廉江欧家戚氏族谱》编纂工作的全族宗亲和各界友人，表示衷心感谢和崇高敬意！

　　由于修谱时间较短，加之编纂水平有限，书中难免有不足之处，欢迎大家批评指正，在此谨致谢！

二十一世孙　戚培仁

修谱捐资芳名册

姓名	地址	金额(元)	备注
戚 强	营仔大榄田村	120,000.00	
戚建夏	防城簕色葵村	113,000.00	
戚德军	深圳雨博士有限公司	50,000.00	
戚 来	河头镇上塘村	33,000.00	
戚锦东	营仔天塘村	33,000.00	
戚 旺	营仔天塘村	32,000.00	
戚 志	安铺白沙口村	21,000.00	
戚广科	河南省濮阳戚家庄	20,000.00	
戚成才	横山石岩塘村	16,000.00	
戚康强	横山埇仔村	16,000.00	
戚建聪	遂溪杨柑一角村	13,000.00	
戚永双	营仔大榄田村	12,000.00	
戚德添	石城长岭咀村	10,000.00	
戚国球	石城长岭咀村	10,000.00	
罗 静	安铺秀九村	10,000.00	
戚如春	安铺秀九村	10,000.00	

姓名	地址	金额(元)	备注
戚 裕	安铺欧坡村	5,000.00	
戚日强	横山石岩塘	5,000.00	
戚 才	横山排里老村	5,000.00	
戚培文	营仔大榄田村	3,500.00	
戚进政	营仔大榄田村	3,000.00	
戚泽文	陆川古城新屋村	3,000.00	
戚 宇	横山排里新村	2,500.00	

注：捐资 300 元以上者，含 2015 年冬至捐资在内。

姓名	地址	金额(元)	备注	姓名	地址	金额(元)	备注
戚一瑞	安铺洪坡村	2,000.00		戚亚平	遂溪草潭	1,000.00	
戚日喜	营仔大榄田村	2,000.00		戚有道	海南临高姓戚村	1,000.00	
戚进同	营仔大榄田村	2,000.00		戚敏鸿	湛江赤坎街	1,000.00	
戚广成	横山排里新村	2,000.00		戚德贵	湛江赤坎街	1,000.00	
戚 伟	横山排里石岩塘村	2,000.00		戚锦东	营仔圩	1,000.00	
戚 虾	安铺后塘村	2,000.00		戚理兴	温州永嘉桥下村	1,000.00	
戚超强	陆川古城新屋桩	2,000.00		戚丽丽	安铺秀九村	1,000.00	
戚 柏	横山排里埇仔村	2,000.00		戚贵兴	北海后塘村	1,000.00	
戚培仁	营仔大榄田村	2,000.00		戚敏华	湛江龙头山口村	1,000.00	
戚水永	营仔大榄田村	2,000.00		戚敏国	湛江龙头山口村	1,000.00	
戚总光	遂溪三江村	2,000.00		戚 德	海南临高姓戚村	1,000.00	
戚观养	营仔大榄田村	2,000.00		戚国强	廉江安铺圩	1,000.00	
戚南有	安铺白沙口村	1,500.00		戚好军	海南瞻州西流四行村	1,000.00	
戚日锋	防城簕色葵村	1,400.00		戚潘国	廉江安铺圩	1,000.00	
				戚培强	安铺茂桂路上村	1,000.00	
				戚国强	海南四行村	1,000.00	
				戚箭挺	安铺秀九村	1,000.00	
				戚合芳	坡头区黄竹宜村	1,000.00	
				戚 贤	海南临高姓戚村	1,000.00	
				戚林富	横山排里埇仔村	1,000.00	
				戚广盛	营仔大榄田村	1,000.00	
				戚 国	横山排里老村	1,000.00	
				戚周昌	陆川樟下坪村	1,000.00	
				戚兆锋	化州龙地村	1,000.00	
				戚方添	安铺担蚬港村	1,000.00	
				戚康荣	营仔天塘村	1,000.00	
				戚华全	海南戚宅村	1,000.00	
				戚培毅	安铺秀九村	1,000.00	
				戚 尤	安铺秀九村	1,000.00	
				戚华廷	廉江安铺新街	1,000.00	
				戚 良	营仔大榄田村	1,000.00	

姓名	地址	金额(元)	备注
戚镇光	营仔大榄田村	1,000.00	
戚少军	遂溪深沟村	1,000.00	
戚锦典	安铺秀九村	1,000.00	
戚景生	坡头区黄竹宜村	1,000.00	
戚春梅	广西古城石台村	1,000.00	
戚培杰	广西南康镇	1,000.00	
戚培华	安铺秀九村	1,000.00	
戚征东	博白中心垌村	1,000.00	
戚 超	博白中心垌村	1,000.00	
戚玉仙	安铺双塘村	1,000.00	
戚培息	营仔大榄田村	1,000.00	
戚日就	营仔大榄田村	1,000.00	
戚永桃	营仔大榄田村	1,000.00	
戚 清	营仔大榄田村	1,000.00	
戚 秀	营仔石牛潭村	1,000.00	
戚 勇	营仔大榄田村	1,000.00	
戚华信	营仔营仔村	1,000.00	
戚镇朝	营仔大榄田村	1,000.00	
戚汝波	广西防城港簕竹葵村	1,000.00	
戚家强	博白中心垌村	1,000.00	
戚 胜	营仔大榄田村	1,000.00	
戚秀珍	安铺洪坡村	1,000.00	
戚一锋	安铺洪坡村	1,000.00	
戚桂瑜	遂溪黄桐坑村	1,000.00	
戚 玫	横山排里老村	1,000.00	
戚 琪	安铺白沙口村	1,000.00	
戚 森	营仔大榄田村	1,000.00	
戚子勤	茂名双狮岭村	1,000.00	
戚理全	茂名双狮岭村	1,000.00	
戚世锋	广西陆川新屋村	1,000.00	
戚世尧	广西陆川石台村	1,000.00	

姓名	地址	金额(元)	备注
戚进候	营仔大榄田村	1,000.00	
戚俊灿	遂溪黄桐坑村	1,000.00	
戚德凤	遂溪黄桐坑村	1,000.00	
戚华兆	遂溪黄桐坑村	1,000.00	
戚 荣	安铺白沙口村	1,000.00	
戚 存	营仔营仔村	1,000.00	
戚 泉	廉江横山排里老村	1,000.00	
戚培华	广西钦州市	1,000.00	
戚李文	营仔天塘村	888.00	
戚培国	安铺里屋湾村	800.00	
戚方全	茂名双狮岭村	800.00	
戚贤东	广西陆川	800.00	
戚锦芳	横山排里新村	600.00	
戚桂豪	广西横县	508.00	
戚栋柱	安铺洪坡村	500.00	
戚丽杏	安铺秀九村	500.00	
戚晓科	安铺秀九村	500.00	
戚海志	安铺秀九村	500.00	
戚培建	安铺秀九村	500.00	
戚宁军	安铺秀九村	500.00	
戚丽丽	安铺秀九村	500.00	
戚建文	横山龙角塘三江村	500.00	
戚振超	横山龙角塘三江村	500.00	
戚 露	广西古城石台村	500.00	
戚 侣	电白旦坊猪仔山村	500.00	
戚伟鹏	横山排里七块仔村	500.00	
戚沙沙	安铺秀九村	500.00	
戚永鹤	营仔大榄田村	500.00	
戚 立	横山排里老村	500.00	
戚天保	海南金江村	500.00	

粤桂琼

廉江欧家戚氏族谱

姓名	地址	金额(元)	备注	姓名	地址	金额(元)	备注
戚永鹏	营仔大榄田村	500.00		戚治川	营仔烟墩村	500.00	
戚日有	广西合浦山口圩	500.00		戚 旭	防城勒色葵村	500.00	
戚日波	广西防城东兴市	500.00		戚茂泉	陆川樟下坪村	500.00	
戚永锋	良垌樟木埇村	500.00		戚观顺	横山排里老村	500.00	
戚豪天	良垌樟木埇村	500.00		戚 军	横山排里老村	500.00	
戚振球	营仔大榄田村	500.00		戚培灿	营仔大榄田村	500.00	
戚 素	安铺中间村	500.00		戚培烂	营仔大榄田村	500.00	
戚贵文	安铺后塘村	500.00		戚锡江	东莞水流村	500.00	
戚培珲	博白双垌中心垌村	500.00		戚炳祥	东莞水流村	500.00	
戚康斌	安铺洪坡村	500.00		戚培文	营仔大榄田村	500.00	
戚培强	安铺秀九村	500.00		戚进政	营仔大榄田村	500.00	
戚华友	安铺秀九村	500.00		戚 章	遂溪横仓村	500.00	
戚培明	安铺秀九村	500.00		戚春梅	广西东兴市	500.00	
戚锦添	安铺秀九村	500.00		戚 胜	美国洛杉矶	500.00	
戚华春	安铺秀九村	500.00					
戚任佳	安铺秀九村	500.00		戚雄宇	湛江扇屋村	400.00	
戚进祥	安铺秀九村	500.00		戚峰源	防城勒色葵村	400.00	
戚广钊	安铺秀九村	500.00		戚春海	安铺秀九村	350.00	
戚进华	安铺秀九村	500.00		戚日荣	横山关塘仔村	300.00	
戚水辉	安铺秀九村	500.00		戚黄宝	横山关塘仔村	300.00	
戚康新	安铺秀九村	500.00		戚德馀	湛江扇屋村	300.00	
戚 仲	安铺秀九村	500.00		戚立群	湛江扇屋村	300.00	
戚 金	安铺秀九村	500.00		戚伟强	湛江扇屋村	300.00	
戚德恩	遂溪黄垌坑村	500.00		戚伟文	湛江扇屋村	300.00	
戚成林	遂溪黄垌坑村	500.00		戚 伟	陆川沙坡村	300.00	
戚康九	横山石岩塘村	500.00		戚 会	横山关塘仔村	300.00	
戚 添	横山石岩塘村	500.00		戚永杰	湛江龙头山口村	300.00	
戚培豪	营仔大榄田村	500.00		戚敏超	湛江龙头山口村	300.00	
戚 柳	营仔大榄田村	500.00		戚敏飞	湛江龙头山口村	300.00	
戚水权	营仔大榄田村	500.00		戚 章	遂溪横仓村	300.00	
戚汝春	车板龙眼根村	500.00		戚汝斌	防城勒色葵村	300.00	

姓名	地址	金额(元)	备注
戚汉荣	贵港六旺村	300.00	
戚 才	海南临高姓戚村	300.00	
戚 全	海南临高姓戚村	300.00	
戚 文	海南临高姓戚村	300.00	
戚华民	海南临高姓戚村	300.00	
戚小庆	海南临高姓戚村	300.00	
戚小福	海南临高姓戚村	300.00	
戚小定	海南临高姓戚村	300.00	
戚小健	海南临高姓戚村	300.00	
戚华永	海南临高姓戚村	300.00	
戚华霖	海南临高姓戚村	300.00	
戚华诚	海南临高姓戚村	300.00	
戚华强	海南临高姓戚村	300.00	
戚华廉	海南临高姓戚村	300.00	
戚华文	海南临高姓戚村	300.00	
戚华兴	海南临高姓戚村	300.00	
戚培均	良垌长山仔村	300.00	
戚培明	良垌长山仔村	300.00	
戚振业	遂溪杨柑圩	300.00	
戚培英	遂溪红鹅塘村	300.00	
戚培全	良垌长山仔村	300.00	
戚 伟	湛江霞山区	300.00	
戚 翔	博白中心垌村	300.00	
戚家玮	博白中心垌村	300.00	
戚茂才	陆川樟下坪村	300.00	
戚茂超	陆川樟下坪村	300.00	
戚茂杰	陆川车头村	300.00	
戚茂远	陆川车头村	300.00	
戚茂伟	陆川车头村	300.00	
戚广华	陆川车头村	300.00	
戚茂林	桂平石龙新村	300.00	

姓名	地址	金额(元)	备注
戚基永	陆川新屋村	300.00	
戚佳惠	陆川石台村	300.00	
戚建枫	陆川石台村	300.00	
戚汝格	防城簕色葵三队	300.00	
戚 锋	防城簕色葵三队	300.00	
戚 胜	防城簕色葵三队	300.00	
戚汝强	防城簕色葵五队	300.00	
戚汝佳	防城簕色葵五队	300.00	
戚兆才	车板麻山村	300.00	
戚有权	防城簕色葵村	300.00	
戚贤茂	陆川车头村	300.00	
戚杰文	营仔天塘村	300.00	
戚阮雪	湛江赤坎街	300.00	
戚日贵	防城簕色葵村	300.00	
戚光毅	遂溪杨柑一角村	300.00	
集体捐资	两广戚氏后裔	27,627.00	
	东莞东城水流村	5,000.00	
	开平马岗高田村	5,000.00	
	东莞横坑禾合田村	3,800.00	
	黎氏	2000.00	
	湛江淀粉厂	800.00	
	遂溪源港村	628.00	
	黄牛山纪念堂	600.00	
	湛江山地板公司	500.00	

粤桂琼

廉江欧家戚氏族谱

廉江欧家戚氏族谱编纂委员会 编

二零一六年续修版第二卷

中山大学出版社
·广州·

凡 例

一、本谱为《欧家戚氏族谱》龙祐公世系，凡欧家戚氏六世祖迁徙粤、桂、琼各地的裔孙不分男女、贫富贵贱、不分区域、不论党派、不论信仰、一视同仁，愿意上谱者一律上谱。

二、本谱按国家政策和戚氏全国中华宗亲理事会的要求，紧跟时代，面对现实，对族谱实行格式、内容、方法、编辑等多方面的改革。入谱者在内容上填写名字、出生年月日、学历、学位、职务、职称、生子女数量；先贤要记载生卒年时间、殡葬地址、陵墓坐向等。

三、本谱格式，分《世系源流图表》和《世系源流谱》，《世系源流图表》只适合用于1-6世祖和6-13世祖，同房一个世系谱均集中在《世系源流谱》前面；《世系源流谱》均按支系、房系、户系的顺序、编写，采用新格式横向排版，户系五代横排相连，从上至下为世系繁衍，上承下接，按页码陈列。

四、本谱文字，一般采用国家颁发的《简化字总表》《现代汉语词典》《辞源》等。旧谱中个别难、泛僻字，异读字原则上照旧录用，其后括注文字为通俗规范用字。

五、地名沿习惯，地名和现行政区域地名,现行地名不相符的历史地名均括注现地名。

六、符号含义和代用字的含义：实心圆"●"表示该世系无后裔，包括"止、夭、殇"；"未详"为不清楚；"缺考"为无法查考；"待考"为有待考证或不明世系；"迁"为外迁；"出"为出继；"入"为入继；"妣"为已故妻子；"配"为妻子健在；"粤"为广东；"桂"为广西；"琼"为海南。

七、官阶职称，历代官职、科举用历史称谓，现代官职、学位、职称以现代称谓。

八、阅读查找方法，查世系从线图表查找，查支系谱，先从目录中查出的内容，再查找内容所在的页码，要查某世系上、下连接，就从上承下接的页码中去找。

九、由于本谱贯彻入谱自愿的原则，自愿不参加修谱村、队：徐闻曲界戚宅村；合浦党江九尾坡村；陆川沙坡才逢队；遂溪草潭石九村。

二十一世 戚培仁

目 录

高祖龙祐公至六世祖世系源流图表／7
高祖龙祐公至六世祖世系源流谱／8
六世祖世美公长支子达公至十二世祖世系源流图表／11
六世祖世美公长支子达公至十三世祖源流谱／12

坡头扇屋村／18
    六世祖世美公长支子达公分支雨庚公派下仕通公房源流谱／18

湛江龙头山口村／30
    世美公长支子达公分支雨庚公派下从怀房源流谱／30

横山排里新村／45
    世美公长支子达公分支允汉、允珠公派下学弘房源流谱／45
    世美公长支子达公分支允珠公派下学高房源流谱／52
    世美公长支子达公分支允珠公派下学圣房源流谱／60

横山排里老村／71
    世美公长支子达公分支允珠公派下学有房源流谱／71
    世美公世系长支子达公分支允珠公派下学秀房源流谱／72
    世美公长支子达公分支允珠公派下学才房源流谱／74
    世美公长支子达公分支允识公派下学成房源流谱／86
    世美公长支子达公分支允凯公派下相佰房源流谱／87
    世美公长支子达公分支允陞公派下学富房源流谱／90
    世美公长支子达公分支允韬公派下学英房源流谱／95

徐闻北合村／103
    世美公长支子达公分支允济公派下存有房源流谱／103

安铺欧家下村／107
    世美公长支子达公分支允习、允其、成名、成望公派下相达房源流谱／107
    世美公长支子达公分支成真公派下相虚房源流谱／111
    世美公长支子达公分支成召公派下相旺房源流谱／118
    世美公长支子达公分支成望公派下相林房源流谱／126

安铺欧家塘尾村／130
    世美公长支子达公分支咸真公派下相屋房源流谱／130

遂溪杨柑圩／133
    世美公长支子达公分支成喜公派下学鼎房源流谱／133

遂溪杨柑一角村／135
    世美公长支子达公分支成喜公派下学盛房源流谱／135

北海营盘后塘村／151
    世美公长支子达分支洪球公派下学荣房源流谱／151

北海青山头村／166
    世美公长支子达公分支洪明公派下学才房源流谱／166

北海南康车元根村／172
    世美公长支子达公分支洪明公派下学才房源流谱／172

北海西边塘村／176
    世美公长支子达公分支洪明公派下学才房源流谱／176

车板麻山村 / 187
  世美公长支子达公分支洪明公派下学光房源流谱 / 187
安铺担蚬港迁杨柑圩 / 195
  世美公长支子达公分支成杰公派下相辉公房源流谱 / 195
安铺担蚬港村 / 197
  世美公长支子达公分支成杰公派下相辉公房源流谱 / 197
安铺茂桂路下村 / 215
  世美公长支子达公分支成宠公派下相捷房源流谱 / 215
  世美公长支子达公分支成弼公派下戚学和源流谱 / 220
  世美公长支子达公分支允乾公派下相国公房源流谱 / 223
安铺双塘村 / 224
  世美公长支子达公分支成杰公派下相清房源流谱 / 224
安铺后塘村 / 227
  世美公长支子达公分支成杰公派下相清房源流谱 / 227

世美公至十二世系源流图表 / 234
世美公朝通公派下至十三世源流谱 / 235

安铺白沙口村 / 242
  世美公次子朝通公分支洪广公派下戚丰、戚聪、戚权、戚泰房源流谱 / 242
  世美公次子朝通公分支洪广公派下戚聪房源流谱 / 247
  世美公次子朝通公分支洪广公派下戚权房源流谱 / 255
  世美公次子朝通公分支洪广公派下戚泰房源流谱 / 256
安铺茂桂路上村 / 263
  世美公次支朝通公分支成真公派下相齐房源流谱 / 263
安铺茂东村 / 274
  世美公次支朝通公分支成真公派下相上房源流谱 / 274
廉江营仔大榄田村 / 283
  世美次支朝通公分支以严公派下均达、均明房源流谱 / 283
遂溪横仓村 / 286
  世美公次支朝通公分支才相公派下相礼房源流谱 / 286
  世美公次支朝通公分支成秀公派下相全房源流谱 / 288
营仔基围头村 / 298
  世美公次支朝通公分支洪亮公派下相参房源流谱 / 298
安铺洪坡中间村 / 300
  世美公次支朝通公分支洪瑞公派下相会房源流谱 / 300
安铺洪坡对面村三队 / 309
  世美公世第次支朝通公分支洪瑞公派下相会房源流谱 / 309
安铺大坡村 / 311
  世美公次支朝通公分支洪瑞公派下相隆房源流谱 / 311
安铺大坡村 / 314
  世美公次支朝通公分支洪瑞公派下相勋房源流谱 / 314
遂溪深沟村 / 316
  世美公次支朝通公分支洪韬公派下凤详房源流谱 / 316
安铺洪坡下村 / 320
  世美公次支朝通公分支洪亮公派下相端房源流谱 / 320
安铺里屋湾村三队 / 325
  世美公次支朝通分支洪韬公派下凤祥房源流谱 / 325

遂溪西壁村 / 330
　　世美公次支朝通公分支洪韬公派下凤详房源流谱 / 330
遂溪草潭麻公村 / 334
　　世美公次子朝通公分支成旺公派下相龙房源流谱 / 334
北海营盘村 / 336
　　世美公长支子达分支成旺公派下相秀房源流谱 / 336
北海营盘旧居廖村 / 340
　　世美二支朝通公分支成旺公派下相秀房源流谱 / 340
横山关塘仔村 / 342
　　世美公次支朝通公分支奇会公派下安朝房源流谱 / 342
　　世美公次支朝通公分支奇胶公派下安德、安任、安和、安平房源流谱 / 348
　　世美公次支朝通公分支奇修公派下安进、安宁房源流谱 / 350
博白双垌村 / 353
　　世美公次支朝通公分支万富公派下君成房源流谱 / 353
海南戚屋村 / 355
　　世美公次支朝通公分支奇富公派下安康房源流谱 / 355
横山三江村 / 361
　　世美公次支朝通公分支奇生公派下安国公房源流谱 / 361
　　世美公次支朝通公分支王谐公派下木福源流谱 / 365
　　世美公次支朝通公分支奇生公派下安泰房源流谱 / 369
　　世美公次支朝通公分支奇殿公派下安成、安杨公房源流谱 / 370
　　世美公次支朝通公分支奇勋公派下安全、安齐房源流谱 / 382
湛江福建村 / 383
　　世美公次支朝通公分支奇生公派下安国房源流谱 / 383
遂溪东港北村 / 385
　　世美公次支朝通公分支奇殿公派下安成安扬房源流谱 / 385
　　世美公次支朝通公分支奇勋公派下安文、安全公房源流谱 / 395
茂名双狮岭村 / 396
　　世美公次支朝通公分支奇珍、奇彩公派下安富房源流谱 / 396
电白珠仔山村 / 406
　　世美公次支朝通公分支成章公派下侯进公房源流谱 / 406
电白竹庶园 / 411
　　世美公次支朝通公分支成章公派下侯进房源流谱 / 411
电白平湖村 / 419
　　世美公次支朝通公分支成章公派下侯进房源流谱 / 419
电白崩塘村 / 422
　　世美公次支朝通公分支成章公派下侯进房源流谱 / 422

六世祖秀美公至十二世祖世系源流图表／426
六世祖秀美公至十三世祖世系源流谱／427

横山七块仔村 / 429
　　秀美公长友安祥分支王伦、王图、王尤派下学焕、学明、相延、相美房源流谱 / 429
　　秀美公长支安祥分支王章公派下相材、相德房源流谱 / 430
　　秀美公长支安祥分支王佐公派下相正房源流谱 / 433
　　秀美公长支安祥分支王乔公派下相庆房源流谱 / 434
　　秀美公长支安祥公分支王贵派下学敷、学武房源流谱 / 436

安铺石牛潭村 / 443
　　秀美公长支安祥分支王章公派下相德房源流谱 / 443
海南金江圩 / 445
　　秀美公长支安祥分支王富公派下学信房源流谱 / 445
遂溪介炮圩 / 447
　　秀美公长支安祥公分支王章公派下相德房源流谱 / 447
廉江安铺圩 / 448
　　秀美公长支安祥公分支王章公派下相德房源流谱 / 448
横山角仔村 / 450
　　秀美公长支安祥公分支王真王富公派下学选、学儒、学举房源流谱 / 450
海南临高新盈镇姓戚村 / 456
　　秀美公长支安祥公分支王章公派下有德房源流谱 / 456
安铺欧家大坡村 / 458
　　秀美公长支安瑞公分支成芳公派下相安、相弼房源流谱 / 458
安铺欧家塘尾村 / 467
　　秀美公次支安瑞公分支成球公派下相啟房源流谱 / 467

六世祖秀美公至十二世祖世系图表／470
六世秀美公次子安瑞公至十三世祖世系源流谱／471

营仔天塘村 / 475
　　秀美次子安瑞公分支成翼公派下相惠、相谋相穆房源流谱 / 475
钦州谷仓村 / 515
　　秀美公次支安瑞分支成翼公派下相惠、相修房源流谱 / 515
安铺戚村仔 / 519
　　秀美公次支安瑞公分支成高公派下相豪房源流谱 / 519
车板南蒙塘村 / 529
　　秀美公次支安瑞公分支成科、成富、成华派下源流谱 / 529
车板南蒙塘村 / 530
　　秀美公次支安瑞公分支成汉公派下相发房源流谱 / 530
营仔大榄田村一房 / 533
　　秀美公次支安瑞公分支成观、相举公派下戚富房源流谱 / 533
营仔大榄田村二房 / 542
　　秀美公次支安瑞公分支成欢、相举公派下戚贵房源流谱 / 542
营仔大榄田村三房 / 552
　　秀美公次支安瑞公分支成欢、相举公派下戚德房源流谱 / 552
营仔大榄田村四房 / 564
　　秀美公次支安瑞公分支成欢公派下戚瑞房源流谱 / 564
营仔长坡村 / 568
　　秀美公次支安瑞成聪、成秀、成贵、成举、成美、成观、成龙、成礼派下相辅、相全、相进、相朝、相尧、应灼、应禄、相辉、相贤、相见房源流谱 / 568
营仔荔枝湾村 / 575
　　秀美公次支安瑞公分支成琏派下相会、相禄、相梁、相思相文房源流谱 / 575
遂溪红鹅塘村 / 582
　　秀美公次支安瑞公分支洪礼公派下相栋、相威房源流谱 / 582
遂溪乐民源港村 / 588
　　秀美次子安瑞公分支洪礼公派下相威房源流谱 / 588

高祖龙祐公至六世祖世系源流图表

| 始祖 | 二世 | 三世 | 四世 | 五世 | 六世 |

```
                                              ┌─ 世美
                                              ├─ 秀美
                                   ┌─ 佛成 ──┼─ 广爱
                                   │          ├─ 子美
                                   │          └─ 德美（未详）
                        ┌─ 侯保 ──┼─ 佛养 ──── 南轩
                        │          └─ 佛孙 ──── 世荣●
                        │                      ┌─ 元善
             ┌─ 陈兴 ──┤                      ├─ 子中
             │          │          ┌─ 元通 ──┼─ 文惠
             │          │          │          └─ 文昌
             │          └─ 道保 ──── 舜元 ──── 亚俊
             │                      ┌─ 戚刚（未详）
             │                      │          ┌─ 玩湖（未详）
龙祐 ── 一曾 ─┤          ┌─ 源孚 ──┤          ├─ 祖生（未详）
配王氏        │          │          │          └─ 二生●
生一曾        ├─ 茂兴 ──┼─ 成孚 ──── 宿齐●
             │          └─ 怀孚
配李氏        │                      ┌─ 长义
生仲豪        │                      ├─ 义长（未详）
  仲贤        │          └─ 广孚 ──┼─ 思古（未详）
  仲宽        │                      └─ 微日（迁往南洋）
  仲杰        │                                ┌─ 宁宗
（另续）      │                                ├─ 子深
             └─ 芳兴 ──── 三思 ──── 长公 ──┼─ 薛嶺
                                                ├─ 继宗
                                                └─ 务宗
```

高祖龙祐公至六世祖世系源流谱

一世：高祖龙祐，字玉成，生于南宋嘉定六年（癸酉1213年）南宋浙江萧山族，朝廷进士南宋皇陵广西督粮大夫，后调粤岭南广石褚郡总督运粮大夫，因朝廷战乱隐居于粤新会崖山草坊，到至元十九年（壬午1282年）再潜迁新城州背坊。元贞二年（丙申1296年）祖卒，葬于城南义塚冈。坐巽向乾兼辰戌三分针之原。妣王、李氏卒后附葬祖坟之右。至壬申年（即1993年）新城政府用地办厂，后迁到古院后岭象山再葬。坐坤向艮兼未丑。原配妣一夫人王氏生一子，一曾，后裔六世祖众兄弟自粤新会罗坑镇陈埔村迁至广东高州府石城县宁十三都欧家村落业。妣二夫人李氏生四子：长子仲豪次子仲贤、三子仲宽、四子仲杰，分别于居新兴古院，开平高园，新兴扶桂开创居业，另续。

二世：一曾，生于淳祐三年（癸卯1243年）卒年号和葬地址不详，配妣吴氏，生三子：长子陈兴、次子茂兴、三子芳兴。

三世：一曾长子陈兴生于景炎元年（戊寅1278年）居于粤东新会陈埔村，卒葬时间地址不详，妣杨氏生二子：长子侯保、次子道保。

三世：一曾次子茂兴生于景炎三年（戊寅1280年）妣林氏生四子：长子源孚、次子成孚、三子怀孚、四子广孚。

三世：芳兴生于大德五年（辛丑1301年），卒葬时间地址不详，妣曹氏生一子三思。

四世：侯保生于天历二年（己巳1329年），卒葬时间地址不详，妣梁氏生四子：长子佛成、次子佛养、三子佛孙、四子元通。

四世：道保，生于至顺三年（壬申1332年），卒葬时间地址不详，妣李氏生后裔未详，待考。

四世：源孚生于元统三年（乙亥1335年），卒葬时间地址不详，妣梁氏生一子：刚。未详。

四世：成孚生于至正一年（辛巳1341年），卒葬时间地址不详，妣区氏生三子：长子玩湖、次子祖生、三子二生。

四世：怀孚生于至正三年（癸未1343年），卒葬时间地址不详，妣区氏生一子：宿齐。

四世：广孚生于至正六年（丙戌1346年），卒葬时间地址不详，妣吴氏生四子：长子长义、次子义长、三子思古、四子徽日。

四世：三思生于至正九年（巳丑1349年），卒葬时间地址不详，生一子长公。

五世：佛成生于洪武二十年（丁卯1387年），卒葬时间地址不详，妣易氏生五子：长子世美、次子秀美、三子广爱、四子子美、五子德美。

五世：佛养生于洪武二十二年（己巳1389年），卒葬时间地址不详，妣黄氏生一子：南轩。

五世：佛孙生于洪武二十五年（壬申1392年），卒葬时间地址不详，妣谭氏生一子：世荣●。

五世：元通生于洪武二十八年（乙亥1395年），卒葬时间地址不详，妣麦氏生四子：长子子善、次子子中、三子文惠、四子文昌。

五世：玩湖生于洪武二十九年（丙子1398年），卒葬时间地址不详，妣梁氏未详待考究。

五世：戚刚生于洪武三十四年（戊寅1402年），卒葬时间地址不详，妣欧氏后裔未详待考究。

五世：祖生于建文四年（庚辰1406年），卒葬时间地址不详，妣氏后裔未详待考究。

五世：长义生于建文七年（壬午1410年），卒葬时间地址不详，妣梁氏后裔未详待考究。

五世：义长生于永乐五年（乙酉1414年），卒葬时间地址不详，妣曾氏后裔未详待考究。

五世：思古生于永乐八年（戊子1422年），卒葬时间地址不详，妣黎氏后裔未详待考究。

五世：徽日生于永乐十年（庚寅1415年），卒葬时间地址不详，妣袁氏迁居南阳与妣李氏后裔未详待考究。

五世：长公生永乐十四年（壬辰1419年），卒葬时间地址不详，妣龚氏生五子：长子宁宗、次子子深、三子薛嶺、四子继宗、五子务宗。

六世：世美生于永乐十八年（庚子1420年），成化十七年（辛丑1481年）自新会罗坑陈埔村迁居粤高州府石城县宁十三都欧家落业，卒葬于龙潭村后岭坐亥向巳，妣潘氏生二子：长子子达、次子朝通。

六世：秀美生于正统十三年（戊辰1484年），卒葬于蛤岭蛇地坐壬向丙兼亥巳，大清嘉庆年间重修并与六世祖兄弟广爱公、子美公、同葬蛤岭蛇地，妣陈氏生二子：长子安祥、次子安瑞。

六世：广爱生于景素六年（庚午1487年），卒时间不详，同秀美、子美、德美公同

葬于蛤岭蛇地，妣杨氏生二子：长子朝进、次子朝献。

六世：子美生于景素九年（乙亥1490年），卒时不明，同秀美公、广爱、子美、同葬于蛤岭蛇地，妣周氏生二子：长子一正、次子一弘。

六世：德美生于天顺五年（戊寅1483年），卒时不明，葬地址不明，妣氏生三子：长子一荣、次子一举、三子一齐。

六世：南轩生于天顺七年（丁丑1494年），卒葬时间地址不详，妣卢氏生二子：长子朝远、次子子远。

六世：元善生于天顺十年（庚辰1487年），妣谭氏后裔未详，待考究。

六世：子忠生于正统九年（甲子1445年），妣胡氏后裔未详，待考究。

六世：文惠生于天顺十三年（壬午1500年），妣后裔未详，待考究。

六世：文昌生于正统十四年（己巳1449年），妣陈氏后裔未详，待考究。

六世：宁宗生于天顺十四年（甲申1503年），妣后裔未详，待考究。

六世：子深生于景素九年（乙亥1507年），妣李氏后裔未详，待考究。

六世：薛嶺生于成化五年（丙戌1509年），卒葬时间地址不详，妣黄氏生三子：长子景春、次子景才、三子景兴。

六世：维宗生于成化八年（己丑1511），卒葬时间地址不详，妣关氏生一子：道全。

六世：务宗生于成化十年（甲午1514年），卒葬时间地址不详，妣马氏生二子：长子子和、次子子顺。

六世祖世美公长支子达公至十二世祖世系源流图表

六世	七世	八世	九世	十世	十一世	十二世

```
                                              ┌─应君──┬─日先●
                                              │       ├─日安●
                                              │       └─日定●
                                     ┌─维恩──┼─应相───日春
                                     │       ├─应明───日恭────宗弘
                                     │       └─应兆───日宽●
                                     │                      ┌─振朝、振敬
                                     │              ┌─日谦──┤豪(广州福禄村)
                            ┌─友富──┼─维愈──┬─应宝─┤      └─富、标
                            │       │       │       └─日让●
                            │       │       └─应时──┬─日询●
                            │       │               └─日城●
                            │       └─维德──┬─应明●
                            │               └─应耀───日贞────仁立
                            │                       ┌─日高●
                            │               ┌─仕卿──┤
                            │               │       └─日明●
                            │               ├─仕爵●
                            │       ┌─御廉──┤       ┌─日忠
                            │       │       │       ├─日章
                            │       │       ├─仕俊──┤
                            │       │       │       ├─日聪───荣、起华、起善
                            │       │       │       └─日耀●
                            │       │       └─仕豪●
                            │       │               ┌─日芳────振才
                            │       │       ┌─仕杰──┤
                            │       │       │       └─日恩────振能
                            ├─友贵──┼─御德──┼─仕雄───日兴────振国、振御
                            │       │       │       ┌─日清●
                            │       │       └─仕举──┤
                            │       │               └─日廉●
                            │       │       ┌─仕才●
                            │       ├─御忠──┤
                            │       │       └─仕能●
                            │       │               ┌─日炫────振龙
                            │       └─御良──┬─仕达──┤
                            │               │       └─日升────起越
世美公────子达──┤               └─仕奇●───日先────起侦、起裕
                            │                       ┌─日晋────振济
                            │               ┌─仕朝──┤
                            │               │       └─日明────振辉
                            │               │       ┌─日新────振纲
                            │               ├─应尧──┼─日超●
                            │               │       └─日冠────振尚
                            │               │       ┌─日旭────振良
                            │               ├─应禹──┤
                            │               │       └─日位●
                            └─友荣───维帮──┼─应周───日勉────儒锡
                                            │       ┌─日祥────振越
                                            ├─应文──┤
                                            │       └─日华────振明
                                            │       ┌─日禄────振锡、田锡
                                            ├─应科──┼─日励────品锡
                                            │       └─日勇────玉锡、生锡
                                            └─仕魁──┬─日通────国锡
                                                    └─日朝────回锡
```

六世祖世美公长支子达公至十三世祖源流谱

六世：世美：生于成化十七年（辛丑 1481 年），妣潘氏，在嘉靖年初自新会陈埇村移居高州石城县宁十三都欧家落业，为人性格好，卒葬在龙潭村后岭，坐亥向巳石碑为记与妣同穴。生二子：子达、朝通（下页接）。

七世：世美长子子达：妣张氏为人友爱慈祥，生于正德五年（庚午 1510 年）卒葬在西埇，坐亥向巳，后迁龙潭水鸡埇，坐西南向东北，妣葬在排岭清水为凭，生四子：友富、友贵、友荣、友华。

八世：子达长子友富：妣邱氏续梁氏生平正直，族里称德，生于嘉靖十七年（戊戌 1538 年）九月二十六日，寿年六十四岁，卒于万三历年十年（壬寅 1602 年）二十五日，葬在丰三上江头土名南金钟形石碑为记。妣生于嘉靖辛丑年七月十日，卒于万历丁酉年二月五日，葬在江头鹤地下手侧脑，生三子：维恩、维愈、维德。

八世：子达次子友贵：妣郭氏为人善良正直，生于嘉靖二十二年（壬寅 1542 年）八月十五日，寿年四十六岁，卒于万历（戊子年）三月二十九日，葬在西埇岭路边，妣生于嘉靖丁丑年二月初二日，寿年八十四岁，卒于万历辛末年九月九日，葬在岭祖茔下臂，坐亥向巳，与龙潭公婆同坟，生四子：御廉、御德、御忠、御良。

八世：子达三子友荣：妣李氏为人正直诚实，生于嘉靖二十五年（丙午 1546 年）二月二十五日，卒于天启六年（丙寅 1626 年）二月二日，葬在鸡埇，妣生于嘉靖（戊申 1548 年）八月十日，卒于万历庚子年十一月十四日，葬在南渡岭，生一子：维邦。

八世：子达四子友华：妣梁氏生二子：世平（未详）、世贤（未详）。

九世：友富长子维恩：妣黄氏生于嘉靖四十五年（丙寅 1566 年）九月二十七日，卒于崇祯年（己巳 1629 年）十月初四日，葬于东石水口岭，坐戌向辰，曾在石城县圣殿掌教，蒋知县赠对一联：云，文章既胜翰林院教决又如接，葬司邑誌有载。

生四子：应君、应相、应明、应兆。

十世：维恩长子应君：妣吴氏生三子：日光●、日安●、日定●。

十世：维恩次子应相：妣林氏生一子：日春不详。

十世：维恩三子应明：妣吴氏生一子：曰恭。

十世：维恩四子应兆：妣王氏生一子：曰宽不详。

十一世：应明之子曰恭：妣卢氏生一子：宗弘。

十二世：曰恭之子宗弘：妣黄氏生三子：雨庚、敬庚●、瑞庚●。

十三世：宗弘之子雨庚：妣黄氏生一子：从怀。

九世：友富次子维愈：妣庞氏生于隆庆三年（己巳1569年）九月二十四日巳时，寿年七十六岁，妣苏氏卒于乱世庚寅年十月十七日，酉时葬于田地大坡岭渴龙饮泉形，生二子：应宝、应时。

十世：维愈长子应宝：妣陈氏生二子：曰谦、曰让不详。

十一世：应宝之子曰谦：妣某氏生五子：振朝●、振敬●、豪、富、标●。

十二世：曰谦三子豪：妣黄氏生三子（迁居廉州福禄村）。

十二世：曰谦四子富：妣黄氏生二子：允吉、胜。

十三世：富长子允吉：妣杨氏生三子：国俊、国信、国通。

十世：维愈次子应时：妣方氏生二子：曰询不详、曰诚不详。

九世：子达三子维德：妣刘氏生二子：应明●、应耀。

十世：维德次子应耀：妣魏氏生一子：曰贞。

十一世：应耀之子曰贞：妣梅氏生一子：仁方。

十二世：曰贞之子仁方：妣江氏生一子：中富。

十三世：仁方之子中富：妣张氏生二子不详。

九世：友贵长子御廉妣黎氏生四子：仕卿、仕俊、仕爵●、仕豪●。

十世：御廉长子仕卿：妣吴氏生三子：曰高●、曰明●、曰可。

十世：御廉次子仕俊：妣潭氏生四子：曰中●、曰章●、曰聪、曰耀●。

十一世：仕卿三子曰可：妣某氏生一子：振德。

十一世：仕俊三子曰聪：妣方氏生三子：显荣、起华、起善。

十二世：曰可之子振德：妣林氏生一子：允识。

十二世：曰聪长子显荣：妣某氏生二子：允富、允凤●。

十二世：曰聪次子起华：妣周氏生一子：允成。

十二世：曰聪三子起善：妣陈氏生四子：允圣、允元、允俸、允贵。

十三世：振德之子允识：妣陈氏生二子：学成、学开。

十三世：显荣长子允富：妣某氏生一子：学贵。

九世：友贵次子御德：妣方氏生四子：仕杰、仕雄、仕举、仕才。

十世：御德长子仕杰：妣梁氏生二子：日芳、日恩。

十世：御德次子仕雄：妣陈氏生一子：日兴。

十世：御德三子仕举：妣潘氏生二子：日清●、日廉●。

十世：御德四子仕才：妣余氏●仕能：妣曾氏●。

十一世：仕杰长子日芳：妣氏生一子：振才。

十一世：仕杰次子日恩：妣氏生一子：振能。

十一世：仕雄之子日兴：妣方氏生二子：振国、振卿。

十二世：日芳之子振才：妣何氏生一子：允汉。

十二世：日恩之子振能：妣杨氏生一子：允珠。

十二世：日兴长子振国：妣何氏生一子：允韬。

十二世：日兴次子振卿：妣林氏生二子：允浩、允杰。

十三世：振才之子允汉：妣张氏生二子：学弘、学佳。

十三世：振能之子允珠：妣周氏生八子：学士、学友、学进、学相、学高、学圣、学秀、学才。

十三世：振国之子允韬：：妣许氏生二子：学通、学英。

九世：友贵三子御忠：妣陈、蔡、唐三氏，生一子：仕能。

十世：御忠之子仕能，号静甫，妣曾氏，为人友爱公直，远近称老年无嗣在，青平圩长素寺归终，葬龙潭岭尾土名南渡岭●。

九世：友贵四子御良：妣唐、陈氏二氏，生二子：仕达、仕奇●。

十世：御良之子仕达：妣梁氏生三子：日炫、日升、日先。

十一世：仕达长子日炫：妣黎氏生一子：振龙。

十一世：仕达次子日升：妣氏生一子：起越。

十一世：仕达三子日先：妣昌氏生二子：起祯、起裕。

十二世：日炫之子振龙：妣氏生一子：允学。

十二世：日升之子起越：妣郑氏生二子：允济、允经。

十二世：日先长子起祯：妣吴氏生四子：允凯、允甲、允就、允习。

十二世：日先次子起裕：妣氏生一子：允贺。

十三世：振龙之子允学：妣刘氏生一子：相金。

十三世：起越长子允济：妣李氏●。

十三世：起越次子允经：妣李氏生三子：相佳、相进、相觉。

十三世：起祯长子允凯：妣徐氏生二子：相候、相伯。

十三世：起祯次子允甲：妣陈氏生二子：相文、相武●。

十三世：起祯三子允就：妣方氏生二子：仁广、仁杨、仁敷。

十三世：起祯四子允习：妣梁谢二氏生三子：相平、相治、相远。

十三世：起裕之子允贺：妣谢氏生一子：相尧。

九世：友荣之子维邦：妣昌、黄二氏生七子：仕朝、应尧、应禹、应周、应文、应科、仕魁。

十世：维邦长子仕朝：妣谢氏生二子：日晋、日明。

十世：维邦次子应尧：妣赵氏生三子：日新、日超●、日冠。

十世：维邦三子应禹：妣方氏生二子：日旭、日位●。

十世：维邦四子应周：妣莫氏生一子：日勉。

十世：维邦五子应文：妣何氏生三子：日祥、日华、日禄。

十世：维邦六子应科：妣曾氏生二子：日励、日勇。

十世：维邦七子应魁：妣招氏生二子：日通、日朝。

十一世：仕朝长子日晋：妣某氏生一子：振济。

十一世：仕朝次子日明：妣某氏生一子：振辉。

十一世：应尧长子日新：妣符氏生一子：振纲。

十一世：应尧次子日冠：妣黄氏生一子：振尚。

十一世：应禹长子日旭：妣某氏生一子：振良。

十一世：应周之子日勉：妣某氏生一子：儒锡。

十一世：应文长子日祥：妣谢氏生一子：振越。

十一世：应文次子日华：妣某氏生一子：振明。

十一世：应文三子日禄：妣黄氏生二子：振锡、田锡。

十一世：应科长子日励：妣陈氏生一子：品锡。

十一世：应科次子日勇：妣某氏生二子：玉锡●、生锡●。

十一世：应魁长子日通：妣曾氏生一子：国锡。

十一世：应魁次子日朝：妣某氏生一子：回锡。

十二世：日晋之子振济：妣某氏生一子：允乾。

十二世：日明之子振辉：妣某氏生一子：允亮。

十二世：日新之子振纲：妣刘氏生二子：允升、允贵●。

十二世：日冠之子振尚：妣陈氏生二子：成喜、成相。

十二世：日旭之子振良：妣岑氏生五子：洪尧●、洪禹、洪积、洪球、洪明。

十二世：日勉之子儒锡：妣许氏生一子：成朝。

十二世：日祥之子振越：妣梁氏生三子：成荣、成昌、成达。

十二世：日华之子振明：妣林氏生四子：洪通、洪连、洪义、洪秀。

十二世：日禄长子振锡：妣梁氏生三子：成慰、成集、成引。

十二世：日禄次子田锡：妣方氏生一子：成杰。

十二世：日励之子品锡：妣氏生三子：成龙、成粥、成毓。

十二世：日通之子国锡：妣陆氏生五子：成钦、成康、成科、成朝、成顕。

十二世：日朝之子回锡：妣氏生三子：成考●、成彬、成就。

十三世：振济之子允乾：妣氏生三子：相斌、相贤、相国。

十三世：振辉之子允亮：妣李、曹二氏，生一子，未详。

十三世：振纲之子允升：妣龙氏生一子：学富。

十三世：振尚长子成喜：妣罗氏生二子：学顶、学盛（迁杨柑一角）。

十三世：振尚次子成相：妣陈氏生六子：学寿〈其五子未详〉。

十三世：振良次子洪禹：妣某氏生一子：相□（未详）。

十三世：振良三子洪积：妣钟氏生四子：相起、相华、相金、相志。

十三世：振良四子洪球：妣某氏生二子：学辉、学荣。

十三世：振良五子洪明：妣氏生三子：学才、学昌、学光●。

十三世：儒锡之子成朝：妣氏学平●。

十三世：振越长子成荣：妣马氏生四子：相有●、相梅、相凤、相连。

十三世：振越次子成达：妣黄氏生五子：相养、相艺、相祯、相和●、相定●。

十三世：振越三子成昌：妣钟氏●。

十三世：振明次子洪连：妣某氏生二子（未详）。

十三世：振明三子洪义●。

十三世：振明四子洪秀：妣张、庞二氏生一子：学明。

十三世：振锡长子成慰●。

十三世：振锡次子成集：妣潘氏生三子：相旺、相景、相东。

十三世：振锡三子成引：妣郑、黄二氏生二子：相时、相考●。

十三世：田锡之子成杰：妣郑、黄二氏生三子：相辉、相秀、相清。

十三世：品锡长子成龙：妣洪氏生三子：相捷、（二子未详）。

十三世：品锡次子成弼：妣郑氏生一子：学和。

十三世：品锡三子成毓：妣谢氏生二子：相员、学登。

十三世：国锡长子成钦：妣何氏生一子：相利。

十三世：国锡次子成康：妣方氏生一子：相胜。

十三世：国锡三子成科：妣伍氏生三子：学智、学高、学明。

十三世：国锡四子成朝：妣欧氏生一子（未详）。

十三世：国锡五子成显：妣某氏生一子：学善。

十三世：回锡次子成彬：妣林氏生一子（未详）。

十三世：回锡三子成就：妣某氏生一子（未详）。

六世祖世美公长支子达公分支雨庚公派下仕通公房源流谱

十三世：雨庚卒后葬于塘贡岭，与妣同穴。妣黄氏生一子：从怀。

十四世：从怀妣蔡氏生二子：荣达、盈达。

十五世：荣达妣黄氏取盈达一子入继：一举。

十五世：盈达妣张氏生一子：一举出继荣达。

十六世：一举妣叶氏生三子：仕通、仕贵、仕达。

十七世：仕通妣黄氏生三子：凤扬、凤瑞、凤伦。

十八世：凤杨妣蔡氏生二子：秉公、秉二。

十九世：秉公妣张氏生二子：思发、思财。

二十世：思发妣黄氏生一子：学通。

二十一世：学通妣蔡氏生二子：生卒不详，卒后葬米鹤村边，蔡葬后山，坐南向北灰坟为记，生二子：子灵、子瑞。

二十二世：子灵生卒时不详，平生聪明，在广西北海有多家商铺，发达荣华，卒后葬那黄埇尾岭灰坟，妣黄氏生二子：高瑞、高志。

二十三世：高瑞生卒年不详，卒后葬于娥眉月岭，坐东向西，妣陈氏生五子：永清、亚二●、亚三●、亚四●、永益另续。

二十四世：永清生卒年不详，葬村边石仔地，妣庞氏生五子：敏行、敏余另续、敏旺、敏兴、敏盛。

二十五世：敏行，生卒年不详，妣李氏生五子：田六●、土福●、德辉、日寿●、德芳。

二十六世：德辉迁香港落业，配钟氏生五子：志成、保华、保乾、保堂、保林。

二十七世：志成、保华、保乾、保堂、保林五兄弟全迁香港九龙落业。

二十七世：保华配妻吴氏，香港九龙人，生三子：政鸿、胜杰、伟进。

二十六世：德芳生卒年不详，妣陈氏生三子：雄昌、雄伟、雄有。

二十七世：雄昌生于1951年9月8日，学历初中，配陈秀妹，生于1952年4月19日，初中，禾仔田村人，生二子一女：女，国英生于1991年1月12日，初中，在外务工，子：国文、国深。

二十八世：国文生于1981年1月2日，配詹伟连丰山村人，生于1979年9月15日，生二子：树锋，生于2009年12月19日；树辉生于2012年7月3日。

二十八世：国深生于1992年10月15日，初中，在外务工。

二十七世：雄伟生于1958年8月9日，配郑瑞英，生于1959年9月14日，宫渡大垌村人，生一子二女：长女，伟娟生于1981年11月14日；二女伟清生于1992年5月7日，子：国伟。

二十八世：国伟，生于1986年3月26日，配陈氏，生于1986年7月10日。

二十七世：雄有生于1961年9月17日，配詹秀娟，生于1970年5月29日，樟坡村人。生一子四女：长女燕平生于1989年9月27日，初中，二女燕容生于1991年11月18日；三女燕玲生于1994年3月16日，在校就读；四女燕英生于1996年1月16日，在校就读；子：国雄。

二十八世：国雄生于1988年1月5日，配鲁梓甄，生于1988年6月16日，中专。

二十五世：敏余生卒年不详，妣尹、陈二氏生一子德轩。

二十六世：德轩妣黎氏生三子：雄瑞、水轩●、水文●。

二十七世：雄瑞（又名土生）配麦氏，生一子：木养。

二十八世：木养生于1989年（现在黎屋村住）。

二十五世：敏旺生卒年不详，妣毛氏生二子：德珍、德和。

二十六世：德珍妣黎、尹二氏生一子：雄桂。

二十六世：德和妣林氏生二子：雄新、雄明。

二十七世：雄新生于1950年3月28日，配陈建芳，生于1952年1月9日。生四子：国荣、国华、国富、国豪。

二十八世：国荣，生于1974年6月24日，配陈氏，平坦东木无垧人，生于1979年8月29日，初中，生二子一女；女：诗携生于2004年12月17日，在校就读；子：树智、树伟。

二十九世：树智生于2003年5月7日；树伟生于2014年1月7日。

二十八世：国华生于1976年5月29日，初中，配陆氏，生于1979年11月20日。生一子一女：树发。

二十九世：树发生于2013年9月6日。

二十八世：国富，生于1978年7月1日高中（配吴氏，生于1984年1月17日，生一子：

树钰。

二十九世：树钰生于2004年1月29日。

二十八世：国豪生于1982年8月24日，初中，配马氏，生于1986年3月6日，生一女一子：树博生于2013年9月20日。

二十七世：雄明生于1959年8月5日，小学，配陈氏，禾仔田村人，生于1959年2月20日。生三女三子：大女桂清生于1986年10月26日，初中；二女清清，生于1989年12月2日，初中；三女木容生于1992年10月18日，高中；子：国胜、国东、国锋。

二十八世：国胜生于1988年11月23日，初中。

二十八世：国东生于1991年3月7日，初中。

二十八世：国锋生于1995年9月10日，初中。

二十五世：敏兴生卒年不详，卒后葬眉目岭坐西向东，妣詹、宁二氏，宁氏卒后葬于堂古岭，坐西向东。詹氏卒后葬于蚊虾岭，坐东向西。生一子：德球。

二十六世：德球生于1929年9月25日，曾任该村三届村长，为人聪明正直，善管理好村中事，妣林生英，生于1934年，卒后葬峨月岭，坐东向西。生二子，雄志、雄强。

二十七世：雄志，生于1963年5月5日，初中，配詹日容，生于1961年12月6日，官渡木侯村人，生四子二女：长女美珍生于1987年8月30日，适塘缀白石村；二女美连生于1989年4月15日，适赤坎文保村。四子：国超、国恒、国勇、国达。

二十八世：国超生于1986年1月17日中专；配詹银华生于1988年2月14日，高岭村人，高中生，生一子：树源；

二十九世：树源生于2014年7月6日。

二十八世：国恒生于1991年4月2日，读广州城建学院。

二十八世：国勇生于1992年9月28日中专。

二十八世：国达生于1993年9月7日，在读广州铁路学院。

二十七世：雄强生于1970年9月6日，中专，配詹永娟，生于1971年11月4日，官渡丰山村人，生一子二女；长女洁菲生于1997年10月29日中专；二女朝薇，生于1993年4月3日就读湛江九中华港实验学校；子：国精。

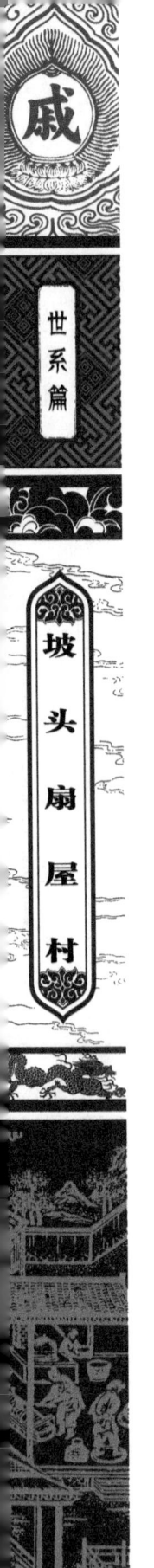

二十八世：国精，生于 1995 年 9 月 10 日在读海南医学院。

二十五世：敏盛，生卒年不详，卒后葬后背山，坐丑向未兼垦坤，妣韩氏，生四子：德礼、德华、德明、德才。

二十六世：德礼生于辛酉年 1 月 3 日，卒于己卯年 1 月 24 时，末时，享年 79 岁，曾任村长。葬后背山岭，妣毛氏，新地村人，生于 1924 年 1 月 16 日，卒于 2006 年 2 月 1 日，葬峨眉月岭，坐东向西。生四子三女：长女志英、二女兰英、三女群英；子：雄文、雄武、雄杰、雄胜。

二十七世：雄文生于 1947 年 2 月 2 日，卒于 2004 年 8 月 2 日。葬峨眉月岭，配陈琼芳，生于 1954 年 11 月 6 日，松屏村人。生四子一女：女：冬梅生于 1982 年 9 月 15 日适道高岭村。子：国强、国军、国权、国三（未详）。

二十八世：国强生于 1975 年 3 月 28 日，高中，配陈桂珠，生于 1974 年 9 月 10 日，高中，平坦华木咀村人，生一子一女。女：银燕生于 2003 年 9 月 27 日，子：树锦。

二十九世：树锦生于 2002 年 3 月 13 日，在校就读。

二十八世：国权生于 1978 年，配邓书平，生于 1983 年 6 月 29 日，梅州市人。生二子：嘉威、俊威。

二十九世：嘉威生于 2004 年 11 月 15 日；俊威生于 2011 年 6 月 6 日。

二十八世：国军生于 1980 年 11 月 29 日，大学毕业，配孙亚平，生于 1979 年，大学毕业，硕士学位，生一女：为昕，生于 2009 年 9 月 4 日。

二十七世：雄武生于 1956 年 1 月 16 日，配陈氏，官渡高山村人，生于 1958 年 8 月 20 日，高中，生四子一女：国艺、国飞、国华、国冲。

二十八世；国艺，生于 1982 年 2 月 13 日，中专，配刘氏，湖北岗河村人，生于 1983 年 8 月 11 日，初中，生二子：树浩、树昶。

二十九世：树浩生于 2008 年 6 月 29 日。

二十九世：树昶生于 2010 年 7 月 20 日。

二十八世：国飞生于 1985 年 12 月 9 日，中专，配王舒婷，生于 1989 年，上表坡村人，高中。

二十八世：国华生于 1988 年 6 月 4 日，中专。

二十八世：国冲生于 1993 年 1 月 22 日，高中。

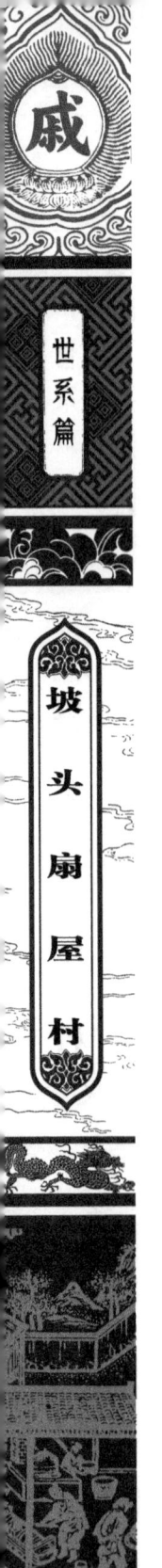

二十七世：雄杰（又名木养）生于1958年11月20日，高中，配詹容青，生于1958年9月8日，新屋地村人，生一子一女，住官渡晶威花园。女，秋晓，生于1994年7月25日，高中，子：国智。

二十八世：国智生于1988年7月24日，大学，在外务工，配詹红娟。生于1988年11月11月，官渡高岭村人，高中，生一子：树鹏。

二十九世：树鹏生于2013年9月17日。

二十七世：雄胜（又名日兴）生于1965年8月16日，高中，配詹氏，那叠村人，生于1969年7月16日，生二子二女：大女，秋燕，生于1990年6月22日；二女，华清，生于1991年12月28日；子：国晓、国锐。

二十八世：国晓生于1994年2月12，就读湛中七中。

二十八世：国锐生于1995年5月11日，就读坡头一中。

二十六世：德华生于1928年7月26日，卒于2000年2月2日，享年73岁，为人正直善良、善珠算，卒后葬后背山岭，坐辰向坤，兼寅申石碑为记，妣王氏惠英，生于1935年10月21日，卒于2012年4月5日，卒后葬峨眉岭，坐乾向巽石碑为记，平坦琴珠垌人，生四子三女，收养一女，大女建平生于1959年12月13日，适良湍流村；二女丽珍生于1964年9月18日，适良垌思茅园村；三女海燕生于1972年11月23日，适坡头龙头镇庐屋村；四女海连（养女）生于1985年1月11日，适坡头龙头镇后归埔村，子：雄振、土保●、雄宇、雄盛。

二十七世：雄振生于1955年1月2日，学历高中，精四柱，善阴阳风水书法，为村宗祠土地公庙献字，配钟彩连，吴川塘缀钟屋村人，生二子三女，大女米兰生于1985年9月3日，适吴川塘缀；二女芳芳生于1987年1月3日，适广西钦州市；三女商萍生于1991年8月2日，适广东云浮市；子：国标、国琪。

二十八世：国标生于1989年2月26日，学历初中，配康金凤，生于1991年9月6日，吴川塘尾新地村人，生二子：榛栩（未详）、树霖。

二十九世：树霖生于2014年1月27日。

二十八世：国琪生于1993年6月5日，学历中专。

二十七世：雄宇生于1967年5月17日，大学毕业，中学语文高级教师，任教于官渡

中学，配黄雪香，官渡镇白屋村人，生于 1969 年 10 月 6 日。生一女一子，女：可琪生于 1996 年 5 月 29 日，在校就读；子：戚司。

二十八世：戚司生于 1993 年 10 月 20 日，就读河南大学临床医学专业、五年本科。

二十七世：雄盛生于 1970 年 12 月 3 日，卒于 2003 年 12 月 19 日，葬峨眉月岭，坐甲向庚兼寅申，配李少琴，生一子：戚力（又名戚倍）。

二十八世：戚力（戚倍）生于 2001 年 12 月 1 日，于 2010 年 9 月迁居香港九龙观塘区翠屏北村翠桉楼，在读香港乐善堂杨仲明学校。

二十六世：德明，生于 1935 年 8 月 11 日，曾任村长，妣陈氏，生五子二女，子：雄深、雄芬、雄评、雄鑫、雄余。

二十七世：雄深生于 1957 年 7 月 1 日，学历初中，配妻陈氏，禾仔田村人，生于 1957 年 8 月 5 日，学历初中。生三子：国盛、国余、国友。

二十八世：国盛生于 1984 年 4 月 5 日，学历初中，务工。

二十八世：国余生于 1986 年 7 月 1 日，学历初中，配郑氏，官渡关草村人，生于 1989 年 12 月 6 日，学历初中。

二十八世：国友生于 1988 年 2 月 6 日，学历初中，配朱氏，后铺村人，生于 1990 年 5 月 25 日，生一子：树键。

二十九世：树键生于 2015 年 2 月 13 日。

二十七世：雄芬生于 1962 年 2 月 22 日，学历初中，配钟彩娟，生于 1962 年 9 月 25 日，初中，生一子一女，女日英生于 1990 年 7 月 18 日，学历高中。子：国贵。

二十八世：国贵生于 1986 年 12 月 19 日，学历初中。

二十七世：雄评生于 1968 年 10 月 16 日，学历初中，配曹氏，生于 1968 年 10 月 2 日，初中。生二女，长女丽青生于 1991 年 4 月 14 日，大学毕业；二女婷婷，生于 1994 年 2 月 2 日，学历高中。

二十七世：雄鑫生于 1971 年 7 月 1 日，学历初中，配詹丽梅，生于 1972 年 12 月 22 日，学历初中，生二子：国柱、国成。

二十八世：国柱生于 1996 年 11 月 26 日，在校就读。

二十八世：国成生于 1998 年 5 月 1 日，在校就读。

二十七世：雄余生于 1973 年 4 月 10 日，初中，配毛小梅，生于 1976 年 2 月 29 日，初中，生二子一女。女小燨生于 1999 年 10 月 12 日，初中；子：国坚、国涛。

二十八世：国坚生于1998年5月15日，在校就读。

二十八世：国涛生于1999年10月12日，在校就读。

二十六世：德才生于1942年7月8日，卒于2006年5月11日，享年65岁，葬于峨眉月岭，坐东向西，曾任村长。妣鲁惠兰，官渡麻俸仔村人，生于1950年9月8日，生三子二女，子：雄泰、雄源、雄荣。

二十七世：雄泰生于1969年11月2日，学历初中，配詹氏丰山村人，生于1970年11月17日，学历初中，生三子：国德、国新、国忠。

二十八世：国德生于1993年8月15日，在校就读。

二十八世：国新生于1995年闰8月22日，在校就读。

二十八世：国忠生于1998年3月15日，在校就读。

二十七世：雄源生于1971年6月8日，配陈氏，生于1970年8月5日，学历初中，乾塘村人，生一子二女，子：国辉。

二十八世：国辉生于1995年闰8月11日，在校就读。

二十七世：雄荣生于1977年4月5日，学历初中。

二十四世：永益，生卒时间不详，妣陈、黄二氏，生五子：敏福、敏禄、敏寿、亚二●、亚三●。

二十五世：敏福，生卒时间不明，妣叶氏生一子：德兴。

二十六世：德兴配林氏，生一子：雄海。

二十七世：雄海（陈保）生于1963年5月12日，曾任村长。配王氏，生于1973年7月2日，生一子：国杰。

二十八世：国杰生于1994年8月5日，学历中专。

二十五世：敏禄，生卒年不详，配彭、韩二氏，生一子：德林。

二十六世：德林生于1947年9月10日，学历初中，配邱氏，广西陆川人，生于1953年10月18日，学历初中，生三子一女：女金英生于1984年10月4日，学历初中，子：雄富、雄超、雄毅。

二十七世：雄富生于1982年7月4日，学历初中，配陈氏，廉江平坦人，生于1980年5月3日，学历初中，生二子：国健、国裕。

二十八世：国健生于2006年6月4日。

二十八世：国裕生于2011年3月18日。

二十七世：雄毅生于1987年6月16日，学历初中。

二十七世：雄超生于1990年3月18日，学历初中，配张氏，廉江市人，生于1994年2月12日，生一子：国庆。

二十八世：国庆生于2014年9月28日。

二十五世：敏寿生于1918年2月16日，妣吴氏，生于1919年7月3日，生一子二女，子：德强。

二十六世：德强生于1941年6月12日，学历初中，妣詹惠娟，生于1949年4月20日，学历初中，生二子二女，子：雄忠、雄国。

二十七世：雄忠生于1975年10月14日，学历初中，配杨氏，生于1976年11月13日，生二女：大女秋萍生于2000年9月28日，在校就读；二女馨月生于2003年11月15日，在校就读。

二十七世：雄国生于1979年5月28日，学历初中，，配詹氏生于1980年4月30日，学历初中，生二子一女，女，楚君生于2009年9月19日，子：国铮、国煜。

二十八世：国铮生于2007年12月12日；国煜生于2013年2月11日。

二十三世：高志，生卒年不详，妣张氏生二子：永福、永禄。

二十四世：永福，生卒年不详，妣王氏，生二子：敏木、林刚。

二十五世：林刚配杨氏，生一子：日有●。

二十四世：永禄，生卒年不详，妣肖氏，生五子：敏荣、敏崧、进福（未详）、亚四●、敏昌。

二十五世：敏荣，生卒年不详，葬峨眉月岭坐西向东，配邓氏生一子：德豪。

二十六世：德豪生于1926年10月23日，卒于2004年11月8日，葬峨眉月岭坐西向东，配吴氏，细罅村人，生于1929年8月24日，生二子：雄辉、雄权。

二十七世：雄辉生于1949年10月18日，学历初中，配陈氏，平坦沙产村人，生于1953年9月27日，生二子：国龙、国凤。

二十八世：国龙生于1986年3月14日，学历中专，在外务工，配黄氏，鹤山市人，生于1988年9月5日，学历大学。

二十八世：国凤生于1989年12月22日，学历大学，在外务工。

二十七世：雄权生于1960年9月1日，学历高中，配欧氏，龙头高山垌村人，生于1962年9月28日，学历初中，生三子二女：长女春玲生于1989年1月

26 日，学历大专；二女春梅生于 1993 年 5 月 1 日，学历大专；子：泽忠、泽华、泽海。

二十八世：泽忠生于 1985 年 5 月 21 日，学历中专，配黄氏，官渡谭村人，生一女：沛莹生于 2011 年 3 月 20 日。

二十八世：泽华生于 1987 年 5 月 4 日，大专，配郑氏，官渡大垌村人，生于 1990 年 7 月 14 日，初中，生一女一子：女洲华生于 2011 年 7 月 29 日。子：树青。

二十九世：树青生于 2012 年 10 月 19 日。

二十八世：泽海生于 1990 年 4 月 4 日，学历中专，配叶氏，官渡北马村人，生于 1990 年 3 月 9 日，中专。

二十五世：敏崧，生卒年不详，妣韩氏，生三子：德棠、德田、德伟。

二十六世：德棠，生卒年不详，葬峨眉月岭，坐西南向东北，配林月英，生于 1933 年 1 月 14 日，生三子：雄华（亚生）、雄燕、雄飞。

二十七世：雄华（亚生）生于 1956 年 4 月 15 日，学历初中，配欧桂兴，生于 1960 年 8 月 5 日，学历初中，生一子三女：大女碧容生于 1984 年 3 月 24 日；二女碧燕生于 1986 年 9 月 4 日，学历初中；三女碧丽生于 1994 年 1 月 10 日，学历初中；子：国良。

二十八世：国良生于 1991 年 11 月 22 日，学历高中。

二十七世：雄燕（亚金）生于 1962 年 6 月 24 日，学历初中，配陈丽容，坡头村人，生于 1966 年 2 月 22 日，生二子二女：大女桂连生于 1991 年 1 月 22 日，适廉江；二女春凤生于 1992 年 10 月 12 日；子：国成、国章。

二十八世：国成生于 1995 年 6 月 29 日，在校就读坡头一中。

二十八世：国章生于 1997 年 2 月 13 日，在校就读坡头一中。

二十七世：雄飞（日旺）生于 1964 年 10 月 31 日，配黄丽华，生于 1966 年 6 月 6 日，生二子一女：女水燕生于 1990 年月 4 日，学历初中。子：国钦、国海。

二十八世：国钦生于 1993 年 4 月 10 日，学历中专。

二十八世：国海生于 1994 年 12 月 15 日，学历初中。

二十六世：德伟生于 1941 年 9 月 9 日，学历高小，配全、农二氏，生四子一女：子：洪才、海生、洪青、洪标。

二十七世：洪才生于 1975 年 9 月 19 日，学历初中，配刘小丽，生于 1978 年 11 月

24日，生二子：国政、国富。

二十八世：国政生于1999年7月14日。

二十八世：国富生于2001年6月21日。

二十七世：海生生于1982年12月29日。

二十七世：洪青生于1993年3月28日，读湛江技校；洪标生于1995年6月24日。

二十五世：敏昌，生卒年不详，妣张、鲁二氏，生三子：德志、老福●、德周。

二十六世：德志（水旺），学历小学。

二十六世：德周生于1948年12月，住湛江沙湾，配陈氏，生于1949年11月8日，生一子二女，子：艺海。

二十七世：艺海生于1984年10月2日，大学本科，住湛江沙湾，配吴氏，生于1989年10月20日，学历大专，生一子：庭锐。

二十八世：庭锐生于2014年3月1日。

二十二世：子瑞，生卒年不详，葬峨眉月岭，坐西北向东南，妣吴氏，葬峨眉月岭，坐西向东，生一子：高元。

二十三世：高元，生卒年不详，葬峨眉月岭，坐东北向西南，妣詹氏，生一子：永行。

二十四世：永行，生卒年不详，葬峨眉月岭，坐西南向东北，妣尹氏，葬峨眉月岭，坐北向南，生三子：敏德、敏孚、敏源。

二十五世：敏德，生卒年不详，葬峨眉月岭坐西南向东北，妣李氏（改嫁）生一子：德馀。

二十六世：德馀（木胜）生于1934年8月4日，工人，配陈志芳生于1941年3月19日，工人，廉江良垌镇马官村人，生二子：雄龙（伟强）、雄虎（伟文）。

二十七世：雄龙（伟强）生于1964年8月4日，学历高中，在深圳办印刷厂，配陈丽喜，生于1968年10月6日，学历高中，徐闻迈陈人，深圳燃气集团职员。生一女，戚滢，生于1995年润8月21日，就读大学。

二十七世：雄虎（伟文）生于1967年7月5日，学历高中，在深圳经商，配李俊，生于1973年7月27日，坡头南三人，学历高中，生一子：柏豪。

二十八世：柏豪生于2003年5月9日，在读小学。

二十五世：敏孚，生卒年不详，葬峨眉月岭，坐东北向西南，配陈氏，生卒年不详，葬峨眉月岭，坐东向西，生一子：德平。

二十六世：德平，学历初中，生于1941年4月22日，卒于1997年1月18日，葬

油行岭，坐南向北，妣李氏少珍，葬峨眉月岭，坐西向东，生三女：长女丽英；二女丽明；三女丽萍，均出嫁。后妻农凤芬，生于 1958 年 7 月 1 日，广西靖西人，生二子一女：女晓红，生于 1992 年 9 月 10 日，在外务工，子：晓龙、晓辉。

二十七世：晓龙生于 1991 年 2 月 28 日，在外务工。

二十七世：晓辉生于 1994 年 8 月 29 日，在外务工。

二十五世：敏源生于 1912 年 8 月 23 日，卒于 1967 年 10 月 11 日，葬峨眉月岭，坐西北向东南。妣吴惠荣，生于 1919 年 8 月 11 日，卒于 2006 年 12 月 26 日，葬峨眉月岭，坐西北向东南，生三子四女：长女秀莲；二女秀芳；三女秀英；四女秀清；子：立群（德文）、土安（德新）、土友（德军）。

二十六世：立群（德文）生于 1944 年 9 月 23 日，学历高中，曾任湛江市公安局坡头分局纪委书记，配郭成兰，生于 1946 年 2 月 9 日，河唇白水塘村人，退休工人。生一子一女：女，国赞生于 1974 年 1 月 25 日，学历大专，适霞山，子：国军（洪芬）。

二十七世：国军（洪芬）生于 1978 年 10 月 20 日，大学本科，在湛江公安局巡警工作，配黄文缔，生于 1981 年 10 月 21 日，大学本科，在南舰 4804 厂工作，生一子：峻霆。

二十八世：峻霆生于 2010 年 12 月 9 日，幼儿。

二十六世：土安（德新）生于 1949 年闰 7 月 18 日，学历初中，南油退休工人，妣莫观梅，生于 1952 年 7 月 17 日，南调莫烟楼村人，退休工人，生二女：大女飞燕，生于 1979 年 10 月，大学本科，已婚；二女春燕，生于 1983 年 11 月 9 日，学历高中，南油工人。

二十六世：土友（德军）生于 1954 年 7 月 15 日，学历高中，在官渡镇政府工作，配黄燕清，生于 1961 年 11 月 26 日，学历中师，在官渡小学任教，生二子：国辉、国明。

二十七世：国辉（洪平）生于 1985 年 7 月 8 日，大学毕业，配尉维，生于 1985 年 5 月 28 日，学历大专，夫妻俩在广州经商，生一子一女。

二十七世：国明生于 1986 年 7 月 30 日，大学毕业，广州电信公司工作。

十七世：仁达，生卒年不详，生一子：凤朝。

十八世：凤朝，生卒年不详，生一子：秉维。

十九世：秉维，生卒年不详，生一子：思学。

二十世：思学，生卒年不详，妣张氏，生一子：学荣。

二十一世：学荣，生卒年不详，妣陈氏，生一子：子华。

二十二世：子华，生卒年不详，妣叶氏，生一子：高举。

二十三世：高举，生卒年不详，妣黄氏，生二子：永隆、永新。

二十四世：永隆，生卒年不详，妣叶氏，生二子：敏珍、田福（不详）。

二十五世：敏珍，生卒年不详，妣林氏。

二十四世：永新，生卒年不详，妣韩氏，生一子：土兴。

二十五世：土兴，配陈氏，生二女，现迁居官渡镇新屋村住。

二十四世：永贵，生卒年不详，妣吴氏，生一子：敏光。

二十五世：敏光生于1936年11月25日，妣陆氏，生于1938年8月5日，生一子：德祥。

二十六世：德祥生于1966年7月28日，曾任村长，妣黄氏，生三子二女：子：雄峰、雄成、雄剑。

二十七世：雄峰生于1990年11月8日。

二十七世：雄成生于1992年9月20日。

二十七世：雄剑生于1994年4月26日。

二十四世：永荣，此公从扇屋村迁居彭江村落业，妣窦氏，生三子：祥江、田福（未详）、观保（未详）。

二十五世：祥江配全氏，生二子：土兴●、亚水。

二十六世：亚水生于1945年6月14日，配陈氏，山咀村人，生于1952年12月17日，生三子：雄辉、雄波、雄杰。

二十七世：雄辉生于1973年11月7日，学历中专，机修工人，配窦氏，新村人，生于1971年8月18日，学历中专。

二十七世：雄波生于1975年8月23日，学历高中，电工职业，配谢氏，赤坎福建村人，生于1980年4月10日，生一子：国豪。

二十八世：国豪生于2006年5月14日，在校就读小学。

二十七世：雄杰生于1987年3月9日，大学本科，坡头区龙头中学。

世美公长支子达公分支雨庚公派下从怀房源流谱

十三世：雨庚，妣黄氏，生一子：从怀。

十四世：从怀，妣蔡氏，生二子：荣达、盈达。

十五世：荣达，妣黄氏（取盈达子入继）一举。

十六世：一举，妣叶氏，生三子：仕通、仕贵、仕达。

十七世：仕通，妣黄氏，生三子：凤扬、凤瑞、凤僯。

十八世：凤僯，妣庞氏，生二子：秉朝、秉政（扇屋迁居山口村落业）。

十九世：秉朝，妣谭氏，生二子：思东、思龙。

二十世：思东，妣莫氏●。

二十世：思龙，妣莫氏，生一子：学誉●。

十九世：秉政生于乾隆辛酉年12月16日，亥时葬在旧村岭，妣生于乾隆癸亥年9月21日子时，享年77岁，生二子：思富、思贵。

二十世：思富生于壬辰年2月11日未时，卒后葬在瓦窑岭●。

二十世：思贵生于乾隆辛丑年5月13日巳时，卒后葬在水井坡岭，妣叶氏，生于乾隆庚子年正月16日寅时，享年八十岁，卒后葬在旧村岭。生五子：学贯、学铨、学举、学修、学权。

二十一世：学贯生于嘉庆辛酉年8月11日，享年70岁，卒后葬在南二岭，妣林氏，生于嘉庆壬戌8月15日，卒后葬在旧村岭（取一子入继）子周。

二十二世：子周生于丁酉年4月9日，卒后葬在旧村岭，妣生于道光戊戌年4月9日，卒后葬在水井坡岭，生一子：高兴。

二十三世：高兴，妣陈氏，生二子：永超●、永隆●。

二十一世：学铨生于嘉庆丁丑年6月17日，享年65岁，卒后葬在旧村岭，妣姚氏，生于癸酉年4月25日，卒后葬在旧村岭（取学权次子入继）子睿。

二十一世：学举生于嘉庆年11月10日，享年81岁，卒后葬在旧村岭，妣黄氏，生于嘉庆年5月10日，享年74岁，卒后葬在旧村岭，生三子：子成、子武、子行。

二十二世：子成生于道光庚子年5月29日，卒后葬在旧村岭●。

二十二世：子武生于戊申年7月19日，享年54岁，卒后葬在旧村岭●。

二十三世：子行生癸卯年1月14日，妣庞氏同葬在旧村岭，生二子：高魁●、高儒●。

二十一世：学修生于道光庚辰年5月22日，享年59岁，卒后葬在旧村岭，妣戴氏，生于道光丁未年12月25日，卒后葬在旧村岭，生二子：子行、子光。

二十二世：子行生于癸卯年正月14日，卒后葬在旧村岭，妣庞氏，生于道光戊申年9月24日，卒后葬在水井坡岭，生二子，高魁●、高儒●。

二十二世：子光生于咸丰三年正月25日，卒后葬在粟坡岭，妣莫氏，生于咸丰年9月13日，享年28岁，生一子：高荣。

二十三世：高荣生于某年8月5日，卒后葬在埇尾岭，妣钟氏、庞氏、李氏葬在南二岭，生三子：永康、永宁、永彰。

二十四世：永康生于宣统庚戌年四月七日，卒后葬在大岭坡塘屋地，享年八十岁，妣黄秀梅，生于民国4月20日，卒后葬在水井坡岭，享年58岁，生四子：敏泰、敏泉、敏贤、敏成。

二十五世：敏泰生于民国38癸未年7月2日，配庞原英，北马村人，生于民国34乙酉年1月25日，生二子：德宇、德贤。

二十六世：德宇生于1969年9月20日，学历初中，配马寒冰，碑头村人，生于1971年8月20日，生一子：洪杰。

二十七世：洪杰生于1992年11月6日，学历中专，在外工作。

二十六世：德贤生于1971年12月20日，学历初中，在外工作，配邹艳梅，生于1974年11月7日，生二子：洪湛、洪志。

二十七世：洪湛生于2000年10月16日，读书。

二十七世：洪志生于2006年12月20日，读书。

二十五世：敏泉生于民国35丙戌年6月24日，学历初中，配郑秀平，大垌村人，生于民国35丙戌年2月7日，生三子：德明、德富、德艺。

二十六世：德明生于1974年4月19日，配亚平，越南人，生于1971年3月16日，生一子：洪师。

二十七世：洪师生于1995年8月6日，读书。

二十六世：德富生于1980年10月19日，学历中专，广州工作，配王苑兰，生于

1981年10月19日，生二子：洪源、洪熙。

二十七世：洪源生于丁亥年8月7日；洪熙生于2013年6月2日。

二十六世：德艺生于1984年7月9日，学历中专，广州工作，配万家敏，吴阳人，生于1988年正月9日，生一子：洪锐。

二十七世：洪锐生于2013年6月2日。

二十五世：敏贤生于1949年10月24日，配莫梅英，芦村人，生于1952年4月25日，生四子：德春、德顺、德学、德燕。

二十六世：德春生于1973年12月29日，在外工作，配袁玉燕，后归埇村人，生于1971年正月4日，生一子：荣杰。

二十七世：荣杰生于1999年3月20日，读书。

二十六世：德顺生于1985年5月3日，配谭彩娇，山塘仔村人，生于1985年7月15日，生一子：洪浩。

二十七世：洪浩生于2008年7月6日。

二十六世：德学生于1987年9月21日，在外工作，配黄雨梅，生于1989年10月。

二十六世：德燕生于1991年7月15日，学历初中，在外工作。

二十五世：敏成生于1958年12月19日，配梁桂娣，水口村人，生于某年4月12日，从山口村迁麻章水口村落业。生二子：德青、德连。

二十六世：德青生于1983年4月19日，在外工作，配陈有华，生于1984年8月21日，生一子：洪廉。

二十七世：洪廉生于2007年8月14日。

二十六世：德连生于1984年10月13日，学历高中，在外工作，配陈彩花，生于1983年6月19日，麻章水口村人，生一子：洪颖。

二十七世：洪颖生于2009年2月10日。

二十四世：永宁生于民国癸丑年4月19日，享年74岁，卒后葬在粟坡岭，妣李氏，生于民国巳未年11月18日，享年69岁，卒后葬在粟坡岭，生三子：敏龙、敏麟、敏凤。

二十五世：敏龙生于民国二十九年庚辰年10月27日，配黄秀容，马劳地村人，生于民国二十八年巳卯年10月15日，落业下山生一子：德华。

二十六世：德华生于1971年8月28日，落业下山工作，配庞建平，进步村人，生于

1973年正月3日，生一女。

二十五世：敏麟生于1955年8月24日，学历高中，服役退伍分配湛江市霞山区，现任下山区交通局长，配沈群英，生于1957年12月15日，生一子：德丰。

二十六世：德丰生于1982年2月14日，学历大学，霞山区工作，配林竹，湛江市人，生于1983年8月4日，学历大学，现任湛江市中院审判庭长。

二十五世：敏凤（亚六）生于1963年正月3日，学历初中，配陈建英，山口村人，生于1959年11月12日，生一子：德池。

二十六世：德池生于1986年5月3日，配黄淑娟，麻俸村人，生于1986年8月26日，生一子：洪磊。

二十七世：洪磊生于2011年11月29日。

二十四世：永彰生于民国丙辰年9月14日，享年76岁，卒后葬在绿水圩岭，妣莫胜英，芦村人，生于民国癸亥年11月16日，享年77岁，卒后葬在绿水圩大史水库边，生四子：敏丰、敏馀、敏富、敏盛。

二十五世：敏丰生于1949年9月25日，配黄翠平，麻俸村人，生于1952年3月7日，生三子：德源、德森、德荣。

二十六世：德源生于1972年9月19日，配陈艳青，山口村人，生于1974年9月17日，生一子：洪滨。

二十七世：洪滨生于1999年6月16日，学历初中，在外打工。

二十六世：德森生于1980年10月19日，配黄木贵，谭村人，生于1978年9月17日，生一子：洪飞。

二十七世：洪飞生于2001年6月11日，读书。

二十六世：德荣生于1984年6月6日，配宋秋平，碑头村人，生于1987年9月8日，生一子：洪标。

二十七世：洪标生于2013年7月30日。

二十五世：敏馀生于1952年7月1日，配陈燕玲新屋村人，生于1949年12月4日，生二子：德仙、德进。

二十六世：德仙生于1982年2月25日，学历中专，在外工作，配陈春梅，新屋村人，生于1982年正月14日，生一子：洪威。

二十七世：洪威生于2007年正月4日。

二十六世：德进生于1984年2月28日，配钟锦玲，遂溪人，生于1988年9月3日，生一子：洪炜。

二十七世：洪炜生于2012年3月14日。

二十五世：敏富生于1955年8月23日，在外经商，配黄惠萍，生于1954年正月23日，卒后葬在掘埇岭，续配李妹，廉江人，生于1971年3月2日，生二子：德游、德彪。

二十六世：德游生于1986年6月16日，配徐素芬，惠州人，生于1988年9月28日。

二十六世：德彪生于1988年11月17日，配梁剑徽，良垌人，生于1988年4月30日。

二十五世：敏盛生于1958年5月7日，配陈月明，生于1957年8月29日，观山村人，生三子：德铨、德潮、德琦。

二十六世：德铨生于1983年5月4日，配占金女，高岭村人，生于1987年5月15日，生二子：洪钊、洪明。

二十七世：洪钊生于2008年正月19日；洪明生于2009年9月4日。

二十六世：德潮生于1985年正月7日，配叶秋燕，牛锅村人，生于1987年5月7日，生一子：洪锋。

二十七世：洪锋生于2009年9月3日。

二十六世：德琦生于1988年11月27日，配黄钟华，麻俸村人，生于1990年10月3日，生一子：洪智。

二十七世：洪智生于2013年7月6日。

二十一世：学权生于道光甲申年正月5日，享年74岁，卒后葬在林海村后背岭，妣李氏，葬在九龙塘后背岭，后续庞氏，葬在旧村岭，享年76岁，生五子：子聪、子睿、子俊、子杰、子才。

二十二世：子聪生于道光庚戌年12月8日，享年56岁，卒后葬在旧村岭，妣庞氏，生于巳酉年2月21日，享年98岁，卒后葬在旧村岭，生一子：高华。

二十三世：高华生于光绪3年7月29日，妣庞氏●。

二十二世：子睿生于咸丰戊午年10月1日，享年75岁，卒后葬在旧村岭，妣黄氏，生于咸丰庚申年正月5日，卒后葬在旧村岭，续庞氏壬申5月3日，卒后葬在后横岭，生三子：高福、高禄、高美。

二十三世：高福（字田寿）生于光绪丁亥年4月18日，卒后葬在油行岭，妣邹氏，生于光绪乙酉年3月19日，卒后葬在南二岭，续配陈氏，生于某年6月11日，卒后葬在水井坡岭，生三子：永庚、永芳、永安。

二十四世：永庚生于民国壬子年5月15日，后当兵不返，配朱氏，后改嫁●。

二十四世：永芳生于民国辛酉年12月13日，卒后葬在掘埇儿双孖岭，配陈惠英，生于民国丙寅年9月28日，高山村人，生一子：敏源。

二十五世：敏源生于1950年3月15日，学历高中，配黄秀兰，官塘村人，生于1951年9月6日，生二子：德盛、德彦。

二十六世：德盛生于1972年4月16日，学历大学，现任龙头农业银行信用社主任，配庞惠青，山车村人，生于1974年9月21日。

二十六世：德彦生于1976年8月27日，学历中专，配钟雄梅，山岱村人，生于1978年4月4日，生一子：洪文。

二十七世：洪文生于2009年5月30日。

二十四世：永安生于民国十三年4月18日，享年66岁，卒后葬在旧村岭，配陈少英，塘山村人，生于民国壬申年5月13日，生二子：敏坚、敏慧。

二十五世：敏坚生于1966年11月19日，经商电器，配莫梅娟，芦村人，生于1966年9月2日，生三子：德聪、德豪、德威。

二十六世：德聪生于1986年10月8日，学历大学，在外工作。

二十六世：德豪生于1988年5月21日，学历大专，配莫丽尼，计石村人，生于1989年4月21日，生一子：洪荣。

二十七世：洪荣生于2013年3月2日。

二十六世：德威生于1990年9月12日，学历初中，现参军服役。

二十五世：敏慧生于1967年3月20日，配彭娟，广西人，生于1970年2月18日，在外务工，生二子：德颖、德鑫。

二十六世：德颖生于1997年6月25日，读书；德鑫生于2000年7月4日，读书。

二十三世：高禄生于光绪庚申年6月10日，卒后葬在水井坡岭，妣陈氏，生于光绪21年8月4日，卒后葬在旧村岭，续莫氏，生一子：永丰。

二十四世：永丰生于民国37年10月10日，卒后葬在水井坡岭，配林桂珍，1966年10月15日，生一子：敏潮。

二十五世：敏潮生于1991年7月23日，学历中专，配符玉绿，塘村人生于1993年

9月4日。

二十三世：高美生于光绪戊申年9月21日，卒后葬在旧村岭●。

二十二世：子俊，字秀三，生于咸丰庚申年9月12日，享年65岁，卒后葬在旧村岭，妣莫氏，生于咸丰壬戌年3月21日，享年53岁，卒后葬在旧村岭，生四子：高奎、高徽、高彪、高颐。

二十三世：高奎，妣莫氏，生三子：永泉、永全、永言。

二十四世：永泉在第二次世界大战中于1937年秋应征同盟军，在反法西斯战争中不幸殉亡，妣莫氏，生于光绪戊申年3月27日，享年80岁，生三子：敏才、敏杰、敏田。

二十五世：敏才生于民国丁卯年，享年52岁，卒后葬在水井坡岭，妣庞少平，生于民国癸酉年4月12日，卒后葬在新儿抱岭，生三子：德权、德雄、德成。

二十六世：德权（日喜）生于1956年正月4日，学历高中，定居龙头，配黄桂珍，官塘村人，生于1956年11月11日，生一子：洪涛。

二十七世：洪涛生于1982年5月21日，学历中专，在外务工，配胡燕，生于1984年11月18日。

二十六世：德雄生于1958年8月19日，学历高中，服役退伍后在龙头酒厂工作，配庞玉荣，米稔垌村人，生于1957年4月6日，生二子：洪波、洪滔。

二十七世：洪波生于1983年12月30日，学历就读大专。

二十七世：洪滔生于1986年10月16日，就读大专。

二十六世：德成生于1969年12月19日，学历高中，现在湛江工作，配孙小兰，生于1963年11月11日，生一子：洪晃。

二十七世：洪晃生于1989年11月1日，读书。

二十五世：敏杰生于民国丙子年4月23日，配陈惠青，新屋村人，生于民国31年12月27日，生二子：德坤、德英。

二十六世：德坤生于1982年6月23日，配杨春明，黄垌村人，生于1984年正月20日，生一子：洪权。

二十七世：洪权生于2006年10月6日。

二十六世：德英生于1985年7月26日，配郑丽燕，大垌村人，生于1984年11月18日，生一子：洪彬。

二十七世：洪彬生于2013年4月14日。

二十五世：敏田（字田盛）生于民国30年8月27日，服役退伍在湛江工作，配宋清秀，生于民国33年11月11日，生一子：德文。

二十六世：德文生于1968年3月12日，学历高中，在湛江工作，配李连坚，生于1970年5月6日，生一子：洪健。

二十七世：洪健生于1997年10月3日，读书。

二十四世：永全生于宣统咸丰年7月12日，享年84岁，葬在旧村岭，妣李氏，生于1435年6月6日，续配刘玉兰生于1451年，享年74岁，生二子：敏德、敏歆。

二十五世：敏德生于民国巳巳年2月16日，享年44岁，葬在油行岭，配朱玉林，生于民国丙子年6月23日，生二子：德兴、德志。

二十六世：德兴生于1955年7月5日，学历高中，落业下山工作，享年59岁，葬在掘埇岭，配陈车富，生于1961年8月15日，生一子：洪联。

二十七世：洪联生于1990年10月12日，学历中专。

二十六世：德志生于1962年10月5日，学历大学，在广州工作，配符冰，生于1963年3月2日，定居霞山。

二十五世：敏歆生于民国壬申年8月29日，卒后葬在掘埇岭，配叶少珍，生于民国甲戌年6月3日，生一子：德平。

二十六世：德平生于1958年正月5日，学历高中，落业湛江工作，配陈星，生于1962年3月10日，生一子：洪丰。

二十七世：洪丰生于1998年8月4日，学历大学，在湛江工作。

二十四世：永言在第二次世界大战中应征同盟军，在反德意日法西斯战争中不幸殉亡，配黄梅芳生一子：敏志。

二十五世：敏志生于民国戊寅年9月30日，卒后葬在油行岭，享年39岁，配庞秀芳，生于民国戊寅年3月6日，生二子：德勋、德忠。

二十六世：德勋生于1961年4月4日，学历高中，落业湛江工作，配杨丽君，生于1971年1月9日，生一子：洪业。

二十七世：洪业生于1995年1月8日，就读大学。

二十六世：德忠生于1967年11月11日，学历大学，在广州工作，配曾慧兴，生于

1971年4月14日，落业湛江，生一子：洪毅。

二十七世：洪毅生于1995年12月1日，就读广州大学。

二十三世：高彪生于光绪乙未年10月15日，从赤坎郊迁葬绿水圩岭，妣李氏，生于光绪乙未年4月1日，从赤坎郊迁葬绿水圩岭，分左右为碑为记同墓，生一子：永孚。

二十四世：永孚生于民国戊午年6月7日，妣陈秀芳，生于民国巳未年9月13日，享年80岁，卒后葬在绿水圩岭，生二子：敏焕、敏强。

二十五世：敏焕生于民国丁亥年11月11日，从赤坎迁回绿水圩岭安葬●。

二十五世：敏强生于1958年8月14日，学历中专，落业湛江工作，配黎娣，生于1962年5月8日，生一子：德坚。

二十六世：德坚生于1984年11月10日，学历中专，湛江工作。

二十三世：高颐生于某年8月22日，卒后葬在粟坡岭，妣郑氏生三子：永祯、永富、永贵●。

二十四世：永祯生于民国庚申年10月15日，落业海南八所，妣庞少玲，生于民国辛酉年6月11日，享年56岁，卒后葬在水井坡岭，生四子：敏鲜、敏旭、敏曾、敏聪。

二十五世：敏鲜生于民国甲申年8月5日，学历初中，落业海南工作，配吴水梅，海南人，生于1953年4月8日，生三子：德超、德佳、德宽。

二十六世：德超生于1974年9月5日，学历高中，落业海南工作。

二十六世：德佳生于1976年10月19日，学历大学，落业海南工作，配嘉雪，生于1977年5月27日。

二十六世：德宽生于1982年1月21日，落业海南工作。

二十五世：敏旭生于1950年2月4日，落业海南工作，配罗原珍，生于1955年11月13日，生二子：德君、德庆。

二十六世：德君生于1983年7月2日，学历初中，居住海南。

二十六世：德庆生于1984年9月7日，学历高中，定居海南。

二十五世：敏曾生于1955年9月22日，落业海南工作，配李惠珍，生于1959年2月15日，生一子：德初。

二十六世：德初生于1986年11月23日，读书。

二十五世：敏聪生于 1961 年 2 月 12 日，定居海南，配陈兰英，山口村人，生于 1966 年 4 月 9 日，生一子：德越。

二十六世：德越生于 1988 年 8 月 21 日，读书。

二十四世：永富生于民国癸亥年 7 月 22 日，卒后葬在水井坡岭，配郑玉英，生于民国辛酉年元月 15 日，生二子：敏辉、敏荣。

二十五世：敏辉生于民国戊子年 11 月 2 日，学历高中，湛江工作，配周春如，生于 1949 年 9 月 10 日，生一子：德强。

二十五世：德强生于 1981 年 2 月 14 日，学历大学，落业湛江工作，配梁诗敏，生于 1989 年正月 5 日，生一子：峻皓。

二十六世：峻皓生于 2012 年正月 7 日。

二十五世：敏荣生于 1955 年 8 月 1 日，学历初中，落业湛江工作，配徐秀华，生于 1957 年 12 月 11 日。

二十二世：子杰生于同治甲子年正月 14 日，享年 76 岁，卒后葬在旧村岭，妣庞氏，续招氏，续陈氏，生六子：高翰、高凤、高勋、高藩、高森、高旭●。

二十三世：高翰生于光绪戊戌年 8 月 25 日，享年 84 岁，妣陈氏，生于光诸二十五年，享年 63 岁，生四子：永华、永祥、邹养●、永馀。

二十四世：永华生于民国癸丑年 6 月 6 日，享年 84 岁，卒后葬在掘埔岭，妣陈氏，生于民国癸丑年 12 月 14 日，享年 59 岁，生一子：敏有。

二十五世：敏有生于民国乙亥年 2 月 26 日，卒后葬在掘埔岭，妣谭梅芳，生于民国甲戌年，卒后葬在掘埔岭与公同墓，生三子：建新、建荣、建超。

二十六世：建新生于 1952 年 10 月 3 日，学历高中，落业湛江工作。

二十六世：建荣生于 1959 年 5 月 5 日，学历大学，落业湛江工作，任港务局派出所领导，配顾桂红，生于 1960 年 6 月 3 日，续杨艳，生于 1968 年 6 月 27 日，生一子：洪智。

二十七世：洪智生于 1989 年 12 月 3 日，学历大学。

二十六世：建超生于 1962 年 8 月 21 日，学历高中，现在越南经商，配彭丽红，生于 1972 年 11 月 4 日，生一子：洪辉。

二十七世：洪辉生于 1995 年 10 月 13 日，学历大学。

二十四世：永祥生于民国甲寅年，享年 80 岁，妣简氏，生于民国丙辰年 10 月 2 日，生五子：亚华●、真鸿、亚有、亚胜、亚明。

二十五世：真鸿生于民国36年5月5日，学历初中，落业湛江工作，配吴银珍，生于1950年7月14日，生一子：晖。

二十六世：晖生于1979年9月17日，学历大学，现在湛江工作。

二十五世：亚有生于1950年3月3日，学历高中，落业湛江工作，配庞锦玲，生于1953年11月24日，生一子：伟。

二十六世：伟生于1977年10月12日，读书。

二十五世：亚胜生于1951年12月17日，学历大学，落业美国经商，配庞建华，生于1953年1月8日，生一子：戚恒。

二十六世：戚恒生于1981年2月，美国大学读书。

二十五世：亚明生于1954年4月21日，学历高中，落业湛江工作，配林秀成，生于1955年正月13日。

二十四世：永馀生于民国十七年8月28日，落业湛江，享年64岁，配林真养，生于民国十八年10月13日，生二子：敏权、敏鸿。

二十五世：敏权生于1952年正月12日，学历高中，落业湛江工作，配李兴妹，生于1951年11月21日，生二子：德富、德贵。

二十六世：德富生于1974年3月2日，学历大学，落业湛江经商，配陈少云，生于1975年8月7日，生一子：洪宇。

二十七世：洪宇生于2007年7月22日。

二十六世：德贵生于1981年11月16日，学历大学，落业湛江经商。

二十五世：敏鸿生于1957年6月6日，学历高中，落业湛江经商，配亚珍生于1957年2月20日，生一子：德宁。

二十六世：德宁生于1987年2月6日，学历大学，落业湛江经商，配李艳平，生于1992年正月19日，学历大学。

二十三世：高凤妣黄氏生一子：永享。

二十四世：永享生于民国甲寅年5月12日，享年83岁，落业湛江，妣庞氏生一子：敏睿。

二十五世：敏睿生于民国壬午年12月10日，学历大学，落业湛江工作，配黄燕，生于1949年10月23日，生二子：德建、德瑜。

二十六世：德建生于1976年正月21日，学历大学，现在美国商检局工作，配陈蝶，生于1976年8月21日，生一子：洪葳。

二十七世：洪葳生于2002年2月26日。

二十六世：德瑜生于1980年11月21日，学历大学研究生，现广东轻工业学院任教授，配黎惠琼，生于1982年7月8日。

二十三世：高勋妣黄氏，续梁氏●。

二十三世：高藩配庞氏，生一子：永权。

二十四世：永权生于民国27年12月26日，配庞少芳，那红村人，生于民国甲申年5月9日，生三子：敏赵、敏秀、敏新。

二十五世：敏赵生于1966年12月11日，在长沙市经商，配李燕，黄坡人，生于1970年10月，续刘英，长沙市人，生一子：刘阳。

二十六世：刘阳。

二十五世：敏秀生于1973年5月27日，配卢亚凤，生一子：博杰。

二十六世：博杰生于2011年10月8日。

二十五世：敏新生于1976年正月2日，配李春丽，生一子：德信。

二十六世：德信生于2006年7月26日。

二十三世：高森生于光绪戊申年5月16日，享年42岁，妣庞氏，生于光绪戊申年8月5日，享年100岁，生三子：永英、永雄、永杰。

二十四世：永英生于民国巳巳年10月8日，配莫富英，卢村人，生于民国巳年2月19日，生二子：敏东、敏光。

二十五世：敏东生于1957年5月4日，学历初中，妣陈伟英，生于1961年12月29日，卒后葬在长衫峒岭，生三子：德泉、德林、德珍。

二十六世：德泉生于1980年4月27日，配唐亚霞，越南人，生于1983年2月28日，生一子：洪亮。

二十七世：洪亮生于2005年7月14日，读书。

二十六世：德林生于1982年11月16日，配陈小燕，朱稔村人，生于1981年10月24日，生二子：洪彬、洪彦。

二十七世：洪彬生于2008年6月5日。

二十七世：洪彦生于2011年7月1日。

二十六世：德珍生于1984年9月17日，学历大学，在外工作，配庞伟娟，生于

1986年9月14日。

二十五世：敏光生于1962年10月21日，职业经商，配吴少梅，油行屋村人，生于1964年8月8日，生二子：德河、德泽。

二十六世：德河生于1985年6月27，学历初中，在外工作。

二十六世：德泽生于1993年7月10日，学历初中，在外工作。

二十四世：永雄生于民国癸酉年9月3日，卒后葬在禄水圩岭，配李秀珍，生于民国乙亥年7月24日，落业湛江，生一子：敏忠。

二十五世：敏忠生于1969年正月21日，学历高中，落业湛江，配王翠花生于1973年7月8日，生一子：德熙。

二十六世：德熙生于1999年12月21日，读书。

二十四世：永杰生于民国甲申年3月23日，学历初中，服役退伍在湛江市园林局工作落业湛江，配吴月平，生于1950年正月27日，生二子：敏宁、敏彪。

二十五世：敏宁生于1987年11月16日，学历中专，落业湛江，配冯丽静，生于1982年10月10日，生一子：德政。

二十六世：德政生于2009年3月2日。

二十五世：敏彪生于1981年3月15日，学历中专，落业湛江工作。

二十二世：子才（字国英）葬在旧村岭，妣占氏，葬在旧村岭，续庞氏，葬在油行岭，生五子：高熙、高培、高祥、高成、高元。

二十三世：高熙（字辑轩）葬在旧村岭，妣莫氏，生一子：永发。

二十四世：永发生于民国戊午年6月29日，享年45岁，葬在新墩岭。妣庞少兰，生于民国辛酉年12月20日，生三子：敏豪、敏奎、敏升。

二十五世：敏豪（字田福）生于民国乙酉年12月20日，学历初中，配陈丽珍，东灶村人，生于1965年5月6日，生二子：德良、德孙。

二十六世：德良生于1978年11月24日，学历高中，外务工，配窦怡华新村人，生于1971年9月2日，生一子：洪泰。

二十七世：洪泰生于2005年9月16日。

二十六世：德孙生于1981年11月27日，学历大学，中文系毕业分配至肇庆市公路局，任秘书科科长，配辽日燕，生于1981年7月8日，生一女：莞霖。

二十五世：敏奎（字亚奎）生于民国丁亥年5月12日，外出务工，配戴家宏，生于

1966年8月26日，生二子：德巧、德孟。

二十六世：德巧生于1991年，学历大学，在东海钢铁厂工作。

二十六世：德孟生于1996年正月3日，学历中专，在读。

二十五世：敏升（亚虾）生于1962年7月6日，学历师范毕业，服役退伍后任教师，配付美兰，南三人，生于1963年12月13日，生一子：德季。

二十六世：德季生于1993年3月12日，读书。

二十三世：高培（字植朱）生于光绪癸巳年8月19日，享年68岁，葬在油行岭。妣黄氏未过门，生于1893年11月28日，卒后葬在麻俸新包然儿岭。续配陈氏生于1896年，享年71岁，葬在油行岭大路边，生二子：永瑞、永兴。

二十四世：永瑞（字亚贵溢）一生谨直忠诚老实、勤俭善良，生于国辛酉年7月14日，享年92岁，葬在水井坡，妣秀连，大垌村人，贞洁善良、勤俭，生于民国庚午年6月14日，葬在下低地粟坡岭，生一子：敏超。

二十五世：敏超生于1959年2月5日，学历高中，职业经商，配占玉连，岭尾村人，生于1961年9月28日，生二子：德飞、德周。

二十六世：德飞生于1989年8月19日，学历大学，在湛江市电信局任经理助理。

二十六世：德周生于1991年5月26日，学历中专，在湛江电信局工作。

二十四世：永兴生于民国十二年亥午10月17日，卒后葬在掘埔岭。妣赵群英，生于民国十九庚午年8月28日，享年84岁，葬在掘埔岭，生三子：敏飞、敏联、敏国。

二十五世：敏飞（字亚保）生于1954年正月18日，学历初中，在外务工，配符凤英，麻章足头村人，生于1959年12月19日，生二子：德勇、德杰。

二十六世：德勇生于1983年3月22日，学历高中，在外务工，配黄春燕，大塘村人，生于1985年3月28日，生一子：洪俊。

二十七世：洪俊生于2011年2月29日。

二十五世：敏联（字亚喜）生于1965年7月5日，学历初中（哑巴）配郑琼燕，黄坡村人，生于1966年10月8日（改嫁）。

二十五世：敏国（字国有）生于1969年10月30日，学历初中，职业为湛江市永国贸易商行日康饮料总经销，配刘娟，海康人，生于1976年，生三子：德海、德康、德国。

二十六世：德海生于1994年8月1日，大学就读。

二十六世：德康生于1995年5月1日，读书。

二十六世：德国生于1998年3月9日，读书。

二十三世：高祥（字祯记），落业湛江，妣谭氏，生一子：永贤。

二十四世：永贤，配阮韶山，生二子：阮杰（未详）、阮立。

二十五世：阮立，学历大学（外国定居），工作配妻不详。

二十三世：高成（字杰三）生于光绪戊申年8月8日，享年76岁，葬在大路口，妣庞氏，葬在旧村岭，续配吴惠珍，生于民国癸丑年9月2日，卒后葬在衫垌岭，生一子：永德。

二十四世：永德生于1950年正月27日，学历高中，在外务工，配陈梅芳，山口村人，生于民国丁亥年7月6日，生一子：敏琦。

二十五世：敏琦生于1981年9月15日，学历大学，在外务工，配谭艳兰，赤沙村人，生于1985年2月6日，生一子：德晖。

二十六世：德晖生于2012年3月4日，儿童。

二十三世：高元（字卿）生于民国乙卯年7月12日，享年68岁，葬在猪肚岭，妣杨秀平，生于民国戊戌年7月16日，葬在掘埔岭，生一子：永忠。

二十四世：永忠生于民国壬午年9月13日，从业医生，享年52岁，葬在配掘埔岭，配周亚清，山口村人，生于民国丙戌年10月16日，生二子：敏贤、敏华。

二十五世：敏贤生于1967年9月23日，学历高中，职业经商，配庞彩琼，山车村人，生于1969年12月18日，生二子：德广、德湛。

二十六世：德广生于1998年5月18日，读书。

二十六世：德湛生于1998年5月18日，读书。

二十五世：敏华生于1974年12月4日，医学院毕业，医生，配陈柳君，坡头人，生于1975年7月7日，生一子：德松。

二十六世：德松生于2002年8月4日，读书。

世美公长支子达公分支允汉、允珠公派下学弘房源流谱

十三世：允汉，妣张氏，生二子：学弘、学佳（另续）。

十四世：学弘，妣王氏，生四子：爵朝●、爵显●、爵荣●、爵耀。

十五世：爵耀，妣刘、廖二氏，生三子：标魁、廷魁（另续）、元魁（另续）。

十六世：标魁，妣刘氏（出嫁）、陈、梁三氏，生三子：文魁、文泰不详。

十七世：文魁，妣陈、黎、张三氏，生三子：文明、文昭、文郷（出继大琪）。

十八世：文明，妣张、伍二氏，生三子：大宁、亚祐、日保。

十九世：亚祐，妣刘氏，生一子：兆林。

二十世：兆林，妣叶、林二氏，生一子：培儒。

二十一世：培儒，妣林氏，生一子：锦燊。

二十二世：锦燊，配温氏，生二子：海甫、海豪。

二十三世：海甫生于1961年2月，学历初中，配许妹，生于1966年8月，学历初中，生三子：桂勤、桂佐、桂睿。

二十四世：桂勤生于1984年5月，学历初中，务工。

二十四世：桂佐生于1986年1月，学历初中，务工。

二十四世：桂睿生于1989年4月，在校就读。

二十三世：海豪生于1965年2月，学历初中，配黄李英，生于1965年12月，学历初中，生二子：桂柱、桂合。

二十四世：桂柱生于1996年2月，学历初中，务工。

二十四世：桂合生于1998年9月，在校就读。

十四世：学佳，配黄、何二氏，生一子：戚安。

十五世：戚安，配伍、阮二氏，生三子：元口●、元焯、元英。

十六世：元焯，配钟氏，生四子：文邑、文高、文辉、文正。

十七世：文高，配邓氏，生五子：大忠、大信、大明、大羲●、大茂●。

十八世：大忠，配钟氏，生三子：馨●、瑞●、勇●。

十八世：大信，配黄氏，生二子：顺●、任●。

十八世：大明，配钟氏，生一子：有琼。

十九世：有琼（别名亚玉），配刘氏，生三子：外姓子入继兆农、康清●、亚光●。

二十世：兆农生于1932年7月，学历初小，配温素英，生于1937年6月，学历初小，生一子：秋宝。

二十一世：秋宝生于1976年3月，初中学历，配黎晓军，初中学历，生于1986年7月，生二子：锦杨、锦茗。

二十二世：锦杨生于2013年5月，儿童。

二十二世：锦茗生于2015年5月28日，儿童。

十七世：文辉，配钟氏，生二子：国平、国安。

十八世：国平，配李、陈氏，生一子：有昌。

十九世：有昌，配妣氏，生二子：南风●、兆山。

二十世：兆山，配谭氏，生一子：培英。

二十一世：培英生于1928年，配郑氏，生三子：亚壮●、秋生●、锦卿。

二十二世：锦卿生于1969年9月，大专教师，在广州任教，配招紫容，生于1972年11月，大专，美洲医院工作。

十七世：文正，配郑氏，生三子：大武、大盛、亚荣●。

十八世：大武，配黄氏，生五子：其光、有钦、亚朝●、亚晚●、亚太●。

十八世：大盛，配黎氏●。

十九世：其光，配赖氏，生一子：亚宁（未详）。

十九世：有钦，配罗、杨、洪三氏，生三子：亚生●、兆廷（不详）、兆善。

二十世：兆廷，配郑氏●。

二十世：兆善，配李氏，生四子：培标、戚朋●、南良●、培杨。

二十一世：培标生于1937年9月，学历初小，配刘爱英，生于1937年6月，学历初小，生三子：锦俊、锦秀、正江。

二十二世：锦俊生于1957年8月，学历高中，配黄梅，生于1956年，学历初小，生二子：永华、永云。

二十三世：永华生于1979年10月，学历高中，配江虹，生于1977年2月，大专教师，生一子：均位。

二十四世：均位生于1993年2月，在校就读。

二十三世：永云生于 1981 年，配莫秋月，生二子：汉文、浩才。

二十四世：汉文生于 2011 年，儿童。

二十四世：浩才生于 2012 年，儿童。

二十二世：锦秀生于 1963 年，学历高中，配何英，生于 1958 年，学历初中，生二子：永侨、永柑（住遂溪）。

二十三世：永侨生于 1984 年，学历初中，外出务工。

二十三世：永柑生于 1987 年，学历初中，外出务工。

二十二世：正江生于 1975 年 8 月，大专教师，配许娣，生于 1976 年 2 月，大专教师，生二子：戚口●、永松。

二十三世：永松，儿童。

二十一世：培杨生于 1946 年 10 月，学历初中，配李爱芳，学历初小，生于 1946 年 10 月，生五子：锦仕、锦儒、锦在、锦堂。

二十二世：锦仕生于 1971 年 12 月，学历大专，在湛江工作，配林明，生于 1974 年 2 月，学历初中，生一子：戚想（住湛江）。

二十三世：戚想生于 1995 年，在校就读。

二十二世：锦儒生于 1974 年 9 月，学历初中，配赖球英，生于 1974 年 8 月，学历初中，生二子：永增、永添。

二十三世：永增生于 2002 年，学历初小，在校就读。

二十三世：永添生于 2005 年，在校就读。

二十二世：方建兴生于 1973 年，学历高中，外出务工。

二十二世：锦在生于 1981 年 5 月，学历初中，外出务工，配彭海梅，生于 1986 年 2 月，学历初中，外出务工。

二十二世：锦堂生于 1985 年 10 月，学历初中，外出务工。

十六世：元英，配伍、陈二氏，生三子：文炳、文烽、文炜。

十七世：文炳，配梁、何二氏，生四子：大任、大绶、大猷、亚进●。

十八世：大任，配杨氏，生一子：康寿●、大绶出继文烽。

十七世：文烽，配张氏，生一子：大绶。

十八世：大绶，配伍氏，生四子：有盛、有德、亚生●、有良。

十九世：有盛，配莫氏，生二子：兆明、兆雄。

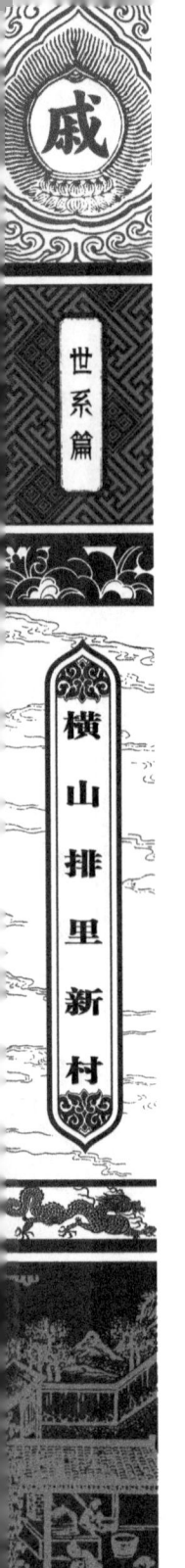

二十世：兆明，配余氏。

二十世：兆雄，配陈、袁二氏，生二子：培年、戚口●。

二十一世：培年，配林、赖二氏，生三子：锦瑞、康贵●、亚喜●。

二十二世：锦瑞，配李氏，生二子：海春、海秋。

二十三世：海春生于1949年7月，学历初中，原任村委干部，排新村干部，配刘爱辉，三华田村人，学历初小，生于1954年10月，生三子：桂珠、桂三、桂岗。

二十四世：桂珠生于1976年8月，学历本科，在广州、深圳工作。

二十四世：桂三生于1978年10月，学历初中，在珠海务工，配赖思权，石子墩村人，生于1978年7月，生一子：坤江。

二十五：坤江生于2006年7月，在校就读。

二十四：桂岗生于1983年12月，学历大学本科，在广州工作。

二十三世：海秋生于1959年10月，学历初中，在家务农，配许琼，生于1964年6月，西山糖廖村人。生二子：桂澯、桂渝。

二十四世：桂澯生于1986年8月，初中，务农，配陈英，生三子：坤轩、坤政、坤烯。

二十五世：坤轩生于2012年7月6日。

二十五世：坤政生于2013年10月26日。

二十五世：坤烯生于2015年2月24日。

二十四世：桂渝生于1995年10月，在家务农。

十九世：有良，配妣氏，生二子：保禄、安德。

二十世：保禄，配李、伍二氏，生三子：培珍、培发、戚三●。

二十一世：培珍，配黄、赵二氏，生三子：大子●、亚禄、锦利。

二十二世：亚禄，生于1945年，配陈英，生于1975年，生一子：荣杰。

二十三世：荣杰生于1994年10月，在校就读。

二十二世：锦利生于1947年，学历初小，配陈彩兰，生于1967年，学历初小，务农，生二子：荣华、荣玲。

二十三世：荣华生于1992年8月，外出务工。

二十三世：荣玲生于2001年，在校就读。

十七世：文炜，配何、莫二氏，生三子：大瑜、大胜、大旺。

十八世：大瑜，配陈、何二氏，生三子：那明、那亮、秋英●。

十九世：那明，配妣氏，生四子：兆梅、兆桂、兆存、亚九●。

二十世：兆梅，配梁、何二氏，生一子：培华。

二十一世：培华，配李氏，生五子：戚寿●、锦荣、锦成、亚利、亚学。

二十二世：锦荣，配洪雪英，生于1935年，生六子：海林、海周、海连、海孙、海坛、海太。

二十三世：海林生于1961年12月，学历初中，务农，配梁卫平，生于1964年，生四子：戚口●、超国、桂钊、桂慧。

二十四世：超国生于1984年10月，学历大专，在外务工。

二十四世：桂钊生于1986年4月，学历中专，外出务工。

二十四世：桂慧生于1988年10月，学历初中，外出务工。

二十三世：海周生于1963年8月，学历高中，配高雄英，生于1962年10月，学历高中，住在麻章。

二十三世：海连生于1965年8月，学历初中，务农，配莫芳，生于1967年10月，务农，生三子：桂立、桂集、桂港。

二十四世：桂立生于1990年4月，学历中专，外出务工，配王志梅，生1989年6月6日，生一子：宇航。

二十五世：宇航生于2015年5月28日。

二十四世：桂集生于1993年8月，学历初中，外出务工，配陈朋全，生于1993年8月4日，生一子：浩宇。

二十五世：浩宇生于2014年6月9日。

二十四世：桂港生于1995年，学历高中，在校就读。

二十三世：海孙生于1967年，学历初中，配莫日槐，生于1966年，学历初中，生一子：宇翔（住遂溪）。

二十四世：宇翔生于1997年，在校读中专。

二十三世：海坛生于1969年11月，学历初中，务农，配许陈生，生于1974年7月，学历初中，生二子：桂滔、桂聪。

二十四世：桂滔生于2001年10月，在校就读。

二十四世：桂聪生于2005年8月，在校就读。

二十三世：海太生于1972年8月，学历高中，经商，配何琼珍，学历初中，经商，生二子：

戚愉、戚钦（住廉江）。

二十四世：戚愉生于1996年，在校就读。

二十四世：戚钦生于2006年，在校就读。

二十二世：锦成生于1934年10月，学历初小，配许少珍，生于1946年2月，取子入继：永辉。

二十三世：永辉生于1981年4月，学历初中，外出务工，配黄荣，生于1978年10月，外出务工。

二十世：兆桂，配谭氏，生二子：亚谦●、培光。

二十一世：培光，配李、王、麦三氏，生三子：亚汉、观胜、亚业。

二十世：兆存，配妣氏，生二子：亚龙●、培池。

二十一世：培池，配王瑞英，生于1924年，生五子：亚章●、戚口●、锦顺、锦琼、锦深。

二十二世：锦顺生于1952年7月，学历初中，务农，配卜换，生于1955年2月，学历初中，生四子：戚口●、康远、康超、康表。

二十三世：康远生于1991年10月，学历初中，外出务工，配廖木娇，生于1995年5月29日。

二十三世：康超生于1993年2月，学历高中，参军。

二十三世：康表生于1995年4月，学历初中，外出务工。

二十二世：锦琼生于1957年3月，学历初中，务农，配张群，生于1963年8月，务农，生二子：永郁、康威。

二十三世：永郁生于1987年3月，学历初中，配郑志平，学历大专，生于1984年5月，外出务工。

二十三世：康威生于1993年7月，外出务工。

二十二世：锦深生于1963年，学历初中，务农，配梁国仙，生于1965年10月，学历初中，务农，生二子：镇雄、镇喜。

二十三世：镇雄生于1990年4月，学历初中，外出务工。

二十三世：镇喜生于1993年3月，在校读大专。

十八世：大胜，配许、莫二氏，生一子：那口。

十九世：那口，妣氏，生三子：兆槐、兆权、亚三●。

二十世：兆槐，配苏氏，生一子：培祥。

二十世：兆权，配王氏，生二子：亚裕●、培馨。

二十一世：培馨，配陈氏，生三子：锦端、锦卓、秋总。

二十二世：锦端生于1950年10月，配李氏，生于1953年8月，生二子：戚口●、
永海。

二十三世：永海生于1988年8月，学历初中，外出务工。

二十二世：锦卓生于1956年7月，学历初中，务农，配黄秀，生于1960年6月，
学历初中，生二子：广旺、海志。

二十三世：广旺生于1984年12月，学历大学本科，在外工作，配李丽珍，生于
1982年4月，学历大学本科，在外工作。

二十三世：海志生于1987年6月，学历大学本科，在外工作，配陈云霞，生于1987
年8月，学历大学本科，在外工作。

二十二世：秋总生于1970年7月，学历初中，务农，配赖定，生于1972年5月，
学历初中，务农，生一子：康样。

二十三世：康样生于1997年10月，在校读初中。

世美公长支子达公分支允珠公派下学高房源流谱

十三世：允珠，配周氏，生八子：学有（另续）、学进（另续）、学相（另续）、学高、学圣、学秀（另续）、学才（另续）。

十四世：学高，配陈氏，生五子：爵权（另续）、爵衡、爵带●、爵连、爵祥（另续）。

十五世：爵衡，配陈氏，生二子：振魁、朝魁。

十六世：振魁，配方氏，生三子：文钦、文华、文碧。

十七世：文钦，配陈氏，生一子：大卿。

十八世：大卿，配陈氏，生四子：有纯、有绸●、有历、亚德●。

十九世：有纯，配谭、许二氏，生三子：兆均、兆锦、兆广。

二十世：兆均，配罗氏，生四子：培隆、培明、培桂、培瑞。

二十一世：培隆，配樊、莫二氏，生一子：锦养。

二十二世：锦养生于1954年10月，学历大专，广州工作，配陈美英，生于1952年8月，学历初中，生三子：海文、海武、海聪。

二十三世：海文生于1981年4月，学历大学本科，广州工作，配何妨，生于1982年1月，学历本科，生二子：裕宁、裕越。

二十四世：裕宁生于2011年1月，儿童。

二十四世：裕越生于2015年1月22日，儿童。

二十三世：海武生于1985年3月，学历大学，广州务工，配莫文艺，生于1987年12月29日，大学，生一子：裕翔。

二十四世：裕翔生于2014年11月3日，儿童。

二十三世：海聪生于1989年10月，学历大学，广州务工。

二十一世：培明，配何玉英，生于1925年10月，学历初小，生四子：锦权、亚六●、亚福●、戚标。

二十二世：锦权，配陈氏，生三子：木余、戚彬、戚谦。

二十三世：木余生于1969年7月，学历大专，广州工作，配陈玉梅，生于1971年3月，学历初中，生一子：小龙。

二十四世：小龙生于2002年，学历初中，在校就读。

二十三世：戚彬生于1974年7月，学历大专，在外工作，配陈水英，生于1982年4月22日，生一子：展凡。

二十四世：展凡生于2015年1月15日，儿童。

二十三世：戚谦生于1976年9月，学历大专，广州工作，配胡利珍，生于1984年10月，生二子：水泉、芝铭。

二十四世：水泉生于2005年9月，小学就读。

二十四世：芝铭生于2009年8月，儿童。

二十二世：戚标生于1961年7月，学历初中，在外务工，配钟锦梅，生于1966年5月，学历初中，生二子：鸿彬、鸿冠（住廉江）。

二十三世：鸿彬生于1987年1月，学历高中，在外务工，配冯思思，生于1987年3月，学历高中，在外务工，生一子：皓予。

二十四世：皓予生于2013年2月，儿童。

二十三世：鸿冠生于1989年7月，学历高中，在外务工。

二十一世：培桂生于1923年3月，配温氏，生一子：锦帜。

二十二世：锦帜生于1966年2月，学历初中，外出务工，配许文，生于1966年4月，务农，生二子：鸿凯、鸿旦。

二十三世：鸿凯生于1987年8月，学历大专，外出务工，配李观娣，生于1989年3月1日，生一子：裕峰。

二十四世：裕锋生于2013年10月29日，儿童。

二十三世：鸿旦生于1989年9月，学历大专，外出务工，配何远，生于1989年2月，务农。

二十一世：培瑞，配林氏，生四子：锦风、锦华、锦正、锦茂。

二十二世：锦风生于1957年5月，学历初中，务农，配罗英，生于1956年，学历高中，务农，生二子：鸿旋、鸿湛。

二十三世：鸿旋生于1987年1月，学历初中，外出务工。

二十三世：鸿湛生于1990年7月，学历初中，外出务工。

二十二世：锦华生于1961年，学历初中，在公路站工作，配陈留，生于1963年4月，学历初中，务农，生一子：鸿伟。

二十三世：鸿伟生于 1988 年 10 月，学历大专，外出工作。

二十二世：锦正生于 1963 年 3 月，学历初中，外出务工，配许子建，生于 1964 年 2 月，生一子：鸿荣。

二十三世：鸿荣生于 1991 年 8 月，在校就读。

二十二世：锦茂生于 1964 年，学历初中，在公路站工作，配陈彩玲，生于 1964 年 2 月，信用社工作，生一子：鸿杰。

二十三世：鸿杰生于 1996 年 3 月，在校就读。

二十世：兆锦，妣赖、罗二氏，生三子：培栽、培瑶、培春。

二十一世：培栽，配林氏，生五子：锦桐●、锦春、亚玉●、锦生、锦辟。

二十二世：锦春生于 1944 年 3 月，学历初小，务农，配王雪珍，生于 1941 年 7 月，学历初小，务农，生二子：永奇、永微。

二十三世：永奇生于 1966 年 4 月，学历初中，务农，配苏延生于 1967 年 10 月，学历初中，务农，生二子：桂甫、桂有。

二十四世：桂甫生于 1990 年 2 月，学历初中，外出务工。

二十四世：桂有生于 1996 年 9 月，在校就读。

二十三世：永微生于 1968 年 1 月，学历初中，外出务工，配莫拾，生于 1971 年 11 月，学历初中，务农，生二子：桂钧、桂辉。

二十四世：桂钧生于 1993 年 5 月，在校读大专。

二十四世：桂辉生于 2001 年 2 月，在校就读。

二十二世：锦生生于 1956 年 3 月，配郑秋，生于 1958 年，学历初中，外出务工，生二子：海景、进亮（住廉江）。

二十三世：海景生于 1985 年 2 月，学历初中，外出务工，配陆彩霞，生于 1987 年 9 月，学历初中，生一子：凯铭。

二十四世：凯铭生于 2012 年 1 月，儿童。

二十三世：进亮生于 1993 年 10 月，学历初中，外出务工，配陈景英，生于 1990 年 9 月 15 日。

二十二世：锦辟生于 1959 年 2 月，学历高中，务农，配林娟，生于 1958 年 4 月，学历初小，务农，生二子：景水、境侨。

二十三世：景水生于 1993 年 10 月，在校就读。

二十三世：境侨生于1996年4月，在校就读。

二十一世：培瑶，配陈秀清，生于1923年10月，生五子：锦昌、锦盛、锦炎、锦齐、锦辑。

二十二世：锦昌生于1949年6月，初中。

二十二世：锦盛生于1952年3月，学历高中，外出务工，配郑艮，生于1962年4月，务农，生一子：智荣。

二十三世：智荣生于1999年5月，在校就读。

二十二世：锦炎生于1957年4月，配陈凤，生于1963年2月，务农，学历初中，生二子：永钴、永义。

二十三世：永钴生于1988年5月，学历高中，外出务工。

二十三世：永义生于1990年7月，务工。

二十二世：锦齐生于1965年10月，学历初中，外出务工，配郑娟，生于1967年2月，学历初中，务农，生二子：广聪、广妙。

二十三世：广聪生于1994年4月，学历初中，外出务工。

二十三世：广妙生于1997年8月，务工。

二十二世：锦辑生于1969年3月，学历初中，外出务工，配宋伟清，生于1971年2月，学历初中，外出务工，生一子：芷昊。

二十三世：芷昊生于1998年9月，在校就读。

二十一世：培春生于1931年，学历初中，退体工人，配许秀娟，生于1937年2月，生二子：锦周、锦富。

二十二世：锦周生于1968年，学历初中，在公路站工作，配罗槐珍，生于1969年2月，务农，生二子：秋扬、广途。

二十三世：秋扬生于1987年3月，学历本科，外出务工，配黄佩雯，生于1990年6月8日。

二十三世：广途生于1989年8月，学历大专，在部队，配伍芙蓉，生于1988年11月24日。

二十二世：锦富生于1971年8月，学历大专，外出务工，配沈立群，生于1971年，大学，生二子：景恒、子鸿。

二十三世：景恒生于1998年2月，学历高中，在校就读。

二十三世：子鸿生于2008年3月，儿童。

二十世：兆广，配罗氏，生一子：培忠。

二十一世：培忠生于1927年2月，学历初小，配陈秀春，生二子：锦寿、锦宇（住安铺）。

二十二世：锦寿生于1954年5月，学历高中，外出务工，配伍秀玲，生于1961年6月，学历初中，外出务工，生一子：鸿澍。

二十三世：鸿澍生于1994年，，在校就读。

二十二世：锦宇生于1958年，学历大学，广州工作，配谢丽芬，生于1959年，学历大学。

十九世：有经，配谢氏，生四子：亚谟●、兆源、兆松、亚皖●。

二十世：兆源，配陈氏，生三子：培秀、南护●、戚口●。

二十一世：培秀，配陈氏，生三子：锦辉、锦信、锦珊。

二十二世：锦辉生于1939年7月，学历初小，配袁氏，生二子：广成、水江，分别住廉江、中山。

二十三世：广成生于1967年6月，学历大学本科，廉江工作，住廉江，配黎良芳，生于1967年7月，生一子一女，女：竣婷；子：竣铭。

二十四世：竣铭生于1996年12月，大学在读。

二十三世：永江生于1976年9月，学历大专，在外工作，居住中山市，配马智惠，生于1974年2月，学历初中，务工。

二十二世：锦信生于1950年12月，学历初中，务农，配方养，生于1958年4月，务农，生二子：永幸、永尚。

二十三世：永幸生于1989年3月，学历初中，外出务工。

二十三世：永尚生于1994年10月，在校就读。

二十二世：锦珊生于1957年1月，学历初中，务农，配陈珍，生于1956年4月，务农，生三子：永裕、永文、永明。

二十三世：永裕生于1982年4月，大学本科，教师，配周少銮，生于1984年2月，大学医院工作。

二十三世：永文生于1984年8月，学历初中，外出务工；永明生于1985年10月，学历初中，外出务工。

二十世：兆松公，配李、钟、陈三氏（钟氏出嫁），生四子：培兰、延寿、培芳、玉生。

二十一世：培兰，配何秀全，生三子：亚常●、锦桂、锦炳。

二十二世：锦桂生于1956年2月，学历初中，农民，配许枢，生于1956年2月，务农，生二子：海铜、海潮。

二十三世：海铜生于1984年9月，学历中专，外出务工。

二十三世：海潮生于1986年10月，学历中专，外出务工。

二十一世：延寿，配符佩芳，生于1926年8月，生二子：志雄、志明，住安铺。

二十二世：志雄生于1962年12月，学历高中，外出务工，配梁富云，生于1964年10月，外出务工，生一子：鸿斌。

二十三世：鸿斌生于1996年2月，在校就读。

二十二世：志明生于1966年3月，学历高中，外出务工，配陈少平，生于1970年2月，学历初中，外出务工，生一子：鸿潇。

二十三世：鸿潇生于1995年10月，学历高中，外出务工。

二十一世：培芳生于1935年9月，学历初中，配陈志坚，生于1941年7月，生二子：锦仁、锦义（住横山）。

二十二世：锦仁生于1965年3月，学历初中，开车，配陈秀明，生于1963年7月，外出务工，生二子：鸿寿●、鸿飞，住横山。

二十三世：鸿飞生于1993年9月，在校就读。

二十二世：锦义生于1967年11月，学历初中，外出务工，配陈少球，生于1966年11月，生一子：鸿翔。

二十三世：鸿翔生于1997年10月，在校就读。

二十一世：玉生，配王连英，生于1947年8月，生二子：锦清、锦廉（居住湛江）。

二十二世：锦清生于1973年7月，学历初中，外出务工，配吴秀娟，生于1976年9月，生一子：鸿文（住湛江）。

二十三世：鸿文生于1991年1月，在校就读。

二十二世：锦廉生于1979年12月，学历大专，外出工作，配闫林霞，生于1988年4月，学历大学，外出务工。

十七世：文华，配妣氏，生一子：大剑。

十八世：大剑，配李氏，生一子：戚有。

十九世：戚有，配妣氏，生三子：亚旺、亚南、亚剖，迁广西合甫石头埠。

二十世：亚剖，配石、龙二氏，生一子：培维。

二十一世：培维配四氏陈氏生二子：锦旋、锦荣。

二十二世：锦旋，配钟云英，生于1949年10月，南宁。

二十二世：锦荣生于1954年，务农，配林益英，生于1953年3月，务农，生二子：福、禄。

二十三世：戚福生于1986年4月，学历大专，在广州务工。

二十三世：戚禄生于1988年7月，学历中专，务农。

十七世：文碧，配刘氏，生一子：大戬。

十八世：大戬，配郑氏，生三子：有太、有春、有奉。

十九世：有太，配潘氏，生二子：亚轩姚氏（出嫁）、红九●。

十九世：有奉，配陈氏，生一子：南禄（省岳）。

十六世：朝魁，妣郑氏，生二子：文钰、文景。

十七世：文钰，妣梁氏，生一子：大盛。

十八世：大盛，妣郭氏，生一子：有法。

十九世：有法，妣罗氏，生一子：亚桶●。

十七世：文景，配叶氏，生三子：那保、那旺、亚才●。

十八世：那保，配郭氏，生二子：有夲、有昭。

十九世：有夲，妣氏，生一子：兆桐许氏●。

十九世：有昭，配陈、李二氏，生四子：兆銮、兆端、兆栋、戚口●。

二十世：兆銮，配黄氏、潘德英，生四子：亚瑞●、培雄、培富、戚口●。

二十一世：培雄生于1957年2月，学历初中，务农，配罗展，生于1962年4月，学历初中，务农，生二子：锦日、锦增。

二十二世：锦日生于1992年5月，学历初中，外出务工。

二十二世：锦增生于1997年10月，在校就读。

二十一世：培富生于1958年4月，学历初中，务农，配赖统，生于1963年2月，务农，生五子：锦芳、锦川●、锦旭、锦周、锦永。

二十二世：锦芳生于1985年8月，学历大学本科，外出务工。

二十二世：锦旭生于1988年8月，学历大学本科，外出务工。

二十二世：锦周生于1991年4月，大学本科在校。

二十二世：锦永生于1993年7月，学历初中，外出务工。

二十世：兆端，配潘氏，生一子：培滔。

二十一世：培滔生于1952年9月，学历初中，务农，配方群生二子：长子●、次子康生。

二十二世：康生生于1986年8月，学历初中，外出务工。

二十世：兆栋，配刘氏，生三子：培福、培禄、培寿。

二十一世：培福生于1961年10月，学历高中，外出务工，配黎利，生于1964年2月，务农，生四子：锦成、锦祥、锦集、锦学。

二十二世：锦成生于1988年，学历高中，外出务工。

二十二世：锦祥生于1991年4月，学历初中，外出务工。

二十二世：锦集生于1993年6月，学历初中，外出务工。

二十二世：锦学生于1994年4月，学历初中，外出务工。

二十一世：培禄生于1964年2月，学历初中，外出务工，配黎珍，生于1968年4月，务农，生一子：锦胜。

二十二世：锦胜生于1994年8月，学历初中，外出务工。

二十一世：培寿生于1968年5月，学历初中，外出务工，配蔡清，生于1971年，学历初中，外出务工。

二十二世：锦俊生于1993年4月，学历初中，外出务工。

世美公长支子达公分支允珠公派下学圣房源流谱

十四世：学圣公，配黄、郑二氏，生三子：爵华、爵官●、爵典。

十五世：爵华，配许氏，生三子：正元●、正享●、正利●。

十五世：爵典，配李氏，生二子：才超、才良。

十六世：才超，配陈氏●。

十六世：才良，配赖氏，生四子：文均、文耀、文護、文连。

十七世：文均，配莫氏，生四子：大茂、亚贯●、亚春、亚华。

十八世：亚春，妣氏，生一子：亚恩●。

十八世：亚华，妣氏，生一子：有典●。

十八世：大茂，妣氏，生二子：有林、有邦。

十九世：有林，配林氏，生一子：兆利。

二十世：兆利，配刘氏，生二子：戚四●、培钦。

二十一世：培钦生于1933年，学历初小，配刘梅英，生于1932年，生一子：锦泉。

二十二世：锦泉生于1969年，学历初中，务农，配郑梅，生于1970年，学历初中，生二子：海远、海升。

二十三世：海远生于1999年9月，现在校读书。

二十三世：海升生于2002年，现在校读书。

十九世：有邦，配许、陈二氏，生二子：戚口●、兆球。

二十世：兆球，配李氏，生二子：戚养、日初。

二十一世：戚养生于1952年，学历初中，配许清，生于1953年，学历初中，生三子：锦孟、锦杰、锦帅。

二十二世：锦孟生于1978年，大学任教师，配黄一锋，生于1981年9月22日，大学本科，生一子：诺祺。

二十三世：诺祺生于2015年月28日，儿童。

二十二世：锦杰生于1982年，学历初中，配彭美雄，生于1986年，学历初中，生一子：浩天。

二十三世：戚浩天，生于 2010 年，儿童。

二十二世：锦帅生于 1982 年，学历初中，外出务工。

二十一世：戚日初生于 1961 年，学历初中，在廉江公路局工作，配梁莲珍，生于 1962 年，学历初中，生二子：狄聪、狄伟，住廉江。

二十二世：狄聪生于 1987 年，学历大学，外出务工，配林容珊，生于 1988 年，学历大学，外出务工。

二十二世：狄伟生于 1991 年，学历高中，外出务工。

十七世：文耀，配李氏，生二子：大星、大尤。

十八世：大星，配罗氏，生一子：有卓。

十九世：有卓，配张氏，生三子：亚全●、亚相、亚流●。

二十世：亚相，配陈氏，生一子：培玉。

二十一世：培玉生于 1965 年，学历初中，配陈氏，生一子：观宁。

二十二世：观宁生于 2004 年，在校读书。

十八世：大尤，配许、江二氏，生一子：有忠。

十九世：有忠，配陈氏，生二子：兆龙、兆努。

二十世：兆龙生于 1954 年，学历初中，务农，配莫妹，生于 1960 年，学历初中，生二子：镇宝、境梓。

二十一世：镇宝生于 1990 年，学历初中，外出务工。

二十一世：境梓生于 1993 年，学历初中。

二十世：兆努生于 1966 年，学历初中，配许氏，生二子：戚檬、戚帆。

二十一世：戚檬生于 1981 年，学历初中，外出务工。

二十一世：戚帆生于 1987 年，学历初中，外出务工。

十七世：文護，配林氏，生三子：大楷、大枢、大珍。

十八世：大楷，配杨氏，生三子：有文、有武、亚三●。

十九世：有文，配陈氏，生五子：兆琴、兆森、南裕、兆辉、戚口●。

二十世：兆琴，配李氏，生四子：亚尊、日光、亚明、亚任。

二十一世：亚尊生于 1949 年，配许建英，生于 1949 年，生三子：戚口●、锦喜、锦福。

二十二世：锦喜生于 1981 年，学历初中，配邓雷，生于 1988 年，学历初中，生一子：澳运。

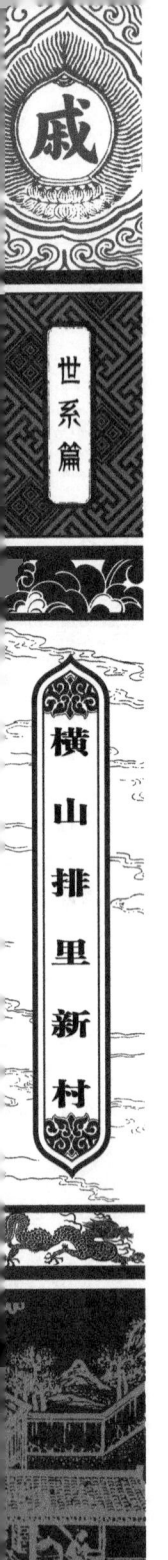

二十三世：澳运生于 2008 年，现读书。

二十二世：锦福生于 1983 年，学历初中，配陈静，生于 1983 年，学历初中，生二子：海凯、海彬。

二十三世：海凯生于 2007 年，读书。

二十三世：海彬生于 2012 年，儿童。

二十一世：日光生于 1954 年 11 月，学历初中，配钟娟，生于 1958 年 11 月，学历初中，生三子：锦胜、锦国、锦林。

二十二世：锦胜生于 1982 年 5 月，初中，配文水玲，生于 1982 年 2 月，生一子：永涛。

二十三世：永涛生于 2001 年 9 月，儿童。

二十二世：锦国生于 1985 年 11 月，初中，配钟日娣，生于 1991 年，生一子：永瑜。

二十三世：永瑜生于 2013 年 4 月，儿童。

二十二世：锦林生于 1991 年 9 月，学历初中，外出务工。

二十一世：戚明生于 1956 年，高中，配伍水，生于 1961 年，初中，生四子：锦銮、锦珍、锦就、锦迎。

二十二世：锦銮生于 1978 年，学历初中，配罗志明，生于 1979 年，学历初中，生二子：海浩、海鑫。

二十三世：海浩生于 2008 年，儿童。

二十三世：海鑫生于 2010 年，儿童。

二十二世：锦珍生于 1985 年，学历初中，外出务工，配曾玲，生于 1991 年 6 月 7 日，生一子：嘉睿。

二十三世：嘉睿生于 2015 年 2 月 19 日，儿童。

二十二世：锦就生于 1988 年，学历初中，外出务工。

二十二世：锦迎生于 1990 年，学历初中，配林小仙，生于 1991 年，学历初中，外出务工，生一子：嘉诚。

二十三世：嘉诚生于 2014 年 12 月 25 日，儿童。

二十一世：戚任生于 1966 年，学历初中，外出务工，配许彩妹，生于 1965 年，学历初中，生二子：锦盛、锦康。

二十二世：锦盛生于 1989 年，学历初中，外出务工，配邓雄英，生于 1990 年 1 月 15 日。

二十二世：锦康生于 1993 年，学历初中，外出务工。

二十世：兆森，配何氏，生四子：亚丰●、亚开●、亚秋●、培章。

二十一世：培章，配莫氏，已迁卜教村。

二十一世：南裕，配林敬妣，生于1936年5月6日，生一子：誉耀。

二十二世：誉耀生于1966年10月8日，学历高中，配肖金英，生于1975年1月15日，生一子：戚晋焰。

二十三世：戚晋焰生于2009年2月17日，在校读书（住廉江）。

二十世：兆辉生于1939年，学历小学，配陈玉珍，生于1942年，学历小学，生三子：培庆、培宽、培理。

二十一世：培庆生于1965年，学历初中，配许水，生于1965年，学历初中，生二子：锦龙、锦槐。

二十二世：锦龙生于1986年，学历大专，外出务工，配蔡灵敏，生于1986年，学历大专，外出务工，生一子：海乐。

二十三世：海乐生于2011年，儿童。

二十二世：锦槐生于1998年，在校就读。

二十一世：培宽生于1976年，学历初中，住广州，配谭业凤，生于1977年，学历初中，生一子：锦鸿。

二十二世：锦鸿生于2005年，在校读书。

二十一世：培理生于1979年，学历初中，外出务工，配王小妹，生于1984年，学历初中，生一子：锦炜。

二十二世：锦炜生于2013年11月4日，儿童。

十九世：有武，配陈氏，生五子：兆美、兆标、兆伟、兆海、兆港。

二十世：兆美，配庞秀连，生于1933年，学历小学，生三子：培恒、培锦、培宋。

二十一世：培恒生于1963年7月，学历初中，住安铺，配陈伟连，生于1965年，学历初中，生一子：观敏。

二十二世：观敏生于1992年4月，现读书。

二十一世：培锦生于1968年6月，学历初中，住安铺，配莫琼，生于1968年，学历初中，生一子：境超。

二十二世：境超生于1994年11月，现在校读书。

二十一世：培宋生于1972年，学历初中，住安铺，配黎秀金，生于1970年11月，学历初中，生一子：境悦。

二十二世：境悦生于2011年4月，儿童。

二十世：兆标，生于1921年，小学，配赖日英，生于1928年，生二子：培柯、培汉。

二十一世：培柯生于1963年，学历初中，在廉江公路局工作，配黄仁娟，生于1964年，学历初中，生二子：境垒、华考，住廉江。

二十二世：境垒生于1988年，高中。

二十二世：华考生于1992年，高中。

二十一世：培汉生于1967年，学历初中，配陈惠娟，生于1967年，学历初中，生一子：景穗。

二十二世：景穗生于1982年，在校读大专。

二十世：兆伟生于1937年，配黄丽英，生于1941年，生二子：培高、培强。

二十一世：培高生于1968年，学历初中，外出务工，配扶伟雄，生于1973年，生一子：康沛。

二十二世：康沛生于1986年，现读书。

二十一世：培强生于1970年，学历初中，配叶燕芳，生于1970年，学历初中，生二子：科源、一真。

二十二世：科源生于2001年，读书。

二十二世：一真生于2015年，读书。

二十世：兆海，配苏琴珍，生于1955年，生五子：培南、培平、培鼎、培晶●、培才。

二十一世：培南生于1972年，初中，配刘水娣，生于1982年，生二子：境豪、广廷。

二十二世：境豪生于2000年，在校读书。

二十二世：广廷生于2011年，儿童。

二十一世：培平生于1974年，学历初中。

二十一世：培鼎生于1976年，学历中专，配张正夏，生于1986年，学历初中，生二子：境庞、广鸥。

二十二世：境庞生于2009年，儿童。

二十二世：广鸥生于2014年8月23日，儿童。

二十一世：培才生于1982年，学历中专，配黄秋霞，生于1985年，学历初中，生二子：林政、广泽。

二十二世：林政生于2013年，儿童。

二十二世：广泽生于2015年3月8日，儿童。

二十世：兆港生于1946年，小学务农，配陈水，生于1952年，生三子：培毅、培凯、培满。

二十一世：培毅生于1980年，初中，配李春花，生于1986年，初中，生二子：锦颖、锦源。

二十二世：锦颖生于2003年，在校读书。

二十二世：锦源生于2006年，在校读书。

二十一世：培凯生于1983年，学历初中，在外务工，配许月霞，生于1983年。

二十一世：培满生于1988年，学历初中，配刘菊，生于1991年，学历初中。

十八世：大枢，配何氏，生六子：有仁、亚赞、有全●、亚来●、亚晚●、亚生●。

十九世：有仁，配陈、方二氏，生二子：亚良●、亚木。

二十世：戚木生于1949年，高中教师，配陈美荣，生于1967年，生一子：广科。

二十一世：戚广科生于1991年，现读书。

十八世：大珍，配何、宣、陈三氏，生九子：戚一●、戚二●、有才●、亚九●、有进、亚利●、有祥、亚省●、亚强。

十九世：有进，配蓝碧荣，生于1933年，生三子：雄、培、爱。

二十世：戚雄生于1953年，学历初中，配李宁，生于1956年，生二子：光城、日星，住梧州。

二十一世：光城生于1979年，学历高中，外出务工。

二十一世：日星生于1983年，学历高中，配梁芳，生于1982年，学历初中，居住梧州市，生一子：曦臻。

二十二世：曦臻生于2009年，读书。

二十世：戚培生于1959年，学历初中，配陈琴英，生于1969年，学历初小，生一子：镇泳。

二十一世：镇泳生于2003年，在校读书。

二十世：戚爱，配罗桂清，生于1960年，学历初小，生一子：镇忠。

二十一世：镇忠生于1993年，学历初中，外出务工。

十九世：有祥生于1938年，配李桂芳，生于1940年，生五子：兆昭、兆廉、兆团、

兆来、兆富。

二十世：兆昭生于1964年，学历初中，配黎连，生于1964年，学历初中，生二子：培胡、培志。

二十一世：培胡生于1987年，学历初中，配何李兰，生于1990年，学历初中，生二子：锦治、秋明。

二十二世：锦治生于2012年，儿童。

二十二世：秋明生于2015年5月28日。

二十一世：培志生于1989年，学历初中，外出务工。

二十世：兆廉，配黄伟英，生于1972年，学历高中，生一子：培柏。

二十一世：培柏生于2001年，读书。

二十世：兆团生于1974年，学历初中，配温梅，生于1975年，学历初中，生四子：培师、培文、培杰、培海。

二十一世：培师生于1996年，读书。

二十一世：培文生于1997年，读书。

二十一世：培杰生于2005年，读书。

二十一世：培海生于2013年。

二十世：兆来生于1977年，学历初中，配麦旭愉，生于1986年，学历初中。

二十世：兆富生于1977年，大专教师，配李小桃，生于1983年，大专教师，生一子：培煌。

二十一世：培煌生于2005年，读书。

十九世：戚强生于1944年，学历初中，配陆水梅，生于1948年，学历初中，生一子：志光。

二十世：志光生于1973年11月，学历初中，配黄妙英，生于1974年，学历初中，生一子：启荣。

二十一世：启荣生于2004年，读书，住晨光场。

十七世：文连，配曹、郭二氏，生三子：大銮、大流、大玉●。

十八世：大流，配李氏，生四子：有城、有廷、亚生●、有农。

十九世：有城，配钟、赖、莫三氏，生一子：兆定。

二十世：兆定，配黄少平，生于1937年，生三子：培豪、培展、培万。

二十一世：培豪生于1965年，学历初中，外出务工，配谢永英，生于1969年，学历初中，生一子：锦喜。

二十二世：锦喜生于1999年，在校读书。

二十一世：培展生于1970年，学历初中，配许进娣，生于1973年，学历初中，生二子：仙生、锦樑。

二十二世：戚仙生生于1999年，在校读书。

二十二世：锦樑生于2001年，在校读书。

二十一世：培万生于1974年，学历初中，务农。

十九世：有廷，配何少梅，生于1921年，生五子：康芬●、玉贵、校、邱、杏。

二十世：玉贵生于1947年，学历初中，务农，配梁水霞，生于1963年，学历初中。

二十世：戚校生于1952年，学历高中，务农，配苏檬，生于1958年，学历初中，生四子：培天、培晓、培董、培杭。

二十一世：培天生于1982年，学历大专，外出务工，配李娜，生于1982年，本科大学，外出务工，生一子：锦源，住湛江。

二十二世：戚锦源生于2008年。

二十一世：培晓生于1985年，学历初中，在外务工。

二十一世：培董生于1991年，学历初中，在外务工。

二十一世：培杭于1993年，现读大专。

二十世：戚邱生于1958年，学历初中，务农，配许氏，生二子：培耀、培怀。

二十一世：培耀生于1968年，学历大专，在外务工。

二十一世：培怀生于1986年，学历大专，在外务工。

二十世：戚杏生于1960年，学历高中，配王秀明，生于1959年，学历高中，生三子：培剑、培练、培志。

二十一世：培剑生于1986年，学历初中，外出务工，配洪广和，生于1981年，学历初中，外出务工。

二十一世：培练生于1990年，学历初中，外出务工。

二十一世：培志生于1993年，学历初中，外出务工。

十九世：有农，配林（出嫁）、罗二氏，生三子：建、插、巧。

二十世：戚建生于1956年，学历初中，配黄爱，生于1956年，学历初中，生一子：

玖蒙。

二十一世：戚玖蒙生于1990年，初中，外出务工，配陈影霞，生于1999年5月28日。

二十世：戚播生于1959年，学历初中，配陈映梅，生于1963年12月，务农。

二十世：戚巧生于1964年，学历初中，配罗燕梅，生于1970年11月，学历初中，生一子：康杰。

二十一世：戚康杰生于1992年7月，读书，住廉江。

十七世：文连，配曹、郭二氏，生三子：大銮、大流、大玉（未详）。

十八世：大銮，配刘氏，生五子：有灼、有焕、亚福●、有松、有善。

十九世：有灼，配陈氏，生一子：兆业。

二十世：兆业生于1933年，原横山镇政府工作，配陈氏，生二子：培民、培聪。

二十一世：培民生于1956年，大学教师，配何秀兰，生于1958年，生二子：锦誉、锦政，住廉江。

二十二世：锦誉生于1984年9月，大学本科，广州务工。

二十二世：锦政生于1991年9月14日，大学本科，外出务工。

二十一世：培聪生于1968年，学历大学，外出务工，配陈志聪，生于1972年，学历高中，住佛山。

十九世：有焕，配蓝氏，生二子：兆兴、兆建。

二十世：兆兴，配陈氏云（出嫁）。

二十世：兆建，配蓝球英，生于1928年，生五子：培树、亚远●、亚记●、培养、培晚。

二十一世：培树生于1962年，学历初中，在横山粮所工作，配何丽芳，生于1963年，学历初中，生二子：锦沿、锦智。

二十二世：锦沿生于1998年，学历大专，外出务工，配莫灵珠，生于1989年8月15日，初中。

二十二世：锦智生于1997年，在校读书。

二十一世：培养生于1976年，学历大专，外出务工，配曹焕琼生于1978年，学历初中，生三子：锦冠、锦威、锦益，住廉江。

二十二世：锦冠生于1998年，读书；锦威生于2000年，读书；锦益生于2008年。

二十一世：培晚生于1997年，学历大专，配卢兆俏生于1985年，学历高中，外出务工。

十九世：有松配李氏生二子：兆年、兆存。

二十世：兆年生于1948年，学历初中，配卜霞生于1966年，学历初中，生二子：培术●、景礼。

二十一世：景礼生于1999年，初中。

二十世：兆存配简妹生于1961年，学历初中，生二子：秋凰、景勉。

二十一世：秋凰生于1982年，学历初中，配何惠明生于1985年，学历初中，生一子：景杜。

二十二世：景杜生于2006年，在校读书。

二十一世：景勉生于1988年，学历初中，配岳田甜生于1992年，生一子：广浩。

二十二世：广浩生于2013年，儿童。

十九世：有善配陈氏生二子：兆昌、兆齐。

二十世：兆昌生于1953年，学历初中，廉江公路局，配莫凤生于1954年，学历初中，生二子：戚凛、镇国。

二十一世：戚凛生于1981年，学历初中，配刘丹妍生于1986年，学历初中，生一子：俊彦。

二十二世：俊彦生于2011年，在校读书。

二十一世：镇国生于1989年1月，学历高中，外出务工。

二十世：兆齐生于1963年，学历初中，配郑娟生于1964年，学历初中，生二子：景敏、华荣。

二十一世：戚景敏生于1982年，学历初中，外出务工；华荣生于1988年，在校读书。

十八世：大枢配何氏，生六子：有仁（未详）、亚赞●、有全、亚来●、亚晚●、亚生●。

十九世：有全，配何、李二氏，生四子：德、观球、尤、炎。

二十世：戚德生于1922年，廉江公路局，配林秀玲，生于1925年，生三子：秋桂、培柳、培生。

二十一世：秋桂生于1956年，学历初中，配许金，生二子：锦武、锦温。

二十二世：锦武，配林小亚，学历初中，生二子：广柏、海锟。

二十三世：广柏生于2010年，儿童。

二十三世：海锟生于2012年，儿童。

二十二世：锦温生于1984年10月5日，配廖斯婷，生于1986年1月22日，生一子：海东。

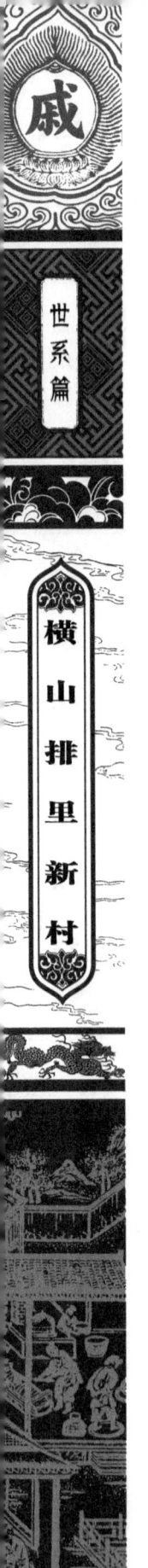

二十三世：海东生于 2014 年 9 月 13 日。

二十一世：培柳生于 1961 年，学历初中，廉江公路局，配张琴，生于 1964 年，生一子：锦祥。

二十二世：锦祥生于 1992 年，学历初中，外出务工。

二十一世：培生生于 1964 年，学历初中，配马玉，生于 1965 年，学历初中，生二子：锦席、锦抓。

二十二世：锦席生于 1989 年，学历初中，外出务工，配林翠敏，生于 1993 年 6 月 20 日。

二十二世：锦抓生于 1992 年，学历初中，外出务工。

二十世：观球，配黄氏（出嫁），生二子：亚东●、亚军。

二十一世：戚军生于 1975 年 7 月 15 日，学历初中，在横山镇政府工作，配许凤，生于 1980 年 2 月 23 日，在横山镇政府工作，生一子：振基。

二十二世：戚振基生于 2006 年 5 月 13 日，现读书。

二十世：戚尤生于 1938 年，学历高小，曾任排里管区支部书记，配陈桂珍，生于 1941 年，生二子：培燕、培槿。

二十一世：培燕生于 1968 年，学历初中，住深圳，务工，配罗艺，生于 1968 年，学历初中，生一子：泽才。

二十二世：泽才生于 1997 年，在校就读。

二十一世：培槿生于 1979 年，学历初中，配莫少云，生于 1978 年，学历大专，生一子：建乐。

二十二世：建乐生于 2001 年，儿童。

二十世：戚炎生于 1938 年，学历初小，配吴易芳，生于 1958 年，学历初小，住志满，生一子：卫文。

二十一世：卫文生于 1963 年，学历高中，在邮电局工作，配陈卒珠，生于 1965 年，学历初中，生一子：淋铭。

二十二世：淋铭生于 2000 年，儿童。

世美公长支子达公分支允珠公派下学有房源流谱

十三世：允珠，配周氏，生八子：学仕、学有、学进（另续）、学相（另续）、学高（另续）、学圣（另续）、学秀（另续）、学才（另续）。

十四世：学仕，妣黄氏，生二子：爵位（生三子俱殇）●、爵殿。

十五世：爵殿，妣刘氏，生三子：那保●、那二（未详）、那三（未详）。

十四世：学有，妣庞氏，生二子：爵轩、爵明●。

十五世：爵轩，妣许氏，生一子：才秀。

十六世：才秀，妣陈氏，生五子：文祥●、文安（未详）、文成（未详）、文雅、文蔚（未详）。

十七世：文雅，配马氏，生二子：大隆、大盛。

十八世：大隆，配蔡氏，生一子：亚权。

十九世：亚权，生一子：兆荣。

二十世：兆荣，配林氏，生三子：亚全●、失名●、培业。

二十一世：培业，配罗氏，生二子：锦明、锦琼。

二十二世：锦明生于1957年3月24日，配吴氏，生于1963年4月4日，本科生，生一子：泽权。

二十三世：泽权生于1985年6月2日，本科，现为高级工程师，配林氏，生于1986年5月18日，本科，现为某公司的经理。

二十二世：戚锦琼，生于1960年12月7日，学历大专毕业，配冯氏，生二子：文峯、文彬。

二十三世：文峯生于1993年2月19日。

二十三世：文彬生于1996年12月20日。

世美公世系长支子达公分支允珠公派下学秀房源流谱

十三世：允珠，配周氏，生八子：学仕（另续）、学有（另续）、学进（另续）、学相（另续）、学高（另续）、学圣（另续）、学秀、学才（另续）。

十四世：学秀，妣赖氏，生四子：爵旺、爵相●、爵乔、爵尊。

十五世：爵旺，妣张氏，生四子：亚月●、亚炉●、才宽、才彪。

十六世：才宽，生二子：文通、文达。

十七世：文通，生二子：大富、大兴。

十八世：大富，配伍氏，生二子：有渊、戚旺●。

十九世：有渊，配王氏，生四子：兆云、兆开、兆见●、兆月。

二十世：兆云，配刘氏，生一子：培友。

二十一世：培友生于1963年10月4日。

二十世：兆开，配刘氏，生于1945年12月4日，生二子：培爱、培团。

二十一世：培爱生于1976年12月29日，配余氏，生一子：煜宸。

二十二世：煜宸生于2014年11月20日，儿童。

二十一世：培团生于1980年3月23日，配陈氏，生于1978年4月6日，生一子：文轩。

二十二世：文轩生于2004年2月26日。

二十世：兆月，配肖氏，生于1955年3月18日，生一子：志文。（注：兆月迁广州居住）

二十一世：志文生于1987年6月10日，学历大专。

十八世：大兴，配伍氏，生一子：有初。

十九世：有初，配潘氏，生三子：兆洛、兆河、兆涵。

二十世：兆洛生于1930年6月29日（曾任杨村乡会计），配赖氏，生二子：培兴、培轮。

二十一世：培兴生于1967年3月27日，学历大学，配龙氏，生于1965年7月6日，学历高中，生二子：展肇、展源。

二十二世：展肇生于 1996 年 3 月 11 日，在校就读。

二十二世：展源生于 2001 年 8 月 16 日，在廉江第一中学读书。

二十一世：培轮生于 1972 年 10 月 1 日，学历本科，配许氏，生于 1972 年 9 月 17 日，学历本科，生一子：真榕。

二十二世：真榕生于 2004 年 12 月 2 日，在廉江读书。

二十世：兆河生于 1935 年 1 月 3 日，在师范毕业（曾任下路小学校长），配张氏，生于 1938 年 7 月 6 日，生四子：一宇●、一林、一高、一晓。

二十一世：一林生于 1965 年 9 月 29 日，学历大学，配伍氏，生于 1968 年 9 月 3 日，学历大学，生一子：荣达。

二十二世：荣达生于 1989 年 7 月 24 日，（华南工大学）。

二十一世：一高生于 1967 年 4 月 23 日，学历本科，配肖氏，生于 1969 年 5 月 22 日，学历大专，生一子：王诗。

二十二世：王诗生于 1995 年 7 月 12 日，在校就读。

二十一世：一晓生于 1971 年 12 月 14 日，学历大学，在广州港务局工作（广州居住），配林桂兴，生于 1970 年 3 月 18 日，学历大学，在广州增城任医师，生一子：铭杰。

二十二世：戚铭杰生于 1992 年 7 月 19 日，在广州读书。

二十世：兆涵，生于 1951 年 4 月 20 日，学历会计师，配何氏，生于 1958 年 8 月 15 日，生二子：康寿、一科。

二十一世：康寿生于 1991 年 7 月 16 日，学历初中，配邓氏，生于 1994 年 2 月 24 日，学历初中。

二十一世：一科生于 1994 年 2 月 11 日，学历初中。

十七世：文达，生一子是才进公之子：大贵。

十八世：大贵生二子：亚合●、亚庞●。

世美公长支子达公分支允珠公派下学才房源流谱

十三世：允珠，配周氏，生八子：学仕（另续）、学有（另续）、学进（另续）、学相（另续）、学高（另续）、学圣（另续）、学秀（另续）、学才。

十四世：学才，妣邱氏，生二子：爵平、爵宁。

十五世：爵宁，妣许氏，生二子：才明、才文。

十六世：才明，妣陈氏，生三子：文美、文选、文举。

十七世：文美，配黄氏，生三子：大胜、亚二●、亚富●。

十八世：大胜，配苏氏，生二子：有兴、有隆（另续）。

十九世：有兴，配王、郭、方三氏，生二子：兆炳、兆如。

二十世：兆炳，配林氏，生二子：培洛、亚谟。

二十一世：培洛，配李氏，生三子：锦进、亚在●、锦议。

二十二世：锦进生于1962年9月13日，学历初小，配许氏，生于1970年1月3日，生一子：水琪。

二十三世：水琪生于2001年4月21日，在读初中。

二十二世：锦议生于1975年11月16日，学历初小，配潘氏，生于1978年7月28日，生二子：鸿钦、广辟。

二十三世：鸿钦生于2000年1月2日，在读初中。

二十三世：广辟生于2004年2月15日。

二十一世：戚谟生于1937年3月21日，配庞氏，生一子：境民●。

二十世：兆如，配李氏，生二子：亚炎●、亚胜。

二十一世：亚胜，配叶氏，生一子：戚戍。

二十二世：戚戍生于1971年2月25日，初中毕业，配郑氏，生于1972年10月4日，生三子：伟豪、杨杰、李权。

二十三世：伟豪生于1994年9月18日。

二十三世：杨杰生于1997年11月22日。

二十三世：李权生于2000年11月28日。

十七世：文美，配黄氏，生三子：大胜、亚二●、亚富●。

十八世：大胜，配苏氏，生二子：有兴、有隆。

十九世：有隆，配李氏，生三子：兆瑞、兆星、兆烈。

二十世：兆瑞，配温氏，生二子：培燊●、亚福●、外祖一子入继：培灼。

二十一世：培灼，配陈氏（已出嫁），生三子：广贞、锦养、亚卢。

二十二世：广贞，配莫氏，生一子：华忠。

二十三世：华忠生于1995年5月4日，在校就读。

二十二世：锦养，配陈氏，生二子：金良、金星。

二十三世：金良生于1994年5月4日，在校就读。

二十三世：金星生于1995年7月22日，在校就读。

二十二世：锦卢生于1965年5月4日，初中毕业，配李氏，生于1967年10月11日，初中毕业，生一子：鸿新。

二十三世：鸿新生于1996年11月17日，在校就读。

二十世：兆星，配林氏，生四子：亚口●、培贤、培琴、培通。

二十一世：培贤，配林氏，生二子：锦定、锦恩。

二十二世：锦定生于1965年5月17日，中学毕业，配赖氏，生于1965年4月17日，初中毕业，生二子：鸿勤、鸿淇。

二十三世：鸿勤生于1997年2月7日，在校就读。

二十三世：鸿淇生于2003年2月11日，在校就读。

二十二世：锦恩生于1968年1月2日，配陈氏，生于1972年7月17日，生二子：鸿灵、鸿燊。

二十三世：鸿灵生于2003年8月15日，在校就读。

二十三世：鸿燊生于2013年9月6日。

二十一世：培琴生于1963年9月14日，学历初小，配许氏，生于1963年7月21日，生二子：锦武、锦首。

二十二世：锦武生于1963年9月14日，初中毕业，配陈氏，生于1970年2月29日，生一子：鸿冰。

二十三世：鸿冰生于1995年2月23日。

二十二世：锦首生于1966年8月15日，初中毕业，配周氏，生二子：鸿略、境锋。

二十三世：鸿略生于1994年12月7日。

二十三世：境锋生于2003年2月28日。

二十一世：培通生于1948年5月10日，学历初小，职工，配刘、莫二氏，莫氏生一子：锦耀。

二十二世：锦耀生于1978年8月10日，中学毕业。

二十世：兆烈配李氏生三子：亚德●、亚二●、培帅。

二十一世：培帅，配马氏，生一子：锦译。

二十二世：锦译生于1991年5月15日。

十七世：文选，配郑氏，生四子：大华（另续）、大新（另续）、大德、大彩（另续）。

十八世：大德，配陈氏，生四子：有为（另续）、有用（另续）、有信（另续）、有景。

十九世：有景，配莫、钟二氏，生四子：兆典、老法●、兆谟、兆楷。

二十世：兆典，配何氏，生一子：观友●。

二十世：兆谟，配陈氏，生二子：培海、培世。

二十一世：培海，配陈氏，生二子：秋参●、戚冬。

二十二世：戚冬生于1975年7月18日，配童氏，生于1979年8月17日，生一子：俊鸿。

二十三世：俊鸿生于2007年3月1日。

二十一世：培世生于1957年6月25日，配陈氏，生于1959年5月6日，生二子：锦浩、锦赐。

二十二世：锦浩生于1988年10月10日。

二十二世：锦赐生于1992年6月15日。

二十世：兆楷，配许、莫二氏，生六子，许氏生：观仁●、培田；莫氏生：培龙●、培佐、培佑、培巧。

二十一世：培田生于1955年2月3日，配罗氏，生二子：锦涵、锦钦。

二十二世：锦涵生于1987年9月3日，配游氏，生于1988年6月18日。

二十二世：锦钦生于1994年2月3日。

二十一世：培佐生于1964年11月13日，配刘氏，生于1966年6月22日，生二子：锦海、锦德。

二十二世：锦海生于2000年9月26日。

二十二世：锦德生于2003年2月9日。

二十一世：培佑生于1967年9月21日，配程氏生于1975年6月3日，生一子：维源。

二十二世：维源生于2003年10月28日。

二十一世：培巧生于1970年12月21日，配赖氏，生于1973年9月16日，生三子：锦豪、锦杰、锦贤。

二十二世：锦豪生于2000年9月22日。

二十二世：锦杰生于2002年9月15日。

二十二世：锦贤生于2007年8月11日。

十八世：大新，配袁氏，生二子：亚明●、亚和。

十九世：亚和，配何氏，生六子：亚辉●、兆棠（另续）、兆武（另续）、兆东、兆景（另续）、兆银（另续）。

二十世：兆东生于1933年6月18日，配何氏，生于1934年10月1日，生三子：培柳、培纯、培权。

二十一世：培柳生于1957年9月14日，学历高中，配莫氏，生于1955年9月12日，生二子：境裕、日升。

二十二世：境裕生于1986年2月2日，学历初中，在外务工，配刘氏，生于1989年12月21日。

二十二世：日升生于1988年1月1日，学历初中，在外务工。

二十一世：培纯生于1968年1月4日，学历初中，在外务工，配罗氏，生于1966年4月12日，生二子：华隆、亚小●。

二十二世：华隆生于1998年5月14日，在校就读。

二十一世：培权生于1971年3月19日，学历高中，配郑氏，生于1980年10月27日，生一子：晓杰。（后迁安徽省合肥市滨湖新氏康园13栋604房）

二十二世：晓杰生于2009年6月20日。

二十世：兆棠，配李氏，生四子：亚虾●、培侨、培川、培远。

二十一世：培侨生于1955年9月28日，学历初中，配黄氏，生于1955年7月22日，生三子：锦鹏、锦超、锦宁。

二十二世：锦鹏生于1989年8月27日，学历初中，在外务工。

二十二世：锦超生于1991年8月3日，学历初中，在外务工。

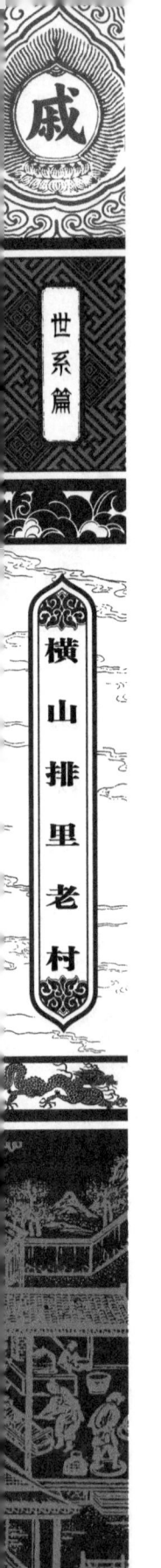

二十二世：锦宁生于 1995 年 19 月 24 日，学历初中，在外务工。

二十一世：培川生于 1959 年 10 月 24 日，学历初中，配梁氏，生于 1968 年 4 月 20 日，生一子：锦贤。

二十二世：锦贤生于 1994 年 10 月 11 日，学历初中。

二十一世：培远生于 1966 年 5 月 16 日，学历初中，配李氏，生于 1970 年 2 月 10 日，生一子：锦谋。

二十二世：锦谋生于 1990 年 8 月 26 日，学历高中。

二十世：兆武，配陈氏，生五子：培潭、亚荣●、培何、培滨、亚虾●。

二十一世：培潭生于 1958 年 10 月 6 日，学历初中，配许氏，生于 1963 年 11 月 13 日，生二子：镇锦、水顺。

二十二世：镇锦生于 1990 年 3 月 3 日，学历高中。

二十二世：水顺生于 1998 年 5 月 6 日，在校就读。

二十一世：培何生于 1966 年 1 月 8 日，学历初中，配陈、许二氏，生于 1972 年 10 月 22 日，陈氏出嫁，生二子：观塑、锦途。

二十二世：观塑生于 1989 年 1 月 6 日，学历初中，在外务工，配吴氏，生于 1992 年 1 月 30 日，生一子：鑫斌、鑫俊。

二十三世：鑫斌生于 2012 年 12 日 12 日。

二十三世：鑫俊生于 2014 年 11 月 20 日。

二十二世：锦途生于 1990 年 2 月 18 日，学历初中，配陈氏，生于 1991 年 5 月 14 日，生一子：广耀。

二十三世：广耀生于 2011 年 10 月 8 日。

二十一世：培滨生于 1970 年 9 月 27 日，学历初中，配黎氏，生于 1971 年 2 月 14 日，生一子：永杰。

二十二世：永杰生于 2002 年 9 月 24 日。

二十世：兆景，生于 1936 年 6 月 24 日，配陈氏，生于 1937 年 12 月 10 日，生二子：培敏、培瑞。

二十一世：培敏生于 1962 年 7 月 3 日，学历高中，配黄氏，生于 1962 年 9 月 22 日，生三子：锦池、锦扩、进标。

二十二世：锦池生于 1985 年 7 月 1 日，学历中技，在外务工，配戚氏，生于 1986

年6月16日，学历本科，现遂溪教育局工作。

二十二世：锦扩生于1989年10月11日，学历中技，在外务工。

二十二世：进标生于1993年9月6日，学历初中，在外务工，配黄氏，生于1994年9月9日，初中。

二十一世：培瑞生于1975年11月12日，学历中技，配卜氏，生于1977年1月15日，生一子：子健。

二十二世：子健生于2005年7月25日，在湛江读书。

二十世：兆银生于1939年3月27日，学历初中（曾任安铺邮电支局局长），配莫氏，生于1937年9月26日，生二子：培添、培腾。

二十一世：培添生于1974年4月21日，学历大学（在广州市工作），配肖氏，生于1979年6月22日，学历大学。

二十一世：培腾生于1976年12月12日，学历高中。

十七世：文选，配郑氏，生四子：大华（另续）、大新（另续）、大德、大彩（另续）。

十八世：大德，配陈氏，生四子：有为、有用（另续）、有信（另续）、有景（另续）。

十九世：有为，配黎氏，生三子：兆芬、亚豪●、兆芳。

二十世：兆芬，配宾氏，生三子：培波、亚恩●、亚常。

二十一世：培波生于1932年10月23日，配陈氏，生于11月27日，生二子：戚桥、戚聪。

二十二世：戚桥生于1967年7月5日，配郑调，生于1966年4月22日，生二子：景超、洪冉。

二十三世：景超生于1991年8月28日，学历初中，在外务工。

二十三世：洪冉生于1995年9月8日，学历初中，在外务工。

二十二世：戚聪生于1970年1月21日，学历初中，配陈氏，生于1969年1月19日，生三子：景昌、木孟、鸿拼。

二十三世：景昌生于1998年12月4日，学历初中，在外务工。

二十三世：木孟生于2000年5月4日，在校读书。

二十三世：鸿拼生于2002年9月8日，在校读书。

二十一世：戚常生一子：戚晓。

二十二世：戚晓生于1992年3月1日，学历初中，在外务工。

二十世：兆芳生于1923年3月4日，配许氏，生四子：戚才、康靖、景玉●、戚日。

二十一世：戚才生于1955年9月6日，学历高中，配谭氏，生于1956年7月13日，生二子：广明、境裕。

二十二世：广明生于1978年4月19日，学历中技，配林氏，生于1985年6月23日，生一子：鸿权。

二十三世：鸿权生于2008年10月8日。

二十二世：境裕生于1983年11月19日，学历高中，在外务工。

二十一世：康靖生于1964年7月20日，学历初中，配莫氏，生于1962年4月24日，生二子：境煌、广泉。

二十二世：境煌生于1999年1月6日，学历初中，在外务工。

二十二世：广泉生于2001年8月15日，在校就读。

二十一世：戚日生于1969年8月11日，学历初中，在外务工，配郑氏，生于1965年11月22日，生一子：锦颖。

二十二世：锦颖生于2007年2月23日，在横山中心小学读书。

十八世：大德，配陈氏，生四子：有为（另续）、有用（另续）、有信、有景（另续）。

十九世：有信，配陈氏，生四子：亚均●、兆钦、亚年、戚曹。

二十世：兆钦，配王氏，生三子：亚流●、亚章（配钟氏出嫁止）、康成。

二十一世：康成生于1954年5月2日，商业，学历高中，配莫氏，生于1952年11月11日，学历高中，生一子：锦恒。

二十二世：锦恒生于1980年10月8日，学历本科，配肖氏，生于1984年4月24日，学历大专，生一子：森煜。

二十三世：森煜生于2007年4月17日。

二十世：亚年生于1930年3月18日。

二十世：戚曹生于1937年7月12日，配赖氏，生于1947年1月3日，学历初中，生一子：戚健。

二十一世：戚健生于1985年10月19日，学历初中，配陈氏，生于1981年9月8日，学历初中。

十七世：文选，配郑氏，生四子：大华、大新（另续）、大德（另续）、大彩（另续）。

十八世：大华，配刘氏，生三子：有均（生一子：亚和●）、亚和●、有连、有志。

十九世：有连，配何氏，生二子：戚连、戚楷●。

二十世：戚连，配陈氏，生二子：培纳、康焕●。

二十一世：培纳生于1956年12月，学历初中，配陈氏，生于1956年中学，生二子：锦庆、锦祝。

二十二世：锦庆生于1990年2月，学历高中，配陈氏，生于1990年8月，学历中学。

二十二世：锦祝生于1992年6月，学历中学。

十九世：有志，配李氏生三子：亚令●、兆恩（配陈氏出嫁）●、兆甫。

二十世：兆甫生于1927年5月5日，配赖氏，生五子：□●、□●、培禄、培益、培存。

二十一世：培禄生于1956年12月26日，学历初中，配许氏，生于1960年11月8日，学历高中，生三子：锦慧、锦冠、锦享●。

二十二世：锦慧生于1984年11月10日，学历本科，配汤氏，生于1988年5月9日，学历本科。

二十二世：锦冠生于1990年7月16日，学历大专。

二十一世：培益生于1961年1月6日，学历初中，配罗氏，生于1959年6月6日，学历高中，生二子：锦烈、锦湛。

二十二世：锦烈生于1991年10月9日，学历大专。

二十二世：锦湛生于1996年5月9日，学历本科。。

二十一世：培存生于1965年5月16日，学历初中，配袁氏，生于1961年8月14日，学历初中，生二子：锦杰、锦冲。

二十二世：锦杰生于1989年9月28日，学历本科。

二十二世：锦冲生于1992年1月28日，学历初中。

十七世：文选，配郑氏，生四子：大华（另续）、大新（另续）、大德、大彩（另续）。

十八世：大德，配陈氏，生四子：有为（另续）、有用、有信（另续）、有景（另续）。

十九世：有用，配郑氏，生一子：兆庆。

二十世：兆庆，配陈氏，生三子：戚状、戚太、戚辉。

二十一世：戚状生于1940年4月30日，学历初小，配张氏，生于1948年9月21日，学历初小，生一子：景建。

二十二世：景建生于1974年9月22日，学历初中，配陈氏，生于1977年6月9日，生二子：广鑫、广幸。

二十三世：广鑫生于 2004 年 2 月 26 日。

二十三世：广幸生于 2005 年 10 月 11 日。

二十一世：戚太生于 1951 年 1 月 10 日，学历初中，配杨、杨二氏，前氏生一子：日雄；后氏生于 1962 年 8 月 11 日，生一子：杰芳。

二十二世：日雄生于 1981 年 3 月 28 日，学历大专，配张氏，生于 1985 年 10 月 9 日，学历初中。

二十二世：杰芳生于 1993 年 9 月 10 日。

二十一世：戚辉生于 1957 年 8 月 10 日，学历初中，配许氏，生于 1969 年 4 月 2 日，生三子：理成、广杰、广明。

二十二世：理成生于 1994 年 12 月 2 日。

二十二世：广杰生于 2005 年 5 月 7 日。

二十二世：广明生于 2012 年 1 月 2 日。

十三世：允珠，妣氏，生八子：学有、学进、学相、学高、学圣、学秀、学才。

十四世：学才，妣邱氏，生二子：爵平、爵宁。

十五世：爵宁，妣许氏，生二子：才明、才文。

十六世：才文，妣麦氏，生二子：文品●、文拨。

十七世：文拨，配叶氏，生三子：次子出继，文光三子出继，文燉是才文公之子。

十七世：文拨，配叶氏，生三子：大利。

十八世：大利，配钟氏，生一子：有炳。

十九世：有炳，配许氏，生四子：兆杰、兆煜（另续）、兆华、兆文（另续）。

二十世：兆杰，配伍氏，生四子：亚谋●、亚槐、亚息、亚兴。

二十一世：亚槐生于 1930 年 5 月 29 日，配黄氏，生于 1936 年 5 月 4 日，生五子：亚养、亚珍、康志、锦利、李广。

二十二世：亚养生于 1959 年 12 月 11 日，配莫氏，生于 1958 年 11 月 11 日，生三子：进朝●、日峰、康冠。

二十三世：日峰生于 1993 年 10 月 10 日，学历中技，在外务工。

二十三世：康冠生于 1999 年 10 月 25 日，在校读书。

二十二世：戚珍生于 1962 年 9 月 25 日，学历初中，配王氏，生于 1974 年 2 月 5 日，生一子：鸿梓。

二十三世：鸿梓生于2001年8月14日，在校读书。

二十二世：康志生于1968年1月21日，学历初中，配杨氏，生于1970年10月20日，生二子：广烨、书敏。

二十三世：广烨生于1995年12月29日，学历初中，在外务工。

二十三世：书敏生于1998年4月27日，在校读书。

二十二世：锦利生于1971年1月12日，学历初中，配莫氏，生于1968年11月17日，生二子：楚武、楚汶。

二十三世：楚武生于1996年7月19日，在校就读。

二十三世：楚汶生于1999年7月30日，在校读书。

二十二世：李广生于1974年6月22日，学历初中，配许氏，生于1973年7月1日，生二子：景恒、广泽。

二十三世：景恒生于2005年10月19日，在校读书。

二十三世：广泽生于2009年9月6日，在校读书。

二十一世：戚兴生于1935年6月22日。

二十世：兆华，配周氏，生一子：戚邱。

二十一世：戚邱生于1948年6月2日（曾任中国人民解放军某连连长，转业任江西某派出所所长），配李氏，生于1956年9月11日。（夫妻在江西居住）

十七世：文拨，配叶氏，生一子：大利。

十八世：大利，配钟氏，生一子：有炳。

十九世：有炳，配许氏，生四子：兆杰（另续）、兆煜、兆华（另续）、兆文。

二十世：兆煜，配钟氏，生三子：亚桶●、亚钦●、士楷●。

二十世：兆文，配温氏，生于1930年9月9日，生三子：景兰、戚裕、路荣。

二十一世：景兰生于1951年6月30日，务农。

二十一世：戚裕生于1954年9月4日，配吴氏，生于1966年6月17日，生二子：戚亮、康楼。

二十二世：戚亮生于1991年12月12日，学历初中，在外务工。

二十二世：康楼生于1993年8月27日，学历初中，在外务工。

二十一世：路荣生于1958年3月13日，学历初中，在外务工，生一子：进全。

二十二世：进全生于1974年6月17日，学历初中，在外务工。

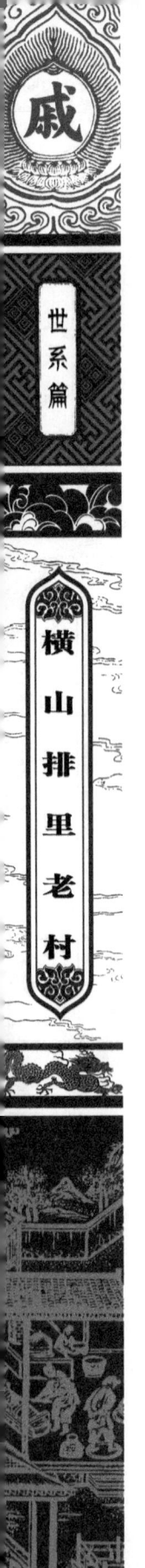

十四世：学才，妣邱氏，生二子：爵平、爵宁。

十五世：爵平，妣江氏，生一子：才进。

十六世：才进，妣罗氏，生三子：灿、文光●、文燉。

十七世：文燉，妣二氏，取文拨入继，生三子：大福、大发、大如。

十八世：大如，妣陈氏，生三子：有常、亚朝●、日瑞●

十九世：有常，配罗氏，生五子：兆鼎、兆肃、兆斋、兆鼎、兆罴。

二十世：兆鼎生于1937年1月22日，学历中师，教师，配莫氏，生于1939年10月8日，学历初中，生一子：培畴。

二十一世：培畴生于1970年6月15日，学历高中，在外务工，配何氏，生于1974年9月24日，学历高中，生一子：锦奕。

二十二世：锦奕生于2008年10月31日。

二十世：兆肃生于1943年6月7日，学历高小，配岳氏，生于1959年10月24日，生三子：培瑾、培瑜、洪文。

二十一世：培瑾生于1978年10月20日，初中毕业，在外务工，配陈氏，生于1979年6月24日，初中毕业，生二子：祺翰、锦江。

二十二世：祺翰生于2007年11月1日。

二十二世：锦江生于2009年9月26日。

二十一世：培瑜生于1982年3月30日，初中毕业。

二十一世：洪文生于1988年4月25日，初中毕业。

二十世：兆斋生于1947年7月12日（已故），初中毕业，配陈氏，生于1960年6月21日，初中毕业，生一子：文俊。

二十一世：文俊生于1995年8月18日，初中毕业，在外务工。

二十世：兆鼎生于1955年3月10日，初中毕业，配杨氏（出走），生二子：景光、景伟。

二十一世：景光生于2002年12月6日。

二十一世：景伟生于2008年1月17日。

二十世：兆罴生于1958年10月11日，高中毕业，在外务工，配李氏，生于1964年7月29日，初中毕业，生一子：理岗。

二十一世：理岗生于1987年3月25日，高中毕业，在外务工，配陈氏，生于1987

年11月7日，高中毕业，生一子：永蒆。

二十二世：永蒆生于2009年5月23日。

十八世：大福配休氏生二子：有熙、有秩（配张氏，生二子：亚周●、亚口●）。

十九世：有熙，配陈氏，生一子：兆廉。

二十世：兆廉，配莫氏，生于1941年10月28日，高中毕业，生二子：培文、培养。

二十一世：培文生于1975年10月9日，学历初中，配陈氏，生于1975年11月6日，学历初中，生一子：锦雄。

二十二世：锦雄生于2000年8月24日，在校就读。

二十一世：培养生于1978年6月13日，学历初中，配黄氏，生于1978年1月3日，学历初中，生二子：锦龙、锦翔。

二十二世：锦龙生于1996年12月15日，在校就读。

二十二世：锦翔生于2007年1月19日。

十七世：文光，配罗氏，取拨子入继：大益。

十八世：大益生二子：康珍、有标。

十九世：康珍生一子：兆发。

二十世：兆发，配陈、李二氏，生一子：培玖。

二十一世：培玖生于1938年10月18日，配陈氏，生一子：锦坚。

二十二世：锦坚生于1972年9月29日，学历高中，配林氏，生于1974年10月3日，学历高中，生二子：志远、志鸿。

二十三世：志远生于1998年8月18日。

二十三世：志鸿生于1999年10月1日。

十九世：有标生一子：兆英（迁往海南落业）。

世美公长支子达公分支允识公派下学成房源流谱

十三世：允识，妣氏，生二子：学成、学开。

十四世：学成，妣莫氏，生二子：爵信、爵隆。

十五世：爵信，妣李氏，生二子：才盛、才寿。

十六世：才盛，妣黎氏，生六子：文广、文开、文习、文进、文泰、文郁。

十七世：文开，妣伍氏，生一子：大文。

十八世：大文，妣氏，生一子：有斌。

十九世：有斌，生一子：兆德。

二十世：兆德，配张氏，生一子：培坚。

二十一世：培坚，配陈氏，生二子：进贤、进权。

二十二世：进贤，配氏，生一子：海春。

二十三世：海春生于1978年1月，初中毕业，配黄氏，生一子：嘉浩。

二十二世：进权，配氏，生二子：海胜、海森。

二十三世：海胜生于1977年3月，高中毕业，配秦氏，生于1979年8月，高中毕业。

二十三世：海森生于1981年3月，本科毕业，配陈氏，本科毕业。

世美公长支子达公分支允凯公派下相佰房源流谱

十三世：允凯，妣氏，生二子：相候、相伯。

十四世：相伯，妣谭氏，生五子：炜、端、焜、恍、煜。

十五世：恍，妣陈氏，生四子：才玉、才旺、才有、才华。

十六世：才玉，妣林氏，生一子：才运。

十七世：才运，配莫氏，生一子：大进。

十八世：大进，配全歼工，生一子：有明。

十九世：有明，配陈、姚二氏，生一子（出嫁）：兆莫。

二十世：兆莫，配罗氏，生三子：培清、培洲、培德。

二十一世：培清配陈、陈二氏，生五子，大陈氏生：锦才；二陈氏生：锦卓●、锦洪、锦奇、亚蓝●。

二十二世：锦才（已故），配陈氏，生于1950年9月26日，生一子：鸿华。

二十三世：鸿华生于1973年11月8日，配陈氏，生于1973年8月19日。（今夫妻在湛江居住）

二十二世：锦洪生于1958年9月22日，高中毕业，配莫氏，生于1957年9月18日，生二子：戚贤、戚张●。

二十三世：戚贤生于1985年3月1日，配何氏，生于1986年8月8日，生一子：裕晨。

二十四世：裕晨生于2012年10月17日。

二十二世：锦奇生于1960年10月3日，初中毕业，配韦氏，生于1973年10月24日，生二子：鸿国、鸿省●。

二十三世：鸿国生于1988年闰5月24日，初中毕业，在外务工。

二十一世：培洲，配黎氏，生五子：锦俊、亚东●、康生、亚江●、锦湖。

二十二世：锦俊生于1949年6月7日，配黎氏，生于1955年6月18日，生四子：戚营●、广迎、戚三●、景荣。

二十三世：广迎生于1986年5月2日，在外务工。

二十三世：景荣生于1992年5月13日，在外务工。

二十二世：康生生于1963年6月10日，配李氏，生于1967年2月16日，生二子：镇城、镇维。

二十三世：镇城生于1990年8月23日，在外务工。

二十三世：镇维生于1994年9月29日，在外务工。

二十二世：锦湖生于1968年5月23日，配陈氏，生于1970年12月20日，生二子：钊浩、康翟。

二十三世：钊浩生于1996年4月14日。

二十三世：康翟生于2000年12月24日。

二十一世：培德，配王氏，生二子：锦澧、锦海。

二十二世：锦澧，配伍氏，生一子：广春。

二十三世：广春，配莫氏，生一子：李鹏。

二十四世：戚李鹏生于2012年。

二十二世：戚锦海，配邓氏，生三子：广池、康华、子林。

二十三世：广池生于2000年。

二十三世：康华生于2003年。

二十三世：子林生于2006年。

十六世：才旺，妣周氏，生二子：文德、文利。

十七世：文德，配郑氏，生三子：亚一●、亚二●、大昌。

十八世：大昌，生一子：有旺。

十九世：有旺，配陈氏，生三子：兆斌、亚谟、亚灿。

二十世：兆斌，配陈氏，生一子：培辉。

二十一世：培辉，配何氏，生三子：亚善、锦烽、亚员●。

二十二世：亚善生于1941年1月6日，学历高小，配许氏，生于1958年10月24日，生三子：康练、景集、戚卯●。

二十三世：康练生于1990年10月2日，学历初中。

二十三世：景集生于1991年11月9日，学历初中。

二十二世：锦烽生于1949年9月15日，学历高小，配陈氏，生于1955年2月19日，学历初中，生八子：日斌、日帅、林寿、土桂●、狗子●、十二●、雄杰、晓明过继。

二十三世：日斌生于 1985 年 10 月 6 日，学历高中。

二十三世：日帅生于 1986 年 10 月 27 日，学历大学。

二十三世：林寿生于 1987 年 8 月 27 日，学历初中。

二十三世：雄杰生于 1990 年 5 月 11 日，学历初中。

十六世：才有，妣莫氏，生一子：文富。

十七世：文富，生一子：大广。

十八世：大广，生一子：有义。

十九世：有义，生四子：康见、兆新（配蔡氏●）、亚三●、亚晚。

二十世：康见。

二十世：亚晚，配莫氏，生一子：培廉。

二十一世：培廉，配郑氏，生于 1935 年 5 月 23 日，生三子：亚灼、亚豪●、亚伟。

二十二世：亚灼生于 1953 年 6 月 13 日，配黎氏，生于 1956 年 12 月 16 日，生二子：鸿明、鸿彬。

二十三世：鸿明生于 1984 年 8 月 26 日，配杨氏，生于 1991 年 2 月 12 日。

二十三世：鸿彬生于 1986 年 7 月 9 日。

二十二世：亚伟生于 1975 年 5 月 4 日，配陈氏，生于 1978 年 9 月 28 日，生二子：鸿富、鸿命。

二十三世：鸿富生于 2001 年 1 月 8 日，读书。

二十三世：鸿命生于 2010 年 11 月 6 日。

世美公长支子达公分支允陞公派下学富房源流谱

十三世：允陞，妣龙氏生一子：学富。

十四世：学富，妣李氏，生三子：爵广●、爵章、爵高。

十五世：爵章，妣吕、陈二氏，生三子：才德、才仁、才智。

十六世：才仁，妣张氏，生二子：文翰、文杰（另续）。

十七世：文翰，配李氏，生二子：长子大英、次子大秀；配黄氏生一子：亚德●

十八世：大英，配潭氏，生六子：亚扶、亚福、亚明、亚四、有训、亚土●

十九世：亚福，生二子：亚喜●、亚安●。

十九世：有训，配马氏，生一子：兆汉。

二十世：兆汉，配陈氏，生二子：培文、培章，配许氏生一子：培荣。

二十一世：培文，配蔡氏，生二子：锦全、锦美●。

二十二世：锦全生于1953年9月9日，高中毕业，配罗氏，生于63年3月15日，生二子：鸿愉、鸿利。

二十三世：鸿愉生于1983年3月13日，学历大学，现在广东省公安厅工作，配杜氏，生于1989年10月20日，学历大专。

二十三世：鸿利生于1984年，学历中专，配苏氏，生于1990年5月20日，学历大专，生一子：裕峰。

二十四世：裕峰生于2010年10月5日。

二十一世：培章，配陈氏，生三子：小军、唆●、小冬。

二十二世：小军生于1959年5月10日，学历大学，配李氏，生于1966年1月10日，学历大专，生二子：龙威、伟锋。

二十三世：龙威生于1988年7月11日。

二十三世：伟锋生于1991年2月3日。

二十二世：小冬生于1970年3月22日，配冯氏，生于1971年7月8日，二人学历本科。

二十一世：培荣生于1935年10月18日，初中毕业，配莫氏，生于1938年2月2日，生六子：路清●、锦富、锦贵、锦新、元辉、锦昌。

二十二世：锦富生于1963年9月2日，初中毕业，配攀氏，生于1963年3月3日，初中，生三子：戚虾●、鸿伟、鸿凡。

二十三世：鸿伟生于1995年3月12日，高中毕业，今在部队当兵。

二十三世：鸿凡生于2001年4月17日，在读书。

二十二世：锦贵生于1963年9月2日，学历高中，配陈氏，生于1967年8月1日，学历初中，生二子：鸿华、鸿锋。

二十三世：鸿华生于1989年2月29日，学历本科，配杨氏，生于1989年2月1日，初中，生一子：裕鑫。

二十四世：裕鑫生于2014年9月20日。

二十三世：鸿锋生于1973年6月30日，学历大学。

二十二世：锦新生于1969年2月23日，高中毕业，配赖氏，生于1969年6月11日，高中毕业，生二子：鸿杰、鸿诚。

二十三世：鸿杰生于1993年9月3日，学历本科。

二十三世：鸿诚生于1995年8月21日，在湛江读书初中。

二十二世：元辉生于1971年11月2日，秋，在廉江市排里老村，少年时以牛为伴，览读于九洲江河畔，深知民工疾苦，12岁外出求学，经横山中学、廉江师范、华南师大、民航中南局、历经党务、政务、业务岗位锻炼。2010年调白云民航总局党组纪检组，2011年任职中央纪委，监察部。配虞氏，生于1971年6月12月，中山大学毕业，生一子：子瑜。

二十三世：子瑜生于1999年5月12日，现在广州读书。

二十二世：锦昌生于1977年7月8日，学历大学，配候氏，生于1978年12月25日，学历大学，生二子：羿轩、珈玮。

二十三世：羿轩生于2007年12月2日，现在广州读书。

二十三世：珈玮生于2001年8月18日，现在广州读书。

十七世：文杰，配陈氏，生一子：大禄。

十八世：大禄，配黄氏，生三子：有纲配黄氏●、有纪、有纶（另续）。

十九世：有纪，配黎氏，生一子：兆忠。

二十世：兆忠，配李氏，生六子：培仁、培义、培端、明●、培经、亚祥●。

二十一世：培仁，配李氏，生二子：锦周、锦学。

二十二世：锦周生于1938年10月14日，教师，初中毕业，配陈氏，生于1943年7月4日，生二子：鸿桐、鸿慧。

二十三世：鸿桐生于1975年3月18日，中专毕业，配谢氏，生于1980年4月18日，学历初中，生二子：裕舒、裕灿。

二十四世：裕舒生于2003年1月16日，现在排里小学读书。

二十四世：裕灿生于2008年8月3日。

二十三世：鸿慧生于1978年7月18日，学历初中，配陈氏，生于1979年8月21日，学历初中，生三子：裕松、裕鑫、裕添。

二十四世：裕松生于2001年12月6日，在校就读。

二十四世：裕鑫生于2008年4月13日，在校就读。

二十四世：裕添生于2010年5月21日。

二十二世：锦学生于1944年8月29日，学历高小，配黎氏，生于1950年7月14日，生一子：鸿克。

二十三世：鸿克生于1972年12月27日，学历高中，配田氏，生于1985年4月18日，学历大学。

二十一世：培义，配黎氏，生五子：□●、锦兴、锦隆、锦发、锦旺。

二十二世：锦兴生于1943年3月23日，学历高小，配周氏生一子：永辉止。配陈氏，生于1971年7月21日，生一子：鸿斌。

二十三世：鸿斌生于2002年6月29日，在校就读。

二十二世：锦隆生于1950年12月27日，学历初中，配陈氏，生于1966年9月29日，生一子：鸿本。

二十三世：鸿本生于2001年3月11日，在校就读。

二十二世：锦发生于1953年8月15日，学历初中，配郑氏，生于1967年7月30日，学历初中，生二子：鸿凯、鸿典。

二十三世：鸿凯生于1986年9月7日，学历初中，配何氏，生于1989年12月20日，学历初中，生一子：裕轩。

二十四世：裕轩生于2013年12月30日。

二十三世：鸿典生于1987年11月16日，学历初中，配揭氏，生于1989年8月14日，学历初中，生一子：裕淳。

二十四世：裕淳生于 2012 年 2 月 27 日。

二十二世：锦旺生于 1964 年 3 月 24 日，学历初中，配陈氏，生于 1969 年 7 月 2 日，学历初中，生三子：鸿辑、鸿时、鸿柑。

二十三世：鸿辑生于 1994 年 3 月 4 日，现在湛江读书。

二十三世：鸿时生于 1995 年 9 月 25 日，现在安铺读书。

二十三世：鸿柑生于 1998 年 9 月 20 日，现在时晨光场读书。

二十一世：培端生于 1924 年 7 月 10 日，配李、林二氏生五子：锦友、锦生、锦茂、锦万、锦恒。

二十二世：锦友生于 1951 年 11 月 3 日，学历初中，配赖氏，生于 1961 年 5 月 24 日，生二子：鸿珍、鸿锦。

二十三世：鸿珍生于 1995 年 10 月 28 日，学历初中。

二十三世：鸿锦生于 1999 年 10 月 2 日，学历初中。

二十二世：锦生生于 1953 年 10 月 17 日，学历初中，配李氏，生于 1965 年 8 月 3 日，生三子：鸿富、鸿城、鸿利。

二十三世：鸿富生于 1989 年 10 月 12 日，学历初中。

二十三世：鸿城生于 1993 年 1 月 28 日，学历初中。

二十三世：鸿利生于 1994 年 9 月 20 日，学历初中。

二十二世：锦茂生于 1960 年 8 月 12 日，学历初中，配欧氏，生于 1958 年 11 月 13 日。

二十二世：锦万生于 1963 年 9 月 2 日，学历初中，配张氏，生于 1966 年 7 月 12 日，学历初中，生四子：鸿强、鸿标、鸿达●、鸿才。

二十三世：鸿强生于 1994 年 5 月 25 日，高中。

二十三世：鸿标生于 1995 年 8 月 28 日，初中。

二十三世：鸿才生于 1999 年 5 月 7 日，廉中读书。

二十二世：锦恒生于 1966 年 6 月 23 日，学历初中，配陈氏，生于 1964 年 10 月 20 日，学历初中，生一子：竣铨。

二十三世：竣铨生于 2002 年 4 月 26 日。

二十一世：培经，配赖氏，生二子：戚均●、锦相。

二十二世：锦相生于 1997 年 4 月 28 日，学历初中。

十九世：有纶，配许氏，生一子：兆南。

二十世：兆南，配梁、罗二氏，梁氏生一子：培煜；罗氏生二子：李广●、培扬。

二十一世：培煜生于1928年6月9日，配黄氏，生于1930年8月15日，生三子：锦碧、亚琛●、锦罄。

二十二世：锦碧生于1957年9月9日，配陈氏，生于1962年9月15日，初中毕业，生二子：鸿孙、鸿兼。

二十三世：鸿孙生于1990年1月28日，学历初中。

二十三世：鸿兼生于1995年8月17日，学历初中。

二十二世：锦罄生于1969年7月1日，学历初中，配周氏，生于1966年9月21日，学历初中，生四子：鸿选、鸿裕、鸿聪、鸿程。

二十三世：鸿选生于1993年8月4日，学历初中，在外务工。

二十三世：鸿裕生于1995年10月24日，学历初中，在外务工。

二十三世：鸿聪生于1997年11月16日，学历初中，在外务工。

二十三世：鸿程生于2001年4月19日，在校就读。

二十一世：培扬生于1948年5月10日，高小，配李氏，生二子：锦华、锦涛。

二十二世：锦华生于1988年1月2日，学历初中，配江氏，生于1984年，学历初中，生一子：鸿杰。

二十三世：鸿杰生于2008年10月9日。

二十二世：锦涛生于1995年2月28日，学历初中。

世美公长支子达公分支允韬公派下学英房源流谱

十三世：允韬，妣张氏，生二子：学通（另续）、学英。

十四世：学英，妣李氏，生一子：爵裕。

十五世：爵裕，妣陈氏，生一子：才禄。

十六世：才禄，妣万氏，生四子：文琳、文球、文旺、文茂。

十七世：文琳，妣梁、邓氏二氏，生五子：大经、大文、大雄、大用、大光。

十八世：大经，妣苏氏，生四子：有福●、有秀●、有标●、有芳●。

十八世：大文，妣欧氏，生四子：亚龙●、亚兴●、宜富、宜贵。

十九世：宜富，妣李氏，生五子：兆琦、兆珍（另续）、兆珠（另续）、兆瑚（另续）、兆琼●。

二十世：兆琦，妣王氏，生四子：培楷、培槐、培樑、亚光●。

二十一世：培楷，配黎氏，生四子：成桌●、锦祥、锦进、锦富。

二十二世：锦祥生于1945年7月8日，配黄氏，生三子：日成、水生、水明。

二十三世：日成生于1965年4月11日，配许氏，生二子：进强、水确。

二十四世：进强生于1989年2月28日。

二十四世：水确生于1991年7月13日。

二十三世：水生生于1976年9月7日，配文氏，生一子：裕鑫。

二十四世：裕鑫生于2008年4月16日，在校就读。

二十三世：水明生于1979年7月28日，配莫氏，生一子：广立。

二十四世：广立生于2000年11月9日，在校就读。

二十二世：锦进生于1945年10月22日，配莫氏，生一子：境辅。

二十三世：境辅生于1993年6月30日，在校就读。

二十二世：锦富生于1948年5月19日，配何氏，生三子：鸿庆、鸿启、鸿集。

二十三世：鸿庆生于1986年4月21日，在外打工。

二十三世：鸿启生于1987年6月3日，配苏氏。

二十三世：鸿集生于1992年4月8日，在校就读。

二十一世：培槐，配邱氏，生三子：锦永、锦基、锦杨。

二十二世：锦永生于1945年，配张氏，生三子：戚柳、国清、水华。

二十三世：戚柳生于1976年8月4日，配罗氏，生一子：广拓。

二十四世：广拓生于2003年7月，在校就读。

二十三世：国清生于1973年7月，在外务工，配陈氏。

二十三世：水华生于1981年6月8日，配陆氏，生一子：智烽。

二十四世：智烽生于2011年，在校就读。

二十二世：锦基生于1949年8月5日，配刘氏，生三子：鸿贵、鸿连、鸿评。

二十三世：鸿贵生于1984年4月29日，配吴氏，生一子：裕辉。

二十四世：裕辉生于2006年5月5日，在校就读。

二十三世：鸿连生于1988年10月24日，在外务工。

二十三世：鸿评生于1990年9月1日，在外务工。

二十二世：锦杨生于1953年9月13日，配苏氏，生四子：亚九●、亚虾●、鸿斌、亚八●。

二十三世：鸿斌生于1999年11月8日，在校就读。

二十一世：培樑，配黎氏，生三子：亚江●、锦龙、锦畴。

二十二世：锦龙生于1953年6月7日，学历高中，配张氏，生二子：鸿励、鸿剑。

二十三世：鸿励生于1981年1月22日，学历大学，在外务工。

二十三世：鸿剑生于1982年10月12日，学历大专，在外务工，配洪氏，生一子：洪宇。

二十四世：洪宇生于2014年5月16日。

二十二世：锦畴生于1957年7月28日，高中，配苏氏，生三子：鸿达、鸿超、鸿泼。

二十三世：鸿达生于1986年1月29日，学历中专，配陈氏。

二十三世：鸿超生于1990年9月25日，学历高中，配毛氏。

二十三世：鸿泼生于1996年3日18日，在校就读。

二十世：兆珍，配罗氏，生四子：培椒、培松、亚祥●、培连。

二十一世：培椒，配张氏，生三子：锦论、亚九●、锦平。

二十二世：锦论，配莫氏，生四子：桂华、戚冰、戚柯、戚开。

二十三世：桂华，配黎氏，生一子：嘉荣。

二十三世：戚冰，配陈氏，生二子：力琪、林达。

二十三世：戚柯配吴氏生一子：景权。

二十三世：戚开生于1976年，配黎氏，生一子：景涵。

二十二世：锦平，配张氏，生于1962年5月8日，生三子：文芳●、进雄、康维。

二十三世：进雄生于1990年10月15日，初中。

二十三世：康维生于1993年3月25日，初中。

二十一世：培松，配王氏，生五子：亚余●、锦奋、锦涛、锦凯、亚发●。

二十二世：锦奋生于1956年9月10日，配陈氏，生二子：嘉良、志华。

二十三世：嘉良生于1987年1月23日，学历中专。

二十三世：志华生于1992年4月5日，学历中专。

二十二世：锦涛生于1960年4月，配罗氏，生一子：华文。

二十三世：华文生于1985年7月17日，学历医师大学本科。

二十二世：锦凯1965年6月1日，配许氏，生四子：明科、明滔、建华、广天。

二十三世：明科1992年10月22日；明滔1994年9月10日；建华1997年2月5日；广天生于2005年5月24日。

二十一世：培连生于1973年8月25日，配郑氏，生三子：戚虾●、锦燕、锦梓。

二十二世：锦燕生于1972年6月24日，学历初中，配叶氏，生一子：琅脓。

二十三世：琅脓生于2000年10月1日。

二十二世：锦梓，学历初中，配陈氏，生二子：广宣、广荣。

二十三世：广宣生于2005年6月20日；广荣生于2009年10月8日。

十九世：大文三子宜富，配李氏，生五子：兆琦（另续）、兆珍（另续）、兆珠、兆瑚（另续）、兆琼●。

二十世：兆珠，配龙氏，生五子：培泽、亚福●、亚聪●、亚富●、亚五●。

二十一世：培泽，配何氏，生五子：锦标、锦明、锦权、锦春、锦武。

二十二世：锦标生于1939年8月9日，学历高小，配许氏，生于1940年1月4日，学历初中，生一子：境丰。

二十三世：境丰生于1970年5月15日，学历初中，配梁氏，生于1966年8月5日，学历初中，生二子：振连、观颖。

二十四世：振连生于1991年4月12日，学历初中；观颖生于1999年2月，学历初中。

二十二世：锦明生于1942年4月25日，学历初中。

二十二世：锦权生于 1945 年 5 月 12 日，学历初中，配陈氏，生于 1948 年 6 月 23 日，学历初中，生一子：振华。

二十三世：振华生于 1988 年 2 月 23 日，学历初中。

二十二世：锦春生于 1957 年 1 月 27 日，学历初中，配何氏，生于 1959 年 5 月 28 日，学历初中，生三子：秋冬、观宁、观胜。

二十三世：秋东生于 1981 年 4 月 11 日，学历初中，配郑氏（出嫁），生一子：康池。

二十四世：康池生于 1998 年 6 月 17 日，学历初中。

二十三世：观宁生于 1983 年 11 月 22 日，学历初中，配陈氏，生于 1973 年 6 月 27 日，生一子：戚星明。

二十四世：戚星明生于 2005 年 7 月 12 日。

二十三世：观胜生于 1985 年 9 月 18 日，学历初中，配钟氏，生于 1990 年 3 月 15 日，学历初中。

二十二世：锦武生于 1963 年 9 月 27 日，学历初中，配许氏，生于 1965 年 4 月 6 日，学历初中，生二子：广鹏、鹏飞。

二十三世：广鹏和鹏飞为双孖仔，同生于 1994 年 12 月 15 日，学历初中。

二十世：兆梓，配文氏，生三子：培祯、戚标、戚瓒。

二十一世：培祯生于 1934 年 11 月 18 日，学历初中，配李氏，生于 1939 年 6 月 13 日，生四子：戚顺、戚安、水源、戚延。

二十二世：戚顺生于 1962 年 3 月 1 日，学历初中，配罗氏，生于 1966 年 5 月 27 日，学历小学，生二子：永卫、永尚。

二十三世：永卫生于 1986 年 10 月 14 日，学历大学，配谢氏，生于 1991 年，学历大学，生一子：戚嘉熙。

二十四世：戚嘉熙生于 2011 年 10 月 15 日。

二十三世：永尚生于 1989 年 4 月 9 日，学历中专，配马氏，生于 1993 年 1 月 11 日，本科学历，生一子：嘉颖。

二十四世：嘉颖生于 2012 年 8 月 13 日。

二十二世：戚安生于 1968 年 4 月 13 日，学历初中，配罗氏，生于 1966 年，学历初中，生一子：戚永荣。

二十三世：永荣生于 1999 年 3 月 6 日学历高中。

二十二世：水源生于1972年2月4日，学历初中，配孙氏，生于1972年4月29日，学历初中，生二子：永华、永富。

二十三世：永华生于1998年8月1日，学历初中；永富生于2007年2月26日。

二十二世：戚延生于1974年2月12日，学历初中，配张氏，生于1979年7月22日，学历初中，生一子：永轩。

二十三世：永轩生于2014年2月17日。

二十一世：戚标生于1941年4月17日，学历初中，配伴氏，生于1964年4月18日，生三子：戚暖、戚雅、戚谦。

二十二世：戚暖生于1992年，学历初中。

二十二世：戚雅生于1995年，学历初中，配廖氏，生于1995年，学历初中，生一子：戚嘉琦。

二十三世：戚嘉琦生于2013年。

二十二世：戚谦生于1995年3月10日，学历初中。

二十一世：戚瓒，配郑氏，生于1956年4月20日，初中，生三子：日余、陈粒、水湾。

二十二世：日余生于1983年8月13日，学历高中，配黄氏，生于1988年2月25日，学历初中，生二子：广森、观誉。

二十三世：广森生于2009年1月3日；观誉生于2012年2月9日。

二十二世：戚陈粒生于1987年9月18日，学历初中，配陈氏，生于1988年7月2日，学历初中，生一子：梓聪。

二十三世：梓聪生于2011年6月18日。

二十二世：水湾生于1989年4月5日，学历初中。

十七世：文旺，配林氏，生四子：大乾、大均、亚华、亚观。

十八世：大乾，配林氏，生一子：有銮。

十九世：有銮，配陈、何二氏，生五子：兆才、亚珠●、兆馨、兆全、戚盛●。

二十世：兆才，配何氏（嫁出），生一子：亚春●。

二十世：兆馨生于1922年9月29日，配许氏，生于1927年7月24日，生六子：培富、培强、培国、培豪、培壮、培令。

二十一世：培富生于1950年3月19日，学历高中，配莫氏，生于1954年11月1日，学历高中，生三子：景泉、景棋、进年。

二十二世：景泉生于1981年9月11日，学历本科。

二十二世：景棋生于1984年9月17日，学历高中，配蔡氏，生一子：梓杰。

二十三世：梓杰生于2015年2月21日。

二十二世：进年生于1987年9月13日，学历大专。

二十一世：培强生于1953年12月17日，学历初中，配郑氏，生于1953年4月29日，学历初中，生三子：戚展、戚府、进伟。

二十二世：戚展生于1984年11月17日，学历初中，配陈氏，生于1987年9月17日，学历高中。

二十二世：戚府生于1988年4月9日，学历高中，配何氏。

二十二世：进伟生于1992年9月23日，学历高中。

二十一世：培国生于1955年9月3日，学历高中，配李氏，生于1959年12月15日，学历初中，生三子：晓晖●、文贤●、观煜。

二十二世：观煜生于1998年1月19日，在读书。

二十一世：培豪生于1959年9月13日，学历初中，配陈氏，生于1960年12月9日，学历初中，生二子：伟文、文高。

二十二世：伟文生于1988年8月25日，学历本科；文高生于1991年7月29日，学历高中。

二十一世：培壮生于1963年8月10日，学历初中，配罗氏，生于1963年10月9日，学历初中，生一子：传林。

二十二世：传林生于1991年10月7日，学历大专。

二十一世：培令生于1971年10月27日，学历高中，配苏氏，生于1977年2月24日，学历大专。

二十世：兆全，配李氏，生三子：戚旺、戚碧、戚营。

二十一世：培旺生于1959年8月21日，学历初中，配孔氏，生于1963年12月26日，学历初中，生二子：进华、康广。

二十二世：进华生于1989年9月15日，学历本科；康广，生于1992年10月18日，学历初中。

二十一世：培碧，配黎氏，生于1959年3月29日，学历初中，生二子：观林、志明。

二十二世：观林生于1986年7月28日，学历大专，配陈氏，生于1986年3月24日。

二十二世：志明生于1988年2月22日，学历本科。

二十一世：培营生于1971年8月27日，学历初中，配王氏，生于1973年7月21日，学历初中，生三子：意东、伟杰、志文。

二十二世：意东生于1998年1月27日，学历高中；伟杰生于2000年10月14日，在读书；志文生于2006年7月18日，在读书。

十七世：文茂，配黎氏，生一子：大平。

十八世：大平，配陈、凌二氏，生一子：有孚。

十九世：有孚，配黎、潘二氏，生四子：兆有●、亚贤●、兆成、广州●。

二十世：兆成生于1943年4月20日，配李氏，生于1946年2月20日，生二子：志伟、培勇。

二十一世：志伟生于1974年10月14日，学历职中，配陈氏，生于1972年1月6日，生二子：侨粤、锦焕。

二十二世：侨粤生于2000年1月30日；锦焕生于2003年8月4日。

二十一世：培勇生于1982年8月19日，学历初中，配袁氏，生于1988年1月5日，生一子：康业。

二十二世：康业生于2006年8月17日。

十九世：宜富，妣李氏，生五子：兆琦（另续）、兆珍（另续）、兆珠（另续）、兆瑚、兆琼●。

二十世：兆瑚，配何氏，生三子：培林、亚尊●、亚炳。

二十一世：培林，配何氏，生三子：锦成、锦端、锦区。

二十二世：锦成，配伍氏，大专，生一子：春晖。

二十三世：春晖生于1993年1月19日，大学。

二十二世：锦端生于1957年8月27日，初中，配黎氏，生二子：华桂、景略。

二十三世：华桂生于1995年11月8日，高中。

二十三世：景略生于1999年2月3日，初中。

二十二世：锦区，配莫氏，生一子：日桦。

二十三世：日桦生于1990年9月2日，初中。

二十一世：亚炳生于1944年3月10日，配梁氏，生四子：锦斌、锦如、锦明、锦军。

二十二世：锦斌生于1985年9月12日，初中。

二十二世：锦如生于 1989 年 11 月 17 日，大学。

二十二世：锦明生于 1993 年 11 月 20 日，高中。

二十二世：锦军生于 2005 年 5 月 22 日，初中。

十八世：大用，妣陈氏，生一子：宜益。

十九世：宜益，妣氏，生四子：亚生、亚胡●、亚木●、亚土●。

二十世：亚生，配李氏，生一子：培均。

二十一世：培均，配叶氏，生四子：亚保、亚爱、亚息、亚文。

二十二世：亚保，配廖氏，生二子：李景、观鑫●。

二十二世：亚爱，配卜氏，生二子：全县、海泉。

二十二世：亚息，配郑氏，生一子：锦辉。

二十二世：亚文，配陈氏，生一子：境深。

十八世：大模，妣李氏，生一子：有栋。

十九世：有栋，配李、麦、黄、黄四氏，生二子：亚昌●、兆寿●。

十九世：宜贵，妣王、张二氏，生一子：兆璋。

二十世：兆璋，配林氏，生四子：路生●、培俊、培杰、亚爵●。

二十一世：培俊生于 1930 年，配黎氏，生于 1935 年，生二子：锦泉、锦立。

二十二世：锦泉生于 1957 年，高中，配郑氏，生于 1955 年，生二子：鸿维、鸿粤。

二十三世：鸿维生于 1990 年，大学。

二十三世：鸿粤生于 1994 年。

二十二世：锦立生于 1963 年，初中，配张氏，生于 1965 年，生二子：鸿浩、鸿上。

二十三世：鸿浩生于 1989 年，大学。

二十三世：鸿上生于 1998 年 9 月 24 日。

二十一世：培杰生于 1946 年 9 月 21 日，配郑氏，生二子：锦初、锦梁。

二十二世：锦初生于 1988 年 9 月 16 日。

二十二世：锦梁生于 1992 年 4 月 11 日。

世美公长支子达公分支允济公派下存有房源流谱

十二世：御良生一子：允济。

十三世：允济生一子：存有。

十四世：存有，配徐氏，生二子：忠邦、忠贤（另续）。

十五世：忠邦生三子：定鼎、定藩（另续）、定卿（另续）。

十六世：定鼎生二子：安宏、安湖。

十七世：安宏生一子：士敏。

十八世：士敏生一子：戚球。

十九世：戚球生二子：会勇、会义。

二十世：会勇生四子：其福、其禄（另续）、其祥（另续）、其侦（另续）。

二十一世：其福，配苏氏，生三子：炳荣、炳华、炳珍。

二十二世：炳荣，配林氏，生二子：才章、才谦。

二十三世：才章生于1945年2月25日，学历初中，务农，配黄氏，八塘村人，生于1947年10月12日，学历初小，生二女二子：大女小英生于1965年10月12日，适文斗埚村，二女小燕生于1974年2月4日，迁南田村，子：光良、裕城。

二十四世：光良生于1969年8月6日，学历初中，外务工，配黎氏，生于1976年8月18日，生二子：龙胜、龙京。

二十五世：龙胜生于2008年3月22日，读小学。

二十四世：裕城生于1972年2月25日，学历初中，配官氏，北合村人，生于1975年10月28日，学历初小，生二女一子：大女玉镖，生于2003年18月，读小学。二女杨苗，生于2005年1月12日，读小学。子：煜斌。

二十五世：煜斌生于2007年2月20日，读小学。

二十三世：才谦生于1947年12月24日，学历初小，务农，配李氏，迈埚村人，生于1949年10月18日，学历初小，生一女三子：女碧凤生于1968年11月22日，适北插村，子：光利、堪杨、堪帅。

二十四世：光利生于 1970 年 12 月 4 日，学历初中，外务工，配王氏，龙耳村人，生于 1971 年 10 月 20 日，学历初小。

二十四世：堪杨生于 1976 年 7 月 13 日，学历初中，务农，配朱氏，黄定村人，生于 1982 年 5 月 17 日，生一女一子：女，玉薇生于 2007 年 2 月 16 日，读小学。子：煜霖。

二十五世：煜霖生于 2010 年 7 月 20 日，在读徐闻中学。

二十四世：堪帅生于 1981 年 10 月 10 日，学历初中，外务工，配何氏，北合村人，生一女一子：女，玉莹，生于 2004 年 11 月 5 日，读小学；子，栋凯。后配王氏，坡田村人，生于 1987 年 1 月 20 日，学历初中，生一女：子莹，生于 2014 年 12 月 18 日。

二十五世：栋凯生于 2005 年 6 月 7 日，读小学。

二十二世：炳华，配林氏，生二子：才卿、才利。

二十三世：才卿生于 1941 年 4 月 29 日，学历初小，务农，配林氏，高田村人，生于 1941 年 4 月 13 日，生一女四子：女，凤球生于 1966 年 5 月 12 日，适后山溪浓村，子：光理、堪壮、堪栋、光武。

二十四世：光理生于 1963 年 5 月 29 日，学历初中，务农，配吴氏，北合村人，生于 1964 年 1 月 30 日，学历初小，生一女一子：女，兰芬生于 1987 年 7 月 2 日，适二桥村，子：煜杰。

二十五世：煜杰生于 1990 年 7 月 25 日，学历初中，外务工。

二十四世：堪壮生于 1969 年 8 月 28 日，学历初中，外务工，配文氏，湖南省人，生于 1974 年 1 月 1 日，学历初中，生一子：煜晖。

二十五世：煜晖生于 1998 年 11 月 3 日，在校就读。

二十四世：堪栋生于 1972 年 3 月 11 日，学历初中，务农，配周氏，新桥村人，生于 1974 年 8 月 22 日，学历初中，生二子：煜峰、煜俊。

二十五世：煜峰生于 2006 年 8 月 26 日，读小学。

二十五世：煜俊生于 2013 年 2 月 25 日。

二十四世：光武生于 1977 年 2 月 4 日，学历初小，务农，配杨氏，北合村人，生于 1983 年 7 月 3 日，学历初小，生一女二子：女，映如生于 2010 年 1 月 22 日，子：煜胜、煜齐。

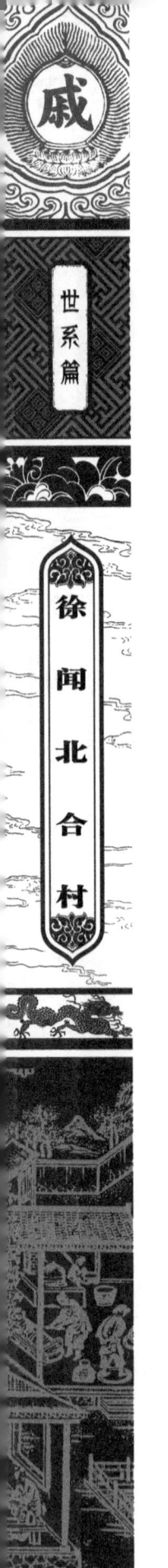

二十五世：煜胜生于2005年6月5日，读小学。

二十五世：煜齐生于2011年12月6日。

二十三世：才利生于1947年6月10日，学历初小，务农，配黄氏，东湖村人，学历初小，务农，生一女，凤英，生于1966年4月3日，适西安市。后配林氏，松仔园人，学历初小，务农，生一女，凤珍，生于1997年7月15日，在校就读。

二十二世：炳珍，配陈氏，生三子：才德、才智、才高。

二十三世：才德生于1939年11月18日，学历初中，务农，配陈氏，当松村人，生于1943年，学历初小，生四女二子：大女，美珠生于1964年3月10日，适赤坎村；二女，美英生于1966年1月20日，适茅园村；三女，美凤生于1967年11月25日，适徐闻海安。四女，美如生于1969年12月1日，适北尾村。子：戚权、戚文。

二十四世：戚权生于1971年8月8日，学历初中，务农，配林氏，水头村人，生于1969年12月26日，学历初小，生一女一子：女，小精生于1994年8月25日，学历大专。子：戚清。

二十五世：戚清生于1992年5月10日，学历大专，在外务工。

二十四世：戚文生于1973年12月12日，学历初中，务农，配彭氏，那满坑村人，生于1972年7月6日，学历初中，生二子：煜鸿、煜光。

二十五世：煜鸿生于2001年10月13日，在读和安中学。

二十五世：煜光生于2006年5月2日，读小学。

二十三世：才智生于1947年2月10日，学历初中，务农，配陈氏，生于1947年5月8日，学历初中。

二十三世：才高生于1962年6月10日，学历初中，务农，配朱氏，水头村人，生于1964年9月23日，学历初小，生二女二子：大女，小红生于1984年3月4日，适积水湖村；二女，小凤生于1986年1月27日，适当松村。子：华玉、华生。

二十四世：华玉生于1988年6月20日，学历大学，广州打工。

二十四世：华生生于1990年6月20日，学历大学，广州打工。

二十世：会义，生四子：其臣、其国、其那、其家。

二十一世：其臣，生一子：炳仁。

二十二世：炳仁，配林、郑二氏，生二子：才文、才祝。

二十三世：才文生于1950年9月17日，学历初小，务农，配袁氏，北合村人，生于1977年8月28日，学历初小，生三女二子：大女，南英生于1977年8月28日，适东尾村；二女，陈珠生于1984年8月55日，适下桥市；三女，彩虹生于1988年9月17日，学历本科，徐闻一中任教。子：裕总、裕统。

二十四世：裕总生于1982年3月19日，学历本科，在番愚大石镇开服装厂，配梁氏，西村人，生于1982年4月19日，学历本科，生三子：煜光、煜炯、煜晨。

二十五世：煜光生于2010年12月29日。

二十五世：煜炯生于2013年8月12日。

二十五世：煜晨生于2015年2月13日。

二十四世：裕统生于1990年11月4日，学历初小，在外务工。

二十三世：才祝生于1952年9月25日，学历初小，务农。配林氏，高田村人，生于1953年1月25日，学历初小，生一女二子：女，冬梅生于1983年7月26日，适大立村。子：裕朋、裕军。

二十四世：裕朋生于1981年7月11日，学历初小，外出务工，配黄氏，湖南人，生于1983年10月4日，学历初中，生一女一子：女，玉菲生于2011年8月27日，子：煜玮。

二十五世：煜玮生于2007年11月21日，读小学。

二十四世：裕军生于1986年1月10日，学历初中，在外务工。配陈氏，英利市人，生于1986年10月4日，学历初中。

世美公长支子达公分支 允习、允其、成名、成望 公派下相达房源流谱

十三世：允习，妣黄氏，生三子：相平（另续）、相洽（另续）、相达。

十四世：相达，配赖氏，生一子：亚富。

十五世：亚富，配欧氏，生一子：均齐。

十六世：均齐，配罗氏，生二子：维日（另续）、维齐。

十七世：维齐，配林氏，生一子：甘源。

十八世：甘源，配林氏，生四子：有楷、有标、有模、有柱。

十九世：有楷，配梁氏，生三子：兆文、兆煜、兆忠。

二十世：兆文，配潘氏，生二子：土梅、润。

二十一世：土梅，配许氏，生二子：水清、观华。

二十二世：水清，配钟海霞，生一子：泽烽。

二十三世：泽烽。

二十二世：观华，配陈美英，生一子：国平。

二十三世：国平。

二十一世：润，配莫妹，生二子：康建、景富。

二十二世：康建、景富。

二十世：兆煜，配林氏，生一子：华齐。

二十一世：华齐生于1951年8月26日，配莫生，生于1953年5月20日，生三子：水鹏、广石、华连。

二十二世：水鹏生于1983年10月7日，配陈木兰，生于1989年10月11日，生二子：志林、广治。

二十三世：志林生于2008年6月13日，在外务工。

二十三世：广治生于2014年6月2日。

二十二世：广石生于1986年10月8日，配谭桂香，生于1990年5月12日，生一子：永锋。

二十三世：永锋生于2014年6月9日，读书。

二十二世：华连生于1988年11月21日。

二十世：兆忠，配张氏，生四子：成武●、培开、培团、培宽。

二十一世：培开生于1963年6月8日，配叶梅芳，生于1966年3月26日，生二子：锦堂、锦超。

二十二世：锦堂生于1988年7月17日，配陈淑霞，生于1991年10月16日。

二十二世：锦超生于1996年12月10日。

二十一世：培团生于1968年6月22日，配李梅，生于1967年6月17日，生一子三女：三女：锦玲生于1994年11月23日、锦燕生于1996年4月26日、锦慧生于2006年3月14日。长子：锦英。

二十二世：锦英生于1992年3月14日，外出务工。

二十一世：培宽生于1970年12月23日，配郑翠连，生于1974年11月22日，生二子：锦永、锦秀。

二十二世：锦永生于1998年9月30日。

二十二世：锦秀生于2001年6月25日。

十九世：有标，配林、林、陈三氏，生二子：兆东、兆卿。

二十世：兆东，配黄氏，生一子：康华。

二十一世：康华，配邱明玉，生三子：石锐、石柱、石洞。

二十二世：石锐生于1981年6月14日，配张福珍，生于1979年11月1日，生一子：少龙。

二十三世：少龙生于2007年2月9日。

二十二世：石柱生于1984年9月5日，配陈玉权，生于1985年8月13日，生一女一子：女美琪生于2010年9月17日。子：少宇。

二十三世：少宇生于2014年8月11日，儿童。

二十二世：石洞，配谢汉兰，生一子：少丰。

二十三世：少丰。

二十世：兆卿，配许氏，生四子：广源、广成、僚、添。

二十一世：广源生于1947年10月10日，配陈氏，生于1949年4月10日，生一子：栋鸿。

二十二世：栋鸿生于1977年12月12日，配莫少霞，生于1983年9月10日，生二子：

鸿鉴、鸿耀，生一女：戚楚楚，生于2007年11月30日。

二十三世：鸿鉴生于2008年11月30日。

二十三世：鸿耀生于2010年9月28日。

二十一世：广成生于1956年6月1日，配陈丽，生于1964年12月17日，生三子：进禄、进连、清奎。

二十二世：进禄生于1985年3月12日，配钟娟燕生于1987年2月21日。

二十二世：进连生于1991年6月22日。

二十二世：清奎生于1997年7月25日。

二十一世：僚生于1966年3月13日，配陈水换，生于1965年7月20日，生二子：锦峰、锦明，生一女：水仙，生于1994年9月17日。

二十二世：锦峰生于1996年9月27日。

二十二世：锦明生于1999年10月13日。

二十一世：戚添生于1972年9月14日，配陈少琴，生于1976年9月29日，生二女：秋霞生于2004年9月12日，广碧生于2006年7月16日。生一子：戚领南。

二十二世：领南生于2008年5月25日。

十九世：有模，配陈氏，生三子：兆善、子光、戚和●。

二十世：兆善，配　氏，生三子：日新、戚忠、戚宁。

二十一世：日新，配高英，生一子：剑波。

二十二世：剑波，配舒蕾。

二十一世：戚忠，配苏水英，生一子：瑞权。

二十二世：瑞权。

二十一世：宁生于1971年10月12日，配黄影娟，生于1976年8月9日，生二子：煌炫、俊枫。

二十二世：煌炫生于2003年12月15日。

二十二世：俊枫生于2013年5月22日。

二十世：子光，配文素珍，生二子：日伟、日旋。

二十一世：日伟生于1962年3月28日，配吕燕，生于1961年12月9日，生二女：志慧生于1988年10月8日；梅舒生于1990年5月29日。生二子：观星、

观咏。

二十二世：观星生于 1987 年 2 月 26 日，学历大学。

二十二世：观咏生于 1995 年 10 月 10 日，学历大学。

二十一世：日旋生于 1964 年 10 月 12 日，配潘霞，生于 1967 年 4 月 27 日，生一女：思敏生于 1993 年 3 月 17 日。生二子：智亮、智聪。

二十二世：智亮生于 1991 年 10 月 30 日。

二十二世：智聪生于 1994 年 11 月 23 日。

十九世：有柱，配李氏，生二子：兆江、兆艺。

二十世：兆江，配张氏，生一子：进贤；配陈氏，生二子：康琼、土羽。

二十一世：进贤生于 1955 年 1 月 11 日，配黄志珍，生于 1955 年 11 月 27 日，生二子：锦滔、锦富。

二十二世：锦滔生于 1989 年 5 月 20 日。

二十二世：锦富生于 1995 年 12 月 5 日。

二十一世：康琼生于 1968 年 10 月 9 日，配李芬芳，生于 1967 年 12 月 29 日，生一子：锦鸿，生一女：水颖，生于 1995 年 5 月 5 日。

二十二世：锦鸿生于 1997 年 5 月 5 日。

二十一世：土羽，配李玉琼，生一子：锦彬。

二十二世：戚锦彬。

二十世：兆艺，配李氏，生一子：培建。

二十一世：培建，配李月清，生一子：锦辉。

二十二世：戚锦辉。

世美公长支子达公分支成真公派下相虚房源流谱

十三世：成真公，生四子：相唐（另续）、相虚、相齐（另续）、相上（另续）。

十四世：相虚，配钟氏，生二子：煊、爌（另续）。

十五世：煊公，配陈氏，生三子：均贤（另续）、均荣、均汉（居塘尾村）。

十六世：均荣，配张氏，生一子：维宝。

十七世：维宝，配邓氏，生一子：世乐。

十八世：世乐，配某氏，生三子：有余、有荣（另续）、有华●。

十九世：有余，配刘氏，生四子：兆龙、兆凤、兆其、兆伦。

二十世：兆龙，配莫氏，生一子：戚标。

二十一世：戚标，配许连兴，生二子：康才、善。

二十二世：康才生于1957年8月27日，配张妹，生于1957年9月11日，生一子：景荣，生一女：余娥，生于1983年12月9日。

二十三世：景荣生于1981年9月14日，配何氏，生一女：金娣，生于2002年5月19日，生一子：裕洪。

二十四世：裕洪生于2007年7月11日。

二十二世：戚善生于1963年2月8日，配李称，生于1962年5月21日，生二子：鸿杰、鸿茂。

二十三世：鸿杰生于1991年1月10日，配莫文华，生于1991年9月7日，生一子：宇城。

二十四世：宇城生于2014年10月5日，儿童。

二十三世：鸿茂生于1997年6月6日。

二十世：兆凤，配何氏、苏氏，生四子：培焕、何生、南清、戚明。

二十一世：培焕，配许氏，带一子：戚强。

二十二世：戚强。

二十一世：何生，配庞荣珍，生于1934年10月26日，生二子：华良、华建。

二十二世：华良生于1958年10月20日，配张小丽，生于1965年1月8日，生一

女：戚蕊，生于 1990 年 7 月 25 日。

二十二世：华建生于 1961 年 8 月 18 日，配黄彩凤，生于 1961 年 4 月 10 日，生一子：进朗。

二十三世：进朗生于 1992 年 5 月 5 日。

二十一世：南清生于 1933 年 10 月 1 日，学历高中，配黎素琼，生于 1933 年 8 月 20 日（初中），生二子：永、水宾。

二十二世：戚永生于 1956 年 2 月 29 日，学历高中，配黎遍，生于 1962 年 3 月 13 日，学历初中，生二子：进立、鸿启。

二十三世：进立生于 1988 年 1 月 19 日，学历大学。

二十三世：鸿启生于 1991 年 5 月 3 日，学历大学。

二十二世：水宾生于 1969 年 3 月 21 日，学历高中，配林惠兰，生于 1967 年 8 月 29 日，学历初中，生二子：鸿卡、鸿超。

二十三世：鸿卡生于 1993 年 9 月 10 日。

二十三世：鸿超生于 1997 年 9 月 29 日。

二十一世：戚明，配莫维连，生于 1939 年 10 月 2 日，生二子：康文、康华。

二十二世：康文生于 1968 年 12 月 11 日，配黄仙，生于 1968 年 1 月 18 日，生一子：鸿林。

二十三世：鸿林生于 2001 年 9 月 5 日。

二十二世：康华生于 1971 年 5 月 16 日，配李艳苹，生于 1971 年 10 月 10 日，生一女：宝仪，生于 2002 年 2 月 16 日。

二十世：兆其，配罗氏，生二子：培荣、戚洪。

二十一世：培荣，配许云忠，生四子：戚理、进权、戚均、戚祥。

二十二世：戚理生于 1949 年 6 月 28 日，教师，配陈日，生于 1952 年 8 月 3 日，生一子：旭东。

二十三世：戚旭东生于 1982 年 10 月 28 日，配莫云娟，生于 1985 年 9 月 28 日，生一子一女：生一女：戚李琳，生于 7 月 1 日；子：智豪。

二十四世：智豪生于 2015 年 4 月 7 日，儿童。

二十二世：进权生于 1950 年 8 月 25 日，配罗强，生于 1953 年 11 月 1 日，生一子：光华。

二十三世：光华生于 1987 年 10 月 7 日。

二十二世：戚均生于 1959 年 7 月 5 日，配冯燕英，生于 1963 年 9 月 20 日，生二子：观顺、观调。

二十三世：观顺生于 1992 年 6 月 5 日。

二十三世：观调生于 1997 年 7 月 12 日。

二十二世：戚祥生于 1962 年 6 月 27 日，配谭日妹，生于 1955 年 10 月 10 日，生一子：鸿鹏。

二十三世：鸿鹏生于 1995 年 3 月 7 日。

二十一世：戚洪，配何素英，生于 1942 年 7 月 8 日，生一子：戚枢。

二十二世：戚枢生于 1967 年 2 月 24 日，配叶秀青，生于 1968 年 4 月 29 日，生三子：鸿超、进宇、鸿朝。

二十三世：鸿超生于 1991 年 4 月 10 日，配陈景丽，生于 1993 年 2 月 27 日，生二女：戚诗佩，生于 2009 年 9 月 22 日；戚晓莹，生于 2012 年 12 月 22 日。

二十三世：进宇生于 1993 年 4 月 18 日。

二十三世：鸿朝生于 1997 年 4 月 10 日。

二十世：兆伦，配黄氏，生二子：戚坚、培桃。

二十一世：戚坚生于 1937 年 5 月 16 日，配莫素芳，生于 1942 年 2 月，生一子：戚站。

二十二世：戚站生于 1972 年 12 月，配董雪清，生于 1975 年 6 月 11 日，生二子：鸿明、鸿传。

二十三世：鸿明生于 2000 年 2 月 14 日。

二十三世：鸿传生于 2006 年 1 月 5 日。

二十一世：培桃生于 1947 年 1 月 6 日，配黎石，生于 1957 年 8 月 11 日，生二子：锦森、广烈。

二十二世：锦森生于 1980 年 12 月 20 日，配许桂芝，生于 1985 年 9 月 21 日。

二十二世：广烈生于 1984 年 10 月 20 日，配李雨群，生于 1983 年 3 月 26 日，生二子：鸿旭、鸿境。

二十三世：鸿旭生于 2007 年 6 月 18 日。

二十三世：鸿境生于 2012 年 6 月 9 日。

十九世：有荣，配黄、黄二氏，生一子：兆香。

二十世：兆香，配莫氏，生二子：戚统、培成。

二十一世：戚统生于1935年6月4日，配杨氏，生于1943年10月14日，生一子：初建。

二十二世：初建生于1977年8月25日，配钟小丹，生于1981年3月10日。

二十一世：戚培成，配二氏，配李氏，生二子：锦求、锦升，配宋氏。

二十二世：锦求，配方小平，生一子：成堤。

二十三世：成堤。

二十二世：锦升。

十五世：爌公，配某氏，生二子：均文、均武。

十六世：均文，配陈氏，生二子：维斌、维汉。

十七世：维斌，配姚氏，生一子：世烈。

十八世：世烈，配毛氏，生二子：有清、有溪。

十九世：有清，配吴氏，生三子：兆泰、兆平、兆林。

二十世：兆泰，配黎氏，生五子：培业、培桂、培六、培齐、培存。

二十一世：培业生于1931年7月4日，配黄氏，生于1930年11月30日，生四子：戚为、戚利、戚常、裕城。

二十二世：戚为生于1954年6月7日，配谭荣梅，生于1957年6月19日，生二子：土钦、广武。

二十三世：土钦生于1982年1月13日，配冯玉娴，生于1983年10月24日，生一子：皓详。

二十四世：皓详生于2011年6月19日。

二十三世：广武生于1983年10月19日，配黎石媛，生于1985年1月8日，生一子：凯乐。

二十四世：凯乐生于2013年1月25日。

二十二世：戚利，配何石连，生一子：名华。

二十三世：名华。

二十二世：戚常生于1963年3月28日，配戚彩英，生于1965年5月8日，生一子：健雄。

二十三世：健雄生于1994年2月5日。

二十二世：裕城生于 1973 年 8 月 29 日，配陈秋裕，生于 1974 年 8 月 29 日，生一子：梓林。

二十三世：梓林生于 2012 年 10 月 23 日。

二十一世：培桂，配麦氏，生五子：戚生、戚恩、戚周、戚纯、戚程。

二十二世：戚生生于 1958 年 7 月 26 日，配黎齐，生于 1962 年 6 月 4 日，生一子二女：女，广碧，生于 1989 年 5 月 16 日；秋艳，生于 1991 年 10 月 3 日；子：广永。

二十三世：广永生于 1987 年 7 月 20 日。

二十二世：戚恩生于 1962 年 8 月 15 日，配陈玉连，生于 1964 年 11 月 18 日，生二子：进鹏、斯然。

二十三世：进鹏生于 1991 年 9 月 13 日。

二十三世：斯然生于 1994 年 9 月 23 日。

二十二世：戚周生于 1965 年 12 月 29 日，配陈毫，生于 1966 年 9 月 5 日，生二子：伟杰、景范。

二十三世：伟杰生于 1992 年 9 月 28 日，大学。

二十三世：景范生于 1995 年 8 月 6 日。

二十二世：戚纯，配王连，生一子：志航。

二十三世：志航，外出务工。

二十二世：戚程生于 1974 年 3 月 4 日，配某氏，生一子一女：女：本辉生于 2003 年 1 月 24 日；子：承宇。

二十三世：承宇生于 2006 年 3 月 4 日。

二十一世：培六生于 1940 年 4 月 12 日，配温文英，生二子：戚锦、戚炳。

二十二世：戚锦生于 1966 年 8 月 5 日，配李清梅，生于 1964 年 4 月 19 日，生一子：康伟。

二十三世：康伟生于 1993 年 9 月 19 日。

二十二世：戚炳生于 1968 年 8 月 10 日，配陈平，生于 1971 年 11 月 23 日，生二子：观杰、华聪。

二十三世：观杰生于 1992 年 7 月 30 日，配余锋民，生于 1994 年 1 月 21 日，生一子：裕翔。

二十四世：裕翔生于 2015 年 3 月 14 日，儿童。

二十三世：华聪生于 1994 年 11 月 8 日。

二十一世：培齐生于 1943 年 9 月 9 日，配吕秀娟，生二子：基成、戚积。

二十二世：基成生于 1968 年 9 月 2 日，配冯松娣，生于 1970 年 1 月 5 日。

二十二世：戚积生于 1971 年 8 月 18 日，配许灵，生于 1971 年 1 月 5 日，生二子：鸿燊、鸿霖。

二十三世：鸿燊生于 2000 年 2 月 17 日。

二十三世：鸿霖生于 2004 年 5 月 8 日。

二十一世：培存，配郑辉，生一子：戚活。

二十二世：戚活生于 1981 年 4 月 11 日，配罗娣，生于 1983 年 10 月 10 日，生一子：明轩。

二十三世：明轩。

二十世：兆平，配钟氏，生三子：戚杰、戚九、李全●。

二十一世：戚杰生于 1939 年 5 月 2 日，配黎连英，生于 1945 年 11 月 14 日，（住湛江市霞山区解放西路 40 号 45 栋 206 房），生四子：戚廉、戚茂、建华、建成。

二十二世：戚廉生于 1968 年 9 月 23 日，配潘小燕，生于 1968 年 5 月 29 日，生一子：广君。

二十三世：广君生于 2002 年 7 月 4 日。

二十二世：戚茂生于 1973 年 10 月 1 日，配卢丽花，生于 1977 年 11 月 7 日，生一子：至鹏。

二十三世：至鹏生于 2003 年 8 月 1 日。

二十二世：建华生于 1976 年 8 月 24 日，配林彩珠，生于 1978 年 7 月 14 日。

二十二世：建成生于 1978 年 6 月 29 日，配梁晓燕，生于 1979 年 1 月 3 日，生一子：志邦。

二十三世：志邦生于 2009 年 8 月 15 日。

二十一世：戚九生于 1949 年 12 月 25 日，配韦检，生于 1955 年 9 月 5 日，生一子：华龙。

二十二世：华龙生于 1982 年 2 月 20 日，学历初中，配黎水瑶，生于 1983 年 8 月，生一女二子：女，家碧，生于 2002 年 3 月 28 日；子：鸿乐、文滔。

二十三世：鸿乐生于 2005 年 11 月 18 日。

二十三世：文滔生于 2008 年 8 月 9 日。

二十世：兆林，配陈氏，生一子：戚良。

二十一世：戚良生于 1945 年 6 月 13 日，配伍氏，生一子：开荣。

二十二世：开荣生于 1970 年 5 月 21 日，配陈亚春，生于 1973 年 8 月 8 日，生二子二女：大女（外嫁）；二女彩仿，生于 1999 年 12 月 28 日；子：仁钟、洪梧。

二十三世：仁钟生于 1994 年 10 月 11 日。

二十三世：洪梧生于 1997 年 7 月 10 日。

十九世：有溪，配马氏，生二子：兆池、兆海。

二十世：兆池，配陈氏，生一子：戚林。

二十一世：戚林，配潘梅英，生三子：戚信、水源、戚轩。

二十二世：戚信生于 1968 年 11 月 5 日，配张权芳，生于 1970 年 11 月 7 日，生二子一女：女，华翠，生于 1994 年 10 月 3 日；子：进跃、广彬。

二十三世：进跃生于 1991 年 10 月 25 日。

二十三世：广彬生于 1997 年 6 月 12 日。

二十二世：水源生于 1972 年 12 月 28 日，配王水清，生于 1974 年 7 月 5 日，生二子：康颖、广旭。

二十三世：康颖生于 1997 年 12 月 10 日。

二十三世：广旭生于 1999 年 11 月 13 日。

二十二世：戚轩生于 1975 年 9 月 8 日，配梁清，生于 1974 年 8 月 17 日，生一子一女：女：燕珠生于 2002 年 11 月 3 日；子：木华。

二十三世：木华生于 2008 年 6 月 18 日。

二十世：兆海，配梁氏，生一子：戚胜。

二十一世：戚胜，配郑宝凤，生二子：华略、华赞。

二十二世：华略生于 1991 年 12 月 15 日。

二十二世：华赞生于 1996 年 11 月 6 日。

世美公长支子达公分支成召公派下相旺房源流谱

十三世：成召公，生三子：相旺、相简（另续）、相景（另续）。

十四世：相旺，配林氏，生一子：赞。

十五世：赞公，配全氏，生一子：均选。

十六世：均选，配林氏，生二子：维润、维记。

十七世：维润，配苑氏，生五子：亚胜●、亚明●、世就、世钦、亚伍（另续）。

十八世：世就，配某氏，生一子：有机。

十九世：有机，配某氏，生一子：兆益。

二十世：兆益，配邱氏，生三子：建强、戚伍、戚拉。

二十一世：建强，配何明波，生三女。

二十一世：戚伍，配林氏，生一子：戚标。

二十二世：戚标。

二十一世：戚拉。

十八世：世钦，配某氏，生一子：有扶。

十九世：有扶，配苏氏，生一子：兆安。

二十世：兆安，配陈氏，生三子：戚娣、木森、戚浩。

二十一世；戚娣，配潘日英生，二子：戚楷、戚冉。

二十二世：戚楷，配罗承芳，生二子：荣根、康杰。

二十三世：荣根。

二十三世：康杰。

二十二世：戚冉生于1974年1月2日，配陈美梅，生于1975年9月1日，生二子一女：
女，木兰生于2002年3月2月30日；子：广润、杰灵。

二十三世：广润生于2004年4月24日。

二十三世：杰灵生于2006年6月18日。

二十一世：木森，配黎英，生四子：戚章、戚科、伟员、永文。

二十二世：戚章生于1976年8月，配王春桃，生于1982年9月，生一子：华新。

二十三世：华新生于 2008 年 10 月。

二十二世；戚科生于 1978 年 6 月，配王琴生于 1981 年 8 月，生一女：雨琪生于 2013 年 9 月。

二十二世：伟员。

二十二世：永文。

二十一世：戚浩生于 1963 年 2 月 3 日，配李一明，生于 1965 年 3 月 13 日，生二子二女：女，晓红生于 1993 年 8 月 4 日；子：观盛、锦权。

二十二世：观盛生于 1995 年 2 月 5 日。

二十二世：锦权生于 2000 年 4 月 18 日。

十七世：维记，配李氏，生一子：戚圣。

十八世：戚圣（配氏不明）生二子：有桃、有棠。

十九世：有桃，配许氏，生一子：河才●。

十九世：有棠，配许氏，生一子：兆喜。

二十世：兆喜，配赖氏，生二子：李昌、戚球。

二十一世：李昌，配杨伍梅，生一子：国轩。

二十二世：国轩。

二十一世：戚球生于 1962 年 7 月 6 日，配方娟，生于 1966 年 6 月 15 日，生一子：镇文。

二十二世：镇文生于 1985 年 3 月 7 日，配何玖，生于 1987 年 9 月 18 日，生二子：铬泽、洪伟。

二十三世：铬泽生于 2012 年 3 月 2 日。

二十三世：洪伟生于 2014 年 10 月 26 日。

十八世：大成、大光（此二公世派来历不详）

十九世：有源，配何氏，生二子：兆新、兆丰●。

二十世：兆新，配莫氏，生二子：木生、成日。

二十一世：木生生于 1937 年 9 月 10 日，配陈桂文，生于 1939 年 6 月 8 日，生三子：戚溪、戚胡、戚海。

二十二世：戚溪生于 1966 年 7 月 8 日，配张娇，生于 1968 年 2 月 6 日，生一子二女，子：湛雄。

二十三世：湛雄生于 1996 年 1 月 9 日。

二十二世：戚胡生于 1972 年 6 月 6 日，配李群，生于 1969 年 7 月 26 日，生一女：钦晴，生于 2000 年 4 月 20 日。

二十二世：戚海生于 1976 年 1 月 3 日，配梁建玲，生于 1975 年 7 月 19 日，生二子：沛泽、沛明。

二十三世：培泽 2005 年 12 月 24 日。

二十三世：培明生于 2007 年 10 月 19 日。

二十一世：戚日生于 1955 年 11 月 21 日，配吕水娣，生于 1954 年 9 月 19 日，生三子一女：女，嘉敏生于 1992 年 5 月 20 日；子：戚伙、戚树、土卿。

二十二世：戚伙生于 1980 年 11 月 7 日，配麦少元，生于 1981 年 8 月 12 日，生一子：楚裕。

二十三世：楚裕生于 2010 年 7 月 10 日。

二十二世：戚树生于 1982 年 7 月 11 日，曾在部队服役，配陈晓清。

二十二世：土卿生于 1989 年 7 月 26 日，部队服役。

十三世：成召公，生三子：相旺、相简、相景。

十四世：相简，妣陈氏，生五子：完、保、英、四、五。

十五世：英公，妣麦氏，生二子：均重、均祥。

十六世：均祥，妣韩氏，生三子：维瑞、维廷、维芳。

十七世：维瑞，妣苑氏，生一子：世丰。

十八世：世丰，妣彦氏，生一子：有润。

十九世：有润，妣吴氏，生六子：华廷、林真、木庆、里福、前进、进强。

二十世：华廷生于 1940 年 11 月 2 日，安铺镇定居，大学本科，配陈建珍，生于 1945 年 4 月 15 日，生二子：培滢、镇源。

二十一世：培滢生于 1977 年 2 月 15 日，配罗玉珍，生于 1978 年 5 月 17 日，生一子：戚静。

二十二世：戚静生于 2003 年 11 月 19 日。

二十一世：镇源生于 1985 年 3 月 4 日，配邓木娣，生于 1987 年 3 月 29 日，生二子：锦鸿、锦华。

二十二世：锦鸿生于 2010 年 4 月 5 日。

二十二世：锦华生于2012年1月17日。

二十世：林真生于1945年4月5日，安铺镇定居，2013年4月6日已故，配邓秀辉，生于1954年1月16日，生二子：培纯、培柑。

二十一世：培纯生于1976年3月5日，配何园，生于1981年12月25日，生一子：李煜。

二十二世：李煜生于2005年12月10日。

二十一世：培柑生于1979年1月4日，大专本科生，配李小霞，生于1980年5月1日，大专本科生。

二十世：木庆生于戊子年7月18日，学历初中，安铺镇定居，配林水月，卒卯年5月7日，学历初小。生一子一女，女：冠颖生于癸亥年1月19日，大学本科。子：华冠。

二十一世：华冠生于已未年11月26日，学历中专，配陈景连，生于癸年7月20日，学历高中，生一子：浩淼。

二十二世：浩淼生于已丑年11月27日。

二十世：里福生于1950年11月5日，安铺镇定居，配陈凤，生于1954年8月29日，生一子一女：女，惠玲生于1979年12月26日，学历大专；子：培源。

二十一世：培源生于1981年9月18日，学历大学，配李惠娟，生于1981年10月25日，学历大学，生一子：锦荣。

二十二世：锦荣生于2010年9月10日。

二十世：前进生于1955年12月1日，安铺镇定居，配陈燕萍，生于1960年11月7日，生一子：新宁。

二十一世：新宁生于1987年7月28日，学历大学。

二十世：进强生于1957年11月28日，安铺铺定居，配李水连，生于1957年6月18日，生一子：华武。

二十一世：华武生于1992年7月11日。

十七世：维廷，生一子：世漠。

十八世：世漠，妣叶氏，生四子：有英、亚木●、有宣、有民。

十九世：有英，配莫氏，生三子：亚芬●、亚高●、亚清。

二十世：戚亚清，配谭氏，生二子：戚莞、卓新。

二十一世：戚莞生于1965年9月30日，配梁氏，生于1968年8月9日，生一子：

启铭。

二十二世：启铭生于1995年3月21日。

二十一世：卓新生于1973年9月30日，配乔氏，生于1978年12月28日。

十九世：有宣，配赖氏，生一子：兆明。

二十世：兆明，配张氏，生一子：戚国。

二十一世：戚国，配邱美玉，生四子一女，子：锦聪、锦敏、锦跃、锦纳。

二十二世：锦聪。

二十二世：锦敏。

二十二世：锦跃。

二十二世：锦纳。

十九世：世漠四子，有民，配黄氏，生一子：华贤●。

十八世：世栋（世栋不知是谁兄弟，下落不详）配陈氏，生一子：有山。

十九世：有山，配谭氏，生二子：康太、戚香，后配刘氏。

二十世：康太，配黎少先，生四子：戚进、戚富、戚养、水金。

二十一世：戚进生于1954年7月4日，配王初，生于1961年2月9日，生二子：木荣、李广。

二十二世：木荣生于1980年9月20日。

二十二世：李广生于1982年9月19日，配雷朱丹，生一子：晓锋。

二十三世：晓锋生于2010年3月13日。

二十一世：戚富生于1957年8月，学历初中，配李水珍，生于1965年9月，学历初中，生三子一女：女，广花生于1994年2月；子：广清、进宝、进才。

二十二世：广清生于1988年9月，学历初中，配李秀兰，生于1988年10月，学历初中，生二女：大女梓娴，生于2012年8月12日；二女春丽，生于2014年9月27日。

二十二世：进才生于1990年8月，学历初中，配邓义芳，生于1992年2月，学历初中，生二女：文甄生于2011年；梓林生于2012年。

二十二世：进宝生于1992年4月，学历初中。

二十一世：戚养生于1960年4月29日，配莫少景，生于1960年6月2日，生二子：景君、锦杰。

二十二世：景君生于1995年5月20日。

二十二世：锦杰生于1996年12月25日，配梁石丽，生于1996年10月6日，生一子：铭熙。

二十三世：铭熙生于2013年8月5日。

二十一世：水金生于1966年3月19日，配孙爱娣，生于1968年11月14日，生一子二女：女，石琴生于1992年3月19日，慧琳生于1997年11月20日，子：日伟。

二十二世：日伟生于1994年10月16日。

二十世：戚香，配余月权，生四子：日林、戚恒、戚仲、戚盟。

二十一世：日林，配林意，生三子：李朗、水连、广瑞。

二十二世：李朗生于1984年10月1日，配邱彩金，生于1984年12月28日，生二女：大女佳佳生于2007年12月30日；二女广娣生于2014年12月24日。

二十二世：水连生于1986年10月1日，配梁凯婷，生于1993年1月15日，生二女：大女佩琳生于2012年8月14日；二女紫滢生于2015年4月21日。

二十二世：广瑞生于1987年4月17日。

二十一世：戚恒生于1966年3月17日，配林妹，生于1966年11月1日，生二子三女：女，金碧生于1989年10月7日；水悦生于1987年5月17日；翠娥生于1995年3月14日；子：国建、康谱。

二十二世：国建生于1991年7月14日。

二十二世：康谱生于1996年11月27日。

二十一世：戚仲生于1968年3月24日，配谭爱英，生于1973年7月29日，生一子二女：女，丹妮生于1998年2月28日，戚媚生于2000年6月3日；子：锦生。

二十二世：锦生生于1996年3月24日。

二十一世：戚盟生于1971年3月24日，配蔡建英，生于1974年8月19日，生一子一女：女，嘉欣生于2007年4月8日；子：家伟。

二十二世：家伟生于2013年5月10日。

十八世：世文，配某氏，生二子（源流不详）：有恒、有章（生一子：亚法●）。

十九世：有恒，配某氏，生二子：亚富●、戚敏。

二十世；戚敏，配潘氏，生一子：伟荣。

二十一世：伟荣，配黄晓，生一子：柏杰。

二十二世：柏杰。

二十世：兆年，配周氏，生三子：康生、康意、戚虾。

二十一世：康生，配谢秀芳，生四子：戚庆、戚烈、戚初、木隆。

二十二世：戚庆生于1965年10月1日，配梁维燕，生于1968年11月28日，生三子：其待、国勇、志坚。

二十三世：其待生于1990年2月20日，配王石娣，生于1992年3月20日。

二十三世：国勇生于1992年2月24日。

二十三世：志坚生于1993年11月11日。

二十二世：戚烈生于1971年9月5日，配吴海娇，生于1975年7月10日，生一子二女：女，家慧生于1996年9月1日；家琪生于1998年5月19日；子：宝林。

二十三世：宝林生于2001年11月2日。

二十二世：戚初生于1975年7月4日，配张妹，生于1974年5月6日，生一子一女：女，鸿霞生于2012年11月4日，子：鸿圳。

二十三世：鸿圳生于2007年1月12日。

二十二世：木隆生于1980年11月27日，配谢凤珍，生于1984年4月20日，生一子二女：女，烟雪生于2008年11月18日；海莲生于2010年12月4日；子：鸿城。

二十三世：鸿戍生于2007年6月4日。

二十一世：康意，配伍小连，生二子：华钊、华帅。

二十二世：华钊。

二十二世：华帅。

二十一世：戚虾，配谭氏，生二子：木清、广荣。

二十二世：木清生于1981年8月4日，配麦小银，生一女：欣怡生于2010年11月16日。

二十二世：广荣生于1983年9月7日。

十七世：维芳，配某氏，生一子：世瑞。

十八世：世瑞，配某氏，生二子：有典、有珍（配陈氏）●。

十九世：有典，配黄氏，生一子：兆卓。

二十世：兆卓，配黎佩珍，生三子：康连、戚桥、戚汉。

二十一世：康连生于1958年3月18日，配冯日清，生于1960年11月14日，生三子：进岳、进洪、华就。

二十二世：进岳生于1982年11月18日，配李雪梅，生于1987年7月7日，生一子一女：女，欣怡生于2000年7月14日；子：盛文。

二十三世：盛文生于2004年9月28日。

二十二世：进洪生于1994年11月15日，配余钢琴，生一子一女：女，晓欣生于2006年10月；子：超凡。

二十三世：超凡生于2010年1月27日。

二十二世：华就生于1986年10月9日，配蒙秋凤，生于1987年9月17日，生一子一女：女，小聲生于2012年7月16日；子：飞扬。

二十三世：飞扬生于2007年7月20日。

二十一世：戚桥，配陈梅，生二子：进友、锦杰。

二十二世：进友，配罗翠明，生于1992年12月8日。

二十二世：锦杰，配林月辉，生于1994年3月20日。

二十一世：戚汉，生于1969年6月17日，配文琼英，生于1971年7月1日，生二子：锦熙、锦升。

二十二世：锦熙生于2012年10月25日。

二十二世：锦升生于2013年8月6日。

世美公长支子达公分支成望公派下相林房源流谱

十三世：成望公生二子：相仕（另续）、相林。

十四世：相林，配伍氏，生四子：爵秀。

十五世：爵秀，配朱氏，生四子：均武（另续）、均儒、均英（另续）、均雄（另续）。

十六世：均儒，配梁氏，生三子：维英、维雄、维漠。

十七世：维雄，生一子：世开（锣玉姓子）。

十八世：世开，配谢氏，生五子：有信、有明、有喜、有宽、有钦。

十九世：有信，配周氏，生一子：兆彬。

二十世：兆彬，配张氏，生一子：戚强●。

十九世：有明，配麦氏，生二子：兆亲、兆秀。

二十世：兆亲，配陈氏，生一子：培光。

二十一世：培光，配莫云辉，生五子：戚喜、戚桐、戚扬、戚志、戚吓。

二十二世：戚喜生于1955年7月8日，配麦雪，生二子：进平、木林。

二十三世：进平，配何丽精，生一子：广豪。

二十四世：广豪。

二十二世：戚桐，配朱兰停。

二十二世：戚杨，配张水娇，生三子：源旷、鸿钊、景文。

二十三世：源旷生于2000年6月9日。

二十三世：鸿钊生于2003年9月22日。

二十三世：景文生于2005年9月14日。

二十二世：戚志生于1968年3月27日，配邓凤云，生于1975年8月9日，生一子一女：
女，敏敏生于1996年10月21日；子：永清。

二十三世：永清生于1998年7月21日。

二十二世：戚吓，配陈芬，生一子：华迪。

二十三世：华迪。

二十世：兆秀，配黎氏，生三子：戚辉、华池、玖远。

二十一世：戚辉生于1944年1月，配陈琼芳，生四子：戚奕、戚台、戚艺、戚静。

二十二世：戚奕生于1966年7月11日，配周潘，生于1965年7月30日，生一子三女：女，广霞生于1987年7月11日；彩霞生于1992年8月22日；玉霞生于1996年10月13日；子：永伦。

二十三世：永伦生于1989年9月18日。

二十二世：戚台生于1969年3月1日，配陈水燕，生于1979年12月2日，生一子一女：女，碧霞生于2002年3月7日；子：凯骏。

二十三世：凯骏生于2010年9月22日。

二十二世：戚艺生于1971年12月26日，配陈清妹，生于1977年8月，生一子一女：女，嘉欣；子：家乐。

二十三世：家乐生于2001年5月。

二十二世：戚静生于1975年9月1日，配罗日芳，生于1978年11月18日，生一子：家兴。

二十三世：家兴生于2010年11月28日。

二十一世：华池，配莫英，生二子：戚兵、统生。

二十二世：戚兵生于1975年2月8日，配黄彩发，生于1975年5月9日，生一子一女：女，少玲生于2005年2月21日；子：志鸿。

二十三世：志鸿生于2010年9月19日。

二十二世：统生生于1979年7月4日，配黎广娣，生于1980年9月6日，生一子一女：女，金燕生于2006年5月28日；子：桐军。

二十三世：桐军生于2009年11月27日。

二十一世：玖远，配陈检，生于1954年2月7日，生一子一女：女春霞；子：陈雄。

二十二世：陈雄生于1979年8月16日，配邱氏，生于1982年9月，生一子一女：女，春霞；子：裔鑫。

二十三世：裔鑫生于2010年2月18日。

十九世：有喜，配方氏，生二子：兆恒、兆佃。

二十世：兆恒，配莫氏，生四子：培毅、华新、戚和、戚次。

二十一世：培毅，配陈文珍，生二子：剑军、剑锋。

二十二世：剑军生于1968年5月20日，配谭庚妹，生于1967年4月6日，生二子：

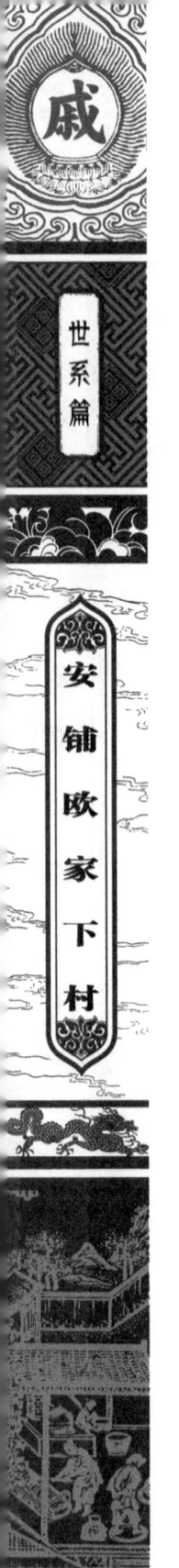

华艳、炀耀。

二十三世：华艳生于 1995 年 10 月 10 日。

二十三世：炀耀生于 1999 年 10 月 20 日。

二十二世：剑锋生于 1975 年 11 月，配林美群，生于 1976 年 10 月，生二女：安琪生于 2004 年 2 月；安茜生于 2008 年 11 月。

二十一世：华新，配何梅英，生一子：荣明。

二十二世：荣明，配伍少荣，生一子：志城。

二十三世：志城。

二十一世：戚和生于 1953 年 11 月 20 日，配张娣，生于 1955 年 8 月 16 日，生一子：康富。

二十二世：康富生于 1984 年 3 月 6 日，配何平，生于 1985 年 2 月 25 日，生一子二女：女，金花生于 2005 年 7 月；文洁生于 2010 年 11 月；子：钦海。

二十三世：钦海生于 2007 年 4 月 4 日。

二十一世：戚次 1958 年 3 月 21 日，配吕凤，生于 1960 年 7 月 19 日，生三子：土明、观文、水成。

二十二世：土明生于 1984 年 9 月 1 日，配宋思林。

二十二世：观文生于 1986 年 11 月 25 日，配苏海燕。

二十二世：水成生于 1995 年 9 月 15 日。

二十世：兆佃，配罗氏，生四子；已随母亲洋清镇入户。

十九世：有宽，配卢氏，生一子：戚潮。

二十世：戚潮，配赖爱英，生五子二女：女，戚引（外嫁）；戚娇（外嫁）；子：月荣、戚堂、戚东、戚南、戚陈。

二十一世：月荣生于 1958 年 11 月 3 日，部队服役参过战，学历高中，配陈月琴，生于 1959 年 4 月 13 日，学历高中，生一子三女：女，春晓生于 1984 年，嫁安铺；春云生于 1986 年，嫁安铺；冰桃生于 1991 年，嫁贵州省；子：春笋。

二十二世：春笋生于 1988 年 6 月 7 日，配莫少琼，生于 1990 年 4 月 14 日，生二子一女：女，庭婷生于 2011 年 7 月 23 日；子：锦煊、锦壮。

二十三世：锦煊生于 2012 年 8 月 9 日。

二十三世：锦壮生于2013年9月4日。

二十一世：戚堂生于1963年8月27日，配莫清，生于1963年9月6日，生二子一女：女，美迪生于1988年11月12日；子：进寿、华宇。

二十二世：进寿生于1987年8月30日，学历大学。

二十二世：华宇1996年12月28日。

二十一世：戚东生于1966年3月25日，配张辉，生于1968年9月19日，生一子二女：女，燕丽生于1991年10月30日，学历高中；康娣生于1992年12月20日，学历大学；子：景康。

二十二世：景康生于1994年3月14，学历高中。

二十一世：戚南生于1968年7月8日，配文秀玲，生于1966年11月25日，生二子一女：女，文慧生于1993年3月6日；子：华敏、广杰。

二十二世：华敏生于1991年9月8日，高中。

二十二世：广杰生于1995年1月19日，大学。

二十一世：戚陈生于1970年10月24日，配郑仕群，生于1975年10月23日，生一子二女：女，佩佩生于1997年5月8日；佩怡生于1999年7月22日；子：进超。

二十二世：进超生于1995年8月17日。

十九世：有钦，配陆氏，生一子：戚福。

二十世：戚福，配余秀英，生一子：李存。

二十一世：李存，配黄英，生二子：戚辉、戚意。

二十二世：戚辉。

二十二世：戚意。

世美公长支子达公分支戚真公派下相屋房源流谱

十三世：成真，妣氏，生四子：相唐（另续）、相虚、相齐（另续）、相上（另续）。

十四世：相虚，妣钟氏，生二子：坚、廣（另续）。

十五世：坚，妣陈氏，生三子：均贤（另续）、均荣（另续）、均汉。

十六世：均汉，妣谭氏，生一子：维清。

十七世：维清（取一子入继）：世来。

十八世：世来，妣莫氏，生三子：有泽、有桐、有松。

十九世：有泽，妣陈氏，生三子：戚松、戚龙、戚和。

二十世：戚松，配赖玉珍，生于1940年10月27日，生三子。子：戚衡、朝水、珍喜。

二十一世：戚衡生于1967年9月16日，配张妹生于1975年6月21日，生二子：国梁、国栋。

二十二世：国梁生于2006年12月13日。

二十二世：国栋生于2012年10月4日。

二十一世：朝水，配罗爱球，生一子二女。长女：舒婷，生于1996年8月23日。次女：宇婷，生于2006年2月12日。子：广焕。

二十二世：广焕。

二十一世：珍喜生于1974年8月4日，配莫德平，生于1988年8月30日，生二子：梓浩、明泽。

二十二世：梓浩生于2008年5月15日。

二十二世：明泽生于2013年8月17日。

二十世：戚龙生于1939年11月5日，配朱氏，生二子：戚泰、日炎。

二十一世：戚泰生于1964年12月4日，配温园，生二女。长女：海燕生于1992年9月19日。次女：小云生于1993年12月5日。

二十一世：日炎生于1969年12月13日，配林流，生于1965年3月18日，生一子二女。长女：陈桢生于1996年11月6日。次女：日思生于1997年1月13日。子：康湖。

二十二世：康湖生于1998年11月6日。

二十世：戚和生于1940年7月9日，配李素君，生于1943年9月3日，生二子：戚观、戚宇。

二十一世：戚观生于1965年1月10日，居廉江永福A51502号，配陈红彩，生于1967年11月13日，生一女：楚苗生于2003年2月26日。

二十一世：戚宇生于1968年6月3日，配方珍，生于1967年3月22日，生一子一女。女：蒙丽生于1991年9月9日，适定居廉江永安北路西四街77号。子：家荣。

二十二世：家荣生于1992年12月27日。

十九世：有桐，妣谭、陈二氏，生一子：戚九。

二十世：戚九生于1941年3月24日，配张瑞珍，生二子：戚彬、戚次。

二十一世：戚彬生于1969年7月11日，配黎恒梅，生于1967年9月25日，生一子三女。长女：赛花生于1988年7月29日。次女：水娟生于1994年10月25日。三女：彩凤生于1996年11月15日；子：木广。

二十二世：木广生于1992年9月21日。

二十一世：戚次生于1972年12月12日，配小英，生于1972年4月24日，生一子一女。女：华女生于1992年2月27日。子：华杰。

二十二世：华杰生于1996年3月1日。

十九世：有松，配黄氏，生四子：华桃、进桃、春桃、观浩。

二十世：华桃，配莫瑞芳，生于1944年1月16日，生三子：火生、火灯、戚锦。

二十一世：火生生于1968年10月9日，配罗梅芳，生于1967年5月6日，生一子二女。长女：秋娣生于1992年6月28日。次女：秋婵生于1997年9月16日。子：永金。

二十二世：永金生于1994年9月16日。

二十一世：火灯生于1970年10月20日，配韦美芳，生于1979年6月10日，生一子一女。女：慧玲生于2002年2月2日。子：广发。

二十二世：广发生于1997年4月11日。

二十一世：戚锦，配何小兰，生一子：伟艺。

二十二世：伟艺生于1997年1月7日。

二十世：进桃生于1950年，配蓝哈妹，生于1952年生四子。子：水江、康辉、景欢、李团。

二十一世：水江生于1986年，生一子：进铭。

二十二世：进铭。

二十一世：康辉生于1987年，生一子：华宏。

二十二世：华宏。

二十一世：景欢生于1991年。

二十一世：李团生于1996年。

二十世：春桃，生于1954年，配水金，生于1956年10月12日，生二子。子：月强、进良。

二十一世：月强生于1979年12月26日，配带雪，生于1984年5月25日，生二子。子：坤铭、伟林。

二十二世：坤铭生于2007年5月26日。

二十二世：伟林生于2012年1月16日。

二十一世：进良生于1981年9月21日，配陈彩燕，生于1986年5月15日，生一子一女。女：紫钰生于2010年12月27日；子：戚广淦。

二十二世：戚广淦。

二十世：观浩生于1964年1月12日，配陈三妹，生于1964年6月13日，生一子二女。长女：木娟生于1995年12月19日。次女：美英生于1997年10月25日。子：进国。

二十一世：进国生于1990年5月7日。

世美公长支子达公分支成喜公派下学鼎房源流谱

十三世：成喜，妣氏，生二子：学鼎（杨柑圩）、学成（一角村）。

十四世：学鼎，妣黄氏，生一子：爵明，爵兴。

十五世：爵明，妣温氏，生一子：才茂。

十六世：才茂，妣蔡氏（娶吴氏生一子入继）：文典。

十七世：文典，妣氏，生二子：大森、大二公●。

十八世：大森，妣姚氏，生五子：妃保●、妃二、光扶●、同佑、五公●。

十九世：妃二，妣陈氏，生一子：同贵。

二十世：同贵，配叶氏，生一子：亚娣。

十九世：同佑，配黄氏，生三子：汉武、亚略、精华。

二十世：汉武，妣叶氏，生三子：亚康、康二、康三、战公移居雷州客路本立圩，改姓吴。

十五世：爵兴，配林氏，生一子：才发。

十六世：才发，生一子：姓名本公失名不详。

十七世：姓名本公失名，妣氏，生二子：大公失名不详、大瑞。

十八世：大瑞，配李氏，界炮山家村人，取下六北灶尾村一子入继。有珠。

十九世：有珠，配黄伍豆，白银树村人，生三子：兆松、兆二●、兆柏。

二十世：兆松，配李养，新埠泥沙鲴村人，生四子一女：女，戚妹生于1946年11月27日，适北坡南边塘村；子：培华、培业、华贵●、培东。

二十一世：培华生于1943年11月29日，学历高中。

二十一世：培业，配蔡五妹，杨柑马城村人，生一子二女。大女：锦妹生于1986年7月24日，学历高技；二女：锦芬生于1991年6月15日；子：锦志。

二十二世：锦志生于1987年11月15日。

二十一世：培东，配欧秀英，下六北头村人，生一子三女。长女：明舒生于1987年适赤坎市区；次女：明婷生于1990年3月15日；三女：明芬生于1992年10月24日，子：锦养。

二十二世：锦养生于1985年10月24日，配韩春云，生于1985年5月29日，吴

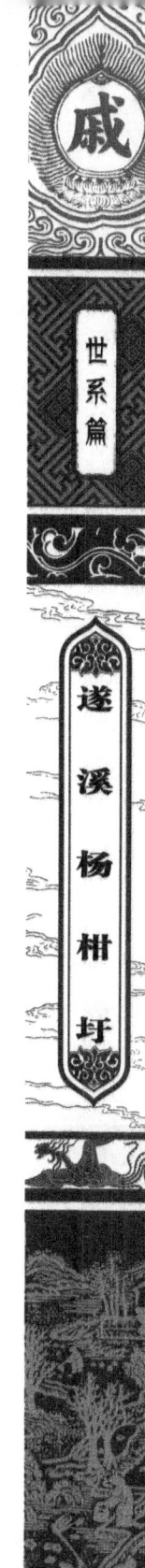

川塘缀深水村人。生二子（双胞胎）：鸿龙、鸿杰。

二十三世：鸿龙、鸿杰生于 2007 年 9 月 2 日。

二十世：兆柏，配李妹，杨柑龙村人，生二子二女。大女：太妹生于 1963 年，适杨柑黄屋村；二女：戚兰生于 1966 年，适杨柑新安村。生二子：培辉、培明。

二十一世：培辉生于 1953 年 11 月 24 日，配欧丽，生于 1960 年 12 月 25 日，下六北头村人，生一子一女。女：晓敏生于 1987 年 4 月，子：锦兴。

二十二世：锦兴生于 1994 年 12 月，读书。

二十一世：培明，配符陈梅，杨柑榄尾村人，生二子、一女。女：家慧生于 1992 年 12 月 2 日，学历高中，子：锦欢、锦荣。

二十二世：锦欢生于 1996 年 4 月 16 日，读书。

二十二世：锦荣生于 1998 年 5 月 26 日，读书。

世美公长支子达公分支成喜公派下学盛房源流谱

十三世：成喜，妣罗氏，生二子：学鼎（另续）、学盛。

十四世：学盛，妣麦氏，生四子：爵鼎、爵旺、爵平、爵有。

十五世：爵鼎，妣姚氏，生三子：才连、才广●、才文●。

十六世：才连，妣罗氏，生三子：文敬、文羲、文盛●。

十七世：文敬，妣罗氏，生四子：大德●、大有●、大乾、大成。

十八世：大乾，妣刘氏，生二子：有忠（未详）、有厚。

十七世：文羲，妣黄氏，生二子：大平●、大安。

十八世：大安，妣麦氏，生五子：有仁、有淇、有英、有俊、有贤。

十五世：爵旺，妣茅氏，生四子：才富（另续）、才乾●、才均、才锦。

十六世：才均，妣韩氏，生二子：文益●、文装。

十七世：文装，妣陈氏，生一子：大满。

十五世：爵平，妣陈氏，生二子：才安、才章。

十六世：才安，妣林氏，生三子：文治、亚石●、亚命●。

十七世：文治，妣吴氏，生二子：大经、大为。

十八世：大经，妣陈氏，无子，取子入继：有锦。

十八世：大为，妣杨氏，生一子：有芬。

十五世：爵有，妣庞氏，生二子：才丰、士生●。

十六世：才丰，妣欧氏，生二子：文贞、亚胜●。

十七世：文贞，妣陈氏，生四子：大余、大模●、大训、大章。

十八世：大余，妣陈氏，生二子：有禄、有位。

十八世：大训，妣沈氏，生四子：有祥、有性、有荣、有华。

十八世：大章，妣　氏，生三子：有球、有瑞、有碧。

十八世：大满，妣许氏，生四子：有太、有民、有国、有宁。

十六世：才锦，妣陈氏，生三子：文福、亚密（未详）、文修●。

十七世：文福，妣袁氏，生一子：大兴。

十八世：大兴，妣蔡氏，无子，取子入继：兆富。

十九世：有厚，妣陈氏，生三子：兆玉、兆顺、兆盛。

二十世：兆玉，配李氏，生二子：培清、亚平●。

二十一世：培清生于1960年10月9日，配罗氏，生于1962年10月，生三子一女：女，戚玉娜生于1994年7月15日，学历初中；子：锦成、锦宏、锦文。

二十二世：锦成生于1984年10月10日，广州打工，学历高中。

二十二世：锦宏生于1986年10月9日，广州打工，学历初中。

二十二世：锦文生于1992年9月10日，退伍军人，学历初中。

二十世：兆顺，配梁氏，生三子：培才、培委、培漠。

二十一世：培才生于1968年5月15日，配陈氏，生于1970年10月11日，生一子：锦仲，原住城月林业局。

二十二世：锦仲。

二十一世：培委生于1970年10月7日，配张氏，生于1973年，生一子：锦彪。

二十二世：锦彪生于2000年5月18日。

二十一世：培漠生于1975年6月7日，配柯氏，生于1971年1月18日，生二子：锦瑞、锦龙，原住城月林业局。

二十二世：锦瑞生于2005年6月7日，城月小学读书。

二十二世：锦龙生于2009年5月24日，在校就读。

二十世：兆盛生于1948年8月26日，配欧氏，生于1949年7月13日，生三子：培洁、培洛、培常。

二十一世：培洁生于1968年10月24日，配黄氏，生于1968年5月18日，生三子：锦明、锦昌、锦周。

二十二世：锦明生于1992年5月18日，在外打工，学历初中。

二十二世：锦昌生于1994年5月15日，在外打工，学历初中。

二十二世：锦周生于1996年8月18日，在外打工，学历初中。

二十一世：培常生于1972年11月15日，配钟氏，生于1974年6月19日，生一子一女：锦午、锦生。锦午生于2008年3月16，在小学读书。

二十一世：培洛生于1970年11月15日，配黄氏，生于1974年5月12日。

十八世：大成，妣郑氏，生三子：有槐、有林、有桐。

十九世：有槐，配黄氏，生三子：兆贞●、兆隆、兆泽。

二十世：兆隆出生于 1936 年 2 月 12 日，配李氏，生于 1941 年 9 月 23 日，生二子：培训、培庆。

二十一世：培训生于 1965 年 11 月 22 日，配黄凤，生于 1962 年 2 月 13 日，生二女二子：女：戚秋燕，生于 1986 年 9 月 18 日；戚秋明，生于 1988 年 6 月 25 日；子：锦永、锦远。

二十二世：锦永生于 1990 年 7 月 15 日，在广州打工，学历大专，广州白云高级技工学校；配谭婷，生于 1990 年 12 月 10 日，生一女一子，女：戚芷墨，生于 2014 年 6 月 23 日；子：鸿墉。

二十三世：鸿墉生于 2016 年 2 月 12 日。

二十二世：锦远生于 1992 年 6 月 23 日，在广州打工，学历高中。

二十一世：培庆生于 1971 年 8 月 20 日，配李妹，生于 1975 年 8 月 25 日，生二女二子，女：戚关燕，生于 1998 年 8 月 18 日；戚景兰生于 2001 年 2 月 27 日。子：锦裕、锦强。

二十二世：锦裕生于 2005 年 10 月 18 日。

二十二世：锦强生于 2008 年 12 月 11 日。

二十世：兆泽，配陈氏，生三子：培就、培建、培瑞。

二十一世：培就生于 1967 年 9 月 8 日，配黄氏，生于 1966 年 6 月 29 日，生一女二子。女：戚思云，生于 1994 年 6 月 14 日，本科学历，广东财经大学华商学院。子：锦良、锦华。

二十二世：锦良出生于 1992 年 8 月 12 日，在外打工，学历中技，广东省湛江第二技校。

二十二世：锦华出生于 1995 年 12 月 21 日，在杨柑中学读书。

二十一世：培建出生于 1967 年 9 月 8 日，配戴氏，出生于 1967 年 4 月 17 日，生一子二女。女：戚晓眉出生于 1991 年 5 月 23 日，在外打工，学历初中。戚晓琼出生于 1993 年 1 月 25 日，在外打工，学历大专，广东农工商职业技术学院。子：锦宇。

二十二世：锦宇出生于 1994 年 8 月 20 日，在外打工，学历初中。

二十一世：培瑞出生于 1972 年 7 月 7 日，配黄氏，出生于 1973 年 10 月 13 日，生

二子二女，子：锦颖、锦城。女：戚嘉欣，生于 1999 年 8 月 23 日；戚嘉丽，生于 1999 年 8 月 23 日。

二十二世：锦颖出生于 1995 年 3 月 25 日，在校就读。

二十二世：锦城出生于 1997 年 8 月 30 日，在校就读。

十九世：有林，配曹氏，生二子：兆权（华生）、兆恩。

二十世：兆权（华生）出生于 1934 年 3 月 30 日，配符氏，生于 1940 年 10 月 2 日，生一子三女，女：戚文娟，生于 1968 年 7 月 16 日，高中学历；戚建蓉，生于 1974 年 8 月 24 日，中专学历；戚建莲，生于 1978 年 12 月 25 日，毕业于广东邮电职业技术学院，本科学历，网络工程师，在中国联通佛山分公司任职。子：培聪。

二十一世：培聪（建聪）生于 1971 年 11 月 7 日，毕业于华南师范大学，本科学历，理学学士；南京大学软件工程硕士。原广东邮电职业技术学院讲师，现广州集阳通系统有限公司总经理；配陈映波，出生于 1976 年 1 月 2 日，毕业于广东工业大学，本科学历，经济学学士。生二女：戚梓琪，生于 2008 年 10 月 15 日；戚可昕，生于 2013 年 11 月 25 日。

二十世：兆恩，生于 1937 年 10 月 11 日，配袁氏，生于 1938 年 3 月 4 日，生一子：培华，在外打工，学历高中。

二十一世：培华生于 1974 年 10 月 30 日，配黄凤玲，生于 1978 年 4 月 3 日，生二子：锦柠、锦铭。

二十二世：锦柠出生于 2012 年 7 月 20 日，儿童。

二十二世：锦铭出生于 2014 年 9 月 26 日，儿童。

十九世：有桐，配苏氏，生一子：兆生。

二十世：兆生出生于 1947 年 12 月 26 日，配黄氏，出生于 1947 年 2 月 19 日，生二子：培高、培琪。

二十一世：培高出生于 1972 年 9 月 13 日，毕业于广东技术师范学院，本科学历，配陈伟英，出生于 1976 年 8 月 8 日，生一子：锦朗。

二十二世：锦朗出生于 2006 年 12 月 5 日。

二十一世：培琪出生于 1979 年 7 月 19 日，配吴氏，出生于 1982 年。

十七世：文义，妣黄氏，生二子：大平●、大安。

十八世：大安，妣麦氏，生六子：有仁、有琪、有英、有俊、有贤。

十九世：有仁，配钟氏，生三子：兆宏●、兆东、兆南。

二十世：兆东，配杨氏，生三子：培德、培玉、培强。

二十一世：培德出生于1955年1月7日，配黄氏，出生于1955年4月13日，生三子：锦棠、锦壮、锦胡。

二十二世：锦棠出生于1975年5月23日，配刘氏，出生于1978年11月2日，生一男一女：女，戚晓微出生于2010年2月10日。子：鸿浩。

二十三世：鸿浩出生于2009年8月30日。

二十二世：锦壮出生1980年10月9日，配何氏，出生于1980年8月，生一子一女：女，戚诗恩；子：鸿洁。

二十三世：鸿洁。

二十二世：锦胡出生于1990年11月28日，在广州打工。

二十一世：培玉出生于1970年11月3日，配劳氏，生于1970年5月10日，生三子一女：锦锡、锦丰、戚浩。

二十二世：锦锡生于1989年1月11日，在外打工。

二十二世：锦丰生于1991年8月11日，在外打工。

二十二世：戚浩生于1994年5月18日，在外打工，学历初中。

二十一世：培强，配陈氏，生二子：锦荣、锦田。

二十二世：锦荣生于1996年7月25日。

二十二世：锦田生于1998年5月18日。

二十世：兆南，配陈氏，生三子：培广、培学、培全。

二十一世：培广，配彭氏（未养）

二十一世：培学，配林氏，生一子：锦敬，原住遂溪林业局。

二十二世：锦敬。

二十一世：培全，配沈氏（未养），湛江派出所。

十九世：有琪，配吴氏，生二子：兆文、兆信。

二十世：兆文，配黄氏，生一子：培辉。

二十一世：培辉，配王氏，生一子一女：锦道、锦迪。

二十世：兆信，配陈氏，生二子：培珍、培珠。

二十一世：培珍，配杨氏，生二子二女：锦太、锦平。

二十二世：锦太生于1990年10月22日，在校就读。

二十二世：锦平生于1992年7月28日，在校就读。

二十一世：培珠，配韩氏，生一子：锦芬。

二十二世：锦芬生于2004年12月22日，原住遂溪城。

十九世：有英，配陈氏，生二子：兆炳、兆全。

二十世：兆炳，生于1939年8月25日，配陈氏，生二女四子，女：建英，美英。子：培杨、培善、培庄、培宝。

二十一世：培杨，生于1966年12月8日，配陈氏，生一子三女，女：戚彩云1990年2月3日；戚日英生于1993年7月11日；戚秋婷生于1995年10月3日，子：锦进。

二十二世：锦进出生于1991年12月3日。

二十一世：培善，生于1968年6月26日，配叶氏，生一子二女，女：戚海英生于1994年3月24日；戚美琪出生于1997年3月5日，子：锦隆。

二十二世：锦隆生于1992年9月16日，配黄氏，生一子一女，女：戚心怡，生于2015年；子：鸿杰。

二十三世：鸿杰，生于2014年。

二十一世：培庄，生于1974年12月1日，配袁氏，生二子：锦辉、锦涛。

二十二世：锦辉生于1999年12月19日。

二十二世：锦涛生于2004年1月15日。

二十一世：培宝，生于1976年8月19日，毕业于韶关学院，本科学历，配谭海玲，1980年10月27日，韶关卫生学校，大专学历，生二女：戚晶菁2009年7月16日；戚芷瑜2014年7月12日。

二十世：兆全，生于1947年6月19日，配陈氏，生三男二女，女：戚建珍1975年7月10日，戚秀金1984年10月20日。子：培富、培贵、培年。

二十一世：培富，生于1973年4月8日，配梁氏，生一男三女，女：戚晓玲，生于1997年8月28日；戚晓芬1999年10月10日；戚晓芳2005年9月29日，子：锦杨。

二十二世：锦杨，生于2007年正月25日。

二十一世：培贵，生于 1977 年 12 月 5 日（在外打工）。

二十一世：培年，生于 1987 年 8 月 29 日（在外打工）。

十九世：有俊，配王氏，生二子：兆昌、兆明。

二十世：兆昌，配蔡氏，生二子：培朝、培忠（未详）。

二十一世：培朝，配陈氏，生二子：锦湘、锦善。

二十二世：锦湘生于 1989 年 10 月 11 日（在外打工）。

二十二世：锦善生于 1993 年 10 月 13 日（在校就读）。

二十世：兆明，配黄氏，生三子：培豪、培武、培超。

二十一世：培豪，配黄氏，生一子：锦才（在校就读）。

二十二世：锦才。

二十一世：培武，配梁氏，生一子：锦光（原住杨柑圩）。

二十二世：锦光。

二十一世：培超，配余氏（未详）。

十九世：有贤，配陈氏，生四子：兆兴、兆荣●、兆云、兆发。

二十世：兆兴，配陈氏，生四子；培坤、培兰●、培成、培权。

二十一世：培坤生于 1968 年 5 月 20 日（在外打工）。

二十一世：培成，配郑氏，生二女：浩文、深余。戚浩文生于 1990 年 5 月 20 日，在校就读；戚深余生于 2008 年 10 月 19 日（在校就读）。

二十一世：培权，配陈氏，生二子一女，女：戚洁深生于 1999 年 9 月 24 日（杨柑二中读书）。子：锦章、锦充。

二十二世：锦章生于 2000 年 9 月 13 日（在校就读）。

二十二世：锦充生于 2001 年 8 月 3 日（在校就读）。

二十世：兆云出生于 1949 年 12 月 17 日，配李氏，出生于 1951 年 6 月 15 日，生二子：培明、培利。

二十一世：培明出生于 1984 年 4 月 20 日，配梁氏，生二子：锦宪、锦先。

二十二世：锦宪出生于 2008 年 12 月 7 日，现在老何小学读书。

二十二世：锦先出生于 2010 年 6 月 11 日，儿童。

二十一世：培利出生于 1986 年 7 月 12 日，配欧氏，生于 1990 年 5 月，生一女：戚小冰出生于 2010 年 8 月 16 日二十世：兆发，出生于1955年7月11日，配陈氏，生二子：培平、培胜。

二十一世：培平出生于1986年7月12日，配吴氏，生一子：锦红。

二十二世：锦红出生于2010年8月20日，儿童。

二十一世：培胜出生于1987年2月15日，在广州打工，学历初中。

十五世：爵旺，妣茅氏，生四子：才富●、才乾●、才均、才锦。

十六世：才均，妣钟氏，生二子：文益、文装。

十七世：文益，妣欧氏，生二子：大冠、大振。

十八世：大振，妣陈、罗二氏，生一子：有和。

十九世：有和，妣陈氏（未详）。

十七世：文装，妣陈氏，生一子：大满。

十八世：大满，妣许氏，生四子：有泰、有民、有国、有宁。

十九世：有泰，配林氏，生五子：兆安●、兆宽、兆钦、兆裕、兆球。

二十世：兆宽生于1947年8月15日，配黄氏，生于1941年9月16日，生一子：培国。

二十一世：培国出生于1973年8月11日，配陈氏，出生于1972年，生一子一女：女戚诗恩出生于1999年11月17日，子：锦桌。

二十二世：锦桌生于1997年3月13日，原在遂溪一中读书。

二十世：兆钦生于1950年7月29日，配袁氏，生于1950年1月，生二子：培香、培厚。

二十一世：培香出生于1979年6月24日，在外打工。

二十一世：培厚出生于1990年9月23日，在外打工。

二十世：兆裕，配苏氏，生三子：培林●、培长、培红。

二十一世：培长生于1987年10月2日，在外打工。配潘氏，出生于1989年10月2日，在外打工。

二十一世：培红出生于1989年10月5日，在广州打工，学历初中。

二十世：兆球出生于1958年8月25日，配李氏，出生于1962年1月15日，生二子：培恩、培深。

二十一世：培恩出生于1985年2月15日，配陈氏，生一女：诗美出生于2012年7月30日（儿童）。

二十一世：培深出生于1989年1月16日，配黄氏，生一子：锦让。

二十二世：锦让出生于2000年10月28日，儿童。

十九世：有民，配吴氏，生三子：兆銮、兆年、兆福。

二十世：经銮出生于1946年10月19日，配陈氏，生五子：培春●、培甫、培杰、培原、培海。

二十一世：培甫出生于1987年6月3日，在广州打工，学历初中。妻谭氏，出生于1990年10月21日，在广州打工。

二十一世：培杰出生于1989年10月16日，在广州打工。

二十一世：培原出生于1999年10月21日（务工）。

二十一世：培海生于2001年5月15日（务工）。

二十世：兆年出生于1950年6月30日，配黄氏，生于1955年11月1日，生一子：培丰。

二十一世：培丰出生于1987年3月5日，配陈氏，出生于1989年1月15日，生一男二女：戚优雅出生于2009年8月21日（儿童），戚雅婷出生于2012年2月12日（儿童），子：锦泉。

二十二世：锦泉出生于2010年10月21日，儿童。

二十世：兆福出生于1960年3月25日，配庞氏，生二子三女。女：长女海恩出生于1989年9月12日，在外打工；海阅出生于1994年7月18日，在外打工；海婵出生于1992年7月20日，在外打工。子：培景、培永。

二十一世：培景出生于1987年1月16日，配陈氏，生一子：锦森。

二十二世：锦森出生于2012年10月26日，儿童。

二十一世：培永出生于1989年7月18日，广州打工，学历初中。

十九世：有国，配陈氏，生一子：兆武。

二十世：兆武出生于1967年6月14日，配　氏，生一男一女：戚雅晴出生于2002年11月19日，子：培翔。

二十一世：培翔出生于1995年8月19日。

十九世：有宁，配林氏，生三子一女：兆林●、兆礼、兆规。

二十世：兆礼出生1965年4月13日，配欧氏，生三男一女：戚碧霞出生1993年10月16日（原在杨柑二中读书），子：培義、培梅、培锦。

二十一世：培羲出生于1989年12月10日，在广州打工。

二十一世：培梅出生于1990年7月23日，在广州打工，学历初中。

二十一世：培锦出生于1991年2月25日，在校就读。

二十世：兆规，出生于1968年7月，配陈氏，生二子：培照、培嘉。

二十一世：培照出生于2000年7月26日。

二十一世：培嘉出生于2005年4月19日。

十八世：大兴，无子取子入继：有其（带子入继）。

十九世：有其，妣陈氏，生一子：兆富。

二十世：兆富，配何氏，生三子：培应、培慧、培珊●。

二十一世：培应，出生于1935年12月24日，配曹氏，生三子：锦义、锦庆、锦辉。

二十二世：锦义，出生于1966年7月18日，毕业于华南师范大学，本科学历。配吴氏，生一子：鸿昊。

二十三世：鸿昊，出生于2000年12月15日。

二十二世：锦庆，出生于1970年10月26日，毕业于广东海洋大学，大专学历。配黄氏，生二女：彤彤，出生于2011年1月4日；莜莜，出生于2014年2月5日。

二十二世：锦辉出生1974年1月4日，配廖氏，生一子：鸿嘉。

二十三世：鸿嘉，生于2008年2月10日。

二十一世：培慧生于1947年8月18日，配杨氏，生二子：锦君、锦志。

二十二世：锦君出生1974年5月5日，配黄氏，二女一子：琪琪出生于2008年4月10日，宁晴生于2007年7月11日，子：鸿珍。

二十三世：鸿珍出生于2003年6月13日。

二十二世：锦志生于1974年5月5日，配陈氏，生二子一女：女舒瑜出生2009年8月11日，子：鸿文、鸿武。

二十三世：鸿文出生2004年1月14日。

二十三世：鸿武出生2008年5月24日。

十七世：文治，妣吴氏，生二子：大经（未详）、大为。

十八世：在为妣杨氏生一子：有芬。

十九世：有芬，配袁氏，生四子：兆熙、兆旺、兆养、兆景。

二十世：兆熙，配陈氏，生五子：培进、培宏、培球、培兵、培强。

二十一世：培进出生于1971年5月12日，配谭氏，生三子：锦邦、锦灯、锦才。

二十二世：锦邦生于1995年11月3日，在外打工。

二十二世：锦灯生于2003年12月15日，读书。

二十二世：锦才生于2008年11月11日，儿童。

二十一世：培宏生于1970年5月12日，配黄氏，生于1968年，生二子：锦议、锦正。

二十二世：锦议出生于2003年5月13日。

二十二世：锦正出生于2001年12月15日。。

二十一世：培球出生于1977年2月10日，配李氏，生一子：锦梧。

二十二世：锦梧出生于2000年9月5日。

二十一世：培兵出生于1974年11月2日，配何氏，生二子：锦昌、锦超。

二十二世：锦昌出生2000年9月2日。

二十二世：锦超出生2002年9月28日。

二十一世：培强出生1972年9月5日，配黄氏，生二子一女：女舒余出生2010年1月12日，子：锦轩、锦竣。

二十二世：锦轩出生于2005年12月7日。

二十二世：锦竣出生2007年8月9日。

二十世：兆旺出生1948年12月12日，配王氏，出生于1955年5月19日，生三子：培文、培瑶、培校。

二十一世：培文出生于1982年4月17日，配李氏，生三子：锦平、锦安、锦全。

二十二世：锦平出生于2003年1月9日。

二十二世：锦安出生于2007年5月15日。

二十二世：锦全出生于2007年5月15日。

二十一世：培瑶出生于1970年12月15日，配伍氏，生一子：锦怀。

二十二世：锦怀出生于2013年7月15日。

二十一世：培校出生于1985年1月13日，配李氏，生一子一女：女戚马恩出生于2008年1月16日，子：锦华。

二十二世：锦华出生于2007年1月15日。

二十世：兆养生于1954年12月5日，配黄氏，出生于1955年1月8日，生二子：

培宁、培江。

二十一世：培宁出生于1981年1月12日，配黄氏，生于1983年5月7日。

二十一世：培江出生于1984年3月7日，在外打工。

二十世：兆景出生1965年11月18日，配韩氏，出生于1969年5月11日，生二子：培民、培维。

二十一世：培民出生于2005年6月3日。

二十一世：培维出生于2007年1月11日。

十九世：有锦，配　氏，生三子：兆模、兆永、兆羲。

二十世：兆模出生于1954年12月1日，配陈氏，生一子：培通。

二十一世：培通出生于2001年8月15日。

二十世：兆永生于1966年4月27日，配陈氏，生于1967年，生一子：培达。

二十一世：培达生于2002年6月9日。

二十世：兆羲生于1970年6月9日，配陈氏，生于1970年7月9日，生一子：培新。

二十一世：培新生于2000年8月10日。

十八世：大馀，妣陈氏，生二子：有禄、有位。

十九世：有禄，配黄氏，生二子：兆珍、兆和●。

二十世：兆珍出生于1937年8月29日，配庄氏，生于1947年4月，生三子：培松、培继、培梧。

二十一世：培松生于1972年1月12日，配叶氏，生一子二女：戚聘婷生于1992年3月24日，戚超婷生于1994年10月14日，子：锦美。

二十二世：锦美生于1994年10月14日。

二十一世：培继生于1975年8月28日，配李氏，生一子一女，子：锦群。

二十二世：锦群生于2005年4月10日。

二十一世：培梧生于1977年8月18日，配陈氏，生一子一女：戚莹莹出生于2009年9月25日，子：锦宏。

二十二世：锦宏出生于2002年11月2日。

十九世：有位，配赵氏，生三子：兆尧、兆舜、兆周。

二十世：兆尧，配陈氏，生二子：培钦、培敬。

二十一世：培钦出生于1967年2月23日，配徐氏，出生于3月8日，生一女无子，

取子入继：戚慧伦出生于1996年3月8日，子：培梅。

二十二世：培梅出生于2001年10月10日。

二十一世：培敬出生于1970年5月16日，配黄氏，生于1968年9月，生三子：锦英、锦雄、锦勇。

二十二世：锦英出生于1997年5月16日。

二十二世：锦雄出生于1998年8月9日。

二十二世：锦勇出生于2000年10月28日。

二十世：兆舜，配徐氏，生三子：培标、培贵、培楷。

二十一世：培标，配全氏，生四女：戚瑜生于1987年10月12日，戚燕玲生于1991年12月12日，戚美恪生于2001年1月15日，戚燕珠生于2009年1月13日。

二十一世：培贵出生于1977年9月26日，广州打工，学历初中。配谭氏，出生于1982年12月6日，广州打工。

二十一世：培楷出生于1984年12月6日，在南海打工。

二十世：兆周生于1968年5月27日，配卢氏，生二子：培冠、培超。

二十一世：培冠出生于1987年11月5日，广州打工，高中。

二十一世：培超出生于1989年6月5日，广州打工，高中。

十八世：大训，妣沈氏，生五子：有祥、有性、有龙●、有荣、有华。

十九世：有祥，配袁氏，生四子：兆璠、亚里、日旺●、细九●。

二十世：兆璠生于1942年1月16日，配袁氏，生于1946年，生二子：培寿、培新。

二十一世：培寿生于1963年9月30日，配陈氏，生于1965年，生四子：锦涛、锦伦、锦秀、锦珠。

二十二世：锦涛出生于1992年3月6日，在外打工。

二十二世：锦伦出生于1993年2月28日，在外打工，学历初中。

二十二世：锦秀出生于1995年6月3日，在外打工，学历初中。

二十二世：锦珠出生1996年6月30日，在南海市打工，学历初中。

二十一世：培新生于1979年3月20日，配钟氏，生于1968年2月，生二子：锦鸿、锦萍。

二十二世：锦鸿出生于2008年2月18日，儿童。

二十二世：锦萍出生于2012年6月2日，儿童。

二十世：亚里，配袁氏，生二子：培光、培经。

二十一世：培光出生于1980年8月27日，在广州打工。配李氏，出生于1981年4月16日，在广州打工。

二十一世：培经出生于1981年11月21日，配黄氏，生于1987年8月20日，生一子一女：戚雪佑出生于2010年7月21日，子：锦锋。

二十二世：锦锋出生2009年9月25日，儿童。

十九世：有性，配王氏，生二子：兆燕、兆翼。

二十世：兆燕，配　氏，生二子：培生、培发。

二十一世：培生出生1970年5月25日，务农。配　氏出生于1971年9月2日，生一子二女：戚日妹出生于1999年1月3日，戚日凤出生于1994年7月25日，子：锦庙。

二十二世：锦庙出生于1987年10月12日。

二十一世：培发出生于1974年9月25日，配郑氏，生二女二子：戚晓婷出生于2000年10月18日，戚晓玲出生于2008年1月5日，子：锦宁、锦文。

二十二世：锦宁出生于1998年4月6日。

二十二世：锦文出生于2002年1月3日。

二十世：兆翼，配刘氏，生二子二女：戚永红出生于1987年10月20日（在外打工），戚秋玲出生于1987年8月20日，子：培伟、培交。

二十一世：培伟出生于1985年12月18日。

二十一世；培交出生于1983年4月20日，配李氏，生一子：锦萍。

二十二世：锦萍出生于2012年12月19日。

十九世：有荣，配莫氏，生二子：兆良、兆琼。

二十世：兆良出生于1963年4月7日，务农。配罗氏，出生于1964年8月12日，务农。生二子二女：戚丽琪，出生于1991年5月15日　戚丽娜出生于1998年11月26日，子：培承、培裕。

二十一世：培承出生于1988年7月15日，在外打工，学历高中。

二十一世：培裕出生于1994年9月11日，在外工作，学历大专。

二十世：兆琼，出生于1967年2月15日，在遂溪县从事教育工作，毕业于湛江师范学院，学历本科。配黄氏，出生于1965年9月14日，在遂溪县从事教育工作，毕业于湛江教育学院，学历大专。生一子：培礼。

二十一世：培礼出生于 2001 年 7 月 25 日。

十九世：有华，配翟氏，生三子：兆森、兆琴、兆居。

二十世：兆森出生于 1959 年 5 月 12 日，务农。配袁氏，出生于 1961 年 3 月 12 日，生二子：培恒、培乔。

二十一世：培恒出生于 1988 年 1 月 2 日，在外打工。

二十一世：培乔出生于 1990 年 4 月 12 日，在外打工。

二十世：兆琴，配陈氏，生二子一女：戚敏婷 1998 年 3 月 25 日，子：培俊、培南。

二十一世：培俊出生于 1994 年 2 月 21 日，在外打工。

二十一世：培南出生于 1996 年 2 月 27 日。

二十世：兆居，配陈氏，生一女一子：期恩出生于 2001 年 5 月 24 日，子：培梓。

二十一世：培梓出生于 1999 年 12 月 6 日。

十八世：大章，妣张氏，生三子：有球、有瑞、有碧。

十九世：有球，配袁氏，生一子：兆祥。

二十世：兆祥出生于 1946 年 8 月 1 日，配吴氏，出生于 1948 年 7 月 20 日，生一子：培顺。

二十一世：培顺出生于 1973 年 2 月 21 日，配黄氏，生一女二子：小兰生于 2002 年 2 月 24 日，子：锦高、锦田。

二十二世：锦高出生于 1997 年 12 月 23 日。

二十二世：锦田出生于 1999 年 9 月 23 日。

十九世：有瑞，配陈氏，生五子：兆扶●、兆东、兆桐●、兆才、兆烬。

二十世：兆东，配黄氏，生三子：培长、培喜、培青。

二十一世：培长出生于 1971 年 9 月 30 日，配黄氏，出生于 1972 年 8 月 6 日，生一女二子：楚婷生 1999 年 8 月 25 日，在遂溪一中读书。子：锦玉、锦维。

二十二世：锦玉出生于 2000 年 6 月 15 日。

二十二世：锦维出生于 2003 年 11 月 28 日。

二十一世：培喜出生于 1974 年 9 月 7 日，在家务农。配简氏，出生于 1972 年 5 月 1 日。生一男二女：金悦出生于 2008 年 12 月 8 日，妙静出生于 2013 年 6 月 20 日，子：锦宗。

二十二世：锦宗出生于 2003 年 6 月 15 日。

二十一世：培青出生于 1980 年 12 月 15 日，广州打工，学历初中。

二十世：兆才出生于1959年5月25日，配黄氏，出生于1959年9月28日，生二子：培金、培银。

二十一世：培金出生1986年5月1日，广州打工，学历初中。

二十一世：培银出生于1990年2月27日，广州打工。

二十世：兆烬，配李氏，无子取子入继：培献。

二十一世：培献出生1993年7月15日，广州打工，学历初中，生一女：凤珍出生于1996年6月20日。

十九世：有碧，配何氏，生四子：兆新、兆春、兆立、兆彬。

二十世：兆新，配李氏，生二子：培东、培赵。

二十一世：培东出生1976年3月13日，配万氏，生二女二子：女：华秀出生于2003年12月11日，华欣出生于2006年10月6日。子：锦建、锦康。

二十二世：锦建出生于2002年4月15日。

二十二世：锦康出生于2009年9月28日。

二十一世：培赵出生于1978年9月13日，配陈氏，出生于1976年5月24日，生三女一子：女：小丽出生于2002年2月14日，马妹出生于2004年6月17日，小容出生于2009年1月18日，子：锦维。

二十二世：锦维出生于2007年2月14日。

二十世：兆春，配李氏，生二子：培周、培同。

二十一世：培周出生1979年12月19日，配何氏，出生于1983年2月7日，生一子：锦豪。

二十二世：锦豪出生于2009年5月16日。

二十一世：培同出生于1982年2月8日，在外打工，学历高中。

二十世：兆立出生于1955年9月11日，配苏氏，出生于1957年1月29日，生二子：培波、培宽。

二十一世：培波出生于1983年12月4日，湛江打工。

二十一世：培宽出生于1985年10月24日，广州打工。

二十世：兆彬出生于1960年10月4日，务农。配欧氏，出生于1968年7月21日，生二子一女：女：秀勤出生于1992年12月9日，子：培敏、培余。

二十一世：培敏出生于1994年7月23日，在外打工。

二十一世：培余出生于1996年5月21日。

世美公长支子达分支洪球公派下学荣房源流谱

十三世：洪球，妣张氏，生三子：学辉●、学荣、学乾（另续）。

十四世：学荣，妣庞氏，生五子：戚礼、戚义、戚和、戚顺、戚贞。

十五世：戚礼，妣杨氏，生二子：达宗、廷宗。

十六世：达宗，妣王氏，生一子：黑九（另续）。

十六世：廷宗，妣谢氏，生四子：定奇、定英、定贵、定雄。

十七世：定奇，妣陈氏，生二子：辅谦、辅财。

十八世：辅谦，配王氏（合葬生坡地），生五子：有锋、高三（不详）、大头云（不详）、生公七、有瑞●。

十九世：有锋，配陈福娇（合葬生坡地），生五子：贤新、贤发、贤明、贤福、捡弟（送那格塘人收养改姓欧）。

二十世：贤新，配李氏（合葬生坡地），生三子二女，女：秀家、燕家；子：富家、有家、海家。

二十一世：富家生于1936年6月23日，学历初中，务农。配陈氏，生于1951年9月22日，学历高中，合浦人，生一子一女。女：海琼生于1970年8月10日，学历高中，现居合浦。子：海锋。

二十二世：海锋生于1972年6月25日，学历大专，在外工作，配郭黎，生于1969年2月28日，学历大专，在外务工，生一女：苏丹生于1998年5月27日。

二十一世：有家生于1947年10月10日，学历高中，合浦邮电，退休，配马在秀，生于1955年8月14日。生一子：海艺。

二十二世：海艺生于1979年9月9日，配梁发华，生一女：诗雯生于2009年9月12日，现读小学。

二十一世：海家生于1955年10月16日，学历初中，务农，配梁万凤，生于1963年6月3日，学历初小，务农，生一女二子。大女：燕萍生于1980年12月20日，学历初中，嫁河北。二子：伟平、洪平。

二十二世：伟平生于1987年10月30日，学历初中，务农。

二十二世：洪平生于 1989 年 11 月 15 日，学历初中，在外打工。

二十世：贤发，配吴氏（合葬生坡地）生二子二女。大女：梅家生于 1947 年 6 月 2 日，嫁小码头村。次女：兰家生于 1950 年 8 月 9 日，嫁木头田头。子：棉家、元家。

二十一世：棉家生于 1945 年 10 月 10 日，学历初中，务农，配李庭英生于 1949 年 9 月 12 日，生三子二女。二女：生于 1968 年 11 月 2 日，嫁江底村。四女：生于 1973 年 5 月 10 日，嫁滨江小区。子：银兴、富兴、焕兴。

二十二世：银兴生于 1967 年 1 月 28 日，学历初中，务农，配邓绍学生于 1967 年 5 月 5 日，学历初中，生二子一女。女：世媚生于 1993 年 5 月；子：世友、世福。

二十三世：世友生于 1989 年 12 月 11 日，学历中专，在外务工。

二十三世：世福生于 1991 年 5 月 18 日，学历初中，务农，配符慧生于 1992 年 1 月 10 日，生一子：泽坤。

二十四世：泽坤生于 2016 年 3 月 2 日。

二十二世：富兴生于 1970 年 6 月 27 日，学历初中，务农，配郑小梅生于 1974 年 9 月 6 日北边塘人，学历初中，生一女：世敏生于 2001 年 12 月 5 日，现读小学。

二十二世：焕兴生于 1974 年 1 月 25 日，学历初中，务农，配何海英，生于 1973 年 12 月 12 日，学历初中，生一子一女：女世春生于 2003 年 11 月 24 日，现读小学；子：世权。

二十三世：世权生于 1998 年 7 月 23 日，学历初中，现读高中。

二十一世：元家生于 1953 年 7 月 10 日，学历初中，务农，配凌玉萍生于 1962 年 10 月 23 日南宁人，学历高中，生二子一女。女：凌燕生于 1986 年 6 月 10 日，学历初中，在外打工；子：凌兴、凌敏。

二十二世：凌兴生于 1982 年 11 月 17 日，学历初中，务农，配苏十娇生于 1981 年 6 月 20 日，学历初中，在外打工。

二十二世：凌敏生于 1989 年 11 月 14 日，学历初中，务农，配李海燕生于 1988 年 5 月 4 日学历初中，在外务工，生二子：世震、世宸。

二十三世：世震生于 2010 年 2 月 9 日，儿童。

二十三世：世宸生于 2012 年 10 月 1 日，儿童。

二十世：贤明配疗瑞凤淋池人生四子二女。长女：结家生于 1950 年 9 月 3 日，嫁本村。次女：梅家生于 1965 年 5 月 18 日，嫁远坡村。子：宝家、爱家、力家、纯家。

二十一世：宝家生于 1949 年 3 月 18 日，学历初中，务农，配邓梅生于 1954 年 9 月 8 日，生一子六女。长女：戚梅生于 1980 年 8 月 10 日，学历初中适青山头村。次女：戚二妹生于 1982 年 9 月 18 日，学历初小适三塘村。三女：戚三妹生于 1984 年 11 月 19 日，学历初中适彬定村。四女：旺兴 1985 年 10 月 30 日，学历初中适本村。五女：萍兴生于 1988 年 11 月 13 日，学历初中，在外打工。子：菜兴。

二十二世：菜兴生于 1992 年 8 月 25 日，学历高中，在外，配谢雪云生于 1991 年 6 月 21 日初中。生一女：戚昕怡生于 2015 年 4 月 18 日。

二十一世：爱家生于 1953 年 6 月 3 日，学历初中，务农，配莫如珍生于 1954 年 8 月 29 日，浦北人，生二子一女。长女：红兴生于 1980 年 10 月 5 日，学历初中，嫁坳树；子：军兴、颂兴。

二十二世：军兴生于 1983 年 6 月 12 日，学历中专，在外务工。颂兴生于 1985 年 4 月 15 日，学历初中，务农

二十一世：力家生于 1962 年 1 月 10 日，学历初中，务农，配邓芹生于 1966 年 9 月 27 日，本村人，生三子：辉兴、林兴、三兴。

二十二世：辉兴生于 1987 年 9 月 23 日，在外务农，配郑朵艳生于 1988 年 4 月 28 日，彬畔村人，生一子：世伟。

二十三世：世伟生于 2012 年 2 月 2 日，儿童。

二十二世：林兴生于 1990 年 5 月 21 日，学历初中，务农，配庞远梅生于 1996 年 5 月 20 日，深街口村人，生一子：世邦。

二十三世：世帮生于 2014 年 8 月 5 日，儿童。

二十二世：三兴生于 1993 年 1 月 5 日，初中，务农。

二十一世：纯家生于 1969 年 12 月 29 日，学历初中，务农，配龚瑞英生于 1973 年 2 月 20 日，坳村人，生一子一女。女：小燕生于 2001 年 10 月 10 日，现读小学。子：俱兴。

二十二世：俱兴生于 2005 年 9 月 18 日，现读小学。

二十世：贤福配黄文凤里头塘村人，生三子二女。长女：凤家生于 1963 年 9 月 15 日，

学历初中，嫁深街口村。次女：芹家生于1974年5月9日，学历初小，嫁江底村。子：新家、福家、疗家。

二十一世：新家生于1960年6月9日，学历初中，务农。配欧广芬生于1963年1月27日，学历初小，务农，生三子：礼兴、田兴、寿兴。

二十二世：礼兴生于1990年9月4日，现读大学。田兴生于1993年1月23日，学历初中。寿兴生于1995年2月8日，现读中专。

二十一世：福家生于1968年5月6日，学历小学，务农，配李耀春生于1968年5月6日，学历初中，务农生一子一女。女：海玲生于1994年10月20日，现读高中。子：敏兴。

二十二世：敏兴生于1996年11月8日，学历初中，务农。

二十一世：疗家生于1971年12月11日，学历初中，务农，配吴文霞生于1971年1月16日，学历初中，务农，生一子一女：女：诗苹生于2010年4月22日，现读小学；子：坤兴。

二十二世：坤兴生于2002年3月11日，现读小学。

十九世：生公七配陈氏（合葬生坡地）生一子：贤耀。

二十世：贤耀生于年世配欧氏生一子一女。女：秀梅生于1979年10月2日。子：秀明。

二十一世：秀明生于1980年5月1日，学历初中，务农，配赖春桃生于1984年12月13日，学历初中，务农，生三女。长女：海英生于2006年2月27日，现读小学。次女：泉淦生于2009年4月11日，儿童。三女：海玲生于2012年3月26日，儿童。

十八世：辅财卒后葬塘坡仔，生二子：有农、送彬塘吴家人养改姓吴。

十九世：有农配梁氏南康人卒后葬坡仔，生二子一女。女：贤英适塘底村。子：贤富、贤茂（另续）。

二十世：贤富生于1921年6月3日，葬坡仔配欧玉珍生于1926年3月12日，邓屋村人，生二子二女。女：秀英、玉家。子：全家、荣家（另续）。

二十一世：全家生于1955年6月12日，学历初中，务农配邓元生于1956年6月4日本村人，学历初中，务农，生二子三女。长女：万兴生于1978年。三女：叶兴生于1983年。四女：单兴生于1985年12月24日。子：轮兴、海兴。

二十二世：轮兴生于1988年9月19日，学历初中，外出务工。

二十二世：海兴生于1980年7月16日，学历初中，务农，配陈氏（离异）生一女。女：玉娟生于2008年9月19日，儿童。配姚立清生于1985年9月7日，生油行人。生一子：世君。

二十三世：世君生于2014年10月25日，儿童。

二十一世：荣家生于1962年12月16日，学历初中，务农，配陈玉芳生于1964年3月21日，学历初中，务农，生一子二女。长女：环兴生于1991年12月15日，学历初中，外出务工。次女：梅兴生1993年3月6日，现读大专。子：杰兴。

二十二世：杰兴生于1995年11月3日。

二十世：贤茂生于1924年5月10日，卒后葬坡仔，配陈祖英生于1930年10月20日，斑鸠冲人生一子二女。次女：连家生于1968年8月12日，学历初小，嫁彬塘村。小女：还家生于1972年9月18日，学历初中，嫁本村。子：洋家。

二十一世：洋家生于1963年7月7日，学历初中，务农，配冯耀英生于1966年10月20日，本村人，学历初小，生三子三女。长女：海萍生于1986年7月10日，学历大专，外出务工。次女：海静生于1987年12月16日，学历初中，嫁融水稽村。小女：海安生于1988年12月16日，学历中专，嫁西场黄镜村。子：毅兴、龙兴、洪兴。

二十二世：毅兴生于1991年11月15日，学历大专，外出务工。

二十二世：龙兴生于1992年2月17日，现读大专。

二十二世：洪兴生于1995年1月17日，现读高中。

十七世：定英栩李氏生三子：辅清、辅贞●、辅权（另续）。

十八世：辅清配全氏生一子：有诠。

十九世：有诠配林氏生三子：贤昇、贤翰（另续）、天佑●。

二十世：贤昇生于1891年配钟、岑、廖三氏（1902年）生四女：蘭家、熟家、结家、廉家，生六子：柱家、耀家●、崇家（另续）、冠家（另续）、明家（另续）、其家（另续）。

二十一世：柱家生于1913年配何氏生二女二子。女：伟裕、李健。子：继兴、寿兴。

二十二世：继兴生于1946年5月配冯惠芳生于1949年3月，生一子一女。女：敏琪生于1969年8月。子：世文。

二十三世：世文生于 1976 年 11 月，生一子：君洋生于 2004 年 7 月。

二十二世；寿兴生于 1948 年 7 月 5 日配林玉莲生于 1950 年 11 月 6 日，生二子：世中、世遂。

二十三世：世中生于 1971 年 1 月 6 日配，生于年月日，生一子：泽检。

二十四世：泽检生于 1996 年 9 月 22 日。

二十三世：世遂生于 1979 年 12 月 17 日配陈美香生于 1984 年 2 月 15 日。

二十一世；崇家生于 1927 年 11 月 27 日，学历高中，退休配谢宗梅生于 1932 年 12 月 23 日，谢家村人，生三子四女。长女：惠兴生于 1954 年 8 月 19 日，适彬塘村。二女：华兴生于 1956 年 10 月 27 日，适本村。三女：玉兴生于 1963 年 6 月 4 日，适南蛇塘村。四女：环兴生于 1966 年 3 月 11 日，适南康。子：和兴、永兴、远兴。

二十二世：和兴生于 1959 年 11 月 6 日，学历初中，务农，配谢国英生于 1961 年 11 月 16 日，彬塘村人，生三女一子。长女：世萍生于 1984 年 6 月 14 日，学历大学，在外务工。二女：世叶生于 1988 年 2 月 24 日，学历大学，适塘仔村。三女：世芹生于 1990 年 2 月 24 日，学历大学。子：世安。

二十三世：世安生于 1986 年 1 月 5 日，学历中专，务农，配陈家丽生于 1989 年 5 月 10 日，学历中专，小码头村人。生一女：泽妍。泽妍生于 2014 年 3 月 21 日，（农历）出生。

二十二世：永兴生于 1968 年 11 月 29 日，学历初中，务农配梁、芬生于 1967 年 2 月 21 日，梧州人，生一子一女。女：世莹生于 1991 年 9 月 6 日，初中。子：世泽。

二十三世：世泽生于 1991 年配陈梦蕾生于 1991 年 7 月 29 日，南河人。生一子：泽盛。

二十四世：泽盛生于 2015 年 2 月 3 日，儿童。

二十二世：远兴生于 1972 年 6 月 3 日，学历中专，务农，配谢丽芳生于 1972 年 5 月 24 日，学历中专，东村人，生一子一女。女：世琪生于 2006 年 2 月 7 日，读小学。子：世伟。

二十三世：世伟生于 1997 年 2 月 15 日，读高中。

二十一世：冠家生 1937 年 10 月 11 日，学历小学，务农，配何龙莲生于 1947 年 11 月 10 日，蛹蛇塘村人，生二子二女。三女：少兴生于 1971 年 6 月 6 日，

嫁青山头村。次女：贺兴生于1977年4月14日，嫁屋背山村。子：爱兴、有兴。

二十二世：爱兴生于1968年8月22日，学历小学，在外务工，配梁美英生于1968年7月3日，梧州人，生一女。婉怡生于1998年5月25日，读中专。

二十二世：有兴生于1975年5月5日，学历大学，在外工作，配刘英姿生于1976年10月29日，灵山人，学历大学，生一女。女：蕊姿生于2000年2月20日，读初中。

二十一世：明家生于1939年，现居香港，配，生于年月日，生一子一女。女：遂兴生于1970年7月18日。子：健兴。

二十二世：健兴生于1973年10月18日。

二十一世：其家生于1943年10月，学历小学，务农，配朱佰常生于1956年3月15日，湖北人，生一子一女。女：蝶丽生于1985年10月29日，嫁广东廉江。子：培兴。

二十二世：培兴生于1981年8月22日，学历初中，务农，配吴小萍生于1983年12月12日，西头山村人，生一女。女：蔓虹生于2013年6月17日，儿童。

二十世：贤翰生于1893年配郑氏生于1892年，生一子三女。陈氏生于1912年。女：美家生于1926年；凤家生于1935年。子：炎家。

二十一世：炎家生于1916年9月配苏月英生于1920年10月4日，生六女二子。长女：连兴生于1936年12月16日。二女：贵兴生于1941年1月23日。三女：结兴生于1944年12月26日。四女：业兴生于1947年6月2日。五女：兰兴生于1949年9月10日。六女：十妹生于1963年4月4日。子：建兴、汉兴。

二十二世：建兴生于1951年8月23日，配周宗佩生于1959年5月2日，生一子一女。女：世凤生于1986年8月24日。子：世龙。

二十三世：世龙生于1988年10月15日。

二十二世：汉兴生于1955年3月27日，配冯耀卫生于1960年11月，生二子三女。长女：世玲生于1981年5月21日。二女：世华生于1983年7月3日。四女：世春生于1988年11月1日。子：世旭、世尚。

二十三世：世旭生1986年9月18日，配朱振娇生于1986年10月11日，生一女。

女：泽妤生于 2012 年 7 月 8 日。

二十三世：世尚生于 1990 年 9 月 19 日，学历大学。

十八世：辅权配王氏生二子：有乃（另续）、有祚。

十九世：有祚配叶氏生二子：贤彰、贤朝（另续）。

二十世：贤彰配罗氏生二子一女。女：连家。子：盛家、枃家（另续）。

二十一世：盛家生于 1924 年配林家珍生于 1927 年生三女一子。长女：秀兴生于 1949 年 3 月 13 日。二女：廉兴生于 1952 年 10 月 10 日。三女：凤兴生于 1955 年 8 月 8 日。子：伟兴。

二十二世：伟兴生于 1958 年 9 月 25 日，配邓小英生于 1960 年 8 月 5 日，生二女二子。长女：世珍生于 1983 年 8 月 15 日。三女：世梅生于 1988 年 3 月 7 日。子：世强、世勇。

二十三世：世强生于 1985 年 9 月 25 日，配庞一岚生于 1987 年 6 月 4 日，生一子：泽斌。

二十四世：泽斌生于 2013 年 7 月 18 日。

二十三世：世勇生于 1991 年 1 月 8 日。

二十一世：枃家生于 1928 年 9 月 20 日，配梁启英生于 1930 年 6 月 15 日，生三子一女。六女：兰兴生于 1968 年 7 月 10 日。子：福兴生于 1961 年 4 月 14 日（止）、李兴、荣兴。

二十二世：李兴生于 1950 年 12 月 5 日配冯耀兰生于 1954 年 7 月 26 日，生一女一子。长女：世惠生于 1980 年 11 月 10 日。子：世超。

二十三世：世超生于 1983 年 4 月 21 日，配诸飞波生于 1985 年 4 月 6 日，生一子：泽宇。

二十四世：泽宇生于 2012 年 6 月 29 日。

二十二世：荣兴生于 1963 年 7 月 23 日，配劳启杨生于 1962 年 3 月 12 日，生一子二女。二女：世芬生于 1992 年 8 月 2 日。三女：世佳生于 1994 年 10 月 7 日。子：世彪。

二十三世：世彪生于 1990 年 4 月 10 日。

二十世：贤朝配杜氏生二子：振家、志家●。配叶氏生四子：庆家（另续）、绍家（另续）、品家（另续）、河家●。

二十一世：振家生于1918年5月17日，配叶国连生于1920年6月17日，生四女三子。长女：美兴生于1940年10月12日。二女：梅兴生于1945年7月15日。三女：丽兴生于1955年9月20日。四女：燕兴生于1958年8月10日。子：绍兴、卫兴、纯兴。

二十二世：绍兴生于1948年8月9日，配冯耀廉生于1953年9月8日，生三女二子。长女：世英生于1971年5月22日。二女：世连生于1974年7月1日。三女：世娟生于1978年4月27日。子：世雄、世海。

二十三世：世雄生于1980年5月23日。

二十三世：世海生于1982年7月14日，配邓雪芹生于1986年8月8日，生二子：泽文、泽然。

二十四世：泽文生于2006年10月19日；泽然生于2012年2月4日。

二十二世：卫兴生于1952年5月28日配杨幼生于1962年10月11日，生二女一子。长女：世娇生于1984年10月19日。二女：世林生于1986年5月11日。子：世深。

二十三世：世深生于1988年10月11日。

二十二世：纯兴生于1963年4月23日，配黄振梅生于1963年7月19日，生一女一子。二女：世萍生于1991年4月25日。子：世宙。

二十三世：世宙生于1988年3月5日。

二十一世：庆家生于1935年11月8日配疗文伟生于1941年9月3日，生四女一子。长女：云兴生于1941年9月3日。生四女一子。长女：云兴生于1962年12月7日。二女：能兴生于1965年11月10日。三女：干兴生于1969年8月8日。四女：利兴生于1973年9月8日。子：赛兴。

二十二世：赛兴生于1975年11月20日，配冯国芳生于1976年8月24日，生一子一女。二女：世茵生于2006年10月15日。子：世鑫。

二十三世：世鑫生于2001年8月24日。

二十一世：绍家生于1941年10月8日，配韦嫦生于1955年11月10日，生三子。子：建华、建辉、建明。

二十二世：建华生于1986年9月12日；建辉生于1989年7月18日；建明生于1992年6月13日。

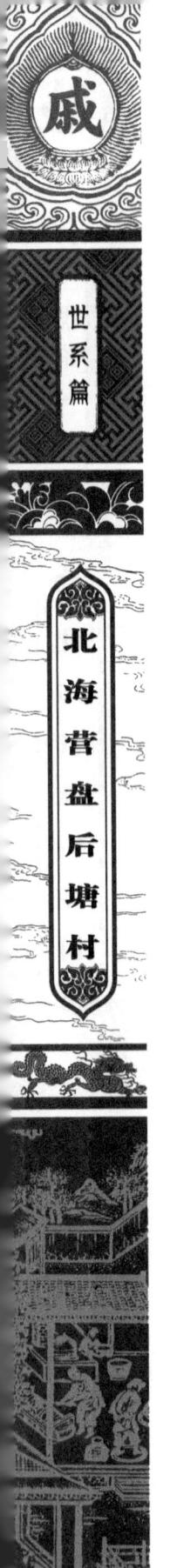

十九世：有乃配谢氏生一子：贤济。

二十世：贤济配梁氏生三女。长女：瑞家生于 1930 年 3 月 7 日。二女：纯家生于 1932 年 9 月 21 日。三女：才家生于 1935 年 6 月 10 日。

十七世：定贵生一子：辅江。

十八世：辅江生一子：有钦。

十九世：有钦配王有兰生四子：贤贵、贤辉（另续）、贤达（另续）、贤宽（另续）。

二十世：贤贵生于 1920 年，学历小学，配林德英生于 1920 年老吟垌人，生二子五女。长女：连家，适合浦。四女：海娟，适北海。五女：荷家，适本村。六女：玲家，适北海。八女：海梅，适本村。子：信家、海辉。

二十一世：信家生于 1944 年 6 月，学历大学，现居深圳，配王淑坤生于 1950 年 8 月，钦州人，生二女。长女：戚兵生于 1973 年 9 月，嫁深圳。次女：戚敏生于 1976 年 5 月，嫁深圳。

二十一世：海辉生于 1956 年 10 月 20 日，学历高中，务农，配周君新生于 1959 年 2 月 28 日，青山头村人，生三女一子。长女：敏兴生于 1983 年 3 月 12 日，嫁柳州。次女：程兴生于 1985 年 5 月 18 日，嫁合浦。四女：小兴生于 1990 年 5 月 19 日，学历大学，在外务工。子：业兴。

二十二世：业兴生于 1987 年 12 月 9 日，学历大学，在外务工。

二十世：贤辉生于 1923 年，学历小学，配叶在美生于 1926 年玉塘村人，生二子二女。三女：海莲生于 1955 年 8 月，嫁南蛇塘村。养女：海霞生于 1973 年 5 月，嫁本村。子：少家、能家。

二十一世：少家生于 1951 年 6 月 8 日，学历小学，务农，配黄顺聪，生于 1951 年 3 月 7 日。子：发兴、明兴、毅兴。

二十二世：发兴生于 1978 年 4 月 15 日，学历初中，务农，配周海娟生于 1982 年 4 月 30 日，青山头村人，生一子一女。女：园园生于 2010 年 9 月 18 日，儿童。子：世一。

二十三世：世一生于 2005 年 6 月 30 日，现读小学。

二十二世：明兴生于 1979 年 10 月 25 日，学历高中，在外务工，配陆小云生于 1986 年 6 月 23 日，宾阳人，生一子：世程。

二十三世：世程生于 2001 年 12 月 5 日，儿童。

二十二世：毅兴生于1984年8月10日，学历初中，务农，配刘芳生于1986年12月12日，周屋塘人，生一子：世斌。

二十三世：世斌生于2010年11月24日，儿童。

二十一世：能家生于1962年8月9日，学历小学，务农，配邓绍田生于1963年8月23日本村人，生一子二女。长女：冬兴生于1986年9月5日，学历大学，在外工作。三女：秋兴生于1992年4月6日，现读大学。子：瑞兴。

二十二世：瑞兴生于1988年8月28日，学历中专，在外工作。配薛妙君生于1990年2月2日，学历高中，广东省海丰县。

二十世：贤达生于1927年，学历初中，配刘影芳生于1938年，钦州人，生一子三女。次女：海英生于1959年6月8日，嫁合浦。三女：海燕生于1962年8月11日，嫁合浦。四女：海冰生于1974年4月3日，嫁合浦。子：海青。

二十一世：海青生于1957年8月9日，学历大专，现居合浦，配苏丽熙生于1960年3月7日，北海人，生一子：戚毅。

二十二世：戚毅生于1987年1月3日，学历大学，在外工作。

二十世：贤宽生于1937年，高中，配谢玉英生于1941年8月，生一子一女。女：海晖生于1979年；子：海君。

二十一世：海君生于1975年。

十七世：定雄生二子：辅合、辅耀（另续）。

十八世：辅合生五子：有区、有林（另续）、有祥（另续）、有英、有顶。

十九世：有区生五子：贤良、贤深（另续）、贤武（另续）、贤均（另续）、五子●。

二十世：贤良生五子：和家●、荣家●、喜家、乐家、业家。

二十一世：喜家生于1933年配林昌寿生于1939年，生三子三女。子：宝兴、全兴、满兴。

二十二世：宝兴生于1960年，配陈艳芳生于1962年，本村人，生三女一子。长女：世春生于1989年，适黄稍。二女：小翠生于1991年。三女：世宝生于1989年。子：世满。

二十三世：世满生于1993年。

二十二世：全兴生于1966年，配邓燕生于1966年，本村人，生一子二女。长女：世芳，生于1988年。二女：世娟，生于1990年。子：世成。

二十三世：世成生于 1993 年。

二十二世：满兴生于 1971 年，配周怀彩生于 1972 年青山头人，生一子一女。长女：世艳生于 1999 年。子：世鹏。

二十三世：世鹏生于 2002 年。

二十一世：业家生于 1937 年，配谢作凤生二子：家兴、志兴。

二十二世：家兴生于 1965 年，现居北海市华桥镇，配许远莲生于 1966 年，北海人，生一子一女。女：世梅，生于 1991 年。子：世权。

二十三世：世权生于 1989 年。

二十二世：志兴生于 1971 年，现在北海市华侨镇，配刘永娟生于 1973 年，生一子一女。女：彩银，生于 2008 年。子：世鑫。

二十三世：世鑫生于 1996 年。

二十世：贤深配邓氏，玉塘人，生二子一女。长女：嫁川江。子：裕家、满家●。

二十一世：裕家生于 1928 年，配欧作英生于 1935 年，红花根人，生五女一子。子：贵兴。

二十二世：贵兴生于 1963 年，配刘敬惠生于 1966 年，深街口人，生二子一女。女：世媚，生于 1990 年。子：世明、世辉。

二十三世：世明生于 1987 年；世辉，生于 1992 年。

二十世：贤武生一子：卫家。

二十一世：卫家配苏氏生四女二子。子：强兴、盛兴。

二十二世：强兴生于 1971 年，现居钦州，配谢子环生于 1970 年，青山头人，生二女一子。长女：戚会，生于 1995 年。二女：戚玲生于 1996 年。子：世豪。

二十三世：世豪生于 1999 年。

二十二世：盛兴生于现居钦州，配龙氏生一子。子：宇龙。

二十三世：宇龙。

二十世：贤均配郑月梅，生四子：平家、德家、寿家、永家。

二十一世：平家生于 1948 年，配占昌瑞生于 1952 年，生二子四女。子：锋兴、青兴。

二十二世：锋兴生于 1970 年，配谢云生于 1984 年，黄稍人，生二子：世东、世星。

二十三世：世东，生于 2008 年。世星，生于 2012 年。

二十二世：青兴生于 1986 年，配兆美英生于 1987 年，防城人，生一女：嘉琳，生于 2013 年。

二十一世：德家，生于 1951 年，配冯耀坤，生于 1956 年，本村人，生二子一女。二女：燕兴生于 1984 年。嫁彬定村。子：忠兴、元兴。

二十二世：忠兴，生于 1986 年。

二十二世：元兴生于 1982 年，配邓绍娟生于 1992 年，生一子一女。长女：海凤，生于 2009 年。子：世全。

二十三世：世全生于 2011 年。

二十一世：寿家生于 1958 年，配欧春凤生于 1961 年，生四女一子。长女：小英，生于 1981 年。二女：小勤，生 1984 年。三女：小莲，生于 1985 年。四女：小兰，生于 1989 年。子：小雄。

二十二世：小雄，生于 1991 年。

二十一世：永家生于 1962 年，配欧凤芹生于 1958 年，生二女一子。长女：凤兴，生于 1989 年。三女：梅兴，生于 1994 年。子：权兴。

二十二世：权兴生于 1992 年，务工。

十九世：有林配杜秀新，生五子：贤标、贤敬（另续）、贤胜（另续）、四子●、五子●。

二十世：贤标生于 1911 年，配詹家英生于 1916 年，生四子二女。女：伟家，生于丙戌年；贵家，生于 1936 年 8 月 21 日。子：权家、文家、洪家、桓家。

二十一世：权家生于 1938 年 10 月 6 日，配赖素群生于 1939 年 5 月 29 日，湛江人，生二女一子。长女：继兰，生于 1973 年 12 月 25 日。二女：戚雅，生于 1973 年 10 月 19 日。子：铁铮。

二十二世：铁铮生于 1976 年 2 月 4 日，现居广东湛江，配莫晓湛生于 1980 年 9 月 11 日。生一女：巧仪，生于 2008 年。

二十一世：文家生于 1940 年 9 月 14 日，现居合浦，配罗英烈生于 1945 年 8 月 15 日。生一子一女。长女：海静，生于 1974 年 1 月 6 日，嫁合浦。子：海明。

二十二世：海明生于 1978 年 1 月 9 日是，配顾春芳生于 1978 年 9 月 22 日，生二女。大女：怡婷生于 2004 年 11 月 14 日是，二女：怡晴生于 2013 年 4 月 24 日。

二十一世：洪家生于 1943 年，配冯耀余生于 1953 年，本村人，生三子：文兴、武兴、国兴。

二十二世：文兴生于 1974 年，配廖爱银生于 1977 年，横县人，生一子：世臻。

二十三世：世臻生于 2006 年。

二十二世：武兴生于 1977 年，配符发霞生于 1976 年，南康人，生二女一子。大女：世婷生于 2003 年，二女：美玲生于 2005 年。子：世琨。

二十三世：世琨生于 2009 年。

二十二世：国兴生于 1981 年，配吴珍生于 1985 年，宾阳人，生一女。女：慧欣生于 2012 年。

二十一世：桓家生于 1950 年，配李杞胜生于 1950 年，缸瓦窑人，生二子一女。女：兆兴生于 1985 年。子：镇兴、裕兴。

二十二世：镇兴生于 1984 年，配刘绍洁生于 1985 年，老鸦龙村人，生一子：世贤。

二十三世：世贤生于 2016 年 5 月。

二十二世：裕兴生于 1989 年。

二十世：贤敬生于 1915 年 2 月 2 日，配黄道莲生于 1921 年，北冲人，生三子二女。六女：瑞家，生于嫁本村。子：兴家、旺家、就家。

二十一世：兴家生于 1940 年，现居钦州，配邓永英生于本村人，生三女。长女：彩峰嫁钦州。二女：艳燕，生于 1975 年，嫁钦州。三女：诗婷。

二十一世：旺家生于 1946 年 3 月 18 日，配陈祖强生于 1951 年 8 月 13 日，班鸠冲人，生一子一女。女：芹兴生于 1977 年 10 月 2 日，嫁坳村。子：南兴。

二十二世：南兴生于 1975 年 11 月 28 日，配陈远芳生于 1980 年 4 月 1 日，深街口人，生一子一女。长女：诗琴生于 2003 年 8 月 9 日。子：世博。

二十三世：世博生于 2010 年 11 月 11 日。

二十一世：就家生于 1951 年，配陈廉芳生于 1054 年，本村人，生三女。长女：春兴，生于 1980 年，嫁合浦。二女：小夏，生于 1981 年，嫁钦州。三女：亚波，生于 1987 年。

二十世：贤胜，配陈积英，生一子：兆家。

二十一世：兆家生于 1964 年 1 月 8 日，配谢坤梅生于 1973 年，生一子一女。长女：花兴，生于 2002 年。子：鹏兴。

二十二世：鹏兴生于 2007 年。

十八世：辅耀生四子：有培、有业、有均●、有就●。

十九世：有培配周代英生于 1927 年，生三子：贤财、贤兴、贤芳。

二十世：贤才生于 1952 年，配冯耀贤生于 1957 年，本村人，生三子一女。子：建家、东家、发家。

二十一世：建家生于 1982 年。

二十一世：东家生于 1988 年。

二十一世：发家生于 1989 年，配黄氏，生一子：宇兴。

二十二世：宇兴生于 2010 年。

二十世：贤兴生于 1969 年，配曹莲林生于 1974 年，生一子一女。长女：燕家生于 1994 年。子：伟家。

二十一世：伟家，生于 1995 年。

二十世：贤芳配谢氏生一子：志强。

二十一世：志强生于 1991 年，配庞家美生于 1987 年 11 月 12 日。生二女。长女：皓月，生于 2011 年 12 月 11 日。二女：慧菊生于 2013 年 10 月 18 日。

世美公长支子达公分支洪明公派下学才房源流谱

十三世：洪明妣吴氏生三子：学才、学昌●、学光（另续）。

十四世：学才迁居青山头居住生六子：贤、儒（另续）、忠、彦（另续）、志（另续）、那猛（另续）。

十五世：贤妣梁氏生一子：文宗。

十六世：文宗妣林氏生一子：定瑚。

十七世：定湖妣周氏生一子：辅昌。

十八世：辅昌妣氏生一子：有进。

十九世：有进妣杨朱二氏生三子：贤芬、贤积、贤初（未详）。

二十世：贤芬妣叶氏生一女二子，女：六妹，子：琼家、英家。

二十一世：琼家配叶氏生三子四女，子：启辉、启成、启信。

二十二世：启辉生于1948年11月25日，配何盛芬生于1956年9月10日，生三子二女，大女：世英生于1985年12月7日，二女：世凤生于1996年6月10日，子：世富●、世贵、世荣（另续）。

二十三世：世贵生于1987年12月29日，配孙珍梅生于1988年10月6日，生一子：致远。

二十四世：致远生于2011年8月7日。

二十二世：启成生于1951年8月26日，配阮氏生一子一女，女：世玉生于1998年1月1日，子：世明。

二十三世：世明生于1995年12月7日。

二十二世：启信生于1963年10月14日，学历初中，配吴洪英生于1967年9月10日，生一子二女，大女：世美生于1988年10月4日，二女：世萍生于1990年7月22日，生一子：世海。

二十三世：世海生于1993年3月21日。

二十一世：英家配氏生二子三女，大女：启莲，子：启财、启富。

二十二世：启财生于1959年4月11日，学历初中，配周君玲，生于1962年3月

2日，生一子四女，大女：世清生于1985年3月6日，二女：世春生于1987年10月1日，三女：世娜生于1989年8月18日，四女：世婷生于1992年12月16日，子：世鹏。

二十三世：世鹏生于1994年7月5日。

二十二世：启富生于1966年5月5日，学历初中，配梁启凤生于1967年6月19日，生一子二女，大女：世云生于1989年1月5日，二女：世霞生于1994年1月10日，子：世文。

二十三世：世文生于1991年2月28日。

二十世：贤积配李氏生一子三女：女：秀家、有家、济家，子：李家。

二十一世：李家生于1956年8月11日，配黄彩英生于1963年12月20日，生二子一女，女：联霞生于1986年1月6日，子：联职、联炯。

二十二世：联职生于1983年10月18日，学历高中，配李秋梅生于1984年4月11日，生一女：奇玲生于2013年6月14日。

二十二世：联炯生于1988年9月1日。

十七世：定邦妣石、黄二氏生二子：辅正●、辅龙。

十八世：辅龙妣陈氏生二子：有颜、有源。

十九世：有颜妣温氏生二子：贤忠、贤政。

二十世：贤忠生于1947年6月1日，配陈东月生于1954年1月18日，生二子二女，大女：燕家生于1976年3月6日，二女：凤家生于1980年8月27日，子：明家、财家。

二十一世：明家生于1973年2月21日，配陈丽英生于1970年1月10日，职务为教师，生一子：桓兴。

二十二世：桓兴生于1999年1月13日。

二十一世：财家生于1984年2月3日，职务为导游，配陈海燕生于1985年12月9日。

二十世：贤政配罗国梅生于1954年10月28日，生一子二女，大女：慧家生于1983年12月23日，二女：环家生于1985年10月29日，子：齐家。

二十一世：齐家生于1987年8月3日，学历初中，配林兆玲生于1989年8月2日，生一女：雅兴生于2012年12月26日。

十九世：有源配氏生二子：贤信、贤政（全家迁居台湾）。

十五世：忠妣氏生四子：明宗（另续）、会宗●、昌宗（另续）、兴宗。

十六世：兴宗妣氏生三子：定刚（另续）、定世（另续）、定秀。

十七世：定秀配陈氏生七子一女，女：辅连，子：辅明（另续）、辅琨●、辅壁、辅璇、辅机、辅球、辅潘。

十八世：辅壁配苏氏生四子二女，长女：南庚，二女：送养，子：有才●、有嵩●、有本、有恒。

十九世：有本配陈朝连生三子三女，女：贤凤、贤连、贤秀；子：贤德、贤栋、贤旺。

二十世：贤德生于1958年6月18日，配周海英生于1962年，生二子一女，女；笑妹生于1991年8月13日，子：游家、活家。

二十一世：游家生于1948年1月15日，配谢子香生于1948年11月25日，生一子：嘉兴。

二十二世：嘉兴生于2009年10月11日，在校就读。

二十一世：活家生于1987年3月23日配宋慧萍生于1988年12月8日，生一女：芯瑜生于2013年8月6日；子：宝兴。

二十二世：宝兴生于2009年10月11日，读书。

二十世：贤栋生于1964年10月1日配叶珍生于1969年4月12日，生三女：大女小燕生于1999年11月初二，二女小丽生于2004年6月10日，三女婷婷生于2006年5月29日。

二十世：贤旺生于1968年10月8日，配谢子蓝生于1972年9月8日，生二子一女，子：朋家、立家，女：晴晴生于2003年9月8日。

二十一世：朋家生于1994年8月27日，次子：立家生于1997年4月10日。

十九世：有恒配苏氏生二子：文东、文海（全家居住海南）。

二十世：文东配杜氏生一子：源。

二十世：文海配陈氏一子：吴常。

十八世：辅璇配庞氏生二子二女：大女有容，二女有芬；子：有楷、有模●。

十九世：有楷配全氏生二子一女，女：贤清，子：贤信、贤佣。

二十世：贤信生于1949年10月18日，学历小学，配周君连生于1958年7月12日，生二子二女，大女美家生于1981年10月13日，二女：远家生于1983年11月14日，子：武家、银家。

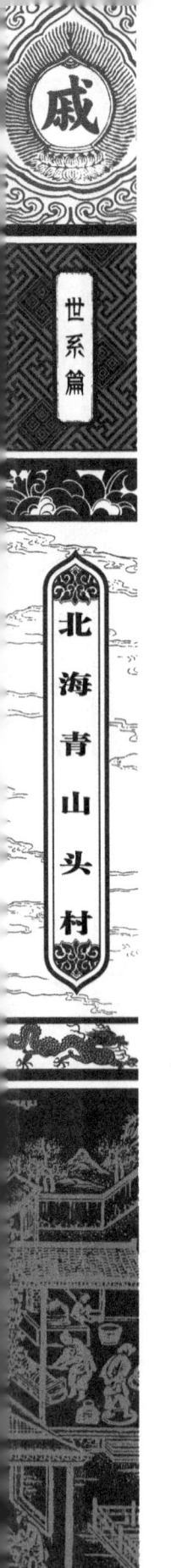

二十一世：武家生于1979年6月9日，配梁忠连生一子一女，女：雪儿生于2013年12月2日，子：永兴。

二十二世：永兴生于2006年4月20日。

二十世：贤佣生于1955年，学历初中，配招正兰生于1958年10月10日，学历初中，生二子二女，大女：珍珍生于1984年5月10日，二女：燕燕生于1987年1月26日；子：祁家、斌家。

二十一世：祁家生于1989年正月5日，学历大学；次子：斌家生于1991年7月29日，学历大学。

十八世：辅机配陈氏生一子：有表。

十九世：有表配钟氏生四子一女：女贤玉，子：贤有、贤荣、贤金、贤光（未详）。

二十世：贤有生于1967年11月5日配陈晶枚，生于1972年11月1日，生一子一女，女：雯家生于1997年6月24日，子：龙家。

二十一世：龙家生于2000年11月5日，未详。

二十世：贤荣生于1954年10月18日，配邓美先生于1961年4月3日，生一子三女，大女：燕家生于1984年正月28日，二女：苹家生于1986年6月28日，三女：红家生于1988年6月15日，子：玉家。

二十一世：玉家生于1992年9月19日，未详。

二十世：贤金生于1951年9月22日，配刘元珍生于1960年2月10日，生一子一女，大女：美家生于1987年10月12日，二女：美玲生于1993年12月26日，子：普家。

二十一世：普家生于1986年2月11日。

十八世：辅球配张氏生六子一女，子：有发、有治、有权、有卓、有森（未详）、有情。

十九世：有发配王氏生一子一女，女：贤芳，子：贤章。

二十世：贤章配蔡福连生二子三女，大女：平家生于1976年4月8日；二女：丽家生于1981年12月27日；三女：兆家生于1984年11月11日；子：艺家、伟家（未详）。

二十一世：艺家生于1979年3月5日，学历初中，配陈丽丽生于1981年7月14日，生一子一女，女：戚瑜生于2004年6月21日；子：桓兴。

二十二世：桓兴生于2013年6月7日。

十九世：有权配庞家英生三子：贤聪、贤嵩、贤志。

二十世：贤聪生于1952年8月9日，配梁先红生于1958年4月，生一子二女，大女：小珍生于1980年8月，二女：小清生于1982年7月；子：桂家。

二十一世：桂家生于1985年11月（现居北海）。

二十世：贤嵩生于1955年11月9日，配张正娟生于1956年11月10日，生二子一女，女：碧贞生于1985年3月4日，子：梁家、堂家。

二十一世：梁家生于1981年9月20日，配曹焱生于1983年7月17日，（居住新西兰）；次子：堂家生于1983年7月22日，配龚燕生于1985年10月21日，居住钦州。

二十世：贤志生于1968年6月27日，学历高中，配梁元叶生于1974年9月10日，生二子一女，女：雅玲生于2014年1月6日，子：建家、荣家。

二十一世：建家生于2000年月27日；荣家生于2004年8月31日。

十九世：有治妣庞氏生四子：贤琪、贤伟、贤海、贤华。

二十世：贤琪生于1947年4月5日，配朱慧生于1958年11月3日，生一子三女，大女：海霞生于1993年9月28日，二女海燕生于1995年2月20日；子：蔡家。

二十世：贤伟生于1949年配林氏生一子：陈锦。

二十世：贤海生1957年7月8日，学历初中，配黄凤文，生于1961年11月24日，生一子三女，大女：海媚生于1983年3月22日，二女：海添生于1987年3月18日，三女：海婷生于1988年2月14日；子：海尚。

二十一世：海尚生于1989年6月2日。

二十世：贤华生于1961年5月8日，配叶国英生于1963年3月6日，生一子三女，大女：海凤生于1991年8月10日，二女：海萍生于1994年3月8日，三女：海娇生于1996年11月3日；子：海明。

十九世：有卓生于1931年配梁才珍生一子一女，女：春莉，子：海文。

二十世：海文生于1966年3月1日，学历高中，配黄睿生于1965年2月26日，学历高中任教，生一子：子家，居住湛江。

十九世：有情生于1939年，学历高中，配王氏生一子一女，女：贤珍生于1990年1月15日，子：贤发。

二十世：贤发配李葡生于1988年8月8日，生一女：梦怡生于2011年10月23日。

十八世：辅潘配谢振、郑成满二氏生一子一女，女：有莲生于1927年3月7日，子：有浩。

十九世：有浩配何承凤生一子二女，子：贤波。

二十世：贤波配黎云，生一子一女。

世美公长支子达公分支洪明公派下学才房源流谱

十三世：洪明妣吴氏生三子：学才、学昌●、学光（另续）。

十四世：学才妣石氏生六子：戚贤（另续）、戚儒（另续）、戚忠（另续）、戚彦（另续）、戚志、戚猛（另续）。

十五世：戚志妣吴氏生二子：球忠、琼忠●。

十六世：球忠妣莫氏生五子：定英、定才●、定志（另续）、定辉●、五弟●。

十七世：定英妣邓氏生二子：辅贤、辅德●。

十八世：辅贤妣蔡氏生四子：有春、有发、有兴、有祥。

十九世：有春妣石氏生三子：贤志、贤业、贤芳。

二十世：贤志妣油氏生四子：瑞家、明家、炎家、信家。

二十一世：瑞家配廖氏生四子一女。长女：秀兴，适山油行村。子：进兴、信兴、能兴、满兴。

二十二世：进兴配钟氏生二子一女。女：泽燕。子：泽文、泽武。

二十三世：泽文、泽武均在校就读。

二十二世：信兴与周氏生一女。戚丽。

二十二世：能兴配罗氏生一子一女。女：泽玲在校就读。子：泽明。

二十三世：泽明在校就读。

二十二世：满兴配韦氏生一女。戚善娟在校就读。

二十一世：明家配珠氏生四子一女。子：永兴、国兴、健兴、水兴。

二十二世：永兴配黄氏生一子一女。女：戚艳在校就读。子：戚维。

二十三世：戚维，在校就读。

二十二世：国兴配陈氏生一子一女。女：戚荣生于2001年5月12日。子：泽永。

二十三世：泽永，生于2000年2月23日，在校就读。

二十二世：健兴配蔡氏生二子一女。女：戚舒然，生于2003年4月12日，在校就读。子：世阳、世民。

二十三世：世阳，生2006年9月19日。世民，生于2013年7月25日。

二十二世：水兴配姜氏，生一女。

二十一世：炎家配刘氏生三子：世兴、发兴、志兴。

二十二世：世兴配周氏生二子一女。女：戚霞。子：世发、世安。

二十二世：发兴配刘氏生一子一女。女：戚玲。子：世伟。

二十三世：世伟。

二十二世：志兴配林氏生一子：籽明。

二十三世：籽明。

二十一世；信家配李氏，生一子二女。长女：戚荣兴，生于1985年10月20日。二女：戚兰兴生于1987年8月21日。子：华兴。

二十二世：华兴，生于1984年3月20日，配张氏生一女。

二十世：贤业妣周氏生四子：能家、林家、良家、松家。

二十一世：能家配陈氏生二子一女。女：戚钰娜，生于2006年4月19日。子：伟兴、倍兴。

二十二世：伟兴生于1972年，配邓氏，生一子：世杰。

二十三世：世杰，生于1997年4月8日。

二十二世：倍兴配李氏，生二子：明月、以山。

二十三世：明月、以山。

二十一世：林家配黄氏生一子二女。长女：戚妹；二女：二妹。子：三弟。

二十二世：三弟。

二十一世：良家配李氏生二女。长女：戚秀美，生于1987年12月6日。二女：戚秀丽，生于1994年7月18日。

二十一世：松家配李氏生一子：维兴。

二十二世：维兴，在校就读。

二十世：贤芳妣招氏生三子：文家、武家、永家。

二十一世：文家配许氏生一子二女。长女：元兴，生于1985年8月7日。二女：少兴，生于1988年8月7日。子：广兴。

二十二世：广兴配陈益，生二子：世林、世海。

二十三世：世林生于2009年8月26日。世海生于2014年2月25日。

二十一世：武家配郭凤生二子一女。女：玉兴，生于1985年6月13日。子：权兴、

锡兴。

二十二世：权兴生于 1989 年 8 月 18 日。

二十二世：锡兴生于 1995 年 12 月 8 日。

二十一世：永家配黎氏生一子一女。女：戚水梅生于 1991 年；子：宝兴。

二十二世：宝兴生于 1994 年。

十九世：有发配陈氏，生一子：贤瑞。

二十世：贤瑞配李氏生二子三女。长女：戚华家，生于 1978 年 8 月 6 日。二女：戚罗家，生于 1983 年 4 月 8 日。三女：戚河家，生于 1987 年 8 月 6 日。子：才家、庆家。

二十一世：才家，生于 1987 年 5 月 4 日。

二十一世：庆家，生于 1989 年 7 月 8 日。

十九世：有兴妣陈氏，生二子：贤程、贤福。

二十世：贤程妣李氏，生二子：强家、瑞家。

二十一世：强家配陈氏，生二子：德兴、时兴。

二十二世：德兴，生于 1996 年 4 月 11 日。

二十二世：时兴，生于 1998 年 12 月 28 日。

二十一世：瑞家配包氏，生一子一女。女：戚梅，生于 2009 年 7 月 17 日。子：谐谐。

二十二世：谐谐，生于 2011 年 8 月 17 日。

二十世：贤福配陈氏生三子：伟家、城家、龙家。

二十一世：伟家配出水芙蓉氏生一女：戚妹。

二十一世：城家、龙家。

十九世：有祥妣氏，生三子：贤谐、贤忠、贤明。

二十世：贤谐妣氏生三子：进家、志家、倍家。

二十一世：进家配王氏，生二子四女。子：明月、心怡、泽尹、世苹；子：明兴、月兴。

二十二世：明兴配思缘生二子二女。长女：明月；次女：心怡；子：泽尹、世洋。

二十二世：月兴，在校就读。

二十一世：志家配蔡氏，生二子：继兴、达兴。

二十二世：继兴、达兴均在校就读。

二十一世：倍家配陈氏，生二子一女。女：戚小燕，生于 1992 年 10 月 7 日。子：毅

兴、玉兴。

二十二世：毅兴，生于 1994 年 4 月 10 日。

二十二世：玉兴，生于 2014 年 4 月 2 日，在校就读。

二十世：贤忠生二子一女。女：玲家；子：发家、继家。

二十一世：发家配陈氏，生一子四子。女：秀熙、秀凤、丽兴、小浩；子：远兴。

二十二世：远兴，在校就读。

二十一世：继家配欧氏，生一子一女。女：丽娟。子：代兴。

二十二世：代兴，在校就读。

二十世：贤明配李氏，生三子：雄家、伟家、昌家。

二十一世：雄家配符氏，生二子二女。女：玲兴、莉莉。子：走兴、海兴。

二十二世：走兴、海兴。

二十一世：伟家配林氏，生一子二女，均在校就读。

二十一世：昌家配刘氏生一子一女。女：戚小燕，在校就读。子：毅兴。

二十二世：毅兴，在校就读。

世美公长支子达公分支洪明公派下学才房源流谱

十三世：洪明妣吴氏生三子：学才、学昌●、学光（另续）。

十四世：学才妣石氏，生六子：戚贤（另续）、戚儒（另续）、戚忠（另续）、戚彦（另续）、戚志、那猛（另续）。

十五世：戚志妣吴氏，生二子：球忠、琼忠●。

十六世：球忠妣莫氏，生五子：定英（另续）、定才●、定志、定辉●、五弟●。

十七世：定志妣谭氏，生六子：辅臣、辅胜、辅相、辅佳、辅荣、辅朝。

十八世：辅臣妣郑氏，生三子：有民、有英、有祯。

十九世：有民妣陈氏，生二子：贤兰●、贤兴。

二十世：贤兴生于1939年7月，初小，务农。

十九世：有英配叶氏，生四子：贤贵、贤球、贤寿、贤新。

二十世：贤贵配王氏，生四子：亮家、雷家、掌家、权家。

二十一世：亮家生于1956年7月，初中，渔民，配宁氏生于1960年8月，初中，生一子：兴宝。

二十二世：兴宝生于年月日，初中，务工。

二十一世：雷家生于1966年8月，初中，渔民，配欧氏生于1969年6月，初小，生二子：兴邦、兴耀。

二十二世：兴邦生于1992年6月，广西民族大学。

二十二世：兴耀生于1993年7月，大学在读，配李芳生于1991年10月25日，生一子：世民。

二十三世：世民生于2014年11月4日。

二十一世：掌家生于1976年6月，初中，渔民，配陈氏生于1976年8月，初中，务农，生一子一女。女：戚彩玲生于2005年12月。子：兴健。

二十二世：兴健生于1998年10月。

二十一世：权家生于1978年8月，初中，经商，配宁氏生于1978年6月，生二子：红兴、民兴。

二十二世：红兴生于 2001 年 3 月。

二十二世：民兴生于 2007 年 3 月。

二十世：贤球配梁氏生于 1938 年 8 月，初中，务农，生二子：建家、海艺。

二十一世：建家生于 1969 年 7 月，广西医科大学毕业，配余氏，合浦人民医院会计师，生一女：倩蔚生于 2003 年 10 月。

二十一世：海艺生于 1979 年 3 月，高中毕业，营盘水厂工作，配曾氏生于 1983 年 7 月，初中，务农，生二子一女。女：倩婷生于年月。子：业兴、戎兴。

二十二世：业兴、戎兴。

二十世：贤寿配叶氏生于 1947 年 7 月，初小，生四子：专家、太家、成家、就家。

二十一世：专家生于 1972 年 10 月，初中，务工，配梁氏生于 1973 年 7 月，初中，务工，生一子：兴发。

二十二世：兴发生于 1997 年 9 月。

二十一世：太家生于 1975 年 8 月，初中，务工。

二十一世：成家生于 1977 年 7 月，初中，务工，配庞氏生于 1985 年 6 月，高中务工。

二十一世：就家生于 1979 年 2 月，初中，务工，配梁氏生于 1979 年 6 月，初中务农，生一子：兴舜。

二十二世：兴舜生于 2010 年 6 月。

二十世：贤新生于 1949 年 2 月，学历师范，白东小学校长（退休）配叶氏生于 1956 年 10 月，高中毕业，务农，生二子：云峰（晓文）、晓武。

二十一世：云峰（晓文）生于 1982 年 5 月，学历大专，务工。

二十一世：晓武生于 1986 年 5 月，沈阳刑警大学，东莞市公安局。

十九世：有祯配陈氏，生一子：贤太。

二十世：贤太生于 1950 年 7 月，高小，务工，配陈氏生于 1954 年 6 月，高小，务农，生二子：天家、星家。

二十一世：天家生于 1980 年 11 月，大专毕业，务工，配韩氏生于 1982 年 5 月，大专毕业，务工。

二十一世：星家生于 1982 年 12 月，初中，务工。

十八世：辅胜配陈氏，生四子：有章、有珣、有宽、有裕。

十九世：有章配陈氏，生五子：贤珠、贤秀、贤进、贤杰、贤余●。

二十世：贤珠配苏氏生于 1924 年 7 月，初中，务农，生四子：善家、庆家、志家、伟家。

二十一世：善家，务农，生三子：兴勇、兴财、兴进。

二十二世：兴勇生于 1981 年 6 月，初中，务工。

二十二世：兴财生于 1983 年 8 月，初中，务工。

二十二世：兴进生于 1989 年 10 月，初中，务工。

二十一世：庆家生于 1956 年 8 月，初中，务渔，配庞氏生于 1956 年 12 月，初中，务农，生一子：兴强。

二十二世：兴强生于 1994 年 8 月，大专，汽车修理，配官氏生于 1998 年 11 月 30 日，生一子：世骏。

二十三世：世骏生于 2014 年 10 月 18 日。

二十一世：志家生于 1960 年 9 月，初中，房屋建筑，配张氏生于 1962 年 8 月，初中，务农，生三子：兴达、兴华、海清。

二十二世：兴达生于 1981 年 5 月，高中，务工。

二十二世：兴华生于 1983 年 3 月，初中，房屋建筑，配邓氏生于 1984 年 5 月，高中，务工。

二十二世：海清生于 1985 年 11 月，高中，房屋建筑配石氏生于 1986 年 9 月高中，务农，生一子：世霖。

二十三世：世霖生于 2009 年 12 月。

二十一世：伟家生于 1962 年 3 月，初中，房屋建筑，配钟氏生于 1963 年 8 月，初中，务农，生二子：兴旺、兴有。

二十二世：兴旺生于 1988 年 3 月，高中，务工，配蔡氏生于 1989 年 3 月，初中，务工，生一子：世豪。

二十三世：世豪生于 2012 年 9 月。

二十二世：兴有生于 1989 年 6 月，初中，北海打工。

二十世：贤秀配孙氏生于 1918 年 8 月，初小，务农，生一子：连家。

二十一世：连家生于 1959 年 10 月，高中，小车驾驶员，配石氏生于 1958 年 6 月，高中，务农，生一子：兴龙。

二十二世；兴龙生于 1988 年 12 月，大学本科，北海打工，配胡氏生于 1987 年 7 月 18 日，高中，北海打工，生一子：俋昕。

二十三世：佴昕生于 2015 年 2 月 2 日。

二十世：贤进生于 1936 年 7 月，配王氏，生于 1933 年 7 月，初中，务农，生三子：富家、和家、球家。

二十一世：富家配郑氏生于 1957 年 6 月，初中，务农，生二子：兴武、兴毅。

二十二世：兴武生于 1980 年 8 月，高中，北海打工，配张氏生于 1987 年 9 月，高中，北海打工。

二十二世：兴毅生于 1987 年 2 月，初中，北海打工。

二十一世：和家生于 1959 年 10 月，高中，营盘镇政府工作，配麦氏，生于 1964 年 2 月，初中，捕鱼，生二子：兴文、兴荣。

二十二世：兴文生于 1986 年 5 月，大专，南宁务工。

二十二世：兴荣生于 1990 年 5 月，大专，南宁务工

二十一世：球家生于 1963 年 3 月，初中，务工，配钟氏生于 1963 年 8 月初中，务农，生一子：兴祺。

二十二世：兴祺生于 1989 年 2 月，大专，南宁打工。

二十世：贤余生于 1945 年 1 月，配黄氏生于 1948 年 10 月，初小，务工，生二子：保家、集家。

二十一世：保家生于 1973 年 6 月，高中，北海打工，配梁氏生于 1976 年 4 月，高中，务工，生一子：兴帅。

二十二世：兴帅生于 1997 年 3 月。

二十一世：集家生于 1980 年 9 月，大专，铁山港区政府工作，配邝氏生于年月日，大专，北海供电公司，生一子：新鹏。

二十二世：新鹏生于 2006 年 8 月。

十九世：有珣生于年月日，配钟氏生于年月日，生五子：贤林、贤槐、贤发、贤辉、贤旺。

二十世：贤林生于 1932 年 5 月，初小，务农，配王氏生于 1936 年 11 月，初小，生二子：胜家、利家。

二十一世：胜家生于 1964 年 5 月，初中，务工，配陈氏生于 1958 年 10 月，初中，务农，生一子：振兴。

二十二世：振兴生于 1985 年 3 月，大学本科，南宁务工，配秦氏生于 1984 年 10 月，大学毕业，南宁医院护士，生一子：轩铭。

二十三世：轩铭生于 2012 年 12 月。

二十一世：利家生于 1968 年 9 月，初中，北海务工，配郑氏生于 1970 年 11 月，初中，务工，生一子：伟强。

二十二世：伟强生于 1994 年 2 月，大专就读。

二十世：贤槐生于 1936 年 10 月，中师毕业，小学校长（退休）配李氏生于 1941 年 5 月，初小，务农，生二子：海星、清宇。

二十一世：海星生于 1961 年 11 月，大专毕业，营盘镇中学门警配罗氏，生于 1960 年 12 月，大专毕业，营盘镇中任教，生一女：健婷生于 1991 年 1 月。

二十一世：清宇生于 1971 年 11 月，大学毕业，钦州市港务公司办公室主任配陈氏生于 1971 年 3 月，大学毕业，钦州市八中任教，生一子：家铭。

二十二世：家铭生于 1995 年 10 月。

二十世：贤发生于年月日，配莫氏生于 1941 年 3 月，初小，退休工人，生一子：越军。

二十一世：越军生于 1967 年 3 月，高中务工，配洪氏生于 1968 年 10 月，初中，务工，生一子：继兴。

二十二世：继兴生于 1992 年 3 月，高中。

二十世：贤辉生于 1946 年 5 月，初中，务农配刘氏生于 1948 年 7 月，初中，务农，生四子：宽家、德家、发家、福家。

二十一世：宽家生于 1970 年 12 月，初中，北铁炼钢厂工人，配宁氏生于 1971 年 3 月，初中，务工，生二子：仕明、慧星。

二十二世：仕明生于 1996 年 9 月。

二十二世：慧明生于 1998 年 11 月。

二十一世；德家生于 1975 年 5 月，初中，务渔，配宁氏生于 1975 年 10 月，初中，务渔，生一女一子：龙兴。

二十二世：龙兴生于 2000 年 5 月。

二十一世：发家生于 1975 年 5 月，大专文化，务工，配苏氏生于 1982 年 9 月高中，务工。

二十一世：福家生于 1979 年 8 月，大专文化，东莞市广告公司工作，配郑氏生于 1985 年 10 月，高中，东莞市打工，生一子：兆兴。

二十世：贤旺生于 1952 年 11 月，高中，营盘渔政站工作，配陈氏生于 1953 年 5 月，初中，退休教师，生三子：毅家、恒家、悦家。

二十一世：毅家生于1979年3月，大学本科，合浦水产局，配刘氏生于1971年月，大专毕业，合浦幼师。

二十一世：恒家生于1980年11月，大学本科，铁山港区干部。

二十一世：悦家生于1984年2月，研究生，北海医院医生。

十九世：有宽生于年月日，配石氏生于1917年3月，初小，务工，生一子：贤聪。

二十世：贤聪生于1941年12月，初中，务农，配袁氏生于1941年8月，初中，务农，生四子：兴家、继家、绍家、业家。

二十一世：兴家生于1962年8月，初中，务工，配梁氏生于1964年8月，初中，务农，生二子：兴伟、兴福。

二十二世：兴伟生于1986年8月，大专文化，外出打工。

二十二世：兴福生于1988年9月，大专文化，外出打工。

二十一世：继家生于1964年4月，初中，房屋建筑工，配曾氏生于1969年9月，初中，务农，生一子：泽兴。

二十二世：泽兴生于1999年8月。

二十一世：绍家生于1969年8月，初中，务工，配王氏生于1973年7月，初中，务农，生一子：广兴。

二十二世：广兴生于2003年12月。

二十一世：业家生于1972年5月，初中，房屋建筑工，配钟氏生于1974年4月，初中，务工，生一子：国兴。

二十二世：国兴生于1998年5月。

十九世：有裕生于年月日，配梁氏生于1922年4月，生三子：贤达、贤富、贤毅。

二十世：贤达生于1974年10月，初小，房屋建筑，配朱氏生于1947年11月，初小，务农，生五子：军家、臣家、学家、作家、乐家。

二十一世：军家生于1972年7月，大学本科，经商，配陈氏生于1970年8月，高中，合浦计生委工作，生一女：文君生于2000年7月。

二十一世：臣家生于1974年9月，大学本科，北海经商，配陈氏生于1977年9月，高中，务工，生一子：洲兴。

二十二世：洲兴生于2012年2月。

二十一世：学家生于1978年8月，研究生，苏州教师，配莫氏生于1981年1月，研究生，苏州教师，生一女：文荟生于2009年3月。

二十一世：作家生于1981年11月，大学本科，务工，配欧氏生于1982年5月，大学本科，务工，生二子：梓兴、津兴。

二十二世：梓兴生于2009年9月。

二十二世：津兴生于2012年4月。

二十一世：乐家生于1983年12月，配李氏生于1984年2月，大学本科，务工，生二子：嘉兴、颐兴。

二十二世：嘉兴生于2009年6月。

二十二世：颐兴生于2013年2月。

二十世：贤富生于年月日，配钟氏生于1944年11月，初小，生二子维家、振家。

二十一世：维家生于1982年4月，初中，务工。

二十一世：振家生于1987年12月，初中，务工。

二十世：贤毅生于1958年5月，高中，经商，配邓氏生于1957年10月，高中，务工，生二子：卓家、越家。

二十一世：卓家生于1983年2月，大专毕业，钦州交警支队，配李氏，生于1987年3月，大专毕业，钦州环保局。

二十一世：越家生于1985年3月，大学本科，西安市钢铁工程公司中，配何氏生于1989年7月，大学本科，北海大学工作，生一子：卿珞。

二十二世：卿珞生于2012年7月。

十八世：辅佳妣氏，生一子：有利。

十九世：有利妣氏，生一子：贤纯。

二十世：贤纯配张氏，生于年月日，生一子。

十八世：辅相配朱氏，生六子：有明、有凤、有庭、有光、有爵（●）、有德。

十九世：有明生于年月日，配黄氏生于年月日。

十九世：有凤生于年月日，配袁氏生于1921年4月，务农。

十九世：有庭配张氏，生五子：贤福、贤利、贤强、贤伟、贤升。

二十世：贤福生于年月日，配黄氏生于1956年7月，初中，务农，生二子：豪家、杰家。

二十一世：豪家生于1980年2月，高中，房屋装修，配曾氏生于1981年2月，中

师，务农，生二女一子。长女：晓雨生于2005年3月。次女：桂云生于2006年12月。子：海兴。

二十二世：海兴生于2011年1月。

二十一世：杰家生于1982年10月，初中，水电安装，配唐氏，生于1982年8月，初中，生一女一子。长女：秀宁生于2008年1月，子：城玮。

二十二世：城玮生于2010年11月。

二十世：贤利生于1952年2月，初小，务农。

二十世：贤强生于年月日，生一子：润家。

二十一世：润家生于1986年3月，初中，务工，配李氏，生于1990年3月，初中，务工。

二十世：贤伟生于1958年12月，初中，房屋建筑，配陈氏生于1961年4月，初中，生二子：荣家、誉家。

二十一世：荣家生于1990年9月，桂林理工大学。

二十一世：誉家生于1991年9月，广西职业技术学校。

二十世：贤升生于1969年8月，高中，务农，配李氏生于1971年10月，初小，务农。子：齐家。

二十一世：齐家生于2009年7月。

十九世：有光生于1916年5月，高中，离休干部，配刘氏生于年月日，生六子：贤科、贤斌、贤晃（未详）、贤河、贤煜、贤彪。

二十世：贤科生于1943年8月，高中，务农，配李氏生于1948年2月，初中务农，生一子四女。女：海英、海梅、海燕、海娟。子：海峰。

二十一世：海峰生于1969年9月，大专毕业，小学教师，配郑氏生于1973年7月，大学本科，小学教师，生一女：雨薇生于1995年9月。

二十世：贤斌生于1949年8月，高中，务工，配邓氏生于1952年9月，初小务农，生二子：超家、强家。

二十一世：超家生于1979年7月，高中，小车驾驶，配苏氏生于1977年6月高中，务农，生一子：文俊。

二十二世：文俊生于2011年8月。

二十一世：强家生于1981年2月，高中，务工，配陈氏生于1981年4月，初中，务工，

生一女：慧莹生于 2007 年 10 月。

二十世：贤河生于 1955 年 7 月，初中，房屋建筑，配朱氏生于 1955 年 11 月，初小，务工，生二子：海平、海宁。

二十一世：海平生于 1977 年 8 月，大学本科，小学教师，配叶氏生于 1984 年 11 月，大学毕业，营盘卫生院护士，生一子：叶谊。

二十二世：叶谊生于 2008 年 9 月。

二十一世：海宁生于 1985 年 2 月，初小，务农。

二十世：贤煜生于年月，配黄氏生于 1963 年 7 月，大专，中学职工，生一女：文枫生于年月。

二十世：贤彪生于 1962 年 8 月，高中毕业，务农，配叶氏生于 1965 年 8 月，高中，务农，生二子：春华、秋丰。

二十一世：春华生于 1991 年 2 月，大学本科。

二十一世：秋丰生于 1992 年 10 月，大学本科。

十九世：有德生于 1925 年 4 月，初中，退休教师，配李氏生于 1930 年 8 月，初小，生二子：贤宇、贤宙。

二十世：贤宇生于 1957 年 7 月，大专毕业，小学校长，配吴氏生于 1962 年 5 月，初中，务工，生二子：冠红、冠军●。

二十一世：冠红生于 1985 年 3 月，大专毕业，务工，配刘氏生于 1984 年 3 月大专毕业，务工，生一子：梓童。

二十二世：梓童生于 2001 年 7 月。

二十世：贤宙生于 1960 年 9 月，大学本科，北海市人防办公室，生一子：剑平。

二十一世：剑平生于 1994 年 10 月，北海九中就读。

十八世：辅荣配张氏，生四子：有鉴●、有禄、有琼●、有清。

十九世：有禄配罗氏，生三子：贤环、贤喜、贤坤。

二十世：贤环生于 1943 年 11 月，初中，务农，生二子：旺家、卉家。

二十一世：旺家生于 1964 年 9 月，大学本科，北海市宣传部办公室主任，配伍氏生于 1965 年 10 月，学历大专，北海人民医院护士，生一子：兴聪。

二十二世：兴聪生于 1992 年 8 月，现读桂林师大。

二十一世：卉家生于 1970 年 3 月，大学毕业，北海务工，配陈氏生于 1976 年 10 月，

高中，务工，生一子：兴超。

二十二世：兴超生于2008年10月。

二十世：贤喜生于年月日，配石氏生于1954年11月，初中，务农，生二子：达家、喜家。

二十一世：达家生于1973年10月，高中，大车驾驶员，配王氏生于1976年5月，初中，务农，生一子：志兴。

二十二世：志兴生于1994年9月，北海电大就读。

二十一世：喜家生于1976年3月，高中，小车驾驶，配林氏生于1978年2月高中，务农，生一子：权兴。

二十二世：权兴生于2009年2月。

二十世：贤坤生于1954年4月，初中，船工修理，配吴氏生于1957年8月，初中，务农，生一子：立家。

二十一世：立家生于1989年9月，高中，广东打工。

十九世：有清配郭氏，生四子：贤汉、贤信、贤华、贤军。

二十世：贤汉配陈氏，生于年月，生二子：协家、力家。

二十一世：协家生于1983年3月24日，初中。

二十一世：力家生于1985年12月8日，初中。

二十世：贤信生于1962年9月，高中，外出打工，配郑氏生于1964年4月，初中，务农，生一子：海华。

二十一世：海华生于1992年11月，玉林师专就读。

二十世：贤华生于1969年3月，初中，务渔，配陈氏生于1973年9月，初中务农。

二十世：贤军生于1971年7月，初中，务工，配陈氏生于1987年6月，初中务农，生一子：铭家。

二十一世：铭家生于2013年1月。

十八世：辅朝配邓氏，生四子：有钦、有齐、有家、有治。

十九世：有钦配蔡氏，生一子：继业。

二十世：继业配莫氏生于1948年5月，初中，务工，生二子：武家、艺家。

二十一世：武家生于1971年9月，高中，务工，配刘氏生于1968年7月，高中，生一子：仕兴。

二十二世：仕兴生于2002年10月。

二十一世：艺家生于 1976 年 8 月，高中，务工，配王氏生于 1982 年 4 月，高中，务工，生一子：德兴。

二十二世：德兴生于 2003 年 12 月。

十九世：有齐生于年月，配陈氏，生于 1917 年 4 月，小学，生二子：贤胜、贤琪。

二十世：贤胜生于 1951 年 7 月，高中，南宁治建公司中，配覃氏生于 1955 年 12 月，高中，南宁工作，一女：海芳生于 1978 年 2 月。生一子：家家。

二十一世：家家生于 1981 年 3 月，大学，南宁务工，配陈氏生于 1990 年 1 月大学毕业，南宁务工。

二十世：贤琪生于 1965 年 3 月，高中毕业，合浦工商局工作，配罗氏生于 1969 年 11 月，高中毕业，合浦还珠宾馆工作，生一女：文静生于 1996 年 5 月。

十九世：有家配官氏生于 1935 年 9 月，初小，务农，生三子：贤礼、贤光、贤建。

二十世：贤礼生于 1959 年 1 月，高中毕业，北海养殖，配王氏生于 1963 年 9 月，高中毕业，养殖，生二子：日家、利利。

二十一世：日家生于 1984 年 11 月，大学毕业，钦州人民医院工作。

二十一世：利利生于 1986 年 7 月，大学毕业，北海务工。

二十世：贤光生于 1965 年 3 月，高中毕业，务渔，配曾氏生于 1968 年 8 月，初中毕业，务工，生一子：旭东。

二十一世：旭东生于 1990 年 7 月，现读大专。

二十世：贤建生于 1970 年 3 月，初中，务渔，配韩氏生于 1969 年 10 月，初中，务工，生一子：小龙。

二十一世：小龙生于 1994 年 1 月，初中，务工。

十九世：有治生于 1936 年 6 月，中国人民军官大学（北海市计委主任退休）配郑氏生于 1941 年 3 月，师范毕业，北海航运局工作退休，生一子：志峰。

二十世：志峰生于 1970 年 7 月，大学毕业，北海务工，配许氏生于 1979 年 3 月，大学毕业，务工，生一子：一平。

二十一世：一平生于 2013 年 4 月。

世美公长支子达公分支洪明公派下学光房源流谱

　　始祖从欧家迁沙产占岭村，后迁车板麻山居住，长房祖分支，有祖坟在沙产叫戚盒岭，有灰沙坟有洪明公祖坟拜扫。

十三世：洪明妣吴氏生三子：学才（另续）、学昌●、学光。

十四世：学光妣氏生一子：戚兰、戚瑞、戚信。

十五世：戚兰妣氏生一子：均纪。

十六世：均纪妣罗氏生二子：维珍、亚何（未详）。

十七世：维珍妣杨氏生一子：世财。

十八世：世财妣李氏生一子：有泰。

十九世：有泰妣伍氏生五子：兆平、木养●、兆秀、兆全、兆坤。

二十世：兆平生于1943年，学历初中，配叶琼芳生于1943年5月4日，生二子五女，长女：培娟生于1969年6月28日，适名教村；二女：培芳生于1972年2月27日，适鸭公塘村；三女：培链生于1974年1月19日，适中山板湖；子：培良、培炜。

二十一世：培良生于1975年11月11日，学历初中，配曹永霞生于1979年8月28日，初中，农场十队。

二十一世：培炜生于1983年11月6日，配陆燕妮生于1988年9月12日，车板圩人，生一子：锦城。

二十二世：锦城生于2010年2月12日。

二十世：兆秀生于1953年1月16日，配陈美仙生于1966年12月13日，云南谢租村人，生四女一子，长女：春梅生于1988年10月8日；二女：春燕生于1991年1月20日，三女：春玲生于1994年1月21日；四女：春晖生于1996年4月10日，子：培盛。

二十一世：培盛生于2000年11月21日。

二十世：兆全生于1955年9月9日，配曹春娟生于1959年，樟木环村人，生一子

三女，长女：美清生于 1983 年 9 月 3 日；二女：培丽生于 1989 年 5 月 26 日，适斋堂；三女：水英生于 1992 年 8 月 15 日；子：培佳。

二十一世：培佳生于 1985 年 7 月 29 日。

二十世：兆坤配陈氏改嫁生四子一女，女：秀玲生于 1993 年 12 月 11 日；子：大弟●、培永、培昌、培盛（过继兆秀）。

二十一世：培永生于 1996 年 4 月 18 日，培昌生于 1998 年 5 月 16 日。

十五世：戚瑞妣氏生三子：开富、开邦、开阳●。

十六世：开富妣氏生一子：维泰。

十七世：维泰妣氏生一子：亚生●。

十六世：开邦妣氏生四子：维周、维文●、亚文●、亚●。

十七世：维周妣苏氏生三子：世南、亚二●、亚水●。

十八世：世南妣刘氏生六子：观清●、土安●、有坤、有海、有培、有来。

十九世：有坤妣张氏生三子五女，长女：林娇生于 1949 年 5 月 29 日，适营仔沙塘角村；二女：美娟生于 1953 年 4 月 29 日，适高桥西村；三女：戚招生于 1958 年 9 月 13 日，适吴川塘叶屋村；四女：戚镇生于 1965 年 7 月 16 日，适塘蓬井口垌村；子：戚永、戚敏。

二十世：戚永生于 1967 年 9 月 5 日，配叶敏青生于 1970 年，村头村人，生三子：维轩、书源、家玮。

二十一世：维轩生于 1993 年 9 月 17 日，现在北京化工大学就读。

二十一世：书源生于 1995 年 3 月 24 日，读书。

二十一世：家玮生于 1996 年 8 月 24 日，读书。

二十世：戚敏生于 1970 年 12 月 29 日，配吴爱英生于 1972 年 10 月 9 日，低村人，生一子一女，女：萌书生于 2011 年 12 月 5 日；子：均皓。

二十一世：均皓生于 1999 年 3 月 16 日，读书。

十九世：有海生于 1928 年 12 月 11 日，配黄春英生于 1929 年 10 月 1 日，茂兰坡村人，生三子三女，长女：三妹生于 1959 年 10 月 30 日，适大碑村；二女：四妹生于 1963 年，适上塘仔村；三女：五妹生于 1969 年，适公山村；子：兆养、兆春、兆强。

二十世：兆养配吴氏生一子：培琪。

二十一世：培琪生于1980年6月6日，配郑氏生一女（出嫁）：静余生于2007年5月8日，出嫁。

二十世：兆春生于1958年5月18日，配钟金泉生于1963年3月13日，龙岩村人，生三子：戚福、戚东、戚钟。

二十一世：戚福生于1984年1月21日，配杨小娜生于1984年6月26日，大同村人，生一子：指文。

二十二世：指文生于2011年2月26日。

二十一世：戚东生于1985年9月16日，配梁春霞生于1985年2月16日，雷州人，生一子一女，女：羽琪生于2011年7月16日，子：栩皓。

二十二世：栩皓生于2013年4月6日。

二十一世：戚钟生于1988年9月28日，学历初中。

二十世：兆强生于1973年10月1日，学历中专，配曹慧娟生于1972年4月21日，衙村人，生一子一女，女：戚湛生于1997年10月5日，子：戚好。

二十一世：戚好生于2001年6月5日，读书。

十九世：有培生于1933年10月23日，配叶翠连生于1940年9月9日，塘仔村人，生五子三女，大女：秀娇生于1963年，适塘尾村；二女：四妹生于1968年7月6日，适六地村；三女：戚玲生于1973年7月6日，迁廉江市区；子：兆铭、兆财、兆雄、兆杰。

二十世：兆铭生于1961年8月7日，配吴文庭生二女，长女：小婷生于1993年6月13日，二女：亚二送独田村人养。

二十世：兆财生于1965年10月25日，学历中专，配李锦秀生于1963年，东升村人，生二子：培根、丁之。

二十一世：培根生于1990年5月4日，学历初中。

二十一世：丁之生于1996年10月6日，学历高中。

二十世：兆雄生于1970年12月27日，配宋静瑞，生一子一女，女：美珍生于1999年，子：培洋。

二十一世：培洋生于2000年10月25日，读书。

二十世：兆杰生于1977年3月19日，配陈明桂生于1981年9月2日，上林村人，生一子：培卫。

二十一世：培卫生于2002年3月19日，读书。

十九世：有来生于1937年9月8日，学历初中任教，配田秀妃生于1942年1月16日，雷公山村人，生三子二女，长女：兆连生于1964年8月20日，适山营村；二女：戚玲生于1971年1月29日，适湛江市；子：兆文、亚二●、兆章。

二十世：兆文生于1968年1月20日，配张青生于1968年2月23日，生一子一女，戚洁生于1996年8月7日，子：戚彬。

二十一世：戚彬生于2004年12月14日，读书。

二十世：兆章生于1973年10月23日，栩邓学艺生于1975年12月9日，车板圩人，生一子：戚政。

二十一世：戚政生于2010年3月18日，读书。

十五世：戚信妣麦氏生二子：均惠、亚二（不详）。

十六世：均惠妣罗平生三子：维礼、维智、维信。

十七世：维礼妣田氏生三子：世和、亚三●、亚九●。

十八世：世和妣叶氏生三子：有春、亚四●、亚五●。

十九世：有春生于1937年4月6日，配陈莲英生于1938年5月1日，杭仔根村人，生三子二女，长女：亚三生于1968年1月4日，适六地村；二女：亚四生于1971年10月15日，适名教村；子：兆武、兆云、戚豪。

二十世：兆武生于1962年4月6日，配苏陈二氏，陈媛英生于1974年，龙敬排村人，生四子三女，长女：惠珍生于1992年6月13日，二女：宝华生于1995年9月16日；三女：宝愉生于2001年10月10日；子：戚国、戚雄、戚强、戚飞。

二十一世：戚国生于1998年12月2日，戚雄生于1990年3月27日。

二十一世：戚强生于1994年1月21日，配林好生于1994年4月9日，信宜上珠印村人。

二十一世：戚飞生于1997年10月4日（随母出嫁）。

二十世：兆云生于1965年9月12日，配朱晓金生于1966年10月14日，秧地坡村人，生二子一女，女：梦茜生于1991年12月30日，子：东宁、皓南。

二十一世：东宁生于1992年12月6日，读书；皓南生于1995年12月21日，读书。

二十世：戚豪生于1973年9月23日，配李云芳生于1980年9月16日，六地村人。

十七世：维智妣氏生一子：世正●。

十七世：维信妣陈氏生五子：世有、世宽、世余、世盛、亚三●。

十八世：世有妣曹、钟、曹三氏生四子：有德、有禄、有光、土旺●。

十九世：有德生于1951年6月15日，配何阶珍生于1954年6月3日，云南人，生二子五女，长女：春玲生于1985年6月1日，适鸭公塘村；二女美玲生于1988年12月4日；三女：秀玲生于1990年9月15日；四女：燕玲生于1992年9月26日；五女送名教村人养；子：兆富、兆贵。

二十世祖：兆富生于1996年4月20日；兆贵生于1998年11月16日。

十九世：有禄生于1955年4月26日，配熊妹，贵州人，生于1967年5月17日，生二子二女，长女：亚清生于1986年，适车板；二女：兆芬生于1988年，适多浪村；子：兆锋、兆辉。

二十世：兆锋生于1987年5月17日，配林晶晶生于1992年1月27日，生女：培仙生于2013年2月18日，读书。

二十世：兆辉生于1993年7月21日。

十九世：有光生于1958年10月25日，配李瑞连生于1964年，六地村人，生三子一女，女：美连生于1985年10月25日；子：兆浚、兆添、亚四●。

二十世：兆浚生于1989年；兆添生于1990年8月24日。

十八世：世宽妣谢氏生二子：有全、有超。

十九世：有全配田氏生二子一女，女：配黎妙玲生于1980年8月12日，云浮人，生一子二女，长女：芷丽生于2000年11月6日；二女：芷欣生于2008年9月日；子：培论。

二十世：培论生于2003年1月9日，读书。

二十世：戚龙生于1978年12月11日，配黎秋英生于1979年11月5日，云浮人，生一子一女，女：新儿于生2002年4月7日，读书；子：培朗。

二十一世：培朗生于2007年9月26日。

十九世：有超生于1951年4月25日，配叶球芳生于1958年10月26日，上塘仔村人，生二子四女，长女：大妹生于1977年6月22日，适那澎村；二女：二妹生于1978年8月21日，迁下架村；三女：三妹生于1980年7月30日，迁明教村；四妹送到分竹头田村人养；子：兆旭、兆享。

二十世：兆旭生于1984年7月10日，学历中专，配冯尹君生于1990年9月5日，清远新兴田村人，生一女：雨涵生于 2012 年 4 月 23 日。

二十世：兆享生于 1987 年 7 月 22 日，学历高中，配余雷生于 1986 年 4 月 2 日，学历大学，深圳市人。

十八世：世余妣桃、曹二氏生三子：有安、观寿●、有寿。

十九世：有安配曹氏生三子二女，长女：兆珍生于 1994 年 10 月 13 日；二女：兆丽生于 1997 年 9 月 24 日；子：亚大●、兆伟、兆生。

二十世：兆伟生于 1986 年 6 月 15 日，配龙海玲生于 1983 年 8 月 11 日，鸡罩塘村人，生一女：书媛生于 2009 年 8 月 16 日。

二十世：兆生生于 2009 年 6 月 16 日。

十八世：世盛配玉芳生二子：有岁、有达。

十九世：有岁生于 1958 年 11 月 5 日，配彭妹生于 1964 年 7 月 11 日，贵州人，生四子：兆海、兆永（未详）、兆龙（未详）、兆剑（未详）。

二十世：兆海生于 1988 年 8 月 11 日，兆永生于 1990 年 1 月 5 日，兆龙生于 1995 年 1 月 14 日，兆剑生于 1997 年 8 月 14 日。

十九世：有达生于 1962 年 8 月 1 日，配曹少霞生于 1963 年 2 月 19 日，龙塘村人，生二子二女，长女：巧雁生于 1995 年 10 月 15 日，读书；二女：巧燕生于 1997 年 10 月 21 日，读书；子：兆炎、兆磊。

二十世：兆炎生于 1994 年 6 月 17 日，兆磊生于 1999 年 6 月 17 日，读书。

十四世：相公妣氏生二子：戚安、戚远。

十五世：戚安妣氏生四子：均达、均发、均喜（另续）、均满。

十六世：均达配曹氏生五子：维善、维保●、维栋●、维益、亚五●。

十七世：维善妣叶氏生一子：世辉。

十七世：维益妣李氏生一子：海生●。

十八世：世辉妣钟氏生二子：有盛、有余。

十九世：有盛生于 1940 年 2 月 18 日，配叶连芳生于 1941 年 10 月 10 日，上塘仔村人，生二子二女，长女：戚娇生于 1964 年 12 月 18 日，迁石古河村；二女：晓静生于 1976 年 4 月 8 日，迁西边塘村；子：兆佳、兆喜。

二十世：兆佳生于 1967 年 8 月 11 日，学历中专，配陈春桃生于 1967 年 11 月 10 日，良田村人，生一子二女，长女：戚颖生于 1990 年 10 月 17 日，学历大学本科；

二女：戚芸生于1991年10月8日，学历高中，适廉江市区；子：戚博。

二十一世：戚博生于1994年12月27日，读书。

二十世：兆喜配钟氏生一女；火弟生于2000年7月13日。

十九世：有余生于1954年3月26日，配叶日凤生于1958年12月6日，里头村人，生二子二女，长女：戚丽生于1981年10月5日，适上川；二女：亚妹生于1986年5月24日，适湖南株洲；子：兆景、兆达。

二十世：兆景、兆达。

十四世：相公妣氏生二子：戚安、戚远。

十五世：戚安妣氏生四子：均达、均发、均喜（另续）、均满。

十六世：均达配曹氏生五子：维善、维保●、维栋●、维益、亚五●。

十七世：维善妣叶氏生一子：世辉。

十七世：维益妣李氏生一子：海生●。

十八世：世辉妣钟氏生二子：有盛、有余。

十九世：有盛生于1940年2月18日，配叶连芳生于1941年10月10日，上塘仔村人，生二子二女，长女：戚娇生于1964年12月18日，迁石古河村；二女：晓静生于1976年4月8日，迁西边塘村；子：兆佳、兆喜。

二十世：兆佳生于1967年8月11日，学历中专，配陈春桃生于1967年11月10日，良田村人，生一子二女，长女：戚颖生于1990年10月17日，学历大学本科；二女：戚芸生于1991年10月8日，学历高中，适廉江市区；子：戚博。

二十一世：戚博生于1994年12月27日，读书。

二十世：兆喜配钟氏生一女；火弟生于2000年7月13日。

十九世：有余生于1954年3月26日，配叶日凤生于1958年12月6日，里头村人，生二子二女，长女：戚丽生于1981年10月5日，适上川；二女：亚妹生于1986年5月24日，适湖南株洲；子：兆景、兆达。

二十世：兆景生于1988年9月8日，配林翠玉生于1989年11月28日。

二十世；兆达生于1991年1月26日。

十六世：均发妣氏生二子：维其●、维盘●。

十六世：均满生二子：亚大●、维权●。

十五世：戚远妣氏生一子：均玉。

十六世：均玉妣陈氏生二子：维权、维德。

十七世：维权妣占氏一子：石旺●。

十七世：维德妣何氏。

十五世：戚芳妣工氏生一子：均裕。

十六世：均裕妣氏生二子：维一、维经。

十七世：维一妣李氏生三子：世富●、世华、世桑●。

十七世：维经妣曹氏生一子：振生●。

十八世：世华妣莫氏生一子：有进。

十九世：有进生于1953年7月13日。

十五世：戚凤妣氏生三子：均和、均保●、均佑●。

十六世：均和妣氏生二子：维富、维高。

十七世：维富妣曹氏生一子：亚李●。

十八世：维高妣曹氏生一子：亚三（不详）。

十四世：戚光●、戚英●。

世美公长支子达公分支成杰公派下相辉公房源流谱

十三世：成杰妣郑黄二氏生三子：相辉、相秀（另续）、相清（另续）。

十四世：相辉妣陈氏生一子：瑞。

十五世：瑞妣周氏生四子：均康（另续）、均平（另续）、均富、均贵（另续）。

十六世：均富妣梁氏生三子：维福、维禄（另续）、维寿（另续）。

十七世：维福妣陈氏生五子：国有（未详）、国文、国信（另续）、国章（另续）、国就。

十八世：国文妣柯氏生三子（迁居杨柑）：有才、有积（另续）、有齐。

十九世：有才配叶氏生五子：华兴（另续）、华保、关寿、亚细●、关和。

二十世：华保生于1934年3月29日，配黄海英生于1939年12月18日，杨柑马城人，生二子：捍东、剑秋。

二十一世：捍东生于1960年10月17日，配下六山口仔村人庄氏生于1961年11月1日，生二子：秋生、锦良。

二十二世：秋生生于1981年8月18日，配下溪坟人黄日泼氏生一子：飞龙。

二十三世：飞龙生于2003年12月8日。

二十二世：锦良生于1986年6月24日。

二十一世：剑秋生于1963年8月28日，配马城泥仔村人潘兆清生于1961年9月20日，生一子：锦立。

二十二世：锦立生于1986年9月11日，配杨柑圩人庞夏燕生于1986年8月16日，生一子：鸿韵。

二十三世：鸿韵生于2012年8月24日。

二十世：关寿生于1937年8月16日，配界泡草仔塘村人钟志英生于1941年11月1日，生一女二子，女：丹红生于1972年，迁杨柑老虎塘村，子：飞鸿、飞鹏。

二十一世：飞鸿生于1970年9月13日，配新宁村人杨少明生于1969年9月23日，生一子一女，女：雨晴生于2003年4月10日。子：锦松。

二十二世：锦松生于2009年1月26日。

二十一世：飞鹏生于1975年1月28日，配罗家水村人陈秀琴生于1981年7月3日，

生二子一女，女：欣怡生于2006年2月3日。子：冠中、冠华。

二十二世：冠中生于2004年11月1日；冠华生于2015年6月16日。

二十世：关和（居城月）生于1941年配雷州客路人黄惠珍生于1948年12月16日，生二子一女，女：海珠，迁城月，子：艳文、志韧。

二十一世：艳文生于1972年2月23日，学历本科，配建新人林宏珍生于1975年12月1日，学历本科，生一子：锦柏。

二十二世：锦柏生于2007年7月2日。

二十一世：志韧生于1974年8月21日（居霞山），配雷州人陈金玲生于1982年8月22日，生一子：锦锐。

二十二世：锦锐生于2008年2月14日。

十九世：有积（出继马城村）妣黄氏生一子：康栋（未详）。

十九世：有齐配界炮姓方村人方氏，生三子：平、里华、里汉●。

二十世：平生于1957年，配东塘村人李文波生于1963年，生一子：思明。

二十一世：思明生于1988年，学历大专。

二十世：里华生于1963年（居广州），配草谭镇人周云英生于1969年，生二子：伟明、伟杰。

二十一世：伟明生于1987年；伟杰生于1995年，都在读书。

十八世：国就妣氏生一子：有荣。

十九世：有荣配陈氏生一子：木生。

二十世：木生生于1941年8月25日，配姓陈村人陈少平生于1942年10月9日，生二子一女，女：伟芳生于1969年7月，迁河图仔村，子：伟文、伟信。

二十一世：伟文生于1973年9月10日，配杨柑圩人郭丽娟生于1974年12月16日，生一子一女，女：凯欣生于1997年7月14日，读书，子：杰仔。

二十二世：杰仔生于2001年4月4日。

二十一世：伟信生于1976年9月21日，配梅州人吴展翅生于1978年11月26日，生二女，长女：凯怡生于2008年1月15日，读书；次女：凯铭生于2011年8月22日，儿童。

世美公长支子达公分支成杰公派下相辉公房源流谱

十三世：成杰妣郑、黄二氏生三子：相辉、相秀、相清（另续）。

十四世；相辉妣陈氏生一子：瑞。

十五世：瑞妣周氏生四子：均康、均平、均富（另续）、均贵。

十六世：均康妣黄氏生一子：维圣。

十七世：维圣妣林氏生二子：真保、亚任（另续）。

十八世：真保妣氏生一子：有煜。

十九世：有煜配余秀凤生二子：康寿、亚水。

二十世：康寿配赵翠珍生三子：戚套、日春、水佳。

二十一世：戚套生于1969年，配吴平英生于1972年，生二子：锦华、锦锋。

二十二世：锦华生于1994年，锦锋生于1995年。

二十一世：日春生于1975年，配何伍明生于1977年，生二子：锦聪、雅琳。

二十二世：锦聪生于2006年，雅琳生于2002年。1

二十一世：水佳生于1979年，配梁连生于1979年，生二子：锦文、锦涛。

二十二世：锦文生于2007年，锦涛生于2012年。

二十世：亚水生于1955年，配黎柳生于1952年，生一子二女，大女：晓燕生于1983年，迁安铺，二女：思达生于1987年，迁江西，子：戚柯。

二十一世：戚柯生于1989年。

十六世：均平妣莫氏生二子：维泰、维有。

十七世：维泰妣某氏生二子：国光、国辉。

十八世：国光妣某氏生一子：有兴●。

十八世：国辉妣颜氏生二子：有良、有贤。

十九世：有良妣李氏生一子：兆茂。

二十世：兆茂配何氏生四子：培铸、培锦、培秀、培材。

二十一世：培铸配黎水焕生一子：锦森。

二十二世：锦森。

二十一世：培锦配梁少杏生一子：华锋。

二十二世：华锋配刘海燕。

二十一世：培秀配吕星生一子：锦锦。

二十一世：培材配潘丽生一子：锦宙。

十九世：有贤妣邹氏生四子：兆泰、兆顺、兆厚、兆廉。

二十世：兆泰配马氏生四子：培清、培官●、培任、培常。

二十一世：培清生于1943年，配许权英生于1942年，生二子：锦锋、锦宏。

二十一世：培任生于1962年，配欧志英生于1971年，生一子：乐琳。

二十二世：乐琳生于1995年。

二十一世：培常生于1966年，配庞忠娣生于1973年，生二子：锦荣、锦桦。

二十二世：锦荣生于1993年，锦桦生于1997年。

二十世：兆顺配余氏生二子：培辉、培龙。

二十一世：培辉配陈氏生一子：锦春。

二十一世：培龙生于1954年，配陈机妹生二子一女，女：丽晓，子：锦正、锦记。

二十二世：锦正生于1988年，配莫舒婷生于1987年。

二十世：兆厚妣黄李二氏生二子：培群，另一子出继。

二十一世：培群生于1967年，配陈赛生于1967年，生一子一女：女诗平生于1995年；子：锦志。

二十二世：锦志生于1995年。

二十世：兆廉配林连英生一子：培高●、取一子：培成。

二十一世：培成生于1977年，配林燕君生于1982年，生一子一女，女：科孝生于2008年，子：锦师。

二十二世：锦师生于2003年。

十七世：维有妣刘氏生一子：国光。

十八世：国光妣氏生一子：有兴●。

十六世：均富妣梁氏生三子：维福（另续）、维禄（另续）、维寿。

十七世：维寿妣氏生一子：国荣。

十八世：国荣妣氏生一子：有汉。

十九世：有汉妣潘氏生一子：兆义。

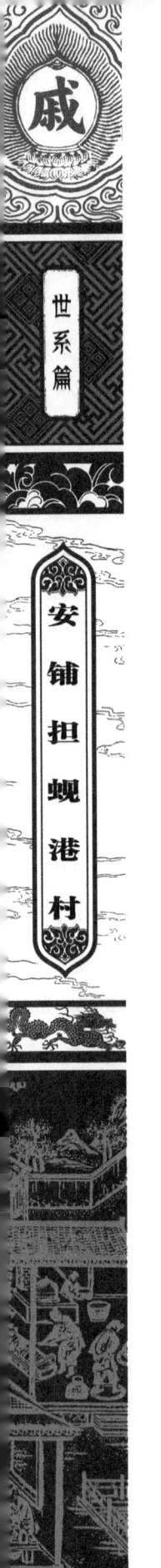

二十世：兆义配蔡氏生四子：戚芬（另续）、进方●、日生●、里才。

二十一世：里才生于1954年，配何氏生二子：日友、水年。

二十二世：日友生于1979年，配蔡氏生于1980年，生二子：嘉茹、嘉铭。

二十三世：嘉茹生于2008年，嘉铭生于2014年。

二十二世：水年生于1980年，配赵建梅生于1982年，生二子：天广、俊驰。

二十三世：天广生于2000年，俊驰生于2014年。

十四世：相秀妣张氏生四子：仁、义、礼、智。

十五世：仁妣何氏生一子：均泰。

十六世：均泰妣梁氏生三子：维栋（另续）、维槤（另续）、维祯（另续）。

十五世：义妣吴氏生三子：均利、均和、均惠。

十六世：均利妣莫氏生二子：维彬（另续）、维棋。

十六世：均和妣莫氏（取均利一子：维棋入继）

十六世：均惠姆谭氏生三子：维益、维善、维广。

十七世：维益妣马氏生四子：国昌、国裕、国顺、国林。

十八世：国昌妣谭氏生二子：有光、有辉。

十九世：有光妣谭氏生六子：兆祥、兆焕、兆文、兆章、兆经、兆纶。

二十世：兆祥妣潘、唐二氏生三子：培铿、培铣、华养。

二十一世：培铿配林麦二氏生四子：水安、文元、文光、文华。

二十二世：水安配梁桂珍生三女二子，女：谷枚、建霞、意玲；子：水碧、李超。

二十三世：水碧学历本科配胡锡丽学历本科，生一子：裕昊。

二十三世：李超学历大专配惠敏学历大专，生一子：裕华。

二十二世：文元毕业于英国电子系科技硕士学位，配戴秀美毕业于澳州雪梨大学博士学位，居住香港。

二十二世：文光毕业于美国经济学院博士，配黎雪心，毕业于香港大学，生一子：朗霆，居住香港。

二十二世：文华毕业于英国机械工程学院，配于惠毕业于天津大学为电脑系学位，生一女：佩婷。

二十一世：培铣配林桂英生三子：华标、李精、虾卜。

二十二世：华标生于1961年，配梁下妹生于1963年，生二子一女，女：李凤生于

1993 年，子：日甫、进除。

二十三世：日甫生于 1990 年，进除生于 1991 年。

二十二世：李精生于 1961 年，配卢春仙生于 1965 年，生二女一子，长女：秀文生于 2001 年，次女佳连；子：华成。

二十二世：虾卜生于 1966 年，配陈志青生于 1971 年，生一子一女，女：境婷生于 1991 年，子：康尤。

二十三世：康尤生于 2001 年，读书。

二十一世：华养生于 1939 年，配黄木秀生二子：伟忠、伟良。

二十二世：伟忠生于 1980 年。

二十二世：伟良生于 1983 年，配朱洁红生于 1990 年，生一子：海霖。

二十三世：海霖生于 2011 年。

二十世：兆焕配何氏生二子：培漩、培基。

二十一世：培漩生于 1920 年，配郑秀文生于 1920 年，生一子一女，女：戚引生于 1948 年，子：锦恒。

二十二世：锦恒生于 1942 年，配莫娣生于 1948 年，生四子二女。女：群娣、理娟；子：理军、理团、理铿、理第。

二十三世：理军生于 1975 年，配黄海娴生于 1979 年，生一子一女，女：明珠生于 2000 年，读书；子：明国。

二十四世：明国生于 2005 年，读书。

二十三世：理团生于 1979 年配杨丽静生于 1980 年，生一子：梓杰。

二十四世：梓杰生于 2004 年，读书。

二十三世：理铿生于 1981 年，配黎维英生于 1982 年，生一子：建华。

二十四世：建华生于 2001 年，读书。

二十三世：理第生于 1987 年配邹梦蝶生于 1989 年，生一女：女心怡生于 2010 年。

二十一世：培基配黄氏生四子一女，女：戚木南，出嫁；子：达、海（未详）、梅、进满●、进宁。

二十二世：达生于 1944 年，配陈水君生于 1944 年，生一子：华文。

二十三世：华文于 1984 年，配黎妹生于 1987 年，生一子一女，女：金哪生于 2007 年，子：宅明。

二十四世：宅明生于 2011 年。

二十二世：梅生于 1961 年，配甄五妹生于 1986 年，生一子一女，女：振丽；子：振士。

二十三世：振士生于 1988 年，生一子：铭华。

二十四世：铭华生于 2009 年。

二十二世：进宁生于 1969 年，配陆彩仙生于 1974 年，生一子一女，女：冰玉生于 1999 年，读书；子：桐桐。

二十三世：桐桐生于 2000 年。

二十世：兆文配文氏生二子：培均、进兰。

二十一世：培均配何氏生四子：戚成、戚就、戚卓、戚才。

二十二世：戚成生于 1944 年，配陈翠英生于 1946 年，生二子一女，女：李梅生于 1979 年，迁广州市；子：华杰、喜汉。

二十三世：华杰于 1972 年，配林燕生于 1979 年，生一子一女，女：慈媛生于 2010 年；子：裕炜。

二十四世：裕炜生于 2001 年。

二十三世：喜汉生于 1976 年，配何燕华生于 1977 年，生二女，长女：心榆生于 2008 年；次女：紫华生于 2004 年。

二十二世：戚就生于 1951 年，配罗琴生于 1958 年，生二子二女，女：长女连娣生于 1980 年迁廉江；二女树妹生于 1982 年迁湛江市；子：何荣、云龙。

二十三世：何荣生于 1985 年，配马红卫生于 1985 年，生二子：裕富、东游。

二十四世：裕富生于 2004 年，东游生于 2007 年。

二十三世：云龙生于 1988 年配李小云生于 1986 年，外务工。

二十二世：戚卓生于 1954 年，配黄均生于 1962 年，生三子：李建●、景红、金富。

二十三世：景红生于 1983 年，配麦月梅生于 1987 年，生一子：裕彬。

二十四世：裕彬生于 2013 年。1

二十三世：金富生于 1986 年，配周冬凤生于 1986 年，生一子一女，女：路清生于 2010 年，子：裕栋。

二十四世：裕栋生于 2008 年。

二十二世：戚才生于 1961 年，配方妹生于 1963 年，生一子二女，长女水娣生于 1987 年，迁安铺；二女水燕生于 1991 年；子：康旋。

二十三世：康旋生于1988年，配单诗芮生于1992年生一女：女紫欣生于2013年。

二十一世：进兰生于1940年，配黄连芳生二子三女，长女春妹生于1975年迁安铺，二女日晓生于1979年迁安铺，三女四妹生于1981年迁鱼塘村，子：国柱、锦玉。

二十二世：国柱生于1973年，配梁细妹生一子一女，女雪映生于2001年，读书；子：鸿权。

二十二世：锦玉生于1985年。

二十三世：鸿权生于1999年，读书。

二十世：兆章配施氏生一子：观生。

二十一世：观生配罗氏生三子：锦广和戚云为双胞胎、戚雨。

二十二世：锦广生于1963年，配曹氏生一女一子，女彩茹生于1997年，读书，子：华存。

二十三世：华存生于1990年，读书。

二十二世：戚云生于1963年。

二十二世：戚雨生于1972年，配陈发妹生于1967年，生二子一女，女：海媚生于1999年，读书；子：李敏、景滔。

二十三世：李敏生于1995年，景滔生于1997年。

二十世：兆经配何氏生一子：培杰。

二十一世：培杰配黄氏生四子：进溪、木绪、戚任、戚顷。

二十二世：进溪生于1950年，配李凤生于1953年，生二子一女，女：金娜生于1984年迁安铺，子：日宽、金莹。

二十三世：日宽生于1980年，配韦美娟生于1980年，生二子：华航、家伟。

二十四世：华航生于2009年，家伟生于2012年。

二十三世：金莹生于1983年，配沈星华生于1987年，生一子：增利。

二十四世：增利生于2014年。

二十二世：木绪生于1958年，配张石芬生于1963年，生三子：康润、康术、鸿伟。

二十三世：康润生于1990年，康术生于1993年，鸿伟生于1994年。

二十二世：戚任生于1963年，配李均生一子二女，女景英生于1990年；次女景玲生于1998年；子：日胡。

二十三世：日胡生于1995年，景玲生于1998年。

二十二世：戚顷生于1967年，配方丽生于1970年，生一子二女，女：长女海春生于1997年，二女智慧生于2004年；子：鸿健。

二十三世：鸿健生于2002年，读书。

二十世：兆纶配麦氏生三子：振茂、戚林、戚钦。

二十一世：振茂配符蔡二氏生二子三女，女：木桂、志勋、丽娟；子：鹏举、理国。

二十二世：鹏举生于1968年配麦景美生于1974年生一子：启宇。

二十三世：启宇生于1999年，读书。

二十二世：理国生于1977年，配陈柳敏生于1986年，生一子一女，女：淇淇；子：鸿韬。

二十三世：鸿韬生于2009年。

二十一世：戚林生于1941年，配蔡凤生于1947年，生二子：理兵、日展。

二十二世：理兵生于1973年，配黄月娟生于1973年，生一子二女，大女锦债生于2001年，二女鲸影生于2004年；子：广轩。

二十三世：广轩生于2005年。

二十二世：日展生于1977年，配杨春连生于1977年，生二子：子营、李东。

二十三世：子营生于2008年，李东生于2012年。

二十一世：戚钦生于1948年，配莫梅生于1948年，生二子三女，大女海琼生于1977年，迁珠头垭村；二女：超冠生于1984年，迁红马墩村；三女：妙德生于1986年，迁广州市；子：兴海、李铁。

二十二世：兴海生于1979年，配文广芬生于1981年，生一子二女。女：紫茵生于2012年、紫雅生于2014年；子：紫停。

二十三世：紫停生于2015年。

二十二世：李铁生于1981年。

十九世：有辉妣黄氏生二子：兆谦、兆让。

二十世：兆谦配周氏生四子：戚清、日升、亚强、亚列。

二十一世：戚清生于1933年，配曹云英生于1934年，生二子：文通、文典。

二十二世：文通生于1964年。

二十二世：文典生于1967年，生一女：嘉桃生于2011年，儿童。

二十一世：日升生于1940年，配谭瑞英生于1941年，取一子入继：日聪。

二十二世：日聪生于1979年，配刘燕生于1982年，生一子：家豪。

二十三世：家豪生于2010年。

二十一世：亚强生于1940年，配梁桂英生于1947年，生五子：戚大●、戚艺●、伟如、伟荣、伟治。

二十二世：伟如生于1968年，配莫永卫生于1967年，生一子二女，大女：景丽生于2004年，二女：楚婷生于2006年；子：志鹏。

二十三世：志鹏生于2002年。

二十二世：伟荣生于1970年，配汤彩云生于1972年，生二子一女，女：颖霞生于1990年；子：建杰、建文。

二十三世：建杰生于1994年，建文生于1998年。

二十二世：伟治生于1974年，配张华琴生于1978年。

二十一世：亚列生于1954年，配陈檬生于1953年，生三子：康日、石安、华党。

二十二世：康日生于1982年，配黄巧玲生于1983年，生一子：轩华。

二十三世：轩华生于2014年。

二十二世：石安生于1984年，配李飞燕生于1985年，生一子：腾元。

二十三世：腾元生于2012年。

二十二世：华党生于1986年。

二十世：兆让配黄氏生五子：成群、土业、戚明、戚庆●、戚维。

二十一世：戚群生于1948年，配麦氏生三子：理伟、进科、进聪。

二十二世：理伟生于1981年,配颜木娣生于1987年，生三女，长女：晓莹生于2009年；二女：文欣生于2012年；文思生于2014年。

二十二世：进科生于1984年，配李丹红生于1982年，生一子一女，女：心怡生于2010年；子：志轩。

二十三世：志轩生于2013年。

二十二世：进聪生于1986年。

二十一世：土业生于1956年，配陈石英生于1957年，生二子一女，女：燕春生于1992年；子：进富、进威。

二十二世：进富生于1986年配文春娣生于1998年，生一子：子豪。

二十三世：子豪生于 2011 年。

二十二世：进威生于 1988 年，配周青云生于 1990 年。

二十一世：戚明生于 1958 年，配许妹生于 1959 年，生二子三女，大女：春桃生于 1984 年；二女：春丽生于 1985 年；三女：金凤生于 1989 年；子：广锋、华准。

二十二世：广锋生于 1991 年；华准生于 1994 年。

二十一世：戚维生于 1968 年配蓝易生于 1969 年生二女一子：长女映雯生于 1996 年；二女诗霞生于 1998 年；子：华碘。

二十二世：华碘生于 2004 年，读书。

十七世：维善妣罗氏生一子：国安。

十八世：国安妣氏生三子：有新、有焕、有来（另续）。

十九世：有新妣潘、麦二氏生三子：兆伟、戚锦、戚就。

二十世：兆伟配陈氏生二子：张生、日同。

二十一世：张生生于 1946 年，配张美倩，生于 1951 年，生一子：戚靖。

二十二世：戚靖生于 1982 年，配胡厦生于 1990 年，生一子：轩图。

二十三世：轩图生于 2012 年。

二十一世：日同生于 1952 年，配陈英生于 1957 年，生一子一女，女：翠珠；子：穗波。

二十二世：穗波生于 1979 年，配黄水娣生于 1986 年，生一女：文仙生于 2010 年，儿童。

二十世：戚兆锦，配陆雪萍，生三子：志强、志文、进辉。

二十一世：志强生于 1956 年，配李碧芹生于 1963 年，生一子一女，女：戚慧生于 1979 年，迁嫁；子：星顿。

二十二世：星顿生于 1990 年。

二十一世：志文生于 1960 年，配陈丹梅生于 1967 年，生一子一女，女：诗敏生于 1998 年；子：康武。

二十二世：康武生于 1990 年。

二十一世：进辉生于 1962 年，配陈颜荣生，于 1963 年，生一子：晓滨。

二十二世：晓滨生于 2003 年。

二十世：戚就生于 1934 年 10 月 6 日，配林颖娟生于 1939 年 8 月 29 日，生一子：

戚恕。

二十一世：戚恕生于 1959 年 8 月 12 日，配张碧玲生于 1966 年 7 月 19 日，生一子：钊戈。

二十二世：钊戈生于 1989 年 9 月 15 日。

十九世：有焕妣庞氏生四子：观隆●、先国、先保、进光。

二十世：先国妣黄少娟生一子：光安。

二十一世：光安生于 1963 年，配黄小玲生于 1968 年，生二子：戚冕、戚政。

二十二世：戚冕生于 1989 年，戚政生于 1992 年。

二十世：先保生于 1938 年配邓娇生于 1945 年，生三子：戚辉、武倪、培波。

二十一世：戚辉生于 1968 年，配陈爱凤生于 1969 年，生一子一女，女：舒尹生于 1996 年；子：奥都。

二十二世：奥都生于 2000 年。

二十一世：武倪生于 1971 年，配黎杏生于 1978 年，生一子：涵迪。

二十二世：涵迪生于 2014 年。

二十一世：培波生于 1974 年，配洪琳生于 1982 年，生二女：紫灵生于 2007 年，紫茵生于 2009 年。

二十世：进光生于 1944 年，配杨康妹生于 1944 年，生二子：武伟、培奎。

二十一世：武伟生于 1966 年，配黄建清生于 1968 年，生二子：昭烨、潇文。

二十二世：昭烨生于 1996 年；潇文生于 1997 年。

二十一世：培奎生于 1968 年，配黎小平生于 1975 年，生三子：戚启、戚婕、一炫。

二十二世：戚启生于 1993 年；戚婕生于 1996 年；一炫生于 2004 年。

十四世：相清妣林氏生三子：爵瓒、爵琫、爵瑚。

十五世：爵瓒妣氏生二子：均震（另续）、均刚。

十六世：均刚妣苏、王二氏生一子：维屏。

十七世：维屏妣陈氏生一子：国珍。

十八世：国珍妣氏生一子：有瑞。

十九世：有瑞配黄氏生二子：兆来（随母亲）、戚福。

二十世：兆来配梁惠英生三子：戚球、志欢、志敏。

二十一世：戚球生于 1968 年，配许国生于 1970 年，生一子一女，女：少南，迁麻章；

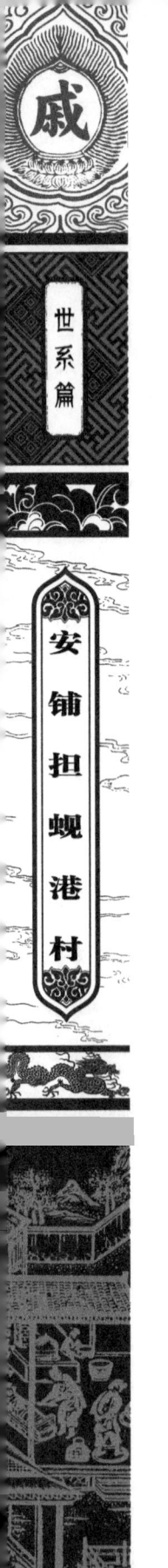

子：理松。

二十二世：理松生于 1983 年，配钟丽单生于 1986 年，生一子一女，女：茹泳生于 2013 年；子：景华。

二十三世：景华生于 2015 年。

二十一世：志欢生于 1970 年，配图桂香生于 1972 年，生二女，长女东主生于 2001 年；二女进期生于 2003 年。

二十一世：志敏生于 1975 年，配马丽清生于 1977 年，生二女，长女：思玲生于 2003 年；二女：海茵生于 2010 年。

二十世：戚福配林进英生三子：戚君、志景、志友。

二十一世：戚君生于 1969 年，配钟金娣生于 1972 年，生一子二女，女：日仙生于 1993 年；日凤生于 1995 年；子：水华。

二十二世：水华生于 1990 年。

二十一世：志景生于 1972 年，配陈妹生于 1976 年，生二子一女，女：斯如生于 1993 年；子：华龙、华帅。

二十二世：华龙生于 1991 年；华帅生于 1998 年。

二十一世：志友生于 1976 年，配黄仙娣生于 1975 年，生二子：家明、家杰。

二十二世：家明生于 2000 年，家杰生于 2002 年。

十五世：爵琫妣氏生四子：均齐、均衡（另续）、均杰（另续）、均荣。

十六世：均齐妣氏生二子：维德、维炳●。

十七世：维德妣氏生二子：国开、国纯●。

十八世：国开妣李氏生二子：有鸿、有喜。

十九世：有鸿妣李氏生二子：兆石、吴桂。

二十世：兆石配陈氏生一子二女，大女：戚卯生于 1959 年；二女：戚霞生于 1963 年；子：日龙。

二十一世：日龙生于 1968 年，配方伟珍生于 1974 年，生二子二女：长女销颖生于 1993 年；二女景宁生于 1994 年；子：木欣、华合。

二十二世：木欣生于 1996 年；华合生于 2000 年。

二十世：吴桂妣谭球英生于 1941 年，生一子三女，大女：石娟；二女：燕清；三女：玉云；子：戚成。

二十一世：戚成生于 1971 年，配莫诗敏生于 1971 年，生一子一女，女：妙玲生于 1998 年；子：锦棠。

二十二世：锦棠生于 2006 年。

十九世：有喜妣陈氏生二子：兆振、兆发。

二十世：兆振生于 1936 年，配郭月英生于 1934 年，生四子：华伟、继禄、戚远、培仁。

二十一世：华伟生于 1962 年，配梁华木生于 1963 年，生二子一女，女：慧恩生于 1992 年，迁广西；子：锦存、华标。

二十二世：锦存生于 1998 年；华标生于 2001 年。

二十一世：继禄生于 1966 年，配陈美建生于 1967 年，生一子：文文。

二十二世：文文生于 1994 年。

二十一世：戚远生于 1970 年，配王三妹生于 1973 年，生一子一女，女：丽施生于 1984 年；子：国辉。

二十二世：国辉生于 2000 年。

二十一世：培仁生于 1976 年，配孙细凤生于 1986 年，生一子：文轩。

二十二世：文轩生于 2011 年。

二十世：兆发生于 1942 年，配郑妹生于 1996 年，生二子四女，长女戚调；二女玉娥；三女玉芳；四女玉如。子：培忠、培仪。

二十一世：培忠生于 1970 年，配陈日生于 1970 年，生一子一女，女：燕燕生于 2000 年；子：锦全。

二十二世：锦全生于 2006 年。

二十一世：培仪生于 1980 年，配罗小美生于 1980 年，生二子：炜杰、炜柏。

二十二世：炜杰生于 2010 年，炜柏生于 2012 年。

十六世：均荣妣李氏生二子：维瑶、维光。

十七世：维瑶妣郭氏生七子：亚一●、亚二●、国芬、国芳、国燕、国茂、国兰。

十八世：国芬妣陈氏生三子：有福●、有均、亚寿●。

十九世：有均妣陈氏生二子：华士、土豪。

二十世：华士生于 1955 年，配温华英生于 1957 年，生三子：木秀、广才、戚广敏。

二十一世：木秀生于 1982 年，配陈凤珍生于 1982 年，生二子一女，子：宝丽、宝甜。

二十二世：宝丽生于 2010 年，宝甜生于 2012 年。

二十一世：广才生于 1986 年；广敏过珠盘海。

二十世：土豪生于 1963 年，配陈妹生于 1976 年，生二子一女，女：洁如生于 1976 年；子：华炳、志海。

二十一世：华炳生于 2003 年，志海生于 2009 年。

十八世：国芳妣邓氏生二子：有益、有常。

十九世：有益妣黎世生一子：流文。

二十世：流文生于 1959 年，配谢日英、骆妹珍生一子：戚芷。

二十一世：戚芷配陈彩晚生一子：陈源。

十九世：有常妣马秀莲生四子一女，女：秀辉生于 1975 年，迁麻章北沟村；子：康朝、景耀、木廉、木楷。

二十世：康朝生于 1961 年，配伍旺娣生三子：华桥、日青、广鹏。

二十一世：华桥生于 1991 年，日青生于 1994 年，广鹏生于 1998 年。

二十世：景耀生于 1966 年，配毛妹生于 1968 年，生一子三女，大女：观玲生于 1989 年，迁湛江市；二女：南妹生于 1992 年；三女：日燕生于 1995 年；子：进成。

二十一世：进成生于 1987 年，配陈海燕生于 1987 年，生一子一女，女：如颐生于 2011 年；子：观铭。

二十二世：观铭生于 2009 年。

二十世：木廉生于 1969 年，配陈妹生于 1971 年，生二女一子：木慧生于 1996 年；玉娜生于 1996 年；子：水珊。

二十一世：水珊生于 1992 年。

二十世：木楷生于 1979 年，配潘国芳生于 1981 年，生二女一子，女：丽娟生于 2008 年；恒瑜生于 2014 年；子：家棋。

二十一世：家棋生于 2010 年。

十八世：国燕妣王氏生二子：有桐、有泉。

十九世：有桐妣陈玉珍生三子：水秋、戚东、振海。

二十世：水秋配陈秀荣生四女二子，大女：日芝生于 1982 年，二女：李金生于 1984 年，三女：水静生于 1986 年，四女：春燕生于 1990 年；子：观龙、康才。

二十一世：观龙生于 1988 年，康才生于 1991 年。

二十世：戚东，配叶氏八妹，生一子二女，大女：伟玲生于 1977 年；二女：日新生

于 1979 年；子：水平。

二十一世：水平配莫碧霞，生二子：志豪、志杰。

二十二世：志豪生于 2009 年，志杰生于 2011 年。

二十世：振海配文静美，生一子一女，女：永怡生于 2000 年，子：培鑫。

二十一世：培鑫生于 2002 年。

十九世：有泉配麦少珍，生三子三女，大女：春生于 1972 年，二女：眉生于 1974 年，三女：玲生于 1977 年，子：振康、振领、广印。

二十世：振康配潘辉，生一子三女，长女：水云生于 1986 年；二女：木珍生于 1990 年，三女：金成生于 1992 年，子：池进。

二十一世：池进生于 1988 年。

二十世：振领配黎引生二子一女，女：水仙生于 1999 年，子：培泽、培显。

二十一世：培泽生于 2000 年，培显生于 2001 年。

二十世：广印配黄水调生二子：恩杰、恩择。

二十一世：恩杰生于 2010 年，恩择生于 2012 年。

十八世：国茂妣何氏生二子：有林、观落。

十九世：观落配蔡氏迁居海南落业。

十九世：有林配陈氏生四子：兆杰、兆荣、兆意、兆团。

二十世：兆杰生于 1950 年，配陈志英生于 1950 年，生二子一女，女：海燕迁安铺，子：海岸、海江。

二十一世：海岸生于 1978 年，配蔡昌石生于 1984 年，生一子：子昊。

二十二世：子昊生于 2014 年。

二十一世：海江生于 1981 年，配麦土算生于 1989 年。

二十世：兆荣生于 1957 年，配陈明生于 1963 年，生一子一女，女：海兰生于 1982 年，迁朱盘海村，子：海鸿。

二十一世：海鸿生于 1985 年。

二十世：兆意生于 1966 年，配方月妹生于 1969 年，生二子一女，女：木斯生于 1997 年，子：明智、明辉。

二十一世：明智生于 1994 年；明辉生于 2000 年。

二十世：兆团生于 1971 年配莫景平生于 1976 年，生二子一女，女：大女戚妹生于

1992 年；二女若斯生于 1998 年；子：华冠、华滔。

二十二世：华冠生于 1993 年，华滔生于 1997 年。

十八世：国兰妣梁氏生三子：有源、有安、有龙。

十九世：有源配王秀芳生二子二女，大女：李生生于 1950 年，迁安铺，二女：虾妹生于 1958 年，适安铺，子：林生、云生。

二十世：林生生于 1954 年，配黄俏映生于 1957 年，生二子：永光、戚翘芬。

二十一世：永光生于 1985 年，配邹美玲生于 1986 年生二子：宇曦、嘉渝。

二十二世：宇曦生于 2012 年，嘉渝生于 2013 年。

二十世：云生生于 1962 年，配陆小宇生于 1961 年，生一女：晓维生于 1992 年。

十九世：有安生于 1928 年，妣黄氏生于 1933 年，生四子：康流、建成、建国、建红。

二十世：康流生于 1956 年，配毛水朝生于 1956 年，生一子二女，二女：映红，二女：李霞，子：海涛。

二十一世：海涛生于 1980 年，配黄木引生于 1983 年，生一子一女，女：嘉欣生于 2008 年，子：豪鹏。

二十二世：豪鹏生于 2010 年。

二十世：建成生于 1965 年，配杨爱生于 1968 年，生一子二女，大女：洁文生于 1993 年，二女：玉蝉生于 1995 年，子：学文。

二十一世：学文生于 1997 年。

二十世：建国生于 1968 年，配麦穗生于 1968 年，生一子：学智。

二十一世：学智生于 1994 年。

二十世：建红生于 1971 年，配钟杰英生于 1973 年，生一子一女，女：雨恒生于 2000 年，子：景熙。

二十一世：景熙生于 1997 年。

十九世：有龙生于 1932 年，配陈桂芳生于 1933 年，生二子：红孟、戚檬。

二十世：红孟生于 1967 年，配黄换改生于 1968 年，生二子一女，大女：木晓生于 1994 年，已适；子：康进、康宁。

二十一世：康进生于 1992 年；康宁生于 1996 年。

二十世：戚檬生于 1969 年 10 月 8 日，配温炎生于 1970 年，生二女一子：长女恩欣生于 1991 年，适杭州市，二女：恩君生于 1993 年，适韶关市，子：华建。

二十一世：华建生于1998年。

十七世：维光妣陈氏生二子：国栋●、国檴。

十八世：国檴妣黎陈二氏生二子：有灿、有锦。

十九世：有灿妣周氏生四子：戚辉●、兆华、戚珍（未详）、土旺。

二十世：兆华生于1944年，配宋氏生五子：培富、培如、培枢、培通、培葵。

二十一世：培富生于1964年，配蔡建芳生二子一女，女：思涛生于1999年，子：锦恩、锦昌。

二十二世：锦恩生于1997年，锦昌生于2001年。

二十一世：培如生于1973年，配王亚群生于1972年，生一子二女，大女：嘉慧生于2000年，二女：琼丹生于2003年，子：锦杰。

二十二世：锦杰生于2013年。

二十一世：培枢生于1974年，配伍玲生于1980年，生一子二女，大女：欣琪生于2005年，二女：思艺生于2011年，子：锦涛。

二十二世：锦涛生于2010年。

二十一世：培通生于1980年，配何玉清生于1980年，生一女：晓敏生于2012年。

二十一世：培葵生于1989年，务工。

二十世：土旺生于1969年，配黄爱华生于1965年，生一子二女，大女：水清生于1986年，迁下插村，二女：碧玉生于1990年，迁港头村；子：培华。

二十一世：培华生于1988年。

十九世：有锦生于1934年，配梁梅辉生于1933年，生三子二女，大女：钟英；二女：钟元；子：戚佩、戚理、戚进。

二十世：戚佩生于1954年，配黄日喜生于1960年，生二子一女，女：燕云；子：培炎、培景。

二十一世：培炎生于1980年，配何东梅生于1984年，生一子：天睿。

二十二世：天睿生于2012年。

二十一世：培景生于1984年，配林景春生于1984年，生一子一女，女：依琳生于2005年；子：梓康。

二十二世：梓康生于2009年。

二十世：戚理配陈氏生一子：培林。

二十一世：培林配麦梅生四女，大女：景先生于1982年，适广西梧州；二女：木影生于1984年，适湛江；三女：戚妹生于1988年，适湛江；四女：许梅生于1989年，适广州。

二十世：戚进生于1958年，配郑玉龙、莫珍二氏，生三子一女：女水婷；子：培浩、培志、培华。

二十一世：培浩生于1985年，培志生于1990年，培华生于2008年。

十五世：爵瑚妣莫氏，生二子：均慎、均建（未详）。

十六世：均慎妣温、许二氏，生二子：维章、维境。

十七世：维章妣氏，生一子：国园。

十八世：国园妣潘氏，生一子：有德。

十九世：有德妣邓、陈二氏，生二（取戚进一子）：兆锡、亚周●。

二十世：兆锡妣黎氏，生三子：南有●、亚深、亚祥。

二十一世：亚深生于1950年，配伍珍生于1950年，生四子一女，女：海仙生于1980年，迁安铺；子：海冰、海聪、海强、海檬。

二十二世：海冰生于1977年，配柯绍霞生于1982年，生一子：水良。

二十三世：水良生于2001年。

二十二世：海聪生于1979年，配陈敏祖，生于1983年，生二子：子阳、锦宏。

二十三世：子阳生于2010年；锦宏生于2010年。

二十二世：海强生于1980年，配姚月荣，生于1981年，生二子：文杰、进添。

二十二世：海檬生于1986年。

二十三世：文杰生于2009年，进添生于2013年。

二十一世：亚祥生于1962年，配伍带喜，生于1965年，生二子一女，女：金雪生于1995年；子：木升、境帅。

二十二世：木升生于1992年，境帅生于1997年。

十七世：维境妣氏生一子：国林。

十八世：国林妣潘氏生一子：有和。

十九世：有和妣周氏（取一子入继：兆英。）

二十世：兆英迁北海居住。（子孙已入谱天塘村）

十七世：维东，安铺后塘迁担蚬港生一子：亚来。

十八世：亚来妣氏生一子：有伴。

十九世：有伴妣黄氏生二子：戚广、康建。

二十世：戚广生于1944年，配梁麦梅生于1949年，生二子一女，女：丽平生于1969年，迁廉江；子：国锋、国华。

二十一世：国锋生于1974年，配陈华娣生于1976年，生一子：子欣。

二十一世：国华生于1976年，配伍木兰生于1980年，生二子：子恒、子搏。

二十二世：子恒生于2007年，子搏生于2011年。

二十世：康建生于1956年，配卢氏生一子一女，女：小桃生于1989年；子：聪铭。

二十一世：聪铭生于1988年。

世美公长支子达公分支成宠公派下相捷房源流谱

十三世：成宠妣洪氏生一子：相捷。

十四世：相捷妣莫氏生一子：文、来。

十五世：文妣林氏生二子：均宁、亚养●。

十六世：均宁妣林氏生二子：维富、维禄（另续）。

十七世：维富妣氏生五子：世林、世平、世和（另续）、世明（另续）、世春（另续）。

十八世：世林妣陈氏生二子：有龙、有成。

十九世：有龙配陈氏生一子：兆英。

二十世：兆英配潘、陈二氏生二子：培信、培华。

二十一世：培信生于1953年7月9日配郑少连，界炮人，生于1953年9月16日，生二子：锦滔、广略。

二十二世：锦滔生于1981年5月29日，配张氏，贵州人，生一子：李鹏。

二十二世：广略生于1985年9月16日，学历初中，配罗晓红，博教坡村人，生于1985年11月2日，生一女一子，女：诗琪；子：境轩。

二十三世：境轩生于2014年3月1日。

二十一世：培华生于1958年3月1日，配曹英，营仔人，生于1966年3月29日，生二子：锦培、锦荣。

十九世：有成妣黄氏生二子：兆业●、兆建。

二十世：兆建配吕氏生一子：培洪。

二十一世：培洪生于1958年7月10日，学历初中，在横山供电所工作，配梁枚虾头坡村人，生于1959年，生一子：木广。

二十二世：木广生于1982年8月15日，配梁凤燕九头埔村人，在安铺四中任教，生一子一女。女：裕献；子：琪翔。

十五世：亚来妣杨氏配戚周长子入继：均有。

十六世：均有妣梁氏生一子：维景。

十七世：维景妣曹氏生一子：世平。

十八世：世平妣罗氏生四子：有槐、有钦、有东、有全。

十九世：有槐妣叶氏生三子：兆庆、兆祯、兆让。

二十世：兆庆配陈氏生一子：培粤。

二十一世：培粤配符氏生四子：锦敬、锦站、锦标、锦艺。

二十二世：锦敬生于1960年2月12日，学历高中，配周润，下旦村人，生于1959年11月6日，生二子：永松、永常。

二十二世：锦站生于1963年3月24日，学历初中，配赖芳香九车村人，生一子：志鹏。

二十二世：锦标生于1967年8月2日，学历初中，配潘小英封决村人，生于1971年9月22日，生一子：永坤。

二十二世：锦艺生于1971年7月1日，学历高中，在廉江四中任教，配莫氏廉江人。

二十世：兆祯配黄氏生一子：培桃。

二十一世：培桃生于1951年，学历初中，安铺航管站工作已退休，配陈相安铺包子村人，生于1956年3月5日，学历初中，生一子：华进。

二十二世：华进生于1980年，学历初中，配黄氏生二女。

二十世：兆让配罗氏生三子：培益、培邱、培锦。

二十一世：培益生于1957年，学历初中，配黎琴茅坡紧水仔村人，生1962年11月3日，生一子：家炽。

二十二世：家炽生于1981年8月，学历初中，配方旺梅，合河村人，生于1987年，生一子：梓威。

二十一世：培邱生于1960年7月26日，学历高中，在茂桂路小学教师，配王流，横坡村人，生于1963年，初中，生一子：锦波。

二十二世：锦波生于1985年9月16日。

二十一世：培锦生于1963年1月27日，学历高中，配陈养生于1963年，生一子：康梅。

二十二世：康梅生于1989年7月25日。

十九世：有钦配叶氏生二子：兆仁、兆仪。

二十世：兆仁配麦氏生二子：亚基●、亚滴。

二十一世：亚滴生于1969年8月2日，配刘付志琼，石角人生于1967年12月3日，生三子：康勤、康发、康有。

二十二世：康勤生于 1991 年 7 月 14 日，学历初中，配罗秋莹廉江人生于 1990 年 7 月 13 日，学历初中，生一子：子鑫。

二十二世：康发生于 1992 年 10 月 2 日，学历初中，外务工，配潘舒婷，田头仔村人生于 1994 年 9 月 25 日，生一子：子锋。

二十二世：康有。

二十世：兆仪配司氏生一子：培昌。

二十一世：培昌生于 1970 年 5 月，学历初中，外务工，配曹连车板明教村人，生于 1971 年 7 月，生一子：康程。

十九世：有东配赖、黄二氏生三子：兆永、兆娣、兆祥。

二十世：兆永配符氏生五子：培富、培养、培建（未详）、培善、培栋。

二十一世：培富生于 1963 年 12 月 29 日，学历初中，外务工，配朱齐下担村人，生于 1962 年 6 月 8 日，生二子：李广、锦泉。

二十二世：李广生于 1987 年 5 月 17 日；锦泉生于 1991 年 10 月 22 日。

二十一世：培养生于 1963 年，初中，外务工，配梁梅，急水村人，生二子：康流、锦华。

二十二世：康流生于 1990 年 8 月 14 日；锦华生于 1993 年 12 月 29 日。

二十一世：培善生于 1970 年 11 月 16 日，学历初中，外务工，配何秀玲，云峡村人生于 1971 年 9 月 8 日，生二子：锦柱、锦伟。

二十一世：培栋生于 1968 年，学历高中，现在佛山工作，配伍氏佛山市人，生一子：振宇。

二十世：兆娣配越氏生一子：培美。

二十一世：培美生于 1996 年 6 月 8 日。

二十世：兆祥配吴氏生一子：培彬。

二十一世：培彬生于 1979 年月日。

十九世：有全配黄氏生一子：兆才。

二十世：兆才配吴氏生一子：培海。

二十一世：培海生于 1971 年，学历初中，配何海英，五七干校人生于 1975 年，生二子：锦柏、锦航。

十八世：世和扎莫氏生一子：有程。

十九世：有程配何氏生三子：兆华、兆国、兆成。

二十世：兆华配黄氏生二子：培胜、培枢。

二十一世：培胜配梁氏生四子：亚开、亚惠、华春、春志。

二十二世：亚开生于1963年4月21日，学历初中，外务工，配莫少平，欧家塘村人生于1963年7月21日，学历初中，生一子：鸿贤。

二十二世：亚惠生于1961年，学历初中，在外务工，配李梅廉江人生于1964年，生一子：文斌。

二十二世：华春生于1975年12月2日，学历初中，配陆小平，大船部村人生于1978年，学历初中，生一子：梓熙。

二十二世：春志生于1979年2月9日，配何连，急水村人生于1979年3月9日，生一子：文鑫。

二十世：兆国配郭氏生二子：文●、亚基。

二十一世：亚基配郑氏生二子：广治、朝柏。

二十一世：培枢配黎氏生一子：国喜。

二十二世：国喜生于1981年12月日。

二十世：兆成配符氏生一子：培展。

二十一世：培展配陈氏生二子：亚培、亚锋。

十八世：世明妣氏生二子：亚芳●、亚保●。

十八世：世春配曹氏、梁氏生二子：有益、亚太●。

十九世：有益配陈氏生五子：兆芳、兆桐、兆胡、兆日、亚虾●。

二十世：兆芳配黎氏生二子：培存、培静。

二十一世：培存配王氏生二子：广志、日强。

二十二世：广志生一子：嘉朗；日强。

二十一世：培静配文氏生二子：志洪、志航。

二十二世：志洪生于1986年12月2日，学历初中，在外务工，配陈观娣，横山六格村人生于1984年2月2日，生二子：鸿跃、鸿健。

二十二世：志航生于1992年，学历初中，外务工，配陈舒婷，港头村人生于1992年，生一子：中纯。

二十世：兆桐配陈氏生三子：培保、培迟、培准。

二十一世：培保生于1958年6月22日，学历初中，外务工，配麦石英生于1958年

12月28日，新村人，生二子二女，女：翠玲、翠二；子：镇科、锦荣。

二十一世：培迟生于1966年9月16日，学历初中，外务工，配陈少波生于1970年9月18日急水村人，生于1970年9月18日，生二女二子，女：森淼、森玲，子：海源、焱灿。

二十一世：培准生于1971年11月4日，学历初中，在外务工，配蓝站萍生于1982年2月16日，广西南宁人，生一女：璐娜。

二十世：兆胡配梁氏生五子：培明、木书、培叶、培豪、培甫。

二十一世：培明，学历初中，在安铺粮所工作，配卜群娣，安铺人，生二子：锦监、锦杰。

二十一世：木书生于1962年12月5日，学历初中，外出务工，配莫海梅生于1958年4月9日欧家塘村人，生一女三子，女：嘉丽，子：亚术、日武、日良。

二十一世：培叶生于1964年8月16日，学历初中，外出务工，配李建芳，洋青人，生二子一女，女：丹丽，子：梓鹏、梓杨。

二十一世：培豪，学历高中，现任深圳火车站警官，配陈氏在深圳银行工作，生一子：锦龙。

二十一世：培甫，学历高中，在中山工作，配邱氏生一子：锦历。

二十世：兆日配赵氏生四子：培康、培养、培京、培赛。

二十一世：培康生于1961年1月13日，学历初中，配谭平生于1968年11月9日营仔人，生一子：李超。

二十一世：培养生于1963年9月22日，学历初中，配黎琼生于1963年7月20日赤里山村人，生一子：锦灼。

二十一世：培京生于1968年5月22日，学历初中，配方林英生于1970年8月24日安铺人，生一女一子，女：嘉明，子：华焕。

二十一世：培赛生于1970年6月10日，配黄丽娟，界炮旺村人，生一子：锦滨。

世美公长支子达公分支成弼公派下戚学和源流谱

十三世：戚弼妣张氏生一子：学和。

十四世：学和妣余氏生一子：戚扬。

十五世：戚扬妣何氏生四子：均员（另续）、均高（另续）、均利（另续）、均白。

十六世：均白妣曹氏生一子：维绍。

十七世：维绍妣黄符二氏生六子：世有、世朝●、世发、世连、世球、世业。

十八世：世有配何氏生二子：有伦、有谦。

十九世：有伦配陈氏生一子：兆章●，配周氏出嫁。

十九世：有谦配蔡氏生二子：兆槐、兆柏。

二十世：兆槐配郭氏生一子：培生。

二十世：兆柏配吕氏●。

二十一世：培生生于1952年9月17日，配陈凤生于1960年12月10日港头村人，生二子：伟洪、伟健。

二十二世：伟洪生于1980年6月1日，配李建丽廉江市区人生于1982年8月21日，生一子一女，女：海瑶，子：广添。

二十二世：伟健生于1983年配陈水润生于1987年3月6日，学塘村人，生二子：振鑫、振钰。

十八世：世胡。

十八世：世发配吕氏生一子：有顺。

十九世：有顺配李氏生二子：兆廷、亚轩●。

二十世：兆廷配方氏生一子：培庚。

二十一世：培庚配黎氏生三子：锦新、锦队、锦炳。

二十二世：锦新生于1964年8月2日，配徐秀生于1964年5月10日杨柑人，生二子：鸿华、鸿星。

二十三世：鸿华学历初中，配黄慧学历初中，在外务工，生一女。

二十二世：锦队配梁美英洋青人生一女。

二十二世：锦炳生于1967年8月1日，配亚聘生于1975年2月4日欧家村人，生二子：鸿鹏、鸿颖。

十八世：世连配陈氏生一子：有栋。

十九世：有栋配符氏生子：兆开。

二十世：兆开配邱氏生一子：培烈。

二十一世：培烈生于1961年，学历高中，现任河堤自来水厂长，配张欣落业安铺，生二子：锦湛、海林。

二十二世：锦湛生于1992年，学历省本科毕业，安排汕头工作。

十八世：世球配林氏生三子：有卓、亚靖●、亚贤●。

十九世：有卓配陈氏生三子：兆满、兆军、兆梯。

二十世：兆满生于1962年6月28日，配谭八梅生于1964年8月6日车板人，生二子：康森、木聪。

二十世：兆军生于1966年10月13日，配何才英生于1966年4月27日大山村人，生二子：培柱、镇鸿。

二十世：兆梯生于1975年4月20日配王雪生于1974年4月9日云峡村人，生一子：文博。

十八世：世巡妣林氏生一子：有任。

十九世：有任妣符氏生三子：兆平、兆李、兆团。

二十世：兆平生于1949年7月8日，学历高中，定居安铺，配王梅生于1948年6月13日排里三叉村人，生一子：培棠。

二十一世：培棠，学历中学，外务工，配赖氏生一女：宝倩二十世：兆李，学历高中，定居安铺配罗氏生二子二女，女：玉洁，子：剑锋、建聪。

二十一世：剑锋，学历高中，在外务工，配官氏生一女：洁玉。

二十世：兆团，学历高中，定居安铺配黄氏生二子：日富、日强。

十八世：世旋妣莫氏生二子：有瑞●、有森。

十九世：有森妣马氏生四子：进德、路生●、亚侨●、亚其●。

二十世：进德配周氏生三子：培赐●、亚坚、日仙。

二十一世：亚坚配越氏生二子：锦富、康应。

二十一世：日仙配陈氏生三子：何珍、锦政、锦党。

二十二世：何珍配陈氏生一女。

二十二世：锦政，学历初中，配崔氏生三子：鸿泽、鸿成、鸿明。

二十二世：锦党。

世美公长支子达公分支允乾公派下相国公房源流谱

十三世：允乾妣氏生三子：相斌（另续）、相贤（另续）、相国。

十四世：相国妣李氏生二子：列●、耀。

十五世：耀妣卢氏生二子：均国（另续）、均廷。

十六世：均廷（迁居安铺落业），配蔡氏生三子：维养（另续）、维明（另续）、维福。

十七世：维福妣氏生二子：世南、世和。

十八世：世南妣王氏生二子：有芬、有梅。

十九世：有梅配王氏●。

十九世：有芬配郑氏生一子：兆源。

二十世：兆源配符氏生一子：振光。

二十一世：振光配陈氏生二子：木林、宽强。

二十二世：木林配黄氏生二子：亚剑、亚涛。

二十三世：亚剑配揭氏生一女。

二十三世：亚涛。

二十二世：宽强配莫氏生二子：亚军、亚宇。

二十三世：亚军配庞氏生一子：梓豪。

二十四世：梓豪。

十八世：世和配莫氏在安铺高经营各类商行生意，生一子：有田。

十九世：有田配钟氏生三子：戚艺、天华、戚统。

二十世：戚艺配张氏生一子：庆东。

二十世：天华配莫氏生一子：东信。

二十一世：东信配陈氏生一子：均波。

二十一世：庆东配吴氏生一女：洋希。

二十世：戚统配伍氏生二子：戚肇、戚乐。

二十一世：戚肇配赖氏生一子一女，女：雯洁，子：戚沛。

二十一世：戚乐。

世美公长支子达公分支成杰公派下相清房源流谱

十三世：成杰葬烟墩岭生东北向西南，生三子：相辉（另续）、相秀（另续）、相清。

十四世：相清妣马氏生二子：爵瓒（另续）、爵琫。

十五世：爵琫妣伍氏生四子：均齐（另续）、均衡、均杰、均荣（另续）。

十六世：均衡妣林氏生一子：维成。

十七世：维成妣氏生三子：国均、国镛、国铨●。

十八世：国均妣氏生一子：亚耀●。

十八世：国镛妣罗氏生四子：有营、进伦●、进杰●、有浩。

十九世：有营妣陈氏生二子：兆恩●、广隆。

二十世：广隆生于1945年，学历初中，配陈富沙古村人生于1952年，生二子一女，女：景华生于1978年适港头村，子：进星、华均。

二十一世：进星生于1979年，学历初中，在外开厂，配蒙雲广西人，生于1981年，生二子：锦陶、锦彪。

二十二世：锦陶生于2005年，读书；锦彪生于2014年6月8日。

二十一世：华均生于1981年，学历大专，职业医生，配吕颖斌生于1986年护士，生一子：锦鸿。

二十二世：锦鸿生于2012年，儿童。

十九世：有浩配方氏生五子：兆武、兆二●、兆艺、兆团、兆结。

二十世：兆武（康添）生于1947年，学历初中，在外经商，配陈凤河汀村人生于1947年生二子三女，长女：玉清生于1972年，学历高中，适梅州；次女：玉仙生于1975年，学历中专，适新民；三女：水牡生于1981年，学历师专，适博教。子：祝培、培儿●。

二十一世：祝培生于1977年，学历高中，配廖彩红安铺糖厂人，生于1978年，生二子二女，长女：琼丹生于2006年11月24日，读书；次女：露瑶生于2008年12月19日，读书。子：瀚文、锦岫。

二十二世：瀚文生于2011年8月22日；锦岫生于2013年8月22日。

二十世：兆艺（进辉）生于1954年，学历高中，配陆调横坡村人，生于1954年，生五子三女，长女：土金生于1986年，适香港；次女：晶君生于1988年，适湖南；三女：土妹生于1990年，适良垌。子：华培、康旭、师崩、伟信、尽仔●。

二十一世：华培生于1981年，学历初中，在外务工配将小花生于1984年，生一子：艺弘。

二十二世：艺弘生于2015年2月9日。

二十一世：康旭生于1984年，学历初中，在外务工。

二十一世：师崩生于1991年，学历初中，外务工，配莫石美欧家塘村人生于1991年，生一子：展铭。

二十二世：展铭生于2013年，儿童。

二十一世：伟信生于1993年12月5日，学历初中。

二十世：兆团（观群）生于1956年11月18日，学历初中，外务工，配梁少妹九寿埇村人，生于1957年3月3日，生二子二女，长女：艺上生于1984年5月14日，适赤坎双港村；次女：荣缨生于1987年6月20日，适新鹤门村；三女：思二生于1994年4月24日读书。子：证镔、证权。

二十一世：证镔生于1985年8月16日，学历大学本科。

二十一世：证权生于1995年6月13日，读书。

二十世：兆结（康炳）生于1963年6月7日，学历初中，外务工，配黄路志曲龙村人生于1964年8月12日，生二子二女，长女：木娇生于1988年3月18日，适雷州客路高进兆村人；次女：木亭生于1992年5月25日，适木水仔村。子：祝华、桂荣。

二十一世：祝华生于1990年3月17日，学历初中，在外务工，配梁吕炼生于1993年。

二十一世：桂荣生于1995年10月23日，学历初中，在外务工。

十六世：均杰妣徐氏生一子：维新。

十七世：维新妣二氏生三子：国区、国标、国贞。

十八世：国区妣莫氏生一子：有炳。

十九世：有炳妣梁氏生二子：章梅、虾仔●。

二十世：章梅生于1941年，师范教师，配沈观娣云夹村人生于1946年9月，生二子：

剑旗、剑宁。

二十一世：剑旗生于1977年4月，学历大专，生一子（已离婚），子：锦雅。

二十二世：锦雅生于2001年9月，读书。

二十一世：剑宁生于1980年6月，学历大学本科，配莫亦敏生于1981年3月，东莞人，学历大学本科。

十八世：国标妣罗氏生一子：有境。

十九世：有境妣吴氏生三子：兆率、十一指●、兆赞。

二十世：兆率生于1933年11月，配黎翠平茅坡村人生于1938年生二子三女，长女：亚军生于1965年，适田头仔村；次女：亚宇生于1968年适钦州平吉；三女：亚盖生于1971年，适东相塘村。子：建湛、建廉。

二十一世：建湛生于1972年3月，学历高中，在外务工，配翠云安铺人生于1971年6月，生一子一女，女：运营生于2005年2月，读书；子：冠峰。

二十二世：冠峰生于2000年5月，读书。

二十一世：建廉生于1975年8月，学历大专，配黄小芳车板人生于1986年10月，生一子一女，女：丽丽生于2013年9月，儿童；子：锦泰。

二十二世：锦泰生于2009年1月，儿童。

十八世：国贞妣氏生一子：有焕。

十九世：有焕妣许氏●。

二十世：兆赞生于1974年（未详）

世美公长支子达公分支成杰公派下相清房源流谱

十三世：成杰卒后葬于烟墩岭坐东北向西南妣王氏生三子：相辉（另续）、相秀（另续）、相清。

十四世：相清妣林氏生三子：爵瓒（另续）、爵琫、爵瑚（另续）。

十五世：爵琫从担蚬港迁后塘村妣伍氏生四子：均齐（另续）、均衡、均尧（另续）、均荣（另续）。

十六世：均衡妣林氏生一子：维成。

十七世：维成妣张氏生一子：世宽。

十八世：世宽妣陈氏生三子：有禄、亚财（不详）、亚南。

十九世：有禄妣陈氏生二子：维秋、何林。

十九世：亚南 1949 年，已过台湾。

二十世：维秋生于 1943 年 7 月 24 日，学历初中，配郑氏生于 1934 年 12 月 13 日，生一子：一仇。

二十一世：一仇生于 1975 年 5 月 20 日，学历初中，瓷厂工作，生一子一女，女：如丹生于 1996 年 6 月 30 日，现读财贸学校；子：江中。

二十二世：江中生于 1998 年 7 月 28 日，读书。

二十世：何林生于 1937 年 2 月 2 日配伍氏生于 1936 年 8 月 16 日，生三子：亚森、亚海、亚添。

二十一世：亚森生于 1964 年 3 月 19 日，学历高中，在外务工，配伍氏生于 1969 年 7 月 30 日，学历初中，生二女：长女：锦妍生于 1992 年 8 月 31 日，在外工作；次女：涛韵生于 2001 年 11 月 6 日，读书。

二十一世：亚海生于 1964 年 9 月 5 日，学历初中，安铺建材厂工作，配陈氏生于 1964 年 1 月 24 日，学历初中，生一子二女：长女：玉容生于 1996 年 2 月 15 日，学历初中，外务工；次女：梨华生于 1998 年 11 月 19 日，读书。子：广杰。

二十二世：广杰生于 2001 年 10 月 24 日，读书。

二十一世：亚添生于 1976 年 5 月 9 日，学历初中，配陈氏生于 1977 年 10 月 20 日，学历初中，生二子：锦裕、锦雄。

二十二世：锦裕生于 2005 年 12 月 15 日，读书。

二十二世：锦雄生于 2011 年 3 月 26 日，儿童。

十九世：有祯妣氏生三子：兆海、兆新（未详）、伟连。

二十世：兆海妣氏生一子：培民。

二十一世：培民生于 1943 年 11 月 19 日，学历初中，配麦氏生于 1945 年 3 月 10 日，学历初中，生二子三女，子：意恩、日健。

二十二世：意恩生于 1967 年 8 月 18 日，学历初中，配苏氏生于 1972 年 7 月 13 日，学历初中，生一子一女，女：惠敏生于 2004 年 10 月 3 日，读书；子：俊源。

二十三世：俊源生于 1998 年 8 月 22 日，读书。

二十二世：日健生于 1978 年 10 月 30 日，学历初中，配罗氏生于 1978 年 10 月 31 日，学历初中，生一子一女，女：俊安生于 2008 年 2 月 22 日，儿童；子：俏平。

二十三世：俏平生于 2008 年 2 月 22 日。

二十世：伟连妣黄惠娟生于 1936 年 2 月 18 日，生二子：亚合、亚绩。

二十一世：亚合生于 1976 年 2 月 18 日，配潘连生于 1970 年 12 月 1 日，生一子一女，女：金桃生于 2004 年 3 月 16 日，读书；子：伟红。

二十二世：伟红生于 2002 年 6 月 20 日，读书。

二十一世：亚绩生于 1972 年 8 月 13 日，配许蒙生于 1974 年 4 月 29 日，生一子：亚灿。

二十二世：亚灿生于 2009 年元月 26 日，读书。

十九世：有松妣氏生一子：兆发。

二十世：兆发妣李秀凤生于 1932 年 7 月 23 日，生一子：陈江。

二十一世：陈江生于 1956 年 7 月 18 日，配刘统生于 1959 年 8 月 9 日，生一子一女，女：日梅，子：陈国。

二十二世：陈国生于 1986 年 7 月 12 日，学历初中，配蔡华娣生于 1990 年 5 月 27 日，生一子一女，女：雅静生于 2010 年 7 月 23 日，子：天佑。

二十三世：天佑生于 2011 年 12 月 28 日，儿童。

十八世：世有妣氏生三子：戚宁●、有休、戚虾。

十九世：有休妣氏生二子：戚其。

二十世：戚生（戚其）生于1934年2月3日，配麦氏生于1936年4月16日，生五子：亚寿、亚德、亚兴、亚胜、亚养（不详）。

二十一世：亚寿生于1955年11月12日，在外务工，配毛荣生于1957年9月4日，生一子一女，子：康珍、亚林。

二十二世：康珍生于1982年1月22日，学历初中，外务工，配何李霞生于1981年11月25日，生一子：梓渝。

二十三世：梓渝生于2006年9月12日，读书。

二十二世：亚林生于1984年10月14日，学历初中，外务工，生一子：永裕。

二十三世：永裕生于2005年10月10日，读书。

二十一世：亚德生于1962年8月14日，配莫氏生于1964年9月17日，学历初中，生二子：广武、锦辉。

二十二世：广武生于1986年5月30日，学历初中，配伍氏生于1986年1月26日，生二女一子：长女：慧琳生于2006年12月6日，读书；次女：慧怡生于2012年1月14日，儿童；子：永涛。

二十三世：永涛生于2013年10月6日。

二十二世：锦辉生于1990年4月15日，学历初中，配毛氏生于1990年10月26日，生一子：永宁。

二十三世：永宁生于2010年11月8日，读书。

二十一世：亚兴生于1965年2月，学历高小，外务工，配余氏生于1965年6月18日，生二子一女，女：舒佩生于1996年5月20日，子：锦华、锦新。

二十二世：锦华生于1988年8月15日，读书。

二十二世：锦新生于1991年12月7日，读书。

二十一世：亚胜生于1968年12月15日，学历高小，配蔡氏生于1968年9月8日，生一子二女，子：志敏。长女：广娣生于1991年4月25日，学历初中。次女：亚梅生于1994年6月5日，学历初中。

二十二世：志敏生于1996年12月6日，学历初中。

十九世：戚虾生于1946年7月8日,原配陈杏珍生二子,配陈娣生于1964年4月14日。

子：桂军、贵文。

二十世：桂军生于1972年9月12日，学历大学，配莫彩研生于1972年10月7日，生一子二女。长女：咏仪生于1995年3月25日，读书。次女：雪华生于1996年6月16日，读书。子：永斌。

二十一世：永斌生于1999年5月18日。

二十世：贵文生于1974年10月10日，毕业于广东外贸大学，配蓝慧生于1976年3月27日，毕业于广东外贸大学，生二子：宇轩、相成。

二十一世：宇轩生于2005年9月16日，读书。

二十一世：相成生于2012年3月12日，儿童。

十八世：世芳妣氏生二子：亚贤、华照。

十九世：亚贤配钟桂英生于1936年9月13日，生三子一女：女：惠娟生于1963年3月3日，子：土荣、土进、伟劲。

二十世：土荣生于1956年4月4日，配王氏生于1958年2月20日，生一子女，女：虹红生于1980年7月13日，子：永立。

二十一世：永立生于1982年9月21日。

二十世：土进生于1958年12月5日，配陈氏生于1960年2月19日，生一子一女，长女：婷婷生于1986年11月9日；次女：倚妮生于1992年1月15日，子：永立。

二十一世：永立生于1983年1月7日。

二十世：伟劲生于1969年6月24日，配陈氏生于1968年2月16日，生一子：嘉悦。

二十一世：嘉悦生于2011年3月5日。

十九世：华照生于1940年12月3日，河水闸工作，配何氏生于1945年5月21日，安铺橡胶厂工作，生一子一女：女：惠玲生于1974年9月22日，子：伟强。

二十世：伟强生于1969年6月8日，安铺橡胶厂工作，配钟氏生于1972年7月22日，像胶厂工作，生一子一女：女：芷芹生于1997年5月11日，读书。子：晋源。

二十一世：晋源生于2000年9月16日，读书。

十九世：有德妣氏生四子：兆华、兆发、兆保、兆仁。

二十世：兆华配林氏生一子：培宽。

二十一世：培宽配许氏生二子一女，子：康养、亚良。

二十二世：康养配钟氏生一子二女，子：日平。

二十三世：日平配朱氏。

二十二世：亚良配黎氏生一子：日艺。

二十世：兆发配邓氏生一子一女，女：景君；子：辽权。

二十一世：辽权生于1965年12月1日，学历高中，湛江工行工作，配黄氏生于1969年11月7日，生一子一女：女：冬妮生于1995年1月17日，读书；子：天号。

二十二世：天号生于2008年9月21日，儿童。

二十世：兆保配张氏生四子一女，女：秀珍；子：兴、交、常、真。

二十一世：兴生于1938年10月11日，现任海口市建设局科长，配马氏生于1935年4月14日，海口市工作，生一子三女：长女：少闽生于1965年8月10日；次女：桂红生于1968年11月2日；三女：土连生于1972年10月2日。子：南甲。

二十二世：南甲生于1974年2月28日，海口市工作，配杨氏生于1984年3月25日，海口市工作，生一女：女：钰彬生于2011年8月12日，儿童。

二十一世：交生于1946年11月20日，曾任遂溪县公安局股长，配赵氏生于1951年10月9日，生一子一女：女：蔡艺生于1979年8月16日，子：卫东。

二十二世：卫东生于1979年11月20日，配谭氏生一子：轩烨。

二十三世：轩烨生于2011年12月8日，儿童。

二十一世：常生于1948年6月7日，曾任湖南省出入境检验检疫局处长，配黎氏生一女：慧生于1976年7月18日，现湖南省财政厅工作。

二十一世：真生于1960年9月16日，遂溪工作，配钟氏生于1961年10月6日，遂溪工作，生一子一女：女：馨尹生于1989年8月12日，子：继文。

二十二世：继文生于1996年10月27日。

二十世：兆平配梁叶二氏生二子三女，子：培兴、付。

二十一世：培兴生于1929年6月17日，配欧氏生二子五女，女：娟、李生、秋连、小燕；子：亚青、里中。

二十二世：亚青。

二十二世：里中生于1970年3月5日，配袁氏生于1973年4月18日，生一子一女，

女：明慧生于 1997 年 2 月 26 日，子：景文。

二十三世：景文生于 1995 年。

二十一世：付生于 1936 年月 17 日，配莫氏生于 1940 年 9 月 18 日，生二子三女，长女：有生于 1963 年 8 月 19 日。次女：彩梅生于 1970 年 8 月 19 日。三女：彩英生于 1995 年 5 月 1 日，子：景才、彩营。

二十二世：景才生于 1965 年 11 月 19 日，配陈氏生于 1966 年 7 月 9 日，生二子二女，长女：梅生于 1990 年 1 月 12 日；次女：林红生于 1993 年 9 月 10 日；子：康文、晓明。

二十三世：康文生于 1991 年 9 月 22 日，读书。

二十三世：晓明生于 1995 年 9 月 20 日，读书。

二十二世：彩营生于 1974 年 6 月 6 日，配叶氏生于 1972 年 4 月 5 日，生一子一女，女：景君生于 2000 年 10 月 17 日，子：浩超。

二十三世：浩超生于 1999 年 1 月 19 日，读书。

十九世：有龙配国氏生四子：南（另续）、华乡、康宁、九（另续）。

二十世：华乡配苏氏生于 1928 年 2 月 3 日，生四女一子，子：亚建。

二十一世：亚建生于 1972 年 9 月 23 日，学历高中配李氏生于 1974 年 4 月 5 日，生二子：智滔、智立。

二十二世：智滔生于 1998 年 8 月 15 日，读书。

二十二世：智立生于 2007 年 8 月 24 日，读书。

二十世：康宁配李氏生于 1943 年 4 月 5 日，生二女一子：荣。

二十一世：荣生于 1968 年 11 月 18 日，学历高中，配黄氏生于 1971 年 12 月 20 日，生一子：华栋。

二十二世：华栋生于 1999 年 10 月 11 日，读书。

十八世：世林妣氏生三子：有谋（另续）、有谦、有忠。

十九世：有谦妣刘氏生一子：兆光（未详）。

十九世：有忠妣氏生一子：兆祥。

二十世：兆祥配黄氏生一子：培忠。

二十一世：培忠配张氏生二子：水清、亚秀。

二十二世：水清配陈氏生一子：武琛。

二十三世：武琛生于 1985 年 7 月 25 日，初中，配苏雅婷生一子：子航。

二十四世：子航生于 2013 年 4 月 15 日，儿童。

二十二世：亚秀配郑氏生一子：宇恒。

二十三世：宇恒生于 1979 年 1 月 12 日，广东技术师范学院（硕士生）。

十九世：水全姒赖氏生四子：戚发（另续）、戚成、戚才（戚友）、戚贤。

二十世：戚成生于 1948 年 5 月 20 日，配李流生于 1958 年 7 月 23 日，生二子（迁居扫把塘村）：伟强、伟松。

二十一世：伟强生于 1979 年 3 月 6 日，配麦氏生于 1982 年 7 月 17 日，生一子一女。女：戚晓娟生于 2003 年 3 月 9 日；子：志浩。

二十二世：志浩生于 2001 年 9 月 12 日。

二十一世：伟松生于 1980 年 8 月 21 日，配陈氏生于 1983 年 4 月 29 日，生一女：丽群生于 2000 年 11 月 23 日。

二十世：戚友（戚才）配氏生二子：志平、志明。

二十一世：志平生于 1986 年 8 月 12 日，志明生于 1998 年 1 月 7 日。

二十一世：戚贤生于 1960 年 4 月 19 日，配陈氏生于 1966 年 6 月 13 日，生三子：康杰、景明、水团。

二十一世：康杰生于 1990 年 4 月 2 日；景明生于 1992 年 10 月 22 日；水团生于 1995 年 4 月 27 日。

世美公至十二世系源流图表

六世	七世	八世	九世	十世	十一世	十二世

```
                                                        ┌ 仕禄●       ┌ 日富●
                                                        │ 仕珍 ──→   │ 进才●       ┌ 九锡●
                                               ┌ 以严 ──┤ 仕隆●       │ 临富 ──→    │ 廷锡●
                                               │        │ 仕啓 ──→   │ 临凤 ──→    │ 翰锡●
                                               │        │            │ 日炬●       │ 屏锡●
                                               │        └ 仕昌 ──→   └ 临英          允锡
                                               │        ┌ 仕元●       ┌ 临佐         升元
                                               ├ 以弘 ──┤ 仕尹 ──→   └ 日会 ──→    │ 升明
                                               │        ┌ 仕楚 ──→    日受          升平
                                               ├ 以明 ──┤
                                               │        └ 仕伦                       ┌ 环元
                                               │        ┌ 聖奇●                     │ 环朝
                                      ┌ 国才 ──┤        │                 ┌ 日贵 ──→│ 环高
                                      │        │ 聖琏 ──→ 仕道 ──────────┤          └ 环进
                                      │        │                          └ 日冬 ──→
                                      │        │ 御镇 ──→┌ 光祖           日荣        万锡
                                      │        │        └ 光胤
                                      │        │ 御惠 ──→ 光坤 ──→       日桌 ──→   王锡
                                      │        │ 御祯 ──→ 光宗 ──→       日明 ──→   昇睿
                                      │        │ 御成 ──→ 光球 ──→       宁臣        ┌ 余锡●
                                      │        │                          ┌ 日辉 ──→└ 金锡●
                                      │        └ 维举 ──→ 光乾 ──────────┤
                                      │                                   └ 日秀 ──→
 世美公 ──→ 朝通 ──→                                    ┌ 良沃 ──→      ┌ 日愈 ──→
                                      │                │                 │ 日进 ──→  世英
                                      │        ┌ 御常 ─┤ 良辅 ──→        （迁遂溪）
                                      │        │       └ 良卿           日令        彤锡
                                      │        │ 御乾 ──→ 良积           日敬        潘魁
                                      │        │        ┌ 良勋 ──→      ┌ 临贵●
                                      ├ 国用 ──┤ 御瑞 ──┤（迁雷州）     └ 临壮●
                                      │        │                          ┌ 临爵 ──→┌ 莺学
                                      │        │ 御习 ──→ 良相 ──────────┤          └ 传学
                                      │        │                          └ 王寿 ──→
                                      │        └ 御哲 ──→ 良弼 ──→       临殿●       基锡●
                                      │                  ┌ 振英 ──→      际泰 ──→   廷锡●
                                      │                  │ 讳仁 ──→      际魁 ──→   爵锡●
                                      │        ┌ 御宗 ──┤                 际可        钦锡●
                                      │        │        │                 ┌ 际元       永锡
                                      │        │        │ 讳伟 ──────────┤ 周祯 ──→  ┌ 哀锡
                                      │        │                          │            └ 矢锡
                                      └ 国兴 ──┤                          │ 周辅 ──→   君锡
                                               │                          └ 周翰●
                                               │                          ┌ 际昌 ──→  宸昌
                                               └ 御赞 ──→ 振奇 ──────────┤
                                                                          └ 际和●      亚廉
```

世美公朝通公派下至十三世源流谱

七世：次子朝通：妣吴氏生三子：国才、国用、国兴。

八世：朝通长子国才：妣黄氏生十子：以严、以弘、以明、圣奇●、圣琏、御镇、御惠、御祯、御成、维举。

九世：国才长子：以严：妣梁氏生五子：仁碌●、仕珍、仕隆●、仕啟、仕昌。

十世：以严次子：仕珍：妣叶氏生二子：日富、日才（大榄田村、白沙口村有后代待查补录）。

十世：以严四子：仕啟：妣陈氏生二子：临富、临凤。

十一世：以严五子：仕昌：妣梁氏生二子：日炬●、临英。

十一世：仕啟长子：临富：妣黄氏生二子：九锡、廷锡（十一世起）

十二世：临富长子：九锡：妣梁氏生一子：成长。

十三世：九锡长子：成长：妣何李二氏取成权子入继：生二子：相用、相仁●

十一世：仕啟次子：临凤：妣郑周二氏生二子：翰锡、屏锡。

十二世：临凤长子：翰锡：妣黄氏生二子：成颜、成泰。

十三世：翰锡长子：成颜：妣黎氏（未详）。

十三世：翰锡次子：成奉送：妣方氏（未详）。

十二世：监凤次子：屏锡：妣李氏生二子：洪刚、洪毅。

十三世：屏锡长子：洪刚：妣许氏生一子：相胤。

十三世：屏锡次子：洪毅：妣陈氏生一子：相曹。

十世：以严五子：仕昌：妣梁氏生二子：日矩●、临英。

十一世：仕昌次子：临英：妣陈氏生一子：允锡。

十二世：临英之子：允锡：妣宗氏生一子：成旨。

十三世：允锡之子：成旨：妣宋赖二氏生一子：相君●

九世：国才次子：以弘：妣何氏生二子：仕元、仕尹。

十世：以弘长子：仕元：妣氏谭氏生一子：日标●

十世：以弘次子：仕尹：妣林氏生二子：临佐●、日会。

十一世：仕尹次子：日会：妣林氏生三子：升元、升明、升平。

十二世：日会长子：升元：妣郑氏生三子：洪才、洪捷、洪举●。

十二世：日会次子：升明：妣昌陈二氏生五子：洪略、洪达、洪亮、洪韬、洪生。

十二世：日会三子：升平：姆莫氏生二子：洪瑞、洪瑛。

十三世：升元长子：洪才：妣郑氏生三子：相广、相进●、相贵。

十三世：升元次子：洪捷：妣梁氏（未详）。

十三世：升明长子：洪略：妣李氏生六子：相君、相清、相恒、相忠、相拨、相国。

十三世：升明次子：洪达：妣郑氏生二子：相京●、相虎。

十三世：升明三子：洪亮：妣李袁二氏生二子：相端、相参。

十三世：升明四子：洪韬：妣陈氏生三子：凤详、凤杨、凤舞●。

十三世：升明五子：洪生：妣何氏生六子：相文●、相臣、相监●、相明、相五●、相仁。

十三世：升平长子：洪瑞：妣陈罗二氏生三子：相隆、相勋、相会。

十三世：升平次子：洪瑛：妣林氏生一子：高杨。

九世：国才三子：以明：妣黎氏生二子：仕楚、仕伦●。

十世：以明长子：仕楚：妣林氏生一子：日受●。

九世：国才四子：圣奇●

九世：国才五子：圣琏：妣陈氏生一子：仕道。

十世：圣琏之子：仕道：妣洪氏生二子：日贵、日冬。

十一世：仕道长子：日贵：妣骆氏生二子：环元●、环朝、环高。

十一世：仕道次子：日冬：妣李氏生一子：环远

十二世：日贵次子：环朝：妣苏氏生一子：成显。

十二世：日贵三子：环高：妣麦氏生二子：成旺、成琳。

十二世：日冬之子：环进：妣陈氏生四：成乾、成广、成连、成相。

十三世：环朝之子：成显：妣吴氏生一子：相连●。

十三世：环高长子：成旺：妣占氏生四子：相龙、相秀、相乾、相爵。

十三世：环高次子：成琳：妣李氏生四子：相兰、相仪、相候、相金。

十三世：环进长子：成乾：妣宋氏生二子：相清、相用。

十三世：环进次子：成广：妣吴氏生二子：相凤、相旺●。

十三世：环进三子：成连：妣何氏生二子：相有、相仁。

十三世：环进四子：成相：妣氏生一子：相全（未详）。

九世：国才六子：御镇：妣梁氏生二子：光祖、光胤。

十世：御镇长子：光祖：妣方氏生一子：日荣。

十一世：光祖之子：日荣：妣氏生一子：万锡。

十二世：日荣之子：万锡：妣李氏生二子：才相、作相。

十三世：万锡长子：才相：妣许氏生四子：相礼、相敬、相壁、相天。

十三世：万锡次子：作相：妣林氏生四子：（未详）

九世：国才七子：御惠：妣梁氏生一子：光坤。

十世；御惠之子：光坤：妣何氏生一子：日卓。

十一世：光坤之子：日卓：妣黎氏生一子：王锡。

十二世：日卓之子：妣赵、陈二氏生五子：洪册、洪典、洪广、洪谟、洪品。

十三世：王锡长子：洪册：妣温、邱二氏生三子：相鲁●、相汉、相泽●。

十三世：王锡次子：洪典；妣氏生二子：相珍、相国（未详）。

十三世：王锡三子：洪广：妣麦、廖二氏取昌姓入继生一子：相生（君白沙口村）

十三世：王锡四子：洪谟：妣刘氏生一子：相正。

十三世：王锡五子：洪品：妣彭氏生五子：（未详）。

九世：国才八子：御祯：妣孔氏生一子：光宗。

十世：御祯之子：光宗：妣昌氏生一子：日明。

十一世：光宗之子：日明：妣蔡氏生一子：升睿。

十二世：日明之子：升睿：妣阮氏生二子：成真、成佐。

十三世：升睿长子：成真：妣温氏生四子：相唐、相虞、相齐、相上。

十三世：升睿次子：成佐：妣蔡、叶二氏生一子：相赵。

九世：国才九子：御成：妣潭氏生一子：光球。

十世：御成之子：光球：妣梁氏生一子：宁臣。

十一世：光球之子：宁臣：妣赖氏生二子：余锡●、金锡●

九世：国才十子：维举：妣方氏生一子：光乾。

十世：维举之子：光乾：妣黄氏生二子：日辉●、日秀●

九世：国用长子：御常：妣王、方二氏生三子：良沃、良辅、良卿。

十世：御常长子：良沃：妣王氏生二子：日俞、日进。

十世：御常次子：良辅：妣氏生一子：日芳。

十世：御常三子：良卿：妣罗氏生一子：日令。

十一世：良沃长子：日俞：妣氏生二子；世荣、世旺。

十一世：良沃次子：日进：妣黄氏生一子：世英。

十一世：良辅之子：日芳：妣张氏生一子：（此公迁雷州海康县）奇珍、奇彩（迁雷州）。

十一世：良卿之子：日令：妣黄袁二氏生一子：彤锡。

十二世：日俞长子：世荣：妣氏生三子：奇会、奇秀、奇蛟。

十二世：日俞次子：世旺：妣氏生五子：奇明、奇富、奇贵、奇仕、奇佐。

十二世：日进之子：世英：妣李徐二氏生三子：奇生、奇殿、奇勋。

十二世：日令之子：彤锡：妣李洪二氏生二子：成选、成立。

十三世：世荣长子：奇会：妣林氏生一子：安朝。

十三世：世荣次子：奇秀：妣林氏生二子：安进、安宁。

十三世：世荣三子：奇蛟：妣王氏生四子：安德、安任、安和、安平。

十三世：世旺长子：奇明：妣氏生一子：安全●

十三世：世旺次子：奇富：妣氏生一子：安康●

十三世：世旺三子：奇贵：妣陈氏生二子：安荣、安华。

十三世：世旺四子：奇仕。

十三世：五子：奇佐。

十三世：世英长子：奇生：妣叶氏生二子；安国、安泰。

十三世：世英次子：奇殿：妣梁氏生二子：安盛、安杨。

十三世：世英三子：奇勋：妣钟氏生二子：安齐、安全。

十三世：世口长子：奇珍：妣陈氏生一子：安邦（未详）。

十三世：世口次子：奇彩：妣氏生四子：安富、安贵、安荣、安华。

十三世：彤锡长子：成选：妣陈氏生一子（未详）。

十三世：彤锡次子：成立：妣宋氏生三子：

九世：国用次子：御乾：妣刘氏生二子：良积、良勋。

十世：御乾长子：良积：妣赵黎二氏生一子：日敬。

十世：御乾次子；良勋：妣氏生二子：监贵●、监庄●

十一世：良积之子：日敬：妣林氏生二子：潘魁、潘英●

十二世：日敬长子：潘魁：妣潭许二氏生三子：爱亲、君亲、师亲。

十三世：潘魁长子：爱亲：妣氏生二子：相悦、相喜。

十三世：潘魁次子：君亲：妣昌氏生二子：相周、相楚。

十三世：潘魁三子：师亲：妣伍氏生四子：相殿、相卿、相奇、相舜。

九世：国用三子：御瑞：妣黄氏此后迁雷州。

九世：国用四子：御习：妣李氏生一子：良相。

十世：御习之子：良相：妣陈氏生二子：监爵●、王寿。

十一世：良相之子：王寿：妣黄氏生二子：荐学●、傅学。

十二世：王寿次子：傅学：妣陈氏生三子：万富、万贵（未详）、万兴。

十三世：傅学长子：万富：妣苏氏生一子（未详）。

十三世：傅学三子：万兴：妣庞氏生一子（未详）

九世：国用五子：御哲：妣钟氏生一子：良弼。

十世：御哲之子：良弼：妣黄氏生一子：临殿●

九世：国兴长子：御宗：妣氏生三子：振英、讳仁、讳伟。

十世：御宗长子：振英：妣赵氏生一子：际泰。

十一世：振英之子：际泰：妣黎氏生二子：基锡、廷锡●

十二世：际泰长子：基锡：妣梁氏生二子：洪仕、洪文。

十三世：基锡长子：洪仕：妣周氏生二子：相禄、相爵（未详）。

十三世；基锡次子：洪文：妣钟氏生二子：相鼎、相会（未详）。

十世：御宗次子：讳仁：妣严氏，为人正直醇厚，生于万历丁巳年七月十二日，寿年四十六卒于辛丑年十月十五日子时葬在来往桥村西岭，坐壬向丙妣生于丁癸亥十月十五日丑时卒于三月初十日辰时葬于墩福山，生一子：际魁。

十一世：讳仁之子：际魁：妣郑氏生二子：爵锡、钦锡。

十二世：际魁长子：爵锡：妣岑氏生六子：成召、成章、成望、成秀、成俊、成位。

十三世：爵锡长子：成召：妣氏生三子：相旺、相简、相景。

十三世：爵锡次子；成章：妣梁氏生二子：相进、相凤。

十三世：爵锡三子：成望：妣钟宋二氏生二子：相仕、相林。

十三世：爵锡四子：成秀：妣李氏生一子：相全。

十三世：爵锡五子：成俊：妣吴氏生一子：相超。

十三世：爵锡六子：成位：妣徐氏生一子：相口。

十二世：际魁次子：钦锡：妣林氏生二子：成辅、洪泽。

十三世：钦锡长子：成辅：妣蔡氏（未详）。

十三世：钦锡次子：洪泽：妣李氏生一子：亚寿●

十世：御宗三子：讳伟：妣徐、莫二氏，为人良俭。生于崇祯甲子年三月十二日，子时寿年五十四岁，卒于康熙丁巳年五月二十九日，辰时葬在广西博白县湖洋乡山湖塘村前土名马安岭左边坐壬向丙莹与翰叔全坟，石碑为记，妣莫氏生于崇祯丙子年十月初三日子时，寿年九十三岁，卒于崇祯丁未年七月七日未时，生五子：际可（未详）、际元（未详）、周祯、周辅、周翰●

十一世：讳伟三子：周祯：妣罗氏生三子：永锡、衷锡、矢锡。

十一世：讳伟四子：周辅：妣赖氏生二子：宗锡、君锡。

十二世：周祯长子：永锡：妣李氏生二子：洪福、洪禄●

十二世：周祯次子：衷锡：妣吴氏生一子：洪寿。

十二世：周祯三子：矢锡：妣赖氏生四子：洪和（未详）、洪昌（未详）、失名。

十二世：周辅长子：宗锡：妣许氏生二子：洪耀（未详）、洪辉（未详）。

十二世：周辅次子：君锡：妣郑氏生五子：洪恩、洪光、洪普、卿荣、卿华。

十三世：永锡长子：洪福：妣吴氏生一子：亚养。

十三世：永锡次子：洪禄：妣氏（未详）。

十三世：衷锡之子：洪寿：妣李氏生二子：相、相十三世：君锡长子：洪恩：妣庞氏生二子：相宝、相进。

十三世：君锡次子：洪光：妣梁氏（未详）。

十三世：君锡三子：洪普（未详）。

十三世：君锡四子：卿荣：妣潘氏生一子：亚生。

十三世：君锡五子：卿华：妣袁氏生一子：相秀。

九世：国兴次子：御赞：妣我生二子：振奇、讳杰。

十世：御赞长子：振奇：妣宋氏生二子：际昌、际和（未详）。

十世：御赞次子：讳杰：妣陈氏●

十一世：振奇长子：际昌：妣氏生二子：宸锡、亚廉。

十二世：际昌长子：宸锡：妣王氏生二子：洪勋、洪尤。

十二世：际昌次子：亚廉：妣氏生一子：洪进。

十三世：宸锡长子：洪勲：妣赵氏生二子：相良、相魏。

十三世：宸锡次子：洪尤：妣郑氏生七子：相泰、相汤、相慰、相定、相康、相熙、相均。

十三世：亚廉之子：洪进：妣郑氏生三子：相乐、相陶、相元。

世美公次子朝通公分支洪广公派下 戚丰、戚聪、戚权、戚泰 房源流谱

十三世：洪广配麦廖二氏生一子：相生。

十四世：相生配梁氏生四子：戚丰、戚聪、戚权、戚泰。

十五世：戚丰配刘氏生三子：均仁、均仪（未详）、均三（未详）。

十六世：均仁配赖氏生一子：维谦。

十七世：维谦配何氏生三子：世钊、世玲（另续）、世田（另续）。

十八世：世钊配谢氏生二子：有炳、有和。

十九世：有炳配黄氏，墓葬虎岭，坐西北向东南，妣黄同穴。生三子：兆强、戚齐、戚佑。

二十世：兆强配何氏下车欧家坡生一子：戚溪。

二十一世：戚溪生于1955年8月15日，学历初中（廉江食品公司石城分公司工作）。配黎氏欧家塘尾村人生于1954年8月23日，学历高中生一子：招军。

二十二世：戚招军生于1979年7月22日，学历中专，外务工，配李氏廉江唐山村人生于1988年4月27日，学历初中，生一子一女，女：戚秋敏生于2012年10月19日，子：观炜。

二十三世：戚观炜生于2004年12月19日，在读廉江第九小学。

二十世：戚齐生前参加抗美援朝志愿军，配张氏葬欧家坡坐北向南，生二子：戚善、戚兵。

二十一世：戚善生于1966年6月10日，学历初中，外务工。配黄氏兔仔围村人，生于1965年1月16日，学历初中，生一女二子，女：锦霞生于1995年10月21日，在读廉江中学；子：锦滔、锦湖。

二十二世：锦滔生于1993年4月24日，学历高中，外务工。

二十二世：锦湖生于1996年6月10日，在读安铺第三中学。

二十一世：戚兵生于1970年6月10日，学历初中，外务工。配莫氏关塘仔村人，生于1969年9月23日，学历高中，生二子：锦纲、锦焕。

二十二世：锦纲生于1998年12月15日，在读安铺第三中学。

二十二世：锦焕生于2001年12月2日，在读欧家小学。

二十世：戚佑生于1943年11月17日，学历初中。配何氏生四子：戚章、戚琪（另续）、

戚利（另续）、戚益（另续）。

二十一世：戚章生于1965年9月17日，学历初中，外务工。配陆氏骑牛下村仔人，生于1963年10月29日，学历初中，生二子二女，女：嘉玲生于1991年4月4日，学历大专（奔达有限公司工作，嫁清远），彩凤生于1994年8月11日，学历大专（奔达有限公司工作）；子：戚锦高、戚锦通。

二十二世：戚锦高生于1985年3月16日，学历初中，外务工。配黎氏塘尾村人生于1986年6月16日，学历初中，生二子：子煊、子烨。

二十三世：子煊生于2010年1月6日。

二十三世：子烨生于2013年3月6日。

二十二世：戚锦通生于1986年11月24日，学历初中，外务工。

二十一世：戚琪生于1968年7月21日，学历军校毕业，现花都法院工作。配孙氏湖南人生于1972年6月23日，学历高中，生一子：锦涛。

二十二世：锦涛生于2002年6月15日，在广州读书。

二十一世：戚利生于1970年8月24日，学历初中，外务工。配梁氏哈塘坡村人生于1974年6月18日，学历初中，生一子一女，女：戚玉妃生于1996年8月12日，在读湛江财贸学校；子：锦坚。

二十二世：锦坚生于1999年9月24日，在读花都春晖中学。

二十一世：戚益生于1972年9月2日，学历高中，外务工。配周氏花都市人生于1981年11月17日，学历初中，外务工，生一女：紫姗生于1999年9月28日，在读花都市春晖中学。

十九世：有和配赖氏生二子：戚兆增、戚庭。

二十世：戚兆增生于1930年9月27日，学历小学。配张氏荔枝山村人生于1936年10月2日，学历小学，生一子：戚钦。

二十一世：戚钦生于1966年10月2日，学历初中，外务工。配何氏急水村人生于1966年6月25日，学历初中，外务工。生三女：敏君、敏辉、广敏。敏君生于1991年3月28日，在读湛江师范大学。敏辉生于1991年3月28日，在读广东理工职业学院。广敏生于1995年3月8日，在读廉江第二中学。

二十世：戚廷生于1933年6月7日，学历初小。配庞氏庞界村人生于1939年3月27日，学历初小，生一子：培燎。

二十一世：培燎生于 1976 年 11 月 3 日，学历高中，务经商。配林氏茂路茂下村人生于 1981 年 7 月 12 日，学历初中，生一女一子，女：戚林恩生于 2003 年 9 月 28 日，在读湛江第二十一小学；子：译文。

二十二世：译文生于 2007 年 2 月 10 日。

十八世：世玲配陈氏生一子：有聘。

十九世：有聘配陈氏生一子：兆书。

二十世：兆书葬虎岭，坐西向东。配黄氏生于 1930 年月日，学历初小，生一子：戚伟。

二十一世：戚伟生于 1961 年 9 月 28 日，学历高中，外务工。配陈才排岭新村人生于 1964 年 3 月 13 日，学历初中，生二子：庞冲、戚纯。

二十二世：庞冲生于 1985 年 4 月 4 日，学历初中，外务工。配妻孙丽丽鹤背村人生于 1989 年 7 月 3 日，生一女：戚日慧生于 2012 年 10 月 6 日。

二十二世：戚纯生于 1987 年 10 月 5 日，学历初中，外务工。配妻朱石连坡贞塘村人生于 1990 年 1 月 19 日，学历高中，生一子二女，女：戚子若生于 2009 年 10 月 8 日，戚瑜颖生于 2012 年 8 月 8 日；子：严均。

二十三世：严均生于 2008 年 9 月 25 日，在读欧家小学。

十八世：世田配陈氏生四子：有何●、有园、有齐、有坚。

十九世：有园配麦氏生二子：戚南有、戚存。

二十世：戚南有生于 1950 年 12 月日，学历中专（原石城镇财政所所长）配李氏晨光农场人生于 1955 年 11 月日，学历高中。生一女一子：女瑞雨；子：旺立。

二十一世：戚旺立生于 1980 年 12 月日，学历大学。配莫氏，遂溪介炮人生于 1983 年 12 月日，学历大学。生一子：戚颖灏。

二十二世：戚颖灏生于 2011 年 5 月。

二十世：戚存生于 1957 年 5 月 28 日，学历高中，外务工。配陈氏安铺色子村人生于 1959 年 7 月 2 日，学历初中，生一子二女，女：文杰生于 1986 年 11 月 9 日，学历大学，在广州第二建筑有限公司工作，文潮生于 1988 年 7 月 16 日，学历大专，广州工作。子：旺家。

二十一世：戚旺家生于 1992 年 7 月 26 日，在读广东医学院医科大学。

十九世：有齐配文氏墓葬于欧家坡坐东向西，生五子：戚森、戚廉、戚颂、戚楚、戚武。

二十世：戚森生于 1945 年 10 月 10 日，学历初中，外务工。配罗氏博教龙沟村人生

于 1948 年 11 月 3 日，学历小学，生三子：永恒、青恬、秋朗。

二十一世：永恒生于 1973 年 8 月 20 日，学历大学，在安铺第一中学任教。配戚氏里屋湾村人生于 1974 年 12 月 25 日，学历大学，教师，生二女：大女颖慧生于 2002 年 11 月 10 日，在读安铺第五小学，二女颖洁生于 2008 年 5 月 2 日。

二十一世：青恬生于 1978 年 4 月 3 日，学历高中，外务工。配何氏牛皮塘村人生于 1983 年 9 月 22 日，学历小学，外务工，生一子一女：女：戚梓瑶生于 2013 年 4 月 24 日，子：志航。

二十二世：志航生于 2006 年 6 月 19 日，在江门读小学。

二十一世：秋朗生于 1987 年 7 月 5 日，学历初中，外务工，配黎氏茅坡紧水仔村人，生于 1981 年 8 月 22 日，学历初中，生一子一女，女：锶棋生于 2012 年 6 月 24 日，子：国帅。

二十二世：国帅生于 2006 年 1 月 1 日，在读安铺第五小学。

二十世：戚廉生于 1948 年 10 月 8 日，学历初中，外务工。配吕氏海南人生于 1957 年 11 月 20 日，学历初中，生二子：春朋、春密。

二十一世：春朋生于 1978 年 2 月 18 日，学历初中，外务工。配梁氏港口村人生于 1978 年 9 月 15 日，学历高中，生一女一子，女：子倩生于 2005 年 1 月 30 日，在读安铺第五小学，子：子豪。

二十二世：子豪生于 2007 年 11 月 24 日，在读安铺第五小学。

二十一世：春密生于 1979 年 12 月 24 日，学历初中，外务工。配黄氏珠盘海人生于 1979 年 7 月 29 日，学历初中，生一女一子，女：蕴舒生于 2006 年 7 月 2 日，在读欧家小学；子：子俊。

二十二世：子俊生于 2009 年 1 月 1 日。

二十世：戚颂生于 1951 年 6 月 21 日，学历初中，外务工。配李氏下坡仔村人生于 1953 年 8 月 10 日，学历初中，生二子：观金、艺勇。

二十一世：观金生于 1982 年 6 月 4 日，学历中专，外务工。

二十一世：艺勇生于 1994 年 9 月 14 日，学历初中，外务工。

二十世：戚楚生 1953 年 10 月 21 日，学历高中，外务工。配林氏高一村人生于 1960 年 1 月 3 日，学历初中，生二子：观顶、青连。

二十一世：观顶生于 1983 年 6 月 14 日，学历初中，外务工，配何氏东山村人生于

1988年4月4日,学历高中,外务工,生一女一子:女:智媛生于2012年9月1日,子:智杰。

二十二世:智杰生于2009年8月25日。

二十一世:青连生于1986年3月20日,学历初中,外务工。

二十世:戚武生于1961年10月21日,学历大学,廉城二小教师,配谭氏安铺人生于1961年11月2日,学历大专,职业教师,生一子:子荣。

二十一世:子荣生于1992年8月22日,在读广州中医药大学。

十九世:有坚(1926-1992)墓葬鳌村坡,坐北向南,配张氏荔枝山村人生于1929年6月15日,初小,生三子:戚甫、戚良、振国。

二十世:戚甫( )墓葬鳌村坡,配陈氏曲龙村人生于1954年11月10日,学历小学,生一子一女,女:阳春生于1984年5月23日,学历初中,外务工。子:杨柳。

二十一世:杨柳生于1976年8月19日,学历大学本科,在深圳横岗高级中学教师。

二十世:戚良生于1956年12月7日,学历初中,外务工。配黎氏天助圩村人生于1956年5月3日,学历初中,生三子一女,女:秋英生于1990年5月20日,学历中专,外务工。子:银江、银海、银艺。

二十一世:银江生于1985年5月14日,学历初中,外务工。

二十一世:银海生于1987年6月23日,学历大专,外务工。

二十一世:银艺生于1995年5月16日,学历初中,外务工。

二十世:振国生于1965年10月23日,学历高中,湛江鱼网厂,配黄氏吴川市人生于1971年7月29日,学历高中,生一女:燕冰生于1999年8月28日,在校读书。

世美公次子朝通公分支洪广公派下戚聪房源流谱

十四世：相生配梁氏生四子：戚丰（另续）、戚聪、戚权（另续）、戚泰（另续）。

十五世：戚聪配莫氏生一子：均耀。

十六世：均耀配刘氏生五子：维楷、维模（另续）、维栋（另续）、维标（另续）、维森（另续）。

十七世：维楷配林氏生三子：世熙、世辉、世棋。

十八世：世熙配冯氏生四子：有兹●、有惠、有贤、有兴。

十九世：有惠配梁氏生一子：兆祯。

二十世：兆祯配卜氏生三子：戚开、戚基、戚科。

二十一世：戚开生于1954年12月24日，学历初中，外务工，配陈氏安铺人生于1958年11月22日，学历高中，外务工，生二子：广铨、明威。

二十二世：广铨生于1994年1月24日，学历初中，外务工，配何氏安铺人生1994年2月23日，学历初中，外务工，生一女：楚滢生于2012年8月6日。

二十二世：明威生于1995年3月28日，学历初中，外务工。

二十一世：戚基生于1960年2月10日，学历大学（廉江市农行经理）。配麦氏营仔人生于1967年6月21日，学历大学（安铺国土所工作）生一子一女：女绮慧生于1990年12月10日，在读广州大学，松田学院；子：湛浩。

二十二世：湛浩生于1993年2月10日，在读广东东莞理工学院。

二十一世：戚科生于1962年9月16日，学历高中，外经商，配何氏急水村人，生于1965年12月24日，学历高中，生一子一女：女舒娴生于1988年2月28日，学历中专，深圳六福珠宝公司工作；子：培源。

二十二世：培源生于1991年4月15日，在读广东省水利水电学院。

十九世：有贤配陈氏生三子：戚华、观福、戚池。

二十世：戚华生于1932年12月5日，学历初小。配张氏安铺镇人生于1937年11月19日，学历初小，生二子：海权、海文。

二十世一：海权生于1968年5月17日，学历高中，外务工，配孙氏蛇围村人生于

1973年1月25日,学历高中,生一子一女,女:芷茵生于1994年8月24日;子:绍祺。

二十二世:绍祺生于1999年1月27日,在读安铺中学。

二十一世:海文生于1972年4月18日,学历高中,外务工,配黄氏汕头人生于1977年12月7日,学历高中,生二子一女,女:希而生于2012年9月10日,读书;子:庭锋、戚汕。

二十二世:庭锋生于1998年5月29日,在读安铺中学。

二十二世:戚汕生于2000年1月9日,在读安铺中学。

二十世:观福生于1949年12月7日,学历初中,外务工。配袁氏北坡仔村人生于1955年12月10日,学历初中,生二子:春江、春华。

二十一世:春江生于1978年1月5日,学历大专(在安中教师),配何氏安铺人生于1982年12月5日,学历大专(在安中教师),生一女:朵言生于2013年3月21日,儿童。

二十一世:春华生于1988年6月21日,学历初中,外务工。

二十世:戚池生于1952年10月7日,学历初中,外务工,配张氏杨柑后田村人,生于1957年1月15日,学历高中。生二子:姚文、姚武。

二十一世:姚文生于1990年5月4日,学历中专,外务工。

二十一世:姚武生于1991年11月5日,学历初中,外务工。

十九世:有兴配张何二氏生六子:戚发、水成●、戚娣、章伍、广生、水祥。

二十世:戚发生于1938年9月6日,学历初中,配黄氏曲龙村人生于1949年10月17日,学历小学,生三子:戚培、春来、木赛。

二十一世:戚培生于1977年10月8日,学历初中,外务工,配何氏务水港村人生于1976年1月29日,学历初中,生二子:东丰、启贤。

二十二世:东丰生于2006年8月19日。

二十二世:启贤生于2007年10月2日。

二十一世:春来生于1981年6月10日,学历大专,配任氏生于1984年6月6日,学历大学,生一女:戚宝仪生于2012年5月30日。

二十一世:木赛生于1983年8月21日,学历大专,配王氏湖南省人生于1982年4月10日,学历大专,生一子一女,女:戚雅煊生于2010年12月11日;

子：李琦。

二十二世：李琦生于 2009 年 10 月 1 日。

二十世：戚娣生于 1945 年 5 月 4 日，学历初中，外务工，配黄氏北沙围村人生于 1946 年 1 月 4 日，学历初中，生二子：戚敏、建波。

二十一世：戚敏生于 1970 年 3 月 6 日，学历大学，外经商，配谭燕清安铺镇人生于 1979 年 10 月 17 日，学历高中，生一子一女，女：星宇生于 2005 年 1 月 24 日，在广州读书；子：星海。

二十二世：星海生于 2001 年 5 月 5 日，在读广州大学。

二十一世：建波生于 1979 年 10 月 1 日，学历大学（在广州外贸工作），配杨秋玲湖南人生于 1978 年 7 月 12 日，学历大学，生一女：戚思佳生于 2007 年 1 月 27 日，在读广州某小学。

二十世：章伍生于 1948 年 8 月 9 日，学历初中，外务工，配林氏安铺人生于 1958 年 11 月 20 日，学历初中，生一子一女，女：玉静生于 1987 年 12 月 3 日，子：子恒。

二十一世：子恒生于 1988 年 7 月 7 日，学历大学（软件设计）。

二十世：广生生于 1951 年 9 月 19 日，学历高中，外经商，配肖氏廉江人生于 1959 年 2 月 10 日，学历初中，生二子：景远、旭霖。

二十一世：景远生于 1987 年 3 月 15 日，学历大学（在珠海消防局工作）。二十一世：旭霖生于 1989 年 6 月 3 日，学历大学（在交通银行工作）。

二十世：水祥生于 1957 年 11 月 19 日，学历初中，外务工，配麦氏茂桂路新村人生于 1965 年 3 月 29 日，学历初中，生二子二女，女：戚明媚生于 1990 年 7 月 3 日，大学，东莞工作；戚明月生于 1991 年 8 月 19 日，大学，珠海工作；子：景龙、振超。

二十一世：景龙生于 1988 年 8 月 25 日，学历大学本科（现深圳电信工作）。

二十一世：振超生于 1994 年 2 月 24 日，在读广州科技学校。

十七世：维模妣谭氏生一子：世珠。

十八世：世珠妣钟氏生二子：有廷、戚里。

十九世：有廷配谭氏生三子：戚芳、木春●、戚贵。

二十世：戚芳生于 1939 年 8 月 16 日，学历小学，务农。

二十世：戚贵生于 1957 年 8 月 28 日，学历初中，外务工，配刘氏广西古达村人生于 1968 年 2 月 18 日，学历初中，生三女二子：女：春连生于 1989 年 3 月 19 日，学历高中，适广西；日娟生于 1992 年 10 月 8 日，学历高中，外务工；广娣生于 1994 年 12 月 12 日，学历初中，外务工；子：康松、康柏。

二十一世：康松生于 1990 年 11 月 26 日，学历初中，外务工。

二十一世：康柏生于 1996 年 11 月 5 日，在读安铺四中。

十九世：有里（戚里）生于 1937 年 1 月 9 日，学历小学，配朱氏茂路下担村人，生于 1938 年 10 月 5 日，学历小学，生一子：戚胜。

二十世：戚胜生于 1966 年 6 月 24 日，学历高中，外务工，配陈氏港头村人生于 1973 年 12 月 2 日，学历初中，生二子：华柱、康杰。

二十一世：华柱生于 1997 年 11 月 24 日，在读安铺第四中学。

二十一世：康杰生于 2000 年 3 月 26 日，在读欧家小学。

十七世：维楷配林氏生三子：世熙（另续）、世辉、世棋（另续）。

十八世：世辉配林氏生二子：有考●、有培。

十九世：有培配莫氏生一子：戚强。

二十世：戚强生于年月日。迁往外地，配陈氏生二子：戚伟、戚全。

二十一世：戚伟（外迁地址不明）。

二十一世：戚全年月日

十八世：世棋配陈沈二氏生三子：有聪、华联、华明。

十九世：有聪配林氏墓葬虎岭，坐南向北，生五子：康胜、刘文、李生、华贤、戚清。

二十世：康胜生于 1940 年 8 月 1 日，学历初中（退休工人），配莫氏企屈村人，生于 1942 年 12 月 8 日，学历初中生一子：啟业。

二十一世：啟业生于 1972 年 10 月 25 日，学历初中（韶关钢铁厂），配董氏汕头人生于 1973 年 11 月 21 日，学历初中，生一子一女，女：圆圆生于 1999 年 9 月 21 日，在读韶关中学。子：广运。

二十二世：广运生于 2008 年 7 月 28 日。

二十世：刘文生于 1946 年 11 月 9 日，学历小学，配许氏西山村人生于 1950 年 3 月 4 日，学历小学，生四子：国良、志强、虾仔、明扬。

二十一世：国良生于 1974 年 3 月 24 日，学历高中，外务工，配麦氏茂路新村生于

1972年11月12日，学历初中，生一子：奥运。

二十二世：奥运生于2008年1月21日。

二十一世：志强生于1976年6月23日，学历初中，外务工，配莫氏珠盘海村人生于1979年2月28日，学历初中，生一子：建旗。

二十二世：建旗生于2010年4月1日。

二十一世：虾仔生于1980年11月25日，学历初中，外务工，配罗氏石岭镇人生于1983年月日，学历高中，外务工。

二十一世：明扬生于1983年10月14日，学历初中，外务工。

二十世：李生生于1950年4月10日，学历初中，外务工，配许王二氏，王氏丰黎市下县人生于1964年12月2日，学历初中，二子一女：女：惠娟生于1997年11月6日，学历高中，外务工。子：国艺、国光。

二十一世：国艺生于1979年6月6日，学历高中，外务工。

二十一世：国光生于1987年12月12日，学历初中，外务工。

二十世：华贤生于1952年9月17日，学历初中，外务工，配伍秋村人生于1956年4月22日，学历初中生一子：勇艺。

二十一世：勇艺生于1987年5月24日，学历中专（韶关钢铁厂工作）。

二十世：戚清生于1959年3月17日，学历初中，外务工，配刘氏廉江市人生于1962年7月23日，学历初中，生一子二女，女：晓慧生于1986年8月18日，学历大学，外务工；王霞，生于1988年10月20日，学历大学；外务工子：韶斌。

二十一世：韶斌生于1985年10月10日，学历大学（广州工作）。

十九世：华联配温氏生二子：戚檬、戚炳。

二十世：戚檬生于1965年5月25日，学历初中，外务工，配陈氏上田村人生于1965年4月20日，学历初中，生一子：广存。

二十一世：广存生于1991年2月15日，在读广州中医药大学。

十八世：世棋配陈沈二氏生三子：有聪（另续）、华联（另续）、华明。

十九世：华明生于1945年7月27日，学历初中，配张氏越南人生于1960年，学历初中，生三子：观进、华庆、耀海。

二十世：观进生于1992年3月26日，在读广州大学市政技术学院。

二十世：华庆生于1994年12月18日，学历小学，外务工。

二十世：耀海生于1996年5月5日，学历小学，外务工。

十七世：维栋配氏生二子：世珍、世珠（另续）。

十八世：世珍配黄氏生一子：有来。

十九世：有来生于1924年5月22日，学历小学，配袁氏欧家村仔人生于1930年4月14日，学历初中，生三子：康太、戚平、啟荣。

二十世：康太生于1947年9月14日，学历初中，自由职业，配罗氏博教村人生于1945年6月2日，学历初中，生二子：戚照、洪彬。

二十一世：戚照生于1971年2月10日，大学，配苏氏生于1977年1月4日，生一子：思琦。

二十二世：思琦生于2004年6月26日。

二十世：戚平生于1956年1月21日，学历初中，配郭氏龙头村人生于1955年7月3日，学历初中，生二子：李华、华荣。

二十一世：李华生于1982年2月17日，学历初中，外务工，配龙氏广西柳州市人，生于1986年2月6日，学历初中，生一子二女，女：金婵生于2006年2月23日，在校读书；泳恩生于2012年1月3日。子：海瀚。

二十二世：海瀚生于2008年9月13日。

二十一世：华荣生于1983年11月24日，学历初中，外务工，配罗氏博教村人生于1983年10月21日，学历高中，外务工。

二十世：啟荣生于1967年6月7日，学历高中，外务工，配何氏安铺镇人生于1965年7月23日，学历初中，生二子：观港、景城。

二十一世：观港生于1992年9月29日，学历初中，外务工。

二十一世：景城生于2004年2月3日，在读欧家小学。

二十一世：洪彬生于1977年10月30日，学历大专，外务工，配麦氏鸭潭村人生于1981年8月26日，学历高中，生三子：思杰、思洋、思烨。

二十二世：思杰生于2006年4月23日。

二十二世：思洋生于2007年9月22日。

二十二世：思烨生于2009年6月24日。

十七世：维森配张邓二氏生二子：世余、世桃。

十八世：世余妣黄、梁二氏生四子：有桥、戚隆、亚秀、有雍。

十九世：有桥（1928年-2012年）墓葬龙潭岭配余氏南坑村人生于1928年11月26日，学历小学，生三子：戚宝、志雄、李广。

二十世：戚宝生于1956年7月19日，学历中专，在安铺中心小学教师，配黎氏欧家中村人生于1959年6月24日，学历初中（自由职业），生一子：小江。

二十一世：小江生于1985年10月21日，学历中技，外务工，配宋氏贵州省都匀市人生于1986年11月20日，学历大专，外务工。

二十世：志雄生于1964年5月19日，学历高中，外经商，配何氏急水村人生于1965年8月15日，学历初中，生一子：杰华。

二十一世：杰华生于1991年4月19日，在读广州大学。

二十世：李广生于1968年12月29日，学历初中，自由职业。

十九世：日隆生于1931年9月12日，学历初小，退休工人，配张氏荔枝山村人生于1936年9月11日，学历初小，生一子：戚静。

二十世：戚静生于1966年9月17日，学历初中，外务工，配陈氏卜岭村人生于1965年9月17日，学历高中，生一子：伟杰。

二十一世：伟杰生于1993年10月9日，在读湛江第二中学。

十九世：戚秀生于1937年9月8日，学历初中，退休工人，配卜氏遂溪沙石镇人生于1939年6月25日，学历小学，生二子：志伟、志勇。

二十世：志伟生于1971年4月13日，学历高中（湛江港务局工作），配王氏遂溪黄略镇人生于1975年11月1日，学历高中，生一子：卓飞。

二十一世：卓飞生于1998年11月27日，在读湛江中学。

二十世：志勇生于1977年6月6日，学历大专（湛江化油厂工作），配梁氏（东海硇洲镇人）生于1982年1月12日，学历高中，生一子：君豪。

二十一世：君豪生于2005年10月1日，在读湛江二十九小学。

十九世：有雍（1942-2009）配陈氏港头村人生于1944年10月20日，学历初中，生三子：戚军、喜建、扬燚。

二十世：戚军生于1970年8月11日，学历高中，外经商，配黎氏茅坡村人生于1968年8月28日，学历高中，生二子：立声、立基。

二十一世：立声生于1993年9月26日，在读湛江第二中学。

二十一世：立基生于 1999 年 9 月 8 日，在读廉江第二中学。

二十世：喜建生于 1978 年 4 月 6 日，学历大学（廉江中学教师），配钟氏廉江市人生于 1982 年 8 月 26 日，学历大学（廉中教师）生一子一女，女：雨菲生于 2011 年 1 月 15 日；子：立轩。

二十一世：立轩生于 2012 年 10 月 28 日。

二十世：扬燚生于 1997 年 7 月 27 日，在读湛江第十一中学。

十七世：维森妣张、邓二氏生二子：世余、世桃。

十八世：世桃配陈氏生四子：戚才、戚英、戚寿、康林。

十九世：戚才生于 1951 年 3 月 27 日，学历初中，外务工，配莫氏龙潭横西村人生于 1959 年 3 月 18 日，学历初中，生二子：志锦、志枢。

二十世：志锦生于 1984 年 12 月 8 日，学历研究生，广州工作。

二十世：志枢生于 1987 年 6 月 8 日，学历高中，外务工，配妻李玉梅广西人生于 1992 年 12 月 18 日，学历初中，外务工。

十九世：戚英生于 1952 年 6 月 29 日，学历初中，外务工，配黎氏乐民镇人生于 1958 年 3 月 29 日，学历初中，生三子：东博、东豪、兆境。

二十世：东博生于 1985 年 12 月 30 日，学历初中，外务工。

二十世：东豪生于 1991 年 8 月 7 日，学历高中，外务工。

二十世：兆境生于 1994 年 11 月 22 日，学历初中，外务工。

十九世：戚寿生于 1955 年 10 月 15 日，学历高中，外务工，配高氏越南人生于 1963 年 4 月 15 日，学历初中，生一子一女，女：美媛生于 1993 年 9 月 15 日，学历初中，外务工，子：辅国。

二十世：辅国生于 1995 年 2 月 13 日，学历初中，外务工。

十九世：康林生于 1960 年 2 月 20 日，学历高中，外务工，配高氏越南人生于 1971 年 2 月 18 日，学历初中，生一子：康永。

二十世：康永生于 1994 年 12 月 25 日，学历初中，外务工。

世美公次子朝通公分支洪广公派下戚权房源流谱

十四世：相生妣梁氏生四子：戚丰（另续）、戚聪（另续）、戚权、戚泰（另续）。

十五世：戚权妣李氏生三子：三子均失名（止）由戚泰第三子均免入继。

十六世：均免妣某氏生三子：维洲●、维纲、维潮●。

十七世：维纲妣钟氏生一子：李春。

十八世：李春（1942-2001）墓葬龙潭岭，坐西北向东南，配方氏，欧家中一村人，生于1943年5月4日，学历小学，生三子：水进、戚忠、苏健。

十九世：水进生于1962年7月3日，学历高中，外经商，配袁氏安铺镇人，生于1962年9月29日，学历高中，生二子：俊杰、俊浩。

二十世：俊杰生于1993年5月4日，在读广州机电学院。

二十世：俊浩生于1998年5月13日，在读安铺中学。

十九世：戚忠生于1965年9月12日，学历高中，外务工，配潘、潭二氏，生二子：景辉、景进。

二十世：景辉生于1991年9月5日，学历高中，外务工。

二十世：景进生于1995年9月30日，学历高中，外务工。

十九世：苏健生于1972年4月6日，学历初中，外务工，配江氏，石颈镇梦村人，生于1977年11月22日，学历初中，生一子一女，女：海茵生于2002年11月3日，在校读书；子：航宇。

二十世：航宇生于2007年2月28日。

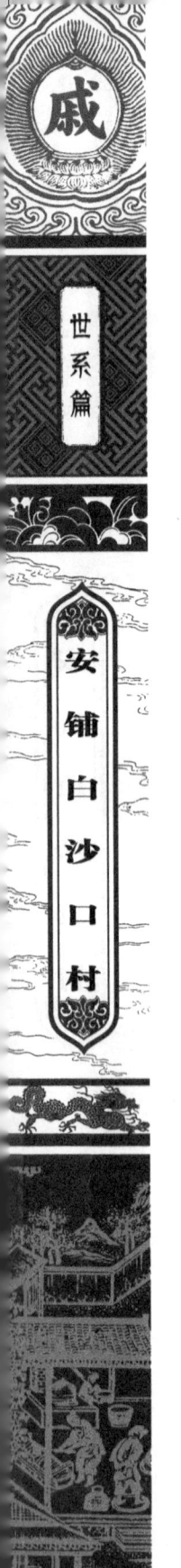

世美公次子朝通公分支洪广公派下戚泰房源流谱

十四世：相生妣梁氏生四子：戚丰（另续）、戚聪（另续）、戚权另续）、戚泰。

十五世：戚泰配杨氏生五子：均焕（不详）、均轩、均兔（另续）、均序（另续）、均光（另续）。

十六世：均轩妣张氏生二子：维祥、维球（世松入继）。

十七世：维祥妣叶氏生三子：世交、世松、世栈。

十八世：世交配陈氏墓葬欧家坡，坐东向西，生五子：戚进、戚丰、戚惠、戚瑞、戚城。

十九世：戚进1936年生前系朝鲜志愿军，后任龙潭小学校长。墓葬广州银河公墓，配文氏刬猪村人生于1940年7月15日，学历小学，生二子：戚荣、戚志。

二十世：戚荣生于1961年9月10日，学历教授（中国轻工部糖业研究所所长）高级农艺师国家标准化中心副主任委员，配韦氏湖北枣阳市刘升镇人生于1978年5月12日，学历大学，生一女：戚小玮生于2011年8月21日。

二十世：戚志生于1972年12月29日，学历大学，企业家顺德廉江同乡会会长。佛山市炬森五金有限公司董事长，配欧氏云浮市新兴县人生于1983年10月8日，学历大学，生一女一男，女：洋洋生于2006年8月18日；子：戚乐。

二十一世：戚乐生于2007年11月24日。

十九世：戚丰生于1934年7月1日，学历初中，配郑氏龙湾村人生于1944年4月14日，学历小学，生二子：戚桐、戚党。

二十世：戚桐生于1975年8月8日，学历大专，在深圳工作，配龙氏四川人生于1980年7月28日，学历高中，生一子：博涵。

二十一世：博涵生于2007年10月12日。

二十世：戚党生于1978年9月4日，学历初中，外务工，配戚氏茂东村人生于1974年12月18日，学历初中，生一子一女，女：冬薏生于2000年月日，在校读书；子：炫涯。

二十一世：戚炫涯生于2004年11月15日，在读欧家小学。

十九世：戚惠生于1942年7月15日，学历初中，配麦氏新村人生于1945年6月17日，

学历小学，生一子：戚枢。

二十世：戚枢生于1973年6月20日，学历高中，外务工，配黄氏安铺镇人生于1975年7月13日，学历高中，生一子一女，女：戚蓓蕾生于2007年7月18日，在读安铺五小；子：戚子豪。

二十一世：戚子豪生于2003年5月31日，在读安铺五小。

十九世：戚瑞生于1954年3月3日，学历初中，外务工，配陈氏港头村人生于1954年10月20日，学历初中，生二子一女，女：石清生于1989年7月28日，学历高中，外务工；子：戚水、光耀。

二十世：戚水生于1979年12月23日，学历大学，外务工。

二十世：光耀生于1992年1月5日，在读湛江海洋大学。

十九世：戚城生于1957年4月14日，学历高中，外务工，配麦氏茂路新村人生于1961年4月14日，学历初中，生三子：志明、文献、艺湛。

二十世：志明生于1982年3月2日，学历初中，外务工，配莫氏安铺镇人生于1982年8月25日，生二子：家豪、冠荣。

二十一世：家豪生于2010年3月17日。

二十一世：冠荣生于2013年6月15日。

二十世：文献生于1984年11月6日，学历初中，外务工，配梁氏安铺人生于1984年10月11日，学历初中，生一子一女，女：戚芷滢生于2010年8月20日；子：祖彦。

二十一世：祖彦生于2007年4月17日。

二十世：艺湛生于1986年8月17日，学历高中，外务工，配温氏安铺人生于1986年9月12日，学历高中，外务工，生一女：幸佩生于2011年10月2日。

十八世：世松配文氏墓葬鳌村坡，坐东南向西北，生三子：戚涛、有明、戚强。

十九世：戚涛生于1935年1月5日，学历初中，退休工人，配林氏水流村生于1935年1月16日，学历小学，生二子：戚权、华烈。

二十世：戚权生于1957年8月9日，学历初中，外务工，配麦氏茂路新村人生于1960年4月29日，学历初中，生三子：日东、庞路、梦超。

二十一世：日东生于1981年8月2日，学历高中，外务工，配容氏梧州市人生于1981年7月13日，学历高中，外务工，生二女：长女芷月2007年6月17日，

在读学前班；心瑜生于 2011 年 10 月 15 日。

二十一世：庞路生于 1985 年 9 月 15 日，学历大学研究生。

二十一世：梦超生于 1991 年 2 月 18 日，学历初中，外务工。

二十世：华烈生于 1965 年 7 月 15 日，学历高中，廉江水泥厂，配刘氏廉江市人生于 1969 年 3 月 12 日，学历高中，生二子：陈栋、润博。

二十一世：陈栋生于 1992 年 3 月 22 日，在读市五七干校，学历大专，外出务工。

二十一世：润博生于 1997 年 11 月 23 日，在读廉江中学。

十九世：有明生于 1943 年 7 月 17 日，初小，配陈惜珍，横山排岭村人生 1945 年 7 月 15 日，初中，生一子：戚杰。

十九世：戚杰生于 1975 年 9 月 5 日，学历初中，外务工，配梁氏湛江霞海人生于 1976 年 7 月 20 日，学历初中，生二子：瑶瑶、浩斌。

二十世：瑶瑶生于 2002 年 10 月 15 日，在读湛江小学。

二十世：浩斌生于 2009 年 1 月 1 日。

十九世：戚强（1954-2006）墓葬鳌村坡，坐东向西，配陈氏芒楼村人生于 1955 年 3 月 30 日，学历小学，生三子：木国、日朗、康坤。

二十世：木国生于 1980 年 11 月 30 日，学历初中，外务工，配蔡氏珠球垭村人生于 1979 年 9 月 30 日，学历初中，外务工，生二女：广怡生于 2006 年 7 月 21 日，在校读书；美怡生于 2009 年 10 月 30 日。

二十世：日朗生于 1982 年 9 月 23 日，学历初中，外务工，配叶氏桃子山村人生于 1986 年 1 月 16 日，学历初中，外务工，生一子：戚煜。

二十一世：戚煜生于 2013 年 2 月 6 日。

二十世：康坤生于 1984 年 7 月 4 日，学历初中，外务工，配虞氏福建石坡镇人生于 1990 年 3 月 29 日，学历初中，外务工，生一女：美琪生于 2011 年 6 月 30 日。

十八世：世栈配梁氏生三子：戚福、戚就、土南。

十九世：戚福生于 1948 年 7 月 7 日，学历初中，配许氏西山村人生于 1950 年 12 月 22 日，学历小学，生一子：国荣。

二十世：国荣生于 1978 年 3 月 7 日，学历高中，外务工，配陈氏双塘村人生于 1978 年 7 月 30 日，学历初中，生二子一女，女：乐诗生于 2007 年 2 月 7 日，在校读书。子：乐添、乐加。

二十一世：乐添生于 2010 年 1 月 11 日。

二十一世：乐加生于 2012 年 4 月 21 日。

十九世：戚就生于 1952 年 11 月 5 日，学历初中，外务工，配张氏山口仔村人生于 1956 年 6 月 10 日，学历小学，生二子：招辉、水裕。

二十世：戚招辉生于 1979 年 4 月 5 日，学历高中，外务工，配邱氏担水区囷村人生于 1979 年月日，生一子：梓晨。

二十一世：梓晨生于 2011 年 12 月 7 日。

二十世：戚水裕生于 1981 年 4 月 22 日，学历高中，外务工，配李氏广西宾阳县人生于 1985 年 3 月 25 日，学历初中，外务工，生一子：培轩。二十一世：培轩生于 2008 年 11 月 2 日。

十九世：土南生于 1962 年 4 月 20 日，学历初中，外务工，配陈氏港头村人生于 1964 年 7 月 30 日，学历初中，生三子：斯雅、广乐、永光。

二十世：斯雅生于 1989 年 10 月 20 日，学历初中，外务工。

二十世：广乐生于 1992 年 5 月 27 日，学历初中，外务工。

二十世：永光生于 2000 年 4 月 7 日，在读欧家小学。

十六世：均序妣谢陈二氏生三子：维汉●、维林、维斌（另续）。

十七世：维林（卜葬龙潭大坡岭，坐东南向西北）妣赖氏生三子：世初、世浩、世海。

十八世：世初（卜葬欧家坡，坐北向南）配黄氏生三子：有烈、秀灯、李祥。

十九世：有烈生于 1928 年 8 月 2 日，学历高中，曾任小学校长，配苏氏坡仔村人生二子：戚全、戚艺。

二十世：戚全生于 1957 年 9 月 5 日，学历初中，外务工，配许氏西山村人生于 1962 年 3 月 24 日，学历初中，生三子一女，女：牡丹生于 1995 年 4 月 28 日，就读湛江技校。子：李钢、康晓、戚军。

二十一世：李钢生于 1989 年 1 月 28 日，学历初中，外务工。

二十一世：康晓生于 1991 年 8 月 26 日，学历初中，外务工。

二十一世：戚军生于 1993 年 2 月 4 日，学历初中，外务工。

二十世：戚艺生于 1968 年 7 月 26 日，学历高中（在安五小教学），配陈氏安铺人生于 1973 年 1 月 23 日，学历高中，生一子：广博。

二十一世：广博生于 2001 年 1 月 13 日，在读安铺五小。

十九世：秀灯生于1933年8月2日，学历初中，配罗氏博教村人生于1935年1月2日，学历小学，生二子：国华、啟明。

二十世：国华生于1967年6月6日，学历大学（安铺镇政府工作），配陈氏高桥李村人生于1972年6月18日，学历高中，镇政府工作，生一子：卓杰。

二十一世：戚卓杰生一起2001年10月22日，在读安铺第五小学。

二十世：啟明生于1974年3月25日，学历大专，外务工，配朱氏营仔镇人生于1976年9月16日，学历高中，生二子：剑锋、进杰。

二十一世：剑锋生于2006年7月7日，在读安铺第四小学。

二十一世：进杰生于2009年10月16日。

十九世：戚李祥生于1942年11月24日，学历初中，配许氏西山村人生于1948年12月9日，学历小学，生二子一女：女：戚晓惠生于1991年10月12日，学历高中，外务工；子：戚杰、明照。

二十世：戚杰生于1975年9月1日，学历初中，外务工，配黄氏兔仔围村人生于1976年12月8日，学历初中，生一子二女。大女晓凤生于1991年10月12日，学历高中，外务工；次女：玉莹生于2002年6月8日，在校读书；。子：梓聪。

二十一世：梓聪生于2007年8月5日，在读欧家小学。

二十世：明照生于1983年2月18日，学历中专，外务工。

十八世：世浩生于（1920-1987）葬油麻岭坐北向南，配陈李凤港头村人，生于1921年11月24日，生三子二女。女：戚恩、戚仙。子：戚球、戚辉、戚常●。

十九世：戚球生于1947年11月24日，学历初中，外务工，配许氏西山村人生于1949年7月29日，学历小学，生二子：戚定、木健。

二十世：戚定生于1975年8月24日，学历初中，外务工，配蔡洪玲珠球垾村人生于1980年1月13日，学历高中，生三女。诗颖生于2010年12月28日。梓瑜生于2011年9月13日。梓媚生于2013年11月1日。

二十世：木健生于1978年4月9日，学历大学，在东莞工作，配妻梁晓华沙港村人生于1980年7月2日，学历高中，生一女：安娜。安娜生于2011年9月18日。

十九世：戚辉生于1956年12月26日，学历高中，自由职业，配苏木横山牛栏母村人生于1963年11月11日，学历初中，生三子一女。女：婉娴生于1985

年5月29日，学历中专（嫁广西桂平）。子：扬冠、蔡柏、康斌。

二十世：扬冠生于1987年9月28日，高中，外务工，配黄丽霞白面港村人，生于1987年4月1日，高中，外务工。生一子：书潮。

二十一世：书潮生于2015年9月14日。

二十世：蔡柏生于1989年8月9日，学历高中，外务工，配陈雪红港头村人，生于1992年10月2日，学历初中，外务工，生一女：馨予生于2014年3月11日。

二十世：康斌生于1991年9月7日，学历高中，外务工，配王译敏雷州市生人于1993年2月22日，学历中专，外务工，生二子：书铭、书豪。

二十一世：书铭生于2012年7月13日；书豪生于2014年4月7日。

十八世：世海生于1924年3月23日，学历初小，配韩氏安铺牛皮塘村人生于1925年8月17日，学历初小，生二子：戚贤、日京。

十九世：戚贤生于1961年9月21日，学历初中，配田氏湖南人生于1969年4月28日，学历初中，生一子：景悟。

二十世：景悟生于1992年2月27日，学历高中，外务工。

十九世：日京生于1964年6月27日，大专，外务工，配宋氏廉江市人生于1965年3月24日，学历高中，外务工，生一子二女，女：长女思慧生于1993年2月3日，在读中山职业技术学院；二女思思生于1994年11月4日，在读廉江市第二中学；子：淼森。

二十世：淼森生于1998年8月4日，在读廉江市第二中学。

十七世：维斌妣张氏生四子：世光、戚凤●、戚潮●、戚木。

十八世：世光配陈氏墓葬龙潭岭，坐南向北，妣氏坐北向南，生二子：戚庆、戚养。

十九世：戚庆生于1956年5月15日，学历高中，安铺镇政府工作，配何氏东山村人生于1955年7月19日，学历高中，生二子：海滔、海涛。

二十世：海滔生于1980年8月13日，学历中专，外经商，配黄氏安铺镇人生于1980年8月23日，学历初中，外经商。

二十世：海涛生于1982年4月3日，学历大学，外务工。

十九世：戚养生于1962年12月2日，学历初中，外务工，配莫氏龙潭横西村人生于1967年11月12日，学历初中，生三子：李湛、景友、观潮。

二十世：李湛生于1990年7月25日，学历初中，外务工。

二十世：景友生于 1992 年 7 月 12 日，学历初中，外务工。

二十世：观潮生于 1994 年 7 月 15 日，学历中技，外务工。

十八世：戚木生于 1936 年 5 月 29 日，学历高小（湛江港务局退休），配张氏墟仔合江坡村人生于 1940 年 8 月 4 日，学历初小，生二子：戚文、春洪。

十九世：戚文生于 1966 年 4 月 20 日，学历初中（湛江港务局工作），配陈氏营仔镇人生于 1970 年 10 月 2 日，学历初中，生一子：志澎。

二十世：志澎生于 1995 年 6 月 5 日，在读湛一中。

十九世：春洪生于 1976 年 12 月 5 日，学历大专，在湛江港务局工作，配许氏荔枝村人生于 1978 年 4 月 25 日，学历高中，生一女：议匀生于 2007 年 12 月 24 日，在读湛江小学。

十五世：戚泰配杨氏生五子：均焕（不详）、均轩（另续）、均兔（另续）、均序（另续）、均光。

十六世：均光妣氏生一子：戚六（由维斌第四子戚木入继）。

十七世：戚木妣氏生一子：世义。

十八世：世义妣氏生一子：戚有均。

十九世：戚有均配陈氏，卜葬欧家坡，坐北向南，生一子：戚。

二十世：戚生于 1954 年 6 月 22 日，学历初中，外务工，配黄氏，铺洋村人，生于 1959 年 10 月 20 日，生二子：戚思华、戚李桐。

二十一世：戚思华生于 1981 年 4 月 16 日，学历大专，在外务工，配钟氏，横山镇人生于 1982 年 6 月 19 日，学历中专，生一子：戚桓恺。

二十二世：戚桓恺生于 2011 年 12 月 24 日。

二十一世：戚李桐生于 1986 年 1 月 1 日，学历大专，在外务工。

世美公次支朝通公分支成真公派下相齐房源流谱

十三世：成真妣氏，生四子：相塘（另续）、相虞（另续）、相齐、相上。

十四世：相齐妣何氏，生四子：弘（另续）、强（另续）、会、能。

十五世：会妣昌氏，生四子：均禄（另续）、均才（另续）、均明（另续）、均扶。

十六世：均扶妣林氏，生一子：维凤。

十七世：维凤妣黄氏，生一子：世高。

十八世：世高妣氏，生二子：有发、有鸿。

十九世：有发生一子：进江。

十九世：有鸿妣何氏，生一子：土寿●。

二十世：进江妣莫氏，生三子：观祐●、培才、培富。

二十一世：培才妣张氏，生二子：锦廷、锦建。

二十二世：锦廷生于1965年9月15日，配李，氏生一子：永任。

二十三世：永任生于1992年7月19日，配郭氏。

二十二世：锦建生于1970年8月19日，配莫氏，生二子：子龙、天赐。

二十一世：培富配肖氏，生一子：锦永。

十五世：能妣吴氏，生三子：均连、均経、均纶●。

十六世：均连妣李氏，生四子：维昌（另续）、维茂、维秀（另续）、维成（另续）。

十七世：维茂妣莫氏，生二子：世才、世英。

十八世：世才妣莫氏，生三子：有周、有邦、老鸦仔●。

十九世：有周妣卢氏，生三子：进清、进春、进全。

二十世：进清配李氏，生一子：培统。

二十一世：培统配许氏，生一子：锦强。

二十二世：锦强配李氏，生一子：鸿华。

二十世：进春配欧、黄二氏，生一子：培友。

二十一世：培友生于1955年10月10日，配陈氏，生三子：锦志、锦信、锦灿。

二十二世：锦志生于1979年6月7日，配黄氏，生二子：鸿卓、鸿谱。

二十二世：锦信生于1981年12月31日，配莫氏，在外务工。

二十二世：锦灿生于1982年10月8日，外务工。

二十世：进全配朱氏生二子：培溪、培滔。

二十一世：培溪生于1954年9月17日，配王氏生二子：锦昭、锦焱。

二十二世：锦昭生于1981年8月25日，配李氏生二子：鸿篾、鸿锋。

二十二世：锦焱生于1982年6月27日，配陈氏生一子：鸿文。

二十一世：培滔配徐氏生一子：丰伽。

十九世：有邦配陈氏生二子：进杰、日权●。

二十世：进杰配梁氏生一子：培柏。

二十一世：培柏配罗氏生二子：锦斌、锦墅。

十六世：能次子均经妣许氏生二子：维珍、维珠。

十七世：维珍妣麦氏生一子：世宏。

十八世：世宏妣氏生二子：有庆、有道。

十九世：有庆妣黄、李二氏生三子：进礼、进智、进信。

二十世：进礼配陈氏生四子：家源●、培权、培隆●、培良。

二十一世：培权配陈氏生三子：锦城、锦新、锦就●。

二十二世：锦城配宋氏生二子：永豪、永珠。

二十三世：永豪生于1980年12月6日，配赵氏生二子：俊杰、俊驰。

二十二世：锦新配黎氏生一子：永存。

二十一世：培良配陈氏生二子：锦培、锦雾。

二十二世：锦培配刘氏生二子：永强、永富。

二十三世：永强生于1980年9月23日，配麦氏。

二十三世：永富生于1983年7月18日，配陈氏。

二十二世：锦雾生于1963年3月11日，配谭氏生二子：华星、日明。

二十三世：华星生于1989年7月10日，配方氏生一子：裕鑫。

二十三世：日明生于1995年8月30日。

二十世：进智配莫、莫二氏生二子：土生●、培和。

二十一世：培和配莫氏生二子：锦陕、锦桃。

二十二世：锦陕生于1981年1月17日，配张氏生一子：伯滔。

二十三世：伯滔生于2010年3月11日，儿童。

二十二世：锦桃生于1987年1月4日。

二十世：进信配陈氏生二子：亚成●、亚合●。

二十世：进英配黄、陈二氏生二子：培祯、培祥。

二十世：进芳配罗氏●。

二十一世：培祯配谭氏生二子：锦同、锦齐。

二十二世：锦同配刘氏生一子：永忠。

二十三世：永忠配黄氏生一子：煜明。

二十二世：锦齐生于1957年6月27日，配许氏生二子：永海、永松。

二十三世：永海生于1984年12月13日，配文氏。

二十三世：永松生于1986年4月8日，配周氏。

二十一世：培祥生于1928年8月4日，配李氏生二子：锦超、锦荣。

二十二世：锦超生于1962年8月24日，配周氏生一子：鸿杰。

二十三世：鸿杰生于1994年12月8日。

二十二世：锦荣生于1966年配卢氏、邹氏生一子：鸿基。

十七世：维珠妣曹氏生三子：世有、世仲、世权。

十八世：世有妣氏生一子：有燊。

十九世：有燊配黄氏生三子：进彬、进润、进宏。

二十世：进彬配陈氏生一子：木福●。

二十世：进宏配何氏，带子出嫁（未详）。

二十世：进润配莫氏生四子：培文、培春、培彰、培忠。

二十一世：培文生于1947年7月4日，配叶氏生二子：锦举、锦杰。

二十二世：锦举生于1971年7月8日，配邱氏生一子：永康。

二十三世：永康生于1999年7月31日。

二十二世：锦杰生于1973年9月6日，配何氏生一子：鸿榆。

二十一世：培春生于1952年6月19日，配周氏生一子：锦庆。

二十二世：锦庆生于1976年10月6日，配陈氏生二子：鸿鹏、永义。

二十一世：培彰配潘氏生一子：锦聪。

二十一世：培忠配温氏，带子出嫁（未详）。

十八世：世仲配林氏生一子：有昌。

十九世：有昌配黄氏生二子：进业、进辉。

二十世：进业配王氏生五子：培源、亚桂●、亚积●、亚珍●、培清。

二十一世：培源生于1933年12月29日，配陈氏生四子：锦常、锦伟、永清、树兴。

二十二世：锦常生于1966年5月11日，配李氏生二子：永雄、永欢。

二十三世：永雄生于1955年5月7日，永欢生于1999年6月19日。

二十二世：锦伟生于1969年2月21日，配梁氏生二子：永肖、永哪。

二十三世：永肖生于1999年11月8日，永哪生于。

二十二世：永清生于1971年12月26日，配陈氏生一子：鸿允。

二十三世：鸿允生于2004年8月10日。

二十二世：树兴生于1974年6月8日，配黄氏生一子：鸿达。

二十一世：培清生于1943年10月23日，配梁氏生二子：锦轩、锦添。

二十二世：锦轩生于1979年10月11日，配洪氏生一子：文博。

二十三世：文博生于2010年3月2日。

二十二世：锦添生于1983年10月28日，配董氏生二子：鸿武、鸿熙。

二十三世：鸿武生于2006年6月12日，鸿熙生于。

二十世：进辉配陈氏生二子：培坚、培荣。

二十一世：培坚生于1943年5月26日，配赖氏生一子：锦川。

二十二世：锦川生于1975年10月24日，配赵氏生二子：鸿彬、鸿铭。

二十三世：鸿彬生于2009年12月28日，鸿铭生于。

二十一世：培荣配王氏生一子：锦武。

十八世：世权配孙氏生一子：有郁。

十九世：有郁配伍氏生一子：进桂●。

十四世：相上妣杨氏生三子：燿、爟（另续）、（另续）。

十五世：燿妣陈氏生五子：均美、均靖（另续）、均佳（另续）、均忠（另续）。

十六世：均美妣氏生二子：维有、维馀。

十七世：维有妣刘氏生二子（带子出嫁）。

十七世：维馀生一子：世富。

十八世：世富生四子：有国、有泰、亚广、亚新。

十九世：有国妣氏生一子（后出嫁）：进周。

二十世：进周配李氏生一子：培耀。

二十一世：培耀配何氏生二子：锦敦、锦明。

二十二世：锦敦生于1980年2月15日，配林氏生一子：鸿霖。

二十二世：锦明生于1985年4月24日，配何氏。

十九世：有泰配莫氏生四子：进华、进森、水豪、水良●。

二十世：进华配何氏生三子：培焕、培养、流文。

二十一世：培焕配李氏生二子：锦春、锦双。

二十二世：锦春生于1966年1月2日，配赖氏生二子：家铭、耀匀。

二十三世：家铭生于2001年9月13日，耀匀生于年月日。

二十二世：锦双生于1980年9月8日，配陈氏生一子：永祥。

二十三世：永祥生于2007年8月4日。

二十一世：培养生于1945年11月11日，配陈氏生二子：锦劲、锦益。

二十二世：锦劲生于1971年3月11日，配张氏生一子：鸿朗。

二十三世：鸿朗生于2005年7月7日，读幼儿园。

二十二世：锦益生于1978年6月19日，配谭氏生一子：海涛。

二十三世：海涛生于2009年11月27日，儿童。

二十一世：流文配陈氏生二子：华锦、华玉。

二十二世：华锦配何氏；华玉。

二十世：进森配李氏生四子：培就、培彬、培寿、培伟。

二十一世：培就配罗氏生二子：锦富、锦礼。

二十二世：锦富配陈氏。

二十二世：锦礼配文氏。

二十一世：培彬配伍氏。

二十一世：培寿配苏氏生一子：水源。

二十一世：培伟配廖氏生一子：雄宇。

二十世：水豪居住越南（未详）。

十五世：耀妣陈氏。生五子：均美（另续）、均靖（另续）、均佳、均栋。

十六世：均佳妣文氏。生四子：维广、维文、维武、维坚。

十七世：维广配麦氏。生二子：世耀、亚水●。

十八世：世耀配黄氏。生三子：有纲、有纪、有常。

十九世：有纲配杜氏。生一子：进楷。

二十世：进楷配谭、林二氏。生一子：培芳。

二十一世：培芳配陈氏。生三子：锦忠、锦廉、锦潮。

二十二世：锦忠配陈氏。

二十二世：锦廉配黄氏。生一子：鸿海。

二十二世：锦潮配陈氏。

十九世：有纪配某氏改嫁，后裔不详。

十九世：有常配蔡、伍氏，生三子：进有、进升、南卿。

二十世：进有配梁氏，生一子：培强。

二十一世：培强配陈氏，生一子：李杰。

二十世：南卿配廖氏。

二十世：进升生于1934年12月4日，配王氏，生五子：培儒、培辉、培叶、亚敏、亚信。

二十一世：培儒配颜氏生二子：锦识、锦远。

二十二世：锦识生于1986年1月8日；锦远生于1988年1月5日。

二十一世：培辉生于1961年1月8日，配陈氏生一子：锦聪。

二十二世：锦聪生于1995年8月26日。

二十一世：培叶配钟氏。

二十一世：亚敏生于1974年12月31日，配曾氏。

二十一世：亚信生于1974年11月4日，配李氏生一子：锦富。

十九世：有爵生一子：进川。

二十世：进川配黄、何二氏生三子：培森、培发、培兴。

二十一世：培森配周氏生二子：锦永●、锦雄。

二十二世：锦雄配麦氏生一子：智浩。

二十一世：培发配何氏生三子：锦松、锦京、锦伟。

二十二世：锦松配陈氏生一子：桂瑞。

二十二世：锦京配杨氏。

二十二世：锦伟配李氏。

二十一世：培兴配黄氏生一子：锦辉。

二十二世：锦辉配蔡氏生一子：佑铭。

十六世：均栋妣郑氏生二子：维安、维吉。

十七世：维安妣何氏生一子：世朝。

十八世：世朝妣余氏生一子：有宁。

十九世：有宁配许氏生二子：进平、峻瑞。

二十世：进平生于1944年4月24日，配杨氏生二子：培奖、培宇。

二十一世：培奖生于1966年7月3日，配谭氏生二子：锦波、锦鹏。

二十一世：培宇生于1976年11月7日，配蔡氏生二子：锦磊、梓阳。

二十二世：锦磊、梓阳。

二十世：峻瑞配陈氏生一子：展豪。

十五世：爁妣苏氏生三子：均纯、均理、均合（另续）。

十六世：均纯妣林氏生一子：维华。

十七世：维华配庞氏生一子：世泰。

十八世：世泰妣氏生一子：有琦。

十九世：有琦配罗、陈二氏生一子：兆松。

二十世：兆松配谭氏●。

十六世：均理妣麦、周二氏生一子：维藩。

十七世：维藩配陈、郑二氏生五子：世俊●、世德、世荣、世彰、世芳●。

十八世：世德配陈氏生二子：有卿、亚流●。

十八世：世荣（出继维业）。

十九世：有卿配王、马二氏生二子：进勋●、进列。

二十世：进列配陈氏生一子：培炎。

二十一世：培炎配肖氏生二子：锦武、锦心。

二十二世：锦武配陈氏。

二十二世：锦心配任氏。

十八世：世彰配郭氏，生六子：有权、有柽、有杰、有枢、有杨、有业。

十九世：有权配罗氏，生五子：进广、进球、进伟●、进焕、进荣。

二十世：进广配温氏生三子：培林、培均、培信。

二十一世：培林配黄氏生一子：锦玲。

二十二世：锦玲生于1958年9月8日，配黎氏生二子：康楠、土惜。

二十三世：康楠生于1982年8月21日，配蔡氏生一子：裕冰。

二十四世：裕冰生于2005年7月12日，读书。

二十三世：土惜生于1986年2月5日。

二十一世：培均配刘氏生四子：锦江、中山、锦良、锦柱。

二十二世：锦江生于1963年4月20日，配林氏生子：鸿镇。

二十三世：鸿镇生于1993年5月15日。

二十一世：培信配刘氏生二子：爱民、永忠。

二十二世：爱民配何氏生一子：家鸿。

二十二世：永忠配荷氏。

二十二世：中山生于1969年1月7日，配罗氏生一子：鸿燊。

二十二世：锦良生于1972年2月5日，配蔡氏生一子：宝丹。

二十二世：锦柱生于1975年1月25日，配陈氏生一子：境峰。

二十三世：境锋生于2002年6月12日。

二十世：进球配莫氏生一子：培国。

二十一世：培国配张氏生三子：锦钦、锦贺、锦瑞。

二十二世：锦钦生于1962年8月17日，配韩氏生三子：海剑、海轮、海途。

二十三世：海剑配廖氏。

二十三世：海轮生于1987年8月18日；海途生于1989年5月8日。

二十二世：锦贺生于1968年4月11日，配王氏生一子：鸿炳。

二十三世：鸿炳生于2004年8月18日。

二十二世：锦瑞生于1974年2月26日，配谭氏生一子：广宁。

二十世：进伟配莫氏●。

二十世：进焕配陈氏生一子●。

二十世：进荣配文氏生一子：培栋。

二十一世：培栋配莫氏生二子：锦拓、锦岚。

二十二世：锦拓生于1990年6月17日；锦岚生于1994年8月12日。

十九世祖：有柽配陈、卢二氏，生一子：进林。

二十世：进林配郑氏生一子：志勇。

二十一世：志勇配黄氏生一子：锦驰。

二十二世：锦驰配陈氏。

十九世：有枢妣莫、罗二氏生三子：进旋、日升（随母亲）、木荣。

二十世：进旋配庞氏生三子：培、培畴、培●。

二十一世：培配招氏生二子：锦郁、锦润。

二十一世：培畴配文氏生一子：志文。

二十世：日升配薛氏生一子：观福。

二十世：木荣配莫氏生三子：李广、景辉、培科。

二十一世：李广、景辉。

二十一世：培科生于1993年2月13日，配何氏生一子：锦城。

十九世：有扬配周氏生一子：进馀。

二十世：进馀配陈氏生四子：培英、培强、培兴、培军。

二十一世：培英配王氏生一子：锦邦。

二十一世：培强配梁氏。

二十一世：培兴配李氏。

二十一世：培军配何氏生一子：锦维

十九世：有业配李氏生三子：进熙、进祥、进声。

二十世：进熙配谭氏生六子：培赞、培纯、培山、培岳、培崧、景华●。

二十一世：培赞生于1946年5月26日，配黄氏生二子：锦永、锦昌。

二十二世：锦永配王氏生一子：本枢。

二十二世：锦昌生于1976年5月4日，配张氏生一子：栋明。

二十三世：栋明生于2007年11月9日。

二十一世：培纯配陈氏生二子：锦梓、锦怅。

二十二世：锦梓配庞氏。

二十一世：培山生于1953年8月5日，配王氏生一子：锦光。

二十二世：锦光生于1994年11月17日。

二十一世：培岳生于1957年11月8日，配陈氏生二子：锦敷、锦欣。

二十二世：锦敷生于1986年11月19日，配王氏生一子：玮铭。

二十二世：锦欣生于1988年12月13日。

二十一世：培崧配何氏生一子：锦需。

二十世：进祥配王氏生二子：建明、华东●。

二十一世：建明配麦氏生一子：锦森。

二十世：进声配陈氏生三子：培树、培标、培程。

二十一世：培树生于1958年8月15日，配莫氏，生二子：锦欢、锦颂。

二十二世：锦欢生于1984年1月17日，配杨氏。

二十二世：锦颂生于1987年7月12日。

二十一世：培标。

二十一世：培程配马氏生二子：锦俊、锦泰。

十八世：有曜配叶氏生二子：进均、进禄●。

二十世：进均配林、罗二氏生二子：培堂、培广。

二十一世：培堂配罗氏生一子：锦东。

二十二世：锦东配潘氏生一子：鸿磊。

二十一世：培广配黄氏生二子：锦晖、锦波。

二十二世：锦晖配符氏生一子：志豪。

二十三世：志豪。

二十二世：锦波配林氏。

十六世：均合妣莫氏生三子：维基（另续）、维业、维让（另续）。

十七世：维业妣莫氏（取维潘公一子入继）：世荣。

十八世：世荣妣氏生三子：有忠、有良、有旋。

十九世：有忠配孙氏生五子：进权、进英（未详）、进燊、进和、进恒。

二十世：进权配黄氏生一子：培枢。

二十一世：培枢配林氏。

二十世：进燊配何氏生一子：亚祥（何氏改嫁）。

二十一世：亚祥配郑氏生三子：日光、景珠、康彪。

二十二世：日光，在外务工。景珠，在外务工。康彪，在外务工。

二十世：进和配卜氏生二子：培球、培禄。

二十一世：培球配符氏生一子：锦帅。

二十二世：锦帅配彭氏生一子：鸿贤。

二十三世：鸿贤，读书。

二十一世：培禄配刘氏生二子：锦沛、康子。

二十二世：锦沛，外务工。康子，外务工。

二十世：进恒配钟氏生二子：培本、培光。

二十一世：培本配莫氏生一子：锦林。

二十二世：锦林，读书。

二十一世：培光配何氏生三子：锦洪、锦棋、锦焯。

二十二世：锦洪、锦棋、锦焯，读书。

十九世：有良配林氏生一子：进成。

二十世：进成配陈氏生一子：康胜。

二十一世：康胜配周氏生一子：锦华。

二十二世：锦华配陆氏生一子：浩轩。

二十三世：浩轩，读书。

二十世：进兴配李氏生一子：石旭。

二十一世：石旭，在外务工。

世美公次支朝通公分支成真公派下相上房源流谱

十三世：成真妣温氏生四子：相唐（另续）相虞（另续）、相齐（另续）、相上。

十四世：相上妣杨氏生三子：爧（另续）、爌（另续）、生。

十五世：生妣罗黄二氏生六子：均富、均就、均厚、均显、均达●、均鸿。

十六世：均富妣罗黄林三氏生二子：维利、维钦。

十七世：维利妣赵氏生一子：世炳。

十八世：世炳妣叶氏生四子：有立、有积、有存●、有会（另续）。

十九世：有立配叶氏生二子：兆基●、进标。

二十世：进标配陈氏生四子：培广、培杰（三子送界炮水九坡村）、培美。

二十一世：培广生于1963年4月17日，配陈桂生于1963年8月14日，生二子二女，大女：云丽生于1988年6月19日，二女：妙丹生于1990年8月10日，子：少华、少锋。

二十二世：少华1992年10月5日，少锋生于1995年8月27日落业海口市。

二十一世：培杰生于1965年3月15日配陈连英生二子：康远、冰冰。

二十二世：康远生于2002年11月25日，冰冰生于2004年5月20日。

二十一世：培美生于1971年3月20日配黄水娟生于1979年10月12日，生二女：长女：紫丽生于2008年10月12日，二女：梓慧生于2013年8月20日。

十九世：有积妣氏生一子：进瑞。

二十世：进瑞配黎氏生三子：培就、培兴、培才。

二十一世：培就（外公养居住安铺）生于1962年2月7日配黎氏生于1965年3月11日生一子一女，女：嬉嬉生于1998年9月2日，子：家毫。

二十二世：家毫生于1995年9月24日。

二十一世：培兴生于1965年12月1日配黄氏生一子一女，女：棚茹生于1993年9月7日（毕业于广州大学），子：培钦。

二十二世：培钦生于1996年4月4日。

二十一世：培才配罗氏生于1969年12月1日，生一子一女，女：艺龄生于1997年

11月7日，子：景杰。

二十二世：景杰生于2002年11月30日。

十七世：维钦妣黄氏生二子：世福、世全。

十八世：世福妣黄氏生一子：有灯。

十九世：有灯妣温氏生三女、三子：进太（戚太）、观潮、戚恩。

二十世：进太（戚太）生于1952年2月15日配许土青生于1955年2月1日，生二子二女，二女已婚；子：亚琦、广生。

二十一世：亚琦生于1980年12月13日，配罗爱平生于1983年10月19日，生二子：锦彬、锦霖。

二十二世：锦彬生于2008年9月4日，锦霖生于2012年9月16日。

二十世：观潮生于1964年1月18日配苏秀平生于1969年3月18日，生二子三女，女：大女适香港，二女适深圳，三女适珠海，子：培兆、庭刚。

二十一世：培兆生于1977年5月5日配莫润娣生于1973年8月9日，生一子一女，女：晓雯生于2003年9月17日，子：锦术。

二十二世：锦术生于2000年7月14日，学历大专。

二十一世：庭刚生于1980年6月9日配黎氏生一子，二氏郭宇涵生一女：紫钰生于2014年1月20日，子：锦柱。

二十二世：锦柱生于2007年5月5日（居住深圳）。

二十世：戚恩生于1966年4月11日配余娟生于1972年10月16日，生二子一女，女：伙说，学历高中；子：华碧、展宇。

二十一世：华碧生于1992年1月28日，展宇生于1994年5月11日。

十八世：世全配陈氏生一子：有强●。

十六世：均就妣李氏生二子：维贤、维成●。

十七世：维贤妣氏生二子：世兴（另续）、世业。

十八世：世业妣张氏生一子：余安。

十九世：余安配何氏生二子一女：成林、成森（两子居住安铺）。

二十世：成林生于1968年4月24日配陈芬生于1973年6月29日，生二子：镇郎、梓峰。

二十一世：镇郎生于1996年3月21日；梓峰生于1999年7月23日。

二十世：成森生于 1974 年 5 月 6 日,学历工商大学,配李春梅生于 1979 年 1 月 21 日,生二子：家毫、家杰。

二十一世：家毫生于 1999 年 12 月 24 日,家杰生于 2001 年 2 月 15 日。

十六世：均厚妣陈氏生三子：维朝、维聘、维上●。

十七世：维朝妣梁莫二氏生三子：世金、世玉、世堂。

十八世：世金妣陈氏生二子：有广、有丰（另续）。

十八世：世玉妣李氏生一子：进九●。

十九世：有广妣李氏生二子：朝●、来。

二十世：来配黄氏生四子：戚建、戚越、戚军、戚良。

二十一世：戚建生于 1965 年 12 月 6 日配潭美芬生于 1967 年 6 月 10 日生二子：观波、志鹏。

二十二世：观波生于 1996 年 6 月 9 日,志鹏生于 1998 年 5 月 27 日。

二十一世：戚越生于 1966 年,高中,配钟银玲生于 1969 年 8 月 19 日,生二子二女,大女：桂兰生于 1990 年 5 月 14 日；二女：美娟生于 1992 年 6 月 11 日,初中。子：国政、永权。

二十二世：国政生于 1995 年 2 月 6 日,永权生于 1997 年 5 月 18 日,学历高中。

二十一世：戚军生于 1969 年 5 月 8 日,高中,配陈娣生于 1967 年 12 月 10 日,初中,生二子二女,大女：思华生于 1992 年 7 月 20 日,二女：思丽生于 1996 年 7 月 13 日,子：国师、宇敬。

二十二世：国师生于 1995 年 7 月 26 日,宇敬生于 1999 年 8 月 26 日。

二十一世：戚良生于 1978 年 9 月 5 日配麦建珍生于 1978 年 12 月 15 日,生二子一女,女：宇萍生于 2005 年 2 月 23 日,子：宇杰、宇航。

二十二世：宇杰生于 2001 年 10 月 27 日,宇航生于 2011 年 12 月 21 日。

十八世：世堂妣洪氏生三子：有珠、亚保●、戚显。

十九世：有珠妣林氏生一子：戚余。

二十世：戚余（进超）配陈氏生六子一女,女已婚；子：戚明、戚敏、戚艺、戚勤、亚群●、培基。

二十一世：戚明生于 1962 年 10 月 8 日配罗存英生于 1966 年 7 月 20 日,生二子：戚略、华境。

二十二世：戚略生于 1988 年 8 月 29 日，学历初中。

二十二世：华景生于 1990 年 1 月 24 日，学历高中，配何彩贤生于 1990 年 12 月 5 日，学历高中，生一子：子鹏。

二十三世：子鹏生于 2013 年 1 月 16 日。

二十一世：戚敏生于 1968 年 6 月 14 日配赵成生于 1963 年 8 月 14 日，生二子：子：进务、景发。

二十二世：进务生于 1989 年 12 月 18 日，学历高中。

二十二世：景发生于 1994 年 10 月 28 日，学历高中。

二十一世：戚艺生于 1971 年 1 月 3 日配刘日秀生于 1975 年 8 月 8 日，生一子一女，女：紫炫生于 2012 年 12 月 12 日，子：恩泽。

二十二世：恩泽生于 2005 年 7 月 26 日。

二十一世：戚勤生于 1973 年 10 月 16 日，配文平英生于 1979 年 7 月 25 日生女一子二女，：景慧生于 2004 年 3 月 16 日，绮雯生于 2008 年 9 月 9 日，子：康静。

二十二世：康静生于 2000 年 12 月 11 日，读书。

二十一世：培基生于 1976 年 9 月 14 日。

十九世：戚显妣陈氏生四子：木标、亚辉●、木光、戚超。

二十世：木标生于 1962 年 12 月 11 日配方陈桂生于 1963 年 10 月 13 日，生二子一女：女：华女生于 1988 年 2 月 8 日，适争水；子：康稞、境溪。

二十一世：康稞生于 1989 年 10 月 6 日，学历初中，配伍小敏，学历初中，生于 1989 年 9 月 15 日，生一子：锦添。

二十二世：锦添生于 2013 年 1 月 6 日。

二十一世：境溪生于 1994 年 10 月 10 日，学历初中。

二十世：木光生于 1968 年 7 月 12 日配伍带生于 1968 年 8 月 2 日，生二子：宇翔、宇帆。

二十一世：宇翔生于 1992 年 3 月 25 日，学历大学。

二十一世：宇帆生于 1995 年 5 月 8 日，高中在读。

二十世：戚超生于 1971 年 12 月 8 日配梁连娟生于 1970 年 8 月 10 日，生一子一女，女：诗桃生于 2001 年 6 月 8 日，子：宇浩。

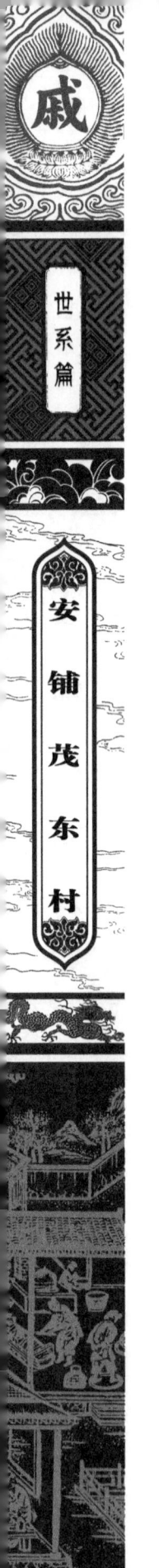

二十一世：宇浩生于2004年5月6日，读书。

十七世：维聘妣林莫二氏生四子：世取、世满、世先、世后●。

十八世：世取妣陈氏生五子：有庚、有海、有绍、有缎、戚灿●。

十九世：有庚妣伍氏生三子：戚汉、戚生、戚英。

二十世：戚汉妣李郑二氏生二子：培强、培国。

二十一世：培强生于1973年7月8日，学历高中，配林君玲生于1971年7月28日大专，生一女：可莹生于2006年8月18日，读书。

二十一世：培国生于1976年1月25日，学历高中，配黎静生于1976年9月8日，学历高中，生一子一女，女：琬琪生于2006年6月2日，子：锦麟。

二十二世：锦麟生于2004年5月7日，读书。

二十世：戚生生于1942年9月7日，学历高中，配何志珍生于1940年8月18日，学历高中，生二子二女：两女已嫁；培宇、培杰。

二十一世：培宇生于1972年9月7日，学历高中，配李翠英生于1976年11月4日，学历高中，生二子：伟斌、锦南。

二十二世：伟斌生于2001年12月28日，锦南生于2011年9月26日。

二十一世：培杰生于1976年12月16日，学历高中配莫春琼生于1979年2月3日，学历高中，生一女：海瞳生于2012年12月28日。

二十世：戚英生于1952年6月26日，学历高中，配黄梅生于1950年12月21日，学历初中，生二子：培纲、培燎。

二十一世：培纲生于1978年8月6日，学历高中，配魏细连生于1978年9月21日，学历高中，生二子：庆坚、庆幸。

二十二世：庆坚生于2009年9月21日，庆幸生于2009年9月21日。

二十一世：培燎生于1980年7月4日，学历高中。

十九世：有海配陈氏生四子：华新●、戚喜●、戚桥●、庞寿。

二十世：庞寿生于1960年8月18日配越南妹生于1965年7月20日，生一子：土轩。

二十一世：土轩生于1990年10月20日。

十九世：有绍妣麦氏生三子：戚桃、戚成、荣华。

二十世：戚桃生于1947年10月16日配黄凤生于1952年8月20日，生二子一女，女：黄凤，子：培树、广华。

二十一世：培树生于1977年8月10日，学历高中，配陈丽妹生于1976年11月26日，学历高中，生一女：连芝生于2013年10月7日。

二十一世：广华生于1984年，学历高中，配叶翩翩生于1984年，学历高中。

二十世：戚成生于1951年8月8日配许秋生于1951年12月13日，生二子：培炳、木林。

二十一世：培炳生于1980年10月7日，学历高中，配朱珍琴生于1985年1月16日，学历高中，生一子：文杰。

二十二世：文杰一于2008年8月23日。

二十一世：木林生于1983年11月10日配苏伟玲生于1984年9月19日，生二子：俊宇、广进。

二十二世：俊宇生于2008年7月16日，广进生于2010年5月11日。

十九世：有缎妣王氏生二子：荣华、进娣。

二十世：荣华生于1960年11月18日，配陈栈生于1965年10月22日，生二子一女：女春梅生于1988年7月22日，已婚；子：康武、华国。

二十一世：康武生于1989年12月18日，大专；华国生于1992年1月28日，高中。

二十世：进娣（随母营仔蛇围村）生于1955年11月17日配潘柳生于1969年12月27日，生二子：国华（志刚）、国良（志富）。

二十一世：国华（志刚）生于1982年8月1日，学历高中。

二十一世：国良（志富）生于1989年7月20日，学历高中。

十八世：世满妣林余二氏生三子：有树、有奕、有壕。

十九世：有树妣马氏生三子：戚开、戚珍、文东。

二十世：戚开配黄发生于1952年8月24日，生三子一女：女已婚；子：培达、算科、小辉。

二十一世：培达生于1977年11月10日配月华，生一子一女，女：戚喜生于2012年9月2日，子：锦洁。

二十二世：锦洁生于2014年月23日。

二十一世：算科生于1980年5月15日，学历高中。

二十一世：小辉生于1994年11月20日，学历高中。

二十世：戚珍配黄秀娟生于1943年9月24日，生三子：培暖、培松、培邓（三子同

住湛江市）。

二十一世：培暖生于1968年12月8日，学历高中，配谢伟青生于1971年7月20日，职业教师，生一子一女，女：蕾婷生于2007年9月16日，子：致远。

二十二世：致远生于2002年10月8日。

二十一世：培松生于1972年9月12日，学历大学，配陈翠英生于1977年8月30日，学历大学，生一子一女，女：以晴生于2011年5月8日，子：冠航。

二十二世：冠航生于2002年12月27日。

二十一世：培邓生于1977年11月20日，学历高中，配邓惠銮生于1974年12月24日，生一子一女，女：巧欣生于2003年10月23日，学历高中；子：冠林。

二十二世：冠林生于2010年5月14日。

二十世：文东生于1948年11月7日，学历高中，配梁田妹生于1953年11月4日，学历高中，生二子三女：三女已婚；子：荣周、先明。

二十一世：荣周生于1982年9月12日，学历高中，配胡艳君生于1986年6月13日，学历高中，生一子：锦乐。

二十二世：锦乐生于2014年1月22日。

二十一世：先明生于1990年2月16日，学历高中。

十九世：有奕妣李氏生三子：戚伙、戚富、戚苏。

二十世：戚伙生于1952年6月13日配王月生于1953年11月6日，生二子：培境、培聪。

二十一世：培境生于1975年11月22日配陈朝菊生于1978年9月14日，生二子：锦田、锦轩。

二十二世：锦田生于2003年7月8日，锦轩生于2005年12月14日。

二十一世：培聪生于1983年12月22日配许棚春生于1980年10月22日，生一子：运远。

二十二世：运远生于2006年6月7日。

二十世：戚富生于1958年8月18日，学历高中，配杜春香生于1960年7月26日，生二子：星星、戚磊。

二十一世：星星生于1983年6月18日，学历大学，戚磊生于1986年10月20日，学历大学。

二十世：戚苏生于 1961 年 4 月 18 日，学历高中配越妹生于 1966 年 10 月 8 日，生一女：明珠生于 1996 年 10 月 18 日，学历高中。

十九世：有壕配杨氏生二子三女（已婚）：进欢、进红。

二十世：进欢生于 1961 年 6 月 1 日配潘珍生于 1961 年 8 月 17 日，生三子二女：女星梅生于 1984 年 9 月 4 日，适江西；子：建华、广朗、培立。

二十一世：建华生于 1986 年 6 月 20 日，学历高中，配刘春银生于 1992 年 2 月 19 日，生一子一女：女：小洁生于 2014 年 9 月 20 日。子：锦滔。

二十二世：锦滔生于 2011 年 4 月 5 日。

二十一世：广朗生于 1988 年 6 月 10 日，培立生于 1992 年 1 月 22 日，学历高中。

二十世：进红生于 1964 年 7 月 16 日，初中，配黎少清生于 1962 年 12 月 8 日，生一子二女：大女彩霞生于 1991 年 5 月 18 日，就读广州大学；二女水意生于 1995 年 5 月 5 日，读高中；子：培任。

二十一世：培任生于 1993 年，读高中。

十八世：世先妣陈氏生三子：戚华●、有志、有秩。

十九世：有志配曾氏生三子：广和●、洪福、戚进。

二十世：洪福生于 1952 年 9 月 21 日配许娟生 1952 年 12 月 12 日，生三子一女：女冰辉生于 1975 年 9 月 11 日，已婚；子：培琼、戚上●、津瑞。

二十一世：培琼生于 1978 年 9 月 24 日，学历高中，配罗永兰生于 1985 年 1 月 24 日，学历高中，生一子一女：女诗悦生于 2014 年 11 月 7 日。子：健浩。

二十二世：健浩生于 2010 年 8 月 24 日。

二十一世：津瑞生于 1983 年 7 月 22 日配雷美容生于 1984 年 7 月 7 日，学历高中，生二子：家铭、吾瑜。

二十二世：家铭生于 2009 年 5 月 24 日，吾瑜生于 2012 年 11 月 17 日。

二十世：戚进生于 1958 年 1 月 5 日，学历高中，配邱碟生于 1958 年 3 月 30 日生二子一女，女：椿花生于 1989 年 10 月 9 日，子：培滔、培新。

二十一世：培滔生于 1985 年 4 月 28 日，学历高中，配林昌铜生于 1995 年 12 月 24 日，高中，生二子：航荣、航华。

二十二世：航荣生于 2015 年 5 月 20 日；航华生于 2015 年 5 月 20 日。

二十一世：培新生于 1987 年 7 月 22 日，学历大学，配陈李晓生于 1988 年 8 月 13 日，

学历高中，生一子：绍文。

二十二世：绍文生于 2014 年 3 月 4 日。

十九世：有秩妣杨氏生五子：戚锦、戚上●、戚德、戚伟、戚业。

二十世：戚锦生于 1947 年 2 月 17 日配黄珍生于 1952 年 4 月 26 日，生三子：广燕、进平、慧强。

二十一世：广燕生于 1981 年 2 月 5 日，学历初中，配黄妹生于 1999 年 8 月 19 日，学历初中，生一子：国柱。

二十二世：国柱生于 2007 年 9 月 16 日。

二十一世：进平生于 1985 年 12 月 17 日，学历初中，慧强生于 1987 年 8 月 3 日，学历大学。

二十世：戚德生于 1950 年 2 月 5 日配何连芳生于 1953 年 2 月 6 日，生一子二女：长女木秀生于 1979 年 5 月 21 日；小妹生于 1981 年 9 月 22 日；子：培艳。

二十一世：培艳生于 1976 年 4 月 11 日，学历大专，配邓娟玲生于 1970 年 2 月 24 日，学历高中，生一子：梓健。

二十二世：梓健生于 2006 年 10 月 19 日。

二十世：戚伟生于 1953 年 12 月 4 日配陈江山生于 1962 年，学历初中，生二子：土常、观雄。

二十一世：土常生于 1988 年 12 月 11 日，学历大学。

二十一世：观雄生于 1990 年 1 月 21 日，学历高中。

二十世：戚业生于 1956 年 8 月 12 日配周理生于 1957 年 4 月 9 日，生二子一女，长女翠娟生于 1984 年 8 月 10 日，已婚；次女雯惠生于 1986 年 5 月 28 日，学历高中，子：广浩、广洁。

二十一世：广浩生于 1982 年 5 月 31 日，学历高中，配欧阳玲生于 1981 年 9 月 21 日，学历高中，生一子一女，女：宇涵生于 2011 年 3 月 6 日，子：胜杰。

二十二世：胜杰生于 2006 年 11 月 17 日。

二十一世：广洁生于 1988 年 8 月 9 日，学历初中，配何靖生于 1985 年 10 月 23 日，学历初中，生一女：雅淇生于 2010 年 7 月 17 日。

世美次支朝通公分支以严公派下均达、均明房源流谱

十五世：爵荣妣陈氏生二子：均达、均明。

十六世：均达妣卢氏（卢氏德道成仙被封为卢氏仙娘，立身像建庙让子孙世代拜祭。）
　　　　生一子：维采。

十七世：维采妣张氏生二子：黄二、世高。

十八世：黄二妣李氏生三子：亚保●、有德、火生●。

十九世：有德妣黄氏生一子：兆芳。

二十世：兆芳妣林氏生四子：培新、培春、培泉、培珍。

二十一世：培新配吕氏生二子：锦桃、锦兵。

二十二世：锦桃配罗氏生四子：永先、亚虾●、永升、志文●。

二十三世：永先、永升。

二十二世：锦兵配高氏生二子：镇宇、永豪。

二十三世：镇宇、永豪。

二十一世：培春配林氏生二子：锦常、锦简。

二十二世：锦常配温氏生二子：伟达、戚平●。

二十三世：伟达。

二十二世：锦简配张氏生二子：永发、景森。

二十三世：永发、景森。

二十一世：培泉配李氏生一子：锦均。

二十二世：锦均配冯氏生三子：李广、永锋、永添。

二十三世：李广、永锋、永添。

二十一世：培珍配叶氏生二子：锦兰、锦华。

二十二世：锦兰配苏氏，在外务工；锦华配陈晓君，在外务工。

十八世：世高妣苏氏生五子：亚九●、有义、有桂●、有礼、亚晚●。

十九世：有义配罗氏生二子：兆琪、兆玉。

二十世：兆琪妣魏氏生一子：培泽。

二十一世：培泽配邓日妹生三子：俊奕、俊杰、俊才。

二十二世：俊奕配李秋燕生一子：家豪。

二十三世：家豪生于2001年12月2日，现读初中。

二十二世：俊杰配许晓玲，务工，生一子：家铭。

二十三世：家铭生于2015年10月27日（农历）。

二十二世：俊才配郑子丽，银行工作，郑子丽在湛江幼师工作。

二十世：兆玉妣祝氏生一子：培烈。

二十一世：培烈配罗氏生一子：锦璋。

二十二世：锦璋配庞翠。

十九世：有礼妣曹氏生一子：兆桃。

二十世：兆桃妣黄氏生五女：阿娇适车板；戚英适石城何基；彩琼适欧家围杨强；云娟适廉城吴俐贤；伍妹适石城黄林军。（广强捧香碗灵牌）。

十九世：有光如生二子：亚桂●、亚生●（有光上辈未详）。

十六世：均明妣郑氏生二子：维英、维雄（另续）。

十七世：维英妣黄氏生一子：世桃。

十八世：世桃曹氏一子：有周。

十九世：有周妣曹氏生二子：兆英、兆均。

二十世：兆英配氏生四子：培养、培瑞、培芬、培析。

二十一世：培养。

二十一世：培瑞配罗氏生二子：戚韬、戚略。

二十二世：戚韬、戚略。

二十一世：培芬配黎氏生一子：镇希。

二十二世：镇希。

二十一世：培析配魏氏生一子：镇铭。

二十二世：镇铭。

二十世：兆均配许氏生三子：培迁、培就、培柱。

二十一世：培迁配韦氏生一子：锦冠。

二十二世：锦冠配梁氏，生一子：旭明。

二十一世：培就配陈氏生三子：锦军、锦剑、锦伟。

二十二世：锦军配欧氏生一子：永权。

二十三世：永权。

二十二世：锦剑、锦伟。

二十一世：培柱（广强）配黄氏。

十四世：相天妣黄氏生五子：荣（另续）、義（另续）、凤（另续）、琏（另续）、礼。

十五世：礼妣钟氏取一子入继子：均球。

十六世：均球妣何氏生一子：维煜。

十七世：维煜妣刘氏生一子：世略。

十八世：世略妣罗氏生二子：李胡、志桂。

十九世：李胡妣郭氏生一子：兆达。

二十世：兆达配苏氏生二子：培东、培棚。

二十一世：培东、培棚。

十九世：志桂妣罗氏生三子：伙明、戚槐。

二十世：伙明配陈、刘二氏生二子：永详、镇清。

二十一世：永详、镇清。

二十世：戚槐配钟氏生二子：高宁、雅杰。

二十一世：高宁、雅杰。

世美公次支朝通公分支才相公派下相礼房源流谱

十三世：才相妣某氏生四子：相礼、相敬（另续）、相壁（另续）、相天（另续）。

十四世：相礼妣马氏生二子：戚兴、戚富。

十五世：戚兴妣黄氏生二子：均宇、均泰。

十六世：均宇妣洪氏生一子：维贵。

十七世：维贵妣某氏生一子：世保。

十八世：世保妣某氏生四子：汝纯、汝和、汝顺、汝善。

十九世：汝纯妣陈氏生二子：兆安、胜●。

二十世：兆安配陈氏生二子：培平、培衡●。

二十一世：培平●。

十九世：汝和妣全氏生三子：戚静、戚春●、戚保。

二十世：戚静配郑氏生二子：戚川、戚军。

二十一世：戚川生于1963年11月3日，配马娇，车板圹村人，生一子一女；女：海媚生于1992年10月24日；子：锦强。

二十二世：锦强生于1990年11月11日，学历大专，在外务工。

二十一世：戚军生于1973年4月7日，配潘秋连，横仓大村人，生于1979年11月28日，生一子一女，女：黎敏生于1996年10月24日；子：国青。

二十二世：国青生于1999年3月9日，在读湛江一技。

二十世：戚保配廖秀勤，生二子：志安、志龙。

二十一世：志安生于1980年10月8日，学历中专，配李淑兰，生于1979年6月8日学历中专，生二女，长女：巧欧生于2006年7月7日；二女：巧泳生于2008年8月8日。

二十一世：志龙生于1988年1月8日，读书。

十九世：汝顺妣杨氏生六子：戚生、戚彩●、光绪、戚太、戚东●、戚来、山锋。

二十世：戚生配温氏生一子：戚连。

二十一世：戚连配陈氏生二子：锦平、锦标。

二十二世：锦平生于 1990 年 2 月 22 日，学历中专，在外务工。

二十二世：锦标生于 1991 年 10 月 11 日，学历初中，在外务工。

二十世：光绪生于 1945 年 2 月 3 日，配余安南坑村人生于 1950 年 10 月 27 日，生一子：石旺。

二十一世：石旺生于 1983 年 2 月 23 日，学历中专，务工，配何杏生于 1982 年 4 月 8 日，学历中专，外务工。

二十世：戚太生于 1946 年 11 月 3 日，农场工作。学历初中，湛江工作，配张桂芳西岑村人生于 1948 年 11 月 5 日，学历初中，农场工作。

二十世：戚来生于 1949 年 7 月 6 日，学历初中，湛江工作，配陈雪根生于 1963 年 2 月 9 日，学历初中，生三子：伟献、志雄、小聪。

二十一世：伟献生于 1976 年 8 月 29 日，学历中专，湛江工作，配陈英生于 1985 年，学历高中，生一子：明贤。

二十二世：明贤生于 2012 年 11 月 6 日，读书。

二十一世：志雄生于 1978 年 6 月 4 日，学历大专，在外务工。

二十一世：小聪生于 1990 年 8 月 13 日，学历大专，在外务工。

二十世：山峰生于 1953 年 9 月 10 日，学历初中，配陈妹生于 1955 年 10 月 27 日，学历初中，生二子：秋育、华桥。

二十一世：秋育生于 1982 年 7 月 14 日，学历中专，在外务工，配林青生于 1983 年 8 月 14 日，学历高中，在外务工。

二十一世：华桥生于 1988 年 10 月 11 日，学历中专，在外务工，配郭霞静，生于 1989 年 12 月 9 日，学历初中，生一子一女，女：美兰生于 2007 年 5 月 9 日读书；子：智洛。

二十二世：智洛生于 2012 年 11 月 13 日，儿童。

十九世：汝善与陈氏生一子：康珍。

二十世：康珍生于 1957 年 12 月，学历初中，配陈月安圹村人生于 1950 年，生二子一女；女：翠生于 1979 年学历初中，在外务工；子：伟平、伟琼。

二十一世：伟平生于 1977 年学历高中在外务工；伟琼生于 1970 年学历中专在外务工。

世美公次支朝通公分支成秀公派下相全房源流谱

十三世：成秀妣李氏生一子：相全。

十四世：相全妣叶氏生一子：凤。

十五世：凤妣黄氏生一子：元安。

十六世：元安妣李氏生二子：维兴、维隆（另续）。

十七世：维兴妣李氏生三子：世义、世忠、世昌（另续）。

十八世：世义妣某氏生二子：汝清、汝杨。

十九世：汝清妣万氏生三子：兆瑞、兆连、兆太●。

二十世：兆瑞配袁氏生三子：培文、戚兴、志华。

二十一世：培文生于1923年9月6日，配莫少连生于1932年廉江三墩村人，生二子：戚永、戚章。

二十二世：戚永生于1957年9月6日，配蓝国雷公三万圹村人生于1957年2月3日，生三子：康马、石桂、鸿军。

二十三世：康马生于1985年9月5日，学历高中，在外务工，配郑妹界炮圩人，生于1986年12月20日，学历高中，生一子：晋锋。

二十四世：晋锋生于2012年儿童。

二十三世：石桂生于1986年9月2日，学历本科大学，广州工作，配邓雅婷湖南人生于1986年12月20日，学历大专，生一女：媛媛。

二十三世：鸿军生于1990年12月5日，就读广州华南大学。

二十二世：戚章生于1958年8月17日，学历初中，配欧观传界炮湾村人生于1964年6月19日，初中，经商，生三子：马兴、斌斌、候胜。

二十三世：马兴生于1985年12月2日，学历高中，在外经商，配陈丽燕杨柑圩人，生于1987年12月9日，学历高中，生二女：凤珊、茹婷。

二十三世：斌斌生于1989后7月12日，就读广州大学。

二十三世：候胜生于1990年1月13日，就读广州工业大学。

二十一世：戚兴生于1936年9月10日，配邓少兴界炮科港村人，生二子：戚锦、戚玲。

二十二世：戚锦生于1967年11月12日，学历初中，广州经商，配曾秋英杨柑圩人生于1967年12月20日，生二子：戚建、日平。

二十三世：戚建生于1992年9月12日，学历大专；日平生于1999年10月10日，读书。

二十二世：戚玲生于1967年8月7日，学历初中，配戴秀妹湛江市生于1968年12月3日，生一子一女，女：夏兰；子：洪锋。

二十三世：洪锋生于1995年5月23日，学历大专，广州经商。

二十一世：志华生于1940年3月4日，学历高中，配罗梅合甫人生于1943年9月8日，学历高中，生二子：茂、滔。

二十二世：茂生于1974年9月9日，学历大专，在外务工，配黄满海南人生于1978年11月27日，学历高中，生一子：炳鸿。

二十三世：炳鸿生于1999年4月21日读书。

二十二世：滔生于1981年7月17日，学历中专，在外务工，配陈贞冰海南人生于1983年11月13日，学历高中，生一子：腾腾。

二十三世：腾腾生于2012年5月10日，儿童。

二十世：兆连配李氏生二子：戚球、戚秀●

二十一世：戚球生于1942年1月26日，学历初中，湛江市工作，配郑观梅界炮村人生于1944年2月23日，学历初中，湛江工作，生二子：炳成、炳华。

二十二世：炳成生于1970年11月24日，学历大专，湛江工作，配陈赛湛江市人生于1971年4月20日，学历大专，湛江工作。

二十二世：炳华生于1974年11月4日，学历大专，湛江工作，配林国英生于1977年4月25日，学历大专，湛江工作，生一女：惠茹生于1998年6月7日，读书。

十九世：汝杨妣郑氏生二子：兆尤、兆发。

二十世：兆尤配黄氏生一子：戚养。

二十一世：戚养配李小云生二子：戚裕、戚光。

二十二世：戚裕生于1963年4月17日是，学历初中，配吴秀英界炮后圹村人生于1962年11月8日，生二子：建鹏、景文。

二十三世：建鹏生于1989年5月13日，学历初中，在外务工；景文生于1990年7

月22日，学历初中，在外务工。

二十二世：戚光生于1967年4月11日学历初中配谢素文界炮百世田村人生于1966年2月17日生一子一女：慧玲生1997年12月29日；子：进富。

二十三世：进富生于1999年9月19日读书。

二十世：兆发配氏生二子：戚朝、康生。

二十一世：戚朝生于1943年1月19日，学历初中，配李积甘定园村人生于1943年8月16日，生三子：进权、进伟、进辉。

二十二世：进权生于1973年11月28日，学历初中，在外务工，配伍秋群廉江市人生于1975年8月20日，生一子；雄俊。

二十三世：雄俊生于1999年9月28日，读书。

二十二世：进伟生于1975年11月26日，学历初中，广州工作，配梁豪广州市人生于1977年7月19日，学历大专，广州工作。

二十二世：进辉生于1977年8月6日，学历初中，在外务工，配陆桂花河头镇人生于1980年2月8日，学历初中，在外务工，生一子：宇杰。

二十三世：宇杰生于2004年2月6日，读书。

二十一世：康生生于1945年8月7日，配陈志英，生于1948年5月4日，生二子：广详、汉杨。

二十二世：广详生于1978年10月26日，学历初中，在外务工，配梁超，生于1985年2月19日，学历高中，在外务工，生二子：云天、洪财。

二十三世：云天生于2011年1月5日儿童，洪财生于2012年，儿童。

二十二世：汉杨生于1990年1月7日，学历初中，在外务工，配曹金连生于1981年8月2日，学历高中，海康人。

十八世：世忠妣氏生一子：汝权。

十九世：汝权妣氏生一子：优。

二十世：优配北海婆生一子：锦华。

二十一世：锦华妣某氏。

十八世：世昌妣陈氏生二子：汝贵、汝棠。

十九世：汝贵妣陆氏生二子：兆英、兆雄。

二十世：兆英配邓氏生五子：培林、善、成、友、王。

二十一世：培林生于1934年9月1日，配何秀娟生于1934年9月5日界炮中间岭村人，生一子：平。

二十二世：平生于1973年6月5日，配梅芳生于1975年11月3日坦塘仔村人，生二子：永康、泽聪。

二十三世：永康生于2001年儿童；泽聪生于2006年儿童。

二十一世：善生于1942年6月5日，学历高中，农场工作，配周秀华界炮丰论村人生于1977年3月14日，初中，农场工作，生三子：新、建、春喜。

二十二世：新生于1977年3月14日，高中，配梁水略生于1978年12月27日，学历高中，农场工作，生二子一女；女：欣楣生于2000年11月29日读书；子：志源、志荣。

二十三世：志源生于1999年8月7日读书；志荣生于2002年3月14日。读书。

二十二世：建生于1971年4月16日，学历中专，农场工作，配梁桂芳生于1972年1月2日，云南文山人，学历初中，生一子二女，长女；春梅生于1997年2月11日读书；次女：土金生于2001年7月3日儿童；子：鑫。

二十三世：鑫生于2004年3月14日，读书。

二十二世：春喜生于1975年6月7日，学历中专，农场工作，配何彐辉生于1976年8月19日，安铺西港村人，生二子：均杰、恒。

二十三世：均杰生于2011年8月3日儿童；恒生于2008年9月13日儿童。

二十一世：成生于1947年7月，学历初中，遂溪石油公司工作，配黎金生于1950年8月1日，西坡社香山廖人，石油公司工作，生一子：全仔。

二十二世：全仔生于1974年12月11日，学历初中，配麦小玲生于1974年4月9日调进村人学历高中，生二子：展铭、恒毓。

二十三世：展铭生于2004年4月1日读书；恒毓生于2007年12月28日儿童。

二十一世：友生于1953年7月，学历高中，港门镇元圹村人生一子一女，女：戚娟生于1988年已婚；子：庆仔。

二十二世：庆仔生于1978年6月。

二十一世：王生于1958年9月12日，学历高中，农场工作，配李珠妹生于1957年10月21日，学历高中，生一子一女，女：日英生于1987年6月13日，学历中专；子：锦顺。

二十二世：锦顺生于1982年9月2日，学历中专。

二十世：兆雄配林氏生三子：文、武、国。

二十一世：文生于1952年6月，学历初中，配洪调生于1957年8月，生二子一女，女：石富生于1995年5月，学历初中，在外务工；子：石有、鸿才。

二十二世：戚石有生于1987年7月，学历初中在外务工；鸿才生于1990年7月。学历初中，杨青镇人，在外务工，生一子二女。

二十一世：武生于1952年6月，初中，务工，配陈群，洋青人，初中，务工，生一子二女：长女光美生于1977年，初中，已适；二女日娣生于1988年4月，初中，已适；子：日旺。

二十二世：日旺生于1993年5月，初中，务工。

二十一世：国生于1957年4月，初中，务工，配邓珍下六村人，学历初中，生一子二女：长女城生于1985年8月，学历初中，已适；次女华娟生于1987年9月，已适。子：水福。

二十二世：水福生于1989年3月，学历初中，在外务工。

十九世：汝棠妣陈氏生一子：兆明。

二十世：兆明生于1933年6月21日，配马少兴生于1932年8月22日，双井村人，生一子：培华。

二十一世：培华生于1972年9月22日，学历高中，配陈琼生于1970年8月11日，海康太平人，生二子二女，长女：土华生于2009年4月8日儿童；次女：景秀生于2012年12月19日，读书；子：锦才、锦华。

二十二世：锦才生于2007年2月27日儿童；锦华生于2009年11月4日儿童。

十七世：维隆妣陈氏生一子：世明。

十八世：世明妣钟氏生七子：汝林、汝文、汝章、汝焕、汝彩、汝模。

十九世：汝林妣陈氏生二子：兆玉、兆全。

二十世：兆玉生于1949年10月3日，学历高中，遂城工作，配庞氏生三子：戚明、戚雄、马盛。

二十一世：戚明生于1949年10月3日，高中，城镇工作，配麦娣界炮西湾村人，生于1950年，初中，生一子：建军。

二十二世：建军生于1985年7月17日，学历中专，在外务工。

二十一世：戚雄生于1956年2月10日，初中，配龙候仙遂城人，生于1960年7月17日，初中，务工，生一子一女，女：水清生于1988年学历华南大学，已婚；子：光宝。

二十二世：光宝生于1985年12月19日，学历高中，在外务工。

二十一世：马盛生于1965年1月24日，学历初中，在外务工。

二十世：兆全配洪氏生一子：培东。

二十一世：培东生于1954年10月10日，学历中专，配王锦衡，湛江市人，生于1955年9月12日，学历高中，湛江工作，生一女：楚杰生于1983年11月15日，学历高中，已婚。

十九世：汝文妣刘氏生一子：康喜●。

十九世：汝章妣舒卢二氏生二子：兆福、兆禄。

二十世：兆福生于1929年，学历初中，岭北医院工作，配陈氏后配莫日娣合甫人，生二子：立新、卫忠。

二十一世：立新生于1966年7月19日，学历高中，界炮医院工作，配陈驰妹岑仔村人生于1967年7月17日，学历高中，生一子一女，女：文斐生于1988年12月18日，学历中专，已婚；子：文杰。

二十二世：文杰生于1993年6月5日，学历中专，在外务工。

二十一世：卫忠生于1971年10月3日，学历初中，遂溪皮肤医院工作，配陈培界炮大湾村人生于1969年3月11日，学历初中，生一子：景华。

二十二世：景华生于2002年8月27日儿童。

二十世：兆禄生于1935年学历初中，遂溪物资局工作配李雪梅界炮山内村人生于1934年9月13日生二子：德、利●。

二十一世：德生于1957年2月8日，学历高中，遂溪物资局工作，配梁玉兰东海岛人生于1956年7月25日，学历高中，生一子一女，女：琴玲生于1991年11月7日，学历华南大学，已婚；子：建华。

二十二世：建华生于1983年9月3日，学历大专，在外务工。

十九世：汝焕妣莫氏生二子：戚广●、戚就。

二十世：戚就生于1950年2月20日，学历初中，配潘标横仓大村人生于1952年3月12日，学历初中，生二子：永清、文华。

二十一世：永清生于1975年10月25日，学历大专，广州工作，配刘梅生于1979年5月19日，学历大专，广州工作，生一子：文皓。

二十二世：文皓生于2009年12月28日儿童。

二十一世：文华生于1979年4月20日，学历大专，配钟复联吴川人生于1982年5月26日，学历中专，在外务工，生一女：林妮生于2009年5月18日儿童。

十九世：汝彩妣全氏生三子：戚扶、戚良、戚昊●。

二十世：戚扶生于1934年6月5日，学历初中，供销社工作，配郑秀石界炮村人生于1937年9月12日，生四子：荣、东、强、麦。

二十一世：荣生于1963年4月14日，学历初中，供销社工作，配曹彐英杨柑承训昌村人，学历高中地，供销社工作，生二子二女，大女：龙光生于1985年8月23日，广州工业大学，已适；二女：雨债生于2001年10月16日；子：锦龙、志滔。

二十二世：锦龙生于1990年1月18日，读书；志滔生于2002年6月16日，读书。

二十一世：东生于1968年7月14日，学历本科，在省校任教，配刘惠香惠州市公庄村人生于1971年8月5日，学历大专，省校工作，生一子：锦威。

二十二世：锦威生于1998年7月28日，学历高中。

二十一世：强生于1972年4月18日，学历大专，东莞市工作，配黎润多东莞市西基村人生于1974年11月10日，中专，东莞工作，生一子：锦途。

二十二世：锦途生于1999年9月11日读书。

二十一世：麦生于1975年11月12日，学历本科，东莞市电信工作，配徐冰冰化洲华农场人生于1984年3月28日，深圳任教。

二十世：戚良生于1942年11月18日，初中，配袁英界炮湾仔村人生于1943年12月18日，生三子一女，女：爱民生于1970年，学历高中，遂溪任教；子：光华、勇、奋。

二十一世：光华生于1973年5月28日，学历大专，广州工作，配吴海桃东海岛人生于1975年6月26日，学历高中，生一子：嘉俊。

二十二世：嘉俊生于1999年7月23日，读书。

二十一世：勇生于1978年2月10日，大专，务工，配李赵英界炮后塘仔村人，生于1985年8月18日，中专，务工，生一子一女。女：铭怡生于2002后

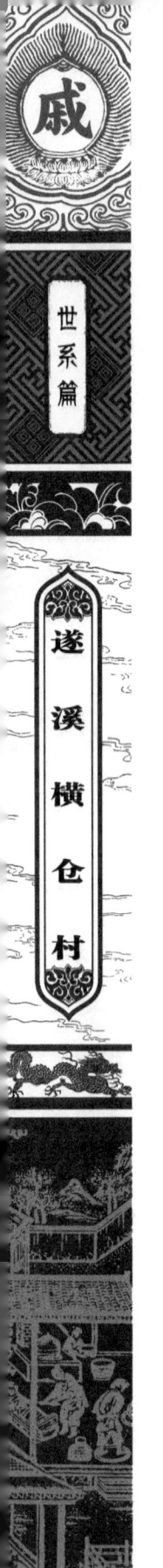

11月16日读书；子：锦源。

二十二世：锦源生于2009年8月23日。

二十一世：奋生于1981年4月21日，学历大专，广州工作，配梁爱市清远市人生于1983年3月27日，学历大专，在外务工，生一子一女，女：绮琪生于2008年10月15日；子：锦城。

二十二世：锦城生于2004年9月20日。

十九世：汝模妣吴氏，生四子二女，大女：土贵生于1943年6月15日，学历初中，农场工作；二女：戚平生于1944年12月25日，迁北潭村；子：戚进、戚旺、路觉、戚才。

二十世：戚进生于1946年8月22日，学历高中，广州工作，配殿妃文广州市人生于1946年6月20日，学历大学，广州工作，生二女，大女：卫明生于1975年12月19日，学历大学，广州工作；二女：卫雄生于1979年3月20日，学历大学，广州工作。

二十世：戚旺生于1951年9月16日，学历高中，广州工作，配张迪彦生于1957年6月8日，学历大学，广州工作，生一女；晓彦生于1983年有7月19日，学历国防大学，迁荷兰。

二十世；路觉生于1953年10月7日，学历初中，遂溪公路局工作，配郑玉华界炮村人生于1957年11月25日，高中，遂溪水电局工作，生一子一女，女：晓霞生于1983年8月7日，学历大学，在外工作；子：晓勇。

二十一世：晓勇生于1988年5月11日，学历大学，在外工作。

二十世：戚才生于1956年12月8日，学历中专，深圳工作，配邓万家，生于1960年12月8日，惠州市人，大专，深圳市工作。生一子：焱伟。

二十一世：焱伟生于1987年9月8日，学历大学，深圳工作。

十八世：世保妣氏生四子：汝纯、汝和、汝顺、汝善。

十九世：汝纯配陈氏生二子：兆安、亚胜●。

二十世：兆安配陈氏生二子：培平、培衡●。

二十一世：培平。

十九世：汝和配全氏生三子：静、春●、保。

二十世：静配郑氏生二子：川、军。

二十一世：亲（川）生于1963年11月3日，配马娇生于1958年5月17日潭尾塘村人，生一子一女，女：海眉生于1992年10月24日，学历中技；子：锦强。

二十二世：锦强生于1990年11月11日，学历中技。

二十一世：军生于1973年4月7日，配潘秋连生于1979年11月28日横仓村人，生一子一女，女：黎敏生于1996年10月24日，外务工；子：国青。

二十二世：国青生于1999年3月9日，读书。

二十世：保配廖秀勤学历初中，农场工作，生二子：志安、志龙。

二十一世：志安生于1980年10月8日，学历中专，在外务工，配李淑兰生于1979年6月8日，学历中专，生二女，长女：巧欧生于2006年7月7日读书；二女：巧泳生于2009年8月24日儿童。

二十一世：志龙生于1988年1月8日，读书。

十九世：汝顺妣杨氏生六子：生、彩（另续）、光绪、太、来、山峰。

二十世：生配温氏，生一子：戚连。

二十一世：戚连，配陈氏，生二子：锦平、锦标。

二十二世：锦平生于1990年2月22日，学历初中，在外务工。

二十二世：锦标生于1991年10月11日，学历初中，在外务工。

二十世：光绪生于1945年2月5日，配余安生于1950年10月27日南坑村人，生一子：石旺。

二十一世：石旺生于1983年2月23日，学历中专，在外务工，配何杏生于1982年4月8日，学历中专，在外务工。

二十世：太生于1946年11月3日，农场工作，配张桂英生于1948年11月5日，学历初中，农场工作。

二十世：来生于1949年7月6日，学历初中，在湛江工作，配陈雪根生于1963年2月9日，学历高中，生三子：伟献、志雄、小聪。

二十一世：伟献生于1976年8月29日，学历初中，在湛江工作，配陈英生于1985年7月7日，学历高中，在外务工，生一子：明贤。

二十二世：明贤生于2012年11月6日儿童。

二十一民：志雄生于1978年6月4日学历中专在外务工；小聪生于1990年8月13日，读书。

二十世：山峰生于1953年9月10日，学历初中，配陈妹生于1955年10月27日，学历初中，生二子：秋育、华桥。

二十一世：秋育生于1982年7月14日，学历高中，在外务工，配林青生于1983年12月9日，学历中专，在外务工，生一子一女，女：美兰生于2007年5月8日，读书；智洛。

二十二世：智洛生于2012年11月13日儿童。

二十一世：华桥。

十九世：汝善配陈氏生一子：康珍。

二十世：康珍生于1951年12月，配陈月生于1950年11月，生二子一女，女：翠生于1979年学历初中，在外务工；子：伟平、伟琼。

二十一世：伟平生于1977年，学历中专，在外务工；伟琼生于1980年，学历中专，在外务工。

世美公次支朝通公分支洪亮公派下相参房源流谱

十三世：洪亮田屋湾迁基头落业，妣李、麦二氏，生二子：相端（另续）、相参。

十四世：相参妣杨表二氏生八子：灼球、灼显、灼秀、灼一（另续）、灼兰（另续）、灼清（另续）、灼明（另续）、灼能（另续）。

十五世：灼球妣昌氏生五子：均盛（另续）、均富（另续）、均广、均进（另续）、均信（另续）。

十六世：均广妣陈氏生二子：文楷、文木。

十七世：文楷妣氏生五子：世珍、世景（另续）、三四五子不详。

十八世：世珍妣何氏生二子：有洗（另续）有碧。

十九世：有碧配杨娣生三子：兆华、兆生、兆娣。

二十世：兆华生于1938年12月22日，配黄明英生于1942年7月4日，北坡村人，生二子四女；长女：戚云生于1964年11月27日迁基围头村；二女：小燕生于1970年8月4日，迁珠海市；三女：小霞生于1976年10月10日，适珠海市；四女：小兰生于1980年1月22日，适珠海市。子：培杰、培裕。

二十一世：培杰生于1966年9月23日，配陈娟生于1968年8月8日，营仔人，生一子一女：宝宝生于1992年9月23日，在读中专，子：恒伟。

二十二世：恒伟生于2001年3月10日读书。

二十一世：培裕生于1933年10月23日，在外务工，配赖焕娣生于1986年8月27日，大榄田村人，生二子：锦颖、锦睿。

二十二世：锦颖生于2001年1月30日，读书，锦睿生于2002年5月26日，读书。

二十世：兆生生于1942年7月20日，配陈秀群生于1946年9月10日，屋地仔村人，生二子二女，长女：文生于1969年5月25日，次女：青妹生于1976年9月2日昌，子：培炎、培锦。

二十一世：培炎生于1979年9月9日，外务工配燕仙生于1981年10月10日，生一子：叶彬。

二十二世：叶彬生于2008年5月2日读书。

二十一世：培锦生于1983年3月9日，在外务工，生一子：锦全。

二十二世：锦全生于2005年6月18日。

二十世：兆娣配黄兴生于1955年10月10日，烟墩岭村人，生二子三女，长女：小茶生于1978年6月22日，在外务工，二女：徐琼生于1984年1月15日，迁广西，三女：徐丽生于1987年6月6日，适湖南。子：培徐、培良。

二十一世：培徐生于1981年5月30日是，在外务工，配惠娟，生于1984年9月30日，中山合胜村人，生二子：振东、振南。

二十二世：振东生于2008年12月29日是，儿童。振南生于2014年12月2日。

二十一世：培良生于1989年8月30日是，在外务，配小敏生于1993年4月5日，蛇围村人，生一子：振滔。

二十二世：振滔生于2012年12月20日。

世美公次支朝通公分支洪瑞公派下相会房源流谱

十三世：洪瑞妣陈罗二氏生三子：相隆（另续）、相勋（另续）、相会。

十四世：相会妣文氏生三子：爵子（另续）、爵二（另续）、爵美。

十五世：爵美妣陈氏生二子：均安、均全（未详）。

十六世：均安妣黄氏生一子：文开。

十七世：文开妣李氏生四子：世盛（未详）、世光、世新（另续）、世天（未详）。

十八世：世光妣生五子：有太、棯秀、有庆、有顺、有德。

十九世：有太妣林氏生二子：兆爵、兆禄。

二十世：兆爵妣方氏生二子：培朝、南发。

二十一世：培朝配黎氏，生一女二子；女戚贤生于1967年，适安铺圩，子：戚武、戚森。

二十二世：戚武生于1962年5月26日，学历初中，司机，配莫丽霞下掷村人，生于1965年7月23日，初中学历，生一子：宇豪。

二十三世：宇豪生于2005年10月15日，在校就读。

二十二世：戚森生于1964年7月2日，初中，配吴景生，界炮雄埛村人，生二女：秀丽生于2005年6月29日，读小学；秀珠生于2007年9月28日读小学。

二十一世：南发生于1937年9月29日，配周惠英，生于1937年4月29日，周村仔人，生四子二女：女玉珍生于1969年4月29日，初中，适北潭村；戚娇生于1973年11月10日，初中，适安铺圩。子：戚程、戚军、戚裕、戚油。

二十二世：戚程生于1957年12月14日，初中，配肖珍，崇山人，生于1964年6月29日，初中，生二子一女，女：水娣生于1986年4月5日，初中，务工。子：戚计、华谋。

二十三世：戚计生于1983年4月15日，初中，配孔家喜生于1983年12月3日，绍庆人，初中，务工，生一女：水恩生于2010年5月14日，儿童。

二十三世：华谋生于1989年11月28日，初中，务工。

二十二世：戚军生于1966年4月19日，初中，配黎雪生于1966年4月29日，赤

里山人，生三子二女；女：戚伙生于1989年4月27日，适双塘村，石崇生于1991年2月23日，初中，适湛江。子：志鸿、景科、观弟。

二十三世：志鸿生于1995年5月3日，大学毕业；景科生于1997年6月27日初中；观弟生于1998年12月5日，在校就读。

二十二世：戚裕生于1962年11月7日，初中，经商，配黎引紧水仔村人，生于1965年12月3日，初中，生三子：华思、戚郎、景团。

二十三世：华思生于1991年5月17日，大专；戚郎生于1993年11月11日，在校就读；景团生于1994年12月4日，初中。

二十二世：戚油生于1964年1月18日，初中务工，配莫连英横山老英村人，生于1965年10月27日初中，生一子二女；女：海燕生于1998年11月14日，初中务工；海玲：生于2001年3月16日，在校就读；子：何杰。

二十三世：何杰生于1995年12月13日，初中务工。

二十世：兆禄配张氏生二子：培卅、戚文。

二十一世：培卅生于1924年，务农配方秀英，介砲村仔人，生于1928年10月27日，务农，生四子四女。大女：戚寿，生于1955年，学历初中，适于黄盘村。二女：戚石，生于1958年，学历初中，适于鹤圹村。三女：戚仁，生于1961年，学历高中，适于木水村。四女：意妹，生于1978年，学历高中，适于大伦圹村。子：进熙、戚恒、戚奇、戚卫。

二十二世：进熙生于1948年，学历初中，务农，配莫孙谭福村人，生于1949年，学历初中务农，生三子二女。大女：戚雯影，生于1987年8月13日，学历初中，务工。二女：戚景连，生于1994年7月28日，学历初中，务工。子：华龙、进超、进云。

二十三世：华龙生于1983年9月11日，学历初中，务工，配周丽雯广西人，生于1984年5月27日，学历初中，生一子，子航。

二十四世：子航生于2009年6月29日读小学，儿童。

二十三世：进超生于1985年10月25日，学历初中，务工，配马春丽，合浦人，生于1984年1月24日，学历初中，务工。

二十三世：进云生于1992年4月8日，学历初中，务工。

二十二世：戚恒，生于1951年3月24日，学历初中，配何保急水村人，学历初中，

生于1957年8月27日，务农，生一子二女。大女：景芳，生于1992年12月24日，学历高中，务工。二女：日琼，生于1994年11月7日，学历高中，务工。子：水泉。

二十三世：水泉，生于1990年11月14日，学历大学。

二十二世：戚奇（故），生于1957年12月22日，学历初中，做生意，配陈桂莲乌坭圹村人，生于1962年8月16日，学历初中，务工，生一子一女。女：戚紫林，生于1990年12月26日，大学毕业，在外打工。子：陈东。

二十三世：陈东生于1985年10月24日，学历初中，务工，配廖燕玲仪州人，生于1986年1月23日，学历高中，务工。

二十二世：戚卫生于1976年11月24日，学历初中，务工，配梁清花佛山市人，生于1978年6月5日，学历初中，务工，生一女。女：晓恩，生于1995年8月20日，学历大学，务工。

二十一世：戚文，生于1933年5月2日，务农，配陈月英营仔蛇围村人，生于1941年12月有2日，务农，生二子二女。大女：戚清，生于1964年，学历初中，适于鹤塘村。二女：戚调，生于1967年，学历初中，适于白马墩村。子：戚槐、戚敏。

二十二世：戚槐生于1970年9月28日，学历初中，务工，配黄仙黄连塘村人，生于1970年12月7日，学历初中，务农，生一子二女。大女：景日，生于1995年12月14日，学历初中，外出打工。二女：观玉，生于1997年3月2日，学历初中，读书。子：华卿。

二十三世：华卿生于1999年11月21日，初中读书。

二十二世：戚敏生于1974年2月15日，学历初中，务工。配朱云肖，草港村人，生于1973年4月19日，学历高中，务工，生二子一女。女：华燕，生于1999年8月16日，学历初中读书。子：景升、进宇。

二十三世：景升生于2001年8月10日，读小学。次子进宇生于2004年6月10日，读小学。

十九世：稔秀妣陈夫人，生一子：亚养，后改嫁。

二十世：亚养配卜氏生一子：戚胜。

二十一世：戚胜生于1942年2月8日，务工，配许少明西山人，生二子：戚文、戚武。

二十二世：戚文生于 1969 年 8 月 5 日，学历高中，务工，配麦东莲草潭人，生一女，云家生于 2007 年 5 月，读小学，儿童。

二十二世：戚武生于 1971 年 2 月 16 日，学历初中，在外打工，配郑晓珠龙湾人，生于 1980 年 12 月 11 日，生二子：鑫木、钦垣。

二十三世：鑫木生于 1998 年 7 月 28 日，学历初中。钦垣生于 2004 年 12 月 8 日，读小学。

十九世：有庆妣李氏夫人，生二子。子：兆炎、振南。

二十世：兆炎生于 1922 年 9 月 20 日，务农，配张秀娟安铺圩人，生于 1932 年 11 月 24 日是，生四子二女。大女：戚银，生于 1959 年，适于大伦圹村。二女：戚健，生于 1962 年。适于鱼鳞圹村。子：戚星、戚宿、戚兴、观生。

二十一世：戚星生于 1953 年，学历小学，务农，配高秀英云南人（外省）生于 1967 年 11 月 24 日，小学，务农，生三子三女。大女：水娣，生于 1989 年 8 月 4 日，初中。二女：舒静，生于 1996 年 11 月 18 日，初中读书。三女：舒媚，生于 2002 年 7 月 19 日，小学读书。子：进凯、冰孔、进明。

二十二世：进凯生于 1992 年 2 月 3 日，学历初中，务工。冰孔生于 1994 年 6 月 6 日，小学，务工。进明生于 1999 年 7 月 14 日，小学，务工。

二十一世：戚宿生于 1956 年 7 月有 5 日，学历初中，务农，配梁木献南坑村人，生于 1959 年 9 月 18 日，学历初中，务农，生二子二女。大女：春凤，生于 1987 年 4 月 26 日，学历大学，务工。二女：春妙，生于 1995 年 1 月 14 日，高中读书。子：进仿、进枝。

二十二世：进仿生于 1989 年 7 月 7 日，学历高中，务工。进枝生于 1992 年 3 月 8 日，大学了，读书。

二十一世：戚兴生于 1969 年 9 月 9 日，学历高中，务工，配李妹仔山内村人，生于 1971 年 2 月 3 日，学历初中，生二子一女。女：戚观伟，生于 1996 年 6 月 14 日，初中读书。子：景耀、进赐。

二十二世：景耀生于 1994 年 5 月 20 日，初中，务工。进赐生于 1997 年 11 月 7 日，初中读书。

二十一世：观生生于 1974 年 8 月 21 日，学历初中，务工，配宋伟霞，安铺圩人，生于 1976 年 2 月 9 日，学历初中，务工，生一子一女。女：舒丽生于

2001年11月23日。子：嘉颖。

二十二世：嘉颖生于2007年2月18日，小学读书。

十九世：有庆，妣李氏，生二子：兆炎、振南。

二十世：振南生于1920年，配李秀妹，横山圩人，生于1927年3月25日，务农，生二子四女。大女：戚福，生于1948年，适于横山糖辽村。二女：水珍，生于1953年，适于横山西村。三女：戚换，生于1961年，适于莲花村。四女：戚旺，生于1964年，适于甫仔岑村。子：戚香、戚彬。

二十一世：戚香生于1956年2月29日，学历高中，务农，配何炳，姓何村仔人，生于1960年7月4日，学历初中，务农，生二子一女。女：君兰，生于1992年4月27日，学历初中，在外打工。子：晓明、景池。

二十二世：戚晓明生于1988年8月14日，学历初中，在外打工。戚景池生于1993年11月5日，学历初中，在外打工。

二十一世：戚彬生于1958年10月29日，学历高中，务农，配黄小玲大山村人，生二子二女。大女：海平，生于1983年2月14日，适于廉江。二女：观妹，生于1984年2月13日，适于廉江。子：光辉、景伟。

二十二世：光辉生于1982年10月1日，学历小学，务工，配张四妹白沙河村人，生于1983年7月11日，生一子一女。女：华演，生于2006年7月1日，学历小学。子：嘉俊。

二十三世：嘉俊生于2007年11月21日，学历小学，儿童。

二十二世：景伟生于1987年6月12日，学历初中，务工，配谭韵娣龙潭村人，生于1986年12月20日，学历初中，生一女。女：嘉如，生于2012年2月11日，儿童。

十九世：有汉配夫人（未详）生二子：兆英、振文。

二十世：兆英生于1910年2月18日，务农，配梁玉清急水村人，于1914年11月1日，生二子三女。大女：群英，生于1938年10月，适于石牛潭村。二女：石妹，生于1944年10月10日，适于甲竹塘村。三女：苏生，生于1957年8月1日，适于安铺圩。子：戚灿（另续）、戚素。

二十一世：戚素生于1953年2月28日，学历高中医生，配梁秀南坑村认，生于1958年5月29日，高中，生三子二女。大女：桂明，生于1983年2月

22日，适于廉江。二女：桂花，生于1985年2月12日，适于廉江。子：华聪、华洁、景就。

二十二世：华聪生于1980年6月2日，学历高中，配黄晓媚珠盘村人，生于1981年6月14日，学历高中，务工。次子：华洁生于1989年9月19日，学历初中，外出打工，配王春燕化州人，生于1993年3月11日，学历初中，外出打工，生一女，芷萱，生于2013年8月15日，儿童。三子：景就生于1992年9月1日，学历初中，外出打工。

二十世：振文生于1923年，配黄少珍，横桶村人，生三子一女。女：戚娟生于1959年，适于大伦圹村。子：戚秀、戚虾、戚太。

二十一世：戚秀生于1950年，学历初中，务农，配龙景霞，生于1962年5月11日，学历初中，生二子二女。大女：少林生于1986年11月2日，初中，适于珠海市。二女：李玉生于1993年3月7日，初中，在外打工。长子：土志，次子：进添

二十二世：土志生于1984年11月24日，学历初中，务工。进添生于1984年6月19日，学历初中，外出打工。

二十一世：戚虾生于1954年5月12日，学历初中，务工，杨王秀文安铺圩人，生于1959年3月5日，学历初中，生一女。女：境欣生于2000年9月18日，初中读书。

二十一世：戚太。

十九世：有顺妣陈氏生二子：振东、戚芳。

二十世：振东生于1934年5月有5日，务农，配黄秀云营仔大山村人，生于1939年7月7日，生三子四女。大女：戚仙，生于1961年，学历高中，适于扫把圹村。二女：戚解，生于1964年，学历初中，适于鹤圹村。三女：戚芒，生于1969年，学历初中，适于四女：戚小燕，生于1972年1月13日，学历初中，适广州。子：戚标、戚永、戚权。

二十一世：戚标生于1967年5月23日，学历初中，务农，配麦尼三阔口塘人，生于1970年3月12日，生一子三女。大女：戚华静，生于1998年12月28日，初中读书。二女：戚子园，生于1999年12月5日，读小学。三女：戚晓彤，生于2005年12月15日，读小学。长子：戚华颂。

二十二世：戚华颂生于 2004 年 9 月 10 日，读小学。

二十一世：戚永生于 1975 年 12 月 18 日，初中，外出做生意，配江莲英生于 1976 年 3 月 13 日，生一子一女。女：嘉欣生于 1998 年 11 月 19 日，初中读书。子：康杰。

二十二世：康杰生于 2001 年 6 月 2 日，小学读书。

二十一世：戚权生于 1981 年 5 月 3 日，学历高中，务工，配黎发妙横山人生于 1983 年 5 月 24 日，学历大学，教师，生一女。女：子晴，生于 2013 年 7 月 29 日，儿童。

二十世：戚芳生于 1937 年 6 月 23 日，学历小学，务农，配蔡志芳营仔镇中间村人，生于 1942 年 10 月 6 日，生三子二女发。大女：戚金，生于 1965 年，学历初中，适于茅坡村。二女：桂林，生于 1974 年，学历高中，适于台山市区。子：戚光、戚忠、戚志。

二十一世：戚光生于 1962 年 9 月 19 日，学历初中，外出打工，配孔李梅孔西村人，生于 1966 年 10 月 29 日，学历初中，务农，生一子三女。大女：戚华善，生于 1988 年 12 月 7 日，学历初中，在外打工。二女：戚小丽，生于 1990 年 7 月 22 日，学历技校，外出打工。三女：戚素娟，生于 1996 年 4 月 9 日，学历初中读书。长子：戚进宽。

二十二世：进宽生于 1993 年 7 月 15 日，学历高中，待业。

二十一世：戚忠生于 1964 年 3 月 17 日，学历高中，开车，配黄苹生于 1975 年 7 月 16 日，学历高中，务工，生二子。子：俊豪、景韬。

二十二世：俊豪生于 1996 年 10 月 8 日，学历初中，在外打工。景韬生于 1999 年 12 月 26 日，初中读书。

二十一世：戚志生于 1972 年 3 月 3 日，学历大专，椐釜会工作。配何石海营业仔大山村人，生于 1981 年，学历高中，务工，生二子。子：进倫、广川。

二十二世：进倫生于 2005 年 2 月 1 日，小学读书。广川生于 2008 年 9 月 18 日，读小学。

十九世：有德妣罗氏生一子：祝隆。

二十世：祝隆生于 1929 年，务农，配莫氏鹤圹村人，生于 1933 年，务农，生三子三女。大女：石连，生于 1958 年，适于湛江市区。二女：戚宽，生于 1961 年，适于河捭村。三女：戚妹，生于 1964 年，适于湛江市区。子：戚益、戚雄、晓华。

二十一世：戚益生于1953年11月27日，学历初中，外出打工。配莫朝潭福人生于1958年8月24日，生二子二女。大女：海玲，生于1984年11月16日，适于良垌。二女：少妹，生于1991年1月18日，初中，在外打工。子：进光、进晓。

二十二世：进光生于1986年8月5日，学历初中，在外打工。配莫玉云下捫村人，生于1988年5月7日，生一女。女：芷嫣，生于2013年9月6日，儿童。

二十二世：戚进晓生于1993年9月1日，高中，深圳打工。

二十一世：戚雄生于1959年10月25日，高中，横山工商所工作。配廖宁本村人，生于1962年2月3日，生二子：振辉、振爵。

二十二世：振辉生于1986年1月15日，高中，经营生意，配李珍广西北流市人，经营生意，生于1983年7月2日，生一子：晓霖。

二十三世：晓霖生于2008年8月28日，小学读书。

二十二世：振爵生于1989年5月27日，学历高中，在家待业。

二十一世：晓华生于1966年1月21日，学历初中，务工，配陈志娣贵福村人，生于1978年7月8日，学历初中，生二女。大女：琳瑶生于2004年读小学。二女：戚巧如生于2006年7月3日。读小学。

十八世：世新妣方氏夫人，生三子：有强、有喜、有才。

十九世：有强配何氏生二子：戚周、进坤。

二十世：戚周生于1934年7月4日，务农。

二十世：进坤生于1942年9月27日，学历小学，配孙伟清（故）营仔念仔村人，生于1950年4月21日，学历小学，务农，生五子二女。大女：戚春，生于1969年，适于博教村，学历初中。二女：燕珍，生于1971年，适于营仔蛇围村，学历初中。子：戚富、木贵、观理、广德、观华。

二十一世：戚富生于1973年8月21日，学历初中，包工程老板，配麦丽，九寿埇村人，生于1974年12月22日，学历大学，务工，生一子一女。女：戚滢滢生于2000年2月14日，初中。长子：培康。

二十二世：培康生于2007年3月27日，学历小学，读书。

二十一世：木贵生于1980年1月7日，学历初中，务工，配陈玉英东相圹村人生于1981年9月23日，学历小学，生一女。女：文静，生于2001年4月3

日，小学读书。

二十一世：观理生于 1982 年 9 月 27 日，学历大学，经同老板。配梁腊梅九寿埇村人，生于 1983 年 11 月 14 日，学历大学，务工，生一女。女：书瑶，生于 2013 年 6 月 6 日，儿童。

二十一世：广德生于 1985 年 11 月 9 日，学历初中（外养）。

二十一世：观华生于 1986 年 12 月 8 日，学历初中，务工。配陈昌林东相圹村人，生于 1987 年 8 月 6 日，初中，生一女。女：永熙生于 2013 年 2 月 3 日，儿童。

十九世：有喜妣黄氏生四女。大女：戚木适于鬼件围村。二女：戚利适于鹤圹仔村。三女：戚盛知于珠盘海村。四女：适于牛栏圹村。

十九世：有才妣黄氏生一子一女。女：戚很生于 1944 年 6 月，适于山内上羊圹村。子：戚泉。

二十世；戚泉生于 1963 年 6 月 8 日，学历小学，务农，配钟娣草仔圹村人，生于 1957 年 9 月 21 日，学历小学，务农，生二子一女。女：戚里英，生于 1985 年 7 月 14 日，学历小学，适于海康南村。子：日慧、春远。

二十一世：日慧生于 1988 年 2 月 4 日，学历初中，务工。

二十一世：春远生于 1991 年 5 月 22 日，学历初中，务工。

世美公世第次支朝通公分支洪瑞公派下相会房源流谱

十三世：洪瑞妣陈氏生三子：相隆（另续）、相勋（另续）、相会。

十四世：相会妣文氏生三子：爵子（另续）、爵二（另续）、爵美。

十五世：爵美妣陈氏生二子：均安（另续）、均全。

十六世：均全妣吴氏生一子：文展。

十七世：文展妣许氏生一子：世贵。

十八世：世贵妣李氏生一子：有崇。

十九世：有崇妣温氏生一子：兆金。

二十世：兆金妣陈、钟二氏生五子：戚拾、日光、戚球、戚礼、戚虾。

二十一世：戚拾生于1946年9月13日，务农，配李芬生于1954年10月，生一子：水思。

二十二世：水思生于1982年9月22日，初中学历，务工，配邓红芳生于1983年7月21日，初中学历，务工，生一子：嘉辉。

二十三世：嘉辉生于2013年3月9日，幼儿。

二十一世：日光生于1953年10月28日，初中学历，务工，配陈氏生于1959年9月19日，务工，生三女一子：女：石英、凤娣、景玉；子：里志。

二十二世：里志生于1989年12月30日，就读大学本科。

二十一世：戚球生于1957年8月10日，初中学历，务工，配周连生于1965年1月18日，生二子一女：女：思静生于1994年1月4日，大学专科毕业，务工；子：惠特、天国。

二十二世：惠特生于1996年11月1日，务工；天国生于1999年6月24日，在校就读。

二十一世：戚礼生于1964年9月9日，大学本科毕业，务工，配陈明生于1969年5月4日，高中学历，务工，生一子：建彬。

二十二世：建彬生于1996年3月2日，初中。

二十一世：戚虾生于1967年2月2日，初中，务农，配李佩芳生于1971年7月23

日，小学学历，务农，生二女三子：女：大女石妹生于1999年10月8日，在校就读；二女水云生于2003年12月7日；子：观生、伟强、伟权。

二十二世：观生生于1995年12月25日，初中学历，务农；伟强生于1996年10月8日，务农；伟权生于1998年12月9日，务农。

世美公次支朝通公分支洪瑞公派下相隆房源流谱

十三世：洪瑞陈氏生三子：相隆、相勋、相会（另续）。

十四世：相隆妣邓氏生三子：爵辉●、爵荣、爵华（另续）。

十五世：爵荣妣全张二氏生三子：均魏、均蜀（另续）、均吴（另续）。

十六世：均魏妣陈氏生三子：文兴、文法（另续）、文材（另续）。

十七世：文兴妣钟氏生二子：世伦（日强）、世才（日高）。

十八世：世伦妣张氏生二子：有轩、有琚。

十九世：有轩妣周氏生六子：兆廷、广利、土国●、土林、亚师、亚邱。

二十世：兆廷妣郑氏生四子：振提、培盛、戚庆、戚栋。

二十一世：振提生于1952年5月17日，学历高中，配毛秋，北坡仔村人生于1951年8月24日，生一子，慧明。

二十二世：慧明生于1997年4月12日，学历大专，配陈红艳，田头仔村人生于1978年5月24日，学历大专，生一子：瀚博。

二十三世：瀚博生于2006年，儿童。

二十一世：培盛生于1954年11月18日，学历高中，配陈翠容，文章村人生于1957年12月17日，学历高中。

二十一世：戚庆生于1959年10月3日，学历高中，配黄坤，下朝村人生于1960年8月24日，学历高中，生二子：观强、锦寿。

二十二世：观强生于1987年3月9日学历高中。

二十二世：锦寿生于1988年12月27日，学历大学。

二十一世：戚栋生于1964年11月1日，学历高中，配黎水娣，深沟村人生于1968年4月2日，生二子：华仁、锦宇。

二十二世：华仁生于1989年5月17日，学历大学。

二十二世：锦宇生于1996年3月31日，学历初中。

二十世：广利配罗氏生二子：戚健、戚毫。

二十一世：戚建生于1953年7月15日，配张益，新村场村人生于1959年5月15日，生二子：里标、振贵。

二十二世：里标生于1985年4月20日，学历高中，配李美兰，布平村人生于1981年11月3日。

二十二世：振贵生于1989年12月19日。

二十一世：戚毫生于1959年6月8日，配张娣，生于1964年9月8日，生四子：景盘、康棉、进灵、广金。

二十二世：康盘生于1968年4月24日，学历初中。

二十二世：康棉生于1989年8月25日，学历初中。

二十二世：进灵生于1992年7月11日，学历初中。

二十二世：广金生于1995年7月11日，学历初中。

二十世：土林配陈雪明生于1939年10月22日，生一子：戚机。

二十一世：戚机生于1963年1月10日，学历大专，配黄显，生于1966年11月24日，生一子：锦德。

二十二世：锦德生于1990年6月24日，学历高中。

二十世：亚师生于1938年9月8日，学历高中，配苏景妹，湛江市人，生于1948年10月3日，学历初中，生一子：智杰。

二十一世：智杰生于1973年11月11日，学历大学，配梁海婷，湛江市人，生于1979年7月5日，学历大学，生一子：锦学。

二十二世：锦学生于2006年11月4日，读书。

二十世：亚邱生于1942年5月24日，学历初中，配黄嫦，生二子：戚武、戚计。

二十一世：戚武生于1971年7月8日，学历初中，配魏庆杰，生于1978年7月9日，学历初中，生一女：嘉琪。

二十一世：戚计生于1974年11月7日，学历初中，配陈志莲，生于1975年1月9日学历初中，生一子一女，女：嘉雯生于2001年2月2日，读书；子：锦龙。

二十二世：锦龙生于2004年4月9日读书。

十九世：有琚妣谭氏生三子：祝文、华生、旺仔。

二十世：祝文配黎少英，生二子：培琼、培静。

二十一世：培琼生于1955年12月14日，学历高中，配周金，下旦村人，生于1959年2月30日，生一子：锦平。

二十二世：锦平生于 1985 年 2 月 19 日，学历高中，配郑玛丽，洋青沙古村人，生于 1988 年 10 月 5 日，学历初中。

二十一世：培静生于 1971 年 7 月 2 日，学历高中，配苏海云，安铺人，生于 1973 年 4 月 1 日，学历初中，生一子：锦华。

二十二世：锦华生于 1998 年 4 月 13 日，读书。

二十世：华生生于 1942 年 10 月 17 日，配麦惠娟，生于 1947 年 8 月 22 日，生一子：考明。

二十一世：考明生于 1973 年 8 月 9 日，学历初中，配莫一梅，欧家矿村人，生于 1976 年 2 月 2 日，生一子：进棋。

二十二世：进棋生于 2000 年 8 月 2 日，配蔡理新，围峡村人，生于 1947 年 9 月 15 日，生二子：合良、合志。

二十三世：合良生于 1975 年 9 月 15 日，配孙文会，云南吉村人，生于 1980 年 1 月 30 日，生一子：锦浩。

二十四世：锦浩生于 2009 年 10 月 17 日，儿童。

二十三世：合志生于 1979 年 10 月 4 日，配李春暖，安铺南大街二路 17 号人，生于 9 月 18 日，学历大专。

二十世：旺仔生于 1944 年 8 月 20 日。

世美公次支朝通公分支洪瑞公派下相勋房源流谱

十三世：洪瑞妣陈罗二氏生三子：相隆（另续）、相勋、相会（另续）。

十四世：相勋妣陈罗二氏生一子：爵盈。

十五世：爵盈妣李意二氏生一子：均斌。

十六世：均斌妣梁周二氏生一子：文均。

十七世：文均妣陈氏生一子：世运。

十八世：世运妣梁氏生一子：有忠。

十九世：有忠妣梁氏生五子：长子●、广积●、三子、四子、戚本。

二十世：戚本配吕氏生二子：剑超、何杰。

十八世：世平妣全氏生二子：有旺、有理。

十九世：有旺妣何氏入继一子：兆琼。

二十世：兆琼配麦氏生一子：戚友。

二十一世：戚友配罗氏博教村人生于1947年，生一子：戚拥。

二十二世：戚拥生于1970年10月7日，学历高中，配陈妹桂福湾村人，生于1969年9月2日，学历初中，生一子一女。女：观明生于1995年2月4日，读书；子：泽宇。

二十三世：泽宇生于1997年1月1日，读书。

十九世：有理配莫氏生三子：兆钦、永发●、陆。

二十世：兆钦配莫玉芳生五子：长子●、戚灿、镇弟、文就、戚球。

二十一世：戚灿生于1945年2月28日。

二十一世：镇弟生于1955年2月28日，学历高中。

二十一世：文就生于1958年7月25日，学历初中，配陈生牛皮圹村人生于1958年5月8日，学历初中，生一子三女，女：长女桂珍生于1986年11月5日，学历初中；桂平生于1989年10月15日，学历初中；桂莲生于1990年10月有6日，学历初中；子：日清。

二十二世：日清生于1992年11月18日，学历高中。

二十一世：戚球生于1964年10月11日，学历初中，配许康兰坡头博立村人生于1964年6月15日，学历初中，生一子二女，长女：小玲生于1989年2月7日，学历初中；二女：婷婷生于1991年8月9日，学历初中，子：锦满。

二十二世：锦满生于1998年5月11日，初中在读。

世美公次支朝通公分支洪韬公派下凤详房源流谱

十三世：洪韬妣孔、陈二氏生三子：凤详、凤扬（另续）、凤舞（另续）。

十四世：凤详妣潘氏生三子：麟盛（另续）、麟圣、麟文（另续）。

十五世：麟圣妣许氏生四子：均富（另续）、均忠（另续）、均扶（另续）、均彩。

十六世：均彩妣庞氏生一子：维成。

十七世：维成妣全氏生三子：世忠、世良、瑞益。

十八世：瑞益妣黎氏生一子：有喜。

十九世：有喜妣黄氏生二子：华新、生有。

十八世：世忠妣陈氏生五子：有值、有林（另续）、有杰、有英、有良。

十九世：有值妣黄氏生四子：兆佳（另续）、兆益、兆仁、兆基。

二十世：兆益配黄氏生二子：进文、进标。

二十一世：进文生于1945年8月15日学历高中部队干部，配程氏生于1952年2月26日，生一子一女，女：慧敏生于1979年9月20日，学历硕士研究生，迁山东；子：少军。

二十二世：少军生于1975年4月8日硕士研究生配林氏生于1978年8月4日，学历大学。

二十一世：亚标生于1957年12月20日初中毕业，配卜氏生于1961年7月2日初中毕业，生二子：展文、康勇。

二十二世：展文生于1991年4月18日，学历大专，配严氏生于1992年12月2日，学历中专。

二十二世：康勇生于1993年4月22日，学历高中，在外打工。

二十世：兆仁配刘氏生四子：戚光（未详）、进明、华荣（未详）、亚溪。

二十一世：进明配谭氏生二子：戚文、戚国。

二十二世：戚文生于1972年11月18日，生三子：华清、华杰、华朝。

二十三世：华清生于1990年8月19日，学历初中，在外打工。

二十三世：华杰生于2008年12月24日，读书。

二十三世：华朝生于配凌氏生于1988年1月23日，生一子：仕霖。

二十四世：仕霖生于2008年12月24日，读书。

二十二世：戚国生于1977年2月28日初中，在外务工，配张氏生于1976年5月23日生一子一女，女：小慧生于2001年11月17日，读书；子：元淦。

二十三世：元淦生于2008年3月25日，读书。

二十一世：亚溪生于1959年3月24日，初中，配周氏生于1964年1月8日生一子四女，长女：木娣生于1986年12月9日迁韶关；次女：小仙生于1987年6月9日，学历高中；三女：观娣生于1991年8月20日，学历高中，职业幼师；四女：景松生于1993年5月8日，学历初中适四川；子：水金。

二十二世：水金生于2003年1月9日，读书。

二十世：兆基配陈氏生四子：康新、康德、康升、日驰。

二十一世：康新生于1946年4月25日，初中毕业，配宋氏洋清村人生于1948年6月16日，生一子四女；长女：亚妹生于1989年8月5日适赤里山村；次女：日未生于1986年11月8日迁广州；三女：小梅生于1988年5月3日初中，在外条工；四女：广柳生于1991年11月5日，读广州大学；子：常春。

二十二世：常春生于1980年7月18日，学历高中，在外务工，配徐氏岑溪市人，生于1988年7月3日，生一子：博睿。

二十三世：博睿生于2012年11月26日，儿童。

二十一世：康德生于1948年5月28日，初中毕业配谭氏大船埠村人生于1955年5月28日，生三子二女；长女：慧妹生于1982年12月27日迁安铺；次女：景美生于1989年2月28日，初中毕业，在外打工；子：华开、武红、华钊。

二十二世：华开生于1979年12月27日，初中毕业，在外务工配钟氏圯墩塘村人，生于1981年12月5日，生一子：李杰。

二十三世：李杰生于2012年3月7日，儿童。

二十二世：武红生于1984年6月16日，初中在外务工。

二十二世：华钊生于1911年2月10日，初中在外务工。

二十一世：康升生于1954年7月17日，初中毕业，配黄氏广西人，学历初中，生二子一女：水意生于1988年10月18日，适白水塘村；子：亚添、华途。

二十二世：亚添生于1986年12月29日，学历初中，在外务工。

二十二世：华途生于1991年8月7日，学历初中，在外务工。

二十一世：日驰生于1965年4月9日，初中毕业配麦氏阔口塘村人，生一女：少泉，生于2001年2月25日，读书。

十九世：有杰妣陈氏生二子：戚志、戚统（随母出嫁）。

二十世：戚志配周氏生二子：亚成、亚武。

二十一世：亚成生于1963年1月24日，初中在外务工，配潘氏生二子一女；女：秀玲生于1986年4月1日迁廉江；子：华富、华聪。

二十二世：华富生于1984年，学历初中。

二十二世：华聪生于1986年，毕业于大学本科遂溪城中学任教。

二十一世：亚武生于1970年7月28日，初中在外务工，配苏氏生一子一女；永聆生于2000年12月2日，读书；子：誉中。

二十二世：誉中生于1996年，就读中专。

十九世：有英配莫氏生一子：亚堂。

二十世：亚堂配罗氏生一子一女，子：里源。

二十一世：里源生于1985年5月25日，初中在外务工，配廖氏麻章区人生于1986年4月28日，生一子二女；长女：诗欣生于2006年5月1日，次女：柳枝生于2009年8月11日，儿童。子：鸿轩。

二十二世：鸿轩生于2012年12月3日，儿童。

十九世L：有良配麦氏生二子：康胡、亚权。

二十世：康胡配卜氏生一子一女：女碧浩生于1980年8月3日，适湛江市，子：华诗。

二十一世：华诗生于1984年11月20日，初中，配麦氏生一子二女：大女米雪生于2004年；二女妮雅生于2008年3月29日；子：展鸿。

二十二世：展鸿生于2009年9月18日，读书。

二十世：亚权生于1962年9月18日，初中，外务工，配潘氏生于1963年7月18日，生三子：景朗、华波、进乐。

二十一世：景朗生于1985年8月20日，高中，职业教师。

二十一世：华波生于1986年11月17日，高中，外务工，配梁氏生于1990年1月25日。

二十一世：进乐生于1989年1月9日，初中，在外务工。

十八世：世良妣氏生二子：有贤、有二。

十九世：有贤妣邓氏生五子：兆景、亚金（另续）、戚进、亚全（另续）、康有（另续）。

二十世：兆景妣温氏生二子：亚喜、亚祥。

二十一世：亚喜生于1954年3月13日，初中毕业，配蓝氏生于1968年4月29日，生一子一女。长女：景茵生于1990年11月22日，初中毕业在外务工，次女：光利生于1995年5月29日，初中毕业，在外务工；子：景杰。

二十二世：景杰生于1993年1月23日，学历初中，在外务工。

二十一世：亚祥生于1969年12月11日，学历高中，在外务工，配梁氏生于1962年1月23日，生三子：木养、进叶、景纯。

二十二世：木养生于1981年1月5日，初中毕业，在外务工，配陈氏生于1986年1月23日，生一子：洪霖。

二十三世：洪霖生于2013年4月23日，儿童。

二十二世：进叶生于1991年7月28日，在外务工。

二十二世：景纯生于1986年6月6日，初中毕业，在外务工，配杨氏生于1985年10月3日，生二子一女；女：嘉玲生于2005年3月11日，读书。子：云龙、智斌。

二十三世：云龙生于2012年2月19日，儿童。

二十三世：智斌生于2013年11月5日，儿童。

二十世：戚进黄氏生一子：戚明。

二十一世：戚明生于1970年7月8日，学历初中，在外务工，配演氏生于1969年11月10日，生一子一女；女：火媚生于1991年10月4日，迁界炮；子：康恒。

二十二世：康恒生于1993年9月28日，学历初中，在外务工。

世美公次支朝通公分支洪亮公派下相端房源流谱

十三世：洪亮妣李、袁二氏生二子：相端、相参（另续）。

十四世：相端妣全氏生三子：爵进、爵迈、爵盛（另续）。

十五世：爵进妣麦、邓二氏生三子：均煌（另续）均尧、均舜。

十六世：均尧妣张氏生一子：文进。

十七世：文进妣莫氏生二子：世平、世芳。

十八世：世平妣除氏生三子：有敬、有体、亚周●、亚吉●。

十九世：有敬妣陈氏生二子：兆伦、兆通●。

二十世：兆伦妣杨氏●。

十九世：有体妣何氏生三子：亚太●、兆銮、兆凤。

二十世：兆銮配麦氏生五子：亚进（二子不详）、亚银、亚保（另续）、亚成。

二十一世：亚进生于1938年配何氏生四子：亚沛、亚权、伙偿、广宽。

二十二世：亚沛生于1468年4月5日，学历高中，配冯氏生三子：广明、康木、李君。

二十三世：广明生于1989年11月6日，学历高中，配郑氏，在外务工。

二十三世：康木生于1991年7月26日，学历高中，配黎氏，在外务工。

二十三世：李君生于1994年6月18日，在外务工。

二十二世：亚权生于1970年7月27日，学历大学，配陈氏生一子：观晓。

二十三世：观晓生于1993年12月27日，在读高中。

二十二世：伙偿生于1971年12月2日，学历大学，配巫氏生二子。

二十三世：文聪、家保。

二十二世：广宽生于1982年5月30日，学历大学，配莫氏生一子：柏豪。

二十三世：柏豪生于2013年10月15日，儿童。

二十一世：亚银生于1944年6月3日，配赖氏，生子：水静。

二十二世：水静生于1974年1月3日，学历大学，配黄氏生三子：镇杰、锦豪、锦华。

二十三世：镇杰生于1999年7月23日，学历高中，在外务工。

二十三世：锦豪生于2014年9月27日；锦华生于2014年9月27日。

二十一世：亚成生于 1947 年 8 月有 20 日，学历初中，配吕氏生一子：观生。

二十二世：观生生于 1982 年 9 月 5 日，学历大学，配巫氏生于 1982 年 9 月 5 日生一女：芷萱生于 2015 年 2 月 26 日。

二十世：兆凤配梁氏生四子：长子：康典（3 个仔不上谱）、亚祥、亚强、培强。

二十一世：康典生于 1944 年 7 月 7 日，学历初中，配李氏生一子：华泳。

二十二世：华泳生于 1983 年 6 月 8 日，学历大学，在外工作。

十八世：世芳妣胡氏生一子：有芬。

十九世：有芬妣张、莫二氏共生三子：兆深（二子不上谱不交款）。

二十世：兆深生于 1934 年 3 月 4 日，配周氏，生三子：亚业、亚珠、亚烈。

二十一世：亚业生于 1958 年 4 月 3 日，学历高中，配陈氏，生二子：吕钦、观积。

二十二世：吕钦生于 1986 年 2 月 21 日，学历高中，配李氏，生一子：浩铭。

二十三世：浩铭生于 2013 年 5 月 13 日，儿童。

二十二世：观积生于 1990 年 10 月 2 日，学历高中，配何氏生二子：杨宇、粤冠。

二十三世：杨宇生于 2011 年 8 月 11 日，儿童。

二十三世：粤冠生于 2013 年 4 月 8 日，儿童。

二十一世：亚珠生于 1964 年 11 月 3 日，学历高中，配何氏生三子：志园、水滔、康欣。

二十二世：志园生于 1985 年 10 月 21 日，在外务工。

二十二世：水滔生于 1987 年 4 月 14 日，在外务工。

二十二世：康欣生于 1993 年 8 月 2 日，在外务工，配张美玲生于 1991 年 9 月 10 日，生一女：佩勋生于 2014 年 9 月 11 日，儿童。

二十一世：亚烈生于 1972 年 1 月 25 日，学历高中，配罗氏生二子：景付、景术。

二十二世：景付生于 1995 年 2 月 4 日，学历高中，在外务工。

二十二世：景术生于 1997 年 11 月 4 日，学历初中，在外务工。

十八世：世均妣郭叶二氏，生三子：亚李●、有纯、有玉。

十九世：有纯妣何氏，生二子：长子（未详）、振兴。

二十世：振兴妣陈氏生一子：华炳妣何氏（未详）。

十九世：有玉妣陈氏生二子：进成、亚虾。

二十世：进成生于 1950 年 5 月 8 日。

二十世：亚虾生于 1954 年 3 月 6 日，配黎氏。

十八世：世业妣谢氏，生一子：有宽。

十九世：有宽寿年八十妣陈、刘二氏，生一子：进光。

二十世：进光妣李氏，生二子：观福、亚就。

二十一世：观福生于1949年8月9日，配李氏，生三子一女；女：境艳生于1991年11月3日，学历高中，在外务工。子：进立、境茂、广成。

二十二世：进立生于1982年7月8日，学历高中，在外务工。

二十二世：境茂生于1984年9月10日，学历大学，配何氏，生一女：宇棋生于2012年10月1日，儿童。

二十二世：广成生于1988年8月5日，学历高中，在外务工。

二十一世：亚就生于1953年4月7日，学历初中，配温氏，生一子六女。长女：华燕生于1983年9月4日，学历高中，适营仔镇。次女：华丽生于1987年7月25日，学历高中，适城月。三女：华美生于1990年2月5日，学历高中，外务工。四女：华芳生于1992年，学历大学，在外务工。五女：华艳生于1995年4月1日，学历高中，适安铺。六女：华红生于1997年5月16日，读书。子：观志。

二十二世：观志生于1985年5月6日，学历大学，配罗氏，生一女一子：女：梦荧生于2010年8月6日，儿童；子：楚浩。

二十三世：楚浩生于2014年9月6日，儿童。

十八世：世景妣张氏，生七子：亚清、亚胜、园眼●、亚光●、有积、亚来、康富。

十九世：亚清妣李氏生二子●。

十九世：亚胜妣黄氏●；有积妣陈、钟二氏●；亚来妣陈氏●。

十九世：康富妣氏生一子：兆连。

二十世：兆连配何氏生二子：（长子名未详）、陈生。

二十一世：陈生生于1950年12月30日，学历高中，配李氏生一子：华迪。

二十二世：华迪生于2000年5月21日，读书。

十八世：世晶妣氏生一子：有光。

十九世：有光妣杨氏生二子：兆荣、兆溪。

二十世：兆荣配林氏生六子：培仁、培仪、裕辉（不谱）、亚春、亚红、亚六（不谱）。

二十一世：培仁妣莫氏生二子：亚伦、景林。

二十二世：亚伦配黄氏落业安铺生一子：进朝。

二十三世：进朝，学历大学，大外工作。

二十二世：景林，学历初中，配卜氏生二子：金荣、秋建。

二十三世：金荣，学历高中，在外务工。

二十三世：秋建，学历初中，在外务工。

二十一世：培仪生于1927年12月24日，配罗氏，生六子：亚利（未详）、亚廉、进坚、亚虾（未详）、亚尤、锦信。

二十二世：亚廉生于1959年4月4日，学历初中，配莫氏，生一子：华旭。

二十三世：华旭生于1993年7月27日，学历高中，在外务工。

二十二世：进坚生于1962年1月15日，学历高中，配谢氏生二子：艺赢、津智。

二十三世：艺赢生于1990年8月23日，学历大学，在外务工。

二十三世：津智生于2001年8月11日，读书。

二十二世：亚尤生于1968年12月13日，学历初中，配文氏生一子：伟炎。

二十三世：伟炎生于2000年1月12日，读书。

二十二世：锦信生于1972年3月13日，学历高中，配陈氏生一子：文浩。

二十三世：文浩生于1998年5月12日，读书。

二十一世：亚春配李氏生一子：建军。

二十二世：建军，学历大学，配沈氏生一子：海恒。

二十三世：海恒生于年月日，读书。

二十一世：亚红生于1935年8月8日，配全氏生一子：志荣。

二十二世：志荣生于1971年8月8日，配文氏生一子：进源。

二十三世：进源生于2009年3月4日，读书。

二十世：兆溪配喜氏生二子：华坤●、裕德。

二十一世：裕德生于1931年9月21日，妣莫氏生二子：景发、景祥（未详）。

二十二世：景发配梁氏生二子：晓炜、宗城。

二十三世：晓炜生于1996年11月3日，就读高中。

二十三世：宗城生于1998年12月22日，学历高中，读书。

十八世：世贤妣卢氏生一子：有山。

十九世：有山妣陈氏生二子；兆岗、兆锦。

二十世：兆岗配氏生一子：土伦。

二十世：土伦配蔡氏生三子：亚松（其子不交款上谱）。

二十一世：亚松生于1964年8月28日，配林氏生一子：华耀。

二十二世：华耀生于1994年9月8日，学历高中，在外务工。

二十世：兆锦配梁氏生五子：林进（二、三子无交款上族谱）、亚新、土旺（不详）。

二十一世：林进生于1946年10月14日，配莫氏生三子：粤文、庞帅、康斌。

二十二世：粤文生于1979年12月27日，学历高中，配陈氏生一子：权龙。

二十三世：权龙生于2013年3月28日。

二十二世：庞帅生于1987年6月6日，配廖氏，在外务工。

二十二世：康斌生于1993年1月1日，学历高中，配周氏生一子：樟杰。

二十三世：樟杰生于2013年3月3日，儿童。

二十一世：亚新生于1954年11月14日，学历高中，配蔡氏生五子：李国、土忠、景初、观锐、华良。

二十二世：李国生于1979年12月20日，学历高中，配陈氏生一子：智春。

二十三世：智春生于2007年4月8日，读书。

二十二世：土忠生于1982年12月2日，学历初中，配昌氏生二子：善勇、善波。

二十三世：善勇生于2009年12月23日。

二十三世：善波生于2012年7月16日，儿童。

二十二世：景初生于1985年5月6日，学历初中，配李氏，在外务工。

二十二世：观锐生于1990年5月26日，学历初中，在外务工。

二十二世：华良生于1993年9月8日，学历初中，在外务工。

世美公次支朝通分支洪韬公派下凤祥房源流谱

十三世：洪韬妣氏生三子：凤祥、凤扬（另续）、凤舞（另续）。

十四世：凤祥妣潘氏生三子：麟盛（另续）、麟圣（另续）、麟文。

十五世：麟文妣余氏生四子：均广●、均珍、均参（另续）、均积（另续）。

十六世：均珍妣陈氏生二子：文义、文智。

十七世：文义妣姚氏生五子：世光●、世全●、世家、世文、世余。

十八世：世家妣潘氏生六子：有璇、有俊（另续）、戚庚●、有经、戚州、有民。

十九世：有璇妣黄林二氏生三子：振扬（另续）、振东（另续）、振强。

二十世：振强生于1948年8月配李氏生二子：戚军、水祥。

二十一世：戚军生于1985年8月，高中学历，配陈氏在外务工。

二十一世：永祥生于1990年9月，初中学历，配黄氏在外务工。

十九世：有经生于1921年8月，职业干警，配黄氏生三子：戚伟、凡科、可科。

二十世：戚伟生于1945年8月，职业教师，配陈氏生三子：建东、建华、建雄。

二十一世：建东生于1974年7月，大专学历，职业教师，配温氏生一子：子祥。

二十二世：子祥生于2000年10月，读书。

二十一世：建华生于1997年11月，大学学历，职业教师，配黄氏。

二十一世：建雄生于1981年2月，大学学历，职业教师，配陈氏生一子：文谦。

二十二世：文谦生于2004年11月，读书。

二十世：凡科生于1954年12月，大学学历，职业干警，配王氏。

二十世：可科生于1961年3月，配黄氏生二子：明君、文博。

二十一世：明君生于1994年1月，读书；文博生于2000年12月，读书。

十九世：有民生于1923年8月，配陈氏生二子：戚松、戚绍。

二十世：戚松生于1957年9月，高中学历，在电视台工作，配何氏生一子：华观。

二十一世：华观生于1982年4月，大学学历，职业教师，配姚氏。

二十世：戚绍生于1962年5月，配伍氏在外务工，生一子：华国。

二十一世：华国生于1989年，配何氏在外务工。

十八世：世文妣阮氏生一子：有柏。

十九世：有柏妣黄氏生二子：振伟、戚宏。

二十世：振伟生于1930年，配陈氏生二子：戚荣、戚贵。

二十一世：戚荣生于1953年，配邱氏生三子：土照、土钊、土聘。

二十二世：土照生于1982年3月，高中学历，配莫氏在外务工。

二十二世：土钊生于1989年5月，大学学历，广州工作。

二十二世：土聘生于1990年4月，初中学历，在外务工。

二十一世：戚贵生于1957年，高中学历，配伍氏在外务工，生二子：宇杰、广权。

二十二世：宇杰生于1989年9月，大学学历，现广州工作；广权生于1996年，现读安铺中学。

二十世：戚宏生于1942年，高中学历，配李氏，在外务工，生二子：戚聪、戚明。

二十一世：戚聪生于1971年，大学学历，配潭氏，生一子：熙照。

二十二世：熙照生于2012年，儿童。

二十一世：戚明生于1975年1月，大学学历，大广西南宁工作，配林氏。

十八世：世余妣梁氏生三子：有爵（另续）、有余（另续）、有智。

十九世：有智配林氏生二子：戚景、戚丰。

二十世：戚景生于1955年9月，初中学历，配陆氏在外务工，生二子：华宽、戚陆。

二十一世：华宽生于1981年11月，高中学历，配黎氏生一子：华裕。

二十二世：华裕生于2006年。

二十一世：戚陆生于1985年，初中学历，在外务工。

二十世：戚丰生于1959年1月，初中学历，配何氏生一子：仙恒。

二十一世：仙恒生于1997年8月，现读安铺中学。

十七世：文智妣宗氏生二子：世仁、世义●。

十八世：世仁妣陈氏生二子：有芝、有兰。

十九世：有芝妣梁氏生一子：兆才。

二十世：兆才生于1921年，配陈氏生三子：亚赐、亚安、亚陆。

二十一世：亚赐生于1952年，高中学历，配岑氏生二子：亚科、发展。

二十二世：亚科生于1980年，高中学历，在外务工。

二十二世：发展生于1991年，初中学历，在外务工。

二十一世：亚安生于 1959 年 8 月，高中学历，配王氏生二子：邦良、景常。

二十二世：邦良生于 1988 年，本科学历，深圳工作。

二十二世：景常生于 1992 年，读书。

二十一世：亚陆生于 1963 年，高中学历，配陈氏在外务工，生一子：文杰。

二十二世：文杰生于 2008 年，读书。

十九世：有兰生于 1826 年，妣吴氏生四子：兆杏、兆如、兆群、亚喜。

二十世：兆杏生于 1918 年，妣何氏生三子：亚进、亚养、亚合。

二十一世：亚进生于 1939 年，妣莫、陈二氏生二子：亚杰、亚标。

二十二世：亚杰生于 1965 年，初中学历，配许氏生一子：景超。

二十三世：景超生于 1997 年，就读安铺中学。

二十二世：亚标生于 1970 年，初中学历，配周氏在外务工，生一子：华朗。

二十三世：华朗生于 1996 年，高中学历，在外务工。

二十一世：亚养生于 1941 年 5 月，国企工人，配陈氏生一子：林海。

二十二世：林海生于 1978 年 9 月，高中学历，配郑氏在外务工，生一子：裕启。

二十三世：裕启生于 2008 年 9 月，读书。

二十一世：亚合生于 1953 年，初中学历，配黄氏在外务工，生二子：其活、其里。

二十二世：其活生于 1985 年，高中学历，配钟氏在外务工，生一子：家骏。

二十三世：家骏生于 2012 年，读书。

二十二世：其里生于 1987 年，大学学历，广州工作。

二十世：兆如生于 1921 年妣黄氏生一子：亚才。

二十一世：亚才生于 1970 年，初中学历，配陈氏生一子：景远。

二十二世：景远生于 1994 年 5 月，初中学历，配陈氏在外务工。

二十世：兆群生于 1926 年，妣陈氏生四子：亚明、亚光、亚甫、亚品。

二十一世：亚明生于 1954 年，初中学历，配何氏生一女：秋芳（已婚）。

二十一世：亚光生于 1959 年，高中，学历，配黄氏生二子：国华、景培。

二十二世：国华生于 1986 年 9 月，学历大学，广州工作，配林氏。

二十二世：景培生于 1988 年 11 月，学历高中，在外务工。

二十一世：亚甫生于 1963 年，学历高中，配梁氏在外务工，生三子：景斌、华贤、锦耀。

二十二世：景斌生于 1992 年，学历大学，广州工作。

二十二世：华贤生于1994年，就读安铺中学。

二十二世：锦耀生于1996年，现就读广州东甫中学。

二十一世：亚品生于1965年，学历高中，配陈氏在外务工，生一子：进辉。

二十二世：进辉生于1992年，学历高中，在外务工。

二十世：亚喜生于1932年，妣王氏生一子：戚就。

二十一世：戚就生于1996年，学历高中，在外务工。

十六世：均珍妣氏生一子：文礼。

十七世：文礼妣卜氏（失传）

十八世：（失传）三子：有英、有南、有伟。

十九世：有英1892年配黄氏生三子：亚兴、亚秀、亚江。

二十世：亚兴生于1937年妣陈氏生二子：亚任、水琼。

二十一世：亚任生于1973年6月，学历初中，酌陈氏生二子：进冠、建豪。

二十二世：进冠生于1989年4月；建豪生于1999年9月，都是现读安铺中学。

二十一世：水琼生于1997年2月，学历初中，配黄氏在外务工，生一子：炜鹏。

二十二世：炜鹏生于2009年1月，读书。

二十世：亚秀生于1939年1月，配陈氏生二子：戚平、戚南。

二十一世：戚平生于1965年6月，学历初中，配陈氏在外务工。

二十一世：戚南生于1973年8月，学历初中，配陈氏在外务工，生二子：颖辉、进颖。

二十二世：颖辉生于2002年11月，读书；进颖生于2004年2月，读书。

二十世：亚江生于1942年，配张氏生三子：戚群、戚敏、戚兵。

二十一世：戚群生于1968年，学历高中，配郑氏在外务工。

二十一世：戚敏生于1971年，学历初中，配周氏生一子：戚文。

二十二世：戚文生于1997年，读书。

二十一世：戚兵生于1974年，学历初中，配彭氏在外务工。

十九世：有南生于1892年，妣陈氏生一子：亚统。

二十世：亚统生于1948年，配李氏生三子：亚惠、亚军、进华。

二十一世：亚惠生于1976年9月，学历初中，配卢氏在外务工。

二十一世：亚军生于1979年8月，学历高中，配杨氏在外打工，生一子：子杰。

二十二世：子杰生于2009年1月，读书。

二十一世：进华生于 1985 年 11 月，学历高中，配陈氏在外务工，生一子：天宇。

二十二世：天宇生于 2013 年 9 月，读书。

世美公次支朝通公分支洪韬公派下凤详房源流谱

十三世：洪韬妣孔、陈二氏，生三子：凤祥、凤杨（另续）、凤舞（另续）。

十四世：凤祥妣潘氏生三子：麟盛（另续）、麟圣（另续）、麟文。

十五世：麟文妣全氏生四子：均广●、均珍（另续）、均参（另续）、均积。

十六世：均积妣陈氏生二子：文龙、文瑞。

十七世：文龙妣樊氏生一子：世汉。

十八世：世汉妣陈氏生四子：有英●、有锡、广仁、有德。

十九世：有锡妣黎氏生三子：兆荣、兆强、兆海。

二十世：兆荣生于1956年，配谢氏生二子：培锦、培秀。

二十一世：培锦生于1982年，生一女：郎雅生于2009年，儿童。

二十一世：培秀生于1984年，配苏氏，生二子：锦铭、冠焓。

二十二世：锦铭生于2007年，读书。

二十二世：冠焓生于2011年，儿童。

二十世：兆强生于1965年，配黎氏生一子一女：女名小草；子：侯平。

二十一世：候平生于1989年，读书。

二十世：兆海生于1972年，配余氏生一子：梓龙。

二十一世：梓龙生于2012年，儿童。

十九世：广仁生于1935年，生一女：碧荣生于2001年，读书。

十九世：有德妣苏氏生二子：兆敏、兆武。

二十世：兆敏生于1972年配林氏生二子：江权、李铭。

二十一世：江权生于1996年；李铭生于1999年。

二十世：兆武生于1978年，配陆氏生二子一女：静瑜生于2012年，读书。子：昱燧、锦然。

二十一世：昱燧生于2002年，读书；锦然生于2005年，读书。

十七世：文瑞妣林氏生二子：世光、世明。

十八世：世光妣张氏生一子：有仁。

十九世：有仁妣杨氏生三子：兆宏、康文、日保。

二十世：兆宏配陈氏生二子二女：戚响、戚其。

二十一世：戚响生于1976年。

二十一世：戚其生于1941年，配陈氏，生一子一二女。长女：思敏生于2000年，在外务工。次女：思燕生于2006年，读书。子：健安。

二十二世：健安生于2013年，儿童。

二十世：康文生于1944年，配李氏生一子一女。女：春霞生于1991年，在外务工。子：日军。

二十一世：日军生于1992年，读书。

二十世：日保生于1953年，配罗氏，生三子：土洁、康春、华肆。

二十一世：土洁生于1986年，配卜氏生一子：良旭。

二十二世：良旭生于2013年，儿童。

二十一世：康春生于1990年，在外务工。

二十一世：华肆生于1995年，在外务工。

十九世：有妣何氏生二子：瑞仁、兴●（由横山关塘仔村迁来）。

二十世：瑞仁配郑氏生一子：培桂。

二十一世：培桂配何氏生三子：观龙●、土华、观胜。

二十二世：土华生于1952年，配黄、陆二氏，生二子一女。女：玲珠生于1993年，在外务工。子：志锋、志强。

二十三世：志锋生于1976年，配黄氏，生一女：慧琳生于2012年，儿童。

二十三世：志强生于1988年，在外务工。

二十二世：观胜生于1955年，配陈氏生一子二女。长女：贵珍生于1990年，在外务工。次女：彩云生于1995年，读书。三女：海燕生于1997年，读书。子：金星。

二十三世：金星生于1993年，读书。

十七世：文瑞妣林氏，生二子；世光、世明。

十八世：世明妣陈氏生六子：才●、龙●、有光、有新、有余、有兴。

十九世：有光妣何氏生三子：康胡、戚安、戚星。

二十世：康胡生于1954年，配曹氏生三子：伟强、伟雄、伟东。

二十一世：伟强生于1981年，配龙氏生一子：主尚。

二十二世：主尚生于2008年，读书。

二十一世：伟雄生于1983年，在外务工。

二十一世：伟东生于1985年，在外务工。

二十世：戚安生于1956年，配余氏，生一子二女：长女：景颖生于1996年，在外务工。次女：诗颖生于1997年，在外务工。子：嘉颖。

二十一世：嘉颖生于1998年，外务工。

二十世：戚星生于1968年配罗氏生二子一女：女观娣生于1995年，务工。子：景华、志良。

二十一世：景华生于1993年，在外务工。志良生于1998年，读书。

十九世：有新生于1928年，配赖氏生三子：戚均、戚照、戚亭。

二十世：戚均生于1964年，配卜氏生二子二女：长女：凤娟生于1992年，在外务工；次女：凤怡生于1996年，在外务工。子：志敏、志军。

二十一世：志敏生于1994年，在外务工。

二十一世：志军生于1997年，读书。

二十世：戚照生于1968年，配张氏生一子：志豪。

二十一世：志豪生于1996年，在外务工。

二十世：戚亭生于1975年，配符氏生一子一女。女：小茵生于1997年，读书。子：志鹏。

二十一世：志鹏生于2000年，读书。

十九世：有余生于1936年，配杨氏生三子：戚旭、戚松、戚佳。

二十世：戚旭生于1966年配李钟二氏生二子二女。长女：陈英生于1990年，在外务工。次女：玉萍生于1991年，在外务工。子：建颖、鸿洋。

二十一世：建颖生于1995年，在外务工。

二十一世：鸿洋生于2012年，儿童。

二十世：戚松配陈氏生一女：晓雅生于2004年，读书。

二十世：戚佳生于1974年，配陈氏生一子：海铸。

二十一世：海铸生于2002年，读书。

十九世：有兴生于1944年，配陈氏生二子：进辉、进伟。

二十世：进辉生于1973年，配黄氏生二子二女：长女：华倩生于1998年，在外务工；

次女：华燕生于1998年，在外务工。子：志宏、广志。

二十一世：志宏生于2003年，读书。广志生于2005年，读书。

二十世：进伟生于1975年，配陈氏生一子三女。长女：天乐生于2004年，读书。次女：翠萍生于2006年，读书。三女：水宇生于2008年，读书。子：文杰。

二十一世：文杰生于2010年，儿童。

世美公次子朝通公分支成旺公派下相龙房源流谱

十三世：成旺自欧家迁居遂溪长串村（现遂溪草潭麻公村）妣占氏生四子：相龙、相秀（另续）、相乾（另续）、相爵（另续）。

十四世：相龙妣梁氏生一子：爵满。

十五世：爵满妣陈氏生一子：均陞。

十六世：均陞妣李、麦二氏生一子：维贵。

十七世：维贵妣陆氏生二子：世豪、世英（未详）。

十八世：世豪妣欧氏生二子：有德、有志。

十九世：有德妣张氏生三子：兆伦、兆南、兆荣。

二十世：兆伦生于1921年2月2日，配曾兰芳生于1931年9月7日，生三子三女。
女：少芳、亚养、少梅；子：亚太、亚生、路生。

二十一世：亚太和一于1955年11月10日，配陈有娟生于1954年2月1日，生一子四女。女：长女健云生于1982年2月8日；二女健勤生于1984年4月10日；三女伟梅生于1987年6月1日；四女日连生于1993年7月1日。子：宇才。

二十二世：宇才生于1992年3月27日。

二十一世：亚生生于1959年1月11日，高中，配梁珍草潭旧屋地村人，生于1961年9月6日，高中，生一子二女。女：长女麦宁生于1986年6月29日，学历大学本科；次女丽飞生于1988年10月11日，学历中专；子：鹏飞。

二十二世：日秋生于1997年8月25日，学历初中。

二十二世：日贤生于2000年3月9日。

二十二世：伟强生于2004年3月21日。

二十世：兆南生于1934年9月16日，配邓秀英生于1935年10月11日，生二子三女。
女：生妹、三妹、戚芳；子：太良、亚新。

二十一世：太良生于1958年8月1日，高中，配黄杨妹生于1965年4月1日，生一子二女。女：宇乔、敏霞。子：国辉。

二十二世：国辉生于 1991 年 8 月 1 日。

二十一世：亚新生于 1970 年 12 月配韦吴丹生于 1974 年 8 月 23 日生一女：韦恩。

二十世：兆荣生于 1947 年 9 月 26 日，配陈娣生于 1947 年 3 月 9 日，生四子一女。
女：健玲；子：健华、健宁（未详）、健军、健国。

二十一世：健华生于 1968 年 3 月 3 日，学历初中，配赵梅，云南人，生于 1970 年 4 月 2 日，生一子二女。女：长女观妹生于 2000 年 5 月 21 日；次女妙丽生于 2008 年 6 月 27 日。子：志光。

二十二世：志光生于 1996 年 9 月 17 日。

二十一世：健军生于 1973 年 10 月 29 日，配王美玲生于 1973 年 2 月 24 日，生一子一女。女：思慧生于 2002 年 9 月 21 日；子：思艺。

二十二世：思艺生于 2008 年 9 月 21 日。

二十一世：健国生于 1977 年 1 月 9 日，配梁凤琴生于 1978 年 9 月 18 日，生三女。女：长女巧如生于 2005 年 4 月 16 日；次女祝嫚生于 2007 年 6 月 18 日；三女汝汝生于 2008 年 8 月 22 日。

十九世：有志妣氏生一子二女。女：亚胜、亚妹；子：兆祥。

二十世：兆祥配曾玉芳生于 1948 年 9 月 8 日，生三子：培养、培强、亚其。

二十一世：培养配陈亚头生于 1964 年 12 月 30 日，生一子二女。长女日梅生于 1986 年 2 月 21 日；次女欣欣生于 1998 年 5 月 25 日；子：碧龙。

二十二世：碧龙生于 1989 年 3 月 4 日，配江日琼生于 1990 年 9 月 1 日，生一子：以杏。

二十三世：以杏生于 2012 年 12 月 26 日。

二十一世：培强妣氏生一子：猛龙。

二十二世：猛龙生于 1995 年 1 月 7 日。

二十一世：亚其生于 1975 年 9 月 8 日。

世美公长支子达分支成旺公派下相秀房源流谱

十三世：成旺系环高长子自欧家移居遂溪长钱串村，生四子：相龙（另续）、相秀、相乾（另续）、相爵（另续）。

十四世：相秀（自遂溪长钱串移居广西合浦旧基寮村落业（现营盘镇营盘村）妣何氏，生五子：爵华（另续）、爵豪（另续）、爵栋、爵（另续）、爵兴（另续）。

十五世：爵栋妣刘氏，生五子：均瑚（另续）、均琏（另续）、均常、均秀（另续）、均邦（另续）。

十六世：均常妣李氏，生三子：维屏（另续）、维翰、维宁（另续）。

十七世：维翰妣郑氏，生七子：世业、世四、世达、世秀、世茂、世盛、世和。

十八世：世业妣陈氏，生二子：有成、有余。

十九世：有成妣杨氏，生二子：贤通、贤昭。

二十世：贤通妣氏，生一子：芳家。

二十一世：芳家生于1949年配宗氏，生二子：中兴、和兴。

二十二世：中兴生于1977年8月3日，广西海河有限公司责任公司工作，配欧善丽生于1982年10月8日，生一女：欧珍生于2007年5月2日。

二十二世：和兴生于1980年8月28日，广西乐泰水利建设有限公司工作，配梁小兰生于1982年10月10日，生一女：悠扬生于2009年5月12日。

二十世：贤昭配潘氏，生一子：海涛。

二十一世：海涛配马氏，生一子：镇兴。

二十二世：镇兴生于1997年。

十八世：世四妣氏，生一子：有祥。

十九世：有祥妣陈氏，生一子：贤惠。

二十世：贤惠配林氏，生三子：荣家、海家、强家。

二十一世：荣家生于1961年8月，配蔡莲生于1962年7月，生二子：东兴、伟兴。

二十二世：东兴生于1985年9月。

二十二世；伟兴生于1987年2月。

二十一世：海家生于1963年8月，配宁氏，生一子：平兴。

二十二世：平兴生于1990年7月。

二十一世：强家生于1967年2月，配刘绍庆生于1971年8月，生一女一子：意芳生于1997年8月2日，子：豪兴。

二十二世：豪兴生于2005年1月5日。

十八世：世达妣周氏，生四子：有辉、有光（另续）、有明、有良。

十九世：有辉妣吴氏，生二子：贤赞、贤甫。

二十世：贤赞妣王氏，生四子：安家、康家、明家、伟家。

二十一世：安家配林益良，生三子：富兴、继兴、海兴。

二十二世：富兴生于1976年5月19日，配伟尤修生于1980年10月，生一子一女。女：静怡生于2014年8月24日。子：洪斌。

二十三世：洪斌生于2008年1月21日。

二十二世：继兴生于1978年配陈家娟，生二子：洪毅、洪庆。

二十三世：洪毅。

二十三世：洪庆。

二十二世：海兴。

二十一世：康家配官永雄，生二子：文兴、伍兴。

二十二世：文兴生于1984年10月8日，配钟华娟，生一子一女。女：洪燕生于2012年3月。子：洪祥。

二十三世：洪祥生于2014年12月。

二十二世：伍兴。

二十一世：明家配氏，生一子：戚弟。

二十二世：戚弟。

二十一世：伟家。

二十世：贤甫配李氏，生二子：余家、建家。

二十一世：余家配石氏生一：智兴。

二十二世：智兴。

二十一世：建家生于1973年11月25日，配任芸，生于1978年3月17日，生一子：楹海。

二十二世：楹海生于 2009 年 7 月 14 日。

十九世：有明妣庞氏生二子：贤德、贤伟。

二十世：贤德妣吴氏生二子：艺家、权家。

二十一世：艺家生于 1969 年 8 月 15 日，配钟日洁生于 1974 年 8 月 28 日，生一子一女：女，红红生于 1997 年 2 月 17 日；子：振兴。

二十二世：权家生于 1971 年 9 月 28 日，配李秀芳生于 1977 年，生一女：思怡生于 2004 年 9 月 9 日。

二十世：贤伟配石氏生三子：航家、平家、华家。

二十一世：航家配招氏，生二子：润兴、坤兴。

二十一世：平家。

二十一世：华家配龙氏。

十九世：有良妣氏，生一子：贤芳。

二十世：贤芳妣董氏，生二子：德家、静家。

十八世：世秀妣蔡氏，生一子：有为。

十九世：有为妣钟氏，生一子：贤山。

二十世：贤山妣莫氏，生一子：斌家。

十八世：世茂妣苏氏，生二子：有方、有恩。

十九世：有方妣官氏，生二子：贤军、贤队。

二十世：贤军妣蒋氏，生二子：乐家、辉家。

二十一世：乐家生于 1983 年 10 月 3 日，配欧氏，生二子：宇兴、恒兴。

二十二世：宇兴生于 2008 年 7 月 23 日。

二十二世：恒兴生于 2011 年 7 月 20 日。

二十一世：辉家生于 1987 年 3 月 28 日。

二十世：贤队配金氏，生一女：芳瑜。

十九世：有恩妣李氏，生二子：贤文、贤武。

二十世：贤文配韩氏，生二子：锐家、键家。

二十一世：锐家配邱氏，生一子：源兴●。

二十一世：键家配庞氏。

二十世：贤武配龙氏，生一子：志家。

十八世：世盛妣黄氏，生一子：有仁。

十九世：有仁妣李氏，生五子：贤进、贤财、贤满、贤章、贤明。

二十世：贤进配宁氏，生二子：胜家、怡良。

二十一世：胜家生于 1950 年 8 月 24 日，配林昭许生于 1952 年 11 月 1 日，生一子：玉兴。

二十二世：玉兴生于 1987 年 7 月 12 日，配孙如燕生于 1988 年 4 月 20 日，生一子一女。女：虹丽生于 2009 年 2 月 11 日。子：洪健。

二十三世：洪健生于 2010 年 10 月 22 日。

二十一世：怡良配苏氏，生一子：雨锋。

二十世：贤财配林氏，生二子：伟家、良家。

二十一世：伟家配梁氏，生一子：明兴。

二十二世：明兴生于 1984 年 7 月 15 日，配林炳娟生于 1987 年 3 月 7 日，生一子一女。女：洪淇；子：洪睿。

二十三世：洪睿生于 2013 年 11 月 12 日。

二十一世：良家生于 1968 年 9 月 26 日，配抬读梅生于 1969 年 12 月 27 日，生一子：祥兴。

二十二世：祥兴生于 1993 年 8 月 18 日。

二十世：贤满配林氏，生一子：文家。

二十一世：文家生于 1976 年 12 月 12 日，配韩晓燕生于 1978 年 3 月 6 日，生二子一女。女：宇婷生于 2004 年 10 月 23 日。子：国兴、强兴。

二十二世：国兴生于 2001 年 12 月 28 日。

二十二世：强兴生于 2008 年 9 月 13 日。

二十世：贤章妣朱氏，生二子：喜家、明家。

二十一世：喜家配钟氏，生二子：健兴、艺兴。

二十二世：健兴配苏氏，生一子：洪志。

二十二世：艺兴生于年月日。

二十一世：明家配周氏，生二子：鸿兴、杰兴。

二十世：贤明配邹氏，生二子：继业、继余。

二十一世：继业配谢氏，生一子一女。女：珮璇生于 1996 年 5 月 10 日。子：同兴。

二十二世：同兴生于 2003 年 10 月 2 日。

二十一世：继余配张氏。

世美二支朝通公分支成旺公派下相秀房源流谱

十三世：成旺妣占氏，系环高公长子，自欧家迁居遂溪长钱串村安居，生四子：相龙（另续）、相秀、相乾（另续）、相爵（另续）。

十四世：相秀妣何氏，自遂溪长钱串村迁居北海旧基村落业，生五子：爵华（另续）、爵豪（另续）、爵栋（另续）、爵英、爵兴（另续）。

十五世：爵英妣钟氏生一子：均瑞。

十六世：均瑞妣李氏生一子：维瑶。

十七世：维瑶妣姚氏生一子：世兴。

十八世：世兴妣陈氏生二子：有志、有满。

十九世：有志，取蔡氏生四子一女：女：戚贤凤；子：贤超、贤芳、贤芪、贤嵩。

二十世：贤超，取蔡氏生三子一女：女：戚莲家；子：齐家、治家（未详）、明家。

二十世：贤芳，取李氏生三子二女：女：戚才家、戚业家；子：有家、祥家、文家。

二十世：贤芪，取钟氏生二子二女：女：戚凤家、戚喜家；子：志家、惠家。

二十世：贤嵩，取蔡氏生四子二女：女：戚霞家、戚梅家；子：球家、学家、进家、富家。

十九世：有满配钟氏生一子：贤让。

二十世：贤让，取李氏生二子一女：女：戚喜家；子：戚艺、权家。

二十一世：齐家，取吴氏生二子三女：女：兴兰、兴莲、兴梅；子：兴瑞、华兴。

二十一世：明家，取陈氏生三子：旺兴、海兴、福兴。

二十一世：有家，取钟氏生一女：戚艳萌。

二十一世：祥家，取石氏生二子一女：女：戚海珍；子：荣兴、宇辉。

二十一世：文家，取陈氏生一子三女：女：美兴、丽兴、贵兴；子：建兴。

二十一世：志家，取陈氏生一子二女：女：露兴、贝兴；子：云兴。

二十一世：惠家，取陈氏生一子：龙兴。

二十一世：球家，取陈氏生一子一女：女：艳婷；子：坤兴。

二十一世：学家，取李氏生一子一女：女：康宁；子：康兴。

二十一世：进家，取梁氏、姚氏生二子二女：女：婷婷、戚晶；子：杰兴、桂兴。

二十一世：富家，取陈氏，生一子一女：女：艳兴；子：璇兴。

二十一世：戚艺，取陈氏，生一子一女：女：海燕；子：陈兴。

二十一世：权家，取李氏，生二子：振兴、继兴。

二十二世：兴瑞，取陈氏生一子二女：女：艳萍、艳丽；子：世萌。

二十二世：华兴，取刘氏生二子：世峰、世雄。

二十二世：旺兴，取裴氏，生一女：馨文。

二十二世：海兴，取容氏，生一子：文浩。

二十二世：荣兴，取陈氏生一子：鸿骏。

二十二世：宇辉，取陈氏生一子：宸悦。

二十二世：云兴，取雷氏，生一女：杰憧。

二十二世：坤兴，取王氏生二女：海琦、睿玲。

世美公次支朝通公分支奇会公派下安朝房源流谱

十三世：奇会妣林氏，生一子：安朝。

十四世：安朝妣莫氏，生三子：麟瑞（另续）、麟祯、麟祥。

十五世：麟祯妣许郭二氏，生一子：均三。

十六世：均三妣许出陈氏，生四子：必达、芝达（另续）、美达、秀达（另续）。

十七世：必达妣王氏，生二子：长仁、长义（过继美达）。

十八世：长仁妣宋氏，生四子：有直、有谅●、有明、有闻●。

十九世：有直妣林氏，生一子：亚泰。

二十世：亚泰妣文氏，生二子：培春、培发。

二十一世：培春妣陈黄陈三氏，生二子：锦堂、亚凤。

二十二世：锦堂妣陈陈二氏，生三子：海权、志强、亚养。

二十三世：海权生于1935年4月5日，配梁慧英生于1937年8月18日，生一子：志贤。

二十四世：志贤生于1970年2月24日，配王伟爱生于1973年10月5日，生二子：天杰、天昊。

二十五世：天杰生于1980年5月18日，在外务工。

二十五世：天昊生于2003年3月22日，读书。

二十三世：志强生于1936年7月26日，配黄秀凤生于1938年。5月25日生三子：光辉、石电。

二十四世：光辉生于1958年4月6日，配陈喜玲生于1962年6月24日。

二十四世：石电生于1961年12月3日，配陈少雩生于1962年5月3日，生一子：卡通。

二十五世：卡通生于1987年12月3日，配朱冬梅，生于1986年9月28日，生二子一女女：戚欣生于1991年12月8日。子：卡成、梓霖。

二十六世：卡成生于1992年11月1日，读书。

二十六世：梓霖生于2013年1月4日，儿童。

二十三世：亚养生于 1956 年 4 月 2 日，配监庆生于 1958 年 4 月 2 日，生一子一女：
秋楚生于 1989 年 7 月 15 日。子：境培。

二十四世：境培生于 1995 年 5 月 2 日，在外务工。

二十二世：亚凤生于 1938 年 10 月 15 日，配田小英生于 1958 年 6 月 5 日，生二子：
进子、雷达。

二十三世：进子生于 1995 年 4 月 14 日，在外务工。

二十三世：雷达生于 2001 年 2 月 28 日，读书。

二十一世：培发妣陈氏，生二子：亚槐●、康府。

二十二世：康府生于 1937 年 9 月 9 日，配莫秀春生于 1941 年 6 月 12 日，生四子：
康燕、建彬、戚敏、戚机。

二十三世：康燕生于 1965 年 6 月 17 日，配陈彩琴生于 1967 年 3 月 8 日，生一子二女。
长女：素平生于 1989 年 6 月 1 日。次女：玉云生于 1992 年 7 月 24 日。
子：华剑。

二十四世：华剑生于 1995 年 8 月 12 日。

二十三世：建彬生于 1967 年 8 月 11 日，配莫小琴生于 1971 年 10 月 25 日，生二子：
华耀、广鹏。

二十四世：华耀生于 1995 年 2 月 18 日。

二十四世：广鹏生于 1997 年 3 月 6 日。

二十三世：戚敏生于 1971 年 11 月 8 日，配文雪娇生于 1974 年 9 月 13 日，生一子
一女。女：永华生于 1997 年 12 月 5 日。子：伟涛。

二十四世：伟涛生于 1999 年 11 月 16 日。

二十三世：戚机生于 1975 年 5 月 3 日，配陈珍生于 1976 年 3 月 28 日，生一女：
明炜生于 1995 年 2 月 2 日。

十九世：有明妣氏，生二子：兆春●、兆兴。

二十世：兆兴妣李氏，生三子：培生●、培楷、培才。

二十一世：培楷妣李氏，生六子：锦光●、戚南、戚实、戚周、戚万、戚炎●。

二十二世：戚南生于 1952 年 5 月 6 日，配王面生于 1970 年 3 月 6 日，生二子三女。
长女：景菊生于 1996 年 10 月 4 日；次女：景梅生于 1999 年 10 月 17 日；
三女：景丹生于 2002 年 4 月 3 日。子：进远、景连。

二十三世：进远生于 1992 年 10 月 21 日；

二十三世：景连生于 2006 年 3 月 5 日。

二十二世：戚实。

二十二世：戚周生于 1957 年 9 月 19 日，配李益生于 1959 年 10 月 22 日，生三子：鹏胜、广森、境城。

二十三世：鹏胜生于 1987 年 3 月 28 日。

二十三世：广森生于 1990 年 5 月 22 日。

二十三世：境城生于 1993 年 10 月 4 日。

二十二世：戚万生于 1961 年 2 月 9 日，配黄祖芳生于 1965 年 5 月 3 日，生一子一女：女：海债生于 1994 年 3 月 25 日。子：辉龙。

二十三世：辉龙生于 2000 年 11 月 17 日。

十七世：芝达妣彭氏，生二子：长信、长忠。

十八世：长信妣潘氏，生一子：有智●。

十七世：美达妣王氏（取必达子入继）：长义。

十八世：长义妣潘氏，生一子：有益。

十九世：有益妣赖氏，生三子：马子廷、亚珠、亚晚●。

二十世：马子廷妣氏，生一子：培顺。

二十一世：培顺妣梁氏生三子：康炳、康权、广信●。

二十二世：康炳生于 1937 年 1 月 8 日，配钟少妹生于 1937 年 2 月 9 日，生三子：戚仁、戚京、国辉。

二十三世：戚仁生于 1958 年 10 月 13 日，配钟全生于 1961 年 2 月 4 日。

二十三世：戚京生于 1963 年 10 月 7 日，配陈志珍生于 1968 年 11 月 17 日，生二子：昊杰、昊强。

二十四世：国辉生于 1968 年 8 月 16 日，配罗桂妙生于 1970 年 10 月 9 日，生一子一女。女：桡丽生于 1997 年 11 月 12 日。子：桡锋。

二十五世：桡锋生于 1999 年 12 月 17 日。

二十二世：康权生于 1935 年 7 月 19 日，配文英生于 1937 年 7 月 17 日，生三子：石平、国财、国强。

二十三世：石平生于 1958 年 1 月 15 日，配谢雪梅生于 1959 年 2 月 16 日，生一子：

康进。

二十四世：康进生于1981年9月6日，配高文娟生于1984年11月12日，生一子：王成。

二十三世：国财生于1962年2月有11日，配江维生于1969年4月14日，生一女：宇航生于1991年11月12日。

二十三世：国强生于1966年3月5日，配莫秀华生于1965年12月14日，生一子：进贤。

二十四世：进贤生于1988年10月25日，配罗娇生于1989年12月有12日。

二十世：亚珠妣许氏，生二子：培和、培海。

二十一世：培和妣何氏，生六子：亚尤●、锦期、亚育●、亚太、进九●、亚子尽。

二十二世：锦期生于1932年10月24日，配陈氏生二女二子：戚开、日新。

二十三世：戚开生于1962年5月有12日，配王氏，生二子：景爱、日宏。

二十四世：景爱生于1993年1月2日。

二十四世：日宏生于1994年7月23日。

二十三世：日新生于1970年11月30日，配陈英燕生于1971年9月20日，生二子二女：长女，李婷生于1995年11月1日；次女：晓曼生于2003年1月25日。子：李曹、思准。

二十四世：李曹生于1993年8月3日。

二十四世：思准生于2000年5月2日。

二十二世：亚太生于1940年8月25日，配伍秀芳生于1942年6月26日，生一子四女：女：东梅、丽英、戚妹、桂权；子：秋升。

二十三世：秋升生于1976年4月12日,配何晓雯，生一女: 戚妹生于2007年1月3日。

二十二世：亚生于1950年7月21日，配潘桂生于1950年8月21日，生一子二女：长女，海美生于1976年8月13日；次女：海云生于1979年4月15日。子：海冲。

二十三世：海冲生于1981年5月27日，配陈氏，生一女：舒文生于2006年11月27日。

二十一世：培海妣陈蔡李莫四氏，生四子：亚兴、进桂（未详）、进华、进景●。

二十二世：亚兴妣莫氏，带来之子配苏氏●。

二十二世：进华生于1958年2月28日，配王封兰生于1967年3月10日，生二子二女：长女，景慧生于1990年8月20日；二女，水连生于1996年1月15日。子：景春、水升。

二十三世：景春生于1992年3月4日；水升生于1993年8月有21日。

十五世：麟祥妣林邓二氏，生三子：均明、均清、均正。

十六世：均明妣林蔡二氏，生一子：广达●。

十六世：均清妣陈氏（取均正之子入继）：道达。

十七世：道达妣氏，生二子：大刚、大常。

十八世：大刚妣何氏●。

十八世：大常妣陈氏，生四子：有富●、有贵●、有荣、亚禄●。

十九世：有荣妣黄氏，生二子：兆琼、兆林。

二十世：兆琼妣陈氏，生三子：培柳、康栋●、华球。

二十一世：培柳生于1937年8月10日，配李耀清生于1937年8月12日，生二子：锦均、锦相。

二十二世：锦均生于1971年9月21日，配黄海雯生于1976年8月23日，生三子一女。女：心怡生于2010年8月7日。子：艺斌、艺然、艺恒。

二十三世：艺斌生于1997年7月28日。

二十三世：艺然生于2001年9月27日。

二十三世：艺恒生于2004年2月7日。

二十二世：锦相生于1980年5月29日，配月明，生于1991年9月20日，生一女：晓琪生于2013年6月12日。

二十一世：华球生于1952年8月6日，配黎美英，生于1952年12月27日，生一子：锦旭。

二十二世：锦旭生于1981年12月20日，配叶金玲，生于1986年8月13日，生一子一女。女：金花生于2011年7月20日。子：海文。

二十三世：海文生于2008年10月21日。

二十世：兆林妣陈、文二氏，生一子：培文。

二十一世：培文妣氏，生一子：戚义。

二十二世：戚义生于1946年3月18日，配何丽生于1965年9月12日，生一子二女。

长女：日娣生于1998年10月29日。次女：水明生于1999年12月22日。

子：广炎。

二十三世：广炎生于2001年10月20日。

十六世：均正妣李氏，生二子：道达（出继均清）、德达●。

世美公次支朝通公分支奇胶公派下 安德、安任、安和、安平 房源流谱

十三世：奇胶妣王氏，生四子：安德、安任、安和、安平。

十四世：安德妣罗氏，生三子：麟辉、麟华●、麟昌。

十五世：麟辉妣莫氏，生四子：均圣、均有●、均达、均采●。

十六世：均圣妣廖氏，生三子：邦达●、家达●、朝达。

十七世：朝达妣陈氏，生一子：大兴●。

十五世：麟昌妣黄氏，生一子：均宝。

十六世：均宝妣黄氏，生二子：文修●、文选。

十四世：安任妣李氏，生六子：麟美●、麟儒●、麟麒●、麟明●、麟正●、麟凤●。

十四世：安和妣林氏，生四子：麟生●、麟宝●、麟佑●、麟富●。

十四世：安平妣黄氏，生二子：麟庚、麟宁●。

十五世：麟庚妣吴氏，生一子：均书（未详）。

十七世：文选（均宝次子）妣麦氏，生二子：大仁、大忠。

十八世：大仁妣许氏，生三子：有平、有海●、有桥。

十九世：有平妣王陈二氏，生四子：龙●、兆禄、兆清、兆福。

二十世：兆禄妣陈氏，生三子：培烈、培祝（未详）、培荣。

二十一世：培烈生于1961年9月12日，配许水清生于1966年11月21日，生二子二女。长女：春如生于1998年6月21日。次女：春艳生于2002年11月27日。子：浩杰、永杰。

二十二世：浩杰生于2000年10月3日。

二十二世：永杰生于2006年1月4日。

二十一世：培荣生于1977年9月20日，配莫少琴生于1982年10月11日，生一女：李君生于2011年8月28日。

二十世：兆清生于1941年2月24日，配林妹生于1942年5月5日，生四子：水生、黄宝、景童、康年。

二十一世：水生生于1968年6月24日，配许强清生于1971年5月24日，生一子：

成云。

二十二世：成云生于 2006 年 11 月 15 日。

二十一世：黄宝生于 1976 年 1 月 12 日，配吴娜生于 1976 年 1 月 29 日，生一子一女：女：文婷生于 2005 年 10 月 6 日。子：煜杰。

二十二世：煜杰生于 2004 年 9 月 13 日。

二十一世：景童生于 1982 年 1 月 24 日，配陈妹生于 1982 年 10 月 3 日，生二女。长女：思烨生于 2009 年 6 月 23 日。次女：晓熔生于 2012 年 12 月 17 日。

二十一世：康年生于 1985 年 12 月 3 日，配陈兴生于 1980 年 8 月 18 日，生一女。女：晓晴生于 2010 年 11 月 5 日。

二十世：兆福生于 1951 年 8 月 23 日，配李林生于 1956 年 8 月 15 日，生二子二女。女：长女秋兰；次女秋云；子：日富、广招。

二十一世：日富生于 1983 年 9 月 30 日，配谭志明生于 1986 年 7 月 9 日，生一子：永浩。

二十二世：永浩生于 2012 年 7 月 13 日。

二十一世：广招生于 1988 年 2 月 12 日。

十九世：有桥妣黎杨二氏，生二子：兆芳、兆会。

二十世：兆芳生于 1962 年 9 月 27 日，配李粤兰生于 1962 年 9 月 27 日，生三子三女：长女：秋娜生于 1985 年 5 月 13 日；次女：秀玲生于 1989 年 10 月 2 日；三女：景风生于 1991 年 8 月 26 日。子：剑明、广铸、海斌。

二十一世：剑明生于 1987 年 10 月 9 日，配谭新甜生于 1987 年 8 月 23 日，生三子：锦孙、锦意、添添。

二十二世：锦孙生于 2008 年 4 月 17 日。

二十二世：锦意生于 2009 年 10 月 2 日。

二十二世：添添生于 2011 年 10 月 27 日。

二十一世：广铸生于 1993 年 5 月 6 日。

二十一世：海斌生于 1994 年 11 月 8 日。

二十世：兆会生于 1967 年 11 月 9 日，配刘小锋生于 1976 年 9 月 4 日，生一子一女：晶晶生于 1993 年 9 月 23 日。子：洪仁●、康敬。

二十一世：康敬生于 2000 年 7 月 11 日。

世美公次支朝通公分支奇修公派下安进、安宁房源流谱

十三世：奇修妣林氏，生二子：安进、安宁。

十四世：安进妣龙氏，生二子：麟章、麟炳。

十五世：麟章妣何氏，生二子：均成、均秀。

十六世：均成妣李氏，生一子：文贵（未详）。

十六世：均秀妣蔡陈二氏，生二子：文魅●、文明。

十七世：文明妣陈氏，生一子：大安（未详）（接后页）。

十五世：麟炳妣余氏，生三子：均兴、均胜、均和●。

十六世：均兴妣吴氏，生三子：文才、文常、文通●。

十七世：文才妣麦氏，生一子：大逮（未详）。

十七世：文常妣氏，生三子：大招（未详）、大观（未详）、大相（未详）。

十六世：均胜妣徐氏，生三子：文臣●、文赐●、文益。

十七世：文益妣氏，生二子：大钦、大进。

十八世：大钦妣莫氏，生三子：有忠、有良、尾仔●。

十九世：有忠妣何氏，生三子：兆赞、亚美●、兆英。

二十世：兆赞生于1933年8月8日，配林氏生于1932年8月5日，生二子：戚辟、戚阶。

二十一世：戚辟生于1968年7月29日，配莫氏生于1972年5月12日，生二子一女。女：秋妹生于1999年6月4日。子：锦民、康祥。

二十二世：锦民生于1998年2月17日，读书。

二十二世：康祥生于2000年11月1日，读书。

二十一世：戚阶生于1972年5月22日，配蓝爱清生于1972年3月25日，生二子：锦辉、镇宇。

二十二世：锦辉生于2004年5月10日，读书。

二十二世：镇宇生于2010年6月10日，儿童。

二十世：兆英生于1945年2月15日，配陈氏生于1945年3月15日，生一子一女。

女：戚芳生于 1978 年 12 月 26 日，已适。子：培广。

二十一世：培广生于 1976 年 11 月 20 日，朱舍珠，生于 1979 年 9 月 12 日，生二子一女。女：桃斯生于 2010 年 11 月 26 日。子：华智、观宜。

二十二世：华智生于 2006 年 3 月 3 日，读书。

二十二世：观宜生于 2013 年 5 月 2 日，儿童。

十九世：有良妣李氏，生八子：兆胜、康明（未详）、华进●、兆凯、兆札、兆斌、兆泳、兆拾●。

二十世：兆胜生于 1937 年 8 月 17 日，配许爱珍生于 1937 年 7 月 19 日，生三子：戚正、戚养、戚虾。

二十一世：戚正生于 1967 年 10 月 10 日，在外务工，配何思梅生于 1970 年 10 月 13 日，生一子二女。长女：韵婷生于 1995 年 9 月 9 日，读书。次女：芷琪生于 2010 年 10 月 25 日，读书。子：培颖。

二十二世：培颖生于 2000 年 5 月 11 日，读书。

二十一世：戚养生于 1967 年 10 月 10 日，配林少妹生于 1967 年 5 月 24 日，生一子二女。长女：婉愉生于 1996 年 8 月 23 日，读书。次女：晓琳生于 2007 年 3 月 18 日，读书。子：戚淇。

二十二世：戚淇生于 2010 年 8 月 6 日，读书。

二十一世：戚虾生于 1972 年 3 月 7 日，配赖国平生于 1972 年 7 月 30 日，生一子二女。长女：妙娴生于 1998 年 1 月 30 日，读书。次女：妙莹生于 2010 年 2 月 23 日，儿童。子：广锦。

二十二世：广锦生于 1999 年 4 月 27 日，读书。

二十世：兆凯生于 1939 年 6 月 18 日，配黄娣生于 1955 年 10 月 10 日，生二子：日光、康绪。

二十一世：日光生于 1978 年 7 月 12 日，在外务工。

二十一世：康绪生于 1939 年 6 月 18 日，在外务工。

二十世：兆札生于 1948 年 9 月 22 日，配吴春梅生于 1962 年 11 月 21 日，生二子：天翔、戚冬。

二十一世：天翔生于 1984 年 5 月 9 日，在外务工。

二十一世：戚冬生于 1988 年 7 月 26 日，在外务工。

二十世：兆斌生于 1952 年 10 月 30 日，职业老师，配谭维平生于 1958 年 6 月 18 日生一子：弘艺。

二十一世：弘艺生于 1991 年 3 月 11 日。

二十世：兆泳生于 1956 年 2 月 20 日，配林小燕生于 1965 年 4 月 27 日，生一子：桓源。

二十一世：桓源生于 1989 年 9 月 18 日。

十八世：大进妣麦氏，生二子：有洪、南权。

十九世：有洪生于 1925 年 9 月 17 日，配莫玉芳生于 1927 年 9 月 17 日，生一子：戚球。

二十世：戚球生于 1966 年 8 月 5 日，配莫维娟生于 1974 年 1 月 4 日，生二子一女：女水金生于 2000 年 9 月 15 日；广威、镇城。

二十一世：广威生于 1999 年 6 月 24 日。

二十一世：镇城生于 2002 年 1 月 15 日。

十九世：南权生于 1941 年 6 月 24 日，配伍良英生于 1943 年 4 月 15 日，生二子：兆佑、景博。

二十世：兆佑生于 1969 年 6 月 24 日，配陈素英生于 1971 年 10 月 12 日，生一子三女。长女：广燕生于 1998 年 8 月 12 日。次女：海如生于 2000 年 2 月 19 日。三女：嘉欣生于 2002 年 2 月 6 日。子：九仔。

二十一世：九仔生于 2003 年 3 月 19 日。

二十世：景博生于 1989 年 9 月 29 日。

十四世：安宁妣陈氏，生三子：麟养●、麟广●、麟才。

十五世：麟才妣蔡氏，后裔不详。

世美公次支朝通公分支万富公派下君成房源流谱

十三世：万富妣苏氏，生一子：君成（此公移居广西博白双垌村落业）。

十四世：君成迁居于博白洋垌村居住，卒葬于马蹄窝坐北向南妣。卢氏卒葬于石门塱坐南向南，生四子：戚怊（另续）、戚阳、戚住（另续）、戚昌（另续）。

十五世：戚阳卒葬于鹧婆头（近松旺）妣陈氏，生四子：琨湖、琨和（另续）琨顺（另续）、琨春（续童氏不详）。

十六世：琨湖卒葬于洋垌近江西冲妣李氏，生三子，维礼、维仁（另续）、维志。

十七世：维礼卒葬于洋垌附近横冲妣沈氏卒葬于贵人头山顶，生二子：世昌、十亚公（卒葬于沙河）●。

十八世：世昌（九先生）曾做地主账房先生，性格慈祥。痴迷粤剧，上过私塾学堂，有文化，精算数，热心公益事业，受人尊重，热心族谱修订，卒葬于贵人头山腰，妣朱氏，生四子：有真（排三）、四伯公●、五伯公●、有芳（排八）。

十九世：有芳生于1924年，卒于2010年农历正月初六葬于博白东平镇双垌横冲附近，享年86岁，配钟氏，生四子三女。长女：凤兰、凤英、凤莲。子：戚超、耀文、杨新、戚翔。

二十世：戚超生于1961年5月26日，曾任广西百色建筑安装工程总公司第一分公司总经理，百色博白商会副会长，卒于2011年，葬于贵人头对面沙坑，配李冬梅生于1962年10月29日，塘龙高坡村人，生二子一女。女：茹杉。子：征东、倍珲。

二十一世：征东生于1982年1月21日，学历本科，职业建筑行业，配农氏生一子一女。女：严元生于2014年，儿童。子：力木。

二十二世：力木生于2012年，儿童。

二十一世：倍珲生于1984年9月16日，毕业于澳大利亚卧龙岗大学，配周氏。

二十世：耀文配朱氏，洋垌村人，生三子：家玮、家榕、家华。

二十一世：家玮生于1989年，职业建筑行业。

二十一世：家榕生于1991年，在百色起义纪念馆二班。

二十一世：家华生于1992年，学历高中，职业从事咖啡行业。

二十世：杨新配朱氏，枫木村人，生一子：家强。

二十一世：家强生于1991年，学历本科大学，在南宁从事金融工作。

二十世：戚翔配黄氏，平果人，生二子：家健、家林。

二十一世：家健生于1991年，外务工。家林生于1993年，广东通讯业上班。

十七世：维志妣氏，生一子：世英。

十八世：世英妣氏，生一子：有华。

十九世：有华配朱氏，生一子：杨生。

二十世：杨生配陈氏，生一子四女。子：秋林。

二十一世：秋林生于1992年，在外务工。

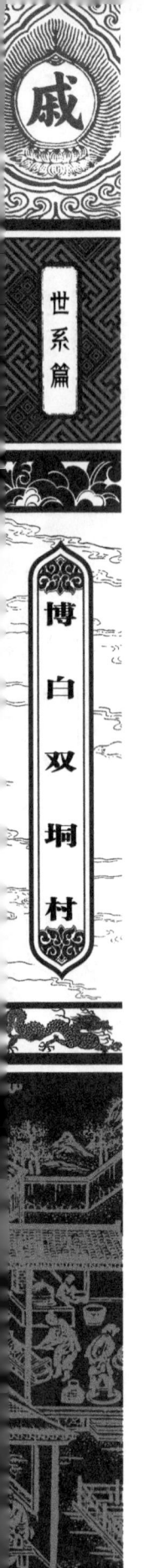

世美公次支朝通公分支奇富公派下安康房源流谱

十三世：奇富妣氏，生一子：安康。

十四世：安康妣氏，生一子：仕富。

十五世：仕富妣氏，生二子：振光、振明。

十六世：振光妣氏，生三子：凤仪、凤麟、凤阁。

十七世：凤仪妣张氏，生一子：秀华。

十八世：秀华妣黄陈二氏，生二子：鸿慈、鸿辉。

十九世：鸿慈配符氏，生三子：庭友、明友、东友。

二十世：庭友生于1974年12月26日，配王氏文柏人生于1974年12月26日，生三女一子。长女：转珠生于1979年5月7日，学历初中，适广西钟山。二女：转坤生于1981年1月4日适儋州市木棠镇。三女：石带生于1984年5月9日，学历初中，适陈屋村。子：景添。

二十一世：景添生于1976年7月27日，学历高中，配许氏东城人，生于1980年11月14日，生一子一女：骞瑶生于2003年8月16日。子：天寿。

二十二世：天寿生于2000年2月17日，读书。

二十世：明友生于1949年7月15日，配韦氏广西北流人，生于1954年10月26日，生二子二女。长女：转兰生于1979年11月1日，学历中专，迁海头镇。次女：转吕生于1987年5月7日。子：景星、景普。

二十一世：景星生于1983年10月7日，学历初中。景普生于1989年8月22日，学历初中。

二十世：东友生于1952年11月15日，配林氏水头村人生于1959年7月20日，生二女一子。大女：转姬生于1990年5月19日，学历中专。次女：转千生于1992年5月12日，学历中专。子：景年。

二十一世：景年生于1994年4月2日，读高中。

十九世：鸿辉生于1941年4月28日，配罗氏罗屋村人，生二子：亚杰、海奇。

二十一世：亚杰生于1971年10月9日，学历初中，配符氏长坡镇人生于1972年

12月11日，生二子：喜龙、喜欢。

二十一世：喜龙生于1992年11月10日，学历初中。喜欢生于1996年6月12日，学历初中。

二十世：海奇生于1976年10月11日，学历初中，配许氏中和镇人生于1975年6月10日，生二子：喜强、喜德。

二十一世：喜强生于2007年11月20日，读书。喜德生于2009年9月27日，读书。

十七世：凤麟妣王氏，生三子：仁华、义华、礼华（未详）。

十八世：仁华妣李氏，生二子：鸿誉、鸿强。

十九世：鸿誉生于1940年8月1日，配谢氏南门村人，生于1947年8月7日，生五子：少敏、少坚、少勤、少业、少学。

二十世：良友（少敏）生于1964年7月14日，配吴氏新安村人生于1964年12月2日，生三子一女：艳霞生于1989年11月27日，初中，在处务工。子：景真、景科、景珊。

二十一世：景真生于1982年5月6日，学历中专，配孙氏水头村人，生一女：彩妮生于2013年5月10日，儿童。

二十一世：景科生于1983年12月11日，学历初中；景珊生于1992年5月10日，学历初中。

二十世：少坚生于1968年7月8日，配卢氏广西北流人生于1967年2月7日，生二子：景书、景凯。

二十一世：景书生于1999年5月11日；景凯生于1999年11月5日。

二十世：少勤生于1969年11月24日，学历初中，配林氏两院人生于1972年7月24日，生一子：景炫。

二十一世：景炫生于2003年4月12日。

二十世：少业生于1970年5月8日，学历初中，配韩氏老市村人生于1970年6月18日，生一子：景鹏。

二十一世：景鹏生于2002年3月16日。

二十世：少学生于1975年4月3日，学历初中，配高氏长坡镇人生于1980年8月3日，生二子：景川、景涛。

二十一世：景川生于2003年3月7日，读书；景涛生于2005年5月11日，读书。

十九世：鸿强生于 1948 年 5 月 21 日，配梁氏广东信宜人生于 1948 年 7 月 6 日，书生二子二女。长女：金闪生于 1982 年 12 月 24 日；二女：金翠生于 1989 年 10 月 21 日。子：周魏、周俭。

二十世：周魏生于 1984 年 12 月 24 日，学历初中配陈氏湖南人，生二子：戚梁、景富。

二十一世：戚梁；景富。

二十世：周俭。

十八世：义华配陈氏福塘村人，生三子：鸿健、鸿英、鸿全。

十九世：鸿建生于 1936 年 6 月 3 日，配黄氏南门村人生于 1963 年 7 月 29 日，生四子：子忠、子文、子龙、子武。

二十世：子忠生于 1970 年 8 月 29 日，学历初中，配陈氏铁铺村人生于 1968 年 3 月 21 日，生一子四女。长女：雪琴生于 1990 年 3 月 29 日，学历大专适那大；次女：雪贞生于 1992 年 3 月 15 日，学历中专，适湖南衡阳；三女：雪梅生于 1994 年 2 月 13 日，学历中专；四女：雪美生于 1996 年 1 月 28 日，学历中专。子：景财。

二十一世：景财生于 1988 年 1 月 8 日，学历中专。

二十世：子文生于 1973 年 2 月 14 日，学历初中，配雷氏万宁人生于 1974 年 11 月 30 日，生二女。长女：雪君生于 2009 年 11 月 30 日，读书；二女：雪娇生于 2012 年 7 月 28 日，读书。二十世：子龙生于 1975 年 11 月 11 日，学历初中，配符氏大成人生于 1974 年 7 月 8 日，学历初中，生一子一女：雪慧生于 1988 年 12 月 7 日。子：景林。

二十一世：景林生于 2001 年 7 月 27 日。

二十世：子武生于 1984 年 8 月 24 日，学历大专，配王氏老市人生于 1986 年 8 月 2 日。

十九世：鸿英生于 1950 年 6 月 10 日，配罗氏罗屋村人，生于 1951 年 5 月 27 日，生二子：金木、书源。

二十世：金木生于 1976 年 1 月 8 日，初中，配陈氏，老市村人生于 1976 年 8 月 15 日，生二子：清波、景堂。

二十一世：清波生于 2001 年 1 月 13 日；景堂生于 2006 年 9 月 30 日。

二十世：书源生于 1992 年 1 月 8 日，学历中专。

十九世：鸿全生于 1958 年 9 月 12 日，中专，配黎氏生于 1958 年 8 月 6 日，琼海市人，

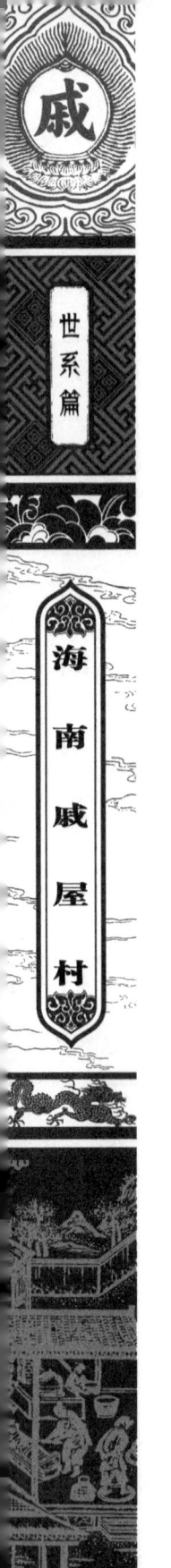

生一子一女：女婷婷生于 1988 年 6 月 12 日，大学，子：子威。

二十世：子威生于 1992 年 2 月 8 日，大学。

十七世：凤阁妣北氏，生二子：志华、晓华。

十八世：志华妣陈氏，生二子：鸿士、鸿就。

十九世：鸿士生于 1950 年 4 月 7 日（未详）。

十九世：鸿就生于 1954 年 5 月 12 日，配王氏乐安村人生于 1954 年 10 月 24 日，生一子：荣金。

二十世：荣金生于 1979 年 5 月 11 日，配陈氏张村人生于 1979 年 10 月 8 日，生二子一女：婷夏生于 2002 年 6 月 12 日；子：景厅、景朝。

二十一世：景厅生于 2000 年 8 月 22 日，读书。景朝生于 2003 年 6 月 1 日，读书。

十八世：晓华妣黄氏，生三子：鸿昌、鸿南、鸿良。

十九世：鸿昌生于 1960 年 3 月 9 日，学历高中，配陈氏新兴村人生于 1963 年 10 月 23 日，生一子：世显。

二十世：世显生于 1985 年 5 月 10 日，学历初中，配刘氏长坡村人生于 1990 年 5 月 17 日。

十九世：鸿南生于 1963 年 12 月 2 日，配符氏长坡村人生于 1965 年 5 月 13 日，生二子：世友、世庭。

二十世：世友生于 1992 年 8 月 6 日，学历初中。世庭生于 1993 年 5 月 18 日，学历初中。

十九世：鸿良生于 1973 年 2 月 18 日，学历初中，配郑氏南门村人生于 1978 年 11 月 28 日，生一子一女：小雪生于 2005 年 11 月 23 日，读书。子：世杰。

二十世：世杰生于 2000 年 10 月 22 日，读书。

十九世：

十六世：振明妣氏，生二子：凤献、次子（未详）。

十七世：凤献妣梁氏，生四子；道华、德华、玉华、四子（未详）。

十八世：道华妣罗氏，生一子：鸿伟。

十九世：鸿伟妣陈氏，生三子：有乾、有坤、有贵。

二十世：有乾生于 1972 年 11 月 10 日，学历中专，配陆氏两院人生于 1976 年 10 月 8 日，生一子：景华。

二十一世：景华生于 2013 年 4 月 8 日，读书。

二十世：有坤生于1975年6月7日，学历初中。

二十世：有贵生于1978年7月5日，学历初中，配刘氏乐安村人生于1978年8月12日，生一子一女：海丹生于2011年11月11日，读书。

子：景意。

二十一世：景意生于2010年5月25日，读书。

十八世：德华妣许氏，生二子：鸿秀、鸿芬。

十九世：鸿秀生于1939年5月14日，配黄氏新市人生于1945年8月7日，生四子：新友、亚旺、子清、子宏。

二十世：新友生于1963年1月3日，配邓氏罗屋村人生于1961年12月17日，生三子：国寿、亚岛、国营。

二十一世：国寿生于1984年4月25日，学历初中，配王氏新盈农场人生于1989年7月4日，生一子：嘉健。

二十二世：嘉健生于2011年7月17日，读书。

二十一世：亚岛生于1986年9月15日，配吴氏新兴村人生于1987年10月29日，生一子：嘉政。

二十二世：嘉政生于2014年5月19日，儿童。

二十一世：国营生于1989年3月11日，配王氏新盈人生于1992年8月28日，生一子：嘉俊。

二十二世：嘉俊生于2011年3月13日，儿童。

二十世：亚旺生于1964年11月18日，配欧氏水头村人生于1966年5月11日，生二子一女：慧娟生于1991年10月20日。子：建朝、建宝。

二十一世：建朝生于1989年2月5日，学历大学。建宝生于1992年12月22日，学历大学。

二十世：子清生于1971年8月25日，学历初中，配陈氏新盈家场东场队人生于1978年9月18日，生一子：海滨。

二十一世：海滨生于2003年10月3日，读书。

二十世：子宏生于1979年10月11日，学历大专，配吴氏农场人生于1988年1月5日，生一子：继强。

二十一世：继强生于2012年2月29日，儿童。

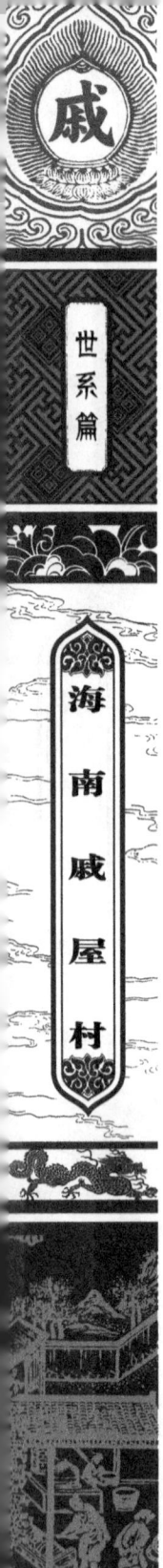

十九世：鸿芬生于1848年7月18日，生一子：有区。

二十世：有区生于1970年7月17日，配刘氏子张村人生于1974年6月7日，生一子一女：健莉生于2008年10月18日，读书。子：健彪。

二十一世：健彪生于2001年8月1日。

十八世：玉华妣陈氏生一子：鸿举生于1852年10月22日，配童氏海头镇人生于1953年3月10日，生一子：有平。

十九世：有平生于1981年12月1日，学历高中，配陈氏子张村人生于1983年1月7日，生二子：景仰、景超。

二十世：景仰生于2001年4月21日。景超生于2006年1月5日。

世美公次支朝通公分支奇生公派下安国公房源流谱

十二世：世英，是日进长子，世英葬于北岭顶，坐北向南，配李、徐二氏，生三子：奇生、奇殿（另续）、奇勋（另续）。

十三世：奇生，葬于北岭顶，坐西北向东南，配叶氏，生二子：安国、安泰（另续）。

十四世：安国，葬地不详，配张氏，生二子：燕君、燕廷。次子：燕廷，是安国次子；燕廷取林氏，生一子，均福，后均福娶梁氏无生子●。

十五世：燕君，葬地不详，配郑氏，生二子：均爵、均禄。

十六世：均爵，葬地不详，配梁氏，生一子：维炳●。长子十六世：均禄，葬地不详，配刘氏，生二子：维纪、维钢。

十七世：维钢，继给均爵●。

十七世：维纪，葬地不详，配孔氏，生三子：王升、王皆（另续）、三子（未详）。

十八世：王升，葬鸡龙塘后岭坐东向西，配阮氏，生四子：复仁、复义、复礼●、复信。

十九世：复仁，葬地不详，配莫氏，生二子：广秀、广发。

二十世：广秀、广发两人生：培东。广秀、广发葬地不详。

二十一世：培东，是广发、广秀子；培东葬塘仔岭，坐北向南，配陈氏，生一子：锦隆。

二十二世：锦隆，葬地不详，配莫氏，生二子：亚英、亚就●。（注：复仁派下●。）

十九世：复义，葬地不详，配谢氏，生一子：进帮。

二十世：进帮，葬地不详，配文氏，生一子：培熙。

二十一世：培熙，葬梨头咀岭坐北向南，配黄氏，生四子一女：亚富、亚六、亚广、亚均。长女：适牛圩卢氏。

二十二世：亚富，生于1941年6月17日，学历初中，务农，配孔素珍，孔西村人，生于1947年3月15日，小学，务农，生二子一女：女：适横山大岭村。子：维、春荣。

二十三世：维，生于1970年4月16日，学历初中，务农，配伍亚辉，生三子：景开、广聪、广明。

二十四世：景开，生于1996年8月26日，读高中。

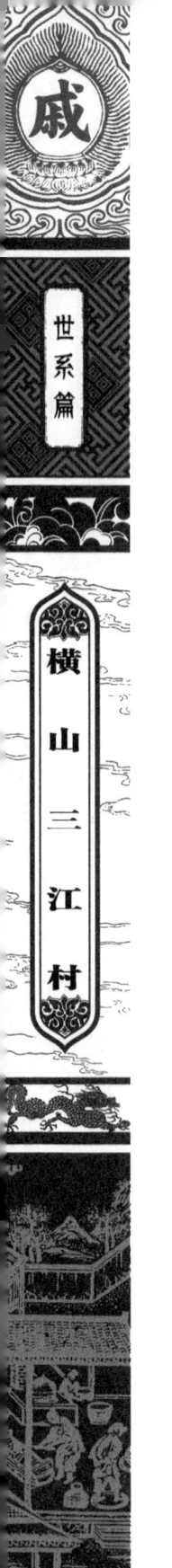

二十四世：广聪，生于1999年6月14日，读小学。

二十四世：广明，生于1999年6月14日，读小学。

二十三世：春荣，生于1972年11月21日，学历初中，务农，配岳君，生于1972年3月18日，学历小学，生一子：华战。

二十四世：华战，生于2007年8月2日，读小学。

二十二世：亚六，生于1944年6月6日，未娶老婆。

二十二世：亚广生于1949年3月19日，学历小学，务农，配蓼锡英大垌村人，生于1952年3月15日，生一女二子。子：黎志、黎文。长女：嘉欣生于1982年8月15日，适廉江市。

二十三世：黎志，是广长子，生于1978年3月13日，学历初中，在外务工，配周美珍，生于1984年2月22日，生一子：华博。

二十四世：华博，生于2010年10月17日（幼儿）。

二十三世：黎文，生于1981年6月29日，学历初中，在外务工，配奉青霞，生于1989年1月12日，学历初中，务农，生一子：天雄。

二十四世：天雄，生于2013年8月26日（幼儿）。

二十二世：均，生于1952年4月4日，学历初中，务农，配朱建超，广西玉林人，生于1959年3月13日，学历初中，务农，生三子一女。长女：霞清生于1982年4月18日，已适地点不详。子：雄昌、雄盛、鸿发。

二十三世：雄昌，生于1983年10月10日，学历初中，在外务工。

二十三世：雄盛，生于1984年9月15日，学历初中，在外务工。

二十三世：鸿发，生于2000年3月16日，读小学。

十九世：复信，葬塘仔岭会北向南，配赵氏，生一子：进惠。

二十世：进惠，葬园岭沟坐西向东，配李氏，生二子：培新、培益。

二十一世：培新，葬耙头坑上坐北向南，配罗氏，生一子：亚连。注：培新生亚连。

二十一世：培益，葬北岭顶坐北向南，配黄氏，生三子：锦荣、锦进、锦庆。

二十二世：锦荣，葬塘仔美坐东向西，配苏玉英年烂母村人，生于1928年5月4日，生四子二女。长女：亚娣适尺论山村；次女：亚黎适新民镇；幼儿：亚九适遂溪；四女：虾仔适孔西村。子：观贤、华日。

二十三世：观贤生于1956年7月4日，学历小学，务农，配黄世英，生于1958年

6月10日，学历小学，务农，生一女四子。长女：华英适孔西村，配孔氏。子：康辉、华忠、木超、景聪。

二十四世：康辉，生于1983年4月24日，学历初中，在外务工。

二十四世：华忠，生于1991年8月29日，学历初中，在外务工。

二十四世：木超，生于1994年4月1日，学历初中，在外务工。

二十四世：景聪生于1997年3月12日，读初中。

二十三世：华日，生于1970年5月4日，学历初中，务农，配罗秋玲，生于1974年10月6日，是丰九泊村人，学历小学，务农，生二女二子。长女：金梅生于1997年10月17日，读初中；次女：金连生于1999年3月16日，读小学。子：木光、华建。

二十四世：木光，生于1996年12月12日，学历初中，在外务工。

二十四世：华建，生于2003年11月7日，读小学。

二十二世：锦进，生于1928年3月17日，学历初中，在遂溪工作，配黄国英，边塘村人，生三女四子。长女：亚群适水车村；次女：秀清适七革村配详；幼女：桂连适南圩亚海。子：亚纯、亚海、广全、亚寅。

二十三世：亚纯，生于1958年2月28日，学历初中，务农，配卢木仙，鸡母斗村人，生于1956年12月23日，学历初中，生三子外取一女春燕。长女：春燕，生于1995年7月2日，学历初中，在外务工。子：亚波、水敏、候辉。

二十四世：亚波，生于1982年11月28日，学历初中，在外务工，配陈广妹，生于1986年3月8日，学历初中，生一子：铭扬。

二十五世：铭扬，生于2012年5日，幼儿。

二十四世：候辉，生于1984年9月19日，学历初中，在外务工，配寇苗苗，江西人，生于1986年5月20日，学历初中，生一女一子。长女：细奇生于2012年12月5日，幼儿。子：景湖。

二十五世：景湖，生于2009年2月28日，幼儿。

二十四世：水敏，生于1986年2月5日，学历高中，在外务工。

二十三世：亚海，生于1961年9月24日，学历初中，落业遂溪，配张礼妹生于1962年7月8日，生一子：宇铖。

二十四世：宇铖，生于2003年4月9日，读小学。

二十三世：亚寅，生于1964年9月21日，学历初中，务农，配辛群娣，生圩大岭村人，生于1968年4月5日，学历小学，生一子三女。长女：华珍生于1986年4月5日，学历初小，适安铺圩。次女：木荣，生于1989年9月7日，学历初中，适龙湾洪路村。三女：广丽，生于1994年6月19日，学历初中，适安铺圩。子：华恩。

二十四世：华恩，生于1992年8月7日，学历初中，在外务工。

二十三世：广全，生于1971年10月10日，学历初中，落业遂溪工作，配麦红生于1973年7月3日，生二子：育玮、瀚洋。

二十四世：育玮，生于2006年2月7日，读小学。

二十四世：瀚洋，生于2010年4月22日，幼儿。

二十二世：锦庆，生于1935年11月22日，学历初中，务农，配中氏，下桥村人，生五子：秀基、秀伟、秀连、秀松、秀美。

二十三世：秀基，生于1966年9月9日，学历初中，务农，配黄广银，周屋村人，生于1973年7月26日，务农，生二女二子。长女：春丽，生于1993年6月27日，学历初中，适横山圩。次女：广梅，生于1995年3月23日，读初中。子：水尧、境顺。

二十四世：水尧，生于1994年7月5日，学历初中，在外务工。

二十四世：境顺，生于1997年5月15日，读初中。

二十三世：秀伟，生于1970年3月23日，学历初中，务农，配叶爱球，生于1978年5月25日，洋美泊村人，务农，生一女二子。长女：华燕，生于2001年11月16日，读小学。子：水成、华贵。

二十四世：水成，生于2004年12月6日，学历初中。

二十四世：华贵，生于2006年7月18日，读小学。

二十三世：秀连，生于1973年10月2日，学历初中，在外务工，配苏文花海南人，生一女一子。长女：海燕，生于2001年4月7日，在海南，读小学。子：康来。

二十四世：康来，生于2003年12月9日，在海南，读小学。

二十三世：秀松生于1977年4月30日，学历初中，在海南务工，配黄春梅，龙山仔村人，生于1985年3月17日，生一女：亲微，幼儿。

二十三世：秀美，生于1985年6月3日，学历初中中，在海南务工。

世美公次支朝通公分支王谐公派下木福源流谱

十八世：王谐，葬在本村地塘岭，配潘氏，生四子：观保●、木福、亚兴●、亚四●。

十九世：木福，葬在园岭沟，坐西北向东南，配卢氏，生三子：亚候（迁居福建村）、仕兴、仕发。

二十世：仕兴，葬园岭沟，坐西北向东南，配陈氏，生一子：培发。

二十一世：培发，生于1927年7月7日，学历小学，务农，配黄秀芳，园岭村人，生于1933年6月4日，生二女三子。长女：王檬适南圩塘涵山村。次女：卫芳适遂溪沙泥坡村。子：观文、章、国。

二十二世：观文，生于1959年2月4日，学历初中，务农，配许亚友，生于1968年11月15日，学历初中，务农，生二女三子。长女：妹，生于1992年9月2日，学历初中，在外务工。次女：广美，生于1998年10月30日，读初中。子：桃、金连、日华。

二十三世：桃，生于1988年8月22日，读广西医科大学药理分解书。

二十三世：金连，生于1994年1月30日，学历小学，务农。

二十三世：日华，生于1996年9月7日，学历初中，在外务工。

二十二世：章，生于1965年12月22日，学历初中，在外务工，配张辉上七甲人，生于1970年1月29日，生二女二子。长女：燕云，生于1993年3月2日，学历初中，在外务工。次女：华燕，生于1997年11月28日，读初中。子：华珠、虾。

二十三世：华珠，生于1995年5月10日，学历初中，在外务工。

二十三世：虾，生于2000年4月14日，读小学。

二十二世：国，生于1973年1月12日，学历初中，在外务工，配朱田军，生于1985年9月30日，牛圩上人，生二女。长女：李娣，生于2007年3月26日，幼儿。次女：金凤，生于2009年1月18日，幼儿。

二十世：仕发，葬北岭顶，配李氏，生四子：培富、培贵、培荣、培华。

二十一世：培富，葬北岭顶坐北向南，配陈秀权，生于1925年4月20日，二牛肝水

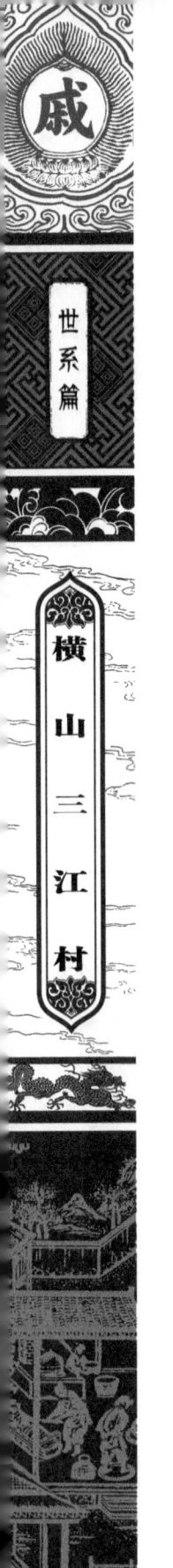

村人，生五女子：长女：桶适沙古镇，配卜氏。次女：亚木适横山乙曹村，配李氏。三女：亚娣适沙古镇，配卜氏。四女：少英适洋美泊村，配叶氏。五女：海燕适湛江福建村。子：锦茂、锦林。

二十二世：锦茂生于1945年10月23日，初中务农，配郑桂清，黄山村人，生于1943年12月27日，生二女三子。子：志标、志雄、志伟。

二十三世：志标生于1969年7月10日，学历大专，广州落业。

二十三世：志雄生于1972年9月11日，学历高中，在遂溪经商狗羊批发。配程力，生于1975年9月15日，云南人，生三子：广远、广豪、杨铭。

二十四世：广远生于2012年4月15日，读遂城二小。

二十四世：广豪生于2004年2月13日，读遂城二小。

二十四世：杨铭生于2007年1月4日，读遂城二小。

二十三世：志伟，生于1977年9月15日，学历高中，广州务工。

二十二世：锦林，生于1962年7月27日，学历初中，在本村庙堂做神同名扬全国，配黄李边塘村人，生于1962年6月28日，学历初中，生一女三子。子：观裕、广丰、康进。

二十三世：观裕，生于1990年5月14日，现在广州读大专。

二十三世：广丰，生于1991年6月7日，学历初中，在外务工。

二十三世：康进，生于1992年5月12日，学历初中，在外务工。

二十一世：培贵，葬北岭边坐北向南，配李氏，营仔下洋村人，生一女三子。女：少连，学历初中，适遂溪红坎岭村，配李氏。子：成、杰、康禾。

二十二世：成，生于1964年1月22日，学历初中，务农，配方玉露生于1970年12月3日，广西人，生二女二子。长女：秋妹生于1988年8月19日，读初中。次女：景芳生于2000年11月5日，读书。子：春波、鸿明。

二十三世：春波，生于1993年1月13日，学历初中，在外务工。配李克江，贵州人，生于1999年11月16日，学历初中，务农，生一子：家宝。

二十四世：家宝，生于2013年4月24日，幼儿。

二十三世：鸿明，生于1996年3月17日，读初中。

二十二世：杰，生于1969年11月1日，学历初中，务农，配叶燕洋美泊村人，生二女二子。长女：华红生于1999年12月29日，读小学。次女：华妹生于

2003年1月16日，读小学。子：华剑、金实。

二十三世：华剑，生于2001年3月12日，读小学。

二十三世：金实，生于2006年4月17日，读小学。

二十二世：康禾，生于1977年8月7日，学历初中，务农，配刘丽婷，生于1979年12月28日，广西山口人，生二女二子。长女：水英，生于1999年9月12日，读初中。次女：水娇，生于2001年11月25日，读初中。子：金振、启志。

二十三世：金振，生于2000年4月27日，读小学。启志，生于2005年6月5日，读小学。

二十一世：培荣，生于1932年6月27日，学历小学，务农，护理本村庙堂工作，配李秀芳下洋村，生于1931年5月27日，学历小学，务农，生一女三子。长女：虾女，学历初中，适湛江市化油器厂配钟氏。子：锦友、小强、锦添。

二十二世；锦友，生于1956年7月20日，学历初中，配钟二妹，车板多浪人，生三子，后取湛江市南方化油器厂职工黄志娇，生于1969年9月10日，湛江市工作，全家落业湛江，子：进东、进雄、细歌。

二十三世：进东，生于1983年12月9日，学历初中，落业湛江，配卢广良，鸡母斗村人，生于1982年11月18日，学历初中，生二女。长女：丽丽，生于2009年12月9日，湛江读小学。次女：玉婷，生于2013年1月1日，幼儿。

二十三世：进雄生于1985年7月8日，学历小学，落业湛江，配谭金燕，生于1982年8月，良垌新村人，生一子：文龙。

二十四世：文龙，生于2012年10月15日，幼儿。

二十三世：细歌，生于1987年8月16日，学历初中，落业湛江。

二十二世：小强，生于1960年3月10日，学历初中，经商在遂溪配杨带，生于1962年10月8日，安铺望流村人，生四女一子。长女：燕珍生于1983年8月4日，学历初中，适吴川木顶村，配朱氏。次女：燕芳，生于1986年12月24日，学历初中，适长山。三女：燕娣，生于1989年9月12日，学历高中，适永华村。四女：燕雄，生于1990年11月15日，学历初中，适沙泥坡村。子：进辉。

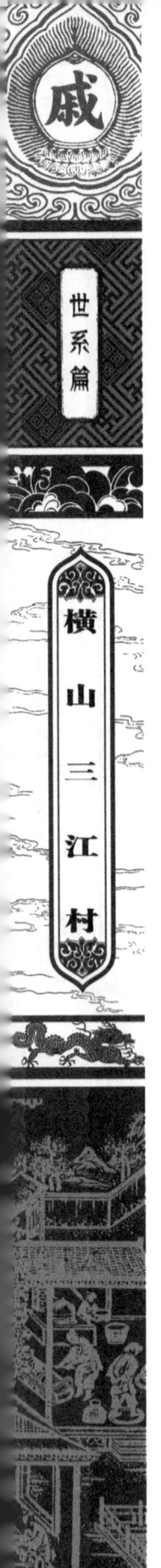

二十三世：进辉，生于 1984 年 7 月 3 日，学历高中，配周金霞，周屋村人，生二女。长女：诗怡，生于 2009 年 5 月 2 日，遂溪读小幼苗。次女：琳琳，生于 2010 年 10 月 8 日，遂溪读小幼苗。

二十二世：锦添，生于 1967 年 7 月 2 日，学历初中，落业遂溪，配卜文，沙古村人，生于 1971 年 12 月 10 日，学历初中，生二子一女。长女：红玲，生于 1993 年 2 月 21 日，学历大专，现在遂溪人民医院工作。次女：红霞，生于 1997 年 2 月 24 日，读高中。子：境勤、境杨。

二十三世：境勤，生于 1995 年 8 月 29 日，学历初中现在海南部队。

二十三世：境杨，生于 2000 年 10 月 14 日，读初中。

二十一世：培华，葬塘仔美坐东北向西南，配梁月英，土地塘人，生四子一女。长女：亚平适梁村仔。次女：连娣适牛兰母村。幼女：少珍适鸡笼村仔。四女：伟珍适洋青。子：周。

二十二世：周，生于 1979 年 12 月 28 日，学历大专，落业东莞，配梁美梅，总泊村人，生于 1976 年 6 月 5 日，学历大专，生一子一女。女：广霞，生于 1999 年 5 月 5 日，在东莞读书。子：海聪。

二十三世：海聪，生于 2002 年 3 月 15 日，东莞读书。

世美公次支朝通公分支奇生公派下安泰房源流谱

十四世：安泰，葬地不详，配余氏，生二子：燕斌、燕科。

十五世：燕斌，葬地不详，配麦氏，生二子：均和、均平。

十六世：均和，葬地不详，配梁氏，生三子：维城、维仁、维礼。

十七世：维成，葬地不详，配林高二氏，生一子：未详。

十七世：维仁，葬地不详，配黄许二氏，生一子：王才。

十八世：王才，葬地不详，配曹氏，生四子：复兴、复友●、亚真●、亚晚。（注：亚晚入继给王辉）

十九世：复兴，是王才长子，复兴葬地不详，配卢氏，生四子：广恩、石二●、亚木●、亚癸●。

二十世：广恩，葬地不详，配郑氏，无生养●。

十七世：维礼，葬地不详，配林氏，生一子：王辉。

十八世：王辉，葬地不详，取王才之子亚晚入继●。

十六世：均平，葬地不详，配周氏，生二子：维帮●、维员（未详）。

十七世：维员，葬地不详，配陈氏，生一子：王裕。

十八世：王裕，葬地不详，配梁谢二氏，生二子：观生●、土富●。注：奇生公安泰派下流程结束（节房系）。

世美公次支朝通公分支奇殿公派下安成、安杨公房源流谱

十三世：奇殿，配梁氏，葬地不详，生二子：安成、安杨。

十四世：安成，配许氏，葬地不详，生二子：燕朝、燕贵。

十五世：燕朝，葬地不详，配王氏生三子：均兴●、均旺●、均隆配伍氏●。

十五世：燕贵，葬地不详，配江氏，生二子：均发●、均达●。

十四世：安杨，葬地不详，配欧氏，生一子：燕兴、燕有。

十五世：燕兴，葬地不详，配杨氏，生一子：均祯。

十六世：均祯，配氏，葬地不详，生一子：文明迁东港北村落业。

十五世：燕有，葬地不详，配郑、欧二氏，生四子。良沃泜下，均英分支：均详、均英、均安、均泰。

十六世：均英，葬地不详，配梁氏，生一子：维老操。

十七世：维老操，葬耙沃坑上，坐东向西，生三子：仕月、大就、大成。

十八世：仕月，葬梨头咀岭坐北向南，配莫氏，生二子：有隆、有凤。

十九世：有隆，葬园岭沟西北向东南，配黎氏，生二子：亚良、亚南。

二十世：亚良，葬梨头咀岭坐北向南，黄论英，生于1937年4月21日，园岭村人，生三子：志勇、亚弟、水平。

二十一世：亚勇，生于1973年9月9日，学历初中，务农，配叶招，生于1970年6月16日，学历初中，洋美泊村人，生三女二子。长女：水梅，生于1997年8月15日，读初中。次女：华娟，生于1999年11月16日，读小学。幼女：美凤，生于2005年8月13日，读小学。子：华鑫、华文。

二十二世：华鑫，生于2003年7月6日，读小学。

二十二世：华文，生于2007年2月11日，读小学。

二十一世：亚弟生于1973年11月1日，初中，务农，配莫月英，潭卜村人，生于1974年12月19日，学历初中，务农，生二女二子。长女：紫情，生于2003年10月22日，读小学。次女：映红，生于2007年1月29日，读小学。子：宇铭、海远。

二十二世：宇铭，生于 2002 年 5 月 25 日，读小学。

二十二世：海远，生于 2005 年 10 月 9 日，读小学。

二十一世：水平，生于 1980 年 4 月 11 日，学历初中，在外务工。

二十世：亚南生于 1939 年 8 月 1 日，学历初中，务农，配李雪芳生于 1942 年 5 月 25 日，牛圩老圩村人，学历初中，务农，生三女二子。长女：梅，生于 1966 年 8 月 22 日，学历小学适头铺村。次女：桂明，生于 1970 年 2 月 25 日，学历小学，适湛江市区。幼女：少珍，生于 1972 年 3 月 25 日，学历高中，适遂溪城。子：亚才、黎生。

二十一世：亚才生于 1968 年 8 月 22 日，学历初中，务农，配何秀月生于 1970 年 5 月 15 日，广西人，学历小学，生二子：广为、灵喜。

二十二世：广为生于 1992 年 2 月 12 日，学历初中，在外务工，配蔡金连，生于 1992 年 12 月 23 日，蔡屋泊村人，生一子：丙宙。

二十三世：丙宙，生于 2013 年 5 月 15 日，幼儿。

二十二世：灵喜，生于 1993 年 2 月 6 日，学历初中，在外务工。

二十一世：黎生，生于 1978 年 9 月 19 日，学历初中，在外务工。配陈少，生于 1974 年 12 月 30 日，学历初中，沙古塘村人，生一女二子。长女：城凤，生于 2010 年 6 月 25 日，幼儿。子：华宇、钰霆。

二十二世：华宇，生于 2005 年 3 月 15 日，读小学。

二十二世：钰霆，生于 2012 年 5 月 25 日，幼儿。

十九世：有凤，生于 1918 年 10 月 3 日，学历小学，务农，配李氏，生二子：亚锡、亚廷。

二十世：亚锡，生于 1962 年 10 月 17 日，学历初中，务农，配陈松，东岭村人，生于 1964 年 11 月 25 日，生二女二子。长女：境喜，生于 1986 年 8 月 15 日，学历高中，适横山圩；次女：健娣，生于 1992 年 12 月 11 日，学历初中，在外务工；子：观卓、华荣。

二十一世：观卓是亚锡长子，生于 1989 年 10 月 5 日，学历大专，在外务工。

二十一世：华荣，生于 1995 年 4 月 9 日，学历中专，在外务工。

二十世：亚廷，生于 1965 年 12 月 24 日，学历高中，廉城监大队，配邓翠英，生于 1966 年 8 月 10 日，学历高中，广西人，生二女一子。长女：瑶琼，生于

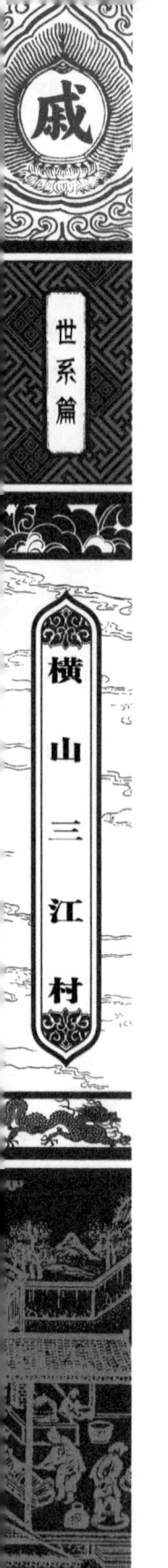

1944年10月31日，学历中专，在外务工。次女：可，生于1998年9月2日，读廉江一中。子：家维。

二十一世：家维，生于2001年9月8日，读小学。

十八世：大就，葬地不详，配莫氏，生二子：木生、黄富。

十九世：木生，生于1937年8月6日，学历小学，务农，配麦进英，生于1939年3月7日，生三子一女。女：明，适遂溪机场。子：观任、凤、东。

二十世：观任，生于1965年1月1日，学历初中，务农，配黄美玲，广西人，生于1966年9月11日，生三子一女。注：二个子去向不详。长女：美婷，生于2001年8月26日，读横中。子：伟超。

二十一世：伟超，生于1996年1月1日，学历初中，在外务工。

二十世：凤，生于1970年4月22日，学历初中，在外务工，配吴桂平，生于1971年5月20日，学历小学，生一子一女。长女：雅丽，生于2004年8月16日，在霞山读小学。子：华强。

二十一世：华强，生于1999年9月16日，在霞山读小学。

二十世：东，生于1975年9月27日，学历中专，在外务工，配黄秀兰，生于1978年10月3日，学历初中，生二女。长女：雯婷，生于2006年10月11日，读小学。次女：淑玲，生于2008年10月2日，读小学。

十九世：黄富，葬于塘仔岭坐北向南，配伍氏，生三子：木胜、木利、木忠。

二十世：木胜，生于1970年4月22日，学历高中，住湛江市霞山区解放西路，在霞山工作，配黄妃球，乐民镇黄宅村人，生于1975年1月3日，学历初中，生二子：江宇、观聪。

二十一世：江宇，生于2009年8月5日，霞山读小学。

二十一世：观聪，生于2001年7月16日，霞山读小学。

二十世：木利，生于1973年9月7日，学历高中，在霞山工作，落业霞山，配李玲，广西防城人，生于1978年8月12日，生一子一女。女：雨秀，生于2012年12月8日，在霞山读小学。子：敬笙。

二十一世：敬笙，生于2004年6月16日，在霞山读小学。

二十世：木忠，生于1979年6月18日，学历大专，落业霞山，在霞山工作，配李思兰，吴川长岐镇下坡村人，生于1980年10月27日，生一女：美钰，生于

2009年12月19日，在霞山读小幼院。

十八世：大成是维老幼子，葬地不详，配蒋氏生二子：有连、亚福●。

十九世：有连，葬地不详，配黎氏生三子一女。长女：秀英，学历初中，适沙古姓卜。子：华权、景生、华新。

二十世：华权生于1953年11月2日，学历初中，务农，配卜连，沙古村人，生于1952年8月10日，生一女一子。长女：木娣，生于1984年10月2日，学历初中，在外务工。子：广寿。

二十一世：广寿生于1987年3月24日，学历中专，在外务工，配黄秀兰，生于1988年11月7日，是广西人，生一女。女：语晴，生于2012年11月15日，幼儿。

二十世：景生，葬地不详，配陈东生一女二子。长女：广娣，生于1991年2月20日，学历初中，在外务工。子：培春、水柳。

二十一世：培春，生于1993年9月2日，学历初中，在外务工。

二十一世：水柳，生于1995年9月7日，学历初中，在外务工。

二十世：华新，生于1959年9月14日，学历高中，在外务工，配潘兰，广西人，生于1972年11月22日，学历小学，生二女二子。长女：华妹，生于1996年1月17日，读高中。次女：罡燕，生于1998年3月27日，读小学。子：景尤、华晶。

二十一世：景尤，生于1991年10月21日，现广西读大专。华晶，生于2003年10月5日，读小学。

十六世：均安，葬北岭坐北向南，配氏不详，生三子：文华、文宽、文喜。

十七世：文宽，葬地配氏不详，生一子：大原。

十八世：大原，葬地配氏不详，生一子：亚秀，注：亚秀无娶老婆。

十七世：文喜，葬地配氏不详，生二子：来九●、大光。

十八世：大光，葬地不详，配陈氏，生一子：有深●。

十七世：文华，葬北岭顶下路边坐北向南，配氏不详，生三子：亚广●、大益、亚记●。

十八世：大益，是文华次子，大益葬塘仔北边坐北向南，配何氏，生三子：有仁、有义、有文。

十九世：有仁，有仁葬耙头坑上坐北向南，配伍氏，生三子：兆保、北汉、亚均●。

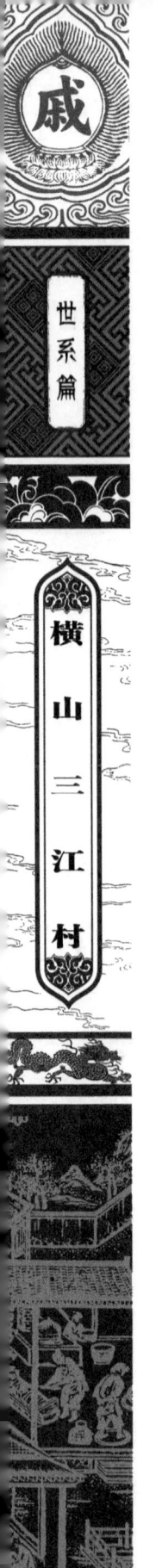

二十世：兆保，生于1939年9月11日，学历小学，务农，配黄强英，园岭村人，生于1940年3月13日，生二女二子。长女：亚寿，生于1961年12月8日，学历初中，适北门村。次女：华娣，生于1964年8月8日，学历初中，适洋青文相村。子：华献、华清。

二十一世：华献，生于1967年12月11日，学历初中，装修工，配李琼，三角村人，生于1966年3月13日，学历初中，生四女二子。长女：美华，生于1991年8月16日，学历初中，适湖南。次女：美娟，生于1991年8月16日，学历初中，适湖南。幼女：广燕，生于1994年9月17日，读初中。四女：水木，生于1997年5月27日，读小学。子：伟建、华明。

二十二世：伟建，生于1999年8月16日，读小学。

二十二世：华明，生于2001年12月11日，读小学。

二十一世：华清，生于1971年8月8日，学历初中，落业遂溪，配黄水妹，大湾村人，生于1974年3月21日，学历初中，生一女二子。长女：李妹，生于1998年9月8日，读初中。子：荣威、景星。

二十二世：荣威，生于1998年9月8日，读初中。

二十二世：景星，生于2000年9月2日，读小学。

二十世：兆汉，生于1943年4月14日，学历初中，务农，配钟卫珍，豆村人，生于1944年8月1日，生五女一子。长女：定妹，生于1970年6月30日，学历初中，适牛圩下大岭。二女：田妹，生于1973年5月26日，学历初中，适南圩黄村。三女：秀金，生于1977年10月4日，学历初中，适山河村。四女：秀娟，生于1980年2月1日，学历初中，适河唇镇上村。五女：秀文，生于1982年12月10日，学历初中，横山曲塘村。子：里隆。

二十一世：里隆生于1968年4月7日，学历初中，在外装修工，配王秀连，生于1970年12月11日，学历初中，良垌镇人，生四女二子。长女：广华，生于1995年3月21日，读初中。二女：罡理，生于1996年5月10日，读初中。三女：木燕，生于1998年3月24日，读小学。四女：境珍，生于2003年4月17日，读小学。子：建清、华昌。

二十二世：建清，生于2001年4月6日，读小学。

二十二世：华昌，生于2008年4月6日，幼儿。

十九世：有义，葬北岭坐西向东，配黄氏，生六子一女。长女：亚金，适农场配林氏。子：亚论、亚琼、亚兴、亚科、亚松、亚瑞。

二十世：亚论，生于1946年6月21日，学历初中，务农，是老党员，配黎娟，黎村人生于1950年5月20日，生三女三子。长女：木兰，生于1977年9月17日，学历初中，适东莞。次女：江霞，生于2005年8月5日，学历初中，在外务工。幼女：妹，生于2008年2月9日，幼儿。子：伟杰、伟聪、亚区。

二十一世：伟杰，生于1974年4月26日，学历初中，在外务工，配陈玉兰，生于1979年6月4日，学历初中，生二子：子鹏、子华。

二十二世：子鹏，生于2001年6月19日，读小学。

二十二世：子华，生于2000年4月2日，读小学。

二十一世：伟聪，生于1979年8月28日，学历初中，在外务工，配梁氏，生于1987年2月2日，生二子：尔特、尔睿。

二十二世：尔特，生于2001年6月19日，读小学。

二十二世：尔睿，生于2010年1月21日，幼儿。

二十一世：亚区，生于1983年2月18日，学历初中，在外务工，配李氏，乙曹村人，生于1985年5月11日，在外务工。

二十世：亚琼，生于1948年9月1日，学历初中，部队转业廉江市粮局工作，落业廉江，配揭氏，生于1952年4月11日，生一子一女：子：振超。

二十一世：振超，生于1976年9月3日，学历国本，配金氏，生于1983年3月21日，生一女：龙珠，生于2012年6月9日，幼儿。注：振超，在北京大学毕业，现在北京工作，居住北京一朝阳区，电子邮件手机：13911221839，教育经历1994年9月9日于1998年7月，北京大学电子学与信息系统，本科，1998年9月至2001年8月，北京大学无线电物理硕士学历。

二十世：亚兴，生于1954年9月29日，学历初中，务农，配杨娇，望楼村人，生于1956年6月9日，学历初中，务农，生一女二子。长女：婵娟，生于1983年4月1日，学历高中，适韶关。子：水生、国强。

二十一世：水生，生于1981年10月5日，学历高中，落业中山东升，配刘氏，生于1984年9月5日，生一女：伊琪生于2007年5月8日，幼儿。

二十一世：国强，生于1985年1月3日，学历初中，在外务工。

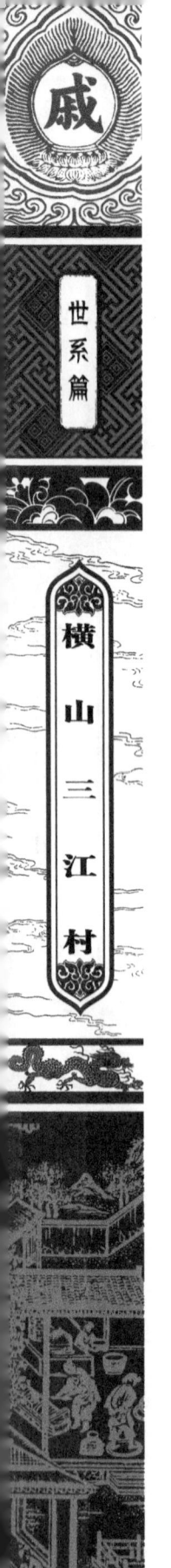

二十世：科，生于1957年8月28日，学历初中，务农，配苏潮，牛兰母村人，生于1962年9月3日，生二女二子：长女：华梅，生于1990年4月20日，学历初中，适福建。次女：景娣，生于1993年4月10日，学历初中，在外务工。子：日明、景浩。

二十一世：日明，生于1987年10月2日，读高中。

二十一世：景浩，生于1995年2月1日，读初中。

二十世：亚松，生于1961年1月12日，学历初中，务农，配谭诗胶，生于1968年7月25日，是广西人，生一女三子。长女：燕媚，生于1990年12月29日，学历初中，适吉水镇。子：培建、景志、光华。

二十一世：培建，生于1992年9月25日，学历初中，在外务工。

二十一世：景志，生于1996年2月16日，读初中。

二十一世：光华，生于1997年12月6日，读小学。

二十世：亚瑞，生于1963年12月26日，学历高中，在遂溪经商煤生意，在遂溪落业，配吴、罗二氏，生二女一子。注：吴氏生一子一女，罗氏填房一女。长女：文华，生于1992年1月2日，广州读技校。次女：茹慧，生于1994年3月14日，读大专。子：振伟。

二十一世：振伟，生于1987年8月16日，学历高中，现在广州后勤部接待处。

十九世：有文，葬塘仔岭美坐东向南。配莫氏生三子：华照、兆强、灵甫。

二十世：华照，生于1947年11月23日，学历初中，务农，配莫氏，水车村人，生三子：亦、珍、贵通。

二十一世：亦生于1978年7月29日，初中，外务工，配许彩锋，生于1981年5月23日，初中，生一子：钰瑶。

二十二世：钰瑶，生于2008年2月5日，读小学。

二十一世：珍，生于1983年3月9日，学历初中，在外务工。

二十一世：贵通，生于1985年10月9日，学历初中，在外经商。

二十世：兆强生于1954年7月24日，初中，配梁安下村人，生于1954年7月24日，生二女一子：子：进华。

二十一世：进华，生于1981年5月13日，学历大学，教师，配林氏，生于1984年10月4日，生一子：华根。

二十二世：华根，生于 2011 年 3 月 30 日，幼儿。

二十世：灵甫，生于 1955 年 12 月 30 日，学历初中，务农，配黄安，园岭村人，生于 1957 年 11 月 9 日，生一女二子。长女：建明，生于 1986 年 8 月 8 日，学历初中，适舟竹塘村。子：进成、进意。

二十一世：进成，生于 1982 年 11 月 9 日，学历初中，在外务工，配戴侯芬，里鱼塘村人，生于 1988 年 5 月 9 日，生一女一子。长女：培娟，生于 2010 年 12 月 11 日，幼儿。子：华聪。

二十二世：华聪，生于 2009 年 11 月 28 日，幼儿。

二十一世：进意，生于 1983 年 12 月 25 日，学历高中，在外务工。

十六世：均泰，葬运沟岭仔，坐东北向西南，配何氏，生三子：维富（华朝房）、维禄●、维泰（裕房）。

十七世：维富，葬地不详，配陈、梁二氏生三子：大礼、大传●、大保。

十八世：大礼，配氏不详，生三子：亚胜●、有廉。大礼（后往南洋不详）。

十九世：有廉，葬北岭坐北向南，配黄氏，生二子：兆良、统●。

二十世：兆良，生于 1928 年 9 月 27 日，学历初中，务农，配陈氏，牛肝水村人，生五子：华朝、亚森●、水常、亚荣、亚理。

二十一世：华朝生于 1957 年 11 月 2 日，学历初中，务农，配莫富，沙古村人，生于 1955 年 12 月 9 日，学历初中，务农，生一女三子。长女：亚妹生于 1978 年 11 月 22 日，学历初中，适清水村，配陈氏。子：水养、兵、一文。

二十二世：水养，生于 1977 年 12 月 1 日，学历初中，在外务工，配陈秋妹，生于 1982 年 8 月 21 日，学历初中，务农，生二女一子。长女：诗莹，生于 2006 年 11 月 24 日，读小学。次女：芷茹，生于 2008 年 6 月 16 日，幼儿。子：华辉。

二十三世：华辉，生于 2012 年 10 月 25 日，幼儿。

二十二世：兵，生于 1981 年 9 月 15 日，学历初中，在外务工，配温海琼生于 1981 年 5 月 21 日，生二子一女。女睿婷生于 2005 年 11 月 24 日，儿童；子：景韬、景乐。

二十三世：景韬生于 2007 年 11 月 31 日；景乐生于 2010 年 1 月 16 日，儿童。

二十二世：一文，生于 1984 年 9 月 17 日，学历初中，在外务工。

二十一世：水常，生于1961年6月19日，学历初中，务农，配卢引，生于1963年6月3日，学历小学，务农，生四女一子。长女：木连，生于1993年9月25日，学历初中，在外务工。次女：木芳，生于1994年6月22日，学历初中，在外务工。幼女：华娣，生于1996年12月7日，学历初中，在外务工。四女：美美，生于1998年10月13日，读初中。子：水连。

二十二世：水连，生于1991年1月29日，学历高中，在外机修工。

二十一世：荣，生于1964年1月10日，学历初中，务农，配周秀，生于1970年7月3日，周屋村人，生二子二女。长女：木广，生于1992年9月18日，学历初中，适廉江市。次女：水燕生于1997年9月18日，读书。子：水清、日江。

二十二世：水清，生于1995年8月15日，学历初中，在外务工。

二十二世：日江，生于1996年8月25日，学历高中，在廉江修理大小汽车及经营车配件。

二十一世：理，生于1970年2月27日，学历初中，务农，配卢华英，生于1976年3月7日，马安岭村人，生二女二子。长女：水檬，生于2001年2月28日，读小学。次女：景娣，生于2004年1月29日，读小字。子：水润、景华。

二十二世：水润，是理长子，生于1999年2月15日，读小学。

二十二世：景华，是理次子，生于2007年11月27日，读小学。

十八世：大保，葬地不详，配周氏，生三子：有云、有兴、有忠。

十九世：有云，葬北岭坐西向东，配辛氏，生二子：兆才●、兆杰。

二十世：兆杰，葬地不详，配钟玉娟下桥村人，生于1933年11月7日，生一女四子：长女：水英，学历小学，适南圩。子：观连、亚生、观周、华芳。

二十一世：观连，生于1954年10月8日，学历高中，现廉江市房产局工作，落业廉江，湛江有房屋，配黄妹，尖角溪人，生于1954年10月7日，生二女一子。长女：建华，生于1979年9月6日，学历大专，适青平现在廉城教师。次女：艳丽，生于1990年11月28日，学历大专。子：建文。

二十二世：建文生于1985年10月3日，学历国本，于2005年入党，2005年9月至2009年6月在华南理工大学国本毕业，获得工学学位，2009年考取国家公务员，2009年7月至今在湛江市国税局工作，落业湛江市现在广州读研究生。

二十一世：亚生，葬地不详，配郑氏，生一女一子。子：志军后郑氏带女改嫁。

二十二世：志军，生于1977年5月25日，学历毕业于广东省教育学院本科，已入党，现在横山二中教师，配陈氏，生于1988年3月10日，毕业于湛江市师范学院，现教师，生一子：浩铧。

二十三世：浩铧，生于2012年8月6日，幼儿。

二十一世：观周，生于1961年6月13日，学历初中，务农，配陈秀，龙湾人，生于1961年6月13日，生一女二子：长女适地点不详。子：志敏、日胜。

二十二世：志敏，生于1989年8月2日，学历初中，在外务工。

二十二世：日胜，生于1994年8月8日，学历初中，在外务工。

二十一世：华芳生于1967年7月15日，学历初中，在外装修，配陈秀英，龙田塘村人，生于1966年6月2日，学历裙，生四子：康顺、水添、木健、李木。

二十二世：康顺，生于1993年6月30日，学历高中，在外务工。

二十二世：水添，生于1995年5月6日，学历初中，在外务工。

二十二世：木健，生于1996年10月6日，学历初中，在外务工。

二十二世：李木，生于1997年10月12日，学历初中，在外务工。

十九世：有兴，葬于龟头咀岭坐北向南，配陈氏，生三子：康建、亚耀、亚云。

二十世：康建配许娣，七星岭村人，生一子：亚锋。注：落业晨光农场。

二十一世：亚锋，生于1977年7月5日，学历初中，配林氏，生于1976年12月8日，学历初中，生二子：罡志、罡民。

二十二世：罡志，生于1995年12月8日，读大专。

二十二世：罡民，生于2008年6月20日，读初中。

二十世：亚耀生于1948年9月3日，学历初中，务农，配刘氏生一子：水明。

二十一世：水明，生于1995年3月5日，学历初中，在外务工。

二十世；亚云，生于1951年3月26日，配陈景凤西埔水流屋村人，生于1955年7月10日。生二子一女。女：适韶关。子：广连、华志。

二十一世：广连，生于1983年1月5日，学历初中，务农配谭娟，生于1987年6月20日，生三女。长女：观燕，生于2004年10月26日，读小学。次女：境莹，生于2010年9月5日，幼女。三女：筱慈，生于2013年1月21日，

幼儿。

二十一世：华志生于1986年7月17日，学历初中，在外务工，配刘仪宁，生于1998年8月20日，学历初中，廉江市人，生一女：楚炫，生于2012年8月22日，幼儿。

十九世：有忠，配廖锡芳生于1932年12月22日，大垌村人，生二子二女。长女：二娇，生于1960年，适西埇村。次女：亚妹，适中间坑村，配谢氏。子：球、亚雄。

二十世：亚球，生于1957年8月21日，学历初中，在外经商，配陈新，生于1960年2月3日，新民人，生三子：亚艺、景明、亚永。

二十一世：亚艺，生于1985年1月4日，学历高中，在外经商，配郭氏，生于1987年4月13日，生一子：浩然。

二十二世：浩然，是亚艺长子，生于2013年1月23日，幼儿。

二十一世：景明，生于1987年7月25日，学历初中，在外务工，配陈氏，横山圩人，生于1989年4月。

二十一世：亚永，生于1989年2月2日，学历高中，在外务工。

二十世：亚雄，生于1963年12月20日，学历初中，务农，配黎英，国麻山村人，生于1964年2月26日，生一女三子。长女：水仙，生于1992年5月10日，大学。子：水东、景然、华金。

二十一世：水东，生于1990年8月29日，学历高中，在外务工。

二十一世：景然，生于1994年8月22日，初中，在外务工。

二十一世：华金，生于1995年8月4日，现读初中。

十六世：均泰，葬云岭仔坐东北向西南，配何氏生三子：维富、维绿●、维善。

十七世：维善，葬地不详，配杨氏，生一子：大周。

十八世：大周，配李氏，生三子：亚裕、亚龙、亚琪。

十九世：亚裕，生于1938年5月19日，读过北京大学，务农，配黄球英，园岭村人，生于1941年6月17日，学历小学，务农，生二女二子。女：已适。子：斌、亚慧。

二十世：斌，生于1969年9月3日，学历初中，务农，配方香菊，生于1974年4月21日，广西人，生三子：景林、华超、水轩。

二十一世：景林，生于1995年8月13日。

二十一世：华超，生于1997年7月20日，读小学。

二十一世：水轩，生于1999年7月23日，读小学。

二十世：亚慧，生于1974年11月9日，学历初中，务农，配莫金英，生于1977年6月22日，沙古塘村人，生一子：广清。

二十一世：广清，生于2010年7月有16日，幼儿。

十九世：亚隆，生于1944年9月8日，学历初中，务农，配钟桂珍，黄沙水村人，生于1946年10月10日，生三子三女。长女：适十坑村；次女：适鸡笼村；幼女：适坦塘村。子：亚祥、亚武、华卿。

二十世：亚祥，生于1974年1月18日，学历初中，务农，配刘小珍，生于1974年6月24日，石角人，生一子：天赐。

二十一世：天赐，生于2009年10月2日，幼儿。

二十世：武，生于1981年8月16日，学历高中，在香港务工，配庞风，生于1985年3月3日，广西山口人，生一女一子。长女：雅琪，生于2010年9月28日，幼儿。子：华卿。

二十一世：华卿，生于1989年8月26日，学历高中，在外务工。

十九世：亚琪，生于1946年11月2日，学历初中，务农，配叶乐洋，美泊村人，生于1961年3月29日，学历小学，务农，生一子一女。长女：连珍，生于1977年6月20日，学历小学，务农。子：景学。

二十世：景学。

世美公次支朝通公分支奇勋公派下安全、安齐房源流谱

十三世：奇勋，葬地不详，配钟氏，生二子：安齐、安全。

十四世：安齐，葬地不详，配文氏，无生养，后取胞弟安全第三子-燕德入继。

十五世：燕德，是安齐取安全第三子为入继子，葬地不详，配陈氏，生一子：均寿。

十六世：均寿，葬地不详，配氏不详，生二子：文彪●、文忠。注：文忠，迁居草潭镇下录东港北村落业。

十四世：安全，葬地不详，配陈氏，生四子：燕礼、燕云、燕德（注：入继安齐）、燕龙。注：十五世，燕礼、燕云，去向不详。

十五世：燕龙，取配黎氏，后去向不详。

世美公次支朝通公分支奇生公派下安国房源流谱

十三世：奇生祖由欧家迁居关塘仔，后再迁福建村落业，葬于北岭顶，坐西北向东南，妣叶氏，生二子：安国、安泰（另续）。

十四世：安国妣张氏生二子：燕君、燕廷。

十五世：燕君妣郑氏生二子：均爵、均禄。

十五世：燕廷妣林氏生一子：均福。

十六世：均福妣梁氏●。

十六世：均爵妣梁氏生一子：维炳●。

十六世：均禄妣刘氏生二子：维纪、维纲。

十七世：维纪妣孔氏生二子：王升（另续）、王皆。

十八世：王皆妣潘氏葬在三江村地塘岭生四子：观保、木福、亚兴●、亚四●。

十九世：观保葬北岭，坐西向东●。

十九世：木福葬园岭沟，坐西北向东南，妣卢氏生三子：亚侯、仕兴（另续）、仕发（另续）。

二十世：亚侯配冯氏生二子：培兴、妮妹。

二十一世：培兴葬福建材东岭，坐西北向东南，配黄氏生三子：华海、华初、华余。

二十二世：华海曾任麻章区委书记，葬福建村后岭，坐北向南，谢娣生于1949年10月10日，生二女一子。长女：玉勤生于1976年12月25日，学历高中，适湛江市。次女：玉云生于1979年2月30日，学历大专，适湛江市。子：江锐。

二十三世：江锐生于1984年6月6日，学历大专，职业经商。

二十二世：华初生于1954年7月14日，学历初中，职业经商，配黄才英，麻章黄外村生于1954年7月21日，生一女三子：女：美贞生于1994年10月17日，就读华南理工大学。子：永锋、勇卫、勇宾。

二十三世：永锋生于1979年1月14日，学历大专，职业经商，配陈小燕。廉江市人，生于1977年12月28日，学历初中，生二子：铭庭、林耀。

二十四世：铭庭生于 2006 年 11 月 18 日，读书。

二十四世：林耀生于 2012 年 3 月 1 日，儿童。

二十三世：勇卫生于 1980 年 10 月 1 日，职业经商，配江伟玲清远人生于 1988 年 9 月 16 日，生二子：林洁、铭辉。

二十四世：林洁生于 2009 年 9 月 12 日，儿童。

二十四世：铭辉生于 2011 年 10 月 5 日，儿童。

二十三世：勇宾生于 1983 年 10 月 13 日，学历高中，职业经商，配陈凤丹海康人生于 1983 年 7 月 17 日，学历初中，生一子：铭源。

二十四世：铭源生于 2008 年 11 月 2 日，读书。

二十二世：华余生于 1962 年 8 月 16 日，学历高中，职业经商，配黄小妹福建村人生于 1961 年 12 月 3 日，生一子一女：女：江丽生于 1993 年 3 月 26 日，读广州大专；子：江宁。

二十三世：江宁生于 1986 年 3 月 30 日，学历大专，职业经商，配黄丽南三人生于 1986 年 8 月 10 日，学历高中，生一子一女：女：坤烨生于 2008 年 11 月 22 日，读书；子：羽航。

二十四世：羽航生于 2012 年 11 月 22 日，儿童。

二十一世：妮妹葬于福建村东岭坐西向东配吴氏生二女：长女：树玲生于 1956 年 6 月 14 日，学历高中，适福村。次女：秀品生于 1959 年 4 月 16 日，学历初中，适湛江市。

世美公次支朝通公分支奇殿公派下安成安扬房源流谱

十三世：奇殿妣氏生二子：安成、安扬。

十四世：安成妣谢氏生二子：燕朝、燕贵。

十五世：燕朝妣王氏生三子：均兴●、均旺●、均隆。

十六世：均隆妣伍氏（未详）。

十五世：燕贵妣江氏生二子：均发●、均达●。

十四世：安扬妣欧氏生二子：燕兴、燕有。

十五世：燕兴妣杨氏生一子：均祯。

十六世：均祯妣氏生一子：文明。

十七世：文明妣氏生三子：大富●、大业、大权●。

十八世：大业卒后葬在罗岭湾，坐东向西，妣许氏生三子：有辉、有祥、有珠。

十九世：有辉卒后葬在头栏岭，坐西向东，妣黄氏，生三子三女，长女：戚妹适杨柑新宁村；次女：戚马适北坡边板村；三女：丽珍适草潭石仔埠村；子：亚统●、洪九。

二十世：洪九生于1943年2月27日。

十九世：有祥葬罗湾岭，坐东北向西南，妣曾、苏二氏生五子：兆福、亚珍、扶仔、亚保、亚拉●。

二十世：兆福配黄爱珍，生一子三女，长女：亚米适杨柑百代村；次女：二枚适赤坎仔村；三女：亚细适田下村；子：亚军。

二十一世：亚军生于1976年，配李芳生于1979年，生三子一女，女：玉桂生于2000年7月14日，读书；子：锦盛、锦耀、锦鑫。

二十二世：锦盛生于1998年9月6日，现读福州市中华高级技校；锦耀生于2008年11月13日，儿童；锦鑫生于2012年10月19日，儿童。

二十世：亚珍生于1943年6月19日。

二十世：扶仔配张路生于1951年10月16日，生一子四女：长女：亚连生于1973年7月13日，适电白水东；次女：亚凤生于1976年6月2日，适电白水东；

三女：亚定生于1979年8月5日，适广州佛冈；四女：亚妹生于1984年3月1日，适界炮海田村；子：欧明。

二十一世：欧明生于1981年11月29日，在外务工。

二十世：亚保生于1949年9月6日，配袁枚生于1954年8月22日，生二子二女，长女：赵翠适罗定大方镇上沙令村；次女：细妹适兴宁市坭陂镇上笃陂村；子：华明、华强。

二十一世：华明生于1976年10月15日，配杨志玲生于1975年3月3日，生二子一女，女：琦琦生于2002年2月25日，读书；子：锦耀、锦枫。

二十二世：锦耀生于2006年12月16日，读书；锦枫生于2009年8月29日，读书。

二十一世：华强生于1980年5月12日，配司徒秀荣生于1971年12月20日，生一子一女，女：钰茵生于2007年6月15日，儿童；子：锦桦。

二十二世：锦桦生于2012年6月26日，儿童。

十九世：有珠葬秀顺岭坐西向南妣蔡何二氏生二女，长女：亚旺适牛路头村；次女：何生适杨柑柑来那略村。

十四世：安扬妣欧氏生二子：燕兴（另续）、燕有。

十五世：燕有妣郑欧二氏生四子：均祥、均英、均安、均泰。

十六世：均祥妣氏生五子：文落●、文连、文流、文田、文锦。

十七世：文连葬秀顺岭坐南向北妣陈氏生三子：大愿、大深、大满●。

十八世：大愿，葬头栏岭坐西向东，妣黄蔡二氏生四子：有成、有杰、有福、有陆。

十九世：有成葬头栏岭坐西向东配陈氏生五子一女，女：少勤适下六姓马村；子：兆燕、兆二●、兆芬、兆瓒、兆添。

二十世：兆燕葬岭尾坐南向北，配张珍生一子一女，女：海英生于1978年6月16日，学历中专，适徐闻县城；子：培政●葬岭屋坐南向北。

二十世：兆芬生于1951年10月10日，配祝红妹生二子二女，长女：海莲生于1982年5月15日，学历初中，适广西北流六麻镇上合村；次女：海凤生于1984年7月21日，学历初中，迁黄略镇礼部村；子：培艺、培寿。

二十一世：培艺生于1986年6月29日，学历初中，外出务工配赖景娣生于1987年2月21日，生一子：锦轩。

二十一世：培寿生于1989年5月20日，学历中专，外出务工。

二十世：兆瓒配曾氏生二子一女：女：海霞生于1984年6月20日，学历初中，适电白树仔镇姓薛村；子：建文、建中。

二十一世：建文配林英华生二子：锦霖、锦涛。

二十二世：锦霖生于2008年5月；锦涛生于2009年8月；都在读书。

二十一世：建聪生于1986年3月9日，学历中专，现广州白云区机电高级技工学校任教，配黄建珠生于1987年7月5日。

二十世：兆添配梁生一子二女，女：长女春桃生于1990年3月8日，学历中专，在外务工；次女：冯英生于1992年6月8日，学历中专，在外务工；子：培华。

二十一世：培华生于1998年8月8日，读书。

十九世：有杰生于1927年11月7日，配王秀凤生于1937年9月23日，生五子一女，女：秀明生于1965年2月20日适云浮市；子：大●、马胜、亚红、亚欢、亚贵。

二十世：马胜生于1957年6月2日，配司红生于1958年5月13日，生二子一女，长女：天妹生于1985年2月24日，适广西居住珠海；次女：妹仔生于1988年10月8日，在外务工；子：建明、建清。

二十一世：建明生于1981年7月21日，在外务工。

二十一世：建清生于1987年9月7日，外务工，配叶建珠生于1987年1月28日，生一女：善欣生于2012年3月25日，儿童。

二十世：亚红生于1959年4月28日，配梁桂生于1958年7月24日，生一子一女，女：秋容生于1992年5月2日，外出务工；子：穗骏。

二十一世：穗骏生于1999年11月26日，读书。

二十世：亚欢生于1962年6月24日，配林朝生于1962年6月1日，生一女：亚莹生于1992年8月20日，读书。

二十世：亚贵生于1968年12月15日，配麦倍宜生一子：伟建。

二十一世：伟建生于1996年6月20日，在外务工。

十九世：有福葬岭尾坐南向北，配王惠英生五子二女，长女：日生适北灶尾村；次女：小玲适杨班鸠廖村；子：日养、日保、亚三●、日贵、路生（出继荔枝山村）。

二十世：日养配赖氏生二子：培领、培涵。

二十一世：培领生于1994年4月18日，在读湛江技校；培涵生于1996年6月19日，读书。

二十世：日保配曹氏生一子二女，长女土凤生于 1995 年 8 月 14 日，在读中专；次女：陈英生于 1997 年 10 月 8 日，读书；子：何生。

二十一世：何生生于 1993 年 1 月 5 日，学历初中，在外务工。

二十世：日贵配钟氏生一子二女，长女瑞欣生于 1994 年 6 月 16 日，学历中专，在外务工；次女：瑞怡生于 1996 年 6 月 16 日，读书；子：小龙。

二十一世：小龙生于 2000 年 8 月 23 日，读书。

十九世：有陆葬秀顺岭坐西向东，配符志英生一子一女，女：小梅生于 1974 年 10 月 30 日，适英德；子：亚才。

二十世：亚才生于 1971 年 2 月 29 日，配施小玲生于 1974 年 4 月 19 日，生一子二女，长女：施华生于 1998 年 4 月 10 日，读书；次女：巧茹生于 2009 年 4 月 9 日，儿童；子：培权。

二十一世：培权生于 2001 年 5 月 25 日，读书。

十八世：大深妣陈氏生二子：有芳、阿太。

十九世：有芳葬岭尾坐南向北妣张氏生二子三女，长女：继连适草潭罗屋村；次女：亚二适杨柑白马城村；三女：亚妹适杨柑老虎村；子：日胜、红娣。

二十世：日胜配洪凤生一子二女，长女：秋莹生于 2001 年 8 月 14 日，读书；次女：秋连生于 2004 年 5 月 4 日，读书；子：培裕。

二十一世：培裕生于 1998 年 8 月 15 日，读书。

二十世：红娣配杨三妹生二子：培恩、培聪。

二十一世：培恩生于 1997 年 6 月 22 日，学历初中，在外务工；培聪生于 2001 年 10 月 12 日，读书。

十七世：文流葬秀顺岭坐西向东，妣氏生四子：大均、亚二●、大珍、大四●。

十八世：大均葬头栏岭坐西向东，妣戴麦二氏生二子：有志、有达。

十九世：有志生于 1933 年 9 月 11 日，配林妹生于 1932 年 9 月 28 日，生四子三女，长女：亚枚适下六村；次女：亚四适后田村；三女：亚细适虫寮村；子：兆经、亚九、九娣、亚进。

二十世：兆经生于 1953 年 2 月 1 日，配麦三生于 1956 年 11 月 4 日，生二子一女，女：欢养生于 1983 年 2 月 16 日，适下六圩；子：马生、张生。

二十一世：马生生于 1981 年 2 月 1 日，外务工，配罗玉兰生于 1981 年 9 月 18 日。

二十一世：张生生于 1984 年 9 月 28 日，外务工，配周春芳生于 1987 年 9 月 17 日。

二十世：兆明（亚九）生于 1958 年 3 月 19 日，配林桂生于 1957 年 9 月 16 日，生二子一女，女：晓丽生于 1989 年 10 月 19 日，适廉江市。子：天扶、培强。

二十一世：天扶生于 1984 年 2 月 18 日，配李建梅生于 1987 年 3 月 5 日，生一子：锦豪。

二十二世：锦豪生于 2006 年 9 月 29 日，儿童。

二十一世：培强生于 1986 年 9 月 23 日，外务工。

二十世：九娣生于 1966 年。配杨三梅生于 1972 年 5 月 16 日，生一子二女，长女：王英生于 1998 年 3 月 29 日，读书；次女：东玲生于 1999 年 12 月 1 日；子：培旭。

二十一世：培旭生于 2002 年 4 月 14 日，读书。

二十世：亚进生于 1969 年 11 月 3 日，配李志芳生于 1967 年 8 月 8 日，生一子一女，女：亚菲生于 1994 年 8 月 28 日，外务工；子：以鹏。

二十一世：以鹏生于 1996 年 6 月 11 日，读书。

十九世：有达，葬秀顺岭坐西向北，配陈少英生于 1939 年 4 月 24 日，生一子五女，长女：桂梅适湛江市；二女：桂荣适湛江市；三女：桂芳适湛江；四女：桂凤适湛江；五女：桂兰适湛江；子：土保。

二十世：土保生于 1962 年 3 月 7 日，配杨梅生于 1964 年 6 月 1 日，生二子一女，女：亚宁生于 1989 年 4 月 25 日，外务工；子：亚大●、殷齐。

二十一世：殷齐生于 1991 年 12 月 20 日，读书。

十八世：大珍葬罗湾岭坐东北向西南，配陈妹生五子二女，长女：大妹适北坡圩；次女：秀英适北二村；子：有文、有章、有兴、九四●、九五●。

十九世：有文生于 1925 年 1 月 2 日，配李少英生三子二女，长女：亚二生于 1954 年 10 月 7 日，适坎头村居下录圩；次女：日英生于 1961 年 2 月 10 日，适河新围村；子：关保、虾二●、亚河。

二十世：关保生于 1950 年 11 月 6 日，学历高中，配张路妹生于 1956 年 6 月 9 日，学历高中，生一子二女，长女：州丽生于 1980 年 9 月 16 日，学历中专，迁安徽，现居广州番禺；次女：周焕生于 1982 年 8 月 22 日，学历大专，适广州市；子：法清。

二十一世：法清生于1986年5月23日，学历大专，外出务工。

二十世：亚河生于1965年8月29日，学历中专，配欧珍坎头村人生于1965年10月29日，学历高中，生一子：景智。

二十一世：景智生于1994年5月11日，现读广州铁路学校。

十九世：有章葬东港乡岭坐西南向东北，配文玉英生三子三女，长女：亚头适罗湾村；次女：亚二适甘来中间村；三女：亚妹适沟口村；子：亚松、细九、亚明。

二十世：亚松生于1961年10月18日，配符英生于1965年12月17日，生一子四女，长女日娟生于1987年10月3日，学历大专，外务工；次女日娟生于1989年9月22日，学历高中适遂溪；三女：日莹生于1993年4月8日，就读广州大学；四女：日婷生于1997年9月3日，读书；子：宏智。

二十一世：宏智生于1995年9月3日，在校读书。

二十世：细九生于1967年6月10日，配陈秀明生于1969年2月8日，生二子一女，女：亚霞生于1994年5月1日，外务工；子：培欢、培东。

二十一世：培欢生于1995年11月7日；培乐生于1996年12月9日；都在读书。

二十世：亚明生于1970年4月4日，学历高中，配李玉珊生于1975年9月24日，生一子一女，女：芷琦生于2004年2月10日，读书；子：恩宇。

二十一世：恩宇生于2008年2月11日，儿童。

十九世：有兴葬秀岭坐南向北，配戴文娟生于1939年12月28日，生二子一女，女：清莲适下六村；子：欧生、日养（未详）。

二十世：欧生生于1965年10月3日，配符桂清生于1971年11月29日，生二子四女，长女：嘉婷生于1996年9月10日，外务工；次女：嘉婉生于1998年8月26日，读技校；三女：嘉弟生于2002年8月28日，读书；四女：彩弟生于2004年2月24日；子：锦浩、锦辉。

二十一世：锦浩生于2007年8月17日；锦辉生于2010年1月4日。

十七世：文田葬秀顺岭坐西南向东北，配王氏生四子：大浦、大如、大濂、昌业（过继园山仔村人养）。

十八世：大浦葬头栏岭坐西向东妣李氏生三子：有才、有良、有茂。

十九世：有才葬头栏岭坐西向东，妣杨氏下六村人，生于1920年8月2日，生一子三女，

长女：亚头生于 1933 年 10 月 9 日，适南边塘村；次女：亚桂生于 1948 年 3 月 25 日，适岸基仔村；细女：亚四生于 1953 年 5 月 14 日，学历高中，适下六圩；子：兆安。

二十世：兆安生于 1944 年 4 月 2 日，配黄月明麻公村人，生于 1946 年 6 月 8 日，生三子二女，长女亚娟生于 1969 年 7 月 10 日，学历初中，迁红薯地村；次女丽珍生于 1974 年 6 月 29 日，学历初中，适南坑村；子：培强、培带、培良。

二十一世：培强生于 1973 年 1 月 20 日，学历初中，配谢彩莲田头村人生于 1976 年 7 月 28 日，学历初中，生一子一女，女：静茹生于 2003 年 4 月 9 日，读书；子：锦鸿。

二十二世：锦鸿生于 2002 年 2 月 11 日，读书。

二十一世：培带生于 1977 年 7 月 11 日，学历高中，在外务工，配邓伟连下六村人生于 1978 年 9 月 10 日，学历高中，生一子一女，女：静雷生于 2009 年 8 月 24 日，儿童；子：锦明。

二十二世：锦明生于 2004 年 3 月 6 日，儿童。

二十一世：培良生于 1977 年 7 月 11 日，学历高中，外务工，配陈真河南人生于 1982 年 8 月 10 日，学历初中，在外务工。

十九世：有良葬秀岭坐西向东，配欧少华北灶尾村人，生三子四女，长女：天妹适杨柑来河新村；次女：后养适长洪村；三女：马妹迁洪薯地村；四女：日妹适调吞村；子：日生（未详）、天胜、仙保。

二十世：天胜生于 1962 年 2 月 28 日，配李少凤生于 1965 年 2 月 3 日，生二子二女，长女：彩云生于 1984 年 12 月 2 日，学历初中，适顺德；次女：彩丽生于 1992 年 6 月 14 日，学历初中，适广宁；子：培荣、培健。

二十一世：培荣生于 1987 年 5 月 21 日，学历初中，在外务工，配梁秋萍生于 1987 年 2 月 28 日，学历大专，在外务工。

二十一世：培健生于 1990 年 1 月 12 日，学历初中，在外务工。

二十世：仙保生于 1971 年 8 月 10 日，学历高中，外务工，配蔡芬生于 1989 年 1 月 1 日，学历大专，外务工，生二子一女，女：亚怡生于 2010 年 11 月 25 日；子：天朗、天文。

二十一世：天朗生于 2000 年 8 月 8 日，读书；天文生于 2004 年 8 月 19 日，读书。

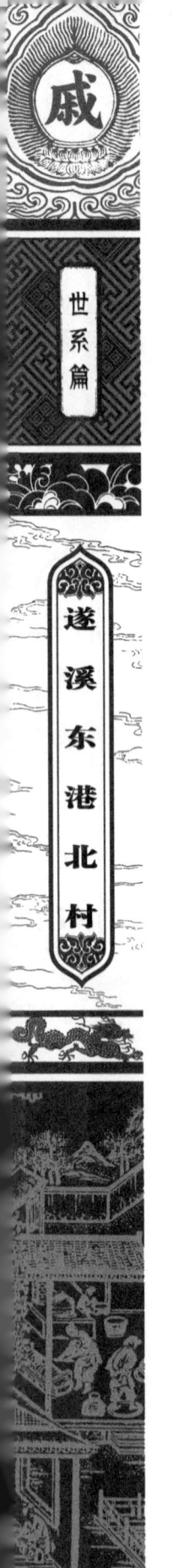

十九世：有茂生于 1935 年 10 月 21 日，配陈秀珍甜娘村人生于 1935 年 1 月 5 日，生四子二女，长女：连珍生于 1966 年 9 月 21 日，学历初中，适东边田林场；次女：莲桂生于 1974 年 4 月 18 日，学历初中，适英德；子：天扶（未详）、兆辉、兆胜、兆友。

二十世：兆辉生于 1964 年 12 月 16 日，学历初中，配劳妹仔生于 1965 年 9 月 9 日，生一子三女，长女：春华生于 1989 年 3 月 13 日，学历初中，适江洪；次女：春兰生于 1990 年 12 月 25 日，学历大专，在佛山环保局工作；细女：春梅生于 1994 年 2 月 7 日，学历初中，在外务工；子：培明。

二十一世：培明生于 1997 年 2 月 18 日，读书。

二十世：兆胜生于 1969 年 6 月 19 日，学历本科（师范生），现下六中学教，配欧彩英泉水北头村人生于 1971 年 5 月 25 日，学历大专，现下六小学任教，生一子：培杰。

二十一世：培杰生于 1995 年 8 月 1 日，就读中山大学。

二十世：兆友生于 1972 年 1 月 15 日，学历初中，配陈娟生于 1976 年 2 月 27 日，学历初中，在外务工，生一子：培俊。

二十一世：培俊生于 2000 年 5 月 13 日，就读广州中学。

十八世：大如葬秀顺岭坐西向东，配朱黄二氏生三子：许养（未详）、有强、天法。

十九世：有强生于 1934 年 9 月 9 日，学历高中，配陈少清生于 1941 年 4 月 20 日，学历初中，生六子一女，女：亚妹生于 1975 年 11 月 15 日，学历初中，适广州市；子：兆荣、兆宏、亚四、亚五、超仔。

二十世：兆荣生于 1964 年 4 月 4 日，学历初中，配欧凤生于 1964 年 3 月 13 日，学历高中，生一子二女，大女：楚梅生于 1991 年 10 月 25 日，学历大专，外出务工；次女：青玖生于 1998 年 6 月 25 日，读书；子：培新。

二十一世：培新生于 2000 年 7 月 4 日，读书。

二十世：兆伟生于 1966 年 4 月 10 日，学历高中，配易枚生于 1971 年 7 月 7 日，学历初中，生二子一女，女：雯雯生于 1997 年 11 月 26 日，学历初中，在外务工；子：培生、培恒。

二十一世：培生生于 1990 年 8 月 29 日，学历初中，配陈氏生于 1991 年 5 月 9 日，生一子：锦成。

二十二世：锦成生于 2013 年 7 月 8 日，儿童。

二十一世：培恒生于1993年10月1日，学历高中，在外务工。

二十世：兆宏生于1968年7月28日，学历初中，配何清生于1971年9月3日，学历高中，生一子二女，大女：舒婷生于2000年8月26日，读书；次女：海燕生于2002年8月27日，读书；子：培杰。

二十一世：培杰生于2006年4月26日，读书。

二十世：兆富（亚四）生于1971年3月3日，学历初中，配谢英生于1976年5月22日，学历高中，生一女：晓妍生于2005年1月28日，读书。

二十世：亚伍生于1973年11月8日，学历初中，配张君生于1978年4月3日，学历初中，生二子：天友、培涛。

二十一世：天友生于2004年4月20日；培涛生于2006年3月2日；都在读书。

二十世：超仔生于1981年11月15日，学历高中，在外务工，配邓氏生于1980年10月28日，学历中专，生二子：梓泳、梓健。

二十一世：梓泳生于2007年4月19日；梓健生于2008年11月5日；都在读书。

十九世：天法生于1943年12月10日，配杨里生生于1949年7月14日，生一子三女，大女：小英生于1976年10月15日，学历初中，适黄扶塘村；次女：燕仔生于1982年10月8日，学历初中，适怀集县；三女：日英生于1985年10月25日，学历高中，适中山市；子：兆才。

二十世：兆才生于1978年10月20日，学历中专，在外务工，配龙黎四川人，生于1985年10月10日，学历高中，生一子一女，女：珊珊生于2011年9月25日，儿童；子：培龙。

二十一世：培龙生于2013年5月14日，儿童。

十八世：大廉葬罗湾岭坐东向西妣陈天养生三子六女，子：有义、有信、有举（未详）。

十九世：有义生于1932年9月11日，配叶少芳生于1936年8月26日，生五子一女，女：桂兰生于1959年4月27日，现夫妻居住东莞虎门；子：健强、健明、健华、健平、健清。

二十世：健强生于1957年10月5日，配钟玉珍生于1963年4月29日，居住遂溪城日广丰糖厂，生一子：容华。

二十一世：容华生于1987年5月6日，居住东莞市。

二十世：健明生于1962年2月24日，配陈英生于1965年2月9日，居住鹤山市，生一子：俊超。

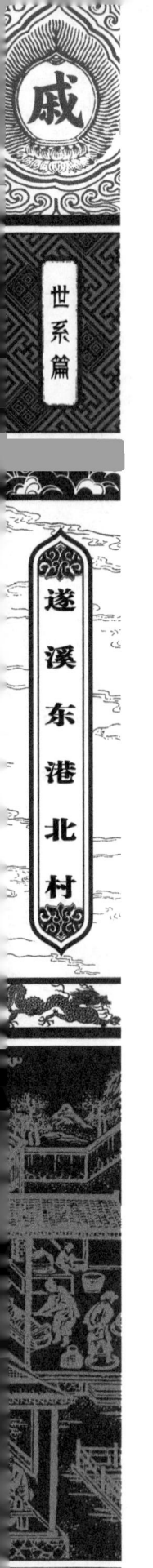

二十一世：俊超生于 1990 年 1 月 26 日，居住广州市。

二十世：健华生于 1964 年 8 月 11 日，配李海枫生于 1970 年 4 月 9 日，居住遂溪城月广丰糖厂，生一子：安祺。

二十一世：安祺生于 1991 年 4 月 6 日，居住广州市。

二十世：健平生于 1967 年 1 月 25 日，配朱美容生于 1966 年 2 月 18 日，居住肇庆市，生一子：亚镇。

二十一世：亚镇生于 1994 年 7 月 14 日，居住肇庆市。

二十世：健清生于 1972 年 9 月 29 日，配黄彩兰生于 1980 年 7 月 13 日，居住遂溪城月广丰糖厂，生一女：婉婷生于 2008 年 2 月 7 日。

十九世：有信生于 1934 年 9 月 6 日，配张爱英生于 1937 年 5 月 17 日，生三子二女，长女：玉明生于 1964 年 2 月 22 日，适杨柑老祝村；次女：亚妹生于 1971 年 7 月 5 日，适徐文锦和村；子：亚虾、天保、田生。

二十世：亚虾生于 1968 年 4 月 9 日，配何秀玲生于 1969 年 5 月 27 日，生三子一女，女：紫玉生于 1996 年 9 月 24 日，读技校；子：土旺、培杰、培嘉。

二十一世：土旺生于 1994 年 12 月 19 日，外务工；培杰生于 1998 年 11 月 6 日，读书；培嘉生于 2006 年 3 月 20 日，读书。

二十世：天保生于 1997 年 9 月 10 日，配马梅芳生于 1987 年 4 月 20 日，生一子一女，女：嘉欣生于 2011 年 8 月 21 日，儿童；子：培国。

二十一世：培国生于 2009 年 2 月 5 日，读书。

二十世：田生生于 1981 年 4 月 17 日，在外务工。

十七世：文锦葬头栏岭坐西向东，妣姚氏生生一子：大安。

十八世：大安妣林氏生一子：有华。

十九世：有华生于 1938 年 7 月 3 日，配王玉珍生于 1942 年 8 月 9 日，生二子二女，长女：亚枚适甘来炒虫寮村；次女：少榕适车板明教村；子：亚红、马贵。

二十世：亚红生于 1971 年 5 月 10 日，配骆小燕生于 1975 年 9 月 11 日，生二子：子亮、家豪。

二十一世：子亮生于 1999 年 11 月 27 日；家豪生于 2011 年 1 月 10 日，儿童。

二十世：马贵生于 1980 年 2 月 10 日，配黄晓湘生于 1985 年 2 月 8 日，生二女，长女：兰心生于 2009 年 3 月 9 日，儿童；次女：彤彤生于 2011 年 12 月 25 日，儿童。

世美公次支朝通公分支奇勋公派下安文、安全公房源流谱

十三世：奇勋葬地不详，妣钟氏生二子：安齐、安全。

十四世：安齐妣文氏，取胞弟安全三子入继：燕德。

十四世：安全妣陈氏生四子：燕礼（不详）、燕龙（不详）、燕德、燕云（不详）。

十五世：燕德妣陈氏生一子：均寿。

十六世：均寿妣姚二氏，由廉江三江村迁居东港燕村落业，生二子：文彪●、文忠。

十七世：文忠配氏生二子：大瑞、大二●。

十八世：大瑞配林氏生一子：有春。

十九世：有春葬秀顺岭坐西向东，配陈桂清生二子五女，长女：亚妹生于1964年7月25日，迁杨柑湾廖村；次女：二妹生于1966年1月14日，适杨柑沙虫廖村；三女：三妹生于1969年4月15日，迁界炮田下村；五女：桂珍生于1974年1月30日，迁湛江坡头；子：日太、亚平。

二十世：日太生于1972年10月29日，学历初中，配陆氏生二子二女，长女：家丽生于1992年5月2日，读书；次女：家惠生于1995年8月1日，读书；子：土贵●、天文。

二十一世：亚平生于2002年1月1日，读书。

二十世：亚平生于1981年10月2日，学历大学，惠州市工作，配林氏生一子：亦晨。

二十一世：亦晨生于2013年，儿童。

世美公次支朝通公分支奇珍、奇彩公派下安富房源流谱

十三世：奇珍妣陈氏生一子：安邦（未详）。

十三世：奇彩妣氏生四子：安富、安贵（未详）、安荣（未详）、安华（未详）。

十四世：安富葬于生溪，妣梁氏葬于佳华山生一子：相宝。

十五世：相宝妣黄氏同葬于大山窿，生二子：尚仁、尚义。

十六世：尚仁妣黄氏葬于石仔岭，生五子：高文、高齐、高明、高华、高元。

十七世：高文妣氏生一子：忠兰。

十八世：忠兰妣陈氏●。

十七世：高齐妣赵氏生三子：忠达、忠朝、忠廷。

十八世：忠达妣郭氏生三子：厚源、厚本、厚生。

十九世：厚源妣陈、张二氏取一子入继：振全。

二十世：振全妣陈氏●。

十九世：厚本妣廖、莫二氏生五子：振全（出继）●、善全、国全●、亚七●、万全。

二十世：善全妣江氏●。

二十世：万全妣江氏生一子：子平。

二十一世：子平配邹氏生一女●。

十九世：厚生妣赵氏生一子：得全。

二十世：得全妣杨氏生二子：子春、子真。

二十一世：子春配冯氏生三子：金水、木兴、孙松。

二十二世：金水配伍氏生二子：发光、发亮。

二十三世：发光配赵氏生二子：达才、达均。

二十四世：达才、达均。

二十三世：发亮配刘氏生一子一女：女：书瑶；子：荣轩。

二十二世：木兴配梁氏生二子：发兵、发程。

二十三世：发兵、发程。

二十二世：孙松配朱氏生一子二女：长女海清；二女海燕；子：发杰。

二十三世：发杰。

二十一世：子真配梁氏生二子：孙河、孙汉。

二十二世：孙河配邓氏生二子一女：女：晓婷；子：发雄、发宁。

二十三世：发雄配林氏生一子：志威。

二十三世：发宁。

二十二世：孙汉。

十八世：忠朝妣柯氏：厚祯、厚祥、厚其。

十九世：厚祯妣朱、陈二氏生二子：复全、伟全。

二十世：复全妣朱氏生一子：子顺。

二十一世：子顺配杨氏生四子：孙强、孙贵、孙荣、孙华。

二十二世：孙强配梁氏生二子一女：女：水珍；子：发金、水任。

二十三世：发金、水任。

二十二世：孙贵配吴氏生一子：发添。

二十二世：孙荣配梁氏生一子二女：长女：丹梅；二女：冬梅；子：发剑。

二十二世：孙华配陈、梁二氏生四子：发业、志文、发权、智皓。

二十三世：发业、志文、发权、智皓。

二十世：伟全配黄氏生三女。

十九世：厚祥妣氏生二子，入继一子：茂全●、亚六●、胜全（取子入继）。

二十世：胜全配陈氏生二子：子海、子河。

二十一世：子海配梁氏生一子：浩儒。

二十二世：浩儒配杨氏生二子：书铭、耀中。

二十三世：书铭、耀中。

二十一世：子河配邹氏生二子：孙杰、先达。

二十二世：孙杰配吴氏生二子：铂豪、铂城。

二十三世：铂豪、铂城。

十九世：厚其妣吴氏生六子：胜全（出继）、富全●、瑞全、受全、炳全、信全。

二十世：瑞全配曹氏生三子：亚生●、子信、子强。

二十一世：子信配江氏生一女：夏致。

二十一世：子强配江氏生三子：孙文、孙武、志斌。

二十二世：孙文、孙武、志斌。

二十世：受全配陈氏生四子：子华、子锋、子雄、亚坤。

二十一世：子华配邓氏生二子：玉文、玉武。

二十二世：玉文配胡氏生一子：普源。

二十二世：玉武。

二十一世：子锋配氏生二子：孙艺、国荣。

二十二世：孙艺。

二十二世：国荣配李氏生一子一女：女：诗婷；子：发开。

二十一世：子雄配王氏生一子：嘉威。

二十二世：嘉威。

二十一世：亚坤配车氏生三子一女：女：戚敏；子：戚彬、戚辉、戚浩。

二十二世：戚彬、戚辉、戚浩。

二十世：炳全配易氏生四子：金福●、子恒、子光、子友。

二十一世：子恒配李氏生一子三女：长女：金玲；次女：楚玲；三女：海玲；子：明杰。

二十二世：明杰。

二十一世：子光配黄氏生二子一女：女：丹萍；子：孙宇、孙满。

二十二世：孙宇、孙满。

二十一世：子友配易氏生一子二女：大女：敏玲；二女：敏霞；子：孙健。

二十二世：孙健。

十七世：高明妣氏生三子：忠兴、忠友、忠培。

十八世：忠兴妣梁氏生一子：厚才。

十九世：厚才妣陈氏生二子：敬全、均全●。

二十世：敬全妣陈氏生三子：子贵、子金、子权。

二十一世：子贵配张氏生二子：东福、东兴。

二十二世：东福配柯氏生一子：业锦。

二十二世：东兴配杜氏生二子：孙龙、孙胜。

二十三世：孙龙配朱氏生一子一女：女：海玲；子：发语。

二十三世：孙胜。

二十一世：子金配苏氏生一子：瀚文。

二十一世：子权配邹氏生二子一女：女：丽霞；子：明明、家乐。

二十二世：明明、家乐。

十八世：忠友妣陈氏生三子：厚初、厚和●、厚三●。

十九世：厚初妣氏生三子：正全、伦全、顺全。

二十世：正全配赖氏生四子：子庆、子文、子才、子勇。

二十一世：子庆配李氏生一子：孙海。

二十二世：孙海配关氏生一子二女。女：林仪、戚楠；子：博宇。

二十一世：子文配吴氏生二子：孙真、孙革。

二十二世：孙真。

二十二世：孙革配彭氏生一子一女：女：淇淇；子：艺耀。

二十三世：艺耀。

二十一世：子才配邹氏生二子：孙湖、孙彬。

二十二世：孙湖、孙彬。

二十一世：子勇配刘氏生一子：戚标。

二十二世：戚标配唐氏生二子一女。女：烨琪；子：皓明、皓炜。

二十三世：皓明、皓炜。

二十世：伦全配陈氏生一子：子钦。

二十一世：子钦配岑氏生一子一女：女：林仙；子：孙球。

二十一世：顺全配陈氏生二子：水妹●、子升。

二十二世：子升配陈氏生一子：孙培。

十八世：忠培妣柯氏生三子：厚儒、厚伦、厚伟。

十九世；厚儒妣梁、陈二氏生二子：庆全●、冠全。

二十世：冠全配王氏生四子：子生、子凡、子胜、子惠。

二十一世：子生配郭氏生一子：孙东。

二十二世：孙东配张氏生一子一女：女：诗敏；子：发浩。

二十一世：子凡配李氏生二子一女：女：雪兰；子：孙志、孙超。

二十二世：孙志配陈氏生一子：发贵。

二十二世：孙超配陈氏生一子二女：女：艺铮、力荧；子：发文。

二十一世：子胜配李氏生一子四女：女：小红、小玲、小琼、小李；子：孙豪。

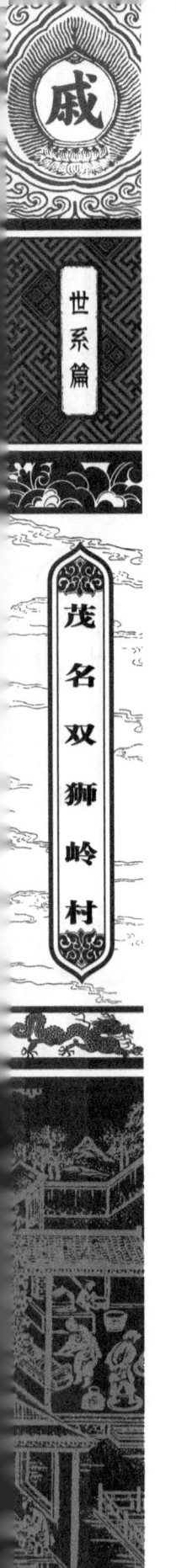

二十二世：孙豪配吴氏。

二十一世：子惠配黄氏生一子：孙泽（伟宇）。

二十二世：孙泽。

十九世：厚伦妣朱氏●。

十九世：厚伟妣莫氏●。

十七世：高华妣郭氏生一子：忠才。

十八世：忠才妣伍氏生二子：厚龙、厚振。

十九世：厚龙妣陈氏入继一子：惠全。

二十世：惠全妣梁氏生二子：子源、子成。

二十一世：子源配吴氏生四子：理福、华士、亚红、戚艺。

二十二世：理福配张氏生一子一女：女：张君；子：凯东。

二十三世：凯东配梁氏生一子一女：女：樱淇；子：皓添。

二十二世：华士配张氏生一子：发天。

二十三世：发天配梁氏生一女：雅彤。

二十二世：亚红配陈氏生二子：水金、三娣●。

二十三世：水金配严氏生一子：文皓。

二十二世：戚艺配吴氏生三女：翘楚、柔曼、戚赞。

二十一世：子成配梁氏生一子三女：长女：戚文；二女：戚卫；三女：戚兵兵；子：戚名。

二十二世：戚名配苏氏生一子：鑫培。

十九世：厚振妣关氏生五子：惠全（出继）、周全、兴全、柏全●、仲全。

二十世：周全妣陈氏生三子：子清、子荣、子辉（出继）。

二十一世：子清配戴氏生一子：孙耀。

二十一世：子荣配张氏生一子一女：女：均梅；子：汶祺。

二十一世：子辉配陈氏生一子：剑波。

二十世：兴全配陈氏生一子：亚才（移民加拿大）。

二十世：仲全配朱氏（取一子入继）：子辉。

二十一世：子辉配陈氏生一子：剑波。

十七世：高元妣黄氏生四子：忠庆、忠贤、忠华●、忠球●。

十八世：忠庆妣陈、莫二氏生一子：厚全。

十九世：厚全妣江氏生五子：仁寿●、德寿、礼寿、智寿、信寿●。

二十世：德寿配罗氏生一子：子振。

二十一世：子振配符氏生二子：戚钦、戚中。

二十二世：戚钦配黄氏生一子：一平。

二十三世：一平配王氏生一女：圆圆。

二十二世：戚中配江氏生二子：洪与、洪彬。

二十世：礼寿配朱氏（取一子入继）：水兴。

二十一世：水兴配车氏生一子：戚海。

二十世：智寿配谭氏，生二子：水兴（另续）、土生。

二十一世：土生配邹氏，生一子一女：女：海秋；子：海源。

二十二世：海源配刘氏，生二子：发涛、发俊。

十八世：忠贤妣陈、江二氏，生一子：厚业。

十九世：厚业妣李氏，生一子：和全。

二十世：和全配陈氏，生二子：高郡、子旭。

二十一世：高郡配刘氏，生二子：孙浩、孙伟。

十六世：尚义妣吴氏，生三子：高伟、高宽、高儒●（葬佳华山水库尾）。

十七世：高伟妣朱、陈二氏，与朱氏同葬于大井、陈氏葬于尚高村，

生四子：忠存、忠荣、忠和、忠佳。

十八世：忠存妣江氏，生四子：厚瑞●、厚三●、厚光、厚信。

十九世：厚光妣梁氏祖葬樟木根村背妣葬洪山村背岑，生二子：兰芬、桂崧。

二十世：兰芬配江氏，生三子：子庚、子林、子明。

二十一世：子庚配黄、莫二氏，生一子：亚强。

二十二世：亚强配杨、黄二氏，生一子二女：大女：清娣；二女：金清；子：发清。

二十一世：子林配陈氏，生二子：木秀、九娣。

二十二世：木秀配江氏，生二子：发健、发康。

二十二世：九娣配张氏，生一子：戚万。

二十一世：子明配冯氏，生一子：孙鹏。

二十二世：孙鹏配黎氏，生一子：发宇。

二十世：桂崧配黄、张二氏生三子：子勤、子儒、亚伟。

二十一世：子勤配氏生二子一女：女：冬玲；子：戚建、孙国。

二十二世：戚建配杨氏生一子一女：女：雨珊；子：发广。

二十二世：孙国配杨氏生一女：瑜珊。

二十一世：子儒配氏生三子：孙聪、孙锋、亚耀。

二十二世：孙聪配江氏生一子一女：羽乐；子：发智。

二十一世：亚伟配罗氏生一子五女：长女：惠惠；二女：燕霞；三女：允玲；四女：洁玲；五女：少玲；子：孙才。

十九世：厚信妣陈氏生二子：柳芬●、伯芬。

二十世：伯芬妣李氏生三子一女：女：冬雨；子：振飞、亚弟●、金成●。

二十一世：振飞妣廖氏生一女：佳怡。

十八世：忠荣妣朱氏生二子：厚明、厚英。

十九世：厚明妣李氏生三子：海全、新全、淦全。

二十世：海全妣梁氏生二子：子礼、国生。

二十一世：子礼配戴、黄二氏生三子：金龙、洪文、基田。

二十二世：金龙配陈氏生一子一女：女：丽娜；子：永华。

二十一世：洪文配程氏生一子一女：女：彩尧；子：家铭。

二十一世：基田配郭氏生一女：庭满。

二十一世：国生配余氏生二子二女：女：玉颜、玉贤；子：志强、志杰。

二十世：新全配邹氏生三子：土有●、子龙、子凤。

二十一世：子龙配车氏生二子二女：大女：冬枚；二女：艳枚；子：金均●、孙辉。

二十一世：子凤配李氏生二子一女：女：晓颜；子：孙高、孙勤。

二十世：淦全配李氏生一子：子武。

二十一世：子武配邓氏生一子一女：女：梅芳；子：琳琨。

十九世：厚英妣江、苏二氏生三子：太全●、华全、芬全。

二十世：华全配莫氏生一子一女：女：小霞；子：子章。

二十一世：子章配陈氏生一子一女：女：晓婧；子：永亮。

二十世：芬全配梁氏生二子：子森、子杰。

二十一世：子森配车氏生一子二女：大女：结霞；二女：结眉；子：孙威。

二十一世：子杰配郭氏生一子二女：大女：诗晴；二女：绮彤；子：孙恒。

十八世：忠和妣梁、陈二氏生二子：厚庭、厚爵●。

十九世：厚庭妣符氏生二子：永全、方全。

二十世：永全配徐氏生一子：子茂。

二十一世：子茂配吴氏生一女：诗婷。

二十世：方全配何氏生一子一女：女：子娴；子：子颖。

十八世：忠佳妣李、陈二氏，公墓葬牛儿岭，妣葬亚默儿佳华山生三子：厚枢、厚南、厚群。

十九世：厚枢妣梁、黄二氏生五子：亚允●、六全、桂全、辉全、日全。

二十世：六全妣朱氏生五子：亚生（未详）、子桥、土祥、子西、子健。

二十一世：子桥配李氏生二子：孙成、孙就。

二十二世：孙成配植氏生一子：恩哲。

二十二世：孙就配陈氏生二女：紫盈、紫岚。

二十一世：土祥配余氏生一子二女：大女：露霞；二女：露敏；子：孙瑜。

二十一世：子西配黄氏生一子一女：女：海媚；子：海伦。

二十一世：子健配余氏生二子一女：女：浩茹；子：海彬、孙楚。

二十世：桂全配邓氏生三子：子永、子新、子阳。

二十一世：子永配梁氏生一子：孙彦。

二十一世：子新配邹氏生一子一女：女：金娣；子：海锋。

二十一世：子阳配朱氏生一子二女：大女：颖俞；二女：颖诗；子：土明。

二十世：辉全配车氏生三子：子彬、子超、子剑。

二十一世：子彬配柯氏生一子二女：女：金颜、木琼；子：孙迎。

二十一世：子超配任氏生二子二女：女：颜清、木颜；子：孙志、木强。

二十一世：子剑配梁氏生一子三女：女：曦文、曦凡、曦阳；子：曦鹏。

二十世：日全配吴氏生一子：祖雲。

二十一世：祖雲配潘氏生二子：竣豪、峻轩。

十九世：厚南妣梁氏生一子：清全。

二十世：清全配张氏生一子：戚波。

二十一世：戚波配王氏生一子：炜珺。

十九世：厚群妣朱氏妣葬于狗睡岭，生三子：钦全、旭全、理全。

二十世：钦全配邓氏生二子：戚雄、戚杰。

二十一世：戚雄配彭、陈二氏生一子：孙杨。

二十一世：戚杰配易氏生二子：孙睿、孙朗。

二十世：旭全配陈氏生一子：子豪。

二十一世：子豪配谭氏生一女：焕瑜。

二十世：理全配杨氏生一子：子彦（恒辉）。

十七世：高宽葬于狗睡岭，妣梁氏葬于佳华山，生三子：忠量、忠群、中贵●。

十八世：忠量妣谭氏生四子：厚兴、厚彬、厚恩、厚芬。

十九世：厚兴妣任氏生一子：最全。

二十世：最全妣莫氏生四子：子标、子谋、子安、子丽。

二十一世：子标配方氏生一子：孙程。

二十一世：子谋配车氏生二子：孙军、孙兵。

二十二世：孙军配苏氏生二子：宇琪、嘉涛。

二十二世：孙兵配陈氏。

二十一世：子安配邹氏生一子二女：女：燕令、燕仙；子：孙炯。

二十一世：子丽配梁氏生一子一女：女：文婷；子：孙富。

十九世：厚彬妣江氏生一子：桃娇（随母山塘村居住）。

十九世：厚恩妣陈氏生一子：木清。

二十世：木清配徐氏生三子：子周、子朝、子游。

二十一世：子周配冯氏生二子一女：女：沛诗；子：孙泳、孙兴。

二十一世：子朝配朱氏生一子一女：女：诗慧；子：孙权。

二十一世：子游配伍氏生二子一女：女：思丽；子：孙明、孙友。

十九世：厚芬配罗氏生四子：耀全、禹全、杰全、礼全。

二十世：耀全配丁氏生二子：子发、子艺。

二十一世：子发配黎氏生二子一女：女：晓文；子：孙亮、晋章。

二十一世：子艺配黄氏，生一子一女：女：秋怡；子：文卓。

二十世：禹全配伍氏生一子：水新。

二十世：杰全配林氏生三子：金保、文保、子东。

二十世：礼全配苏氏生二子二女：女：杏芝、杏兰；子：子建、子任。

十八世：忠群妣江氏生一子：厚新。

十九世：厚新妣梁氏生三子：志全、景全●、保全。

二十世：志全妣黄氏生一子：水源。

二十一世：水源配吴氏生二子：金勇●、孙统。

二十世：保全配莫氏生一子：子其。

二十一世：子其配陈氏生一子二女：女：天霞、天恩；子：天惠。

世美公次支朝通公分支成章公派下侯进公房源流谱

十三世：成章自康熙22年（1683年）自欧家迁往电白落业，妣陈氏，生一子：侯进。

十四世：侯进妣卢氏，生一子：文灿，黄、何二氏生五子：在超（未详）、土仁（另续）、土龙（另续）、土升（另续）、土兴（未详）。

十五世：文灿妣罗氏生一子：光宗。

十六世：光宗妣龙氏生三子：维胜（未详）、维强、维圣（未详）。

十七世：维强妣陈氏生四子：文佳、另三子失名不详。

十八世：文佳妣李氏生四子：茂廷、茂芳、茂芬、茂朝●。

十九世：茂廷妣马氏生一子：盛昌。

二十世：盛昌配黄氏生三子：兆平、兆英、兆全。

二十一世：兆平配邓氏生二女：云青、燕华。

二十一世：兆英生于1933年9月21日，配徐氏水东人，生三子二女，大女：梅生于1963年，学历大专，职业教师，适水东；二女：娟生于1973年，学历大专，职业教师，适水东；子：燕森、戚家、戚金。

二十二世：燕森生于1959年6月21日，配朱氏生1962年生三女一子，大女：美玲生于1984年，学历高中，迁水东；二女：美清生于1986年，学历中专；三女：美茵生于1993年，广州就读中专；子：鸿周。

二十三世：鸿周生于1990年，学历大专，广州工作。

二十二世：戚家生于1966年，学历高中，职业医生，配陈氏生1970年，学历高中，生二子：鸿彬、鸿彪。

二十三世：鸿彬生于1994年，读书；鸿彪生于1996年，读书。

二十二世：戚金生于1970年9月，学历高中，职业医生，配陈氏生于1972年，学历高中，生一子一女：美怡生于2003年，读书。子：鸿熙。

二十三世：鸿熙生于1997年，读书。

二十一世：兆全生于1937年，配李氏生三子二女，大女：妙喻生于1974年，学历中专，迁海口市；二女：寨生于1978年，学历高中，新加坡；子：燕文、兴、统。

二十二世：燕文生于1963年5月，学历高中，职业经商，配梁氏生于1963年，生一子二女，大女：少娟生于1984年，学历大专，适日本；二女：少霞生于1988年，学历高中，适新加坡；子：鸿祝。

二十三世：鸿祝生于1990年，就读广州学院。

二十二世：兴生于1967年4月，学历高中，职业经商，配叶氏生于1965年，生二子一女，女：鸿敏，子：鸿林、鸿达（未详）。

二十三世：鸿林生于1989年，学历高中，职业经商，配林氏生于1989年，学历高中，生二子一女，女：芯莹生于2013年9月；子：裕乐、裕国。

二十四世：裕乐生于2009年，儿童，裕国生于2011年，儿童。

二十二世：统生于1971年4月，学历高中，职业经商，配钟氏生于1975年，生二子一女，女：秋玉生于1996年，读书；子：鸿广、鸿展。

二十三世：鸿广生于1998年，读书；鸿展生于2000年，读书。

十九世：茂芳妣李氏生二子：盛祥、盛荣。

二十世：盛祥配戴氏生二子：兆勤、兆文。

二十一世：兆勤生于1933年，配谢氏生三子：燕强、号、先。

二十二世：燕强配罗氏生于1958年，生二子二女，大女：少清生于1985年，学历高中，迁广州；二女：鸿清生于1990年，学历高中，适广州；子：汉、波。

二十三世：汉生于1981年，学历高中，广州务工，配林氏生于1988年，学历高中，生一子：裕恒。

二十四世：裕恒生于2013年4月，读书。

二十三世：波生于1982年，学历大专，广州职员，配谭氏生于1985年，学历高中，广州务工，生一女：玲月生于2011年，读书。

二十二世：号配林氏海南人生于1963年10月，生二子二女，大女：海清生于1991年；二女海林生于1999年，读书；子：鸿业、鸿运。

二十三世：鸿业生于1993年，初中，务工；鸿运生于1996年，初中，务工。

二十二世：先生于1963年，学历初中，配林氏生一子：鸿喜。

二十三世：鸿喜生于2000年，读书。

二十一世：兆文生于1940年，学历初中，配潘氏生于1943年，生三子四女，大女：便生于1968年，学历高中，适水东；二女：珠生于1970年，适旦场；三女：

灿生于1977年，学历大专，职业医生，适广西；四女：金华生于1980年，学历高中，迁电白；子：冲、峰、叠。

二十二世：戚冲生于1967年，学历高中，经商配陈氏生于1965年，学历高中，生二子：鸿俊、鸿健。

二十三世：鸿俊生于1988年，学历大专，广州工作；鸿健生于1991年，学历高中，在外务工。

二十二：戚峰生于1975年，学历高中，在外务工；戚叠生于1977年，学历大学本科，佛山工作。

二十世：盛荣配黄氏生二子：兆兰、兆伟。

二十一世：兆兰生于1939年，配李氏生于1939年，生一子五女，大女：甫生于1962年，学历初中，适港口；二女：添生于1966年，学历初中迁港口；三女：准生于1975年，学历初中，适广州；四女：解生于1977年，学历初中，适海南；五女：思琦生于1983年，学历初中，适陈村；子：理。

二十二世：戚理生于1969年，学历初中，配陈氏生于1971年，生二子二女，大女：鸿科生于1989年，学历初中，适广西；二女：鸿媚生于1995年，学历初中，适广州；子：鸿年、鸿新。

二十三世：鸿年生于1991年，学历初中，外务工；鸿新生于1998年，读书。

二十一世：兆伟生于1954年，学历高中，职业经商，配朱氏生于1956年，生二子二女，大女：燕清生于1981年，学历高中，适旦场；二女：燕碧生于1983年，学历高中，适电城；子：耀、侣。

二十二世：戚耀生于1980年，学历高中，职业经商，配梁氏生于1980年，生一子三女，大女：梓玉生于2007年；二女：梓玲生于2008年；三女：梓琼生于2011年；子：鸿均。

二十三世：鸿均生于2006年，读书。

二十二世：戚侣生于1980年，学历毕业于华南理工大学，深圳工作，配黄氏生于1990年，广西人，学历中专，经商。

十九世：茂芬配许氏生一子：盛辉。

二十世：盛辉配钟氏生二女三子，子：兆棠、东、瑞。

二十一世：兆棠生于1957年，学历高中，配陈氏生于1957年，学历高中，生二子二女，

大女：海燕生于1983年，适旦场；二女：晓梅生于1985年，适彭城；子：旺、权。

二十二世：戚旺生于1978年，学历高中，职业经商，配吴氏生于1978年，学历高中，生一子二女，大女：海灵生于1999年，读书，二女：云曦生于2006年，读书，子：鸿烨。

二十三世：鸿烨生于2004年，读书。

二十二世：权生于1981年，学历中专，广州务工，配麦氏生于1983年，学历高中，生二子：鸿煜、鸿樟。

二十三世：鸿煜生于2009年，儿童；鸿樟生于2012年，儿童。

二十一世：戚东生于1959年，配马氏生于1962年，生二子一女，女：少琼生于1987年，学历高中，务工；子：锦周、锦彬。

二十二世：锦周生于1988年，学历中专，在外务工；锦彬生于1989年，学历高中，在外务工。

二十一世：戚瑞配叶氏生于1965年，生一子三女，大女：丹霞生于1987年，学历高中，适深圳；二女：燕霞生于1989年，学历初中，适登步；三女：冰霞生于1996年，学历初中，在外务工；子：锦豪。

二十二世：锦豪生于2000年，读书。

十七世：维荣妣陈氏生三子：文龙、文虎●、文武●。

十八世：文龙妣马氏生五子：茂佳、茂一●、茂二●、茂三●、茂四●。

十九世：茂佳妣许氏生三子：盛和、盛南、忠●。

二十世：盛和妣杨氏生一子一女，女：伟珍；子：安年。

二十一世：安年生于1950年，配叶氏生于1951年，生三子一女，女：眉生于1975年，学历初中，适本地；子：校、萧、燕彬。

二十二世：戚校生于1977年，学历高中，职业经商，配陈氏生于1979年，生二子：富祁、富侨。

二十三世：富祁生于2002年，读书；富侨生于2003年，读书。

二十二世：戚萧生于1979年，学历高中，职业经商，配陈氏生于1979年，生二子：富源、富超。

二十三世：富源生于2005年，读书；富超生于2008年，读书。

二十二世：燕彬生于1982年，学历高中，职业经商，配许氏阳春人生于1983年，学历高中，生一女：思敏生于2011年，读书。

二十世：盛南配邱氏生一子：兆生。

二十一世：兆生生于1956年，学历高中，职业经商，配邓氏生于1957年，生二子二女，大女：玲生于1981年，学历高中，适本地；二女：小琼生于1986年，学历高中，适本地；子：聪、锦城。

二十二世：聪生于1984年，学历中专，专业卜挂；锦城生于1988年，学历高中，在外务工。

世美公次支朝通公分支成章公派下侯进房源流谱

十三世：成章妣氏生一子：侯进。

十四世：侯进妣卢氏生一子：文灿（另续），董、何二氏生五子：在超（未详）、士仁（另续）、士龙、士升（未详）、士兴（未详）。

十五世：士龙妣林氏生一子：光耀。

十六世：光耀妣罗氏生一子：庆裕。

十七世：庆裕妣叶氏生五子：国华、国才、国成、国盛、国就。

十八世：国华配吴氏生二子：应其、应昌。

十九世：应其配蔡氏生三子：兰廷、桂廷、秀廷。

二十世：兰廷配叶氏生三子：洪芬、洪芳、洪桂。

二十一世：洪芬配罗翠芳生于1951年9月12日，生三子一女，子：十金、开彬（另续）、开旭（另续）。

二十二世：土金生于1977年12月15日，学历初中，在外务工，配包春腾大衙镇人生于1977年9月2日，生二女一子，长女林萍，幼女丽萍；子：峰雄。

二十三世：峰雄生于2013年2月8日。

二十二世：开彬生于1981年12月28日，配唐乐娇生于1982年7月14日，生一子一女，长女斯琦，长子：龙靖。

二十三世；龙靖生于2012年4月13日。

二十二世：开旭生于1983年3月12日，配林燕琼生于1985年9月12日，生一子一女，长女金玲，长子：杰雄。

二十三世：杰雄生于2013年8月16日。

二十一世：洪芳生于1954年10月20日，配朱雪清生于1953年1月13日，生二子三女，子：开陈、开广。

二十二世：开陈配毛连芬，生于1983年5月3日，生一子：煜雄。

二十三世：煜雄生于2010年11月15日。

二十二世：开广生于1989年12月16日。

二十一世：洪桂生于 1957 年 8 月 29 日，配马权，生于 1957 年 8 月 13 日，生二子二女，子：开艺、开谋。

二十二世：开艺生于 1990 年 12 月 17 日；开谋生于 1991 年 9 月 20 日。

二十世：桂廷配谢氏生一子：洪森。

二十一世：洪森生于 1962 年 8 月 24 日，配燕梅生于 1963 年 6 月 10 日。女：小连生于 1993 年 10 月 19 日；小娟生于 1995 年 4 月 20 日。

二十世：秀廷生于 1938 年 6 月 16 日，配崔氏生于 1941 年 7 月 21 日，生二子三女，子：洪辉、洪柱（另续）。

二十一世：洪辉生于 1965 年 12 月 3 日，配陆亚秀生于 1965 年 4 月 22 日，生二子一女，女：舒妍；子：开波、开宇。

二十二世：开波生于 1994 年 4 月 26 日；开宇生于 1995 年 9 月 19 日。

二十一世：洪柱生于 1975 年 3 月 3 日，配周红燕生于 1983 年 1 月 4 日，生一子一女，女：舒欣；子：烨轩。

二十二世：烨轩生于 2012 年 10 月 11 日。

十九世：应昌配氏（失名）生三子：汉廷、振廷、寿廷。

二十世：汉廷配邓氏生四子：洪仟●、洪明、洪文、洪南。

二十一世：洪明生于 1956 年 11 月 19 日，配林福英生于 1953 年 9 月 26 日，生三子一女，幼女伙玲；子：展桦、木槐、开乾。

二十二世：展桦生于 1981 年 10 月 15 日。

二十二世：木槐生于 1986 年 5 月 6 日，配崔婉云生于 1984 年 11 月 14 日，生一子一女，女：嘉琪生于 2012 年 9 月 1 日；子：锦雄。

二十三世：锦雄生于 2006 年 3 月 3 日。

二十二世：开乾生于 1989 年 7 月 15 日，伙珍生于 1995 年 7 月 2 日。

二十一世：洪文生于 1959 年 5 月 6 日，配陆美莲生于 1958 年 8 月 24 日，生三子一女，女：少英生于 1993 年 10 月 17 日；子：开才、水洪、开礼。

二十二世：开才生于 1982 年 9 月 2 日，配叶锦娇生于 1986 年 9 月 2 日，生一子二女，长女丽涛生于 2007 年 10 月 11 日；次女丽娜生于 2009 年 5 月 23 日，子：嘉源。

二十三世：嘉源生于 2010 年 12 月 26 日。

二十二世：水洪生于1984年7月28日，配曾国萍生于1985年9月25日，生二子一女，女：泳琪生于2007年8月15日；子：继豪、继清。

二十三世：继豪生于2006年5月25日；继清生于2010年11月15日。

二十二世：开礼生于1987年7月22日，配陈小翠生于1986年10月27日，生二女：永婷生于2009年11月6日；永晴生于2011年4月29日。

二十一世：洪南生于1965年1月28日，配廖连妹生于1968年8月20日，生二子三女，子：开泰、开发。

二十二世：开泰生于1994年5月16日；开发生于1996年7月26日。

二十世：振廷配戴氏生二子：洪海、洪林。

二十一世：洪海配谢桂芳生于1951年10月12日，生二子二女，女：金娣生于1982年8月10日；子：开成、开宝。

二十二世：开成生于1978年5月20日，配朱来娣生于1980年2月16日，生二子一女，女：倩雨生于2003年9月1日；子：冠雄、志雄。

二十三世：冠雄生于2005年5月5日；志雄生于2011年1月4日。

二十二世：开宝生于1984年10月10日。

二十一世：洪林生于1969年6月22日，配梁彩琴生于1972年2月10日，生一女二子，女斯媚生于1994年12月18日；子：开茂、开警。

二十二世：开茂生于1995年11月21日；开警生于1996年11月16日。

二十世：寿廷生于1924年9月25日，配邓翠芬生于1935年8月27日，生子子：洪信、亚凡、洪振、洪月、洪扬。

二十一世：洪信生于1969年1月18日，配王桂花1964年11月13日，生一子一女，女：思敏生于1991年6月22日；子：开燕。

二十二世：开燕生于1989年12月21日。

二十一世：亚凡生于1963年8月9日，配霍兰生于1969年6月13日，生二子二女，女：春平生于1989年2月15日；玉平生于1990年9月20日；子：开光、开亮。

二十二世：开光生于1987年8月18日，配梁火娣生于1986年10月16日，生一子一女，女：静怡生于2010年1月22日；子：永鸿。

二十三世：永鸿生于2009年3月1日。

二十二世：开亮生于 1992 年 6 月 10 日。

二十一世：洪振生于 1967 年 5 月 29 日，配程凤生于 1972 年 8 月 9 日，生二子一女，女：晓霞生于 1992 年 11 月 24 日；子：开贵、开富。

二十二世：开贵生于 1991 年 9 月 22 日；开富生于 1994 年 6 月 3 日。

二十一世：洪月生于 1970 年 1 月 11 日，配陆海梅生于 1974 年 4 月 21 日，生二子：开豪、陆远。

二十二世：开豪生于 1995 年 7 月 29 日，陆运生于 1997 年 10 月 12 日。

二十一世：洪杨生于 1972 年 12 月 18 日，配钟氏生于 1968 年生二女：长女盈盈生于 1997 年 11 月 22 日，次女彤彤生于 2000 年 3 月 3 日。

十八世：国才配邓氏生二子：应洲、应初。

十九世：应洲配林氏生一子：福廷。

二十世：福廷。

十九世：国才次子应初配潘氏生二子：顺廷、坤廷。

二十世：顺廷配崔氏生三子：洪茂、洪胜、洪标。

二十一世：洪茂生于 1964 年 6 月 12 日配蔡子芬生于 1966 年 9 月 23 日，生一女一子，女：秋玲；子：开旺。

二十二世：开旺生于 1994 年 12 月 20 日。

二十一世：洪胜生于 1967 年 1 月 24 日，配陈广梅生于 1968 年 9 月 17 日，生一女一子，女：彩霞生于 1996 年 2 月 16 日；子：开浩。

二十二世：开浩生于 2002 年 12 月 17 日。

二十一世：洪标生于 1979 年 5 月 25 日，配林春燕生于 1983 年 2 月 2 日，生一子一女，女：嘉怡生于 2007 年 6 月 23 日；子：开涛。

二十二世：开涛生于 2010 年 2 月 13 日。

十八世：国成妣陈氏生二子：应春、应裯。

十九世：应春妣谢氏生三子：业廷（配邓氏●）、英廷●、银廷。

二十世：银廷配何氏生二子：洪太、洪汉。

二十一世：洪太出生于 1947 年 1 月 2 日，配黄秀基生于 1946 年 10 月 25 日，生一子二女，子：开堂。

二十二世：开堂生于 1947 年 1 月 2 日，配莫品球生于 1971 年 4 月 21 日，生二子三女，大女晓丹生于 1993 年 5 月 25 日；二女：晓霞生于 1995 年 2 月 24 日；三女：晓冰生于 1996 年 9 月 24 日；子：世雄、益雄。

二十三世：世雄生于 1998 年 4 月 26 日；益雄生于 2008 年 10 月 5 日。

二十一世：洪汉配林秀珠生于 1948 年 9 月 22 日，生二子三女，子：开军、开勤。

二十二世：开军生于 1974 年 3 月 21 日，配许月芳生于 1978 年 3 月 12 日，生一女二子，长女紫晴生于 2000 年 1 月 26 日，子：子雄、纪雄。

二十三世：子雄生于 2003 年 2 月 16 日。

二十三世：纪雄生于 2007 年 12 月 27 日。

二十二世：开勤生于 1980 年 11 月 13 日，配朱亚妹生于 1981 年 2 月 7 日，生一子一女，女：慧敏生于 2006 年 2 月 1 日；子：政雄。

二十三世：政雄生于 2012 年 3 月 16 日。

十九世：应祸配王氏，生三子：丰廷、清公●、万廷。

二十世：丰廷配王氏生二子：洪昌、洪生。

二十一世：洪昌配柳氏，生一子：时仔。

二十二世：时仔生于。

二十世：万廷配邓玉芳生于 1931 年 11 月 13 日，生二子二女，子：洪新、洪章。

二十一世：洪新生于 1957 年 2 月 5 日，配陆秀清生于 1958 年 6 月 25 日，生二子二女，子：开伟、开位。

二十二世：开伟生于 1981 年 12 月 27 日，配王明玉生于 1980 年 7 月 4 日，生一子一女，女：紫君生于 2009 年 12 月 12 日；子：军雄。

二十三世：军雄生于 2008 年 5 月 10 日。

二十二世：开位生于 1986 年 9 月 5 日，配朱燕华生于 1982 年 12 月 2 日，生二女一子，女：智敏生于 2007 年 2 月 21 日；智欣生于 2012 年 3 月 3 日；子：师雄。

二十三世：师雄生于 2013 年 6 月 7 日。

二十一世：洪章生于 1959 年 6 月 12 日，配兰梅生于 1964 年 10 月 19 日，生二子三女，女：海英生于 1995 年 2 月 5 日，玲玲生于 1996 年 9 月 23 日；子：开运、开飞。

二十二世：开运生于 1990 年 8 月 8 日；开飞生于 1999 年 3 月 29 日。

十八世：国盛配林氏生二子：应东、庆芳（配谢氏●）。

十九世：应东配廖氏生五子：非廷、光廷、会廷、荣廷、瑞廷。

二十世：非廷配叶氏生二子：洪坤、洪秀。

二十一世：洪坤生于1949年6月18日配陈氏生三子：开明、开全、开志。

二十二世：开明生于1962年7月3日配黄月连生于1963年2月18日，生一子三女，女：长女惠华生于1988年4月27日；二女斯华生于1995年9月18日；三女萍生于1998年7月20日。子：伟雄。

二十三世：伟雄生于1992年8月10日。

二十二世：开全生于1968年2月17日，配陈小玲生于1969年11月13日，生一子二女，女：长女秋香生于1996年11月17日；二女有娣生于1999年4月18日；子：建雄。

二十三世：建雄生于2001年8月16日。

二十二世：开志生于1974年6月14日，配黄小玲生于1968年5月19日，生一子：智勇。

二十三世：智勇生于1996年5月15日。

二十一世：洪秀生于1941年9月15日，配林景珍生于1943年1月2日，生一子二女，子：开朋。

二十二世：开朋生于1976年11月18日。

二十世：光廷配崔氏生一子：洪升。

二十一世：洪升配黄月玲生于1949年6月13日，生一子三女，子：开仁。

二十二世：开仁生于1977年5月2日，配叶雪银生于1973年6月10日，生一子二女，女：长女凤华生于2008年7月15日；二女诗芸生于2009年11月18日；子：博鸿。

二十三世：博鸿生于2012年10月3日。

二十世：会廷配吴氏生三子：洪业、洪佳、洪团。

二十一世：洪业生于1957年5月14日，配陈期芬生于1958年6月15日，二子一女，女：海花生于1993年3月15日，子：开林、开仁。

二十二世：开林生于1981年11月10日，配邓惠芝生于1986年8月12日，生二女：芷欣生于2004年1月26日，芷翠生于2011年2月16日。

二十二世：开仁生于1988年7月3日。

二十一世：洪佳生于1960年9月11日，配林雪兰生于1966年10月7日，生二子一女，女：木菇；子：开越、开盈。

二十二世：开越生于1986年1月16日，配李茂芝生于1988年11月14日，生一子一女，女：丽晴生于2011年2月3日；子：天雄。

二十三世：天雄生于2013年6月13日。

二十二世：开盈生于1990年9月18日，配邱翠芳生于1991年6月11日，生一子：庆雄。

二十三世：庆雄生于2010年8月5日。

二十一世：洪团生于1963年1月14日，配叶亚青生于1962年3月5日，生三子：开龙、开敏、开裕。

二十二世：开龙生于1980年1月4日；开敏生于1991年3月23日；开裕生于1991年3月23日。

二十世：荣廷配唐氏生二子：洪云、洪伟。

二十一世：洪云生于1956年6月3日，配崔凤林生于1956年5月17日，生一子一女，子：开恒。

二十二世：开恒生于1993年3月25日，配徐艳青生一地1997年1月13日，生一女：海怡生于2013年3月16日。

二十一世：洪伟生于1963年5月14日，配莫玉梅生于1969年1月28日，生二子三女，女：长女惠玲生于1992年5月28日；二女惠娇生于1995年9月25日；三女春玲生于1996年6月22日；子：开锦、开睿。

二十二世：开锦生于1998年9月21日；开睿生于2001年10月4日。

二十世：瑞廷生于1922年8月17日，配王玉英生于1932年1月4日，生四子：洪开、洪青、洪邦、洪轩●。

二十一世：洪开配陈氏生二子一女，女：秋敏生于1995年8月2日；子：开武、开朗。

二十二世：开武生于1992年1月28日；开朗生于1993年9月3日。

二十一世：洪青生于1962年5月22日，配何氏生一子：开京。

二十二世：开京生于1997年8月14日。

二十一世：洪邦生于1968年11月10日，配廖氏生三子一女，女：思霞生于2000年3月2日；子：开勇、开兵、开健。

二十二世：开勇生于1993年3月27日；开兵生于1994年8月18日；开健生于1996年12月7日。

十八世：国就妣黄氏生一子：应松。

十九世：应松妣陈氏生一子：兆廷。

二十世：兆廷配黄氏生二子：洪登、洪科。

二十一世：洪登生于1948年10月23日，配黄翠玲生于1951年6月12日，生三子二女，女：小清生于1993年2月8日；子：开元、金党、金忠。

二十二世：开元生于1976年2月18日，配崔伟仙生于1978年12月20日，生一女：佩儿生于2013年1月30日。

二十二世：金党生于1984年12月11日；金忠生于1985年2月8日。

二十一世：洪科生于1952年10月11日，配张淑芬生于1960年4月9日，生一女一子，女：伟梅生于1987年5月10日；子：开阳。

二十二世：开阳生于1995年6月20日。

世美公次支朝通公分支成章公派下侯进房源流谱

十三世：成章自康熙 22 年（1683）年迁电白安居，妣陈氏，生一子：侯进。

十四世：侯进妣卢氏，生一子：文灿（另续），妣董、何二氏，生六子：士超（未详）、士仁、士龙（另续）、士升（另续）、士凤（未详）、士兴（未详）。

十五世：士仁妣张氏，生一子：光学。

十六世：光学妣王氏，生一子：景荣。

十七世：景荣妣氏，生二子：文炳、文英。

十八世：文炳妣黄氏，生一子：茂胜。

十九世：茂胜，生于 1918 年，配黄氏，生一子：其锡。

二十世：其锡，生于 1957 年，配何氏，生一子二女：培毓、培斌。

二十一世：培毓，生于 1980 年，配何氏，生一子一女。女：锦潼，生于 2009 年。子：锦森。

二十二世：锦森，生于 2013 年，儿童。

二十一世：培斌，生于 1984 年，配郑氏，生二子：锦杰、锦枫。

二十二世：锦杰，生于 2011 年，读书；锦枫，生于 2012 年，儿童。

十八世：文英妣李氏，生四子：茂南、茂全、茂春、茂有●。

十九世：茂南，生于 1911 年，妣叶氏，生三女二子：其瑞、其寿。

二十世：其瑞，生于 1944 年，配陈氏。

二十世：其寿，生于 1952 年，配许氏，生二子：亚水、木周。

二十一世：亚水，生于 1981 年，配李氏，生一子二女。长女：乐瑶生于 2006 年，读书；二女：乐熙生于 2010 年，读书。子：乐民。

二十二世：乐民，生于 2007 年，读书。

二十一世：木周，生于 1987 年，配梁氏，生一子一女。女：丽华，生于 2010 年，读书。子：金豪。

二十二世：金豪，生于 2008 年，读书。

十九世：茂全，生于 1914 年妣陆氏，生三女二子：其忠、其伟。

二十世：其忠，生于1942年，配董氏，生三女二子：亚郑、亚甜。

二十一世：亚郑，生于1972年配杨氏，生一子二女。长女：莹莹，生于2009年，读书；二女：锦泓生于2011年，儿童。子：熵榆。

二十二世：熵榆，生于2006年，读书。

二十一世：亚甜，生于1975年，配毛氏，生二子一女。女：春玲，生于2004年，读书；子：锦成、锦豪。

二十二世：锦成生于2006年，读书；锦豪生于2008年，读书。

二十世：其伟生于1953年，配罗氏，生三女三子：亚冲、培金、培绿。

二十一世：亚冲，生于1985年，配吕氏，生二子：锦权、锦强。

二十二世：锦权，生于2008年，读书；锦强，生于2013年，儿童。

二十一世：培金，生于1993年，在外务工；培绿，生于1996年，读书。

十九世：茂春，生于1928年妣邓氏，生三女三子：其兴、其辉、水有。

二十世：其兴，生于1963年配何氏，生一女三子：培明、培文、培伟。

二十一世：培明，生于1987年，配赖氏，生一子：锦源。

二十二世：锦源，生于2007年，读书。

二十一世：培文生于1990年，配邓氏，生一子一女：语虹，生于2001年读书。子：锦鸿。

二十二世：锦鸿，生于2009年，读书。

二十一世：培伟。

二十世：水有，生于1974年，配莫氏，生三子：培林、培二、培华。

二十一世：培林生于2000年，读书；培二，生于2005年，读书；培华，生于2011年，读书。

十七世：庆荣妣氏，生一子：文启。

十八世：文启妣陈氏，生一子：茂龙。

十九世：茂龙妣马氏，生二子：其光、其发。

二十世：其光，生于1918年，配欧氏，生二女一子：兆存。

二十一世：兆存生于1941年，配廖氏，生二女三子：振辉、振丰、日成。

二十二世：振辉，生于1972年，配朱氏，生一子二女。大女：秋红，生于1992年，读书。子：文杰。

二十三世：文杰，生于 2001 年，读书。

二十二世：振丰。

二十二世：日成，生于 1982 年，配龙氏，生一子一女。女：乐怡，生于 2009 年读书。
　　　　　子：文才。

二十三世：文才，生于 2008 年，读书。

二十世：其发，生于 1911 年，妣陈氏，生一女二子：兆东、兆成。

二十一世：兆东，生于 1951 年，务农。

二十一世：兆成生于 1956 年，配黎氏，生一女三子：土强、水强、进文。

二十二世：土强，生于 1984 年，配陈氏，生一子：文浣。

二十三世：文浣，生于 2009 年读书。

二十二世：水强，生于 1985 年，外务工；进文，生于 1988 年，学历大学，高州市医院工作。

世美公次支朝通公分支成章公派下侯进房源流谱

十三世：成章自康熙22年（1683年）从欧家迁往电白安居落业，妣陈氏生一子：侯进。

十四世：侯进妣卢氏生一子：文灿；董、何二氏生六子：士超（未详）、士仕（另续）、士龙、士升（未详）、士凤（未详）、士兴（未详）。

十五世：士龙妣林氏生一子：光耀。

十六世：光耀妣罗氏生一子：庆裕。

十七世：庆裕妣叶氏生二子：文彩、国华（另续）。

十八世：文彩妣唐氏生五子：茂胜●、茂德、茂轩、茂四●、茂五●。

十九世：茂德妣陈氏生二子：盛芳、盛兰。

二十世：盛芳妣马氏生二子：兆财、葵。

二十一世：兆财生于1954年8月18日，配陆凤兰尖角山村人生于1955年12月13日，生一子四女，子：太。

二十二世：太生于1973年9月24日，配陈金花生于1975年，生一女二子，子：水雄、水图。

二十三世：水雄生于1998年2月27日，水图生于2004年2月28日。

二十一世：葵生于1965年5月29日，职业经商，配刘梅英迳仔村人生于1966年10月17日，生一子一女，女：燕玲生于1991年12月5日，学历大专；子：燕国。

二十二世：燕国生于1990年7月12日，学历大专。

二十世：盛兰配邓氏生五子：兆良、兆辉、茂、甜、党。

二十一世：兆良生于1951年12月13日，配董秀平打铁村人生于1954年11月30日，生一子四女，子：弟。

二十二世：弟生于1982年3月7日，配黄翠琴花园村人生于1984年11月17日，生一子一女，女：婉玲生于2008年5月22日，儿童；子：鸿杰、鸿轩。

二十三世：鸿杰生于2001年6月26日，鸿轩生于2011年7月12日。

二十一世：兆辉生于1950年2月4日，配廖青荣后屋村人生于1957年8月21日，生一子：燕。

二十二世：燕生于1981年8月21日，配毛瑞梅大粒村人生于1991年7月13日，生一子：鸿振。

二十三世：鸿振生于2011年8月28日。

二十一世：茂生于1964年3月18日，配卢伟珍卢屋村人生于1961年10月5日生三子一女，子：燕超、燕成、燕荣。

二十二世：燕超生于1991年7月13日，学历大专；燕成生于1993年12月15日，学历大专；燕荣生于1994年12月2日，学历初中。

二十一世：甜生于1969年12月29日，配古梅云潭村人生于1962年9月9日，生二女，大女：清来生于1993年10月21日；二女：燕起生于1996年9月30日，学历高中。

二十一世：党生于1971年3月21日，学历初中，配马亚添大山村人生于1969年11月1日，生一子三女，女：长女燕萍生于1996年3月12日，学历初中；二女玉玲生于1998年2月18日；三女：燕敏生于2001年8月18日；子：燕涛。

二十二世：燕涛生于2005年8月12日，读书。

十九世：茂轩妣氏生二子：盛明、盛儒。

二十世：盛明妣黄氏生五子：兆雄、兆基、兆新、木、兆武。

二十一世：兆雄生于1944年12月13日，配邹雪英王村人生于1948年6月18日。生一子三女，子：光儒。

二十二世：光儒生于1983年2月15日，学历大专，职业经商。

二十一世：兆基生于1943年11月2日，配赖淑荣石文村人生于1950年10月5日，生一子：光杰。

二十二世：光杰生于1994年11月28日。

二十一世：兆新生于1956年3月18日，配李美荣木子荣村人生于1960年11月3日，生二子二女，子：真。

二十二世：真生于1980年7月13日，配李育兰白腊塘村人生于1981年10月5日，生一子二女，大女：凤敏生于2005年6月14日，二女：凤娟生于2007年10月4日，子：鸿志。

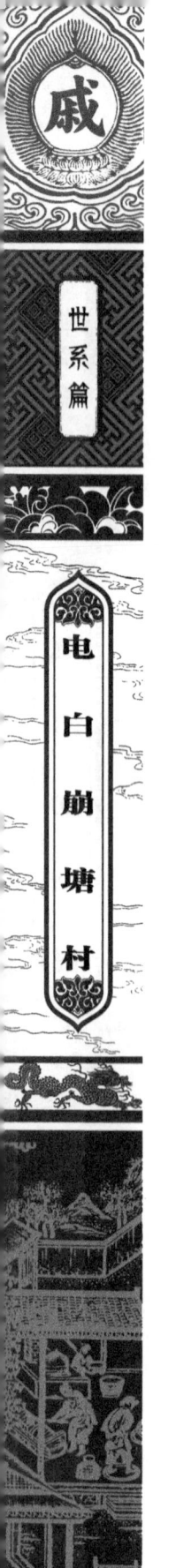

二十三世：鸿志生于 2009 年 12 月 29 日，儿童。

二十一世：木生于 1960 年 11 月 30 日，配卢丽卢屋村人生于 1962 年 11 月 6 日，生二女三子，子：光东、光理、光伟。

二十二世：光东生于 1985 年 12 月 14 日，学历初中，配玉花王村人生于 1984 年 1 月 15 日，生二子：鸿彬、鸿辉。

二十三世：鸿彬生于 2008 年 10 月 2 日，读书；鸿辉生于 2012 年 6 月 27 日，读书。

二十二世：光理生于 1991 年 10 月 3 日，学历初中；光伟生于 1993 年 11 月 14 日，学历初中。

二十一世：兆武生于 1960 年 7 月 14 日，学历初中，职业工人，配陈琼宿东村人生于 1962 年 7 月 16 日，生一子一女，女：妹生于 1992 年 3 月 20 日；子：关宁。

二十二世：关宁生于 1990 年 8 月 5 日，学历大专。

二十世：盛儒妣莫氏生二子：亚就、日新。

二十一世：亚就生于 1966 年 8 月 9 日，职业经商，配黎金兰大园村人生于 1968 年 10 月 21 日，生二子二女，女：大女诗婷生于 1994 年 9 月 25 日，学历高中，二女诗宛生于 1994 年 9 月 25 日，学历高中；子：燕冲、燕锋。

二十二世：燕冲生于 1995 年 5 月 18 日，学历初中；燕锋生于 1996 年 9 月 21 日，学历初中。

二十一世：日新生于 1978 年 3 月 8 日，配张兰花蕉子村生于 1978 年 5 月 3 日，生一子二女，女：长女诗美生于 2007 年 1 月 8 日；二女诗柔生于 2008 年 12 月 31 日；子：燕杰。

二十二世：燕杰生于 2012 年 2 月 28 日，儿童。

二十世：盛开妣黄氏生一子：兆锋。

二十一世：兆锋生于 1958 年 3 月 13 日，配胡华英大园村人生于 1960 年 12 月 6 日，生三女三子，子：燕侨、燕雄、亚强。

二十二世：燕侨生于 1991 年 5 月 20 日，读书；燕雄生于 1993 年 7 月 21 日，读书；亚强生于 1996 年 2 月 12 日，读书。

十九世：茂安妣氏生一子：盛芳。

二十世：盛芳配邓氏生二子：土生、兆金。

二十一世：土生于 1968 年 8 月 13 日,配李妹王村人生于 1967 年 1 月 2 日，生三女二子，

大女：燕琼生于1994年12月9日；二女：玲生于1999年5月25日；三女：燕莹生于2000年7月19日；子：燕州、燕科。

二十二世：燕州生于1996年12月15日，读书；燕科生于2003年2月20日，读书。

二十一世：兆金。

六世祖秀美公至十二世祖世系源流图表

六世	七世	八世	九世	十世	十一世	十二世

```
                                        用权 ——→ 希文●

                                                        ┌ 日伟 ──→ ┌ 振腾
                                                        │          └ 振操
                                        用衡 ——→ 希尧 ──┤
                                                        │          ┌ 振清
                                                        └ 日启 ──→ └ 振瘦

秀美 ——→ 安祥 ——→ 贵卿 ——→     用瑚 ——→ 希舜 ──→ 日成●
(二支)   (长支)

                                        用琏 ——→ 希恩 ──→ 日鼎 ──→ 振玉

                                                 ┌ 希尹 ──→(待考)→(待考)
                                        用炳 ——→ │
                                                 └ 希球●
```

六世祖秀美公至十三世祖世系源流谱

六世：秀美妣陈氏，生二子，与妣葬在蛇地向蛤岭，坐北向南，丙兼亥巳，大清嘉庆年重修石碑为记，为欧家不迁之子并与子美公同墓，子：安祥、安瑞（另续）。

七世：安祥（叼南朝）妣周氏，与妣同葬在狮子岭，坐北向南，生一子：贵卿。

八祖：贵卿妣梁、霍二氏，生五子：用权、用衡、用瑚、用琏、和炳。

九世；用权妣氏生一子：希文。

九世：用衡妣林氏生一子：希尧。

九世：用瑚妣氏生一子：希舜。

九世：用琏妣袁氏生一子：希恩。

九世：用炳妣李氏生二子：希尹●、希球。

十世：希文妣方氏●。

十世：希尧妣何氏生二子：日伟、日啟。

十世：希舜妣氏生一子：日盛●。

十世：希恩妣氏生一子：日顶。

十世：希球妣司氏●。

十世：日伟妣谭氏生二子：振胜、振操。

十世：日啟妣梁氏生二子：振清、瘦公●。

十一世：日顶妣叶氏生一子：振玉。

十二世：振胜妣马氏生六子：王伦、王图、王章、王四●、王五●、五猷。

十二世：振操妣黄氏生一子：王章。

十二世：振清妣黄氏生五子：王佐、王朝、王治、王辅、王乔。

十二世：振玉妣徐氏生三子：王真、王富、王贵。

十三世：王伦妣罗氏生二子：学焕、学明。

十三世：王图妣氏生一子：相廷。

十三世：王章郑氏生二子：相材、相德。

十三世：王猷妣林氏生一子：相美。

十三世：王佐妣黄氏生一子：相正。

十三世：王朝妣何氏生一子：相友、相信。

十三世：王治妣赵氏●。

十三世：王辅妣廖氏生一子：相福。

十三世：王乔妣伍氏生二子：相庆、相广。

十三世：王真妣梁氏生三子：学选、学儒、学举。

十三世：王富妣方氏生四子：学信、学文、学员、学辉。

十三世：王贵妣韩氏生二子：学敷、学武。

秀美公长友安祥分支王伦、王图、王尤派下 学焕、学明、相廷、相美房源流谱

十三世：王伦妣罗氏生二子：学焕、学明。

十四世：学焕妣方氏生一子：峯。

十五世：峯妣樊氏●。

十四世：学明妣邱氏生二子：良臣、良忠。

十五世：良臣妣黎氏生一子：光前。

十六世：光前妣周氏生三子：维泰、维平、维福●。

十七世：维泰妣钟氏●。

十七世：维平妣叶氏●。

十五世：良忠妣李氏生一子：光定。

十六世：光定妣王氏生五子●。

十三世：王图妣氏生一子：相廷。

十四世：相廷妣林氏生一子：兰。

十五世：兰妣许氏生一子：光朝。

十六世：光朝妣李氏生一子：慈泰。

十七世：慈泰妣林氏●。

十三世：王尤妣林氏生一子：相美。

十四世：相美妣氏生二子：亚乙●、亚福●。

秀美公长支安祥分支王章公派下相材、相德房源流谱

十三世：王章（振胜三子出继色叔振操）妣郑氏，生二子：相材、相德。

十四世：相材妣潘、曹二氏生二子：熺、矫。

十五世：熺妣曹（出）麦氏生一子：光昌。

十六世：光昌妣陈、朱、伍三氏●。

十五世：矫妣曹出吕氏●。

十四世：相德（国学生）友爱品行端正，恤孤济贫、积德尝田妣昌黎二氏生六子：炜、炯、烨、麟宝、麟英、麟贵。

十五世：炜妣孙氏生二子：光祖、光先。

十六世：光祖妣张氏●。

十六世：光先妣苏氏生二子：维兴●、维贵。

十七世：维贵妣陈氏生一子：亚生（未详）。

十五世：炯妣陈、钟、梁三氏生二子：光日、光月。

十六世：光月妣谭氏生一子：经泰。

十七世：经泰妣李氏生二子：亚保●、华安●。

十六世：光日妣刘、莫二氏生一子：联泰。

十七世：联泰妣莫、林二氏生二子：益孚、益亨。

十八世：益孚妣氏生三子：有珍、有坤●、有焕。

十九世：有珍妣氏生二子：兆丰（未详）、亚炳（已当兵未详）。

十九世：有焕妣氏生三子：兆兰、兆伟、自九（已当兵未详）。

二十世：兆兰妣林氏生三子五女：子：现文、观洪、亚均。

二十一世：观文生于1942年5月16日，学历高中，国企退休后住湛江市糖机修配厂，配卢顺娣广州市人，生于1950年4月8日，生一子：小菱。

二十二世：小菱生于1974年4月23日，学历中专，在外务工。

二十一世：观洪配黄土妹，生二女。

二十世：兆伟妣周氏，生二子五女：子：戚寿、日贵。

二十一世：戚寿配朱海棠坡贞塘村人，生于1946年5月14日，生二女一子：长女，红英生于1969年3月17日，学历初中，适湛江市；次女，晓明生于1971年11月7日，适湛江市；子：戚涛。

二十二世：戚涛生于1973年9月13日，生一子：浩然。

二十三世：浩然生于2001年12月20日，在校就读。

二十一世：日贵生于1952年10月22日，学历初中，居住安铺，配吴天友，黎明场人，生于1956年6月8日，生一子一女：女，小烨生于1991年10月24日，适东莞市；子：广权。

二十二世：广权生于1981年8月4日，配杨荣华，湖南人，生于1988年1月2日，生一女：梓欣生于2008年1月6日。

十五世：烨妣黄氏生一子：光景。

十六世：光景妣陈氏生三子：尚礼、亚安●、亚凤（出继）。

十七世：尚礼妣黄氏生一子：亚凤●。

十五世：麟宝妣吴、许二氏生五子：光史、光景（出继）、光宏、光顕、光达●。

十六世：光史妣陈氏生一子：盛泰。

十七世：盛泰妣郑氏生一子；亚爵●。

十六世：光宏妣吴氏出张氏●。

十六世：光顕妣许出黎氏生三子：亚孃●、亚保●、亚回●。

十五世：麟英妣黎氏生二子：光玲、光珑。

十六世：光玲妣余氏生二子：常泰、源泰（从七块仔迁海南）。

十七世：常泰妣张氏生一子：亚兴（未详）。

十四世：相德妣昌、黎二氏生六子：炜（另继）、炯（另继）、烨（另继）、麟宝（另继）、麟英、麟贵。

十五世：麟英妣黎氏生二子：光玲（另继）、光珑。

十六世：光珑姆林氏生三子：国泰、观生●、亚文●。

十七世：国泰妣氏生二子：益分、益春。

十八世：益分妣昌氏生二子：有槐、有桃（未详）。

十九世：有槐妣蓝氏生二子：兆信、兆成。

二十世：兆信妣陈氏生一子四女：子：刘文。

二十一世：刘文生于1956年11月22日，配黄英、广西百色市人，生于1958年7月7日，取一子入继二女：长女，榕尹生于1989年4；月6日次女，壹媛生于1992年2月2日；子：余榕。

二十二世：余榕生于2012年5月4日，儿童。

二十世：兆成配麦氏生二子一女（后改嫁）：女，琴英生于1946年2月1日；子：亚富●、戚信。

二十一世：戚信生于1948年10月9日配许明珍大稔坡村人，生于1948年9月25日，生一子三女：长女，桂平生于1974年8月1日，适关塘村；次女，云英生于1978年6月19日，适新村仔村；三女，月红生于1981年8月20日，适廉江市大江边村；子：志伟。

二十二世：志伟生于1972年3月8日，学历中职，配赵宏梅湖南宁远人，生于1979年6月8日，生二子：康雨、镇寓。

二十三世：康雨生于2003年5月12日；镇寓生于2004年6月6日。

十五世：麟贵妣伍氏生二子：光星、光辰。

十六世：光星妣王氏生三子：亚凤●、亚生●、亚养（出继）。

十六世：光辰妣陈氏生一子：裕泰。

十七世：裕泰妣李氏生一子：观宁。

十八世：观宁妣氏生二子：康庸●、木生●。

秀美公长支安祥分支王佐公派下相正房源流谱

十三世：王佐妣黄氏生一子：相正。

十四世：相正妣陈氏生一子：●

十三世：王朝妣何氏生二子：相友、相信。

十四世：相友妣黄氏生二子：亚广●、亚荣。

十五世：亚荣妣麦氏生一子：亚生●。

十四世：相信妣陈氏生一子：麟德。

十五世：麟德妣袁氏生一子：●。

十三世：王辅妣廖氏生一子：相福。

十四世：相福妣林、李二氏生一子：亚三●。

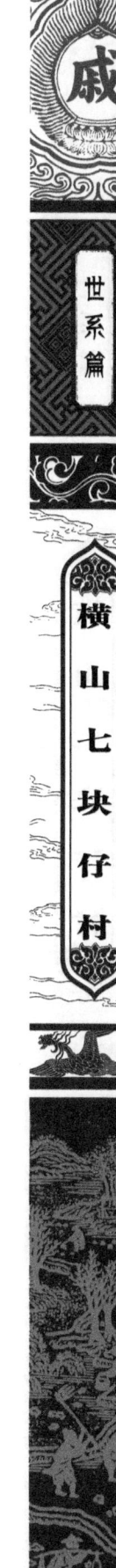

秀美公长支安祥分支王乔公派下相庆房源流谱

十三世：王乔妣伍氏生二子：相庆、相广。

十四世：相庆妣何氏生二子：瑞、坤（未详）。

十五世：瑞妣许氏生一子：光殿。

十六世：光殿妣王氏生二子：亚扶●、亚保●。

十五世：坤妣陈氏生二子：光常、光尧●。

十六世：光常妣陈氏生二子：康明●、谦泰。

十七世：谦泰妣谢氏生四子：益才、益和、亚贤●、益利。

十八世：益才妣麦氏生一女：●。

十八世：益和妣何氏（取一子入继）：土球。

十九世：土球（有钦）生于1943年2月4日，配潘雪娟大美埇村人，生于1947年1月20日，生二子：华新、华宪。

二十世：华新（兆武）生于1971年5月11日，学历技校，在深圳为眼镜厂，配李江茹，海康市人，生于1974年7月4日，学历高中，生一子一女：女，琪仁生于1996年9月24日，子：洪庚。

二十一世：洪庚生于2000年5月17日。

二十世：华宪（兆魏）生于1981年9月20日，学历高中，在深圳办眼镜厂，配陈建梅，广西石龙人，生于1979年9月15日，生一女：青曼生于2005年5月14日。

十八世：益利配李氏生二子：有伟、观敬。

十九世：有伟生于1939年3月14日，配李玉芳，三角塘村人，生于1938年10月30日，生三子二女：长女，海燕生于1977年4月26日，适增城；次女，李广生于1979年7月2日，适三股塘村；子：康绍、戚义、水东。

二十世：康绍配郑（改嫁）氏生一子：康爱。

二十一世：康爱生于1991年1月18日，学历初中，在外务工。

二十世：戚义生于1965年10月19日，学历初中，配何日英，水流村人，生于1965年3月7日，学历高中，生一子；广驰。

二十一世：广驰生于1989年10月21日，学历高中，在外务工。

二十世：水东生于1969年8月9日，技校，在深圳办模具厂，配潭建清生于1971年7月9日，龙潭仔村人，生一子二女：长女，颖欣生于2002年1月26日；次女，彩霞生于2007年11月22日；子：甲和。

二十一世：甲和生于1999年12月22日。

十九世：观敬配吴翠娟，山高栅村人，生于1957年11月9日，生二子二女：长女，日妹生于1984年10月12日，适河南襄阳市；次女，恒芳生于1986年7月15日，适江西新余市；子：晓星、景全。

二十世：晓星生于1983年8月17日，学历初中，在外务工，配农玉红，广西靖西市人，生于1987年6月29日，生一子：农皓。

二十一世：农皓生于2011年10月23日。

二十世：景全生于1986年7月15日，学历初中，在外务工，配李婵，河南驻马店市汝南县人，生于1988年5月16日，生一子：指南。

二十一世：指南生于2010年1月8日。

秀美公长支安祥公分支王贵派下学敷、学武房源流谱

十三世：王贵妣韩氏生二子：学敷、学武。

十四世：学敷妣陈氏生五子：煊、富●、超●、山●。

十五世：煊妣李氏生三子：光信、光利、光来。

十六世：光信妣蔡氏生二子：同泰、和泰●。

十七世：同泰妣钟氏生二子：齐保●、亚发●。

十六世：光利妣黄氏生四子：开泰●、荣泰●、亚三●、亚四●。

十六世：光来妣伍氏生一子：明泰。

十七世：明泰妣李氏生四子：益贤、益宽●、亚生●、益光。

十八世：益贤妣氏生一子：有庚。

十九世：有庚妣郑氏生一子：兆吉。

二十世：兆吉配林氏生二子三女：长女，水侦生于1957年5月9日，适山高栅村；次女，亚银生于1964年10月15日，适新华镇；三女，亚先生于1968年2月12日，适水流村；子：华炳、日强。

二十一世：华炳生于1953年8月11日，南海舰队服役退伍后，南海石油公司工作定居南油，配陈翠玲，廉城市区人，生于1957年8月23日，生一子：伟鹏。

二十二世：伟鹏生于1981年10月28日，大学本科生，南油工业建安公司设计员，配李岚，坡头区人，生于1982年5月14日，大学毕业，生一女：舒乔生于2012年12月15日。

二十一世：日强生于1962年1月9日，配方周，麦地村人，生于1962年11月1日，生二子二女：长女，晓润生于1988年3月25日，学历大专，适木栏村；次女，晓晴生于1992年10月11日，学历大专；子：伟柏、锦诣。

二十二世：伟柏生于1985年12月12日，学历高中，在深圳开眼镜厂，配邹梅玉丰顺县丰良镇人，生于1990年11月14日，生一子：嘉浩。

二十三世：嘉浩生于2015年5月23日。

二十二世：锦诣生于1990年5月21日，高中。

十八世：益光妣莫氏生一子：有年。

十九世：有年妣陈氏生六子：兆孚、亚森●、亚三●、兆群、日新、南国。

二十世：兆孚妣周氏（带来二子入继）：培辉、培木。

二十一世：培辉生于1948年9月23日，配莫清，关塘仔村人，生于1954年4月8日，生一子一女：女，康慧生于1994年6月28日；子：水强。

二十二世：水强生于1998年5月1日。

二十一世：培木生于1952年10月5日，配潭秀平，广西灵吗县人，生于1962年9月10日，生三子二女：长女，华娣生于1988年8月13日；次女，华辟生于1994年8月24日；子：水维、水任、李广。

二十二世：水维生于1981年6月25日，学历高中，配陈英燕，东岭村人，生于1983年11月16日，生二子：凯源、凯文。

二十三世：凯源生于2011年2月16日；凯文生于2012年7月14日。

二十二世：水任生于1991年5月11日，大学本科，在外务工。

二十二世：李广生于1996年7月10日，在校读书。

二十世：兆群配陈秀明，大塘尾村人，生于1938年9月20日，生二子：景进、戚栋。

二十一世：景进生于1964年11月4日，学历高中，配李华仙，廉江灯盏塘村人，生于1968年8月26日，生一子一女：女，李英生于1993年4月20日，就读广州中医药本科生；子：锦基。

二十二世：锦基生于1995年7月15日，就读大学本科。

二十一世：戚栋生于1969年9月1日，配朱友广西人，生一女后（改嫁）：女，美欢生于1998年2月2日。

二十世：日新原任广州市中国科学院南海海洋研究所主任，现定居广州市，配汤凤莲，生二子：永贤、永忠。

二十一世：永贤配欧洪，生一女：家玮。

二十一世：永忠配王小丽。

二十世：南国，配莫建英，生二子：培崇、戚添。

二十一世：培崇配陈卜妹生三子：锦淋、锦泳、智滔。

二十一世：戚添配班红艳生一子一女：女，芳绮；子：景涵。

十五世：富妣蔡氏生二子：光德、光益。

十六世：光德妣祝、花二氏生三子：永泰、恒泰、祥泰。

十七世：永泰妣陆祝取一子入继：亚辅●。

十七世：恒泰妣花氏一子入继●。

十七世：祥泰妣谢氏生二子：亚辅出继●、亚安●。

十六世：光益妣陈氏生二子：扶泰●、亚福●。

十四世：学武妣黄氏生四子：元、同、钦●、仁（生一子光义●）。

十五世：元妣麦氏生二子：光安、光邦●。

十六世：光安妣张氏生二子：朝泰、思泰。

十七世：朝泰妣方氏生六子：益元、益就、益章、亚四●、亚五●、亚六●。

十八世：益元妣许氏生二子：有方、有南。

十九世：有方妣李氏生二子：兆元、兆连。

二十世：兆元妣陈氏生三子：振常、观友、日良。

二十一世：振常配钟氏（出取一女）妹仔生于1983年5月7日，适二龙埠村。

二十一世：观友生于1938年3月11日，学历初中，配莫少芳，关塘村人，生于1943年7月20日，生三子一女：女，水月生于1971年3月23日，适清远市；子：永幸、戚荣、戚兵。

二十二世：永幸生于1967年12月23日，中技，配赵中梅湖南宁远人，生于1976年8月24日，学历高中，生二子：景韬、景康。

二十三世：景韬生于1997年5月3日；景康生于1998年9月1日。

二十二世：戚荣生于1973年12月14日，学历初中，配农春宏，广西靖西人，生于1975年5月2日，生二子：康楚、文锋。

二十三世：康楚生于1998年11月17日；文锋生于2003年1月15日。

二十二世：戚兵生于1978年3月15日，中技，配莫水清下三墩村人，生于1982年1月2日，生二子：翔宇、杨明。

二十三世：翔宇生于2008年7月7日；杨明生于2011年6月1日。

二十一世：日良生于1943年10月20日，配钟秀仁，广西天河县人，生于1956年1月18日，生一子一女：女，石娟生于1983年5月7日，适麦地村；子：进方。

二十二世：进方生于1981年6月18日，学历初中，配杨金华，广西靖西县人，生于

1985年10月2日，生一子一女：女，梅津生于2010年1月17日；子：广海。

二十三世：广海生于2006年6月21日。

二十世：兆连配许氏生二子：水祥、哑九。

二十一世：水祥生于1949年4月7日，配张妹仰塘埇仔村人，生于1951年7月5日，生三子：永其、水恩、观景。

二十二世：永其生于1976年8月23日，配王婧茹，电白下垌村人，生于1984年3月3日，生二子：振伟、振轩。

二十三世：振伟生于2004年12月15日；振轩生于2006年8月30日。

二十二世：水恩生于1978年10月19日，配陈婷婷信宜祠垌村人，生于1984年8月18日，生一子一女：女，汝雲生于2007年6月18日；子：汝杰。

二十三世：汝杰生于2007年6月18日。

二十二世：观景生于1986年8月20日，配何华改界炮红星村人，生于1992年7月3日，生一女：军妍生于2013年5月30日。

二十一世：哑九生于1958年5月20日。

十九世：有南妣莫氏生一子：华子●。

十八世：益就妣马氏生二子：有进、有杰。

十九世：有进妣黎氏生一子：兆英。

二十世：兆英妣李氏生七子：亚敬●、亚二●、亚兴●、亚四●、戚汉、亚辉●、金生。

二十一世：戚汉生于1942年12月27日，配谭少华，龙潭村人，生于1951年6月25日，生三女一子：长女，凤英生于1977年3月6日，适博教村；次女，建珍生于1979年5月20日，适木水村；三女，木娣生于1981年8月2日，适河唇镇；子：康松。

二十二世：康松生于1984年2月22日，配黎康琴，深沟村人，生于1990年12月15日，生一子二女：长女，康娣生于2005年12月28日；次女，晓婷生于2011年7月25日；子：雄镇。

二十三世：雄镇生于2013年6月11日。

二十一世：金生生于1950年2月11日，配莫妹，下湾村人，生于1954年1月26日，生五子：伟雄、伟盖、伟冲、伟凉、伟玲。

二十二世：伟雄生于1977年8月2日，配张新娟生于1981年10月13日，生一子二女：

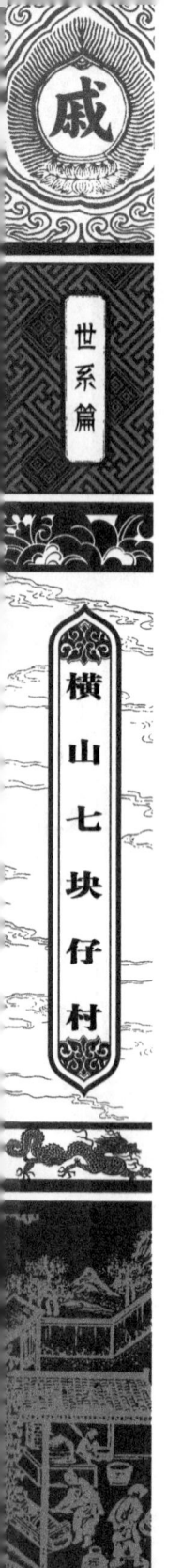

长女，海芳生于 1999 年 2 月 29 日；次女，嘉慧生于 2007 年 4 月 18 日；子：秋荣。

二十三世：秋荣生于 2005 年 2 月 16 日。

二十二世：伟盖生于 1979 年 6 月 13 日，配张平生于 1981 年 4 月 24 日，生一子一女：女，凤丽生于 1999 年 12 月 26 日；子：镇龙。

二十三世：镇龙生于 2001 年 8 月 9 日。

二十二世：伟冲生于 1981 年 6 月 19 日，配毛按灵生于 1981 年 7 月 24 日，学历大学，在外打工，生一子一女：女，燕丽生于 2001 年 5 月 26 日；子：永艺。

二十三世：永艺生于 2000 年 5 月 16 日。

二十二世：伟凉生于 1986 年 12 月 17 日，配曾丽萍生于 1988 年 5 月 17 日，生一子一女：女，思悦生于 2008 年 10 月 24 日；子：锡艺。

二十三世：锡艺生于 2005 年 10 月 6 日。

二十二世：伟玲生于 1989 年 3 月 13 日，在深圳开厂。

十九世：有杰妣周氏生三子：兆庆、振堂●、兆织。

二十世：兆庆妣黎氏生一子（后改嫁）：培志。

二十一世：培志配罗秀清博教村人，生于 1936 年 7 月 27 日，生四子：水发、戚高、景连、戚完。

二十二世：水发生于 1958 年 7 月 2 日，配穆少琴广西百色人，生于 1965 年 6 月 19 日，生二子二女：长女，美杰生于 1991 年 1 月 13 日；次女，燕平生于 1993 年 11 月 11 日；子：李春、李军。

二十三世：李春生于 1988 年 12 月 24 日；李军生于 1998 年 6 月 1 日。

二十二世：戚高生于 1960 年 3 月 16 日，配方广素白沙河村人，生于 1962 年 11 月 10 日，生三子：维司、广裕、志平。

二十三世：维司生于 1989 年 2 月 14 日；广裕生于 1990 年 9 月 12 日；志平生于 1992 年 11 月 12 日。

二十二世：景连生于 1964 年 8 月 16 日，配王连娣越南人，生于 1980 年 10 月 25 日，生二子一女：女，小霞生于 1999 年 4 月 18 日；子：境旺、观杰。

二十三世：境旺生于 1996 年 10 月 14 日配莫如杏白沙塘村人，生于 1998 年 2 月 21 日，生一女：戚慧铭生于 2015 年 9 月 28 日。

二十三世：观杰生于2000年11月22日。

二十二世：戚完生于1968年8月12日，配林秀芦堂村人，生于1968年8月16日，生一子一女：女，美琪生于2004年10月22日；子：振强。

二十三世：振强生于2000年1月13日。

二十世：兆积葬于四角塘北金鸡落峒坡坐西向东，配许金连后溪村人生于1921年9月16日，生三子（后改嫁、后返回带子）：水爵、何照、水禄。

二十一世：水爵生于1941年6月23日，配钟少妹广西天河县人，生于1955年7月13日，生二子二女：长女，彩霞生于1983年5月19日，适关草栅村，次女，海明生于1987年9月9日，适城月镇；子：亚辽、文滔。

二十二世：亚辽生于1985年3月20日；文滔生于1999年6月7日。

二十一世：何照生于1947年7月21日，配梁生烟楼村人，生于1950年7月29日，生二子三女：长女，玉清生于1975年3月29日，适清远；次女，玉娟生于1978年12月28日，适新村人；三女，景娣生于1986年1月5日，适梅州市；子：广钦、广达。

二十二世：广钦生于1988年10月21日，配郑海辉河唇石霸村人，生于1993年1月1日，生二子：振华、振锋。

二十三世：振华生于2012年1月11日；振锋生于2014年7月1日。

二十二世：广达生于1991年1月18日，配卢华丽北潭村人，生于1989年5月16日。

二十一世：水禄生于1949年5月25日，学历初中，69年入伍参加中越地下油管施工7.25工程保障援越抗美，物资供应退伍后曾任排里大队民兵营长兼支委员，配陈燕芬，杨柳村人，生于1953年10月26日，生二子三女：长女，景丽生于1978年11月26日，适建新镇；次女，秋菊生于1980年9月16日，适青平坡禾地村；三女，桂花生于1986年10月13日，适下路村；子：栋彪、德志。

二十二世：栋彪生于1984年10月11日，配黄金英，建新镇苏二村人，生于1987年4月2日，生一子一女。女：戚境静生于2015年11月13日；子：江宁。

二十三世：江宁生于2014年11月2日。

二十二世：德志生于1989年3月20日。

十八世：益章妣陈氏生二子：有新、有权。

十九世：有新妣林氏生一子：兆珣。

二十世：兆珣妣陈、王二氏生三子：亚珊●、康建、广益。

二十一世：康建生于1944年5月19日，1966年在国营商店工作已退休，配吴秀珍，山商栅村人，生于1947年7月28日，生一子：境浩。

二十二世：境浩生于1979年6月29日，配陈月明，港头村人，生于1985年9月18日，生一子：致远。

二十三世：致远生于2013年7月8日。

二十一世：广益生于1949年10月12日，配陈凤，三股塘村人，生于1954年4月13日，生二子二女：长女，路娟生于1976年9月3日，适蓝中镇；次女，境娣生于1980年10月25日，适介炮镇；子：戚就、水贤。

二十二世：戚就生于1974年11月7日，配赖石妹，天九车村人，生于1978年9月20日，生三女：长女，思敏生于2002年9月14日；次女，家慧生于2003年8月25日；三女，安婷生于2009年3月21日。

二十二世：戚贤生于1978年8月28日，配陈观英，大榄田村人，生于1982年5月24日，生一子二女：长女，静怡生于2008年2月3日；次女，小雅生于2011年1月29日；子：子乐。

二十三世：子乐生于2012年8月10日。

十九世：有权妣谭氏生一子：兆和。

二十世：兆和妣莫氏生二子：戚玉●、戚蒙●。

秀美公长支安祥分支王章公派下相德房源流谱

十三世：王章妣郑氏生二子：相材（另续）、相德。

十四世：相德妣昌、黎二氏生六子：炜（另续）、炯（另续）、烨（另续）、麟宝（另继）、麟英、麟贵（另续）。

十五世：麟英妣称氏生二子：光玲、光珑（另续）。

十六世：光玲妣余氏生二子：常泰（另续）、源泰。

十七世：源泰妣赖氏生二子：益新（亚容）（另续）、益瑞。

十八世：益瑞妣曾氏生一子：有敬。

十九世：有敬妣卢氏（从七块仔村迁居石牛潭村）生三子：英俊、戚秀、亚荣。

二十世：英俊生于1932年2月23日，学历大专，教师配陈素芳生于1939年1月9日，生二子：康绍、华绪。

二十一世：康绍生于1967年9月10日，学历大专，市供电局工作，配黄辉燕生于1966年4月10日，廉江上县村人，学历高中，企业局工作，生一子：海杰。

二十二世：海杰生于2001年9月23日，在校读书。

二十一世：华绪生于1972年3月30日，学历大专，湛江工作，配林秀芳生于1978年10月28日，湛江市人，学历高中，教师，生一子：昱炫。

二十二世：昱炫生于2001年3月26日，在校读书。

二十世：戚秀生于1948年8月10日，学历大专，廉江供电局工作，配蔡温友生于1953年5月8日，廉江市区人，学历初中，市供电局工作，生一子：子明。

二十一世：子明生于1979年12月7日，学历中职，职业经商，配刘燕清生于1981年7月5日，市区人，大专，职业教师。

二十世：亚荣生于1947年11月8日，学历高中，职业经商，配蔡玉英生于1947年8月1日，石牛潭村人，学历初中，生三子：李冠、培宏、国庆。

二十一世：李冠生于1975年12月27日，学历中职，职业经商，本颜小芳生于1977年8月15日，营仔圩人，学历高中，生一子：智豪。

二十二世：智豪生于2005年10月2日，读书。

二十一世：培宏生于 1977 年 2 月 22 日，学历中职，配卜春娣，安铺镇人，生于 1979 年 6 月 8 日，学历高中，生二子：诚俊、世钊。

二十二世：诚俊生于 2006 年 8 月 31 日；世钊生于 2009 年 9 月 2 日。

二十一世：国庆生于 1983 年 9 月 3 日，学历高中，深圳工作，配陈世丽，吴川人，生于 1987 年 10 月 6 日，学历高中，生一子：锦力。

二十二世：锦力生于 2011 年 3 月 5 日。

秀美公长支安祥分支王富公派下学信房源流谱

十三世：王富妣韩氏生四子：学信、学文（另续）、学员（另续）、学辉（另续）。

十四世：学信妣方氏生三子：戚变（另续）、戚琏、戚隆●。

十五世：戚琏妣李氏生三子：光宁、光英（另续）、光来●。

十六世：光宁妣曾氏生二子：维富、维连●。

十七世：维富妣何氏生二子：世凤、世土●。

十八世：世凤妣杨氏生五子：有华（另续）、有芬（另续）、有爵（另续）、有禄（另续）、有光。

十九世：有光妣陈氏生二子：兆宝、兆彩●。

二十世：兆宝（从角仔村迁海南金江镇）配杨氏生二子：明秀、明海。

二十一世：明秀生于1933年6月，配侯氏梅州人，生于1935年1月元日，生二子一女：琴妹生于1961年，在外务工；子：天保、天奇。

二十二世：天保生于1955年8月，学历初中，退休干部，配林氏文昌清兰人，生于1961年10月，生一子一女：女，秀筠生于1994年7月，大学本科；子：秀晶。

二十三世：秀晶生于1981年7月，大学毕业，在外务工。

二十二世：天奇生于1957年10月，学历高中，上岗职工，配洪氏澄迈全江人，生于1963年6月，生二女：长女，秀灵生于1982年，学历初中，在外务工；次女，秀明生于1994年7月，学历中专，在外务工。

二十一世：明海生于1935年5月，配杨氏澄迈全江人，生于1935年9月24日，生三子一女：女，天波生于1968年，在外务工；子：天亮、天鹏、天仙。

二十二世：天亮生于1958年6月16日，学历高中退伍军人，下岗职工，配唐氏澄迈金江镇人，生于1958年9月5日，生二子：秀杰、秀利。

二十三世：秀杰生于1982年3月24日，学历初中，在外务工，配郭氏海南屯昌县晨星农场人，生于1983年8月11日，生二女：大女，暖暖生于2002年3月22日；次女，雨捷生于2005年7月8日。

二十三世：秀利生于1988年2月11日，学历高中，在外务工。

二十二世：天鹏生于1964年12月12日，学历高中，在外务工，配李氏澄迈县金江镇人，生一子一女：女，秀云生于1994年8月10日，大学本科；子：秀斌。

二十三世：秀斌生于1992年2月11日，学历中专，在外务工。

二十二世：天仙生于1966年6月，学历高中，在外务工，配周氏海南定安县黄竹镇人，生二女一子：大女，秀丽生于1995年6月30日，大学本科；次女，秀怡生于2005年8月2日，读小学；子：永坚。

二十三世：永坚。

秀美公长支安祥公分支王章公派下相德房源流谱

十三世：王章妣郑氏生二子：相材（另续）、相德。

十四世：相德妣昌、黎二氏生六子：炜（另续）、炯（另续）、烨（另续）、麟宝（另继）、麟英、麟贵（另续）。

十五世：麟英妣称氏生二子：光玲、光珑（另续）。

十六世：光玲妣余氏生二子：常泰（另续）、源泰。

十七世：源泰妣赖氏生二子：益新（亚容）、益瑞（另续）。

十八世：益新（亚容）妣陈氏生三子：有道（迁海南）、有权（迁东兴）、有耀（迁介炮圩）。

十九世：有耀妣氏生四子：兆原、兆坚●、兆新●、兆军。

二十世：兆原生于1926年5月6日，配莫玲下二墩村人，生于1943年6月10日，生一子三女：长女，秀梅生于1967年1月10日，适介炮湾村；次女，连娣生于1970年12月26日，适北潭坡村；三女，良娣生于1974年4月3日；子：景朝。

二十一世：景朝生于1985年1月13日，学历高中，在外务工。

二十世：兆军生于1948年，配卢妹，卢屋村人，生于1948年，生二子二女：长女，水运适城月；次女，柳如适潮洲；子：文锋、影奕。

二十一世：文锋生于1982年12月1日，学历高技，在外务工。

二十一世：影奕生于1988年4月17日，学历大学本科，现广州本田公司工作。

秀美公长支安祥公分支王章公派下相德房源流谱

十三世：王章妣郑氏生二子：相材（另续）、相德。

十四世：相德妣昌、黎二氏生六子：炜（另续）、炯（另续）、烨（另续）、麟宝（另继）、麟英、麟贵（另续）。

十五世：麟英妣称氏生二子：光玲（另续）、光珑。

十六世：光珑妣林氏生三子：国泰、观生●、亚文●。

十七世：国泰妣氏生二子：益分（另续）、益春。

十八世：益春妣氏生二子：有明、有彬。

十九世：有明（南成）迁居安铺，配袁彩凤生五子二女：长女，素珍生于1931年6月，配叶亚保适湛江市；次女，潘凤生于1955年5月8日，配陈日辉适廉江；子：祝田、潘生、潘国、潘隆、潘寿。

二十世：祝田配陈素英，欧家村人，生于1930年6月17日，生三子：康太、康富、国平。

二十一世：康太配陈氏生一子：广辉。

二十二世：广辉生于1993年11月，现读湛江师范学院。

二十一世：康富生于1959年10月28日，瓷厂职工，配吴增英，河唇人，生于1957年7月7日，生一子一女：女，舒颖生于1987年8月23日，大学本科，职业教师；子：智聪。

二十二世：智聪生于1992年6月，广东财经大学本科生。

二十一世：国平生于1963年10月17日，配黄水清，横山镇人，生于1967年5月17日，生二子：进军、振伟。

二十二世：进军生于1993年8月12日；振伟生于1994年9月21日。

二十世：潘生生于1937年7月12日，居西菜市二路56号，配罗建英，博教人，生于1940年11月3日，生一子二女：长女，宝儿生于1973年11月14日，适香港甄松基香港经商，居深圳；次女，戚怡生于1975年4月11日，大学本科生，现任广东医学院办公室科长，适湛江市；子：华健。

二十一世：华健生于1988年8月18日，职业经商。

二十世：潘国生于1945年10月13日，本科大学，原任廉江市委常委市政协主席，退休后任廉江市关工委主任，配罗建清，博教村人，生于1948年7月9日，生一女一子：女，戚涛生于 1977 年 7 月 22 日；子：戚湛。

二十一世：戚湛生于 1973 年 11 月 9 日，市财政局工作，配廖丽，安铺人，生于 1979 年 8 月 28 日，市广播电视台工作，生一子：宇锋。

二十二世：宇锋生于 2007 年 9 月 25 日。

二十世：潘隆生于 1947 年 9 月 28 日，学历大学，原任市侨联付主任科员，配黄水梅，安铺人，生于 1952 年 7 月 23 日，生一子一女：女，慧文生于 1978 年 10 月 29 日，广西师大研究生，在湛江二中任教，一级教师；子：罗粤。

二十一世：罗粤生于 1996 年 10 月 3 日。

二十世：潘寿配肖志玲，良垌镇人，生于 1956 年 8 月 20 日，生二子：志超、志文。

二十一世：志超生于 1983 年 8 月 30 日，食品职工，配宣碧玲，安铺人，生于 1987 年 10 月 14 日，安铺医院工作。

二十一世：志文生于 1997 年 1 月 23 日。

十九世：有彬妣黄氏生二子：兆英、华养。

二十世：兆英配陈氏生二子三女：长女，志辉生于 1954 年 9 月 12 日；次女，小意生于 1959 年 5 月 24 日，适广州市；三女，群仙生于 1962 年 9 月 20 日，适广州市，配夫昌良志，现任广东省高级人民法院处级审判员；子：国强、俊杰。

二十一世：国强生于 1951 年 12 月 5 日，原任广东小国资委党委书记、付主任、正厅级巡视员，配莫石凤，安铺人，生于 1954 年 10 月 11 日，生一子：思胤。

二十二世：思胤生于 1980 年 5 月 8 日，现任广东省广晟资产经营有限公司资本运营部付部长（付处级），配苏莹莹，广州市人，生于 1982 年 4 月 19 日，生一女：旋苗生于 2009 年 10 月 31 日。

二十一世：俊杰生于 1967 年 5 月 4 日，任广东省粤电燃料有限公司付总经理，配钟兰，徐闻县人，生于 1971 年 3 月 10 日，任广东省电子联网收费有限公司工会付主席，生一女：睿妍生于 1999 年 11 月 23 日。

二十世：华养配曹素凤，车板镇人，生于 1932 年 9 月 28 日，生一子：日均。

二十一世：日均生于 1950 年 5 月 15 日，配何丽国，安铺镇人，生于 1953 年 6 月 22 日，生一子二女：长女，汝姬生于 1977 年 7 月 21 日，适广州市；次女，柳婷生于 1979 年 5 月 24 日，适广州番禺；子：一品。

二十二世：一品生于 1983 年 2 月 2 日，广州智利海运分公司职员，配杨明芬，安铺镇人，生于 1987 年 10 月 11 日，智利海运分公司职员。

秀美公长支安祥公分支王真王富公派下 学选、学儒、学举 房源流谱

十三世：王真妣梁氏生三子：学选、学儒、学举。

十四世：学选妣黄氏生一子：芳。

十五世：芳妣樊氏生三子：光亮●、光明、光化●。

十六世：光明妣周氏生一子：亚安●。

十四世：学儒妣何氏生一子：失名●。

十四世：学举妣何氏生一子：峻●。

十三世：王富妣韩氏生四子：学信、学文、学员、学辉。

十四世：学信妣方氏生三子：变、琏、隆●。

十五世：变妣吕氏生二子：●。

十五世：琏妣李氏生三子：光宁、光英、光来●。

十六世：光宁妣曾氏生二子：维富、维连。

十七世：维富妣向氏生二子：世凤、世土●。

十八世：世凤妣杨氏生四子：有华●、有芬●、有爵、有禄。

十九世：有禄妣李氏生二子：兆棠、兆梅。

二十世：兆棠配李氏生二子：虾●、培升。

二十一世：培升生于1944年12月13日，学历初中，配韦凤珍广西人，生于1954年9月25日，生二子一女：女，倚云生于1992年12月25日，学历高中；子：锦锋、锦彬。

二十二世：锦锋生于1982年10月15日，学历高中，配钟婷，新民镇人，生于1986年8月20日，生一子：俊杰。

二十三世：俊杰生于2012年12月13日。

二十二世：锦彬生于1987年5月6日，学历中专。

二十世：兆梅配赵氏生五子：培球、培廉、培安、培瑞、培强。

二十一世：培球生于1950年6月25日，落业遂溪，配林氏，兆潭镇人，生于1954年9月10日，生二子：锦军、锦讯。

二十二世：锦军生于 1976 年 2 月 19 日，学历中专，配钟氏遂城人，生于 2004 年 2 月 16 日，生一子一女：如意生于 2004 年 2 月 16 日；子：家豪。

二十三世：家豪生于 2006 年 7 月 2 日。

二十二世：锦讯生于 1978 年 2 月 15 日，配陈氏，建新镇人，生于 1977 年 2 月 1 日，生一女：参椅生于 2007 年 10 月 22 日。

二十一世：培廉生于 1963 年 3 月 26 日，配李氏，山家村人，生于 1996 年 9 月 20 日，生一子：伟鹏。

二十二世：伟鹏生于 1998 年 11 月 14 日，学历中专。

二十一世：培安生于 1966 年 7 月 26 日，配李氏，山家村人，生于 1962 年 10 月 6 日，生一子一女：女，洁莹生于 1991 年 5 月 7 日；子：鹏程。

二十二世：鹏程生于 1985 年 3 月 26 日，学历高中。

二十一世：培瑞生于 1963 年 6 月 25 日，配招氏，杨柑圩人，生于 1964 年 9 月 2 日，生一子一女：女，蔚慧生于 1991 年 8 月 16 日；子：鹏远。

二十二世：鹏远生于 1994 年 7 月 15 日。

二十一世：培强生于 1966 年 10 月 6 日，配王氏，江洪镇人，生于 1968 年 11 月 5 日，生二子：鹏飞、鹏志。

二十二世：鹏飞生于 1992 年 4 月 16 日；鹏志生于 1997 年 7 月 19 日。

十九世：有禄配罗氏生二子：兆彩●、兆保（迁居海南澄迈县金江镇）。

十四世：学文妣氏生二子：成、旺●。

十五世：成妣黎氏生四子：光烈、光彩●、光才●、光足●。

十六世：光烈妣黄氏生一子（未详）。

十四世：学员妣氏生一子：亚九●。

十四世：学辉妣氏生一子：才●。

十七世：维连妣何氏生三子：世杨、世龙、世德。

十八世：世杨妣姚氏生一子：有国。

十九世：有国妣文氏生二子：兆汉、兆清。

二十世：兆汉妣陈、赖二氏生二子：培宏、培建。

二十一世：培宏生于 1944 年 5 月 28 日，定居廉江，配龙氏，安铺镇人，生于 1945 年 1 月 12 日，生一子：长征。

二十二世：长征生于 1970 年 10 月 25 日，学历大学，定居广州市，配李氏生于 1970 年 8 月 19 日，生一子一女：女，诗铭生于 1998 年 5 月 22 日；子：皓智。

二十三世：皓智生于 2003 年 11 月 27 日。

二十一世：培建生于 1950 年 12 月 9 日，定居廉江，配李、莫二氏生一子一女：女，瑞娴生于 1997 年 1 月 23 日；子：卓铭。

二十二世：卓铭生于 1994 年 5 月 10 日。

二十世：兆清妣余氏生四子：培李（未详）、培伦、培意、培辉（另续）。

二十一世：培伦生于 1966 年 9 月 13 日，配钟氏，广西贵港六旺村人，生于 1972 年 10 月 5 日，生一子三女：长女，景玲生于 1991 年 9 月 10 日；次女，铭意生于 1994 年 8 月 22 日；三女，去娣生于 1996 年 12 月 8 日；子：华棋。

二十二世：华棋生于 1999 年 12 月 8 日。

二十一世：培意生于 1970 年 12 月 3 日，配谭仙，龙潭仔村人，生于 1973 年 7 月 25 日，生二子一女：女，瑜生于 1997 年 6 月 19 日；子：伟锋、广鸿。

二十二世：伟锋生于 2000 年 9 月 23 日；广鸿生于 2009 年 4 月 26 日。

十八世：世龙妣氏生二子：有志、有辉。

十九世：有志妣氏生一子：兆甫（迁居东兴）。

十九世：有辉妣氏生四子：兆光、兆祥、兆进、兆杰。

二十世：兆光妣李氏生三子：培发、培庆●、培珍●。

二十一世：培发妣李氏六子：锦辉、木秀●、锦荣、亚强●、锦光、锦忠。

二十二世：锦辉生于 1943 年 3 月 6 日，配李氏，上垌口村人，生于 1950 年 11 月 26 日，生四子：广文、康武、进治、虾。

二十三世：广文生于 1985 年 9 月 17 日，配何氏，大山村人，生于 1984 年 8 月 17 日，生一子一女：女，梓茵生于 2011 年 7 月 18 日；子：显东。

二十四世：显东生于 2006 年 11 月 28 日。

二十三世：广武生于 1986 年 2 月 14 日。

二十三世：进治生于 1989 年 12 月 28 日。

二十三世：虾生于 1991 年 10 月 25 日（续三股塘村）。

二十二世：锦荣生于 1950 年 7 月 8 日（定居廉江），配黄氏，塘蓬圩人，生于 1952

年9月13日，生一子：戚允。

二十三世：戚允生于1985年11月2日，配叶氏，佛山市人，生于1986年9月13日，生一女：佳悦生于2013年8月10日。

二十二世：锦光生于1955年6月19日。

二十二世：锦忠生于1960年5月19日，配李氏，乙槽村人，生于1962年9月12日，生二子：进国、鹏辉。

二十三世：进国生于1992年1月18日；鹏辉生于1996年7月26日。

二十世：兆祥妣氏生二子：培平、李生●。

二十一世：培平配莫氏生二子：戚虾●、志锦●。

二十世：兆进妣氏生二子：培烈、培煜。

二十一世：培烈配张氏生一子：锦泰。

二十二世：锦泰生于1943年8月21日，配张氏，新国村人，生于1944年3月12日，生三子：戚辉、戚军、戚贞（未详）。

二十三世：戚辉生于1969年3月27日，配张氏，圩仔人，生于1968年12月5日，生二子：景朗、戚科。

二十四世：景朗生于1990年4月6日，配赵氏，雷公埔村人，生于1992年6月20日，生一子：梓轩。

二十五世：梓轩生于2012年3月25日。

二十四世：戚科生于1992年7月20日。

二十三世：戚军生于1971年6月23日，配温氏，云夹村人，生于1975年3月25日，生一子一女：女，戚柳生于2003年9月18日；子：华林。

二十四世：华林生于2009年5月8日。

二十一世：培煜配许氏生二子：亚旺●、锦群。

二十二世：锦群生于1949年7月13日，配陈氏，庙东村人，生于1951年8月12日，生三子：戚江、戚成、景平。

二十三世：戚江生于1976年12月19日，配关氏，雅塘村人，生于1974年5月11日，生三子：戚清、戚豪、戚晓。

二十四世：戚清生于2001年6月9日；戚豪生于2002年8月21日；戚晓生于2006年6月5日。

二十三世：戚成生于1981年10月26日，配陈氏，平塘村人，生于1981年9月8日，生三子：进魏、进聪、桐柠。

二十四世：进魏生于2001年1月26日；进聪生于2003年7月2日；桐柠生于2004年8月5日。

二十三世：景平生于1987年1月29日。

十八世：世德妣氏生三子：有称●、有晚●、有灿。

十九世：有灿妣李氏生二子：兆新、兆兴。

二十世：兆新妣陈氏生四子：培寿、培生、培华、培有。

二十一世：培寿配张氏，涩埇尾村人，生于1932年6月16日，生二子：锦源、锦尤。

二十二世：锦源生于1954年12月15日，配张氏，横垌岭村人，生于1953年3月20日，生二子：华利、进超。

二十三世：华利生于1980年9月28日，配陈氏，横山圩人，生于1985年11月6日。

二十三世：进超生于1985年10月3日，配梁氏，黄江尾村人，生于1991年9月15日，生一女：钰欣生于2012年6月18日。

二十二世：锦尤生于1972年8月28日，落业广州朱村，配梁氏，廉江市区人，生于1979年6月15日，生二子一女：女，韵诗生于2001年6月9日；子：志峰、志达。

二十三世：志峰生于2003年8月6日；志达生于2004年10月5日。

二十一世：培生配卢氏排塘村人，生于1938年6月5日，生二子：锦汉、锦良。

二十二世：锦汉生于1962年6月18日，配何氏，吉水村人，生于1966年11月25日，生一子：乐平。

二十三世：乐平生于1992年11月17日。

二十二世：锦良生于1964年9月12日，配莫氏，关塘村人，生于1996年11月9日，生一子二女：长女，华柱生于1991年10月28日；次女，观泽生于1994年1月25日；子：国隆。

二十三世：国隆生于1988年5月27日。

二十一世：培华配肖氏，石城镇人，生于1943年9月26日，生二子：锦德、锦锡。

二十二世：锦德生于1975年12月28日，配吕氏，麦地村人，生于1976年10月20日，生一子一女：女，金惠生于2006年8月19日；子：国辉。

二十三世：国辉生于2001年3月26日。

二十二世：锦锡生于1985年11月16日。

二十一世：培有生于1937年9月6日，配何氏，麦地村人，生于1940年3月20世，生二子：锦立、锦桥。

二十二世：锦立生于1970年8月10日，配管氏，青平镇人，生于1972年9月14日，生一子：金达。

二十三世：金达生于1999年5月22日。

二十二世：锦桥生于1973年7月23日，配王氏，新屋村人，生于1973年1月30日，生一子二女：长女，水静生于2003年10月25日；次女，木娣生于2007年8月18日；子：志聪。

二十三世：志聪生于2000年6月26日。

二十世：兆兴妣何氏生三子：培明、培光、培琼。

二十一世：培明生于1941年11月4日，配钟氏，牛角埇村人，生于1947年7月24日，生一子：锦槐。

二十二世：锦槐生于1974年10月6日，配黄氏尖角溪村人，生于1974年9月25日，生二子一女：女，水凤生于1999年9月25日；子：志强、观龙。

二十三世：志强生于1997年3月30日；观龙生于1999年1月25日。

二十一世：培光生于1952年6月28日（定居廉江），配林氏，海南人，生于1959年5月8日，生一子：锦杰。

二十二世：锦杰生于1981年9月25日，学历大学，定居广州市，配李氏，廉江市区人，学历大学，生于1980年6月5日，生一女：呵雅生于2012年9月3日。

二十一世：培琼生于1955年8月28日，配伍妹，铁贡村人，生于1957年6月23日，生二子一女：女，小丽生于1987年10月3日；子：锦永、锦宏。

二十二世：锦永生于1985年12月22日，配林日展，横山圩人，生于1985年11月20日。

二十二世：锦宏生于1989年12月28日。

秀美公长支安祥公分支王章公派下有德房源流谱

十三世：王章（系振操公之子继子）妣郑氏生二子：相材（另续）、相德。

十四世：相德（国学生）友爱、品行端正、恤孤济贫、积德尝田，妣昌、黎二氏生六子：炜（另续）、炯（另续）、烨（另续）、麟宝（另续）、麟英、麟贵（另续）。

十五世：麟英妣昌、黎二氏生二子：光玲、光珑（另续）。

十六世：光玲妣余氏生二子：常泰（另续）、源泰。

十七世：源泰妣赖氏生二子：益新（亚容）、益瑞（另续）。

十八世：益新妣陈氏生三子：有道（迁居海南临高新盈镇）、有权（迁居广西东兴）、有耀（迁居遂溪介炮圩）。

十九世：有道妣林氏生二子：哲候、兆位。

二十世：哲候妣郑、周二氏生六子三女：女，春玉、春伟、春珍；子：戚贤、戚才、戚德、戚全、戚文、戚仁。

二十一世：戚贤，学历大学，研究员、国家特殊津贴专家，配张若琪，学历大学，生三子：华民、华文、华兴。

二十二世：华民，学历大学，高级工程师，配龚宁，学历大学，大学教授，生一女：宇涵现读中国传媒大学。

二十二世：华文，学历大学，高级工程师，配邓莉，学历大学，高级经济师，生一子：皓轩。

二十三世：皓轩，高中在读。

二十二世：华兴，学历大学，高级工程师，配肖远菊，学历大学，大学教授，生一女：斯然。

二十一世：戚才，学历大学，高级教师，配王秀玉，学历高中，生三子：小庆、小福、小定。

二十二世：小庆，学历大学，高级营销师，高级项目管理师，配黄琼芳，学历大学，生一子：高源。

二十三世：高源在读书。

二十二世：小福，学历大专，配刘琼江，学历大专，生一子二女：女，宇馨、宇菁；子：皓宸。

二十三世：皓宸在读书。

二十二世：小定，学历大学，配林素静，学历大专，生二女：女，宇悦、宇雯。

二十一世：戚德，学历大学，高级经济师、高级政工师、省特殊津贴专家，配王秀红，学历大专，生一子：小健。

二十二世：小健，学历大学，经济学学士，配梁少柳，学历大学，生一女：晨婴。

二十一世：戚全，学历高中，配许红梅，生三子：华永、华霖、华诚。

二十二世：华永，学历大专，（未婚）。

二十二世：华霖，学历大学，软件工程师，配刘玉青，学历大专，生二子：皓铭、皓硕。

二十三世：皓铭，在校就读；皓硕。

二十二世：华诚，学历大专，（未婚）。

二十一世：戚文，学历高中，配李秀梅，生一子三女：长女，华莎，学历大学；次女，华玲，学历大专；三女，华青，学历大学；子：华强。

二十二世：华强，学历大学，配林秀思，学历大专，生一子一女：女：宇慧；子：皓阳。

二十三世：皓阳生于2015年5月。

二十一世：戚仁，学历高中，配林燕琼生一子三女：长女，小妮，学历大学；次女，小娜，学历大学；三女，欢欢，学历大专；子：华廉。

二十二世：华廉，学历大专（未婚）。

二十世：兆位配黄氏生一子三女：子，戚双。

二十一世：戚双配游氏生一子：小平。

二十二世：小平配吴氏生一子：轩瑞。

二十三世：轩瑞，在校读书。

秀美公长支安瑞公分支成芳公派下 相安/相弼 房源流谱

十三世：戚芳配妻姓氏不详，生一子：相安。

十四世：相安配何氏生一子：麟才。

十五世：麟才配林氏生三子：元魁、日新●、元进●。

十六世：元魁配林氏生三子：廷彰、廷颙、廷扬。

十七世：廷彰配黄氏生三子：秀璇、秀居●、秀璠。

十八世：秀璇配梁、许二氏生四子：有兰、有焕、有灿、有熙。

十九世：有兰配陈氏生一子：亚汉●。

十九世：有焕配李氏生二子：戚进●、戚良。

二十世：戚良生于1929年9月6日，学历小学，原村长，配李林英，横山镇人，生于1941年6月13日，生三子二女：女：长女戚妹生于1964年11月，适务水港；二女戚水生于1971年11月，适湛江市；子：戚裕、戚庆、戚开。

二十一世：戚裕生于1961年9月17日，学历高中，贵州双轮消防公司总经理，配谢桂香，湖南湘潭人，生于1966年8月2日，学历初中，生一子一女：女，少霞生于1991年6月14日，在读本科；子：华文。

二十二世：华文生于1990年2月20日，学历大学，在外务工。

二十一世：戚庆生于1968年12月15日，学历初中，在外务工，配周燕，务水港村人，生于1969年10月24日，学历初中，生二子：耀治、耀华。

二十二世：耀治生于1999年7月11日，在读初中；次子耀华生于2001年6月3日，读小学。

二十一世：戚开生于1975年8月12，学历初中，在外务工，配陆游贵州人，生于1982年11月23日，学历高中，生一女一子：女，佳芯生于2004年4月28日，读小学；子：锦麟。

二十二世：锦麟生于2010年3月23日，儿童。

十九世：有灿配温氏生二子：戚统、戚齐●。

二十世：戚统生于1929年3月27日，卒于2011年，葬于欧家坡坐北向南，配何

秀英欧中村人，生于 1937 年 10 月 16 日，生二女三子：长女，戚惠生于 1965 年 9 月 17 日，学历初中，适湛江市；幼女，戚琼生于 1969 年 2 月 4 日，学历初中，适担水氹；子：戚平、戚虾、戚宽。

二十一世：戚平生于 1957 年 9 月 22 日，学历高中，镇政府工作，配麦少芳，安铺人，学历初中，生于 1957 年 6 月 20 日，生一子：锦聪。

二十二世：锦聪生于 1986 年 5 月 22 日，学历本科，在外务工，配韦瑞玲，高州人，生于 1987 年 2 月 2 日，学历本科。

二十一世：戚虾生于 1960 年 8 月 7 日，学历初中，镇政府工作，配伍翠莉殇，葬于欧家坡，续赵美云，安铺人，生于 1971 年 7 月 8 日，学历高中，生三女：长女，嘉雯生于 1991 年 4 月 5 日，学历高中，适港头村；次女，译宇生于 1998 年 6 月 23 日，读初中；幼女，瀚元生于 2008 年 6 月 29 日，儿童。

二十一世：戚宽生于 1963 年 3 月 19 日，学历大学，在外务工，配冯于敏，生于 1965 年 10 月 7 日，学历本科，生一女：瀚允生于 1997 年 8 月 12 日，读高中。

十九世：有熙配李氏生一子：戚朝。

二十世：戚朝生于 1933 年 1 月 5 日，学历小学，务农，配马素云，担水氹水村人，生于 1942 年 2 月 28 日，生一子：志球。

二十一世：志球生于 1968 年 8 月 23 日，学历初中，在外务工，配谭玉莲，营仔罩村人，生于 1967 年 11 月 8 日，学历初中，生三女二子：长女，慧岭生于 1991 年 12 月 27 日，学历初中，在外务工；次女，慧敏生于 1996 年 6 月 24 日，在读中技；幼女，春兰生于 1999 年 9 月 21 日，读初中；子：健锋、健东。

二十二世：健锋生于 2004 年 6 月 25 日，读小学；健东生于 2007 年 2 月 28 日，儿童。

十八世：秀璠葬于欧家坡坐东向西配陈氏葬于龙潭方屋岭坐东北向西南，生四子：有伟、戚海●、有僚、戚生●。

十九世：有伟生于 1914 年卒于 1989 年葬于龙潭方屋岭坐东南向西北，配何南新急水人，生于 1913 年，卒于 2003 年，葬于欧家坡坐东向西，生五子：南林、戚标、戚茂、日保、戚日。

二十世：南林（已迁往广州）生于 1935 年 12 月 12 日，学历大专，原省邮电公司科长，配陈丽梅肇庆人生于 1939 年 11 月 27 日，学历大专，生一子：继雄。

二十一世：继雄（已迁往广州）生于1968年11月27日，学历高中，配张嘉瑶清远人生于1970年6月12日，生一子：宇栋。

二十二世：宇栋生于1997年8月20日，读高中（已迁往广州）。

二十世：戚标（已迁往湛江霞山）生于1938年8月19日，学历初中，原港务局工人配麦氏殁葬于油麻岭坐东向西续陈康荣田头仔人生于1950年1月16日，生三子：戚波、戚科●、培强。

二十一世：戚波（已迁往湛江开发区）生于1964年9月9日，学历高中，配王玉水东人生于1966年10月14日，学历初中，生二女。长女：艳君生于1990年4月14日，读本科。幼女：艳虹生于1992年9月23日，读本科。

二十一世：培强（已迁往湛江开发区）生于1971年3月27日，学历初中，配梁翅华龙头人生于1972年3月9日，学历初中，生一子一女。女：戚文尧生于2002年1月20日，读小学，子：雅锍。

二十二世：雅锍（现居住湛江开发区）生于2001年12月28日，读小学。

二十世：戚茂生于1941年8月24日卒于1996年葬于阳春配黄桂莲阳春八甲人生于1943年2月7日，生二子：文波、文端。

二十一世：文波（已移居美国）生于1969年6月8日，学历本科，配梁冬霞中山人生于1971年11月29日，生三女。长女：绮琪生于2000年6月10日，读初中。次女：二妹生于2002年11月15日，读小学。幼女：三妹生于2009年2月5日，儿童。

二十一世：文端（移民美国）生于1972年6月8日，学历大学，配刘影阳春潭水人生于1970年3月26日，生一女一子。女：绮婷生于1996年7月30日，读高中，子：梓桐。

二十二世：梓桐生于2002年5月1日，读小学。

二十世：日保生于1946年11月27日，学历初中，配陈秀娟桂福人生于1953年6月25日，学历初小，生二子：戚艺、水泉。

二十一世：戚艺生于1977年12月10日，学历大专，在外务工，配梁小红东海人生于1979年6月10日，学历高中，生二子。子：锦泽、锦涛。

二十二世：锦泽生于2012年3月29日，儿童。

二十二世：锦涛生于2012年3月29日，儿童。

二十一世：水泉生于1979年11月27日，学历大专，在外务工，配蒋锦春化州人生于1979年7月14日，学历大专，生二女。长女：戚艺川生于2006年9月23日，儿童。幼女：戚艺文生于2013年4月6日，儿童。

二十世：戚日生于1953年2月19日卒于2002年葬于狮子岭配王芳下湾人生于1960年8月14日，学历高中，生二子：培杰、培豪。

二十一世：培杰（迁往湛江海头）生于1986年6月16日，学历本科，中国移动湛江分公司工作，配沈思程遂溪人生于1986年11月14日，学历大学。

二十一世：培豪（迁往湛江海头）生于1992年8月14日，在读本科。

十九世：有僚生于1922年月日卒于2001年月日葬于欧家坡坐西向东配何秀凤山高棚村人生于1929年9月26日生三女二子。长女：惠娟生于1953年7月13日，适高墩村。次女：戚梅生于1961年5月17日，适急水村。幼女：戚惠珍生于1968年11月5日，适文瑞仔村。子：戚龙、戚忠。

二十世：戚龙生于1957年1月7日，学历初中，务农，配莫女谭福人生于1956年10月24日生一子一女。女：日娟生于1986年7月28日，学历大专，适新村仔。子：日伟。

二十一世：日伟生于1985年3月9日，学历大专，在外务工，配陈广英水流村人生于1987年2月24日，学历大专生一女：文佩生于2014年7月11日。

二十世：戚忠生于1972年3月26日，学历初中，在外务工，配梁小红西埇管理所人生于1972年3月23日，学历初中，生二子。子：培煜、培锐。

二十一世：培煜生于2002年11月28日，读小学。

二十一世：培锐生于2007年9月25日，儿童。

十七世：廷显配李氏生二子：光●、秀香。

十八世：秀香配罗氏生一子：有达。

十九世：有达生于1914年8月14日卒于1960年配陈梅英上高墩村人，生于1914年4月23日卒于1996年，生四子。子：戚明、戚、戚炳、石兴。

二十世：戚明生于1933年2月28日卒于1999年配姚明昌广西灵山人，生于1942年11月7日卒于1988年，生一子：姚日。

二十一世：兆日（定居广西灵山）生于1970年7月28日，生一子：天栋。

二十二世：天栋生于2000年4月26日，读初中。

二十世：戚生于 1937 年 7 月 24 日卒于 1995 年配黄翠娟广西灵山人生于 1957 年 5 月 16 日，生一女二子。女：雪梅生于 1978 年 9 月 11 日，学历中专，适港头村。子：镇文、康杰。

二十一世：镇文 1980 年 7 月 29 日，学历初中，在外务工，配麦小燕河边村人生于 1985 年 10 月 25 日，学历初中，生三子。子：海滔、锦浩、锦烨。

二十二世：海滔生于 2008 年 2 月 28 日，儿童。

二十二世：锦浩生于 2009 年 9 月 15 日，儿童。

二十二世：锦烨生于 2013 年 7 月 9 日，儿童。

二十一世：康杰生于 1982 年 12 月 10 日，学历中专，在外务工。

二十世：戚炳生于 1945 年 7 月 13 日，学历初小，在外务工，配殷玉珍前进农场人生于 1963 年 10 月 20 日，生一子：景辉。

二十一世：景辉生于 1996 年 5 月 31 日，学历初中，在外务工。

二十世：石兴生于 1955 年 8 月 29 日，学历初中，在外务工，配肖日连黄略坪乡人生于 1961 年 12 月 25 日，生一女二子。女：玉凤生于 1992 年 7 月 2 日，读大学。子：光剑、镇江。

二十一世：光剑生于 1985 年 6 月 20 日，学历中技，在外务工，配程华秀岭北人生于 1985 年 8 月 20 日，生一子：智颂。

二十二世：智颂生于 2014 年 10 月 24 日。

二十一世：镇江生于 1987 年 6 月 2 日，学历中技，在外务工。

十三世：成德配赖氏生四子：相郁（另续）、相道（另续）、相弼、相勋（另续）。

十四世：相弼配王李罗三氏生二子：麟璋（另续）、麟华。

十五世：麟华配李麦二氏生三子：元勳（另续）、元会、元超。

十六世：元会配陈氏生五子：廷佐、廷俊、廷杰、廷伟、廷信。

十七世：廷俊配罗氏生二子：秀燊、秀森●。

十八世：秀燊配李氏生一子：有敬。

十九世：有敬配陈氏生二子：进华、戚珍。

二十世：进华生于 1939 年 11 月 15 日，学历初小，安铺搬运站原站长已退休，配黎梅英茅坡人生于 1939 年月日卒于 2010 年，生二子。子：戚军、戚尚。

二十一世：戚军生于 1966 年 12 月 28 日，学历初中，在外务工，配麦景丽洞心村人

生于 1964 年 3 月 2 日，学历高中，生一子一女。女：思思生于 1996 年 6 月 15 日，读高中。子：广聪。

二十二世：广聪生于 1991 年 8 月 7 日，读本科。

二十一世：戚尚生于 1972 年 5 月 4 日，学历高中，在外务工，配周燕春田头仔人生于 1975 年 10 月 15 日，学历高中，生一子：梓锐。

二十二世：梓锐生于 2003 年 1 月 27 日，读小学。

二十世：戚珍生于 1945 年 11 月 3 日，学历小学，务农，配张进娣角仔村人生于 1950 年 9 月 12 日，生二子一女。女：思梅生于 1987 年 3 月 3 日，在外务工。子：志伟、志强。

二十一世：志伟生于 1972 年 12 月 10 日，学历初中，在外务工，配王月明下湾人生于 1978 年 3 月 12 日，学历初中，生一女二子。女：观慧生于 1997 年 2 月 23 日，读高中。子：张锦、世杰。

二十二世：张锦生于 1999 年 2 月 7 日，读高中。

二十二世：世杰生于 2007 年 9 月 30 日，儿童。

二十一世：志强生于 1976 年 3 月 24 日，学历初中，在外务工，配麦水恒新村人生于 1974 年 4 月 14 日，学历初中，生一子一女。女：木春生于 2006 年 1 月 15 日，读小学。子：源昌。

二十二世：源昌生于 2004 年 9 月 15 日，读小学。

十七世：廷杰配苏氏生三子：亚朝●、秀荣、秀栋●。

十八世：秀荣配李氏生二子：有礼、有务。

十九世：有礼配罗氏生六子：亚胡●、进升、戚永、土胜●、里初、日贞。

二十世：进升生于 1933 年 5 月 8 日卒于 2010 年配刘氏生三女一子。长女：土换生于 1982 年 11 月 3 日，适欧上村。次女：水云生于 1985 年 1 月 23 日，适东山村。幼女：木友生于 1987 年 9 月 13 日，适安铺镇。子：康太。

二十一世：康太生于 1990 年 4 月 6 日，学历初中，在外务工。

二十世：戚永生于 1946 年 7 月 4 日，原小学老师已退休，配林琼珍生于 1948 年 7 月 2 日，生二子：戚伙、戚超。

二十一世：戚伙生于 1973 年 11 月 9 日，学历本科，老师，配陈海燕平坦人生于 1974 年 4 月 11 日，学历本科（老师）生一子：嘉乐。

二十二世：嘉乐生于 2004 年 1 月 27 日，读小学。

二十一世：戚超生于 1979 年 10 月 29 日，学历初中，在外务工，配陈连娣沙古塘人生于 1979 年 9 月 22，学历初中，生一女二子。女：晓洁生于 2009 年 6 月 11 日，儿童。子：锦培、锦泊。

二十二世：锦培生于 2005 年 11 月 15 日，读小学。

二十二世：锦泊生于 2010 年 10 月 27 日，儿童。

二十世：里初生于 1948 年 7 月 25 日（已迁往湛江霞山）学历初中，原湛江外贸公司保卫股股长已退休配莫少梅闹州人生于 1953 年 9 月 11 日卒于 2010 年葬于欧家坡生一子：林杰。

二十一世：林杰（现居湛江霞山）生于 1978 年 9 月 8 日，学历本科，在外务工，配柯伟婵湛江市人生于 1974 年 2 月 29 日，学历大学，生一女：珈榕生于 2008 年 10 月 15 日，儿童。

二十世：日贞生于 1954 年 10 月 17 日，学历高中，务农，配罗英油甘埇人生于 1960 年 9 月 14 日，学历初中，生二女二子。长女：木慧生于 1984 年 9 月 5 日，学历大专，适湖北省。幼女：敬思生于 1987 年 12 月 8 日，学历大专，在外务工。子：晓焕、戚活。

二十一世：晓焕生于 1982 年 12 月 13 日，学历本科，雅塘镇党政亦主任，配吴汶倩建新人生于 1985 年 4 月 26 日，学历本科（老师）。

二十一世：戚活生于 1990 年 5 月 18 日，在读本科。

十九世：有务配罗氏生一子：华荣●。

十七世：廷信其妻姓氏不详生二子：秀林、亚周●。

十八世：秀林配罗氏生二子：戚九、戚球●。

十九世：戚九生于 1931 年 7 月 26 日，学历小学，原任村长，配吕玉梅海南人生于 1946 年 9 月 5 日，生三子：小明、日辉、小章。

二十世：小明生于 1972 年 7 月 25 日，学历小学，在外务工。

二十世：日辉生于 1977 年 8 月 4 日，学历初中，在外务工，配彭玉珍雅塘糖厂人生于 1976 年 8 月 1 日，学历初中，生一女一子。女：金萍生于 2001 年 3 月 27 日，读初中。子：志滔。

二十一世：志滔生于 2004 年 5 月 3 日，读小学。

二十世：小章生于 1980 年 6 月 4 日，学历初中，在外务工，配董换黎头沙人生于 1990 年 9 月 7 日，学历初中。

十六世：元超配蓝氏生二子：廷辉（另续）、廷任。

十七世：廷任配李氏生二子：秀焕、秀文（另续）。

十八世：秀焕配郑氏生二子：有润、贤九●。

十九世：有润配李氏生一子：戚恩。

二十世：戚恩生于 1959 年 8 月 7 日，学历初中，在外务工，配肖三妹高田村人生于 1970 年 7 月 4 日，学历初中，生一女二子。女：晓敏生于 2000 年 5 月 18 日，读初中。子：进伟、进兴。

二十一世：进伟生于 1995 年 3 月 5 日，学历初中，在外务工。

二十一世：进兴生于 1997 年 4 月 26 日，读高中。

十八世：秀锦（注明其父、其祖父姓名失传）配陈氏生二子。子：有连、观荣●。

十九世：有连配黎氏生三子：戚兴、戚桂、戚富。戚桂出继茂桂路戚姓人家养、戚富给外姓养。

二十世：戚兴生于 1929 年 6 月 2 日，务农，配罗原芳油甘埇人生于 1937 年 9 月 30 日生一子：李荐。

二十一世：李荐生于 1970 年 11 月 12 日，学历初中，务农，配吕秀娟麦地人生于 1971 年 10 月 20 日，生二女二子。长女：碧颖生于 2000 年 8 月 24 日，读初中。幼女：何君生于 2003 年 12 月 5 日，读小学。子：锦棋、梓豪。

二十二世：锦棋生于 2002 年 4 月 20 日，读小学。

二十二世：梓豪生于 2006 年 12 月 25 日，读小学。

十八世：秀德（注明：其父名字失传）配罗氏生一子：有茂。

十九世：有茂配蔡氏生二子：兆树、戚福。

二十世：兆树配伍秀琼深田人生于 1933 年 7 月 17 日，生三子。子：戚路、戚机、戚旺。

二十一世：戚路生于 1966 年 3 月 20 日，学历初小，在外务工，配陈榕越南人生于 1972 年 12 月 17 日，生一子一女：女：霞珍生于 1995 年 12 月 4 日，初中，务工。子：水宁。

二十二世：水宁生于 1997 年 6 月 15 日，初中，在外务工。

二十一世：戚机生于 1971 年 2 月 25 日，初中配陈春凤久受埇村人，生于 1973 年

12月3日，初中，生二子：康权、李聪。

二十二世：康权生于2003年10月23日；李聪生于2008年1月23日。

二十一世：戚旺生于1973年12月3日，初中，外务工，配文秀丽下潮村人，生于1972年5月25日，初中，生一子一女：女：玉婷生于2002年7月1日；子：广林。

二十二世：广林生于2005年9月23日，读书。

二十世：戚福生于1954年3月24日，配汤朝红星村人，生于1957年9月13日，生二子一女：女：小园生于1991年12月13日，学历高中，在外务工；子：康艺、广术。

二十一世：康艺生于1984年9月27日，初中，外务工，配谭日娣生于1989年9月7日，新村人，生一子：李鹏。

二十二世：李鹏生于2015年4月1日，儿童。

二十一世：广术生于1998年11月5日，读书。

秀美公次支安瑞公分支成球公派下相啟房源流谱

十三世：成球妣何氏生五子：相啟、相荣（另续）、相善（另续）、相选（另续）、相贵（另续）。

十四世：相啟妣杨氏生三子：亚周、亚才（另续）、亚廷（另续）。

十五世：亚周妣刘氏生二子：元端、元利。

十六世：元端妣林氏生一子：文常（未详）。

十六世：元利妣林刘二氏生一子：文汉。

十七世：文汉妣廖氏生三子：长子●、秀明、秀清。

十八世：秀明妣林氏生二子：有桂、亚连●。

十九世：有桂妣王氏生五子：兆杨、兆养、志汉、戚富、木桂。

二十世：兆杨妣黄氏生三子：亚祥、亚明、亚平。

二十一世：亚祥配罗氏生二子：戚军、戚正。

二十二世：戚军配杨玉玲生于1983年生二子一女。女：木颖生于1999年9月5日。子：铭志、李伟。

二十三世：铭志生于2004年8月16日。

二十三世：李伟生于2009年11月9日。

二十二世：戚正配莫秋引生于1984年10月15日生二女：筱清、芷莹。女：筱清生于2011年12月18日。芷莹生于2013年7月10日。

二十一世：亚明配阮氏生二子一女。女：华美华生1999年6月21日，子：华机、华烈。

二十二世：华机生于1993年10月18日。

二十二世：华烈生于1997年3月17日。

二十一世：亚平生于1960年6月22日，职业电工，配伍生1961年9月13日，生二子：振海、李深。

二十二世：振海生于1984年1月18日,职业教导主任,配陈水燕生于1984年6月6日，生一子：瀚林。

二十三世：瀚林生于2009年5月23日。

二十二世：李深生于1988年9月9日。

二十世：兆养配陈琼池生三子：木荣、戚永、戚檬。

二十一世：木荣生于1960年6月23日，配何燕辉生于1965年2月25日，生二子：栋梁、日耀。

二十二世：栋梁生于1991年4月28日。

二十二世：日耀生于1993年2月29日。

二十一世：戚永生于1963年4月4日，配周妹生于1960年3月23日，生二子。女：小妮生于1991年4月8日。子：水杰、水浩。

二十二世：水杰生于1986年5月5日。

二十二世：水浩生于1988年6月22日。

二十一世：戚檬生于1966年5月13日配陈流生于1967年2月5日，生一子一女。女：晓静生于1992年7月22日，子：境坤。

二十二世：境坤生于1995年4月16日。

二十世：志汉配陈凤生一子：水廷。

二十一世：水廷生于1964年6月24日，李银珠生于1962年11月18日，生三子：日冲、戚武、国栋。

二十二世：日冲生于1986年2月27日。

二十二世：戚武生于1991年2月28日。

二十二世：国栋生于2006年10月10日。

二十世：戚富配陈秀兰生三子：戚灿、戚景、戚升。

二十一世：戚灿生于1965年3月22日，配何秀生于1965年1月7日，生一子一女。女：水连生于1988年6月19日，子：水业。

二十二世：水业生于1991年9月4日。

二十一世：戚景生于1966年10月20日配何冰生于1968年11月7日，生一子二女。长女：永华生于1993年1月20日。次女：敏华生于1994后11月5日。子：锦龙。

二十二世：锦龙生于2000年11月2日。

二十一世：戚升生于1970年7月21日配罗丽生于1972年5月4日，生一子二女。长女：思恩生于1996年6月17日。次女：思慧生于1997年12月6日。

子：国敏。

二十二世：国敏生于 1999 年 11 月 17 日。

二十世：木桂配宣氏生二子：戚煜、光辉。

二十一世：戚煜生于 1966 年 3 月 15 日，配何卜富生于 1965 年 2 月 22 日，生一子一女。女：翠琴生于 1995 年 11 月 19 日。子：康建。

二十二世：康建生于 1998 年 12 月 2 日。

二十一世：光辉生于 1975 年 8 月 15 日，配李丽颖生于 1981 年 12 月 15 日，生一子：进杰。

二十二世：进杰生于 2003 年 7 月 25 日。

十八世：秀清妣何氏生二子：有进、戚保●。

十九世：有进妣李氏生五子：华山●、土益●、水养、木仙、戚轩。

二十世：水养配王志芳生于 1940 年 8 月 10 日，生二子：戚兴、戚标●。

二十一世：戚兴生于 1960 年 12 月 19 日配陈雅洁生于 1964 年 5 月 12 日，生二女。长女：思颖生于 1989 年 11 月 23 日。次女：芷翌生于 1996 年 12 月 21 日。

二十世：木仙生于 1939 年 12 月 26 日，职业医生，配潘媚生于 1943 年 11 月 30 日，生二子：木梓、永光。

二十一世：木梓生于 1932 年 3 月 28 日配马连珍生于 1972 年 12 月 28 日，生二子一女。女：木娣生于 1999 年 11 月 14 日。子：进金、锦洪。

二十二世：进金生于 2001 年 12 月 24 日。

二十二世：锦洪生于 2005 年 9 月 23 日。

二十一世：永光生于 1976 年 10 月 17 日。

二十世：戚轩配莫氏生一女：木枝生于 1996 年 1 月 30 日。

六世祖秀美公至十二世祖世系图表

六世	七世	八世	九世	十世	十一世	十二世

```
                                    ┌ 希礼●
                                    │
                                    ├ 希孟 ──→ 日佳 ──→ 仓锡
                                    │
                                    │                  ┌ 田锡
                                    │          ┌ 即举 ──→│
                                    │          │        └ 敏
                                    │          │
                                    │          │        ┌ 广锡
                              ┌ 用礼 ─┤ 希颜 ──┤ 即登 ──→│
                              │     │          │        └ 甘锡
                              │     │          │
                              │     │          └ 即金 ──→ 云锡
                              │     │
                              │     │          ┌ 即进 ──→┌ 裔锡
                              │     │          │         └ 三锡
                              │     │          │
                              │     └ 希伯 ──┼ 即科 ──→ 上锡
                              │              │         ┌ 朝锡
                              │              └ 即魁 ──→┤ 贡锡
                              │                        └ 侯锡
秀美 ──→ 安瑞 ──→ 绍卿 ──┤
(次支)    (次支)              │              ┌ 即勉 ──→ 盲锡
                              │              │
                              │              ├ 即学 ──→ 惠锡
                              │              │
                              │        希汤 ─┤ 即秀 ──→ 文锡
                              │              │
                              │              ├ 即伟 ──→ 桓锡
                              │              │         ┌ 仕锡
                              │              │         │ 福锡
                              │              └ 即兴 ──→┤ 连锡
                              │                        └ 元锡
                              │
                              │        希佐 ──┬ 即通 ──→ 玄锡
                              └ 用材 ─┤       └ 即锦 ──→ 衮锡
                                      │
                                      │        ┌ 即开●
                                      │ 希相 ──┤ 即元 ──→ 金锡
                                      │        └ 即坤●
                                      │                        ┌ 浦锡
                                      ├ 希胜 ──→ 即恋 ──→     └ 参锡
                                      └ 希盖●
```

六世秀美公次子安瑞公至十三世祖世系源流谱

七世：安瑞（号闲叟）妣徐氏生一子：绍卿。

八世：绍卿（号双台）妣汤氏，葬在博教岭（土名比里地）坐癸向丁与妣同基，生二子：用礼，用材。

九世：用礼（号乾西）妣何氏葬在蛇地向蛤岭，坐壬向壬石碑为记，妣葬在龙泉山坐西向东砖坟，生四子：希孔、希孟、希颜、希伯。

九世：用材妣张氏，葬在茂桂路村边，坐东南向西北，生五子：希汤、希佐、希相、希圣、希盖（未详）。

十世：希孔妣梁氏●

十世：希孟妣方氏，生一子：曰佳。

十世：希颜妣昌氏，生三子：即举、即登、即全。

十世：希伯妣冯氏，生三子：即进、即科、即魁。

十世：希汤妣曾氏，生五子：即勉、即学、即秀、即伟、即兴。

十世：希佐妣钟氏，生二子：即通、即锦。

十世：希相妣梁氏，生三子：即开●、即元、即坤●。

十世：希圣妣陈氏，生一子：即恋。

十一世：曰佳妣氏，生一子：仓锡。

十一世：即举妣颜氏为人忠厚醇良素自欧家迁居葛芋埇村，生二子：乾锡、敏锡。

十一世：即登妣苏氏，生二子：廣锡、甘锡。

十一世：即全妣张氏，生一子：云锡。

十一世：即进妣何氏，生二子：裔锡、三锡。

十一世：即科妣氏，生一子：上锡。

十一世：即魁妣氏，生三子：朝锡、贡锡、候锡。

十一世：即勉妣林氏，生一子：旨锡。

十一世：即学妣氏，生一子：惠锡。

十一世：即秀妣氏（迁居车板南象塘村）生一子：齐锡。

十一世：即伟妣韩氏，生一子：桓锡。

十一世：即兴妣梁氏，生四子：仕锡、福锡、连锡、元锡。

十一世：即通妣氏，生二子：玄锡、庚锡。

十一世：即锦妣氏，生一子：衮锡。

十一世：即元妣麦陈二氏，生一子：奎锡。

十一世：即恋妣氏，生二子：浦锡●、参锡。

十二世：倉锡妣曾氏，生一子：洪达●。

十二世：乾锡妣孙黄二氏为人朴实忠厚与孙氏俱葬在博教岭土名比里地附近祖茔右手下坐癸向丁二抠坟，生三子：洪礼、洪义、洪成。

十二世：敏锡妣方氏，生三子：成亮、成宗、成理。

十二世：广锡妣王氏，生二子：洪総、洪琏。

十二世：甘锡妣陈氏，生二子：成瓒、成璘。

十二世：云锡妣李氏，生二子：洪明●、洪简。

十二世：裔锡妣李氏，生一子：洪璠。

十二世：三锡妣氏，生二子：成芳、成贵●。

十二世：上锡妣卢氏，生一子：亚车●。

十二世：朝锡妣賓氏，生三子：成球、成德、成标。

十二世：贡锡妣氏，生二子：成锦、成清。

十二世：候锡妣氏，生二子：成武、成织。

十二世：旨锡妣龙煙二氏葬在碑湾村后岭公路边坐北向南，生四子：成翼、成信、成高、成通。

十二世：惠锡妣氏，生一子：成科。

十二世：齐锡妣陈氏，生五子：成富、成华、成汉、成霖、成文。

十二世：桓锡妣邓氏，生一子：在朝。

十二世：仕锡妣何氏，生三子：成欢、成聪、成参。

十二世：福锡妣方氏，生三子：成贵、成龙、成举。

十二世：连锡妣张氏，生三子：成廣、成科、成辉。

十二世：元锡妣周氏，生三子：成美、成观、成礼。

十二世：玄锡妣司氏，生二子：洪志、洪威。

十二世：庚锡妣梁氏，生一子：洪一（未详）

十二世：衮锡妣梁氏，生五子：洪杰、洪敬、洪祥、洪相、洪圩。

十二世：奎锡妣黄氏，生一子：成琏。

十二世：参锡妣莫氏，生一子：成宝。

十三世：洪礼妣赖氏，生二子：相栋、相威。

十三世：洪义妣谢氏，生二子：相仁●、相义。

十三世：洪成妣刘氏，生三子：相乾、相坤、相和。

十三世：洪亮妣容氏，生三子：相一、相凤、相全。

十三世：成宗妣吴氏（取胞兄三子入继）相全。

十三世：成理妣周陈二氏，生一子：相谋。

十三世：洪縂妣陈氏，生三子：相乔●、相泰、相安●。

十三世：洪琏妣陈氏●。

十三世：成瓒妣陈氏，生一子：相邦。

十三世：成璘妣何氏，生三子：相瑚、相琏、相会。

十三世：洪简妣黄氏，生二子：相明、相日。

十三世：洪璜妣钟氏，生四子：相富、相有、相馀、相盛。

十三世：成芳妣氏，生一子：相安。

十三世：成球妣何氏，生五子：相啟、相明、相善、相选、相贵。

十三世：成德妣赖氏，生四子：相郁、相道、相粥、相员。

十三世：成林妣梁氏，生一子：相顕。

十三世：成锦妣氏，生四子：相宽、相仪、相信、相实。

十三世：成清妣氏，生二子：相广●、相文●。

十三世：成武妣氏，生一子：相明●。

十三世：成织妣氏，亚生●。

十三世：成翼妣罗氏，生三子：相惠、相谋、相穆。

十三世：成信妣谭莫二氏，生三子：相丙、相壬、相爵。

十三世：成高妣庞氏，生三子：相豪、相纯、相飞、相界。

十三世：成通妣伍氏，生一子；相集。

十三世：成科妣氏，生一子：相善。

十三世：成富妣林氏，生二子：相朝、相礼。

十三世：成华妣氏，生一子：相连。

十三世：成汉妣氏，生一子：相发。

十三世：成霖妣缪氏，生一子：相均。

十三世：成文妣麦曹赵三氏●。

十三世：成朝妣邓氏，生一子：相眙。

十三世：成欢妣余氏，生三子：相举、相全、相元。

十三世：成聪妣温氏，生三子：相辅、相品●、相全。

十三世：成参妣赵氏，生二子：相进、相朝。

十三世：成贵妣林氏，生五子：应爵、应禄、应位、应德、应寿。

十三世：成龙妣谭氏，生一子：相冗。

十三世：成举妣氏，生三子：相国、相义、相関。

十三世：成廣妣林氏，生二子：相应、相信。

十三世：成科妣孙氏●。

十三世：成辉妣谢氏，生三子：相德、相明、相光。

十三世：成美妣黎陈二氏，生一子：相辉。

十三世：成观妣梁氏，生二子：相贤、相芫。

十三世：成礼妣陈氏，生三子：相文、相武、相就。

十三世：洪志妣林氏●。

十三世：洪威妣林氏，生二子：相贤、相木。

十三世：洪杰妣氏，生一子：相上●。

十三世：洪敬妣何氏，生一子：相下●。

十三世：洪祥●。

十三世：洪相●。

十三世：洪圩妣彭氏●。

十三世：成琏妣氏，生六子：相开、相会、相禄、相棕、相思、相文。

十三世：成宝妣氏，生一子：相海。

秀美次子安瑞公分支成翼公派下 相惠 相谋 相穆房源流谱

十三世：成翼妣罗氏葬本村前岭仔山与妣同莹坐西北向东南,生三子：相惠、相谋、相穆。

十四世：相惠妣李氏生四子：乔、先、敏、勇。

十五世：乔妣黄氏生二子：均烈、均辉。

十六世：均烈妣钟氏生三子：维富●、维荣、维明。

十七世：维荣妣杨氏生二子：亚生●、亚二●。

十七世：维明妣曾氏生三子：亚康●、亚二●、亚三●。

十五世：戚先妣曾莫二氏祖婆碑横村坐北向南,祖公带子定居,迁居钦州生五子：均安、均有、均兴（居钦州谷仓）、均四●、均五●。

十六世：均安妣郑氏葬在勾头岭坡边坐北向南,生二子：维信、维喜。

十七世：维信妣刘氏生二子：亚泰●、镇保●。

十七世：维喜妣莫氏葬在扫干坡岭坐西向东,生五子：秀贤、亚保（未详）、秀宏（妣曹氏）●、亚合●、亚明●。

十八世：秀贤妣莫氏葬在扫干坡塘岭坐西向东,如葬在土地公岭坐南向北,生四子：德荣、康龙（未详）、德灼配王氏●、德珺配许氏●。

十九世：德荣妣谢氏葬在扫干坡坐西向东,妣葬石码头坡坐北向南,生二子：兆华、兆福●。

二十世：兆华配谭氏生六子：培成、培养、亚茂●、亚康、戚球、华富。

二十一世：培成配黄氏生三子：亚森●、志雄、锦兵。

二十二世：志雄生于1967年9月14日学历初中,配罗增恒生于1969年10月5日上角垌村人（定居廉江市）,生二子一女。女：思华生于1992年10月12日,子：进华、杰华。

二十三世：进华生于1990年8月20日。

二十三世：杰华生于1994年9月15日。

二十二世：锦兵生于1969年9月28日,初中,配钟氏生于1968年9月3日鱼龙埠村人,生一子一女。女：小研生于2006年5月20日,子：源二十三世：源生于 1999 年 6 月 10 日。

二十一世：培养配郑氏生三子：锦琼、锦章、锦栋。

二十二世：锦琼生于 1964 年 8 月 28 日，初中，配卢杨花生于 1962 年 1 月 29 日，初中，海南东方市新龙镇生一子二女。长女：广珠生于 1991 年 9 月 22 日，次女：广珠生于 1993 年 8 月 15 日，子：子沅。

二十三世：子沅生于 1990 年 4 月 25 日。

二十二世：锦章生于 1968 年 8 月 3 日，初中，配叶彩珍生于 1967 年 11 月 24 日，初中，下录下洋上塘仔村人，生三子：康裕、啟源、春源。

二十三世：康裕生于 1994 年 3 月 9 日，初中。

二十三世：啟源生于 2001 年 1 月 5 日。

二十三世：春源生于 2001 年 1 月 5 日。

二十二世：锦栋生于 1973 年 12 月 18 日，初中，配罗志萍生于 1973 年 5 月 28 日，初中，竹墩南山条村人，生二子一女。女：秋意生于 1998 年 12 月 9 日。子：利源、锦源。

二十三世：利源生于 2000 年 6 月 1 日。

二十三世：锦源生于 2002 年 7 月 2 日。

二十一世：亚康生于 1963 年 9 月 18 日，配岑眉金生于 1943 年 12 月 9 日广西太平镇龙华村人。

二十一世：戚球生于 1941 年 12 月 15 日，初中，配伍金生于 1947 年 11 月 7 日，初中，深田村人，生一子：锦河。

二十二世：锦河生于 1974 年 11 月 8 日，初中，配胡光华生于 1975 年 3 月 15 日，初中湖北武汉新州区注集街道新村人，生二子：镇荣、子宸。

二十三世：镇荣生于 2003 年 11 月 12 日。

二十三世：子宸生于 2008 年 6 月 20 日。

二十一世：华富生于 1945 年 7 月 1 日，初中（原营仔信用社工作），配罗爱平生于 1946 年 10 月 9 日，初中，南山条村人，生二子：亚虾●、锦泉。

二十二世：锦泉生于 1979 年 5 月 20 日，学历大学（营仔信用社工作），配叶静生于 1980 年 7 月 23 日，黑头山村人，生一子：抱朴。

二十三世：抱朴生于 2008 年 11 月 18 日。

十六世：均有妣许氏生二子：维清、维秀。

十七世：维清妣林氏生二子：秀兴、秀二●。

十八世：秀兴妣刘氏●。

十七世：维秀妣赖氏●。

十六世：均兴妣黄氏生三子（迁居钦州谷仓村）：维宝●、维才、维进。

十七世：维才妣苏氏生三子：世动、世德、世合●。

十八世：世动妣彭氏生一子：德雄。

十九世：德雄妣杨氏生四子：兆南●、就南●、耀南●、有南●。

十七世：维进妣黄氏三子：（长子迁钦州广占山镇谷仓村落业）世康、世祥●、世华。

十八世：世康妣石氏生三子：德光●、德明、德亮。

十八世：世华妣蔡氏（随丹）德智。

十九世：德智妣李氏生一子：明钦●。

十七世：维荣妣杨氏生三子：秀春、花二、秀茂●。

十八世：秀春妣氏生二子：德丰、亚祥●。

十九世：德丰妣陈氏●。

十八世：花二妣黄氏生一子：亚安●。

十五世：敏妣胡氏生三子：均荣、均二●、均三●。

十六世：均荣妣叶氏生七子：维文、维武、维朝、维常●、维殿、维福、维禄。

十七世：维文妣罗氏生二子：秀全、秀安（未详）。

十八世：秀全妣郑氏生一子：德和。

十九世：德和妣何氏生五子：兆兴、兆林、兆英、兆才●、亚晚●。

二十世：兆兴配叶氏生四子：培贤、培芳、亚九●、木保（未详）。

二十一世：培贤配李氏生二子：土生、阿森。

二十二世：土生生于1934年6月配梁英生于1935年11月垌口村人，生二子：李全、观朝。

二十三世：李全生于1963年7月29日，配黄秀清生于1967年9月18日，广西天等县人，生二子：李建、木春。

二十四世：李建生于1988年8月1日。

二十四生：木春生于1989年8月8日，学历中专。

二十三世：观朝生于1968年3月，大专，配苏翠玲生于1976年8月，安铺人，生二子：宏宇、晓宇。

二十四世：宏宇生于1997年5月29日。

二十四世：晓宇生于2008年1月20日。

二十二世：亚森配赖氏生二子：亚进、日铺。

二十三世：亚进生于1966年6月29日，配黄香葵生于1971年9月26日，广天等县人，生二子：志华、志荣。

二十四世：志华生于1993年1月13日。

二十四世：志荣生于1996年12月2日。

二十三世：日铺生于1975年7月7日，配骆氏生于1979年5月7日，博白公庄村人，生二女，长女：子乐生于2006年3月12日，次女：子幸生于2011年6月18日。

二十一世：培芳配黎氏生三子：锦友、亚富●、华香。

二十二世：锦友配李氏生二子：陈琼、观雷。

二十三世：陈琼生于1975年10月7日配钟春美生于1975年7月1日，河唇镇麦湖村人，生一子：秋虹生于2005年8月18日。

二十三世：观雷生于1979年1月17日。

二十二世：华香配吕惠珍，生一子：景仔。

二十三世：景仔生于1987年10月3日，初中，配孙尧兰生于1987年6月14日，初中，白沙坡村人，生二女，长女：紫茵生于2009年8月23日，次女：晓娣生于2013年2月23日。

二十世：兆林妣黄氏生一子：培信。

二十一世：培信妣何氏●。

二十世：兆英配黎氏生一子：杵山。

二十一世：杵山生于1936年7月8日，配王秀金生于1943年6月，横山镇人（定居横山），生一子：启超。

二十二世：启超生于1969年9月10日，初中，配钟木玲生于1975年12月，河唇镇人。

十七世：维武妣陈陈二氏生二子：秀善、秀二（未详）。

十八世：秀善妣黎氏六子：德兴、德光、德新、康梅●、亚清●、亚六●。

十九世：德兴妣陈氏生二子：亚春（未详）、兆栋（未详）。

十九世：德光妣陈氏●。

十九世：德新妣黄氏生二子：兆有●、兆德。

二十世：兆德配谭氏生三子：亚玲、亚高●、亚概。

二十一世：亚玲配李氏生一子：锦荣。

二十一世：亚概配梁许二氏生二子：广英、德鸿。

十七世：维朝妣赖何二氏（取维禄长子入继）：秀有。

十八世：秀有妣何氏生五子：德进、德祥、德利、亚胜●、德隆。

十九世：德进妣林氏生三子：兆业、康桂（当兵去）、兆积。

二十世：兆业妣罗氏生二子：培志、培旺。

二十一世：培志妣冯氏●。

二十一世：培旺生于1960年10月15日，学历高中，现廉江市辉煌实业有限公司董事长，兼市人大代表市政协委员，配何珠莲生于1961年，学历高中，大山村人，生二子二女，长女：昨慧生于1986年2月7日，大学，迁蛇围村定居广州，次女：美珍生于1988年4月18日，本科大学。子：锦东、木富。

二十二世：锦东生于1985年2月30日，大学，现任佛山廉江商会常务副会长，配雷敏婵生于1987年7月23日，学历本科，生一子二女（双胞胎）。女：羡昕、羡旻生于2014年8月2日。子：琼海。

二十三世：琼海生于2012年9月28日。

二十二世：木富生于1990年8月1日，本科大学。

二十世：兆积配王氏生三子：戚强、华冠、亚锐。

二十一世：戚强生于1955年8月8日，初中，落业北海，配赖锡论生于1961年10月10日，生一子一女。女：海洁生于1989年8月8日。子：海建。

二十二世：海建生于1987年2月29日，高中，配黄莹生于1988年12月18日，大学，生一子：子安。

二十三世：子安生于2010年4月12日。

二十一世：华冠生于1960年6月12日，高中，配招春娣生于1968年9月19日，初中，生二子一女。女：戚喜生于1988年11月9日，子：戚瀚、建军。

二十二世：戚瀚生于1997年6月11日。

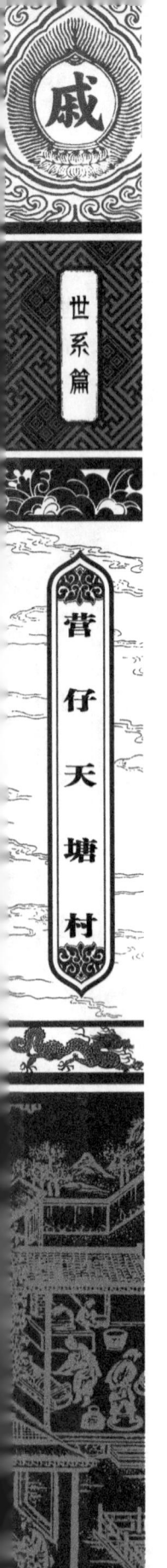

二十二世：建军生于 2004 年 6 月 16 日。

二十一世：亚锐生于 1966 年 3 月 18 日，高中，现居营仔圩，配林五妹生于 1970 年 4 月 21 日，生二子：锦志、锦威。

二十二世：锦志生于 1992 年 12 月 28 日，大学。

二十二世：锦威生于 1995 年 10 月 8 日，高中。

十九世：德祥妣罗氏生三子：兆论、兆泰、兆金。

二十世：兆论配苏氏生四子：木全●、培保、康尤、亚左●。

二十一世：培保生于 1938 年 11 月 25 日，配邓秀坚生 1945 年 6 月 17 日，青平中垌村人，生二子：锦岳、锦艺。

二十二世：锦岳生于 1964 年 4 月 12 日，学历初中，现居北海市，配马祥莲生于 1964 年 11 月 18 日，学历高中，北海市人，生一女：馨仁生于 1995 年 5 月 5 日，读书。

二十二世：锦艺生于 1968 年 11 月 28 日，学历初中，现居北海市，配黄研萍生于 1973 年 10 月 2 日，学历中专，北海市人，生一女：耀尹生于 2002 年 12 月 28 日，学历读书。

二十一世：康尤生于 1940 年 11 月 15 日，学历初中（现居青平镇）配邓秀金生于 1943 年 11 月 1 日，学历初中，青平镇上高垌村人，生三子：锦忠、锦恒、锦雄。

二十二世：锦忠生于 1971 年 2 月 18 日，学历大专（在广州）配陈华红生于 19719 月 4 日，学历中专，青平镇人，生一子：健鹏。

二十三世：健鹏生于 2004 年 1 月 10 日，读书。

二十二世：锦恒生于 1974 年 5 月 2 日，学历大学，配王莉生于 1983 年 1 月 5 日，学历大学，生一子：煌智。

二十三世：煌智生于 2007 年 12 月 22 日，读书。

二十二世：锦雄生于 1974 年 5 月 2 日，学历大学，配谢苏凤生于 1983 年，学历初中，韶关人，生二子：铭乐、桓东。

二十三世：铭乐生于 2009 年 1 月 13 日，读书。

二十三世：桓东生于 2013 年 6 月 14 日，幼小。

二十世：兆泰配黄小珍生于 1948 年 5 月 12 日，生一子：戚和。

二十一世：戚和生于1994年9月15日，学历初中（务农），配农爱荣生于1964年，学历初中，广西大新县人，生三子：锦冲、锦图、锦意。

二十二世：锦冲生于1978年3月12日，学历初中，在外务工

二十二世：锦图生于1979年12月12日，学历初中，在外务工。

二十二世：锦意生于1989年12月23日，学历初中，在外务工。

二十世：兆金生于1925年5月15日，学历初中，原在廉江市公路局，配张仉清生于1932年10月2日，初小，本镇深山龙村人，生二女三子。长女：文坚生于1966年3月14日，初中，适信宜。次女：少宁生于1972年5月2日，初中，适横山镇青圹村委李宗村。子：康斌（未详）、广流、培杰。

二十一世：康斌生于1957年9月7日，葬在圹仔尾坐东北向西南。

二十一世：广流生于1962年3月23日，学历初中，现廉江公路局。配文伟平生于1963年1月13日，学历高中，吉水镇梧村硐村人，生三女二子。长女：观姗生于1987年6月13日，学历大学，在广州。次女：观娴生于1991年8月12日，学历中专，在外务工。幼女：悦韵生于1994年7月25日，学历高中。子：洪华、洪豪。

二十二世：洪华生于1988年12月11日，学历中专，在外务工。

二十二世：洪豪生于1995年12月14日，学历中专，读书。

二十一世：培杰生于1969年3月27日，学历初中，现廉江公路局，配苏群英生于1972年11月17日，学历初中，本镇波罗华人，生一女一子。女：贞贞生于2006年3月27日，学历初中，在外务工。子：锦郎。

二十二世：锦郎生于2007年5月24日，学历初中，读书。

十九世：德利配赖氏，生二子：兆如、兆贤。

二十世：兆如配罗氏生二子，葬在天圹村岭仔，坐西向东妣葬在深田岑坐西向东。子：戚统、戚庆。

二十一世：戚统生于1945年3月17日，学历初中，务农，配何氏横山镇人，生于五女一子。长女：水秀生于1980年4月9日，学历初中，适安镇珠盘海村。二女：锦称生于1982年6月27日，学历初中，适本镇九龙村。三女：锦娣生于1985年7月11日，学历初中，适化州市。四女：石调生于1988年4月13日，学历初中，适安徽。五女：拉妹生于1990年7

月14日，学历初中，适广西。子：锦槐。

二十二世：锦槐生于1979年4月24日，学历初中，在外务工。配李林二氏，李长日生于1980年10月12日，江西信丰人，生二子外出，林志睁生于1988年1月22日，学历初中，阳江市程村镇西一村人生一子一女。日伟、庆志、琼晖。女：戚宇恩生于2013年10月16日。

二十三世：日伟生于2000年月12日，读书。

二十三世：庆志生于20008年8月12日，在江西读书。

二十三世：琼晖生于2011年11月19日，幼小。

二十一世：戚庆生于1947年11月24日，学历专科（曾任廉江市第七小学副校长）配罗先生于1956年12月16日，学历高中，本镇九龙村人，生一子二女。长女：戚颖生于1978年5月27日，学历本科，适廉江市新华5路。次女：戚妍生于1979年10月16日，学历本科（现广州海关）子：锦鑫。

二十二世：锦鑫生于1982年8月13日，学历本科留学（现澳大利亚）。配胡正先生生于1986年10月9日，学历本科，留学澳大利亚。

二十世：兆贤配谢氏生三子：培熙、培麦、亚吾（未详）。

二十一世：培熙生于年月日，学历高中，在家。

二十一世：培麦生于1954年9月15日，学历初中，务农，配赵富兰生于1962年9月9日，学历初中，广西大新花龙村人，生一女二子。女：英云生于1988年11月2日，适本镇新云夹。子：锦勤、锦东。

二十二世：锦勤生于1982年8月18日，学历初中，在外务工。

二十二世：锦东生于1984年3月22日，学历初中，在外务工。配陈日凤生于1984年8月20日，学历初中，外务工，本镇两桥围村人，生一女一子。女：宝莹生于2009年4月15日。子：嘉濠。

二十三世：嘉濠生于2010年10月30日，幼小。

十九世：德隆配陈氏生三子葬在十块田田边西北角岺胶椅地坐东向西。妣葬在凹不圹坐西向东。子：兆鑫、兆钰、兆铖。

二十世：兆鑫生于1944年7月21日，学历初中，配农丽先广西太平镇人，生三女二子，葬在圹仔尾坐东向西。长女：桂连生于1982年1月1日，学历初中，适德庆县。次女：琼珍生于1985年11月23日，学历初中适清远大湾镇上楚村。幼女：

林平生于1987年5月9日，学历初中，适石岭镇火烧岭村。子：广锋、志豪。

二十一世：广锋生于1978年6月16日，学历初中，在外务工。配赖珍珍，生一子，外出嫁。子：锦鸿。

二十二世：锦鸿生于2006年7月27日，读书。

二十一世：志豪生于1979年12月21日，学历初中，在外务工。

二十世：兆钰生于1949年12月21日，学历初中（现住农场）配谢凤连生于1962年9月14日，学历初中，广西象州县人，生一女二子。女：金燕生于1986年6月4日，学历初中，适海南省。子：志东、培真。

二十一世：志东生于1989年6月4日，学历中专，在外务工。

二十一世：培真生于1992年7月8日，学历中专，在外务工。

二十世：兆铖生于1949年9月6日，学历初中（现居廉江市）配吴桂坚生于1958年3月28日，学历初中，杨树下村人，生一女一子。女：秋适生于1989年6月13日，学历大学。子：志廉。

二十一世：志廉生于1987年1月13日，学历大学（重庆交通银行）。

十七世：维殿配潘文二氏生三子，葬在凹不圹坐西向东。子：秀儒、秀立、亚晚●。

十八世：秀儒葬在凹不圹坐南向北，配孔氏，生一子：德林。

十九世：德林配罗氏，葬在凹不圹坐西南向东北，配罗氏生三子葬在凹不圹坐南向北，子：不详。

十八世：秀立妣罗氏葬在圹仔尾坐东向西生三子：德贵、亚广●、德云。

十九世：德贵配李氏生四子葬在打铁圹坐西向东妣李氏茔分二墓。子：兆就、兆口●、兆武、兆谦。

二十世：兆就配钟氏生三子葬在打铁公路边岑仔坐东南向西北。子：土龙、培业、培消。

二十一世：土龙生于1964年5月28日，学历初中（务农）配李小玲生于1972年8月2日，学历高中，遂溪县北地镇架岑村，生一女二子。女：慧姻姻生于2007年2月26日，读书。子：锦辉、锦泽。

二十二世：锦辉，生于2003年12月13日，读书。

二十二世：锦泽，生于2009年6月18日，读书。

二十一世：培业生于1966年2月29日，学历初中，在外务工，配许春连生于1971年8月26日，学历初中，圹蓬坡地村人，生二女一子。长女：芸怡生于

2002年7月4日，读书。次女：雯玥月生于2006年6月9日，读书。子：振坤。

二十二世：振坤生于2009年11月21日，幼小。

二十一世：培消生于1970年1月29日，学历初中，在外务工，配曹燕平生于1972年5月20日，初中，车板镇人，生一子一女：女研丹生于2003年2月28日，读书；子：观鹏。

二十二世：观鹏生于2004年11月4日，读书。

二十世：兆武生于1932年6月4日，学历初中，葬在马山岑坐西向东，配吕雪桂生于1937年8月12日，横山镇麦地村人，生一女四子。女：戚生于1962年3月27日，学历初中。适安铺镇博教下村。子：培雄、培景、培碧、培简。

二十一世：培雄生于1957年8月6日，学历初中（营仔供销社）配黄东梅生于1965年11月14日，学历初中，湛江市坡头区官渡镇麻奉村人，生二子：锦波、伍标。

二十二世：锦波生于1988年7月27日，学历初中，在外务工。

二十二世：伍标生于1990年12月15日，学历初中，在外务工，配舒盟生于1990年4月18日，学历本科（重庆市万川区人（职业医师）生一女：戚楚函生于2013年10月30日。

二十一世：培景生于1965年3月26日，学历初中（在家）配谭平珍，生于1967年8月18日，学历初中，下详山猪祸村人，生三子：景荣、水平、水志。

二十二世：景荣生于1992年10月19日，学历初中，在外务工。

二十二世：水平生于1994年10月21日，学历初中，在外务工。

二十二世：水志生于1995年2月15日，学历初中，在外务工。

二十一世：戚培碧生于1968年12月22日，学历初中，在外务工，配叶芳生于1969年11月6日，学历初中，下详村委上圹仔人，生一女一子。女：炳增生于2006年11月6日，读书。子：康宁。

二十二世：康宁生于2004年9月8日，读书。

二十一世：培简生于1973年10月12日，学历高中（现居惠州市）配叶梅芳生于1977年10月29日，学历高中，广东梅县人。

二十世：兆谦配谢氏生三子葬在打铁公路边岑仔坐东南向西北，谢氏葬在灯烧圹西向南。

子：亚李、亚添、亚军。

十九世：德云配龙氏生一子葬在黎屋地岭仔坐南向北妣葬在凹不圹坐西向东。子：兆钦。

二十世：兆钦生于1952年10月10日，学历高中，在外务工，配刘少群生于1951年7月10日，学历初中，黎屋地村人，生一子：基文。

二十一世：基文生于1979年12月20日，学历大专，在外务工。

十七世：维福配左氏生三子：秀发、秀彬、秀兰。

十八世：秀发配潘苏林三氏，生三子：德瑞、亚令●、德初配林王正●。

十九世：德瑞配昌氏，生三子：兆仁、兆义（未详）、兆友（未详）。

二十世：兆仁配钟叶二氏，钟氏与兆安合户，生二子：祝寿（未详）、亚叶。

二十一世：亚叶配昌氏，生四子：锦敏、敏单、锦科、锦拼。

二十二世：锦敏生于1968年2月19日，学历初中，本镇苏茅岭村人，生二女。长女：日兰生于2000年12月7日，读书。次女：金娣生于2005年5月1日，读书。

二十二世：锦单生于1970年9月26日，学历高中，在外务工，配周肖琼生于1973年7月15日，学历高中，高州市宝光大坡村人，生二女一子。长女：丽结生于1997年8月20日，学历初中，在外务工。次女：丽静生于1997年8月20日，学历初中，在外务工。子：年华。

二十三世：年华生于1999年9月19日，读书。

二十二世：锦科生于1975年7月15日，学历高中，在外务工，配梁华新生于1973年9月27日，学历初中，化州杨梅镇治头乡增岭村人生二子：景立、明辉。

二十三世：景立生于1995年11月24日，读书。

二十三世：景辉生于1998年10月24日，读书。

二十二世：锦拼生于1982年10月23日，学历初中，在外务工，配蔡彩生于1979年6月25日，学历初中，西县上详镇沙湖管区良坑村人，生一子：明浩。

二十三世：明浩生于2003年5月6日，读书。

十八世：秀彬配谭壮吕三氏，生五子：德棠●、德寿、德富、德国、德芳●。

十九世：德寿配李氏，生二子：亚木●、兆尤。

二十世：兆尤配赵氏，生六子：广全、亚枢、廉四、亚芳、培存（未详）、培汉。

二十一世：广全生于1949年6月17日，学历初中（务农）配赵小玲生于1949年6

月17日，学历初中，广西大新县前缅镇令籍村人生三女二子。长女：木弥生于1978年8月9日，学历初中，适河南。次女：带娣生于1980年3月9日，学历初中，适广西。子：何得、锦术。

二十二世：何得生于1983年10月30日，学历初中（外务工）配罗亚明生于1983年月日，学历初中，博教下村人，生二子：鸿喜、鸿兴。

二十三世：鸿喜生于2008年2月19日，读书。

二十三世：鸿兴生于2011年10月20日，幼小。

二十二世：锦术生于1993年1月1日，学历初中，读书。

二十一世：亚枢生于1954年8月25日，学历初中，在外务工，配张彩秀生于1963年月日，广西人葬屋背底沟坐东南向西北，生三女三子。长女：海英生于年月日，学历初中，适安铺北坡仔村。次女：海花生于年月日，学历初中，适广西陆川县。幼女：海丽生于年月日，学历初中，适江西。子：伍倍、木烈、锦活。

二十二世：伍倍生于1986年11月16日，学历初中，在外务工，配黄金琼生于1991年2月14日，学历遂溪县港门镇明城尾村人，生二子。子：金顺、坤豪。

二十三世：金顺生于2008年12月日，幼小。

二十三世：坤豪生于2013年1月24日，幼小。

二十二世：木烈生于1992年10月13日，学历初中，在外务工。

二十二世：锦活生于1994年5月16日，学历初中，在外务工。

二十一世：康四生于1957年4月24日，学历初中，在外务工，配李秋琴于生1959年11月16日，学历初中，广西大新县全茗镇茗盈街大二队人，生一女三子。女：宇君生于1997年3月7日，学历初中，读书。子：日华、景辉、水清。

二十二世：日华生于1990年8月2日，学历初中，在外务工，配余小小生于1988年2月14日，学历初中，湖南岳阳县新开镇共和东头村人，生一女：雨睛生于2012年2月14日，幼小。

二十二世：景辉生于1992年5月24日，学历初中，在外务工。

二十二世：水清生于1994年3月13日，学历初中，在外务工。

二十一世：亚芳生于1963年8月26日，学历初中（现居北海市地角镇）配廖裕珍生于 1961 年 7 月 5 日，学历初中，广西北海市海城区地角新街二港 54 号人，生一子：锦杰。

二十二世：锦杰生于 1992 年 7 月 27 日，学历初中，在外务工。

二十一世：培汉生于 1967 年 8 月 26 日，学历初中（现居安铺镇）配罗进芳生于 1966 年 7 月 2 日，葬在凹不圹，生二子：李原、锦跃。

二十二世：李原生于 1992 年 3 月 24 日，学历初中，在外务工。

二十二世：锦跃生于 1996 年 5 月 17 日，学历高中。

十九世：德国配伍钟二氏，生四子：兆大●、兆松、兆东、兆西●。二十世：兆松生于 1930 年 11 月 17 日，学历初中（在家）配张伍二氏，生九子：培耀、培二●、培三●、培五●、培六●、培七●、培新、培吉、培钦。

二十一世：培耀生于 1958 年 6 月 2 日，学历初中（现居湛江市）配温秀生于 1954 年 8 月 11 日，学历初中，横山镇南圩漫村仔人，生一子：广湛。

二十二世：广湛生于 1984 年 9 月 29 日，学历初中，在外务工，配李杰珍生于 1985 年 11 月 15 日，学历初中，遂溪北坡镇本路头村人。

二十一世：培新生于 1964 年 8 月 4 日，学历初中（现居湛江市）配林虾生于 1963 年 9 月 26 日，学历初中，本镇西洋垌村人，生一子：康春。

二十二世：康春生于 1988 年 9 月 17 日，学历初中，读书。

二十一世：培吉生于 1969 年 2 月 26 日，学历初中，葬在天圹一队地圹角坐东南向西北，配农桃英生于 1970 年 1 月 2 日，学历初中，广西天等宁干镇新屯村人，生一女二子。女：婷婷生于 1997 年 2 月 14 日，读书。子：日仕、观溟。

二十二世：日仕生于 1993 年 2 月 9 日，读书。

二十二世：观溟生于 1995 年 3 月 16 日，读书。

二十一世：培钦生于 1974 年 3 月 16 日，学历初中，在外务工，配许晓英生于 1976 年 8 月 16 日，学历初中，河源人，生一女一子。女：家雯生于 2002 年 5 月 12 日，读书。子：家俊。

二十二世：家俊生于 2005 年 5 月 18 日，读书。

二十世：兆东生于 1935 年 2 月 10 日，学历初中（务农）配李全芳生于 1937 年 5 月 16 日，金鸡塘人，生一女五子：培其、培纪、培星、培龙、培献。

二十一世：培其生于 1959 年 2 月 11 日，学历初中（务农）配何培柳生于 1962

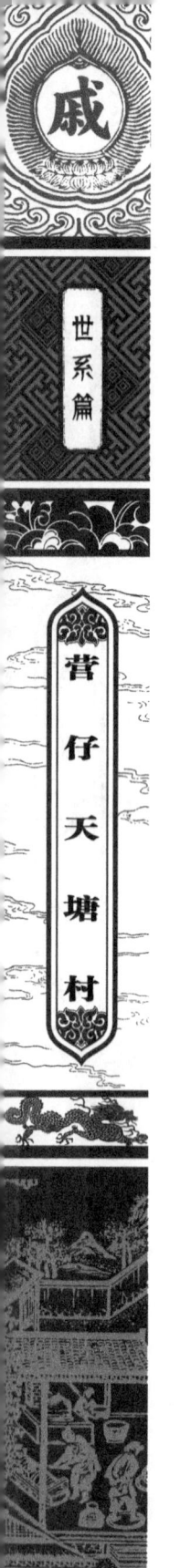

年12月24日，学历初中，本镇草圹村人，生一女三子。女：演丽生于1985年10月13日，学历初中，适本镇鱼龙埠村。子：锦文、锦静、锦武。

二十二世：锦文生于1983年7月12日，学历初中（务工）配罗彩云生于1984年11月10日，学历初中，博教下村人，生一女一子。女：嘉馨生于2009年10月18日，幼小。子：嘉润。

二十三世：嘉润生于2011年10月27日，幼小。

二十一世：培纪生于1964年7月7日，学历初中，配农爱莲生于1964年6月24日，学历初中，天菱县宁干乡新菱村人，生二女二子。长女：国英生于1994年，学历大学；次女景妹生于1995年4月24日，学历大学。子：锦荣、锦理。

二十二世：锦荣生于1992年1月13日，学历大学。

二十二世：锦理生于1997年2月26日，读书。

二十二世：锦静生于1988年8月30日，学历初中，在外务工。

二十二世：锦武生于1991年10月29日，学历初中，外务工，配农爱东生于1994年6月24日，学历初中，广西天尊人，生二女二子。长女：周英生于2004年9月20日，读书。次女：景妹生于2005年4月25日，读书。子：锦荣、锦李。

二十三世：锦荣生于2002年10月16日，读书。

二十三世：锦李生于2007年2月26日，读书。

二十一世：培星生于1965年6月3日，学历初中，葬在砖厂岭坐西向东配戚超霞生于1966年3月27日，学历初中，本镇大榄田村人，生一子：超宇。

二十二世：超宇生于1995年12月23日，读书。

二十一世：培龙生于1972年12月6日，在外务工，配陈凤华生于1974年4月11日，学历初中，广西桔仔树村人，生一女二子。女：锦兰生于1997年9月12日，读书。子：海洋、文杰。

二十二世：海洋生于2000年12月25日，读书。

二十二世：文杰生于2004年8月24日，读书。

二十一世：培献生于1978年8月27日，学历初中，在外务工，配梁观娣生于1982年7月12日，学历初中，安铺白骨仔村人生二女。长女：戚宇全生于2003年7月12日，读书。次女：戚晓亭生于2007年11月26日，读书。

十七世：秀菌配伍氏，生一子：德记。

十八世：德记配何氏出止●。

十七世：维禄，生二子：秀有（出继维朝）、秀德。

十八世：秀德杨何氏，生一子：德普。

十九世：德普配陈氏，生二子：兆存、亚四●。

二十世：兆存配陈英生于1920年1月27日，学历初中，北坡仔村人，生二子：亚永、广志。

二十一世：亚永生于1942年12月26日，学历初中，务农，配陆碧芳生于1948年12月29日，学历高中广西陆安县人生三子：锦华、锦滔、统省。

二十二世：锦华生于1979年3月7日，学历初中（外务工）配潘翠兰生于1982年10月1日，学历初中，界炮镇豆坡村人，生一女一子。女：芷君生于2009年10月1日，读书。子：泽铭。

二十三世：泽铭生于2006年3月6日。

二十二世：锦滔生于1983年6月8日，学历初中，外务工，配石燕平生于1986年2月2日，学历初中，生一子：康铖。

二十三世：康铖生于2009年2月24日，读书。

二十二世：统省生于1987年9月12日，学历初中，在外务工。

二十一世：广志生于1957年8月3日，学历初中（务农）配黄水仙生于1958年月日，学历初中，大山村委曲龙毕人，生一女三子。女：戚妹生于1988年4月1日，学历初中，适电白柳仔镇柿仔村。子：戚柱、观廷、观来。

二十二世：戚柱生于1981年10月4日，学历初中，在外务工，配徐梅仔生于1985年3月1日，遂溪沙古镇古埇西村人，生三女。长女：文欣生于2009年9月17日，读书。次女：文诗生于2009年9月17日，读书。幼女：雪梅生于2010年12月18日，幼小。

二十二世：观廷生于1983年9月21日，学历初中（在外务工）配陈之女生于1985年5月20日，学历初中，安铺镇人，生一女：演儿生于2011年4月24日，幼小。

二十二世：观来生于1986年10月15日，学历大学。

十五世：戚勇配林氏，生二子：均英、均和。

十六世；均英配林氏，生二子：亚康●、维广。

十七世：维广配李林二氏，生四子：秀文、秀标、亚九（未详）、秀才配黄氏止●。

十八世：秀文配邓氏，生三子：德善、德才、德恩。

十九世：德善配黄氏，生一子葬在九龙背岑坐西向东。子：兆良。

二十世：兆良配赖氏，生五子葬在石马头路口坐西北向东南。子：亚贤（未详）、亚虾●、亚九、培敬、亚龙。

二十一世：亚九生于1954年12月15日，学历初中（务农）配劳金英生于1955年6月5日，学历初中，广西大新散圩镇人，生五子：水烈、水安●、进富、锦如、锦尚。

二十二世：水烈生于1983年5月5日，学历初中（外务工）配黄丽珍生于1983年1月14日，学历初中，湛江市开发区四航局人，生一子：志杰●。

二十二世：进富生于1986年7月14日，学历初中（外务工）配潘静生于1988年2月23日，学历初中，肇庆市怀集县梁村人，生一子：铭志。

二十三世：铭志生于2013年5月11日，幼小。

二十二世：锦如生于1991年10月28日，学历初中，在外务工。

二十二世：锦尚生于1993年12月18日，学历初中，在外务工。

二十一世：培敬生于1957年8月16日，学历初中，现居湛江市麻章旺龙新村配罗雪平生于1961年9月29日，学历初中，博教老村人，生一女二子。女：小丽生于1983年5月19日，学历高中，适广西宜宾阳县辣镇马界洪圹村。子：锦洪、锦鹏。

二十二世：锦洪生于1986年10月6日，学历大专，配李彩欣生于1984年6月1日，学历高中，肇庆怀集县冷坑镇谭福村委红文村人。

二十二世：锦鹏生于1986年10月6日，学历大专，配谢详涛，生于1986年5月28日，学历初中，茂名市电白水东镇人民中路五街3号。

二十一世：亚龙，生于1959年11月18日，学历初中（现居北海市地角镇）配戚丽坚生于1968年1月17日，学历初中，北海市地角镇人，生二女一子。长女：锦婵生于1990年12月6日，学历高中，外务工，锦慧生于1992年7月7日，学历高中，在外务工。子：锦李。

二十二世：锦李生于1994年4月26日，学历高中，在外务工。

十九世：德才配苏氏，生三子：兆海、兆山、亚完●。

二十世：兆海配林氏止●。

二十世：兆山配黄氏止●。

十八世：秀标配郑氏，生二子：德沛、亚梅●。

十九世：德沛配招氏，生一子：亚王●。

十九世：德恩配吴罗二氏，生一子：兆伟。

二十世：兆伟生于1929年12月30日，学历初中（务农）配杨张二氏，张志英生于1932年6月15日，本镇角仔村人，生一子：康荣、亚何、亚武●、亚超、亚栋。

二十一世：康荣生于1951年12月5日，学历高中（现居湛江市）配黄才娣生于年月日，学历高中，湛江市人，生一子：锦成。

二十二世：锦成生于年月日，学历大学，配年月日，生一子：弟仔。

二十三世：弟仔生于2013年月日，幼小。

二十一世：亚何生于1954年11月24日，初中（现居安铺镇）配梁彩云生于年月日，学历初中，安铺镇人生一女一子。女：王舒生于年月日，读书。子：镇祥。

二十二世：镇祥生于年月日，学历。

二十一世：亚超生于1965年2月30日，学历初中，在外务工。

二十一世：培栋生于1973年8月18日，学历初中（外务工）配出陈小燕生于1983年月日，学历初中，港头村人，生一子：镇威。

二十二世：镇威生于2005年4月2日，幼小。

十四世：相谋妣陈氏生二子：戚球、亚二（未详）。

十五世：戚球妣罗氏生二子：均玉●、均玺●。

十四世：相穆妣李氏，生三子葬在碑横山岑与妣仝茔坐西北向东南，子：馨、朝、会。

十五世：馨妣林氏生三子葬在本村前岑仔山与全茔向东南。子：均平、均和、均忠。

十六世：均平配曾氏，生三子：尚兴、尚龙、尚凤。

十七世：尚兴配苏林二氏，生四子：秀有（迁居钦州）、秀荣、秀旺、秀辉。

十八世：秀荣妣陈氏，生一子：德华。

十九世：德华配陈氏，生四子：兆福、亚桂●、兆禄、兆寿。

二十世：兆福配黄氏，生三子：培权、培江、亚水●。

二十一世：培权配苏氏，生三子葬在石头坡坐北向南妣葬在全岑全茔。子：锦锋、李胜

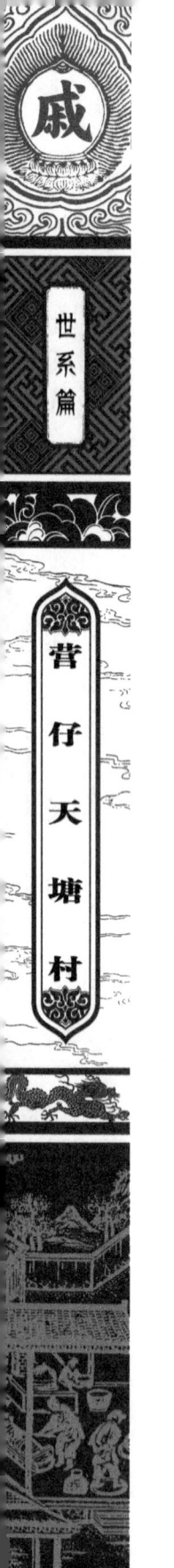

●、锦周。

二十二世：锦锋生于 1945 年 6 月 19 日，学历初中，葬在塘仔尾顶坐西兼向西北，配张观妹生于 1953 年 6 月 1 日，本镇垌口山口仔村人，生二女三子。长女：琼珍生于 1972 年 8 月 12 日，学历初中，适香港。次女：琼芳生于 1974 年 8 月 12 日，学历初中，适香港。子：琼忠、海清、观华。

二十三世；琼忠生于 1947 年 12 月 28 日，学历初中，在外务工，配宋蔡妹生于 1973 年 8 月 2 日，学历初中，打磨村人，生二子：董源、董颖。

二十四世；董源生于 1997 年 9 月 14 日，学历初中，在外务工。

二十四世：董颖生于 2001 年 10 月 3 日，读书。

二十三世：海清生于 1978 年 6 月 12 日，学历初中（外务工）配钟来珍生于 1977 年 4 月 14 日，学历初中，本镇鱼龙埠村人，生二女一子。长女：诗敏生于 2005 年 10 月 22 日，读书。次女：诗林生于 2008 年 7 月 4 日，读书。子：董俊。

二十四世：董俊生于 2011 年 11 月 11 日，幼小。

二十三世：观华生于 1988 年 8 月 27 日，学历初中，在外务工。

二十二世；锦周生于 1954 年 5 月 17 日，学历初中（现居安铺镇）配邓石明生于 1962 年 6 月 9 日，学历初中，本镇大榄田沙岗村人，生一女三子。女：小丽生于 1986 年 10 月 10 日，学历大学，适广州曾城石难镇麻车村。子：观光、小辉、广列。

二十三世：观光生于 1988 年 5 月 11 日，配陈明珠安铺镇人生于 1988 年 10 月 17 日。学历大学（广州）。

二十三世；小辉生于 1988 年 7 月初一日，学历大学（广州）。

二十三世：广列生于 1992 年 3 月 4 日，学历大学（广州）。

二十一世；培江配曹氏，生三子：锦潮、锦文、锦赞。

二十二世：锦潮生于 1963 年 9 月 16 日，学历初中（现居广西大新县城）配周士生于 1963 年 10 月 2 日，学历初中，广西大新县人生一子：志成。

二十三世：志成生于 1993 年 3 月 5 日，读书。

二十二世：锦文生于 1972 年 5 月 25 日，学历初中（外务工）配许佩吟生于 1971 年 8 月 12 日，东莞石龙镇人，生一女一子。女：棚婷生于 2000 年 7 月 2 日，

读书。子：健军。

二十三世：健军生于2006年12月18日，读书。

二十二世：锦赞生于1976年9月12日，学历初中，在外务工。

二十世：兆禄配莫氏，生三子葬在灯盏圹坐西向东。子：培岳、培辉、亚如。

二十一世：培岳配张氏，生一子：亚标。

二十二世：亚标生于1957年8月6日，学历初中（在外务工）配苏桂廉生于1965年12月28日，学历初中，本镇老鸦山村人，生三女二子。长女：水娣生于1989年3月20日，学历初中，适茂名市。次女：进娣生于1991年9月28日，学历初中，在外务工。幼女：月英生于1996年6月15日，读书。子：国良、琼辉。

二十三世：国良生于1993年12月13日，读书。

二十三世：琼辉生于1988年9月12日，读书。

二十一世：培辉葬在圹仔尾坐东向西，配罗建英生于1933年6月13日，本镇九龙村人，生二女三子。长女：日芳生于1956年10月10日，适本镇兔仔围村。次女：戚娣生于1962年5月26日，学历初中，适本镇深山龙村。子：李发、戚谷、进桥。

二十二世：李发生于1965年8月29日，学历初中，在外务工，配蔡喜凤生于1972年12月19日，学历初中，高州信宜人，生二女一子。长女：碧学生于1995年6月22日，学历高中，读书。次女：晓冰生于1999年11月30日，学历初中，读书。子：柱鸿。

二十三世：柱鸿生于1993年7月10日，学历大学，读书。

二十二世；戚谷生于1968年7月23日，学历初中（在家务农）配刘芳生于1969年6月21日，学历初中，界炮镇赤伦村人，生一女二子。女：木娣生于1991年8月20日，读书。子：金座、何琼。

二十三世：金座生于1994年9月2日，读书。

二十二世；何琼生于1996年5月6日，读书。

二十二世：进桥生于1971年5月有23日，学历初中（在外务工）配薛锦梅生于1971年5月7日，学历初中，深圳市人，生一女一子。女：诗慧生于1997年9月26日，读书。子：伟强。

二十三世：伟强生于 2006 年 12 月 25 日，读书。

二十一世：亚如生于 1929 年 6 月 14 日，学历初中（务农）配邬翠英生于 1942 年 10 月 27 日，学历初中，本镇西埇村人，生四子：锦基、锦常、锦桃、锦衡。

二十二世：锦基生于 1966 年 7 月 18 日，学历初中（外务工）配尉、晓艺二氏，生一女二子。女：水仙生于 1990 年 7 月 19 日，学历初中，在外务工。子：观楷、康新。

二十三世：观楷生于 1992 年 9 月 15 日，在外读书。

二十三世：康新生于 1995 年 11 月 6 日，读书。

二十二世：锦桃生于 1973 年 5 月 20 日，学历初中（外务工）配巧玲生于 1973 年 6 月 20 日，学历初中，信宜人，生一女一子。女：晓林生于 2003 年 1 月 25 日，读书。子：水源。

二十三世：水源生于 1999 年 7 月 6 日，读书。

二十二世：锦常生于 1970 年 3 月 5 日，学历初中（外务工）配陈文兰生于 1970 年 10 月 2 日，学历初中，广东信宜人，生二女一子。长女：月芳生于 1990 年 10 月 4 日，学历初中，适信宜交区。次女：伍碧生于 1993 年 1 月 6 日，读书。子：观阳。

二十三世：观阳生于 1994 年 9 月 2 日，读书。

二十二世：锦衡生于 1976 年 9 月 2 日，学历初中（外务工）配黄远花生于 1976 年 9 月 7 日，学历初中，河源人，生一女：加慧生于 2007 年 8 月 19 日。

二十世：兆寿配陈钟二氏，生五子葬在石马头坡后背岭坐东南向西北处仝岭仝莹向。子：亚生●、培维●、亚桂、广信、亚保。

二十一世：亚桂生于 1938 年 9 月 16 日，学历初中（在家务农）配苏日兴生于 1948 年 1 月 13 日，学历初中，梧州市夏枰村人，生二女二子。长女：素娟生于 1975 年 10 月 9 日，学历初中，适广州番禺区溪大街 7 港 3 号。次女：妹妹生于 1980 年 4 月 11 日，学历初中，适廉江市西街 24 号。子：华建、李培。

二十二世：华建生于 1978 年 10 月 12 日，学历初中（外务工）配林旺生生于 1979 年 9 月 16 日，学历高中，安铺高埇村人，生一女一子。女：梓莹生于 2002 年 7 月 16 日，读书。子：宇森。

二十三世：宇森生于 2006 年 10 月 17 日，读书。

二十二世：李培生于 1985 年 10 月 24 日，学历中专（外务工）配覃瑶生于 1989 年 2 月 28 日，学历大专，罗定市满圹镇石巷村人，生一子：晓韵生于 2010 年 10 月 22 日，幼小。

二十一世：广信生于 1941 年 10 月 13 日，学历初中（在家务农）配林月珍生于 1946 年 10 月 13 日，学历初中，生三女三子。长女：少清生 21 日，学历初中，适本镇九龙毕。次女：叶英生于年月日，学历初中，适化州平定镇田合龙村。幼女：小妹生于 1981 年 4 月 21 日，学历初中，适平定镇。子：锦徐、锦亭。

二十二世：锦徐生于 1970 年 11 月 16 日，学历初中（外务工）配梁梅坚生于 1969 年 9 月 1 日，廉江市沙圹村人，生三子：进桃、进红、进辉。

二十三世：进桃生于 1991 年 8 月 27 日，学历大学（读书）。

二十三世：进红生于 1994 年 7 月 2 日，学历大学（读书）。

二十三世：进辉生于 1995 年 10 月 7 日，学历高中（读书）。

二十二世：锦亭生于 1976 年 7 月 2 日，无学业。

二十一世：亚保生于年月日，学历初中（在家务农）配林氏。

十八世：秀旺配罗氏，生一子：亚广●。

十八世：秀辉配黎氏，生二子：德明、李富●。

十九世：德明配罗氏，生一子：兆桂。

二十世：兆桂配张氏止●。

十七世：尚龙配罗谭二氏，生一子：秀芬。

十八世：秀芬配罗氏，生六子葬在碑横后背岭坐东南向西北，妣葬在家私厂坐北向南。子：李灼（伤）、康存（止）、亚贵（出外未详）、亚论（出嗣）、德礼、观龙（另续）。

十九世：德礼配叶氏，生三子迁往徐文迈陈官曹村立业，葬在官曹东坡园坐东北向西南与妣仝岺仝莹向。子：兆文、兆武、兆全。

二十世：兆文葬在石头坡坐北向南，生于 1937 年 6 月 5 日，学历初中，迁居廉江市晨光场一队，配林月琴生于 1953 年 8 月 6 日，学历初中，徐文官曹村人，生一女一子。女：雪凤生于 1974 年 8 月 12 日，学历初中，适晨光场机务队。

子：培国。

二十一世：培国生于 1976 年 4 月 11 日，学历初中（外务工）配陈洪英生于 1976 年 4 月 24 日，遂溪其连村人，生三女一子。长女：锦妹生于 2006 年 3 月 14 日，读书。次女：思其生于 2009 年 10 月 23 日，幼小。幼女：芊芊生于 2012 年 9 月 2 日，幼小。子：锦聪。

二十二世：锦聪生于 2007 年 11 月 27 日，读书。

二十世：兆武生于 1949 年 12 月 15 日，学历初中（现居横山晨光场一队）配郑权芳生于 1951 年 9 月 12 日，学历初中，本镇黎屋地村人，生二女二子。长女：雪莲生于 1973 年 3 月 14 日，学历初中，适湛江市霞山区。次女：雪珍生于 1977 年 8 月 19 日，学历初中，适广西贵港。子：培东、培德。

二十一世：培东生于 1970 年 8 月 12 日，学历初中（外务工）配程汝明生于 1990 年 10 月 18 日，学历初中，雷州市英良村人，生一女二子。女：秋霞生于 2006 年 9 月 8 日，读书。子：锦勇、锦如。

二十二世：锦勇生于 1992 年 8 月 5 日，学历初中，在外务工。

二十二世：锦如生于 1994 年 8 月 2 日，学历初中，在外务工。

二十一世：培德生于 1981 年 7 月 6 日，学历初中，配涂尚花生于 1986 年 5 月 8 日，初中，韶关秧翁县官渡镇新跃村人，生一女：婉婷生于 2011 年 5 月 13 日，幼儿。

二十世：兆全生于 1953 年 4 月 22 日，学历高中（现住横山镇晨光场一队）配李世凤生于 1954 年 7 月 27 日，学历初中，雷州市英利镇大桥上村人，生三女二子。长女：雪燕生于 1977 年 8 月 3 日，学历初中，适惠州市。次女：雪丽生于 1981 年 5 月 18 日，学历初中，适廉江横山镇汕美村。幼女：雪飞生于 1982 年 10 月 10 日，学历初中，适湖北。子：培景、培表。

二十一世：培景生于 1985 年 12 月 12 日，学历初中（外务工）配林小鹏生于 1985 年 7 月 11 日，学历初中，遂溪界炮镇芸湾村，生一女一子。女：静怡生于 2010 年 5 月 6 日，幼小。子：锦豪。

二十二世：锦豪生于 2008 年 12 月 28 日，幼小。

二十一世：培表生于 1988 年 2 月 10 日，学历初中，在外务工。

十九世：观龙妻出嫁，生一子：兆忠。

二十世：兆忠配林氏，生一子：伟军。

二十一世：伟军（未详）。

十七世：尚凤配谭氏，生一子：秀英。

十八世：秀英配何氏，生四子：德元、德乾、德坤●、德昌。

十九世：德元配陈氏，生一子：兆南。

二十世：兆南配陈氏，生一子：亚有。

二十一世：亚有妻嫁，生二子：日贵●、日福。

二十二世：日福母带子出嫁。

十九世：德乾配叶氏，生三子：兆辉●、兆光、水养止●。

二十世：兆光配钟氏，生三子：培槐、培浩、亚富。

二十一世：培槐葬在北海市仙人墓，坐北向南，配林秀珍生于1972年5月，学历初中，北海市二轻针织厂，生五女二子（现住北海市）。长女：连妹生于1949年9月，学历高中，适北海市。二女：连芳生于1957年6月，学历高中，适北海市。三女：连英生于1962年10月，学历初中，适北海市。四女：连凤生于1964年10月，学历初中，适北海市。子：锦良、志华。

二十二世：锦良配苏燕芝生于1954年3月，学历初中，北海市二轻纸相厂，生一女一子。女：雪琴生于1975年10月，学历初中，适北海市。子：雪锋。

二十三世：雪锋生于1978年8月，学历高中，配陈晓燕生于1987年8月，学历高中，北海市工业园区。

二十二世：志华生于1960年1月，学历初中，北海市糖厂，配曾桂芳生于1966年5月，学历初中，北海市人，生一子：植俊。

二十三世：植俊生于1990年12月，学历大学（部队）。

二十一世：培浩葬在北海市仙人墓坐北向南（现住北海市）配邓秀群生于1930年1月，学历初中，北海市针织厂，生二女四子。长女：戚梅生于1954年8月，学历初中，适北海市。次女：锦玲生于1970年3月，学历大专，适北海市。子：锦锋、锦钦、锦填、锦销。

二十二世：锦锋生于1952年12月，学历大专，北海市学德联合会会计师，配林氏，生二女。长女：媛媛生于1980年8月，学历大专，适北海市。次女：戚好生于1988年5月，学历大专，适北海市。

二十二世：锦钦生于1958年12月，学历大专，北海市粮食局（现住北海市）配龙仁娟生于1959年8月，学历高中，北海纸相厂，生一女一子女：龙复生于1998年6月日，学历高中，在外务工。子：龙翔。

二十三世：龙翔生于1986年1月，学历大学，广西移动北海分公司。

二十二世：锦填生于1962年3月，学历大专，北海诚信资产评估事务所（现居北海）配符梅花生于1966年2月日，学历初中，北海市人，生一子：琼达。

二十三世：琼达生于1977年7月，学历高中，在外务工。

二十二世：锦销生于1966年2月，学历本科，北海市技术进出口公司（现住北海市）配梁永旺生于1974年4月日，学历大专，北海市南洋服务有限公司，生一女：颖姗生于2006年11月，读书。

二十一世：亚富生于1944年11月，学历高中，北海市劳动局（现住北海市）配麦剑峰生于1949年3月，学历大专，北海市教育局，生二女。长女：日华生于1971年2月，学历大专，北海市城区第三小学。次女：戚妍生于1973年11月，学历大学本科，适北海市环保局。

十九世：德昌配黄氏，生二子：兆和、兆顺。

二十世：兆和配黎氏取本族里屋湾村，生一子：镇友。

二十一世：镇有外出，未详。

十六世：均和葬在松柏林滩边地坐西北向东南，妣葬在莞瑶坑坐北向南，配何氏，生三子：尚文、尚礼、尚尤。

十七世：尚文配林氏，生四子葬在农民田坐南向北，妣葬在圹仔尾坐东向西。子：秀俊、秀杰、秀拨、秀超。

十八世：秀俊配陈李二氏，生四子葬在灯盏圹坐西向东。子：德身、德昭、亚水、德精。

十九世：德身葬在本村前公路边上坐南向北，配伍莫林三氏，生一子：兆祥。

二十世：兆祥葬在圹仔尾同张氏奶奶坐东向西，配张氏，生三子：培灼、培锦、培元。

二十一世：培灼葬在黎屋地岺妣仝岺坐南向北，配林氏，生一子：锦新。

二十二世：锦新葬在圹仔尾坐东向西配张秀芳生于1946年9月10日，学历初中，本镇深山龙人，生二子：戚德、木意。

二十三世：戚德生于1968年1月11日，学历初中（现住廉江市）配罗珍生于1970年5月14日，学历初中，博教下村人，生一女一子。女：潘婷生于1992

年月日，学历大学（读书）。子：日华。

二十四世：日华生于1993年12月25日，学历大学，读书。

二十三世：木意生于1977年12月26日，学历初中，在外务工，配陈美安铺欧家管区何里卜村生于1979年10月2日，学历初中，生二女一子。长女：榆萍生于2001年12月13日，读书。次女：芷榆生于2009年8月16日，读书。子：俊郎。

二十四世：俊郎生于2015年2月17日。

二十一世：培锦葬在打铁圹坐西向东，伍氏仝茔仝向，配伍氏，生二子：广璇、锦营。

二十二世：广璇葬在打铁圹坐西向东，配梁氏，生三子：琼军、琼海、琼东。

二十三世：琼军生于1977年11月2日，学历初中，在外务工。

二十三世：琼海生于1980年9月5日，学历初中，在外务工，配张群娣生于1983年5月23日，学历初中，垌口村委上山口人，生一女：紫霞生于2004年11月17日，读书。

二十三世：琼东生于1982年5月20日，学历初中，在外务工，配魏娜生于1986年1月25日，学历初中，四川渠县清溪场镇七眼村人，生二女一子。长女：紫婷生于2004年10月3日，读书。次女：紫琪生于2001年12月30日，幼小。子：子航。

二十四世：子航生于2013年12月26日，幼小。

二十二世：锦营生于1959年2月3日，学历初中（在家务农）配熊保仙生于1966年10月13日，云南文山古镇牛棚村委小横圹村人，生二子：李柏、广棚。

二十三世：李柏生于1995年8月29日，学历初中，在外务工。

二十三世：广棚生于1977年10月12日，学历初中，在外务工。

二十一世：培元葬在土地公岺坐南向北，配张氏，生五子：康槐、广庆、戚茂、水进、戚礼。

二十二世：康槐生于1950年10月日，学历初中（在广西梧州市工作）配李文兰生于1952年9月27日，学历大学，广西梧州市人，生二女。长女：文坚生于1978年12月10日，学历大学，适广州市。次女：亭亭生于1991年5月10日，学历大学。

二十二世：广庆生于1953年8月5日，学历高中（在家务农）配林英生于1957年

3月1日，学历初中，本镇黄竹根村人，生一女三子。女：日伟生于1981年11月26日，学历初中，适新会大环村。子：李雨、华志、水泉。

二十三世：李雨生于1983年10月17日，学历初中，在外务工。

二十三世：华志生于1987年7月8日，学历大专，在外务工。

二十三世：水泉生于1989年9月6日，学历初中。

二十二世：戚茂生于1955年10月日，葬在水轮泵岭坐南向北，配林尤生于1954年9月8日，学历初中，本镇面前岭村人，生一女一子。女：桂玲生于1983年10月25日，学历初中，在外务工。子：日杭。

二十三世：日杭生于1985年2月2日，学历初中，在外务工。

二十二世：水进葬在打铁圹岭坐西向东，配钟氏生于1959年9月7日，学历初中，生二子：华甫、里秋。

二十三世：华甫生于1988年2月9日，学历初中，在外务工。

二十三世：里秋生于1989年9月5日，学历初中，在外务工。

二十二世：戚礼生于1968年6月25日，学历初中（现居廉江市）配钟珍生于1970年12月30日，学历初中，本镇鱼龙毕村人，生二女一子。长女：水兴生于1990年6月18日，学历初中。次女：石芳生于1991年6月24日，学历初中。子：木桂。

二十三世：木桂生于2000年8月25日，读书。

十九世：德昭配余林二氏，生二子：兆珵●、兆强●。

十九世：德精配吕氏，生五子：陈生（未详）、亚土（未详）、兆有、亚兴、亚元。

二十世：兆有配关氏取兆典之子入继迁迈陈官曹住。子：培华。

二十一世：培华生于1942年10月5日，学历初中（现住徐文县迈陈镇官曹村定居）配赵秀琴生于1943年10月11日，学历初中，迈陈镇官曹村人，生二子：锦财、锦珍。

二十二世：锦财生于1965年7月4日，学历初中，外务工，配刘莲花生于1965年7月9日，学历初中，迈陈镇后卅村人，生三子：江恩、江成、江谨。

二十三世：江恩生于1987年6月23日，学历初中，在外务工。

二十三世：江成生于1989年2月14日，学历初中，在外务工，配周小亚生于1989年11月6日，学历初中，徐文县城北南园仔村人，生三子：东天。

二十四世：东天生于 2013 年 5 月 14 日。

二十三世：江谨生于 1991 年 2 月 28 日，学历初中，在外务工，配何小裕生于 1990 年 12 月 8 日，学历初中，迈陈镇新村仔人，生一女：贝贝生于 2012 年 12 月 24 日，幼小。

二十二世：锦珍生于 74 年 7 月 14 日，学历初中，在外务工，配程妃丽生于 1975 年 6 月 13 日，学历初中，英利镇英良村人，生二子：江颖、江奋。

二十三世：江颖生于 1995 年 8 月 12 日，学历初中，在外务工。

二十三世：江奋生于 1998 年 3 月 30 日，学历初中，在外务工。

十八世：秀杰配赖陈二氏，生一子：德焕。

十九世：德焕葬在圹仔尾坐东向西妣仝岺仝茔向，配邓氏生三子：李胜（出继有和）、亚福（未详）、康胜。

二十世：康胜葬在圹仔尾坐东南向西北妣仝茔岭坐东向南，配梁氏，生二子：亚武、水文。

二十一世：亚武生于 1957 年 6 月 10 日，学历高中（现住安铺镇）配王黄二氏。王何芳生一女葬在水轮泵坐东向北。女：诗钰生于 1985 年 3 月 5 日，学历大学本科；黄何菁生于 1970 年 6 月 10 日，学历高中，系坡贞圹村人，生一子：冠明。

二十二世：冠明生于 1995 年 8 月 4 日，学历读书。

二十一世：水文生于 1964 年 11 月 26 日，学历大学本科（现任营仔镇委书记）配翟惠英生于 1965 年 7 月 18 日，学历大专，安铺镇人，生一子：冠东。

二十二世：冠东生于 1993 年 1 月 23 日，读书。

十八世：秀拨配林氏，生一子葬在田岭坐东向西，妣林氏葬在圹仔尾坐东向西。子：德齐。

十九世：德齐配林氏，生二子：兆典、兆安。

二十世：兆典配庆氏，生五子，葬在凹不圹坐南向北，妣葬在打铁圹坐西向东，子：培文、培玉、培华（赵氏出继兆有）、玉土、培艺。

二十一世：培文生于 1929 年 8 月 6 日，葬在石头坡坐北向南。配张爱英生于 1969 年 8 月 6 日，广西大新雷平镇岸木龙角纯村人，生一女二子。女：燕玉生于 1977 年 12 月 15 日，学历初中，适江西高安市黄沙镇铁田大队李家村。子：锦助、观文。

二十二世：锦助生于 1980 年 8 月 4 日，学历初中，外务工，配刘石坚生于 1982 年

4月12日,学历初中,生一女一子。女:善烯生于2010年12月31日,读书。子:琼伟。

二十三世:琼伟生于2013年5月7日,幼小。

二十二世:观文生于1990年,学历初中,在外务工。

二十一世:培玉生于1932年9月4日,学历初中(现住廉江市美景花园东四街子门牌)配张素珍1934年2月15日,学历初中,本镇加埇尾村人,生四子:锦建、锦发、锦培、锦年。

二十二世:锦建生于1956年11月7日,学历初中(现住珠海市金海岸)配张娣生于1963年11月9日,学历初中,本镇坡垌村人,生二女二子。长女:水媚生于1989年10月7日,学历高中,在外务工。次女:碧霞生于1995年9月25日,学历高中,在外务工。子:日同、振强。

二十三世:日同生于1985年10月16日,学历高中,外务工,配钟国春生于19883月22日,学历高中,本市河唇镇人,生一子:梓浩。

二十四世:梓浩生于2010年7月1日,幼小。

二十三世:振强生于1991年3月10日,学历初中,在外务工。

二十二世:锦发生于1964年6月13日,学历初中,外务工,配榅裕清生于1968年1月14日,学历高中,圹缀镇人,生三子:伟体、振华、伟基。

二十三世:伟体生于1992年6月30日,读书。

二十三世:振华生于1998年9月2日,读书。

二十三世:伟基生于2000年9月12日,读书。

二十二世:锦培生于1965年8月20日,学历初中(现住廉江公路局)配涂秀琴生于1963年5月8日,学历初中,石角镇北京圹人,生一子:琼聪。

二十三世:琼聪生于1993年5月25日,读书。

二十二世:锦年生于1973年3月23日,学历初中,在外务工,配李碧霞生于1979年8月11日,学历初中,化州镇人,生二子:志鹏、志辉。

二十三世:志鹏生于2007年11月17日,幼儿园。

二十三世:志辉生于2013年7月8日,幼小。

二十一世:玉土生于1954年11月24日,学历初中,务农,配徐秀强生于1954年6月30日,学历初中,灵山县田水镇大岭大队哪天塘村,生一女:小霞生

于 1988 年 12 月 2 日，学历初中，在外务工。

二十一世：培艺配谭氏生二子，葬在打铁圹，与妣仝茔一墓坐西南向东北。子：罗兴、观建。

二十二世：罗兴生于 1979 年 4 月 5 日，学历初中（外务工）配钟日利生于 1979 年 10 月 19 日，学历初中，本镇鱼龙埠村人，生一女一子。女：咏怡生于 2007 年 12 月 13 日，幼小。子：观乐。

二十三世：观乐生于 2002 年 8 月 3 日，读书。

二十二世：观建生于 1983 年 1 月 16 日，学历初中，在外务工。

二十世：兆安葬在农民田坐东南向西北妣葬在打铁圹坐西向东，与钟氏合户，生一子：亚良。

二十一世：亚良生于 1955 年 10 月 2 日，学历初中，在家务农，配张月珠生于 1967 年 9 月 7 日，学历初中，广西大新县下论村人，生一女一子。女：晓芳生于 1991 年 11 月 14 日，学历初中，在外务工。子：锦奕。

二十二世：锦奕生于 1994 年 10 月 10 日，学历中专。

十八世：秀超配林氏，生二子：德茂、德章。

十九世：德茂葬在天圹村岭仔山，与妣仝茔坐西向东，配谢林二氏，生二子：兆荣●、兆朋。

二十世：兆朋配罗氏生四子，岭仔山坐西北向东南，妣葬在圹仔尾坐东向西，子：戚灼、日福●、培龙、日善。

二十一世：戚灼生于 1937 年 11 月 25 日，学历初中，家务农，配廖美莲生于年月日，生二子（外出不回）：日活、锦波。

二十二世：日活生于 1995 年 8 月 20 日，读书。

二十二世：锦波生于 1997 年 10 月 26 日，读书。

二十一世：培龙生于 1951 年 9 月 9 日，学历初中（现住湛江市）配许定生于 1954 年 11 月 12 日，学历初中，横山镇西山村人，生一女一子。女：观英生于 1984 年 3 月 14 日，学历初中，适信宜市。子：广佑、进财。

二十二世：广佑生于 1976 年 10 月 26 日，学历初中，在外务工，配莫秀生于 1981 年 5 月 20 日，学历初中，横山镇谭福村人，生二女一子。长女：观铃生于 2006 年 5 月 23 日，读书。次女：李慧生于 2008 年 5 月 18 日，读书。

子：健旭。

二十三世：健旭生于 2004 年 5 月 20 日，读书。

二十二世：进财生于 1980 年 2 月 25 日，学历初中，外务工，配罗观娣生于 1983 年 7 月 13 日，博教龙沟村人，生一女一子。女：李欣生于 2010 年 5 月 4 日，读书。子：康锐。

二十三世：康锐生于 2012 年 11 月 1 日，幼小。

二十一世：日善生于 1957 年 12 月 13 日，学历初中（现住湛江市）配戴宏秀生于 1960 年 8 月 29 日，学历初中，麻章区牛路镇人，生一女三子。女：土芳生于 1985 年 9 月 26 日，学历初中，适湛江市。子：木陈●、广潮、广阳。

二十二世：广潮生于 1987 年 9 月 1 日，学历高中，在外务工。

二十二世：广阳生于 1990 年 5 月 3 日，学历高中，在外务工。

十九世：德章葬在土地公岭坐南向北，配王氏，生三子：兆瑚、亚泰（未详）、兆英。

二十世：兆瑚配黎氏生四子，葬在打铁圹坐西向东，妣葬圹仔尾坐东向西。子：日和（未详）、培新、培升、培论。

二十一世：培新生于 1938 年 10 月 15 日，学历初中（家务）配杨桂英生于 1935 年 6 月 29 日，学历初中，生三子：李明、观福、观生。

二十二世：李明生于 1967 年 2 月 20 日，学历初中，在外务工，配蔡氏生于 1972 年 4 月 6 日，学历初中，本镇新云夹人，生二子：良羽、羽就。

二十三世：良羽生于 2001 年 4 月 14 日，读书。

二十三世：羽就生于 2002 年 5 月 14 日，读书。

二十二世：观福生于 1975 年 12 月 7 日，学历初中，外务工。

二十二世：观生生于 1978 年 12 月 17 日，学历初中，务农。

二十一世：培升生于 1949 年 10 月 15 日，学历初中，务农，配林木生于 1958 年 12 月 27 日，学历初中，本镇黄竹根村人，生一女一子。女：李尤生于 1988 年 10 月 28 日，学历初中，适广东河源。子：水仁。

二十二世：水仁生于 1981 年 12 月 27 日，学历初中，外务工。配郭华凤生于 1980 年 8 月 24 日，学历初中，本镇窑头村人，生二子：晴郎、伟豪。

二十三世：晴郎生于 2008 年 10 月 26 日，读书。

二十三世：伟豪生于 2010 年 11 月 22 日，幼小。

二十一世：培论生于1953年2月20日，学历初中，务农，配袁小珍生于1966年8月28日，学历初中，广西天荨县龙客镇桥头村人，生三子：锦龙、锦武、锦辉。

二十二世：锦龙生于1994年1月9日，学历初中，在外务工。

二十二世：锦武生于1998年3月10日，读书。

二十二世：锦辉生于2000年9月19日，读书。

十六世：均和葬在松柏林附近西边滩边地，坐北向南，配何氏，生三子：尚文、尚礼、尚尤。

十七世：尚礼配苏氏，生二子：秀实、亚李。

十八世：秀实葬在苏茅岭村后坐西向东，妣葬在黄竹根田村对面岑坐东北向西南，配罗氏，生一子：德成、德辉、德谦●、亚安●、德全（配苏氏外出未详）。

十九世：德成葬在苏茅岭村后坐西向南，妣葬在黄竹田对面岑坐东北向西南配陈氏，生一子：兆京。

二十世：兆京葬在黄竹田村前岭坐北向南，妣葬在村前左边岑上名田竹田坐东北向西南，配黄氏，生五子。子：亚南配伍氏止●、培居、培烈、亚林●、李广●。

二十一世：培居葬在水轮泵鹰岑坐东向南，与妣仝葬墓，配黄氏，生二女四子。长女：戚礼生于1960年7月10日，学历初中，适博教下村。次女：水换生于1964年8月8日，学历初中，适北海市。子：水益、吉利、观李、锦爽。

二十二世：水益生于1957年3月20日，学历初中，（家务）配罗水春生于1966年10月22日，学历初中，鱼龙毕村委九龙村人，生三女一子。长女：石柱生于1983年10月1日，学历初中，适化州市。次女：水娣生于1985年9月16日，学历初中，适澳门。幼女：宙凤生于1996年8月20日，学历初中，读书。子：观成。

二十三世：观成生于1991年10月7日，学历初中，在外务工。

二十二世：吉利生于1968年3月7日，学历高中，在家务农，配农桂珍生于1970年4月16日，学历初中，广西天等县新屯村人，生三女一子。长女：丹花生于1997年9月18日，学历高中，在外务工。次女：莲娣生于1991年9月24日，学历初中，适四川。幼女：玉妹生于1993年6月3日，学历初中，在外务工。子：健龙。

二十三世：健龙生于 1997 年 5 月 4 日，学历初中，在外务工。

二十二世：观李生于 1971 年 3 月 13 日，学历初中，（外务工）配张木英生于 1974 年 7 月 2 日，学历初中，包墩山圹村人，生一女二子。女：秋怡生于 2003 年 7 月 19 日，读书。子：琼山●、志浩。

二十三世：志浩生于 2006 年 6 月 23 日，读书。

二十二世：锦爽生于 1977 年 3 月 20 日，学历高中，在外务工。

二十一世：培烈生于 1931 年 11 月 21 日，学历初中，葬在灯盏圹坐北向南，配李仁芳生于 1931 年 11 月 21 日，学历初中，生二女二子。长女：水英生于 1962 年 4 月 14 日，学历初中，适本镇坡垌村。次女：戚娣生于 1968 2 月 12 日，学历初中，适珠海。子：伟坚、观海。

二十二世：伟坚生于 1969 年 4 月 17 日，学历初中，（在外务工）配罗娟生于 1971 年 8 月 9 日，学历初中，博教下村人，生一女二子。女：国珍生于 1996 年 9 月 4 日，学历初中，在外务工。子：广祥、观强。

二十三世：广祥生于 1993 年 9 月 3 日，学历初中，在外务工。

二十三世：观强生于 1995 年 12 月 8 日，学历初中，在外务工。

二十二世：观海生于 1973 年 4 月 4 日，学历初中，在外务工。

十九世：德辉葬在长碑村后岭坐北向南，妣葬在黄竹田村前坐北向南，配苏氏生三子：兆琪、兆琛、兆琼。

二十世：兆琪葬在打铁圹尾坐西向南，妣葬在黄竹田村前坐北向南，配罗氏，生四子：培桂、培连、亚明、水建（未详）。

二十一世：培桂葬在深田岭岺，坐北向南，配赖国英生于 1935 年 9 月 3 日，学历初中，横头村人，生二子：戚珍、戚安。

二十二世：戚珍生于 1959 年 4 月 28 日，学历初中，葬在勾头岭坐南向北，配邹平生于 1968 年 1 月 12 日，学历初中，云南文山县人，生五女一子。长女：石凤生于 1993 年 1 月 28 日，学历初中，在外务工。二女：水娇生于 1996 年 4 月 12 日，学历初中，适三女：水娣生于 1996 年 4 月 12 日，学历初中，在外务工。四女：观娣生于 1998 年 4 月 7 日，学历初中，在外务工。五女：水莲生于 1994 年 8 月 11 日，学历初中，在外务工。子：水龙。

二十三世：水龙生于 2001 年 1 月 21 日，学历初中，读书。

二十二世：戚安生于 1972 年 7 月 20 日，学历初中，（在外务工）配陈连生于 1974 年 11 月 13 日，学历初中，原广东人，现广西合甫人，生一女一子。女：燕珍生于 2004 年 2 月 28 日，读书。子：遥遥。

二十三世：遥遥生于 1999 年 12 月 12 日，读书。

二十一世：培连生于 1953 年 5 月 8 日，学历初中，在家务农。

二十一世：亚明生于 1940 年 10 月 5 日，学历初中，葬在石马头坡坐北向南，配苏汝琴生于 1956 年 5 月 27 日，学历初中，海康英利镇上岭村人，生六女二子。长女：惠芬生于 1976 年 9 月 17 日，学历初中，适珠海市；二女：惠芳生于 1976 年 9 月 17 日，学历初中，适肇庆市；三女：惠妹生于 1982 年 4 月 2 日，学历初中，适河源；四女：惠兰生于 1985 年 4 月 22 日，学历初中，适澳门；五女：惠乔生于 1994 年 2 月 18 日，学历初中，在外务工；六女：惠婷生于 1994 年 2 月 18 日，学历初中，在外务工。子：锦韬、景略。

二十二世：锦韬生于 1974 年 5 月 23 日，学历高中，在外务工，配吕明墨生于 1979 年 9 月 27 日，湛江市麻章区太平镇吕宅村人，生一女一子。女：水欣生于 2006 年 9 月 14 日，读书。子：健晟。

二十三世：健晟生于 2008 年 10 月 1 日，读书。

二十二世：景略生于 1987 年 11 月 18 日，学历高中，（外务工）配张小菊生于 1990 年 5 月 15 日，学历初中，雷州附城镇卜扎村人，生一子：捷琳。

二十三世：捷琳生于 2010 年 3 月 24 日，读书。

二十世：兆琛葬在本村后岑背底沟，坐西向东，妣葬在本村前岑仔山坐西向东，配蔡氏，生四子：培光、培华、镇英、亚尤。

二十一世：培光生于 1930 年 5 月 18 日，学历初中，葬在水轮泵侧岑坐南向北，配黄少珍生于 1931 年 5 月 20 日，学历初中，本镇大山北仔村人，生四子三女，女：长女戚桃生于 1954 年 8 月 7 日，教师，适湛江；二女戚利生于 1958 年 10 月 15 日，大学，适广州市；三女戚焦妹生于 1970 年 3 月 20 日，适东莞市。子：戚胜、戚虾●、李文、李荣。

二十二世：戚胜生于 1956 年 9 月 5 日，学历高中（现住湛江市麻章镇）配罗水生于

1963年12月1日，学历初中，博教下村人，生二女三子。长女：伍娣生于1982年11月29日，学历高中，适徐文昌发村；次女：日清生于1985年6月7日，学历大专，适遂溪北坡村。子：观衡、观相、景慧。

二十三世：观衡生于1988年2月25日，学历大学，广州。

二十三世：观相生于1990年4月18日，学历大专。

二十三世：景慧生于1992年1月11日，学历在专。

二十二世：李文生于1967年3月25日，学历大学（现住湛江市）配梁小妹生于1971年1月15日，学历中专，湛江市麻章区人，生一子：嘉强。

二十三世：嘉强生于2000年4月8日，读书。

二十二世：李荣生于1973年6月20日，学历大学（现住深圳市）配张杰丽生于1977年4月13日，惠州市惠东人，生二子：戚男●、戚毅。

二十三世：戚毅生于2009年2月14日，读书。

二十一世：镇英生于1936年5月14日，学历大学（现住广州市）配高少平，生于1944年10月9日，学历中专，廉江市人，生二子：志东、志勇。

二十二世：志东生于1968年12月14日，学历大学，配徐仙华生于1979年8月21日，学历大学，浙江温州文成县人，生二子：睦天、皓天。

二十三世：睦天生于2000年11月4日，读书。

二十三世：皓天生于2012年11月9日，幼小。

二十二世：志勇生于1971年2月22日，学历大学（广东台记者）配马粤生于1975年2月16日，学历大学，研究生，生一女：天睿生于2006年9月3日。

二十一世：亚尤生于1938年6月1日，学历高中，寄葬在本村圹仔尾坐东向南，配赵秀金生于1950年3月8日，学历初中，青平太平村人，生二女三子。长女：燕英生于1970年3月24日，学历中专，适广州市珠海区滨江西44号；次女：东莲生于1971年8月30日，学历中专，适广州白云区江桥新城21号。子：海燕、海平、海雄。

二十二世：海燕生于1973年12月15日，学历中专，配李瑞生于1980年5月6日，学历中专，广西北注清湾镇木界村人，生二女一子。长女：贝怡生于2002年10月18日，读书。

次女：贝婷生于2007年8月3日，读书。子：戚羽。

二十三世：戚羽生于 2010 年 2 月 11 日，读书。

二十二世：海平生于 1979 年 3 月 16 日，学历高中，在外务工。

二十二世：海雄生于 1986 年 11 月 7 日，学历初中，在外务工。

二十世：兆琼葬在长碑后岭坐北向南，配罗氏，生六子：培裕、培宜、培喜、培照、培轩、培欢。

二十一世：培裕配梁氏。

二十一世：培宜生于 1949 年 8 月 22 日，学历高中（现名广权）教书，配黄丽仙生于 1963 年 10 月 10 日，学历高中，广西大新县宝圩人，生一女一子。女：碧君：生于 1990 年 5 月 24 日，学历高中（现廉江市教书）。子：观镇。

二十二世：观镇生于 1988 年 3 月 8 日，学历大专，在外务工。

二十一世：培喜配吴氏；培照配黄氏；培轩配陈氏。

二十一世：培欢生于 1958 年 12 月 17 日，学历初中，在外务工，配郑秀莲生于 1961 年 12 月 9 日，学历初中，徐文县北街村人，生一女三子。女：观宁生于 1985 年 6 月 22 日，学历初中，适廉江市良垌镇。子：李镇、广镇、镇秋。

二十二世：李镇生于 1987 年 11 月 8 日，学历初中，在外务工。

二十二世：广镇生于 1987 年 11 月 8 日，学历初中，在外务工。

二十二世：镇秋生于 1990 年 8 月 10 日，学历大学，读书。

十六世：均和葬在松柏林附近西边坐北向南，配何氏生三子：尚文、尚礼、尚尤。

十七世：尚尤配叶林二氏，生四子：秀芳、秀琼、秀林、秀居。

十八世：秀芳配林氏，生一子：德馨。

十九世：德馨配陈氏，生一子：兆发。

二十世：兆发配钟氏，生二子：培春、木得。

二十一世：培春葬在打铁圹南边岑仔坐西向东，配罗氏，生三子：亚连、亚平、亚坤。

二十二世：亚连生于 1949 年 2 月 3 日，学历初中，家务，配石素琼生于 1960 年 10 月 10 日，广西大新县雪平镇人，生三女一子。长女：日娇生于 1985 年 7 月 22 日，学历初中，适廉江市河唇镇西洋垌村；次女：燕妹生于 1987 年 11 月 12 日，学历初中，适湖南；幼女：丽丹生于 1996 年 3 月 18 日，学历初中，在外务工。子：日贵。

二十三世：日贵生于1983年，学历初中，在外务工。

二十二世：亚平生于1952年6月30日，学历高中，在外务工，配石二妹生于1963年10月10日，学历初中，广西大新县雷平镇太平东街，生一女二子。女：秋霞生于1988年7月26日，学历初中，适波罗华村。子：李颖、木献。

二十三世：李颖生于1984年9月5日，学历初中，在外务工。

二十三世：木献生于1986年9月3日，学历初中，在外务工，配朱颖行生于1989年9月25日，学历初中，广州市人。

二十二世：亚坤生于1963年9月9日，学历初中，现住遂溪县，配马江梅生于1956年8月29日，学历初中，遂溪县下六镇人，生一女一子。女：晓妹生于1989年6月18日，学历大学。子：晓仔。

二十三世：晓仔生于1984年9月12日，学历高中，在外务工，配陈翠云生于1985年3月1日，学历中专，湛江市乐文镇凤树村人。

二十一世：木得生于1924年4月12日，学历初中，现住廉江市，配罗娥生于1961年7月25日，学历初中，廉江市人，生一女：江玲生于1996年6月24日，读书。

十八世：秀琼葬在打铁圹岭坐西向东，妣葬在飞屎地坐西向南，配陈氏，生四子：德英、李槐（未详）、德文●、德周（另续）。

十九世：德英葬在打铁圹岑坐东向西，妣葬在仝岑仝茔向，配谢氏，生二子：兆璇、水和（未详）。

二十世：兆璇葬在圹仔尾与妣仝茔岑仝茔向，坐东向西，配黎氏，生二子：李珍、戚卿。

二十一世：李珍生于1937年12月29日，学历大学，现住天津市配续治敏生于年月日，学历大学，生二女，适天津市。长女：青青生于年月日，学历大学，适天津市；次女：汶玖生于年月日，学历大学适美国。

二十一世：戚卿生于1946年11月28日，学历初中，家务，配黄爱秋生于1965年2月15日，学历初中，广西天等人，生三女一子。长女：秋娣生于1993年7月17日，读书；次女：凤珠生于1996年1月15日，读书；幼女：素平生于1998年10月24日，读书。子：木昌。

二十二世：木昌生于1991年11月24日，学历初中，在外务工。

十九世：德周配谭氏，生四子：南荞（未详）、兆启、日进、木信。

二十世：兆啟生于 1939 年 11 月 18 日，学历初中，家务，配陈少坚生于 1947 年 2 月 20 日，学历初中，什块田村人，生二女四子。长女：观伟生于 1980 年 12 月 27 日，学历初中；次女：土莲生于 1988 年 6 月日，学历初中，在外务工。子：培瑞、培柳、戚交、李通。

二十一世：培瑞生于 1968 年 6 月 8 日，学历初中，在外务工。

二十一世：培柳生于 1973 年 12 月 3 日，学历初中，在外务工，配邹丽妹生于年月日，学历初中，广西平南人，生一女一子。女：诗琪生于 1998 年 2 月 6 日，学历高中，读书。子：加明。

二十二世：加明生于 1997 年 5 月 4 日，读书。

二十一世：戚交生于 1980 年 1 月 13 日，学历初中，在外务工。

二十一世：李通生于 1985 年 3 月 28 日，学历初中，在外务工，配梁卡玲生于 1986 年月日，学历初中，吴川市新村人，生一子：锦年。

二十二世：锦年生于 2005 年 8 月 13 日，读书。

二十世：日进生于 1940 年月日，学历初中，在家务农，配王琼珍，生于 1944 年月日，学历初中，排里村委九尾坡村人，生二女二子。长女：培丽生于 1977 年 10 月 10 日，学历初中，适梅县；次女：培娟生于 1980 年 3 月 29 日，学历初中，适潮洲。子：培柱、培高。

二十一世：培柱生于 1974 年 2 月 10 日，学历初中，在外务工，配曹明娣生于 1977 年 10 月 11 日，学历初中，生二女二子。长女：木婷生于 2000 年 6 月 16 日，读书；次女：日娣生于 2001 年 10 月 18 日，读书。子：峰源、锦灿。

二十二世：峰源生于 2003 年 8 月 5 日，读书。

二十二世：锦灿生于 2009 年 7 月 26 日，读书。

二十一世：培高生于 1975 年 10 月 6 日，学历初中，在外务工配朱丹川生于 1976 年 12 月 26 日，学历初中，生一女一子。女：李彤生于 2006 年 5 月 11 日，读书。子：真源。

二十二世：真源生于 2008 年 9 月 14 日，读书。

二十世：木信（现住化州市和平场二十八队）配刘付秀华生于 1951 年 12 月 2 日，学历初中，适化州下部区坡尾胡琳埇村。生一子一女：女：仙群生于 1980 年 3 月 3 日，初中，适化州下部区坡尾胡琳埇；子：瑞良。

二十一世：瑞良生于1973年9月22日，学历初中，在外务工，配李有芳生于1973年8月17日，学历初中，化州市和平场二十二队人，生一女一子。女：莹盈生于1995年9月6日，在外务工。子：锦辉。

二十二世：锦辉生于2000年11月28日，读书。

十八世：秀林配钟氏，生三子：德志、德纯、德楷。

十九世：德志配罗氏，生五子：兆庆、兆喜、兆溪、兆坤、康兆●。

二十世：兆庆配罗氏，生三子：培桥、南良●、培廖。

二十一世：培桥配伍氏。

二十一世：培廖生于1946年1月2日，配苏文芳生于1947年10月10日，生二子三女：女：长女李念适新民镇；二女军宇适河唇镇；三女秋宇适石岭镇；子：锦焕、锦浩。

二十二世：锦焕生于1977年2月6日，服役，深圳市当武警配向丽萍生于1974年，现深圳市妇科医生，生一子：思翰。

二十三世：思翰生于2004年5月26日，读书。

二十二世：锦洁生于1984年1月2日，学历高中，配黄翠明生一子：恩哲，续配陈小妃生一子：恩源。

二十三世：恩哲生于2010年11月，儿童；恩源生于2015年5月7日，儿童。

二十世：兆喜配许氏，生二子：亚芳●、李桂。

二十一世：李桂配王氏（未详）。

二十世：兆溪配罗谢二氏，罗氏合户，生四子：亚成、木祥、日国、亚完。

二十一世：亚成配王氏；木祥配黄氏；日国、亚完配氏。

二十世：兆坤配谭氏，生三子二女，带子往广西南康镇定居，葬在南康张屋村岺坐北向西南。女：（长女）培娟、（次女）培丽。子：培杰、培建、培忠。

二十一世：培杰生于1951年4月10日，学历高中（现居广西南康镇）配蔡玉莲生于1955年6月23日，学历初中，南康人，生四女一子。长女：钰春生于1979年1月15日，学历大专，适北海福城；二女：锦妹生于1980年7月10日，学历中专，以适；三女：俊芳生于1986年5月12日，学历大专，适北海港供电局；四女：凤娟生于1988年9月13日，学历大专，适北海铁山港。子：彦竣。

二十二世：彦竣生于1991年2月11日，在外务工。

二十一世：培建生于1956年1月9日，学历高中（现居广西南康镇）配黄秋娟生于1972年9月8日，学历高中，围州人，生二女一子。长女：戚静生于1981年8月28日,学历大学,适香港；次女：戚钰生于1997年8月12日，学历高中，在外务工。子：锦深。

二十二世：锦深生于2002年4月6日，读书。

二十一世：培忠生于1958年3月20日，学历大专（现居广西南康镇）配庞紫凤生于1960年10月29日，学历高中，生二女。长女：玥珏生于1985年1月3日，学历大学；次女：惠馨生于2004年2月4日，读书。

十九世：德纯配招氏生三子，葬在打铁圹坐西向东，妣葬在打铁圹坐西向东。子：南胜●、兆坚、李生●。

二十世：南胜伤。

二十世：兆坚配陈氏生一子，葬在圹仔尾坐东向西，陈氏葬在石枯河岺坐北向南，子：戚日胡。

二十一世：戚日胡生于1952年10月10日，学历初中，家务，配黄仙珍生于1956年3月11日，学历初中，广西天荨县人，生二女三子。长女：丹凤生于1984年9月13日，学历中专，适原四川省，广东顺德市论教区；次女：春梅生于1988年12月30日，学历初中，适番寓桥山桥山村。子：观显、李广、日广。

二十二世：观显生于1982年10月10日，学历初中，在外务工。

二十二世：李广生于1985年7月3日，学历初中，在外务工。

二十二世：日广生于1992年1月26日，学历初中，在外务工。

十九世：德楷葬在黄竹田狗身岭坐北向南，配黎氏生三子，妣葬在打铁塘坐西向东子：兆慧、土仕配黄氏止●、观喜。

二十世：兆慧生于1963年7月3日，学历初中，家务，配周翠清打1962年7月7日，学历初中，广西天荨县芭垌村人，生三子：戚常、李灿、李教。

二十一世：戚常生于1979年3月20日，学历初中（现居湛江市）配林卓华生于1985年2月28日，学历高中，广西宾阳县新桥镇三友村委会新民村人151号。

二十一世：李灿生于1980年5月15日，学历初中，在外务工，配竹志芳生于1983年10月15日，学历初中，本镇大垌村委长坡村人，生一子：文博。

二十二世：文博生于2009年5月14日，读书。

二十一世：李教生于1982年9月11日，学历初中，在外务工，配郑小辉生于1985年3月2日，吴川市人，生一子：文迪。

二十二世：文迪生于2007年2月29日，读书。

二十世：观喜生于1946年11月4日，学历高中（现居廉江市）配林辉生于1953年10月17日，学历初中，鱼龙华村委缸瓦瑶村人，生三女二子。长女：雪英生于1973年8月17日，学历初中，适营仔镇下洋理头山村；次女：秀花生于1979年1月16日，学历初中，适东皖；幼女：金莲生于1980年12月30日学历初中，适东皖。子：培柯●、培达。

二十一世：培达生于1987年9月2日，学历高中，在外务工，配曹水仙生于1990年5月26日，学历初中，廉江新兴区人。生一子：梓乐。

二十二世：梓乐生于2012年6月23日，幼小。

十八世：秀琚配谭氏，生二子：德会、德泽（罗氏与兆溪合户）。

十九世：德会配钟氏，生三子：兆李●、木荣●、亚贤。

二十世：亚贤生于1964年7月3日，学历初中（现居湛江市）配曹健珍生于1953年10月14日，生一女一子，葬在黎屋地岑仔坐南向北。子：培敏。

二十一世：培敏生于1990年8月23日，学历初中，在外务工。

十九世：德泽配罗氏生四子，葬在石马头白头岑坐西向东。子：木正、兆锋、亚宏●、木姚●。

二十世：木正生于1940年8月21日，学历初中，配李朝生于1975年11月3日，生一子，葬在九龙岑坐东南向西北，子：金松。

二十一世：金松生于1996年5月5日，读书。

二十世：兆锋生于1942年7月1日，学历初中，家务，配谭凤生于1953年8月日，生一子，葬在岑仔山，坐西向东，子：培坤。

二十一世：培坤生于1983年9月18日，学历初中，在外务工，配伍石凤生于1984年月日，学历初中，深田村认，生二子：伟其、子添。

二十二世：伟其生于2010年9月2日，读书。

二十二世：子添生于2013年7月29日，幼小。

秀美公次支安瑞分支成翼公派下 相惠/相修 房源流谱

十三世：成翼葬在天塘村前岭仔山与妣仝黄座西北向东南，配罗氏生三子：相惠、相谋（另续）、相穆。

十四世：相惠配李氏生四子：乔（另续）、先、敏（另续）、勇（另续）。

十五世：戚先祖公带子落钦州定居，配曾莫二氏生五子：均安（另续）、均有（另续）、均兴、均●、均●。

十六世：均兴配黄氏生三子：维宝●、维财、维进，此三子迁往广西钦州市尖山镇谷仓定居

十七世：维财配劳氏生三子：世动、世德●、世合●。

十八世：世动配彭氏生一女一子，子：德雄。

十九世：德雄配杨氏生三女四子，子：兆南、就南、辉南、有南。

二十世：兆南配陈氏生二女四子，长女：美财生于1953年8月适沙埠镇，次女：美英生于1964年12月迁谷仓七队，子：培焕、培德、培忠、培伟。

二十一世：培焕生于1955年5月，配叶氏生于1957年6月黄坡？后塘村人，生二女二子，长女：锦秀生于1979年9月，适四川省达州县，次女：锦娟生于1981年适钦州市大寺镇，子：锦贞、锦程。

二十二世：锦贞生于1977年9月，学历初中，处务工，配李氏生于1979年12月，生二子：江辉、江山。

二十三世：江辉生于2001年10月。

二十三世：江山生于2006年10月。

二十二世：锦程生于1986年3月，学历高中，外务工，配李氏生于1984年7月，大番坡葵子村委江口村人，生一女，女：戚琪生于2012年8月。

二十一世：培德生于1956年10月，配谭氏生于1956年4月黄坡？谭屋村人，生一女二子，女：锦玉徨于1985年11月，学历初中，适重庆市垫江县曹回镇。子：锦宝、锦兴。

二十二世：锦宝生于1984年5月，学历初中，外务工，配陈氏生于1988年5月，

钦州市康熙岭镇诗家榕树塇人，生一女一子，女：芊慧生于2014年1月，子：江铭。

二十三世：江铭生于2012年10月。

二十二世：锦兴生于1987年11月，学历初中，外务工。

二十一世：培忠生于1962年8月，配周氏生于1968年8月，生二女一子，长女：力文生于2005年1月，次女：二文生于2006年7月，子：锦算。

二十二世：锦算生于2012年9月。

二十一世：培伟生于1967年12月，配杨氏生于1977年8月，生一女一子。女：明利生于2004年10月，子：锦道。

二十二世：锦道生于2005年11月。

二十世：就南配黄氏生二女二子。长女：美芬生于1964年7月，适尖山镇丁沟三叉坪村，次女：美平生于1968年7月，适尖山镇黄坡启村。子：培喜、培益。

二十一世：培喜生于1955年1月，配王氏生于1955年4月康熙岭人，生一女二子。女：秀华生于1981年12月适尖山镇独竹村。子：锦强、锦胜。

二十二世：锦强生于1978年7月，学历中专，外务工，配黄氏生于1979年9月钦州市大直镇人，生一女一子，女：江涛生于2006年7月，子：戚汀。

二十三世：戚汀生于2005年1月。

二十二世：锦胜生于1979年12月，学历中专，外务工，配黎氏生于1986年6月尖山镇黄坡启村人，生一子：江伟。

二十三世：江伟生于2009年7月。

二十一世：培益生于1971年12月，配章氏生于1977年3月沙埠镇人，方氏生于1971年5月康熙镇人共二氏，与章氏生一子：锦健。

二十二世：锦健生于1998年6月，学历钦州市一中学就读。

二十世：辉南配何氏生三女一子，长女：美芳生于1965年7月，适本镇西沟新村，次女：美金生于1968年8月，适本镇排榜村，幼女：美芹生于1971年，学历师范学院，适灵山。子：培雄。

二十一世：培雄生于1962年4月，学历高中，家务，配王氏生于1962年7月，学历初中，本村人，生一女二子，女：锦慧生于1984年12月，学历初中，适钦北区新棠街，子：锦源、锦涛。

二十二世：锦源生于 1986 年 12 月，学历高中，外务工，配朱氏生于 1986 年，灵山县佰劳镇人，生一女一子，女：小娴生于 2014 年 2 月，子：江宇。

二十三世：江宇生于 2012 年 9 月。

二十二世：锦涛生于 1988 年 8 月，学历中专，配叶氏生于 1992 年，灵山县武利镇人，生一子：江佑。

二十三世：江佑生于 2011 年 12 月。

二十世：有南配庞氏生三女一子，长女：美玉生于 1973 年 7 月，适本镇黄坡居后塘村，次女：美凤生于 1977 年 8 月，适犀牛脚镇，子：培海。

二十一世：培海生于 1975 年 8 月，学历初中，外务工，配钟氏生于 1976 年 8 月，本镇排榜沙井村人，生一女一子，女：香滢生于 2001 年 7 月，子：锦标。

二十二世：锦标生于 1998 年，读书。

十七世：维进配黄氏，生三子：世康、世祥●、世华。

十八世：世康配石氏，生三子：德光（另续）、德明、德亮。

十九世：德明生于 1905 年 9 月，配罗氏，生二子：松南（另续）、汉南。

二十世：汉南生于 1934 年 10 月，配邹氏，生二子：伟忠、伟强。

二十一世：伟忠生于 1954 年 6 月，配刘氏，生一女一子。女：曼嫦生于 1981 年 3 月。子：锦辉。

二十二世：锦辉生于 1986 年 6 月。

二十一世：伟强生于 1968 年 12 月，配黄氏，生一女一子。女：锦超生于 1997 年 10 月子：锦升。

二十二世：锦升生于 2002 年 6 月。

十九世：德亮配张氏，生二子：敬南、春南（未详）。

二十世：敬南配何氏，生三子：培永、培远、培新。

二十一世：培永生于 1972 年，配李氏，生二女一子。长女：锦怡生于 1996 年；次女：乘源生于 1998 年。子：锦恒。

二十二世：锦恒生于 2001 年。

二十一世：培远生于 1974 年，配黄氏，生二女一子。长女：锦慧生于 2008 年；次女：锦萤生于 2013 年。子：锦艺。

二十二世：锦艺生于 2003 年。

二十一世：培新生于 1976 年，配张氏，生一女一子。女：锦娴生于 2007 年。子：锦轩。

二十二世：锦轩生于 2009 年。

十四世：相穆配李氏，生三子：馨、朝（另续）、会（另续）。

十五世：馨配林氏，生三子：均平、均和（另续）、均忠（另续）。

十六世：均平配曾氏，生三子：尚兴、尚龙（另续）、尚风（另续）。

十七世：尚兴配苏林二氏，生四子：秀有、秀荣（另续）、秀旺（另续）、秀辉（另续）。

十八世：秀有从广东廉江营仔镇天圹村迁居广西钦州市尖山镇谷仓村定居，配林氏生五子：大九、亚四（不详）、亚五（不详）、亚六（不详）、亚七（不详）。

十九世：大九迁居钦州市康熙岭镇戚九岭，配黄氏诗家西牛家村人，生一女三子。一女已适，长子：亚大止；次子：亚二止；幼子：进南。

二十世：进南（敬光）生于 1919 年，配陈小华生于 1932 年，广东安铺人，生一女四子。女：培芳生于 1962 年 7 月，学历初中，适黄坡启关序村。子：培钦、培仿、培贤、培进。

二十一世：培钦生于 1953 年 9 月，学历初中（现居北海市水运公司工作）配彭氏，生于 1953 年，九鸦村人，生三子：锦春、锦发。

二十二世：锦春生于 1978 年 7 月，学历初中，配冯莫二氏，生二子：戚玮、戚恒。

二十三世：戚玮生于 2002 年 6 月，读书。

二十三世：戚恒生于 2010 年月。

二十二世：锦发生于 1981 年 6 月，学历中专，配翁熙生于 1981 年 6 月，四川省人。

二十一世：培仿生于 1957 年 4 月，学历初中，配王美娟生于 1956 年 8 月，生三女一子。长女：艳梅伤；次女：艳红生于 1984 年 10 月，适黄山；幼女：黄小兰生于 1989 年，过契九鸦丰适防城港市。子：锦皇。

二十二世：锦皇生于 1990 年 8 月，学历中专，在外务工。

二十一世：培贤别名戚东，生于 1965 年 11 月，学历初中，配苏丽娟生于 1969 年 7 月，那思圩地坝人，生一女一子。再配曾艳娟生于 1968 年 11 月，学历初中，大垌镇人，共二氏。女：耀月生于 1999 年 11 月，读书。子：锦鹏。

二十二世：锦鹏生于 1994 年 4 月，学历初中。

二十一世：培进生于 1970 年 9 月，学历初中，配李秀兰生于 1974 年 8 月，学历中专，钦州犀牛脚人，生二子：锦松、锦玫。

二十二世：锦松生于 2005 年 4 月，读书。

二十二世：锦玫生于 2013 年 11 月，幼小。

秀美公次支安瑞公分支成高公派下相豪房源流谱

十三世：成高妣庞氏，生四子：相豪、相纯（另续）、相飞（另续）、相界（另续）。

十四世：相豪妣周氏，生二子：龙、凤。

十五世：龙妣莫氏，生一子：均明。

十六世：均明葬在后垌乃罗地岭，配邹陈二氏，生一子：维珍。

十七世：维珍葬在后垌乃罗地岭，配麦氏，生四子：秀汉、秀业、秀建、秀成。

十八世：秀汉葬在蛇地岭，配罗氏生六子：德权、德坤●、德福●、德利、德精●、德隆。

十九世：德权配林氏，生四子：兆礼、日清●、亚旺●、兆信。

二十世：兆礼配邓氏，生四子：培福、培禄、培裕●、培桂。

二十一世：培福葬在日坐累岑坐西北向东南，配李氏生二子：锦超、锦珍。

二十二世：锦超配罗氏生二子，葬在石古河岭坐东北向西南。子：进林、景成。

二十三世：进林生于1971年7月28日，学历高中，配邹氏生于1971年1月29日，学历初中，担水囷村人，生二子：东颖、东耀。

二十四世：东颖生于1995年5月1日，学历高中。

二十四世：东耀生于2004年8月13日，读书。

二十三世：景成生于1975年4月21日，学历大专，配陈氏生于1980年1月16日，安铺人生一女：景嘉生于2009年12月19日。

二十一世：培禄配莫氏狗皮龟村人，葬蛇地岑，生一子：锦泰、锦成、锦何、锦忠、锦良。

二十二世：锦泰生于1943年10月22日，学历高中，配何之生于1942年8月30日，瑞仔村人，生一女三子。女：金莲生于1979年3月7日，学历初中，适安铺。子：戚敏、戚球、戚初。

二十三世：戚敏生于1967年6月20日，学历初中，配何氏生于1970年10月25日，学历初中，大山村人，生一女一子。女：舒韵生于2006年3月27日，读书。子：华国。

二十四世：华国生于1996年10月17日，学历初中。

二十三世：戚球生于1971年7月29日，学历初中，配叶氏生于1971年8月9日，学历初中，下洋村人，生二女一子。长女：康婵生于2003年12月13日，读书；次女：嘉棋生于2009年6月20日，读书。子：康栋。

二十四世：康栋生于2001年1月6日，读书。

二十三世：戚初生于1975年9月18日，学历初中，配黄氏生于1974年7月24日，学历初中，隋仔围村人，生一女一子。女：文婷生于1999年3月7日，学历初中子：文彬。

二十四世：文彬生于1998年5月2日，学历初中。

二十二世：锦成生于1951年7月3日，配陈氏生于1953年9月15日，田头仔村人，生二女三子。长女：志妹生于1978年7月20日，学历初中，适广州；次女：戚妹生于1989年9月6日，学历大学。子：戚冰、亚卿、景文。

二十三世：戚冰生于1973年6月4日，学历初中，配周氏，生于1975年11月24日，学历初中，下担村人，生一女一子。女：梦娜生于1997年2月27日，学历高中。子：华辉。

二十四世：华辉生于1996年4月4日，学历初中。

二十三世：亚卿生于1976年3月14日，学历初中，配伍氏生于1976年5月9日，学历初中，下溪村人，生一女一子。女：斯婷生于1996年11月10日。子：永强。

二十四世；永强生于1998年6月28日，读书。

二十三世：景文生于1987年2月18日，学历大学。

二十二世：锦何配卜突氏生于1959年6月18日，学历初中，丁圹村委人，生一女三子。女：晓舒生于1994年9月2日，学历高中。子：景清、进寿、进东。

二十三世：景清生于1983年5月1日，学历大学，配梁氏生于1982年4月7日，学历大学，生一子：家洁。

二十四世：家洁生于2011年1月10日。

二十三世：进寿生于1984年11月28日，学历初中，配王氏生于1988年9月8日，学历初中，黄略镇人，生一女一子。女：连恩生于2009年1月2日。子：建颖。

二十四世：建颖生于2006年5月25日，读书。

二十三世：进东生于1990年5月13日，学历初中。

二十二世：锦忠生于1958年9月4日，学历初中，配陈氏生于1958年8月13日，学历初中，港大村人，生三女一子。长女：戚琼生于1987折6月15日，学历初中，适廉江；次女：进娣生于1989年9月9日，学历初中，适遂溪；幼女：国英生于1993年6月27日，学历初中。子：国雄。

二十三世：国雄生于1991年7月12日，学历初中。

二十二世：锦良生于1961年9月23日，学历初中，配莫氏生于1966年1月5日，学历初中，生一子二女：女：长女小燕生于1985年12月9日，初中，适廉江；次女：春芹生于1994年7月24日，学历初中，适吉水。子：观雄。

二十三世：观雄生于1996年7月26日。

二十一世：培桂配李氏，生一女三子，葬在上岭仔。女：日连生于1962年6月20日，学历高中，适安铺。子：锦明、锦富、锦强。

二十二世：锦明生于1954年11月29日，学历中专，配江氏生一女一子，葬在安铺牛奶场会墓后继李氏生于1956年10月11日。女：浩茹生于1980年9月16日，学历初中，适深圳。子：浩斌。

二十三世：浩斌生于1989年6月25日，学历大专，在外务工。

二十二世：锦富生于1956年6月3日，学历初中，安铺人，生一子：艺柱。

二十三世：艺柱生于1985年10月4日，学历初中，配周氏生于1989年6月11日，学历初中，安铺人，生一子：宇活。

二十四世：宇活生于2011年8月9日。

二十二世：锦强生于1964年4月4日，学历初中，配梁氏生于1966年3月1日，学历初中，生一女一子。女：嘉洛生于1989年4月5日，学历大专。子：嘉杰。

二十三世：嘉杰生于1991年4月18日，学历大专。

二十世：兆信配莫氏，生一子：培善。

二十一世：培善生于1936年12月1日，学历初中，配黄氏，生一女二子。后继李氏生于1962年6月24日。女：云静生于1969年1月1日，学历初中。子：卫东、卫平。

二十二世：卫东生于1973年2月5日，学历初中，配陈氏生一女一子，港头村人。女：思敏生于1996年6月12日，学历中学。子：思捷。

二十三世：思捷生于 2002 年 9 月日，读书。

二十二世：卫平生于 1979 年 7 月 25 日，学历初中，配龙氏生于 1983 年 1 月 26 日，学历初中，生一子：晓桐。

二十三世：晓桐生于 2011 年 11 月 23 日。

十九世：德利配叶氏，生四子：兆南（另续）、亚康●、亚瑞●、兆楫。

二十世：兆楫葬子岭配罗氏葬在后垌地B地岭，生三子：培才、培生、培槐。

二十一世：培才生于 1954 年 2 月 22 日，学历高中，配陈氏生于 1962 年 4 月 12 日，学历初中，生三子：锦魏、锦秋、锦水。

二十二世：锦魏生于 1983 年 7 月 6 日，学历初中。

二十二世：锦秋生于 1984 年 8 月 9 日，学历初中，配黎氏生于 1984 年 9 月 10 日，学历初中，茅坡村人。

二十二世：锦水生于 1986 年 10 月 7 日，学历初中。

二十一世：培生生于 1962 年 3 月 7 日，学历初中，配王氏生于 1962 年 4 月 9 日，学历初中，东山村人，生二子：进轩、景华。

二十二世：进轩生于 1989 年 2 月 17 日，学历大学。

二十二世：景华生于 1993 年 11 月 24 日，学历大学。

二十一世：培槐生于 1966 年 5 月 9 日，学历初中，配周氏生于 1969 年 12 月 5 日，学历初中，城业人，生三女一子。长女：华珍生于 1990 年 8 月 24 日，学历初中，适广西山口中；次女：水莲生于 1994 年 6 月 8 日，学历初中；幼女：水园生于 1996 年 6 月 19 日，学历初中。子：天豪。

二十二世：天豪生于 1999 年 10 月 27 日，学历初中。

十九世：德隆配张氏生六子葬在蛇地岭，子：兆栋、兆梅、兆才、兆恒、兆琼、兆柏。

二十世：兆栋配梁氏，生一子：培新。

二十一世：培新配何氏牛栏圹村人，生四子：锦联、锦枢、锦江、锦州。

二十二世：锦联配罗氏生于 1961 年 9 月 2 日，洪坡村人，生三女一子。长女：金华生于 1982 年 7 月 12 日，学历初中，适清远；次女：金桃生于 1984 年 8 月 11 日，学历初中，适清远；幼女：晓霞生于 1986 年 9 月 6 日，学历初中，适遂溪。子：华寿。

二十三世：华寿生于 1988 年 3 月 6 日，学历高中，配钟氏，生一子：戚姚。

二十四世：戚姚生于2009年。

二十二世：锦枢生于1961年9月21日，学历初中，配庞氏生于1961年9月21日，学历初中，生三女二子。长女：燕羔生于1988年月日，学历初中；次女：日芳生于1991年月日，学历初中；幼女：燕华生于1996年月日，学历大专。子：洪文、洪健。

二十三世：洪文生于1993年月日，学历大专。

二十三世：洪健生于1998年3月30日，学历初中。

二十二世：锦江生于1967年6月12日，学历初中，配叶氏生于1971年2月7日，学历初中，赤水村人，生一女一子。女：观丽生于1996年12月9日，学历中专。子：聪劲。

二十三世：聪劲生于1996年12月9日，学历中专。

二十二世：锦州生于1970年7月17日，学历初中，配林氏生于1969年1月25日，学历初中，黄略村人，生二女一子。长女：钟文生于1994年6月27日，学历高中；次女：婉义生于1995年12月24日。子：健才。

二十三世：健才生于1999年7月1日，学历初中。

二十世：兆梅葬在蛇地岭坐西南向东北，配张氏生于1925年5月6日，山口仔村人，生一子：培辉。

二十一世：培辉生于1962年4月7日，学历初中，配黄氏生于1973年6月29日，生一子：浩然。

二十二世：浩然生于1997年11月11日，高中。

二十世：兆琼生于1962年9月9日，葬在蛇地岭，配罗氏，博教下村人，生一女六子。女：戚珍生于1951年，学历初中，适安铺。子：培强、培益、培铨、培权、培锋、培存。

二十一世：培强生于1953年，学历高中，配邓氏，生于1953年3月16日，学历初中，上埇村人，生三子：锦委、锦华、锦精。

二十二世：锦委生于1980年7月27日，学历大学，配罗氏生于1983年2月23日，学历初中，博教下村人，生一女：明恩生于2010年9月21日。

二十二世：锦华生于1983年2月12日，配陈氏生于1985年3月27日，学历初中，河揷村人，生一子：境炫。

二十三世：境炫生于 2012 年 12 月 13 日。

二十二世：锦精生于 1985 年 10 月 15 日，学历高中。

二十一世：培益生于 1955 年 12 月 24 日，学历初中，配何氏生于 1955 年 9 月 10 日，学历初中，东山村人，生二子：锦聪、锦晓。

二十二世：锦聪生于 1984 年 12 月 19 日，学历大学。

二十二世：锦晓生于 1987 年 1 月 15 日，学历高中。

二十一世：培铨生于 1958 年 9 月 22 日，学历初中，配罗氏生于 1963 年 5 月 26 日，学历初中，配罗氏生于 1963 年 5 月 26 日，学历初中，茂名黄坭圹村人，生二子：锦源、锦波。

二十二世：锦源生于 1987 年 1 月 4 日，学历初中。

二十二世：锦波生于 1988 年 8 月 6 日，学历初中。

二十一世：培权生于 1962 年 12 月 15 日，学历初中，配陈氏生于 1963 年 4 月 4 日，学历高中，云峡村人，生三女二子。长女：景娣生于 1991 年 10 月 21 日，学历大学；次女：结玲生于 1994 年 5 月 21 日，学历初中，适云峡村；幼女：园妹生于 1996 年 5 月 18 日，学历初中。子：锦良、锦勇。

二十二世：锦良生于 1997 年 4 月 1 日，学历初中。

二十二世：锦勇生于 1999 年 5 月 20 日，学历初中。

二十一世：培锋生于 1964 年 11 月 19 日，学历初中，配罗氏生于 1965 年 8 月 7 日，学历初中，博教人，生三女二子。长女：戚仙生于 1991 年 4 月 16 日，学历初中，适遂溪；次女：景梅生于 1992 年 11 月 16 日，学历初中，适城月；幼女：带娣生于 1994 年 8 月 24 日，学历初中。子：锦进、锦军。

二十二世：锦进生于 1989 年 1 月 8 日，学历初中。

二十二世：锦军生于 1996 年 7 月 16 日，学历初中。

二十一世：培存生于 1969 年 2 月 14 日，学历初中，配谭氏生于 1971 年 7 月 23 日，学历初中，蛇围村人，生四女一子。长女：文舒生于 2001 年 3 月 1 日，读书；二女：文善生于 2003 年 1 月 22 日，读书；三女：文静生于 2006 年 5 月 5 日，读书；四女：招娣生于 2008 年 7 月 28 日，读书。子：志乐。

二十二世：志乐生于 2013 年 3 月 31 日，幼小。

二十世：兆柏生于 1927 年月日，迁居遂溪，配全氏生于 1934 年 7 月 11 日，学历高

中，生一子：培文。

二十一世：培文生于1970年7月11日，学历高中，配陈氏生于1974年5月4日，学历初中，港门人，生一女一子。女：琳悦生于1999年2月9日，学历初中。子：琳浩。

二十二世：琳浩生于2001年4月2日，读书。

十八世：秀业生三子：德有、德连、德山。

十九世：德有配洪何麦三氏，生二子：兆楷、兆階。

二十世：兆楷配陈黎二氏，生二子：培森、培国。

二十一世：培森配林氏，生四子：亚安、亚杰、亚真、亚盈。

二十二世：亚安配黄氏，生一子：广智。

二十二世：亚杰生于1970年9月28日，学历初中，配罗氏生于1972年7月28日，学历初中，博教人，生二子：文聪、文柏。

二十三世：文聪生于1998年8月20日，学历初中。

二十三世：文柏生于2000年9月6日，读书。

二十二世：亚真配凌氏。

二十二世：亚盈配张氏。

二十一世：培国配方氏，生一子：继允。

二十世：兆階配林氏，生一子，葬在博教田螺山，坐北向南，白莹。子：培钰。

二十一世：培钰配梁氏，生三子：进辽、林建、文洪。

二十二世：进辽配林氏，生二女一子。长女：芳榕；次女：珊娜。子：康华。

二十二世：林建配蔡氏，生一女二子。长子：柏樟；次子：舒宁。

二十二世：文洪配莫氏，生一女一子。女：翠芳。子：卜元。

十九世：德山配叶、林二氏，葬在坡仔圹岭，生一子，葬在博坡罗地，妣葬在坡仔岭。子：兆岳。

二十世：兆岳配陈氏，生三子，葬在坡仔圹岭。

二十一世：观进、志伟、进桂。

二十一世：观进生于1945年1月日，学历初中，现居廉江市，配何氏生于1945年8月日，学历初中，安铺镇人，生二子：伟明、伟波。

二十二世：伟明生于1971年5月日，学历高中，配王氏生于1969年9月日，学历初中，廉江市人,生一女一子。女:诗桦生于2002年10月日,读书。子:梓彬。

二十三世:梓彬生于2010年6月,幼小。

二十二世:伟波生于1973年6月,学历初中,廉江市人,生一子:文杰。

二十三世:文杰生于2008年12月,读书。

二十一世:志伟生于1953年3月,学历高中,安铺镇人,生一女一子。女:玉娣生于1980年2月,学历大学,适湛江市。子:天彦。

二十二世:天彦生于1988年3月,学历大学,湛江市工作。

二十一世:进桂生于1958年11月,学历中专,现居珠海市,配郑氏生于1957年7月,学历初中,安铺镇人,生一子:斯朗。

二十二世:斯朗生于1982年7月,学历高中,配杨氏生于1985年11月,学历高中,高州市人,生一女:芷颖生于2007年7月,读书。

十八世:秀建配黎赖二氏,生一子:德明。

十九世:德明配陈氏,生二子:兆东、兆汉。

二十世:兆东配李林二氏,生二子:培清、培城。

二十一世:培清配李氏白沙村委人,生一女二子。女:翠芳生于1971年7月1日,适外大屋村。子:锦文、锦武。

二十二世:锦文生于1979年2月1日,学历初中,配谢氏生于1979年8月8日,学历初中,湖南人,生二女一子。长女:观慧生于2005年1月23日,读书;次女:思恒生于2006年7月23日,读书。子:江雨。

二十三世:江雨生于2011年7月8日。幼小。

二十二世:锦武生于1980年12月6日,学历初中,配黄氏生于1982年5月20日,学历初中,珠盘海人。

二十一世:培城配谭氏生于1954年7月13日,学历高中,三角垌村人,生三女二子,女:长女木秀生于1982年10月16日,适遂溪;二女水全生于1986年11月7日,适鱼龙埠村;三女何广生于1991年9月7日,学历高中;子:锦发、观李●。

二十二世:锦发生于1980年6月12日,初中,配张氏生于1988年6月12日,深山龙村人生一女:洪丹生于2010年5月11日,儿童。

二十世:兆汉生于1927年6月8日,配叶氏生于1931年10月25日,平山村人,

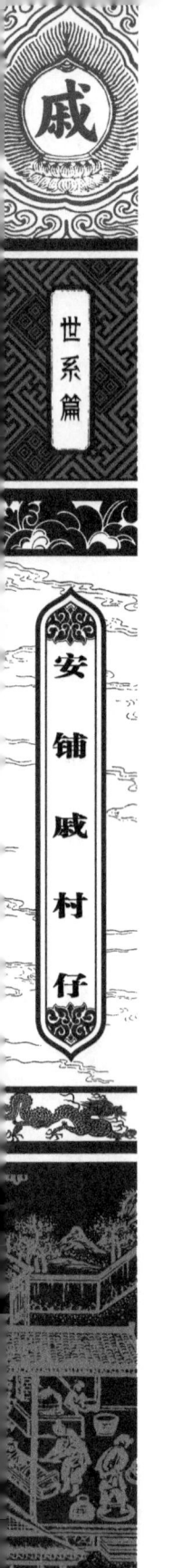

生二子：培雄、培堂。

二十一世：培雄生于1955年2月4日，学历高中，配陈氏生于1957年11月16日，学历高中，新华人，生二子：锦茂、锦成。

二十二世：锦茂生于1981年4月5日，学历高中，配何氏椢于1983年6月28日，学历初中，山东村人，生一女一子。女：文慧生于2006年1月20日，读书。子：广相。

二十三世：广相生于2009年12月29日，读书。

二十二世：锦成生于1983年5月9日，学历高中，配李氏生于1988年8月8日，学历初中，沙古人，生一子：李君。

二十三世：李君生于2012年1月9日，幼小。

二十一世：培堂生于1957年3月12日，学历初中，急水村人，生二女二子。长女：戚冰生于1982年3月21日，高中，适界炮镇深坭村；次女：华金生于1988年10月17日，学历大学专科。子：章华、水正。

二十二世：章华生于1984年1月15日，学历初中，配陈氏生于1987年10月11日。

二十二世：水正生于1986年9月18日，学历大学。

十八世：秀成配叶氏，生二子：德英、德雄●。

十九世：德英配黄氏，生二子：兆桃、兆喜。

二十世：兆桃葬在荔枝山岭，配钟氏生于1917年8月27日，学历初中，鱼龙毕村人，生一子：培廷。

二十一世：培廷生于1946年7月6日，学历初中，配黎氏生于1945年5月28日，学历初中，赤里山村人，生三女二子。长女：建春生于1968年7月17日，学历初中，适湛江；次女：少慧生于1971年1月20日，学历初中，适湛江；幼女：金燕生于1971年1月20日，学历高中，适湛江。子：锦裕、锦富。

二十二世：锦裕生于1967年5月4日，学历大学，配吴氏生于1874年3月1日，生一女一子。已离婚后继唐氏生于1965年8月8日，学历大学，女：婉如生于1999年10月24日，学历初中。子：江旭。

二十三世：江旭生于2002年3月9日，读书。

二十二世：锦富生于1978年4月4日，学历高中，配陈氏生于1977年1月15日，学历高中，配陈氏生于1977年1月15日，高中，湛江市人，生二女：

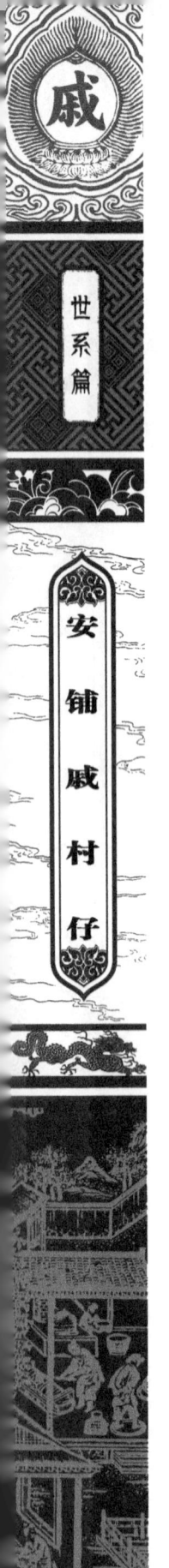

　　　　　　长女婉莹生于2004年3月24日，读书；次女婉婷生于2009年7月15日。

二十世：兆喜生于1922年，学历初中，配张氏生一女二子。女：水称生于1955年，学历初中，适李村仔。子：培林、培就。

二十一世：培林生于1950年12月9日，学历初中，配黎氏生于1948年4月27日，学历初中，生四子：水军、建荣、建海、建程。

二十二世：水军生于1971年3月4日，学历高中，配何氏生于1973年11月25日，学历初中，急水村人，生一女一子。女：极思生于1994年9月20日，学历初中。子：子悟。

二十三世：子悟生于1996年9月5日，学历初中。

二十二世：建荣生于1974年12月4日，学历初中，配方氏生于1977年8月6日，学历初中，福建木人，生二子：江泉、后桂。

二十三世：江泉生于2004年6月12日，读书。

二十三世：后桂生于2006年6月12日，读书。

二十二世：建海生于1977年7月23日，学历初中，配何氏生于1979年8月17日，学历初中，大山村人，生二子：江柱、灼鼎。

二十三世：江柱生于2007年7月22日，读书。

二十三世：灼鼎生于2013年1月2日，读书。

二十二世：建程生于1983年8月6日，学历高中，配陈氏生于1983年3月14日，横山村人，生二子：文献、国栋。

二十三世：文献生于2011年12月6日，儿童；国栋生于2012年5月6日，儿童。

二十一世：培就生于1962年12月3日，初中，配梁氏生于1963年11月23，日白马墩村人生二子一女：女：映琪生于1988年8月26日，高中，生二子：海论、健聪。

二十二世：海论生于1990年6月28日，初中，外务工；健聪生于1992年8月20日，初中，外务工。

秀美公次支安瑞公分支成科、成富、成华派下源流谱

十三世：成科妣张氏生一子：相善（未详）。

十三世：成富妣黄氏生二子：相潮●、相礼。

十四世：相礼妣陈吴二氏生三子：戚亮●、戚光（未详）、戚显●。

十三世：成华妣伍氏生一子：相连。

十四世：相连配方氏生二子：荣、儒。

十五世：荣妣招、林二氏，迁往车板镇南蒙塘定居，生四子。子：均●、均●、均润、均连。

十六世：均润配曹氏生一子：维瑞。

十七世：维瑞妣曹氏生二子：福●、木清●。

十五世：儒妣林氏生二子：均礼●、均联。

十六世：均联妣何氏生一子：维宝（未详）。

秀美公次支安瑞公分支成汉公派下相发房源流谱

十三世：成汉妣氏生一子：相发。

十四世：相发妣孔氏生五子：华、斌、珍、考、标。

十三世：成森齐锡公四子生一子：相均。

十四世：相均妣罗潘陈三氏生三子：进、杨、锐。

十五世：进妣曹氏生二子（未详）。

十五世：杨妣张朱二氏生三子。

十五世：锐妣罗氏生三子。

十三世：成文妣麦曹赵三氏止●。

十三世：成朝桓生一子：相昭。

十四世：相昭配方氏生一子：论●。

十七世：维福葬在本村邓永泉屋边（南），坐东向西，妣葬在独田沟岭仔，坐西向东，配曹氏，石狗村人，生三子。子：世仁、世达、世晓●。

十八世：世仁配张氏生一子：有余。

十九世：有余配詹氏生一子：兆良。

二十世：兆良配梁氏生一子：培珍。

二十一世：培珍生于1959年4月18日，学历初小，家务，配苏建英生于1971年7月7日，营仔镇老鸦山村人，生一子：戚彬。

二十二世：戚彬生于2008年3月11日。

十八世：世达葬在本村面前岭，妣葬在麻风岭，坐西向东，配苏氏，多浪坡人，生四子：有福、有禄、有祯、有祥。

十九世：有福葬在本村面前岭和堆塘尾上之间，配杨永芳，生于1918年2月22日，生一子：兆强。

二十世：兆强生于1945年9月11日，学历初中，配曹秀娟生于1947年11月21日，学历初小，生一女四子：女：培连生于1974年11月3日，适本镇公仔塘村。子：培峰、培春、培军、培新。

二十一世：培峰生于 1969 年 4 月 18 日，学历初小，外务工，配李二妹生于 1971 年 8 月 10 日，学历初小，本镇六地村人生二女一子。长女：晓冬生于 2000 年 11 月 22 日，学历初中。次女：晓春生于 2007 年 8 月 7 日，读书。子：锦程。

二十二世：锦程生于 2008 年 8 月 7 日，幼小。

二十一世：培春生于 1971 年 7 月 3 日，学历初中，外务工，配关海青生于 1974 年 4 月 15 日，学历初中，青平镇光村仔村人生二女一子。长女：洁瑜生于 2003 年 2 月 26 日，学历，读书。次女：洁芸生于 2009 年 5 月 22 日，学历，读书。子：锦远。

二十二世：锦远生于 2004 年 11 月 14 日，读书。

二十一世：培军生于 1977 年 4 月 15 日，学历初中，外务工。

二十一世：培新生于 1982 年 12 月 29 日，学历初中，外务工，配谢素文生于 1980 年 12 月 13 日，学历初中，本镇公仔塘人生一女：展环，幼小。

十九世：有禄配麦氏，本镇松明坡村人，生二女二子。长女：二妹适本镇龙塘村；次女：四妹适本镇孔子陂村。子：兆权、兆俊。

二十世：兆权生于 1947 年 9 月 17 日，学历初小，家务。

二十世：兆俊生于 1958 年 12 月 10 日，学历初中，家务，配李二妹生于 1965 年 2 月 21 日，学历初小，本镇六地村人生：一女三子。女：大妹适广西。子：培敏、培超、培华。

二十一世：培敏生于 1996 年 9 月 2 日，学历高中，读书。

二十一世：培超生于 1999 年 2 月 1 日，学历初中，读书。

二十一世：培华生于 2001 年 9 月 20 日，学历，读书。

十九世：有祯葬在本村面前岭与山住塘尾，坐西北向东南，与妣全黄，配刘氏，高桥凤地村人，生三子：兆永、兆光、兆辉。

二十世：兆永生于 1962 年 6 月 16 日，学历初小，配林光秀生于 1957 年 12 月 28 日，学历初小，青平镇石督村人，生一子：培伟。

二十一世：培伟生于 1980 年 12 月 13 日，学历初中，外务工，配程晓华生于 1986 年，学历初中，生一女二子。长女：如倩生于 2004 年 10 月 17 日。子：锦浩、锦鹏。

二十二世：锦浩生于 2010 年 11 月 10 日，幼小。

二十二世：锦鹏生于 2013 年 8 月 23 日，幼小。

二十世：兆光（亚五）生于 1956 年 7 月 9 日，学历初小，家务，配郑妹（桂）人生于 1971 年 7 月 30 日，学历初小，生一女二子。女：春丽生于 1996 年 5 月 24 日，学历初中，外务工。子：培裕、培发。

二十一世：培裕生于 1991 年 9 月 13 日，学历初中，外务工，配黄丽燕生于 1992 年 10 月 2 日，学历初中，桂人生一女。女：紫怡生于 2011 年 9 月 22 日，幼小。

二十一世：培发生于 1998 年 9 月 9 日，学历，读书。

二十世：兆辉（亚七）生于 1963 年 3 月 3 日，学历初中，外务工，配周秀平生于 1965 年 10 月 15 日，学历初中，生一女三子。女：春红生于 1989 年 4 月 13 日，学历初中，外务工。子：培养、培全、培福。

二十一世：培养生于 1984 年 8 月 4 日，学历初中，外务工，配刘桂花生于 1984 年 1 月 27 日，学历初中，桂人生一子：锦鸿。

二十二世：锦鸿生于 2009 年 9 月 16 日，幼小。

二十一世：培全生于 1986 年 8 月 26 日，学历初中，外务工，配李杏生于 1986 年 12 月 8 日，学历初中，化州人。

二十一世：培福生于 1991 年 9 月 29 日，学历初中，外务工。

十九世：有祥生于 1918 年 9 月 4 日，学历初小，配曹陈二氏，曹氏生二女。三妹适本镇低村仔人，晚妹适本镇上埠村人。

秀美公次支安瑞公分支成观、相举公派下戚富房源流谱

十三世：成观妣余氏，卒后葬于包墩村东，坐北向南，生三子：相举、相全（另续）、相元（另续）。

十四世：相举卒后葬在碑环西边岭，坐北向南，妣葬在草塘后岭，坐东向西，还迁之墓，妣马氏生五子：戚富、戚贵（另续）、戚德（另续）、戚瑞（另续）、戚发●。

十五世：戚富妣罗氏生二子：均显、均脱、均明。

十六世：均显妣全氏生三子：亚保●、维谦、亚㞕

十七世：维谦妣何氏生一子：世安。

十八世：世安妣梁氏生四子：有桂、有海●、有良●、有初。

十九世：有桂妣林氏生四子：志烈、志发、亚成●、亚呢●。

二十世：志烈配罗氏取志发弟二子入继：培李。

二十一世：培李生于1964年6月22日，学历初中。配叶二妹生于1963年11月26日，学历初中，河谭角村人生三女二子：长女：明霞生于1990年7月22日，学历大专，适下洋圩。次女：戚称生于1992年12月1日，学历大专，适江西省。幼女：玉霞生于1998年12月14日，学历大专。子：锦善、锦柏。

二十二世：锦善生于1993年10月10日，学历中专。

二十二世：锦柏生于1995年7月25日，学历高中。（现部队）

二十世：志发配苏氏生三子：黎生、培李（出继志烈）、景文。

二十一世：黎生生于1960年月日，学历高中，外务工。配林燕生于1964年月日，学历初中，云峡村人生一女二子。女：霞媚生于1990年月日，学历初中，适廉江市。子：水健、锦意。

二十二世：水健生于1992年月日，学历初中，外务工。

二十二世：锦意生于1994年月日，学历大学。

二十一世：景文生于1970年1月1日，学历初中，外务工。配王燕（已离婚）生一女二子。女：乐乐生于1996年，学历，读大学。子：锦漂、锦郎。

二十二世：锦漂生于 1994 年，学历，读书大学。

二十二世：锦郎生于 1998 年，学历，读书大学。

十九世：有初配曹氏生四子：亚寿、亚松、亚泉、亚平●。

二十世：亚寿配张氏生四子：亚辉、亚明、亚强、培玲。

二十一世：亚辉生于 1974 年月日，学历初小。配巫七妹生于 1972 年月日，学历初小，大垌村委人生三女二子。长女：观丽生于 1998 年月日，读书。次女：土娣生于 2001 年月日，读书。幼女：水金生于 2007 年月日，幼小。子：康华、水意。

二十二世：康华生于 2003 年月日，读书。

二十二世：水意生于 2005 年月日，读书。

二十一世：亚明生于 1974 年月日，学历初中，外务工。配昌氏生于 1979 年月日，学历初中，枫树角村人生一子：观意。

二十一世：亚强生于 1976 年月日，学历初中，外务工。配冼日娣生于 1979 年月日，学历初中，湛江市坡头区人生二子：政权、锦鑫。

二十一世：培玲生于 1995 年月日，学历初中，外务工。

二十世：亚松生于 1960 年月日，学历高中，外务工。配陈清生于 1962 年月日，学历初中，权案人生一子：文桃。

二十一世：文桃配周芬生于年月日，学历初中，湛江市人生二子：锦荣、锦鸿。

二十世：兆泉生于 1962 年，学历初中，外务工。配郭妹生于 1969 年，学历初中，窑头村人生二子：明奇、明郎。

十六世：均脱姚氏生二子：维藩、维炳。

十七世：维藩比梁氏生一子：亚荞（待查）。

十七世：维炳姚罗氏生二子：国兴（乳名亚九）、亚生●。

十八世：国兴姚氏生一子：有湖。

十九世：有湖配苏氏●。

十六世：均明配朱氏生四子：维朝、维盛●、维馀、亚四●。

十七世：维朝配伍氏生一子：亚佑●。

十七世：维馀生二子：世坚、世有。

十八世：世坚配罗氏生六子：有开、有凤、有欢、亚光●、有京、有贤。

十九世：有开配林氏生一子：兆玑。

二十世：兆玑，学历高中，职业中医医生配叶孙二氏生四子：培英、培雄、培雀、培四●。

二十一世：培英，学历大学，职业世界明医配陈玉英初中中间围人生二女后续配陈瑶琴沙古塘村人生四子：戚炎、振雷、戚嵩、戚活。

二十二世：戚炎生于1962年，毕业于广州华南工学院配李红杏生于1972年，毕业于湖南师范学院生二子：戚朗、鹏飞。

二十三世：戚朗生于1992年，毕业北京公安大学，现深圳市公安局工作。

二十三世；鹏飞生于1995年，现读上海政法大学。

二十二世：振雷生于1965年，广州师范学院毕业，配谭小虹，毕业于湖南师范学院，肇庆人，生一子：旭辉。

二十二世：戚嵩生于1967年，学历高中，配岑金娣，学历高中，深圳市西乡人，生一子：思远。

二十二世：戚活生于1972年，广州暨南大学毕业，配林秀虹，学历高中，生一子：旭林。

二十三世：旭林生于2004年。

二十一世：培雄配王氏生二子：锦宇、锦宁。

二十二世：锦宇，学历大专（现任营中校长）配罗氏，生一子：柏鸣。

二十二世：锦宁，学历高中，外务工。配李氏，生一子：轩达。

二十一世：培雀，公务员，配苏氏生一子：锦少。

二十二世：锦少，学历大学，配周氏生。

十九世：有凤配孙氏生五子：兆辉、兆德、志豪、兆展、亚康●。

二十世：兆辉配招氏生一子：培权。

二十一世：培权生于1940年配刘爱芳生于1938年，生一女四子。女：秀娟适湛江市。子：荣生、石光、进军、进术。

二十二世：荣生生于1965年，配陈氏生三子：旭、刘仲、晓莹。

二十三世：旭生于1994年。

二十三世：刘仲生于1993年。

二十三世：晓莹生于1994年。

二十一世：石光生于1968年。

二十一世：进军生于1971年。

二十一世：进术生于1981年。

二十世：兆德配苏氏，生二子：培贤、培强。

二十一世：培贤生于1949年，学历初中，大师。配罗氏生于1947年，生二子：亚旺、亚辉。

二十二世：亚旺生于1979年，学历初中，配叶氏生于1979年，学历初中，生一女：水玲生于2011年。

二十二世：亚辉生于1981年，学历初中，外务工，配谭氏生于1982年，生一子：永文。

二十三世：永文生于2012年。

二十一世：培强生于1952年，学历初中，外务工，配赖火生，生三子：锦溪、锦驶、锦立。

二十二世：锦溪配钟华志生二子：越鹏、文豪。

二十二世：锦驶配叶雄娇生一子已离婚：文业。

二十二世：锦立配何土燕。

二十世：志豪配钟秀英，生二子（已出嫁）：培华、培南。

二十一世：培华生于1960年，学历初中，外务工。配梁珍，生于1961年，九头埔村人，生二子：锦银、日照。

二十二世：锦银配王小燕。

二十二世：日照配秦氏生一子：羽枫。

二十一世：培南生于1964年，学历初小，外务工。配卜清，洋青人，生三子：小海、进铭、铭宇。

二十世：兆展配孙氏生二子：水雲、培清。

二十一世：水雲生于1963年，学历初小，外务工。配许氏生三女一子：长女燕芳、次女燕丽、幼女燕辉，子：进孝。

二十一世：培清生于1967年，学历初小，外务工，配叶氏，生二女二子：长女彩琴、次女景金，子：进士、景全。

十九世：有欢配黄氏，生五子：兆谦、兆岐、兆明、兆堂、兆烈。

二十世：兆谦配林氏取兆岐长子入继：培荃出继。

二十一世：培荃生于1947年，学历初中，配苏火生于1951年，生一女三子：女：水英生于1974年。子：锦昌、锦意、锦平。

二十二世：锦昌生于1972年，学历初中，外务工。配叶氏生1972年生一子：志诚。

二十三世：志诚生于2011年。

二十二世：锦意生于1976年，学历高中。配何氏生1979年生一女。女：文彩生于2011年。

二十二世：锦平生于1980年配李氏生于1988年，生一女：紫涵。

二十世：兆岐配叶何二氏生三子：培荃出继兆谦、康求、亚光。

二十一世：康求生于1957年，学历初中，外务工。配赖珍生于1960年，学历初中，官路头村生三子：亚杰、日就、宝眬。

二十二世：亚杰配谭氏生一子：永城。

二十一世：亚光配黄氏生二女一子已离婚：长女珠娣、次女晓娣，子：亚越。

二十世：兆明配李氏生五子：培标、培连、培理、亚贞、木真●。

二十一世：培标生于1951年，学历初中，外务工。配叶氏生于1951年，下洋圩人生四子：亚苏、进锋、水军、伟文。

二十二世：亚苏生于1974年，学历高中，外务工。配邬氏生于1973年。生一子：成周。

二十二世：进锋生于1977年，学历高中，外务工，配潘氏生于1981年生二子。子：超阳、子浩。

二十二世：水军配苏水桥生一女：佳文。

二十一世：培连生于1957年，学历初中，外务工。配温氏生于1959年，学历初中，沙岗村人生二子：文星、云滔。

二十一世：培理生于1962年，学历高中，深圳经商，配幽氏生于1963年，学历大学，生一子：锦威。

二十一世：日贞生于1965年，学历初小，配陈氏生于1965年，白沙村人，生二女二子。长女：思郎生于1990年。次女：云婷生于1996年。子：华宇、君华。

二十二世：华宇生于1994年，学历大学。

二十二世：君华生于1998年。

二十世：兆堂配林氏，生四子：亚桂、木生、会真、亚荣。

二十一世：亚桂配张秀下木头塘村人，生二子：旺辉、日明。

二十二世：旺辉生于1978年，学历初中，外务工。配张石凤生于1978年，学历初中，塘角仔村人生一子：桀满。

二十三世：桀满生于 2000 年，读书。

二十二世：日明生于 1983 年，学历初中，外经商。配陈氏生于 1984 年，生二子：浩杰、银进。

二十三世：浩杰生于 2010 年，儿童。

二十三世：银进生于 2013 年，儿童。

二十一世：木生配刘氏生二子：观兴、观宇。

二十一世：会真配陈氏生二子：李静、观乐。

二十一世：亚荣配黄氏生二子：剑锋、泳锋。

二十世：兆烈配黄氏生三子：亚发、亚日●、亚富。

二十一世：亚发配陈令生三子：进良、锦浩、广平。

二十二世：进良配张氏生一女一子，女：彩莹，子：景鸿。

二十二世：锦浩配陈启玲。

二十二世：广平配谢氏生一女：恩婕。

二十一世：亚富配邬氏生一子：锦旭。

十九世：有京配曹氏生二子：健强、进来。

二十世：健强生于 1910 年，配陈麦珍生于 1910 年，埔尾村人生二子：艺耀、广杰。

二十一世：艺耀生于 1959 年配伍氏，生一子：书豪。

二十二世：书豪生于 1985 年，学历大学，配王氏生于 1988 年生一女：耀文生于 2013 年。

二十一世：广杰生于 1970 年，配柳氏生于 1981 年生一子：振琪。

二十二世：振琪生于 2003 年。

二十世：进来生于 1945 年配聂桂青生于 1958 年广西人，生一女二子，女：银芳，子：家荣、亚高。

二十一世：家荣配陈氏生一女二子，女：宝文；子：满德、洲榕。

二十一世：亚高配黄氏生一子：赵光。

十九世：有贤配赖氏生三子：兆强、富强、亚有。

二十世：兆强配苏氏生五子：浩九、亚箭、亚标、亚平、广青。

二十一世：浩九生于 1958 年，学历高中，外经商，配陈连生于 1967，大榄田村人，生二子：锦政、锦颖。

二十二世：锦政生于 1985 年，外经商，配谭氏生于 1986 年，生二女一子。长女：

诗怡生于 2006 年。次女：诗林生于 2007 年。子：振耀。

二十三世：振耀生于 2004 年。

二十二世：锦颖生于 1990 年，配何氏生于 1989 年生一子：雅然。

二十三世：雅然生于 2008 年。

二十一世：亚箭生于 1963 年，学历初中。配张朋生于 1965 年，山口仔村人，生三女二子。长女：思思生于 1990 年。次女：庭庭生于 1993 年。幼女：小蕾生于 1999 年。子：锦术、锦单。

二十二世：锦术生于 1991 年。

二十二世：锦单生于 1995 年。

二十一世：亚标生于 1965 年，学历初中。配黎氏生于 1967 年生三女一子。长女：观盈生于 1992 年。次女：观锐生于 1993 年。幼女：观美生于 1996 年。子：锦波。

二十二世：锦波生于 1989 年。

二十一世：亚平生于 1967 年，学历高中，在邮电工作正主任，配赖氏生于 1967 年，生一女一子。女：艳艺生于 1990 年。子：锦鹏。

二十二世：锦鹏生于 1992 年。

二十一世：广青乳名亚虾配梁氏生四子：锦创、伟庭、名伟、锦月。

二十世：富强生于 1943 年 12 月 10 日，配罗桂芳生于 1943 年 4 月 17 日，生三子：水如、木善、进国。

二十一世：水如生于 1965 年 9 月 2 日，学历大专。配李金连生于 1970 年 9 月 26 日，学历高中，生二女一子。长女：李单芹生于 1990 年 4 月 22 日，学历大专。次女：华敏生于 1995 年 11 月 28 日，学历大学。子：严铭。

二十二世：严铭生于 1995 年 11 月 28 日，学历高中。

二十一世：木善生于 1969 年 12 月 20 日，学历高中，外经商。配黄星华生于 1973 年 2 月 29 日，学历高中，生一女一子。女：亚银生于 2009 年 3 月 25 日，读书。子：景锋。

二十二世：景锋生于 1993 年 2 月 9 日，学历中专。

二十一世：进国生于 1978 年 8 月 25 日，学历中专，外经商。配梁海琼生于 1978 年 8 月 18 日，学历大学，生一女一子。女：卢文生于 2009 年 12 月 29 日，

读书。子：书玮。

二十世：亚友生于1942年，配郭氏生于1948年生二子：亚林、春华。

二十一世：亚林生于1971年妻已离婚生一女一子。女：耀尹，子：宝完。

二十二世：宝完。

二十一世：春华生于1977年配吴氏生一子：云翔。

十八世：世有配孙氏生四子：有林、有汉、有江、有森。

十九世：有林配谢罗二氏生三子：兆昌、建明、亚三●。

二十世：兆昌配叶氏生二子：培春、培真。

二十一世：培春生于1959年生，配叶彩娟生于1960年，生一子：金鹏。

二十二世：金鹏生于1995年，外务工。

二十一世：培真生于1967年，配黄彩琼生于1969年，生二子：进广、进乐。

二十二世：进广生于1989年，学历大学，外务工。

二十二世：进乐生于1995年，学历大专，外务工，配连晓红，大榄田村人。

二十世：建明配李氏，生三子：培栋、土权、明辉。

二十一世：培栋生于1954年，配陈桂连生于1959年，田按人，生二女三子。女：青花生于1989年，子：锦维、锦锐、锦通。

二十二世：锦维生于1985年，配邹洁怡生于1988年，横埔村人，生一子：伟铭。

二十三世：伟铭生于2015年5月9日。

二十二世：锦锐生于1993年。

二十二世：锦通生于1993年。

二十一世：土权生于1966年，学历初中，外务工。配黄小雄生于1973年生二女二子。长女：雪兵生于1991年。次女：雪东生于1995年。子：海军、海锋。

二十二世：海军生于1998年。

二十二世：海锋生于2000年。

二十一世：明辉生于1971年，大戏班主，配陈氏生于1975年，生二女二子。长女：思媚生于1997年。次女：思慧生于2009年。子：思荣、思成。

二十二世：思荣生于1999年。

二十二世：思成生于2013年。

十九世：有汉配穆氏生一子：兆富。

二十世：兆富配林桂凤以培论合户。

二十一世：培论以林桂凤合户生一子：进益。

二十二世：进益配黎氏生二女二子。长女：文珠，次女：宝如，子：观华、荣基。

十九世：有江配孙氏生三子：兆卿、志明、志就。

二十世：兆卿配刘氏。

二十世：志明生于1931年，教师。配陈氏，生二子：培文、培宁●。

二十一世：培文生于1963年，配吴火妹生于1965年，生二女二子。长女：伟清生于1983年。次女：露露生于1990年。子：欢基、欢华。

二十二世：欢基生于1987年，学历大专。

二十二世：欢华生于1993年，学历中专。

二十世：志就配王氏生二子：培情、日团。

二十一世：培情配罗氏生一子：进纳。

二十一世：日团配廖氏生一子：明讯。

十九世：有森配麦、谢、刘三氏，生一子：兆云●。

秀美公次支安瑞公分支成欢、相举公派下戚贵房源流谱

十三世：成欢妣余氏，卒后葬包墩村东，坐北向西，生三子：相举、相全（另续）、相元（另续）。

十四世：相举卒后在碑环西边岭，坐北向南，妣葬在草塘后岭，坐东向西，不迁之墓，配马氏，生五子：戚富（另续）、戚贵、戚德（另续）、戚瑞（另续）、戚发●。

十五世：戚贵葬在长坡后岭，坐南向北，妣葬在冷水启西边岭，坐北向南，林氏葬在碑环西边岭，坐西北向东南，配林口二氏，生三子：均隆、均凤、均来。

十六世：均隆（此公随母带来失名按辈安名）配口氏，生二子：维荣、维华●。

十七世：维荣配周氏生三子：世明、世二●、亚晚出继合河姓睦。

十八世：世明配刘氏生二子：有韬、有志。

十九世：有韬配黄氏生二子：进侯、日陈。

二十世：进侯生于1951年，学历高中，配曾秤生于1952年，新围仔村人，生二子：权辉、日英。

二十一世：权辉生于1976年，配黄喜杨生于1978年，生二子：伟冠、伟豪。

二十二世：伟冠生于2002年。

二十二世：伟豪生于2006年。

二十一世：日英生于1980年，配郭晓静（离异）继取陈改。子：伟杰。

二十二世：伟杰生于2006年。

二十世：日陈生于1963年，学历大专，生一子：栩彰。

二十一世：栩彰生于1993年，学历高中。

十九世：有志生于1925年，配张氏生一子：张国。

二十世：张国生于1974年，学历高中，配叶群娣生于1975年，下洋塘仔人，生一女一子，女：美欣生于1999年，子：荣华。

二十一世：荣华生于1997年。

十六世：均凤葬在石古河后岭坐北向南，配林、梁二氏，生二子：维纲、维纪。

十七世：维纲配林、吴、何三氏，生三子：世贤、世祥●、世龙●。

十八世：世贤配曹氏生二子：有钦、有忠。

十九世：有钦配黄氏生四子：兆佳、兆景、亚祥●、兆国●。

二十世：兆佳配蔡氏生三子：培来、亚太●、培寿。

二十一世：培来生于1953年，学历初中。

二十一世：培寿生于1956年，学历初中。配黎娇生于1960年，燕子坡村人，生一女三男。
女：燕云生于1987年。子：锦文、锦超、锦鹏。

二十二世：锦文生于1984年，学历初中，配杨翠云生于1987年，欧家村人，生一女一男，
女：永芝生于2013年。子：永耀。

二十三世：永耀生于2011年。

二十二世：锦超生于1988年，学历大学。

二十二世：锦鹏生于1991年，学历大学。

二十世：兆景配何氏生三子：培成、培强、亚槐●。

二十一世：培成生于1956年配罗妹油，柑埇村人，生一女一子后取刘海英，梧州人。
女：清霞生于1988年，子：锦秀。

二十二世：锦秀生于1991年，学历初中。

二十一世：培强生于1967年，学历高中，配林妹生于1968年，平坦村人，生二女一男。
长女：湛英，次女：海营，子：锦涛。

二十二世：锦涛生于2001年。

十九世：有忠配黎氏生二子：亚康●、亚华●。

十七世：维纪配陈氏生五子：国球、国林、国泰、国新、国森。

十八世：国球配马氏生三子：有兴、有仁、亚扶●。

十九世：有兴配叶氏生一子：兆战。

二十世：兆战生于1942年，配叶芳生于1952年，下洋圩人生三子：培双、锦杨、培岐。

二十一世：培双生于1977年，学历初中，配张妹生于1978年，黄坭角村人生一子：
锦波。

二十二世：锦波生于2005年。

二十一世：锦杨生于1979年，学历高中，配林娟娣生于1984年，大垌村人生一子：
锦泺。

二十二世：锦泺生于2012年。

二十一世：培岐生于1981年，学历高中，配王灵丽生于1984年，广西博白人。

十九世：有仁配梁氏生一子出嫁：兆生。

二十世：兆生生于1941年，学历初小，配李海兰生于1953年，梧州人生一子：培越。

二十一世：培越生于1984年，学历初中，配段超宏生于1987年湖南人生一子：锦程。

二十二世：锦程生于2012年。

十八世：国林配李氏生三子：亚二●、有甫、有益。

十九世：有甫配李氏生四子：兆益、兆道（未详）、志勇、四子（未详）。

二十世：兆益配苏氏生二子：志兴、培进。

二十一世：志兴生于1940年，学历初中。配赖连芳生于1943年苏茅岭人，生二子：锦日、锦绿。

二十二世：锦日生于1978年，学历高中，配陈柳萍生于1987年，桂福湾人生一女：均雨生于2012年。

二十二世：锦绿生于1981年，学历初中，配许广娣生于1981年，横山镇西山村人生二子：汉滔、汉辉。

二十三世：汉滔生于2007年。

二十三世：汉辉生于2009年。

二十一世：培进生于1948年，学历初中，配黎龙生于年，草塘村人生二子：日荣、观荣。

二十二世：日荣生于1973年，学历初中，配占霞生于1978年，云峡村人生一女一男。女：观慧生于2000年，子：镇斌。

二十三世：镇斌生于2002年。

二十二世：观荣生于1987年。

二十世：志勇配黎氏生二子：培柱、戚就。

二十一世：培柱生于1963年，学历大专，配叶有生于1964年，木头塘村人，生一子：锦航。

二十二世：锦航生于1997年。

二十一世：戚就生于1975年，中专，配叶凤香生于1982年，肇庆人，生一子：锦轩。

二十二世：锦轩生于2013年。

十八世：国泰取国新长子入继：亚八。

十八世：国新配陈氏生三子：亚八出继国泰、有芳、有春。

十九世：有芳配陈氏生四子：兆如、兆宽、兆松、亚康●。

二十世：兆如配苏氏生四子：培昌、培其、培初、培会。

二十一世：培昌配黎兰生于梧州人生二女一子：培昌故后取林富合户老里塘村人生二子。长女：冬雪生于1987年。次女：清蝶生于1991年。子：锦畅、锦叙、锦耀。

二十二世：锦畅生于1989年，学历高中，外务工，配张丽洁汕尾人，生一子：永熙。

二十三世：永熙生于2014年，儿童。

二十二世：锦叙生于1995年，学历初中（林富所生）

二十二世：锦耀生于1999年，读书（林富所生）

二十一世：培其生于1958年配陈日生于1955年，乾案内村人生四女一子：长女：秋平生于1986年；二女：凤丹生于1989年；三女：冬辉生于1990年；四女：秋萍生于1996年；子：锦泉。

二十二世：锦泉生于1982年，初中，配张业梅生于1985年，广西钦州人生一女：女：静可生于2011年，儿童。

二十一世：培初生于1962年，配谭观妹生于1968年大榄田村人，生三女一男。长女：思云生于1992年，外务工。次女：思静生于1995年，外务工。幼女：思颖生于1997年，外务工。子：锦帅。

二十二世：锦帅生于1990年，学历初中，配昌燕玉生于1993年，界炮老云村人生一女：铃韵生于2013年。

二十一世：培会生于1966年，配叶石珍生于1973年，木头塘村人，生三子：锦廷、锦潮、锦熠。

二十二世：锦廷生于1992年，学历初中，配林金秀生于1994年，岗瓦窑村人，生一女：梓晴生于2013年。

二十二世：锦潮生于1994年，学历初中，读书。

二十二世：锦熠生于1997年，学历中专，读书。

二十世：兆宽配林氏生二子：培志、培艺。

二十一世：培志生于1952年，学历初中,配郭秋娣生于年，窑头村人，生二女一男。长女：水英生于1980年，适徐闻县下桥镇。次女：彩莲生于1982年，适扫干坡。子：锦华。

二十二世：锦华生于1977年，学历初中，配颜玉丽生于1980年大新围村人，生一

女一男。女：茹冰生于2009年，幼小。子：永建。

二十三世：永建生于2004年，幼小。

二十一世：培艺生于1956年，学历高小，配林纪英生于1958年，黄竹根村人，生三女二男。长女：良英生于1987年，已适。次女：银映生于1991年，外出务工。幼女：银定生于1993年，外出务工。子：锦印、锦阜。

二十二世：锦印生于1989年，学历高中，外出务工。

二十二世：锦阜生于2000年，学历高中，读书。

二十世：兆松配林陈二氏，生一子：培欣。

二十一世：培欣生于1960年，初中，配陈连娣生于1961年，营仔圩人，生一子：锦敏。

二十二世：锦敏生于1985年，学历大学。

十九世：有春配钟氏生三子：兆尚、兆田、志仁。

二十世：兆尚配张氏生二子：戚福、戚辉。

二十一世：戚福生于1956年，学历初中，配杨秀婵生于1973年，生于年，生二子：锦顺、锦佑。

二十二世：锦顺生于1996年，学历初中。

二十二世：锦佑生于1997年，学历初中。

二十一世：戚辉生于1958年配黄英生于1960年柳州人生一子：小刚。

二十二世：小刚生于1987年。

二十世：兆田配林少妹生二子：戚宏、戚恒。

二十一世：戚宏生于1971年，学历高中。配苏石军生于1974年，石古河村人生一女二男。女：晓丽生于1996年，务工。子：锦东、火华。

二十二世：锦东生于1995年，学历初中，外务工，配林海清生于1995年，岗瓦窑村人生一女：楚琼生于2011年，幼小。

二十二世：火华生于1998年，学历，读书。

二十一世：戚恒生于1973年配张诗妹生于1974年，黄圳角村人，生二女一子。长女：秀娣生于2004年。次女：怡平生于2008年。子：富森。

二十二世：富森生于2013年，儿童。

二十世：志仁生于1943年，学历初中，配黄氏生三子：戚云、雷德（不详）、戚瑞。

二十一世：戚云生于1974年，学历初中，配曹英生于1976年，塘尾村人生三子：河生、锦旭、锦会。

二十二世：河生生于 1996 年，学历，读书。

二十二世：锦旭生于 1998 年，学历，读书。

二十二世：锦会生于 2000 年，学历，读书。

二十一世：戚瑞生于 1983 年，学历初中，配庞燕生于 1984 年，杨柑人，生二子：文杰、明豪。

二十二世：文杰生于 2001 年，幼小。

二十二世：明豪生于 2002 年，幼小。

十八世：国森配陈氏生一子：有法。

十九世：有法配谢氏生四子：兆星、亚九●、兆日、兆有。

二十世：兆星配黄氏止。

二十世：兆日配钟秀兰生二子：培德、培顺。

二十一世：培德生于 1972 年，学历初中。配叶国华生于 1971 年，木头塘村人生一女一子。女：晓菁生于 2008 年。子：成威。

二十二世：成威生于 2003 年，学历，读书。

二十一世：培顺生于 1977 年，学历初中。配罗桂妹生一女一子。女：文锐生于 1999 年，读书。子：锦朗。

二十二世：锦朗生于 1996 年，学历，读书。

二十世：兆有配钟秀琼鱼龙埠村人生二子：培国、培君。

二十一世：培国生于 1976 年，学在初小，配颜园妹生于 1979 年，新围村人，生一女二子。女：景乐生于 2002 年，学历，读书。子：铭轩、家豪。

二十二世：铭轩生于 2006 年，学历，读书。

二十二世：家豪生于 2008 年，学历，读书。

二十一世：培君生于 1979 年，学历高中，配雷小荣生于 1979 年，青平镇人生二子：戚懿、日炫。

二十二世：戚懿生于 2009 年，幼小。

二十二世：日炫生于 2011 年，幼小。

十六世：均来配梁氏生二子：维宝、维珍。

十七世：维宝配陈氏生二子：世祯、亚生●。

十八世：世祯配黄氏生七子：有彬、有标、亚寿●、有南、有乾、有相、亚德●。

十九世：有彬配蔡氏扫杆坡人生二子：兆贤、兆泰。

二十世：兆贤配林氏生三子：华宝●、培余、培良。

二十一世：培余配陈氏生三子：亚军●、镇标、戚照。

二十二世：镇标生于1958年，学历初中，配罗娇生于1962年，新屋村人，生三子：
江辉、江溪、富财。

二十三世：江辉生于1983年，学历初中，配林日娣生于1985年，新村人生二女孖子。
长女：梓晴生于2008年。次女：梓华生于2010年。子：境朝、境印。

二十四世：境朝生于2012年；境印生于2012年。

二十三世：江溪生于1989年，学历初中，外务工。

二十三世：富财生于1997年，学历初中，读书。

二十二世：戚照生于1973年，学历初中，初小。配邓妹生于1973年河包村人，生二子：
煜敬、啟锐。

二十三世：煜敬生于1996年，学历初中。

二十三世：啟锐生于1997年，学历初中。

二十一世：培良生于1945年，学历初中，配江宙清生于1945年下洋屋背村人生二子：
镇林、土桂。

二十二世：镇林生于1968年，学历初中，配张娣生于1968年，勾岭村人生二子：水志、
炳锋。

二十三世：水志生于1996年，学历，读书。

二十三世：炳锋生于1998年，学历，读书。

二十二世：土桂生于1982年，学历高中，配曹文静生于1986年，红光农场人生一子：
江禹。

二十三世：江禹生于2005年，学历，读书。

二十世：兆泰配陈氏生五子：培敏、亚强●、培燕、培杰、培玲。

二十一世：培敏生于1938年，学历高中，配刘球芳生于1938年，生一子：镇文。

二十二世：镇文生于1969年，学历高中，配伍土连生于1973年，榄田村人生一女一子。
女：梓成生于2000年，读书。子：梓颖。

二十三世：梓颖生于1994年，学历，读书。

二十一世：培燕生于1945年，学历高中，配陈敬芳生于1948年，白沙屋背村人生一女二子。女：亚潘生于1970年，学历初小。子：镇明、镇卿。

二十二世：镇明生于1975年，学历高中。配黄春来生于1976年，兔仔围村人生一女二子。女：皆皆生于2004年，学历，读书。子：允业、允旋。

二十三世：允业生于2002年，学历，读书。

二十三世：允旋生于2006年，学历，读书。

二十二世：镇卿生于1978年，学历初中，配秦彩霞生于1982年，广西博白人生二子：允捷、允质。

二十三世：允捷生于2002年，学历，读书。

二十三世：允质生于2004年，学历，读书。

二十一世：培杰生于1949年，学历初中，配张妹生于1957年，田后人，生四子：镇华、镇东、镇波、镇瑞。

二十二世：镇华生于1977年，学历高中，配韦氏生一子：煜艺。

二十三世：煜艺读书。

二十二世：镇东生于年，学历高中，配伍氏生一子：增成。

二十二世：镇波生年，学历高中，配莫氏生一子：庆涛。

二十二世：镇瑞生于年，学历高中，外务工。

二十一世：培玲生于1952年，学历高中，配邓娟生于1960年，沙岗村人生二子：镇达、镇略。

二十二世：镇达生于1987年，学历中学，外务工。配罗氏生于年博教人。

二十二世：镇略生于1991年，学历中学，外务工。

十九世：有标配钟氏鱼龙埠村人生一子：兆平。

二十世：兆平配谭氏山脚村人生一子后取刘氏带一子来：培秋、亚标。

二十一世：培秋（别名流文）生于1956年，学历中学（现廉江）配陈珍生于1964年，廉城人生二子：镇朝、锦柱。

二十二世：镇朝生于1985年。

二十二世：锦柱生于1993年。

二十一世：亚标系兆平刘氏带来，配黄丽娟南宁人生一子出继他乡姑母。

十九世：有楠配罗氏生一子出嫁：兆何。

二十世：兆何配黎氏生二子：培治、培金。

二十一世：培治生于1956年，学历初小，配梁妹生于1958年，急水人生二女二子。长女：换娣生于1982年，适陆丰县。次女：建平生于1984年，学历大学，适桂林市市长。子：镇周、镇添。

二十二世：镇周生于1988年，学历初中，外务工。

二十二世：镇添生于1990年，学历初中，外务工。

二十一世：培金生于1960年，学历初小，配甘海兰生于1970年，梧州人生四女三子。长女：燕辉生于1995年，学历，读书。次女：紫梅生于1996年，学历，读书。三女：春花生于1999年，学历，读书。四女：晶晶生于2004年，学历，读书。子：镇锦、镇银、镇登。

二十二世：镇锦生于1992年，学历小学。

二十二世：镇银生于1997年，学历初中。

二十二世：镇登生于2002年，学历，读书。

十九世：有乾配罗氏生二子：亚论●、镇球。

二十世：镇球生于1946年，学历大学，曾任廉江中英语科组长，配黎园生于1954年，草塘村人，生二女一子。长女：方春生于1974年，学历广州外语大学毕业，适廉江。次女：调换生于1976年，学历湛江师范大学，适四川。子：培桥。

二十一世：培桥生于1979年，学历大学。配郭国侠生于1988年，陕西省人生一子：镇浩。

二十二世：镇浩生于2011年，学历，幼小。

十九世：有桐配何氏生四子：兆盛、兆锐、兆卓、华强。

二十世：兆盛配谢燕云，生二女一子，曾任二轻局长，安铺落业。长女：戚敏生于1962年，适安铺。次女：戚桃生于1968年，适香港。子：培勇。

二十一世：培勇生于1962年，配黄水燕生于1966年，生二子：永力、永量。

二十二世：永力生于1988年。

二十二世：永量生于1995年。

二十世：兆锐生于1941年，学历中学，配曹爱琼，生于1943年，车板镇蟹地村人，生一子：韵盛。

二十一世：韵盛生于1972年，学历初中，配张弘生二子：钰沛、业华。

二十二世：钰沛生于 2000 年。

二十二世：业华生于 2008 年。

二十世：兆卓生于 1945 年，学历初小，配何进生于 1949 年，横山镇木栏村人生二子：培钰、培海。

二十一世：培钰生于 1984 年，学历初中，配王芳生于 1988 年，湖北人生一子：炜东。

二十二世：炜东生于 2010 年，幼小。

二十一世：培海生于 1991 年，学历初中，外务工。

二十世：华强生于 1950 年，广州远洋公司，配朱氏生一女已婚。

十七世：维珍配郭氏生五子：世仁、世义、世礼●、世智●、世信●。

十八世：世仁配陈氏生一子：有庆。

十九世：有庆配李氏生一子：兆春。

二十世：兆春配李氏生二子：培廷、亚海●。

二十一世：培廷配林氏生四子：日辉、日旺、日成、日就。

二十二世：日辉生于 1953 年，学历中学，海军远洋舰队医生湛江落业配庞丽雅生于 1956 年，化州人生一子：欣荣。

二十三世：欣荣生于 1979 年，学历高中，配曾妹永生于 1988 年，徐闻人生一女：亚妹生于 2010 年。

二十二世：日旺配苏氏生一子：欣华。

二十三世：欣华生于 1980 年，学历中学，配江海珍生于 1983 年，茂名人生一子：恒耀。

二十四世：恒耀生于 2010 年。

二十二世：日成生于 1965 年，学历高中，配招程生于 1968 年，烟墩人生一子：欣明。

二十三世：欣明生于 1996 年。

二十二世：日就生于 1968 年，学历大学，配窦秀玲生于 1967 年，茂名人生一子：欣隆。

二十三世：欣隆生于 2010 年 3 月 7 日。

十八世：世义配口氏生一子：有胜。

十九世：有胜配黄氏止●。

秀美公次支安瑞公分支成欢、相举公派下戚德房源流谱

十三世：成欢妣余氏卒后葬包墩村东坐北向南，生三子：相举、相金（另续）、相元（另续）。

十四世：相举卒后葬在碑横西边岭，坐西北向东南，白坟，妣葬在草塘后岭，坐东向西配马氏，生五子：戚富（另续）、戚贵（另续）、戚德、戚瑞（另续）、戚发●。

十五世：戚德妣伍氏生三子：均耀、均义、均礼。

十六世：均耀妣孙氏生四子：维祯、维祥、维福、维禄。

十七世：维祯妣叶氏，下洋人，墓不详，生一子：世勋。

十八世：世勋妣妣氏，草塘村人，葬不详，生三子：有尤、有合、有章。

十九世：有尤配孙氏生一子：兆福。

二十世：兆福配孙氏生二子：培林、培兴。

二十一世：培林配罗氏生四子：日胜●、锦韬、锦口●、锦署。

二十二世：锦韬生于1949年，配陈日生于1954年，何墩村人生二子：永存、永春。

二十三世：永存生于1979年，配张燕生于1980年廉江龙头村人生一女二子。女：景怡生于2002年。子：景东、景瑞。

二十四世：景东生于2001年，景瑞生于2006年。

二十三世：永春生于1988年，配周建莹生于1995年，梧州市长洲镇寺村人，生一子：成铭。

二十四世：成铭生于2014年，儿童。

二十二世：锦署生于1954年，配刘满生于1955年，勾岭村人生三女一子。长女：观喜生于1988年。次女：观秀生于1990年。幼女：水建生于1994年。子：永杰。

二十三世：永杰生于1983年，配梁燕建生于1980年梧州人生一子；俊熙。

二十四世：俊熙生于2012年。

二十一世：培兴配张氏生三子：锦庆、锦权、亚虾●。

二十二世：锦庆生于1954年，配李玉芳生于1949年，碑头垌人生四子：永东、永明、永强、永才。

二十三世：永东生于1977年，学历初中，配曹琼生于1979年旧埠村人，生一女：女：晓韵生于2000年。

二十三世：永明生于1983年，初中，配颜氏海口市人，生二子：雄烦、雄飞。

二十四世：雄烦生于2008年，雄飞生于2010年。

二十三世：永强生于1985年，学历初中，配许凤生于1986年，湛江人生一子：智乐。

二十四世：智乐生于2012年。

二十三世：永才生于1986年，配张建娣生于1990年，山塘村人，外务工。

二十二世：锦权生于1958年，配李氏生于1963年，梧州人生一子：永成。

二十三世：永成生于1983年，配莫氏生于1986年，梧州人生一女：亚妹生于2013年。

十九世：有合妣黄氏生二子：兆论、兆喜。

二十世：兆论葬在沙江岭脚，坐向东葬在沙坡碑坐向西南，坟被错迁，至今不详，配钟氏生于1890年鱼龙埠村人生二子：培槐、培松出继木连。

二十一世：培槐生于1917年，葬在大榄田小学围墙角西向，坐北向东南，配李氏，生于1918年马冲仔村人，葬在碗窑岭坐向南塘，生六子：锦口●、锦忠、镇光、锦良、锦口●、锦添。

二十二世：锦忠生于1945年（现住湛江市赤坎区农林二路二港56号），配罗翠珍生于1947年营仔九龙村人，生一女一子。女：晓丹生于1982年，子：永超。

二十三世：永超生于1972年，现居湛江赤坎，配黎娟生于1971年，遂溪曲塘人，生一子：善幸。

二十四世：善幸生于2003年，读书。

二十二世：镇光生于1947年11月17日，学历函授大专（曾任大榄田乡党支部书记营仔区团委书记）配李丽生于1950年1月10日，学历初中，横山豆豉村人，生一女二子。女：晓静生于1977年10月23日，学历大专。子：永桃、永鹤。

二十三世：永桃生于1974年4月4日，学历高中，现居深圳，配张燕娟生于1989年，学历中专，河唇镇塘背园村人生一子：景皓。

二十四世：景皓生于2011年10月20日，幼小。

二十三世：永鹤生于1980年7月24日，学历大学本科医学学士，在职廉江市人民医院。

二十二世：锦良生于1950年，配陈三妹生于1953年，多浪坡村人，生一子：永前。

二十三世：永前生于1990年。

二十二世：锦添生于1956年，配李琼生于1956年，湛江市人生一女一子。女：燕英生于1989年，子：永杰。

二十三世：永杰生于1985年。

二十世：兆喜配邓氏生三子：培伟、培坚、培口●。

二十一世：培伟配曹氏生二子：戚清、戚敬。

二十二世：戚清生于1963年，配罗妹生于1965年，九龙村人，生三女一子。长女：秀丽生于1989年。次女：水慧生于1992年。幼女：舒慧生于1980年。子：永韬。

二十三世：永韬生于1986年，配陈小玲生于1989年，乾塘镇人生一子：嘉迅。

二十四世：嘉迅生于2013年。

二十二世：戚敬生于1965年，配李晓燕生于1963年，吴川燕坡镇黄坡村人生二女一子。长女：舒舒生于1991年。次女：绮珊生于1999年。子：永浩。

二十三世：永浩生于1997年，中山大学本科学历。

二十一世：培坚生于1945年，配黄少娟生于1951年，多浪坡岗瓦窑村人生七女一子。长女：戚妃生于1974年，适广西杨兴。次女：石兰生于1978年，适博教。三女：广娣生于1981年，适新会。四女：换娣生于1982年，适惠州。五女：月芳生于1984年，适东莞。六女：广妹生于1988年，适营仔。七女：石带生于1991年，外务工。子：锦徐。

二十二世：锦徐生于1993年。

十九世：有章配口氏，生一子：木连。

二十世：木连取兆论次子入继：培松。

二十一世：培松配陈少英生于1988年，生一子：进深。

二十二世：进深生于1966年，配李带生于1963年，沙仔头村人，生三子：赛武、华权、文瑞。

二十三世：赛武生于1987年，配苏琼妹生于1989年，波罗埠村人，生一女：芷睿生于2014年。

二十三世：华权生于1989年，学历大学。

二十三世：文瑞生于1991年。

十七世：维祥配何氏生一子：世兴。

十八世：世兴配方氏生五子：有炳●、有新、有来●、有富●、有鸿。

十九世：有新配何氏生三子：兆栋、兆良、兆荃。

二十世：兆栋配李氏出嫁北沙围村生三子：培齐、亚口●、培仁。

二十一世：培齐生于1938年，配缪志芳生于1943年上古楼人生四子：锦祯、锦玉、锦珍、四子●。

二十二世：锦祯生于1964年，配叶二妹生于1966年，下洋屋背村人生三女三子。长女：石金生于1988年，适茂名。次女：程远生于1994年。幼女：美凤生于1995年。子：江裕、江建、江磊。

二十三世：江裕生于1989年，配尹木元生于1992年，青平人生一女：舒琪生于2012年。

二十三世：江建生于1991年。

二十三世：江磊生于1998年。

二十二世：锦玉生于1969年，配黄生生于1964年，横山横埔村人生一女一子。女：少含生于2000年。子：永佳。

二十三世：永佳生于2005年。

二十二世：锦珍生于1972年，配颜娟生于1971年，大新围人生一女二子。女：心宇生于2000年。子：君华、华洪。

二十三世：君华生于1996年。华洪生于1998年。

二十一世：培仁生于1944年9月10日，学历高中，1964年11月参加中国人民解放军，先后任班长、排长，指导员，连长。1976年转业廉江市，先后任镇武装部长，厂保卫科长，镇宣教育委员，镇委副书记、纪委书记、市信访局、市司法局副局长等职，配罗水娣，生于1950年4月14日，学历初中，市二轻退休工人，新屋村人，生二女一子。长女：春燕生于1974年3月29日，学历大学本科，现市十小任教，适廉江。次女：冬梅生于1978年6月23日，学历中专，市收费站工作，适廉江。子：建华。

二十二世：建华生于1970年11月7日，学历大专，现市司法局工作。配黎金华，生于1972年3月3日，学历大学本科，市电视台工作，生一女。女：戚诗婷生于1996年6月11日，在中山大学读本科。

二十世：兆良配曹氏生二子：培龙、亚口●。

二十一世：培龙生于1945年，配宋进英生于1947年，杨村坡人生一子：镇治。

二十二世：镇治生于 1978 年，配张金平生于 1979 年，廉江龙头村人，生一女二子。女：嘉加生于 2005 年，子：罡铭、珈铭。

二十三世：罡铭生于 2002 年。

二十三世：珈铭生于 2015 年 9 月 1 日。

二十世：兆荃配马氏，生一子：培喜。

二十一世：培喜生于 1958 年，配潘爱生于 1958 年，封决村人，生二女二子。长女：石晓生于 1989 年。次女：石娟生于 1992 年。子：镇棠、镇珠。

二十二世：镇棠生于 1987 年，学历大学。

二十二世：镇珠生于 1995 年，学历大学。

十九世：有鸿配孙氏生三子：兆永、职光、戚发。

二十世：兆永配罗氏生四子：亚桂、亚立、亚党、亚鹤。

二十一世：亚桂生于 1961 年，配王虾生于 1962 年，云峡村人，生一女三子。女：丽娟生于 1994 年。子：锦竟、里想、李郑。

二十二世：锦竟生于 1982 年，配谭石清生于 1989 年，生一女一子：女：梓琪生于 2011 年。子：永昊。

二十三世：永昊生于 2014 年，儿童。

二十二世：里想生于 1990 年，配范静生于 1988 年，四川省人，生一子：薪铭。

二十三世：薪铭生于 2014 年，儿童。

二十二世：李郑生于 1997 年。

二十一世：亚立生于 1964 年，配苏晓妹生于 1966 年，波箩埠村人，生二女二子。长女：燕文生于 1995 年；次女：祁影生于 1997 年。子：文明、颖聪。

二十二世：文明生于 1993 年。

二十二世：颖聪生于 1999 年。

二十一世：亚党生于 1968 年，配廖玉霞生于 1969 年，梧州市人，生一女二子。女：海丽生于 1991 年。子：锦东、李宇。

二十二世：锦东生于 1989 年，李宇生于 1996 年。

二十一世：亚鹤生于 1970 年，配叶芳生于 1969 年，下洋塘仔人，生二女二子。长女：惠禹生于 1997 年；次女：悉尹生于 1999 年。子：春华、观明。

二十二世：春华生于 1993 年；观明生于 2002 年。

二十世：职光生于 1939 年，配许秀球生于 1939 年，横山西山村人，生二子带来：戚勇、戚国。

二十一世：戚勇生于 1977 年，配张相妹生于 1978 年，生一女四子。女：玉婷生于 1998 年。子：清远、铭航、天成●、镇添。

二十二世：清远生于 2001 年；铭航生于 2006 年；镇添生于 2013 年。

二十一世：戚国生于 1980 年，配何琼生于 1978 年，蛇围村人生一女二子。女：秋怡生于 2001 年。子：镇显、镇鑫。

二十二世：镇显生于 2005 年；镇鑫生于 2007 年。

二十世：戚发配曹秀娇生于 1951 年，太平村人，生二子：戚兵、日柱。

二十一世：戚兵生于 1972 年，配陈海燕生于 1971 年，白沙屋背村人生一女二子。女：文慧生于 1997 年。子：文杰、伟豪。

二十二世：文杰生于 1995 年，学历大学本科；伟豪生于 2000 年。

二十一世：日柱生于 1982 年，配罗伟燕生于 1989 年，木马村人生二女。长女：紫微生于 2008 年；次女：美子生于 2009 年。

十七世：维福配陈氏生二子：世文、世武。

十八世：世文已继均义之子维良生四子：有典、有模配陈氏●、有明、有业。

十九世：有典妣李氏生二子：兆信、亚二（止）。

二十世：兆信妣李氏生一子：培平。

二十一世：培平生于 1947 年，配李金平生于 1962 年，梧州人生三子：土球、雄英、远恒。

二十二世：土球生于 1987 年月日。

二十二世：雄英生于 1989 年，配郑锦凤生于 1990 年，湛江人，生一子：锦辉。

二十三世：锦辉生于 2012 年。

二十二世：远恒生于 1995 年月日。

十九世：有明配口氏生一子：兆珍。

二十世：兆珍配全氏生二子：康寿、水源。

二十一世：康寿生于 1947 年，配陈秀连生于 1949 年，乾案人，生一子：广成。

二十二世：广成生于 1982 年，配黄水橙生于 1984 年，北沙围村人生二子：境艺、子刑。

二十三世：境艺生于 2006 年，子刑生于 2009 年。

二十一世：水源生于 1952 年，配昌水娣生于 1954 年，安铺人，生一子：满振。

二十二世：满振生于 1978 年，配莫欠嫦生于 1978 年，下插人，生一子：敬明。

二十三世：敬明生于 2008 年月日。

十九世：有业配刘氏生二子：兆彬、兆胜。

二十世：兆彬妣邓氏生二子：培敬、培光。

二十一世：培敬生于 1951 年，配叶木带生于 1954 年，下洋盐灶墩人，生三子：清华、锦弟、华龙。

二十二世：清华生于 1983 年，配黄李桃生于 1989 年，南坑村人，生一子：永乐。

二十三世：永乐生于 2010 年。

二十二世：锦弟生于 1990 年，配罗燕丽生于 1988 年，南山调人，生一子：景熙。

二十三世：景熙生于 2014 年，儿童。

二十二世：华龙生于 1995 年。

二十一世：日光生于 1977 年，配徐晓燕生于 1984 年，湖南人，生二子：梓浩、梓杨。

二十二世：梓浩生于 2004 年，梓杨生于 2011 年。

二十世：兆胜配钟氏生三子：水权、培堃、亚文●。

二十一世：水权生于 1962 年，配陈石娣生于 1964 年，云峡村人，生二子：伍广、观龙。

二十二世：伍广生于 1986 年，观龙生于 1988 年。

二十一世：培堃生于 1966 年，配卢妤珏生于 1969 年，楼仔人，生二子：懋君，僖仕。

二十二世：懋君生于 1993 年；僖仕生于 1994 年。

十八世：世武妣罗氏生四子：有均、有楷、有乾、有才。

十九世：有均妣张氏生五子：兆光、亚二●、陈养●、亚胜●、亚统●。

二十世：兆光配颜氏生一子出嫁：培泰。

二十一世：培泰配罗氏生二子：戚富、刘文。

二十二世：戚富生于 1956 年，配罗群生于 1955 年，博教人生三女三子。长女：海论生于 1989 年；次女：丽平生于 1994 年。幼女：湛芳生于 1996 年。子：戚术、晓纳、剑锋。

二十三世：戚术生于 1981 年，配郭彩英生于 1985 年，窑头村人，生一子：翔鑫。

二十四世：翔鑫生于 2014 年 9 月 8 日，儿童。

二十三世：晓纳生于 1985 年，配叶广娇生于 1986 年，下洋圩人生二女：长女：文

瑜生于 2012 年；次女：楚欣生于 2015 年 4 月 19 日。

二十三世：剑锋生于 1992 年。

二十二世：刘文生于 1968 年，配刘淑琼生于 1964 年，潘禺人生一女一子。女：安怡生于 1996 年。子：贤森。

二十三世：贤森生于 1992 年，学历广州大学。

十九世：有楷妣曹氏生二子：兆兴、兆兰。

二十世：兆兴妣张氏生三子：培经、培论过房合户、培棠。

二十一世：培经配林氏生一子：振雄。

二十二世：振雄生于 1958 年，配缪芳生于 1960 年上古楼村人，生三女二子。长女：嘉慧生于 1986 年；次女：涛娇生于 1988 年；幼女：景慧生于 1996 年。子：永隆、永清。

二十三世：永隆生于 1983 年，配杨海媚生于 1988 年，电白那花村人生二女。长女：恩同生于 2011 年。次女：新瑶生于 2013 年。

二十三世：永清生于 1992 年。

二十一世：培棠，配林少英生于 1935 年，路塘村人生三子：振兴、振辉、振标。

二十二世：振兴生于 1964 年，配黄水荣生于 1966 年，云峡村人，生一女二子。女：金娣生于 1996 年，子：观成、观志。

二十三世：观成生于 1992 年，观志生于 2000 年。

二十二世：振辉生于 1969 年，配曹七妹生于 1970 年，青平牛牯岭村人，生二女二子。长女：春霞生于 1993 年，学历广州大学。次女：春绮生于 1996 年。子：永东、鼎崧。

二十三世：永东生于 1992 年；鼎崧生于 1998 年。

二十二世：振标生于 1972 年，配何党生于 1971 年，吉水村人，生二女一子。长女：晓恒生于 1995 年。次女：嘉怡生于 1999 年。子：海颖。

二十三世：海颖生于 1997 年。

二十世：兆兰配黄氏生五子：培明、培振、培富、振龙、土养。

二十一世：培明生于 1937 年，配谭秀英生于 1938 年，朗文田村生二子：亚虾、亚栋。

二十二世：亚虾生于 1967 年，配蒙玲生于 1972 年，梧州人生一女一子。女：楚如生于 2005 年，子：国竟。

二十三世：国竟生于 1994 年。

二十二世：亚栋生于 1982 年，配陈丽生于 1983 年，玉林人生一女。女：雅其生于 2010 年。

二十一世：培振生于 1939 年，配罗秀连生于 1941 年，南山调村人生一子：戚伟。

二十二世：戚伟生于 1971 年，配陈彩恒生于 1971 年，天座墩人生一女一子。女：思琼生于 1994 年，子：敬松。

二十三世：敬松生于 1995 年。

二十一世：培富生于 1942 年，梧州人生一子：亚平。

二十二世：亚平生于 1984 年。

二十一世：振龙生于 1949 年，配谢凤生于 1952 年，白水塘村人生一女一子。女：石丹生于 1988 年，子：振桥。

二十二世：振桥生于 1978 年，配余君华生于 1978 年，河南人生一女一子。女：梓怡生于 2006 年，子：梓杭。

二十三世：梓杭生于 2010 年。

二十一世：土养生于 1955 年，配叶四妹生于 1950 年，下洋人，生三女一子。长女：石芳生于 1989 年，次女：伟如生于 1991 年；三女：伟华生于 1993 年；子：观胜。

二十二世：观胜生于 1987 年。

十九世：有翰妣林氏生一子：兆瑞。

二十世：兆瑞配罗氏生三子：志文、培才、培豪。

二十一世：志文生于 1935 年，配林凤英生一女一子。女：英梅生于 1966 年，适浙江。子：英强。

二十二世：英强生于 1968 年，配杨丽霞生于 1977 年，广西百色人生二女。长女：永平生于 2002 年，次女：戚扬生于 2009 年。

二十一世：培才生于 1944 年，配刘秋玲生于 1949 年，桂林人，生二女。长女：小燕生于 1976 年，适桂林。次女：小蕊生于 1979 年，适桂林。

二十一世：培豪生于 1956 年（原廉江二轻局书记），配连素生于 1956 年，大榄田人，生一女一子。女：莹莹生于 1982 年，适新华南海，医生。子：家俊。

二十二世：家俊生于 1989 年，学历大学本科。

十九世：有才妣苏氏生三子：兆仁、兆嶽、兆周。

二十世：兆仁妣陈氏生一子：培茂。

二十一世：培茂配李氏生四子：戚强、戚国、戚裕、戚洪。

二十二世：戚强生于1950年，学历中学（现廉江三建总裁）配钟梁二氏，钟氏井埇人生二子一女，后取梁月春生于1967年广西容县六王人，生一子。女：戚碧云生于1978年6月，适廉江。子：永双、永鹏、永波。

二十三世：永双生于1973年4月22日辰时，配胡乐华生于1981年5月24日，广西梧州人，生二女一子。长女：楚微生于2001年8月3日下午4时15分。次女：曦丹生于2005年3月15日下午5月时45分。子：峻翊。

二十四世：峻翊生于2012年10月20日上午9时53分。

二十三世：永鹏生于1981年9月8日子时，配徐宇生于1982年7月27日，广西梧州富民鲤鱼村人，生二女一子：长女：珈睿生于2010年2月9日凌辰3时53分。次女：颖欣生于2011年6月26日晚上10时53分。子：儒瀚。

二十四世：儒瀚生于2013年11月5日，儿童。

二十三世：永波生于1992年6月15日亥时。

二十二世：戚国生于1958年4月23日，配苏桂生于1957年10月24日，波罗埠村人，生一女一子。女：彩兰生于1990年5月23日。子：海建。

二十三世：海建生于1985年4月5日配邓茹生于1990年7月11日，大专学历，现在梧州市人民医院工作。

二十二世：戚裕配邓氏生一子：永碧。

二十三世：永碧生于1986年，配董丽英生于1989年，广西钟山县人，生一女：戚婉淇生于2014年10月10日。

二十二世：戚洪生于1966年，配黎伟清生于1970年，安铺赤里山村人生一女一子。女：思敏生于1994年。子：永程。

二十三世：永程生于1995年。

二十世：兆嶽配张氏出嫁取兆周五子继：培清。

二十一世：培清生于1967年，配梁如生于1981年，梧州市人生一子：柔春。

二十二世：柔春生于2006年。

二十世：兆周配钟氏生五子：培佑、培寿、培日、培位、培清出继兆嶽。

二十一世：培佑生于1947年，配曹秀生于1954年，岗瓦窑村人，生二子：镇滔、镇略。

二十二世：镇滔生于1976年，配莫敏生于1980年，梧州黄甫村人生一子：壹少、敬博。

二十三世：壹少生于2007年；敬博生于2015年，儿童。

二十二世：锦略生于1992年。

二十一世：培寿生于1949年，配罗美生于1954年豆圩人生一子：境业。

二十二世：境业生于1984年，配唐醒君生于1985年，梧州长州人，生一子：景轩。

二十三世：景轩生于2012年。

二十一世：培日生于1961年，配何陆二氏生二子：卓恩、镇高。

二十二世：卓恩生于1989年；镇高生于2004年。

二十一世：培位生于1965年，配苏文静生于1971年，石硅坡人生一女一子。女：少君生于2001年，子：文帅。

二十二世：文帅生于1998年。

十七世：维论妣郑氏生三子：世卿、亚二●、亚三●。

十八世：世卿配陈曹冯林四氏生二子：有华、有邦。

十九世：有华配罗氏，取有邦长子继：兆琇。

二十世：兆琇配罗氏生四子：亚桂●、亚文●、水永、戚良。

二十一世：水永生于1950年7月24日，配孙氏生二子一女，继取余氏生于1963年7月5日，学历初中，生一女一子。女：林梅生于1971年8月，学历初中；春燕生于1989年5月29日，学历大学本科。子：进军、进政、家诚。

二十二世：进军生于1970年9月25日，配林瑜生于1970年9月27日生一子：清泉。

二十三世：清泉生于1994年10月30日，学历大学本科。

二十二世：进政生于1972年12月2日，配罗翠平生于1978年8月8日，生二子一女。女：戚宝之，生于2014年1月24日。子：轩瑞、轩铭。

二十三世：轩瑞生于2011年12月12日。

二十三世：轩铭生于2001年12月12日。

二十二世：家诚生于1999年7月24日。

二十一世：戚良生于1955年11月6日，学历大学，配叶妹生于1957年10月23日生一女一子。女：进仙生于1984年10月28日，学历大学专科。子：进兵。

二十二世：进兵生于1980年12月2日，学历大学本科，配陈小珍生于1989年6月19日，学历大学本科，生二女：大女译心生于2014年1月12日日；

次女露允生于 2016 年 6 月 14 日。

十九世：有邦娒陈氏生三子：兆琇（出继有华）、兆琼、兆球。

二十世：兆琼配欧氏生一子：文科。

二十一世：文科生于 1966 年 12 月 12 日，学历师大毕业（现任市六中校长）配张冬梅生于 1974 年 6 月 12 日，现市十小任教生一女一子。女：小苗生于 1993 年 6 月 28 日，学历大学本科。子：远航。

二十二世：远航生于 1993 年 6 月 28 日，学历现读博士。

二十世：兆球配黄氏生四子：培本、培廉、培钦、培亦。

二十一世：培本生于 1946 年 8 月 7 日，学历初中，配陈少英生于 1945 年 4 月 2 日，学历初小，生四子。子：进升、进同、进意●、进敨。

二十二世：进升生于 1970 年 11 月 15 日，学历大专，原大榄田村支部书记，配邹彩清生于 1970 年 11 月 10 日，生二女一子，长女：江蕊生于 1992 年 5 月 1 日；次女：邹戚莹生于 1999 年 5 月 25 日。子：楚谦。

二十三世：楚谦生于 2001 年 6 月 26 日。

二十二世：进同生于 1974 年 1 月 12 日，学历大专，配李玉梅生于 1972 年 12 月 17 日，生一女一子。女：思维生于 2003 年 2 月 11 日。子：江耀。

二十三世：江耀生于 1998 年 7 月 9 日。

二十二世：进敨生于 1982 年 11 月 26 日，配李莲敏生于 1984 年 12 月 16 日，生一子：江慕。

二十三世：江慕生于 2015 年 6 月。

二十一世：培廉生于 1952 年 9 月 4 日。

二十一世：培钦生于 1963 年，配林娣生于 1964 年，黄竹根村人，生三女二子。长女：林婷生于 1983 年。次女：来娜生于 1998 年。幼女：诗华生于 1993 年，学历广州大学。子：锦宇、宏基。

二十二世：锦宇生于 1986 年，配沙昌生于 1987 年山东人生一女。女：梓函生于 2011 年。

二十二世：宏基生于 2003 年。

二十一世：培亦生于 1966 年，配黄二妹生于 1965 年，西埔村人，生二女二子。长女：戚翠生于 1990 年。次女：石恩生于 1996 年。子：锦视、锦宽。

二十二世：锦视生于 1992 年。锦宽生于 1994 年。

秀美公次支安瑞公分支成欢公派下戚瑞房源流谱

十三世：成欢妣余氏生三子：相举、相金（另继）、相元（另续）。

十四世：相举卒后葬碑横西边岭，坐西北向东南白莹，妣葬在草塘后岭坐东向西不迁之坟妣马氏生五子：戚富（另续）、戚贵（另续）、戚德（另续）、戚瑞、瑞发●。

十五世：戚瑞系相举四子派四房妣李氏生三子：均杰、均盛、均兴配朱氏生一子（未详）。

十六世：均杰妣罗氏取均盛长子入继：维钧。

十七世：维钧妣赖氏生五子：亚保●、国栋、国樑●、亚五●、亚广●。

十八世：国栋妣口氏生二子：有尚、有郁钟氏●。

十九世：有尚妣潘晓二氏生一子：兆恒。

二十世：兆恒妣李张二氏生二子：进龙、亚九●。

二十一世：进龙生于1947年，学历初中，配叶翠娟生于1957年，学历初中，配叶翠娟生于1957年，学历初中，里头山村人生二子：文超、进腾。

二十二世：文超生于1970年，学历初中，配刘一定生于1972年，罗定人生二女一子。长女：贤芳生于1994年。次女：少盐生于2000年。子：戚锐。

二十三世：戚锐生于2005年。

二十二世：进腾生于1975年，学历初中，配曹汉清生于1974年，名教村人生一子：戚正。

二十三世：戚正生于2002年。

十六世：均盛妣蔡氏生四子：维均（继均杰）、维钊●、维纯、维棠。

十七世：维纯妣苏氏生一子：国才。

十八世：国才妣罗氏生一子：有信。

十九世：有信妣曹氏生二子：兆丰、兆年●。

二十世：兆丰配林氏生三子：康盛、戚坤、培恒。

二十一世：康盛生于1941年，原任二轻局长，配方叶珍生于1945年，下洋北调村人，生二子：锦锋、锦旋。

二十二世：锦锋生于1975年，配陈永清生于1975年，良垌白塘木人，生二女。长女：

伟南生于 2001 年。次女：戚晓生于 2007 年。.

二十二世：锦旋生于 1974 年，配陈汝生于 1978 年，郁南人生一女一子。女：玉妹生于 2002 的，子：永舜。

二十三世：永舜生于 2007 年。

二十一世：戚坤生于 1947 年，配王焕生于 1947 年横山镇山木栏村人生三子：观连、进章、李土。

二十二世：观连生于 1976 年，配邓石连生于 1986 年，沙岗村人生一女二子。女：碧慧生于 1999 年，子：文龙、文榜。

二十三世：文龙生于 2000 年，文榜生于 2002 年。

二十二世：进章生于 1977 年，配廖齐妹生于 1984 年，东塘灶村人，生二女二子。长女：嘉静生于 2006 年。次女：嘉琳生于 2009 年。子：家弘、家耀。

二十三世：家弘生于 2011 年。家耀生于 2013 年。

二十二世：李土生于 1988 年，配张石娟生于 1991 年，青平镇元圩村人，生一女：紫莹生于 2013 年。

二十一世：培恒生于 1952 年，学历初中，配陈秀平生于 1953 年，横山镇三古塘村人生四子：石广、亚伍●、亚七●、广霖。

二十二世：石广生于 1983 年，学历初中，配晏桂兰生于 1981 年，广西玉林太平村人，生一女一子。女：清茹生于 2007 年。子：永杰。

二十三世：永杰生于 2009 年。

二十二世：广霖生于 1991 年，学历初中，配翟燕瑜生于 1993 年，广西桂江口南街 226 号，生一子：炜轩。

二十三世：炜轩生于 2014 年，儿童。

十七世：维棠妣陈氏生八子：国益、亚二●、亚三●、亚广●、亚五●、亚六、国就。

十八世：国益妣孙氏生六子：长子●、有基、有芬、有卿、五子●、有廷。

十九世：有基妣孙陈二氏生四子：兆锦、陈生（未详）、戚水、广才。

二十世：兆锦配祝氏生二子：戚文、戚武。

二十一世：戚文生于 1967 年，学历中学，配陈爱琼生于 1969 年，广西人生一子：镇士。

二十二世：镇士生于 1988 年，学历初中，配薛彩芳生于 1991 年，云浮人，生二女一子。长女：芷萱生于 2009 年，次女：欣瑶生于 2012 年。子：戚武。

二十三世：戚武生于 1974 年，学历，配王智美生于 1983 年，贵州人生二子：镇锋、
锦豪。

二十四世：镇锋生于 1998 年。

二十四世：锦豪生于 2006 年。

二十世：戚水生于 1953 年，学历初小，配李天平生于 1965 年，贵州人生二女二子。
长女：晓燕生于 2000 年。次女：晓娣生于 2002 年。子：江理、晓光。

二十一世：江理生于 1990 年，学历中学。晓光生于 2006 年，学历初中。

二十世：广才生于 1958 年，学历初小，配黄小艳生于 1971 年，贵州人，生一女二子。
女：美妙生于 1999 年。子：广沐、石奇。

二十一世：广沐生于 1995 年。

二十一世：石奇生于 1997 年。

十九世：有芬妣昌氏生四子：长子●、兆任、兆碧、兆鸿。

二十世：兆任生于 1946 年，学历初中，配苏志芳生于 1943 年，下洋北调人，生三子：
培韬、培瑞、培维。

二十一世：培韬生于 1969 年，学历初中，配覃氏生于 1974 年，高州人，生一女一子。
女：思思生于 1997 年。子：湛盛。

二十二世：湛盛生于 1993 年。

二十一世：培瑞生于 1971 年，学历，配李慧生于 1973 年，横山镇人生二子：文杰、
文敬。

二十二世：文杰生于 1994 年，学历文敬生于 1996 年。

二十一世：培维生于 1975 年，学历，配鲁光芹生于 1981 年，河南邓州人生一子：正林。

二十二世：正林生于 2001 年，在校就读。

二十世：兆碧字伟林生于 1949 年，学历高中，配谢氏后取莫益生于 1964 年，生二子：
家豪、师华。

二十一世：家豪生于 1989 年。

二十一世：师华生于 1992 年。

二十世：兆鸿生于 1963 年，配陈美云生于 1964 年，安铺人，生一子：华懂。

二十一世：华懂生于 1992 年。

十九世：有卿妣陈氏生一子：戚超。

二十世：戚超生于 1964 年，配伍春明，生于 1978 年，深田村人，生一女二子。女：亭亭生于 1999 年。子：湛豪、景云。

二十一世：湛豪生于 1994 年，学历初中。

二十一世：景云生于 1996 年。

十九世：有廷妣黄张二氏生一子：兆泽。

二十世：兆泽生于 1959 年，配昌连生于 1959 年，横山镇麦地村人，生二子：华楚、建华。

二十一世：华楚生于 1988 年，学历初中。建华生于 1993 年，学历初中。

十八世：国立妣罗氏生一子：有醉●。

十八世：国就配李氏生二子：有强、有清。

十九世：有强生于 1929 年，配陈土连生于 1946 年，豆圩人，生二子：兆赞、兆仲。

二十世：兆赞生于 1973 年，学历初中，配莫秀花生于 1972 年，沙岗村人，生三女一子。长女：永恩生于 1999 年。次女：永君生于 2001 年。幼女：永儒生于 2008 年。子：浩然。

二十一世：浩然生于 2009 年。

二十世：兆仲生于 1980 年，妣谢芳丽生于 1985 年，柳州人。

十九世：有清生于 1937 年，配黄丽兴生于 1953 年，惠州人生一女三子。女：美容生于 1984 年，学历初小，适韶关。子：戚湛、戚柱、戚尤。

二十世：戚湛生于 1977 年，学历初中，配谢斯云生于 1976 年，山仔村人生二女一子。长女：嘉怡生于 2004 年。次女：子琪生于 2005 年。子：铉沣。

二十一世：铉沣生于 2002 年。

二十世：戚柱生于 1980 年，学历高中，配钟芳生于 1979 年，鱼龙埠村人，生一子：水荣。

二十一世：水荣生于 2012 年。

二十世：戚尤生于 1982 年，学历初中，配郑氏，大岭村人，生一子（离婚）：家乐。

二十一世：家乐生于 2009 年。

秀美公次支安瑞 成聪 成秀 成贵 成举 **派下** 相辅 相全 相进 相朝 相尧 **房源流谱**
成美 成观 成龙 成礼　　　应灼 应禄 相辉 相贤 相见

十三世：成聪系锡公之次子生三子：相辅、相品、相全。

十四世：相辅妣麦氏生二子：戚国、戚才●。

十五世：戚国妣文氏生三子：均茂、亚土●、亚口●。

十六世：均茂取石古河均不入继：亚四●。

十四世：相全妣揭氏生一子：仁。

十五世：仁妣莫氏生四子：均贤、均会●、均昭（另续）、均平●。

十六世：均贤妣麦氏生一子：亚保（未详）。

十六世：均昭妣颜氏生三子取别姓入继：维权、维朝、维宏。

十七世：维权生一子：世基●。

十七世：维宏妣孙氏取子入继：世祥。

十八世：世祥妣罗氏。

十三世：系仕锡公之三子生二子：相进、相朝。

十四世：相进妣叶氏生三子：朝清、朝广、朝泰。

十五世：朝清妣莫氏生一子（未详）。

十五世：朝广妣邱氏生三子：才福（出继朝平）、才禄、才保。

十六世：才禄妣余氏生二子：亚生、亚平●。

十七世：亚生妣赖氏生二子：戚寿●、世成。

十八世：世成妣罗氏生一子：戚胜。

十九世：戚胜生于1963年9月25日，配罗氏生一女三子：兆华、兆文、兆国。

二十世：兆华生于1971年5月27日，配梁妹生于1976年，河堤镇急水村人生一子：梭杰。

二十一世：梭杰生于2000年8月7日，学历高中。

二十世：兆文生于1978年1月22日，配郑建秀生于1986年4月8日，生二子：培洋、培乐。

二十一世：培洋生于2007年5月25日。培乐生于2012年8月24日。

二十世：兆国生于1981年7月10日。

十六世：才保妣罗氏生一子：观奇。

十七世：观奇妣黄氏生一子：世堂。

十八世：世堂妣黄氏生二子：有忠、有富。

十九世：有忠生于1930年2月29日，妣罗实省生于1934年8月8日，博教人生四子：兆许、兆智、兆保、兆晚。

二十世：兆许生于1959年10月19日，配钟雪生于1964年11月6日，遂溪县人生一子：培进。

二十一世：培进生于1986年11月3日，配谭海霞生于1990年8月10日，龙潭村人生一子：锦泽。

二十二世：锦泽生于2012年12月17日。

二十世：兆智生于1965年6月29日，配罗少年生于1964年12月9日，油甘埇村人生二女二子。长女：观妹生于1990年1月27日，学历高中。次女：月清生于1993年11月13日，学历初小。子：培连、培旭。

二十一世：培连生于1991年5月10日，学历高中。

二十一世：培旭生于1994年10月9日，学历高中。

二十世：兆保生于1968年1月10日，配林敏生于1970年9月25日，新村村委人生二子：培超、培智。

二十一世：培超生于1996年6月5日。培智生于1998年6月22日。

二十世：兆晚生于1971年10月6日，配叶二妹生于1975年8月22日，下洋人生一女二子。女：佳舒生于2003年12月12日。子：培勇、培基。

二十一世：培勇生于2005年1月9日。培基生于2012年。

十九世：有富妣陈妹生于1943年8月9日，河堤镇人生二子（海南定居）：兆光、兆永。

二十世：兆光生于年月日，配谢海平生于年月日生一女一子。女：海娟生于年月日，子：建豪。

二十世：兆永配赵黎妹生于年月日生一子：戚水。

十五世：朝泰妣吴氏生二子：才兴、才旺。

十六世：才兴妣叶周二氏生二子：亚养、亚保（未详）。

十七世：亚养妣叶氏妣谭氏●。

十六世：才旺妣周氏生一子：维龙。

十七世：维龙妣张氏生三子：世益、世英、世如。

十八世：世益妣莫氏生二子：有典、有模。

十九世：有典妣麦氏生二子：亚水（未详）、亚旺（未详）。

十九世：有模妣何氏生二子：兆溪、兆亚●。

二十世：兆溪配木秀云生于1947年3月26日，生二女三子。长女生于1970年8月10日，已婚。次女生于1979年6月12日，已婚。子：培才、培明、培权。

二十一世：培才生于1967年11月12日，配张意生于1970年4月4日，垌口村人生二子：锦雄、锦杰。

二十二世：锦雄生于1992年7月23日，学历大学。锦杰生于1997年5月11日，学历高中。

二十一世：培明生于1973年7月5日，配罗雪花生于1975年10月6日，博教人生二子：锦豪、进宇。

二十二世：锦豪生于2004年1月3日，进宇生于2009年5月4日。

二十一世：培权生于1976年9月11日，配邓观娣生于1980年2月5日，青平镇中垌村人生二女一子。长女：冰丽生于2000年9月27日。次女：美珍生于2013年5月16日。子：锦伟。

二十二世：锦伟生于2002年10月24日。

十三世：成贵妣林氏生五子：应灼、应禄、应位●、应德●、应寿●。

十四世：兴灼妣吴氏生二子：（未详）。

十四世：应禄妣戴氏生一子：佳。

十五世：佳妣罗氏生一子：均益●。

十三世：成龙妣谭氏生三子：一、二子（未详）、相见。

十四世：相见生一子：剂●。

十三世：成举妣氏生三子：相国、相义配许氏、相罔●。

十四世：相国配陈氏生一子：栋。

十五世：栋配许氏生二子：均春、亚生●。

十六世：均春配刘氏生三子：维寒、亚保●、维候。

十七世：维寒生一子：世芬。

十八世：世芬配林氏止●。

十七世：维候配林氏生一子：世标。

十八世：世标妣少英生于1932年7月26日，河堤龙谭人生三女三子。长女：威石适营仔大垌。次女：日莲生于1967年8月5日，适横山镇吊山子村。幼女：英生于1971年5月5日，适横山镇芎塘坡村。子：有宽、有庸、有海。

十九世：有宽生于1956年11月7日，配罗南英生于1956年5月23日，营仔镇油甘埇村人生三女一子。长女：威娟生于1984年9月6日，适广西柳州。次女：金娣生于1987年1月5日，适广西博白。幼女：妹生于1983年3月23日，适梅禄。子：兆森。

二十世：兆森生于1986年10月26日，配陈东兰生于1990年1月1日，高州人生一女一子。女：杨杨生于2013年3月26日。子：培灿。

二十一世：培灿生于2011年11月5日。

十九世：有庸生于1959年10月15日，配张芬生于1960年8月25日，圩仔角仔村人生三女二子。长女：水娟生于1985年12月3日。次女：石妹生于1983年6月1日。幼女：完生于1980年4月8日。子：兆富、兆松。

二十世：兆富生于1986年9月6日。兆松生于1996年10月5日。

十九世：有海生于1962年10月7日，配张苏娣生于1970年9月9日，圩仔关塘仔村人生二子：兆开、兆林。

二十世：兆开生于1991年11月13日。兆林生于1994年11月4日。

十三世：戚美妣黎陈二氏生一子：相辉。

十四世：相辉妣何氏生一子：（未详）。

十三世：成观妣黎氏生二子：相贤、相尧。

十四世：相贤妣何氏生二子：未详。

十四世：相尧妣刘氏生一子：未详。

十三世：成礼妣陈氏生三子：相文、相武●、相就。

十四世：相文妣林氏生一子：戚泰。

十五世：戚泰妣陈氏生一子：均洪。

十六世：均洪妣叶氏生六子：维会、维焕●、维南●、尚崇、亚六●、尚华。

十七世：维会配黄氏生一子：世琼。

十八世：世琼配何氏取荔枝湾子入继：有良。

十九世：有良配陈英生于 1940 年 6 月 5 日，扫杆坡村人生二女一子。长女：日娟生于 1959 年 6 月 12 日，适下平山村。次女：日莲生于 1962 年 10 月 20 日，适上平山村。子：兆成。

二十世：兆成生于 1969 年 9 月 15 日。

二十世：林银辉生于 1969 年 8 月 2 日生三女三子。长女：过晓生于 1994 年 8 月 26 日。次女：带娣生于 1996 年 4 月 11 日。幼女：康娣生于 1998 年 2 月 12 日。子：培存、培发、培文。

二十一世：培存生于 1999 年 7 月 10 日。培发生于 2004 年 10 月 22 日。培文生于 2010 年 1 月 22 日。

十七世：尚荣配罗吴二氏●。

十七世：尚华配郑氏生三子：土养（未详）、世滋、世治。

十八世：世滋配陈氏生三子：有银、有发、有汉。

十九世：有银生于 1964 年 7 月 19 日，学历大学，配李素花生于 1953 年 5 月 30 日，生三女一子。长女：丽君生于 1978 年 12 月 7 日，适营仔圩。次女：水池生于 1991 年 4 月 20 日。幼女：石辉生于 1993 年 3 月 6 日。子：金华。

二十世：金华生于 2004 年 2 月 16 日。

十九世：有发生于 1955 年 2 月 22 日，配黄石有生于 1950 年 6 月 8 日，蛇围村人后取潘艺辉二氏生二女三子。长女：慧娇生于 1985 年 11 月 2 日，适长山镇。次女：银程生于 2003 年 8 月 5 日。子：嘉嘉、富耀、豪锦。

二十世：嘉嘉生于 1987 年 5 月 10 日。富耀生于 2010 年 3 月 10 日。豪锦生于 2010 年 3 月 10 日。

十九世：有汉生于 1959 年 8 月 8 日，配张贵明生于 1964 年 5 月 5 日，生一女一子。女：石贵生于 1984 年 10 月 7 日，子：观雄。

二十世：观雄生于 1987 年 6 月 7 日，配黎玉城生于 1989 年 2 月 25 日，黎头沙村人生二女。长女：思磊生于 2010 年 10 月 15 日。次女：钰熺生于 2012 年 2 月 3 日。子：培涛。

二十一世：培涛生于 2014 年 6 月 26 日。

十八世：世治配张氏生二子：有贤、有德。

十九世：有贤生于1964年10月30日，配张四妹生于1969年8月24日，屋仔村人生一女三子。女：木令生于1987年4月6日，适下洋。子：石永、兆礼（另续）、兆柳。

二十世：石永生于1989年8月9日，配张模生于1985年11月20日，角仔村人生一子：培镟、培展。

二十一世：培镟生于2013年12月20日。培展生于2015年10月25日。

十九世：有德生于1969年5月30日，配林玲生于1971年11月14日，蛇围村人生二子：兆钦、兆尧。

二十世：兆钦生于1995年6月24日。兆尧生于1997年4月22日。

十四世：相就妣蓝氏生二子：戚连、二子（未详）。

十五世：戚连妣何氏生三子：均荣、均裕●、亚生●。

十六世：均荣妣叶氏生四子：水明（未详）、维春、亚光●、亚土●。

十七世：维春妣黎卜二氏生三子：世进、世杰、世许。

十八世：世进妣韦氏生一子：戚东。

十九世：戚东生于1966年5月10日，配亚四生于1970年，广西人，生女：思思生于1995年2月8日。

十八世：世杰生于1928年5月17日，妣秀英生于1930年3月25日，生二女五子。长女：戚妹生于1958年10月16日，适横山镇。次女：戚金生于1967年3月5日，适包圩村委山塘村。子：有生、有强、有国、有庆、亚区。

十九世：有生配苏国珍生于1953年生三女二子。长女：春丽生于1967年7月5日，适北谭。次女：石娣生于1970年5月10日，适深山龙村。幼女：秋美生于1973年8月3日，适珠海市。子：兆碧、桤著。

二十世：兆碧生于1986年12月28日，配张丽丽生于1985年11月6日，圩仔村委圩仔圩人生一女一子。女：戚妹生于2008年8月10日，子：峻熙。

二十一世：峻熙生于2010年3月30日。

二十世：桤著生于1969年3月21日。

十九世：有强生于1956年10月17日，配钟带生于1957年5月17日，牛角埇村人生二女二子。长女：木珍生于1983年8月19日，适湛江市坡头区。次女：水珍生于1986年1月9日，适河堤镇雷公埇村。子：兆茹、兆华。

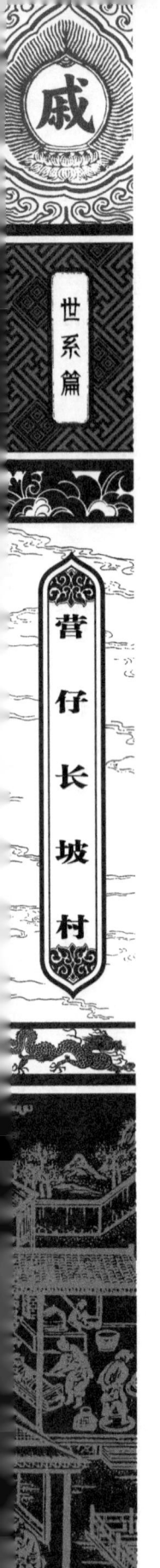

二十世：兆茹生于 1982 年 4 月 13 日，配孙炜生于 1983 年 11 月 17 日，生二子：培沥、培锋。

二十一世：培沥生于 2006 年 9 月 29 日。培锋生于 2008 年 1 月 13 日。

二十世：兆华生于 1987 年 7 月 19 日，配李景云生于 1981 的 1 月 8 日，兔仔围村人。

十九世：有国生于 1962 年 11 月 19 日，妣麦雪英生于 1967 年 3 月 21 日，圩仔村委高山村人生一女二子。女：玉芬生于 1988 年 1 月 1 日，子：进冲、康贵。

二十世：进冲生于 1990 年 7 月 23 日。康贵生于 1992 年 3 月 8 日。

十九世：有庆生于 1965 年 5 月 5 日，配张展花生于 1969 年 1 月 1 日，广西人生一女二子。女：石红生于 1995 年 6 月 18 日，子：兆光、兆灿。

二十世：兆光生于 1991 年 10 月 1 日。兆灿生于 1997 年 3 月 16 日。

十九世：亚区生于 1968 年 10 月 6 日，配梁秋红生于 1971 年 11 月 10 日，生一女一子。女：戚敏生于 2001 年 5 月 10 日，子：观平。

二十世：观平生于 1996 年 10 月 20 日。

十八世：世许生于 1939 年 3 月 27 日，妣蔡少娟生二女二子。长女：戚秀生于 1973 年 8 月 22 日，适湾圩塘坡村。次女：宽金生于 1987 年 6 月 5 日，适河源市。子：戚福、有存。

十九世：戚福生于 1965 年 6 月 25 日，配谭丽珍生于 1970 年 10 月 5 日，生二女二子。长女：水恒生于 1990 年 7 月 10 日，适香港。次女：土定生于 1992 年 5 月 23 日。子：兆武、兆根。

二十世：兆武生于 1994 年 5 月 28 日。兆根生于 1997 年 7 月 10 日。

十九世：有存生于 1970 年 10 月 5 日，配罗芬生于 1970 年 3 月 23 日，生一女一子。女：火琴生于 1994 年 7 月 10 日，子：兆源。

二十世：兆源生于 1997 年 6 月 25 日。

秀美公次支安瑞公分支成琏派下 相会、相禄、相梁、相思、相文房源流谱

十三世：成琏妣刘氏生六子：相开●、相会、相禄、相梁、相思、相文。

十四世：相会妣林氏生三子：论凤、论珠、论珍。

十五世：论凤妣张氏生三子：均宁、均生、均亮●。

十六世：均宁妣李氏取姓何入继：亚九●。

十六世：均生妣罗赖二氏生二子：维朝、亚晚●。

十七世：维朝妣叶氏（未详）。

十五世：论珠妣郑氏生二子：均来、均福●。

十六世：均来妣林氏（未详）。

十五世：论珍妣何氏生一子：均廉●。

十四世：相禄妣廖氏生一子荔枝湾村：论焕。

十五世：论焕妣樊氏取论举子入继生二子：均大●、均泰。

十六世：均泰妣谭氏生二子：维谦、维义●。

十七世：维谦妣林庞二氏生二子：世有、世发。

十八世：世有妣陈氏生一子：有琳。

十九世：有琳妣钟何二氏生二子：兆懋、兆伟。

二十世：兆懋配张氏生三子：胜培、樑培、桃培。

二十一世：胜培生于1943年4月19日，配蒙氏●。

二十一世：樑培生于1947年7月9日，学历高中（原营仔财政所工作）配黄翠琼，生于1949年月日，学历初小，圩仔村委来往桥村人，生四女二子。长女：美连生于1973年10月25日，学历初中，适安铺。次女：小玲生于1977年9月19日，学历初中，适竹墩。三女：虾妹生于1982年6月1日，适河源。四女：石娟生于1985年8月26日，适廉城。子：锦灿、锦炬。

二十二世：锦灿生于1983年，学历初中，外务工，配李金全生于1987年10月3日，学历中学，广州从化人生一女一子。女：子琼生于2008年8月6日，子：峻榜。

二十三世：峻榜生于 2013 年 11 月初 7 日。

二十二世：锦炬生于 1990 年 3 月 13 日，学历初中，外务工。

二十一世：桃培生于 1953 年 2 月 6 日，学历中学，家务，配罗三妹生于 1950 年 1 月 23 日，学历初小，河堤博教人生二女二子。长女：英妹生于 1980 年 12 月 29 日，学历初中，适营仔鱼龙埠村。次女：火妹生于 1992 年 11 月 23 日，学历初中，适广西榕县。子：锦焕、锦烈。

二十二世：锦焕生于 1979 年 8 月 21 日，学历初中，外务工，配张彩萍生于 1984 年 2 月 8 日，学历初中，营仔福山村人，生二女二子。长女：子琪生于 2008 年 4 月 20 日，幼小；次女：雨茵生于 2010 年 3 月 15 日。子：承健、承乐。

二十三世：承健生于 2014 年 8 月 14 日；承乐生于 2014 年 8 月 14 日。

二十二世：锦烈生于 1984 年 8 月 15 日，学历中学，配温绍梅生于 1987 年 1 月 28 日，学历初中，茂名信宜人，生一女一子。女：子盈生于 2009 年 8 月 20 日，子：港昊。

二十三世：港昊生于 2012 年 7 月 30 日。

二十世：兆伟生于 1915 年 5 月 13 日，配林少英生于 1915 年 7 月 12 日，窑瓦窑村人三女五子。长女：戚秀生于 1942 年 7 月 13 日，学历小学，适雅塘坡仔。次女：戚珍生于 1956 年 5 月 7 日，学历中学，适廉城。幼女：戚桂生于 1959 年 2 月 28 日，学历小学，适廉城。子：升培、靖培、标培、光培、荣培。

二十一世：升培生于 1945 年 8 月 12 日，学历高中（现居廉城），配苏秀明生于 1948 年 6 月 22 日，学历小学，雅塘坡仔村人生二子：锦君、锦国。

二十二世：锦君生于 1972 年 8 月 29 日，学历中学，配张文英生于 1974 年 5 月 2 日，学历中学，营仔圩人生一女。女：思慧生于 1996 年 7 月 29 日，学历中学。

二十二世：锦国生于 1978 年 7 月 28 日，学历中专，配李水莲生于 1980 年 7 月 1 日，学历中学，营仔三块田村人生二子：珀铬、皓钊。

二十三世：珀铬生于 2009 年 3 月 4 日。皓钊生于 2013 年 12 月 3 日。

二十一世：靖培生于 1947 年 7 月 1 日，学历小学，配钟石生于 1953 年 8 月 2 日，营仔山鸡碑林人生五女一子。长女：广妹生于 1979 年 4 月 5 日，学历中学，适营仔圩。次女：彩霞生于 1981 年 4 月 3 日，适深圳市。三女：莲娣生于 1984 年 10 月 19 日，适营仔圩。四女：亚晓生于 1986 年 10 月 18 日，适湖南。五女：玉妹生于1989年1月11日，适沙白田村。子：锦平。

二十二世：锦平生于1997年5月5日，学历中学，配彭会珠生于1979年112月2日，梅县丰顺县龙岗镇，生一女二子。女：雅玲生于1998年8月14日，学历中学，读书。子：江鹏、江柏。

二十三世：江鹏生于2001年5月8日。江柏生于2005年11月18日。

二十一世：标培生于1952年9月9日，学历大学，现广州中大教授，配熊宝珍生于1956年11月26日，学历大学，化州林尖人生一女：晓孙生于1982年3月22日，学历大学，适浙江。

二十一世：光培生于1962年8月8日，学历中学，现居廉城，配伍娣生于1961年6月13日，学历中学，营仔草塘村人生二子。子：锦术、锦程。

二十二世：锦术生于1989年10月21日，学历中专。

二十二世：锦程生于1991年2月29日，学历中学。

二十一世：荣培生于1962年8月8日，学历中学，现居海南丰木镇，配吴秀容生于1963年7月12日，学历中学，丰木镇人，生三子：锦彬、锦丰、锦城。

二十二世：锦彬生于1989年1月4日，学历中专。锦丰生于1990年2月29日，学历中专。锦城生于2003年12月24日。

十八世：世发妣罗氏生四子：有礼、亚二●、戚昌●、戚尽●。

十九世：有礼配黄氏生一子：兆濂。

二十世：兆濂配孙李二氏生三子：辉培、荣培、芬培。

二十一世：辉培生于1945年6月3日，学历初中，现居海康南光场，配陈娇生于1950年5月11日，学历初中，横山六甲村人生一女一子。女：健霞生于1979年11月9日，适海南。子：锦新。

二十二世：锦新生于1982年1月4日，学历大学，配黄海金生于1991年11月7日，学历初中，廉江尖角溪村人生一子：梓恒。

二十三世：梓恒生于2013年10月10日。

二十一世：荣培生于1947年8月18日，学历初中，家务，配何英生于1954年11月14日，包墩村委苏茅岭村人生二女二子。长女：芳月生于1982年9月15日，学历大学，适廉江长山。次女：雲妹生于1990年3月16日，学历大学。子：锦强、锦池。

二十二世：锦强生于 1978 年 9 月 23 日，学历中学，外务工，配施美花生于 1981 年 11 月 29 日，学历中学，江西人生二女一子。长女：晓文生于 2003 年 7 月 17 日，读书。次女：晓溪生于 2007 年 6 月 21 日。子：泽樑。

二十三世：泽樑生于 2013 年 7 月 17 日。

二十二世：锦池生于 1980 年 9 月 30 日，学历中学，配杨日妹生于 1984 年 8 月 7 日，学历初中，廉江上角垌村人生二子。子：泽机、泽柱。

二十三世：泽机生于 2007 年 10 月 27 日。泽柱生于 2009 年 10 月 9 日。

二十一世：芬培生于 1955 年 6 月 20 日。

十四世：相梁妣三氏生一子：论照。

十五世：论照妣陈氏生三子：均发、均义、均勇●。

十六世：均发妣林氏生三子：亚福●、亚四●、亚晚●。

十六世：均义生二子：亚保●、亚二●。

十四世：相思妣黎氏生二子：论举、论德。

十五世：论举妣谭氏生六子：均森（出继论焕）、均宝、均禹、均英、均仁、均明。

十六世：均宝妣卢氏生四子：维仁、亚就●、亚五●、亚晚●。

十七世：维仁妣林氏生三子：世裕、秀英（未详）、秀华●。

十八世：世裕妣氏生一子：有丰。

十九世：有丰妣朱氏生六子：戚生●、兆清、兆炳、转金●、亚广●、亚晚●。

二十世：兆清配王氏生三子：观信●、春培、凤鸡●。

二十一世：春培生于 1958 年 1 月 13 日，配廖记英生于 1967 年 3 月 12 日，学历初小，广西玉林毕塘县三湾村人生一女二子。女：燕云生于 1989 年 4 月 27 日，学历初中，外务工。子：锦杰、锦辉。

二十二世：锦杰生于 1987 年 11 月 15 日，学历初中。

二十二世：锦辉生于 1992 年 5 月 19 日，学历初中。

二十世：兆炳生于 1938 年，配许秀权生于 1934 年 1 月 2 日，西山上村仔人生五女一子。长女：戚小生于 1952 年 10 月 11 日，学历初小，适垭埇屋村。次女：亚妹生于年 8 月 22 日，学历初小，适勾岭村。三女：日娣生于年 10 月 19 日，学历初小，适黄桐岭村。四女：亚宽生于年 9 月 28 日，学历初小，适坭丁塘村。五女：亚英生于 1972 年 4 月 19 日，学历初小，适横山镇和坭水村。子：广茂。

二十一世：广茂生于 1965 年 3 月 15 日，学历初小，外务工，配黎六妹生于 1965 年月日，廉江市黎村人生二女一子。长女：锦娣生于年 8 月日，学历初中，适廉江。次女：戚敏生于年月日，学历初中，适廉江。子：锦兵。

二十二世：锦兵生于 1992 年 1 月 6 日，学历初中，外务工。

十六世：均禹妣陈叶二氏生二子：日养（维礼）、亚寿（不详）。

十七世：维礼生二子：世●、胜●。

十六世：均英妣罗氏生二子：维玉、维忠。

十七世：维玉生二子：世辉●、老弟●。

十七世：维忠妣许氏生一子：世均。

十八世：世均配欧氏生二子：有锦、镇洪●。

十九世：有锦生于年月日配罗秀英年月日，博教上墩坡木人生四女四子。长女：戚坚适霞山凸程村。次女：秀黎适黄车村。三女：亚源适杨木山村。四女：亚芳适化州塘㙍东村。子：兆权、兆永、兆明、兆文。

二十世：兆权生于 1944 年 10 月 25 日，学历初小，家务，配李文光生于 1948 年 12 月 13 日，黄车村生二女二子。长女：戚霞生于 1992 年 2 月 11 日，学历初中，适广西贵港。次女：春燕生于 1999 年 1 月 21 日，学历初中，适湖南。子：培云、培坛。

二十一世：培云生于 1977 年 6 月 28 日，学历初中，外务工，配赖丽华生于 1982 年 4 月 4 日，学历初中，北风山村人，生一子：锦棋。

二十二世：锦棋生于 2009 年 11 月 25 日，在校就读。

二十一世：培坛生于 1983 年 4 月 10 日，学历初中，外务工，配黄艳艳生于 1993 年 5 月 13 日，学历，湖北省人生一子。子：锦鑫。

二十二世：锦鑫生于 2013 年 4 月 29 日。

二十世：兆永生于 1952 年 9 月 24 日，学历高中，配林妹生于 1957 年 9 月 1 日，学历初小，风树角村人生四子。子：培朝●、培发●、培钦、培松。

二十一世：培钦生于 1988 年 2 月 9 日，学历初中，外务工。

二十一世：培松生于 1990 年 11 月 26 日，学历初中，外务工。

二十世：兆明生于 1960 年 6 月 21 日，学历高中，家务，配黄冰信生于 1965 年 8 月 18 日，学历初小，河堤镇牛尾下村人，生四女二子。长女：桂兰生于

1986年12月8日,学历初小,适河源市廉平县。次女:桂廉生于1988年9月14日,学历初中,适圩仔。三女:秋娣生于1991年2月21日,学历大学。四女:春妹生于1992年8月20日,学历高中。子:培恒、培栋。

二十一世:培恒生于1985年4月19日,学历初中,外务工。

二十一世:培栋生于1997年12月11日,学历高中,读书。

二十世:兆文生于1964年6月7日,学历高中(现迁香港定居),配黄秀妹生于1967年11月5日,学历初中,横山横埔村人生一女二子。女:茵琪生于2007年5月27日。子:柏林、宇濠。

二十一世:柏林生于1995年4月14日,学历高中。

二十一世:宇濠生于2001年6月16日,学历小学。

十六世:均仁妣刘氏生一子:维(失名)。

十七世:维(失名)均仁之子生二子:世有(失名)、世斌。

十八世:世有生一子:南隆●。世斌生一子:南安●。

十六世:论德妣李氏生一子:均辅。

十七世:均辅妣莫氏生三子:世达、世道、亚安●。

十八世:世达妣罗氏生六子:祥●、泰●、有善、有爱、亚六●、有洛。

十九世:有善妣莫氏生三子:镇华●、康振●、广林。

二十世:广林生于1948年9月25日,学历初小,家务,配杨二妹生于1955年3月29日,学历初小,广西上林县人生二女一子。长女:小伟生于1981年2月3日,适车板镇。次女:小辉生于1987年7月15日,适湖南。子:广明。

二十一世:广明生于1992年12月24日。

十九世:有爱,学历初中,现居英利镇配李氏生三子:兆荣、兆文、兆珍。

二十世:兆荣生于1957年2月日,配黄氏生于1958年3月日,生二子:培源、培财●。

二十一世:培源生于1987年5月日,配蔡晓蝶生于1988年11月日,学历大专,生一女:栩嘉生于2013年12月日。

二十世:兆文生于1960年12月日,配林氏生于1967年1月日,生二女二子。长女:方静生于1992年7月日,外务工。次女:方野生于1993年4月日,外务工。子:康密、峻华。

二十一世:康密生于1994年8月日,学历,读书。

二十一世：峻华生于 1996 年 11 月日，外务工。

二十世：兆珍生于 1963 年 11 月日。

十九世：有洛配谭氏生四子：兆春、兆平（弘富）、兆扩（兆贵）、兆龙（兆廷）。

二十世：兆春配陈氏生二子：文培、武培。

二十一世：文培生于 1978 年 9 月日，配陈氏生于 1983 年 12 月日，生二子：康源、康润。

二十二世：康源生于 2009 年 9 月日。康润生于 2012 年 5 月日。

二十一世：武培生于 1981 年 9 月日。

二十世：兆平（原名兆富）生于 1954 年 7 月。兆扩（原名兆贵）生于 1957 年 8 月。

二十世：兆龙（原名兆廷）生于 1964 年 6 月日，配程氏，生于 1962 年 8 月生一女一子。
　　　　女：艳霞生于 1991 年 3 月。子：志军。

二十一世：志军生于 1993 年 3 月日。

十八世：世道妣钟郑二氏，生三子：有烈、亚寿●、贵方（迁雷州市）。

十四世：相文配周氏生一子：论超。

十五世：论超配吴氏生三子：均四、均●、均●。

十六世：均四生一子：未详。

秀美公次支安瑞公分支洪礼公派下相栋、相威房源流谱

十三世：洪礼妣赖氏生三子：相栋、相威、相茂●。

十四世：相栋妣钟氏生二子：球、广。

十五世：球妣马莫二氏生三子：光辉、光明。

十六世：光辉妣莫欧氏生四子：思礼、思义、思忠、思信（入继光明）。

十七世：思礼妣莫氏（不详）。

十七世：思义妣卢徐二氏生三子：木生（未详）、观生（未详）、观福（未详）。

十七世：思忠妣赖氏生二子：亚灶（未详）、亚养（未详）。

十六世：光明妣莫赖氏生二子：思信（取子入继）、思任（未详）。

十七世：思信妣欧氏生一子：德逸。

十八世：德逸入赘杨柑镇牛屎塘村，因没有儿子过牛屎塘村秀旺公继承香火，配某氏生三子四女。长女适草谭镇长洪村。次女适杨柑镇犁头插村。三女适广西省南宁市。四女适北坡镇铸犁村。子：有宽、黄九●、有云。

十九世：有宽（此公福山坐东向西）配杨氏生三子一女。女：适杨柑镇元塘村。子：兆荣、华生（另续）、兆梅。

二十世：兆荣（此公福山坐南向北）配陈氏（杨柑镇北罗仔村人）生五子二女。长女：红妹适北坡镇老曾村。次女：亚美适杨柑镇沟口塘村。子：培礼、培智、华贵●、培和、培平。

二十一世：培礼配陆抸杨柑镇泥沙鲤村人生一子四女。养女兴仔。长女：秀文适遂溪。次女：梅美适遂溪。三女：土凤适吴川县。四女：珍桂在外务工。养女：兴仔适陕西省。子：锦棠。

二十二世：锦棠配秦丽清（北坡西昌村人）生二子一女。女：梓瑜生于2012年10月3日，儿童。子：国标、国权。

二十三世：国标生于2003年3月13日，儿童。

二十三世：国权生于2008年11月5日，儿童。

二十一世：培智配赵土妹（杨柑镇燕窝村人）生一子二女。长女：丽容适北坡镇坡仔村。

次女：候春适吴川。子：锦生。

二十二世：锦生生于1996年8月7日未时。

二十一世：培和配杨美（杨柑镇本冈村人）生二子一女。女：素婷生于1996年6月28日，在外务工。子：锦智、仲艺。

二十二世：锦智生于1990年11月19日，配方惠明（杨柑镇竹头塘村人）生一女：紫瑶生于2013年5月18日。

二十二世：仲艺生于1993年1月24日。

二十一世：培平配李雅（北坡镇炮塘村）生一子一女。女：宇婷生于1998年6月25日。子：宇航。

二十二世：宇航生于2000年3月15日，儿童。

二十世：兆梅配符少平（草潭镇红薯地村）生二子四女。长女：亚娇适杨柑镇龙湾。次女：亚永适杨柑镇竹头塘村。三女：日清适廉江县。四女：土凤适杨柑镇陈白村。子：华荣、敏仔。

二十一世：华荣生于1985年4月9日亥时。

二十一世：敏仔生于1990年5月11日卯时。

十九世：有雲（此公福山坐西南向东北）配林氏生六子一女。女：适草污镇淋公村。子：兆德、兆福、兆胜、兆连、兆敏、兆明。

二十世：兆德配劳二（草潭镇红薯地人）生三子一女。女：玉莲适杨柑镇志忑塘村。子：培养、培贵、培飞。

二十一世：培养配罗方草潭镇罗屋村人生一子一女。女：晓媚生于1991年9月23日。子：宇恒。

二十二世：宇恒生于1993年11月23日，读书。

二十一世：培贵配李连清（草潭镇）生一子一女。女：群英生于2002年2月7日，子：皓云。

二十二世：皓云生于2000年12月25日，儿童。

二十一世：培飞配庞彩琴（乌塘镇人）生一子一女。女：容榕生于2013年4月26日，儿童。子：泰源。

二十二世：泰源生于2010年10月28日，儿童。

二十世：兆福配雷梅芳（杨柑镇香南村人）生二子二女。长女：香娟适揭阳县。次女：桂连适汕头。子：培富、培满。

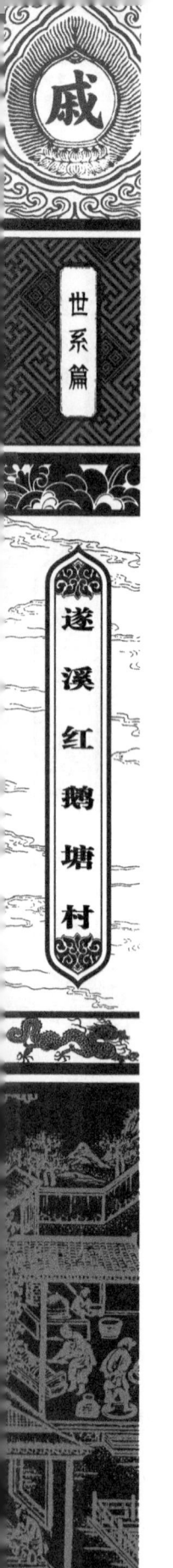

二十一世：培富配李平（杨柑镇红村人）生四子。子：伟龙、伟建、伟东、伟振。

二十二世：伟龙生于1993年8月21日。

二十二世：伟建生于1995年7月2日。

二十二世：伟东生于1997年10月13日。

二十二世：伟振生于2001年7月17日，儿童。

二十一世：培满配郭氏生一子一女。女：盈盈生于1998年12月8日，儿童。子：振杰。

二十二世：振杰生于2007年10月25日，儿童。

二十世：兆胜配梁丽娟（杨柑镇白水塘村人）生二子，养一女。女：美琪（适北坡镇牛巷塘村）。子：君国、君建。

二十一世：君国生于；君建生于。

二十世：兆连配袁妹仔（杨柑镇水山尾村人）生二子一女，养女卫珍。长女：卫玲适北坡镇老曾村。养女：卫珍适杨柑镇扫帚墩村。子：培光、培明。

二十一世：培光配罗飞连（江西省人）生二子：广源、彬彬。

二十二世：广源生于2006年2月2日。

二十二世：彬彬生于2013年3月4日。

二十一世：培明配（未详）。

二十世：兆敏配欧秀美（草潭镇泉水人）生一子三女。长女：莉莉生于1991年3月24日。次女：婷婷生于1992年10月11日。三女：玲玲生于1994年11月19日。子：培庭。

二十一世：培庭生于1998年8月22日。

二十世：兆明配邹芹妹（北坡镇函口村人）生二子：超颖、小龙。

二十一世：超颖生于1997年12月14日。

二十一世：小龙生于1999年7月17日。

十五世：广妣王黄二氏生四子：光耀、光彩、光彰、光彪。

十六世：光耀妣李氏生四子：思旺、思乾、思和、思平（未详）。

十七世：思旺妣郭氏生二子：德隆（未详）、德盛（未详）。

十七世：思乾妣莫氏生一子：德才。

十七世：思和妣欧邓二氏生一子：德茂（未详）。

十八世：德才妣氏生三子：有泰、亚安（未详）、有南（未详）。

十九世：有泰妣氏生一子：兆伦。

二十世：兆伦配郑氏生一子一女，女：适太平镇；子：培高。

二十一世：培高配张爱莲生三子一女，女：连芳，适四川省南充县，子：锦伟、锦业、锦盛。

二十二世：锦伟配陈雪明生一子二女，子：炜祺。

二十三世：长子：炜祺生于2008年5月24日巳时，儿童。长女：丽琴生于2010年10月12日未时，儿童。次女：彩彤生于2013年11月22日巳时，儿童。

二十二世：锦业配许婉玲生于1987闰6月29日（云浮人）生二女。大女：海颖生于2012年闰四月12日，儿童。二女：海怡生于2014年4月25日，儿童。

二十二世：锦盛在外务工。

十四世：相威妣钟氏生四子：戚秀、戚文、戚贤、戚武。

十五世：戚秀妣叶氏生四子：光宗、光祖、光显、光裕。

十六世：光宗妣袁氏生一子：思兴。

十七世：思兴配庞氏生二子：亚陈（德升）、华保。

十八世：德升妣氏生一子：有成。

十九世：有成配何氏生三子：兆清、兆锋、辽仔●。

二十世：兆清配黄氏生一子：培才。

二十一世：培才配李梅英生二子二女。长女：小红适遂溪。次女：小霞适湛江市霞山区。子：锦光、锦强。

二十二世：锦光配唐影辉，佛山市人，生一子一女。女：唐荧生于2015年2月16日；子：江轩。

二十三世：江轩生于2014年1月18日。

二十二世：锦强配黄兰喜（阳江县人）。

二十世：兆锋配氏生一女，适广州。

十六世：光祖妣莫氏生二子：思圣、思贤。

十七世：思圣妣刘氏生一子：德友。

十八世：德友妣黄氏生一子：有庆。

十九世：有庆妣氏生一子：兆熙。

二十世：兆熙配陈氏生一子：培坤。

二十一世：培坤配陈氏（下六镇东头山村人）生五子一女。女适杨甘镇本冈村。子：锦宏、锦文●、锦平、锦权、锦荣●。

二十二世：锦宏配李氏桂莲（北坡镇架耹村人）生二子一女。女：秋梅适河头镇，在遂溪一中教书。子：李养、李桥。

二十三世：李养生于1984年8月6日，在外务工。李桥生于1986年5月24日，在外务工。

二十二世：锦平配韦美（贵州人）生二女。长女：春梅生于1996年1月11日，在校读书。次女：宇僖生于2010年2月23日，儿童。

二十二世：锦权配瞿氏（杨柑镇建桂村）生一子一女。女：沛佳生于2000年9月16日，儿童。子：江宇。

二十三世：江宇生于2005年1月29日。

十六世：兆显妣李氏生三子：思道（未详）、思德（未详）、思盛。

十七世：思盛妣陈氏生一子：亚生（德胜）。

十八世：德胜妣氏生一子：有华。

十九世：有华配潘氏生一子：兆美。

二十世：兆美配赵氏（燕窝村人）生二子：培宇、培宙。

二十一世：培宇配罗氏（北坡镇架罗村）生二子二女。长女：银卫生于1992年7月7日。次女：日娟生于1994年7月21日。子：锦明、锦通。

二十二世：锦明生于1990年12月29日。锦通生于1996年5月4日，遂溪读书。

二十一世：培宙配黄氏生一子一女。女：静怡生于2002年11月20日，儿童。子：锦轩。

二十二世：锦轩生于2008年3月18日，儿童。

十五世：威武公妣陈氏生二子：光真、光瑞（此公迁往乐民源港村）。

十六世：光真妣黄氏生三子（此二老葬在福山坐北朝南，金钱村对面岭）：思贤、思明、思聪。

十七世：思聪妣周氏生一子（福山坐东向西，龙眼村对面沙场东面）：德香。

十八世：德香妣陈氏生一子（福山坐西北向东南，本村右边公路边），子：有余。

十九世：有余配邓氏生三子三女（福山坐东南向西北，卖老村对面岭）。长女适北坡镇河西村。次女适杨柑镇南边塘村。三女适杨柑镇长艾村入林场。子：兆生、兆淋●、九珢●。

二十世：兆生配庞秀连（杨柑镇香南村人）生五子一女。女：土华适北坡镇学孔村杨日福为妻。子：培英、培豪、培俊、培杰、培贤。

二十一世：培英（字国栋）生于1960年4月11日子时，配龙秀平（杨柑镇鸡笠山村）

生于 1958 年 9 月 5 日寅时，生二子二女。长女：妙云生于 1984 年 11 月 28 日午时，适杨柑镇老麦村麦林迁。次女：妙婵生于 1986 年 12 月 3 日辰时。子：锦怀、锦桓。

二十二世：锦怀（字贤才）生于 1983 年 3 月 27 日寅时，配彭发南四川省荣昌县人，生于 1986 年 5 月 4 日，生一子一女。女：丹妮生于 2006 年 12 月 3 日丑时，儿童。子：江郊。

二十三世：江郊生于 2010 年 10 月 29 日亥时，儿童。

二十二世：锦桓生于 1991 年 9 月 28 日辰时。

二十一世：培豪生于 1964 年 7 月 7 日（字奇士）配李元妹（杨柑镇建桂村人）生二子二女。长女：妙岚生于 1991 年 10 月 4 日子时。次女：妙霞生于 1993 年 11 月 23 日戌时，适广东省梅州。子：锦洵、锦亮。

二十二世：锦洵（字祥和）生于 1989 年 7 月 23 日子时，配廖思婷廉江县河唇镇人生于 1990 年 3 月 29 日卯时。生一女：丹怡生于 2015 年 5 月 19 日申时。

二十二世：锦亮生于 1996 年 2 月 22 日亥时，在读大学本科。

二十一世：培俊生于 1967 年 5 月 7 日（字汉儒）配秦翠珍（北坡镇公务村人）生二子。子：锦羿、锦柏。

二十二世：锦羿生于 1997 年 8 月 14 日。锦柏生于 2002 年 1 月 28 日。

二十一世：培杰生于 1970 年正月 2 日丑时（字叔子）配陈球（杨柑镇沟口塘村人）生三子一女。女：妙娴生于 1995 年 8 月 28 日。子：锦允、锦钊、锦禹。

二十二世：锦允（字永乐）生于 1993 年 4 月 13 日亥时，配王明珠生于 1996 年 9 月 9 日午时，广东省阳春市双滘镇人生二子：江莳、江舟。

二十三世：江莳生于 2013 年 5 月 24 日巳时，儿童。江舟生于 2015 年 5 月 26 日午时，儿童。

二十二世：锦钊生于 1997 年 12 月 4 日。

二十二世：锦禹生于 2001 年 6 月 18 日巳时，儿童。

二十一世：培贤（字贵子）生于 1972 年 11 月 20 日申时，配黄彩杨界炮镇下溪村人生二子：锦帆、锦桐。

二十二世：锦帆生于 1999 年 12 月 4 日，儿童。

二十二世：锦桐生于 2003 年 2 月 29 日，儿童。

秀美次子安瑞公分支洪礼公派下相威房源流谱

十三世：洪礼妣赖氏生三子：相栋（另续）、相威、相茂（另续）。

十四世：相威妣钟氏生四子：秀（另续）、文（另续）、贤（另续）、武。

十五世：戚武妣陈氏生二子：光真（另续）、光瑞。

十六世：光瑞从杨柑镇红肠塘迁乐民镇源港村落业，妣苏氏生三子。子：思三（另续）、思护、思日（另续）。

十七世：思护妣余氏，生五子：德仁、德义、德礼、德智（不详）、德信（不详）。十八世：德仁配氏不明，生四子：有泰●、有勉●、有强●、有荣。

十九世：有荣妣氏不明，生二子：兆球、兆才。

二十世：兆球配洪氏，乐民镇洪仔埠村人，生三子三女：长女：戚英芳，适河头镇茅塘子村；次女：戚秀珠，适乐民镇海山村；三女：戚丽，适乐民盐仓村；子：培谦、培德、培茂。

二十一世：培谦配陈惠钦，乐明镇东门港村人，生四子一女：女：戚法，适乐民镇新埠村；子：锦事、锦乐、锦德、锦爵。

二十二世：锦事配张洪芳，乐民镇塘角尾村人，生四子：江学●、江鹏、江义、江胜。

二十三世：江鹏生于1995年6月19日。

二十三世：江义生于1997年3月29日。

二十三世：江胜生于1998年6月18日。

二十二世：锦乐配陈玲，江洪镇昌洋村人，生一子，领养一女：女：戚枫楠生于2004年8月7日；子：江培。

二十三世：江培生于2006年11月19日。

二十二世：锦德配黄桂华，雷州北和镇调罗村人，生一子一女：女：戚恩琪生于2006年7月21日；子：江杰。

二十三世：江杰生于2008年10月24日。

二十二世：锦爵配林三，乐民镇英楼仔村人，生一女：女：戚诗欣生于2010年1月29日。

二十一世：培德配刘瑞兰，乐民盐仓村人，生二子二女：长女：戚月英，适乐民镇大体村；次女：戚妹，适廉江横山黄村。子：锦坦。

二十二世：锦坦配陈建梅，城月镇后溪村人，生一子一女：女：戚钰浚生于 2005 年 12 月 17 日；子：江霆生于 2009 年 6 月 12 日。

二十一世：培茂配黄雪荣，乐民镇海山村人，生二子三女：长女：戚香梅，适清远市清新县低地村；次女：戚厄苏，适乐民镇赤坎子村；三女：戚丽德生于 1986 年 10 月 9 日；子：锦波、锦年。

二十二世：锦波配陈、黄二氏，生一子一女：女：戚倩怡生于 2010 年 8 月 13 日；子：江辉。

二十三世：江辉生于 2007 年 2 月 28 日。

二十二世：锦年生于 1989 年 7 月 12 日。

二十世：兆才配庞妃大，江洪镇江洪港中关人，生三子：培生、培养、培进●。

二十一世：培生配符妃，江洪镇江洪港北关村人，生三子：锦敏、锦俊、锦杰。

二十二世：锦敏配陈玲，江洪北关村人，生一子：江耀。

二十三世：江耀生于 2002 年 2 月 25 日。

二十二世：锦俊配梁国萍，遂溪附城乡人，生一女：戚芳茹生于 2011 年 4 月 13 日。

二十二世：锦杰配杨李欣，黄略镇文车村人，生一子：江熙。

二十三世：江熙生于 2011 年 6 月 1 日。

二十一世：培养配徐觉，江洪港北关村人，生一女一子：女：戚小丽，迁广州；子：锦劲。

二十二世：锦劲配梁绮云，广州市人。

十八世：德义妣氏，生二子：有福、有禄●。

十九世：有福配黄、朱二氏，生二子：兆文、兆余。

二十世：兆文配黄氏，生一女四子：女：戚亚，适东民镇海山村；子：培东、培汉、培苑、培伯。

二十一世：培东配罗淑球，乐民镇芋头村人，生七女一子：长女：戚凤，适雷州龙门镇；次女：戚霞，适河头镇下抗村；三女：戚英德，适乐民镇松树仔村；四女：戚梅葵，适乐民镇辉鸭村；五女：戚菊华生于 1988 年 9 月 26 日；六女：戚采绮生于 1992 年 3 月 3 日；七女：（止）；子：培东。

二十二世：培东入继四弟第五子：锦来生于 1994 年 7 月 29 日。

二十一世：培汉配蒋梅，乐民城内村人，生一女二子：女：戚德兰，适麻章区迈龙村；

子：锦玉、锦生。

二十二世：锦玉配周彬，纪家镇灵塘口村人，生二女一子：长女：戚晶晶生于2007年10月30日；次女：戚蓝月生于2011年1月12日；子：江豪。

二十三世：江豪生于2005年6月4日。

二十二世：锦生配刘春花，雷州市南兴东仓村人，生一子：江坚。

二十三世：江坚生于2013年5月8日。

二十一世：培苑配金洪芳，乐民镇墩房北村人，生一女三子：子：锦德、锦乐、锦超。

二十二世：锦德配莫占崧，惠州市人。

二十二世：锦乐配刘爱珍，河源市人，生一女一子：女：戚潇清生于2012年7月26日；子：江建。

二十三世：江建生于2009年5月15日。

二十二世：锦超配梁桂连，广西人。

二十一世：培伯配范玛丽，乐民镇新埠村人，生六子：锦家、锦福、锦敬、锦文、锦来、锦德。

二十二世：锦家配符小英，纪家镇教学村人，生一子：江轩。

二十三世：江轩生于2012年8月29日。

二十二世：锦福生于1986年10月24日。

二十二世：锦敬生于1989年4月15日。

二十二世：锦文生于1992年8月23日。

二十二世：锦来过继培东之子。

二十二世：锦德生于1996年6月26日。

二十世：兆余配黄英红，乐民镇调社村人，生二女三子：次女：戚亚妹，适雷州南兴镇下芳村；子：培德、培略、培良。

二十一世：培德配石秋益，广西都安县人，生一女二子：女：戚雪娜生于1993年3月5日；子：锦龙、锦柏。

二十二世：锦龙生于1994年7月9日。

二十二世：锦柏生于1996年10月9日。

二十一世：培略配林琴，乐民镇英楼仔村人，生一女三子：女：戚美静生于2009年9月14日；子：锦祥、锦文、锦勉。

二十二世：锦祥生于 2000 年 5 月 14 日。锦文生于 2003 年 12 月 30 日。

二十二世：锦勉生于 2008 年 9 月 27 日。

二十一世：培良配余小珠，乐民镇下芳村人，生二女三子：长女：戚金岚生于 2000 年 12 月 18 日；次女：戚宝岚生于 2004 年 1 月 21 日。子：锦凯、锦铗。

二十二世：锦凯生于 2005 年 10 月 18 日。锦铗生于 2008 年 11 月 24 日。

十八世：德礼配偶不明，生五子：有玉●、有满、有相、有堂、有芳。

十九世：有满配林、陈二氏，生二子，领养一女：女：戚英荣，适乐民镇黄草村；子：兆连●、兆吉。

二十世：兆吉配陈玉芳，江洪镇昌洋村人，生三女五子：长女：戚连，适雷州市客路镇本立村；次女：戚岱，适乐民镇内塘村；三女：戚马丽，适湛江霞山新村；子：培国、培飞、培立、培穆、培爵。

二十一世：培国配李伍，河头镇打车塘村人，生六女二子：长女：戚德连，适江西南昌新建县厚田乡相岗村；次女：戚雪林，适乐民镇墩文村；三女：戚丽珠生于 1994 年 2 月 23 日；四女：戚月娣生于 1995 年 8 月 26 日；子：锦俊、锦杰。

二十二世：锦俊生于 1989 年 5 月 11 日。锦杰生于 2004 年 3 月 30 日。

二十一世：培飞配陈琴，乐民镇埠头村人，生二子：锦坚、锦鹏。

二十二世：锦坚生于 1988 年 12 月 29 日。锦鹏生于 1990 年 11 月 27 日。

二十一世：培立配苑二，乐民镇新埠村人，生二女二子：长女：戚菊华，适乐民镇乐民黄屋村；次女：戚永娟生于 1998 年 4 月 18 日；子：锦仁、锦山。

二十二世：锦仁配载少珍，乐民镇英楼村人，生一子：江川。

二十三世：江川生于 2011 年 9 月 20 日。

二十二世：锦山生于 1999 年 5 月 13 日。

二十一世：培穆配沈进英，遂溪城西大陈村人，生一女二子：女：戚芬丽生于 1995 年 3 月 27 日；子：锦斯、锦华。

二十二世：锦斯生于 1996 年 8 月 28 日。锦华生于 1998 年 5 月 29 日。

二十一世：培爵配罗珍，乐民镇芋头村人，生二子，领养一女：女：戚茹玲生于 2009 年 11 月 9 日；子：锦琳、锦童。

二十二世：锦琳生于 2001 年 6 月 14 日。锦童生于 2003 年 1 月 9 日。

十九世：有相配陈氏，生三女二子：长女：戚英球，适乐民镇东门港村；次女：戚英权，适乐民镇响水村；三女：戚秀连，适江洪镇昌洋村；子：兆黑●、兆耀。

二十世：兆耀配黄翠英，江洪镇桂岐村人，生三子：培瑟、培理、培三●。

二十一世：培瑟配陈英，吴川博茂村人，生一女一子：女：戚宇欣生于2006年8月20日；子：锦涛。

二十二世：锦涛生于2008年2月12日。

二十一世：培理配张小文，界炮西岭村人，生二子：锦帆、锦卓。

二十二世：锦帆生于2009年9月12日。锦卓生于2012年11月13日。

十九世：有堂配陈氏，河头镇溪头村人，生一女三子：女：戚英梅，适东民镇内塘村；子：兆林、兆森、兆茂。

二十世：兆林配李少红，河头镇茅塘仔村人，生三女三子：长女：戚金德，适乐民镇英楼村；次女：戚方尤，适湛江霞山；三女：戚妹，适雷州杨家镇；子：培明、培力、培密。

二十一世：培明配陈梅，乐民镇大体村人，生二女二子：长女：戚丽君生于1991年6月1日；次女：戚小花生于1993年6月25日；子：锦展、锦玉。

二十二世：锦展生于1996年5月1日。锦玉生于1998年8月8日。

二十一世：培力配黄东，乐民镇调神村人，生四女一子：长女：戚吉茵生于2004年3月3日；次女：戚吉莎生于2005年7月30日；三女：戚雅妮生于2007年6月29日；四女：戚大玲生于2008年9月26日；子：锦韬。

二十二世：锦韬生于2009年2月14日。

二十一世：培密配郑梅容，湛江坡头区人。

二十世：兆森配金少梅，乐民镇墩房北村人，生二女二子：长女：戚祝，适麻章；次女：戚琴，适麻章区北沟村；子：培貌、培乐。

二十一世：培貌配卓珠连，雷州杨家小揽村人，生三女一子：长女：戚采微生于2007年10月14日；次女：戚彩萍生于2010年3月15日；三女：戚彩婷生于2012年4月18日；子：锦鸿。

二十二世：锦鸿生于2005年12月11日。

二十一世：培乐生于1980年10月8日。

二十世：兆茂配刘淑兰，乐民盐仓村人，生一女四子：女：戚宝连，适乐民塘角尾村；

子：培仁、培发、培满、培明。

二十一世：培仁配黄春秀，草潭镇石仔埠村人，生二女一子：长女：戚万锴生于1996年9月20日；次女：戚洁怡生于2001年11月10日；子：锦龙。

二十二世：锦龙生于2005年3月20日。

二十一世：培发配黄小琴，乐民曲水村人，生二子：锦浩、锦伟。

二十二世：锦浩生于2006年7月10日。

二十二世：锦伟生于2009年8月11日。

二十一世：培满配余玲，东民人，生二子：锦辉、锦裕。

二十二世：锦辉生于2005年10月24日。

二十二世：锦裕生于2005年10月24日。

二十一世：培明配林珍梅，生一女：戚紫菱生于2008年12月10日。

十九世：有芳配邱氏，何头镇溪头村人，生三女三子：长女：戚爱琼，适东民埠头村；次女：戚秀葵，适东民松树仔村；三女：戚德，适东民松树仔村；子：兆庭、兆保、兆晓。

二十世：兆庭配吴淑梅，东民盐灶村人，生三女：长女：戚妹，适东民海山村；次女：戚三，适城月镇。

二十世：兆保配吴惠权，乐民墩房北村人，生一女四子：女：戚伍，迁雷州市；子：培定、培满、培福、培卢。

二十一世：培定配黄妹，港门镇黄尾村人，生三女一子：长女：戚小静生于1989年8月28日；次女：戚小佳生于1993年8月23日；三女：戚小灵生于1996年8月25日；子：锦林。

二十二世：锦林生于1991年2月8日。

二十一世：培满配唐、陈二氏，生一女二子：女：戚佳兰生于1994年3月14日；子：锦飞、锦泽。

二十二世：锦飞生于1995年12月28日。

二十二世：锦泽生于2007年5月15日。

二十一世：培福配黄南华，乐民海山村人，生一女一子：女：戚琼元生于1999年6月25日；子：锦庭。

二十二世：锦庭生于1998年8月18日。

二十一世：培卢配陈贡，河头镇坡仔村人，生三女：长女：戚丽雅生于 2002 年 5 月 31 日；次女：戚丽微生于 2004 年 3 月 23 日；三女：戚诗怡生于 2008 年 9 月 15 日。

二十世：兆晓配黄惠荣，乐民镇东门港村人，生三女二子：次女：戚三柏，适遂溪下录镇；三女：戚保辣；子：培佐、培逗。

二十一世：培佐配佘二，乐民镇佘村人，生二子，领养一女：女：戚精美生于 2002 年 1 月 27 日；子：锦波、锦德。

二十二世：锦波配戴春波，乐民英楼村人，生一子：江豪。

二十三世：江豪生于 2013 年 7 月 25 日。

二十二世：锦德生于 1992 年 7 月 5 日。

二十一世：培逗，配黄连珠，东民海山村人，生二女二子：长女：戚翠连生于 1993 年 6 月 10 日；次女：戚小花生于 1997 年 7 月 16 日；子：锦禄、锦威。

二十二世：锦禄生于 1995 年 8 月 28 日。

二十二世：锦威生于 2007 年 2 月 10 日。

粤桂琼 廉江欧家戚氏族谱

廉江欧家戚氏族谱编纂委员会 编

二零一六年续修版第三卷

中山大学出版社
·广州·

凡 例

一、本谱为《欧家戚氏族谱》龙祐公世系，凡欧家戚氏六世祖迁徙粤、桂、琼各地的裔孙不分男女、贫富贵贱、不分区域、不论党派、不论信仰、一视同仁，愿意上谱者一律上谱。

二、本谱按国家政策和戚氏全国中华宗亲理事会的要求，紧跟时代，面对现实，对族谱实行格式、内容、方法、编辑等多方面的改革。入谱者在内容上填写名字、出生年月日、学历、学位、职务、职称、生子女数量；先贤要记载生卒年时间、殡葬地址、陵墓坐向等。

三、本谱格式，分《世系源流图表》和《世系源流谱》，《世系源流图表》只适合用于1-6世祖和6-13世祖，同房一个世系谱均集中在《世系源流谱》前面；《世系源流谱》均按支系、房系、户系的顺序、编写，采用新格式横向排版，户系五代横排相连，从上至下为世系繁衍，上承下接，按页码陈列。

四、本谱文字，一般采用国家颁发的《简化字总表》《现代汉语词典》《辞源》等。旧谱中个别难、泛僻字，异读字原则上照旧录用，其后括注文字为通俗规范用字。

五、地名沿习惯，地名和现行政区域地名，现行地名不相符的历史地名均括注现地名。

六、符号含义和代用字的含义：实心圆"●"表示该世系无后裔，包括"止、夭、殇"；"未详"为不清楚；"缺考"为无法查考；"待考"为有待考证或不明世系；"迁"为外迁；"出"为出继；"入"为入继；"妣"为已故妻子；"配"为妻子健在；"粤"为广东；"桂"为广西；"琼"为海南。

七、官阶职称，历代官职、科举用历史称谓，现代官职、学位、职称以现代称谓。

八、阅读查找方法，查世系从线图表查找，查支系谱，先从目录中查出的内容，再查找内容所在的页码，要查某世系上、下连接，就从上承下接的页码中去找。

九、由于本谱贯彻入谱自愿的原则，自愿不参加修谱村、队：徐闻曲界戚宅村；合浦党江九尾坡村；陆川沙坡才逢队；遂溪草潭石九村。

二十一世 戚培仁

目 录

高祖龙祐公至六世祖世系源流图表 / 7
高祖龙祐公至六世祖世系源流谱 / 8
六世祖广爱公长子朝进公至十三世世系图表 / 11
六世祖广爱公长子朝进公至十三世源流谱 / 12
六世祖广爱公次子朝献公至十三世祖世系图表 / 14
六世祖广爱公次子朝献公至十三世祖源流谱 / 15

横山埇仔村 / 16
 广爱长子朝进公分支允簧公派下相立房源流谱 / 16

廉江营仔烟墩村 / 32
 六世祖广爱长子朝进分支允瑜公派下相栋房源流谱 / 32

横山石岩塘村 / 35
 六世祖广爱长子朝进分支允碧公派下相能、相秩、相泽、相和房源流谱 / 35
 六世祖广爱之子朝进公分支允碧公派下相秩房源流谱 / 45
 六世祖广爱之子朝进公分支允碧公派下相秩房源流谱 / 48
 六世祖广爱之子朝进公分支允碧公派下相秩房源流谱 / 51
 六世祖广爱之子朝进公分支允碧公派下相泽房源流谱 / 54
 六世祖广爱长子朝进公分支允碧公派下相和房源流谱 / 61
 六世祖广爱长子朝进公分支允琦公派下相安、相考、相定房源流谱 / 62
 六世祖广爱长子朝进公分支允琮公派下相南房源流谱 / 63
 六世祖广爱长子朝进公分支允琮公派下相科房源流谱 / 67
 六世祖广爱长子朝进公分支允琮公派下相邦、相茂房源流谱 / 70
 六世祖广爱长子朝进公分支允瑞公派下相显房源流谱 / 71
 六世祖广爱长子朝进公分支允瑞公派下相炅房源流谱 / 76
 六世祖广爱长子朝进公分支允瑞公派下相宰房源流谱 / 77
 六世祖广爱长子朝进公分支允瑞公派下相壹房源流谱 / 78
 广爱长子朝进公分支允瑞公派下相旋房源流谱 / 80

车板龙眼根村 / 81
 六世祖广爱长子朝进公分支允昌公派下相高房源流谱 / 81
 六世祖广爱长子朝进公分支允生公派下相贤、相朝房源流谱 / 84
 六世祖广爱长子朝进公分支允乐公派下相安、相君、相辅、相通房源流谱 / 90
 六世祖广爱长子朝进公分支允行公派下相周、相齐、相举、相儒、相业房源流谱 / 91
 六世祖广爱长子朝进公分支允成公派下相亲、相爱房源流谱 / 96

安铺洪坡村 / 97
 广爱次子朝献公分支允亮公派下学优房源流谱 / 97
 广爱次子朝献公分支允亮公派下学充房源流谱 / 100

安铺大坡村一队 / 110
 广爱次子朝献公分支允亮公派下学优房源流谱 / 110
 广爱次子朝献公分支允亮公派下学弟房源流谱 / 111

安铺洪坡大坡村一队 / 119
 广爱次子朝献公分支允亮公派下学充房源流谱 / 119

安铺大坡村二队 / 124
 广爱次子朝献公分支允亮公派下学充房源流谱 / 124

海南沙田村 / 126
 广爱次子朝献公分支允亮公派下学优房源流谱 / 126

海南四行村 / 132
　　广爱次子朝献公分支允亮公派下学优房源流谱 / 132
安铺里屋湾村四队 / 137
　　广爱次子朝献公分支允亮公派下学第房源流谱 / 137
　　广爱次子朝献公分支允卿公派下学泗房源流谱 / 139
　　广爱次子朝献公分支允禄公派下学健房源流谱 / 140
　　广爱次子朝献公分支允祯公派下学纯房源流谱 / 142
　　广爱次子朝献公分支允祥公派下学举房源流谱 / 144
　　广爱次子朝献公分支允祥公派下学举房源流谱 / 146
　　广爱次子朝献公分支允祈公派下学信房源流谱 / 149
安铺里屋湾村三队 / 150
　　广爱次子朝献公分支允亮公派下学充房源流谱 / 150
廉江安铺秀九村 / 152
　　广爱次子朝献公分支允亮公派下爵贵、爵球、爵琳房源流谱 / 152
安铺里屋湾村二队 / 192
　　广爱次子朝献公分支允亮公派下学充房源流谱 / 192
　　广爱次子朝献公分支允禄公派下学健房源流谱 / 194
　　广爱次子朝献公分支允禄公派下学建房源流谱 / 195
　　广爱次子朝献公分支允禄公派下汉荣房源流谱 / 196
　　广爱次子朝献公分支允祯公派下学纯房源流谱 / 198
　　广爱次子朝献公分支允祥公派下学新、学举、学圣房源流谱 / 199
　　广爱次子朝献公分支允祈公派下学信房源流谱 / 203
安铺里屋湾村一队 / 204
　　广爱次子朝献公分支允爵公派下学文房源流谱 / 204
　　广爱次子朝献公分支允琏公派下学高房源流谱 / 206
　　广爱次子朝献公分支允禄公派下学魁、学健、汉荣房源流谱 / 211
安铺对面村一队 / 213
　　广爱次子朝献公分支允爵公派下学文房源流谱 / 213
安铺对面村二队 / 218
　　广爱次子朝献公分支允琏公派下学高房源流谱 / 218
安铺中间村一队 / 220
　　广爱次子朝献公分支允政公派下学勉房源流谱 / 220

六世祖子美公长子文钦公至十三世源流图表 / 223
六世祖子美公长子文钦公至十三世祖世系源流谱 / 224
桂平石龙新村 / 226
　　子美长子文钦公分支启梁公派下戚龙房源流谱 / 226
　　子美长子文钦公分支启师公派下思兴房源流谱 / 232
　　子美长子文钦公分支启秀公派下戚照房源流谱 / 233
　　子美长子文钦公分支启鸿公派下戚璠房源流谱 / 235
陆川古城新屋村 / 242
　　子美长子文钦公分支维经公派下启君房源流谱 / 242
　　子美公长子文钦公分支维经公派下启亲公房源流谱 / 247
　　子美长子文钦公分支维经公派下启师公房源流谱 / 251
陆川沙坡北安村新屋队 / 252
　　子美长子文钦公分支启君公派下思成房源流谱 / 252
陆川沙坡大秧地头村 / 255
　　子美长子文钦公分支启君公派下思成房源流谱 / 255
贵港垌心福旺村 / 258
　　子美长子文钦公分支启君公派下思成房源流谱 / 258
广西鹿寨中渡石墨村 / 260
　　子美长子文钦公分支启秀公派下戚照房源流谱 / 260

贵港五里垌心北里村 / 265
　　子美长子文钦公分支启秀公派下戚照房源流谱 / 265
陆川马坡珠砂村 / 288
　　子美长子文钦公分支启秀公派下戚照房源流谱 / 288
陆川古城车头村 / 301
　　子美长子文钦公分支启威公派下戚行房源流谱 / 301
　　子美长子文钦公分支启鸿公派下戚珺房源流谱 / 303
　　子美长子文钦公分支启鸿公派下戚璠房源流谱 / 305
贵港垌心福旺村 / 307
　　子美长子文钦公分支商启威公派下戚行房源流谱 / 307
　　子美长子文钦公分支启威公派下戚行房源流谱 / 310
陆川古城樟下坪村一队 / 312
　　子美长子文钦公分支启鸿公派下戚璠房源流谱 / 312
陆川古城樟下坪村二队 / 316
　　子美长子文钦公分启鸿公派下戚璠房源流谱 / 316
　　子美长子文钦公分支启鸿公派下戚璠房源流谱 / 317
陆川古城草塘队 / 322
　　子美长子文钦公分支启鸿公派下戚珺房源流谱 / 322
广西钦州大直美竹江村 / 324
　　子美长子文钦公分支启鸿公派下绍鸿房源流谱 / 324
广西钦州大直平葛村 / 332
　　子美公长子文钦公分支启鸿公派下戚璠房源流谱 / 332
陆川古城祠堂角村 / 333
　　子美长子文钦公分支启鸿公派下戚璠房源流谱 / 333
广西钦州大直平天村 / 338
　　子美公长子文钦公分支以乐公派下文和房源流谱 / 338
陆川古城石台村 / 339
　　子美长子文钦公分支启仙公派下戚琪房源流谱 / 339
　　子美长子文钦公分支维周公派下戚照房源流谱 / 348
　　子美长子文钦公分支维美公派下戚珺房源流谱 / 350

六世祖南轩公至十三世系源流图表 / 351

六世祖南轩公至十三世祖世系源流谱 / 352

廉江横山七块仔村 / 354
　　南轩长子朝远公分支允选、允通公派下相朝房源流谱 / 353
遂溪草潭下六东港仔村 / 358
　　南轩长子朝达公分支允德公派下相富房源流谱 / 358

六世祖亚俊公世系源流图表 / 365

六世祖亚俊公至十三世祖世系源流谱 / 366

遂溪河头新市上塘村 / 368
　　六世祖亚俊长子富微公分支廷公派下法正房源流谱 / 368
　　六世亚俊长子富微公分支廷公派下守由房源流谱 / 370
　　六世祖亚俊长子富微分支廷魁、廷质、廷文公派下大可、守勤、大经房源流谱 / 380
雷州杨家大房下村 / 381
　　六世祖亚俊长子富微分支龙山公派下守成房源流谱 / 381
　　六世祖亚俊长子富微分支龙山公派下守由房源流谱 / 383
遂溪红洪蛇头地村 / 389
　　六世祖亚俊长子富微分支龙山公派下守由房源流谱 / 389
雷州调风中关村 / 391
　　六世祖亚俊长子富微分支龙山公派下守由房源流谱 / 391

雷州调风安罗村 / 394
　　六世祖亚俊长子富微分支龙山公派下守由房源流谱 / 394
遂溪内塘三江村 / 396
　　六世祖亚俊世系金山公派下源流谱 / 396
　　六世祖亚俊世系后裔"待考""待查"源流谱 / 399

五世祖长公世系六世至十三世源流图表 / 403
五世祖长公世系六世祖至十三世祖源流谱 / 405
五世祖长公世系三子薛嶺公至十三世源流谱 / 406
五世祖长公世系四子继宗公至十三世源流谱 / 407
五世祖长公世系五子务宗公至十三世源流谱 / 411

化州良光龙地村 / 412
　　长公三子薛嶺公分支咸真公派下咸显房源流谱 / 412
　　长公三子薛嶺公分支仲信公派下日尚房源流谱 / 413
　　长公三子薛嶺公分支仲世公派下日千房源流谱 / 420
　　长公三子薛嶺公分支仲文公派下日旭房源流谱 / 421
　　长公三子薛嶺公分支仲华公派下日锦、日芹、日才、日灵房源流谱 / 422
　　长公三子薛嶺公分支仲存公派下日粲、日焕房源流谱 / 429
廉江良垌簕竹车村 / 434
　　长公三子薛嶺公分支咸真公派下咸显房源流谱 / 434
廉江良垌上角垌村 / 440
　　六世祖继宗分支鼎臣公派下佳色房源流谱 / 440
廉江良垌樟木埇村 / 442
　　长公四子继宗公分支鼎仁公派下仕泰、仕斌公房源流谱 / 442
　　长公四子继宗公分支鼎仁公派下仕兴公房源流谱 / 445
广西防城光坡簕色葵村 / 453
　　长公四子继宗公分支洪烈公派下佳任、佳相房源流谱 / 453
廉江良垌洪田塘村 / 487
　　长公四子继宗公分支朝会、朝焕公派下秉员房源流谱 / 487
　　长公四子继宗公分支朝瑞公派下秉贤、秉彝房源流谱 / 489
　　长公四子继宗公分支朝章、朝祯派下秉俊房源流谱 / 490
廉江营仔井埇村 / 495
　　长公四子继宗公分支朝纲公派下秉尧房源流谱 / 495
廉江营仔营仔村 / 502
　　长公四子继宗公分支朝纲公派下秉尧房源流谱 / 502
廉江营仔大榄田村五房 / 505
　　长公四子继宗公分支朝瑜公派下秉权、秉任房源流谱 / 505
廉江良垌长山仔村 / 512
　　长公四子继宗公分支朝隆公派下秉仁房源流谱 / 512
吴川黄坡白水塘村 / 515
　　长公四子继宗公分支凤兰公派下元发房源流谱 / 515
湛江坡头黄竹宜村 / 522
　　长公四子继宗公分支凤兰公派下元盛房源流谱 / 522
遂溪遂城黄桐坑村 / 527
　　长公四子继宗公分支耀京公派下日明、日清房源流谱 / 527
廉江石城长岭咀村 / 564
　　长公世系四子继宗公分支耀珍公派下日敏房源流谱 / 564
　　长公世系四子继宗公分支耀珍公派下日有房源流谱 / 569

高祖龙祐公至六世祖世系源流图表

始祖	二世	三世	四世	五世	六世

```
                                              ┌─ 世美
                                              ├─ 秀美
                                      ┌─ 佛成 ─┼─ 广爱
                                      │       ├─ 子美
                                      │       └─ 德美（未详）
                              ┌─ 侯保 ─┼─ 佛养 ──→ 南轩
                              │       └─ 佛孙 ──→ 世荣●
                              │               ┌─ 元善
                      ┌─ 陈兴 ─┤       ┌─ 元通 ─┼─ 子中
                      │       │               ├─ 文惠
                      │       │               └─ 文昌
                      │       └─ 道保 ──→ 舜元 ──→ 亚俊
                      │       ┌─ 源孚 ──→ 戚刚（未详）
                      │       │       ┌─ 玩湖（未详）
龙祐 ──→ 一曾 ─────────┤       ├─ 成孚 ─┼─ 祖生（未详）
配王氏                 │       │       └─ 二生●
生一曾                 ├─ 茂兴 ─┤
                      │       ├─ 怀孚 ──→ 宿齐●
配李氏                 │       │       ┌─ 长义
生仲豪                 │       │       ├─ 义长（未详）
  仲贤                 │       └─ 广孚 ─┼─ 思古（未详）
  仲宽                 │               └─ 微日（迁往南洋）
  仲杰                 │                       ┌─ 宁宗
 （另续）              │                       ├─ 子深
                      └─ 芳兴 ──→ 三思 ──→ 长公 ─┼─ 薛嶺
                                              ├─ 继宗
                                              └─ 务宗
```

高祖龙祐公至六世祖世系源流谱

一世：高祖龙祐，字玉成，生于南宋嘉定六年（癸酉1213年），南宋浙江萧山族，朝廷进士，南宋皇陵广西督粮大夫，后调粤岭南广石褚郡，总督运粮大夫，因朝廷战乱隐居于粤新会崖山草坊，到至元十九年（壬午1282年）再潜迁新城州背坊。元贞二年（丙申1296年）祖卒葬于城南义塚冈。坐巽向乾兼辰戌三分针之原。妣王、李氏，卒后附葬祖坟之右。至壬申年（即1993年）新城政府用地办厂，后迁到古院后岭象山再葬。坐坤向艮兼未丑。原配妣一夫人，王氏生一子，一曾，后裔六世祖众兄弟，自粤新会罗坑镇陈塝村迁往广东高州府石城县宁十三都欧家村落业。妣二夫人李氏，生四子：长子仲豪次子仲贤、三子仲宽、四子仲杰，分别居于新兴古院，开平高园，新兴扶桂开创居业，另续。

二世：一曾，生于淳祐三年（癸卯1243年），卒年号和葬地址不详，妣吴氏，生三子：长子陈兴、次子茂兴、三子芳兴。

三世：一曾长子陈兴，生于景炎元年（戊寅1278年），居于粤东新会陈塝村，卒葬时间地址不详，妣杨氏，生二子：长子侯保、次子道保。

三世：一曾次子茂兴生于景炎三年（戊寅1280年），妣林氏，生四子：长子源孚、次子成孚、三子怀孚、四子广孚。

三世：芳兴生于大德五年（辛丑1301年），卒葬时间地址不详，妣曹氏生一子三思。

四世：侯保生于天历二年（己巳1329年），卒葬时间地址不详，妣梁氏生四子：长子佛成、次子佛养、三子佛孙、四子元通。

四世：道保，生于至顺三年（壬申1332年），卒葬时间地址不详，妣李氏生后裔未详代考究。

四世：源孚生于元统三年（乙亥1335年），卒葬时间地址不详，妣梁氏生一子：刚。未详。

四世：成孚生于至正一年（辛巳1341年），卒葬时间地址不详，妣区氏生三子：长子玩湖、次子祖生、三子二生。

四世：怀孚生于至正三年（癸未1318年），卒葬时间地址不详，妣区氏生一子：宿齐。

四世：广孚生于至正六年（丙戌1346年），卒葬时间地址不详，妣吴氏生四子：长子长义、次子义长、三子思古、四子徽日。

四世：三思生于至正九年（巳丑1349年），卒葬时间地址不详，生一子长公。

五世：佛成生于洪武二十年（丁卯1387年），卒葬时间地址不详，妣易氏生五子：长子世美、次子秀美、三子广爱、四子子美、五子德美。

五世：佛养生于洪武二十二年（己巳1389年），卒葬时间地址不详，妣黄氏生一子：南轩。

五世：佛孙生于洪武二十五年（壬申1392年），卒葬时间地址不详，妣谭氏生一子：世荣●。

五世：元通生于洪武二十八年（乙亥1395年），卒葬时间地址不详，妣麦氏生四子：长子子善、次子子中、三子文惠、四子文昌。

五世：玩湖生于洪武二十九年（丙子1398年），卒葬时间地址不详，妣梁氏未详待考究。

五世：戚刚生于洪武三十四年（戊寅1402年），卒葬时间地址不详，妣欧氏，后裔未详，待考究。

五世：祖生生于建文四年（庚辰1406年），卒葬时间地址不详，妣氏后裔未详待考究。

五世：长义生于建文七年（壬午1410年），卒葬时间地址不详，妣梁氏后裔未详待考究。

五世：义长生于永乐五年（乙酉1414年），卒葬时间地址不详，妣曾氏后裔未详待考究。

五世：思古生于永乐八年（戊子1422年），卒葬时间地址不详，妣黎氏后裔未详待考究。

五世：徽日生于永乐十年（庚寅1415年），卒葬时间地址不详，妣袁氏迁居南阳与妣李氏，后裔未详待考究。

五世：长公生永乐十四年（壬辰1419年），卒葬时间地址不详，妣龚氏生五子：长子宁宗、次子子深、三子薛岭、四子继宗、五子务宗。

六世：世美生于永乐十八年（庚子1420年），成化十七年（辛丑1481年）自新会罗坑陈埗村迁居粤高州府石城县宁十三都欧家落业，卒葬于龙潭村后岭坐亥向巳，妣潘氏，生二子：长子子达、次子朝通。

六世：秀美生于正统十三年（戊辰1484年），卒葬于蛤岭蛇地，坐任向丙兼亥巳，大清嘉庆年间重修并与六世祖兄弟广爱公、子美公、同葬蛤岭蛇地，妣陈氏，生二子：长子安祥、次子安瑞。

六世：广爱生于景泰六年（庚午1487年），卒时间不详，同秀美、子美、德美公同

　　　葬于蛤岭蛇地，妣杨氏，生二子：长子朝进、次子朝献。

六世：子美生于景素九年（乙亥1490年），卒时不明，同秀美公、广爱、子美、同葬于蛤岭蛇地，妣周氏生二子：长子一正、次子一弘。

六世：德美生于天顺五年（戊寅1493年），卒时不明，葬地址不明，妣氏生三子：长子一荣、次子一举、三子一齐。

六世：南轩生于天顺七年（丁丑1494年），卒葬时间地址不详，妣卢氏生二子：长子朝远、次子子远。

六世：元善生于天顺十年（甲子1485年），妣谭氏后裔未详待考究。

六世：子忠生于正统九年（庚辰1487年），妣胡氏后裔未详待考究。

六世：文惠生于天顺十三年（己巳1489年），妣后裔未详待考究。

六世：文昌生于正统十四年（壬午1500年），妣陈氏后裔未详待考究。

六世：宁宗生于天顺十四年（甲申1503年），妣后裔未详待考究。

六世：子深生于景素九年（乙亥1507年），妣李氏后裔未详待考究。

六世：薛嶺生于成化五年（丙戌1509年），卒葬时间地址不详，妣黄氏，生三子：长子景春、次子景才、三子景兴。

六世：继宗生于成化八年（己丑1511），卒葬时间地址不详，妣关氏，生一子：道全。

六世：务宗生于成化十年（甲午1514年），卒葬时间地址不详，妣马氏，生二子：长子子和、次子子顺。

六世祖广爱公长子朝进公至十三世世系图表

六世	七世	八世	九世	十世	十一世	十二世	十三世

```
广爱公─┬─朝进─┬─绍嘉──→用圣──→希齐
       │      │                  （未详）
       │      │
       │      │            ┌─希仲
       │      │            │（未详）
       │      │            │                 ┌─日蛟──→振易──→允赏
       │      ├─用炬──────┤─希杰─────────┤                    ┌─允球
       │      │            │                 │         ┌─振忠─┤
       │      │            │                 ├─日彪───┤         └─允瑜
       │      │            │                 │         └─振广●
       │      │            └─希俊●
       │      │
       │      │            ┌─希贤●
       │      │            │─希儒●
       │      │            │─希扬●
       │      ├─用璋──────┤─希祯●                              ┌─允碧
       │      │            │                                    │─允琦
       │      │            │                 ┌─日龙──→振经────┤─允琮
       │      │            │                 │                  └─允瑞
       │      │            │                 │         ┌─振华──→允昌
       │      │            │─希谟──────────┤─日瑞───┤         ┌─允生
       │      │            │                 │         └─振祥───┤
       │      │            │                 │                  └─允乐
       │      │            │                 │                  ┌─允行
       │      │            │                 │         ┌─振富──┤─允成
       │      │            │                 └─日昶───┤         └─允达
       │      │                                        └─振豪●
       │      │
       │      │            ┌─希融──→日富●
       │      │            │─希奇──→日辉●
       │      ├─绍安─┬─用韬─┤─希点──→日全●
       │             │     └─希由●
       │             │
       │             └─用略─┬─希云●
       │                     └─希敬──→日光●
       │
       └─朝献
         （另续）
```

六世祖广爱公长子朝进公至十三世源流谱

六世：广爱生于宣德三年（戊申1428年），卒时不详，同秀美、子美、德美同葬于蛤岭蛇地妣杨氏生二子：朝进、朝献（另续）。

七世：朝进妣廖氏生二子：绍嘉、绍安。

八世：绍嘉妣邓氏生一子：用圣。

八世：绍安妣庞氏生四子：用炟、用璋、用韬、用略。

九世：用圣妣彭氏生一子：希齐（未详）。

九世：用炟妣陈氏生三子：希仲、希杰、希俊。

九世：用璋妣文氏生七子：希贤●、希儒●、希扬●、希祯●、希谟、希融、希奇。

九世：用韬妣梁氏生二子：希点、希由●。

九世：用略妣氏生二子：希云、希敬。

十世：希仲妣梁氏（未详）。

十世：希杰妣黎氏生三子：日蛟、日彪、日龙。

十世：希俊妣梁氏●。

十世：希谟妣蒋氏生二子：日瑞、日昶。

十世：希融妣庞氏生一子：日庚●。

十世：希奇妣陈氏生一子：日辉●。

十世：希点妣方氏生一子：日全●。

十世：希云妣刘氏●。

十世：希敬妣何氏生一子：日光●。

十一世：日蛟妣氏生一子：振易。

十一世：日彪妣袁氏生二子：振忠、振广。

十一世：日龙为人一生忠良，教学在于海边书房，设葬在本县第四区营仔乡望海岭狗面地，坐壬向丙，石碑为记，妣万氏生一子：振经。

十一世：日瑞妣张氏生二子：振华、振祥。

十一世：日昶妣麦氏生二子：振富、振豪●。

十二世：振易妣司氏生一子：允黉。

十二世：振忠妣潘氏生二子：允球、允瑜。

十二世：振广妣陈、郭二氏●。

十二世：振经妣李氏生四子：允碧、允琦、允琮、允瑞。

十二世：振华妣许氏生一子：允昌。

十二世：振祥妣刘氏生二子：允生、允乐。

十二世：振富妣陈氏生三子：允行、允成、允达。

十三世：允黉妣吴氏生一子，此妣葬在石岩塘后岭土名井仔，坐北向南，石碑为记，相立。

十三世：允球妣邱氏生三子：相耀、相辉、相晃。

十三世：允瑜妣王氏生二子：相栋、相樑。

十三世：允碧妣洪梁二氏生四子：相能、相秩、相泽、相和。

十三世：允琦妣陈麦二氏生三子：相安、相考、相定。

十三世：允琮妣司氏生四子：相南、相科、相邦、相茂。

十三世：允瑞妣何氏生六子：相顕、相灵、相宰、相壹、相旋、相安。

十三世：允昌妣张氏生二子：相高、相平●。

十三世：允生妣钟肖二氏生二子：相贤、相朝。

十三世：允乐妣曹林二氏生七子：相豪●、相安、相君、相臣●、相辅、相通、相明。

十三世：允行妣罗氏生五子：相周、相齐、相举、相儒、相业。

十三世：允成妣钟谭二氏生二子：相亲、相爱。

十三世：允达妣陈氏生一子：相壹（未详）。

六世祖广爱公次子朝献公至十三世祖世系图表

六世	七世	八世	九世	十世	十一世	十二世	十三世

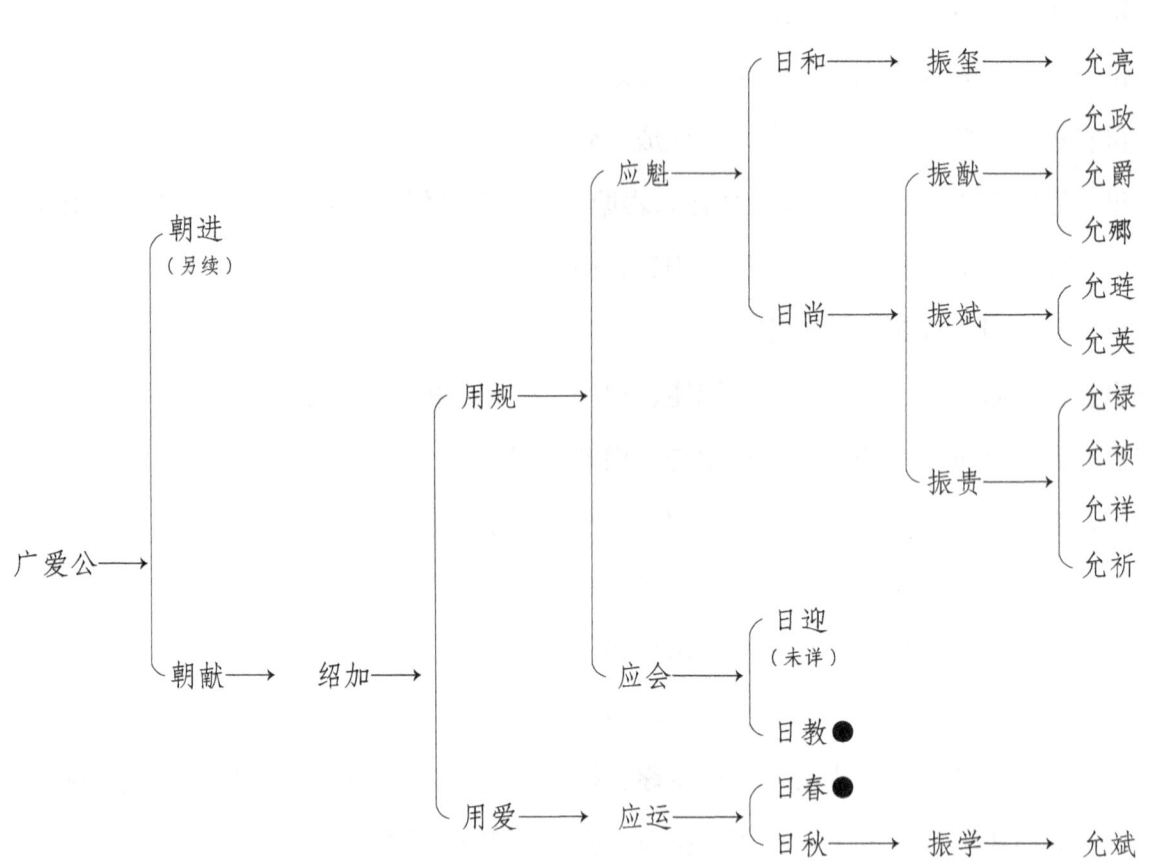

```
                            ┌ 朝进
                            │ （另续）
                            │
广爱公 ─┤
                            │                                   ┌ 日和 → 振玺 → 允亮
                            │                                   │                 ┌ 允政
                            │                    ┌ 应魁 ─┤         ┌ 振献 ─┤ 允爵
                            │                    │                │                 └ 允娜
                            │                    │                └ 日尚 → 振斌 ─┤ 允琏
                            │         ┌ 用规 ─┤                                     └ 允英
                            │         │          │                                  ┌ 允禄
                            │         │          │                                  │ 允祯
                            │         │          │                    振贵 ─┤ 允祥
                            │         │          │                                  └ 允祈
                            └ 朝献 → 绍加 ─┤
                                      │          │                    ┌ 日迎
                                      │          │                    │ （未详）
                                      │          └ 应会 ─┤
                                      │                              └ 日教●
                                      │
                                      │                              ┌ 日春●
                                      └ 用爱 → 应运 ─┤
                                                              └ 日秋 → 振学 → 允斌
```

六世祖广爱公次子朝献公至十三世祖源流谱

七世：朝献妣吴氏生一子：绍加。

八世：绍加妣扬氏生二子：用规、用爱。

九世：用规妣陈氏生二子：应魁、应会。

十世：应魁（号子相）妣何氏生二子：日和、日尚。

十世：应会（号子彪）妣邱氏生二子：日迎、日教●。

十一世：日和妣梁氏生一子：振玺。

十一世：日尚妣莫氏生三子：振猷、振斌、振贵。

十一世：日迎（此公不详，待考究）。

十二世：振玺妣何氏生一子：允亮。

十二世：振猷妣梁氏生三子：允政、允爵、允郷。

十二世：振斌妣邓氏生二子：允琏、允英（注：此祖至十七世无后裔）。

十二世：振贵妣全氏生四子：允禄、允祯、允祥、允祈。

九世：用爱妣何氏一子：应运。

十世：应运（号子彪）妣邱氏生二子：日春●、日秋。

十一世：日秋妣曹氏生一子：振学。

十二世：振学妣李氏生一子：允斌（注：此祖至十四世无后裔）。

广爱长子朝进公分支允贇公派下相立房源流谱

十三世：允贇配吴氏生一子：相立。

十四世：相立卒后葬于本村后背大岭，配谢氏，生六子：耀、端、广、熄、信、荣。

十五世：戚耀配钟氏生一子：光周。

十六世：光周配李氏生三子：文秀、文广、文贵。

十七世：文秀配何氏生三子：平●、元●、宁●。

十七世：文广配张氏生一子：之奇。

十八世：之奇配陈氏生三子：观保●、汝盛、汝就。

十九世：汝盛配李氏生一子：南安●。

十九世：汝就配李、谢二氏，生四子：亚生、亚莹●、兆茂、亚富●。

二十世：亚生配梁氏生二子：亚康●、亚银●。

二十世：兆茂配莫氏生一子：亚维●。

十七世：文贵，光周第三子出继光泰。

十五世：戚端配林氏生三子：光文、光章、光保。

十六世：光文配黄氏，生三子次子出继光保，生三子：文焕●、文杨（出继光保）、文信。

十七世：文杨出继光保，生一子：国明。

十八世：国明配陈氏生二子：亚文●、汝深。

十九世：汝深配曹氏生二子：兆玉、兆养●。

二十世：兆玉配陈氏生四子：培强、南寿●、亚材●、亚生。

二十一世：培强配莫氏生三子：锦锋、进荣、亚成。

二十二世：锦锋配昌氏，生一子二女：观杰。

二十三世：观杰生于1966年10月10日，佛山大学，配陈氏，生一子一女：女，莎莎生于1989年2月20日；子：恩兴。

二十四世：恩兴生于1984年5月13日。

二十二世：进荣配邓氏生二子一女：女，丽丽生于1996年9月11日；子：水任、水务。

二十三世：水任生于1988年3月20日，广东建设高级技工学校。

二十三世：水务生于 1991 年 11 月 12 日。

二十二世：亚成配郑氏，生三子一女：女，楚楚生于 1996 年 10 月 22 日；子：康艺、广术、广全。

二十三世：康艺 1984 年 8 月 25 日，华南师范大学（硕士）。

二十三世：广术生于 1986 年 8 月 22 日，华南理工大学。

二十三世：广全生于 1991 年 6 月 29 日，广东工业大学。

二十一世：亚生妣麦建英，生二子：亚超、水河。

二十二世：亚超配罗志平生三子一女：女，杨梅生于 1997 年 9 月 1 日；子：永龙、永凤、永威。

二十三世：永龙生于 1989 年 10 月 9 日。

二十三世：永凤生于 1989 年 10 月 9 日，配张氏生一子：建豪。

二十四世：建豪生于 2011 年 11 月 17 日。

二十三世：永威生于 1989 年 12 月 8 日。

二十二世：水河配汤氏生一子二女：女：森如生于 1997 年 10 月 4 日；森林生于 2002 年 7 月 21 日；子：学东。

二十三世：学东生于 2010 年 5 月 10 日。

十七世：文信配温氏生一子二名光文之子：国富。

十八世：国富配陈氏生三子：汝汉●、汝海配许氏●、汝忠。

十九世：汝忠配黄氏生二子：兆先、兆养●。

二十世：兆先配林氏生二子：培泮、培庭。

二十一世：培泮配王氏生二子二女：长女，小玲生于 1986 年 12 月 28 日；次女，秋萍生于 1991 年 10 月 28 日；子：锦永、锦艇。

二十二世：锦永生于 1989 年 3 月 2 日。

二十二世：锦艇生于 1994 年 3 月 19 日。

二十一世：培庭配黎氏生二子一女：女，石广生于 1996 年 8 月 16 日；子：景锦、锦栩。

二十二世：景锦生于 1995 年 2 月 19 日。

二十二世：锦栩生于 2008 年 10 月 16 日。

十六世：光章配黄氏生三子：文祥、文有●、文圣。

十七世：文祥配李氏生三子：国有●、国材、国程。

十八世：国材配符氏生二子：汝潮●、亚土●。

十八世：国程配潘氏生一子：亚养●。

十七世：文圣配陈氏生二子：国成●、国兴。

十八世：国兴配林氏生三子：汝藩、汝隆、汝珍。

十九世：汝藩配黎氏生一子：亚胜●。

十九世：汝隆配潘氏生二子：兆贤、兆宪。

二十世：兆贤配余氏生四子：培华、培杰、培章、培区（出继兆宪）。

二十一世：培华配石、何二氏，曾任武警部长，广西边防总队警务处长、副参谋长，现居住广西南宁公安厅，生一子二女：长女，慧明生于1978年7月8日；次女，慧杰生于1982年4月7日；子：锦龙。

二十二世：锦龙生于1998年2月16日。

二十一世：培杰配陈氏，生一子四女：长女，雪林生于1980年6月19日；次女，广夏生于1981年9月29日；三女，李英生于1991年1月30日；四女，广琴生于1993年7月24日；子：锦秋。

二十二世：锦秋配黄氏生一子一女：女，景营生于2003年6月30日；子：李忠。

二十三世：李忠生于2005年11月13日。

二十一世：培章配黎氏生一子一女：女，木娣生于1991年6月18日；子：锦泽。

二十二世：锦泽生于1994年3月30日。

二十世：兆宪配孙氏，取兆贤第四子入继，生一子：培区。

二十一世：培区配张氏，生一子一女：女，小燕生于1994年10月14日；子：锦堂。

二十二世：锦堂生于2003年5月8日。

十九世：汝珍配李氏生一子：亚华●。

十五世：戚广配林氏生二子：光昭、光普。

十六世：光昭配李氏生三子：文英、文雄、文汉。

十七世：文英配黄氏生二子：士贵、士荣。

十八世：士贵配李氏生四子：汝祥、进养●、亚富●、亚风。

十九世：汝祥配杨氏生一子：亚炳（出外洋未详）。

二十世：亚风出继里屋湾村。

十八世：士荣配生一子（出嫁）：亚隆●。

十七世：文雄配张氏生一子：士益。

十八世：士益配黎氏生三子：汝昌、汝芳、汝芬。

十九世：汝昌配陈氏出嫁●。

十九世：汝芳配林氏（出嫁）生一子：亚招●。

十九世：汝芬配何陈二氏生四子：兆材、兆兴●、兆钦、兆煜。

二十世：兆材配林氏外出（未详）。

二十世：兆兴配麦氏出嫁●。

二十世：兆钦配黎氏生三子：亚平●、亚华、亚均●。

二十一世：亚华配潭氏生四子：锦光、锦锐、锦川、锦基。

二十二世：锦光配钟氏，生三女二子：永锋、永林。

二十三世：永锋配郑氏生三女：长女，木玲；次女，日丽；三女，诗燕生于1988年5月21日。

二十三世：永林生于1992年7月23日。

二十二世：锦锐配黄氏，生一子二女：长女，美艳生于1995年3月8日；细妹生于1997年6月12日；子：永君。

二十三世：永君配陈氏生一子：志诚。

二十四世：志诚生于2011年5月29日。

二十二世：锦川配莫氏生二子二女：长女，琼珍；次女，丽雄生于1993年4月5日；子：水星、水意。

二十三世：水星配王氏。

二十三世：水意生于1990年8月19日，大学。

二十二民：锦基配苏氏生二子一女：女，木柳生于1993年9月12日；子：广寅、康荣。

二十三世：广寅配方氏生一子：天佑。

二十四世：天佑生于2011年2月7日。

二十三世：康荣。

二十世：兆煜配陈氏生四子：亚文●、亚武●、亚少、亚镜。

二十一世：培少（亚少）配赖氏生二子一女：女，小慧生于1988年1月6日；子：进任、景意。

二十二世：进任生于1989年5月12日。

二十二世：景意生于 1990 年 5 月 10 日。

二十一世：培镜（亚镜）配陈氏，生三子一女：女，连娣生于 1994 年 11 月 24 日；子：晓波、境国、境强。

二十三世：晓波生于 1993 年 4 月 19 日。

二十三世：境国生于 1997 年 4 月 3 日。

二十三世：境强生于 1999 年 11 月 3 日。

十七世：文汉妣麦氏生一子：士胜妣林氏●。

十六世：光普妣林氏生四子：文兴、文隆、文风、文贤。

十七世：文兴妣陈氏（取文隆长子入继），子：士德。

十八世：士德妣陈氏生四子：汝财、汝茂、汝有、汝经。

十九世：汝财妣潘氏●。

十九世：汝茂妣罗氏●

十九世：汝有妣廖氏生二子：亚国●、铁癸配潘氏●。

十九世：汝经配袁氏●。

十七世：文隆，光普之子，配陈、吕二氏，生四子：士德、士贤、士朝、亚拾●。

十八世：士德出继文兴公。

十八世：士贤配梁氏生一子：汝兴。

十九世：汝兴配李氏生一子：亚料。

二十世：亚料（外出未详）。

十八世：士朝配生二子出嫁，子：亚色●、亚田●。

十七世：文风妣麦氏生一子：士章。

十八世：士章配陈氏（取士升之子入继），子：汝瑞。

十九世：汝瑞妣张许二氏生一子：兆鸿。

二十世：兆鸿配何氏生四子：培胡、培队、培恒、培休。

二十一世：培胡配李氏生二子：锦保、锦晓。

二十二世：锦保配陈氏，生一子二女：长女，雯丽生于 2008 年 11 月 25 日；次女，雯善生于 2012 年 1 月 15 日；子：永泽。

二十三世：永泽生于 2010 年 3 月 12 日。

二十二世：锦晓生于 1981 年 9 月 25 日。

二十一世：培队配许氏，生二子一女：女，杰梅生于1995年6月12日，高中；子：锦世、锦道。

二十二世：锦世生于1987年9月19日。

二十二世：锦道生于1992年10月7日。

二十二世：培恒配蒙氏生一子二女：女，华艳生于1993年9月9日；华娣生于1995年11月15日；子：锦兵。

二十三世：锦兵生于1998年8月8日。

二十一世：培休配龙氏生三子一女：女，水琼生于1997年11月7日；子：康胤、广雄、坤辉。

二十二世：康胤生于1991年11月15日。

二十二世：广雄生于1995年12月6日。

二十二世：坤辉生于2001年11月12日。

十七世：文贤妣郑氏生五子：士登、士陞、亚纯●、士喜●、士赠配陈氏（出嫁）。

十八世：士登妣王氏生二子：亚超●、亚史●。

十八世：士陞妣钟氏生二子：汝裕、汝瑞（出继士章）。

十九世：汝裕妣黎、林二氏生四子：兆华、南养●、进成●、兆殷。

二十世：兆华配许氏生四子：康业●、培春、培建、培交。

二十一世：培春配赖氏生二子二女：长女，爱生于1974年；次女，欢生于1979年；子：锦开、锦满。

二十二世：锦开配廖氏生一女：荟玲生于2005年12月29日。

二十二世：锦满配莫氏生二女：长女，梓颖生于2008年7月10日；次女，梓灵生于2010年3月24日。

二十一世：培建配丘氏生三子：锦纯、锦辉、锦旺。

二十二世：锦纯生于1990年11月26日。

二十二世：锦辉生于1993年9月17日。

二十二世：锦旺生于1996年12月28日。

二十一世：培交配全氏生三子：观远、景豪、杨君。

二十二世：观远生于1988年9月8日。

二十二世：景豪生于1997年4月14日。

二十二世：杨君生于 2002 年 6 月 15 日。

二十世：兆殷配陈氏生五子：培泰、培锦、培照、亚学●、伟驰。

二十一世：培泰配黄氏生三子：锦蔚、锦华、锦圣。

二十二世：锦蔚配王氏生二女：长女，诗恩生于 1907 年 9 月 27 日；次女，诗惠生于 1909 年 9 月 18 日。

二十二世：锦华配温氏生一子一女：女，雅琳生于 2010 年 11 月 16 日；子：嘉铭。

二十三世：嘉铭生于 2013 年 2 月 27 日。

二十三世：锦圣生于 1990 年 2 月 15 日。

二十一世：培锦配方氏生一子三女：长女，观达生于 1991 年 2 月 25 日；次女，水腾生于 1994 年 9 月 24 日；三女：李玉生于 1997 年 12 月 18 日；子：锦君。

二十二世：锦君配张氏生一子：永炫。

二十三世：永炫生于 2012 年 8 月 15 日。

二十一世：培照配林氏生二子二女：长女，志英生于 1994 年 8 月 9 日；次女，燕平生于 1998 年 7 月 16 日；子：锦瑞、锦东。

二十二世：锦瑞生于 1996 年 12 月 9 日。

二十二世：锦东生于 2000 年 11 月 12 日。

二十一世：伟驰配陈氏生二子：锦熙、锦奕。

二十二世：锦熙生于 2008 年 11 月 26 日。

二十二世：锦奕生于 2009 年 10 月 16 日。

十五世：戚熄公生二子：光泰、光武。

十六世：光泰妣黎氏，取光周第三子入继：文贵。

十七世：文贵（光泰公之继子）妣罗氏生二子：葬在油库房，妣葬在犬石古坐癸，子：国观、国臣。

十八世：国观妣何、陈二氏，生五子：观生●、观保●、汝元、汝济、汝沃。

十九世：汝元妣郑氏生四子：兆喜、兆光、兆辉、兆祥●。

二十世：兆喜配潘氏生四子：亚良●、培熙、亚昇●、亚兴●。

二十一世：培熙配李氏生三子：亚松●、锦柏、亚鲁●。

二十二世：锦柏，曾任廉江市法院副院长党支书记，生于 1943 年 3 月 9 日，配廖爱芳，生于 1952 年 7 月 15 日，生二子一女。女：春梅；子：春光、春明。

二十三世：春光生于1976年2月11日，配莫水建，生于1985年3月21日。生一子：文耀。

二十四世：文耀生于2011年11月6日。

二十三世：春明生于1979年11月8日。

二十世：兆光配陈氏生三子：培才、亚童●、亚正●。

二十一世：培才配张氏生三子：锦新、锦森、锦伟●。

二十二世：锦新配王氏生三子：可能、可以、可惠。

二十三世：可能配邓氏生二子二女：长女，雨霞；次女，知音生于1988年8月25日；子：志禄、智活。

二十四世：志禄生于1992年6月16日。

二十四世：智活生于1994年9月6日。

二十三世：可以配蔡氏生一子三女：女，日清生于1992年1月2日；水丽生于1998年6月26日；翠如生于2001年4月6日；子：一明。

二十四世：一明生于1995年8月2日。

二十三世：可惠配廖氏生一子二女；女，姚广生于1995年；君霞生于2005年；子：伟强。

二十四世：伟强生于2007年。

二十二世：锦森配杨氏生四子：永奇、永亚、永都、永妙。

二十三世：永奇配李氏，生一子一女：女，玲生于2001年3月1日；子：耀文。

二十四世：耀文生于2009年12月1日。

二十三世：永亚配曹氏，生一子一女：女，汝诗生于2003年3月2日；子：宇强。

二十四世：宇强生于2006年10月25日。

二十三世：永都配潭氏生一子：伟民。

二十四世；伟民生于2006年10月25日。

二十三世：永妙配梁氏生一女：金蕊生于2008年3月20日。

二十世：兆辉妣廖李二氏生一子：亚林（培堂）。

二十一世：培堂配麦氏生二子：锦诗、锦溪。

二十二世：锦诗配伍氏生二子一女：女，彩丽生于1993年1月10日；子：景玉、景雄。

二十三世：景玉配曾氏。

二十三世：景雄生于1989年10月8日。

二十二世：锦溪配廖氏生一子一女：女，婉娜生于1995年10月11日；子：广杰。

二十三世：广杰生于1996年10月27日。

十九世：汝济妣全、李二氏，生四子：兆祥配李氏●、兆槐配苏氏●、兆荣、潭贵●。

二十世：兆荣配沈氏生三子：培汉（亚典）、培贞（亚秀）、亚九●。

二十一世：培汉（亚典）配黎氏生三子：祥统●、锦志（入继）、锦强。

二十二世：锦志配苏氏生三女二子：长女，月娣生于1984年7月14日；次女，水凤生于1987年3月23日；三女，木娣生于1990年10月26日；子：永清、永华。

二十三世：永清配黄、陈二氏，生二子：康林、锦灿。

二十四世：康林生于2001年7月9日。

二十四世：锦灿生于2012年10月26日。

二十三世：永华生于年月日。

二十二世：锦强配张氏生一子一女：女，文喆生于1989年2月7日；子：文多。

二十三世：文多生于1992年3月27日。

二十一世：培祯（亚秀）配陈氏生三子：锦连、锦槐、锦扇。

二十二世：锦连配赖氏生三子一女：女，海霞生于2000年4月29日；子：广海、石林、伟豪。

二十三世：广海生于1986年5月4日。

二十三世：石林配陈氏生一女：文雅生于2012年4月17日。

二十三世：伟豪生于1997年9月19日。

二十二世：锦槐配李氏生二子一女，湛江远洋公司。女，景妹生于1995年6月2日；子：永晓、永想。

二十三世：永晓生于1991年6月9日。

二十三世：永想生于1996年12月18日。

二十二世：锦扇配明慧生一子一女：女，心羽生于1999年11月18日，子：华盛。

二十三世：华盛生于1999年1月12日。

十九世：汝沃配陈氏生二子：亚福●、兆有。

二十世：兆有配蔡氏生二子：亚炽●、亚权●。

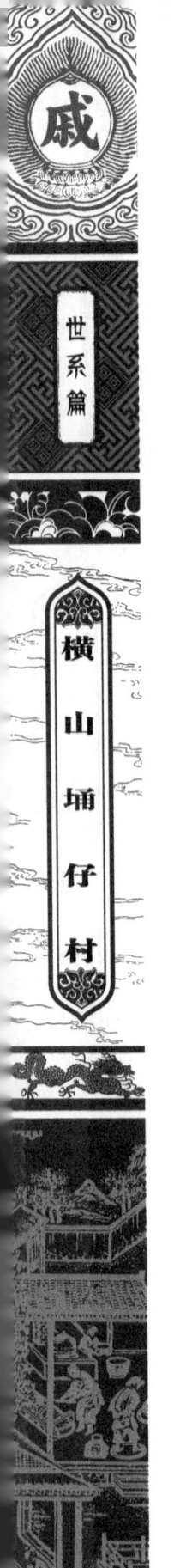

十八世：国臣配郑氏生三子：汝杰、汝龄●、汝朝配李氏●。

十九世：汝杰配何氏生三子：亚标●、亚东●、亚观●。

十六世：光武配杨氏生四子：文德、文举、文卓、文超。

十七世：文德配黎庞二氏生二子：国瑞●、国珠。

十八世：国珠配林氏生一子：亚贤●。

十七世：文举，光武次子，妣黄氏生三子：国隆、国泰、亚有。

十八世：国隆妣黄氏生四子：汝彬●、汝森、亚桂●、亚福●。

十九世：汝森妣黄氏生三子：亚永●、亚维●、亚佳●。

十八世：国泰妣卜氏生二子：亚寿●、亚二●。

十八世：戚有妣陈氏生三子：亚文●、亚富●、亚光●。

十七世：文卓妣温谢二氏生三子：观慈●、国均、亚彩●。

十八世：国均妣陈氏生六子：汝耀、亚纯妣邱氏●、亚倍●、亚宅●、亚养●、亚臣●。

十九世：汝耀妣伍氏生二子：亚平●、亚建●。

十七世：文超妣赖氏生二子：国荣、国颐。

十八世：国荣妣蔡莫二氏生二子：汝信、汝发。

十九世：汝信妣文氏，兆庆入继，子：文生●、文碧。

二十世：兆庆配林氏生一子：培初。

二十一世：培初配黄氏生二子三女：长女，加敏生于1992年2月26日；次女，水茵生于1994年4月21日；三女，洁明生于1997年5月11日；子：广贤、锦铭。

二十二世：广贤生于1990年6月9日。

二十二世：锦铭生于2001年2月11日。

二十世：文碧配陈氏生二子：培丰、培鹏。

二十一世：培丰生于1987年7月24日。

二十一世：培鹏生于1989年1月24日。

十九世：汝发配麦氏、李氏，生二子：华琼●、兆绍（亚绍）。

二十世：兆绍（亚绍）配李氏，生一子：志强。

二十一世：志强配何氏生二子二女：长女，婷婷生于2004年4月11日；次女，紫馨生于2007年10月27日；子：锦程、锦沛。

二十二世：锦程生于2008年9月17日。

二十二世：锦沛生于2009年11月12日。

十八世：国颐配李、莫二氏生二子：亚金●、亚银●。

十五世：戚信妣周氏生一子：光秀。

十六世：光秀妣谭氏生二子：文会、文喜。

十七世：文会妣梁氏生四子：德荣、德华、德光、德辉。

十八世：德荣妣麦氏生五子：汝建、亚赐●、汝祯●、汝淇●、汝春●。

十九世：汝建妣何、庞二氏生一子：兆富。

二十世：兆富配梁、刘二氏生一子：培涛（亚雄）。

二十一世：培涛（亚雄）配陈氏生一子：锦志。

二十二世：锦志配蔡氏生二子二女：长女，小丽生于1992年12月27日；次女，张改生于19963年9月27日；子：永科、永林。

二十三世：永科生于1989年5月18日。

二十三世：永林生于2004年5月17日，自取子入继。

十八世：德华妣梁氏生一子：汝球●。

十八世：德光妣陈氏生四子：亚真●、亚君●、亚伍●、亚黄●。

十八世：德辉妣氏生一子：亚定（外出未详）。

十九世：文喜妣谭氏（嫁）。

十五世：戚荣妣方氏生三子：光灿、光焯、光炳。

十六世：光灿妣王氏生五子：文郁、文瑞●、文瑚、文琏、文安●。

十七世：文郁妣梁氏生一子：观凤●。

十七世：文瑚妣林氏生二子：观德、士芬。

十八世：士芬妣黄氏生三子：亚栋●、亚康、亚贤●。

十九世：亚唐妣黎氏生三子：亚进●、亚强。

二十世：亚强配莫氏生三子：亚明（未详）、亚清（未详）、亚营（未详）。

十七世：文琏妣徐氏生二子：士清、士经。

十七世：士清妣陈氏生三子：亚生●、亚水●、亚保●。

十八世：士经妣何氏生一子：汝全。

十九世：汝全妣何氏生三子：亚养●、兆发、亚胜●。

二十世：兆发配李氏生三子：培六、培耀、培昌。

二十一世：培六配李氏生三子：锦春、锦钦、伟忠。

二十二世：锦春配黄氏生三子一女：女，碧霞生于1994年3月26日；子：进举、广榜、日颂。

二十三世：进举配郑氏生一女：子润生于2012年7月25日。

二十三世：广榜配刘氏生一女：梓欣生于2011年12月15日。

二十三世：日颂生于1991年1月。

二十二世：锦钦配许氏生三子：康帅、广杰、明光。

二十三世：康帅生于1990年9月22日。

二十三世：广杰生于1994年4月26日。

二十三世：明光生于1996年7月26日。

二十二世：伟忠配黄氏生二子：永剑、天昊。

二十三世：永剑生于1999年6月5日。

二十三世：天昊生于2001年10月24日。

二十一世：培耀配莫氏生二子：永强、世明。

二十二世：永强配何氏生二女一子：长女，祖妍生于2003年11月13日；次女，祖欣生于1908年9月12日；子：俊轩。

二十三世：俊轩生于2010年12月29日。

二十二世：世明配邹氏生一子一女：女，嘉其生于2000年11月18日；子：剑飞。

二十三世：剑飞生于2006年4月13日。

二十一世：培昌配伍氏生二子：春鸿、广源。

二十二世：春鸿生于1994年3月15日。

二十二世：广源生于1998年5月19日。

十六世：光焯妣何氏生二子：文珍、文珠。

十七世：文珍妣陈氏生四子：士仁、亚金●、士礼、士信。

十八世：士仁妣王氏，取士礼次子入继，生一子：汝德●。

十八世：士礼妣罗氏生二子：汝瑚、汝德（出继士仁）。

十九世：汝瑚生一子：亚留●。

十八世：士信妣林、刘二氏生一子，前清授予仕朗，为人忠直，乡里称德，子：汝昇。

十九世：汝昇妣卜、廖二氏，取汝彬、汝新长子两人入继，子：兆璇、兆彩。

二十世：兆璇配李氏生一子：士登●。

二十世：兆彩配赖氏生三子：亚龙●、亚群●、培君。

二十一世：培君配李氏生三子：启一、广力、广策。

二十二世：启一配黄氏生一女：瀚丹生于1994年7月16日。

二十二世：广力配毛氏生一子：钧宇。

二十三世：钧宇生于2002年12月20日。

二十二世：广策配晓兰，生于1983年10月3日，生一女：文曦生于2007年11月10日。

十七世：文珠妣郑、卜二氏生二子：士仪、士志●。

十八世：士仪妣李氏生四子：汝均、汝猷●、汝泰●、汝新。

十九世：汝均配黎氏生一子：光安。

二十世：兆安配麦、王二氏生二子：培贤、亚发●。

二十一世：培贤配陈氏生四子：锦清、锦玲、锦利、锦度。

二十二世：锦清配黄氏，生二子二女：女，春桃生于1985年11月12日；水霞生于1987年3月7日；子：永景、永明。

二十三世：永景生于1989年8月4日。

二十三世：永明生于1989年8月4日。

二十二世：锦玲配黎氏生二子一女：女，晓辉生于1992年10月20日；子：春和、永锦。

二十三世：春和生于1988年7月14日。

二十三世：永锦生于1993年10月20日。

二十二世：锦利配钟氏生二子三女：长女，李路生于1996年6月1日；次女，小娣生于1990年6月1日；三女，水仙生于1997年6月5日；子：永麟、永彪。

二十三世：永麟生于1992年5月24日。

二十三世：永彪生于1998年7月4日。

二十二世：锦度配胡氏生二子一女：女，紫婷生于2001年12月5日；子：永恒、永煜。

二十三世：永恒生于2000年2月3日。

二十三世：永煜生于2001年12月5日。

十九世：汝新妣林陈二氏生二子：兆彩、兆浩（林生）。

二十世：兆彩（出继汝昇）。

二十世：兆浩（林生）配林氏生二子：日祥、伟裕。

二十一世：日祥配黄氏生一子二女：长，木玲生于1989年12月29日；次女，丽娜生于1991年1月15日；子：华锋。

二十二世：华锋生于1994年4月20日。

二十一世：伟裕配陈氏生一女：惠淇生于2006年6月17日。

十六世：光炳妣谢氏生三子：文通、文达、文道。

十七世：文通妣周氏生六子：士高、士能、亚六●、亚士●、亚连●、士泰。

十八世：士高妣陈氏生二子：汝澄、亚保●。

十九世：汝澄妣黄氏生三子：亚敬●、兆馀、兆庚。

二十世：兆馀配麦氏生三子：培龙（亚富）、亚兴●、石友。

二十一世：培龙（亚富）配莫氏生二子：锦敬、锦添。

二十二世：锦敬配梁氏生二女一子：长女，美营生于1995年10月30日；次女，丽影生于1995年10月30日；子：永振。

二十三世：永振生于1999年9月18日。

二十二世：锦添配黄氏生二子一女：女，伟欣生于2008年2月1日；子：永成、伟钦。

二十三世：永成生于1999年9月28日；伟钦生于2008年12月11日。

二十一世：石友配麦氏生一子：锦广。

二十二世：锦广生于2003年6月3日。

二十世：兆庚配许氏生二子：培顺、培俊。

二十一世：培顺配张氏生三子：锦静、锦宁、锦均。

二十二世：锦静配梁氏，顺德乐松镇梁桂风中学任教，生一子；智鹏。

二十三世：智鹏生于1997年10月23日。

二十二世：锦宁配叶氏生二子二女：长女，水英生于1993年7月1日；次女，水调生于1996年4月5日；子：日昌、志杰。

二十三世：日昌生于1990年8月13日。

二十三世：志杰生于1994年11月12日。

二十二世：锦均配梁清，安镇铺铺犹受埔村人。

二十一世：培俊配潘氏，生二子二女：锦柱、锦耀。

二十二世：锦柱（取子入继）生于1996年7月28日。

二十二世：锦耀生于1997年7月2日。

十八世：士能妣赖氏生二子：亚忠●、亚英（卖出外）。

十八世：士泰妣郑氏生一子：亚金●。

十七世：文达妣吴氏生四子：镇扶●、亚生●、士栋●、士和●。

十七世：文道妣李氏生四子：士超、士恒、士典。

十八世：士超妣陈、谭二氏，生三子：汝彬、亚捡●、汝球。

十九世：汝彬配张氏生四子：兆璇、亚清●、兆瑚、兆敬。

二十世：兆璇出继（汝升长子）。

二十世：兆瑚配莫氏生五子：培明、培华、培赐、培桂、培赛。

二十一世：培明配陈氏生一子：锦球。

二十二世：锦球配莫氏生三女：广芳、美诗、心如。

二十一世：培华配邱氏生二女：观连生于1990年3月1日；水月生于1993年6月4日。

二十一世：培赐配李氏生一女：春妍生于1996年11月11日。

二十一世：培桂配陈氏生三子：亚聪、观志。

二十二世：亚聪配彭氏生二子：观颖、俊鹏。

二十三世：子颖生于2008年11月12日。

二十三世：俊鹏生于2013年4月18日。

二十二世：观志配张氏生一子一女：女，诗婕生于2012年6月8日；子：煜祖。

二十三世：煜祖生于2010年5月9日。

二十一世：培赛配许氏生二子二女：长女，密怡生于1989年10月26日；次女，密灿生于1991年9月6日；子：广柏、广巽。

二十二世：广柏配宋氏生一女：子晴生于2009年12月26日。

二十二世：广巽生于1996年6月6日。

二十世：兆敬配王氏生四子：焕、奇、正、当。

二十一世：培焕配赖氏生三子一女：女，满意生于1992年2月8日；子：水龙、景胜、景武。

二十二世：水龙配庞氏；景胜生于1987年10月9日；景武生于1990年4月14日。

二十一世：培奇配李氏取子入继，一子一女：女，瑞裕生于 1993 年 12 月 11 日；子：锦炳。

二十二世：锦炳生于 1993 年 7 月 2 日。

二十一世：培正配赖氏生三子：锦凡、锦壮、锦涛。

二十二世：锦凡生于 1997 年 4 月 13 日；锦壮生于 1999 年 2 月 12；锦涛生于 2006 年 2 月 28 日。

二十一世：培当配李氏生一子一女：女，淑怡生于 2002 年 1 月 4 日；子：平威。

二十二世：平威生于 1997 年 3 月 14 日。

十九世：汝球配陈氏生一子：兆德（亚品）。

二十世：兆德（亚品）配陈氏生二子：培香、培南。

二十一世：培香配黄氏，生二子三女：长女，春丽生于 1992 年 5 月 24 日；次女，春连生于 1993 年 5 月 17 日；三女，美英生于 1995 年 5 月 17 日；子：广理、景辉。

二十二世：广理配梁氏，生一子一女：女，思彤生于 2009 年 9 月 13 日；子：浩然。

二十三世：浩然生于 2011 年 7 月 19 日；

二十二世：景辉生于 1986 年 6 月 17 日。

二十一世：培南配刘氏生二子二女：长女，妙剑生于 1989 年 4 月 24 日；次女，美英生于 1990 年 1 月 7 日；子：锦旭、锦明。

二十二世：锦旭生于 1986 年 10 月 9 日。

二十二世：锦明生于 1993 年 10 月 19 日。

十八世：士恒妣林氏生一子：亚胜●。

十八世：士典妣许氏生二子：亚雅●、亚和●。

六世祖广爱长子朝进分支允瑜公派下相栋房源流谱

十三世：允瑜，振忠公之次子，生二子：相栋、相樑（另续）。

十四世：相栋妣陈氏生一子：英。

十五世：英妣林氏生二子：光霖、光富●。

十六世：光霖妣林氏生二子：维宪、维邦。

十七世：维宪妣叶氏生三子：士盛、士琴、士秀（另续）。

十八世：士盛妣张、苏二氏，娶陈氏生一子：汝赓。

十九世：汝赓配谢何二氏生一子：兆鹤。

二十世：兆鹤配李氏生四子：培珣●、培炎、培杰、培才。

二十一世：培火生于1943年7月19日，配何木富生于1958年12月8日，安铺石仔墩人，生三女一子：长女：锦赛生于1984年9月29日，适湖南；次女：锦秀生于1986年6月6日，适白沙坡村；幼儿：锦调生于1988年10月13日，适江西。子：锦石。

二十二世：锦石生于1994年1月13日，学历初中，外务工。

二十一世：培杰生于1946年12月30日，配陈四妹生于1958年7月4日，石码头村人，生一女一子：女，招娣生于1992年7月24日，学历初中，外务工；子：日祯。

二十二世：日祯生于1988年10月27日，学历初中，外务工。

二十一世：培才生于1956年12月25日，配曾务，生于1962年3月23日，新围仔村人，生二女一子：长女：石娇生于1981年8月2日，适西埇村。次女：水仙生于1986年3月24日，适草圩村。子：锦志。

二十二世：锦志生于1980年1月8日，配李石娣生于1983年7月18日，三块田村人，生二女：长女：惠琳生于2008年8月17日，幼园；次女：景南生于2010年8月27日，幼小。

十八世：士琴配叶赵二氏生一子：汝权。

十九世：汝权配黄氏生六子：戚增、广源●、治川、兆忠、兆景、光乔。二十世：戚曾生年不详，配孙来富生于 1952 年 3 月 16 日，生二子一女：女：英姿生于 1976 年 8 月 2 日，适南山条村；子：培柱、培毅。

二十一世：培柱生于 1978 年 7 月 29 日，学历大专，配黄美珍，生于 1979 年 8 月 18 日，学历大专，良垌镇人，外务工。

二十一世：培毅生于 1981 年 3 月 23 日，现廉江公安局，配张志妹，生于 1980 年 10 月 15 日，山塘村人，生一女：蕰目羲生于 2010 年 6 月 17 日，幼小。

二十世：治川生于 1954 年 8 月 19 日，现居廉江市，配陈六妹生于 1954 年 7 月 2 日，生一女一子：女，启明；子：培聪。

二十一世：培聪生于 1981 年 11 月 6 日，学历大专，外务工，配李欣，生于 1989 年 9 月 13 日，廉城人，生一子一女：女：戚子含生于 2014 年 2 月 16 日；子：景锋。

二十二世：景锋生于 2012 年 2 月 25 日，学历大学，配梁氏生于 1982 年，大学，生一子：家洁。

二十三世：家洁生于 2011 年 1 月 10 日。

二十世：兆忠生年不详，配梁燕平，生年不详，生二女一子：长女：戚慧生于 1983 年 3 月 30 日，学历大学；次女：戚颖生于 1987 年 12 月 27 日，学历大学；子：培铬。

二十一世：培铬生于 1998 年 5 月 16 日，读书。

二十世：兆景生于 1964 年 1 月 2 日，配招妹生于 1965 年 8 月 4 日，烟墩村人，生三女一子：长女：思丽生于 1986 年 6 月 27 日，适东莞厚街镇；次女：华丽生于 1988 年 8 月 20 日，适高六村。幼女：媚媚生于 1990 年 10 月 15 日，寄养香港，现读大学。子：培韬。

二十一世：培韬生于 1994 年 9 月 25 日，学历初中，外务工。

二十世：兆乔生于 1968 年 1 月 8 日，配苏石珍生于 1968 年 6 月 21 日，陂环村人，生二子：嘉灏、文瀚。

二十一世：嘉灏生于 1994 年 9 月 21 日，学历高中。

二十一世：文瀚生于 1997 年 8 月 2 日，学历高中。

十七世：维邦妣陈氏生一子：士芬。

十八世：士芬妣陈氏生一子：汝兴。

十九世：汝兴配莫氏生四女二子：长女：戚娣生于 1964 年 10 月 28 日，适中间围村；次女：戚伟生于 1969 年 12 月 14 日，适深山龙村；三女：伟芳生于 1972 年 2 月 14 日，适营仔村；四女：温秀生于 1975 年 10 月 20 日，适波螺埠村。子：兆敏、兆志。

二十一世：兆敏生于 1967 年 10 月 9 日，配李诗清生于 1979 年 1 月 22 日，广西梧州人，生二女二子：长女：泳伶生于 1998 年 6 月 13 日，读书；次女：丽茵生于 2004 年 10 月 12 日，读书；子：培帅、培乐。

二十二世：培帅生于 2002 年 3 月 5 日，读书；培乐生于 2003 年 7 月 13 日。

二十世：兆志生于 1977 年 6 月 11 日，配林东珍生于 1977 年 9 月 20 日，石岭镇人，生二子：培鑫、培权。

二十一世：培鑫生于 2003 年 1 月 24 日，读书；培权生于 2005 年 11 月 8 日。

十七世：戚晚妣氏不详，生一子：仕芬。

十八世：仕芬配陈氏生一子一女：女：戚委涓嫁鱼龙埠村；子：汝兴。

十九世：汝兴生于 1937 年 7 月 9 日，配莫玉珍生二子四女。长女：戚娣生于 1964 年 10 月 28 日，嫁中间围村；次女：戚伟生于 1969 年 12 月 14 日，嫁梁山龙村；三女：戚伟芳生于 1972 年 2 月 14 日，嫁营仔村；四女：戚温秀生于 1975 年 10 月 20 日，嫁波罗埠村。子：兆敏、兆志。

二十世：兆敏生于 1967 年 10 月 9 日，配李诗清生于 1979 年 1 月 22 日，生二女一子。长女：戚泳伶生于 1998 年 6 月 13 日；二女：戚丽茵生于 2004 年 10 月 12 日。子：培帅。

二十一世：培帅生于 2002 年 3 月 5 日，配罗淑梅生一子一女：女：培蓓生于 2007 年 7 月 6 日；子：培泺。

二十二世：培泺生于 2003 年 7 月 13 日。

二十世：兆志生于 1977 年 9 月 11 日，配林东珍，生于 1977 年 9 月 20 日，石岭上村人，生三子：培鑫、培权、子铧。

二十一世：培鑫生于 2003 年 1 月 24 日；培权生于 2005 年 11 月 8 日；子铧生于 2014 年 12 月 16 日。

六世祖广爱长子朝进分支允碧公派下 相能、相秩、相泽、相和 房源流谱

世系篇

十三世：允碧妣洪、梁二氏，生四子：相能、相秩、相泽、相和（公墓井仔岭一婆墓大石鼓前，一婆墓园仔槽）。

十四世：相能妣李氏生四子：戚刚、戚光、威、麟昌。

十五世：戚刚妣钟、何二氏生一子：卿荣。

十六世：卿荣妣陈氏生二子：文同、文书。

十七世：文同妣李氏生二子：士纪妣潘氏（未详）、士伦。

十八世：士伦妣李氏生三子：汝炽、亚勇（未详）、汝连妣李氏●。

十九世：汝炽妣黄氏生一子：亚爵。

二十世：兆申（亚爵）娶何氏生一子（后改嫁）：亚存。

二十一世：培秋（亚存）生于1953年7月15日，学历高小，务农，曾服兵役，配林小云生于1971年7月12日，越南人，高中学历，务工，生二女一子：长女：少金生于1992年2月27日，初中，适广西合浦。次女：秀丽生于1994年6月6日，初中。子：锦杰。

二十二世：锦杰生于1996年7月3日，学历初中，待业。

横山石岩塘村

十七世：文书（卿荣次子）妣陈氏，生五子：士扬、士明、士豪、士禄、亚晚●。

十八世：士扬妣莫氏生一子：汝灼。

十九世：汝灼妣李氏生一子：亚汉●。

十八世：士明（文书次子）配许张二氏生三子：汝潘、亚养●、亚江。

十九世：汝潘妣黎氏生二子：亚郁、亚护●。

二十世：兆燕（亚郁）娶黄氏生三子：亚辉、亚胜、亚利。

二十一世：亚辉生于1957年7月3日，学历高小，务农，配陈秀生于1951年8月15日，生二女二子：长女：日娣生于1990年8月6日，适横山杨武塘村；次女：水丽生于1996年10月4日，在读初中；子：戚明、广静。

二十二世：戚明生于1988年11月26日，初中学历，务工。

二十二世：广静生于1992年7月27日，学历初中，务工。

二十一世：亚胜生于 1961 年 2 月 20 日，学历高中，于深圳经营服务行业，配林英，生于 1962 年 11 月 6 日，生一女一子：女，芷芬生于 1993 年 11 月 4 日；子：林伟。

二十二世：林伟生于 2004 年 4 月 20 日。

二十一世：戚利生于 1963 年 7 月 19 日，学历高中，务工，娶妻王水生于 1964 年 8 月 8 日，生三女二子：长女：宇恒生于 1992 年 12 月 5 日；次女：宇琪生于 2003 年 4 月 18 日；三女：希怡生于 2005 年 7 月 8 日；子：建国、亚●。

二十二世：建国生于 1984 年 5 月 18 日，初中学历，务工，配邓明霞。

十九世：有增（亚江）妣方氏生一女一子：女，亚芳婚于安铺；子：丽新。

二十世：丽新生于 1950 年 10 月 21 日，学历初中，务农，曾服兵役，参战保护西沙，配伍结生于 1957 年 10 月 5 日，越南人，生三女一子：长女：海茹生于 1992 年 8 月 10 日，学历初中，务工；次女：海云生于 1993 年 9 月，学历初中，婚于西山。次女：海花生于 1995 年 7 月 20 日，学历初中，务工；子：海峰。

二十一世：海锋生于 1990 年 10 月 9 日，学历高技，广西科技大学。

十八世：士豪妣罗氏生一子：汝图。

十九世：汝图妣张缪二氏生三子：亚保●、亚庆●、英才。

二十世：英才生于 1938 年 10 月 22 日,配许丽清，生于 1939 年 5 月 5 日，生四女三子：长女：水琼生于 1968 年 5 月 25 日，适关草棚村；二女：梅英生于 1969 年 6 月 27 日，学历初中，适安铺；三女：少梅生于 1972 年，学历裙，适湛江；四女：耀仔生于 1973 年 11 月 17 日，学历初中，婚于湛江；子：亚钦、银仔、同仔。

二十一世：戚钦生于 1966 年 1 月 26 日，高中学历，务农，配张春梅生于 1972 年 3 月 18 日生于雅塘东街山，学历高中，生一女二子：女，戚舒莹生于 1998 年 5 月 8 日，在读高中；子：英杰、健源。

二十二世：英杰生于 1996 年 9 月 28 日，在读高中。

二十二世：健源生于 2008 年 5 月 20 日，读书。

二十一世：银仔生于 1976 年 12 月 29 日，学历高中，务工，配李爱旺生于 1984 年

12月20日，生三子：柏彦、峻荣、峻宁。

二十二世：柏彦生于2008年12月12日，读书。

二十二世：峻荣生于2012年3月22日，读书。

二十二世：峻宁生于2012年3月22日，读书。

二十一世：同仔生于1980年10月10日，学历初中，务工。

十八世：士禄妣何氏生一子：汝同。

十九世：汝同妣麦氏生一子（后改嫁）：亚仁●。

十五世：戚光妣钟、郑二氏生三子：卿贵、卿相、卿富（出继胞叔麟昌）。

十六世：卿贵妣罗氏生五子：文明、文奇、文荣、文显、文均。

十七世：文明妣陈氏生一子：家秀。

十八世：家秀妣李氏●

十七世：文奇妣黎氏生三子：家珍、家贤、家胜。

十八世：家珍妣潘氏生四子：亚福●、亚辉●、亚显●、亚纯（未详）。

十八世：家贤（文奇次子）妣李氏生六子：汝英、汝洪、汝安、汝邦、亚才（未详）、亚晚（未详）。

十九世：汝英妣陆氏生一子（后改嫁）：兆庆●。

十九世：汝洪妣麦、黄二氏生二子：亚教（麦之子）●、亚合。

二十世：兆权（亚合），国家职工，（夫妻二墓于蚊仔山，座东向西）妣萧氏，生三女二子：长女：水燕婚嫁遂溪，于遂溪供电局工作；二女：亚檬适遂溪；三女：亚柳适遂溪下六；子：培禄、亚参。

二十一世：培禄生于1955年3月6日，学历初中，配苏妹生于1958年5月22日，雅塘坡仔村人，生一女二子：女，戚聘生于1982年11月2日，适营仔蛇围村；子：锦晶、锦星。

二十二世：锦晶生于1984年9月21日，学历初中，务工，配王英红，生于1988年10月10日，徐闻南山人，生一子：子豪。

二十三世：子豪生于2011年1月9日。

二十二世：锦星生于1988年6月29日，学历初中，务工。

二十一世：亚参生于1968年4月2日，学历高中，国家职工，配谭娟生于1970年4月9日，生二女一子：长女：李君生于1998年5月18日，在校就读；

次女：雅怡生于2007年10月27日，学童；子：景渝。

二十二世：景渝生于2006年5月5日，学童。

十九世：汝安妣潘氏生一子：亚强●。

十九世：汝邦妣李氏生二子：兆登、兆高。

二十世：兆登妣黄麦二氏（未详）

二十世：兆高妣李氏（改嫁），配黄氏生二子：培锦、亚算。

二十一世：培锦生于1962年3月12日，学历初中，务农，配陈群娣，生于1966年10月19日，生三女二子：长女：晓丹生于1988年7月14日，学历初中，适横山老陵村；次女：晓霞生于1990年4月25日是，高中学历，务工；三女：晓欣生于1996年4月12日，在读高中；子：锦泉、锦灿。

二十二世：锦泉生于1994年5月5日，初中，务工。

二十二世：锦灿生于1998年10月12日，在读初中。

二十一世：戚算生于1967年9月15日，小学，务农，配刘秀，生于1966年9月10日是，生一女二子：女：春花生于1995年2月15日；子：陈荣、欢仔。

二十二世：陈荣生于1991年5月22日，学历初中，务工，配麦秋娣，生于19年月日，学历初中，务工，生一女：晴晴生于2012年11月12日。

二十二世：欢仔生于1998年9月23日，在读初中。

十八世：家胜妣（ ）氏生一子（改嫁）：汝明●。

十七世：文荣（卿贵三子）妣陈氏生一子（改嫁）：家模。

十八世：家模妣昌氏生三子：汝光、汝灿（陈氏未详）、汝兰（黄氏出嫁未详）。

十九世：汝光妣刘氏生四子：亚何●、亚应（未详）、兆寅、亚瑞。

二十世：兆寅妣陈氏生四子：亚养●、培广、培访、培茂。

二十一世：培广配杨氏生一女二子（改嫁）：女，意梅生于1982年5月9日，适乾案；子：锦尚、锦满。

二十二世：锦尚生于1978年5月23日，学历初中，务工，配陈志英，生于1981年6月24日，生一子：永成。

二十三世：永成生于2012年8月9日。

二十二世：锦满生于1980年2月3日，初中学历，务工，配钟伟琼，生于1980年12月12日是，生一子：永杰。

二十三世：永杰生于2012年6月5日。

二十一世：培访，建安公司职工，定居广州，配张惠连，生于1949年10月7日，初中，生二女二子：长女，伟虹；次女，伟霞；二女皆适广州；子：锦卿、锦锋。

二十二世：锦卿生于1976年9月28日，配妻冼泳仪。

二十二世：锦锋生于1980年7月16日，配妻何珊珊。

二十一世：培茂生于1950年7月15日，服兵役后安置晨光农场，配叶美连，生于1948年2月23日，生二子：国强、国辉。

二十二世：国强生于1970年10月28日，高中学历，办小企业，配庞喜娟生于1970年6月7日，高中，生二子一女：女：戚庞锹生于2011年4月1日；子：广鑫、观镇。

二十三世：广鑫生于1994年8月25日，高中，务工。

二十三世：观镇生于1996年5月13日，在读廉一中。

二十二世：国辉生于1977年3月10日，高中，务工，配邓丽霞，生于1979年10月9日，生一女一子：女：嘉梦生于2010年5月5日；子：观铭。

二十三世：观铭生于2009年7月23日。

二十世：兆川（亚瑞）妣马氏，生一子（带子改嫁六格三股塘村）：亚觉。

二十一世：亚觉配陈水带，生一女二子：女，婚嫁；子：秋武、秋玲。

二十二世：秋武生于1973年7月21日，配王氏，生二女一子：长女：舒恩生于1995年8月12日；次女：志华生于1997年9月14日；子：莫海。

二十三世：莫海生于2002年5月10日。

二十二世：秋玲生于1976年4月2日。

十七世：文显（卿贵四子）妣潘氏生一子：士钦。

十八世：士钦妣许氏，生四子：亚连●、汝章、亚杨（外出未详）、汝宣。

十九世：汝章妣杨氏（未详）

十九世：汝宣妣黎氏生三子：兆波、华生、进列。

二十世：兆波配温氏生三子：培邹、培岳、培萧。

二十一世：培邹生于1955年11月13日，务农，曾服兵役参战对越自卫反击，配陈仁娣，生于1964年2月8日，清远阳山人，生三女一子：长女：景桥生于1990年5月22日，初中，适安铺；次女：李梅生于1992年5月16

日，初中，务工；三女：结榆生于2007年11月18日；子：锦楚。

二十二世：锦楚生于1996年5月25日，初中，务工。

二十一世：培岳生于1963年11月2日，初中，务工，配陈娟，生于1968年2月16日，生于新民，初中，现任村委干部，生一女二子：女：彩云生于1988年10月20日，适廉江；子：景度、康印。

二十二世：锦度生于1986年1月29日，学历高中，务工，配史媛，生于1981年5月18日，毕业于新加坡"康术工商学院"本科。

二十二世：康印生于1992年1月28日，初中，务工。

二十一世：培萧生于1971年5月18日，小学，务农，配蒙金送，生于1968年7月14日，生二女二子：长女：景治生于1991年6月3日，初中，务工；次女：景梅生于1994年10月29日，在读中学；子：景棚、景双。

二十二世：景棚生于1990年5月11日，初中，务工。

二十二世：景双生于1997年1月19日，在读初中。

二十世：华生配谭氏●。

二十世：进列生于1946提9月2日，小学，务农，配潘氏生一女（改嫁），再娶谭玉文，生于1945年9月9日，生一女一子：长女：冬连生于1972年12月1日，初中，婚嫁香港；次女：冬月生于1984年9月17日，适新村仔；子：水春。

二十一世：水春生于1981年4月3日，初中，务工，配钟娣生于1984年，生二女：长女，好欣生于2010年2月5日；次女，若琳生于2013年1月6日。

十七世：文均（卿贵五子）妣宋莫二氏生三子：士俊、士杰、士才。

十八世：士俊妣谭氏生二子：汝和、汝谦。

十九世：汝和妣许氏生一子：兆銮。

二十世：兆銮妣何氏生一子（改嫁）：陈宋●。

十九世：汝谦妣郑氏生一子：兆秀。

二十世：兆秀妣陈氏（出嫁），（外出未详）。

十八世：士杰（立均次子）妣吴氏生一子：汝逊。

十九世：汝逊妣刘陈二氏生三子：兆居、兆初、兆恒。

二十世：兆居妣陆氏生四子：亚群●、培展、培绍、培仲。

二十一世：培展生于1946年8月24日，初中，任村委主任，配莫美，生于1943年

12月26日，生一女二子：女：彩凤，婚嫁安铺；子：锦纪、锦景。

二十二世：锦纪生于1976年11月14日，大专学历，为一国企干部，配李建云生一子（离异），娶郭东阳生于1979年7月26日，生一女一子：可儿生于2013年1月29日；子：楚天。

二十三世：楚天生于2001年7月8日。

二十二世：锦景生于1975年9月14日，中专，务工，配朱华舒，生于1984年7月3日，生一女一子：女，梓晴生于2013年6月25日；子：志彬。

二十三世：志彬生于2011年4月20日。

二十一世：培绍生于1949年4月12日，高小，务农，配赖英，生于1950年6月13日，生三女二子：长女：李调生于1975年12月12日，适廉江；次女：李娣生于1977年11月5日，适安铺；三女：水丰生于1979年4月4日，适广州；子：锦端、景道。

二十二世：锦端生于1973年10月9日，初中，务工，配何翠梅生于1975年8月2日，幼师，生一女一子：女，钰雪生于2000年1月23日；子：栩君。

二十三世：栩君生于2013年9月23日。

二十二世：景道生于1981年6月4日，中技（专），务工。

二十一世：培仲（康建）生于1953年2月22日，初中，务农，配曹惠清生于1958年4月29日，生于青平长湖坝村，生一女一子：女，冬梅生于1987年12月1日，适麻章；子：锦鹏。

二十三世：锦鹏生于1990年3月15日，高技（专），务工。

二十世：兆初，学历初中，道任教、协助老干部黄兴光打游击，妣陈氏，生一女四子：女，亚桶，初中，适杨村；子：培超、培镜、培敏、培雅。

二十一世：培超生于1951年5月4日，初中，务农，配林秋英生于1956年10月15日，生三女二子：长女：亚朵毕业于卫校，婚于青平；次女：亚槐生于1980年9月21日，初中，适湛江；三女：广芝生于1983年5月17日，初中，务工；子：锦悦、锦达。

二十二世：锦悦生于1985年5月17日，初中，务工，配马娟，生二子：永熙、永兴。

二十三世：永熙生于2011年2月27日。

二十三世：永兴生于2012年7月11日。

二十二世：锦达生于1986年6月17日，中技（专），务工。

二十一世：培镜生于1960年1月28日，高中，务工，曾服兵役，配赖细妹，生于1969年7月24日，生四女一子：长女：亚旦生于1987年8月10日，适梅州；二女：亚云生于1988年10月21日，适梅州；三女：亚妹生于1990年3月8日，适雷州；四女：红梅生于1993年4月21日，务工；子：锦逸。

二十二世：锦逸生于1994年10月20日，高中，务工。

二十一世：培敏生于1962年11月8日，高中，从事饮食服务，配莫旺生于1962年2月8日，生二女一子：长女：亚冰生于1989年4月16日，初中，务工；次女：银雪生于1993年12月20日，初中，务工；子：锦囊。

二十二世：锦囊生于1987年6月8日，初中，务工。

二十一世：培雅生于1969年9月8日，初中，务农，配李妹，生于1971年11月26日，生一女二子：女，倩颜生于1997年5月18日，在读高中；子：锦画、锦博。

二十二世：锦画生于1995年7月9日，初中，务工。

二十二世：锦博生于2005年11月24日。

二十世：兆恒，学历初中，国家职工，一生忠良，配陈氏生于1930年9月21日，生一女五子，居横山。女：亚线生于1972年9月9日，初中，适安铺，现居湛江市；子：亚裔●、亚勇●、培毅、培畅●、培添。

二十一世：培毅生于1962年7月15日，学历高中，职工，全家移居澳大利亚，配李秀惠，生于1961年3月29日，高中，职工，生二子：理双、理全。

二十二世：理双生于1985年10月23日，毕业于澳州默尔本大学，在上海经营自家公司。

二十二世：理全生于1990年1月15日，毕业于澳州默尔本大学，在校任教，就读博士研究生。

二十一世：培添生于1970年6月12日，高中，经商，全家居湛江市，配王彩芸，生于1981年6月29日，医护，生一女一子：女：芷茵生于2009年12月19日；子：著旭。

二十二世：著旭生于2005年8月10日。

十八世：士才（文均三子）妣陈氏生一子：士旺●。

十六世：卿相（戚光次子）妣朱氏生三子：文良、文栋、文藻。

十七世：文良妣莫氏生三子：士熙、士端、士立（未详）。

十八世：士熙妣陈氏（未详）

十八世：士端妣刘氏生二子：亚礼（外出未详）、亚学（未详）。

十七世：文栋（卿相次子）妣陈氏生二子：士昌、亚（未详）。

十八世：士昌妣王陈二氏生三子：亚养（未详）、汝权、亚福●。

十九世：汝权妣伍氏生四子：兆枢、兆韬、观照●、兆国。

二十世：兆枢配梁氏生二子：培春、亚伦。

二十一世：培春（康富）生于1940年11月1日，务农，配萧月英，生于1944年10月4日，生三女二子：长女：少平生于1973年5月15日，知西山；次女：亚素生于1975年9月8日，适雷州；三女：彩连生于1977年10月17日，适前进场；子：锦程、锦开。

二十二世：锦程生于1968年10月20日，初中，务工，配陈文芳生于1967年6月20日，生三子：永辉、永荣、永龙。

二十三世：永辉生于1994年12月24日，初中，务工。

二十三世：永荣生于1996年6月20日，初中，务工。

二十三世：永龙生于2004年4月20日，在读小学。

二十二世：锦开生于1970年11月9日，初中，务工，配陈少娟生于1977年9月8日，生二女：长女，静谊生于2009年8月28日；次女：景希生于2010年9月5日。

二十一世：亚伦生于1951年11月8日，初中，务农，配张二珍，生于1958年6月23日，生三子：宇凡、李杰、李冰。

二十二世：宇凡生于1990年7月27日，初中，务工。

二十二世：李杰生于1992年2月6日，初中，务工。

二十二世：李冰生于1994年7月14日，初中，务工。

二十世：兆韬妣卜氏生二子：亚贤、培武。

二十一世：亚贤生于1946年9月24日，服兵役、部队军医、现任廉江城建局股长，配萧少琼生于1958年7月14日，生三女一子：长女：青果生于1975年7月18日，毕业于卫校，婚于台湾；二女：亚连生于1979年9月20日，毕业于卫校，婚于上海；三女：元译生于1984年2月12日，大专学历，适廉江；子：哲彰。

二十二世：哲彰生于1988年9月13日，大专，务工，配兰丽生于1990年1月27日。

二十一世：培武生于1949年4月7日，务农，配赖生于1952年1月8日，生三女一子：
长女：玉玲生于1975年1月20日，适廉江；二女：广编生于1980年10月26日，适四川；三女：应娣生于1981年8月25日，适牛圩下桥；子：华凯。

二十二世：华凯生于1984年11月24日，学历大专，务工，配萧雄明生一子（离异）：镇希。

二十三世：镇希生于2009年10月17日；

二十世：兆国配陈秀兰，生二女一子：长女，亚虾，适关草棚；次女，燕子，适遂溪黄略镇；子：亚萧。

二十一世：亚萧生于1970年8月13日，初中，务农，配黄略，生于1972年11月9日，生二子一女：女，曼婷生于1998年3月4日，在读初中；子：景师、秋颖。

二十二世：景师生于1994年1月4日，初中，务工。

二十二世：秋颖生于1996年2月20日，初中，务工。

十七世：文藻娎（　）氏生一子：士华。

十八世：士华娎李氏●。

十五世：戚威娎林、陆二氏，生一子：卿旺。

十六世：卿旺娎黎氏生三子：文仕、文志、文存。

十七世：文仕娎卜氏生二子：士恩、亚赐（未详）。

十八世：士恩娎潘氏生一子：汝棠。

十九世：汝棠娎蔡氏生二子：兆楷、木生。

二十世：兆楷娎陈氏（出嫁）●。

二十世：兆卓（木生）娎谭氏，生二女一子：长女，水娣婚嫁营仔中间围村；次女，亚才婚嫁河堤黄盆村；子：亚●。

十七世：文志娎黎氏生一子：亚称●。

十七世：文存娎许氏（未详）。

十五世：麟昌娎黄氏（取胞兄戚光之三子入继）：卿富。

十六世：卿富娎陈氏生三子：亚理●、亚有●、亚文●。

六世祖广爱之子朝进公分支允碧公派下相秩房源流谱

十四世：相秩妣麦氏生一子（夫妻同墓于燕子岭），子：戚升。

十五世：戚升妣梁氏生三子（公墓园仔槽婆墓燕子岭），子：荣宗、华宗、耀宗。

十六世：荣宗妣黄氏生一子（夫妻两墓于井仔岭），子：文元。

十七世：文元妣朱氏生二子（公墓地堂边婆墓蝙蝠地），子：士奇、士进。

十八世：士奇妣李氏生二子（公墓地堂洼婆墓龙狗袋），子：汝秀、汝霖。

十九世：汝秀妣刘氏（出嫁●）。

十九世：汝霖妣何张二氏生二子（公墓夹睺张墓银箫屋何墓马路边），子：奕炳、奕贤。

二十世：奕炳妣袁氏生二子：裕就、华善。

二十一世：裕就配陈氏生三女（后改嫁）。

二十一世：华善生于1947年10月2日，高小，务农，配林秀明生于1953年10月2日，生二女三子：长女，李红，适安铺；次女，梅进，适廉江；子：李球、日华、华来。

二十二世：李球生于1972年9月17日，初中，务工，配林芳生于1975年3月15日，生二子一女：女，永曜生于2010年11月22日；子：永奇、永夺。

二十三世：永奇生于1995年8月8日，在读高中。

二十三世：永夺生于1998年5月11日，在读初中。

二十二世：日华生于1976年6月28日，初中，务工，配黄志华生于1976年9月27日，生一子：永豪。

二十三世：永豪生于2012年7月19日。

二十二世：华来生于1980年11月6日，高中，务工，曾服兵役，配陈满生于1980年12月18日，营仔黄竹田人，生二女：长女：梓甄生于2007年11月14日；次女：梓晴生于2009年9月14日。

二十世：奕贤妣谢氏生三子（公婆墓二墓于大石鼓东边），子：亚林、李养、亚清。

二十一世：亚林生于1942年7月4日，学历初中，办机械厂于新民三角山，配黎芳生于1954年6月23日，生五子：志江、志洋、坤明、国标、国炎。

二十二世：志江生于 1982 年 5 月 25 日，毕业于杭州大学，国本，考取得学士学位。

二十二世：志洋生于 1984 年 4 月 5 日，毕业于深圳大学，现工作于深圳市。

二十二世：坤明生于 1986 年 10 月 24 日，毕业于珠海技术学院。

二十二世：国标生于 1994 年 2 月 10 日，在读顺德技术学院。

二十二世：国炎生于 1997 年 1 月 6 日，出继于横山大岭村一王姓家。

二十一世：李养服兵役提干，转业于南宁市工作安居，配梁彩娇，生于 1949 年 7 月 13 日，籍贯，工作于南宁市，生二子：东铭、亚春。

二十二世：东铭生于 1977 年丁巳年 12 月 11 日，曾服兵役，现工作于电网博阳工程，配胡兰丹生于 1985 年 6 月 25 日，工作为医护，生一子：杰乐。

二十三世：杰乐生于 2012 年 1 月 6 日。

二十二世：亚春生于 1984 年 3 月 1 日，毕业于广西大学，工作于南宁市电讯局。

二十一世：戚清生于 1949 年 4 月 30 日，学历高中曾为教师，配苏蔡连 1958 年 9 月 29 日生于雅塘坡仔村，学历初中，生一女二子。女：水娇生于 1987 年 6 月 9 日，学历初中，适清远英德含洸镇杨家。子：李嘉、李焕。

二十二世：李嘉生于 1989 年 10 月 21 日，学历中专，务工。

二十二世：李焕生于 1991 年 10 月 20 日，学历高中，务工。

十八世：士进妣郑氏生二子（公墓地堂岭婆墓园仔槽）：汝翼、亚金●（墓于大四方田头上）。

十九世：汝翼妣罗氏生二子（公墓大四方田头婆墓大岭脚）：兆龙、兆图。

二十世：兆龙妣林氏生一子（公墓夹喉婆墓水利塘上）：培熊。

二十一世：培熊妣李氏生一子（公墓马路边婆墓飞鼠地）：锦忠。

二十二世：锦忠，一生投身于基层干部工作（墓于粪箕强），配张桂英，生一女四子。女：亚路婚于横山上乙槽村，子：亚柱、亚兔、亚秋、亚天●。

二十三世：戚柱生于 1961 年 8 月 13 日，高中，务工。曾服兵役，保卫家园，配苏连梅，生二女二子。长女：启君生于 1991 年 1 月 3 日，适广州。次女：启慧生于 1993 年 10 月 6 日，高中，务工。子：启营、境圳。

二十四世：启营生于 1966 年 10 月 21 日，就读高中。

二十四世：境圳生于 1999 年 月 日，在读初中。

二十三世：戚兔生于 1996 年 3 月 21 日，初中，务工，配刘明生于 1966 年 3 月 5 日，

生二女一子：长女：启满生于 1996 年 8 月 17 日，在读高中；次女：小燕生于 2000 年 2 月 7 日，在读初中；子：华冠。

二十四世：华冠生于 1998 年 11 月 23 日，在读初中。

二十三世：秋成生于 1969 年 8 月 21 日，初中，务工，配阮丽婵生于 1972 年 3 月 15 日，生于清远，生二女一子：长女：伟茵生于 1995 年 1 月 17 日，在读高中；次女：伟晏生于 2002 年 4 月 11 日，在读初中；子：旭锋。

二十四世：旭锋生于 2006 年 5 月 30 日。

二十世：兆图妣梁氏，生一子（公墓大石鼓前婆墓井仔岭）：培炎。

二十一世：培炎，国家职工，一生忠厚善良，妣莫氏生三子（公墓井仔岭婆墓燕子岭东头），子：亚权、亚伟、亚栋。

二十二世：戚权，国家职工干部，配许碧珍生于 1950 年 3 月 3 日，退休职工，生二女一子。长女：戚秋英生于 1971 年 6 月 28 日，大专；次女：生于 1973 年 10 月 6 日，大专；子：日生。

二十三世：日生生于 1977 年 7 月 23 日，高中，务工，配黎薇生于 1979 年 10 月 23 日，安铺人，生一女一子：女：诗眉生于 2003 年 12 月 11 日；子：戚焱。

二十四世：戚焱生于 2008 年 11 月 6 日。

二十二世：戚伟生于 1955 年 7 月 28 日，党校专科大学，曾任廉江外经委主任。配杨翠清生于 1954 年 9 月 23 日，毕业于湛江师院，工作于廉江外贸局，生三女一子：长女：华丽生于 1978 年 5 月 17 日，毕业于中山大学本科，适广州市；次女：华生于 1989 年 3 月 23 日，广东工业大学毕业，工作于香港汇丰软件公司。三女：扬翊生于 1991 年 10 月 2 日，毕业于外语外贸大学，工作于英国人力资源公司；子：真源。

二十三世：真源生于 1997 年 6 月 25 日，就读广州外语外贸大学南国商学院。

二十二世：戚栋生于 1960 年 9 月 2 日，大专，工程师监理，定居广州，配杨雪琴生二子（离异），配陈艳芳生一子：中专，物业管理主任，子：振兴、中华、振燊。

二十三世：振兴生于 1986 年 1 月 21 日，高中，圣地公司工作。

二十三世：中华生于 1989 年 2 月 26 日，初中，务工。

二十三世：振燊生于 1995 年 9 月 6 日，大专，务工。

六世祖广爱之子朝进公分支允碧公派下相秩房源流谱

十四世：相秩妣麦氏生一子（夫妻同墓于燕子岭），子：戚升。

十五世：戚升妣梁氏生三子（公墓园仔槽婆墓燕子岭），子：荣宗、华宗、耀宗。

十六世：荣宗妣黄氏生一子（夫妻两墓于井仔岭），子：文元。

十七世：文元妣朱氏生二子（公墓地堂边婆墓蝙蝠地），子：士奇、士进。

十八世：士奇妣李氏生二子（公墓地堂洼婆墓龙狗袋），子：汝秀、汝霖。

十九世：汝秀妣刘氏（出嫁●）

十九世：汝霖妣何张二氏生二子（公墓夹喉张墓银箫屋何墓马路边），子：奕炳、奕贤。

二十世：奕炳妣袁氏生二子：裕就、华善。

二十一世：裕就配陈氏生三女（后改嫁）。

二十一世：华善生于1947年10月2日，高小，务农，配林秀明生于1953年10月2日，生二女三子：长女，李红，适安铺；次女，梅进，适廉江；子：李球、日华、华来。

二十二世：李球生于1972年9月17日，初中，务工，配林芳生于1975年3月15日，生二子一女：女，永曜生于2010年11月22日；子：永奇、永夺。

二十三世：永奇生于1995年8月8日，在读高中。

二十三世：永夺生于1998年5月11日，在读初中。

二十二世：日华生于1976年6月28日，初中，务工，配黄志华，生于1976年9月27日，生一子：永豪。

二十三世：永豪生于2012年7月19日。

二十二世：华来生于1980年11月6日，高中，务工，曾服兵役，配陈满生于1980年12月18日，营仔黄竹田人，生二女：长女：梓甄生于2007年11月14日；次女：梓晴生于2009年9月14日。

二十世：奕贤妣谢氏生三子（公婆墓二墓于大石鼓东边），子：亚林、李养、亚清。

二十一世：亚林生于1942年7月4日，学历初中，办机械厂于新民三角山，配黎芳生于1954年6月23日，生五子：志江、志洋、坤明、国标、国炎。

二十二世：志江生于1982年5月25日，毕业于杭州大学，国本，考取得学士学位。

二十二世：志洋生于1984年4月5日，毕业于深圳大学，现工作于深圳市。

二十二世：坤明生于1986年10月24日，毕业于珠海技术学院。

二十二世：国标生于1994年2月10日，在读顺德技术学院。

二十二世：国炎生于1997年1月6日，出继于横山大岭村一王姓家。

二十一世：李养服兵役提干，转业于南宁市工作安居，配梁彩娇，生于1949年7月13日，籍贯，工作于南宁市，生二子：东铭、亚春。

二十二世：东铭生于1977年丁巳年12月11日，曾服兵役，现工作于电网博阳工程，配胡兰丹生于1985年6月25日，工作为医护，生一子：杰乐。

二十三世：杰乐生于2012年1月6日。

二十二世：亚春生于1984年3月1日，毕业于广西大学，工作于南宁市电信局。

二十一世：戚清生于1949年4月30日，学历高中，曾为教师，配苏蔡连，1958年9月29日生于雅塘坡仔村，学历初中，生一女二子。女：水娇生于1987年6月9日，学历初中，适清远英德含洸镇杨家。子：李嘉、李焕。

二十二世：李嘉生于1989年10月21日，学历中专，务工。

二十二世：李焕生于1991年10月20日，学历高中，务工。

十八世：士进妣郑氏，生二子（公墓地堂岭婆墓园仔槽）：汝翼、亚金●（墓于大四方田头上）。

十九世：汝翼妣罗氏生二子（公墓大四方田头婆墓大岭脚）：兆龙、兆图。

二十世：兆龙妣林氏生一子（公墓夹喉婆墓水利塘上）：培熊。

二十一世：培熊妣李氏生一子（公墓马路边婆墓飞鼠地）：锦忠。

二十二世：锦忠，一生投身于基层干部工作（墓于粪箕强），配张桂英，生一女四子。女：亚路婚于横山上乙槽村，子：亚柱、亚兔、亚秋、亚天。

二十三世：戚柱生于1961年8月13日，高中，务工。曾服兵役，保卫家园，配苏连梅，生二女二子。长女：启君生于1991年1月3日，适广州。次女：启慧生于1993年10月6日，高中，务工。子：启营、境圳。

二十四世：启营生于1966年10月21日，就读高中。

二十四世：境圳生于1999年月日，在读初中。

二十三世：戚兔生于1996年3月21日，初中，务工，配刘明，生于1966年3月5

日，生二女一子：长女：启满生于 1996 年 8 月 17 日，在读高中；次女：小燕生于 2000 年 2 月 7 日，在读初中；子：华冠。

二十四世：华冠生于 1998 年 11 月 23 日，在读初中。

二十三世：秋成生于 1969 年 8 月 21 日，初中，务工，配阮丽婵，生于 1972 年 3 月 15 日，生于清远，生二女一子：长女：伟茵生于 1995 年 1 月 17 日，在读高中；次女：伟晏生于 2002 年 4 月 11 日，在读初中；子：旭锋。

二十四世：旭锋生于 2006 年 5 月 30 日。

二十世：兆图妣梁氏，生一子（公墓大石鼓前婆墓井仔岭）：培炎。

二十一世：培炎，国家职工，一生忠厚善良，妣墓氏生三子（公墓井仔岭婆墓燕子岭东头），子：亚权、亚伟、亚栋。

二十二世：戚权，国家职工干部，配许碧珍，生于 1950 年 3 月 3 日，退休职工，生二女一子。长女：戚秋英生于 1971 年 6 月 28 日，大专；次女：生于 1973 年 10 月 6 日，大专；子：日生。

二十三世：日生生于 1977 年 7 月 23 日，高中，务工，配黎薇生于 1979 年 10 月 23 日，安铺人，生一女一子：女：诗眉生于 2003 年 12 月 11 日；子：戚焱。

二十四世：戚焱生于 2008 年 11 月 6 日。

二十二世：戚伟生于 1955 年 7 月 28 日，党校专科大学，曾任廉江外经委主任。配杨翠清生于 1954 年 9 月 23 日，毕业于湛江师院，工作于廉江外贸局，生三女一子：长女：华丽生于 1978 年 5 月 17 日，毕业于中山大学本科，适广州市；次女：华生于 1989 年 3 月 23 日，广东工业大学毕业，工作于香港汇丰软件公司。三女：扬翊生于 1991 年 10 月 2 日，毕业于外语外贸大学，工作于英国人力资源公司；子：真源。

二十三世：真源生于 1997 年 6 月 25 日，就读广州外语外贸大学南国商学院。

二十二世：戚栋生于 1960 年 9 月 2 日，大专，工程师监理，定居广州，配杨雪琴生二子（离异），配陈艳芳生一子：中专，物业管理主任，子：振兴、中华、振燊。

二十三世：振兴生于 1986 年 1 月 21 日，高中，圣地公司工作。

二十三世：中华生于 1989 年 2 月 26 日，初中，务工。

二十三世：振燊生于 1995 年 9 月 6 日，大专，务工。

六世祖广爱之子朝进公分支允碧公派下相秩房源流谱

十四世：相秩妣麦氏生一子：升。

十五世：升妣梁氏生三子：荣宗（另续）、华宗、耀宗。

十六世：华宗妣严氏生一子：文芳。

十七世：文芳妣全氏生四子：士英、士宏妣林氏（未详）、士汉、士荣。

十八世：士英妣林氏生五子：汝梅、汝模、亚信（未详）、亚释（未详）、亚通（外出）。

十九世：汝梅妣伍氏生二子：兆球、亚九（未详）。

二十世：兆球妣妣氏生一子：亚发。

二十一世：戚发配庞雪英，生于1945年12月22日，退休职工，生一子：戚彪。

二十二世：戚彪生于1971年6月22日，本科，工作职务科员，配张玉葵生于1971年8月27日，大专，职工，生一子：浩轩。

二十三世：浩轩生于2000年5月27日，学生。

十九世：汝模（士英次子）妣符氏生一子：兆江。

二十世：兆江妣冯氏（未详）。

十九世：亚通外出江门娶妻生二子，通死后其妻将子出卖，亚有赎回此二子，后因日本入侵散失，不知去向。

十八世：士汉妣李氏生一子：亚馀●。

十八世：士荣妣刘氏生一子：亚芬●。又林氏生四子：汝培、亚隆●、亚发（外出未详）。

十九世：汝培妣陈氏生三子：兆柯、启明、景云●。

二十世：兆柯配莫氏生三女四子：长女：亚凤，适新民石云村；次女：梅珍，适乾案张村；三女：翠连，务工；子：观德、木兴、志文、水平。

二十一世：观德生于1965年9月6日，初中，务农，配陈水生于1965年9月26日，生三女一子：长女：婚于横山六格；次女：亚燕婚于湖南；三女：金连，初中，务工；子：锦杨。

二十二世：锦杨生于1994年11月5日，在读大学。

二十一世：木兴生于1972年11月26日，高中，务工，配郭玉兰生于1979年2月

14日，清远人，生二女：长女：思恩生于1996年，在读高中；次女：彤彤生于1998年。

二十一世：志文生于1975年8月11日，初中，务农，配叶石芳生于1973年10月20日，初中，生一女一子：女：家慧生于1999年10月23日，在读初中；子：家威。

二十二世：家威生于2001年1月8日，在读初中。

二十一世：水平生于1978年2月3日，初中，务工，配许妹生于1985年5月29日，生一女一子：女：春晓生于2005年8月28日；子：锦标。

二十二世：锦标生于2008年5月20日。

二十世：啟明配谭氏，生一女七子：女，妹仔婚于横山尖角溪村；子：日光、亚辉●、木森、进德、亚求（出继关塘仔村戚氏）、木发、进才。

二十一世：日光曾服兵役参战对越自卫反击，定居于广西宁明夏石，配黎明宇，宁明夏石人，生一女一子：女，已婚嫁；子：亚雷●。

二十一世：木森配吴大妹，生二子：伟君、伟聪。

二十二世：伟君（未详）。

二十二世：伟聪，务工。

二十一世：进德生于1964年5月7日，初中，务工，配王梅清生于1966年6月23日，生二女一子：胞女思华、思敏生于1992年12月3日，初中，务工；子：康蚕。

二十二世：康蚕生于1991年8月19日，初中，务工。

二十一世：戚求（出继关塘村戚姓）。

二十一世：木发生于1970年7月14日，配妻亚芬，越南人（离异），生二子：康广、康廷。

二十二世：康广生于1989年7月10日，初中，务工，配蔡丽梅生于1988年11月7晶，雷州客路人，生二女：长女，汝清生于2011年10月8日；次女，

二十二世：康廷生于1990年11月22日。

二十一世：进才生于1976年5月16日，初中，务农，配王珍（离异）生二女一子：长女：日婷生于1999年5月，在读初中；次女：云辉生于2001年9月19日，在读小学；子：李厂。

二十二世：李厂生于2008年5月7日。

十六世：耀宗妣陈氏生二子：文藩、文轩。

十七世：文藩妣谭氏生五子：士霖、亚言●、士森、士彬、水养●。

十八世：士霖妣王氏生二子：亚荣（外出未详）、三益（未详）。

十八世：士森妣谭氏生一子：有休。

十九世：有休妣卜氏生四子：亚●、亚强、兆廷、兆欣。

二十世：戚强，务农。

二十世：兆廷妣陈氏生一子：庞生。

二十一世：庞生，大专，务工。

二十一世：培恒（庞生）生于1976年，大专，务工。

二十世：兆欣生于1954年4月4日，初中，务农，曾服兵役，配莫调，生于1958年3月4日，生五子：培禅、广图、华庆、亚略、亚展。

二十一世：培禅生于1982年5月11日，初中，务工，配昌辉英生于1982年7月22日，生二女：长女：雨婷生于2009年8月1日；次女：李圳生于2011年7月3日。

二十一世：广图生于1986年4月27日，初中，务工，配陈带娣生于1985年10月9日，生一女：若岚生于2010年11月30日。

二十一世：华庆生于1988年4月29日，初中，务工，配李婷毅生于1989年，生一子：锦榜。

二十二世：锦榜生于2012年8月28日。

二十一世：戚略生于1990年10月25日，初中，务工。

二十一世：戚展生于1992年3月29日，初中，务工。

十八世：士彬（文藩四子）蔡氏生二子：有朝、亚喜（外出未详）。

十九世：有朝妣宋氏●

十七世：文轩许氏生一子：士范。

十八世：士范妣曹氏生三子：亚杓、亚轩●、亚登。

十九世：亚杓妣曹氏（出嫁）●

十九世：亚登妣罗氏生一子：亚一●。

六世祖广爱之子朝进公分支允碧公派下相泽房源流谱

十四世：相泽为人忠厚儒业，妣林氏生二子：麟定、麟儒。

十五世：麟定妣彦氏生三子：盛宗、敬宗、绍宗。

十六世：盛宗妣陈氏生一子：文宁。

十七世：文宁妣氏生二子：士显、亚隆●。

十八世：士显妣叶氏生二子：汝益、亚章●。

十九世：汝益妣李氏生一子（改嫁）：亚（未详）。

十六世：敬营妣陈氏生一子：文邦（未详）。

十六世：绍宗妣王氏（未详）。

十五世：麟儒妣莫氏生一子：洪宗、缵宗、宪宗、元宗、和宗。

十六世：洪宗妣黄氏生三子：文和、文合、文齐。

十七世：文和妣林氏生三子：士成、士就、士龙。

十八世：士成妣林林二氏生三子：汝富、汝桂、汝齐。

十九世：汝富妣黄氏生一子：亚有（外出于广州安居落业）。

二十世：戚有妣冼氏生一子：炳华（住址：广州市越秀区华侨新村）。

二十一世：炳华妣王氏生一子：锦捷。

二十二世：锦捷。

十九世：汝桂妣赖袁二氏生三子：戚九●、戚珍、亚●。

二十世：戚珍娶樊红生于1964年10月10日，越南人，生一女一子：女，戚秀生于 2001年10月1日，在读初中；子：李清。

二十一世：李清生于2003年7月23日，在读小学。

十九世：汝齐妣陈氏生四子：兆盘、亚养、亚信、亚就●。

二十世：兆盘配黄氏生三子：培清、培馨、培碧。

二十一世：培清（戚龙）生于1950年10月28日，初中务农，配莫仙1952年4月 11日，生三女二子：三个女皆婚嫁；子：锦棠、锦南。

二十二世：锦棠生于1978年9月18日，初中，务工，配莫景娣生于1979年1月30日，

生三子：林源、世炅、伯钊。

二十三世：林源生于2001年9月3日，学童。

二十三世：世炅生于2003年11月3日，学童。

二十三世：伯钊生于2006年5月26日，学童。

二十二世：锦南生于1987年3月4日，初中，务工，配邓柳翠生于1988年6月7日，生一女一子：女，芷菲生于2011年8月；子：戚昱。

二十三世：戚昱生于2013年1月1日。

二十一世：培馨（戚凤）生于1963年12月20日，初中，务工，配杨春丽生于1968年8月20日，初中，务工，生三女二子：长女：秀金生于1989年11月22日，适横山圩；次女：日娣生于1991年12月27日，在读大学；三女：思华生于1993年11月19日，在读大学；子：锦基、锦明。

二十二世：锦基生于1987年6月21日，高中，务工，配彭艳梅（离异），生一女一子：女，李晴生于2007年8月10日；子：永岳。

二十三世：永岳生于2009年11月9日。

二十二世：锦明生于1995年6月15日，在读中学。

二十一世：培碧（戚流）生于1970年4月7日，高中，务工，曾服兵役和任村委干部，配黄映霞于生于1973年9月13日，生一女一子：女：怡敏生于1994年2月4日，就读廉中；子：家俊。

二十二世：家俊生于1998年7月10日，在读初中。

二十世：日养生于19 年 月 日，务农。

二十世：戚信配氏生二子：康喜、戚诗。

二十一世：康喜生于1997年8月15日，学历小学，务工。

二十一世：戚诗生于2003年5月21日。

十八世：士就妣潘氏生二子：汝荣、汝华。

十九世：汝荣妣莫氏生四子：观清、兆灿、兆新、亚立●。

二十世：观清妣李氏（改嫁）（未详）。

二十世：兆灿妣陈氏生二子，定居安铺，子：培权、培杰。

二十一世：培权生于1940年12月6日，配钟爱娟生于1943年7月7日，生五子：锦祥、锦强、锦辉、锦石、锦生。

二十二世：锦祥生于1963年4月3日，配莫珍生于1961年1月8日，生一子：永龙。

二十三世：永龙生于1988年7月17日。

二十二世：锦强生于1965年12月19日，配郭一川生于19年月日，生一子：子嵩。

二十三世：子嵩生于1985年9月20日。

二十二世：锦辉配黄健英生于19年月日，生一子：永升。

二十三世：永升生于19年月日。

二十二世：锦石生于1969年12月10日，配邓康兆生于1977年1月3日，生一女一子：女，美怡生于20年月日；子：永成。

二十三世：永成生于2008年10月24日。

二十二世：锦生生于1971年6月6日，配莫槐生于1974年9月29日，生二子：永聪、永轩。

二十三世：永聪生于1997年12月11日。

二十三世：永轩生于2001年6月24日。

二十一世：培杰生于1945年8月6日，安铺供电所退休职工，配何池生于1948年8月16日，生二子：锦波、锦涛。

二十二世：锦波生于1970年10月7日，配陈木秋生一子：志勇。

二十三世：志勇生于19年月日。

二十二世：锦涛生于1979年闰6月10日。

二十世：兆新妣林氏生三子：亚大●、培泽、培银。

二十一世：培泽生于1950年9月15日，学历高小，务农，配韦秀群生于1968年7月7日，广西宜州人，生一女二子：女，燕珍生于1993年10月4日，学历中技，务工；子：锦毅、锦术。

二十二世：锦毅生于1992年2月28日，学历初中，务工。

二十二世：锦术生于1997年6月15日，学历初中，务工。

二十一世：培银生于1958年5月29日，高中，务工，曾服兵役参战对越自卫反击，配赖翠连生于1954年2月10日，生二女二子：长女已婚嫁；次女，海留生于1991年4月16日，学历初中，务工。子：锦锋、锦浪。

二十二世：锦锋生于1987年8月6日，高中，务工。

二十二世：锦浪生于1994年10月4日，初中，务工。

十九世：汝华妣李赖二氏（未详）。

十八世：士龙（文和三子）罗氏生三子：汝贤●、汝河、汝清。

十九世：汝河妣黄氏生五子：亚大●、兆平（桂升）、兆民、兆孙、兆伟。

二十世：兆平（桂升）妣郑氏生三子：亚宁●、亚国●、亚汉。

二十一世：戚汉生于1953年5月24日，务农，配吴娣生于1964年8月24日，外取一女入继：园乐生于1995年9月8日，在读廉中。

二十世：兆民妣李氏生四子：亚大●、培柳、亚三●、培明。

二十一世：培柳生于1951年2月2日，初中，务农，配赖二妹生于1957年8月28日，生一女一子：女，东虹生于1980年10月21日，婚于湛江市；子：日建。

二十二世：日建生于1982年12月22日，大专，务工，配谢银英生于1986年7月1日，生一子：梓轩。

二十三世：梓轩生于2011年11月18日。

二十二世：培明配苏妹，生于1972年9月5日，生一女一子：女，永青生于1999年2月28日，在读初中；子：李锢。

二十三世：李锢生于1995年6月7日，在读高中。

二十世：兆孙莫氏生四子（改嫁）：亚均、亚德、亚胜、亚来●。

二十一世：亚均配陈秋连生于1948年7月24日，生一女三子：女：秀芳生于1975年5月27日，适前进场。子：锦理、锦章●、锦宁。

二十二世：锦理生于1974年7月16日，初中，务农。

二十二世：锦宁生于1981年3月25日，初中，务工。配黄大珍生于19年月日，生一女：戚恩生于19年月日。

二十一世：戚德服兵役后转安石油公司，任职廉江分公司，配胡珍燕生于1954年7月14日，生二女一子：长女：玉恒生于1980年6月10日；次女：玉玲生于1985年9月11日；子：华明。

二十二世：华明生于1989年4月11日，大学，任职于湛江中石化。

二十一世：戚胜生于1950年3月2日，随母落业于洋青城榄回龙村，配黄路生于1959年3月21日，生二子：李广、马成。

二十二世：李广生于1989年3月21日，初中，务工。

二十二世：马成生于1990年5月10日，初中，务工。

二十世：兆伟张氏生三女一子，三女皆婚嫁，子：培增。

二十一世：培增生于1957年11月13日，高中，曾为教师，配周桂文生于1957年8月25日，生孪女二子：孪女：戚春、戚晖生于1987年2月23日，中技，务工；子：锦华、锦桧。

二十二世：锦华生于1988年8月10日，高中，务工，配叶秀平生于1989年1月21日，生一女一子：依栐生于2013年2月25日。子：永霖。

二十三世：永霖生于2015年6月12日。

二十二世：锦桧生于1990年9月25日，高中，务工。

十九世：汝清妣伍氏生一子：桂林。

二十世：桂林妣何氏生二子：戚寿、亚金●。

二十一世：戚寿生于1938年4月12日，务农，配白氏，生三女二子：长女：广英生于1990年9月13日，务工；次女：晓凤生于1997年10月4日，在读初中；三女：晓玲生于2000年10月2日；子：锦宇、锦赞。

二十二世：锦宇生于1992年6月30日，初中，务工。

二十二世：锦赞生于1993年10月10日，初中，务工。

十七世：文合（洪宗次子）妣陈氏生四子：士猷、士茂、士芳、士彩。

十八世：士猷妣张氏，生一子：亚春。

十九世：亚春妣李氏●。

十八世：士茂妣罗氏●。

十八世：士芳妣林氏●。

十八世：士彩妣莫氏生一子：何生。

十九世：何生（入门）卜氏生一子：文流。

二十世：兆忠（文流）于安铺定居开枝散叶，配梁氏，生三子：康源●、昌德、成才。

二十一世：昌德生于1958年12月22日，高中，在家创业，配何木改，生于1956年8月6日，学历初中，生二女一子，住安铺瑞南街瑞环路6号。长女：喜燕生于1984年5月28日，学历大学，务工；

次女：喜妮生于1986年5月27日，学历大学，务工；子：志成。

二十二世：志成生于1994年3月9日，学历初中。

二十一世：成才生于1964年11月19日，经商，配杨丽华生于1964年12月20日，

学历高中，生三子：观进、志良、广威。

二十二世：观进生于1985年12月9日，娶何翩翩生于1985年6月20日，生二子：荣耀、世宏。

二十三世：荣耀生于2008年8月2日，学童。

二十三世：世宏生于2011年12月28日。

二十二世：志良生于1987年9月6日，配林海鸣，生于1987年6月13日，生二女一子：长女：雨晴生于2009年3月26日；次女：美琪生于2015年8月3日。子：宇恩。

二十三世：宇恩生于2000年1月19日。

二十二世：广威生于1999年1月20日。

十五世：麟儒妣莫氏生五子：洪宗、瓒宗、宪宗、元宗、和宗。

十六世：洪宗妣黄氏生三子：文和（另续）、文合（另续）、文齐。

十七世：文齐妣罗氏生五子：亚旺●、士赢、士海、士廉、士扬。

十八世：士赢妣莫氏（未详）。

十八世：士海妣林氏生一子：有茂。

十九世：有茂妣莫氏生一子：亚敬●。

十八世：士廉妣邓氏生三子：有成、亚福、亚仁●。

十九世：有成妣罗氏生一子：亚喜●。

十九世：有东（亚福）配潘氏（出嫁）●。

十六世：瓒宗妣陈氏生二子：文啟、观禄。

十七世：文啟妣曹氏生二子：士顺（还有一子未详）。

十八世：士顺妣钟氏、芦氏●（否知士顺是文啟或观禄生，未详）。

十七世：观禄（未详）。

十六世：宪宗妣氏生三子：文能●、文本●、文善●（据父祖讲述而修）。

十六世：元宗（麟儒四子）妣圹田村氏，生五子：文开、文连（未详）、文理（未详）、文正（未详）、文喜。

十七世：文开妣莫氏，生二子：士恩、亚祥●。

十八世：士恩妣罗氏●。

十七世：文喜妣金刚林氏生一子：仕彬（亚俭）。

十八世：仕彬（亚俭）生于1908年5月5日，卒于2006年7月，阳寿99岁，安居洋青城榄黄桐树村，开枝散叶，配庞氏生二子三女：长女：戚妹生于1959年，适界炮垌口村；次女：戚赤生于1962年，适洋青鸭㙟塘村；三女：戚玉英生于1972年，适洋青合树村；子：光荣、景梅。

十九世：光荣生于1949年2月25日，务农，配张文珍生于1947年2月25日，生一女四子：女：少英生于1966年7月6日，婚于杨柑后田新村；子：戚就、戚院、戚京、戚兵。

二十世：戚就生于1968年12月24日，学历初中，务工，配陈伟生于1966年8月28日，生二子一女：女：春霞生于1993年11月26日，中专，务工；子：华积、光辉。

二十一世：华积生于1991年9月23日，初中，油漆经营。

二十一世：光辉生于1995年8月28日，学历高中，油漆经营。

二十世：戚院生于1971年12月1日，初中，务工，配谢玲芳生于1975年12月1日，生三女一子：长女：清燕生于2000年6月16日，学童；次女：清理生于2002年5月16日，学童；三女：清娣生于2004年9月8日，学童；子：广城。

二十一世：广城生于2006年6月25日。

二十世：戚京生于1979年6月7日，初中，务工，配罗文娣生于1988年6月6日，生二女一子：长女：舒雯生于2005年6月12日；次女：彩玲生于2010年3月20日；子：康武。

二十一世：康武生于2007年5月27日。

二十世：戚兵生于1980年12月26日，初中，务工，配徐晓霞生于1983年9月5日。

十九世：境梅生于1955年7月27日，娶陈氏生一女一子：女：春花婚于廉江；子：景辉。

二十世：景辉生于1985年10月24日，高中，务工。

十六世：和宗妣陈氏生二子：文觉、文礼。

十七世：文觉妣（　）氏生一子（后出嫁）：亚念●。

十七世：文礼妣黄氏生二子：亚赢●、亚经●。

六世祖广爱长子朝进公分支允碧公派下相和房源流谱

十四世：相和妣谭氏生三子：戚宗、麟华、麟会。

十五世：戚宗妣陈氏（未详）。

十五世：麟华妣李氏（未详）。

十五世：麟会妣陈氏生三子：安宗、亚二（未详）、何柱（未详）。

十六世：安宗妣（　）氏生二子：文福、文禄。

十七世：文福妣何氏生二子：士光、士连。

十八世：士光妣陈氏生三子：汝松、亚赖●、亚寿（外出，未详）。

十九世：汝松妣伍氏生一子（住东兴）：亚大●。

十八世：士连妣卜氏生一子：亚邦●。

十七世：文禄妣（　）氏生二子：士灿、镇福●。

十八世：士灿妣岳氏（出嫁）（未详）。

六世祖广爱长子朝进公分支允琦公派下 相安 相考 相定 房源流谱

十三世：允琦（取允瑞公第六子入继）妣氏生三子：相安、相考、相定。

十四世：相安（系允瑞公六子入继）妣罗氏生四子：麟广（其余三子未详）。

十五世：麟广妣陈氏生一子（未详）。

十四世：相考妣邱氏生三子：戚凤、戚龙（未详）、龙仕。

十五世：戚凤妣（　）氏生一子：胜宗。

十六世：胜宗妣（　）氏生一子：亚进（未详）。

十五世：龙仕妣（　）氏生二子：名宗、色宗。

十六世：名宗妣（　）氏生三子：亚奇（未详）、亚发（未详）、亚保（未详）。

十六世：色宗妣（　）氏生一子：亚凤（未详）。

十七世：文集妣（　）氏生一子：亚业（不知何柱生文集生一子亚业）。

十七世：文吉、亚呼（未详）不知何柱生文吉、亚呼俱未详

十七世：亚顺（不知何宗之子俱未详）。

十四世：相定妣潘氏●

六世祖广爱长子朝进公分支允琮公派下相南房源流谱

十三世：允琮妣司氏生四子：相南、相科、相邦、相茂。

十四世：相南妣梁氏生二子：亚周、亚雲。

十五世：亚周妣徐氏生二子：杨宗、正宗。

十六世：杨宗妣潘钟二氏生一子：文宝。

十七世：文宝妣张氏生一子：亚林（未详）。

十六世：正宗妣陈罗二氏生二子：亚隆（未详）、文峰。

十七世：文峰妣占氏生二子：士有、士徐。

十八世：士有妣陈氏生一子：有良。

十九世：有良妣卜氏生三子：亚发●、康祥、康来。

二十世：康祥配黄燕生二子：景就、景雄。

二十一世：景就配钟茹妹生二女：少平、少梅。

二十一世：景雄生于年月日。

二十世：康来生于1956年12月12日，初中，务农，配宋珍生于1964年6月20日，生一女二子。女：陈英生于1996年6月14日，在读初中；子：志强●、志华。

二十一世：志华生于1990年4月16日，初中，务工。

十八世：士徐妣吴黄二氏（未详）。

十五世：戚雲妣林谭二氏生三子：福宗、德宗、瑞宗。

十六世：福宗妣宋氏生三子：文心、文爱（未详）、文平（未详）

十七世：文心妣莫氏生四子：士忠、士良、士厚、士善。

十八世：士忠妣卜氏生二子：汝寿、亚平住雷州●。

十九世：汝寿妣梁氏生一子：亚彬●。

十八世：士良妣陈氏生二子：亚康外出（未详）、亚官外出（未详）。

十八世：士厚妣符氏生二子：汝槐、亚九（外出广州定居）。

十九世：汝槐妣罗氏生三子：兆芳、亚举●、兆德。

二十世：兆芳配苏氏生三子：亚敬、亚忠、亚。

二十一世：戚敬生于1950年，工作于廉江供电局某股长，配袁佩生，工作于廉江供电局，生一子：亚勇。

二十二世：戚勇，工作于深圳市某公安单位，配王丽华，生一子：洪瑞。

二十三世：洪瑞生于年月日。

二十一世：戚忠生于1960年9月2日，初中，务工，配李小生一子（离异）又何小兰1974年11月25日生于广西梧州，生四子：景锋、进泊、杰圣、杰福。

二十二世：景锋生于1982年12月15日，大专，务工，配何景娣生于1983年5月9日，师院毕业教师生一子；煜晖。

二十三世：煜晖生于2012年10月13日。

二十二世：进泊生于1989年11月8日。

二十二世：杰圣生于1991年11月18日。

二十二世：杰福生于1993年11月20日。

二十一世：志光（亚），初中，务工，配张伟兰，生一女：戚文欣。

二十世：兆德配曹氏生二子：亚兵、亚将。

二十一世：培庆（亚兵），初中，务工，配陈志霞，大专，生一女：晓云生于1998年10月30日。

二十一世：培来（亚将），初中，务工，配罗群娣，生于1975年10月12日，生一女一子。女：金凤生于2009年3月4日，子：锦基。

二十二世：锦基生于1999年1月4日。

十九世：戚九外出定居广州，配王氏（现移民美国）生一女二子。女：群英适广州市，子：祥苏，细苏●。

二十世：祥苏于广州某集团公司任一官职，于1987年寻祖归宗，配冯淑芳生一女一子。女：戚丽珍适广州市，子：富强。

二十一世：富强配王俊英，生一子：浩然。

二十二世：浩然年月日。

十八世：士善妣陈氏生二子：有圃、亚伍●。

十九世：有圃妣陈陈二氏各生一子：亚堆（未详）、亚韬（未详）。

十六世：德宗（亚雲次子）妣叶氏生三子：文海、文森、亚爵（未详）。

十七世：文海妣李氏生四子：士建、士廷、士通（何氏嫁过继相茂）、士棂。

十八世：士建妣卜氏生五子：亚利、有贤、亚泰●、有发、有珠。

十九世：亚利妣陈氏（出嫁）●。

十九世：有贤妣麦氏生二子：华堂、亚宣●。

二十世：华堂生于1929年12月22日，粤剧后台老艺人，在吴川开枝散叶，配李氏生一子：照锋，再娶李氏生于1944年9月10日，生一子：照耀。

二十一世：照锋生于1953年10月25日，初中，务工，配梁华珍生于1958年9月16日，生一子：思建。

二十二世：思建生于1989年4月4日。

二十一世：照耀生于1975年3月5日，配龙凤燕生于1977年11月8日，生二子：锦龙、锦频。

二十二世：锦龙生于2008年2月23日。

二十二世：锦频生于2012年4月28日。

十九世：有发妣何氏生二子：兆伍、兆强。

二十世：兆伍配黄氏生三子：培全、培国、培雄。

二十一世：培全生于1959年4月18日，初中，务工，定居广东遂溪，配莫妹生于1961年12月9日，生四女一子：四女皆婚嫁；子：锦泰。

二十二世：锦泰生于1985年3月14日，大学文凭，务工。

二十一世：培国生于1962年7月25日，初中，务工，配叶桂1963年4月8日，生于遂溪城西，生二子一女：女：王玲生于1992年4月23日，大专，务工；子：李锋、李文。

二十二世：李锋生于1986年7月14日，初中，务工，配郑慧婷1986年2月12日，生于龙湾荔枝林村，生一女：观怡生于2013年9月18日。

二十二世：李文生于1988年4月23日，初中，务工，配李湛明，生于1990年8月21日，番禺人。

二十一世：培雄生于1969年9月25日，初中，务工，配刘远娥，生于1966年11月9日，高中，生二子一女：女：雪斐生于1997年12月15日，在读初中；子：康耀、华杰。

二十二世：康耀生于1991年10月27日，初中，务工。

二十二世：华杰生于1993年10月21日，初中，务工。

二十世：兆强，道班职工，配谭秀芳生二女二子：二女皆婚嫁；子：培成、培就。

二十一世：培成生于1957年5月4日，务工。配杨梅生于1963年12月12日，生二女二子：二女皆婚嫁；子：观雄、陈虎。

二十二世：观雄生于1986年12月29日，初中，务工。配周二梅生于1987年11月22日，生于四川，生二女：长女，苏玉生于2009年；次女，生于2010年。

二十二世：黄虎生于1988年4月8日，初中，务工。

二十一世：培就生于1964年4月15日，道班职工，配罗珍英生二子：亚添、康傲。

二十二世：戚添生于1986年，务工。

二十二世：康傲生于1999年，初中，务工。

十九世：有珠妣莫氏生三子：亚琪●、兆杨、兆柳。

二十世：兆杨生于1948年5月9日，高小，务农，配蒋兰英生于1947年2月26日，广西人，生二子一女：女：晓恒生于1991年3月16日，适牵九车村；子：国栋、国梁。

二十一世：国栋生于1985年2月23日，初中，务工。

二十一世：国梁生于1987年5月3日，初中，务工。

二十世：兆柳生于1951年9月28日，务农，配黄味生于1953年7月21日，生一女二子：女：水英生于1985年4月3日，适于沙古；子：亚均、水安。

二十一世：戚均生于1979年7月26日，初中，务工，配陈燕群，生于1980年7月10日，生一女一子：女：李虹生于2009年5月20日；子：锦培。

二十二世：锦培生于2013年11月9日。

二十一世：水安生于1980年12月18日，初中，务工，配李海霞生于1979年4月27日，生一子：锦城。

二十二世：锦城生于2006年3月13日。

十八世：士廷许氏生一子：亚（未详）。

十八世：士㮦李莫二氏生一子：亚（未详）。

十七世：文森罗氏生三子：士炳、亚（未详）、亚（未详）。

十八世：士炳妣陈氏生三子：亚乾（未详）、亚（未详）、亚（未详）

十六世：瑞宗（戚云三子）配曾氏生一子（未详）。

六世祖广爱长子朝进公分支允琮公派下相科房源流谱

十四世：相科妣许、载二氏生二子：亚弘、亚毅配陈氏（未详）。

十五世：戚弘妣陈氏生三子：保宗、佑宗、祥宗。

十六世：保宗妣氏生一子：亚益（未详）。

十六世：佑宗妣李、周二氏生一子：文富。

十七世：文富妣陈氏生五子：士珍、亚栋（未详）、亚九（未详）、士珠、亚实●。

十八世：士珍妣陈氏生一子：有业。

十九世：有业妣何氏生三子：亚就、康新、康文。

二十世：戚就生于1948年8月5日，服兵役后安置廉江药材公司工作，配邱土梅生于1949年6月5日，生二女一子：长女：冠芳生于1974年1月8日；次女：飞玲生于1976年5月10日；子：鸿东。

二十一世：鸿东生于1977年10月30日，学历高中，配黎雪云，生于1984年9月15日，生二女：长女：欣榆生于2008年11月27日；次女：美琪生于2011年10月7日。

二十世：康新生于1953年3月6日，初中，务农。配李带，生于1966年6月5日，生一女二子：女：晓玲生于1980年，适阳江；子：伟聪、景明。

二十一世：伟聪生于1981年9月30日，学历初中，务工，配莫景娟，生于1987年6月13日，生一子：锦鸿。

二十二世：锦鸿生于2013年4月24日。

二十一世：景明生于1983年10月5日，初中，务工。

二十世：康文生于1966年5月6日，初中，务工，配陈景强生于1963年12月28日，生一女三子：女：李思生于1995年4月8日，在读高中；子：伟华、伟杰、艺成。二十一世：伟华生于1997年5月18日，在读高中。

二十一世：伟杰生于1999年4月9日，在读高中。

二十一世：艺成生于2003年10月2日，在读初中。

十八世：士珠妣温氏生一子：有祥。

十九世：有祥定居缸瓦窑，妣陈氏，生二子：亚业、亚伟●。

二十世：戚业生于1957年，学历大专，工作于廉江经济警察，配徐丹生于1958年，生二子：锦娃、桂林。

二十一世：锦娃生于1983年。

二十一世：桂林生于1991年。

十六世：祥宗妣某氏生四子：文才、文灼（未详）、亚养（未详）、文照。

十七世：文才（戚弘三子）妣陈氏生三子：亚意（未详）、亚同（未详）、亚安（未详）。

十七世：文照（或文熙救济关）妣符氏，生一子：士凤。

十八世：士凤妣黄氏生三子：有阳、有伴、景有●。

十九世：有阳妣黄氏生四子：亚炳、康润、亚照●、亚勇。

二十世：亚炳生于1955年2月15日，学历初中，务工，配钟妹，生于1959年5月1日，生二女二子：长女：李连生于1987年12月28日，高中，务工。次女：翠君生于1990年3月3日，在读大学；子：景毅、锦颖。

二十一世：景毅生于1992年4月10日，在读大学。

二十一世：锦颖生于1995年3月8日，在读高中。

二十世：康润生于1963年3月22日，初中，务农，配黄存生于1963年10月7日，生三女一子：长女：华丽生于1989年3月8日，适清远；次女：陈秀生于1993年2月13日，初中，务工；

三女：陈生生于1996提10月13日，在读初中；子：进兴。

二十一世：进兴生于1992年9月10日，初中，务工。

二十世：戚勇生于1973年3月25日，初中，务工，配郑秀馨生于1973年7月18日，生二女一子：长女：晓宜生于1995年8月17日，初中，务工；次女：舒淇生于2000年2月2日，在读初中；子：景恒。

二十一世：景恒生于1994年4月24日，在读高中。

十九世：有伴配罗氏，生四子：兆忠、亚秀、亚雪、亚礼。

二十世：兆忠（全仔）生于1953年10月5日，初中，务农；配许广生于1957年8月18日，生一女二子：女：亚继生于1985年5月25日，适青塘；子：李科、培卿。

二十一世：李科生于1980年10月10日，高中，务工，配吕美生于1978年10月5日，

生二子：锦永、锦柏。

二十二世：锦永生于 2006 年 6 月 10 日。

二十二世：锦柏生于 2007 年 11 月 9 日。

二十一世：培卿生于 1987 年 11 月 8 日，高中，务工，配视珠连，生于 1986 年 4 月 13 日，仰塘马面塘村人。

二十世：戚秀生于 1958 年 1 月 1 日，初中，务工，配莫贤生于 1958 年 1 月 11 日，生一女二子：女：冬梅生于 1997 年 8 月 16 日，在读廉一高中；子：康瑜、华平。

二十一世：康瑜生于 1986 年 11 月 7 日，高技学历，务工。

二十一世：华平生于 1993 年 2 月 7 日，在读技校。

二十世：戚雪生于 1965 年 4 月 26 日，初中，务农，配陈娣生于 1967 年 10 月 7 日，生一女二子：女：景芬生于 1993 年 6 月 2 日，初中，务工；子：景忠、进西。

二十一世：景忠生于 1995 年 1 月 26 日，就读高中。

二十一世：进西生于 1997 年 1 月 13 日，在读初中。

二十世：戚礼生于 1969 年 4 月 29 日，初中，务工，配黄素兰，生于 1971 年 6 月 21 日，生二女二子：长女：海群生于 1994 年 7 月 27 日；次女：小丽生于 2004 年 8 月 3 日；子：李任、华乔。

二十世：李任生于 1990 年 1 月 7 日，大专，务工。

二十世：华乔生于 1991 年 10 月 27 日，初中，务工。

六世祖广爱长子朝进公分支允琮公派下 相邦 相茂 房源流谱

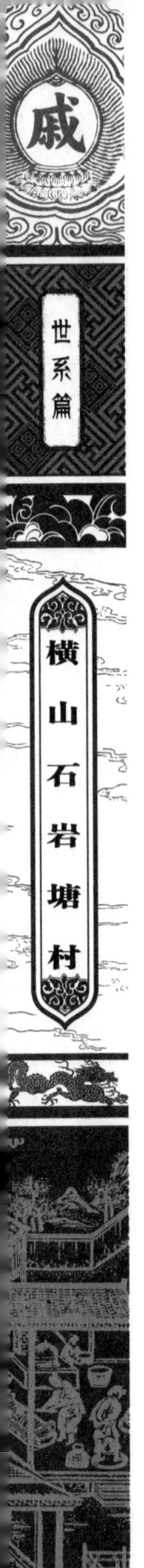

十四世：相邦妣氏出嫁（未详）。

十四世：相茂妣曹氏生一子：贤宗。

十五世：贤宗（未详）。

六世祖广爱长子朝进公分支允瑞公派下相显房源流谱

十三世：允瑞妣氏生六子：相显、相灵（另续）、相宰（另续）、相壹（另续）、相旋（另续）、相安（出继允琦）。

十四世：相显妣林氏生三子：亚扬、亚权、亚宁。

十五世：戚扬妣罗氏生一子：朝宗。

十六世：朝宗妣陈氏生一子：文盛。

十七世：文盛妣氏生一子：亚（未详）。

十五世：戚权妣陈氏生二子：汉宗、应宗●。

十六世：汉宗（相显次子）妣陈氏生二子：文典、文模。

十七世：文典妣蔡氏生一子：士周。

十八世：士周妣麦许二氏（取堂兄士均次子入继）：有信。

十九世：有信妣林氏生六子：兆灼、兆琛、兆增、兆炎、兆镇、兆威。

二十世：兆灼生于1931年7月7日，任安铺汽车站站长。配刘素英，生于1932年12月10日，车田村人，生一子：培昌。

二十一世：培昌生于1966年9月26日，学历高中，开厂办企业，配李群娟生于1965年6月15日，廉城人，生二子：锦桦、锦洪。

二十二世：锦桦生于1993年9月23日，就读大学。

二十二世：锦洪生于1996年1月6日，在读高中。

二十世：兆琛生于1934年8月2日，服兵役转安海南东兴农场任一要职，配李秀琼生于1934年1月11日，生二子：培君、培剑。

二十一世：培君生于1986年3月9日，中专，任海康收获农场一队长，配施灿珠，生于1953年12月15日，广西人，生一子：锦强。

二十二世：锦强生于1986年3月9日，大专学历，于广州经商。

二十一世：培剑生于1972年5月1日，学历大专，海南万宁县地质队干部，配吴丽生于1976年11月8日，生一子：锦辉。

二十二世：锦辉生于1998年5月28日，在读小学。

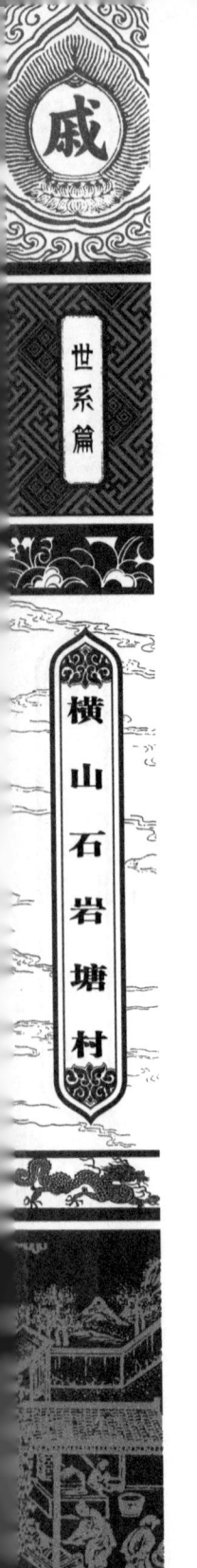

二十世：兆增（有信三子）生于1938年2月23日，务农，配莫文英，生于1942年6月12日，生四子：培翼、进彪、景素、亚帅。

二十一世：培翼生于1965年6月20日，初中，务工，配罗雪清，生于1965年12月27日，生一子：志伟。

二十二世：志伟生于2004年2月11日，学童。

二十一世：进彪生于1965年6月23日，初中，务农，配李美，生于1966年5月21日，生二子：锦庆、锦贺。

二十二世：锦庆生于1995年10月5日，初中，务工。

二十二世：锦贺生于1998年3月8日，初中，务工。

二十一世：景素生于1969年2月28日，初中，务工，配黄兰英生于1970年5月5日，广西人，生一子：锦鹏。

二十二世：锦鹏生于1997年5月9日，初中。

二十一世：戚帅生于生于1974年9月6日，初中，务工，配何依妙生于1973年6月6日，广西人，学历师范，生一子：恒凯。

二十二世：恒凯生于2002年7月16日，学童。

二十世：兆炎生于1941年2月5日，工作于廉江药公司，定居安铺，配罗建文生于1943年10月15日，生四子：培辉、培煌、培腾、培达。

二十一世：培辉生于1964年9月1日，高中，居住湛江，配何友生于1965年1月12日，生一女一子：女：佩仪生于1987年4月29日，大学；子：志鹏。

二十二世：志鹏生于1990年2月29日，大学。

二十一世：培煌生于1967年10月3日，高中，住安铺，配陈秀艳生于1968年9月6日，生二女一子：长女：佩君生于1992年4月21日；次女：佩英生于1994年1月28日；子：锦志。

二十二世：锦志生于1997年5月11日。

二十一世：培腾生于1969年11月15日，大学，工作于茂名药材公司，住茂名市，配赖枚容生于1975年9月13日，大学，生一子：锦宇。

二十二世：锦宇生于1999年11月14日。

二十一世：培达生于1972年12月14日，高中，住茂名市，配何雪平生于1972年4月24日，生一女一子：女：绮晴生于2002年9月5日；子：锦明。

二十二世：锦明生于1997年1月10日。

二十世：兆镇生于1949年3月26日，中师，校长职务，配何翠娟生于1952年12月23日，生二子：培炀、培锋。

二十一世：培炀生于1983年10月19日，大学本科，廉二中任教，配梁晓玲生于吉水那楼寨，任教于廉二中，生一女：文悦生于2012年4月28日。

二十一世：培锋生于1986年12月25日，大专，务工。

二十世：兆威生于1953年3月16日，高中，务工，配何桶生于1961年，生一女二子：女：志霞生于1995年11月13日，高中；子：志苹、进廷。

二十一世：志苹生于1990年1月26日，高中，务工。

二十一世：进廷生于1991年8月14日，初中，务工。

十七世：文模（汉宗次子）妣刘氏生六子：士均、士平妣李氏（未详）、士全妣吴氏●、亚南（未详）、亚辉（未详）、亚寿（未详）。

十八世：士钩妣罗氏生二子：有建、有信（出继堂叔伯士周）。

十九世：有建妣陈氏生三子：兆忠、兆林、兆满。

二十世：兆忠配林氏生三子：亚大●、流文、亚武。

二十一世：流文生于1966年4月6日，初中，务工，配许少金，生于1967年7月13日，生二子：景建、景顺。

二十二世：景建生于1994年11月16日，在读高中。

二十二世：景顺生于1999年3月27日，在读初中。

二十一世：亚武生于1973年12月20日，初中，务工，配邓才英生于1971年7月24日，湖南人，生一女一子：女：含瑶生于1997年10月1日，在读廉二中；子：含青。

二十二世：含青生于1999年8月6日，就读初中。

二十世：兆林生于1949年9月14日，务农，配陈志珍生于1953年6月25日，生四子：进宏、进成、进华、进来。

二十一世：进宏大循环地1976年8月16日，高中，务工，配陈芬生于1975年1月9日，高中，生一女一子：女：雨彤生于2001年1月28日，在读初中；子：李江。

二十二世：李江生于1999年4月19日，在读高中。

二十一世：进成生于1978年6月6日，初中，务农，配莫连娣生于1986年9月7

日，生四女一子：长女：懂洁生于2004年7月30日；次女：思敏生于2006年9月22日；三女：思艺生于2008年10月9日；四女：思慢生于2010年3月20日；子：锦源。

二十二世：锦源生于2011年7月25日。

二十一世：进华生于1979年6月25日，初中，务工，配李琴生一子：锦涛。

二十二世：锦涛生于2007年9月28日。

二十一世：进来生于1983年11月13日，初中，务工，配陈文娟生于1987年6月12日，生三女一子：长女：雅欣生于2006年4月7日；次女：恩希生于2007年9月10日；三女：恩怡生于2010年12月8日；子：锦泰。

二十二世：锦泰生于2012年10月6日。

二十世：兆满生于1952年10月20日，初中，务农，配张中惠，生于1956年3月26日，高中，生二女二子：长女：碧丽生于1984年11月4日，适廉江；次女：碧娣生于1987年2月2日，大专，务工；子：康炳、国鑫。

二十一世：康炳生于1982年7月23日，初中，务工，配郑妹生二子：锦霖、锦淳。

二十二世：锦霖生于2006年11月1日。锦淳生于2009年2月20日。

二十一世：国鑫生于1989年11月2日，中技（专），务工。

十五世：戚宁妣薛氏生二子：发宗、能宗。

十六世：发宗（相显三子）妣黎氏生四子：文勋、文楷、亚三（未详）、亚晚（未详）。

十七世：文勋妣李陈二氏生三子：士谦、士宽、亚娣（未详）。

十八世：士谦妣陈氏生二子：有周、有伦。

十九世：有周妣周氏生一子：亚毛。

二十世：兆毛生于1952年5月19日，初中，务农，配陈翠清生于1950年10月1日，生三子：培活、培泼、培艺。

二十一世：培活生于1979年12月9日，高中，务工，配许彩苗生于1981年2月13日，生一女一子：女：戚烁楹生于2012年1月30日；子：李核。

二十二世：李核生于2006年7月28日。

二十一世：培泼生于1981年7月7日，初中，务工，配杨水娣生于1986年7月23日，大专，务工。

二十一世：培艺生于1989年10月18日，艺校，务工。

十九世：有伦配陈谭二氏生三子：亚大●、亚二●、兆碧。

二十世：兆碧（入继）谭氏生一女二子（后改嫁）：智才、智有。

二十一世：智才生于1971年5月1日，初中，务农，配刘华燕，生于1971年5月6日，生一女二子：女，木婷生于1996年10月16日，初中，务工；子：进杰、理强。

二十二世：进杰生于1998年4月16日，初中，务工。

二十二世：理强生于1999年6月14日，在读初中。

二十一世：智有生于1975年12月27日，初中，务工，配陆春燕生于1982年1月15日，生一女一子：女：诗敏生于2011年5月11日；子：明朗。

二十二世：明朗生于2012年12月27日。

十八世：士宽妣许氏生一子（外姓入继）：士福●。

十七世：文楷（发宗次子）妣叶氏生三子：士邦（话说生三子未详）。

十八世：士邦妣温氏生一子：亚记温氏●、有宜。

十九世：有宜配莫氏生一子：亚源。

二十世：戚源生于1953年3月10日娶，麦伟英，生一女二子：女，戚桶适佛山；子：华炎、景平。

二十一世：华炎生于1987年6月15日，初中，务工，配刘二妹生于1981年6月3日，生二子：镇慧、广泽。

二十二世：镇慧生于2005年1月17日，学童。

二十二世：广泽生于2008年4月22日，学童。

二十一世：景平生于1985年6月7日，初中，务工，配李广燕生于1985年7月7日，生一子：铭熙。

二十二世：铭熙生于2011年10月14日。

十六世：能宗妣氏生一子：亚太（未详）。

六世祖广爱长子朝进公分支允瑞公派下相炅房源流谱

十四世：相炅（允瑞公次子）妣许蔡二氏生一子：亚秀。

十五世：戚秀妣蔡、黄二氏，生一子：维宗。

十六世：维宗妣罗氏●。

十九世：戚畴生于1950年9月20日，务农，配黎嫩生于1955年8月11日，越南人，生三女：长女：广娣生于1990年8月22日，适西山；次女：木霞生于1993年1月2日，适乾案长山村；三女：细梅生于1996年6月9日，务工。

十八世：士宽妣林氏生二子：亚芳、康凤。

十九世：亚芳生于1947年9月2日，务农。

十九世：康凤生于1951年9月17日，务农。

十六世：信宗妣（　）氏生一子：文田。

十七世：文田妣郑氏（未详）。

六世祖广爱长子朝进公分支允瑞公派下相宰房源流谱

十四世：相宰妣莫氏生二子：麟朝、麟福。

十五世：麟朝妣康氏生二子：仁宗、义宗。

十六世：仁宗妣黄氏生（外出）。

十七世：文彬（文彬是仁宗或义宗之后裔未确）妣黄氏生一子：士藩。

十八世：士藩妣蔡氏生一子：亚一（未详）。

十六世：义宗妣（　）氏生二子：亚有（未详）、亚令（未详）（后继皆未详）。

十二世：麟福妣陈氏生三子：礼宗、智宗、信宗。

十六世：礼宗妣（　）氏生一子（改嫁）：文光。

十七世：文光妣（　）氏（石牛潭人）生一子：士安。

十八世：士安妣昌氏（出嫁）（未详）。

十六世：智宗妣司氏生三子：文锦、文绣（未详）、文连（未详）。

十七世：文锦妣陈氏生二子：士炜、士宽。

十八世：士炜妣周氏生四子：有强、亚九●、亚生、亚畴。

十九世：有强，国家职工（为工作而鞠躬尽瘁），配许氏，生一子：李华。

二十世：兆盛（李华）生于1961年5月13日，高中，下岗职工，配陈柳生于1968年7月15日，生二子：永辉、永竞。

二十一世：永辉生于1988年2月4日，高中，务工。

二十一世：永竞生于1991年8月10日，大学本科，务工。

十九世：戚生（士炜次子）生于1943年11月14日，务农，配黎利英生于1960年6月12日，生一女二子：女：连芳生于1977年，适丰顺县；子：亚智、广爱。

二十世：亚智生于1974年8月14日，高中，务工，配陈利，生于1973年12月10日，生一女一子：女：晓生于2006年9月3日；子：戚华。

二十一世：广爱生于1979年11月29日，初中，务工，配郑美珍，生于1986年9月25日，生一女：海玲生于2011年6月29日。

六世祖广爱长子朝进公分支允瑞公派下相壹房源流谱

十四世：相壹妣邱氏生四子：麟清、麟德、麟（三）（未详）、麟（四）（未详）。

十五世：麟清妣（　）氏生一子：焖宗。

十六世：焖宗妣（　）氏生三子：文敷、文山、亚庆●。

十七世：文敷妣郑氏生二子：镇丰（未详）、亚应（未详）。

十七世：文山妣叶氏（未详）。

十五世：麟德妣张氏生三子：常宗、宗（未详）、就宗。

十六世：常宗妣徐氏生二子：文春、文发。

十七世：文春妣何氏生一子：士香。

十八世：士香妣郑氏生二子：有馀、有庆。

十九世：有馀妣莫氏生二子：景生、兆学。

二十世：景生生于1954年，初中，务工，配陈梅娟生于1959年3月19日，生二女一子：长女：美珍生于1992年；次女：志珍，已婚嫁；子：立志。

二十一世：立志生于2002年，学童。

二十世：兆学生于1986年，初中，务工，配陈燕松生于1970年2月1日，生一女一子：女：李玲生于1994年8月7日，高中，务工；子：培华。

二十一世：培华生于1997年11月1日，高中，务工。

十九世：有庆配钟氏生一子：兆恒（定居安铺）。

二十世：兆恒生于1956年7月22日，配何少林（离异）又莫秀生于1961年10月8日，生一子：培略。

二十一世：培略生于1998年12月6日。

十七世：文发妣郑氏生三子：士江、士常、亚保（未详）。

十八世：士江妣袁氏生四子：亚华●、有作、有为、亚准。

十九世：有作生于1951年6月5日，定居横山，配潘美珍，生于1960年2月27日，防城人，生二子：文雄、文杰。

二十世：文雄生于1991年12月17日，初中，务工。

二十世：文杰生于1995年6月12日，在读技校。

十九世：有为生于1960年9月24日，初中，务工，配江利，平生于1967年6月12日，广西文地人，生二子：亚伟、亚团。

二十世：戚伟生于1986年6月25日，高中，务工。

二十世：戚团生于1989年1月14日，初中，务工。

十九世：戚准（士江三子）生于1963年4月2日，初中，务农，配张文妹，生于1963年10月17日，生一女二子：女：观娣生于1994年10月24日，初中，务工；子：景权、华印。

二十世：景权生于1997年2月2日，在读初中。

二十世：华印生于1999年7月19日，在读初中。

十八世：士常妣陈氏生二子：康桂、进富。

十九世：康桂生于1935年7月24日，鹤地水库管理员（职工），配王素英生于1927年，生一子：国平。

二十世：国平生于1969年7月4日，初中，务工，配庄美玲生于1969年10月8日，生二子：思龙、思武。

二十一世：思龙生于1993年4月4日，在读大学。

二十一世：思武生于1996年10月9日，在读高中。

十九世：进富配罗氏生二女（一女入继）一子：长女：亚妹生于1986年，适杨柑；次女：金凤生于1990年，适乙槽；子：思理。

二十世：思理生于1986年9月2日，初中，务工。

十六世：就宗（麟德三子）配氏生一子：亚康（往门头住）

十七世：亚康（往门头居住）生二子：智光（未详）、亚秀（未详）。

广爱长子朝进公分支允瑞公派下相旋房源流谱

十四世：相旋妣钟、麦二氏，生二子：麟光、亚晚（未详）。

十五世：麟光妣毛、黄二氏，生二子：显宗、兴宗。

十六世：显宗妣黄氏生四子：木生●、文川、亚九●、维欢。

十七世：文川妣郭氏生一子：亚泰●。

十七世：维欢妣何氏生一子：世发。

十八世：世发娶苏明芳生三女一子：长女：广娣适横垌村；次女：文娟适安铺黄盆村；三女：少娟适梅沙；子：广湛。

十九世：广湛生于1970年3月1日，学历初中，于肇庆经营饮服生意，娶陈来娣，1974年生于平坦大垌村，生一女二子：女：秋霞生于2004年7月22日；子：兆军、景聪。

二十世：兆军生于1995年1月13日，初中，务工。

二十世：景聪生于1997年6月5日，学历初中，务工，娶曾伟婷生于年月日。

十六世：兴宗妣曹氏生一子：维喜。

十七世：维喜妣黄氏生二子：士利、亚出（未详）。

十八世：士利妣宣氏生二子：亚辉、国强。

十九世：戚辉生于1968年10月14日，经营服务行业于湛江，娶李惠娟生一女一子，带子女移居加拿大；又张雪清生于1979年9月25日，高中，务工，生一子一女：女：佩怡生于1995年，于加拿大读大学；子：雄希、梓恩。

二十世：雄希生于1999年8月5日，在加拿大读中学。

二十世：梓恩生于2013年3月31日。

十九世：国强生于1972年5月10日，学历初中，于湛江经营服务行业，娶谢树梅生一子（离异）又娶陈伦，生于1974年6月13日，生二子：景杰、展淘。

二十世：景本生于1995年2月30日，学历中技，务工。

二十世：展淘生于2006年1月25日。

十四世：相安出继允琦公。

六世祖广爱长子朝进公分支允昌公派下相高房源流谱

十三世：允昌妣张氏生二子：相高、相平●。

十四世：相高妣陈氏生一子：戚发。

十五世：戚发妣曹氏生一子：才胜。

十六世：才胜妣何氏生八子：文良、文兴●、文邦、文国、文高、文明●、文有、文芳。

十七世：文良妣曹氏生三子：仕均、仕卓、仕有。

十八世：仕均妣会氏生一子：汝章。

十九世：汝章妣曹氏生二子：兆伟、兆光。

二十世：兆伟妣叶氏生三子：亚五●、亚全●、培豪。

二十一世：培豪妣曹氏生二子：锦奕、锦昕。

二十二世：锦奕、锦昕。

二十世：兆光妣叶氏生二子：培盛、培朝。

二十一世：培盛妣余、陈二氏生一子：戚威。

二十二世：戚威。

二十一世：培朝妣钟氏。

十八世：仕有妣林氏有生二子：汝福、汝绿。

十九世：汝福妣曹氏生二子：兆会、兆爱。

二十世：兆会妣曹氏生三子：培发、培达、培友。

二十一世：培发、培达、培友。

二十世：兆爱妣李氏生三子：培南、培欢、培乐。

二十一世：培南、培欢、培乐。

十九世：汝绿妣陈氏生二子：兆贤、兆太。

二十世：兆贤妣黄氏生二子：培富、培余。

二十一世：培富妣芳氏。

二十一世：培余。

二十世：兆太妣王氏生四子：培堂、培和、培佳、培玉。

二十一世：培堂、培和、培佳、培玉。

十八世：仕卓妣詹氏生一子：汝光。

十九世：汝光妣叶氏生三子：兆豪、兆燕、宇超。

二十世：兆豪妣林氏生二子：培景、培纯。

二十一世：培景、培纯。

二十世：兆燕妣罗氏生一子：培平。

二十一世：培平。

二十世：宇超配罗氏生二子：乾鑫、乾政。

二十一世：乾鑫、乾政。

十七世：文邦妣赛氏生一子：仕春。

十八世：仕春妣李氏生一子：汝华●。

十七世：文国妣黎氏生二子：仕发、仕喜（迁居营盘）。

十八世：仕发妣苏氏生三子：汝忠、汝信、汝良。

十九世：汝忠妣张氏生四子：兆志、兆坤、兆锐、土安●。

二十世：兆志妣赖、陈二氏生一子：培钊。

二十一世：培钊。

二十世：兆坤妣罗氏生一子：培勤。

二十一世：培勤。

二十世：兆锐妣曹氏生二子：培春、培黎。

二十一世：培春、培黎。

十九世：汝信妣钟氏生二子：兆艺●、兆兴。

二十世：兆兴妣李氏生二子：培恒、培永。

二十一世：培恒、培永。

十九世：汝良妣钟氏生三子：兆武、兆茂、兆龙。

二十世：兆武妣雷氏生一子：培廉。

二十一世：培廉。

二十世：兆茂妣文氏生一子：培通。

二十一世：培通。

二十世：兆龙妣黄氏生一子：皓竣。

二十一世：皓竣。

十七世：文高妣刘氏生一子：仕德（未详）。

十七世：文有妣陈、吴二氏生三子：仕杰（配李氏●）、石生●、仕就。

十八世：仕就妣张氏生三子：汝清、汝春、亚木●。

十九世：汝清妣钟氏生三子：兆英、建鹏、兆帅。

二十世：兆英妣杨氏生一子：海洋。

二十一世：海洋。

二十世：建鹏妣王氏生一子：子彬。

二十一世：子彬。

十九世：汝春妣钟氏生一子：兆柱。

二十世：兆柱。

十七世：文芳妣陈氏生二子：仕业、仕畴。

十八世：仕业妣郭氏生三子：汝廷、汝耀、汝宽。

十九世：汝廷妣叶氏生一子：建军●。

十九世：汝耀妣陈氏生三子：兆素、兆红●、兆齐。

二十世：兆素妣刘氏生三子：培海、亚三●、培胜。

二十一世：培海、培胜。

二十世：兆齐妣黄氏生一子：培袖。

二十一世：培袖。

十九世：汝宽妣林氏生二子：兆聪、兆明。

二十世：兆聪妣司氏生一子：培柏。

二十一世：培柏。

二十世：兆明妣杨氏生一子：培灏。

二十一世：培灏。

十八世：仕畴妣曹氏生二子：汝超、汝基。

十九世：汝超妣苏氏生二子：兆艳、兆丞。

二十世：兆艳妣陈氏。

二十世：兆丞。

十九世：汝基妣林氏生二子：林颖、林茂。

二十世：林颖、林茂。

六世祖广爱长子朝进公分支允生公派下 相贤 相朝 房源流谱

十三世：允生妣陈、雷二氏子：相贤、相朝。

十四世：相贤妣黄氏生一子：戚荣。

十五世：戚荣妣叶氏生四子：才会、才元、才兴、才富。

十六世：才会妣陈氏生二子：文轩、文发。

十七世：文轩妣陈氏生一子：仕昌（妣曹氏●）。

十七世：文发妣曹氏生四子：仕祥、仕利、仕谦、仕信。

十八世：仕祥妣叶氏生一子：汝盛。

十九世：汝盛妣曹氏生一子：兆康（妣罗氏●）。

十八世：仕谦妣叶氏生三子：汝龙、汝凤、汝辉（妣何氏迁居南康）。

十九世：汝龙妣江、苏二氏生三子：戚华、戚仪、日安。

二十世：戚华妣陈氏生二子：志强、志刚。

二十一世：志强。

二十一世：志刚妣陈氏生一子：云翔。

二十世：戚仪妣蔡氏生二子：培军、培文●。

二十一世：培军配杨氏。

二十世：日安妣钟氏生二子：培辉、培毫。

二十一世：培辉、培毫。

十九世：汝凤妣李氏生三子：兆辉、兆福、亚六●。

二十世：兆辉妣黄氏生二子：培华、培坚。

二十一世：培华、培坚。

二十世：兆福妣陈氏生二子：培兴（另续）、康生。

二十一世：康生妣罗氏生一子：振淇。

二十二世：振淇。

十八世：仕信妣李氏生一子：有业。

十九世：有业妣陈氏生二子：亚九●、亚●。

十六世：才元妣莫氏生四子：仕彬、仕委（妣曹氏生一子：亚养●）、仕进（妣林氏生一子：亚正●）、仕晚●。

十八世：仕彬妣郭氏生四子：汝生、汝林●、汝兴（黄氏出嫁）、汝珍●。

十九世：汝生妣罗氏生三子：兆春（妣刘氏●）、兆龙（妣邱氏生一子：亚桂●）、兆球。

二十世：兆球妣谭氏生五子：培光、培辉、培敏、培勇、培强。

二十一世：培光妣李氏生一子：南安。

二十二世：南安妣叶氏生一子：永熙。

二十三世：永熙。

二十一世：培辉妣阮氏生一子：锦伟。

二十二世：锦伟。

二十一世：培敏妣韦氏生二子：锦清、锦松。

二十二世：锦清、锦松。

二十一世：培勇妣文氏生四子：锦兴、锦胜、锦友（未详）、锦志（未详）。

二十二世：锦兴妣林氏生一子：永杰。

二十三世：永杰。

二十二世：锦胜妣陈氏生一子：永昊。

二十三世：永昊。

二十一世：培强妣赵氏生二子：锦华、锦焕。

二十三世：锦华；锦焕配黄氏。

十六世：才兴妣罗、黄二氏生二子：文球●、文英。

十七世：文英妣罗氏生二子：仕枝（谢氏出嫁●）、仕卿。

十八世：仕卿妣叶氏生四子：汝华（未详）、汝田（未详）、汝和、汝强（志刚）。

十九世：汝和妣李氏生一子：兆栋。

二十世：兆栋妣陈氏生二子：培新、培科。

二十一世：培新、培科。

十九世：汝强（志刚）妣罗氏生三子：兆樑、兆裕、兆蓓。

二十世：兆樑妣黄氏生一子：路辉。

二十一世：路辉。

二十世：兆裕妣叶氏生一子：培庆。

二十一世：培庆。

二十世：兆倍妣陈氏生一子：培伦。

二十一世：培伦。

十六世：才富妣刘氏生四子：文进、文德、文朝、文廷。

十七世：文进妣会氏生三子：仕经、亚七●、仕伦、亚石。

十八世：仕经妣李氏生二子：汝春（妣赵氏●）、汝胜（妣罗氏●）。

十八世：仕伦妣李氏生一子：汝佳（妣罗氏●）。

十七世：文德妣梁氏生四子：仕荣、仕棠、仕太、仕托●。

十八世：仕荣妣曹氏生三子：汝玉、汝梅、亚养●。

十九世：汝玉妣吴氏生二子：兆富、水养●。

二十世：兆富妣叶氏生三子：培益、培锐、培龙。

二十一世：培益妣陈氏生一子：锦森。

二十一世：培锐妣谭氏生二子：锦文、锦武。

二十二世：锦文妣詹氏；锦武妣李氏生一子：永祯。

二十三世：永祯。

二十一世：培龙妣朱氏生二子：锦盛、锦达。

二十二世：锦盛妣赖氏；锦达。

十九世：汝梅妣曹氏生五子：兆才●、亚石●、兆贵、亚安●、兆庆。

二十世：兆贵比曹氏生二子：培进、培杰。

二十一世：培进妣杨氏生四子：锦全、锦裕、锦钊、锦永。

二十二世：锦全、锦裕、锦钊、锦永。

二十一世：培杰妣曹氏生二子：锦旋、锦聪。

二十二世：锦旋、锦聪。

二十世：兆庆妣谭氏生二子：培养、培保。

二十一世：培养妣曹氏生二子：锦锐、锦洪。

二十二世：锦锐、锦洪。

二十一世：培保妣孙氏生二子：锦德、锦燕。

二十二世：锦德、锦燕。

十八世：仕棠妣苏氏生二子：汝海、亚二●。

十九世：汝海妣罗氏生一子：兆平。

二十世：兆平妣林氏生五子：培赟、培协、培亨（另续）、意良、华兴。

二十一世：培赟妣姚氏生一子：锦辉。

二十二世：锦辉。

二十一世：培协妣叶氏生二子：锦颖、锦耀。

二十二世：锦颖、锦耀。

二十一世：意良妣朱氏生一子：锦毅。

二十二世：锦毅。

二十一世：华兴妣苏氏生二子：锦业、锦阳。

二十二世：锦业、锦阳。

十八世：仕太妣曹氏生三子：汝才、汝进、兆全。

十九世：汝才妣曹氏生三子：兆泉、兆来、兆秀。

二十世：兆泉妣陈氏生二子：日龙、培艺。

二十一世：日龙妣易氏；培艺妣曹氏生一子：明锋。

二十二世：明锋。

二十世：兆来配叶氏领养兆秀二子：培原。

二十一世：培原妣孙氏生一子：锦善。

二十二世：锦善。

二十世：兆秀妣曹氏生三子：培武、培原（过继兆来另续）、培棋。

二十一世：培武妣江氏生二子：锦豪、锦授。

二十二世：锦豪、锦授。

二十一世：培棋妣李氏生一子：锦蓓。

二十二世：锦蓓。

十九世：汝全妣叶氏生四子：兆锋（妣阮氏未详）、兆宇、兆松、兆冰。

二十世：兆宇妣叶氏生三子：培乾、培坤、培威。

二十世：兆松妣蒋氏生二子：培泉、日堂。

二十一世：培泉、日堂。

二十世：兆冰妣叶氏生一子：培茂。

二十一世：培茂。

十七世：文朝妣罗氏生三子：仕恒、仕连、仕熙。

十八世：仕恒妣茂氏生二子：汝寿、亚已（妣李氏●）。

十九世：汝寿妣朱氏生三子：兆汉、兆文、兆清。

二十世：兆汉妣曹氏生三子：培增、三二●、培斌。

二十一世：培增妣叶氏生二子：锦良（妣陈氏）、锦明。

二十二世：锦良、锦明。

二十一世：培斌妣黄氏生一子：锦洵。

二十二世：锦洵。

二十世：兆文妣李氏生二子：培君、培煜。

二十一世：培君妣曹氏生二子：锦强、锦源。

二十二世：锦强、锦源。

二十一世：培煜妣曹氏生二子：锦基、锦柏。

二十二世：锦基、锦柏。

二十世：兆清妣陈氏生二子：亚春、南生。

二十一世：亚春妣梁氏生二子：锦云、锦政。

二十二世：锦云、锦政。

二十一世：南生妣曹氏生一子：锦超。

二十二世：锦超。

十八世：仕连妣曹氏生二子：亚四●、亚养●。

十八世：仕熙妣叶氏生一子：汝畴。

十九世：汝畴妣钟氏出嫁去南洋不详。

十七世：文廷妣林氏生二子：仕周、仕祥。

十八世：仕周妣李氏生一子：亚连（出外未详）。

十八世：仕祥妣林氏生二子：亚广、汝鸿。

十九世：亚文（未详）。

十九世：汝鸿妣李氏生三子：兆友、兆发、兆旋。

二十世：兆友妣陈氏生二子：培锦、培标。

二十一世：培锦、培标。

二十世：兆发妣叶氏生一子：培超。

二十一世：培超。

二十世：兆旋妣曹氏生二子：培礼、培胜。

二十一世：培礼、培胜。

十四世：相朝妣吴氏生四子：戚位、戚正（妣蔡氏●）、戚德（妣梁氏●）、戚亮●。

十五世：戚位妣陈氏生三子：才成●、才德●、才达●。

六世祖广爱长子朝进公分支允乐公派下 相安、相君、相辅、相通 房源流谱

十三世：允乐妣曹、林二氏生七子：相豪（妣关氏●）、相安、相君、相臣（妣谢氏●）、相辅、相通、相明●。

十四世：相安妣叶氏生二子：戚动●、戚文（妣林氏生一子：亚养●）。

十四世：相君妣丁氏生三子：戚祥、戚丰●、戚盛。

十五世：戚祥妣张氏生一子：观生●。

十五世：戚盛妣罗氏生一子：亚二●。

十四世：相辅妣谢氏生二子：戚朝●、戚刚●。

十四世：相通妣杨氏生二子：戚仁●、戚义●。

相周、相齐、相举
相儒、相业

六世祖广爱长子朝进公分支允行公派下　　房源流谱

十三世：允行妣罗氏生五子：相周、相齐、相举、相儒、相业。

十四世：相周妣顾氏生二子：戚龙、戚凤●。

十五世：戚龙妣陈氏生三子：才广（妣连氏●）、才旺（妣黄氏●）、才相●。

十四世：相齐妣温氏生四子：戚辉、戚焕●、戚富、戚美。

十五世：戚辉妣叶氏生四子：才贞、才享●、亚二●、才利●。

十六世：才贞妣龙氏生四子：亚生●、文喜●、亚六●、文盛。

十七世：文盛妣李氏生一子：仕建。

十八世：仕建妣何氏生五子：汝程、汝英、汝杰、汝兴、汝旺。

十九世：汝程妣杨氏生一子：兆银。

二十世：兆银。

十九世：汝英妣阮氏生一子：兆君。

二十世：兆君妣邬氏。

十九世：汝杰妣谭氏生二子：兆明、兆达。

二十世：兆明、兆达。

十九世：汝兴妣朱氏生一子：兆鑫。

二十世：兆鑫。

十九世：汝旺妣李、王二氏生一子：兆师。

二十世：兆师。

十五世：戚富妣陈氏生三子（含取外姓一子）：才监、才盛、才有。

十六世：才监妣曹氏生五子：文郁、文辉、文春、文余、亚六●。

十七世：文郁妣邬氏生五子：仕尊●、仕贤、仕益、仕寿、仕积。

十八世：仕贤妣邓氏生四子：汝轩●、汝文（另续）、汝贞、汝标。

十九世：汝贞妣黄氏生二子：兆灼、兆绰。

二十世：兆灼妣张氏生一子：远航。

二十一世：远航。

十九世：汝标妣吴氏生二子：兆迪、兆广。

二十世：兆迪妣黄氏生一子：培涵。

二十世：培涵。

二十世：兆广妣陈氏生一子：培明。

二十一世：培明。

十八世：仕益妣叶氏生二子：汝秀、水寿●。

十九世：汝秀妣李氏生五子：兆聪、兆发、兆韬、兆丽、兆科。

二十世：兆聪妣郑氏生一子：培深。

二十一世：培深。

二十世：兆发、兆韬、兆丽、兆科。

十八世：仕寿妣章氏生一子：汝彭。

十九世：汝彭妣杨氏生二子：兆威、兆孟。

二十世：兆威、兆孟。

十八世：仕积妣曹氏生一子：汝槐。

十九世：汝槐妣吴氏生一子：兆旺。

二十世：兆旺。

十七世：文辉妣曹氏生一子：仕森（在钦州安居）。

十八世：仕森妣委氏生一子：朋亮。

十九世：朋亮妣黄氏生二子：日春、日朝。

二十世：日春配黄氏；日朝。

十七世：文春妣曹氏生二子：仕志、亚九●。

十八世：仕志妣曹氏生四子：汝仁、汝义、汝敏、汝志。

十九世：汝仁妣李氏生一子：兆锋。

二十世：兆锋妣叶氏生一子：培森。

二十一世：培森。

十九世：汝义妣吴氏生三子：兆华、兆全、兆祥。

二十世：兆华妣罗氏；兆全；兆祥。

十九世：汝敏妣叶氏生三子：戚冰、戚杰、戚艺。

二十世：戚冰妣黄氏生一子：振轩。

二十一世：振轩。

二十世：戚杰、戚艺。

十九世：汝志妣李氏生二子：兆权、兆满。

二十世：兆权妣邱氏；兆满。

十七世：文余妣谢氏生二子：仕富、仕贵。

十八世：仕富妣曹氏生三子：汝坤、汝芳、汝发。

十九世：汝坤妣曹氏生三子：亚大●、兆波、兆伦。

二十世：兆波、兆伦。

十九世：汝芳妣谭氏生二子：兆运、兆碧。

二十世：兆运、兆碧。

十九世：汝发妣黎氏生一子：亚三●。

十八世：仕贵妣曹氏生六子：汝聪、汝明、戚敏、戚靖、亚六●、亚七●。

十九世：汝聪妣章氏生三子：兆振、亚六●、亚七●。

二十世：兆振妣黄氏。

十九世：汝明妣孙氏生一子：兆和。

二十世：兆和妣凌氏。

十九世：戚敏妣曾氏生二子：兆斌、戚豪。

二十世：兆斌、戚豪。

十九世：戚靖妣陈氏生一子：兆曦。

二十世：兆曦。

十六世：才盛妣陈氏生二子：杨生●、文献。

十七世：文献妣曹氏生一子：仕南。

十八世：仕南妣叶氏生一子：汝周。

十九世：汝周妣章氏生三子：亚安●、兆敏、亚四●。

二十世：兆敏妣杨氏生二子：培发、培达。

二十一世：培发、培达。

十六世：才有妣叶氏生一子：文佳。

十七世：文佳妣叶氏生二子：仕雄●、仕忠●。

十五世：戚美妣彭氏生一子：才英。

十六世：才英妣曹氏生六子：文荣、文华●、文章●、文聪、文督●、文智。

十七世：文荣妣陈氏生三子（取外姓一子）：仕仁、仕义、仕礼。

十八世：仕仁妣罗氏生二子：汝权、亚五●。

十九世：汝权妣蔡氏生一子：兆勇。

二十世：兆勇妣曹氏生一子：培林。

二十一世：培林妣陈氏生三子：俊杰、梓浩、向华。

二十二世：俊杰、梓浩、向华。

十八世：仕义妣曹氏生二子：仙寿●、汝达。

十九世：汝达妣龙氏生三子：兆喜、亚大●、亚贵●。

二十世：兆喜妣曹氏生二子：培兴、培伟。

二十一世：培兴、培伟。

十八世：仕礼妣曹氏生二子：汝绍、汝辉。

十九世：汝绍妣李氏生二子：兆胜、兆利。

二十世：兆胜妣鲁氏生一子：培柳。

二十一世：培柳。

二十世：兆利妣叶氏生二子：培祯、培帅。

二十一世：培祯、培帅。

十九世：汝辉妣叶氏生一子：兆东。

二十世：兆东妣蔡氏生二子：培源、培杜。

二十一世：培源、培杜。

十七世：文章妣叶氏生二子：仕珍、仕德●。

十八世：仕珍妣曹氏生二子：汝钦、汝栋。

十九世：汝钦妣谭氏生一子：兆强。

二十世：兆强妣江氏生四子：培亮、培阳、培星、培演。

二十一世：培亮、培阳、培星、培演。

十九世：汝栋妣莫氏生一子：兆红。

二十世：兆红妣梁氏。

十七世：文聪妣邱氏生一子：仕光。

十八世：仕光妣钟氏生三子：汝溪、汝伟、汝兵。

十九世：汝溪妣陈氏生三子：兆武、振华、兆韬。

二十世：兆武妣关氏生一子：戚艺。

二十一世：戚艺。

二十世：振华妣叶氏生二子：亚桃、亚胜。

二十一世：亚桃妣梁氏；亚胜。

二十世：兆韬妣黄氏生一子：广兴。

二十一世：广兴。

十九世：汝伟妣曹氏生二子：兆柳、兆永。

二十世：兆柳、兆永。

十九世：汝兵妣叶氏生二子：华宝、华明。

二十世：华宝妣黄氏；华明妣唐氏。

十七世：文智妣曹氏生一子：仕明。

十八世：仕明妣曹、谭、邱氏生一子：汝军。

十九世：汝军妣陈氏生一子：戚鹏。

二十世：戚鹏。

十四世：相举妣何氏生三子：戚明●、戚文●、戚武●。

十四世：相儒妣叶氏生二子：戚忠●、戚信●。

十四世：相业妣林氏生二子：戚贤、戚义●。

十五世：戚贤妣黄、李二氏生二子：才勇、才达。

十六世：才勇妣叶氏●；才达妣谢氏●。

六世祖广爱长子朝进公分支允成公派下 相亲/相爱 房源流谱

十三世：允成妣钟、谭二氏生二子：相亲、相爱（未详）。

十四世：相亲妣昌氏生二子：戚连、戚圆●。

十五世：戚连妣徐氏生一子（取戚理次子均凤入继）。

十六世：均凤妣杨氏生一子：文金●。

广爱次子朝献公分支允亮公派下学优房源流谱

十三世：允亮配吴氏生三子：学优、学弟（另续）、学充。

十四世：学优姒蔡氏生二子：爵一、爵从（另续）、爵品。

十五世：爵一姒张、苏二氏生一子：均杨。

十六世：均杨姒林氏生三子：思明（另续）、思忠、思齐。

十七世：思忠姒林氏生二子：王相、王朝（另续）。

十八世：王相姒黄氏生六子：有益（另续）、亚二（另续）、有仁（另续）有风（另续）、有发（另续）、有禄。

十九世：有禄配岳氏生二子：兆均、兆和。

二十世：兆均配尹氏生五子：裕昌、裕盛、裕恒、裕金、裕冉。

二十一世：裕昌配何氏生二女三子：锦江、锦兴、锦平。

二十二世：锦江生于1952年5月10日，配昌氏，生于1953年12月18日生一女。

二子：海机、海湛。

二十三世：海机生于1986年6月17日，配李氏，生于1986年12月18日生一女。

二十三世：海湛生于1993年2月2日。

二十二世：裕昌次子锦兴生于1955年9月29日，配陈氏，生于1955年4月26日生一子一女，子：海朗。

二十三世：海朗生于1994年8月6日。

二十二世：锦平生于1962年6月25日，配罗氏，生于1967年6月21日，生二女一子：海富。

二十三世：海富生于2002年4月5日，读书。

二十一世：裕盛配李氏，生二女五子：锦郁、锦利、锦彬、锦寿、锦东。

二十二世：锦郁生于1951年1月9日，军医，配李氏，生于1953年10月，生一子：鸿宁。

二十二世：锦利生于1956年1月24日，配肖氏，生于1956年3月14日，生二女一子：海胜。

二十三世：海胜生于1982年1月10日，配张氏生于1983年7月生一子一女，子：銮洋。

二十四世：銮洋生于2012年8月10日。

二十二世：锦彬生于1962年12月13日，配王氏，生于1962年2月1日，生二女一子：振浩。

二十三世：振浩生于2000年9月19日，读书。

二十二世：锦寿生于1964年12月11日，配莫氏，生于1963年3月21日，生二子：观炳、海超。

二十三世：观炳生于1990年3月1日，读书；海超生于1993年4月。

二十二世：锦东生于1968年6月11日配陈氏生于1968年7月1日生三子：海颖、海柱、海亮。

二十三世：海颖生于1994年9月13日；海柱生于1996年9月11日；海亮生于1998年7月20日。

二十一世：裕恒配莫氏生二女一子：锦明。

二十二世：锦明生于1969年5月12日，配房氏生于1969年10月6日，生一子一女，子：子洋。

二十三世：子洋生于1996年9月15日。

二十一世：裕金生于1942年6月1日，学历高中，小学高级教师，配黎氏，生于1946年3月3日，生一女二子，子：锦军、锦帅。

二十二世：锦军生于1971年3月23日，学历大专，教师，配莫氏生于1971年5月9日生一子一女，子：海宇。

二十三世：海宇生于1995年7月24日。

二十二世：锦帅生于1973年12月，配陈氏，生一子：海天。

二十三世：海天生于2013年。

二十一世：裕冉生于1946年9月13日配余氏生三女一子，子：锦廷。

二十二世：锦廷生于1980年8月4日，配王氏生于1982年9月生一子一女，子：梓炫。

二十三世：梓炫生于2012年8月。

二十世：兆和生一子：裕灼。

二十一世：裕灼生于1933年9月10日，任村长，配谬氏，生于1940年7月6日生二女三子，子：锦松、锦信、锦任。

二十二世：锦松生于1962年9月19日，配冯氏，生二女二子，子：海星、思良。

二十三世：海星生于1988年6月3日，配刘氏，生于1998年5月8日生一子：程凯。

二十四世：程凯生于2012年7月20日。

二十三世：思良生于1993年6月3日。

二十二世：锦信生于1965年1月19日，配陈氏，生于1971年12月15日，生一子一女，子：嘉豪。

二十三世：嘉豪生于1999年2月5日，读书。

二十二世：锦任生于1968年8月13日，配沈氏，生于1973年7月14日，生一子一女，子：都开。

二十三世：都开生于1995年4月15日。

十五世：爵品妣何庞二氏生三子：均义、均华（另续）、均祥（另续）。

十六世：均义妣何出杨氏生三子：思魁（另续）、思彩、亚员●。

十七世：思彩配何氏生三子：世成、世戏（未详）、世保（未详）。

十八世：世成配潘氏生二子：亚兴（另续）、有琦。

十九世：有琦配陈氏生三子：兆春、兆色、亚周。

二十世：兆春配陈氏生五子：裕福、裕如、亚德（另续）、裕国、裕朝。

二十一世：裕福配黄氏生一子：锦和。

二十二世：锦和生于1958年4月3日，配孔氏，生于1967年4月20日，生三子：海政、海鹏、海据。

二十三世：海政生于1986年7月10日；海鹏生于1988年7月11日；海据生于1988年7月11日。

二十一世：裕如配钟氏生一子：志锐。

二十二世：志锐生于1983年11日。

二十一世：裕国生于1946年9月，配董氏，生于1949年10月，生一子：洪业。

二十二世：洪业生于1985年11月，配黄氏，生于1986年7月生一子：达林。

二十三世：达林生于2012年10月。

二十一世：裕朝配黄氏生一子一女，子：一朗

二十二世：一朗生于1986年12月。

广爱次子朝献公分支允亮公派下学充房源流谱

十四世：学充妣龙氏生九子：爵朝（另续）、二公●、爵安、爵煌（另续）、爵樑（另续）、元公●、爵贵（另续）、爵球、爵琳。

十五世：爵安妣陈氏生二子：名理、名标。

十六世：名理妣张欧二氏生一子：思义。

十七世：思义妣陈氏生二子：世德、世福。

十八世：世德妣陈氏生二子：有胜、有权。

十九世：有胜配陈氏生一子：兆文。

二十世：兆文配黄氏生三子：裕栋、裕樑、裕材。

二十一世：裕栋配吴氏生一子：锦标。

二十二世：锦标生于1944年11月10日，配黄氏，生于1945年6月15日，生二女一子：海耀。

二十三世：海耀生于1971年11月11日，配伍氏，生于1974年10月20日，生二子：观培、明思。

二十四世：观培生于1996年4月15日；明思生于1998年10月3日。

二十一世：裕樑配宋氏生一女二子：锦庆、锦招。

二十二世：锦庆生于1949年10月14日，学历高中，教师，配蔡氏生于1949年6月27日生一女二子，子：观权、观卓。

二十三世：观权生于1975年3月，学历大专。观卓生于1980年9月，医药大学。

二十二世：锦招生于1951年10月14日，配曹氏，生三女一子，子：康森。

二十三世：康森生于1983年10月7日。

二十一世：裕材配魏氏生四子四女，子：锦南（另续）、锦华、锦志、锦德。

二十二世：锦华配陈氏生于1960年，生二子：进才、进富。

二十三世：进才生于1985年4月15日，配陈氏，生于1986年，生一子：明基。

二十四世：明基生于2011年4月10日。

二十三世：进富生于1986年10月11日。

二十二世：锦志生于 1959 年 9 月 10 日，配林氏，生于 1964 年 2 月 10 日，生三子：广恩、景锋、华恒。

二十三世：广恩生于 1985 年 12 月 13 日，配陈氏，生于 1986 年，生一子：日滔。

二十四世：日滔生于 2013 年 10 月 5 日。

二十三世：景锋生于 1989 年 7 月 19 日。

二十三世：华恒生于 1992 年 1 月 27 日，配何氏，生于 1993 年。

二十二世：锦德生于 1967 年 10 月 28 日配卜氏，生于 1968 年，生二子：广络、泽明。

二十三世：广络生于 2003 年 12 月 1 日；泽明生于 2006 年 5 月 5 日。

十八世：世福妣邱氏生一子：有权。

十九世：有权配苏林二氏生四子：兆瑚、兆球、兆琚、兆琛。

二十世：兆瑚配钟氏生于 1930 年 10 月，生四女二子：裕献、裕芬。

二十一世：裕献生于 1956 年 5 月 6 日；裕芬生于 1963 年 8 月。

二十世：兆球配马氏生于 1931 年 10 月 18 日，生三女三子，子：裕龙、裕纯、裕来。

二十一世：裕龙生于 1951 年 5 月，海军干部，配马氏，生于 1958 年，生一子：锦棠。

二十二世：锦棠生于 1983 年，配颜氏，生于 1985 年，生一子：海平。

二十三世：海平生于 2008 年 10 月。

二十一世：裕纯生于 1965 年 8 月，镇武装部长，配麦氏生一子：锦珍。

二十二世：锦珍生于 1983 年配林氏生于 1985 年。

二十一世：裕来生于 1965 年 12 月 22 日，任派出所所长，配李氏生一子一女，子：锦新。

二十二世：锦新生于 2000 年。

二十世：兆琚配陈氏生于 1928 年 11 月生二女三子，子：培豪、培均、培业。

二十一世：培豪生于 1943 年 2 月配陈氏生于 1947 年 8 月生二子一女，子：锦贤、锦凯。

二十二世：锦贤生于 1970 年 9 月 3 日配何氏生于 1997 年 6 月生一女。

二十二世：锦凯生于 1974 年 5 月，配陆氏，生于 1975 年，生一子：海龙。

二十三世：海龙生于 2006 年 5 月。

二十一世：培均生于 1960 年 2 月，配彭氏，生于 1965 年 11 月，生一子：锦铿。

二十二世：锦铿生于 1989 年 10 月。

二十一世：培业生于 1971 年 4 月 5 日，配莫氏，生于 1965 年，生一子一女。子：锦琪。

二十二世：锦琪生于 1995 年 10 月。

二十世：兆琛配朱氏生三女三子，子：裕明、裕富、裕有。

二十一世：裕明生于1954年8月10日配余氏生于1964年2月8日生一女一子，子：国旗、国庆。

二十二世：国旗生于1980年4月10日；国庆生于1984年3月15日。

二十一世：裕富生于1957年7月27日配伍氏生于1960年1月6日，生四子：锦攀、锦科、锦学、锦晓。

二十二世：锦攀生于1983年10月29日；锦科生于1985年12月1日；锦学生于1988年5月26日；锦晓生于1992年2月25日。

二十一世：裕有配宋氏生二子（二子名字未详）。

十六世：名标妣李氏生四子：文元、文享（另续）、文利、文贞●。

十七世：文元妣潘氏生二子：世超、世昌。

十八世：世超（登仕郎）妣黄氏生四子：有祯、有初、有衬、亚员●。

十九世：有祯配陈、李、伍氏生二子：兆棠、亚羊●。

二十世：兆棠配杨氏生五子：裕仁、裕敬、裕孝、裕慈、裕信。

二十一世：裕仁配李氏生一女二子，子：锦文、锦就。

二十二世：锦文生于1947年2月3日配岑氏生于1964年2月19日二子一女，子：海聪、海艺。

二十三世：海聪生于1982年10月18日，广东交通学院工作，配黄氏生于1982年生一子：睿。

二十四世：睿生于2012年6月。

二十三世：海艺生于1984年10月29日配朱氏生于1985年生一女。

二十二世：锦就生于1950年9月29日配黄氏生于1958年1月25日生二子一，女子：海斌、海昇。

二十三世：海斌生于1986年9月，中山大学毕业。海昇生于1988年10月22日。

二十一世：裕敬配陈氏生三子二女，子：锦伦、锦方（另续）、锦伟。

二十二世：锦伦生于1949年9月6日配何氏生于1954年12月11日生二女一子：海东。

二十三世：海东生于1983年1月5日配潘氏生于1984年生一子：梓轩。

二十四世：梓轩生于2008年9月。

二十二世：锦伟生于 1958 年 8 月 4 日配方氏生于 1962 年 5 月 27 日生三女一子，子：海添。

二十三世：海添生于 1993 年 1 月 25 日。

二十一世：裕孝配毛氏生于 1930 年 1 月 7 日生二女三子，三子：锦挺、锦辉、锦满。

二十二世：锦挺生于 1952 年 5 月 4 日，配许氏，生于 1956 年 11 月 13 日，生一女二子：海迎、海春。

二十三世：海迎生于 1987 年 2 月 13 日，配梁氏，生于 1988 年生一女。

二十三世：海春生于 1989 年 10 月 17 日。

二十二世：锦辉生于 1963 年 3 月 18 日，配林氏，生于 1967 年 10 月 4 日，生一女一子：海球。

二十三世：海球生于 1993 年 12 月 24 日。

二十二世：锦满生于 1965 年 12 月 15 日，房产局工作，配何氏，生于 1966 年，生一子：佩超。

二十三世：佩超生于 2006 年 3 月。

二十一世：裕慈生于 1932 年 7 月 5 日，配丁氏，生于 1933 年 7 月 16 日，生三女三子，子：锦杰、锦溪、锦章。

二十二世：锦杰生于 1963 年 12 月 7 日配黄氏生于 1961 年 3 月 4 日生四女。

二十二世：锦溪生于 1965 年 7 月 1 日，配陈氏，生于 1965 年，生二子：海远、海权。

二十三世：海远生于 1995 年 11 月；海权生于 1998 年 12 月。

二十二世：锦章生于 1970 年 11 月 5 日，配蔡氏，生于 1973 年 12 月 19 日，生二女一子：海帆。

二十三世：海帆生于 2008 年 11 月。

二十一世：裕信配陆氏。

十九世：有初配何氏生五子：兆国、李挺（另续）、兆泰、兆民、兆兴。

二十世：兆国配莫氏生一子：裕超。

二十一世：裕超生于 1931 年 5 月，配何氏，生二女三子，子：锦远、锦立、锦昇。

二十二世：锦远、锦立、锦昇。

二十世：兆泰配梁氏生四子：裕生、裕权、裕利、亚有。

二十一世：裕生配伍氏，生一女一子：锦年。

二十二世：锦年生于1957年9月15日，配何氏，生二子：海术、海科。

二十三世：海术，大学本科；海科，大专。

二十一世：裕权配黄氏生于1933年12月，生一女二子：锦富、锦荣。

二十二世：锦富生于1959年8月16日，配陈氏，生于1960年10月20日，生一女三子：海田、海春、海意。

二十三世：海田生于1986年11月18日，配杨氏，生于1988年8月，生二女。

二十三世：海春生于1988年1月20日；

二十三世：海意生于1995年12月20日。

二十二世：锦荣生于1963年12月6日配蔡氏生于1963年11月17日生三女一子：海发。

二十三世：海发生于1990年7月18日。

二十一世：裕利生于1934年6月20日配温氏生于1942年6月22日生四子。子：锦柱、锦透、锦术、锦艇。

二十二世：锦柱生于1966年1月18日配林氏生于1969年8月6日生一女二子，子：海健、景宇。

二十三世：海健生于1992年8月3日；景宇生于1994年1月18日。

二十二世：锦透生于1968年6月29日配黎氏生于1969年10月18日生二子，子：海松、海浩。

二十三世：海松生于1996年10月24日；海浩生于2004年5月16日。

二十二世：锦术生于1972年8月9日配陈氏生于1972年5月8日生一子：振亮。

二十三世：振亮生于2001年6月21日。

二十二世：锦艇生于1974年12月17日配李氏生于1976年10月15日生一子：海瀚。

二十三世：海瀚生于2010年3月6日。

二十世：兆民配陈氏生二女四子。子：裕松（另续）、裕柏、康俊（另续）、裕梓。

二十一世：裕柏生于1935年，大专学历，中学教师，配温氏生于1945年生一女三子：锦阳、亚妖●、锦锋。

二十二世：锦阳生于1969年11月，大专学历，中学教师，配李氏生于1970年生一女一子：海明。

二十三世：海明生于2010年。

二十二世：锦锋广州大学毕业，配伍氏生一子：海皓。

二十三世：海皓生于2012年。

二十一世：裕梓配何氏生四女一子：锦宁。

二十二世：锦宁。

二十世：兆兴配卜氏生一女二子：裕宝、裕典。

二十一世：裕宝生于1935年8月15日配卜氏生于1952年3月30日生一女一子：锦海。

二十二世：锦海生于1980年8月配陈氏生于1983年。

二十一世：裕典配莫氏生一女二子：锦柏、锦军。

二十世：锦柏、锦军。

十九世：有衬配李氏生三子：兆清、亚寿、兆廉。

二十世：兆清配温敬慈生三子三女，子：一严、一瑞、一锋。

二十一世：一严生于1931年11月7日，中师学历，小学高级教师，配钟秋萍生于1937年8月19日，高中学历，生二子二女。长女：冰生于1959年11月28日，适安铺；次女：杏生于1971年10月12日，学历高中，适廉江。子：亚丹、亚达。

二十二世：亚丹生于1964年11月12日，中专学历，配陈调生于1963年5月生一女：柏诗生于1990年11月6日，学历大学本科。

二十二世：亚达生于1974年11月12日，学历中专，配蔡明英生于1979年2月，学历中专，生二子：铂儒、炯熙。

二十三世：铂儒生于2007年8月2日，读书。

二十三世：炯熙生于2008年9月28日，读书。

二十一世：一瑞生于1941年9月3日，学历大学本科，河堤区委书记，廉江市计委主任，中国诗歌学会会员，广东作家协会会员。作家、诗人。配赵琼梅生于1951年3月11日，学历高中知青，生二女一男。大女春雨生于1971年1月9日，学历大学本科，适廉江。次女春棉生于1974年3月26日，学历大学本科，适廉江。子：华旭。

二十二世：华旭生于1992年10月9日，学历中专。

二十一世：一锋生于1943年7月29日，大学本科，湛江气象局工程师，1991年移民美国，配林琦琨生于1947年3月29日，学历中专，知青，1991年移民美国生一子一女。女：海燕生于1978年1月28日，硕士学历，会计师，1991年移民美国，子：海鹏。

二十二世：海鹏生于1973年8月16日，大专学历，1991年移民美国，配张巧玲生于1974年1月20日，高中学历，现居美国生二女。大女贝儿生于2007年10月9日，现居美国读书。次女莎莎生于2010年4月10日，现居美国读书。

二十世：兆廉配黄氏生于1922年生三子：裕养、裕强、裕维。

二十一世：裕养生于1945年9月21日配王氏生于1948年11月23日生一女二子：锦波、锦铁。

二十二世：锦波生于1974年5月7日配王氏生一女一子：天翔。

二十三世：天翔生于2012年3月。

二十二世：锦铁生于1977年1月17日。

二十一世：裕强生于1948年1月24日配陈氏生于1949年1月26日生一女二子：锦冠、锦概。

二十二世：锦冠生于1974年；锦概生于1984年1月20日。

二十二世：锦冠生于1974年配李良娇，生一女一子。女：宇茵生于2005年11月，读书；子：文钊。

二十三世：文钊生于2013年6月，儿童。

二十一世：裕维生于1959年10月12日，配余石妹生于1964年，生一女三子。女：凤英生于1987年，大专学历；子：子云、子龙、子纳。

二十二世：子云生于1988年12月，本科学历。

二十二世：子龙生于1990年6月，本科学历。

二十二世：子纳生于1991年11月，本科学历。

十八世：世昌（字章甫）监生妣梁氏生四子：有平（另续）、有发●、有明、有承。

十九世：有平（配偶不详）生一子：兆旬。

十九世：有明配李梅生四子一女，再续马氏、何氏生一子。女：南妹适曲龙村。子：兆经、兆纶、兆绅、兆绣、土成。

二十世：兆经配二氏，大赖莲芳生二子二女：长女秀琼、次女秀珍生于1934年适黑

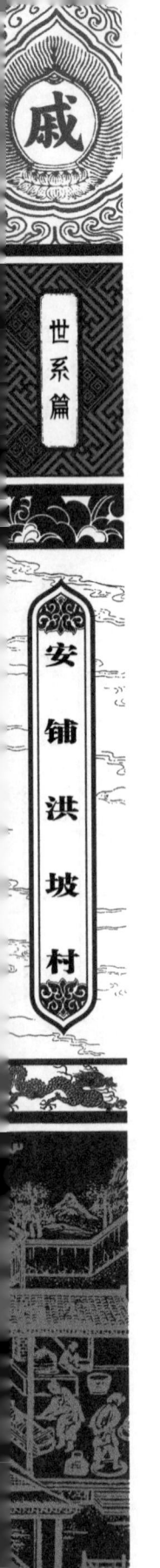

龙江省，曾任阳江县政协副主席、政协常委、阳江市人民医院妇产科主任、主任医师（副教授级）曾被湛江医院聘为客座副教授，1983年获全国"三八"红旗手、全国计生先进工作者、省先个人等称号。子：裕寿、裕森、裕林（未详）、裕平（未详）。

二十一世：裕寿生于（1937年—2011年冬）配李华珍生于1948年1月生三女：长女晓东生于1969年、二女晓苹生于1973年6月、三女晓明生于1974年11月。

二十一世：裕森生于1948年12月配全妹生一子：锦华。

二十二世：锦华生于1987年7月，外务工。

二十世：兆纶配钟文英生一子：康进。

二十一世：康进生于1936年3月配莫琼珍生于1941年3月生四女：大女：春晓生于1963年1月，华南理工大学毕业，会计师，适广西；二女：永娟生于1965年7月，中山医学院研究生，适恩平；三女：雪洁生于1968年12月西南师范大学研究生适江西；四女：广夏生于1975年7月，岭南学院本科。

二十世：兆绅配何桂兴生二子三女：长女：清生于1943年9月；二女：展雄生于1949年7月；三女：丽华生于1964年6月。子：祥、土胜。

二十一世：祥生于1946年9月配杨秀明生一子二女：大女：颜珍生于1983年8月，学历中专适广州市；二女：妙丹生于1989年8月，学历中专。子：振辉。

二十二世：振辉生于1992年8月，学历中专。

二十一世：土胜生于1956年5月配陈安生于1958年2月生一女一子，女：慧慧生于1989年8月，大学本科。子：志超。

二十二世：志超生于1997年9月，读书。

二十世：兆绣配肖永冰生于1921年11月生一子：康华。

二十一世：康华生于1941年8月配邓秀梅生于1948年12月生一子一女，女：悦生于1978年4月，学历大学本科，适湛江市，子：睿。

二十二世：睿生于1981年5月，学历本科，配宁灵鑫生于1981年生一女，女：菡婷生于2013年3月，儿童。

二十世：土成生于1941年9月配彭日福生一子续郑观子生一女，女：彭凤本科大学，适广州市，子：志雄。

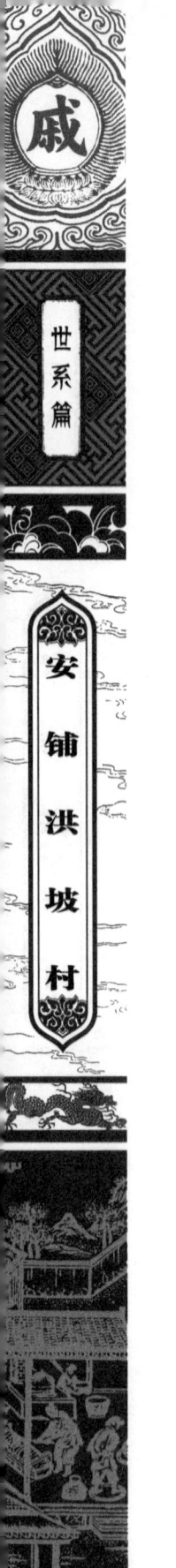

二十一世：志雄生于1972年8月配梁文胜生二子：锦鹏、轩铭。

二十二世：锦鹏生于2008年，读书；轩铭生于2013年，儿童。

十九世：有承配罗氏生一子：振廷。

二十世：振廷配陈氏生三子：裕法、裕连、裕广。

二十一世：裕法配林氏生三子：锦通、锦托、锦跃。

二十二世：锦通、锦托、锦跃。

十七世：文利妣陈氏生二子：亚德（另续）、世江。

十八世：世江妣郑氏生二子：有瑚●、有连。

十九世：有连配温何二氏生二子：兆美、兆焕。

二十世：兆美生于1934年11月26日配王氏生三女二子，子：裕全、裕光。

二十一世：裕全生于1957年8月7日配黄氏生于1957年7月12日生一女二子，子：锦新、锦区。

二十二世：锦新生于1983年7月10日配陈氏生于1984年生一子：光辉。

二十三世：光辉生于2008年9月20日。

二十一世：裕光生于1962年8月12日配何氏生于1963年5月4日生二女二子：观源、子浩。

二十二世：观源生于1992年2月16日；子浩生于2000年1月。

二十世：兆焕配郭氏生三女一子：裕韬。

二十一世：裕韬生于1968年配黄氏生二子：锦杰、锦颖。

十八世：世明（秀九村适入）生四子：有湖、有池、亚寿、有廉。

十九世：有廉配赖氏继子：振宽。

二十世：振宽生于1948年3月23日配林氏生于1954年8月13日生一女二子：裕聪、裕明。

二十一世：裕聪生于1980年8月24日配司氏生于1982年生一子：锦柏。

二十二世：锦柏生于2009年4月9日。

二十一世：裕明生于1983年5月20日。

十五世：爵琳妣钟氏生五子：名显、名学（另续）、名彰（另续）、名富（另续）、名贵（另续）。

十六世：名显妣张氏生四子：文洭（另续）、文思（另续）、文明（另续）、文中。

十七世：文中妣王氏生三子：世球、世明（另续）、亚安●。

十八世：世球妣李氏生一子：有炳。

十九世：有炳配杨氏生三子：亚发（另续）、亚四（另续）、兆荣。

二十世：兆荣生于1944年9月4日配谢氏生二女一子：华忠。

二十一世：华忠生于1991年8月10日。

广爱次子朝献公分支允亮公派下学优房源流谱

十三世：允亮妣吴氏生三子：学优、学弟（另续）、学充（另续）。

十四世：学优妣邓蔡二氏生三子：爵一（另续）、爵从（另续）、爵品。

十五世：爵品妣何庞二氏生三子：均义、均华、均样。

十六世：均英妣庞氏出嫁梁氏生一子：文英。

十七世：文芙妣黎氏取子入继：世凰。

十八世：世凰妣莫氏生一子：有林。

十九世：有林配邓氏生四子：康景●、兆珍、兆珠、亚佳●。

二十世：兆珍配黄氏生一子：亚深●。

二十世：兆珠生于1929年12月6日配陈少辉生于1928年8月8日生四子：亚南、亚盛、亚佑、亚全。

二十一世：亚南生于1950年9月27日，学历小学，配杨、蔡二氏生二子：海伟、锦宇。

二十二世：海伟生于1974年11月4日，学历高中，配郑勇生于1975年9月18日，学历高中生一子：建聪。

二十三世：建聪生于1998年8月16日，读书。

二十二世：锦宇生于1993年4月16日，学历大学。

二十一世：亚盛生于1954年8月1日，学历小学，配陈金生于1959年10月7日，学历初中二子二女。女：土芳生于1991年12月6日，学历初中。女：水妹生于1993年8月20日，读书。子：日武、土新。

二十二世：日武生于1988年1月16日，学历初中；土新生于1990年，学历初中。

二十一世：亚佑生于1957年，学历初中，配周彩莲生于1963年1月8日，学历初中，生二子：锦明、水文。

二十二世：锦明生于1985年5月14日，学历初中。

二十二世：水文生于1989年10月15日，学历初中，配梁叶娜生于1992年7月11日，学历初中生一女。雅琳生于2013年6月25日，儿童。

二十一世：亚全生于1964年5月1日，学历大专，配庞荣英谭葛排新村人生于1964年10月11日生一子：俊杰。

二十二世：俊杰生于1992年8月10日，学历大专。

广爱次子朝献公分支允亮公派下学弟房源流谱

十三世：允亮妣吴氏生三子：学优（另续）、学弟、学充。

十四世：学弟妣罗氏生三子：爵豪、爵鼎（另续）、爵侯。

十五世：爵豪妣李麦二氏生四子：均汉（另续）、均廷（另续）、均成、名举（另续）。

十六世：均成妣李陈二氏生二子：思文、思武（另续）。

十七世：思文妣蔡氏生三子：国龙（另续）、国凤、国荣（另续）。

十八世：国凤妣钟氏生四子：有隆、有盛、有善、有良。

十九世：有隆配潘氏生一子：兆记。

二十世：兆记配莫氏生三子：培春、亚经（另续）、亚廷（另续）。

二十一世：培春配何氏生四子：锦安、亚辉、亚超（另续）、亚邦（另续）。

二十二世：锦安配何氏生二子：光瑞、亚素。

二十三世：光瑞生于1949年4月14日，学历高小，配郑洪马群村人生于1956年4月17日，学历初中，生二子：国林、国华。

二十四世：国林生于1983年11月10日，学历初中，在外务工，配张丽萍罗定人生于1985年8月20日，学历中技。

二十四世：国华生于1987年4月2日，学历中技，在外务工。

二十三世：亚素配许氏生三子：国旗、华星、进营。

二十四世：国旗生于1985年9月，初中。

二十四世：华星生于1988年5月，高中，配陈文晓生于1996年月，初中，湛江霞山调罗村，生一子：戚境洋。

二十五世：戚境洋生于2015年9月。

二十四世：进营生于1988年5月，初中学历。

二十二世：亚辉配陶兰珠广西武鸣人生于1943年9月20日生一子：进彬。

二十三世：进彬生于1974年6月17日，学历初中，在外务工，配秦华英草埌人生于1969年9月24日，学历初中，生一子：胜球。

二十四世：胜球生于2002年11月3日。

十九世：有盛配陈氏生四子：兆富、兆贵、兆荣、兆华。

二十世：兆富配黄氏生三子：培丰、亚年（未详）、亚平。

二十一世：培丰配何氏生二子：亚卿、亚善。

二十二世：亚卿生于1932年9月19日，学历小学，配陈桂英六格人生于1935年11月28日，学历小学，生四子：振民、亚寿、亚銮、亚租。

二十三世：振民生于1956年4月29日，学历高中，在外务工，配王秀南坑村人生于1959年6月24日，学历初中，生三子：一博、华学、华渊。

二十四世：一博生于1981年1月17日，学历初中，在外务工配郑视娟普宁人生于1990年6月16日，技师，在外务工生一子：维哲。

二十五世：维哲生于2008年10月23日。

二十四世：华学生于1982年8月15日，学历初中，在外务工，配卜小花放鱼塘村人生于1981年8月29日，学历中技，生一子：子悦。

二十五世：子悦生于2012年7月22日。

二十四世：华渊生于1985年9月4日，学历中技，在外务工，配黄春婵江门人生于1993年5月20日。

二十三世：亚寿生于1958年9月16日，学历初中，在外务工，配李秀锦廖客村人生于1959年7月16日，学历高中，生三子：建松、国坚、斯恩。

二十四世：建松生于1985年10月8日，学历初中，在外务工，配曹春艳湖南人生于1987年12月16日，学历初中，生一子：华志。

二十五世：华志生于2008年7月4日。

二十四世：国坚生于1989年9月16日，学历初中；斯恩生于1992年6月5日学历小学。

二十三世：亚銮生于1962年9月19日，学历高中配李路下乙糟村人生于1966年2月9日，学历小学，生二子：观涛、志文。

二十四世：观涛生于1992年9月19日，学历中技，在外务工；志文生于1993年6月15日，学历中技，在外务工。

二十三世：亚租生于1966年4月29日，学历初中，在外务工，配陈葵英东相塘村人生于1969年6月11日，学历初中，生一子：景成。

二十四世：景成生于1992年12月13日，学历，国本。

二十一世：亚平配钟玉华坡贞塘村人生于1928年6月2日生一子：康熙。

二十二世：康熙生于1948年9月25日，学历小学，配何秋桂下路村人生于1953年2月20日，生一子：建新。

二十三世：建新生于1975年9月25日，学历初中，在外务工，配吕玉娟，安铺镇人生于1978年10月4日，学历初中，生一子：子轩。

二十四世：子轩生于2004年7月25日。

二十世：兆贵配梁氏生四子：培英、康进、亚路（未详）、华彬。

二十一世：培英配林氏生一子：康谋。

二十二世：康谋配何清观草棚村人生于1954年10月11日，学历小学，生一子：松敏。

二十三世：松敏生于1981年10月13日，学历中技，配温凤英惠州市陂塘角村东坑11号，生于1981年11月8日生一子：子杰。

二十四世：子杰生于2005年12月4日。

二十一世：康进配林燕玲坡贞塘村人生于1934年7月27日。

二十一世：华彬生于1939年4月24日，学历初中，配林英长山石牌村人生于1943年8月14日，生一子：一繁。

二十二世：一繁生于1978年9月13日，学历大学，在外务工配伍晓丽新围仔村人生于1979年6月29日，学历初中。

二十世：兆荣配毛氏生一子：培汉。

二十一世：培汉配卢氏生二子：康本、亚龙。

二十二世：康本生于1946年8月2日，学历小学，配蔡齐太平围村人生于1948年10月14日，学历小学，生二子：进爵、进裕。

二十三世：振灼生于1976年12月3日，学历高中，在外务工，配李利美东源人生于1981年4月15日，学历初中，生一子：镇滔。

二十四世：镇滔生于2003年4月30日。

二十三世：进裕生于1981年7月5日，学历初中，配刘金凤霞山人生于1983年7月29日，学历初中，生一子：建华。

二十四世：建华配刑秋萍礼村人生于1985年10月2日，学历小学，生一子：广志。

二十四世：建华生于2006年3月17日；广志生于2013年3月2日。

二十二世：亚龙配王少兰西山村人生于1960年6月11日，学历初中生二子：观文、康武。

二十三世：观文生于1985年12月18日，学历初中配邓芳博白人生于1982年9月15日，学历初中，生二子：金华、境林。

二十四世：金华生于2007年2月25日。

二十四世：境林生于2013年9月20日。

二十三世：康武生于1991年7月16日，学历初中，配林美婷豆坡新村人生于1991年1月26日，生一子：境轩。

二十四世：境轩生于2016年2月15日。

二十世：兆华配莫氏生二子：培才（未详）、培东。

二十一世：培东配何氏生三子：观朝、亚炳、亚胜。

二十二世：观潮生于1956年6月8日，学历初中，配陈小英东相塘村人生于1958年6月26日，学历高中生二子：华满、景超。

二十三世：华满生于1986年10月12日，学历大学；景超生于1989年6月13日，学历大学。

二十二世：亚炳生于1960年6月2日，学历初中，做小生意，配全芳营仔人生于1965年10月6日，学历初中，生一子：景聘。

二十三世：景聘生于1989年11月5日，学历大学，配林素娜汕头朝阳人生于1985年11月26日，学历大学，生一子：乔诚。

二十四世：乔诚生于2011年9月25日。

二十二世：亚胜生于1964年4月11日，学历高中，配黄换白面堽村人生于1965年9月8日，学历初中，生三子：荣耀、红硕、华灿。

二十三世：荣耀生于1988年6月16日，学历初中；红硕生于1990年9月25日，学历初中。

二十三世：华灿生于1992年9月30日，学历初中，配林景娟山高棚村人生于1997年6月26日。

十九世：有良配杨氏生二子：兆仁、兆仪。

二十世：兆仁配梁氏生二子：培国、培家。

二十一世：培国配麦氏生五子：亚驰、亚伟（另续）、亚楷、光保、水业。

二十二世：亚驰配朱少英坡贞塘村人生于1945年7月18日，生三子：亚响、亚杏、亚编。

二十三世：亚响生于 1965 年 3 月 14 日，学历初中，配钟妹圳墩塘村人生于 1965 年 7 月 9 日，学历小学，生二子：玉章、戚虾。

二十四世：玉章生于 1992 年 2 月 29 日，学历中技，在外务工；戚虾生于 1996 年 7 月 6 日，学历读高中。

二十三世：亚杏生于 1966 年 9 月 17 日，学历初中，在外务工，配海南人生于年月日，生一子：乐乐。

二十四世：乐乐生于年月日。

二十三世：亚编生于 1971 年 4 月 21 日，学历中技，在外务工，配陈石英东相塘村人生于 1974 年 11 月 10 日，学历初中，生一子：华纳。

二十四世：华纳生于 1998 年 11 月 5 日，学历读初中。

二十二世：光保生于 1942 年 5 月 29 日，学历小学，配尹妹深沟西村人生于 1950 年 10 月 25 日，生二子：亚登、亚泼。

二十三世：亚登生于 1973 年 6 月 16 日，学历初中在外务工，配昌连欧家村人生于 1975 年 10 月 30 日，学历初中生一子：志程。

二十四世：志程生于 1995 年 8 月 6 日，学历读高中。

二十三世：亚泼生于 1980 年 5 月 19 日，学历初中，配赖彩霞杨柑人生于 1981 年 12 月 27 日，学历高中。

二十二世：水业生于 1949 年 6 月 12 日，学历初中，配蔡水娣珠球垭村人生于 1962 年 7 月 6 日，学历初中，生一子：亚准。

二十三世：亚准生于 1987 年 10 月 15 日，学历大专，在外务工，配麦木英南边村人生于 1989 年 6 月 12 日

二十一世：培家配李氏生三子：亚盈、亚扬、广烈。

二十二世：亚盈生于 1938 年 8 月 19 日，学历中师，小学校长，配李娣黎头沙村人生于 1942 年 10 月 11 日，生四子：亚贞、亚贡、亚尖、亚甘。

二十三世：亚贞生于 1963 年 4 月 18 日，学历初中，个体户，配李雪山内眼镜塘村人生于 1966 年 10 月 12 日，学历初中，任村委妇女主任，生一子：亚鹏。

二十四世：亚鹏生于 1986 年 10 月 6 日，学历中专，篮球专业。

二十三世：亚贡生于 1968 年 3 月 24 日，学历本科，教师，配肖魏平石城西村人生于 1968 年 9 月 24 日，学历大专，教师，生二子：亚鼎、家军。

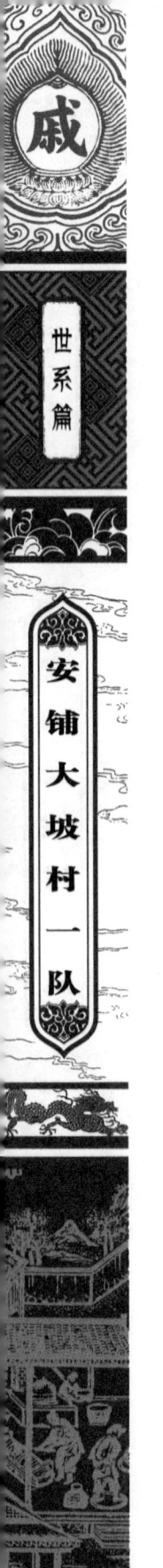

二十四世：亚鼎生于1993年4月15日，学历读大学；家军生于1996年10月1日，学历读书。

二十三世：亚尖生于1969年10月24日，高中，供电所职工，配何小勤，白水塘村人生于1969年3月21日，生一子：世海。

二十四世：世海生于1997年7月8日，读高中。

二十三世：亚甘生于1972年10月5日，学历初中，配苏雪清坡贞塘村人生于1973年5月11日，学历初中，生一子：志铭。

二十四世：志铭生于2001年11月6日。

二十二世：亚扬生于1938年8月19日，学历中师、工程师，配王梅英横峡村人生于1943年11月8日，学历高中，生一子：亚卫。

二十三世：亚卫生于1970年5月20日，学历大专、会计师，配陈彩揭阳人生于1974年4月3日，学历本科大学，教师，生一子：婷彦。

二十四世：婷彦生于2004年10月10日。

二十二世：广烈配张远忍韶关钢铁厂人生于1953年1月8日，学历初中，生一子：一虎。

二十三世：一虎生于1973年4月1日，学历大专，制造业，配许红秀湖南人生于1980年11月24日，中专制造业，生一女。媛媛生于2007年1月1日。

二十世：兆仪配黄梁二氏生一子：镇江（原名亚生）。

二十一世：镇江生于1937年5月29日，学历中师，教师，配梁发黎头沙村人生于1943年12月26日，学历小学，生二子：锦奕、锦聪。

二十二世：锦奕生于1968年12月27日，学历大专，书店职工配黄线大山村人生于1971年9月30日，学历大专，教师，生一子：炜荣。

二十三世：炜荣生于2000年1月12日，读初中。

二十二世：锦聪生于1972年11月15日，学历中专，国土局职工，配陈小茶新闻人生于1976年12月27日，学历中专，粮所职工，生一子：鸿宇。

十四世：学弟妣罗氏生三子：爵毫、爵鼎、爵候。

十五世：爵候妣周氏生二子：均秀、均玉。

十六世：均秀妣李氏生二子：思子（另续）、思学。

十七世：思学妣伍氏生四子：亚灶（另续）、亚保、亚发、亚子。

十八世：亚保妣陈氏生二子：有新、亚二●。

十九世：有新妣陈氏生一子：亚琴。

二十世：亚琴配麦氏生二子：亚浩、亚华。

二十一世：亚华生于1957年12月16日，学历初中，配陈妹生于1981年2月17日，学历初中，生二子：志伟、志平。

二十二世：志伟生于1986年5月19日，学历初中，配林少珍生于1988年8月12日，学历初中，生一子：允希。

二十三世：允希生于2010年8月25日，儿童。

二十二世：亚华次子志平生于1992年9月15日，学历初中。

十四世：学充配龙氏生九子：爵朝、二公●、爵安、爵煌、爵栋、六公●、爵贵、爵球、爵琳。

十五世：爵琳配钟梁二氏生五子：名显、名学、名彰、名富、名贵，名贵由秀九迁居大坡村。

十六世：名贵配钟出欧氏生三子：文维（另续）、文裕（另续）、亚才。

十七世：文裕妣黄氏生四子：国良、亚富●、国华、国美（另续）。

十八世：国华妣李氏生三子：有赞、有槐、有文。

十九世：有赞妣何氏生三子：兆昌、里成、亚东●。

二十世：兆昌配全氏生三子：康伦、进章、亚芬。

二十一世：康伦配陈俊生于1947年4月24日，生二子：亚崇、亚敬。

二十二世：亚崇生于1964年9月2日，深圳工作，配伍少婵生于1968年7月11日生一子：国沛。

二十三世：国沛生于2013年6月22日，儿童。

二十二世：亚敬生于1970年12月20日，深圳工作，配肖小华生于1977年12月18日，生一子：亚扬。

二十三世：亚扬生于2000年8月25日，读书。

二十一世：进章生于1948年11月24日，配苏华莲生于1948年12月13日生一子：绍渝。

二十二世：绍渝生于1982年1月9日。

二十一世：亚芬生于1958年6月12日，配卜养生于1957年6月17日，生一子：康宁。

二十二世：康宁生于 1990 年 1 月 26 日，读书。

二十世：里成配陈秀生于 1948 年 7 月 9 日，生一子：亚波。

二十一世：亚波生于 1974 年 9 月 2 日，学历初中，配曾月影生于 1979 年 11 月 27 日，学历小学，生三女一子。长女卓茹生于 1999 年 11 月 5 日，读书；次女引娣生于 2006 年 5 月 12 日，读书；三女卓凤生于 2008 年 10 月 19 日，儿童。子：君豪。

二十二世：君豪生于 2014 年 1 月 19 日，儿童。

十九世：有槐配何氏生五子：土秀、李存、亚照、进任（另续）、亚信。

二十世：土秀配许氏黎秀珍生于 1933 年 7 月 14 日，生二子：土荣、亚惠。

二十一世：土荣生于 1953 年 10 月 14 日，学历初中，配黎月明生于 1962 年 8 月 15 日，学历初中，生三子：卓典、卓经、卓伟。

二十二世：卓典生于 1983 年 6 月 15 日，学历高中。卓经生于 1986 年 6 月 9 日，学历高中。卓伟生于 1988 年 6 月 12 日，学历高中。

二十一世：亚惠生一于 1966 年 2 月 27 日，学历初中，配陈秀琼生于 1968 年 8 月 27 日，小学文化生二子一女。女：贺君生于 1993 年 5 月 14 日，学历初中，子：志彬、二子●。

二十二世：志彬生于 1989 年 10 月 4 日，学历初中。

二十世：李存生于 1934 年 12 月 1 日，学历初中，配樊少珍生于 1941 年 4 月 22 日，小学文化，生二子：亚孟、亚鉴。

二十一世：亚孟生于 1964 年 8 月 28 日，学历初中，配陈康廖生于 1962 年 9 月 27 日，学历初中，生二子二女。长女素杏生于 1988 年 3 月 13 日，学历初中；次女桂妹生于 1989 年 9 月 27 日，学历初中。子：进卓、进杰。

二十二世：进卓生于 1991 年 12 月 16 日，学历初中，外出务工；进杰生于 1994 年 2 月 12 日，学历初中，外出务工。

二十一世：亚鉴生于 1969 年 12 月 28 日，学历初中，配刘恩生于 1973 年 10 月 16 日，学历初中，生一子：卓恒。

二十二世：卓恒生于 1998 年 6 月 29 日，读书。

广爱次子朝献公分支允亮公派下学充房源流谱

十四世：学充妣龙氏生九子：爵朝、二公（另续）、爵安（另续）、爵煌（另续）、爵樑、元公（另续）、爵贵（另续）、爵球（另续）、爵琳（另续）。

十五世：爵朝妣严刘二氏生二子：均宇、均文。

十六世：均文妣黄氏生二子：文光、文蔚。

十七世：文蔚配刘氏生四子：亚养、仁福、亚灵、亚六。

十八世：仁福配梁氏生四子：有德、有益、有祥、有进（另续）。

二十世：兆昇配陈氏生一子：培椒（原名亚清）。

二十一世：培椒配陈国英江洪北草村人生于1934年10月17日，生一子：锦文。

二十二世：锦文配陈曾河头军塘村人生于1971年7月25日，生三子一女，女：金凤生于2012年1月9日，儿童。子：永山、永河、永渊。

二十三世：永山生于1993年8月23日；永河生于1997年6月9日；永渊生于2012年1月9日。

十九世：有益配黄氏生二子：兆丰、兆年。

二十世：兆丰配卢氏生二子：培和、康佑。

二十一世：培和配金氏生二子：秋德、亚伟（未详）。

二十二世：秋德配林娟娣缸瓦窑村人生于1954年8月23日，学历初中，生三子：水明、岳庭、振作。

二十三世：水明生于1980年12月25日，学历高中，在外务工，配叶金连遂溪朗村人生于1983年8月18日，学历初中，生一子：宏定。

二十四世：宏定生于2006年8月27日，读小学。

二十三世：岳庭生于1982年9月20日，学历初中，配王德后塘村人生于1979年2月10日，学历初中，生一子：梓炫。

二十四世：梓炫生于2011年8月22日。

二十三世：振作生于1985年4月15日，学历中专，在外务工。

二十一世：康佑配杨桂先石牛潭人生于1938年9月27日，生三子：振添、进贤、进标。

二十二世：振添生于 1963 年 10 月 27 日，学历初中，在外经商，配刘火园水九头村人生于 1963 年 11 月 23 日，学历初中，生二子：广雨、国亮。

二十三世：广雨生于 1992 年 3 月 9 日，学历高中。国亮生于 1996 年 11 月 29 日，读高中。

二十二世：进贤生于 1969 年 10 月 10 日，学历初中，配陈丽华权廖村人生于 1968 年 8 月 10 日，学历初中，生一子：源显。

二十三世：源显生于 1994 年 1 月 8 日，学历大专。

二十二世：进标生于 1973 年 11 月 14 日，学历初中，配麦叶青九受埇村人生于 1969 年 6 月 19 日，学历初中，生一子：明达。

二十三世：明达生于 2009 年 10 月 16 日。

二十世：兆年配黄氏生五子：培文、亚贵、亚玲、亚昌、亚秀。

二十一世：培文配黄玉兰黄江美村人生于 1930 年 6 月 2 日生三子：亚瑞、日富、亚溪。

二十二世：亚瑞生于 1954 年 11 月 28 日，学历初中，配林养缸瓦窑村人生于 1959 年 1 月 17 日，学历初中，生二子：新柱、李顿。

二十三世：新柱生于 1980 年 3 月 26 日，学历初中，在外务工，配卜娇萍芝兰村人生于 1986 年 12 月 1 日。

二十三世：李顿生于 1983 年 9 月 26 日，学历中技，在外务工，配林玉琼云浮人生于 1985 年 11 月 16 日，学历中专，在外务工。

二十二世：日富生于 1956 年 12 月 30 日，学历高中，配伍妹西山合河仔村人生于 1957 年 11 月 7 日，学历初中，生三子：永华、永强、永良。

二十三世：永华生于 1989 年 10 月 27 日，学历高中，在外务工；永强生于 1990 年 6 月 10 日，学历中技，在外务工；永良生于 1992 年 6 月 4 日，学历初中，在外务工。

二十二世：亚溪生于 1958 年 8 月 2 日，学历高中，经商配陈木娟塘头村人生于 1964 年 12 月 25 日，学历初中，生一子：子荣。

二十三世：子荣生于 1993 年 1 月 21 日，学历读大学。

二十一世：亚贵生于 1931 年 6 月 18 日，配胡氏生一子：党生。

二十二世：党生生于 1968 年 10 月 1 日，学历大学，建筑设计师，配梁冬梅梧州人生于 1977 年 11 月 13 日，学历中专，生二子：作涛、作坤。

二十三世：作涛生于 2006 年 9 月 27 日，读小学。作坤生于 2014 年 10 月 22 日。

二十一世：亚玲配陈家锐鱼兰塘村人生于 1943 年 7 月 6 日，学历小学，生二子：锦堂、锦桥。

二十二世：锦堂生于 1969 年 12 月 21 日，学历小学。锦桥生于 1986 年 6 月 30 日，学历中专。

二十一世：亚昌生于 1941 年 9 月 27 日，配生一子：锦永。

二十二世：锦永生于 1985 年 10 月 26 日，学历高中，在外务工。

二十一世：亚秀配唐日娣安铺人生于 1954 年 10 月 13 日，生一子：智亮。

二十二世：智亮生于 1980 年 11 月 15 日配江瑞琴生于 1985 年 11 月 2 日生一子：桦星。

二十三世：桦星生于 2010 年 7 月 27 日，读小学。

十九世：有祥配余氏生二子：兆鸿（另续）、兆喜。

二十世：兆喜配蔡氏生三子：亚发●、培荣、亚兆。

二十一世：培荣生于 1935 年 1 月 18 日，学历小学，配李少娟曲塘村人生于 1937 年 9 月 14 日生二子：广华、广泉。

二十二世：广华生于 1966 年 2 月 28 日，学历初中，在外务工，配陈忠英后塘村人生于 1965 年 10 月 30 日生一子：海营。

二十三世：海营生于 1992 年 1 月 16 日，学历初中，在外务工。

二十二世：广泉生于 1972 年 5 月 12 日，学历初中，在外务工，配麦妹鸭潭村人生于 1971 年 8 月 15 日，学历初中，生二子：明旭、明耀。

二十三世：明旭生于 2001 年 6 月 18 日，读小学；明耀生于 2002 年 10 月 31 日，读小学。

二十一世：亚兆生于 1942 年 3 月 29 日，学历小学，配梁香娟河栋人生于 1943 年 8 月 3 日，学历小学，生二子：建军、建术。

二十二世：建军生于 1970 年 3 月 10 日，学历初中，在外务工，配赖银安铺瑞南街人生于 1971 年 8 月 23 日，生二子：家豪、家宇。

二十三世：家豪生于 1997 年 7 月 26 日，读中学；家宇生于 1998 年 12 月 25 日。

二十二世：建术生于 1976 年 2 月 19 日，学历初中，在外务工，配林志晓阔口塘村人生于 1978 年 8 月 12 日，学历初中，生一子：家威。

二十三世：家威生于 2007 年 7 月 14 日，读小学。

十五世：爵樑妣莫氏生三子：名魁（另续）、名卓、名朝（另续）。

十六世：名卓妣潘氏生二子：文字、文书（另续）。

十七世：文学妣梁氏生三子：世荣、世裕（另纽）、世兴（另续）。

十八世：世荣妣李戴生二子：汝福、汝存（另续）、亚保（另续）。

十九世：汝福配梁氏生二子：兆明、兆平。

二十世：兆明配陈氏生三子：亚留、亚深（另续）、进段。

二十一世：亚留生于1936年9月10日，学历初中，配何云英河插村人生于1942年2月19日，学历高小生二子：锦琪、锦懿。

二十二世：锦琪生于1965年9月19日，学历中技，在外务工，配黄汝内塎村人生于1965年9月2日，学历初中，生一子：文睿。

二十三世：文睿生于1991年6月14日，学历中技，在外务工。

二十二世：锦懿生于1979年5月5日，学历中专，在外务工，配陈洁筜桥镇过水塘村人生于1982年12月12日，学历初中，生二子：明泽、明乐。

二十三世：明泽生于2005年11月7日，读小学；明乐生于2008年9月13日，读小学。

二十一世：进段生于1952年9月10日，学历初中，在外务工配王成矛坡村人生于1955年9月22日，学历初中，生二子：武杰、武艺。

二十二世：武杰生于1975年10月17日，学历初中，在外务工，配黄良辉黄江尾村人生于1979年6月16日，学历初中，生一子：宏柏。

二十三世：宏柏生于2012年12月26日。

二十二世：武艺生于1978年7月8日，学历初中，在外务工，配罗秀琼坤村仔人生于1981年10月5日，学历初中，生一子：锟铖。

二十三世：锟铖生于2012年7月11日。

二十世：兆平配何氏生二子：华典、亚滴。

二十一世：华典配梁秀琼龙桥村人生于1948年10月18日生二子：锦立、锦攀。

二十二世：锦立生于1974年12月27日，学历初中，装饰公司经理，配林瑞意英德人生于1980年11月1日，学历初中，生一子：誉耀。

二十三世：誉耀生于2004年11月5日，读小学。

二十二世：锦攀生于1978年4月16日，学历初中，配周自联东莞人生于1975年1

月27日，学历大学。

二十一世：亚滴生于1953年10月29日，学历高中，配陈秋荣六格村人生于1953年8月10日，生二子：锦科、锦师。

二十二世：锦科生于1982年8月7日，学历初中，在外务工，配黄明珠安铺人生于1985年11月19日，学历大专，教师。

二十二世：锦师生于1986年12月10日，学历初中，在外务工。

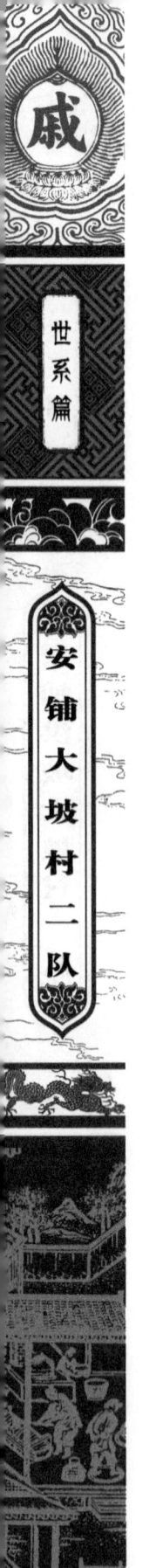

广爱次子朝献公分支允亮公派下学充房源流谱

十四世：学充妣庞氏生九子：爵朝（另续）、二公●、爵安（另续）、爵煌（另续）、爵樑（另续）、元公●、爵贵（另续）、爵球（另续）、爵琳。

十五世：爵琳妣钟梁二氏生五子：名显（另续）、名学（另续）、名彰（另续）、名富（另续）、名贵。

十六世：名贵妣钟出欧氏生三子：文维（另续）、文裕、亚才（另续）。

十七世：文裕妣黄氏生四子：国良（另续）、亚富（另续）、国华、国美（另续）。

十八世：国华妣李氏生三子：有赞（另续）、有槐、有文（另续）。

十九世：有槐妣黎何二氏生五子：土秀（另续）、里存（另续）、亚照、进任（另续）、亚信（另续）。

二十世：亚照生于1936年11月16日，学历小学，配罗连英博教村人生于1941年6月2日，生一子：亚连。

二十一世：亚连生于1968年3月3日，学历初中，在外经商，配曹石秀生于1969年12月8日，学历初中，生一子：钦华。

二十二世：钦华生于1992年5月28日，学历初中。

二十世：亚信生于1943年8月3日，高中，退休干部，配罗建芳博教村人生于1946年12月17日，生一子：小朋。

二十一世：小朋生于1975年2月15日，学历中专，医生，配陈广慧横山人生于1980年1月30日，中专，护士，生二子：恒彰、倍毓。

二十二世：恒彰生于2004年8月19日，读小学；倍毓生于2008年3月22日，读学前班。

十九世：有文配文氏生四子：亚廉、旺突、土福、亚橡。

二十世：旺典生于1946年12月28日，学历初中，雅塘糖厂，配陈娣下村人生于1947年9月6日，学历初中，生一子：伟明。

二十一世：伟明生于1982年12月29日，学历中专，广州消防。

二十世：土福生于1951年2月，学历初中，配陈水意，桂福湾村人生于1956年9月，学历高小，生二子：振荣、一帆。

二十一世：振荣生于1988年8月，学历大学；一帆生于1991年8月，学历大学。

二十世：亚橡生于1953年11月15日，高中，安铺供电局，配李小玲安铺人生于1963年6月11日，初中，小学教师生一子：斯宇。

二十一世：斯宇生于1993年11月2日，学历读大专。

十八世：国美配吕氏生一子，取一子入继：有芳。

十九世：有芳配黄氏生一子：亚相。

二十世：亚相生于1935年12月20日配陈志文白沙村人生于1949年9月17日生一子：黎崧。

二十一世：黎崧生于1976年3月12日，学历高中，配周小燕下担村人生于1978年10月2日。

十七世：亚九配马氏生二子：世炳、亚益。

十八世：世炳配徐氏生二子：亚强、华木。

十九世：华木生于1949年7月27日，学历小学，配何氏生二子：亚文、康锋。

二十世：亚文生于1975年12月11日，学历中专，在外务工，配陈启娇江西兴博人，学历大专，在外务工，生一子：天宇。

二十一世：天宇生于2005年6月1日。

二十世：接华木次子康锋生于1983年5月16日，学历高中，配梁木英急水村人生于1981年9月21日，学历中专。

广爱次子朝献公分支允亮公派下学优房源流谱

十四世：允亮妣莫氏生三子：学优、学第（另续）、学充（另续）。

十四世：学优妣邓蔡二氏生三子：爵一（另续）、爵从（另续）、爵品。

十五世：爵品妣何庞二氏生三子：均义（另续）、均华（另续）、均祥。

十六世：均祥妣庞出王氏生二子：文隆（另续）、文献。

十七民：文献妣汤氏生三子：世玉、水养●、日清。

十八世：世玉妣陈氏生一子：有灼（未详）。

十八世：日清妣氏生三子：亚安、亚宝、永祥（迁四行村）。

十九世：亚安妣氏生一子：亚才。

二十世：亚才妣氏生一子：亚发●。

十九世：亚宝妣氏生三子：亚贞、土养●、亚生。

二十世：亚贞妣氏汉后村人生五子：吉喜、吉翠、吉安、吉昌●、吉和。

二十一世：吉喜妣王氏力作村人生三子：亚养、亚生、亚叁。

二十二世：亚养生于1920年7月21日配林亚淑洛基村人生于1923年12月5日生二子二女：长女：亚花生于1957年5月4日，高中，适海口市德胜沙街；次女：亚香生于1961年8月10日，高中，适白南沙田村。子：亚其、光辉。

二十三世：亚其生于1950年4月29日，初中，配杨丽珍生于1952年5月4日初中，那大胜利街人，生二子一女，女：亚彩生于1976年6月25日，初中，适沙田村。子：建国●、建华。

二十四世：建华生于年月日。

二十三世：光辉生于1954年2月21日，学历大专，白南小学任教，配刘素兰生于1955年11月21日，学历中师，那大一小任教，刘一一女，女：丽莉生于1985年10月1日，学历大专，子：建凯。

二十四世：建凯生于1983年6月23日，学历高中在外务工。

二十二世：亚生生于1922年6月12日配符氏罗便村人生于1932年7月3日生四子一女，女：亚英生于1954年8月17日，学历初中，适茶山村，子：亚光、亚青、明运、亚六。

二十三世：亚光生于1953年5月18日，学历初中配许善琰生于1952年2月8日，学历初中，广西北流人生一子三女：长女：小平生于1975年1月7日，学历初中，适和舍村；二女：小玲生于1978年7月26日，学历初中，适头潭村；三女：秀芳生于1984年5月20日，学历初中，在外务工；子：健伟。

二十四世：健伟生于1981年5月1日，学历初中，配廖玉丹洛基村人生于1980年3月21日，生二子：业富、业星。

二十五世：业富生于2004年5月1日，在校就读。

二十五世：业星生于2006年3月4日，在校就读。

二十三世：亚青生于1956年5月3日，学历高中，配李桂燕石屋村人生于1959年8月8日，学历高中，生一子二女：长女：晓霞生于1983年4月11日，学历初中，适沙屋村；次女：晓静生于1988年2月20日，学历初中，适广西柳州市；子：建波。

二十四世：建波生于1985年12月9日，学历初中，配叶小翠那大福村人，生于1988年9月22日，学历初中，生二子：艺康、华霖。

二十五世：艺康生于2008年12月4日。

二十五世：华霖生于2011年4月7日。

二十三世：明运生于1959年10月15日，学历中师，配蔡玉云，力崖村人生于1963年10月23日，学历初中，生一子一女：女：丽珠生于1991年10月23日，学历大专，在那大第三医院医生；子：建学。

二十四世：建学生于1987年8月8日，学历大专，在外务工。

二十三世：亚六生于1965年12月5日，学历初中，配符不六罗便村人生于1964年4月3日，学历初中，生一子一女：女：晓慧生于1995年10月29日，学历中专，在外务工；子：建杰。

二十四世：建杰生于1993年3月3日，学历中专，在外务工。

二十二世：亚叁生于1924年6月26日配符伍罗便村人生于1924年11月10日生五子一女。女：早妹生于1949年10月17日，适沙田村；子：亚亮、亚强、亚真、亚房、亚有。

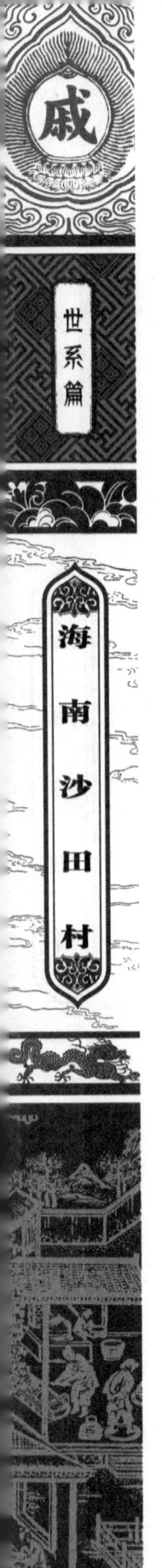

二十三世：亚亮生于 1950 年 10 月 5 日，学历初中，配邵水连侨南村人生于 1950 年 12 月 13 日，生一子四女：长女：玉妹生于 1971 年 2 月 10 日，学历初中，适广东台山；次女：海芳生于 1974 年 8 月 28 日，学历初中，适浙江；三女：秀珍生于 1978 年 4 月 20 日，学历初中，适那大；四女：玉婵生于 1982 年 3 月 17 日，学历初中，适琼中；子：健旺。

二十四世：健旺生于 1985 年 3 月 8 日，学历中专，在外务工。

二十三世：亚强生于 1954 年 10 月 21 日，学历初中配唐二大国村人生于 1951 年 3 月 17 日，学历初中，生二子三女：长女：小燕生于 1974 年 5 月 6 日，学历初中，适红旗新居村；次女：小红生于 1978 年 7 月 12 日，学历初中，适湖南；三女：小兰生于 1978 年 7 月 12 日，学历初中，适文昌市；子：建宏、建庭。

二十四世：建宏生于 1981 年 4 月 7 日，初中，配宋兴妹生于 1986 年 10 月 1 日学历初中，海头人，生一子一女：女：雯琳生于 2008 年 4 月 17 日，读书；子：振威。

二十五世：振威生于 2011 年 1 月 17 日。

二十四世：建庭生于 1984 年 3 月 2 日，学历初中，配蔡艳红那大人生于 1985 年 5 月 24 日，学历初中。

二十三世：亚真生于 1957 年 7 月 12 日，学历高中，配叶玉梅那大东方村人生于 1960 年 9 月 22 日，学历高中，生一子一女：女：云云生于 1985 年 12 月 31 日，学历大专，适新西兰；子：建军。

二十四世：建军生于 1987 年 10 月 24 日，学历大专配罗惠娣生于 1987 年 6 月 21 日兰洋镇人，学历大专，马井中学任教，生一女：女：舒瑜生于 2014 年 6 月 25 日。

二十三世：亚房生于 1960 年 1 月 25 日，学历初中，配钟亚乙生于 1963 年 1 月 15 日，学历初中，江茂村人，生二子一女。长女：玉娇生于 1984 年 3 月 22 日，学历初中，在外务工。子：日才、健彬。

二十四世：日才生于 1985 年 9 月 10 日，学历初中。

二十四世：健彬生于 1987 年 8 月 20 日，学历初中，在外务工。

二十三世：亚有生于 1964 年 6 月 26 日，学历初中，配黄海梅生于 1970 年 1 月 19 日，学历初中，屯昌县人，生一子一女：女：水玲一于 1997 年 8 月 28 日，中专；

子：健乐。

二十四世：健乐生于1991年8月7日，学历初中。

二十一世：吉翠妣叶氏茶山村人再续陈环燕加朗村人三子一女：子：亚荣、土如、木林。

二十二世：亚荣生于1943年6月29日配吴连英生于1948年4月2日，广东信宜人，生二子二女：长女：水月生于1970年8月2日，学历初中，适那大新南村；次女：育苗生于1976年5月22日，学历初中，适那大群英；子：水智、水祥。

二十三世：水智生于1948年10月28日，学历高中配陈小燕生于1982年2月20日，学历高中，广东梅州，生二子：建坤、建武。

二十四世：建坤生于2005年1月12日。

二十四世：建武生于2010年11月13日。

二十三世：水祥生于1983年7月17日，学历初中，配黄兰苗生于1992年10月28日，学历初中，那大洛基生二女：长女：育南生于2008年3月17日；次女：育停生于2010年1月22日。

二十二世：土如生于1951年6月20日配沈好妹生于1953年8月15日，加朗村人生二子一女：女：水芬生于1973年7月14日，学历初中，适广东汕头市；子：水沅、水东。

二十三世：水沅生于1970年10月13日配徐秀金生于1969年8月13日，学历初中儋州南丰人，生一子一女：女：樱菊生于1997年10月9日，在校读书；子：健升。

二十四世：健升生于1996年7月7日，在校读书。

二十三世：水东生于1981年11月23日，学历初中，配高小珍生于1986年8月20日，学历初中，儋州市二院，生二子：健煜、益豪。

二十四世：健煜生于2010年10月16日。

二十四世：益豪生于2011年2月2日。

二十二世：木林生于1953年7月15日配林芬生于1955年7月19日文昌市人生二子一女：女：水霞生于1979年3月27日，学历初中，适澄迈县。子：水明、火旺。

二十三世：水明生于1980年10月11日，学历初中，配詹玉芳生于1979年2月2日，

学历初中，文昌市人，生一子：传星。

二十四世：传星生于 2012 年 10 月 10 日。

二十三世：火旺生于 1982 年 6 月 14 日，学历初中，配李梅生于 1983 年 7 月 1 日，学历初中，广西玉林市人生一子：健开。

二十四世：健开生于 2009 年 3 月 27 日。

二十一世：吉安妣童氏生二子一女，女：做妹生于 1926 年 2 月 17 日，子：亚章、亚四。

二十二世：亚章生于 1929 年 12 月 17 日配李亚连生于 1931 年 3 月 14 日，学历初中，生二子五女：长女：石妹生于 1953 年 7 月 11 日，学历初中，适菜园村；次女：火妹生于 1956 年 3 月 18 日，学历初中，适广东中山市；三女：火娣生于 1958 年 10 月 1 日，学历初中，适那大；四女：亚杂生于 1960 年 8 月 19 日，学历初中，适广东中山市；五女：娣妹生于 1962 年 5 月 20 日，学历初中，适广东中山市；子：木峰、木双。

二十三世：木峰生于 1971 年 9 月 18 日，学历中专配黄定兰生于 1978 年 6 月 2 日，学历高中，广东阳东县人生一子：世平。

二十四世：世平生于 2005 年 5 月 10 日，在校就读。

二十三世：木双生于 1974 年 7 月 7 日，配路妹生于 1975 年 8 月 20 日，兰洋人生一子：土成。

二十四世：土成生于 1995 年 10 月 5 日，学历初小。

二十二世：亚四生于 1938 年 10 月 14 日配李秋进生二子四女：长女：水兰生于 1967 年 3 月 5 日，学历初中，适槟榔村；次女：水娣生于 1969 年 5 月 17 日，学历初中，适塘坡村；三女：秀群生于 1971 年 10 月 29 日，学历初中，适那大；四女：秀平生于 1973 年 12 月 11 日，学历初中，高州市。子：亚文、火雄。

二十三世：亚文生于 1964 年 8 月 23 日，学历初中配陈慧基生于 1966 年 5 月 7 日，学历初中，广西容县人，生二子一女：建梅生于 1989 年 4 月 7 日，学历初中，在外务工，子：建成、建宝。

二十四世：建成生于 1986 年 8 月 1 日，学历初中，务农。

二十四世：建宝生于 1991 年 2 月 14 日，学历初中，在外务工。

二十三世：火雄生于 1980 年 1 月 29 日，学历初中，配符春芳沙屋村人，生于 1985

年9月28日，学历初中，生三女：长女：爱麟生于2005年5月13日；次女：石带生于2007年5月16日；三女：建娣生于2011年12月15日。

二十一世：吉和妣郑氏碑头村人生一子一女，女：金妹适侨南叶屋村；子：亚新。

二十二世：亚新生于1942年2月24日配周景会生于1944年9月21日，大吉水村人生二子二女：长女：水带生于1968年7月25日，学历初中，适揭阳市；二女：红梅生于1973年10月15日，学历初中，适和祥村；子：上文、上武。

二十三世：上文生于1970年10月12日，学历初中配吴庆英生于1970年10月28日，学历初中，坑尾村人，生一子二女：长女：火爱生于1990年3月9日，学历初中，适和祥村；二女：刘凤生于1992年6月28日，学在初中，在外务工；子：建祯。

二十四世：建祯生于1994年11月30日，学历初中，在家务农。

二十三世：上武生于1971年7月12日，学历初中，配李桂红生于1968年7月28日，学历初中，新屋村人，生二子：火燃、火焕。

二十四世：火燃生于1994年10月26日，学历初中，在外务工。

二十四世：火焕生于1996年12月16日，学历初中，在外务工。

二十四世：亚生配童氏罗便村人生二女二子，子：亚恩●、亚金。

二十一世：亚金生于1927年1月21日配苏甲妹力崖村人生于1934年8月10日生一子五女：长女：亚井生于1955年9月14，学历初中，适那大；二女：井有生于1958年9月13日，学历高中，适石屋村；三女：木英生于1961年11月24日，学历大专，适那大；四女：锦华生于1964年8月16日，学历高中，适广东台山；五女：锦红生于1966年9月25日，学历初中，适那大；子：炳东。

二十二世：炳东生于1972年12月10日，学历大专，现任白南村委会委员配王爱娣生于1973年6月6日，学历初中，上莫村人生二子：子：丁元、丁方。

二十三世：丁元生于1997年1月22日，读书。

二十三世：丁方生于2002年1月3日，读书。

广爱次子朝献公分支允亮公派下学优房源流谱

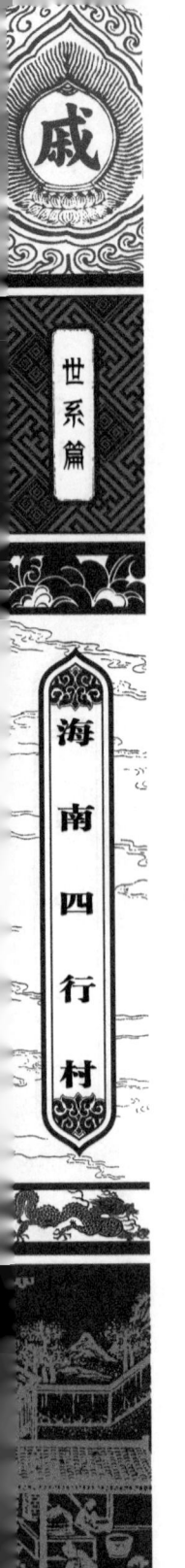

十三世：允亮妣莫氏生三子：学优、学第（另续）、学充（另续）。

十四世：学优妣邓蔡二氏生三子：爵一（另续）、爵从（另续）、爵品。

十五世：爵品妣何庞二氏生三子：均义（另续）、均华（另续）、均祥。

十六世：均祥妣庞氏出王氏生二子：文隆（另续）、文献。

十七世：文献妣汤氏生三子：世玉、水养（另续）、日清。

十八世：世玉妣陈氏生一子：有灼（未详）。

十八世：日清妣氏生三子：亚安（另续）、亚宝（另续）、永祥。

十九世：永祥妣符氏从沙田村迁四行村定居生十子：元茂、元华、元芳●、元英●、元盛、元养●、元连、元章（另续）、元庚●、元美。

二十世：元华妣氏生四子：吉庆、吉荣、吉旺、吉亲●。

二十世：元茂妣邓氏生二子：吉黎、吉光●。

二十一世：吉黎配叶氏生一子：在胜。

二十二世：在胜生于1935年配妻陈氏生于1940年，生四子一女：女：洁妹生于1961年6月29日，学历高中，嫁儋州市；子：国强、国标、国辉、国明。

二十三世：国强生于1963年7月15日，学历大专，配妻梁日嫚海头镇人，生于1965年10月31日，学历大专，生一女：女：晓惠生于1990年3月26日，学历研究生。

二十三世：国标生于1967年4月29日，学历初中，配妻陈海燕西联农场人，生于1971年9月13日，学历高中，生一子一女：女：焕芳生于1995年9月28日，学历大专；子：洪靖。

二十四世：洪靖生于1998年10月5日，在读初中。

二十三世：国辉生于1970年6月30日，学历高中，配妻钟伍妹落基镇人，生于1973年12月11日，学历小学，生二子：福海、福兴。

二十四世：福海生于1992年3月14日，在读大专。

二十四世：福兴生于1993年10月21日，在读本科。

二十三世：国明生于1972年10月29日，学历大专，配妻王丽娜，那大镇人，生于1982年8月10日，学历大专，生二子：智宇、云哲。

二十四世：智宇生于2004年9月6日，在读小学。

二十四世：云哲生于2014年6月30日。

二十世：元华生四子：吉庆、吉荣、吉旺（另续）、吉亲●。

二十一世：吉庆配童氏生一子：在良。

二十二世：在良生于1929年5月27日，学历初小，卒于1998年，配妻朱香妹，落基镇人，生于1929年1月18日，卒于2012年，生三子三女：长女：金链生于1958年6月9日，学历高中，适新南村；二女：木妹生于1961年10月7日，学历初中，适西联农场；三女：双彩生于1972年3月22日，学历初中，适广东大埔县；子：火雄、李文、传国。

二十三世：火雄生于1950年2月29日，卒于2012年8月25日，妻黄亚永生于1951年2月6日，落基双吉村人，生二子一女：女：桂春生于1978年8月14日，学历初中，适儋州市；子：亲朋、亲友。

二十四世：亲朋生于1972年12月11日，学历初中，妻黄素秋那大镇人，生于1973年3月12日，学历初中，生一男一女：女：锦芳生于2000年3月11日，现初中就读；子：锦城。

二十五世：锦城生于2001年7月28日。

二十四世：亲友生于1974年6月21日，学历大专，东方市工商局工作，妻符玉春东方市人，生于1975年8月13日，学历高中，生一子：锦宁。

二十五世：锦宁生于2004年7月11日，现小学就读。

二十三世：李文生于1965年4月23日，学历大专，现广西南宁市工作，妻韦华祥，南宁市人，生于1968年5月，学历大专，生二女：长女：美惠生于1994年1月4日，学历中专；次女：晓惠生于1999年6月29日，现高中就读。

二十三世：传国生于1967年10月1日，学历初中，妻钟玉梅，落基镇人，生于1968年7月20日，学历小学，生一子一女。女：静静生于1990年9月8日，学历初中，适那大镇；子：亲缘。

二十四世：亲缘生于1992年1月22日，现在校读本科。

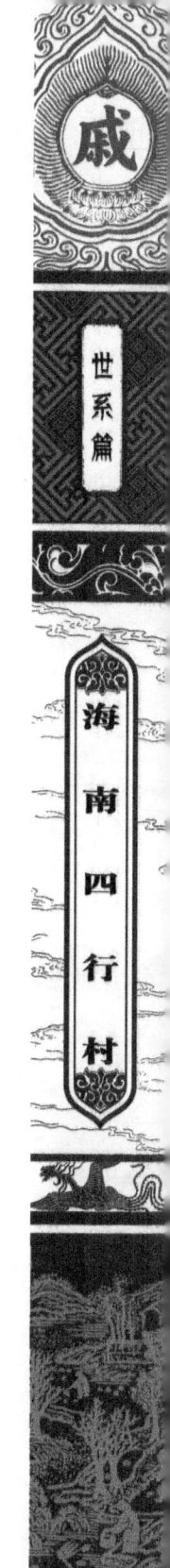

二十一世：吉荣配陈氏生一子：亚昌。

二十二世：亚昌生于1930年9月20日，卒于1994年。配王秀珍，那大镇人，生于1931年2月29日，生四女：长女：亚桃生于1955年，学历小学，适海南省儋州市西流农场部；次女：四妹生于1962年6月15日，学历初中，适海南省儋州市西流农场部；三女：亚娣生于1966年3月11日，学历初中，适海南省儋州市西流农场部；四女：亚丽生于1971年10月13日，学历高中，适海南省儋州市。子：火贵、宝占、好军。

二十三世：火贵生于1952年3月25日，学历研究生，曾任海南省东方市委书记，卒于2001年。配符荣英，文昌人，生一子：柯沣。

二十四世：柯沣生于1978年9月6日，学历大学，北京工作。

二十三世：宝占生于1959年1月21日，学历大学，现在海南儋州市公安安局工作配谢惠兰，生一子一女：女：西缘生于1995年8月14日，适海口市东太农场；子：戚磊。

二十四世：戚磊生于1985年12月7日，学历高中，现在儋州市拘留所工作，配氏生一子：钰琛。

二十五世：钰琛生于2009年6月11日，儿童。

二十三世：好军生于1968年12月22日，学历高中，现在西流农场工作，配尹亚莲那大人，生一女：女：文颖生于1996年10月30日，读书。

二十世：元盛妣陈氏生三子：吉思、吉成、吉宽。

二十一世：吉思配符氏生一子：在秀。

二十二世：在秀生于1938年12月23日，学历初小，配叶八妹新屋村人，生于1938年6月19日，学历初小，生四子二女：长女：春英生于1962年4月15日，学历初中，适广东东莞；二女：春月生于1966年3月28日，学历高中，适广东东莞；子：亚青、有海、有光、有亮。

二十三世：亚青生于1957年11月2日，学历高中，配刘瑞芳四行大队华侨村生于1962年4月10日，学历初中，生一子三女：长女：桂梅生于1981年12月27日，学历初中，未婚；次女：梦丽生于1988年8月12日，学历初中，未婚；三女：韵梅生于1994年9月19日，学历初中，适河南驻马店；子：文权。

二十四世：文权生于1998年5月22日，现初中就读。

二十三世：有海生于1969年9月12日，学历初中，现广东东莞工作，配陈新生于1970年3月25日，学历师范，生一子：润明。

二十四世：润明生于1990年7月13日，学历大学。

二十三世：有光生于1971年8月5日，学历初中，现广东东莞做工，配小玲生于1972年11月23日，学历初中，生一子一女：女：景君生于1993年6月21日，学历大学，适香港；子：景车。

二十四世：景车生于1999年10月27日，现初中就读。

二十三世：有亮生于1973年9月18日，学历大专，未婚。

二十二世：吉喜生于1951年9月18日，学历初中，配叶亚花生于1953年7月14日，学历初小，那大镇蒙坑尾村人，生二子一女：女：戚小霞生于1975年11月26日，学历初中，适儋州市那大镇；子：小斌、尚营。

二十三世：小斌生于1973年12月13日，学历初中，现打工，配邱氏，已离婚，生一子：家豪。

二十四世：家豪生于2001年4月19日，现读书广东南海。

二十三世：尚营生于1977年12月17日，初中，现白沙农场连队队长，配黄线如文昌人，生于1978年10月7日，生一子一女：女：戚家喻生于2008年2月10日；子：家忠。

二十四世：戚家忠生于2009年8月1日，现在西流农场读幼儿园。

二十一世：吉成配苏秀花生二子：在顺、在喜。

二十二世：在顺生于1936年8月15日，小学文化，农民，配邓爱英生于1934年4月18日和庆六罗村人，小学文化，生一子一女。长女：风珍生于1964年10月26日，初中文化，适南宝；次女：花妹生于1966年12月23日，初中文化，适西流；子：尚贵。

二十三世：尚贵生于1975年3月10日，初中文化，配钟海燕生于1976年10月6日，初中文化，西流人，生二子一女：女：家慧生于2005年10月25日，现在四行小学读书；子：家万、家兴。

二十四世：家万生于1993年10月28日，初中文化，配商迪生于1995年8月7日，初中文化，西联农场，生一女：紫晴。

二十四世：家兴生于 1996 年 8 月 25 日，初中文化，在家。

二十世：元连妣黎氏生一子：吉劳。

二十一世：吉劳配黎氏生二子：亚路、亚祥●。

二十二世：亚路配梁氏生一子：在全。

二十三世：在全生于 1947 年 10 月 13 日，学历初小，配莫运妹马河村人，生于 1963 年 11 月 21 日，生二子二女：长女：荣珍生于 1983 年 7 月 23 日，学历高中，适广西；次女：木琼生于 1988 年 7 月 3 日，学历初中，适清远；子：亚养、福子。

二十四世：亚养生于 1981 年 12 月 26 日，学历初中，配黄土香生于 1990 年 3 月 19 日，学历中专，南丰立队人，生一女：女：柳煜生于 2009 年 10 月 12 日，那大学前班。

二十四世：福子生于 1985 年 6 月 13 日，学历高中，配徐治光生于 1988 年 10 月 4 日，学历初中，四川人，生一子一女：女：柳妃生于 2008 年 4 月 6 日，南丰学前班；子：佳兴。

二十五世：佳兴生于 2010 年 12 月 15 日，南丰学前班。

广爱次子朝献公分支允亮公派下学第房源流谱

十三世：允亮妣吴氏生三子：学优（另续）、学第、学允（另续）。

十四世：学第妣罗氏生三子：爵豪、爵顶（另续）、爵候（另续）。

十五世：爵豪妣李麦二氏生四子：均汉（另续）、均廷、均成（另续）均侯（另续）。

十六世：均廷妣李氏出张氏生五子：思敬、思圣（另续）、思友（另续）思德（另续）、思五（另续）。

十七世：思敬妣庞氏生三子：王球、亚仲（另续）、亚仁（另续）。

十八世：王球妣氏二子：亚寿●、有汉。

十九世：有汉妣杨林二氏取外姓一子入继生一子：兆琪、兆琨。

二十世：兆琪妣郑氏生三子：亚寿●、日保、日星。

二十一世：日保生于1947年配李氏生于1949年生三子：宪、石权、火明。

二十二世：戚宪生于1976年，学历初中配梁氏生于1974年生一子一女：海文、文丽。

二十三世：海文生于2004年。

二十三世：文丽生于2007年。

二十二世：石权生于1978年，学历初中。

二十二世：火明生于1983年。

二十一世：日星生于1953年，初中文化配杨氏生于1962年生三子一女，子：振驰、华卿、振裕；女：宇杏生于1998年。

二十二世：振驰生于1990年，学历大学。

二十二世：华卿生于1992年，学历大学。

二十二世：振裕生于1995年，学历高中。

十三世：允政妣陈氏生三子：学勉、学章（另续）、学相（另续）。

十四世：学勉妣黄氏生三子：爵光、爵明（另续）、爵位（另续）。

十五世：爵光妣何我生三子：均清（另续）、均明、均正（另续）。

十六世：均明妣莫氏生二子：文进、文仲。

十七世：文进妣黄氏生一子：世广。

十八世：世广妣陈氏生五子：有仁（另续）、有凤●、有义（另续）、有才（另续）、有桥。

十九世：有桥妣林氏生二子：振彩●、裕生。

二十世：裕生生于1938年9月16日，初小文化配邱氏初小文化生一子：里敬。

二十一世：里敬生于1962年4月14日，学历高中配何氏初中文化生三子：振兴、镇聪、景奕。

二十二世：长子振兴生于1985年12月23日，学历初中，在外务工配龚氏生于1988年1月15日，学历初中。

二十二世：次子镇聪生于1989年7月22日，学历初中，在外务工配陈氏生于1992年4月24日，学历初中生一子：梓浩。

二十三世：梓浩生于2013年6月7日。

二十二世：景奕生于1991年2月16日，初中文化，在外务工。

广爱次子朝献公分支允卿公派下学泗房源流谱

十三世：允卿妣黄氏生一子：学泗。

十四世：学泗妣徐氏生四子：爵杨●、贪振（另续）、爵宇●、爵进。

十五世：爵进妣毛氏生四子：均明（另续）、均圣、均贤（另续）、均学（另续）。

十六世：均圣妣黄氏生二子：庸寿（另续）、文田。

十七世：文田妣金罗二氏生二子：士华、全振●。

十八世：士华妣麦、李二氏生三子：里汉、麦强、里祥。

十九世：里汉故配大房张氏、二房兆氏，大房故生一子：雄。

二十世：雄生于1951年4月3日，初小文化，配麦氏生于1956年7月2日，初中文化，生一子：建业。

二十一世：建业生于1982年5月9日，初中文化，生一女：玉妤。

二十二世：玉妤生于2009年8月8日。

十九世：李强生于1936年9月11日，初小文化配陈氏故，生一子：石贤。

二十世：石贤生于1963年1月1日，初中文化配梁氏生于1963年1月21日，初中，生一子二女，女：景英、楚欣；子：楚威。

二十一世：景英生于1989年10月14日，初中文化。

二十一世：楚欣生于1991年1月18日，高中文化。

二十一世：楚威生于1992年10月17日，中专文化。

十九世：里祥生于1953年10月3日，初中文化，配麦氏生于1956年8月4日初中，生一子二女，子：华政；女：琼丽、海清。

二十世：华政生于1993年7月13日，中专文化。

二十世：海清生于1995年10月7日，初中文化。

二十世：琼丽生于1998年11月4日，初中文化。

广爱次子朝献公分支允禄公派下学健房源流谱

十三世：允禄，字福田国，赋性刚敏，品行端正，笃友兄弟、训子侄重子名，登考秀才，于康熙十年．癸巳卒于乾隆四十一年，寿年六十四年三月二十九日忌葬在本村后岭地名志虎塘，坐丙向壬。妣温勤俭内助得力，生于康熙九年壬享寿62岁，生三子：学魁（另续）、学健、汉荣（另续）。

十四世：学健妣陈、林二氏生四子：麟盛（另续）、麟仁（另续）、麟和、麟平（另续）。

十五世：麟和妣陈氏取胞兄三子入继：均福。

十六世：均福妣毛氏取均元三子入继：文礼。

十七世：文礼妣周氏生二子：世廷、康柱。

十八世：世廷妣游氏生三子：汝盛、汝斌、汝拾●。

十九世：汝盛妣庞氏生三子：亚光●、兆启、戚珍。

二十世：兆启（故）生于1921年12月26日配颜氏生于1926年7月18日，生二子：华进、康。

二十一世：华进生于1955年1月22日，初中文化，配王氏生一子：雄伟。

二十二世：雄伟生于1982年11月28日，学历初中。

二十一世：戚康故生于1961年4月22日，配林氏生于1960年10月3日，初中文化，生二子二女，子：水荣、华招；女：凤英、景金。

二十二世：水荣生于1991年6月8日，初中文化，在外务工。

二十二世：华招生于1997年6月8日，初中文化，在外务工。

二十二世：凤英生于1993年5月9日，在校就读。

二十二世：景金生于1995年10月25日，在校就读。

二十世：珍故生于1930年12月27日，配周氏故生于1937年12月12日，生一子：木广。

二十一世：木广生于1965年6月24日，初中文化，配杨氏生于1966年3月16日，初中文化，生二子二女，子：栋、家龙、诗、家凤。

二十二世：栋生于1990年12月24日，高中文化。

二十二世：家龙生于 1994 年 10 月 3 日。

二十二世：诗生于 1992 年 1 月 22 日。

二十二世：家凤生于 1994 年 10 月 3 日。

十八世：康扶（世系次子汝就出续）生二子：汝就、汝拾●。

十九世：汝就妣徐氏生二子：振强、振良。

二十世：振强（故）生于 1935 年 4 月 16 日配袁氏生于 1938 年 6 月 1 日生二子：浩、培枢。

二十一世：浩生于 1966 年 12 月 10 日，初中文化配何氏生于 1965 年 5 月 25 日，初中文化，生一子一女，子：文烨；女：华敏。

二十二世：文烨生于 2012 年 7 月 24 日；华敏生于 1992 年 8 月 1 日，在校读书。

二十一世：培枢生于 1976 年 10 月 22 日，初中文化配潘氏生于 1979 年 11 月 15 日，初中文化，生一子一女，子：日华；女：观敏。

二十二世：日华生于 1998 年 10 月 23 日；观敏生于 2006 年 7 月 8 日。

二十世：振良（故）生于 1941 年 9 月 5 日配谭氏生于 1943 年 3 月 19 日生一子：中。

二十一世：戚中生于 1968 年 8 月 14 日，学历高中配黄氏生于 1974 年 11 月 20 日，学历初中，生一子：珀铭。

二十一世：珀铭生于 1966 年 9 月 8 日。

广爱次子朝献公分支允祯公派下学纯房源流谱

十三世：允祯妣何氏生一子：学纯。

十四世：学纯妣蔡氏生四子：麟英●、麟勇（另续）、麟昭、麟明（另续）。

十五世：麟昭妣莫氏生二子：均悦、均怡（另续）。

十六世：均悦妣陈氏生三子：文漠、文训（另续）、文浩（另续）。

十七世：文漠妣陈氏生三子：亚大●、亚胜（另续）、世海。

十八世：世海妣莫氏生五子：有才、亚弟（另续）、亚喜、亚光（未详）、亚五（未详）。

十九世：有才妣陈氏生一子：广强（亚强）。

二十世：广强配袁氏生四子：长子培毅、次子培然、三子培波、四子培治。

二十一世：培毅55岁，8月20日，初中务工，配李带52岁5月12日生一子一女，
　　　　　子：华杰；女：菊茹。

二十二世：华杰10岁2月27日，学生。

二十二世：菊茹24岁9月17日，大学本科。

二十世：培然52岁5月29日，初中务工，配黄月51岁，6月17日，生二子一女，
　　　　子：思彬、思赞；女：木丹。

二十一世：思彬28岁12月23日，高中务工；思赞25岁4月初4日，高中务工。

二十世：木丹29岁正月初4日，大学本科，务工。

二十一世：培波47岁2月29日，初中务工，配余木辉43岁正月三日，初中务工生一子：
　　　　　石磊。

二十二世：石磊24岁6月5日，初中务工。

二十一世：培治45岁11月17日，初中务工，配何桂茅43岁正月初三，初中务工
　　　　　生一子一女，子：思泽，女：思娜。

二十二世：思泽13岁12月27日。

二十二世：思娜14岁11月11日。

二十世：戚喜妣黄氏生一子：培贤。

二十一世：培贤配朱氏生四子：陈连、亚伦、亚志、汉。

二十二世：陈连配谢氏生一子一女，子：观印；女：美容。

二十三世：观印配覃氏生一子一女，子：梓航；女：梓晴。

二十四世：梓航2008年10月9日。

二十三世：梓晴2013年7月9日。

二十二世：戚伦1962年12月24日，初中务农，配锦妹1963年4月4日，务农生二子：观秀、华建。

二十三世：观秀1985年10月29日，务农，配沈秀珍1985年12月1日，初中务农生一子：展瑞。

二十四世：展瑞2012年12月31日（小孩）。

二十三世：华建1989年9月16日，初中务工。/

二十二世：戚志配王氏生一子一女，女：思华；子：振升。

二十三世：子：振升；女：思华。

二十二世：戚汉配龙氏生一子二女，女：思娴、思恩；子：森。

二十三世：子：森林。

二十三世：女：思娴、思恩。

广爱次子朝献公分支允祥公派下学举房源流谱

十三世：允祥妣潘氏生四子：学新（另续）、学会（另续）、学举、学圣（另续）。

十四世：学举妣黄氏生三子：麟耀（另续）、麟瑛、麟玠（另续）。

十五世：麟瑛妣全氏生三子：光达（另续）、光通、光进（另续）。

十六世：光通妣麦氏生三子：文会（另续）、文锦、文华（另续）。

十七世：文锦妣黄氏（取文智次子入继）生一子：李保●、士成。

十八世：士成妣曾氏生三子：有清、亚龙●、有溪（另续）。

十九世：有清配大房钟氏生二子：振芬、振荣；二房李氏生二子：忠良忠生。

二十世：振芬生于1938年1月24日，小学文化配陈氏生于1940年5月24日初小文化生三子：培任、培广、培森。

二十一世：培任生于1968年6月11日，初中文化配陈氏生于1972年5月10日生一子二女，子：锦爵；女：考婷、考云。

二十二世：锦爵生于1994年10月5日，高中文化。

二十二世：长女考婷生于1992年5月29日，中专文化。

二十二世：次女考云生于1996年8月29日，就读。

二十一世：培广生于1971年9月28日，中专文化（医生）配大房陈氏生二女：韵诗、豆斗；二房杨氏生于1972年8月9日（教师）。

二十一世：长女韵诗生于2005年9月26日。

二十一世：次女豆斗生于2007年7月2日。

二十一世：培森生于1978年4月5日，中专文化配吴氏生于1990年8月1日中专文化生二子：锦煜、锦榆。

二十二世：锦煜生于2009年4月24日。

二十二世：锦榆生于2013年8月14日。

二十世：振荣生于1941年9月6日，高中文化配张氏（故）生一子：培成。

二十一世：培成生于1989年6月9日高中文化，外出务工。

二十世：忠良生于1953年6月3日，学历初中配周氏生于1956年7月18日，初

中生四子：志雄、志勇、志强、志明。

二十一世：志雄生于 1980 年 7 月 20 日，初中文化配许氏生于 1985 年 7 月 8 日，初中文化生一子一女，子：锦丰；女：文丽。

二十二世：锦丰生于 2004 年 3 月 5 日。

二十二世：文丽生于 2007 年 5 月 8 日。

二十一世：次子志勇生于 1983 年 11 月 24 日初中文化，配王氏生一女：文华。

二十二世：文华生于 2010 年 3 月 8 日。

二十一世：志强生于 1986 年 9 月 22 日，初中文化，外出务工。

二十一世：志明生于 1989 年 5 月 11 日，初中文化，外出务工。

二十世：忠生生于 1956 年 7 月 20 日，学历高中配岑氏生于 1956 年 3 月 6 日，学历初中生二子：培基、培顺。

二十一世：培基生于 1984 年 11 月 10 日，初中文化配庞氏生于 1997 年 8 月 10 日初中文化生一子：锦轩。

二十二世：锦轩生于 2013 年 7 月 23 日。

二十一世：培顺生于 1987 年 11 月 15 日，初中文化，外出务工。

广爱次子朝献公分支允祥公派下学举房源流谱

十三世：允祥妣张氏生四子：学新（另续）、学会（另续）、学举、学圣（另续）。

十四世：学举妣黄氏生三子：麟耀（另续）、麟瑛、麟玠（另续）。

十五世：麟瑛妣金氏生三子：光达（另续）、光通（另续）、光进。

十六世：光进妣陈氏生四子：亚富●、文贵、文智（另续）、文锦（另续）。

十七世：文贵妣何氏生二子：世益、世有。

十八世：世益妣周氏生五子：有成、有銮、有爵、有华、有钱。

十九世：有成（故）配李氏生一子：华廷。

二十世：华廷生于1958年5月8日学历小学配陆氏生于1959年9月10日，学历初中生一子一女，女：李菊生于1990年9月12日；子：李就。

二十一世：李就生于1986年2月学历初中配许氏生于1989年3月生一子：朋健。

二十二世：朋健生于2012年5月。

十九世：有銮妣林秀睿1927年4月小学务农生四子：辉、均、静、美。

二十世：戚辉1949年11月1日高中，大队干部务工，配李秀娟1955年2月29日初中务农生二子：培林、培全。

二十一世：培林1978年9月，初中务工配李祝盟1976年12月初中务工。

二十一世：培全1985年10月7日，初中务工。

二十一世：戚均1959年2月15日，初中务工，配陈琴1961年2月10日，初中务工生一子：静波。

二十一世：静波1984年6月27日，初中务工配麦石娣1984年1月26日，初中务工生二子：国师、俊杰。

二十二世：国师2009年2月29日，小孩。

二十二世：俊杰2013年4月15日，小孩。

二十一世：戚静1965年3月初中务工配何娣1969年11月初中务工生二子：观进、鸿辉。

二十一世：观进1997年7月6日初中学生。

二十一世：鸿辉1999年9月1日。

二十一世：戚美 1973 年 1 月初中务工配郑水平 1978 年 6 月初中务工生一子：权铭。

二十二世：权铭（小孩）。

十九世：有爵（故）配陈氏（故）生三子：光、才、广华。

二十世：长子光生于 1940 年 11 月 27 日小学文化配黄氏（故）生一子：伟杰。

二十一世：伟杰生于 1988 年 2 月 5 日，学历初中。

二十世：戚才生于 1945 年 7 月 9 日小学文化配李氏生于 1949 年 4 月 29 日生二子：金国、金源。

二十一世：金国生于 1981 年 10 月 23 日学历初中配陈氏生于 1987 年 6 月 3 日。

二十一世：金源生于 1990 年 12 月 5 日，高中文化。

二十世：广华生于 1954 年 5 月 9 日高中文化配何氏生二子：路恩、书恩。

二十一世：路恩生于 1986 年 7 月，初中文化。

二十一世：书恩生于 1989 年 10 月，初中文化。

十九世：有华妣梁氏生一子：振杨、振东。

二十世：振杨（故）配罗氏生二子：培、军。

二十一世：培生于 1966 年 11 月 27 日中专文化配唐氏生于 1969 年 2 月 13 日生一子：子耀。

二十二世：子耀生于 1995 年 7 月 21 日。

二十一世：军生于 1971 年 12 月 18 日初中文化配李氏生于 1972 年 3 月 19 日生一子：洪滔。

二十二世：洪滔生于 2000 年 3 月 20 日。

二十世：振东配冼氏生一子：戚军。

二十一世：戚军生于 1977 年 9 月 9 日初中文化配黄氏生于 1975 年 2 月 30 日生二子：景华、华孔。

二十二世：景华生于 2002 年 9 月 11 日；华孔生于 2003 年 10 月 9 日。

十九世：有俊妣李氏生一子：日忠。

二十世：日忠生于 1948 年 12 月 5 日，配曾氏生于 1956 年 9 月 8 日生二子：观文、秋雄。

二十二世：观文生于 1985 年 10 月 8 日初中配苏氏生一子：家健。

二十三世：家健生于 2011 年 8 月 25 日。

二十一世：秋雄生于 1988 年 12 月 20 日，初中，配熊氏生于 1992 年 11 月 8 日，生一子：文轩。

二十二世：文轩生于 2016 年 3 月 28 日。

十八世：世有妣庞氏生一子：有杰。

十九世：有杰妣毛、钟二氏生三子：振江、亚二、土祥。

二十世：振江（故）配罗氏生于 1931 年 9 月 8 日，生五子：贤友、鸿武、富、兴华、亚南●。

二十一世：贤友生于 1958 年 5 月 5 日教师配杨氏生于 1962 年 4 月 1 日，初中文化生二子：观全、康伟。

二十二世：观全生于 1984 年 10 月 16 日，大学文化。

二十二世：康伟生于 1988 年 8 月 24 日，大专文化。

二十一世：鸿武生于 1962 年 8 月 9 日初中文化配姚氏生于 1965 年 7 月 20 日初中文化生二子：伟廷、伟文。

二十二世：伟廷生于 1987 年 1 月 25 日初中文化配庞氏生一女：楚悦。

二十三世：楚悦生于 2013 年。

二十二世：伟文生于 1992 年 11 月 3 日，中专文化。

二十一世：富生于 1968 年 8 月 10 日初中文化配朱氏生于 1972 年 8 月 4 日初中文化生一子一女，子：观权；女：晓丽。

二十二世：观权生于 1998 年 9 月 14 日。

二十二世：晓丽生于 2007 年 10 月 26 日。

二十一世：兴华生于 1972 年 7 月 30 日初中文化配李氏生于 1968 年初中文化生一子一女，子：文杰；女：美婷。

二十二世：文杰生于 2007 年 11 月 14 日。

二十二世：美婷生于 1996 年 10 月 26 日。

二十世：土祥妣黄氏生于 1948 年 10 月 9 日生三子：里耀、晓明、晓徐。

二十一世：里耀生于 1977 年 12 月 16 日，中专配莫氏生于 1976 年 4 月 30 日，初中，生一子一女，子：广涛；女：诗韵生于 2009 年 1 月 14 日。

二十二世：广涛生于 2010 年 2 月 17 日。

二十一世：晓明生于 1979 年 10 月 1 日初中配张氏生于 1984 年 10 月 22 日初中，生一子：凯钊。

二十二世：凯钊生于 2013 年 3 月 10 日。

二十世：晓徐生于 1983 年 9 月 28 日初中，配韩氏生于 1987 年 2 月 10 日，初中，生一女：芷燚生于 2011 年 12 月 13 日。

广爱次子朝献公分支允祈公派下学信房源流谱

十三世：允祈妣张氏生二子：学信、学诗（另续）。

十四世：学信妣王氏生四子：麟颖、麟富、麟彩、麟华。

十五世：麟颖妣何氏生二子：均荣（另续）、均周。

十六世：均周妣陈氏生二子：文祥●、文胜。

十七世：文祥妣王氏生二子：亚太●、世鸿。

十八世：世鸿妣陈氏生四子：有洲（另续）、有兴、有发●、有贵（刘桂）。

十九世：有兴生于1928年10月22日，文化初中配黄氏生于1929年10月12日生一子：广发。

二十世：广发生于1952年9月21日初中文化配李氏生于1963年5月8日初中文化生三子一女，子：华新、华荣、华成；女：美霞。

二十一世：华新生于1988年7月18日，学历初中，在外务工。华荣生于1991年7月21日，学历初中，在外务工。华成生于1992年10月9日，学历中专，在外务工。女美霞生于1994年8月16日，学历初中，在外务工。

十九世：有贵生于1934年1月23日初中文化配莫氏（故）原生二子：景荣、景尤。

二十世：景荣生于1963年3月4日初小文化配何氏生于1965年9月20日初中文化生一子三女，子：华彬；女：景林、景园、景雪。

二十一世：子华彬生于1990年10月20日，初中文化，在外务工。大女景林生于1992年11月26日，初中文化，在外务工。二女景园生于1994年11月21日，初中文化，在外务工。三女景雪生于1996年2月19日，初中文化，在外务工。

二十世：景尤生于1965年10月1日初中文化配吴氏生于1966年11月1日，初中文化生二子一女，女：秀玲生于1999年2月27日；子：振华。

二十一世：振华生于1997年9月4日，初中文化。

十九世：振学妣陈氏生一子：水胜。

二十世：水胜生于1964年10月2日，初中，务农，配莫氏生于1967年1月5日，初中，生二子二女：女秋裕生于1995年7月28日，大学；二女晓敏生于1997年5月16日；子：培乐、景亮。

二十一世：培乐生于1999年7月5日，初中；景亮生于2001年4月6日，初中。

广爱次子朝献公分支允亮公派下学充房源流谱

十三世：允妣吴氏生三子：学优（另续）、学第（另续）、学充。

十四世：学充妣龙氏生九子：爵朝、二公●、爵安（另续）、爵木梁（另续）、元公●、爵贵（另续）、爵球（另续）、爵琳（另续）。

十五世：爵朝妣严刘二氏生二子：均宇、均文（另续）。

十六世：均宇妣梁氏生五子：文瑞、文高（另续）、文富（另续）、文禄（另续）、文寿（另续）。

十七世：文瑞妣张氏生四子：仁才（另续）、仁安（另续）、仁旺（另续）、仁德。

十八世：仁德妣吴氏生四子：有忠、有仪、有伦、亚安●。

十九世：有忠（戚忠）配毛氏生四子：兆栋、兆林、兆模、兆彬。

二十世：兆栋生于1898年配黎氏生一子：戚发。

二十一世：戚发生于1929年3月配陈氏生二子：戚香、戚准。

二十二世：戚香生于1973年学历中专现任村委会书记配陈氏生一子：华博。

二十三世：华博生于2003年4月读书。

二十二世：戚准生于1979年6月初中务工配吴氏生一子：伟韬。

二十三世：伟韬生于2005年7月读书。

二十世：兆林生于1907年配陈氏生一子：康记。

二十一世：康记生于1954年（随母改嫁）。

二十世：兆模生于1909年配潘氏生二子：戚太、戚进（不入谱）。

二十一世：戚太生于1930年9月配陆氏生二子：戚术、旺建。

二十二世：戚术生于1961年5月，在外务工配徐氏生三子：国帅、国声、国柱。

二十三世：国帅生于1985年，在外务工。国声生于1987年5月，在外务工。国柱生于1990年2月，在外务工。

二十二世：旺建生于1967年配陈氏生二子：国韬、国立。

二十三世：国韬生于1993年5月就读安中。

二十三世：国立生于1997年8月安中验书。

二十世：兆彬生于1918年配陈氏生三子：戚礼、戚雄、戚成。

二十一世：戚礼生于1959年6月初中务工配罗氏生三子：国宁、锦章、康辉。

二十二世：国宁生于1985年10月，初中在外务工。

二十二世：锦章生于1987年12月配庞氏，在外务工。

二十二世：康辉生于1990年，初中务工。

二十一世：戚雄生于1967年初中配黄氏生一子：富强。

二十二世：富强生于2003年1月，读书。

二十一世：戚成生于1971年5月初中在外务工配黄氏生二子：泽焕、骏杰。

二十二世：泽焕生于2000年8月；骏杰生于2006年9月读书。

广爱次子朝献公分支允亮公派下 爵贵 爵球 爵琳 房源流谱

十三世：允亮姒吴氏生三子此公葬于龙桥河岭坐东向西：学优（另续）、学第（另续）、学充。

十四世：学充配龙氏生九子：爵朝（另续）、二公●、爵安（另续）、爵煌（另续）、爵栋（另续）、六公●、爵贵、爵球、爵琳。

十五世：爵贵配杨氏生二子：名实（另续）、名杨。

十六世：名杨配王氏生一子：文秀。

十七世：文秀配谢氏生三子：世宽、世敏、世惠。

十八世：世宽配陈氏生四子：有才、有登、有高、有科。

十九世：有才配氏生二子：兆基（另续）、兆枢。

二十世：兆枢配黄氏生二子：亚胜、亚雀（随母改嫁）。

二十一世：亚胜。

十九世：有登配黄李二氏生一子：兆鼎。

二十世：兆鼎配李氏生二子四女：长女：称生于1956年适安铺。二女：友生于1958年适安铺。三女：秀英生于1965年适四女少亲生于1967年。子：亚汉、华明。

二十一世：亚汉生于1952年7月28日学历初中务农配罗秀金生于1952年11月28日学历初中生三子三女。长女：春燕1976年适介炮山内。二女：桂兰生于1981年10月学历初中适河南。三女：玉兰生于1984年7月23日适廉江新民。子：进天●、美林、小永。

二十二世：美林生于1987年12月10日学历初中外出务工；小永生于1987年10月20日学历初中外出务工。

二十一世：华明生于1962年4月13日学历高中务农配陈水生生于1961年9月12日学历高中生三子一女。女：晓洁生于1996年6月8日，读书。子：超然、广志、石思。

二十二世：超然生于1990年12月22日现广东工业大学读书。广志生于1992年1月23日学历初中外出务工。石思生于1993年10月3日学历初中外出务工。

十九世：有高配陈氏生一子：英杰。

二十世：英杰生于1930年学历高中干部居住湛江配杨玉玲生于1944年，学历初中工人，生二子一女。女：望三生于1971年学历高中适湛江。子：文凯、文元。

二十一世：文凯生于1966年学历高中湛江工作配陈建茹生于1970年学历高中生二女。长女：小裕生于1990年读书；次女：嘉惠生于1997年读书。

二十一世：文元生于1968年学历高中湛江工作配李秋华生于1970年学历高中生三女。长女：羽棋生于1997年读书；次女：梓林生于2000年读书；三女：君羽生于2010年儿童。

十九世：有科配卢氏生三子：亚九、亚祥、亚养。

十八世：世敏妣陈、苏二氏生一子：有年。

十九世：有年配陈氏生四子：兆典、兆章、兆书、亚光●。

二十世：兆典配陈氏生四子：康贵、亚平、亚南、亚生。

二十一世：康贵配黄连英生三子一女。女：小勤生于1972年适英利。子：亚兴、亚锦、亚科。

二十二世：亚兴生于1963年9月19日学历初中职业司机住英利配黄凤英生于1964年10月12日小学文化生四子：海文、海列、海斌、海伦。

二十三世：海文生于1985年10月2日学历初中住英利经商配钟可生于1987年10月10日学历初中生一子一女。女：裕婷生于2011年7月5日。子：加洪。

二十四世：加洪生于2009年10月11日，儿童。

二十三世：海列生于1987年6月24日学历初中。

二十三世：海斌生于1989年9月9日学历初中配车秋妹生于1989年11月29日学历初中生一子：子浩。

二十四世：子浩生于2012年11月19日。

二十三世：海伦生于1995年1月15日。

二十二世：贵次子进锦生于1967年3月15日学历初中外出务工配韩琴生于1970年8月5日生一子二女。长女：雪花生于1993年7月15日读书。次女：文停生于1995年5月23日读书。子：海桥。

二十三世：海桥生于1992年6月6日学历初中外出务工配童小妹生于1990年3月20日初中文化生一子：家骏。

二十四世：家骏生于 2013 年 6 月 1 日，儿童。

二十二世：亚科生于 1976 年 3 月 12 日学历高中东莞工作配张如丽生于 1975 年 7 月 29 日学历初中生二子：家豪、家如。

二十三世：家豪生于 1999 年 8 月 26 日读书；家如生于 2007 年 4 月 17 日，儿童。

二十一世：亚平生于 1935 年 12 月 15 日学历初中雷州青年运河干部配符彐琴生于 1945 年 8 月 8 日生一子二女。长女：亚日生于 1966 年 4 月 16 日适安铺茅坡村；次女：小妹生于 1975 年 9 月适横山孔西村。子：敏。

二十二世：敏生于 1971 年 8 月 4 日学历初中现三角塘水管站工作配黄玉清生于 1973 年 5 月 29 日学历初中生一子一女。女：舒婷生于 2004 年 7 月 5 日儿童。子：海聪。

二十三世：海聪生于 1997 年 8 月 3 日读书。

二十一世：亚南配廖氏永金配廖永金生于 1959 年 4 月 11 日学历初中生一女二子。女：春花生于 1982 年适海康公和。子：华梓、土来。

二十二世：华梓生于 1985 年 3 月 3 日学历初中外出务工配邓四妹生于 1985 年 3 月 3 日学历初中生一子：海彪。

二十三世：海彪生于 2006 年 11 月 5 日，儿童。

二十二世：土来生于 1987 年 1 月 30 日学历初中外出务工配陈景娣生于 1989 年 10 月 14 日学历初中。

二十一世：亚生生于 1954 年 10 月 26 日学历初中三角塘水管站站长配陈虾妹生于 1957 年 7 月 7 日学历初中生三女一子。长女：永娟生于 1980 年 9 月 12 日学历初中适广西柳州三江镇。次女：明晓生于 1990 年 9 月 16 日学历高中外出务工。三女：明珠生于 1995 年 8 月 17 日学历高中外出务工。子：永志。

二十二世：永志生于 1978 年 8 月 25 日学历初中三角塘水管站工作配何丽馨生于 1982 年 10 月 14 日学历初中。

二十世：兆章配赖氏生二子二女，已出嫁。长女：雪萍生于 1948 年适湛江霞山。次女：亚妹生于 1954 年适安铺。子：文龙、亚金。

二十一世：文龙生于 1942 年 4 月 12 日住遂溪城月配周美芳生于 1941 年 9 月 7 日生四女一子。长女：亚连生于 19654 年 3 月 20 日学历高中适城月。二女：

小红生于1966年11月24日学历高中适江洪。三女：小珍生于1971年3月20日，学历高中，适江洪。四女：小权生于1973年9月12日学历高中适河头。子：向东。

二十二世：向东生于1968年10月8日学历初中配卢黄二氏生二子：剑宇、家源。

二十三世：剑宇生于1996年5月9日读书。家源生于1997年7月29日读书。

二十一世：亚金生于1952年4月8日学历初中住英利配符丽珠生于1954年10月10日学历初中生六子一女。女：锦花生于1979年12月5日学历高中适英利。子：锦文、锦林●、锦泉、锦喜、锦寿、锦才。

二十二世：锦文生于1974年6月14日学历高中职业司机配黄雁娥生于1975年9月17日学历高中生二子二女。长女：海婷生于2011年10月7日儿童。次女：海盈生于2011年10月7日。子：海东、海君。

二十三世：海东生于2001年10月19日儿童。海君生于2009年4月16日。

二十二世：锦泉生于1978年12月1日学历高中经商配陈小花生于1980年6月15日学历高中生一子二女。长女：海云生于2009年7月14日儿童。次女：海薇生于2011年4月15日儿童。子：海龙。

二十三世：海龙生于2003年6月7日。

二十二世：锦喜生于1985年12月11日学历初中配红丽生一子改嫁：海凤。

二十三世：海凤生于2007年3月29日。

二十二世：锦寿生于1987年9月2日学历高中职业司机。

二十二世：锦才生于1990年8月11日读书。

二十世：兆书生于1928年9月9日务农配黄秀珍生于1929年10月10日生六子二女。长女：亚石生于1957年4月20日适城月。次女：少业生于1969年4月18日适茂名电白。子：华、亚珍、亚槐、亚佑●、亚文、亚齐。

二十一世：华生于1950年7月25日小学文化务农配郭桂先生于1953年6月23日学历初中生二子一女。女：巧年生于1984年6月5日学历初中适赤伦。子：进波、康焕。

二十二世：进波生于1980年9月12日学历初中外出务工配陈田英生于1984年10月10日学历初中生一子一女。女：秋玲生于2012年3月21日，儿童。子：城东。

二十三世：城东生于 2007 年 7 月 1 日读书。

二十二世：康焕生于 1986 年 11 月 26 日学历初中外出务工。

二十一世：亚珍生于 1952 年 9 月 12 日学历初中务农配李景妹生于 1965 年 2 月 4 日学历高中生一子一女。女：思梅生于 1993 年 5 月 13 日，子：锦源。

二十二世：景源生于 1997 年 12 月 4 日读书。

二十一世：亚槐生于 1995 年 11 月 21 日学历高中务农配王妹生于 1956 年 6 月 1 日学历初中生四女一子。长女：观英生于 1984 年 10 月 24 日学历大专，广州工作。次女：观添生于 1968 年 6 月 11 日，学历初中适安铺。三女：金婷生于 1988 年 11 月 26 日学历大专，深圳工作。四女：浩琼生于 1992 年 12 月 29 日学历初中，外出务工。子：亚帅。

二十二世：亚帅生于 1955 年 10 月 18 日学历初中，外出务工。

二十一世：亚文生于 1966 年 3 月 15 日学历初中外出务工配黄康乐生于 1970 年 9 月 26 日学历初中生二子：锦林、进溪。

二十二世：锦林生于 2003 年 12 月 25 日读书。进溪生于 2006 年 10 月 13 日读书。

二十一世：亚齐生于 1966 年 3 月 15 日学历初中务农配潘碧恒生于 1966 年 10 月 15 日学历初中生一子一女。女：景珊生于 2004 年 11 月 27 日读书。子：景肇。

二十二世：景肇生于 2001 年 5 月 7 日儿童。

十八世：世惠妣谢氏生二子：有芬（另续）、有基。

十九世：有基妣方氏生一子：康清。

二十世：康清生于 1928 年 2 月 21 日廉江土产公司干部配黄少坚生于 1934 年 5 月 27 日生四子一女。女：亚君生于 1968 年 4 月 5 日适廉江。子：戚虾、水星、华陶、戚高。

二十一世：戚虾生于 1957 年 1 月 20 日学历初中廉江工作配燕兰生于 1963 年 6 月 24 日生一子一女。女：芷榕生于 1995 年 10 月 25 日学历高中。子：致铭。

二十二世：致铭生于 1989 年 1 月 4 日学历高中。

二十一世：水星生于 1960 年 4 月 21 日学历高中经商配廖剑冰生于 1960 年 9 月 15 日学历高中生三女。配陈丽娜生于 1963 年 12 月 7 日学历大学本科生一子。长女：文谕生于 1985 年 3 月 19 日读书。次女：文郑生于 1989 年 8 月

19日读书。三女：文敏生于1995年10月22日读书。子：东洋。

二十二世：东洋生于1994年11月4日读书。

二十一世：华陶生于1963年12月15日西安航空大学毕业现任廉江交通执法大队大队长配黎建红生于1969年7月11日（再续）；李晓珍生于1975年7月16日生一子：振鹏。

二十二世：振鹏生于1990年7月30日大学本科广州农行工作。

二十一世：戚高生于1971年2月22日学历高中廉江工作配曾海涛生于1971年12月3日生一女：凯欣生于1997年4月24日读书。

十五世：爵球妣氏生一子：名德。

十六世：名德妣庞氏生三子：文会（另续）、文高、文齐。

十七世：文高配何氏生五子：世广、世开、世朝、世珠、世玑。

十八世：世广配李氏生四子：有珣、有球、有瑞、有玖。

十九世：有珣配陈氏生三子：亚卿、亚兴、赤九。

二十世：戚卿生于1942年4月26日小学文化务农配昌凤生于1953年7月8日生二子二女。长女：秀如生于1968年12月6日小学文化适营仔包墩。二女：亚美生于1977年8月8日学历初中适安铺老马。子：亚合、亚森。

二十一世：戚合生于1971年4月1日小学文化务农配曹少梅生于1970年8月19日学历初中生一子一女。女：莹琳生于2000年7月1日，读书。子：锦辉。

二十二世：锦辉生于2002年7月22日，读书。

二十一世：亚森生于1973年8月23日学历初中务农配莫素生于1973年7月12日学历初中生一子二女。长女：子茵生于1998年10月29日读书。次女：景霞生于2001年6月2日读书。子：恩成。

二十二世：恩成生于2003年11月14日。

二十世：戚兴生于1947年11月19日学历高中生二子二女。长女：冰玉生于1977年12月21日学历初中适上海市区。次女：冰娜生于1980年11月8日学历初中适安铺镇。子：国柱、石健。

二十一世：国柱生于1985年10月16日学历高中外出务工。石健生于1988年6月23日学历初中外出务工。

二十世：赤九生于1951年11月24日学历初中经商配汤义生于1958年9月28日

学历初中生二子三女。长女：亚妹生于1981年6月28日，学历初中适广州番禺。次女：景春生于1984年11月23日学历初中适沙古。三女：日丽生于1988年12月8日学历初中适肇庆。子：亚科、石苏。

二十一世：戚科生于1978年10月22日学历初中经商配何里玉生于1982年2月9日学历初中生一子一女。女：亚林生于2010年7月19日儿童。子：康乐。

二十二世：康乐生于2008年7月6日，儿童。

二十一世：石苏生于1986年12月31日学历中专广州工作配莫婷婷生于1986年12月31日学历中专广州务工。

十九世：有球配梁氏生三子：振益、来旺●、振粗。

二十世：振益配麦玉珍生于1939年4月11日生二子二女。长女：景就生于1965年3月5日适介炮赤伦。次女：亚梅生于1963年7月23日适安铺港头。子：亚进、庆聪。

二十一世：亚进生于1958年8月22日学历初中务农配宋玉娟生于1965年3月9日学历小学生二子：志伟、康永。

二十二世：志伟生于1986年8月6日学历初中外出务工。康永生于1988年6月23日学历初中外出务工。

二十一世：庆聪生于1971年4月21日学历中专修理配尹秀明生于1970年11月14日学历初中生二子：进展、广贤。

二十二世：进展生于1977年3月17日读书。广贤生于2002年3月17日读书。

二十世：振粗生于1949年9月25日学历初中务农配陈金英生于1953年5月8日学历小学生一子三女。长女：旭辉生于1977年11月7日学历初中适安铺红马墩。次女：玉华生于1979年10月4日学历初中适介炮下草村。三女：玉芳生于1985年10月28日适化州石湾。子：旭新。

二十一世：旭新生于1981年8月21日学历初中务农配黄日连生于1983年8月27日学历初中生二子：广伟、广任。

二十二世：广伟生于2002年10月15日儿童；广任生于2005年8月3日，儿童。

十九世：有瑞配陈秀生五子二女。长女：拼妹生于1955年10月7日适洋青坡禾地。次女：亚纪生于1961年12月21日学历小学适洋青桔树。子：康午●、亚执、亚虾●、亚锦、亚华。

二十世：亚执生于1953年4月29日学历小学（已故）配潘妹生于1960年1月13日生二子二女。长女：土建生于1983年7月8日。次女：小桃生于1989年3月29日适江苏连云港市。子：广桥、康武。

二十一世：广桥生于1985年9月29日学历初中外出务工配王晓玲生于1989年3月5日学历初中生一女：浠恰生于2008年8月17日儿童。

二十一世：康武生于1992年2月28日学历初中务工。

二十世：亚锦生于1959年1月23日学历小学务农配陈娟生于1966年7月14日生二子一女：爱连生于1987年7月6日小学文化外出务工。子：广富、海市。

二十一世：广富生于1990年10月30日学历初中外出务工配谢真娣生于1988年4月19日学历初中生一子：铭辉。

二十二世：铭辉生于2012年10月24日儿童。

二十一世：海市生于1993年8月23日学历初中外出务工。

二十世：亚华生于1962年1月13日学历初中外出务工配吴石生于1968年8月19日学历初中生一子一女：女：丽红生于1999年5月6日读书。子：进文。

二十一世：进文生于1998年3月23日学历初中外出务工。

十九世：有玖配何氏生一子二女。长女：亚石生于1950年小学文化适廉江晨光场。次女：木娣生于1953年适珠盘海新兴村。子：亚孙。

二十世：亚孙生于1959年6月1日学历初中务农配何秀金生于1959年5月5日学历初中生二子一女：女：日英生于1988年7月18日学历初中，外出务工。子：景仁、里静。

二十一世：景仁生于1983年9月12日学历初中外出务工。

二十一世：里静生于1986年3月24日学历初中配戈梅生于1988年1月11日学历初中生二女。长女：景丽生于2008年9月1日；次女：晓霞生于2010年5月8日。

十八世：世开配马氏生二子：有焕、有荣。

十九世：有焕配陈氏生一子七女。长女：南娣学历初中适安铺红星村。次女：亚水学历初中适安铺新莫村。三女：亚理学历初中适安铺虾头坡。四女：亚引学历初中适安铺新莫村。五女：琼娣学历初中适安铺鱼北村。六女：清梅学历初中适安铺黄盘新村。七女：燕杏学历初中适安铺白面港村。子：亚卓。

二十世：亚卓生于1951年6月3日学历高小务农配陈彐英生于1954年8月10日小学文化生二子二女。长女：彐辉生于1954年8月10日，学历初中适洋青深沟；次女：伟林学历初中适安铺横沟仔村。子：伟文、康军。

二十一世：伟文生于1978年8月29日学历高中配何君慧生于1982年10月6日学历大专生一子一女：文霏生于2011年5月20日儿童。子：天柱。

二十二世：天柱生于2009年8月8日儿童。

二十一世：康军生于1984年8月8日学历大专现服役中国人民解放军121师75125部队。

十九世：有荣生于1928年4月12日，配黄全金已故生四子一女：女：石安生于1964年3月2日，学历初中，外出务工；子：亚尤、观连、日书、康建。

二十世：亚尤生于1951年7月14日，大专学历，1969年参加中国人民解放军，在对越自卫还击战中二次荣立三等功，在部队期间曾任广西军区独立团班长军区通讯营任台长、副指导员、指导员、副营长、营长、教导员等职，82至83年在中国人民解放军武汉军事学院第四期营团干部野战师作战指挥学习，1985年至1990年任广西军区司令部参谋副处处长，1990年11月转业湛江市无线电管理委员会办公室主任，2011年2月调入湛江市办公室退休，配张兰英生于1953年5月2日，学历初中，生一子：宁军。

二十一世：宁军生于1979年12月18日，学历加拿大多伦多大学MBA学位硕士，现是加拿大多咨处CEO行政总监。

二十世：观连生于1952年，学历初中，配陈观娣生于1954年4月24日，生二子二女：长女：少琴生于1984年10月16日，学历初中，适浙江市；次女：文萍生于1989年6月8日，学历高中，适河唇；子：培华、华仁。

二十一世：培华生于1983年10月4日，高中，经商，配赖石桂生于1983年7月6日，初中，生一子：洲豪。

二十二世：洲豪生于2012年8月31日，儿童。

二十一世：华仁生于1987年4月2日，初中，在外务工。

二十世：日书生于1957年11月11日，初中，工人，配黄佑琪生于1958年4月10日，初中，生二子一女：女：秋娜生于1987年10月22日，初中，适河南郑州；子：景常、全龙。

二十一世：景常生于1983年12月20日，学历初中，外务工。

二十一世：全龙生于1986年11月2日，学历初中，外务工。

二十世：康健生于1962年11月8日，学历高中，经商，配蓝小卫，生于1963年4月12日，学历初中，生一子一女：女：瑜珊生于1994年6月14日，学历高中；子：瑜晟。

二十一世：瑜晟生于1992年3月3日，学历高中，广州工作。

十八世：世朝妣郑氏生一子：有足。

十九世：有足配林氏生四子二女：长女亚妹生于1953年，适曲龙村；次女：亚美生于1957年，适安铺田头仔；子：亚雄、南余●、亚福、振权。

二十世：亚雄配符桂梅生二子一女：女：石燕生于1980年4月13日，学历初中，适阳江市平江镇；子：亚进、亚升。

二十一世：亚进生于1968年7月13日，初中，南方电网工作，配李可生于1967年10月15日，初中，生一子二女：长女：债芳生于1993年5月2日，适福建莆田市北高镇东皋村；次女：家慧生于1995年2月23日，高中；子：家明。

二十二世：家明生于1996年8月30日，读书。

二十一世：亚升生于1974年1月15日，学历高中，职业司机，配莫娟生于1973年8月16日，学历大专，教师，生一女：女：韵欣生于2010年12月8日，儿童。

二十世：亚福生于1946年3月20日配梁桂芳生于1949年7月6日生一子三女：长女：建平生于1972年8月1日，初中，适安铺烟楼村；次女：玉晓生于1975年11月24日，初中，适湛江麻章；三女：小棵生于1982年11月30日，初中，适深沟村；子：石枢。

二十一世：石枢生于1979年12月16日，学历初中，外务工，配何兰生于1981年5月20日，初中，生一女：女：芷晴生于2009年2月27日，儿童。

二十世：振权生于1949年6月26日，初中，配陈养生于1959年6月5日，生二子三女：长女：土霞生于1985年11月9日，学历初中，适海康客路；次女：小燕生于1988年5月24日，学历初中，适河源市；三女：亚汝生于1992年5月14日，学历初中，适茂名水东。子：进军、颖棋。二十一世：进军生

于1990年2月3日,初中,外出务工;颖棋生于1995年2月17日,读书。

十八世:世玑娶梁氏生三子:亚利(有丰)、亚琼(另续)、亚荣。

十九世:有丰娶樊氏生四子二女:长女:南娣生于1950年,适安铺;次女生于年月日,适鱼南村;子:水仙、众、齐、水富。

二十世:水仙生于1953年5月23日,初中,配何年青生于1959年5月28日,初中,生三子一女:女:彩霞生于1983年10月23日,适介炮公塘村;子:华良、土胜、华通。

二十一世:华良生于1988年1月5日,初中,外出务工,土胜生于1989年4月13日,初中,外出务工;华通生于1991年6月14日,读书。

二十世:众生于1958年6月10日,初中,配陈连珍生于1965年12月15日,学历初中,生二子二女:长女:秋媚生于1986年9月24日,适韶关南雄古城;次女:土义生于1991年5月10日,适阳东合山镇丰塘村;子:进柳、华甫。

二十一世:进柳生于1985年2月28日,初中,服役退伍,外出务工,配邱秀珠生于1983年12月21日,初中,生一子:梓浩。

二十二世:梓浩生于2010年6月30日,儿童。

二十一世:华甫生于1988年7月29日,读书。

二十世:齐生于1959年7月25日,初中配梁盛生于1963年3月10日,初中,生二子二女:长女:桂珍生于1990年10月26日,学历初中,外出务工;次女:秀标生于1992年10月7日,初中读书;子:华勤、木拼。

二十一世:华勤生于1990年6月10日,读书;木拼生于1996年1月6日,读书。

二十世:水富生于1963年7月1日,初中,外出务工,配甘衍梅生于1971年12月23日,初中,生一子二女:长女:石美生于1995年9月1日,学历初中;次女:少玲生于1998年3月24日,学历初中;子:金华。

二十一世:金华生于1993年9月1日,读书。

十五世:爵琳娶钟梁二氏生五子:名显、名学、名章、名富、名贵。

十六世:名显娶张氏生四子:文汇、文思、文明、文中(另续)。

十七世:文汇配杨氏生三子:里仁、美仁、钦仁●。

十八世:里仁配黎氏生四子:观英●、有光、有辉、有华。

十九世:有光配莫氏生一子:兆祥。

二十世：兆祥配莫杨二氏生二子：亚贤、亚英●。

十九世：有辉配苏氏生三子：兆安、兆中、亚杨●。

二十世：兆安配莫氏生一子：亚堂出继。

二十世：兆中配邱氏生一子：志新。

二十一世：志新生于1943年12月23日，初中，配梁石妹生于1946年8月25日，生一子三女：长女：喜生于1966年8月2日，学历初中，适顺德市；次女：思媚生于1973年7月19日，学历初小，适司马塘；三女：冰珍生于1978年8月13日，学历初中，适新民按塘；子：锦超。

二十二世：锦超生于1979年10月10日，外出务工，配杨芳妹生于1979年10月3日，学历小学，生一女：女：雅婷生于2001年7月29日，读书。

十九世：有华配陈氏生六子：兆伍、兆福、兆林●、兆东、兆江、亚厚●。

二十世：兆伍配潘氏生一子：培民。

二十一世：培民生于1928年5月2日，务农，配陈树妹生于1929年10月8日生四女一子：长女：桂英生于1958年4月8日，学历小学，适横山；次女：亚秋生于1961年5月4日，学历小学，适安铺茅坡；三女：日娣生于1963年6月10日，学历初中，适湛江；四女：伟连生于1966年5月3日，学历初中；子：华碧。

二十二世：华碧生于1968年8月20日，学历初中，外出建筑，配梁日芳生于1968年12月30日，学历初中，生二子一女：女：允红生于1994年7月13日，大学读书；子：康展、永良。

二十三世：康展生于1998年7月30日，读书；永良生于1999年11月4日，读书。

二十世：兆福配梁氏生二子：里因●、张福。

二十一世：张福生于1946年11月20日，学历初中，工人，配方邓生于1960年6月18日，学历高中，生二子：进荣、进杰。

二十二世：进荣生于1987年11月12日，学历初中，外出务工。进杰生于1991年2月28日，学历初中，外出务工。

二十世：兆东配陈伍生四子二女：长女：亚妹生于1950年，适廉江吉水；次女；亚昧生于1952年，适遂溪介炮；子：如春、亚顺、亚机、亚九。

二十一世：如春生于1943年10月，学历初中，工人，配罗静生于1956年6月9日，学历初中，生一子二女：长女：艳艳生于1984年8月15日，大学本科，现安铺一中教书；次女：丽丽生于1988年9月13日，毕业于华南农业大学，现深圳工作。子：锦典。

二十二世：锦典生于1985年4月30日，卒于2012年4月12日，中山大学环境学院气象博士、品格极好、学业超群，曾参加国家重点项目SCI收录，其发表的论文两篇。生前以"胡主席强调科学发展、温总理强调能做的事情绝不拖延"为座右铭勉励自己、奋发学习、仅用二年半时间达到博士标准。锦典卒后葬于秀九村东头岭坐东北向西南艮山坤兼丑未，下葬之日戚氏族亲立碑公祭并题挽联"一生际遇撼天下、举族公祭慰英魂"。女：洛生于2007年8月9日，儿童。子：戚珈。

二十三世：珈生于2005年10月8日，读书。

二十一世：顺生于1947年1月28日，学历小学，务农，配陈水连生于1953年6月8日，学历小学，生一子二女：长女：秀妹生于1978年10月19日，学历初中，适遂溪符屋；次女：智柳生于1982年9月21日，学历初中，适安铺黄盘；子：智慧。

二十二世：智慧生于1978年10月19日，学历初中，职业司机，配黄妙玲生于1979年1月17日，学历初中，教师，生一子：东辉。

二十三世：东辉生于2003年3月18日，读书。

二十一世：亚机生于1954年5月11日，学历初中，配黄秀群生于1959年10月7日，学历初中，已故，生二子一女：女：小丹生于1991年3月18日，适安铺东山；子：志浩、虾子。

二十二世：志浩生于1987年9月27日，学历初中，剧团工作，配潭景芬生于1987年8月24日，学历初中。

二十二世：虾子生于1990年8月19日，学历初中，剧团工作，配欧碧燕生于1986年8月19日，学历初中，剧团工作。

二十一世：亚九生于1960年6月9日，学历初中，生二女一子：长女：小翠生于1993年7月14日，读书；次女：文谦生于1997年1月26日，读书；子：锦颖。

二十二世：锦颖生于1997年1月26日，读书。

二十世：兆江生于1916年7月23日，配卜引生于1919年12月12日，已故，生三子四女：长女：水清，学历小学，适湛江；次女：亚妹生于1950年，适安铺；三女：亚骄生于1955年，适安铺；四女：亚广生于1958年，适新莫村；子：华荣●、亚胜、亚彬。

二十一世：亚胜生于1941年7月28日，学历初中，务农，配符雪琴生于1943年8月5日，学历小学，生二子二女：长女：亚邱生于1967年，学历初中，适洋青企塘村；次女：亚英生于1971年，适营仔兔仔围村；子：土生、石余。

二十二世：土生生于1965年12月28日，学历初中，配余秀辉生于1966年10月20日，学历高中，适安铺镇，生三子一女：女：海芬生于1987年9月3日；子：海略、华聪、康湛。

二十三世：海略生于1989年5月11日，学历高中，外出务工；华聪生于1991年5月7日，大学读书；康湛生于1993年6月15日，读书。

二十二世：石余生于1969年7月13日，学历初中，务农，配李兰生一女改嫁。女：金玲生于1997年11月9日，读书。

二十一世：亚彬生于1951年5月29日，学历小学，务农，配昌生生于1952年11月11日，学历小学，生二子二女：长女：伟清生于1981年11月26日，学历初中，适营仔；次女：文英生于1983年12月26日，学历初中，适安铺；子：伟雄、康龙。

二十二世：伟雄生于1980年4月10日，学历初中，务工，配何辉荣生于1982年9月24日，学历中专，生一子：昕哲。

二十三世：昕哲生于2006年5月29日，读书。

二十二世：康龙生于1988年4月8日，学历初中，务工。

十八世：美仁妣陈温二氏生三子：有福、有禄、有寿（另续）。

十九世：有福配莫氏生六子：亚交●、兆勋、观廷●、李信●、兆锦、兆炯。

二十世：兆勋配李氏生三子：亚昌●、康鲁●、培金。

二十一世：培金生于1938年9月，小学文化，务农，配欧春金生于1933年9月生一子一女：女：建英，学历大专，教师，适湛江太平；子：锦泉。

二十二世：锦泉生于1975年8月，学历高中，配林志权生于1976年7月生二子一女：女：巧雲生于1999年3月，读书；子：林飞、文建。

二十三世：林飞生于2004年8月，读书；文建生于2007年11月，儿童。二十世：兆锦配王氏生二子：培年、进武。

二十一世：培年生于1930年11月13日，务农，配林秀连生于1933年4月9日生二子二女：长女：永生于1956年4月2日，小学文化，适安铺港头；次女：亚陶生于1960年8月9日，学历初中，适安铺；子：戚就。

二十二世：戚就生于1965年7月28日，学历初中，生二子一女：女：金凤生于1988年1月13日，大学本科，现肇庆工作；子：武元、思宇。

二十三世：武元生于1991年7月30日，学历中专；思宇生于1994年1月9日，读书。

二十一世：进武生于1945年9月25日，学历初中，配陈爱娟生于1945年12月，学历初中，生二子二女：长女：丽静适清远；次女：丽君适安铺镇；子：晓科、晓明。

二十二世：晓科生于1973年10月，武汉大学毕业，广州工作，配谢哲生于1975年11月，广州外语外贸学院毕业，生一女：女：芷悦生于2009年4月，儿童。

二十二世：晓明生于1979年，大学文化。

二十世：兆炯配谭陈二氏生一子：戚全●。

十九世：有禄配邓氏生一子：兆纯。

二十世：兆纯配李氏生一子：亚轩（未详）。

十七世：文思妣黎氏生二子：王汉（另续）、王文。

十八世：王文妣卢梁二氏生四子：有英、有豪（另续）、亚义●、亚隆●。

十九世：有英配伍氏生四子：亚九●、兆三、兆爵●、兆齿。

二十世：兆三配罗氏生二子：亚轩、亚清。

二十一世：戚轩生于1934年8月28日，小学文化，务农，配陈桂芳生于1940年2月12日，小学文化，生二子二女：长女：文娟生于1968年，初中文化，适沙古曲水村；次女：桂英生于1973年9月30日，学历初中，适安铺；子：亚合、广春。

二十二世：戚合生于1965年2月5日，学历初中，务农，配卜淑生于1966年8月22日，学历初中，生三子一女：女：进仙生于1991年2月2日，学历高中；子：广强、进迎、观赏。

二十三世：广强生于1993年9月23日，学历初中；进迎生于1995年1月23日，学历初中；观赏生于 1997 年 5 月 27 日，读书。

二十二世：广春生于 1971 年 5 月 26 日，学历初中，务农，配何素文生于 1970 年 10 月 30 日，学历初中，生二子：华粤、启然。

二十三世：华粤生于 1996 年 12 月 14 日，读书；启然生于 1999 年 2 月 27 日，读书。

二十一世：亚清生于 1939 年 8 月 25 日，小学文化，务农，配刘明英生于 1940 年 4 月 15 日，学历小学，生三子一女：女：桂珍生于 1971 年 7 月 16 日，适湛江麻章；子：康泉、忠恒、广胡。

二十二世：康泉生于 1966 年 7 月 25 日，学历初中，务农，配梁航娟生于 1966 年 11 月 16 日，学历初中，生二女一子：长女：华燕生于 1994 年 4 月 15 日，学历初中，外出务工；次女：华婵生于 1995 年 12 月 27 日，读书；子：广超。

二十三世：广超生于 1998 年 5 月 17 日，读书。

二十二世：忠恒生于 1969 年 1 月 15 日，学历初中，配文金花生于 1985 年 1 月 20 日，学历初中，生一女：女：文诗生于 2012 年 4 月 8 日。

二十二世：广胡生于 1975 年 6 月 17 日，学历初中，经商，配李媚生于 1978 年 12 月 22 日，学历初中，生一女：女：海淇生于 2011 年 7 月 18 日，儿童。

二十世：兆齿配麦氏生二子一女：亚娣生于 1953 年，适遂溪；子：康荣、亚

二十一世：戚生于 1949 年 8 月 2 日，学历初中，务农，配徐由生于 1956 年 2 月 11 日，小学文化，生六女一子：长女：晓慧生于 1978 年 11 月 15 日，小学文化，适安铺港头；次女：晓宁生于 1980 年 11 月 14 日，学历小学，适广西南宁王洞村；三女：晓定生于 1982 年，适介炮北潭；四女：汝波生于 1985 年 8 月 25 日，大学本科，现廉一中教书，适廉江；五女：晓清生于 1987 年 8 月 14 日，学历高中，外出务工；六女：妹仔生于 1992 年 9 月 16 日，学历高中，外出务工；子：观建。

二十二世：观建生于 1991 年 5 月 13 日，学历高中，外出务工。

十七世：文明妣余氏生五子：世英、世雄、世永、世（另续）、世就（另续）。

十八世：世英妣谢氏生七子：有情、有安、有礼、有顺、有业、有全、有定（另续）。

十九世：有情配陈黄二氏生二子：亚庆●、振彬。

二十世：振彬配黄香生于 1923 年 10 月 28 日，生六子二女：长女：秀风生于 1948 年适湛江；次女：柏妹生于 1950 年，适介炮；子：亚一●、亚二●、亚文、

亚善、喜、盛。

二十一世：亚文生于1952年3月17日，学历初中，务农，配董妹生于1956年4月6日，学历小学，生一子二女。女：荣英生于1979年9月29日，学历初中，适安铺西街；子：广献。

二十二世：广献生于1983年11月14日，学历初中，职业司机，配潘思颖生于1984年7月14日，生一子一女：女：俏君生于2002年7月2日；子：名毓。

二十三世：名毓生于2007年7月4日，儿童。

二十一世：亚善生于1954年10月1日，学历小学，务农，配潭志芬生于1962年4月4日，学历初中，生二子一女：女：水雲生于1987年4月21日，学历初中，外出务工；子：李广、华记。

二十二世：李广生于1986年1月17日，学历初中，外出务工；华记生于1992年8月2日，学历初中，外出务工。

二十一世：亚喜生于1958年10月15日，学历初中，务农，配陈运生于1959年8月6日，学历初中，生三子一女：女：石娟生于1992年9月29日，学历大专；子：海艺、海智、海谋。

二十二世：海艺生于1982年6月6日，学历初中，外出务工，配陈碗宁生于1973年1月8日，生一子：培浩。

二十三世：培浩生于2007年1月8日。

二十二世：海智生于1985年11月17日，华南理工大学毕业，广州工作；海谋生于1985年11月17日，深圳大学毕业，深圳工作。

二十一世：盛生于1962年6月2日，学历初中，配陈玉英生于1960年12月19日，学历初中，生四女一子：长女：苏金生于1987年6月4日，学历初中，适安铺雾水港；次女：彩调生于1989年1月9日，适高州沙田镇；三女：彩红生于1990年11月13日，学历初中，适河南郑州；四女：彩带生于1992年9月16日，学历初中；子：荣恒。

二十二世：荣恒生于1995年7月9日，读书。

十九世：有安配周廖二氏生四子：兆图●、振成、振金、振宝。

二十世：振成生于1913年4月18日，配罗南连生于1914年9月25日，生二子二女。

长女：雪映生于 1944 年 10 月 25 日，适廉江；次女：凤生于 1948 年 1 月 4 日，小学文化，适安铺；子：辉、燕。

二十一世：亚辉生于 1951 年 4 月 24 日，学历初中，务农，配郑氏、陈骄生于 1954 年 7 月 29 日，二氏生四子一女：女：黎珍于 1983 年 1 月 9 日，学历高中，适湛江；子：亚陆、忠华、锦敬、乾均。

二十二世：亚陆生于 1973 年 3 月 5 日，学历初中，外出务工，配莫均秀生于 1974 年 7 月 22 日，学历中专，生一子一女：女：琼芳生于 2005 年 7 月 11 日，儿童；子：恩铭。

二十三世：恩铭生于 2010 年 11 月 15 日，儿童。

二十二世：忠华生于 1977 年 10 月 25 日，学历初中，外出务工，配莫秀珠生于 1980 年 12 月 20 日，学历初中，生一子一女：女：文慧生于 2004 年 8 月 28 日，儿童；子：文杰。

二十三世：文杰生于 2007 年 3 月 4 日，儿童。

二十二世：锦敬生于 1981 年 4 月 22 日，配贾柳平生于 1981 年 3 月 5 日，学历初中，生一女：海雲生于 2010 年 4 月 21 日，儿童。

二十二世：乾均生于 1996 年 11 月 27 日，读书。

二十一世：燕生于 1959 年 10 月 26 日，学历初中，配陈苏娣生于 1960 年 12 月 7 日，学历高中，生二子二女：长女：金珠生于 1985 年 12 月 13 日，学历初中，适安铺镇；次女：月美生于 1995 年 2 月 13 日，学历高中；子：华香、子龙。

二十二世：华香生于 1982 年 9 月 16 日，学历初中，务工，配罗淑萍生于 1982 年 5 月 9 日，学历初中，生二子：文俊、文锐。

二十三世：文俊生于 2009 年 1 月 16 日，儿童；文锐生于 2013 年 9 月 16 日。

二十二世：子龙生于 1988 年 12 月 27 日，学历高中。

二十世：振金生于 1927 年 11 月 10 日已故，生前任管区干部，配龙惠芳生于 1939 年 12 月 5 日，生三子：进华、瑞、年。

二十一世：进华生于 1963 年 8 月 21 日，学历初中，经商，配余存生于 1966 年 6 月 18 日，生三子一女。女：土连生于 1989 年 11 月 23 日，大学毕业，广州工作；子：进良、进昌、进训。

二十二世：进良生于 1987 年 5 月 21 日，大学毕业，广州工作，配林球娟生于 1989

年2月1日，大学毕业，广州工作。

二十二世：进昌生于1992年2月29日，大学读书。

二十二世：进训生于1996年9月14日，读书。

二十一世：瑞生于1965年7月10日，学历初中，配符宽生于1968年9月5日，生二子一女：女：健平生于1993年10月3日，学历大学；子：健文、健武。

二十二世：健文生于1992年4月13日，初中文化，外出务工；健武生于1996年1月25日，学历初中。

二十一世：亚年生于1970年8月5日，学历初中，广州经商，配林日芳生于1973年4月24日，学历初中，生二子：伟超、振威。

二十二世：伟超生于1991年10月18日，学历初中，广州经商；进威生于1993年12月15日，读大学。

二十世：振宝生于1932年5月5日，学历初中，务农，配温志辉生于1944年8月18日，已故，生一子三女：长女：美婷适介炮赤伦塘村；次女：日常适遂溪建新苏二村；三女：日霞适南宁武鸣；子：戚君。

二十一世：戚君生于1969年6月1日，学历初中，职业司机，配余东妹生1974年5月29日，学历初中，生一子二女：长女：嘉慧生于1995年10月27日，读书；次女：柔慧生于1997年6月4日，读书；子：嘉颖。

二十二世：嘉颖生于2000年10月10日，儿童。

十九世：有礼配潘氏生二子：振辉、振兰。

二十世：振辉配王氏生五子二女：长女：永肖生于1940年3月22日，适晨光农场；次女：亚养生于1950年。子：亚流、培明、华新、彬、连。

二十一世：亚流生于1938年8月17日，小学文化，服役转业回乡务家，配赵少英生于1943年7月16日，小学文化，生一子四女：长女：日玲生于1968年1月21日，适安铺镇；次女：枢生于1970年7月7日，适安铺下朝；三女：亚静生于1971年7月21日，适安铺急水；四女：亚改生于1975年7月6日；子：锦成。

二十二世：锦成生于1979年1月13日，学历高中，外出务工，配袁智玲生于1980年10月4日，生一女：女：雅晴生于2012年6月23日，儿童。

二十一世：培明生于1943年7月9日，学历高小，前任村长，配罗伟清生于1945

年4月13日,生三女一子:长女:亚艺生于1969年7月19日,学历初中,适海口市;次女:伟英生于1975年8月29日,学历初中,适安铺镇;三女:木珍生于1982年5月9日,学历高中,适湛江;子:亚添。

二十二世:亚添生于1972年2月9日,大学毕业,现荔湾公安分局干部,配王洪清生于1974年6月6日,大学文化,现荔湾派出所干部生一子:颢瀚。

二十三世:颢瀚生于2007年10月31日,儿童。

二十一世:华新生于1945年12月16日,大专文化,廉江法院审判员已故,配张卡宁生于1954年1月10日,初中文化,生一子一女:女:少媚生于1981年1月14日,高中文化,适安铺瓷厂;子:严方。

二十二世:严方生于1976年8月11日,大专学历,现在安铺人民法院工作,配陈艺晓生于1975年12月8日,高中文化,生一子:峻铭。

二十三世:峻铭生于2013年2月1日。

二十一世:康彬生于1952年11月4日,高中文化,务农,配李段生于1958年8月5日,学历初中,生二子一女。女:春琴适合甫曲乡;子:华冠、陈发●。

二十二世:华冠生于1986年9月25日,学历高中。

二十一世:亚连生于1958年6月27日,学历初中,外出务工,配余荣芳生于1961年6月10日,学历高中生二子一女。女:晓燕生于1988年3月8日,学历大专,适湛江霞山;子:康文、景峰。

二十二世:康文生于1986年1月12日,大学毕业,现在广州纤维检测工作。景锋生于1990年10月13日,大学读书。

二十世:振兰配李何二氏生三子三女:长女:胜妹生于1943年,适廉江晨江场;次女:里勾生于1954年,适遂溪深沟;三女:里妹适廉江新民;子:里九、亚亮、水杰。

二十一世:里九生于1948年12月7日,小学文化,务农,配黎春生于1953年10月2日,生一子二女。长女:华妹生于1980年8月7日,适晨光农场;次女:少宁生于1984年9月28日,适化州;子:华章。

二十二世:华章生于1977年8月1日,学历中专,外出务工,配吕少连生于1975年6月14日,学历初中,生一子一女。女:境桂生于2003年1月9日,读书;子:振泳。

二十三世：振泳生于 2007 年 1 月 25 日，儿童。

二十一世：亚亮生于 1952 年 5 月 30 日，学历初中，务农，配范团生于 1965 年 12 月 5 日，学历小学，生二子：锦泰、锦明。

二十二世：锦泰生于 1995 年 7 月 20 日，学历初中，外出务工；锦明生于 1998 年 10 月 13 日，读书。

二十一世：水杰生于 1963 年 8 月 1 日，小学文化，务农配黎群英生于 1963 年 11 月 8 日，生二子一女。女：木清生于 1991 年 8 月 2 日，学历初中；子：锦基、锦雄。

二十二世：锦基生于 1989 年 1 月 4 日，学历初中，外出务工；

二十二世：锦雄生于 1990 年 2 月 21 日，学历初中，外出务工，配黄凤球生于 1990 年 9 月 15 日，学历初中，生一子：炳文。

二十三世：炳文。

十九世：有顺配陈氏生六子：振国、亚栋●、亚柄●、振家、李仁、华廷●。

二十世：振国配陈氏生四子一女。女：亚秀适安铺港头；子：亚清●、亚巧、亚舞●、康树。

二十一世：亚巧生于 1948 年已故，配添生三子：观进、华庆、耀海。

二十二世：观进生于 1992 年，读书；华庆生于 1994 年，学历初中，外出务工；耀海生于 1996 年，学历初中，外出务工。

二十一世：康树生于 1956 年，小学文化，务农。

二十世：振家生于 1930 年 9 月 12 日，小学文化，务农，配黎秀文生于 1935 年 10 月 4 日，生四子二女。长女：亚安生于 1958 年，学历小学，适急水；次女：少平生于 1970 年 8 月 3 日，学历初中，适西坡村；子：亚虾●、华任、培庭、亚润。

二十一世：华任生于 1961 年 10 月 4 日，学历初中，务农，配余木勤生于 1964 年 11 月 7 日，学历初中，生一子四女。长女：华丽生于 1985 年 9 月 24 日，大学本科，广州工作；次女：巧玲生于 1988 年 2 月 29 日，高中文化，外出务工；三女：晓雪生于 1989 年 1 月 28 日，迁往奇牛村；四女：颖舒生于 1996 年 12 月 21 日，读书；子：康静。

二十二世：康静生于 1991 年 7 月 11 日，学历高中，外出务工。

二十一世：培庭生于 1964 年 8 月 16 日，学历初中，配何翠霞生于 1967 年 11 月 7 日，学历初中，生二子：华艺、广安。

二十二世：华艺生于1989年11月9日，学历中技，广州工作；广安生于1991年1月13日，学历高中，外出务工。

二十一世：润生于1966年10月5日，学历初中，务农，配桂平生于1969年4月30日，学历初中，生一子二女。长女：晓霞生于1993年4月18日，读书；次女：日先生于1996年8月11日，读书；子：日生。

二十二世：日生生于1994年8月26日，读书。

二十世：李仁生于1938年6月20日，学历初中，住广西东兴，配李忠连生于1944年5月，生二子一女。女：东英生于1965年11月5日，高中文化，适防城江平；子：东雄、东强。

二十一世：东雄生于1967年8月，大学毕业，东兴工作，配陈贤彩生于1977年7月29日，学历初中，生一子：牧洋。

二十二世：牧洋生于2002年10月28日，读书。

二十一世：东强生于1969年8月22日，学历初中，配赵丽芳生于1974年11月30日，学历初中，生一子一女。女：莹莹生于1994年11月20日，适东兴市；子：志勇。

二十二世：志勇生于2004年7月28日，读书。

十九世：有业配黄氏生三子：振初、振培、振文外出未详。

二十世：振初生于1925年8月11日，居住广西东兴经商，配陈桂英生于1921年11月29日，生四子一女。女：培玲生于1957年1月10日，学历高中，适广西防城；子：培汉、培雄、培华、培强。

二十一世：培汉生于1944年11月7日，学历初中，住广西防城经商，配徐秀英生于1951年2月6日，学历初中，生一子一女。女：莉莉生于1973年7月22日，学历高中，适广西钦州市；子：汉城。

二十二世：汉城生于1974年10月21日，学历高中，广西东兴工作，配杨永珍生于1975年10月25日，学历高中，生一子一女。女：雨容生于2009年3月2日，儿童；子：仁杰。

二十三世：仁杰生于2005年6月3日，儿童。

二十一世：培雄生于1950年12月2日，学历高中，配苏祖燕生于1961年5月28

日，学历高中，生一子一女。女：丹生于1982年5月20日，学历高中，适广西东兴；子：春海。

二十二世：春海生于1985年7月9日，学历高中，广西经商，配毛金连生于1984年7月2日，学历高中，东兴工作，生二子：健烽、健钩。

二十三世：健烽生于2009年1月26日，儿童；健钩生于2012年10月19日，儿童。

二十一世：培华生于1954年8月22日，大专学历，历任广西防城建设银行行长，浦北县建设支行行长，钦州银行信贷科科长，钦州市钦北区住房和城乡建设局办公室主任，配颜国芬生于1956年8月9日，大学毕业，现广西钦州市气象局气象工程师，生一女：春瑜生于1982年3月22日，大专学历，现广西钦州公安局工作，适广西钦州公安局。

二十一世：培强生于1959年，大专学历，现任广西防城港市、防城区五金公司经理，配龙恒姬生于1960年5月26日，学历高中，现在防城港市公共汽车公司工作，生一女。女：莎莎生于1987年4月23日，中山大学研究生毕业现广西防城港市检察院工作。

二十世：振培生于1932年9月3日，初中文化，工人，住广西防城配刘梅棠生于1936年6月15日，生二子一女。女：碧珍生于1965年6月19日，大专学历，主管护师护士长，适广西防城港市；子：培毅、培建。

二十一世：培毅1962年7月28日生于广西东兴市，获英国明翰大学博士学位研究员，任职于加拿大国家研究院，配潘婉青生于1965年8月8日，广州市人，获中国人民大学学士学位，在加拿大温哥华任会计，生二女。长女：依娜生于1993年7月10日，现就读于加拿大卑诗大学；次女：宁娜生于2001年9月19日，现在加拿大读小学。

二十一世：培建生于1972年7月24日，学历加拿大卑诗理工学院毕业，电子工程师，任职于加拿大温哥华奥林匹克自动控制公司，配梁淑倩生于1974年10月30日，广西防城洪市加拿大卑诗理工学院，毕业注册会计师，任职于加拿大温哥华威廉鸿公司，生一女。女：美娜生于2005年2月6日，现在加拿大读小学。

十九世：有全配朱氏生五子：振英、振雄、振轩、华天●、振聪。二十世：振英生于1920年3月11日，配赖妹生二子四女。长女：桃妹适沙古；次女：亚玉适营仔牛吉黄；三女：广娣适安铺急水；四女：适安铺；子：亚纯、就。

二十一世：亚纯生于1963年6月24日，学历初中，务农，配陈美英生于1962年11月25日，小学文化，生二子一女。女：秋妹生于1989年10月6日，学历初中，现外出务工；子：华英、土培。

二十二世：华英生于1985年6月2日，学历中技，广州工作；土培生于1987年6月11日，学历初中，广州务工。

二十一世：亚就生于1966年11月20日，学历初中，配陈国连生于1965年2月23日，学历初中，生二子一女。女：雪君生于1992年1月1日，学历高中，外出务工；子：广宇、文锋。

二十二世：广宇生于1993年4月6日，学历初中，外出务工；文锋生于1996年3月29日，读书。

二十世：振雄生于1924年3月16日，配黄桂荣生于1933年2月5日，生二子四女。长女：秋明生于1963年10月10日，学历初中，适田头仔村；次女：水文生于1967年3月21日，学历初中，适黄盘；三女：广林生于1970年3月，学历初中，适深圳龙岗镇；四女：惠珍生于1972年3月14日，学历初中，适广佛路口；子：流文、华纯●。

二十一世：流文生于1956年6月19日，学历初中，配黄廉兰生于1957年6月29日，生二子二女。长女：广燕生于1986年8月20日，学历初中，适香港荃湾；次女：水玲生于1988年6月25日，学历初中，适安铺体育路；子：何滔、康宁。

二十二世：何滔生于1983年12月27日，学历初中，外出务工，配何广娣生于1983年10月29日，学历初中，生一子：允铭。

二十三世：允铭生于2013年3月10日，儿童。

二十二世：康宁生于1989年12月29日，学历初中，外出务工。

二十世：振轩配陈氏生一子：亚朝。

二十一世：亚朝生于1956年4月9日，学历小学，务农，配陈叶生于1971年11月24日，学历小学已故，生三子：进彪、明远、海明。

二十二世：进彪生于1989年5月19日，学历初中，外出务工，配李师芳生于1992年1月21日，学历大专。生一子：文冠。

二十三世：文冠生于 2010 年 2 月 7 日。

二十二世：明远生于 1991 年 8 月 24 日，学历初中，外出务工，配董天宝生于 1988 年 8 月 24 日，学历中专，生一女。女：慧敏生于 2013 年 6 月 22 日，儿童。

二十二世：海明生于 1993 年 3 月 27 日，学历初中。

二十世：振聪生于 1939 年 9 月 9 日，学历初中，配黄广娣已故，生三子：华术、华教、华炳。

二十一世：华术生于 1969 年 11 月 21 日，学历中技，佛山开厂，配雷立红生于 1975 年 3 月 15 日，学历初中，生一子一女。女：雨晴生于 2001 年 12 月 15 日，儿童；子：意航。

二十二世：意航生于 2009 年 10 月 15 日，儿童。

二十一世：华教生于 1973 年 11 月 10 日，学历初中，外出务工，配韩丽玲生于 1978 年 10 月 6 日，学历高中，生一子一女。女：可盈生于 2005 年 3 月 29 日，读书；子：展鹏。

二十二世：展鹏生于 2009 年 4 月 7 日，儿童。

二十一世：华炳生于 1976 年 2 月 4 日，学历高中，外出务工，配曾正玉生于 1981 年 10 月 24 日，学历高中，生一子一女。女：雅琪生于 2012 年 8 月 3 日；子：军豪。

二十二世：军豪生于 2006 年 4 月 24 日，儿童。

二十世：振仁生于 1924 年 8 月 1 日，已故，曾任信用社会计，配朱乡生六子一女。女：素珍生于 1955 年适安铺河插村。子：亚大●、箭挺、亚和、将、沛、亚六●。

二十一世：箭挺生于 1947 年 4 月 17 日，学历大专政工师，曾任茂名石化、华粤集团工会副主席、生产技术处副处长等职，是茂名地区一位知明度较高的民间中草药骨科主任医师，配韦芳生于 1948 年 8 月 13 日，中专文化，助理会计师，曾任茂名石化机修厂妇女主任，生一子一女。女：华宇生于 1971 年 11 月 16 日，学历大专，在新加坡嘉德置地旗下茂名凯德商用置业有限公司营运部经理，适茂名市；子：震宇。

二十二世：震宇生于 1976 年 8 月 17 日，学历大专工程师，茂名石化工作，配钟秋萍生于 1977 年 4 月 8 日，大学本科，会计师，现任高州长坡水库大同管理所综合股股长，生一女。女：嫚段生于 2010 年 8 月 23 日，儿童。

二十一世：亚和生于1952年10月11日，学历初中，职业司机，配邓玉芬生于
　　　　　1952年8月7日，小学文化，在雷州青年运河工作，生二子：锦庆、玮宗。
二十二世：锦庆生于1977年12月17日电大本科雷州运河司机配李梅芬生于1980
　　　　　年12月6日，学历大专现任河唇大新幼儿园院长，生一子：观富。
二十三世：观富生于2004年2月28日，儿童。
二十二世：玮宗生于1979年8月17日，学历高中，现在佛山市纺织贸易公司任业务
　　　　　经理，配薛雪媚生于1983年10月11日，学历大专现任佛山宏越房地产
　　　　　开发公司经理，生一女。女：雅煊生于2012年4月30日，儿童。
二十一世：亚将生于1959年6月1日，学历高中，在横山信用社工作，配莫连珍生
　　　　　于1959年2月14日，学历高中，在信用社工作生二子一女。女：日红
　　　　　生于1983年12月27日，学历中专适安铺学塘；子：进伟、康华。
二十二世：进伟生于1985年12月14日，大学本科现汕头市任中学教书，配陈素勤
　　　　　生于1986年2月4日，大学毕业现汕头市龙湖区，任中学教师。康华生
　　　　　于1987年8月28日，学历中专，现东莞经商。
二十一世：亚沛生于1962年1月8日，学历高中，助理经济师，在安铺信用社坐班
　　　　　主任，配邓田生生于1962年7月25日，高中文化，在安铺信用社工作，
　　　　　生一子一女。女：丽杏生于1990年3月2日，在读暨南大学硕士研究生，
　　　　　已考取国际注册会计师、中国注册会计师。子：镇恩。
二十二世：镇恩生于1986年2月19日，大学本科、助理、理财师，现在中山市中国
　　　　　银行古镇支行工作，配张秋如生于1987年8月16日，大学本科，现在
　　　　　中山市中国交通银行工作。
十八世：世雄妣李氏生一子：有耀。
十九世：有耀配全氏生五子：兆茂、兆盛、兆发、兆成、益残●。
二十世：兆茂配王谢二氏生一子：维民。
二十一世：维民生于1935年4月4日，学历初中，曾任管区干部，配何秀琼生于
　　　　　1935年已故，生五子一女。女：亚冰生于1962年1月21日，适廉江；
　　　　　子：锦均、进江、鹏、锦能、锦禹。
二十二世：锦均生于1951年11月16日，学历初中，务农，配邓玉兰生于1956年
　　　　　8月24日，学历初中，务农，生二子二女。长女：金伟生于1980年12

月22日，学历初中，适安铺；次女：金妹生于1982年10月10日，学历中专，适德庆；子：金辉、金明。

二十三世：金辉生于1984年10月23日，学历中专，外出务工；金明生于1988年8月8日，学历初中，外出务工。

二十二世：进江生于1958年10月26日，学历初中，现住海南配陈瑞琼生于1957年5月7日，生二女一子。长女：亚晓生于1986年9月7日，西安航空大学毕业，上海工作，适辽宁；次女：亚影生于1987年9月27日，学历高中，海南工作，适海南。子：亚阳。

二十三世：亚阳生于1989年2月16日，读书。

二十二世：亚鹏生于1964年7月12日，学历初中，配王玲生于1969年12月22日生二女二子。长女：林丽生于1993年3月15日，学历大专；次女：楚明生于1995年1月13日，读书；子：凯杰、凯源。

二十三世：凯杰生于1998年2月3日，读书；凯源生于2011年5月3日，读书。

二十二世：锦能生于1969年3月25日，学历初中，职业司机，配裴氏生二子，离婚。子：文迪、嘉豪。

二十三世：文迪生于1996年12月14日，读书；嘉豪生于1999年1月7日，读书。

二十二世：锦禹生于1969年3月25日，学历大专，廉中教师，配黄琼生于1973年11月5日，学历大专，廉四中教师，生一子：均博。

二十三世：均博生于2007年6月25日，儿童。

二十世：兆盛配罗氏生三子：培仁、培义、培里●。

二十一世：培仁配何氏生六子二女。长女：连妹适海康龙门；次女：亚银适海康龙门；子：亚京●、亚锡、亚光、亚保、亚焕、亚南●。

二十二世：亚锡生于1944年12月11日，学历高小，务农，配王秀清生于1942年7月8日，学历小学，生四子。子：亚强、亚业、亚鉴、华进。

二十三世：亚强生于1963年4月5日，学历初中，务农，配杨二妹生于1968年8月19日，学历初中，生二女。长女：洁娴生于2000年1月31日，读书；次女：洁雯生于2002年10月12日，读书。

二十三世：亚业生于1969年8月10日，学历初中，配梁建生于1966年12月25日，学历初中，生一子一女。女：舒微生于1998年2月8日，读书；子：华炀。

二十四世：华炀生于2000年10月15日，读书。

二十三世：亚鉴生于1970年12月28日，学历初中，配黄金花生于1973年10月16日，学历初中，生二女。长女：洁怡生于2000年5月19日，读书；次女：晓颖生于2008年10月31日，读书。

二十三世：华进生于1973年9月2日，学历初中，外出务工，配包香连生于1977年2月21日。

二十二世：亚光生于1945年9月7日，小学文化，务农，配爱琴生一女，改嫁，配四妹生二子，改嫁。女：日珠适安铺瓷厂；子：广伟、广建。

二十三世：广伟生于1982年12月26日，小学文化，外出务工。广建生于1984年4月6日，小学文化，外出务工。

二十二世：亚保生于1950年10月24日，学历高中，已故，配郑清生于1961年1月17日，学历初中，务农，生二子一女。女：华根生于1988年7月2日，学历高中，适广东梅州。子：康良、广瑞。

二十三世：康良生于1983年9月9日，学历大专，部队转业外出经商，配林海平生于1983年10月17日，学历初中，生一子一女。女：煌庭生于2012年10月22日，儿童；子：煌磊。

二十四世：煌磊生于2009年1月17日，儿童。

二十三世：广瑞生于1986年3月1日，学历初中，外出务工，配冯广妮生于1990年3月3日，学历初中生一子：文艺。

二十四世：文艺生于2008年10月28日，儿童。

二十二世：亚焕生于1958年5月4日，学历初中，务农，配郑焦生于1968年8月18日，学历初中，生二子一女。女：海雲生于1994年12月3日，学历初中，外出务工。子：进通、进锋。

二十三世：进通生于1991年2月1日，学历初中，外出务工。进锋生于1998年8月16日，学历初中，外出务工。

二十一世：培义配李氏生六子一女：女：秋旺生于1962年适化州。子：秋养●、亚兴●、亚虾●、任佳、亚廷、亚龙。

二十二世：任佳生于1959年12月11日，学历初中，外出开厂，配卜雪平生于1957年6月17日，学历初中，生三子二女。长女：华雪生于1988年2

月 18 日，学历初中，适安铺；次女：舒恩生于 1991 年 7 月 10 日，学历初中，外出务工。子：亚静●、进祥、广钊。

二十三世：进祥生于 1984 年 10 月 3 日，学历初中，外出经商，配张娟生于 1988 年 5 月 6 日，学历初中，生一女：思茹生于 2015 年 11 月 14 日。

二十三世：广钊生于 1996 年 7 月 11 日，学历初中，外出务工。

二十二世：亚廷生于 1966 年 5 月 10 日，学历初中，外出经商，配陈桂生于 1968 年 3 月 22 日，学历初中，生四女一子。长女：观娣生于 1989 年 3 月 22 日，学历初中，适清远；次女：慧玲生于 1995 年 8 月 20 日，学历初中，外出务工；三女：丽冰生于 1991 年 9 月 19 日，学历初中，外出务工；四女：雪影生于 1990 年 5 月 9 日，学历初中，外出务工。子：康明。

二十三世：康明生于 1994 年 1 月 30 日，读书。

二十二世：隆生于 1968 年 10 月 15 日，学历初中，外出经商，配方小妹生于 1970 年 11 月 25 日，学历初中，生二男一女。女：思微生于 1996 年 7 月 21 日，读书；子：进康、文海。

二十三世：进康生于 1994 年 9 月 8 日，读书。文海生于 1998 年 3 月 22 日，读书。

二十世：兆发配陈氏生四子：培光、华初（未详）、华明●、培亮。

二十一世：培光生于 1924 年 10 月 2 日，配陈南凤生于 1924 年 1 月 1 日，生二子六女。大女：球英适安铺；二女：烂适安铺鱼北村；三女：亚友适营仔牛吉黄村；四女：亚帝适安铺；五女：妹仔适安铺九二村；六女：适赤伦；子：亚荣、景进。

二十二世：亚荣生于 1953 年 1 月 28 日，学历初中，务农，配陈生生于 1954 年 2 月 12 日，学历初中，生二子一女。女：日芳适湛江东海岛。子：华国、广文。

二十三世：华国生于 1979 年 7 月 3 日，学历初中，外出经商，配王妍婷生于 1982 年 3 月 8 日，学历高中，生一子一女。女：多多生于 2008 年 3 月 16 日，儿童。子：钦达。

二十四世：钦达生于 2004 年 2 月 16 日，儿童。

二十三世：广文生于 1982 年 9 月 13 日，学历初中，外出务工，配林调生于 1979 年 9 月 19 日，学历初中，生一女。女：李雅生于 2011 年 11 月 29 日。

二十二世：景进生于 1957 年 11 月 20 日，学历初中，配莫生于 1964 年 2 月 6 日，

学历初中，生三子：华新、华隆、武连。

二十三世：华新生于1987年5月14日，学历初中；华隆生于1989年9月17日，大学读书；武连生于1992年6月20日，读书。

二十一世：培亮生于1942年2月24日，学历初中，住湛江，配朱娇生于1946年7月14日，生一子六女。长女：庆英生于1968年12月9日，适香港旺角；次女：楚鸿生于1969年12月22日，适湛江霞山；三女：海棠生于1971年12月9日，学历初中，适湛江霞山；四女：金定生于1973年9月24日，学历初中，适湛江霞山；五女：天成生于1977年，适湛江霞山；六女：才喜生于1979年11月1日，适湛江霞山；子：锦松。

二十二世：锦松生于1975年10月24日，学历中专，配黎雪霞生于1979年8月19日，学历初中，生一子一女。女：晖悦生于2005年3月27日，读书；子：永源。

二十三世：永源生于2006年7月21日，读书。

二十世：兆成配方氏生一子：志强。

二十一世：志强生于1936年1月26日，住安铺敬老院。

十七世：文明妣余氏生五子：世英（另续）、世雄（另续）、世永、世卿（另续）、世就。

十八世：世永妣梁氏生一子：有玉。

十九世：有玉配陈氏生三子：兆周、兆南、亚亲●。

二十世：兆周配何氏生二子：培荣、亚成。

二十一世：培荣生于1929年6月15日，小学文化，务农，配符连招生于1934年11月28日，生三子五女：长女：亚英生于1952年，适营仔曲龙；次女：亚建生于1954年，适安铺；三女：亚肖，适营仔大山；四女：亚娣，适安铺港头；五女：志群，适安铺面前坡；子：亚德、观祥、志仔。

二十二世：亚德生于1958年12月21日，学历高中，配洪丽平生于1958年2月13日，学历初中，生二子一女：女：日汝生于1983年7月11日，学历初中，适安铺。子：观潮、华桃。

二十三世：观潮生于1984年11月29日，学历高中，湛江工作，配陈文清生于1982年10月，学历初中，生二子：棋煜、进鸿。

二十四世：棋煜生于2007年8月10日，儿童。进鸿生于2011年2月18日，儿童。

二十三世：华桃生于1987年1月29日，学历高中，外出务工，配苏小妹生于1984

年6月9日。

二十二世：志仔生于1968年7月9日，学历初中，务农，配符凤生于1968年11月20日，学历初中，生二子二女：长女：华诗生于1992年7月14日，学历初中，外出务工；次女：华妹生于1993年7月29日，学历高中，外出务工；子：华豪、金华。

二十三世：华豪生于1991年4月16日，学历初中，外出务工，配林妹生于1988年1月17日，学历初中，生一子一女：女：欣怡生于2009年12月27日，儿童；子：烯。

二十四世：烯生于2012年3月14日，儿童。

二十三世：金华生于1996年10月15日，学历初中，外出务工。

二十二世：观祥生于1974年9月27日，学历初中，配余琴生于1973年8月9日，学历初中，生一子一女。女：敏丽生于2000年6月20日，读书；子：景观。

二十三世：景观生于1998年10月30日，读书。

二十一世：亚成生于1945年1月1日，学历初中，配何娇生于1944年，已故，生二子一女：女：少丽生于1970年8月5日，适安铺望楼村；子：亚卫、水意。

二十二世：亚卫生于1968年8月5日，学历初中，已故，配莫文娣生于1970年6月8日，生一子：金荣。

二十三世：金荣生于1996年10月10日，读书。

二十二世：水意生于1973年9月21日，大专，湛江工作，配文艺生于1974年4月16日，大专学历，廉江供电局工作，生一子：康锐。

二十三世：康锐生于2002年12月5日，读书。

二十世：兆南配黄氏居住广州（未详）。

十八世：世就娅方何二氏生一子：有栋。

十九世：有栋配全氏生二子：振兴、振茂。

二十世：振兴生于1927年10月5日，务农。配李连成生于1930年6月2日，生二子四女：长女：亚星生于1948年，适安铺；次女：亚发生于1952年，适营仔；三女：亚分生于1958年，适安铺学塘；四女：亚妹适湛江；子：简、水辉。

二十一世：简生于1954年8月6日，学历初中，务农。配郑秀娟生于1954年4月23日，学历高中，生三子一女：女：金丽生于1988年6月21日，学历初中，适佛山顺德；子：亚仲、水立、锦宁。

二十二世：亚仲生于1976年10月11日，学历初中，外出务工，配郑李妹生于1978年10月6日，学历初中，生一子一女：女：静茹生于2008年10月13日，儿童；子：海郎。

二十三世：海郎生于2002年4月15日，读书。

二十二世：水立生于1980年11月7日，学历初中，外出务工，配纪芬生于1984年4月10日，学历初中，生一子：继煜。

二十三世：继煜生于2008年11月20日，儿童。

二十二世：锦宁生于1982年6月30日，学历初中，配余丽君生于1978年2月17日，学历初中，生一子一女：女：金玉生于2004年1月16日，读书；子：海军。

二十三世：海军生于2005年5月10日，读书。

二十一世：水辉生于1959年10月3日，学历高中，配赖凤生于1960年12月18日，学历高中，生二子一女：女：美月生于1987年9月26日，大学毕业，江门工作；子：锦波、进浩。

二十二世：锦波生于1985年9月27日，大学毕业，广州工作，配梁静文生于1988年11月10日，生一子：梓霖。

二十三世：梓霖生于2015年3月16日。

二十二世：进浩生于1989年6月8日，大学毕业，广州工作。

二十世：振茂生于1935年7月13日，配莫秀珍生一子一女（改嫁）：女：明英生于1980年10月5日，适营仔；子：华召。

二十一世：华召生于1982年，学历初中，外出务工。

十六世：名显妣张氏生四子：文汇（另续）、文恩（另续）、文明（另续）、文中。

十七世：文中妣王氏生三子：世球（另续）、世明、亚安●。

十八世：世明妣李氏生四子：有湖、有池、亚寿、亚平。

十九世：有湖配谢氏生一女六子：女：桂芳生于1939年，学历初中，适遂溪，幼儿院工作；子：振强、亚省、业同、亚辽、亚荣、亚义●。

二十世：振强生于1934年10月27日，廉江工作。配颜妹生于1949年1月11日，

廉江工作，生一子：伟京。

二十一世：伟京生于1976年1月14日，学历大专，湛江教师，配罗伟婷生于1978年10月24日，学历大专，湛江教师。

二十世：亚省生于1945年8月20日，学历初中，务农，配李琼芬生于1947年11月13日，学历初中，生三子：木敬、志宁、志锋。

二十一世：木敬生于1978年7月1日，学历初中，外出务工。配植芬生于1987年10月27日，生一女：苑芸生于2011年1月5日。

二十一世：志宁生于1979年10月28日，学历高中，外出务工。配温红春生于1984年9月27日，学历高中，生二女：长女：怡婵生于2006年7月8日，儿童；次女：芷婷生于2008年1月22日，儿童。

二十一世：志锋生于1981年1月8日，学历初中，外出务工，配翁碧雯生于1986年9月26日，生一女：宝丹生于2013年3月27日，儿童。

二十世：亚同生于1947年9月28日，学历高中，配陈振萍生于1953年9月21日，学历小学，生五女二子：女：玉连生于1980年7月22日，学历大专，教师适廉江；次女：玉春生于1983年1月1日，大学毕业，中山教师；三女：玉清生于1985年3月13日，学历初中，适安铺；四女：海英生于1988年6月3日，南昌大学，读书；五女：活洁生于1990年11月20日，读书；子：剑鹏、剑飞。

二十一世：剑鹏生于1995年5月11日，读书。

二十一世：剑飞生于1995年5月11日，读书。

二十世：亚辽生于1952年5月4日，学历高小，务农，配揭秀华生于1957年6月5日，学历小学，生二子一女：女：小艺生于1987年5月2日，大学本科，中山工作；子：伟常、文超。

二十一世：伟常生于1988年11月9日，学历初中，外出务工。

二十一世：文超生于1990年10月30日，大学读书。

二十世：亚荣生于1954年2月12日，学历初中，务农。

十八世：有池妣洪氏生一子：振表。

十九世：振表生于1944年7月9日，学历初中，务农，配何翠景生于1948年1月30日，生一子三女：长女：少雯生于1969年9月25日，学历初中，适介炮周灵；次女：秀雲生于 1976 年 5 月 18 日，学历中专适浙江；三女：秋良生于 1981 年 10 月 16 日，学历初中，适安铺牛皮塘；子：伟军。

二十一世：伟军生于 1973 年 6 月 11 日，学历初中，外出务工，配吴凤平生于 1981 年 10 月 5 日，学历初中，生一女二子：女：雅娜生于 2004 年 4 月 22 日，读书；子：昊杰、昊宇。

二十二世：昊杰生于 2008 年 6 月 16 日，儿童。

二十二世：昊宇生于 2012 年 1 月 18 日，儿童。

十九世：亚寿外出未详、亚平（未详）。

十九世：有廉赖氏取子入继。

十七世：文才妣刘氏生二子：观生●、国富。

十八世：国富妣林颜二氏生四子：亚良●、亚富●、有农、有积。

十九世：有农生于 1914 年 10 月 2 日，配杨、伍二氏生二子三女：长女：凤英生于 1944 年，未详；次女：杨生生于 1952 年 5 月，适廉江晨光农场；三女：秋娣生于 1958 年，学历高中，适中山市；子：华友、康新。

二十世：华友生于 1954 年 11 月 9 日，学历高中，现任村长，配黄景春生于 1954 年 9 月 15 日，学历高中，生一子四女：长女：小慧生于 1980 年 11 月 9 日，华师本科毕业，深圳工作适广州；次女：小宁生于 1982 年 8 月 25 日，大专学历，湛江工作，主管护师，适安铺；三女：康玉生于 1987 年 8 月 18 日，大学毕业，广州工作，适广州。四女：景芳生于 1989 年 9 月 15 日，大学毕业，广州科技城工作，适广州。子：春华。

二十一世：春华生于 1984 年 2 月 27 日，大学毕业，现广州工作，配王皎生于 1989 年 3 月 28 日，大学毕业，广州工作。

二十世：康新生于 1963 年 1 月 7 日，学历初中，务农，配温就生于 1963 年 3 月 21 日，学历初中，生二子二女。长女：华贞生于 1987 年 1 月 3 日，大学毕业，广州工作；次女：水娟生于 1990 年 3 月 25 日，江门大学毕业，东莞工作；子：康甫、华达。

二十一世：康甫生于 1988 年 5 月 21 日，大学毕业，广州工作。

二十一世：华达生于 1992 年 5 月 20 日，现湛江海洋大学读书。

十九世：有积生于 1916 年，已故，配何南甫生于 1925 年 6 月 24 日，生四女六子：

长女：水发，适营子牛吉黄；次女：伟琼，适营仔新围；三女：伟园适介炮禾乐仔村；四女：秀珍适河南郑州；子：华太●、康英、旺、光球、国、寿。

二十世：康英生于1946年，学历初中，配陈妹生于1952年，生二子一女，已故。女：进凤生于1987年8月13日，学历初中，外出务工；子：健华、广荣。

二十一世：健华生于1977年2月2日，学历初中，外出务工，配蓝双生于1975年11月11日，学历初中，生一子一女：女：柔韵生于2004年1月7日，读书；子：锦辉。

二十二世：锦辉生于2005年4月12日，读书。

二十一世：广荣生于1979年6月2日，学历初中，外出务工，配谭维珍生于1978年11月16日，生一子一女：女：子茵生于2011年10月10日，儿童；子：子轩。

二十二世：子轩生于2008年3月5，儿童。

二十世：亚旺生于1949年7月23日，已故，配梁连生于1954年8月13日，小学文化，生三子一女：女：亚富生于1982年10月11日，学历初中，适海口市；子：进培、华乔、进勇●。

二十一世：进培生于1985年4月22日，学历初中，外出务工，配罗燕生于1982年3月16日，学历中专，外出务工。

二十一世：华乔生于1987年5月12日，学历初中，外出务工，配张华生于1989年10月15日，学历初中，生二子：子恒、广林。

二十二世：子恒生于2010年1月21日，儿童；广林生于2014年11月21日。

二十世：光球生于1952年2月13日，学历高中，配陈彩生于1953年9月16日，学历高中，生四女三子：长女：云清生于1976年11月28日，学历初中，适介炮南坑村；次女：碧雩生于1979年2月12日，学历初中，适安铺港头；三女：亚妹生于1981年5月11日，学历初中，适廉江塘蓬；四女：康平生于1988年3月16日，学历初中，适安铺；子：土润●、进连、华忠。

二十一世：进连生于1986年2月28日，学历初中，外出务工，配陈海霞生于1985年9月24日，学历初中，生二子：子杰、智炫。

二十二世：子杰生于2009年2月12日，儿童。智炫生于2012年2月28日，儿童。

二十一世：华忠生于1992年3月20日，学历初中，外出务工。

二十世：亚国生于1954年2月25日，初中，服役转业，现惠州物资局部门经理，配黄广燕生于1958年10月31日，高中，生一女：女：亚平生于1983年12月15日，高中，适惠州市。

二十世：亚寿生于1956年8月25日，初中，配王檬生于1957年4月5日，生三女：长女：木兰生于1983年9月13日，初中，适安铺；次女：晓明生于1984年11月14日，初中，适安铺牛皮塘村；三女：月燕生于1988年11月17日，初中，外出务工。

十六世：名彰妣李氏生六子：文瓒（另续）、文彬（另续）、文盛、文辉、文癸（另续）、文光。

十七世：文盛妣梁黄二氏生三子：亚寿●、世景●、世祥。

十八世：世祥妣黄氏生二子：有谟（另续）、有训。

十九世：有训妣陈氏生二子：亚猴●、亚棋。

二十世：亚棋生于1953年1月2日，初中，配卜雪明生于1956年7月22日，初中，生三子一女：女：美连生于1986年6月10日，初中，适中山市；子：柳星、镇宇、柳靖。

二十一世：柳星生于1976年10月6日，中专，中山工作，配吴李明生于1977年10月16日，初中，生二子：毅超、毅聪。

二十二世：毅超生于2005年6月26日，儿童；毅聪生于2008年10月12日，儿童。

二十一世：镇宇生于1980年7月10日，初中，外出务工，配黄姚满生于1979年8月15日，初中，生一女：丽晴生于2011年11月20日，儿童。

二十一世：柳靖生于1992年11月22日，初中，在外务工，配蔡山生于1993年11月22日，学历初中，生一女：金容生于2010年9月20日，儿童。

十七世：文辉妣马氏生二子：亚汉、世彰●。

十八世：亚汉妣梁氏生二子：亚进●、有熙。

十九世：有熙配李氏生二子：振新、亚朝天●。

二十世：振新生于1932年6月15日学历小学务农配袁素平生于1932年10月22日务农生四子一女。长女：亚壮适介炮上溪村；次女：亚伙适合河虾头坡村；三女：琴英适安铺下掷务雨水港；四女：建清适合河村。子：亚球。

二十一世：亚球生于1966年11月14日学历初中务农配陈水英生于1965年12月

21日小学文化生三子一女：明珠生于1994年5月10日学历初中外出务工。子：武权、康印、康宁。

二十二世；武权生于1989年2月3日学历初中外出务工。康印生于1991年10月12日外出务工。康宁生于1996年11月8日外出务工。

十七世：文光妣何氏生二子：亚汉●、世纯。

十八世：世纯妣吴氏生四子：有钊、有钦、志文、亚珀●。

十九世：有钊生于1925年配吕氏、李少英生于1939年8月23日学历小学生三子四女。长女：亚秀生于1959年12月8日适安铺水流村；次女：亚清生于1961年2月25日小学文化适老莫村。三女：亚玲适介炮南坑村。四女：亚彩生于1966年4月12日初中文化适安铺瑞南街。子：炎、铁、进敏。

二十世：炎生于1950年8月11日学历小学务农配潘秋妹生于1949年7月学历小学生二子一女：海霞生于1988年10月2日学历初中深圳工作。子：小龙、进良。

二十一世：小龙生于1983年3月13日学历初中外出务工配练映婷生于1988年12月26日学历初中生一女：欣怡生于2013年5月21日儿童。

二十一世：进良生于1984年7月4日学历初中外出务工配林玉燕生于1985年3月12日学历中专生一子一女：诗婷生于2010年2月29日儿童。子：鸿名。

二十二世：鸿名生于2007年6月7日。

二十世：亚铁生于1955年7月1日学历初中务农配王燕珍生于1965年1月16日学历小学生二子一女：日影生于1987年12月29日大学文化广州工作。子：进东、进霍。

二十一世：进东生于1984年2月1日学历初中广州务工。

二十一世：进霍生于1986年3月28日学历初中外出务工配王秀娟生于1986年10月16日学历大专生一女：研静生于2012年11月25日，儿童。

二十世：进敏生于1969年11月16日学历初中外出务工配何汝团生于1966年1月12日学历初中生一子一女：思颖生于1995年12月29日读书。子：文宇。

二十一世：文宇生于2002年11月5日读书。

十九世：有钦配莫秀金生四子二女。长女：日桂生于1962年适洋青麻宋村；次女：翠连生于1966年适介炮南坑村。子：土寿、华才、水园、华胜。

二十世：土寿生于1952年2月2日学历小学务农配谢妹生于生于1957年10月14日学历初中生三女。长女：湛远生于1992年4月18日学历高中适广州。次女：青红生于1994年3月23日读书。三女：观婷生于1997年2月9日读书。

二十世：华才生于1956年学历小学务农。

二十世：水园生于1964年4月19日学历初中外出务工配钟石广生于1970年9月11日小学文化生二子二女。长女：美珍生于1991年7月12日学历初中适信宜。次女：美洁生于1993年10月17日读书。子：康宇、华恩。

二十一世：康宇生于1992年8月26日服役退伍广州务工。华恩生于1994年10月16日初中文化外出务工。

二十世：华胜生于1970年12月11日学历初中外出务工配陈意妹生于1972年11月18日学历初中生二子：康泼、宇文。

二十一世：康泼生于1997年10月22日读书。宇文生于2000年3月23日儿童。

十九世：志文生于1937年1月1日学历高中教师配少梅生于1945年1月28日学历初中生一女：小杏生于1969年8月5日学历初中适安铺西街。

十六世：名富妣同氏生三子：文兴、文德（另续）、文玲（另续）。

十七世：文兴妣李氏生四子：世仁、戚生（出继）、世礼、世信。

十八世：世礼妣李氏生三子：戚刘（未详）、有殷、有周。

十九世：有殷配李氏生二子：振光、振玉。

二十世：振光配黄春生二子四女：长女：亚群，适沙古符屋村；次女：雪，适珠盘海；三女：亚引，适安铺食品站；四女：换，适安铺鱼南村；子：进球●、锦标。

二十一世：锦标，外出务工。

二十世：振玉配文氏生一子七女：长女：亚超生于1952年，适安铺；次女：亚正，适介炮长田村；三女：琼生于1960年，适横山圩；四女：燕平生于1962年，适安铺坡点塘村；五女：亚琴生于1964年,适介炮镇 六女：亚未生于1966年，适急水村；七女：星生于1968年，适安铺下插村；子：康贤。

二十一世：康贤生于1956年8月7日,学历初中,务农,配黎交生于1961年1月17日,学历小学, 生二子三女：长女：广英生于1985年9月18日, 大学文化, 广州工作; 次女：带娣生于1988年10月20日, 高中文化, 外出务工; 三女：美艳生于1992年10月4日, 高中文化, 外出务工; 子: 观辉、广文。

二十二世：观辉生于1983年9月29日，学历初中，外出务工。

二十二世：广文生于1995年4月7日，学历初中，外出务工。

十九世：有周配莫氏生一子（出嫁）：振明。

二十世：振明生于1925年2月21日，配陈英生于1927年2月20日，生一子一女：女：仙生于1955年9月，适安铺开发区；子：伟。

二十一世：伟生于1958年7月11日，学历初中，务农，配宋祥生于1959年12月25日，生三子：进锐、进昌、进柏。

二十二世：进锐生于1985年4月26日，学历初中，外出务工，配郑娣生于1988年2月20日，学历初中，生二子：华强、华龙。

二十三世：华强生于2009年4月13日，儿童。

二十三世：华龙生于2012年1月16日，儿童。

二十二世：进昌生于1987年3月7日，学历初中，外出务工。配黄小玲生于1987年4月14日，学历初中，生一子：华漂。

二十三世：华漂生于2010年7月22日，儿童。

二十二世：进柏生于1989年7月19日，学历初中，外出务工，配罗巧云生于1993年7月2日，学历初中，外出务工。

十八世：世信妣梁氏生一子：有琼。

十九世：有琼配罗就生于1902年2月26日，已故，生五女三子：子：振和、志鸿、水。

二十世：振和生于1936年5月18日，学历高中，安铺信用社干部，配颜素琼生于1942年12月16日，生二子一女：女：桂凤生于1978年12月9日，学历初中，适横山；子：广建、亚炳。

二十一世：广建生于1966年3月11日，学历高中，在安铺信用社工作，配吴翠琴生于1969年3月10日，学历初中，生一子一女：女：涛珠生于2000年6月5日，读书；子：康裕。

二十二世：康裕生于1995年2月3日，学历初中，外出务工。

二十一世：亚炳生于1968年1月9日，学历初中，配许桂清生于1968年11月5日，学历高中，安铺信用社工作，生一子：华广。

二十二世：华广生于1999年9月27日，读书。

二十世：志鸿生于1943年12月15日，学历高中，1963年参加中国人民解放军、海军南海舰队，任部队新闻工作；69年转业，廉江新民镇武装部工作；78年在阿堤武装部工作；92年至97年任河堤镇纪委书记；97年至2001年在安铺镇工作。配周燕玲生一子一女：女：华喻生于1976年2月18日，适安铺；子：华韬。

二十一世：华韬生于1971年9月19日，学历高中，农村信用社干部，配周杰华生于1974年10月4日，已故，学历高中，生一女：女：倩若生于2004年4月9日，儿童。

二十世：亚水生于1949年7月29日，学历初中，务农，配潘妹生于1950年10月16日，学历初中，生一子二女：长女：华玉生于1980年5月8日，学历初中，适安铺西街；次女：思谊生于1982年8月7日，适电白水东；子：华存。

二十一世：华存生于1977年10月19日，学历初中，外出务工，配黎影幸生于1982年9月28日，生二女一子：长女：芷妮生于2005年9月18日，儿童；次女：碧遥生于2013年4月7日，儿童；子：广湛。

二十二世：广湛生于2009年3月2日，儿童。

广爱次子朝献公分支允亮公派下学充房源流谱

十三世：允亮妣吴氏生三子：学优（另续）、学第（另续）、学充。

十四世：学充妣罗氏生九子：爵朝（另续）、二公●、爵安（另续）、爵煌（另续）、爵木梁（另续）、元公●、爵贵（另续）、爵球（另续）、爵琳。

十五世：爵琳妣钟梁二氏生五子：名显、名学（另续）、名章（另续）、名富（另续）、名贵（另续）。

十六世：名显妣张氏生四子：文汇（另续）、文思（另续）、文明（另续）、文中。

十七世：文中妣王氏生三子：世球（另续）、世明、亚安●。

十八世：世明妣李氏生五子：有瑚（另续）、有池（另续）、亚寿（另续）、亚平（另续）、有廉。

十九世：有廉配刘氏生三子：戚统、广祥、广昌。

二十世：戚统生于1947年12月28日初中配恙连珍生于1955年5月1日生二子一女，女：李芬；子：年华、水信。

二十一世：年华生于1982年9月4日初中配李小慧生于1984年10月6日生一子二女，长女：子思生于2007年1月9日；巧冰生于2011年生于2月2日；子：恩恩。

二十二世：恩恩。

二十一世：水信生于1984年5月9日，初中配文碧燕生于1985年1月20日，生一子：国涛。

二十二世：国涛生于2013年3月8日，儿童。

二十世：广祥生于1950年7月16日初中配李小云生于1985年11月19日初中生二子：火龙、志维。

二十一世：火龙生于1981年12月11日，初中。

二十一世：志维生于1983年2月18日初中配谢浪娟生于1982年7月2日初中生一子二女，长女：利花生于2009年3月29日，读书；二女：雅琳生于2011年8月20日，儿童；子：嘉轩。

二十二世：嘉轩生于 2012 年 8 月 20 日，儿童。

二十世：广昌生于 1957 年 8 月 15 日，初中配昌称生于 1964 年 7 月 26 日初中生一子一女，女：翠玲生于 1999 年 9 月 24 日；子：志威。

二十一世：志威生于 1997 年 9 月 21 日，读书。

广爱次子朝献公分支允禄公派下学健房源流谱

十三世：允禄妣陈氏生三子：学魁（另续）、学健、汉荣（另续）。

十四世：学健妣陈、林二氏生四子：麟盛、麟仁（另续）、麟和（另续）、麟平（另续）。

十五世：麟盛妣陈氏生四子：均元（另续）、均法（另续）、均福（另续）、均养。

十六世：均养妣张氏生一子：文智。

十七世：文智妣钟氏生三子：士馀、士成（另续）、观朝（另续）。

十八世：士馀妣周氏生五子：有亨、有敦（另续）、有廉（另续）、有景（另续）、观明●。

十九世：有亨利妣氏生一子：镇海。

二十世：镇海配李善娟生于1928年4月6日生二子：康祥、土奎。

二十一世：康祥配罗称生二子：华文、文溪。

二十二世：华文配谢华娇生一子一女，女：宝琳；子：景颖。

二十三世：景颖。

二十二世：文溪配马艳锦生二子：志华、思乐。

二十三世：志华、思乐。

二十一世：土奎生于1962年7月19日初中在外务工配陈锦生于1962年2月2日生一子三女，长女：碧玉生于1989年6月13日初中外务工；次女：碧清生于1993年11月16日初中外务工；三女：碧丽生于1995年9月15日初中务工；子：瑞杰。

二十二世：瑞杰生于2010年2月12日，儿童。

广爱次子朝献公分支允禄公派下学建房源流谱

十三世：允禄妣陈氏生三子：学魁（另续）、学建、汉荣。

十四世：学建妣陈林二氏生四子：麟盛、麟仁（另续）、麟和（另续）、麟平（另续）。

十五世：麟盛妣陈氏生四子：均元（另续）、均发●、均福（另续）、均养。

十六世：均养妣李氏生一子：文智。

十七世：文智妣钟氏生三子：士馀、士成、观朝。

十八世：士馀妣周氏生五子：有亨（另续）、有敦（另续）、有谦、有景（另续）、观明●。

十九世：有谦妣刘氏生四子：亚英（另续）、亚统、亚祥、广昌（另续）。

二十世：亚统生于1947年12月28日配蕊连珍生于1955年5月1日生二子一女，女：碧燕；子：年华、水信。

二十一世：年华生于1982年9月4日初中配李小慧生于1984年10月6日初中生一子二女，长女：子思生于2007年1月9日学生；次女：巧冰生于2011年2月2日读书；子：国涛。

二十二世：国涛。

十八世：观朝（取胞兄次子入继）：有景。

十九世：有景妣陈氏生二子：戚侨、士祯。

二十世：士祯生于1949年8月21日初中配罗檬生于1953年4月14日生一子：国锋。

二十一世：国锋生于1974年10月22日初中配谢筱芳生于1980年11月1日生一子一女，女：淑妍生于2010年3月27日，读书；子：淑涵。

二十二世：淑涵生于2003年9月1日，读书。

广爱次子朝献公分支允禄公派下汉荣房源流谱

十三世：允禄妣陈氏生三子：学魁（另续）、学建（另续）、汉荣。

十四世：汉荣妣毛氏生四子：麟士（另续）、麟玉、麟炳（另续）、麟蔚。

十五世：麟玉妣邱周曹凌四氏生二子：荣光（另续）、谦光。

十六世：谦光妣曾伍二氏（取文荣第四子入继）：亚晚。

十七世：亚晚（文正四子亚林继）：亚林。

十八世：亚林妣庞氏生一子：汝全。

十九世：汝全妣黄氏生四子：进生、进养（另续）、刘记●、亚桂。

二十世：进生配陈秀芳生于1939年11月2日生一子：培京。

二十一世：培京生于1979年10月4日，学历初中，务农。

二十世：戚贵（桂）配维秀生一子：振区。

二十一世：振区学历初中务农。

十四世：汉荣妣陈氏生四子：麟士（另续）、麟王、麟炳（另续）、麟蔚。

十五世：麟蔚妣陈氏生一子：休光。

十六世：休光妣张氏生四子：文云、亚雄（另续）、亚凤（另续）、文敏（另续）。

十七世：文云妣陈氏生三子：仕志、仕忠（另续）、仕庆（另续）、亚四（另续）。

十八世：仕志妣王莫二氏生二子：汝轩、汝连。

十九世：汝轩妣氏生三子：振芳、戚家、振队、戚保。

二十世：振芳生于1979年4月22日配陈志琼生二子：戚标、华宁。

二十一世：戚标生于1956年8月16日初中配黄滴生于1961年6月10日生一子二女，长女：思艺生于1987年8月16日初中；二女：丽君生于1989年11月16日初中；三女：棵娜生于1995年6月13日；子：何文。

二十二世：何文生于1992年9月5日学历初中，在外务工。

二十一世：华宁生于1970年4月28日初中配潭琴英生于1972年10月30日初中生二子一女，女：观婷生于1997年6月25日初中外务工；子：展鸿、泽文。

二十二世：展鸿生于1994年11月13日，读书。泽文生于1999年10月10日，

初中外务工。

二十世：振队（戚家）配氏生三子：华全、华富、日升。

二十一世：华全配邓发妹生一子二女，长女：晓清；二女：晓君；子：智滔。

二十二世：智滔。

二十一世：华富配陈惠珍生一子一女，女：思明；子：思泽。

二十二世：思泽。

二十一世：日升配王云嫦生二子：文杰、子豪。

二十二世：文杰；子豪。

二十世：戚保配陈氏生二子：华东、广志。

二十一世：华东生于1979年6月3日初中配李少霞生于1978年11月22日生一子：智瀚。

二十二世：智瀚生于2010年5月25日，读幼儿园。

二十一世：广志生于1981年11月16日初中配黄连华生于1983年10月28日生一女：晓彤生于2009年10月28日，读书。

十九世：汝连妣余赖二氏生四子：亚良●、亚益●、亚儒●、亚九。

二十世：亚九生于1952年3月19日初中配莫明华生于1985年5月9日生一子：观信。

二十一世：观信生于1986年5月10日初中配莫明华生于1985年6月16日，初中，在外务工。

广爱次子朝献公分支允祯公派下学纯房源流谱

十三世：允祯妣潘氏生四子：学新（另续）、学会（另续）、学举（另续）、学纯。

十四世：学纯妣蔡氏生四子：麟英（另续）、麟勇（另续）、麟胎（另续）、麟明。

十五世：麟明妣刘氏生一子：均烈。

十六世：均烈妣彭氏生四子：文丰、土发（另续）、世兴（另续）、文衡（另续）。

十七世：文丰妣李氏生四子：亚谦●、亚茂（另续）、士卿、士彬（另续）。

十八世：士卿妣温氏生四子：在新（另续）、康龙●、华友、亚木。

十九世：华友妣陈翠英生一子：李桂。

二十世：李桂生于 1954 年 9 月 7 日初中配宋景妹生于 1955 年 10 月 10 日生二子：培燕、培才。

二十一世：培燕生于 1981 年 11 月 22 日，初中，在外务工。

二十一世：培才生于 1986 年 3 月 17 日，初中，在外务工。

十七世：文丰妣李氏生四子：亚谦●、亚茂（另续）、士卿、士彬（另续）。

十八世：士卿妣温氏生四子：在新（另续）、康龙●、华友、亚木（汝文）。

十九世：汝文（亚木）配蔡连生二子：华新、水进。

二十世：华新生于 1959 年 10 月 1 日，初中，配陆元群 1959 年 4 月 10 日，初中生一子二女。长女：思琴生于 1990 年 9 月 23 日，初中，外务工，次女：秀琴生于 1994 年 3 月 3 日，初中外务工，三女：秀明生于 1996 年 1 月 7 日，初中外务工，子：观权。

二十一世：观权生于 1988 年 3 月 22 日，初中务工。

二十世：水进生于 1967 年 1 月 28 日，初中外务工，配何友生于 1966 年 10 月 26 日，初中外务工，生三子一女：莉莉生于 1997 年 8 月 27 日初中务工，子：戚添、培良、艳慧。

二十一世：戚添生于 1992 年 9 月 1 日初中外务工。

二十一世：培良生于 1995 年 6 月 28 日初中外务工。

二十一世：艳慧生于 1999 年 7 月 25 日初中外务工。

广爱次子朝献公分支允祥公派下 学新 学举 学圣 房源流谱

十三世：允祥妣潘氏生四子：学新、学会（另续）、学举、学圣。

十四世：学新妣宋氏生四子：麟玑（另续）、麟球（另续）、麟瑜、麟璲（另续）。

十五世：麟瑜妣梁氏生二子：光明、光友（另续）。

十六世：光明妣詹氏生三子：文春、观福（另续）、观禄（另续）。

十七世：文春妣陈氏生一子：世辉。

十八世：世辉妣何氏生一子：汝芬。

十九世：汝芬妣黎氏生一子：戚来。

二十世：戚来配黄雪连生二子：戚全、戚存。

二十一世：戚全生于1966年7月25日学历高中配陈凤生于1967年4月27日初中生二子一女，子：广进、英杰。

二十二世：广进生于1993年5月1日初中外务工。

二十二世：英杰生于1997年1月6日初中外务工。

二十一世：戚存生于1963年10月8日学历高中配郑群生于1965年1月19日初中外务工生二子：广龙（不详）、景磊。

二十二世：景磊生于1990年2月2日学历初中外务工。

二十一世：永年配钟苏妹生一女：宛晴。

二十世：戚结生于1943年3月25日配赵建清生于1945年7月13日生三子：广锋、云炎、云颖。

二十一世：广锋生于1970年9月19日初中配龙素仙生于1970年10月6日初中生一子一女，女：龙宛梦生于2001年1月20日，儿童；子：子斌。

二十二世：子斌生于1994年4月16日初中外务工。

二十世：云炎生于1973年10月5日初中配余木珍生于1974年10月12日，初中生一子一女，女：思婷生于1994年10月4日初中生一子：子迪。

二十一世：子迪生于1998年，读书。

二十世：云颖生于1981年2月16日初中配陈晓婵生于1985年11月28日，生一子：

戚宁。

二十一世：戚宁生于2012年10月8日，儿童。

十四世：学举妣黄氏生三子：麟耀（另续）、麟瑛、麟玠（另续）。

十五世：麟瑛妣全氏生三子：光达（另续）、光通、光进（另续）。

十六世：光通妣麦氏生三子：文会（另续）、文锦、文革（另续）。

十七世：文锦妣黄氏生二子：李保●、士成。

十八世：士成妣管氏生三子：有清（另续）、亚龙●、有溪。

十九世：有溪妣谭氏生三子：振福（另续）、戚虾、戚周。

二十世：戚虾生于1951年9月3日配陈妹生于1973年6月1日生一子三女：长女：小玲生于1993年6月19日外务工；次女：水娣生于1993年6月10日外务工；三女：带娣生于1996年12月2日。子：观华。

二十一世：观明生于1992年11月18日，读书。

二十世：戚周生于1954年9月29日，高中工程师，配林友生于1957年11月4日，生二子：观志、观明。

二十一世：观志生于1989年12月5日，大学本科。

二十一世：观明生于1992年11月18日，读书。

二十世：戚通生于1945年7月3日初中配黄苏妹生于1949年10月7日初中生二子：土静、留光。

二十一世：土静生于1979年3月21日初中配罗水云生于1985年5月23日初中在外务工。

二十一世：留光生于1981年8月14日初中外务工配李华凤生于1982年12月28日初中生一子一女，女：紫晴生于2013年1月27日，儿童。子：浩天。

二十二世：浩天生于2009年6月19日，儿童。

二十世：华琼配宋永生一子三女，子：华利。

二十一世：华利。

十九世：在新妣郑秀英生三子：戚檬、华秀、土胜。

二十世：戚檬配陆汉花生一子：景德。

二十一世：景德。

二十世：华秀配陈保生二子：观国、康枢。

二十一世：观国、康枢。

二十世：土胜配黎交生二子：景均、景强。

二十一世：景均、景强。

十四世：学举妣黄氏生三子：麟耀、麟英（另续）、麟玠（另续）。

十五世：麟耀妣功氏生四子：光盛、光游（另续）、光濂（另续）、光禄（另续）。

十六世：光盛妣昌氏生一子：文景。

十七世：文景妣黄氏生五子：亚保（另续）、士超（另续）、士善、士海（另续）、士周（另续）。

十八世：士善妣符氏生二子：有桐、康信（另续）。

十九世：有桐妣潘氏生四子：振裕、振隆、戚进、戚结。

二十世：振裕妣氏生二子：广奇、戚田。

二十一世：广奇生于1950年10月28日，初中，配余娇生于1955年10月23日，生二子：水叶、康健。

二十二世：水叶生于1980年10月23日，初中，配杨平生于1983年4月10日，初中，生二女。长女：恩怡生于2011年1月14日，儿童；次女：恩莉生于2010年6月28日，读书。

二十二世：康健配谭文英生于1989年1月9日，初中，生一子一女。女：彩盈生于2005年6月18日，读书；子：展滔。

二十三世：展滔生于2012年7月28日，读书。

二十一世：戚田生于1947年1月25日，初中，配曾味生于1945年11月1日，初中，生一子二女。大女：朝辉生于1997年1月25日，学生；二女：朝霞生于1997年1月25日，学生；子：朝荣。

二十二世：朝荣生于1975年11月1日，大学本科，在外务工，配刘丽生于1985年10月9日，大学本科，外务工，生一女：琬岍生于2009年9月28日，儿童。

二十世：振隆配陈秀辉生三子：戚敏、戚兵、戚力。

二十一世：戚敏配陈南凤生于1953年，初中，生三子：剑锋、文彪、宇铭。

二十二世：剑锋生于1977年6月，初中，外务工，配莫氏生于1980年2月外务工。

二十二世：文彪生于1980年7月，外务工；宇铭生于2007年11月，读书。

二十一世：戚兵配陈杭生一子：戚锐。

二十二世：戚锐。

二十一世：戚力配陈少连生一子：壹思。

二十二世：壹思。

二十世：戚进配黎英生二子：培国、永年。

二十一世：培国配谢燕妹生二子：旺叶、李乐。

二十二世：旺叶、李乐。

二十世：戚结生于1943年3月25日配赵建清生于1945年7月18日，生三子：广锋、云炎、云颖。

二十一世：广锋生于1970年9月19日，初中，配龙素仙生于1970年10月6日，生一子一女。女：苑梦生于2001年1月20日，儿童；子：子斌。

二十二世：子斌生于1994年4月16日，初中，在外务工。

二十一世：云炎生于1973年10月5日，初中，配余木珍生于1974年10月12日，初中，生一子：子迪。

二十二世：子迪生于1998年，在校就读。

二十一世：云颖生于1981年2月16日，初中，配陈晓婵生于1985年11月28日，生一子：戚宁。

二十二世：戚宁生于2012年10月8日，儿童。

十四世：学圣妣周氏生七子：麟广、麟茂（另续）、麟琦（另续）、麟成（另续）、麟兴（另续）、麟周（另续）、麟美（另续）。

十五世：麟广妣陈氏生三子：光顺（另续）、光福（另续）、光裕。

十六世：光裕妣李氏生二子：文通（另续）、文兰。

十七世：文兰妣黄氏生二子：世新（另续）、世华。

十八世：世华妣罗氏生一子：有钦。

十九世：有钦妣黎氏生一子：振建。

二十世：振建配黄进生于1952年2月28日生三子：木德、培套、培锦。

二十一世：木德生于1975年6月5日初中配梁小娟生于1975年12月25日初中生一子一女，女：婷敏生于2006年9月3日读书。子：戚洛。

二十二世：戚洛生于2007年11月6日，读书。

二十一世：培套生于1980年1月25日初中配氏改嫁生一女：舒营生于2005年3月12日，验书。

二十一世：培锦生于1984年11月4日配翟艳仪生于1984年11月16日生一子：梓轩。

二十二世：梓轩生于2011年2月14日，读书。

广爱次子朝献公分支允祈公派下学信房源流谱

十三世：允祈妣氏生二子：学信、学诗（另续）。

十四世：学信妣王氏生四子：麟顕、麟富（另续）、麟彩（另续）、麟华（另续）。

十五世：麟顕妣何氏生二子：均荣（另续）、均周。

十六世：均周妣陈氏生二子：文祥、文胜●。

十七世：文祥妣陈氏生一子：世鸿。

十八世：世鸿妣陈氏生三子：有周、有兴（另续）、留贵（另续）。

十九世：有周配张氏生二子：日生、戚灿（珈铭）。

二十世：日生生于1950年11月11日配李引生于1950年8月16日生二子：亚军●、水源。

二十一世：水源生于1981年4月19日，学历高中外务工。

二十世：戚灿（珈铭）生于1954年9月16日军官学校毕业曾任局长配罗华生于1956年12月4日学历大学本科曾任局长生一女：馨匀。

广爱次子朝献公分支允爵公派下学文房源流谱

十三世：允爵妣氏生四子：学义（另续）、学仁（另续）、学文、学泰（另续）。

十四世：学文妣刘氏生四子：爵和（另续）、爵权（另续）、爵英、爵顺（另续）。

十五世：爵英妣黄氏生一子：均纲。

十六世：均纲妣马氏生二子：文达、文颢（另续）。

十七世：文达妣杨氏生三子：土均（另续）、土安、进养●。

十八世：土安妣陈氏生一子：有珍。

十九世：有珍配陈氏生三子：振荣、康连、土球●。

二十世：振荣配陈氏生四子：水清、水武、广志、戚任。

二十一世：水清配孙定生三子：木柏、水跃、景升（另续）。

二十二世：木柏配陈氏生一子：广钦。

二十三世：广钦。

二十二世：水跃配宋氏生一女：紫煊。

二十一世：水武配罗氏生三子：金成、金源、金民。

二十二世：金成配黄氏生二子：海程、海标。

二十三世：海程、海标。

二十二世：金源配邹氏生一子：振明。

二十三世：振明。

二十二世：金民配钟莲花生一子：正浩。

二十三世：正浩。

二十一世：广志配莫氏生一子：振缘。

二十一世：戚任配陈氏生二子一女，女：敏娜；子：华灿、邦国。

二十二世：华灿、邦国。

二十世：康连配陈氏生四子：日建、康超、土龙、戚国。

二十一世：日建配陈氏生二子：金穗、海明。

二十二世：金穗配柯氏生一子：柱军。

二十三世：柱军。

二十一世：康超配李氏生二子：景拓、广彬。

二十二世：景拓配黄舒雨生一女：欣怡。

二十二世：广彬配伍彩玲生一子：新轩。

二十三世：新轩。

二十一世：土龙配何燕生二子：晓华、景聪。

二十一世：戚国配陈森林生一子：李杰。

广爱次子朝献公分支允琏公派下学高房源流谱

十三世：允琏妣黄氏生五子：学高、学修（另续）、学才（另续）、学秋（另续）、学汉（另续）。

十四世：学高妣陈氏生一子：爵昌。

十五世：爵昌妣麦氏生三子：均旺（另续）、均相、均宁。

十六世：均相妣刘氏生三子：文龙（另续）、文凤（另续）、文五。

十七世：文五妣何氏生三子：世森、士庆（另续）、士汉。

十八世：世森梁全二氏生七子：进宝●、进才●、汝兴、华养●、李生●、进禄●。

十九世：汝兴妣黄陈二氏生二子：振辉、振泰。

二十世：振辉与陈氏生二子：戚英、戚胜。

二十一世：戚英配伍氏生一子：进欢。

二十二世：进欢。

二十一世：戚胜配李惠琼生一子：志杰。

二十二世：志杰。

二十世：振泰配黄氏生四子：戚益、康春、水珍、进贵（另续）。

二十一世：戚益配黄氏生一子：广聪。

二十二世：广聪配黄春裕生一子：宇恒。

二十三世：宇恒。

二十一世：康春配李琼芬生二子：志勇、志鹏。

二十二世：志勇、志鹏。

二十一世：水珍配韦枢梅生一子二女，长女：景娥；二女：小红，子：凤武。

二十二世：凤武。

二十一世：进贵妣何氏生一子三女，长女：广田；二女：水雨；三女：水润；子：明智。

二十二世：明智。

十八世：士汉妣郑氏生二子：汝炳●、汝松。

十九世：汝松妣黄氏生二子：振林、士齐。

二十世：振林配张梅英生二子：戚立、戚功●。

二十一世：戚立配莫氏生一子一女，女：思同；子：广如。

二十二世：广如。

二十世：土齐配郑素生四子：金钱、火红、水冰（另续）、国龙（另续）。

二十一世：金钱配全氏生一子：朝竣。

二十二世：朝竣。

二十一世：火红配李婧生一女：冰冰。

十六世：均宁妣陈氏生二子：此公葬在均隆村后岭坐东向西子：文宏、文祯。

十七世：文宏妣氏（取文祯公次子入继）世源。

十八世：世源妣陈氏生三子：汝焕、汝栋（另续）、汝据（另续）。

十九世：汝焕妣朱氏生五子：士成●、振瑞、振廷、戚纯、阿旅●。

二十世：振瑞配李氏生二子：戚尧、土发●。

二十一世：戚尧配何氏生一子：土钊。

二十二世：土钊。

二十世：振廷配罗氏生四子：戚明、戚念、戚省、戚觉。

二十一世：戚明配莫氏生三女：丽萍、景凤、金娣。

二十一世：戚念配陈氏生三子：伟文、广进、李广。

二十二世：伟文、广进、李广。

二十一世：戚省配詹氏生一子：进杰。

二十二世：进杰。

二十一世：戚觉配苏氏生二子：景孟、华力。

二十二世：景孟、华力。

二十世：戚纯配何秀全生三子：颖聪、旅宙、东晓（另续）。

二十一世：颖聪配文春霞（教师）生一子：晋铭。

二十二世：晋铭。

二十一世：旅宙配伍木娇生一子：晋肇。

二十二世：进肇。

二十一世：东晓配陈美玲学历大专生一子：晋豪。

二十二世：晋豪。

十七世：文祯葬在黄盘山坐东北向西南妣麦氏生三子：日太●、世源（另续）、世漳。

十八世：世漳妣罗氏生三子：亚光●、汝祯、汝桃。

十九世：汝祯妣徐氏生二子：亚二●、亚三●。

十九世：汝桃妣陈陈二氏生四子：进平、亚二●、亚三●、土意。

二十世：进平配刘氏生二子：土静、康华。

二十一世：土静配邓氏在外务工。

二十一世：康华配宋氏生二子：华尚、观柱。

二十二世：华尚、观柱。

二十世：土意配何氏生二子：培军、培权。

二十一世：培军配曹氏生一子：家铭。

二十二世：家铭。

二十一世：培权配陈晓林生一子：海林。

二十二世：海林。

十八世：世才妣吴伍何三氏生八子：汝广（另续）、汝养（另续）、汝春、亚九（另续）、亚六（另续）、亚五（另续）、汝猷、汝洁。

十九世：汝春妣詹氏生五子：亚贵●、兆煜、亚赵●、兆庆（另续）、阿全●。

二十世：兆煜妣詹氏生三子：戚初、甾旋●、土德●。

二十一世：戚初配马氏生二子：戚航、戚恩。

二十二世：戚航配梁氏生一子：观兢。

二十三世：观兢。

二十二世：戚恩配黄氏生一子：进朗。

二十三世：进朗。

十九世：汝猷配邓氏生二子：兆权、兆良。

二十世：兆权配李氏生二子：阿富●、阿忠。

二十一世：阿忠配陈氏生一子：戚允。

二十二世：戚允。

二十世：兆良配黄氏生一子：华敬。

二十一世：华敬配陈氏生二子：康训、康星。

二十二世：康训、康星。

十九世：汝洁配黄氏生二子：兆缺●、兆胜。

二十世：兆胜配彭氏生一子：康日。

二十一世：康日配陈氏生一子：伟营。

二十二世：伟营。

十八世：世禄妣罗氏生五子：汝鑑、汝钦（另续）、汝燊（另续）、汝致（另续）、汝杰（另续）。

十九世：汝鑑妣蔡氏生七子：兆总（另续）、康隆●、戚胡●、戚里●、兆聘、戚定、戚发（华山）。

二十世：兆聘配沈氏生二子：戚标、广超。

二十一世：戚标配何氏生二子：文龙、观应。

二十二世：文龙、观应。

二十一世：广超配董陈二氏生二子：小冲、康南（另续）。

二十二世：小冲配张氏生一子：家锐。

二十三世：家锐。

二十世：戚定配尹氏生三子：戚锦、戚基、戚茂。

二十一世：戚锦配王氏生一子：家锦。

二十二世：家锦。

二十一世：戚基配余氏生二子：欢慈、景珠（另续）。

二十二世：观慈配李氏生一子：韶涵。

二十三世：韶涵。

二十一世：戚茂配王氏生一子：华英。

二十二世：华英。

二十世：华生（戚发）配吕氏生一子：戚贵。

二十一世：戚贵配陈氏生一子：培哲。

二十二世：培哲。

十四世：学建妣孙林二氏生四子：麟盛（另续）、麟仁（另续）、麟和（另续）、麟平。

十五世：麟平妣张氏生二子：光益、光二●。

十六世：光益妣陈氏生三子：文水（另续）、文成（另续）、文友。

十七世：文友妣毛氏生一子：世益。

十八世：世益妣氏取堂伯一子生一子：汝钦（另续）、汝新、汝致。

十九世：汝新妣刘氏生六子：兆俊●、亚二●、华炳●、兆杰、兆伟、兆圩。

二十世：兆杰配李氏生三子：培森、培润、培建。

二十一世：培森配吴氏生一子：文觉。

二十二世：文觉配庞氏生一子：鹏程。

二十三世：鹏程。

二十一世：培润配邱氏生一子：峻聪。

二十二世：峻聪。

二十一世：培建配邱氏生二子：文博、文卓。

二十二世：文博、文卓。

二十世：兆伟配洪氏生二子：戚圩、光炎●。

二十一世：戚圩配李氏生二子：文献、文畅。

二十二世：文献、文畅。

二十世：兆圩配杨改嫁生二子：戚豪、戚科。

二十一世：戚豪配罗氏生二子：志欢、锦彬。

二十二世：志欢配何春晓生一子：东迎。

二十三世：东迎。

二十二世：锦彬配陈氏生一子：文彦。

二十三世：文彦。

二十一世：戚科配黄氏生二子：李灼、志访。

二十二世：李灼、志访。

十九世：汝致妣黄杨二氏生一子：兆学。

二十世：兆学配陈氏生二子：戚新、戚受。

二十一世：戚新配李氏生三子：观贠、观成、观就。

二十二世：观贠配何氏生一子：永瑞。

二十三世：永瑞。

二十一世：戚受配陈氏生一子：国善。

二十二世：国善。

十九世：有秋配钟氏生一子：戚武。

二十世：戚武配钟氏生二子：振华、昌盛。

二十一世：振华、昌盛。

广爱次子朝献公分支允禄公派下学魁、学健、汉荣房源流谱

十三世：允禄（字福田）赋性刚敏品行端正，笃友兄弟平训子致重了名登、贡生康熙十年癸巳卒于乾隆十一年寿年六十四岁三月二十九日葬在本村后岭土名老虎塘坐丙向壬姚温氏惠勤俭内助得力生于康熙九年壬辰享年六十二岁十二月二十壬日忌辰，生三子：学魁、学健、汉荣。

十四世：学魁姚陈林二氏生四子：麟清、麟胜、麟德、麟才。

十五世：麟清姚卜氏生二子：均琏（未详）、均瑚（出续麟才）。

十五世：麟胜姚钟氏生一子：均南（未详）。

十五世：麟德姚陈张二氏（带子入继）：均清。

十六世：均清姚黄氏生一子：亚二●。

十五世：麟才姚邓氏（取胞兄子入继）均瑚（未详）。

十四世：学健姚陈林二氏生四子：麟盛、麟仁（另续）、麟和（另续）、麟平（另续）。

十五世：麟盛姚陈氏生四子：均元、均法●、均福（另续）、均养（另续）。

十六世：均元姚樊氏生四子：文仁（另续）、文义、文礼（另续）、文信（另续）。

十七世：文义姚谭黄二氏生五子：世居、世才、世禄、亚水●、亚贵●。

十八世：世居姚陈氏生二子：汝均、汝隆。

十九世：汝均姚罗氏生二子：兆兴、戚八。

二十世：兆兴配曾氏生四子：戚富、戚伍、戚槐、戚伟。

二十一世：戚富初中配李育贞生一子：观良。

二十二世：观良配罗氏生二子：康新、康杰。

二十三世：康新、康杰。

二十一世：戚伍生于1959年3月12日配廖应彩生于1964年5月6日生二子三女，长女：秀娟；二女：小清；三女：小花。子：华建、河恒。

二十二世：华建生于1989年10月28日初中配氏生一子：海文。

二十三世：海文生于2012年9月27日。

二十一世：戚槐配尹娇生二子一女，女：小云；子：华志、永就。

二十二世：华志配陈桂芳生一女：铭思生于2014年，儿童。

二十二世：永就。

二十一世：戚伟配兴娣生一子二女：美霞、舒香；子：华升。

二十世：戚八国家干部退休配庞秀芬生一子：培荣。

二十一世：培荣配陈妹生一子：华炎。

二十二世：华炎配张丽丽生一子：泽宁。

二十三世：泽宁。

十四世：汉荣妣毛氏生四子：麟士、麟玉（另续）、麟炳（另续）、麟蔚（另续）。

十五世：麟士妣陈氏生三子：文光（另续）、重光、奕光（另续）。

十六世：重光妣文氏生四子：文冠、文国（另续）、文清（另续）、文勤（另续）。

十六世：文冠妣庞氏生四子：世方、世瑞、世香、世发。

十八世：世方妣张氏生二子：汝福（另续）、汝梅。

二十世：振业配梁玉英生五子：培光、培照、培东、培卫、培良。

二十一世：培光配李水明生二子：远志、广慧。

二十二世：远志配陈祝来生一女：秋菊。

二十一世：培照配杨珍成生二子：金达、金龙。

二十二世：金达、金龙。

二十一世：培东配吴海霞生二女：正裕、二妹。

二十一世：培卫配惠娟生一女：翠营。

二十一世：培良中山市中学教师配龙凤教师生一女：心悦。

广爱次子朝献公分支允爵公派下学文房源流谱

十三世：允爵妣尤氏生四子：学义（另续）、学仁（另续）、学文、学泰（另续）。

十四世：学文妣刘氏生四子：爵和（另续）、爵权、爵英（另续）、爵顺（另续）。

十五世：爵权妣陈氏生一子：均健。

十六世：均建妣欧、刘二氏生二子：文就、文盛。

十七世：文就妣王氏生三子：世恩、世裕（未详）、世枢。

十八世：世恩妣邹氏生二子：有云、汝祥。

十九世：有云配龙氏生二子：全贵、全光。

二十世：全贵生于1945年5月5日师范教师配陈才生于1953年8月22日，生一子：华强。

二十一世：华强生于1985年8月8日，中专务工。

二十世：全光生于1959年12月18日初中配陈华调生于1965年1月9日初中生一子：康权。

二十一世：康权生于1989年1月13日，学历专科务工。

十九世：汝祥配何秀炳生四子：振升●、光荣、戚、戚招。

二十世：光荣生于1953年10月28日初中配陈成生于1959年5月4日，高中生一子：景灿。

二十一世：景灿生于1983年2月17日初中务工配梁燕生于1991年6月3日，初中务工。

二十世：戚生于1957年5月16日初中配周生于1959年7月8日初中生二子一女。
女：雅思生于1992年2月27日，大学专科外务工。子：景银、华添。

二十一世：景银生于1988年2月25日；华添生于1990年8月23日初中务工。

二十世：戚招生于1960年9月25日配丁日连生于1961年9月26日生一女：嘉嘉生于2000年4月29日，儿童。

十七世：文就妣王氏生三子：世恩（另续）、世裕（另续）、世枢。

十八世：世枢妣陈氏生五子：汝超、汝茂、汝和、汝培、汝忠。

十九世：汝超妣杨氏生二子：良标、戚常。

二十世：良标配陈慧珍生于1957年3月19日生一子一女。女：妍莉生于1982年3月20日（师范教师）子：赟睿。

二十一世：赟睿生于1989年9月23日学历初中外务工。

二十世：戚常生于1956年10月17日学历高中公务员配李美生于1957年8月24日学历高中生三子一女。女：彦颖生于1990年11月22日，大学本科。子：豪恒、鸿杨、彦斐。

二十一世：豪恒生于1985年7月25日大学本科配黄秋冰生于1985年5月18日大学专科生一女：津谨生于2013年7月24日，儿童。

二十一世：鸿杨生于1987年4月27日大学专科（勘察员）。

二十一世：彦斐生于1992年3月17日大学本科外务工。

十九世：汝茂生于1922年1月6日配温少金生于1932年9月19日生二子：戚富、戚卓。

二十世：戚富生于1953年4月9日初中外务工配陈妹生于1959年10月26日初中生一子：戚利。

二十一世：戚利生于1987年5月25日学历高中外务工配梁春香生于1991年6月6日初中生一子一女。女：思杰生于2010年5月7日儿童子：展文。

二十二世：展文生于2013年4月6日，儿童。

二十世：戚卓生于1970年11月12日初中配李小玲生于1973年11月18日，初中，生二子：观升、观瑞。

二十一世：观升生于1996年11月11日初中外务工。

二十一世：观瑞生于1996年1月12日初中外务工。

十九世：汝和生于1924年9月24日配黄少妹生于1931年7月13日生三子：康赵、华锦、戚开。

二十世：康赵生于1950年11月7日初中配王凤生于1955年7月14日初中，生二子：观烈、观旋。

二十一世：观烈生于1982年10月30日初中配孙亦红生于1982年4月1日，初中在外务工。

二十一世：观旋生于1984年1月3日（大学本科）务工。

二十世：华锦生于 1959 年 9 月 10 日初中在外务工配宋伟仙生于 1962 年 5 月 1 日初中外务工生一子：国华。

二十一世：国华生于 1991 年 9 月 30 日，中校务工。

二十世：戚开生于 1969 年 2 月 20 日初中外务工配杨小玲生于 1967 年 5 月 2 日初中生一子一女。女：慧琳生于 1997 年 2 月 18 日初中在读。子：国任。

二十一世：国任生于 1995 年 7 月 18 日，读书。

十九世：汝培生于 1926 年 11 月 15 日配李少珍生于 1931 年 6 月 15 日生四子：振连、戚松、戚石、戚排。

二十世：振连生于 1951 年 6 月 11 日初中配黄柳贤生于 1951 年 5 月 13 日初中生二子一女。女：日玲生于 1986 年 6 月 3 日大学本科务工。子：日高、日正。

二十一世：日高生于 1983 年 3 月 19 日初中配孙水鸟生于 1985 年 4 月 23 日，初中外务工。

二十一世：日正生于 1988 年 6 月 3 日，在读高中。

二十世：戚松配何美娟生于 1954 年生一子一女。女：素文生于 1991 年，读书。子：观裕。

二十一世：观裕生于 1993 年 9 月 14 日，读书。

二十世：戚石配莫海后改嫁生一子：振明。

二十一世：振明生于 1989 年 12 月 16 日初中在外务工配莫景敏生于 1990 年 8 月 3 日初中生一女：佩羲生于 2011 年 6 月 11 日，儿童。

二十世：戚排生于 1972 年 10 月 17 日初中外务工配李翠辉生于 1970 年 1 月 3 日初中生一女：楚钰生于 2002 年 2 月 23 日，读书。

十九世：汝忠生于 1932 年 1 月 7 日初中配陈少华生二子：日秋、日武。

二十世：日秋生于 1962 年 12 月 21 日高中配黎虾生于 1962 年 7 月 20 日，生二子：观术、华伟。

二十一世：观术生于 1989 年 5 月 5 日初中外务工配蔡李永生于 1991 年 2 月 12 日初中在外务工。

二十一世：华伟生于 1989 年 9 月 15 日初中外务工配陈水燕生于 1992 年 5 月 27 日，初中在外务工。

二十世：日武生于 1966 年 5 月 17 日初中配潘永就生于 1969 年 1 月 13 日初中生二子：培滔、培略。

二十一世：培滔生于1993年11月26日，初中外务工。

二十一世：培略生于1996年2月15日，在外务工。

十九世：汝景妣杨氏生一子：振良。

二十世：振良配钟观梅生三子：海东、海敏、振范。

二十一世：海东配李氏生一子：梓浩。

二十二世：梓浩生于2010年1月9日，儿童。

二十一世：辅敏生于1978年2月19日初中配许秋生于1979年6月2日初中，生一子：玮林。

二十二世：玮林生于2013年10月8日，儿童。

二十一世：振范生于1984年6月26日初中配何景秀生于1986年2月9日，初中生一子：嘉祺。

二十二世：嘉祺生于2012年6月25日。

十九世：汝芳配陈意忠生于1926年6月16日生三子：振帮、戚就、就佳。

二十世：振帮生于1946年1月7日初中配梁少连生二子：培才、培南。

二十一世：培才生于1970年8月14日初中外办厂配洪盘妹生于1971年5月19日初中外务工生一子二女。长女：碗君生于1992年3月13日学历大专务工。二女：雅思生于1996年8月16日初中务工。子：景帅。

二十二世：景帅生于1994年7月16日，初中务工。

二十一世：培南生于1971年12月29日初中务工配张琴英生于1971年7月14日初中务工，生一子一女。女：思敏生于1993年11月3日读书。子：景里。

二十二世：景里生于1995年5月2日，初中就读。

二十世：戚记生于1961年3月23日高中配王少兰生于1960年8月4日，高中务工生一子一女。女：思慧生于1988年2月9日大学专科务工子：思朗。

二十一世：思朗生于生1989年9月14日，大学专科务工。

二十世：就佳生于1967年4月15日大学本科公务员配朱密斯生于1964年10月15日高中务工生一子一女。女：津源生于2002年8月9日，读书。子：贵棋。

二十一世：贵棋生于2002年8月9日，读书。

二十世：戚裕生于1950年11月18日初中外务工配吴文耀生于1952年6月12日初中外务工生一子：戚丰。

二十一世：戚丰生于1982年3月5日。

十八世：世安妣氏生一子：华进。

十九世：华进生于 1942 年 7 月 24 日初中曾任洪坡村委书记配黄林芳生于 1942 年 12 月 14 日初中生二子：华献、土祯。

二十世：华献生于 1962 年 2 月 18 日初中外务工配李建荣生于 1970 年 12 月 18 日初中生一子二女。长女：一丽生于 1991 年 4 月 2 日初中外务工。次女：美婷生于 1992 年 8 月 20 日初中外务工。子：杨威。

二十一世：杨威生于 1998 年 11 月 7 日初中外务工。

二十世：土祯生于 1964 年 6 月 5 日初中外务工配陈玲生于 1957 年 5 月 19 日初中外务工。次女：彩霞生于 1992 年 10 月 10 日初中外务工。子：振宇、振爵。

二十一世：振宇生于 1994 年 11 月 25 日；振爵生于 1996 年 2 月 2 日读书。

十八世：世烈妣何李二氏生三子：振鸿、振和、振裕。

十九世：振鸿生于 1927 年 5 月 2 日曾任村委书记配温桂珍生于 1936 年 9 月 1 日生四子：戚辉、戚业、戚觉、戚芳。

二十世：戚辉生于 1957 年 5 月 20 日高中外务工配黎虾妹生于 1960 年 12 月 17 日高中外务工生二子：里源、凯彬。

二十一世：里源生于 1986 年 5 月 8 日初中外务工配莫颜清生于 1991 年 9 月 2 日初中外务工生一女：雅琳生于 2012 年 1 月 27 日儿童。

二十世：凯彬生于 1991 年 6 月 16 日初中外务工。

二十世：戚业生于 1959 年 5 月 22 日小学务农。

二十世：戚觉生于 1968 年 10 月 4 日初中配杨小燕生于 1968 年 4 月 9 日初中生一子二女。长女：翠春生于 1994 年 8 月 25 日初中务工。次女：翠茹生于 1996 年 11 月 1 日初中在读。子：伟明。

二十一世：伟明生于 1999 年 6 月 11 日，读书。

十九世：振和生于 1941 年 5 月 22 日初中配陈燕芳生二子：康善、康贯。

二十世：康喜生于 1973 年 2 月 23 日初中外务工配王芳艳 1976 年 8 月 15 日，高中外务工生一子：豪林。

二十一世：豪林生于 2000 年 12 月 10 日，读书。

二十世：康贯生于 1984 年 4 月 26 日初中外务工配张妍生于 1986 年 2 月 20 日本科在外务工生一子：瑞泽。

二十一世：瑞泽生于 2010 年 4 月 9 日，儿童。

广爱次子朝献公分支允琏公派下学高房源流谱

十三世：允琏妣黄氏生五子：学高、学修（另续）、学秋（另续）、学汉（另续）。

十四世：学高妣陈氏生一子：爵昌。

十五世：爵昌妣凌氏生三子：均旺（另续）、均相（另续）、均宁。

十六世：均宁妣陈氏生二子：文雄●、文祯。

十七世：文祯妣麦氏生三子：世源、世章（另续）、日太●。

十八世：世源妣陈氏生三子：汝焕（另续）、汝栋、汝琚●。

十九世：汝栋妣陈何二氏生三子：振华、振德、振炳。

二十世：振华生于1928年9月2日配温氏生三子：水清、戚标、戚泉。

二十一世：水清生于1954年1月15日初中配陈宜生于1953年5月17日生二子：
华墩、广庆。

二十二世：华墩生于1991年1月23日初中外务工。

二十二世：广庆生于1993年7月25日高中外务工。

二十一世：戚标生于1956年11月27日初中配刘三妹生于1963年3月19日，生二子：
观秀、锦深。

二十二世：观秀生于1986年6月18日初中外务工；锦深生于2001年6月1日读书。

二十一世：戚泉生于1965年1月3日初中配陈淑珍生于1965年5月10日，初中，
生一子：伟超。

二十二世：伟超生于2002年12月24日，读书。

二十一世：振德妣陈氏生五子：石新、水养、戚佑、戚伙、石益。

二十一世：石新生于1953年8月16日初中外务工配吴建清生于1957年2月3日
生一子：国柱。

二十二世：国柱生于1979年6月18日（大学本科工程师）配黄欣婷生于1980年7
月3日学历高中生一子一女。女：涯玥生于2012年5月5日儿童。子：梓睿。

二十三世：梓睿生于2005年1月17日，读书。

二十一世：水养生于1956年4月9日初中配韩妹生于1958年10月1日初中，生四子：

梦活、锦灿、李广、景务。

二十二世：梦活生于1980年10月22日初中在外务工。

二十二世：锦灿生于1983年11月13日初中配宋水平生于1981年1月8日，初中生一子：景龙。

二十三世：景龙生于2002年9月30日。

二十二世：李广生于1985年7月13日初中配许燕琼1990年6月30日，初中生一子：嘉俊。

二十三世：嘉俊生于2010年9月28日，儿童。

二十二世：景务生于1993年9月5日，初中外务工。

二十一世：戚佑生于1962年11月22日学历高中配张琴生于1963年4月1日生二子一女。女：舒婷生于1997年3月21日（高中在读）。子：梦应、锦春。

二十二世：梦应生于1981年10月5日初中配谭凤英生于1981年3月28日，生一子一女。女：茹韵生于2009年9月1日。子：镇钊。

二十三世：镇利生于2003年1月5日，读书。

二十二世：锦春生于1984年11月2日，学历大学本科务工。

二十一世：戚伙生于1964年7月1日初中本杨秀彩生于1972年3月21日初中生一女：艺诗生于1998年7月10日，读书。

二十一世：石益生于1972年10月8日学历高中外务工配何雪潘生于1974年3月7日初中外务工生一子一女。女：文茹生于2004年12月30日读书。子：国浩。

二十二世：国浩生于2002年1月9日，读书。

二十世：振炳生于1936年11月23日（在学本科军官学校教育科长），配伍敏娟生于1947年1月30日生一子：戚甫。

二十一世：戚甫生于1972年10月26日（大学本科经理）配陈娣生于1980年12月27日生二子：文涛、文俊。

二十二世：文涛生于2004年10月13日读书；文俊生于2006年8月27日，儿童。

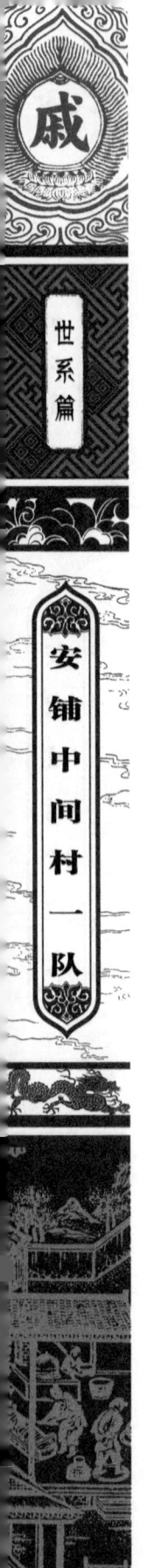

广爱次子朝献公分支允政公派下学勉房源流谱

十三世：允政妣陈氏生三子：学勉妣陈氏生三子：学勉、学章（另续）学相（另续）。

十四世：学勉妣黄氏生三子：爵光、爵明（另续）、爵位（另续）。

十五世：爵光妣何氏生三子：均清（另续）、均明（另续）、均正。

十六世：均正妣陈氏生一子：文富。

十七世：文富配陈氏养一子：世华。

十八世：世华配谢氏生一子：有招。

十九世：有招配钟氏生七子：兆德、振伟、振祥、戚恩●、戚炳●、南丰●、戚政。

二十世：兆德生于1916年10月5日务农妣李秀凤横山镇木栏村人生于1921年10月5日务农生四子一女，女：银妹生于1952年适均龙村子：戚来●、南富（外养）、广进、广球。

二十一世：广进生于1948年10月23日初中外出生意配苏团营仔龙交树村人生于1962年11月27日，学历初中生一子一女，女：戚莲娣生于1996年月17日，学历初中。子：旨威。

二十二世：旨威生于1999年6月10日，学历初中。

二十一世：广球生于1959年12月16日学历高中外出打工配何初河提村人生于1966年2月1日，学历初中务农生二子：景宇、华川。

二十二世：景宇生于1990年2月1日学历大学，在外工作。

二十二世：华川生于1992年10月3日，大学读书。

二十世：振伟生于1919年10月16日，务农（故）配陈秀珍营仔镇吉仔树村人生于1931年11月23日务农生四子二女。长女：戚明生于1955年3月8日适于横山镇木栏村；二女：戚梅英生于1964年10月21日，适于安铺圩北区。子：戚润、戚廷、戚贵、戚国。

二十一世：戚润生于1949年10月22日学历初中务农配黄妹营仔镇兔仔围村人生于1953年11月24日学历小学务农生二子一女。女：戚春燕生于1981年10月24日学历初中适于安铺镇新区。子：李广、水东。

二十二世：李广生于1978年11月29日学历初中外出务工配谭海娟介砲人生于1985年12月29日学历高中生一子一女。女：戚晓梦生于2007年9月16日读小学。子：康泽。

二十三世：戚康泽生于2012年12月18日儿童。

二十二世：水东生于1984年6月22日学历大学外省工作配徐英浙江人，生于1985年10月29日学历大学，务工。

二十一世：戚廷生于1952年7月17日学历高中小生意配陈荣介砲风树村人生于1952年9月11日学历初中务农生二子一女。女：戚水桃生于1984年12月19日学历高中适于坡贞塘村。子：木信、进声。

二十二世：木信生于1982年7月13日初中务工配裴河梅广西人生于1986年8月28日初中务工生一女：梓颖生于2013年9月29日，儿童。

二十二世：进升生于1988年9月14日学历中专出外打工配洪思桃石磉镇人生于1990年5月学历大学务工，生一子一女：女：戚静茹；子：志诚。

二十三世：志诚生于2015年7月12日。

二十一世：戚贵生于1958年10月8日学历高中修理工配曹素芳车板镇坡圹村人生于1958年5月7日学历初中水保站工作退休生一子四女。长女：戚华源生于1985年10月18日中专学历适于安铺圩。二女：戚华娣生于1987年6月21日学历初中适于珠盘海头湾村。三女：戚丽杰生于1988年10月5日学历大专适于深圳市。四女：戚观妹生于1993年2月15日学历大专。子：华柱。

二十二世：华柱生于2008年12月21日学历小学。

二十一世：戚国生于1962年10月14日学历高中外出做生意配曹彩凤生于1968年7月16日车板镇石基头村人学历初中出外做生意，生二子三女。长女：戚景云生于1988年12月14日学历大专适于珠海市区。二女：戚思敏生于1989年6月24日学历大专（外养）三女：戚婵婵生于1990年11月7日学历大学。子：康栋、家毫。

二十二世：康栋生于1993年5月16日学历高中务工。

二十二世：家毫生于1999年11月20日学历初中读书。

二十世：振祥生于1922年8月26日务农配李秀全横山圩人生于1926年10月3日

务农生三子一女。女：戚定生于1958年9月17日适于横山镇新区。子：戚松、戚庆、健强。

二十一世：戚松生于1960年9月13日学历初中务农配黎莲深沟东村人生于1969年5月14日学历初中务农生一子：康健。

二十二世：康健生于1997年1月1日，学历高中。

二十一世：戚庆生于1966年6月15日学历初中务工配莫美西坡人生于1968年7月18日学历初中务农生二子一女。女：戚华喜生于1996年1月11日，学历初中务工。子：光马、李术。

二十二世：光马生于1990年1月23日学历高中务工。

二十二世：李术生于1991年10月16日学历中专务工。

二十一世：健强（外养）生于1969年8月15日学历大学，湛江医院工作。

二十世：戚政生于1936年学历高中务农。

六世祖子美公长子文钦公至十三世源流图表

六世	七世	八世	九世	十世	十一世	十二世	十三世

```
子美 ──┬── 文钦 ──┬── 源深 ──┬── 廷佐 ────── 以忠 ──┬── 维平
       │          │         │   （未详）          ├── 维汉
       │          │         │                     ├── 维珍
       │          │         │                     └── 维纪 ── 启梁
       │          │         │
       │          │         │                  ┌── 以考 ──
       │          │         │                  ├── 以简●
       │          │         ├── 宗候 ──────────┤── 以环（未详）        ┌── 启君
       │          │         │                  ├── 以德 ── 维京 ──────┤── 启亲
       │          │         │                  ├── 以符（未详）        └── 启师
       │          │         │                  └── 以节●
       │          │         │
       │          │         │                  ┌── 以仁（未详）
       │          │         ├── 宗佰 ──────────┤── 以义（未详）
       │          │         │                  │                ┌── 维伦     ┌── 启瑞
       │          │         │                  └── 以礼 ────────┼── 维周 ────┼── 启棠
       │          │         │                                   └── 维帮     └── 启秀
       │          │         │
       │          │         │                  ┌── 以和（未详）                ┌── 启威
       │          │         └── 宗环 ──────────┤── 以顺 ── 维美 ──────────────┼── 启鹏
       │          │                            └── 以乐（未详）                ├── 启鸿
       │          │                                                            └── 启仙
       │          │
       │          └── 源理
       │             （未详）
       │
       └── 玉钦
          （未详）
```

六世祖子美公长子文钦公至十三世祖世系源流谱

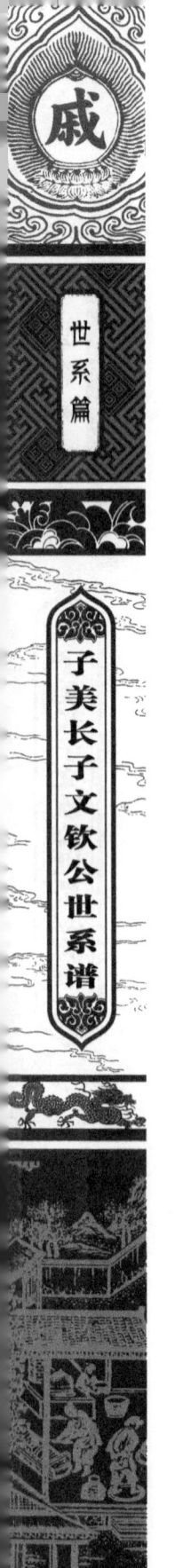

六世：子美公妣周氏，明朝初期同六世祖五兄弟，自新会陈埔村移居高州府石城县十三都安铺欧家落业，生二子：一正（文钦）、一弘（玉钦）后裔未详待考研。

七世：文钦（号戚钦一郎）卒后葬陆川古城车头村沙岭坐北向南，妣陈氏卒后葬于牛头壳岭，约嘉靖二十三年1544年全家自安铺欧家迁广西陆川古城车头村落业。车头村南面临九洲江水，北背靠大山，龙脉之上，傲居九洲江畔，藏风纳水，吸天地自然之精华，人杰地灵，人才辈出，族人历来重文尚武，先后出翰林二人，进士二人，当今我族也成就了大批人才。生二子：源深、源理。

八世：源深（职名戚传一郎）妣简氏卒后葬双龙山坐北向南，生二子：廷佐、廷佑。

八世：源理后裔未详待考研。

九世：廷佑妣李、林二氏，卒后与李氏合葬白坟窗，坐北向南，林氏葬于圆山翰林地坐北向南。生三子：宗候、宗佰、宗环。

十世：宗候（号谥醇儒明贡生）妣赵氏卒后葬双龙山以石灰坟为记，生七子：以忠、以孝、以简●、以怀、以德、以符、以节●。

十一世：以简、以孝、以符、以节、以怀五兄弟后裔未详待考研。

十一世：以忠妣黄氏生四子：维平（另续）、维汉（另续）、维珍（另续）、维纪。

十二世：维纪妣廖氏生一子：启梁。

十三世：启梁妣黄氏生一子：威龙。

十一世：以德妣叶氏卒后葬大化岭生一子：维经。

十二世：维京妣黄氏卒后葬石台岭生三子：启君、启亲、启师。

十三世：启君妣涂氏卒后同葬北流市六麻南山田鸭母塘岭坐北向南以石灰砖为记，生一子：思成。

十三世：启亲妣伍氏生一子：思源。

十三世：启师妣黄氏生一子：思兴。

十世：宗佰生于约1570年妣陈氏生三子：以仁、以义、以礼。

十一世：以仁、以文另续。

十一世：以礼妣肖氏生年约为1600年生三子：维伦、维周、维邦。

十二世：维伦、维邦（另续）。

十二世：维周生于约1630年妣冯、李二氏生三子：启瑞、启棠、启秀。

十三世：启瑞、启堂另续。

十三世：启秀生于约1660年妣廖氏生一子：戚照。

十世：宗环妣袁、李二氏生三子：以和、以顺、以乐。

十一世：以和、以乐另续。

十一世：以顺妣梁、黄二氏卒后葬于鸡子峰，坐北向南，生一子：维美

十二世：维美卒后葬浪口岭生四子：启威、启鹏、启鸿、启仙。

十三世：启威、启鹏、启仙另续。

十三世：启鸿妣陈氏卒后分别葬浪口岭顶，牛膝拓坐北向南，生二子：戚琚、戚璠。

七世：一弘（玉钦）迁广西落业，子孙后裔未详待查。

子美长子文钦公分支启梁公派下戚龙房源流谱

十二世：维纪妣廖氏生一子：启梁。

十三世：启梁妣黄氏生一子：戚龙。

十四世：戚龙妣宋氏生一子：有传。

十五世：有传妣丘氏生四子：弘奎（另续）、弘杰（另续）、弘烈（另续）、弘彪。

十六世：弘彪生一子：金武。

十七世：金武妣杨氏生二子：永昌、永安（另续）。

十八世：永昌妣叶氏生七子：和起二、（三、四、五●，和梁、和善等另续）。

十九世：和起妣罗氏生二子：长子●、赵忠。

二十世：赵忠妣丘氏生一子：天茂。

二十一世：天茂配李氏生三子：家福、家才、家龙。

二十二世：家福配伍氏生五子：佳权、佳明、佳昌、佳兴、佳富。一九五八年因广东修筑鹤地水库搬迁本镇清耳嶂下坪，后来由于人多地少由政府安排迁居广西贵港市桂平石龙镇新村落业。

二十三世：佳权配贾氏生五子：爱光●、交●、爱春、爱国、爱杭。

二十四世：爱国生于1948年元月配李春英生于1946年10月，生三子：应光、应毓、应昌。

二十五世：应光生于1966年11月配刘惠萍生于1969年生一子一女，女：婷婷生于1993年3月，适贵港；子：寿志。

二十六世：寿志生于2000年11月，读初中。

二十五世：应毓生于1973年12月配蒋爱芬生于1973年10月生二子：寿坤、寿鹏。

二十六世：寿坤生于1997年10月；寿鹏生于2001年9月。

二十五世：应昌生于1983年8月配周意芬生于1983年，生二女：长女莉莉生于2008年5月，次女慧玲生于2012年5月。

二十四世：爱春配冯氏生六子：应金、应杰、应德、应何、应起、应富。

二十五世：应金大学毕业在安徽工作，现任工程师，配叶氏生一女：戚玮生于1992年2月17日，落户安徽。

二十五世：应杰配黄氏生一子一女，女：秀秀嫁江西，子：寿源。

二十六世：寿源配黄氏生一女：玲玲生于 2012 年。

二十五世：应德配陆氏生三女一子，女：雅丽生于 2001 年 4 月 16 日；莹莹生于 2002 年 5 月 27 日；寿蓉生于 2004 年 5 月 10 日；子：寿安。

二十六世：寿安生于 2005 年 5 月 12 日。

二十五世：应何配李氏生一子一女，女：雅芝生于 2006 年 6 月 17 日；子：寿强。

二十六世：寿强生于 2008 年 7 月 14 日。

二十五世：应起生于 1979 年，待娶；应富生于 1988 年，待娶。

二十四世：爱杭妣钟氏生四子：应勇、应龙、应伟、应周。

二十五世：应勇生于 1974 年 3 月配黄氏生一子一女，女：欣欣生于 1998 年 8 月；子：寿基。

二十六世：寿基生于 2000 年 10 月。

二十五世：应龙生于 1976 年 1 月配覃氏生二子：寿琦、寿添。

二十六世：寿琦生于 2001 年 3 月；寿添生于 2002 年 5 月。

二十五世：应伟生于 1977 年 3 月，配陈氏生一子一女，女：珊珊生于 2004 年 5 月；子：寿威。

二十六世：寿威生于 2002 年 10 月。

二十五世：应周生于 1979 年 8 月。

二十三世：佳明配谢氏生三子：爱玉、爱礼、爱林。

二十四世：爱玉生于 1955 年 1 月配钟莲英生于 1954 年 2 月生二子：应奎、应文。

二十五世：应奎生于 1972 年，军校毕业曾在部队任营级干部，现复员在柳州工作，配吴敏生于 1975 年 5 月，生一子：戚瀚。

二十六世：戚瀚生于 2004 年元月，在柳州读书。

二十五世：应文配杨氏生二子：寿钦、寿钊。

二十六世：寿钦生于 2002 年 5 月；寿钊生于 2003 年 11 月。

二十四世：爱礼生于 1957 年 9 月妣杨庆珍生于 1955 年 1 月生三子：应忠、应全、应良。

二十五世：应忠生于1981年7月配周氏生一子：寿展。

二十六世：寿展

二十五世：应全配黄氏生一女：昆琪生于2013年12月。

二十五世：应良（未娶）。

二十四世：爱林生于1965年6月，军校毕业，在部队曾任团级干部，在柳州民政局工作，妣龙氏生一子：戚巍。

二十五世：戚巍生于1995年9月，现就读于广西大学。

二十三世：佳昌妣刘氏生二子三女：女：长女仁贤、次女平英、三女燕青；子：爱新、爱琼。

二十四世：爱新妣罗氏生四子一女：女：应连生于1974年10月7日，适广东五华；子：应贵、应海、应能、应雄。

二十五世：应贵生于1970年1月配黄秋英生于1970年12月生一子一女：女：西雯生于1993年1月，读大学；子：秀铭。

二十六世：秀铭生于1995年8月，读于南宁。

二十五世：应海生于1970年9月，务农，配韦小荣生于1975年1月，打工，生一子一女：女：晴雯生于2007年12月；子：秀豪。

二十六世：秀豪生于1997年3月，就读贵港江南中学。

二十五世：应能生于1977年8月配黄氏生一子二女：女：寿云生于2006年10月，雅琳生于2008年2月；子：寿驿。

二十六世：寿驿。

二十五世：应雄生于1980年1月配莫氏，打工，生二女一子：女：长女碧华生于2003年7月，读书；次女雅婷生于2007年10月；子：浩然。

二十六世：浩然生于2011年7月。

二十四世：爱琼妣胡氏生三子二女：女：长女丽芳，次女丽平；子：献亮、应增、献源。

二十五世：献亮妣黎氏生三子：寿汛、家麒、家麟。

二十六世：寿汛、家麒、家麟。

二十五世：应增配晏氏生一子一女：女：雅欣，子：城瑞。

二十六世：城瑞。

二十五世：献源妣刘氏生一子：寿鸿。

二十六世：寿鸿。

二十三世：佳兴妣李氏生五子：爱才、爱泉、爱汉、爱海、爱信。

二十四世：爱才配冯氏生二子一女：女：寿康生于2001年12月；应保、应权。

二十五世：应保妣陆氏生二子：寿森、寿警。

二十六世：寿森生于1973年5月；寿警生于1995年7月。

二十四世：爱泉妣胡氏生二子一女：女：长女应柳、次女寿连；子：应军、应洪。

二十五世：应军妣覃氏生一子：寿彬。

二十五世：应洪配陆氏生二子：寿铧、寿旺。

二十四世：爱汉妣杨氏生二子：应业、应通。

二十四世：应业生于1981年3月；应通生于1989年。

二十四世：爱海配谢氏生一子：应福。

二十五世：应福妣梁氏生二子一女：女：林娣；子：寿雨、寿泽。

二十六世：寿雨、寿泽。

二十四世：爱信配何氏生一子一女：子：应成。

二十五世：应成妣江氏生三子：培源、培通、家源。

二十六世：培源、培通、家源。

二十三世：佳富妣黄氏生四子：爱明、爱怀、爱旺、爱有。

二十四世：爱明配李氏生二子：应武、应松。

二十五世：应武妣谭氏生一子二女：女：长女彩蓉生于2002年；次女晓桐生于2006年；子：寿龙。

二十六世：寿龙生于2009年。

二十五世：应松妣梁氏生一子一女：女：晓愉；子：寿成。

二十六世：寿成生于2005年。

二十四世：爱怀妣黄氏一四女一子。子：应团。

二十五世：应团。

二十四世：爱旺妣陆氏生一子一女。女：应静；子：应东。

二十五世：应东妣邢氏。

二十四世：爱有配黄氏生二子：应南、应聪。

二十五世：应南、应聪。

二十二世：家才妣邓氏生三子：佳光、佳奎、佳仁。

二十三世：佳光妣郭氏生二子：爱辉、爱德。

二十四世：爱辉配杨氏生二子：应林、应标。

二十五世：应林配黄氏生二子：寿任、寿杰。

二十六世：寿任生于 2010 年 3 月；寿杰生于 2014 年 7 月。

二十五世：应标配莫氏生一子二女：女淇淇；子：寿航。

二十六世：寿航生于 2012 年 1 月。

二十四世：爱德配龙氏生二女一子：女：小玲、应芸；子：应强。

二十五世：应强妣覃氏。

二十二世：家龙妣李氏生三子：佳荣、佳忠、均南。

二十三世：佳荣配张氏生三子：爱邦、爱球、爱祥。

二十四世：爱邦生于 1941 年 11 月 19 日，配黄氏生一子：应荣。

二十五世：应荣生于 1980 年 12 月配何氏生于 1981 年 1 月生二子一女：女：琳儿生于 2007 年 6 月；子：寿涛、寿宇。

二十六世：寿涛生于 2005 年 11 月；寿宇生于 2008 年 9 月。

二十四世：爱球生于 1947 年 8 月 17 日，妣钟玉珍生于 1951 年 10 月 5 日，生三子：应兵、应明、应波。

二十五世：应兵妣陆氏生二子：寿东、寿坚。

二十六世：寿东生于 2000 年 7 月 13 日；寿坚生于 2001 年 6 月 21 日。

二十五世：应明生于 1976 年 8 月 16 日，妣莫氏生于 1985 年 11 月 21 日，生一子：寿政。

二十六世：寿政生于 2011 年 4 月 16 日。

二十五世：应波生于 1981 年 5 月 14 日，妣白桂芬生于 1987 年 12 月 16 日，生一女一子。女：夏慰生于 2012 年 9 月 21 日；子：戚寿。

二十六世：戚寿生于 2015 年 4 月 17 日。

二十四世：爱祥妣黄氏生一子：应达。

二十五世：应达妣谢氏生二子：寿林、戚毅。

二十六世：寿林生于 2008 年 8 月 6 日；戚毅生于 2009 年 12 月 28 日。

二十三世：均南配氏，生一子一女：子：桂林。

二十四世：桂林配杨氏生三子二女：子：应辉、应坤、应纯。

二十五世：应辉配伍氏生一子一女：女：秀晶；子：秀锋。

二十五世：应坤配黄氏生一子一女：女：寿琼生于 2003 年 11 月；子：寿松。

二十六世：寿松生于 2005 年 4 月。

二十五世：应纯配陈氏生于 1983 年 12 月生一子一女：女：秀炎生于 2012 年 10 月；子：秀杰。

二十六世：秀杰生于 2010 年 2 月。

子美长子文钦公分支启师公派下思兴房源流谱

十二世：维京妣宋氏生三子：启君（另续）、启亲（另续）、启师。

十三世：启师妣黄氏生一子：思兴。

十四世：思兴妣涂氏生一子：周武。

十五世：周武妣张氏生一子：宗有。

十六世：宗有妣王氏生一子：祚维。

十七世：祚维妣宋氏生一子：永明。

十八世：永明妣李氏生一子：仕成。

十九世：仕成妣叶氏生一子：兆龙。

二十世：兆龙妣李氏生一子：裕鑫。

二十一世：裕鑫妣陈氏生四子：基林（另续）、基夫、基英、基春、基夫携带子孙于1970年迁居广西桂平石龙镇新村戚屋队。

二十二世：基夫配叶连英生四子：佳而、佳果、佳仟、佳万。

二十三世：佳而配李玉珍生三子：爱海、爱青、爱锻。

二十四世：爱海配陈燕生一子：应森，在玉林。

二十四世：爱青配龚美芬生一子：应态，在陆川。

二十四世：爱锻未婚。

二十三世：佳果配黄秋琼生三子：爱松（另续）、爱云、爱腾。

二十四世：爱云配沈云

二十四世：爱腾配张雪莲生二女一子：女：梦喧、梦丽；子：戚雷。

二十三世：佳仟生于1969年12月24日配陆氏生于1969年5月6日生一子一女：女：戚雪萍，毕业于梧州学院，子：爱贵。

二十四世：爱贵生于1989年8月27日配梁氏生于1989年8月24日生一子一女：女：戚纮菲生于2009年4月20日，子：创鑫。

二十五世：创鑫生于2013年1月12日。

二十三世：佳万生于1975年10月2日配吕氏生于1974年2月25日生一子一女：女：戚铭诗生于2004年1月14日，子：冠华。

二十四世：冠华生于2000年1月9日。

子美长子文钦公分支启秀公派下戚照房源流谱

十三世：启秀妣廖氏生二子：戚照、戚林（未详）。

十四世：戚照（保山）妣叶氏生二子：有良（另续）、有醇。

十五世：有醇妣氏不详生五子：宏沛（另续）、飘武（另续）、朝武（另续）、绍武（另续）、宏年。

十六世：宏年妣昌氏生四子：勋明（另续）、武荣（另续）、勋华、勋光（另续）。

十七世：勋华妣黄氏生一子：可应。

十八世：可应妣氏生二子：仕大●、仕朝。

十九世：仕朝妣氏生二子：权富、权周（另续）。

二十世：权富妣黄氏生二子：日均、裕龙。

二十一世：日均配邓氏生二子：春林、春权。

二十二世：春林配谢氏生三子：明标、明强、明波。

二十三世：明标配杨氏生一子一女。子：振文。

二十四世：振文配陆氏生一子一女。女：雨馨；子：桂航。

二十五世：桂航。

二十三世：明强配陆氏生二女一子。女：雪婷、雪清；子：政锋。

二十四世：政锋。

二十三世：明波配氏生一女：雪漫。

二十二世：春权（在陆川县龙珠水泥股份有限公司退休），职业会计，现居陆川城区，妣罗氏生三子：明东、明锋、明朗●。

二十三世：明东配氏生一女：新闻。

二十三世：明锋配陈氏生一子二女。女：育铭、陈营；子：振旺。

二十四世：振旺。

二十二世：1971年从广西陆种县古城镇搬迁至桂平石龙镇新村戚屋屯。

二十一世：裕妣龙氏生三子：基发、基强、基先。

二十二世：基发配钟氏生四子：佳庆、佳保（未详）、佳勇（未详）、佳欣（未详）。

二十三世：佳庆配氏生一子：绍怀。

二十四世：绍怀生于1955年6月，妣杨氏生四子一女：女海平；子：应华、应锋、应钊、应团。

二十五世：应华配陆氏生二女一子：长女彩怡、二女彩凤；子：寿鸿。

二十六世：寿鸿。

二十五世：应锋生于1981年7月，配杨氏生一女：彩霞。

二十五世：应钊配梁氏生一子：戚翼。

二十六世：戚翼生于2010年11月。

二十五世：应团生于1985年5月（待娶）。

二十二世：基强配刘付氏生三子：佳猛、佳武、佳勇。

二十三世：佳猛配陆氏生一子：爱标。

二十四世：爱标配严氏生一女：金娜。

二十三世：佳武配何氏生二子：爱兵、爱军。

二十四世：爱兵、爱军。

二十三世：佳勇配梁氏生一子一女：女思婷；子：爱华。

二十四世：爱华。

二十二世：基先配罗氏生三子二女：女琼芳、琼英；子：佳成、佳琼、佳旺。

二十三世：佳成配黄氏生二子一女，女玉君生于1995年11月。

子：高涛、高锋。

二十四世：高涛生于1999年9月；高锋生于2012年1月。

二十三世：佳琼生于1974年6月，配杨日向生于1978年10月，生二子：爱创、爱援。

二十四世：爱创生于1998年6月；爱援生于2006年6月。

二十三世：佳旺生于1980年2月，配李氏生一子：小弟。

二十四世：小弟生于2005年5月。

子美长子文钦公分支启鸿公派下戚璠房源流谱

十三世：启鸿妣陈氏生二子：戚珺（另续）、戚璠。

十四世：戚璠妣李氏（葬黎头嘴），生三子：骐祥（另续）、炳祥、驯祥（迁居钦州）。

十五世：炳祥（北豆车头村山塘排），妣叶、华氏（亚婆葬黎头嘴），生七子：绍统（另续）、绍绪、六月年幼●、绍纶（另续）、绍纪（另续）、绍绶、绍纬（另续）、号称"六大家"。

十六世：绍绪（葬砖坟、坐东向西），妣陈氏（葬山塘尾、坐北向南），生六子：显璇、显璣（另续）、显玉（另续）、显衡（另续）、五子●、显翰（另续）。

十七世：显璇（葬北豆村佛子冲，坐北向南），妣钟氏（葬佛子冲，坐南向北），生四子：子龙、十三岁幼年●、子辉（另续）、子秀（另续）。

十八世：子龙（葬圆山与翰林地附近，水口癸丁兼丑未，放顺水），妣叶氏（葬牛腿面，在婆子下角），生四子：国奎（另续）、国正、国礼（另续）、国胜（另续）。

十九世：国正（葬北豆学校背头排，坐西向东），妣宋氏（葬牛头壳，坐北向南），古城镇桥头村人，生四子一女：女：贤英；子：贤鑫（另续）、贤才（另续）、贤德、贤旺（另续）。

国家为解决广东省湛江、茂名地区和雷州半岛人饮、抗旱、防洪、发电和航运等民生工程，兴建综合利用的大型水库鹤地水库，库区跨越两广三县的陆川、博白、廉江、水库建成后将水位提高后把车头村旧居浸淹。公元1960年春，从宗亲国家号召进行移民，发扬戚家传统爱国主义精神，舍小家顾大家，迁居古城镇清耳村下坪。鹤地水库青年运河工程建成，效益显著，当年施工场面动人。党和国家领导人朱德、陈毅、董必武、邓小平、叶剑英、郭沫若等曾先后到现场视察，并留下许多宝贵的题词和诗篇。邓小平为"雷州青年运河"题写工程名称。全国人大副委员长郭沫若写有"三十万人齐努力，亿千方土起平川，移山造海千秋业，战地戡天亘古传"的诗句。库区淹没耕地8.07万亩，移民近6万人。前辈不惜牺牲自己巨大利益，百年老宅和肥沃的田地全浸在水中，为鹤地水库建设作出巨大贡献。

二十世：贤德（葬桂平石龙镇新村三连荔枝山东南面，座西向东），擅长木工、编织竹器等手艺精湛，妣黄俊英（博白县文地镇那卜村人，陈婆葬在阿公右侧相隔数米），生一女五子：女：福英，适桂平石龙镇东安街，配黄超明；子：贵昌、寿昌、焕昌、俊昌、运昌。

因吾戚氏人丁兴旺，樟下坪村田地甚少，于1970年春再次响应国家号召再次部分移民，祖公贤德公风范德高，率五子一女扬我戚家爱国主义精神舍小家顾大家，迁居广西桂平市石龙镇（原五七干校石排农场驻地）新村村戚屋屯，当年有胞史弟贤旺等（另续）未迁移，仍留在樟下坪居住。现居地属浔江小平原，北靠莲花山山脉，南眺西江，左前方青龙回旋，右方白虎盘踞，龙脉来得绵远，发福亦绵远……。与同迁居至此的陆川籍和桂平麻垌籍移民陈、黎、刘、吕、韦、农、杨、卢等姓成一独立行政村桂平市石龙镇新村。

二十一世：长子贵昌（原葬于桂平市石龙镇新村三连荔枝山，2013年10月迁葬于陆川县古城镇石台村牛督窝，座北向南，龙脉之上，气藏水聚，傲视九洲江来水绵绵，汲天地自然精华之风水宝地），其曾在陆川县农药厂工作，历任排水、车间主任等职，配刘付正方（陆川县古城镇人），生二子四女：女：茂琼、茂芬、茂丽、茂彩；子：茂林、茂营。

二十二世：茂林、学历大学本科，现在陆川县纪委、监察局工作，先后任纪检监察室副主任、县纠风办主任（正局级）、执法效能监督室主任等职。配赖少聪（崇川县清湖镇那若村人，在国有企业陆川县康联公司工作），生一子：建钧（又名永胜）。

二十三世：建钧（又名永胜），现就读于桂林理工大学，建筑工程系本科。

二十二世：茂营（孙排行五）原配梁惠芳，港北区庆丰镇大桥人，学历初中，在广东经商创业，现配昌漫，陆川乌石人，现在陆川林业局工作。生一女：露丹，现读陆川初级中学。

二十二世：茂琼（长孙女），学历初中，嫁陆川县良田镇石垌村昌冲坑谢千振，在陆川农药厂工作，生一子一女：女姗姗；子：金达。茂芬（三孙女），学历初中，嫁广州市白云区石井街梁远湛，在广州经商，生一子一女：女：洪榕（又名榕榕）；子：洪樾。茂丽（五孙女），学历初中，嫁广东省阳春市圭岗镇郑海荣，在广东某电子有限公司工作，生二女：舒丹、舒芹。茂彩（八孙女），学历大专，嫁玉林柿量度州区南江社区新民路陶鹤，自由职业，生一女一子：女：相宇；子：胤霖。

二十一世：寿昌生于1944年(葬于桂平石龙镇新村三连荔枝山，座西向东)，配陈金英(桂平市白沙镇白沙村人)，生三女三子：女：茂清、茂红、茂连；子：茂才、茂山、茂华。

二十二世：茂才，学历高中，配黎芬英（石龙镇石山村莫底人），在广东务工，生二女一子：大女：永薇，现就读于贵港民族高中；二女：永怡，尚未入学儿童；子：永耀。

二十三世：永耀，尚未入学儿童。

二十二世：茂山，学历小学，配许银朵（安徽省砀山县人），在广东务工，生一女一子：女：永霞，儿童；子：永豪。

二十三世：永豪，现就读于桂平市石龙镇新村村小学。

二十二世：茂华，学历小学，在广东务工，配陈永梅（桂平市石龙镇黄塘村人），生二女：长女文秀，儿童；次女林依，儿童。茂清，学历小学，嫁桂平市厚禄乡延寿村五队陈家权，生二子，在家务农；茂红，学历小学，嫁港北区庆丰镇上樟村丘伟初，生一子一女，在广东务工；茂连，学历小学，嫁庆丰镇夏里村李水军，生一子一女，在广东务工。

二十一世：焕昌配赵少桂（港北区大圩镇民乐村人），生一女四子：女：茂芳；子：茂生、茂兴、茂庆、茂军。

二十二世：茂生，学历小学，配蔡惠苹（广东省台山市水步镇人），生一子：永桂，在广东台山经营生猪、鱼牧等养殖业。

二十三世：永桂，现就读于广东省台山市水步镇中学。

二十二世：茂兴，学历初中，未婚，在广东务工。

二十二世：茂庆，学历小学，未婚，在广东务工。

二十二世：茂军，学历初中，配莫燕彩（桂平市厚禄乡厚禄下莫村人），在广东务工，生二子：永轩、永鸿。

二十三世：永轩，尚未入学儿童。

二十三世：永鸿，尚未入学儿童。

二十一世：俊昌，曾在广州军区415部队服役，配谢日英（桂平市石龙镇黄塘村人），

生三子二女：大女：茂凤，学历小学，嫁港北区庆丰镇上樟村谢树卫，在广东务工，生一子一女；二女：茂远，学历小学，学历小学，嫁宜州市庆远镇周国华，在广东经营餐饮业，生一子一女；子：茂金、茂付、茂全。

二十二世：茂金，初中文化，配胡丹梅（陆川县米场镇人），在广东务工，生一子三女：大女：永琳，现就读于贵港达开高中；二女：永诗，现就读于桂平市石龙镇新村小学；三女：怡婷，尚未入学儿童；子：宇航。

二十三世：宇航，尚未入学儿童。

二十二世：茂付，学历大学专科，在广东务工，配梁慧慧（桂平市寻旺镇人），生一子：宇恒。

二十三世：宇恒，尚未入学儿童。

二十二世：茂全，学历初中，未婚，在广东务工。

二十一世：运昌，曾在济南军区大原部队服役，配何洁珍（港北区庆丰镇河龙村河岸人），生二子一女：女：桂兰，适桂平市石龙群东村，配彭金俭；子：茂有、茂剑。

二十二世：茂有，学历初中，配谢玉荣，来宾市兴宾区南泗乡大宝村人，在广东务工，生一子一女：女：海燕，儿童；子：永祥。

二十三世：永祥，尚未入学儿童。

二十二世：茂剑，学历大学专科，未婚，在广东某公司工作。

十六世：绍绶妣罗氏生一子：显崇。

十七世：显崇公（合子程、三伯贤奎三人合葬在山圹尾（妣阮、叶二氏生三子：戚程（未详）、终于●、子悦。

十八世：子悦伍氏生四子：国富、国贵、国名、国杨。

十九世：国富妣伍氏生八子，迁往古城。

十九世：国贵妣罗氏（未详）。

十九世：国名妣黄氏生一女十子：子：贤何、贤均、贤径、贤福、贤林、贤惠等（国名于1970年携带子女迁往桂平石龙新村村戚屋屯）。

十九世：国杨于民国三十所润六月已故。

二十世：贤何妣黄氏生一子三女：子：奉昌。

二十一世：奉昌妣陈氏生三子一女：子：茂勇、茂胜、茂志。

二十二世：茂勇未续。

二十二世：茂胜配甘氏生一女一子：子：永程。

二十三世：永程。

二十二世：茂志未婚。

二十世：贤均配黄氏生六子二女：子：林昌、惠昌、玩昌、燕昌、伟昌（一子未详）。

二十一世：林昌妣氏、配杨氏生三子三女：子：茂泳、茂起、家观。

二十二世：茂泳配古氏生一女二子：永锋、永乐。

二十三世：永锋、永乐。

二十二世：茂起配黄氏生一女一子：子：永安。

二十三世：永安。

二十二世：家观未婚。

二十一世：惠昌配谢氏生二子：茂钦、茂坤。

二十二世：茂钦、茂坤。

二十一世：玩昌配黄氏生二子：茂周、茂良。

二十二世：茂州、茂良。

二十一世：燕昌配陆氏生二子：茂顺、茂宁。

二十二世：茂顺、茂宁。

二十一世：伟昌配何氏生一子二女：女：蓉蓉、蓉霞；子：茂云。

二十二世：茂云。

二十世：贤经配黄氏生六子三女：子：锦昌、均昌、兵昌、亦昌、辉昌、曾昌。

二十一世：锦昌配陈氏生三子一女：女：仕琼；子：茂雄、茂光、茂强。

二十二世：茂雄配张氏生一子二女：女：澎芳、浠浠；子：戚洋。

二十三世：戚洋。

二十二世：茂光未婚。

二十二世：茂强配覃氏生三女一子。女：梦琪、梦婷、梦雨；子：永杰。

二十三世：永杰。

二十一世：均昌配李氏生三子：茂东、茂西、茂南。

二十二世：茂东配叶氏生一子：永祺。

二十三世：永祺。

二十二世：茂西配庞氏生一子：永新。

二十三世：永新。

二十二世：茂南配江氏生一女。

二十一世：兵昌配吴氏生二女。

二十一世：亦昌生一女。

二十一世：辉昌配陈氏生二子一女：子：茂鑫、茂堂。

二十二世：茂鑫、茂堂。

二十一世：曾昌配张氏生二子：恒玮、峻玮。

二十二世：恒玮、峻玮。

二十世：贤福妣陈氏生三子二女：子：欢昌、全昌、付昌。

二十一世：欢昌未婚。

二十一世：全昌配潘氏生一女一子：子：茂祥。

二十二世：茂祥。

二十一世：付昌未婚。

二十世：贤林配钟氏生二子一女：子：标昌、炎昌。

二十一世：标昌配黄氏生一女一子：子：茂洋。

二十二世：茂洋。

二十一世：炎昌配梁氏生一子：茂姿；配何氏生一子：茂轩。

二十二世：茂姿、茂轩。

二十世：贤惠妣李氏生二子二女：子：念昌、恒昌。

二十一世：念昌配黄氏生一子一女：子：茂森。

二十二世：茂森。

二十一世：恒昌配陆氏生一子二女：子：斌斌。

二十二世：斌斌。

十八世：子贵妣刘氏生三子：国梅、国南、国义。

十九世：国梅妣刘付氏。

十九世：国南妣刘付、玉、叶氏。

十九世：国义妣钟、伍氏生一子：贤杰。

二十世：贤杰妣郭氏生四子：权昌、妙昌、纯昌、有昌。

二十一世：权昌妣陈氏生四子：茂辉、茂龙、茂源、茂安。

二十二世：茂辉妣黄氏生一子一女：女：永喜；子：永涛。

二十三世：永涛。

二十二世：茂龙妣蒋氏生二女一子：女：永翠、永乔；子：永康。

二十三世：永康。

二十二世：茂源妣陈氏生一女：永莹。

二十一世：妙昌妣黄吉芬生四女二子。女：燕琼、玉兰、秋兰、凤珍；子：茂锋、茂超。

二十二世：茂锋妣陆氏生一子一女：女：永静；子：永威。

二十三世：永威。

二十二世：茂超配莫氏生二子：永鸣、永卓。

二十三世：永鸣、永卓。

二十一世：纯昌配黄秀英生二子：茂聪、茂将。

二十二世：茂聪配氏生三女一子。女：永怡、永甜、戚姞；子：永煜。

二十三世：永煜。

二十二世：茂将。

二十一世：有昌配陈益红生二子：茂通、茂源。

二十二世：茂通配陆氏生二女：慧田生于2011年；慧嫦生于2013年。

二十二世：茂源配莫氏生一女：慧姗。

子美长子文钦公分支维经公派下启君房源流谱

十三世：启君（1608-1648）妣涂氏同葬于广西北流清安长田鸭母塘生一子：思成。

十四世：思成妣赵氏同葬于祠堂其岭砖坟为记生二子：有信、有义（迁沙坡）。

十五世：有信（1648-1737）妣张氏生二子：锡采、锡华。

十六世：锡采妣叶氏生二子：乾武、坤武（另续）。

十七世：乾武妣黄氏同葬于祠堂其岭砖坟为记生二子：可信、可上。

十八世：可信妣高氏同葬于园山金鸡晒翼砖坟为记生二子：和顺（另续）、和珍。

十九世：和珍葬于大坡屋场脚（坤武之曾孙兆云入继为嗣）。

二十世：兆云生于1844年葬于祠堂其妣江氏葬于石台园山生七子：佩鋆（另续）、佩二●、佩铣、佩鈖（另续）、佩铭（另续）、佩鏊、佩鑾。

二十一世：佩铣葬于龙颈坳妣刘付氏葬于牛形岭生二子：玉权、玉珍（不详）。

二十二世：玉权葬于赤竹山妣陈氏葬于唐子尾生三子二女：女：佳芳、住英；子：佳职、佳文、佳能（另续）。

二十三世：佳职葬于燕子脖梁妣伍佳英生三子一女：女：爱珍；子：爱忠、爱杰、爱光。

二十四世：爱忠配刘付桂芳生三子一女：女：世青；子：世金、世锋、世旺。

二十五世：世金配昌翠梅生二子一女：女：婷婷；子：永泉、永威。

二十六世：永泉、永威。

二十五世：世锋学历硕士研究生，高级工程师，广西桂川建筑集团有限公司董事长、总经理，配高美芳生一子一女：女：舒焯；子：常榆。

二十五世：世旺配韦庆园生一女：舒洽。

二十四世：爱杰配叶权英生五子一女：女：世美；子：世武、世猛、世发、世昌、世盛。

二十五世：世武配严梅生一子二女：长女军仪、次女军平；子：贵斌。

二十五世：世猛配谢春花生一女：卫威。

二十五世：世发配王玉梅生二子：贵滔、贵豪。

二十五世：世昌配陈德敏生一女：可心。

二十五世：世盛配郭蓝清生一子：贵阳。

二十三世：佳文妣陈志英生二子三女：女：爱英、爱连、爱琴；子：爱华、爱光。

二十四世：爱华配黎友琴生三子二女：女：世英、世珍；子：世年、世文、世勇。

二十五世：世年配陈雪珍生一子六女：女：美艳、美燕、美静、美凤、美瑜、美苗；子：顺威。

二十五世：世文配李永芳生一子一女：女：玲玲；子：聪聪。

二十五世：世勇配吴翠琴生一子一女：女：群彩；子：业彬。

二十四世：爱光（未婚）。

二十二世：玉珍公葬于牛形岭妣庞仕英葬于狐狸婆生三子一女。女：佳秀；子：佳经（另续）、佳义、佳辉（注：佳义佳辉住车头）。

二十三世：佳义配李德珍生三子二女。女：爱兰、爱玲；子：爱勇、爱富、爱强。

二十四世：爱勇配谢梅英生二子一女。女：应清；子：应权、应华。

二十五世：应权配陆燕红生三子一女。女：丽缘；子：振宇、振林、振兴。

二十五世：应华配江娇生一子：振轩。

二十四世：爱富配江爱春生二子二女。女：秋静、秋怡；子：应海、应和。

二十四世：爱强配陈广珍生二子一女。女：舒棋；子：应源、应凡。

二十三世：佳辉妣黄桂兰配梁秀艳生五子一女。女：爱娟；子：爱贤、爱伟、爱武、爱斌、爱东。

二十四世：爱贤配谢小萍生一子三女。女：露露、婷婷、思琴；子：应烽。

二十四世：爱伟配李远英生二子一女。女：舒怡；子：应钟、应杰。

二十四世：爱武配吕文芳生二子二女。女：帆茹、馨茹；子：应涛、应恒。

二十四世：爱斌配李平雪生三子：应豪、应基、应凯。

二十四世：爱东配刘旺玉生一女：琳琳。

二十一世：佩鎏葬于园山岭脚妣余氏（大片）和佩銮妣（小片）同葬于扶岭脚生一子：玉佳。

二十二世：玉佳妣黄友英同葬于捞竹窝生二子一女：女：佳芳；子：佳松、佳绍。

二十三世：佳松（1935-2004）曾任广西农垦国有红山农场副场长兼工会主席葬于玉林仙鹤园配陈秀英生三子三女：女：小理、泽辉、泽琴；子：爱奎、爱国、伟东。

二十四世：爱奎配陆继红生一子一女：女：锐华；子：锐刚。

二十五世：锐刚配候海英。

二十四世：爱国配杨林生一女：瑞雪。

二十四世：伟东配赖小琴、秦秋燕生一子一女：女：晨思；子：诗宇。

二十五世：诗宇配梁桂兰。

二十三世：佳绍配钟美玉生二子一女：女：泽英；子：泽文、泽武。

二十四世：泽文硕士研究生，广西国有博白旺茂总场场长，配伍玉琴生一子一女：女：婉琳；子：培森。

二十四世：泽武配吴海琴生二子一女：女：蔚洪；子：培榕、培林。

二十五世：培榕配王敏；培林。

二十一世：佩銮葬于祠堂坪妣刘付氏生一子：玉彰。

二十二世：玉彰字汉英，排行十六，生于清朝光绪三十三年（1907年）六月十六日戊时，卒于2005年12月27日享年100岁，妣陈仕芳生于1914年8月2日卒于2000年5月4日，同葬祠堂坪后山岭脚前，妣黄惠珍生于1912年卒于1933年12月17日葬于扶岭脚，1959年五月节广东鹤地水库蓄水淹没车头大部分村庄，玉彰公仕芳祖婆携带四子二女全家八口人和十二世祖维经公其它部分族裔两百多人搬迁到陆川古城镇古城新屋村落业，全村人口繁衍至今800多人，每逢重阳回车头祖村山岭拜山祭祖，生四子二女：女：云芳、云英；子：佳龙、佳虎、佳明、佳炎。

二十三世：佳龙生于1933年10月12日配陈玉先生于1935年5月5日生一子：劳光。

二十四世：劳光，古城中学任教，配黄亦娟学历大专，古城小学任教，生一子一女：女：海芸；子：戚健。

二十三世：佳虎生于1938年8月15日配黄原芳生于1941年11月16日生四子一女：女：萍萍；子：劳勇、劳武、劳伟、劳杰。

二十四世：劳勇配曾桂珍生二子一女：女：小芳；子：应杰、应发。

二十四世：劳武配陈凤林生二子三女：女：小雪、小梨、小扬；子：应宝、应东。

二十四世：劳伟配冯建芳生二子：应才、应源。

二十四世：劳杰配何群英生二子一女：女：小果；子：应邦、应锋。

二十三世：佳明生于1946年9月22日配何焕英生于1958年8月25日生三子二女：女：友英、友萍；子：劳泽、劳斌、劳周。

二十四世：劳泽配陈德凤生二子：应彪、应涛。

二十四世：劳斌配谢礼翠生一子四女：女：意梅、意兰、意平、意玲；子：戚富。

二十四世：劳周配蒙玉桂生二子：应濠、应鑫。

二十三世：佳炎生于1957年5月5日配吴玉英生于1963年7月17日生三子一女：女：琼花；子：劳奎、劳辉、劳军。

二十四世：劳奎学历本科助理工程师，广西水电勘察设计院，配叶雨平学历大专，广西优赚电子商务有限公司生一子一女：女：以萱；子：天宇。

二十四世：劳辉配黄影媚生一女：以熹。

二十四世：劳军配梁芬秋生二子一女：女：以晨；子：戚浩、戚楷。

二十五世：戚浩、戚楷。

十八世：可上葬于大嶂大石右其妣黄氏葬于塘尾生三子：四伯公（未详）、和成（另续）、和就。

十九世：和就葬于牛头那上妣丘氏葬于牛头那下妣罗氏葬于祠堂其首，黄氏同葬生三子：兆林、兆芳、兆廷（另续）。

二十世：兆林葬于园山茶子窝妣钟氏葬于大嶂巴掌地生三子：裕仁（另续）、裕义（另续）、裕宁。

二十一世：裕宁妣黄氏同葬于满坳生二子：基贤、基发（另续）。

二十二世：基贤葬于大窝中间崎妣李氏葬于龙劲坳生二子：佳森（另续）、佳金。

二十三世：佳金生二子三女：女：卫芳、金红、亦芳；子：爱强、爱炎。

二十四世：爱强学历大专，古城中心校副校长，生一子：海鑫。

二十四世：爱炎。

二十世：兆芳葬于牛颈板妣李氏葬于山塘尾老爷背生二子：裕安、裕贤。

二十一世：裕安与佳顺二公同葬于鸟榄木根妣钟氏葬于扶岭生二子：基福、基禄（另续）。

二十二世：基福与基禄公同葬于扶岭妣涂氏葬于车头石颈路口生三子：佳林●、佳正●、佳安。

二十三世：佳安配罗琼芳生二子五女：女：爱青、永琴、友玉、友琼、友平；子：爱泉、爱松。

二十四世：爱泉配李秀球生一子三女：女：彩仙、彩婷、彩玲；子：应威。

二十四世：爱松配农琴芬生一子：润晨。

二十一世：裕贤公妣李氏同葬牛形岭生二子：基庆（另续）、基兰。

二十二世：基兰公妣伍秀英生三子一女：女：梅英；子：阿狗大、佳钦、佳永。

二十三世：佳永配韦配云（注：住车头）生三子一女：女：春美；子：茂金、茂银、爱科。

二十四世：茂金配徐梦婷生一女：灵利。

二十四世：茂银配王小艳生二子：应虎、应鎧。

子美公长子文钦公分支维经公派下启亲公房源流谱

十三世：启亲妣伍氏生一子：思源。

十四世：思源妣氏生二子：有鸿、有禄。

十五世：有鸿生二子：锡侯、锡柱。

十六世：锡柱生一子：全武。

十七世：全武生二子：永风（另续）、永通。

十八世：永通无生养，永风公次子仕兴入继为嗣。

十九世：仕兴妣叶氏生四子：德南、德文（另续）、德钦（另续）、德传（另续）。

二十世：德南葬于车头白坟岭顶妣郭氏葬于新屋背扶岭，德南公无生养，德传公之长子裕权入继为嗣；子：裕权。

二十一世：裕权葬于车头榕木岭半排妣刘付青葬于新屋鸭麻塘，生三子三女。女：杰英、玉青、玉燕；子：玉球、玉堂、玉昌。

二十二世：玉球葬于平定马力塘子面对面，配叶凤英生五子一女。女：明珍；子：佳东、佳茂、佳凡、佳恒、佳川。

二十三世：佳东配吴谷英生三子一女。女：友芬；子：华贤、华平、华武（未婚）。

二十四世：华贤配林丽静生二子二女。女：秋霞、秋凤；子：林斌、林康。

二十四世：华平配吴玉梅生二子一女。女：依婷；子：林剑、林俊。

十五世：有禄妣氏生一子：锡永。

十六世：锡永妣氏生二子：以武、良武。

十七世：以武妣氏生二子：永一、永二。

十八世：永一葬于车头牛刑岭樟木湾妣葬于车头蝴蝶唇生二子：仕云、仕二。

十九世：仕云葬于车头满坳妣葬于车头鸡子嶂鸠胸生二子：德雄（另续）、德隆。

二十世：德隆葬于车头祠堂其妣刘付氏葬于车头鸡子嶂顶生三子：裕益、裕源（另续）、裕兰（另续）。

二十一世：裕益葬于新屋村背扶冲妣钟李二氏同葬于车头鸡子嶂斑鸠胸右边妣邱氏葬于车头祠堂其生一子：基荣。

二十二世：基荣葬于新屋队上油勺配陈齐明生二子：明强、辉强（另续）。

二十三世：明强配梁玉梅生一子：建林。

二十一世：裕兰葬于新屋大窝口右边妣刘付英葬于车头山塘排窝尾生二子：基能、基权。

二十二世：基能桂林电表厂退休，葬于桂林市塘家村配叶桂林生三子：海强、河强、波强。

二十三世：海强配邓昌兰，在外务工。

二十三世：河强配颜毓红，在外务工。

二十三世：波强配俸翼生一子：梓俊。

二十二世：基权配刘付彩芳生二子五女：女：雪梅、雪丽、雪云、雪清、雪白；子：万强、家强。

二十三世：万强配叶玩青生二子一女：女：园园；子：戚斌、泰峰。

二十三世：家强配伍绍娜生一女：文博。

十八世：永二葬于车头形岭樟木湾妣葬于车头坡蝴蝶唇，生二子：仕云、仕二。

十九世：仕云生一子：德就。

二十世：德就公葬于石台左边铜锣肚，妣黄连芳葬于石台右边山岗上，生二子一女。女：秀兰；子：裕清、裕新。

二十一世：裕清妣李德珍合葬于新屋村油勺山岭生一子：基汉。

二十二世：基汉配刘付仕珍生三子四女。女：美琴、燕琴、敏琴、云琴；子：东强、良强、杰强。

二十三世：东强配吴翠兰生一子二女。女：丁月、丁丹；子：倍源。

二十三世：良强配张月梅生一子二女。女：媛媛、雅琪；子：华宇。

二十三世：杰强，博士学历，广西科技大学讲师，配韦冬梅生一女：悦熙。

二十一世：裕新葬于新屋村油勺山岭，妣刘付芳葬于新屋村黄榄木根对面岭岭脚，生四子二女。女：启英、启珍；子：基旺、基永、基欢、基敏。

二十二世：基旺配宋友珍、江小珍生四子三女。女：彩玉、彩霞、润民；子：胜强、宗强、岸强、润君。

二十三世：胜强配罗玉燕生三子：健鑫、健志、健安。

二十三世：宗强配颜雪霞生一子二女。女：书婷、雅婷；子：子浩。

二十三世：岸强配庞琼凤生一子：健有。

二十二世：基永，大专学历，陆川县交通局副局级干部，配简桂芬生二子一女。女：春

娴；子：戚夏、秋平。

二十三世：戚夏配张春燕。

二十二世：基欢配陈忠连生一子一女。女：润萌；子：润宏。

二十二世：基敏配昌黄凤生二女：舒瑜、舒艺。

十八世：永？葬于车头大窝口山妣梁氏葬于石台岭生一子：仕林。

十九世：仕林葬于车头枫木嘴妣葬于车头龙颈坳生一子：德林。

二十世：德林葬于马田抽筋塘岭妣江氏葬于车头祠堂其，生四子：裕华、裕龙、裕南、裕良。

二十一世：裕华葬于鸡子嶂斑鸠胸妣王氏葬于车头白坟脚下生四子一女：云珍；子：基森、基仁（另续）、基廉（另续）、基恩。

二十二世：基恩1966年陆川县高中毕业，2006年古城中学退休，古城中学退休配王汉芬生三子一女：女：戚萌；子：振强、振华、戚诚。

二十三世：振强博士毕业于北京交通大学管理系，现北京建筑大学副教授，住北京海淀区配张翠玲本科毕业于北京师范大学中文系生一女：诗筠。

二十三世：振华本科毕业于天津商业大学，现广州工作。

二十三世：戚诚本科毕业于梧州师范学院，现在贺州市方林中学副校长配刘晨毕业于梧州师范学院，现在方林中学教师，生一女：静远。

二十一世：裕龙葬于车头枫木嘴妣刘付珍葬于榕木塘。

二十一世：裕南死于南宁抗战时日本飞机轰炸。

二十一世：裕良葬于车头牛头岭妣赖氏同葬。

十七世：良武葬于满坳妣葬于老屋场山顶生一子：永和。

十八世：永和与妣同葬于车头扑鸠胸半山腰生一子：仕成。

十九世：仕成葬于狮牛岭牛炎排半山腰妣葬于鸡子嶂顶生二子：二伯公●葬于赤竹山窝底、德全。

二十世：德全葬于车头燕子脖梁赤竹山妣江氏葬于车头大窝生一子：裕廷。

二十一世：裕廷葬于新屋村对面岭妣李桂芳葬于庙背角园岭生三子二女：女：基芳、基英；子：基金●、基寿、基辉。

二十二世：基寿生于1938年10月15日，清湖镇粮所副所长（退休）配叶仕英生于1944年2月18日生五子一女：女：燕玲；子：文强、保强、超强、军强、

兴强。

二十三世：文强生于1964年4月7日，陆川县红山农场保卫部副部长配王巧瑞生于1965年8月25日生二子二女：长女舒丹，次女舒薇；子：耀权、志权。

二十四世：耀权，本科江西宜春学院计算机专业，配张芳蓉，生二女：涵雅、芯栎。

二十四世：志权，广西大学在读研究生。

二十三世：保强生于1968年1月25日，陆川五星总场保卫部副部长，配李玉琼、庞春岸生三子三女：女：舒娜、舒婷、静怡；子：正权、镇权、思杰。

二十四世：正权，广西大学就读。

二十三世：超强，研究生，玉林国税局副主任科员，配江帆生一子。子：家荣。

二十三世：军强，专科，公安部管理干部学院毕业配陈丽艳，生一子。子：靖淳。

二十三世：兴强，本科广西大学毕业，配颜彩霞生二子：戚凯、戚彦。二十二世：基辉生于1940年9月10日葬于新屋村油勺配李玉英生于1946年9月5日，生五子二女：女：露静、露娜；子：武强、智强、伟强、永强●、育强。

二十三世：武强生于1964年10月26日配谢友英生于1967年12月6日生二子：楚威、楚坤。

二十四世：楚威生于2000年10月25日。

二十四世：楚坤生于2004年12月9日。

二十三世：智强生三子：楚锋、楚迪、楚滨。

二十四世：楚锋生于1995年闰8月25日；楚迪生于1998年2月17日；楚滨。

二十三世：伟强生于1970年2月17日配温慧敏生于1971年生一子一女：女：文莉生于2005年4月23日；子：楚华。

二十四世：楚华生于1997年6月6日。

二十三世：永强生于1972年，9岁已折。

二十三世：育强生于1975年11月11日配刘付琼玉生于1977年8月，生一女：文怡生于2003年1月23日。

子美长子文钦公分支维经公派下启师公房源流谱

十三世：启师葬于牛形岭妣黄氏生一子：思兴。

十四世：思兴葬于白石廖屋场妣涂氏生一子：周武。

十五世：周武，进士，葬于白石廖屋场鹅地妣张氏生三子：有宗、有昌、双承。

十六世：有宗葬于牛形岭妣叶氏生一子：祚维。

十七世：祚维公葬于二节龙项下妣宋氏生一子：永明。

十八世：永明公葬于山塘尾节竹山妣李氏生二子：仕成（另续）、仕云。

十九世：仕云葬于罗拨肚岭顶，生二子：兆荣、兆英。

二十世：兆荣葬于祠堂其生一子：裕杰。

二十一世：裕杰葬于鸡子嶂顶，杰公无生养，裕记之子基雄入继为嗣。

二十二世：基雄妣黄桂英生三子三女。女：兰娟、成英、秀青；子：佳刚（另续）、佳堂（另续）、佳昌。

二十三世：佳昌配谢志英生三子：新权、新华、新濠。

二十世：兆英公葬于祠堂其生一子：裕记。

二十一世：裕记葬于石台背簕竹排生四子：基光、基雄（出继）、基桂（另续）、基德（另续）。

二十二世：基光妣伍翠英生六子：佳来（另续）、佳强（另续）、佳玉（另续）、佳胜、佳廷、佳清。

二十三世：佳胜配刘付利英生二子一女。女：凤霞；子：新贵、新顺。

二十三世：佳廷配刘付青生二子二女。女：凤娴、凤云；子：新锦、新炎。

二十三世：佳清配王兰青生三子一女。女：凤思；子：新健、新海、新宇。

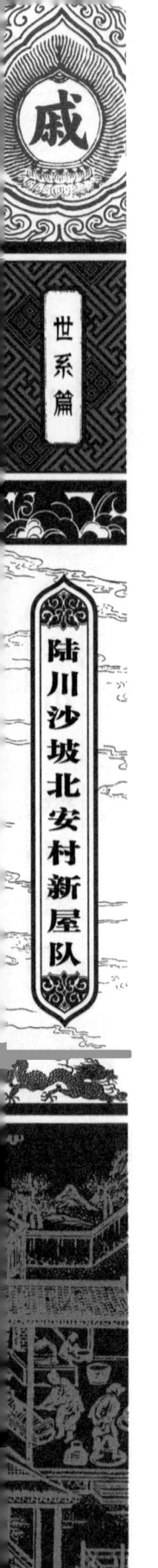

子美长子文钦公分支启君公派下思成房源流谱

十二世：维京妣黄氏葬石台生三子：启君、启亲（另续）、启师（另续）。

十三世：启君妣涂氏葬北流市六麻镇南山村长田鸭母塘坐北向南以石灰砖为记生一子：思成。

十四世：思成妣宋氏葬坐产村祠堂背以砖坟为记生二子：有信（后裔住古城镇新屋队）、有义（后裔住沙坡镇北安村更坡新屋队）。

十五世：有义妣黄妙清系大幡师主，职名戚金二郎，葬北流市南山村长田鸭塘启君公之墓后，生二子：锡芳、锡荣（另续）。

十六世：锡芳妣罗氏葬北流市六麻镇罗鸦塘天井太阳坪生三子：成武、戎武（另续）、我武（另续）。

十七世：成武字安帮谥文轩原命生于雍正辛卯年八月二十五日午时，在嘉庆癸年进甲子科恩举人戊辰进京己巳科会试钦赐翰林院检讨享寿八十六岁，老于嘉庆丙子二十一年十二月十四日酉时，妣叶氏原命生于雍正庚戌年十二月十八日酉巳时，老六十七岁在嘉庆乙卯年正月初二日戌时终世，全葬于北流市六麻镇南山村甲平山三埔队香坟岭顶探看三次吉生三子：可圣、（改可敬）（另续）、可长（另续）、可久。

十八世：可久妣姚氏，公系监生，讳可久，字用光，号辑庵，谥庄毅公，原命生于乾隆壬辰年八月十三日未时，六十三岁终，于甲午年八月初十日酉时去赴科，在于桂林省终世，姚氏原命生于乾隆辛卯年十一月二十二日酉时，寿六十七岁，于道光丁酉年四月初九日子时终世，可久葬在南山村长田鸭塘之圆墩，穴叫仰天螺，以石灰坟为记，立于壬丙兼亥巳分针吉度，姚氏葬在本队屋背坡，穴叫木星吐乳节上，以半砖草坟为记，立丙壬兼己亥分针吉度生四子四女，唯和中继传。

十九世：和中妣苏氏，公葬在独石寨六合大坡塘车路面右边河坑直上岭排，穴叫左单蹄，以石灰砖坟为记，立乙辛兼卯酉分针吉度，苏氏葬在南山峒傅屋左边去刘屋过河坑直上岭坪，穴叫仰天螺，以草坟为记，苏氏生一子：兆麟。

二十世：兆麟配姚氏，公葬在南清径荒塘坳大坡塘对面车路面过河坑直上岭咀第三个草坟为记，坐东向西，立卯西向，姚氏葬在本村石屋埔山根坡上岭咀处，穴叫竹篙晒网，以本村作局向梅山马鞍为案，以草坟为记，生九子二女：一宾（另续）、二宾（另续）、三宾（另续）、四宾（另续）、五宾（又叫礼蒲）（另续）、六宾●、七（迁宾）、八宾●、九宾（住贵港三里水仙村）。

二十一世：迁宾配冯氏，生一子后（十三伯幼之无传），在二宾公之子（信荣）过继来作迁宾之子，后又娶张氏生二子，迁宾公葬在南清杂岭穴叫飞翠打潭下河形头上穴，立艮坤兼寅申分针吉度，有朝水和弯抱以南清作局向往黄狗嶂草坟为记，冯氏葬在本村瓦窑窝处草坟为记，张氏葬在南山坡边队后背直入埔尽头上左边昌屋石灰坟后草坟为记，穴叫飞凤跳涧形，生二子一女：女：适仙山村山仄阮屋；子：信荣（另续）、赐荣、达荣（另续）。

二十二世：赐荣配卢氏，赐荣公生于光绪年间壬辰年七月初五日卯时，八十二岁终世于中华人民共和国一九七三年癸丑年七月二十五日，葬在本村山脉手指化顶象山形头心穴，立艮坤兼寅申分针吉度，卢氏生于光绪乙未年六月二十六日，八十五岁终世于中华人民共和国一九七九年未年九月，葬在本队岭白坟排，生一子三女：长女适北安村湾角队；次女北流六麻镇端寨村黄榄根队；幼女英华适陆川中兴陈屋；子：信华。

二十三世：信华配陈育珍，信华公生于中华民国十七年（公元一九二八年正月初八卯时，国民党高中毕业，解放后，当过十年老师，后考上医院，曾任陆川县卫生局卫协会秘书，在沙湖镇任院长，后在沙坡卫生院一直工作到退休，陈氏生于中华民国十七年八月初四子时，七十六岁终世于中华人民共和国二零零叁年癸未年，二〇一二年润四月初七丑时立碑葬在北流市六麻镇南山村药埔路口往左直入到六蓝径口蜈蚣崎岑咀半山腰以石碑大草坟植有柏枝为记，生八子一女，女：培英适陆川县北街牛圩坡何屋；子：华林●、二哥●、三哥●、柱源、军源、富源、七哥●、戚伟。

二十四世：柱源生于1956年3月9日，学历中专，医生，配莫红坚大圩村人，生于1958年4月7日，生三子一女：女：艳丽生于1985年4月27日适陆川县城；子：泓波、泓飞、浩波。

二十五世：泓波生于1981年8月29日，学历中专，牙科医生，配李婷秦镜村人生于1981年8月18日，生二子一女：女：春莹生于2004年1月2日，读小学；

子：天宇、海扬。

二十六世：天宇生于2001年12月15日，读初中。

二十六世：海扬生于2010年8月7日，儿童。

二十五世：泓飞生于1984年7月14日，学历中专，医生，配江增霞清湖石岭村人生于1984年1月1日，生一子一女：女：芊芊生于2008年11月9日，读小学；子：天泰。

二十六世：天泰生于2010年2月24日，儿童。

二十五世：浩波生于1989年2月1日，南宁理工大学毕业，工程师，配宁琳高庆村人，生于1989年8月6日，生二子：天乐、天耀。

二十六世：天乐生于2012年11月22日，儿童。

二十六世：天耀生于2014年11月24日，儿童。

二十四世：军源生于1958年9月9日，学历高中，配黄秀莲，南丹六寨播细村人，生于1960年3月23日，生一女：天凤生于1987年8月16日，适柳州市。

二十四世：富源生于1963年11月16日，学历中专，医生，配林振群，北流南山人生于1965年8月10日，生三子：文耀、培铬、泰铬。

二十五世：文耀生于1985年10月16日，学历中专卫校，配宁玉燕，白马村人，生于1986年8月8日，生一女：晓宁生于2009年9月20日，儿童。

二十五世：培铬生于1987年4月26日，学历初中，在外务工。

二十五世：泰铬生于1989年3月19日，学历初中，在外务工。

二十四世：戚伟，生于1970年2月17日，广西药科学院，现任陆川县沙坡镇药品监督协管站站长及沙坡镇药学分会会长，配姚梅英，仙山村人，生于1973年6月19日，玉林卫校毕业生二女二子，女：长女雪莉生于1994年3月13日，学历中专；次女雪瑜生于1995年7月4日，在读高中；子：敬亲、景森。

二十五世：敬亲生于1997年9月4日，在读高中。

二十五世：景森生于2000年1月21日，在读初中。

子美长子文钦公分支启君公派下思成房源流谱

十二世：维京妣黄氏生三子：启君、启亲（另续）、启师（另续）。

十三世：启君妣宋氏生二子：思成、思源（另续）。

十四世：思成妣赵氏生二子：有信（另续）、有义。

十五世：有义妣黄氏生二子：锡芳、锡荣（另续）。

十六世：锡芳妣罗氏生三子一女：子：成武（另续）、戎武、我武（另续）。

十七世：戎武妣刘氏生二子一女：子：可亲、可远。

十八世：可亲妣林氏生五子一女：子：和南（另续）、和北、和朝（另续）、和郎（另续）、和国（另续）。

十九世：和北妣张氏生八子二女：子：兆才、兆龙（另续）、兆康（另续）、兆威、兆华（另续）（四五六子不明）。

二十世：兆才妣庞氏生四子三女：子：茂宾、义宾、显宾、贤宾。

二十一世：茂宾配杨氏生四子一女：子：在明（另续）、在田、在亲、在文。

二十二世：在田配宁氏出生同治癸酉年2月7日生七子一女：子：定坤（另续）、培坤、清坤迁居来宾（另续）、烽坤（另续）、锦坤。

二十三世：培坤生于光绪乙未年6月11日，享年83岁，配田尚英生于宣统二年七月初六，享年93岁生二子二女：长女瑞清生于1936年，二女戚瑞芬生于1948年；子：国元、昇元。

二十四世：国元生于1930年配林凤英生于1936年生六子一女：女：戚振英生于1964年；子：振武、振华、坤南、振广、振海、振祥。

二十五世：振武生于1955年配韦秀江生于1959年生三子一女：女：戚玉凤生于1992年；子：汉明、玉龙（另续）、玉帝。

二十六世：汉明生于1983年，配陈日连生二女：长女戚婷生于2011年；二女戚慧如生于2012年。

二十六世：玉帝生于1988年配覃馨雨生于1988年生二子：李文、李锋。

二十七世：李文生于2007年；李锋生于2011年。

二十五世：振华生于1958年配姚一娟生于1964年生二子一女：女戚艳珍生于1991年；子：志森、志林。

二十六世：志森生于1986年；志林生于1987年。

二十五世：坤南生于1961年配宁卡生于1963年生一女二子：女戚玉霞生于1983年；子：贵存、贵雄。

二十六世：贵存生于1987年；贵雄生于1989年。

二十五世：振广生于1967年配刘松仙生于1968年，生一子三女：长女戚李梅生于1993年；二女李羚生于1996年；戚李生生于1998年；子：李桦。

二十六世：李桦生于1991年。

二十五世：振海生于1969年配林二生于1969年生二子一女：女戚秋燕生于1999年；子：观水、观彬。

二十六世：观水生于1989年；观彬生于1994年。

二十五世：振祥生于1971年配田丽生于1975年生一子二女：长女戚广坚生于1997年，二女戚佩佩生于1999年；子：军堡。

二十六世：军保生于1996年。

二十四世：昇元生于1941年配阮桂珍生于1943年生三子二女：长女戚振莲生于1964年；二女莲生于1970年；子：振文、振成、坤永。

二十五世：振文生于1967年配傅健芳生于1969年生二子一女：女戚秀萍生于1990年；子：观路、福祥。

二十六世：观路生于1998年；福祥生于1992年。

二十五世：振成生于1973年配丘氏生三子：玉观、观荣、观林。

二十六世：玉观生于1999年；观荣生于2000年；观林生于2003年。

二十五世：坤永生于1979年配林玉新生于1978年生二子：铠文、柯葆。

二十六世：铠文生于2005年；柯葆生于2008年。

二十三世：锦坤配龙氏生二女一子：子：日华。

二十四世：日华生于1951年配陈世梅生于1975年生一子一女：女戚水凤生于1998年；子：路生。

二十五世：路生生于2000年。

二十世：兆盛妣生四子：来宾、凤宾（另续）、美宾（另续）、锦宾（另续）。

二十一世：来宾配阮氏生二子三女：子：在盛、在发。

二十二世：在盛配林氏。

二十二世：在发配姚江二氏生一子二女：子：桂坤。

二十三世：桂坤生于1932年配莫志珍生于1983年生三子二女：长女戚寿清生于1967年，二女梅清；子：寿南、振南、广南。

二十四世：寿南生于1959年配蒙世珊生于1960年生二子一女：女戚玉珍生于1989年；子：广新、广勇。

二十五世：广新生于1987年；广勇生于1990年。

二十四世：振南生于1973年配氏生二子：广林、天保。

二十五世：广林生于1995年；天保生于1998年。

子美长子文钦公分支启君公派下思成房源流谱

十二世：维京妣黄氏卒后葬石合岭生三子：启君、启亲（另续）、启师（另续）。

十三世：启君妣涂氏，卒后同葬北流市六麻长田鸭塘，坐北向南，以石灰砖为记，生二子：思成、思源（另续）。

十四世：思成妣宋氏，卒后同葬坐户村祠堂背，以砖坟为记，生二子：有信（后裔迁古城新屋队）、有义（后裔迁沙坡北安村新屋队）。

十五世：有义妣黄妙清，系大幡师立，职名金二郎，卒后与黄氏同葬于北流市南山村长田鸭母塘，生二子：锡芳、锡荣（另续）。

十六世：锡芳妣罗氏卒后与罗氏同葬北流市六麻罗鸦塘天井大阳平生三子：成武、戎武（另续）、我武（另续）。

十七世：成武字安邦，妣叶氏生三子：可圣（另续）、可长（另续）、可久。

十八世：可久妣姚氏生三子四女：戚唯（另续）、和中、继传（另续）。

十九世：和中妣苏氏生一子：兆麟。

二十世：兆麟配姚氏生九子一女：一宾（另续）、二宾（另续）、三宾（另续）、四宾（另续）、五宾（另续）、六宾●、迁宾（另续）、八宾●、九宾（超宾）。

二十一世：超宾迁居贵五里镇峒心福旺村落业，配宋氏生三子：于玉、寿荣、三子（未详）。

二十二世：于玉生二女。

二十二世：寿荣又名亚正配黄氏生三子：长子（失传）、星南、星林。

二十三世：星南配林氏生三子：汉东、平生（另续）、汉华。

二十四世：汉东生于1939年2月配高惠莲生于1943年4月峒心高屋村人，生四子一女：女：伟仙适旺村；子：伟增、伟强、伟富、伟贵。

二十五世：伟增生于1967年7月配覃少兰生于1967年3月五里新燕人，生二子：永健、永康。

二十六世：永健生于1992年11月配覃翠生于1995年7月三里周塘村人。

二十六世：永康生于1994年10月。

二十五世：伟强生于1970年7月配田小结生于1972年水仙村人生一子二女：女：梦婷生于1996年10月，金欣生于1999年10月；子：永艺。

二十六世：永艺生于2001年7月。

二十五世：伟富生于1979年2月配覃巧梅龙田干田村人生于1977年12月生一子：永发。

二十六世：永发生于2005年12月。

二十五世：伟贵生于1981年7月配李凤娇生于1981年6月五里镇梳村人，生二子：永祥、永顺。

二十六世：永祥生于2009年3月；永顺生于2012年12月。

二十四世：汉华生于1947年12月配黎莲英生于1949年3月三里大周村人生五女一子：女：海英、海芳、海春、海芬、海球；子：伟锋。

二十五世：伟锋生于1975年7月配梁彩凤生于1975年元月三里罗村人，生三女一子：女：源源、静静、水蘭；子：永金。

二十六世：永金生于2007年9月。

二十三世：星林配叶爱英生于1934年5月生三子四女：女：水梅、燕英、丽英、美英；子：汉忠、汉辉、汉武●。

二十四世：汉忠生于1961年8月配黄桂珍生于1962年7月垌心横江村人，生二子二女：女：春春生于1986年12月，适桂平，冬冬生于1989年2月，学历大学；子：伟俊、伟杰。

二十五世：伟俊生于1984年9月；伟杰生于1985年11月。

二十四世：汉辉生于1966年10月配高桂娇生于1967年12月垌心高屋村人，生二子：伟华、伟明。

二十五世：伟华生于1995年8月；伟明生于1996年12月。

子美长子文钦公分支启秀公派下戚照房源流谱

十二世：继周妣李氏生三子：启瑞（另续）、启棠（另续）、启秀。

十三世：启秀妣廖氏生二子：戚照、戚林（未详）。

十四世：戚照（又名保山）妣叶氏生二子：有良（另续）、有醇。

十五世：有醇生于1690年，妣不详1720年生五子：宏沛、飘武（另续）、朝武（另续）、绍武（另续）、宏年（另续）。

十六世：宏沛生于1780年妣张氏生一子：勤武。

十七世：勤武妣黄氏生一子：用瑛。

十八世：用瑛由陆川马坡珠砂村迁居柳州鹿寨县中渡石墨村落业生于嘉庆戊午年7月17日辰时，年予同治庚午年12月2日妣梁氏生于嘉庆年辛酉2月3日子时，卒于咸丰丁巳年11月21日子时，生四子：和元、和亨●、和利、和顺。

十九世：和元妣昌氏生三子：兆杨、兆喜●、兆隆●。

二十世：兆杨配黄氏生一子：才芳。

二十一世：才芳配易氏生三子二女。长女未详，二女未详；子：兰光、兰秀、兰美●。

二十二世：兰光生于1892年8月8日，卒于1945年，妣黄氏生二子：子金●、子杰。

二十三世：子杰生于1942年7月8日（1960年迁居东泉高田村）配罗玉蓉生于1942年9月8日，生二子二女；长女桂由生于1969年2月25日，学历小学适东泉尖石村；二女桂田生于1973年3月1日学历小学适东泉新龙大理村；子：桂有、桂新。

二十四世：桂有生于1963年4月16日，卒于2005年妣覃金凤生于1962年9月初7日生一子四女，长女春香生于1985年2月3日学历初中；二女三女：戚霜、戚云（双胞女）生于1988年11月5日，学历初中；四女小芳生于1992年6月7日，学历初中；子：世团。

二十五世：世团生于1987年1月，初中，配李氏生一子：鸿福。

二十六世：鸿福生于2013年3月29日儿童。

二十四世：桂新生于1980年2月4日学历初中配韦连英生于1977年5月26日，

学历初中忻城人生一子：世伟。

二十五世：世伟生于1998年11月5日，务工。

二十二世：兰秀生于1896年，卒于1947年2月妣陈、覃二氏（惠容）生于1900年8月16日，卒于1987年7月生四子五女，长女永玲适黄晃街；二女永珍生于1933年8月26日学历小学适马安岭拉练韦家村；三女永芳生于1937年11月10日；四女永华生于1940年1月1日，学历初中适湖南永州石岩头唐村；五女永芬生于1943年10月18日，学历小学适石墨马岭村；子：子纲●、子纪、子伦、子纯●。

二十三世：子纪生于1922年8月16日学历高中，卒于1971年3日，以经商为主，一生忠厚配罗连英生于1922年11月10日一生辛勤劳作，中度石墨垌光人生三子：桂福、桂禄、桂祥。

二十四世：桂福配吴氏生三女。芳文生于1982年9月18日适河北涞源县银坊镇长祥沟村；芳琼生于1984年9月17日学历初中适柳州；芳玲生于1987年1月7日学历初中适桂林贵阳县。

二十四世：桂禄生于1949年8月5日学历小学，经商配唐满英生于1956年6月10日学历小学湖南永州人生三子一女。女星月生于1977年4月19日学历初中适四川邓州市道佐寨沟村，现居住柳州。子：戚锋、戚剑●、戚刻。

二十五世：戚锋生于1977年8月5日，学历高中配李氏生于1981年3月17日学历高中钦州浦北县福旺镇人，现居柳州生一子：家豪。

二十六世：家豪生于2003年1月15日，在校就读。

二十五世：戚刻生于1984年11月学历初中配罗小珍生于1985年9月2日，学历初中融安县东江村人，现居住柳州生一子：家艺。

二十六世：家艺生于2011年12月1日，在柳州就读。

二十四世：桂祥生于1956年8月8日学历中专，行医30多年全心全意为人民服务配覃小燕生于1961年5月学历高中（离异）配张桂兰生于1968年6月8日学历小学，中渡长盛黄道山人生一子一女。女芳瑜生于1990年6月25日上海医科大，现北京工作。子：戚卿。

二十五世：戚卿生于1987年3月13日学历大学本科南宁工作。

二十三世：子伦生于1929年7月13日学历高中南宁铁路局工作，卒于1976年8

月13日姚黄氏生于1931年6月23日学历小学，卒于1987年3月3日，中渡长盛村人，生三子一女。女桂宁生于1957年3月18日学历高中适南宁市。子：桂喜、桂强、桂明。

二十四世：桂喜生于1955年1月21日学历大学，南宁市铝厂工作高级经济师配吴氏生于1959年5月23日，卒于1991年配韦氏生于1970年6月6日学历高中南宁工作，生一子一女。女戚娜生于2003年1月15日（南宁就读）。子：戚琳。

二十五世：戚琳生于1985年1月13日学历大学本科南宁工作。

二十四世：桂强生于1959年10月8日学历高中南宁铁路工作配唐氏生于1953年7月16日学历高中南宁铁路工作，居住南宁生一女：戚霜生于1984年2月20日学历中专适南宁市。

二十四世：桂明生于1962年1月15日学历大专南宁市工作配谢氏生于1963年7月26日学历高中南宁市工作。

十九世：和利配卢氏生二子：兆荣●、兆华。

二十世：兆华配韦氏生五子：才明、才义（另续）、才钰、才伦●、才贵。

二十一世：才明三女二子。三个女情况未详。子：兰馨、兰均。

二十二世：兰馨生于1912年6月7日，卒于1971年9月姚陈氏生于1924年1月6日，卒于2000年7月14日生一子三女。长女子娥生于1949年7月7日适石墨村；二女子琼生于1954年7月26日，学历小学适中渡朝阳山脚村；三女子云生于1959年2月29日，学历初中，适东泉高田村。子：子明。

二十三世：子明生于1952年8月16日学历高中配骆少华生于1957年9月30日学历初中中渡大兆桐木村人。生三子：桂华、桂生、桂挺。

二十四世：桂华生于1979年5月1日学历初中配何氏生于1986年8月25日云南石屏县小水村人，生一子：广南。

二十四世：桂生生于1982年1月1日学历初中配孙氏生于1986年10月26日，学历初中生一子：俊杰。

二十五世：俊杰生于2008年11月28日。

二十四世：桂挺生于1984年12月24日学历初中配农氏生于1983年1月29日学历初中南宁龙州县人生一子：伟毅。

二十五世：伟毅生于 2007 年 8 月 16 日。

二十二世：兰均生于 1927 年 8 月 18 日配伍氏生 1934 年 8 月 12 日，卒于 2009 年 8 月 20 日生三子二女，长女春莹生于 1960 年 8 月 28 日学历小学，适中渡山脚村；二女春秀生于 1962 年 6 月 18 日学历小学，适广东茂名电白；子：子林、子葵、子球。

二十三世：子林生于 1956 年 9 月 16 日，学历高中，配覃氏生于 1954 年 11 月 15 日生一子一女。桂香；子：桂斌。

二十四世：桂斌生于 1984 年 10 月 16 日学历初中配龚氏生于 1983 年 10 月 10 日柳江县人生一子一女。振宇生于 2012 年 6 月 14 日；子：欣怡。

二十五世：欣怡生于 2010 年 11 月 18 日，儿童。

二十三世：子葵生于 1966 年 7 月 16 日配何氏生于 1982 年 8 月 28 日寨沙镇人。

二十三世：子球生于 1969 年 7 月 30 日学历初中配蒙氏生于 1973 年 1 月 10 日，学历初中生二子：桂松、桂涛。

二十四世：桂松生于 1994 年 8 月 20 日学历初中。

二十四世：桂涛生于 2006 年 1 月 17 日在小学就读。

二十一世：才钰生于 1895 年 6 月 24 日卒于 1984 年 6 月 13 日妣罗氏生于 1897 年 10 月 29 日卒于 1982 年 7 月 16 日生一子一女。女云英生于 1934 年 8 月 8 日卒于 1990 年 6 月 13 日适中渡马安村；子：兰甫。

二十二世：兰甫生于 1926 年 4 月 19 日卒于 1977 年妣余氏生于 1929 年 10 月 28 日卒于 1990 年 6 月 13 日中渡长岭村人，生三子二女。长女继荣生于 1954 年 10 月 24 日学历小学，适福龙新村；二女庆荣生于 1969 年 8 月 18 日学历初中适河北芦台农坑。子：子和、子平●子幸。

二十三世：子和生于 1957 年 7 月 8 日学历初中配廖氏生于 1957 年 2 月 17 日，学历高中中渡大门林村人，生四女一子。长女桂珍生于 1982 年 8 月 18 日学历初中适福龙盘龙村；次女田凤生于 1985 年 4 月学历初中，适合浦县新屋村；三女秋凤生于 1990 年 9 月 18 日，学历大专，务工；四女春艳生于 1998 年 6 月 10 日适鹿寨龙旦村；子：桂成。

二十四世：桂成生于 1998 年 5 月 22 日在鹿寨中学就读。

二十一世：才贵（未详）。

二十三世：子幸生于 1965 年 5 月 8 日学历初中配韦氏生于 1967 年 7 月 11 日，学历高中生一子一女：女桂梅；子：桂忠。

二十四世：桂忠生于 1984 年 12 月 23 日学历初中配黄氏生于 1986 年 3 月 20 日学历初中中渡朝阳村人，生二女：长女昕惠生于 2007 年 1 月 12 日；次女昕洁生于 2011 年 10 月 13 日。

二十四世：桂梅生于 1986 年 9 月 29 日，学历初中。

十九世：和顺妣陶黄二氏生三子：兆昌、兆芳●。

二十世：兆昌配龙氏生三子：才能（未详）、才达（未详）、才勋。

二十一世：才勋配黄氏生二子一女。长女兰英生于 1918 年 8 月 10 日适坡村卒于 2011 年 4 月。子：兰华、兰荣。

二十二世：兰华生于 1937 年 8 月 8 日，卒于 2015 年 1 月 22 日卢氏生于 1944 年 2 月 18 日中渡贝塘马形村人生三子二女。女秋英生于 1973 年 12 月 29 日学历大学知忻城教书；二女秋荣生于 1976 年 7 月 12 日学历初中，适中渡马安常安村。子：子恒、子强、子文。

二十三世：子恒生于 1963 年 2 月 22 日，学历高中配韦氏生于 1966 年 11 月 27 日，学历初中生二子一女。女戚杨生于 1990 年 6 月 14 日学历高中；子：桂龙、桂辉。

二十四世：桂龙生于 1988 年 11 月 11 日学历高中配万氏生于 1987 年 4 月 2 日，学历高中湖南人。

二十四世：桂辉生于 1993 年 1 月 10 日，学历初中。

二十二世：兰荣配黄氏生二女。大女秀玲生于 1937 年 6 月 23 日适鹿寨李村；二女莲珍生于 1939 年 8 月 18 日适英 16 街。

子美长子文钦公分支启秀公派下戚照房源流谱

十二世：维周妣冯氏生三子：启瑞（另续）、棠（另续）、启秀。

十三世：启秀妣廖氏生一子：戚照（保山）。

十四世：戚照（保山）妣叶氏生二子：有良（另续）、有醇。

十五世：有醇妣氏生五子：宏沛（另续）、飘武、朝武、铭武、宏年落业陆川马坡。

十六世：飘武迁贵港落业妣黄氏生四子：用瑶、用楷、用辉、国庭。

十七世：用瑶妣张氏生五子：世明、世才、世观、世神、世贤（出继）。

十八世：世明妣覃氏生三子：英俊、英凤、英垌。

十九世：英俊妣陈氏生三子：贤才、郁才（未详）。

二十世：贤才妣庞氏生三子：兰军、兰光（未详）、兰秀。

二十一世：兰军妣吴氏生二子：祖声、祖期（未详）。

二十二世：祖声妣谢氏生一子：贵全（未详）。

二十一世：兰秀妣谢氏生二子：祖兴、祖全（未详）。

二十二世：祖兴配覃氏生一子：桂保。

二十三世：桂保配韦氏生二子：戚民、戚越。

十九世：英凤妣覃氏生三子：柱才（未详）、翰才、飞甫（未详）。

二十世：翰才配叶氏生二子：兰芬、兰方。

二十一世：兰芬配覃氏生四子：祖林、祖廷、祖安、祖方。

二十二世：祖林配覃氏生四子：桂福、桂寿、桂强、桂明。

二十三世：桂福配黄氏生三子：金旺、海孙、进孙（未详）。

二十四世：金旺配李氏生二子：志杰、志坚。

二十五世：志杰、志坚。

二十四世：海孙配周氏生一子：华明。

二十二世：桂寿配梁氏生二子：建孙、建威。

二十三世：建孙配覃氏生一子：晨义。

二十三世：建威配张氏生二子：洪滨、洪铭。

二十三世：桂强配陈氏生一子：建华。

二十三世：桂明配吴氏生二子：建辉、建成。

二十二世：祖廷配黄氏生一子：桂昌。

二十三世：桂昌配曹氏生一子：建伟。

二十二世：祖安配魏氏生一子：桂锋。

二十二世：祖方配黄氏生二子：桂富、桂裕。

二十三世：桂富配张氏生二子：戚成、戚权。

二十一世：兰方配陈氏生二子：祖良、祖友。

二十二世：祖良配郭氏生三子：桂和、桂成、桂来。

二十三世：桂和、桂成、桂来。

十九世：英桐妣氏生二子：进才、全才。

二十世：进才配氏生一子：兰蒲。

二十一世；兰蒲配吴氏生三子：联生、联福、联发。

二十二世：联生配黄氏生二子：桂柱、桂龙。

二十三世：桂柱、桂龙。

二十二世：联福配巫氏生一子：桂龙。

二十二世：联发配覃氏生一子：桂传。

二十世：全才配雷氏生二子：兰志、兰声。

二十一世：兰志配甘氏生一子：炳升。

二十二世：炳升配许氏生二子：金生、水生。

二十三世：金生、水生。

二十一世：兰声配梁氏生一子：祖祺。

二十二世：祖祺配黄氏生一子：展光。

十八世：世才妣氏生六子：英富、英贵、英福、英禄、英寿、英全。

十九世：英富妣氏生一子：锦宾。

二十世：锦宾配黄氏生二子：兰强、兰菲。

二十一世：兰强配吴氏生四子：祖毅、祖逸、祖原、祖兴。

二十二世：祖毅配闭氏；祖逸配陈氏；祖兴。

二十二世：祖原配陈氏生一子：洽华。

二十一世：兰菲配蒙氏生二子：祖静、祖平。

二十二世：祖静配龙氏生一子：戚林。

十九世：英贵妣罗氏生二子：文宾、熊宾。

二十世：文宾配罗氏生四子：兰馨、贵生、兰祥、兰祯。

二十一世：兰馨配吴氏生一子：祖绳。

二十二世：祖绳配林氏生三子：桂强、桂才、桂保。

二十三世：桂强配庞氏生三子：伟孙、振孙、戚杰。

二十四世：伟孙配闭氏；振孙配黄氏；戚杰配甘氏。

二十一世：贵生配庞氏生二子：祖荫、祖贻。

二十二世：祖荫；祖怡配黎氏。

二十一世：兰祥配杨氏生四子：祖武、祖开、祖宽、祖敏。

二十二世：祖武配陈氏生一子：桂吉。

二十三世：桂吉配叶氏生一子：联伟。

二十二世：祖开配林氏生二子：戚达、金有。

二十三世：戚达配叶氏生一子：耿玮。

二十二世：祖宽配黄氏生一子：林杰。

二十二世：祖敏配杨氏生一子：水球。

二十一世：兰祯配陈氏生二子：祖文、祖贤。

二十二世：祖文配黄氏生一子：桂信。

二十二世：祖贤生一子：国雄。

二十世：熊宾配干氏生一子：蓝千。

二十一世：蓝千配覃氏生四子：祖登、祖朝、祖承、戚金。

二十二世：祖登配覃氏生一子：桂声。

二十三世：桂声梁氏。

二十一世：祖朝配杨氏生一子：桂彭。

二十一世：祖承配卢氏生一子：桂贞。

二十一世：戚金。

十九世：英福妣李、周二氏生二子：梦宾、熙宾。

二十世：梦宾配滕氏生五子：兰科、兰汉、兰千、兰双、兰良。

二十一世：兰科配李氏生五子：祖原、祖学、祖湖、祖秀、祖清。

二十二世：祖源配陈氏生三子：伟堂、伟才、伟海。

二十三世：伟堂配邱氏生二子：孙昇、孙进。

二十三世：伟才配覃氏生一子：孙强。

二十二世：祖学配刘氏生一子：伟新。

二十二世：祖湖配陆谢二氏生一子：伟成。

二十二世：祖秀配覃氏生一子：伟权、伟焕。

二十二世：祖清配黄氏生一子：伟正。

二十一世：兰汉；兰千配覃氏；兰双（过继熊宾）。

二十一世：兰良配韦氏生一子：木有。

二十二世：木有配宋氏生一子：子勇。

十九世：英禄妣严、罗二氏生四子：秀宾、国南、佐宾、念宾。

二十世：秀宾配庞生二子：兰荣、兰木。

二十一世：兰荣配覃氏生二子：祖仁、祖云。

二十二世：祖仁配林氏生二子：桂永、桂亮。

二十三世：桂永配氏生一子：孙恒。

二十一世：兰木。

二十世：国南配覃氏生一子：新福。

二十一世：新福配李、韦二氏生二子：甲寿、祖斌。

二十二世：甲寿配覃氏生三子：桂志、桂育、桂清。

二十三世：桂志配陈氏生一子：建炜。

二十三世：桂育配董氏。

二十三世：桂清配黎氏生二子：孙灿、孙泊。

二十二世：祖斌配黄氏生二子：桂维、桂权。

二十世：佐宾配高氏生二子：兰高、兰苏。

二十一世：兰高配昌氏生五子：祖新、祖汉、祖发、少安、祖河。

二十二世：祖新配覃氏生二子：桂廷、桂金。

二十三世：桂廷配李氏生二子：海明、育明。。

二十二世：祖发配韦氏生二子：桂友、桂标。

二十二世：少安配陈氏生二子：桂区、桂书。

二十三世：桂书配张氏生一子：健锋。

二十二世：祖河配黄氏生二子：桂杰、桂日。

二十一世：兰苏配韦氏生一子：祖汉（入继）。

二十二世：祖汉配潘氏生一子：永锋。

二十世：念宾配李氏生三子：伙贵、伙仙、贵新。

二十一世：伙贵配付氏生四子：祖欢、祖和、祖晟、祖立。

二十二世：祖欢配梁氏生一子：海华。

二十二世：祖和配李氏生三女。

二十二世：祖晟配李氏生一女。

二十二世：祖立配凌氏生一子：俊化。

二十一世：伙仙配覃氏生二子：祖礼、祖继。

二十二世：祖礼配黎氏生二子：贵泽、贵德。

二十二世：祖继配周氏生二子：嘉伟、嘉明。

二十一世：贵新配黎氏生三子：祖志、祖朋、东明。

十九世：英寿妣范氏生四子：成宾、步宾、贤宾、公五。

二十世：成宾配李氏生三子：兰胜、兰华、兰富。

二十一世：兰胜配吴氏生三子：祖江、祖娣、祖佳。

二十二世：祖娣配何氏生三子：桂祥、桂良、桂双。

二十三世：桂祥配陈氏生二子：陈礼、陈果。

二十三世：桂良配蒙氏生二子：进杰、进康。

二十三世：桂双配氏。

二十二世：祖佳配郑氏生三子：桂汉、桂文、桂娣。

二十三世：桂汉配黄氏生一子：建禄。

二十三世：桂文配闭氏生二子：建富、建航。

二十三世：桂娣配氏生一子：建斌。

二十一世：兰华配李氏生一子：祖郁。

二十二世：祖郁配何氏生四子：桂先、桂超、桂雄、桂松。

二十三世：桂先配杨氏生二子：耀孙、耀鹏。

二十三世：桂超配韦氏生二子：金孙、权孙。

二十三世：桂雄配戴氏生一子：家华。

二十三世：桂松配闭氏生二子：国孙、豪孙。

二十一世：兰富（过继公五）

二十世：步宾配钟氏生四子：兰飘、兰廷、兰球（另续）、兰田。

二十一世：兰飘配梁生三子：祖辉、祖山、祖继。

二十二世：祖辉配韦氏生三子：水强、桂宁、桂善。

二十三世：水强配黄氏生一子：裕明。

二十三世：桂宁；桂善配马氏生一子：华彬。

二十二世：祖山配闭氏生一子：桂宁。

二十三世：桂宁配庞氏生二子：裕军、裕华。

二十二世：祖继配罗氏生一子：丁强。

二十一世：兰廷；兰球配覃氏生二子：祖荣、炳生。

二十二世：祖荣配林氏生二子：永明、永进。

二十三世：永明配肖氏生一女：苏菲。

二十三世：永进配林氏生一子：孙睿。

二十二世：炳生配陈氏生一子：永和。

二十三世：永和配吴氏生一子：恒瑞。

二十一世：兰田配庞氏生三子：祖树、祖财、祖仕。

二十二世：祖树配黄氏生二子：桂军、桂星。

二十二世：祖财配覃氏生一子：桂顺。

二十二世：祖仕配张潘二氏生二子：桂常、桂鑫。

二十世：贤宾配孙氏生二子：兰森、新贵。

二十一世：兰森配欧氏生一子：祖能。

二十二世：祖能配谢氏生一女：文静。

二十一世：新贵配何氏生二子：祖勤、祖柳。

二十二世：祖勤配陈氏生二子：杰军、杰森。

二十二世：祖柳配覃氏生一子：海杰。

二十世：公五配氏生一子：兰富。

二十一世：兰富配周氏生三子：祖昆、祖春、祖参。

二十二世：祖昆配覃氏生二子：桂初、桂辉。

二十三世：桂初配杨氏生一子：剑炜。

二十二世：祖春配庞氏生二子：桂聪、桂何。

二十二世：祖叁配刘氏生一子：桂驰。

十九世：英全妣叶氏生二子：上宾、云宾。

二十世：上宾配黄氏生二子：兰郁、兰清。

二十一世：兰郁配周氏生二子：祖来、祖晚。

二十二世：祖来配叶氏生二子：桂鹏、桂润。

二十三世：桂鹏配韦氏；桂润配黄氏生一子：曾杰。

二十一世：兰清配李氏生四子：祖贵、祖双、祖慰、祖富。

二十二世：祖贵配黎氏生二子：戚斌、桂锐。

二十三世：戚斌配李氏；桂锐配梁氏生一子：俊恩。

二十二世：祖双配周氏生二子：桂通、桂杏。

二十三世：桂通；桂锐配莫氏生一子：振乾。

二十二世：祖慰配罗氏生一子：桂柳。

二十二世：祖富配蒋氏生一子：桂荣。

二十世：云宾配付氏生一子：兰义。

二十一世：兰义配覃氏生二子：丁有、丁福。

二十二世：丁有配黎氏生二子：桂靖、桂礼。

二十三世：桂靖；桂礼配刘氏生二子：嘉俊、嘉喜。

二十二世：丁福配杨氏生一子：桂艺。

十八世：世观妣陈氏生一子：英信。

十九世：英信妣陈氏生三子：酉才、梓才、寿才。

二十世：酉才配覃、丘、覃三氏生一子：兰翠。

二十一世：兰翠配谢氏生二子：海锋、祖俊。

二十二世：海锋配杨氏生二子：桂林、桂周。

二十一世：祖俊配高氏生一子：岸均。

二十世：梓才配罗氏生二子：兰辉、兰耀（另续）。

271

二十一世：兰辉配高氏生二子：祖丛、祖艺。

二十二世：祖丛配许氏；祖艺配周氏生一子：桂松。

二十世：寿才配杨庞二氏生二子：兰新、兰翠（过继西才）。

二十一世：兰新配龚黄二氏生五子：祖伟、祖平、伟明、伟宁、伟南（另续）。

二十二世：祖伟配覃氏生二子：桂丛、桂崇。

二十三世：桂丛配蒋氏生一子：智荣。

二十三世：桂崇配张氏生二子：智泳、智鑫。

二十二世：祖平配石氏生四子：桂耿、伟平、伟明、伟南（另续）。

二十三世：桂耿、伟平、伟明、伟南。

十八世：世神妣黄氏生四子：英玉、英堂、英泉、英荣。

十九世：英玉妣陆氏生二子：隆才、文才。

二十世：隆才配叶氏生三子：兰恒、兰希、兰绍。

二十一世：兰恒配庞、傅二氏生四子：祖彪、祖峰、祖军、祖奎。

二十二世：祖彪配唐氏生一子：戚武。

二十二世：祖峰配韦氏生二子：桂旺、桂秀。

二十二世：祖军配覃氏；祖奎配吴氏生一子：雨尊。

二十一世：兰希配张氏生三子：伟峰、伟华、华三。

二十一世：兰绍配氏。

二十世：文才配杨氏生一子：兰信。

二十一世：兰信杨韦氏生三子：祖苏、祖勇、木新。

二十二世：祖苏配陈氏生二子：水警、伙强。

二十二世：祖勇；木新。

二十一世：英堂配覃氏生二子：杰才、俊才。

二十二世：杰才配傅氏生二子：兰俊、兰明。

二十三世：兰俊配林氏生二子：伟雄配陆氏、伟林。

二十三世：兰明配陈氏生一子：伟龙、伟强。

二十四世：伟龙；伟强配覃氏生一子：墨宇。

十九世：英泉；英荣。

十八世：世贤妣汤氏生一子：英桂。

十九世：英桂妣曾氏生一子：绅才。

二十世：伸才配黄氏班氏生五子：兰青、兰枝、兰国、兰雄、兰宽。

二十一世：兰青配孙氏生四子：祖福、祖禄、祖寿、祖业。

二十二世：祖福配庞氏生三子：贵云、桂海、桂泉。

二十三世：贵云配罗氏生一子：健超。

二十三世：桂海配黄氏生二子：志荣、志华。

二十三世：桂泉配黄氏。

二十二世：祖禄配吴氏生五子：桂龙、桂红、桂朝、桂阳、桂叶（另续）。

二十三世：桂龙配周氏生一子：孙富。

二十三世：桂红配高氏生二子：孙育、孙有。

二十三世：桂朝配巫氏生二子：金明、荣亮。

二十三世：桂阳配韦氏生二子：孙恒、孙鹏。

二十四世：孙恒配雷氏生一子：子豪。

二十二世：祖寿配闭氏生六子：桂增（另续）、桂广（另续）、桂正（另续）、桂延、桂耀、桂荣。

二十三世：桂延配陈氏生一子：锦东。

二十三世：桂耀；桂荣。

二十二世：祖业配雷氏生三子：桂峰、桂恩、桂达。

二十三世：桂峰配黄柢生一子：志权。

二十三世：桂恩配陈氏生二子：志来、振强。

二十三世：桂达配覃氏生一子：志绅。

二十一世：兰枝配戴氏生二子：祖杰、祖权、祖勇。

二十二世：祖杰配韦氏生五子：桂家、桂兴、桂旺、桂新、桂文。

二十三世：桂家配蒙氏生一子：孙辉。

二十三世：桂兴配尹氏生一子：孙靖。

二十三世：桂旺配付氏生一子：孙权。

二十三世：桂新、桂文。

二十二世：祖权配谢氏生一子：桂进。

二十二世；祖勇配周氏生二子：桂前、桂运。

二十三世：桂前配氏生一子：峻玮。

二十一世：兰国配林氏生五子：忠吉、忠益、忠向、忠达、忠南（另续）。

二十二世：忠吉配高氏生三子：占奎、江奎、山奎。

二十三世：占奎配付氏生一子：成玮

二十三世：江奎配覃氏生一子：孙林。

二十三世：山奎配郑氏。

二十一世：兰雄配杨氏生三子：祖龙、祖团、祖恒。

二十二世：祖龙配叶氏生一子：桂景。

二十二世：祖团配恒氏生一子：家乐。

二十二世：祖恒配韦氏生二子：庆武、庆逸。

二十一世：兰宽配覃氏生二子：存仁、存新。

二十二世：存仁配陈氏生一子：桂涛。

二十二世：存新配吴氏生二子：桂显、锦铭。

十八世：世清妣孙氏生二子：英原、英桂。

十九世：英原妣黄氏生一子：顺才。

二十世：顺才配孟氏生一子：兰桂。

二十一世：兰桂配庞、邓二氏生五子：祖鸿、祖雄、祖威、祖成、祖军。

二十二世：祖鸿配叶氏生三子：桂权、桂禄、桂伟。

二十三世：桂权配覃氏生一子：明鑫。

二十三世：桂禄配林氏生二子：明涛、明浩。

二十三世：桂伟配吴氏生二子：明艺、明精。

二十二世：祖雄配何氏生三子：克强、克锋、克杰（另续）。

二十三世：克强配吴氏生一子：明适。

二十三世：克锋配覃氏生一子：明轩。

二十二世：祖威配覃氏生二子：桂勇、桂武。

二十三世：桂勇配杨氏生二子：明亮、明福。

二十三世：桂武配闭氏生一子：火明。

二十二世：祖成杨朱氏生二子：桂东、桂旋。

二十三世：桂东配闭氏生二子：明耀、明富。

二十二世：祖军配黄氏。

十八世：十四妣氏生三子：亚新（另续）、英生（出继）、亚发（另续）。

十九世：英生妣氏生一子：达才。

二十世：达才配高氏生一子：兰德。

二十一世：兰德配赖氏生二子：祖根、祖茂。

二十二世：祖根配甘氏生一子：黄莺。

二十二世：祖茂配谭氏生二子：贵弘、戚帆。

十八世：世周妣氏生三子：英文、英生、英武。

十九世：英文妣曾氏生二子：玉才、展才。

二十世：玉才妣庞氏生一子：兰德。

二十一世：兰德配赖氏生三子：神送、神海、神军。

二十二世：神送配陈氏生一子：少华。

二十二世：神海配韦氏生二子：贵怡、贵诺。

二十二世：神军配氏。

二十世：展才配王氏生一子：兰初。

二十一世：兰初杨庞氏生四子：祖海、戚强、戚坚、戚志。

二十二世：祖海配韦氏生二子：小金、小银。

二十三世：小金配李氏生二子：孙华、孙伟。

二十二世：戚强配徐氏生一子：河林。

二十二世：戚坚配刘氏生一子：健伟。

二十二世：戚志配氏。

十九世：英生、英武。

十八世：世渊妣李氏生二子：英林、英悟（未详）。

十九世：英林妣覃氏生三子：成才、庆才、达才。

二十世：成才配孙氏生三子：兰佳、兰效、兰东。

二十一世：兰佳配氏生一子：恩恩。

二十一世：兰效配庞氏生四子：祖山、祖锋（未详）、祖波、祖胜。

二十二世；祖山配杨氏生二子：贵京、贵余。

二十二世：祖波；祖胜配李氏生一子：贵初。

二十世：庆才配陈、黄二氏生四子：兰维、兰西、兰红、兰南。

二十一世：兰维配蒋氏生三子：国庆、祖雷、国升。

二十二世：国庆配周氏生一子：东东。

二十二世：祖雷配谢氏生一子：贵贵。

二十二世：国升配蓝氏生一子：建建。

二十一世：兰西配廖氏生二子：国平、国强。

二十二世：国平配周氏生一子：军军。

二十二世：国强配陆氏。

二十一世：兰红配赖氏生二子：国荣、国富。

二十二世：国荣配温氏生一子：奥锋。

二十二世：国富配吴氏。

二十一世：兰南配杨氏生二子：国华、国盛。

二十二世：国华配何氏生一子：戚桐。

二十二世：国盛配叶氏。

十八世：世簿妣氏生二子：英煌、英辉。

十九世：英煌妣李氏生四子：幼才、佐才、云才、均才。

二十世：幼才配氏生一子：兰文。

二十一世：兰文配卢氏生三子：祖振、永军、永胜（未详）。

二十二世：祖振配韦氏；永军配钟氏生二子：桂栩、桂麟。

二十世：佐才配黄、谭二氏生五子：兰文、兰先、兰耿、兰亮、兰忠。

二十一世：兰文（出继）；兰先配黄氏生三子：东秋、运昆、海军。

二十二世：东秋配覃氏生一子：桂荣。

二十二世：运昆配孙氏生一子：智超。

二十二世：海军。

二十一世：兰耿配何氏；兰亮配雷氏生一子：戚海。

二十世：云才配庞氏生三子：兰鼎、兰秀、戚伟。

二十一世：兰鼎配严氏生二子：上飞、起飞。

二十二世：上飞配韦氏生一子：桂觉。

二十二世：起飞配庞氏生一子：桂格。

二十一世：兰秀配庞氏生二子：里里、京京。

二十二世：戚伟配韦氏生一子：宾宾。

二十世：均才配叶氏。

二十一世：戚海配吴氏生一子：皓迪。

二十一世：丁海配陈氏生一子：深晨。

十九世：英辉妣叶氏生五子：民才、权才、初才、得才、胜才（未详）。

二十世：民才配陈氏生三子：兰业、兰基、兰保。

二十一世：兰业配韦氏生三子：祖宁、祖旺、祖礼。

二十一世：兰基、兰保。

二十世：权才配何氏生一子：兰康。

二十一世：兰康配吴氏生四子：祖烈、祖克、祖醒、祖书。

二十二世：祖烈配谢氏生一子：桂河。

二十二世：祖克配覃氏生二子：保海、下海。

二十二世：祖醒配覃氏生一子：振南。

二十二世：祖书配黎氏生二子：振锋、振华。

二十世：初才配氏生一子：春安。

二十世：得才配孙氏生二子：兰和、兰平。

二十一世：兰和；兰平配郑氏生三子：远航、远明、远光。

二十二世：远航配陈氏生一子：正宁。

二十二世：远明配谢氏生一子：正庸。

二十二世：远光配谢氏生一子：正新。

十八世：世礼妣陆、黄二氏生二子：英华、英芳。

十九世：英华妣韦氏生一子：仁才。

二十世：仁才配徐氏生五子：兰福、兰禄、兰寿、兰金（另续）、兰炳。

二十一世：兰福配庞氏生一子：祖中。

二十二世：祖中配欢氏生三子：圣坤、桂秀、桂平。

二十三世：圣坤配罗氏生一子：建运。

二十三世：桂秀配李氏生一子：建新。

二十三世：桂平配杨氏生一子：建翔。

二十一世：兰禄配黄氏生二子：祖中、祖民。

二十二世：祖中（出继）；祖民配覃氏生二子：桂廉、桂士。

二十三世：桂廉配甘氏；桂士配氏生一子：建龙。

二十一世：兰寿配叶氏生三子：祖华、祖灵、亚九。

二十二世：祖华配朱氏生二子：永军、永照。

二十三世：永军配黄氏生一子：东东。

二十二世：祖灵配兰氏生一子：永光。

二十二世：亚九配韦氏生二子：永洲、永城。

二十一世：兰炳配董氏生三子：祖亮、祖木、纪有。

二十二世：祖木配雷氏生一子：建通。

十九世：英芳妣覃氏生二子：帝才、智才。

二十世：帝才配覃、罗二氏生二子：兰香、兰安（另续）。

二十一世：兰香配覃氏生三子：祖元、祖金、祖银。

二十二世：祖元配廖氏生一子：桂龙。

二十三世：桂龙配黄氏生一子：云轩。

二十二世：祖金配李氏生一子：政宇。

二十二世：祖银配黄氏。

二十世：智才配张氏生二子：兰藩、兰生。

二十一世：兰藩配韦、覃二氏生一子：祖森。

二十二世：祖森配韦氏生二子：桂茂、桂盛。

二十一世：兰生配林氏生三子：祖光、祖强、祖湘。

二十二世：祖光配黄氏生三子：桂洪、桂年、桂业。

二十三世：桂洪配覃氏；桂年配汤氏生一子：孙杰。

二十三世：桂业配罗氏生一子：柳华。

二十二世：祖强配凌氏生一子：建宇。

二十二世：祖湘配黄氏生二子：建权、建旭。

二十三世：建权配李氏生一子：柳海。

二十三世：建旭配李氏生一子：柳铭。

十八世：世雄妣氏生三子：英德、英常、英纲。

十九世：英德妣高、邓二氏生二子：清才、国才。

二十世：清才配姚氏生一子：兰杰。

二十一世：兰杰配黄氏生二子：戚彬、戚水。

二十二世：戚彬配冯氏生一子：文涛。

二十二世：戚水配莫氏生一子：文衡。

二十世：国才配何氏。

十九世：英常妣庞氏生一子：澄才。

二十世：澄才配戴氏生二子：兰亮、兰伟。

二十一世：兰亮配黄氏生五子：祖行、祖前、祖帅（另续）、祖智、祖海。

二十二世：祖行配陈氏生二子：政泰、政洁。

二十二世：祖前配欧氏；祖帅配裴氏生一子：程轩。

二十二世：祖智；祖海。

二十一世：兰伟配黄氏生三子：祖乐、祖图、祖运。

二十二世：祖乐配蒋氏生三子：怡天、怡淋、怡竣。

二十二世：祖图、祖运。

二十一世：兰章配杨氏；兰有配付氏生一子：祖祥。

二十二世：祖祥配唐氏生二子：桂潮、桂通。

二十一世：兰仁配付氏生三子：小建、祖青、炳和。

二十二世：小建配梁氏生二子：桂童、桂堂。

二十二世：祖青、炳和。

二十世：昆才配丘氏生二子：兰锦、兰齐。

二十一世：兰锦配吴氏生三子：祖壬、庚仁、甲仁。

二十一世：兰齐配陈氏生三子：祖东、祖耀、炳华。

二十二世：祖耀配何氏生一子：桂欢。

十八世：世昌妣氏生三子：树才、亚木（未详）、土旺（未详）。

十九世：树才妣梁氏生三子：庚福、兰松、海松。

二十世：庚福配氏生一子：天来。

二十世：兰松配张氏生四子：伟军、伟兵、伟明、伟平。

二十一世：伟军配氏生二子：永盛、永富。

二十一世：伟兵配氏生一子：永权。

二十一世：伟明配邓氏生一子：永贵。

二十一世：伟平配氏生一子：永锋。

二十世：海松配韦氏生一子：祖神。

十八世：十六妣氏生二子：王龙、娓蛇。

十八世：世华妣氏生一子：英海。

十九世：英海妣丘、黄二氏生四子：木才、荣才、华才、奇才。

二十世：木才配丘氏生四子：兰忠、嘉发、兰锡、兰锋。

二十一世：兰忠配庞氏生二子：神标、神福。

二十一世：嘉发配覃氏生四子：祖周、祖建、祖增、祖亮。

二十二世：祖周配黄氏生一子：桂敏。

二十二世：祖建配叶氏生三子：振全、振豪、振权。

二十二世：祖增配叶氏生二子：权伟、权鸿。

二十二世：祖亮妣岑氏生二子：权华、权隆。

二十一世：兰锡配谢氏生二子：海杰、海森。

二十二世：海杰配氏生二子：权锋、权明。

二十二世：海森配氏二子：权富、权威。

二十二世：兰锋配付氏生二子：伟福、伟寿。

二十世：荣才配付、叶二氏生二子：兰坚、嘉有。

二十一世：兰坚配陆氏生一子：祖雁。

二十二世：祖雁配何氏生二子：贵建、贵立。

二十一世：嘉有配伟氏生二子：祖旺、祖钢。

二十二世：祖旺配包氏生二子：戚森、戚林。

二十二世：祖钢配氏生一子：桂煌。

二十世：华才配陈氏考二子：嘉德、嘉兴。

二十一世：嘉德配何氏生四子：祖富、戚贵、祖满、祖堂。

二十二世：祖富配付氏生二子：桂山、桂柱。

二十二世：戚贵配覃氏生二子：炜琪、炜翔。

二十二世：祖满；祖堂。

二十一世：嘉兴配韦氏生四子：祖裕、祖球、祖浪、祖鹏。

二十二世：祖裕配谢氏。

二十二世：祖球配氏生一子：清华。

二十二世：祖浪、祖鹏。

二十世：奇才配叶氏生一子：兰层。

二十一世：兰层配黄氏生三子：祖燕、祖来、君飞。

二十二世：祖燕配宋氏生一子：涵畅。

二十二世：祖来配王氏生一子：健锋。

二十二世：君飞配刘氏生二子：健宁、健豪。

十八世：世勋妣氏生四子：英连、亚养、英宝（未详）、英海（未详）。

十九世：英连妣李、覃二氏生一子：经才。

二十世：经才配覃氏生一子：兰裕。

二十一世：兰裕配陈氏生二子：祖进、祖绍。

二十二世：祖进配谢氏生一子：一平。

二十二世：祖绍配李氏生二子：一梵、一伟。

十九世：亚养；英宝妣何氏生二子：敏才、福才（未详）。

二十世：敏才配庞氏生五子：兰纪、兰嘉、兰林、兰云、兰雪。

二十一世：兰纪配庞氏生二子：日明、明辉。

二十二世：日明配氏生一子：桂彪。

二十二世：明辉配氏生一子：桂涛。

二十一世：兰嘉配覃氏生五子：光辉、光荣、光强、光明、光亮。

二十二世：光辉配李氏生一女：小雪。

二十二世：光荣配王氏生一女：嘉仪。

二十二世：光强配陈氏生一子：海涛。

二十二世：光明配吴氏生一子：宇杰。

二十一世：兰林配吴氏生三子：祖参、祖恩（未详）、祖秋。

二十二世：祖参配陈氏生一子：耀兴。

二十二世：祖秋配叶氏。

二十一世：兰云配庞氏生一子：亚锋。

二十一世：兰雪配覃氏生二子：小乐、小华。

十八世：世章妣叶氏生四子：英志、英纪、英绍、英群。

十九世：英志妣氏。

十九世：英纪配伍氏生二子：敬才、育才（未详）。

二十世：敬才配蓝氏生三子：兰成、兰超、兰群。

二十一世：兰成配杨林二氏生一子：伟金。

二十二世：伟金配氏生一子：桂彰。

二十一世：兰超配黄氏生一子：伟双。

二十二世：伟双配高氏生二子：桂财、桂栋。

二十一世：兰群配李氏生二子：伟东、伟锋。

二十二世：伟东配孙氏生一子：龙腾。

二十二世：伟锋配覃氏生一子：春林。

十九世：英绍（出继仁三）。

十九世：英群妣付氏生四子：茂才、庚才、云开、纪才。

二十世：茂才配梁黄二氏生三子：兰端、兰静、兰聪。

二十一世：兰端配黄氏生一子：戚龙。

二十一世：兰静配谢氏生一子：祖议。

二十一世：兰聪配庞氏生一子：东祥。

二十世：庚才配吴氏生四子：继强、海昆、海宾、海欢。

二十一世：继强配氏。

二十一世：海昆配丘氏生一子：港富。

二十二世：港富配氏生一子：祖航。

二十一世：海宾配何氏生一子：祖可。

二十一世：海欢配梁氏生一子：鸿波。

二十世：云开配覃氏生六子：木强、海周、兰燕、海权、海清、海中。

二十一世：木强配叶氏生三子：春华、品华、洁华。

二十二世：春华配氏。

二十二世：品华配丘氏生一子：宇希。

二十二世：洁华配刘氏生二子：桂杨、桂彬。

二十一世：海周配卢氏生二子：剑勇、剑锋。

二十一世：兰燕配张氏生一子：家聪。

二十一世：海权配覃氏生一子：家明。

二十一世：海清配韦氏生二子：润鑫、润鸿。

二十一世：海中配氏。

二十世：纪才（出继英才）。

十八世：古二妣氏生一子：英礼。

十九世：英礼妣氏生三子：志云、福娣、纪才。

二十世：志云妣氏生一子：兰慧。

二十世：福娣妣氏迁五里落业。

二十世：纪才配谢氏生二子：建军、建民。

二十一世：建军配陈氏生一子：春晖。

十八世：仁三妣氏生一子：英绍。

十九世：英绍妣何氏生三子：森才、全才、武才。

二十世：森才配何氏生六子：兰昌、兰海、兰茂、兰惠、美福、美金。

二十一世：兰昌配刘氏生二子：炳贵、炳民。

二十二世：炳贵配杨氏生一子：全江。

二十二世：炳民配氏生一子：愉华。

二十一世：兰海配叶氏生二子：金旭、金华。

二十二世：金旭配马氏。

二十二世：金华配陶氏生一子：嘉强。

二十一世：兰茂配黄氏生一女：慧珊。

二十一世：美金配陈氏生一子：乐康。

二十一世：兰惠配黄氏生一子：戚希。

二十一世：美福配覃氏生一子：慧喜。

二十世：全才配氏。

二十世：武才配覃管二氏生二子：继军、继辉。

十八世：寿六妣氏生一子：宝三。

十九世：宝三妣氏生二子：戚才、林才。

二十世：戚才配氏。

二十世：林才配李氏生一子：兰进。

二十一世：兰进配钟氏生一子：戚磊。

十八世：亚光妣闭生二子：英其、英南。

十九世：英其妣刘氏生二子：志才、进才。

二十世：志才配何氏生三子：戚平、戚雄、戚兵。

二十一世：戚平配廖氏生三子：国铁、国富、国瑞。

二十一世：戚雄配覃氏。

二十一世：戚兵配林氏生一子：国森。

二十世：进才配覃氏生一子：伟军。

十九世：英南妣叶氏生二子：庚娣、云才。

二十世：庚娣配谢氏生三子：贵光、贵庭、贵华。

二十一世：贵光配高氏生一子：国超。

二十一世：贵庭配刘氏生二子：国杰、国友。

二十一世：贵华配黄氏生一子：国安。

二十世：云才配高氏生三子：伟祥、伟锋、伟诗。

二十一世：伟祥配覃氏生二子：国东、国海。

二十一世：伟锋配罗氏生一子：国标。

十九世：全英妣氏生四子：火宝、才福、亚贵、才适。

二十世：火宝配氏。

二十世：才福配氏生一子：木安。

二十一世：木安配叶氏生三子：火才、贵旺、桂柜。

二十二世：火才配李氏生一子：桂伟。

二十三世：桂伟配付氏生一子：永金。

二十二世：贵旺配杨氏生二子：有权、有良。

二十三世；有权配覃氏生一子：桂宁。

二十三世：有良配李氏生一子：金强。

二十二世：桂柜配庞氏生一子：戚可。

二十世：亚贵配氏生三子：福全、木安、家林。

二十一世：福全配丘氏生三子：木秀、祖光（未详）、祖恩。

二十二世：木秀配覃氏生一子：进强。

二十三世：进强配徐氏生一子：科孙。

二十二世：祖恩配覃氏生二子：桂辉、桂礼。

二十三世：桂辉配腾氏生一子：孙亮。

二十三世：桂礼配丘氏生一子：孙勇。

二十一世：木安配氏（出继才福）。

二十一世：家林配何氏生二子：祖明、祖强。

二十二世：祖明配叶氏生一子：桂团。

二十二世：祖强何氏生二子：桂苏、桂顺。

二十一世：才廷配氏生一子：金龙。

二十二世：金龙配何氏生二子：祖新、祖源。

二十二世：祖新配氏生三子：桂勇、桂广、桂海。

二十三世：桂勇、配李氏生一子：博明。

二十二世：祖源配氏生二子：桂俊、桂成。

十九世：亚木妣氏生二子：二孙、云娣。

二十世：二孙配陈氏生二子：常平、德红。

二十世：云娣配叶氏生五子：祖勇、祖强、祖光、祖孟、祖伟。

二十一世：祖勇配付氏生三子：桂有、桂寿、桂德。

二十一世：祖强配姜氏生一子：桂良。

二十一世：祖光配黄氏生一子：桂华。

二十一世：祖孟配闭氏生二子：桂明、桂亮。

二十一世：祖伟配高氏生一子：桂裕。

十九世：英能妣氏生一子：寿春。

二十世：寿春配氏生一子：向东。

十九世：西才、乙安。

十九世：英帝妣氏生一子：福才。

二十世：福才配李氏生四子：天德、天成、天芬、天养。

二十一世：天德配覃氏生二子：向艺、祖顺。

二十二世：祖顺配黄氏。

二十二世：向艺配郭氏。

二十一世：天成配韦氏。

二十一世：天芬配谭氏。

二十一世：天养配覃氏。

十八世：洪记妣氏生一子：世云。

十九世：世云妣氏生二子：英廷、英才。

二十世：英廷配黄、周二氏生二子：保才、平才。

二十一世：保才配覃氏生三子：日成、金成、丁成。

二十二世：日成配李氏生二子：超华、文强。

二十三世：超华配陈氏生一子：瑞涛。

二十二世：金成配氏。

二十二世：丁成配黄氏生二子：武强、武勇。

二十三世：武强配郑氏生二子：云飞、一飞。

二十一世：平才配林氏生四子：木成、水成、火成、福成。

二十二世：木成配黄氏生二子：戚侨、戚侣。

二十三世：戚侨配覃氏生二子：彬昊、鑫荣。

二十三世：戚侣配黄氏。

二十二世：水成配庞氏生一子：虎强。

二十二世：火成配林氏生二子：虎松、虎威。

二十二世：福成配李氏生二子：虎雄、虎权。

十七世：用有妣氏生一子：世刚。

十八世：世刚妣李氏生一子：亚火。

十九世：亚火妣黄氏生三子：新才、焕才、良才。

二十世：新才配黄氏生三子：文清、文志、文飞。

二十一世：文清配黄氏生一子：浩然。

二十一世：文志、文飞。

二十世：焕才配黄氏生二子：兰艺、超艺。

二十一世：兰艺配氏。

二十一世：超艺配符氏生一子：京宇。

二十世：良才配刘氏生一子：志威。

十六世：才武妣曾氏生四子：用璋、用有、用祥、用芳。

十七世：用璋（未详）。

十七世：用有生于1900年5月16日卒于1989年6月22日，妣李氏生于1904年7月20日，卒于1987年8月24日，生一子：世刚。

十七世：用芳妣陈黄二氏生二子：世强、壬福。

十八世：世强妣庞氏生一子：锦南。

十九世：锦南妣陆氏生二子：振寅、振林。

二十世：振寅配覃氏生二子：富益、富议。

二十一世：富益、富议。

二十一世：振林。

子美长子文钦公分支启秀公派下戚照房源流谱

十三世：启秀妣廖氏生二子：戚照、戚林（未详）。

十四世：戚照（保山公）妣叶氏生二子：有良、有醇。

十五世：有良妣罗氏生二子：宏政、宏宾（车头村落业，另续）。

十五世：有醇妣氏不详生五子：宏沛（迁柳州石墨村）、飘武（另续）、朝武（另续）、绍武（另续）、宏年。

十六世：宏年妣昌氏生四子：勋明、武荣（另续）、勋华（另续）、勋华（另续）、勋光（另续）。

十七世：勋明妣许氏生一子：用雄。

十八世：用雄妣陈氏生一子：和喜。

十九世：和喜妣黄氏生八子：英朝、英廷、英华、英裕、英才、英堃、佐才、广才。

二十世：英朝妣昌氏生二子：桂才、梓才。

二十一世：桂才妣昌氏生二子：东晓（未详）、东春（未详）。

二十一世：梓才生于1942年12月22日，初中（党员）配吴志珍大兴村人，生于1944年12月11日生四子一女：子：兰海、戚靖、戚远、兰辉。

二十二世：兰海生于1966年12月12日，职业经商配李伟清珠砂塘村人生于1966年8月8日，学历初中，生一子二女：大女：玉梅生于1991年8月2日，现读广西师范学院；二女：玉亭生于1992年10月6日，外务工；子：梓辉。

二十三世：梓辉生于1990年1月21日，学历大学。

二十二世：戚靖生于1969年5月16日，高中，现铁路道口上班配李宗英珊罗长纳人生于1968年3月20日，生一子一女：女：戚梅生于1993年3月10日，外务工；子：梓杰。

二十三世：梓杰生于1991年5月15日，外务工。

二十二世：戚远生于1971年4月21日，初中配余芳珊罗四乐人生于1971年5月6日初中，生一子：誉严。

二十三世：誉严生于1998年5月12日，现读玉林市育才中学。

二十二世：兰辉生于1973年8月4日，初中，现在铁路道口上班，配吴玉珍靖东独山人生于1976年9月25日，生二女：长女：戚玲生于2000年8月5日，读书；次女：戚雯生于2002年5月10日，读书。

二十世：英廷妣陈氏生二子：武才、本才。

二十一世：武才妣覃氏生一子：富兰。

二十二世：富兰生于1918年5月19日配钟秀芳生于1919年生一子：梓汉。

二十三世：梓汉生于1954年4月14日配刘业珍界垌村人生于1955年3月20日生三子三女：长女：秀英生于1978年1月2日，适杉山陈屋村；次女：广梅生于1979年3月28日，初中，适马坡石狗垌村；三女：嘉雯生于1984年3月12日，初中，适广东。子：勇飞、勇波、勇超。

二十四世：勇飞生于1980年9月30日，初中，配王群靖西高山坡人，续配陈丽，马坡东西村人生于1980年8月10日，生一子：星焕。

二十五世：星焕生于2012年10月5日。

二十四世：勇波生于1982年4月5日，初中，外务工。

二十四世：勇超生于1988年9月10日，学历中专，外务工。

二十一世：本才配李氏生二子：应才、梓新。

二十二世：应才生于1926年7月14日，曾任马坡食品站长配李秀英新桥人生于1939年8月30日，生二子五女：大女：凤英生于1960年8月12日，高中，适玉林新桥镇；二女：凤珍生于1962年9月24日，初中，适马坡大桥头；三女：凤清生于1967年9月24日，适大山付屋村；四女：凤兰生于1972年7月22日，初中，适珊罗；五女：凤连生于1979年9月20日，初中，适靖东大力山。子：梓勇、广成。

二十三世：梓勇生于1966年9月26日现槎江食品站工作，配钟珍清秀村人生于1966年9月20日，初中，生二子一女：女：碧云生于2012年3月3日；子：戚宝、戚旺。

二十四世：戚宝生于1987年10月21日，初中配李霞雄英人生于1985年8月16日初中，生一女：碧云生于2012年3月2日。

二十四世：成旺生于1989年10月6日，初中，外务工。

二十三世：广成生于1973年8月1日，初中，职业槎江市场经商配黄琼燕新村人生

于 1974 年 9 月 26 日，初中，生二子二女：大女：玉英生于 1999 年 11 月 10 日；二女：敏敏生于 2000 年 11 月 20 日；子：盛林、家伟。

二十四世：盛林生于 2000 年 6 月 15 日，读书。

二十四世：家伟生于 2003 年 11 月 20 日。

二十二世：梓新生于 1936 年 6 月 6 日，初中，南宁船厂工人，配李日球长纳高龙垌村人生于 1940 年 8 月 2 日，生一子四女：大女：文珍生于 1967 年 4 月 8 日，初中，适陆川县城；二女：戚红生于 1970 年 4 月 18 日，初中，适南宁市；三女：戚群生于 1976 年 11 月 8 日，初中，适南宁市；四女：戚莲生于 1981 年 1 月 20 日，初中，适南宁市；子：文海。

二十三世：文海生于 1965 年 8 月 27 日，学历初中，现南宁市经商，配李小英硃砂塘人生于 1963 年 8 月 7 日，初中，生二子二女：长女：戚霞生于 1980 年 3 月 10 日，初中适珊罗；二女：戚燕生于 1987 年 9 月 24 日，初中，适玉东新区茂林；子：玄成、露忠。

二十四世：玄成生于 1989 年 5 月 14 日，初中，外务工配李婷大岭人生于 1989 年 4 月 13 日，初中，生一女：又丹生于 2013 年 6 月 19 日。

二十四世：露忠生于 1990 年 5 月 18 日，读书。

二十世：英华妣宋氏生三子：端才、信才、庆芳。

二十一世：端才生于 1931 年 5 月 2 日，卒于 1994 年葬茶花山坐南向北配张秀英生于 1936 年 8 月 20 日，岭背村人生二子四女：女：秀珍、玉珍、玉梅、广珍；子：纪兰、广兰。

二十二世：纪兰生于 1960 年 3 月 15 日，初中，经营废品站配严志兰大力山严屋村人，生于 1958 年 8 月 10 日，生二子一女：女：小连生于 1988 年，适靖东霞地坡陈屋村；子：戚军、戚健。

二十三世：戚军生于 1980 年 4 月 18 日，学历高中，配钟琳芳马坡雄英村人生于 1980 年 7 月 7 日，生二子：天羽、鸿明。

二十四世：天羽生于 2006 年 9 月 26 日，读书。

二十四世：鸿明生于 2009 年 2 月 24 日，读书。

二十三世：戚健生于 1982 年 7 月 1 日配陈川靖东里八陂人生于 1982 年 10 月 26 日生一女：诗怡生于 2009 年 9 月 12 日。

二十二世：广兰生于1967年7月7日，初中，职业木材经商，配刘业梅平乐六凤刘屋人生于1972年7月21日，生二子一女：女：海燕生于1990年8月26日，外务工；子：天德、小光。

二十三世：天德生于1992年12月28日，初中，木材经商。

二十三世：小光生于1994年8月1日，初中，木材经商。

二十一世：信才妣陈氏生二子：芳兰、新兰。

二十二世：芳兰；新兰配陈成华大力山陈屋人生三子二女：大女：燕玲适黄花岭梁屋村；二女：燕芬。子：广金、广彬、广振。

二十三世：广金生于1976年8月28日，高中，现南经营庆典店，配李梅萍生于1977年6月20日，高中，生三子：恒华、镇鹏、郁洛。

二十四世：恒华生于2002年9月17日；镇鹏生于2004年1月13日；郁洛生于2011年10月29日。

二十三世：广彬生于1978年8月23日，学历大专，经商配陈氏珊罗六燕村人生一女：玉薇生于2008年10月29日。

二十三世：广振生于1982年12月5日，初中，经商，配张允虹生于1990年4月18日，学历初中。

二十一世：庆芳配谢玉英生二子：武强、桂新。

二十二世：武强生于1956年6月13日，配林黎珍生于1952年8月28日，生一子一女：女：路凤生于1991年1月9日，学历高中，外务工，子：耀东。

二十三世：耀东生于1992年2月9日（就读广西医科大学）。

二十二世：桂新生于1962年9月13日，初中，配刘黄清马坡高石台村人生于1965年6月，高中（现在裕镁铁罐厂上班），生一子三女：长女：戚慧生于1987年10月，适福绵区樟木镇；二女：戚虹生于1989年11月，适广东罗定市。三女：瑶君生于1991年10月，现读江西理工大学。

二十三世：戚文生于1986年9月18日，初中，外务工，配吴小洁，北流清水口镇陈地村人，生于1989年8月，生二子：国强、国辉。

二十四世：国强生于2012年11月11日；国雄生于2015年4月。

二十世：英裕生于1891年2月2日妣谭月龙靖东独山人生于1895年2月2日，生一子：福才。

二十一世：福才生于 1919 年 7 月 20 日配梁玉英生于 1923 年生四子四女：长女：桂英生于 1939 年 8 月 18 日，适马坡凤村；二女：桂珍生于 1954 年，适新桥秧地坡村；三女：桂芬生于 1956 年，适靖西平坡村；四女：桂昭生于 1963 年，适靖东霞地坡村。子：天兰、庆兰、武明、军兰。

二十二世：天兰生于 1945 年 7 月 28 日，党员军队转业干部配韦美芳八石村人生于 1948 年 1 月生二子二女：长女：戚梅生于 1972 年 11 月，初中，适珊罗陆屋村；二女：戚丽生于 1979 年 10 月，初中，外务工；子：戚奎、戚强。

二十三世：戚奎生于 1974 年 10 月，初中，配黄梅新山黄屋村人，高中学历，生于 1977 年 9 月生一子二女：长女：秋虹生于 2001 年 6 月 20 日；次女：珊珊生于 2006 年 4 月 27 日；子：桂锋。

二十四世：桂锋生于 1999 年 3 月 15 日。

二十三世：戚强生于 1983 年 4 月 3 日，初中，槎江市场经商，配陈玉梅靖东陈屋村人，高中，生于 1983 年 9 月生三女：大女：芳宁生于 2008 年；二女：献丹生于 2010 年；三女：华芹生于 2012 年。

二十二世：庆兰生于 1949 年 10 月 1 日，配李惠芳高龙垌村人生于 1950 年 3 月 12 日，生二子二女：子：梓初、春华。

二十三世：梓初生于 1970 年 6 月 20 日，现在裕镁铁罐厂工作配陈氏珊罗陈屋村人，生于 1970 年 8 月 21 日，生一子一女。女：春英生于 1990 年 3 月 28 日；子：东升。

二十四世：东升生于 1991 年 10 月 15 日。

二十三世：春华生于 1982 年 4 月 4 日，高中，铁路临时工，配陈天凤东西陈屋村人生于 1986 年 7 月 28 日生二子：国伟、育坤。

二十四世：国伟生于 2007 年 9 月 14 日。

二十四世：育坤生于 2009 年 11 月 9 日。

二十二世：武明生于 1960 年 2 月 21 日，退伍军人配钟英里八陂村人，生于 1961 年 8 月 10 日，续覃玉清珊罗蒙村人生于 1974 年 11 月 13 日，生一子三女：长女：小霞生于 1986 年 8 月 22 日；次女：莹生于 1988 年 5 月 23 日；三女：嫚生于 1989 年 11 月 24 日；子：戚兵。

二十三世：戚兵生于 1984 年 11 月 3 日，初中，配陈玲大良青村陈屋村人，生于

1986年3月10日，初中，生一女：舒岚生于2012年8月6日。

二十二世：军兰生于1965年12月23日，初中（现铁路保安）配林洁界垌新屋村人生于1967年3月11日，生一子二女：大女：君妮生于1987年11月27日；二女：小雁生于1991年4月10日；子：戚龙。

二十三世：戚龙生于1989年4月10日。

二十世：英才妣黎氏生一子：升才。

二十一世：升才生于1934年12月4日（曾任村委会主任）配陈秀芳东西村陈屋人生于1938年10月23日，生三子三女：大女：业芳生于1964年，高中，适靖西陈屋；二女：业芬生于1968年，高中，适松木塘谢屋。子：瑞坤、振锋、炳其。

二十二世：瑞坤生于1966年8月11日，初中，榕江市上经商，配黄小珍，大兴黄村人，初中，生二子二女：大女：广婷生于1985年8月15日，高中适湖南。二女：秋梅生于1989年4月20日，高中（教师）。子：广升、戚剑。

二十三世：广升生于1986年9月11日，初中，外务工，配黄玉平山东青岛人生于1989年10月11日，生一子：伟杰。

二十四世：伟杰生于2008年10月4日。

二十三世：戚剑生于1989年4月30日，学历中专，广东务工。

二十二世：振锋生于1970年，学历大专（现北海市经商）配胡芳霞地坡村人，学历初中，生于1975年10月8日，生二子二女：女：文婷生于2001年1月10日；子：文成、文杰。

二十三世：文成生于1996年4月16日，学历中专。

二十三世：文杰生于1998年10月1日。

二十二世：炳其生于1973年10月12日，初中，配钟燕东西钟屋村人，生二子：天德、姚明。

二十三世：天德生于2000年5月20日，读书。

二十三世：姚明生于2002年11月11日，读书。

二十世：英塾生于1902年7月5日配罗仕华生于1903年7月15日卒于1975年7月10日与妣同葬岭嘴脚坐北向南生二子二女。长女：秀芳生于1943年12月13日适大山付屋。次女：玉芳生于1946年2月16日适玉林岭塘。子：

天才、有才。

二十一世：天才生于1933年12月27日配谭惠清生于1945年1月18日生二子三女。长女：燕梅生于1967年7月6日适靖东霞地坡村。二女：丽婷生于1969年4月4日初中，适广东吴川市。三女：戚英生于1971年6月5日，适新山村。子：春龙、武新。

二十二世：春龙生于1961年7月7日学历高中，现在槎江经商配梁惠兰生于1964年9月5日生三子二女。长女：秋平生于1984年8月17日学历初中。二女：秋霞生于1990年2月1日学历初中，适马坡杉山。子：海斌、海林、海俞。

二十三世：海斌生于1985年12月9日配梁曼生于1989年10月4日生一子一女：戚仙生于2011年5月28日。子：振强。

二十四世：振强生于2010年3月8日。

二十二世：武新生于1978年6月5日学历大专（现在玉林市工作）配林玉珍生于1978年7月8日学历初中生一子二女。长女：钰秀生于2008年3月2日。二女：诗婷生于2009年2月20日。

二十一世：有才生于1949年9月29日配周德芬生于1950年5月20日东西村人，生一子三女。长女：惠珍生于1972年12月27日学历初中适马坡大桥头。二女：戚玲生于1980年7月20日初中适新山村。三女：燕珍生于1985年9月25日初中，适玉林市。子：永强。

二十二世：永强生于1975年7月26日初中配梁小燕黄花岭梁屋村人初中，生三子：名深、名东、名宇。

二十三世：名深生于1998年8月10日，读书；名东生于1999年9月8日，读书；名宇生于2001年4月4日，读书。

二十一世：佐才生于1886年2月2日配李氏生于1902年2月2日同葬岭嘴脚，坐北向南生四子：祯兰、庆和、兰全、兰仁。

二十二世：祯兰生于1910年，妣严氏同葬于岭嘴脚岭坐北向南生二子三女。长女：惠英生于1945年2月2日适马坡农场一队；二女：惠清生于1945年2月2日适刘屋村；三女：惠芬。子：梓芳、梓球。

二十三世：梓芳生于1937年8月8日，学历高中，铁路职工离休配杨朝英玉林人生

于 1943 年 10 月 21 日高中，生一子四女。大女：燕霞生于 1963 年 10 月 1 日；二女：文婷生于 1966 年 3 月 13 日；三女：戚远生于 1967 年 10 月 13 日；四女：戚山生于 1971 年 5 月 17 日；子：戚川。

二十四世：戚川生于 1975 年 10 月 18 日配黄氏生一女：露予生于 2001 年 10 月 10 日。

二十三世：梓球生于 1952 年 11 月 27 日，配张广英靖东人生于 1948 年 8 月 6 日生三子二女。长女：伟娟生于 1976 年 10 月 12 日初中适靖西高山坡。二女：伟清生于 1982 年 10 月 13 日高中适北流六麻镇。子：桂荣、桂勇、桂生。

二十四世：桂荣生于 1974 年 6 月 18 日中专玉林车站职工配黄象珍大兴陂村人中专，槎江木行经商生二子：炳龙、栋亮。

二十五世：炳龙生于 2002 年 4 月 22 日，读书。

二十五世：栋亮生于 2003 年 7 月 10 日，读书。

二十四世：桂勇生于 1979 年 9 月 17 日中专，在外务工，配涂良清廉江石角镇人，生一子一女。女：文宣生于 2006 年 7 月 26 日读书。子：盛彬。

二十五世：盛彬生于 2004 年 7 月 7 日，读书。

二十四世：桂生生于 1984 年 10 月 10 日学历初中，在外务工。

二十二世：庆和生于 1918 年 7 月 10 日配李惠生于 1919 年 8 月 18 日硃砂塘村人生四子一女。女：梓娟适玉林石和旺久岭黄屋村。子：梓明、梓源、梓和、梓平。

二十三世：梓明生于 1942 年 6 月 29 日配钟志清雄英长山口村人生于 1941 年 11 月 8 日生四子二女：长女：戚凤生于 1966 年 3 月 13 日适北流市塘岸镇。幼女：雪萍生于 1968 年 7 月 5 日适新山黄屋。子：武军、广文、广强、桂春。

二十四世：武军（广林）生于 1970 年 9 月 18 日学历高中在南宁市经商，配王玉群马坡背塘人，生于 1964 年 11 月 2 日高中，生二子三女。续配陈华生于 1968 年 8 月 6 日生一女：嘉芯。长女：燕妮生于 1985 年 11 月 7 日适曾屋。二女：嘉芯生于 2010 年 8 月 16 日。子：文宇、文锋。

二十五世：文宇生于 1987 年 8 月 26 日，军人；文锋生于 1989 年 1 月 11 日。

二十四世：广文生于 1971 年 3 月 19 日初中玉林经商配谢海珍武鸣两江镇川村板之屯人生于 1981 年 7 月 13 日学历大专教师生二子一女：妍宇生于 2007 年 3 月 27 日。子：宇轩、宇晨。

二十五世：宇轩生于 2010 年 2 月 5 日。

二十五世：宇晨生于 2013 年 9 月 28 日。

二十四世：广强生于 1972 年 11 月 3 日，现在南宁经商配王春华东西村鸡锥垌人生于 1979 年 1 月 14 日生二子一女。女：晓彤生于 2002 年 8 月 6 日读书。子：文凯、文宝。

二十五世：文凯（文龙）生于 1991 年 8 月 13 日学历初中；文宝生于 2010 年 4 月 11 日。

二十四世：桂春生于 1978 年 8 月 10 日，现在南宁经商。

二十三世：梓源生于 1948 年 10 月学历高中，玉林市散装水泥办公室职工退休配温超群珊罗六屋村人生于 1952 年 6 月生三子二女。子：桂斌、雨露、阿宾。

二十四世：桂斌生于 1971 年 11 月学历初中，现在华润开车配黄春洁生于 1971 年 5 月 21 日学历初中生二子一女。女：东芬生于 2007 年；子：天生、东强。

二十五世：天生生于 1995 年 6 月学历初中。

二十五世：东强生于 1996 年 9 月读书。

二十四世：雨露生于 1974 年初中职业经商配张春兰生于 1974 年学历初中生一子三女。长女：戚群生于 1996 年 9 月 16 日，读书。二女：丽丽生于 1998 年 7 月 12 日，读书。三女：文文生于 2002 年 3 月 10 日，读书。子：戚威。

二十五世：戚威生于 2004 年 10 月 10 日，读书。

二十三世：梓和生于 1951 年 12 月 29 日配何勇芳米场新民人生于 1954 年 6 月 12 日生二子三女：长女：春霞生于 1981 年 4 月 20 日学历初中适靖东欧屋队。二女：戚婷生于 1983 年 12 月 29 日初中适靖东高山坡。三女：戚燕生于 1998 年 5 月 1 日。子：剑锋、戚进。

二十四世：剑锋生于 1978 年 9 月 15 日初中现深圳市布吉经商配李娟云南景洪人生于 1981 年 9 月 19 日学历高中，生一子一女：女：宁宁生于 2004 年 11 月 10 日，读书。子：耀文。

二十五世：耀文生于 2011 年 10 月 29 日。

二十五世：戚进生于 1985 年 9 月 19 日，学历初中，配钟倩文，大良垌人，生于 1986 年 3 月 8 日，生三女。大女：芸芸生于 2008 年 8 月 8 日；二女：意舒生于 2010 年 11 月 20 日；三女：意雯生于 2012 年 8 月 27 日。

二十三世：梓平生于 1958 年 7 月 1 日配杨业清界垌旺朝口人生于 1963 年 12 月 26 日初中生二子二女：长女：丽珍生于 1984 年 12 月 28 日学历中专适砗砂

水泥厂。二女：丽霞生于1992年8月10日学历初中，外务工。子：海华、华东。

二十四世：海华生于1987年12月10日初中职业汽车修理配昌小连雄英大园人生于1989年10月13日初中生一女：安琪生于2013年9月18日。

二十四世：华东生于1989年11月29日初中。

二十二世：兰全生于1921年7月2日学历初中配陈育芳靖东大力山人，生于1926年4月2日生四子二女。长女：惠珍生于1945年2月2日适靖东木槐垌。二女：惠清生于1953年2月2日适珊罗四乐冲塘。子：梓权、梓友、梓安、梓来。

二十三世：梓权生于1943年9月11日曾任小学校长、高级教师配黄美六平老寨人，生于1949年8月6日，生三子二女。长女：秀连生于1979年8月10日学历高中适新村陈屋。二女：戚梅生于1984年1月12日，学历初中适七一徐屋。子：桂文、桂明、桂富。

二十四世：桂文生于1969年9月28日现在任水泥厂车间主任配黄慧马坡岭腰人生于1970年1月2日学历高中曾任代课老师生一子一女：女：东霞生于1991年1月10日学历中专外务工。子：露东。

二十五世：露东生于1992年5月19日学历中专现在玉柴重工上班。

二十四世：桂明生于1972年5月28日初中职业经商配张燕珍有运岭村人生于1972年10月4日初中生一子一女。女：东岚生于1996年11月15日读书。子：东方。

二十五世：东方生于1995年9月27日学历中专，玉林经商。

二十四世：桂富生于1974年4月4日初中开设机械加工店配王业兰马坡大园村人生于1974年6月3日初中，生二子一女。女：东妮生于2003年11月16日，读书。子：戚兵、东勇。

二十五世：戚兵生于1998年6月29日，读书。东勇生于1999年8月17日，读书。

二十三世：梓友生于1963年9月2日初中配钟萍大良木格村人生于1981年1月16日，生二子一女。女：桂清生于2000年1月14日，读书。子：桂林、桂莹。

二十四世：桂林生于1998年11月26日，读书。桂莹生于2001年3月24日，读书。

二十三世：梓安1967年3月11日初中外务工配李君霞靖东独山人生于1970年8

月6日生一子二女。大女：戚兰生于1988年4月24日初中，适黄花岭叶屋村；二女：戚英生于1989年2月21日初中外务工子：戚光。

二十四世：戚光生于1990年1月16日现就读广西美术学院。

二十三世：梓来生于1972年1月20日初中配黄玉莲新山村人生于1973年9月1日学历本科高级教师生一子一女。女：利恩生于1997年12月28日，读书。子：路镇。

二十四世：路镇生于1999年1月2日，读书。

二十二世：兰仁生于1926年12月18日初中配黄李二氏生二子二女。长女：惠娟生于1959年10月1日，学历高中适新桥秧地坡。二女：二芳生于1967年1月10日，初中适广东。子：梓寿、梓强。

二十三世：梓寿生于1949年4月29日，初中黄明清大兴陂山人生于1951年1月13日初中，生三子一女。女：信榕生于1983年8月27日，学历大专适茶花山村。子：戚勇、倍铭、信源。

二十四世：戚勇生于1977年12月13日学历中专外务工配梁逢珊罗竹园人生于1983年10月13日学历高中生二子一女。女：富婷；子：富喜、富翔。

二十五世：富喜生于2006年8月27日，读书。富翔生于2007年12月24日，读书。

二十四世：倍铭生于1979年1月29日学历广西医科大学临床系配陈明芬珊罗六燕人生于1985年12月5日学历初中，生一子：富皓。

二十五世：富皓生于2009年6月21日，读书。

二十四世：信源生于1980年8月30日学历中专外务工配黄美连新山长和陂人生于1986年2月11日学历初中生一子：富杰。

二十五世：富杰生于2011年12月11日，儿童。

二十三世：梓强生于1963年7月21日学历高中，现在槎江木材市场经商配戴氏珊罗长纳人生于1963年8月29日初中生二子二女。长女：小倩生于1987年11月2日初中适豆腐铺。二女：伟玲生于1989年3月14日外务工。子：桂源、桂安。

二十四世：桂源生于1985年12月10日，初中。

二十四世：桂安生于1991年1月24日，学历高中外务工。

二十一世：广才妣覃氏生三子：武兰、梓兰、桂兰。

二十二世：武兰妣李氏生一子：梓贵。

二十三世：梓贵妣黎氏，生二子三女：女：桂连、桂清、桂群；子：桂泉、桂华。

二十四世：桂泉生于1950年6月22日，配钟春芳生于1948年12月22日，平乐石村人，生二子三女。长女：一清生于1970年，适大山付屋。二女：戚凤生于1972年，适马坡周三铺。三女：戚群生于1976年，适东西余屋。子：发龙、戚广。

二十五世：发龙生于1974年11月2日，学历初中，外务工，配潘勇芳生于1974年4月27日，靖东木槐垌潘屋人，生二子一女。女：艳春生于1996年4月18日，读书；子：天林、天鹏。

二十六世：天林生于1997年11月20日，读书。天鹏生于1999年6月18日，读书。

二十五世：戚广生于1978年5月4日，学历初中，配钟蓉生于1978年8月14日，珊罗鹤山人，学历初中，生二子二女。长女：海欣生于1999年7月27日，读书。二女：雨琪生于2004年5月28日，读书。子：升富、金海。

二十六世：升富生于2001年10月7日，读书。金海生于2005年11月4日，读书。

二十四世：桂华生于1958年，学历初中，曾为供销社职工，配陈志清生于1958年，生三子一女。女：丽丽（四妹）生于1990年，适湖南。子：广福、广辉、培瑞。

二十五世：广富生于1980年12月26日，退伍军人，配骆惠琴生于1982年，广东河源人，生一子一女。长女：婷婷生于2004年，读子。子：榆琳。

二十六世：榆琳生于2008年，读书。

二十五世：广辉生于1982年10月5日，配陈连生于1988年，珊罗四乐人，生一子一女。女：丹丹生于2010年，读书；子：锦伟。

二十六世：锦伟生于2011年，读书。

二十五世：培瑞生于1984年，外务工，配龚雪梅生于1986年，雄英人。

二十二世：梓兰妣黄氏生三子一女。女：梓英1939年，适乌泥塘。子：梓成、梓彬、梓林。

二十三世：梓成生于1941年8月2日，配陈美坤生于1936年7月1日，马坡大良人，生二子三女。长女：桂梅生于1971年5月6日，适平乐山水周村。二女：春梅生于1973年5月22日，适珊罗陆屋村。三女：英梅生于1975年8

月 20 日，适靖东里八陂。子：桂田、桂标。

二十四世：桂田生于 1966 年 12 月 6 日，配龚梅生于 1964 年 5 月 28 日，雄英人，生二子：广振、广坤。

二十五世：广振生于 1991 年 12 月 30 日，外务工。广坤生于 1993 年 4 月 13 日，外务工。

二十四世：桂标生于 1982 年 10 月 19 日，厨师，配任娜生于 1989 年 7 月 17 日，河南省镇平县人，生一女：欣怡生于 2010 年 7 月 14 日。

二十三世：梓彬生于 1943 年。二十三世：梓林生于 1947 年 12 月 20 日，配黄志华，生于 1957 年 2 月 8 日，生二子五女。大女：广梅生于 1982 年 5 月 18 日，适江西。二女：东丽生于 1983 年 12 月 1 日，适北海。三女：小华生于 1985 年 12 月 16 日，适信宜。四女：丽梅生于 1987 年 7 月 21 日，外务工。五女：小兰生于 1989 年 10 月 6 日，外务工。子：广新、玉光。

二十四世：广新生于 1977 年 8 月 20 日，配李荣生于 1979 年 2 月 3 日，大岭人，生一子四女。大女：春乐生于 2001 年 5 月 16 日。二女：春萍生于 2003 年 3 月 14 日。三女：敏凤生于 2006 年 4 月 29 日。四女：文娣生于 2007 年 10 月 29 日。子：伟俞。

二十五世：伟俞生于 2010 年 2 月 20 日。

二十四世：玉光生于 1980 年 1 月 27 日，学历大学，配黄广珍生于 1986 年 12 月 24 日。

二十二世：桂兰妣张飞英生二子：梓荣、梓光。

二十三世：梓荣生于 1938 年 3 月 15 日。

二十三世：梓光生于 1949 年 7 月 27 日，配甘志英生于 1951 年 7 月 11 日，北流人，生二子：桂南、桂东。

二十四世：桂南生于 1981 年 1 月 19 日，配陈雪芬生于 1984 年 1 月 30 日，生二子：恒源、恒旺。

二十五世：恒源生于 2011 年 10 月 5 日。恒旺生于 2014 年 3 月 21 日。

二十四世：桂东生于 1987 年 10 月 10 日，配陈美杏生于 1986 年 11 月 17 日。

子美长子文钦公分支启威公派下戚行房源流谱

十二世：维美妣江氏生四子：启威、启鹏（另续）、启鸿（另续）、启仙（另续）。

十三世：启威妣黄氏生四子：戚睿（另续）、戚翅（另续）、戚从（另续）、戚行。

十四世：戚行妣赖黄二氏生五子：福祥（另续）、斌祥、京祥（另续）、云祥（另续）、武祥（另续）。

十五世：斌祥妣江氏生一子：显贵。

十七世：显贵妣张氏生二子：祖栋、祖通。

十八世：祖栋妣黄、林氏生二子：国均、国初。

十九世：国均妣王、蔡氏葬山塘尾婆葬牛头壳，生二子一女。女：仕英已婚陆田门前岭；子：贤见（广华）、贤茂。

二十世：贤见（广华）生于1955年5月23日，学历初中，配莫月英生于1957年6月21日上林县桥贤乡人生五女一子：大女：秀珍生于1979年7月19日，已婚横山乡覃村队；二女：秀荣生于1984年8月10日，已婚古城街；三女：秀花生于1987年7月15日，已婚良田鹤浪队；四女：秀玲生于1989年7月17日，已婚北豆大塘面队；五女：荣辉生于1991年7月26日，已婚平定蓬莉村，子：业昌。

二十一世：业昌生于1983年3月6日，学历大专，配陈海燕生于1982年7月7日，平定大旺刚村人，学历初中，生二子：茂煜、茂豪。

二十二世：茂煜长子生于2008年6月13日，在古城中心园读书

二十二世：茂豪生于2009年7月28日，在中心幼儿园读书。

二十世：贤茂生于1958年7月19日，学历初中，在家务农，配陈小英生于1956年6月18日，盘龙大陂村人，生三子二女：大女：秀连生于1983年1月7日，学历大专，已婚北豆温水浪村，二女：秀梅生于1987年8月10日，学历初中，外出务工；子：建昌、富昌、桂昌。

二十一世：建昌长子生于1981年1月25日，学历初中，外出务工，配李瑞连生于1985年9月9日，学历初中，清湖塘榄村人，生一子一女，女丽莎生于

2008年8月24日，在北豆村幼儿园读书，子：茂俊。

二十二世：茂俊生于2007年1月5日，在北豆小学读书。

二十一世：富昌次子生于1985年11月8日，学历初中，外出务工。

二十一世：桂昌三子生于1989年4月3日，学历高中，外出务工。

子美长子文钦公分支啟鸿公派下戚珺房源流谱

十三世：啟鸿妣陈氏葬牛肚牢坐北向南婆葬牛膝拓坐北向南，生二子：戚珺、戚璠（另续）。

十四世：戚珺妣郭氏葬墩子，生三子：汉祥（另续）、仁祥（另续）、兴祥。

十五世：兴祥妣莫氏生一子：绍进。

十六世：绍进妣黄氏生三子：显彬（另续）、显姜、显春（另续）。

十七世：显姜妣陈氏生一子：祖恒。

十八世：祖恒妣伍氏生一子：国玩。

十九世：国玩配朱氏生三子：贤●、贤华、贤光●。

二十世：贤华公配蔡氏葬砖坟路边婆葬牛头壳生二子：正昌、义昌。

二十一世：正昌公葬山塘尾二节龙配叶玉琼生于 1950 年 9 月 29 日，生三子：茂杰、茂伟、茂远。

二十二世：茂杰生于 1971 年 12 月 27 日，学历初中，在盘龙街经商，配陈春梅生于 1972 年 7 月 11 日，学历初中，盘龙村大陂队人，生二子一女，女永霞生于 1998 年 3 月 11 日，子：永银、永彬。

二十三世：永银生于 1995 年 5 月 10 日，学历初中，外出务工。

二十三世：永彬生于 2002 年 8 月 20 日，在盘龙逸夫小学读书。

二十二世：茂伟生于 1976 年 10 月 26 日，学历本科，在柳州市工作，配林燕生于 1977 年 3 月 8 日，学历大专，在柳州市工作，生一女：女永格生于 2008 年 11 月 10 日。

二十二世：茂远生于 1980 年 3 月 6 日，学历本科，在清湖镇政府任团委书记，配池小玲生于 1984 年 8 月 24 日，学历大专，清耳村委会大人塘队人，生一子：永铭。

二十三世：永铭生于 2013 年 3 月 11 日。

二十一世：义昌生于 1947 年 11 月 9 日，学历初中，在家务农，配肖翠玉生于 1958 年 2 月 13 日，化州平定低坡村人，生二子三女：大女：茂玉生于 1977

年 3 月 5 日，已婚在古城朱冲队；二女：茂清生于 1978 年 10 月 6 日，已婚在福建，三女：茂凤生于 1984 年 5 月 29 日，已婚在化州平定；子：茂云、茂胜。

二十二世：茂云生于 1983 年 7 月 19 日，学历初中，在外务工，配覃丽珍生于 1982 年 9 月 5 日，学历初中，生二子一女，女永坤生于 2002 年 8 月 5 日，在盘龙逸夫小学读书，子：永恒、永有。

二十三世：永恒生于 2003 年 10 月 13 日，在盘龙逸夫小学读书。

二十三世：永有生于 2006 年 5 月 16 日，在盘龙逸夫小学读书。

二十二世：茂胜生于 1988 年 4 月 11 日，学历初中，在外务工，配陈文玉生于 1992 年 1 月 8 日，学历初中，北豆村瓦窑田队人，生二子一女，女永兰生于 2011 年 12 月 4 日，子：永桂、永祥。

二十三世：永桂生于 2009 年 9 月 2 日，就读小学。

二十三世：永祥生于 2015 年 4 月 27 日。

子美长子文钦公分支啟鸿公派下戚璠房源流谱

十二世：维美公配江氏葬浪口岭顶生四子：啟威（另续）、啟朋（另续）、啟鸿、啟光（另续）。

十三世：啟鸿公配陈氏葬牛肚牢坐北向南婆葬牛膝拓坐北向南，生二子：戚琩（另续）、戚璠。

十四世：戚璠公配李氏迁移钦州，婆葬黎头咀，生三子：骐祥（迁居钦州另续）、炳祥、驯祥（迁居钦州另续）。

十五世：炳祥公配叶、华氏葬山塘排婆葬黎咀，生七子：绍统（另续）、绍绪、六月幼年、绍纶（另续）、绍纪（另续）、绍绥（另续）、绍纬（另续）。

十六世：绍绪公配陈氏葬砖坟坐东向西，婆葬山塘尾坐北向南，生六子：显璇、显玑（另续）、显玉（另续）、显衡（另续）、十三年幼、显幹（另续）。

十七世：显璇公配钟氏葬佛子冲坐北向南，婆坐南向北，生四子：子龙、十三幼年、子辉（另续）、子秀。

十八世：子秀公配未详，生一子：国勋。

十九世：国勋公配黄氏生一子：贤庆，葬山塘尾婆葬白坟窝肚。

二十世：贤庆公葬牛背则边配李明芳生于1942年8月9日八角村陆白队人生三子三女：大女：美兰生于1965年1月1日，已婚古城村石板窝队；二女：美珍生于1967年8月4日石角镇沙罗村；三女：美凤生于1975年8月6日，已婚石角镇竹菜村；子：冠昌、钦昌、银昌。

二十一世：冠昌长子生于1962年8月14日，学历初中，外出务工，配李翠英八角村竹头背队人，生二子三女：大女：金花已婚朱市夹村；二女：丽丽已婚湖北；三女：春花生于1990年8月13日，学历初中，外出务工；子：茂勇、茂彬。

二十二世：茂勇长子生于1984年7月10日，学历初中，外出经商，配姚佳生于1984年7月7日，湖南益扬人生一子：永毅。

二十三世：永毅生于2011年2月25日。

二十一世：钦昌次子生于1972年1月8日，学历初中，在家务农，配袁桂华生于

1975年11月19日，北豆村流冲坡队人，生二子：茂康、茂荣。

二十二世：茂康长子生于1998年9月5日，在古城中学读书。

二十二世：茂荣次子生于2000年4月22日，在北豆村小学读书。

二十一世：银昌三子生于1981年10月12日，学历小学，在家务农。

子美长子文钦公分支商启威公派下戚行房源流谱

十二世：维美妣江氏生四子：启威、启鹏（另续）、启鸿（另续）、启先（另续）。

十三世：启威妣宗、黄二氏生四子：戚睿（另续）、戚翅（另续）、戚従（另续）、戚行。

十四世：戚行妣赖、黄二氏同生五子：富祥（另续）、斌祥（另续）、京祥（另续）、云祥、武祥（另续）。

十五世：云祥妣黄氏生二子：绍生、绍盈。

十六世：绍生妣刘氏生一子：显茂。

十七世：显茂妣李、赖、叶氏同生一子：子声。

十八世：子声妣刘氏生二子：达朝、达廷。

十九世：达朝妣闭氏生一子：星明。

二十世：星明配杨氏生四子：汉和、汉平、汉先、汉荣。

二十一世：汉和配黄氏生二子：有庆、有全。

二十二世：有庆、有全。

二十一世：汉平配覃氏生四子：有福、有其、有志、有源。

二十二世：有福、有其、有志、有源。

二十一世：汉先配韦氏生二子：有旺、有佳。

二十二世：有旺、有佳。

二十一世：汉荣配张氏生二子：有欢、有进。

二十二世：有欢、有进。

十六世：绍盈妣陈氏生二子：显政、显权。

十七世：显政妣叶氏生一子：子忠。

十八世：子忠妣张氏生一子：达南。

十九世：达南妣朱氏生三子：星华、星龙、星才。

二十世：星华偶配李氏生一子：汉成。

二十一世：汉成生于1966年偶配高氏，生二子：勇杰、勇健。

二十二世：勇杰生于1990年，勇健生于1992年。

二十世：星龙生于 1937 年偶配杨氏生二子：桂源、桂榜。

二十一世：桂源生于 1971 年偶配杨氏生二子：耕铭、耕榕。

二十一世：桂榜。

二十世：星才偶配傅氏生二子：汉武、汉周。

二十一世：汉武生于 1969 年偶配覃氏，生一子：勇业生于 1999 年。

二十一世：汉周生于 1973 年配陈氏，生一子：勇杏生于 2000 年。

十七世：显权妣氏生一子：子南（婆卖去西山村，解放后找不到）。

十八世：子南配叶日英（垌心猫岭村人），生四子：达明、达强、达行、达新。

十九世：达明生于 1944 年 11 月，学历初中，配黄莲珍生于 1946 年 12 月，三里镇分界村人，生三子：星堂、星亮、星球。

二十世：星堂生于 1968 年 7 月，配何寿军生于 1967 年，本村人，生一女一子，女：微微，子：聪聪。

二十一世：聪聪生于 1993 年 4 月，学历初中（现读中学），女微微生于 1995 年 8 月，学历大专。

二十世：星亮生于 1970 年 6 月，配高月琼生于 1974 年 6 月垌心高屋村人，生一女二子：女芳芳，子：勇勇（又名：明明）、智智。

二十一世：勇勇生于 1996 年 11 月，在读高中，次子智智生于 2001 年 4 月，在读小学。女芳芳生于 1999 年，在读初中。

二十世：星球生于 1972 年 12 月，配刘小丽生于 1993 年垌心村委樟木园村人，生五女一子：五女：溶溶、芊芊、格格、珊珊、美琪；子：振涛。

二十一世：振涛生于 2010 年 12 月；女：溶溶生于 1999 年；芊芊生于 2010 年；格格生于 2004 年；珊珊生于 2005 年；美琪生于 2008 年。

十九世：达强生于 1974 年配邓玉林，黎塘圩大塘村人，生三子：星海、星志、星光。

二十世：星海生于 1977 年，学历大专，配覃冬梅生于 1979 年，宾阳人，生一女一子：女：可欣，子：钧宁。

二十一世：钧宁生于 2007 年 6 月，可欣生于 2010 年 5 月。

二十世：星志生于 1980 年 3 月，配张小琴生于 1984 年 1 月，黎塘人。

二十世：星光生于 1983 年 10 日，配终健秀生于 1980 年 10 月，江西省人，生子：耀华。

二十一世：耀华生于 2011 年 9 月 24 日。

十九世：达新生于1954年，本人参军后，在32岁后无在，配黄月新生于1957年9月17日，生一女二子：女星梅；子：星权、星金。

二十世：星权生于1982年9月，中学，配杨惠婷生于1989年8月，桂平县人，生一女一子：女桂榕；子：洪源。

二十一世：洪源生于2011年9月16日，女：桂榕生于2013年7月21日。

二十世：星金生于1984年10月，配黄凤岭生于1985年11月27日，覃塘东龙人，生一子：俊熠。

二十一世：俊熠生于2013年3月30日。

子美长子文钦公分支启威公派下戚行房源流谱

十三世：启威妣宋、黄二氏生四子：戚睿（另续）、戚翅（另续）、戚从（另续）、戚行。

十四世：戚行妣赖、黄二氏同生五子：富祥（另续）、斌祥、京祥（另续）、云祥（另续）、武祥（另续）。

十五世：武祥妣陈氏生一子：绍盖。

十六世：绍盖妣氏生二子：显章、显二。

十七世：显章公三十岁从陆川车头村迁到贵县五里峒心塘岸村给姓张人打三年工，才妣覃氏生五子：子二、子寿（未详）、子文、子有、子兴。

十八世：子二配黄氏生一子：亚七。在民国十年前迁到宾阳青江，现下落不明。

十八世：子文公偶配何氏生二子：耀廷、嘉廷。

十九世：耀廷配温氏生一子：观福。

二十世：观福配何氏生二子：棠富、棠贵。

二十一世：棠富生于1971年偶配潘氏生一子：云鑫。

二十二世：云鑫2002年出生。

二十一世：棠贵生于1974年偶配陈氏生二子：云峰、云景。

二十二世：云峰2000年出生，云景2001年出生。

十九世：嘉廷公在于民国初二年出生配黄氏生三子：观德、朝强、朝平。

二十世：观德生于1938年配叶氏生二子：棠武、棠积。

二十一世：棠武1962年出生配韦氏生一子：云飞。

二十二世：云飞生于1987年配刘氏，生二子：昌涛、昌泽。

二十三世：昌涛生于2011年；昌泽生于2014年。

二十一世：观德公次子棠积生于1972年配莫氏生一子：云聪。

二十二世：云聪生于1998年。

二十世：朝强公生于1943年，偶配梁氏生二子：棠辉、棠璘。

二十一世：棠辉生于1970年，偶配陈氏生一子：云业。

二十二世：云业生于1995年，现大学第五期。

二十一世：棠璘生于1980年，偶配胡氏生一子：云彬。

二十二世：云彬生于2008年。

二十世：朝平生于1946年，偶配雷氏生二子：棠龙、棠伟。

二十一世：棠龙生于1975年，配廖氏生二子：云广、云兴。

二十二世：云广生于1999年，云兴生于2001年。

二十一世：棠伟生于1981年，配吴氏生一子：云宗。

二十二世：云宗生于2008年。

十八世：子有配陆氏生三子：耀南、耀飞、耀鸿。

十九世：耀南配叶氏生四子：土金（未详）、金才（未详）、朝祥、朝文。

二十世：朝祥公偶配李氏生二子：棠全、棠雄。

二十一世：棠全生于1965年，偶配覃氏生一子：云亮。

二十二世：云亮生于1990年。

二十一世：棠雄生于1968年，配李氏生一子：云杨。

二十二世：云杨，现在高中第三期。

二十世：朝文配陆氏生三子：海权、国权、伟权。

二十一世：海权生于1971年，配陈氏生一子：云鹏。

二十二世：云鹏，生于1996年，现投军入伍。

二十一世：国权生于1975年，偶配张氏生二子：云学、云祥。

二十一世：伟权生于1981年，偶配黄氏生一子：云林生于2009年。

十九世：耀飞妣氏不明生有一子：戚为民在于民国三十八年迁到香港九龙落业，现下落不明。

十八世：子兴妣陈氏生四子：耀山、五弟（另续）、育明（另续）、耀芳。

十九世：耀山妣刘氏生二子：朝贵、朝明。

二十世：朝贵生于1938年，配姓氏不明生二子：棠杰、棠进。

二十一世：棠杰、棠进在1946年迁居宾阳黎塘镇落业。

二十世：朝明生于1943年，配周氏生三子在横县东圩落业。生三子：棠军、棠彬、棠虎。

二十一世：棠军、棠彬、棠虎。

十九世：耀芳妣孙氏生五子名字不明，在南丹里湖落业，1937年定居。

子美长子文钦公分支敔鸿公派下戚璠房源流谱

十三世：敔鸿公配陈氏葬牛肚牢坐北向南，婆葬牛膝拓坐北向南生二子：戚琄（另续）、戚璠。

十四世：戚璠公迁坟钦州，配李氏葬黎头咀，生三子：骐祥（另续，迁居钦州）、炳祥、驯祥（迁居钦州）。

十五世：炳祥公配叶、华二氏，葬山塘排，婆葬黎头咀，生七子：绍统、绍绪、六月年幼、绍纶（另续）、绍纪（另续）、绍绥（另续）、绍伟。

十六世：绍统妣伍氏葬榕木岭顶，生一子：显英。

十七世：显英妣氏葬佛子冲，生一子：祖贵。

十八世：祖贵妣黄氏生三子：国梅（另续）、国南、国义（另续）。

十九世：国南妣刘付、叶氏，生一子：贤钦。

二十世：贤钦妣陈氏生三子：华昌、福昌（另续）、炳昌（另续）。

二十一世：华昌生于1938年8月15日，配刘付氏生三子三女：大女：炳凤适石角镇白坟脚村；二女：茂兰适石角镇田背村；三女：永连适中垌那少村；子：茂荣（另续）、茂锋、茂猛（另续）。

二十二世：茂锋生于1971年8月18日，学历初中，在家经商，配刘付翠琼广东石角镇榕树村新开田队人，生三子二女：大女：金梅生于1996年10月15日，现在陆川高中读书；二女：广清生于2000年3月19日，在古城中学读书。子：永富、永华、永煜。

二十三世：永富生于1998年8月10日，在古城中学读书。

二十三世：永华生于2004年12月27日，在清耳小学读书。

二十三世：永煜生于2015年3月8日。

十六世：绍绪配陈氏，葬砖坟坐东向西，婆葬山塘尾坐北向南，生六子：显璇、显玑（另续）、显玉（另续）、显衡（另续）、十三幼年、显干（另续）。

十七世：显璇配钟氏，葬佛子冲坐北向南，婆葬对面坐南向北，生四子：祖龙、祖辉（另续）、祖透、子秀（另续）。

十八世：祖龙配叶氏，葬元山坐癸丁兼丑未放顺水，婆葬牛腿面，生四子：国奎（另续）、国正（另续）、国礼（另续）、国胜。

十九世：国胜（继子）配覃、李氏，葬大元角坐北向南，大婆葬黎头咀，二婆葬蚊巾塘尾坐西向东，生二子：贤礼、贤扬。

二十世：贤礼公葬大坑子尾配冯桂英生三女二子：大女：小敏生于1963年6月2日，学历高中，婚化良村营子队；二女：小玲生于1971年5月111，学历小学，已婚温泉镇安宁村；三女：小红生于1974年4月14日，学历小学，已婚马坡镇清秀村；子：小龙、小勇。

二十一世：小龙生于1967年4月4日，学历初中，在陆川务工，配吕杏娟生于1966年1月19日，学历初中，乌石镇谢鲁村人，生一女二子：女：茂欢生于1986年12月10日，学历本科，在陆川地税局工作；子：茂乐、茂添。

二十二世：茂乐生于1988年4月28日，学历本科，外出务工。

二十二世：茂添生于1990年2月19日，学历大专，外出务工。

二十一世：小勇生于1978年12月28日，学历本科，外出务工，配吴焕丽生于1984年11月7日，学历大专，桂平市人，生一子：茂宇。

二十二世：茂宇生于2011年5月22日。

二十世：贤扬公葬孟公祠背坐北向东南，配黄永芳生二子：海辉、海标。

二十一世：海辉生于1976年7月17日，学历大专，在博白县水厂工作，配陈春丽生于1974年12月15日，在博白县沙河中学工作，生一女：漫诗生于2004年8月24日，在博白县小学读书。

二十一世：海标生于1980年3月2日，学历大专，外出务工，配李肖倩生于1982年8月6日，学历大专，生一女：岚薇生于2008年1月10日，在博白县小学读书。

十六世：绍伟配邱、钟、伍氏，葬天堂旗，生一子：显丰。

十七世：显丰妣氏，葬佛子冲，生三子：祖有、祖金（另续）、祖玉。

十八世：祖有配氏，葬佛子冲坐艮坤兼寅申吉度放庚水，婆葬天堂旗中间坟地，生二子：国福（另续）、国成。

十九世：国成配陈、黄氏，葬雷打地岭顶坐北向南，继子：贤辉。

二十世：贤辉配赖、陈、黄氏，婆葬大窝卜岭顶，生二子：庆祥、庆光。

二十一世：庆祥配戚氏生一子：茂忠。

二十二世：茂忠（职名戚法清四郎）生于 1965 年 1 月 28 日，学历初中，配黄红青生于 1966 年 12 月 2 日，学历初中，博白文地镇石子径村人，生二女二子：大女：永连生于 1985 年 9 月 27 日，学历初中，已婚楼脚村下呆干队；二女：永奎生于 1987 年 8 月 20 日，学历初中，已婚清耳亚山坡队；子：永康、永超。

二十三世：永康生于 1989 年 8 月 30 日，学历本科，外出务工。

二十三世：永超生于 1995 年 2 月 30 日，学历高中，外出务工。

二十一世：庆光次子生于 1931 年 11 月 9 日，配黄氏葬元山坐北向南，生三子四女：大女：兰英适清耳村委会茶根队；二女：兰茂适陆因村委会上大岭队；三女：兰珍适广东石角镇丰满上垌队；四女：茂玉适古城村委城铁队；子：坤祥、茂生、茂祥。

二十二世：茂祥生于 1961 年 2 月 8 日，学历初中，在家务农，配曾志芳生于 1966 年 9 月 10 日，良田镇旺垌村甘村队人，生三子二女：大女：永花已婚来宾市区陶邓乡新花村；二女：永娟生于 1994 年 6 月 14 日，学历初中，外出务工。子：永青、永彪、永裕。

二十三世：永青生于 1985 年 6 月 2 日，学历初中，外出务工，配王利辽生于 1984 年 8 月 10 日，清耳村古岭队人，生一子一女：女：继炜生于 2009 年 10 月 13 日；子：继烁。

二十四世：继烁生于 2008 年 2 月 5 日，在清耳小学读书。

二十三世：永彪生于 1990 年 9 月 9 日，学历初中，外出务工。

二十三世：永裕生于 1997 年 4 月 13 日，学历初中，外出务工。

十八世：祖玉公配未详葬牛肚牢，国梅（继子）。

十九世：国梅公配刘付氏葬砖坟坐东北向西南，生三子：年幼●、年幼●、贤章。

二十世：贤章配丘氏葬天堂旗，婆葬鸣子嶂生四子：庆昌、善昌（另续）、永昌（另续）、利昌（另续）。

二十一世：庆昌配李氏生二子四女：大女：娟已婚北豆村委会书房岭队；二女：茂平已婚良村村委会白井队；三女：美云已婚广东清远市大平镇；四女：美琼已婚化州市中垌镇白石村；子：茂东、茂军。

二十二世：茂东生于 1962 年 11 月 10 日，学历小学，在家务农。

二十二世：茂军生于 1977 年 2 月 16 日，学历初中，在外经商，配李桂花生于 1976 年 4 月 15 日，学历初中，八村委会上陆白队人，生一女三子：女：清清生于 2000 年 11 月 13 日，在古城中学读书；子：永恩、永兴、永镒。

二十三世：永恩生于 2003 年 5 月 1 日，在清耳村小学读书。

二十三世：永兴生于 2004 年 12 月 29 日，在清耳村小学读书。

二十三世：永镒生于 2009 年 10 月 28 日，在学前班读书。

子美长子文钦公分启鸿公派下戚璠房源流谱

十三世：启鸿妣陈氏生二子：戚琄、戚璠（另续）。

十四世：戚琄妣郭氏生三子：汉祥（另续）、仁祥（另续）、兴祥。

十五世：兴祥妣李氏生一子：绍进。

十六世：绍进妣黄氏生三子：显彬、显姜（另续）、显青（另续）。

十七世：显彬妣梁氏生一子：祖昌。

十八世：祖昌妣叶氏生三子：国寿、国清、国荣。

十九世：国清派第四生一子二女，子贤富妣黄氏，另有国荣六国秋国岸国群等弟兄均为现称"三家屋"亚公（葬石台村上鸡子嶂对面）之裔。

二十世：贤富妣黄氏生三子二女：长女秀英、二女秀珍；长子胜昌、二、三子不详。

二十一世：胜昌1933年出生，配叶如光，生六子二女：长女茂英，陆川县政府妇联工作；二女茂琴陆川县瓷厂工作。子：长子（不详）、茂福、茂才、茂超、茂新、茂泉。

二十二世：茂福1959年出生配伍祖琼生一子三女：长女永丽、二女永秀、三女永奕柳州市龙潭医院工作。子：永志。

二十三世：永志1986年出生，配昌炳梅，柳州微型汽车厂工作，生一女：玲睿。

二十二世：茂才1963年出生，配万琼青生三子一女：女：永玲；子：永欢、永杰、永宁。

二十三世：永欢1987年出生，配陈萍玉柴集团工作，生一子一女。女：惠婷；子：继翔。

二十四世：继翔。

二十三世：永杰1990年出生，2011年考入广西师范大学信息工程系本科就读。

二十三世：永宁1991年出生，2000年考入广西中医学院临床医学本科就读。

二十二世：茂超1966年出生，配宁艳春广西柳州龙潭医院工作，生一子一女：女：馨文；子：斯宇。

二十三世：斯宇2007年出生，正上学。

二十二世：茂新1968年出生，配李氏生一子：永金。

二十三世：永金1995年出生，2011年考入陆川中学读高中。

二十二世：茂泉1974年出生，配黄欢欢在陆川县工商行政管理局工作，生一子：洪玮。

二十三世：洪玮2010年出生，正上学。

子美长子文钦公分支啟鸿公派下戚璠房源流谱

十三世：啟鸿配陈氏葬牛肚牢，坐北向南，婆葬牛膝拓坐北向南，生二子：戚琯（另续）、戚璠。

十四世：戚璠配李氏迁钦州，婆葬黎头咀，生三子：骐祥（迁居钦州另续）、炳祥、驯祥（迁居钦州另续）。

十五世：炳祥配叶、华氏葬山塘排婆葬黎头咀，生七子：绍统（另续）、绍绪、六月年幼●、绍纶（另续）、绍纪（另续）、绍绥（另续）、绍伟（加续）。

十六世：绍绪配陈氏葬砖坟坐东北向西南，婆葬山塘尾坐北向南，生六子：显璇、显璣、显玉（另续）、显衡、十三年幼●、显幹（另续）。

十七世：显璇配钟氏葬佛子冲坐北向南，婆葬对面坐南向北，生四子：祖龙、十三幼年●、祖辉、祖秀（另续）。

十八世：祖龙配叶氏葬元山坐癸丁兼丑未放顺水，婆葬牛腿面生四子：国奎（另续）、国正、国礼（另续）、国胜（另续）。

十九世：国正配宋氏葬石台学校背楼排坐西向东，婆葬牛头壳坐北向南生四子：贤金（另续）、贤才（另续）、贤德（另续，迁居桂平石龙新村）、贤旺。

二十世：贤旺葬坐虎望岗，坐甲庚兼寅申配钟华英生于1930年8月19日，广东石角镇大旺垌村井子坝队，生五子二女：大女惠娟已婚化州中纲平定子队，二女惠琴已婚在盘龙街（原盘龙村泉水田队），子：海昌、雄昌、周昌、万昌、应昌。

二十一世：海昌生于1949年3月7日，学历初中，在柳州钢铁厂工作，已退休配潘秀清生于1952年3月15日，学历初中，广西上林木山乡古楼村人，在柳钢已退休，生一女一子，女常春生于1976年3月20日，学历大专在柳州市工商银行工作，已婚在柳州市。子：常胜。

二十二世：常胜生于1977年8月19日，学历大专，在柳州钢铁厂工作，配韦茹凤生于1981年11月31日，学历大专，柳州市人生一子：锐宇。

二十三世：锐宇生于2007年6月7日，在柳州市小学读书。

二十一世：雄昌生于1952年7月28日，学历中师，已退休配赖志琼生于1953年2

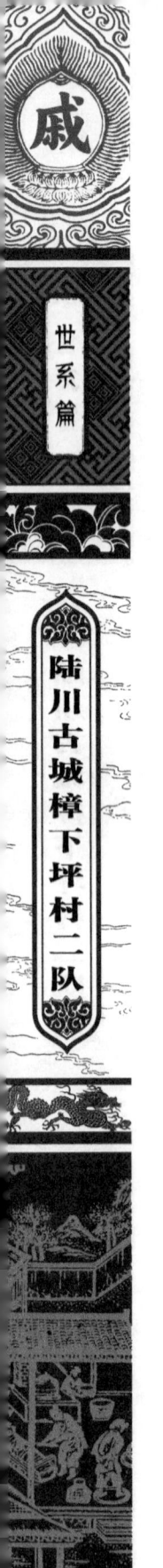

月5日,学历初中,陆因村人,生三子一女。女施华生于1987年7月9日,学历初中,已婚清耳村庞村三队,子:茂海、茂畅、茂业。

二十二世:茂海生于1975年9月12日,学历会计师,在深圳工作,配罗巧梅生于1979年9月10日,学历中专,清耳村长江坝队人,生一女一子:女:嘉慧生于2066年3月20日,在深圳小学读书;子:永圳。

二十三世:永圳生于2007年5月23日,在深圳小学读书。

二十二世:茂畅生于1977年9月4日,学历大专,在柳州市工作,配覃丽婵生于1979年6月25日,学历初中,广西融水人,生二女:大女:舒雯生于2004年12月26日,在柳州市小学读书;二女:彩琳生于2006年8月23日,在柳州市小学读书。

二十二世:茂业生于1980年7月14日,学历初中,外出务工,配刘茜茜生于1981年9月10日,学历初中,乌石镇月垌村人,生二子一女:女:戚品生于2007年5月24日,在古城镇中心小学读书;子:永将、永战。

二十三世:永将生于2006年2月14日,在古城镇中心小学读书。

二十三世:永战生于2014年5月22日。

二十一世:周昌生于1955年5月29日,学历大专,级别正副处科,现在古城镇政府工作,于1982年至1992年在古城镇担任团委书记;1993年至1996年兼任古城镇村镇规划建设管理站站长;1996年至2002年任古城镇党委委员统战部长兼规划站长,配刘付兰芳生于1957年11月17日,广东石角镇榕树村委会元子径队人,学历高中,已退休,生一女二子:女:秀萍生于1982年11月23日,学历大专,已婚在石角街;子:茂武、茂文。

二十二世:茂武生于1984年10月19日,学历大专,在家经商,配伍思霞生于1992年3月21日,学历中专,古城镇古城村委城铁队人。

二十二世:茂文生于1986年5月6日,学历大专,在陆川县教育局工作,荣立二等功一次,三等功二次和全国爱军精武标兵。配黄馨怡生于1993年4月25日,清湖镇人,学历中专,现在陆川县地税局工作,生一女:景甜生于2013年11月23日。

二十一世:万昌生于1960年5月5日,学历高中,在家务农,配李小冲生于1964年12月25日,良村下冲队人,生二女三子:大女:丽玲生于1985年6

月28日，学历高中，已婚石角丰满村；二女：丽琼生于1992年4月19日，学历中专，现在陆川人民医院工作；子：茂联、茂建、茂吉。

二十二世：茂联生于1988年1月4日，学历本科学士学位，现在陆川县人民医院工作，配罗醒丽生于1991年2月21日，学历本科，在人民医院工作，生一女：梓悦生于2015年6月8日。

二十二世：茂建生于1998年9月27日，现在陆川县高中读书。

二十二世：茂吉生于2000年12月3日，古城中学读书。

二十一世：应昌生于1964年12月3日，学历初中，在古城镇村镇规划建设站工作，配黄卫兰生于1971年8月8日，学历初中，良田镇玻璃厂队人，生一女二子：女：冬梅生于1989年10月20日，学历高中，外出务工；子：茂浪、茂波。

二十二世：茂浪生于1992年5月28日，学历高中，外出务工。

二十二世：茂波生于1994年6月6日，学历中专，在柳州市工作。

十八世：祖辉配未详，葬天堂旗，生二子：国仁、国志。

十九世：国仁配未详，葬牛头底，贤昌（继子）

二十世：贤昌配何氏生一子一女：女海娟已婚古城坡队；子：昭昌。

二十一世：昭昌生于1953年12月17日，学历初中，现在陆川文龙径水库工作已退休，配林日琼沙波镇沙波村伟屋队人，生三子：茂振、茂成、茂国。

二十二世：茂振生于1976年2月8日，学历初中，在陆川务工，配钟美英，沙坡中心村人，学历初中，生三子一女：女：永美生于2002年10月8日；子：永焕、永鹏。

二十三世：永焕生于2000年9月29日，在陆川四中读书。

二十三世：永鹏生于2014年4月27日。

二十二世：茂成生于1979年5月11日，学历初中，在陆川务工，配罗美梅生于1984年5月2日，学历初中，清耳村新垌队人，生二女一子：大女：思娴生于2007年8月13日，在陆川四小读书；二女：思琳生于2012年12月11日。子：永安。

二十三世：永安生于2014年9月4日。

二十二世：茂国生于1981年10月6日，学历初中，在陆川务工，配黎金芳生于1984年12月4日，温泉镇四良村人，学历初中，生二子一女：女：文锦生于2013年5月20日；子：永煜、永翔。

二十三世：永煜生于2011年9月28日。

二十三世：永翔生于2015年6月8日。

十七世：显玉配万氏生一子：子公。

十八世：祖公配氏生一子：国岚。

十九世：国岚配氏生二子：贤森、贤保（另续）。

二十世：贤森配刘氏生五子一女：女：小英生于1966年3月29日，已婚在清耳东村；子：何昌、卫昌、勇昌、辉昌、有昌。

二十一世：何昌生于1959年10月11日，学历小学，外出务工，配刘付秀珍生于1960年2月17日，广东石角镇榕树乌丘垌村人，生二女三子：大女：仕梅生于1981年12月13日，已婚化洲中垌镇；二女：丽花生于1986年4月16日，已婚广东罗定；子：茂正、茂亮、茂林。

二十二世：茂正生于1984年8月17日，学历初中，外出务工，配廖志霞生于1984年2月5日，广东博罗县人，学历初中，生一女一子：女：如梦生于2006年5月26日；子：永杰。

二十三世：永杰生于2011年4月10日。

二十二世：茂亮生于1988年11月11日，学历初中，外出务工。

二十二世：茂林生于1992年6月28日，学历初中。

二十一世：卫昌生于1963年12月22日，学历初中，外出务工，配吴乃芳生于1963年11月13日，廉江市河唇镇人，生四子：茂全、茂发、茂顺、茂洋。

二十二世：茂全生于1991年1月15日，学历大专，外出务工。

二十二世：茂发生于1993年2月7日，学历初中，外出务工。

二十二世：茂顺生于1995年8月28日，在河唇中学读书。

二十二世：茂洋生于2000年4月19日，在河唇初中读书。

二十一世：勇昌生于1968年6月7日，学历初中，外出务工，配刘付秀娣生于1967年9月7日，广东石角镇榕树村人，生二子一女。女：燕玲生于1997年2月28日，在古城中学读书；子：茂富、茂焕。

二十二世：茂富生于1988年4月10日，学历初中，外出务工。

二十二世：茂焕生于1990年11月10日，学历初中，外出务工。

二十一世：辉昌生于 1970 年 6 月 6 日，学历初中，外出务工，配李春连生于 1973 年 10 月 6 日，生二女一子：大女：燕鸿生于 2001 年 6 月 15 日，在清耳村小学读书；二女：燕欢生于 2003 年 6 月 17 日，在清耳村小学读书；子：茂祺。

二十二世：茂祺生于 2006 年 3 月 12 日，在小学读书。

二十一世：有昌生于 1973 年 12 月 4 日，学历初中，外出务工，配韦美英生于 1974 年 1 月 8 日，广西钦州北区平吉镇人，生一子一女：女：嘉怡生于 2001 年 9 月 3 日，在清耳村小学读书；子：茂威。

二十二世：茂威生于 1996 年 6 月 16 日，学历初中，外出务工。

十八世：可达公配未详，葬牛炎，生二子：和龙、和端（另续）。

十九世：和龙公配丘、陈二氏，葬牛炎，婆葬牛肚牢，生二子：权光（另续，上门石角丰满村）、权通。

二十世：权通生于 1932 年 6 月 23 日，配何桂芳生四女二子：大女：海燕已婚石角丰满村委竹园队；二女：玉英已婚清耳村委庞村三队；三女：玉秀已婚楼脚村委会丰富坪队；四女：玉琼已婚长径村委会榕木塘村；子：日庆、日钦。

二十一世：日庆（越庆）生于 1964 年 6 月 20 日，学历初中，在外务工，配张水凤生于 1964 年 4 月 21 日，化州兰山瓦厂队人，学历初中，生二子二女：大女：春花生于 1989 年 11 月 16 日，已婚盘龙村白石坳队；二女：春梅生于 1998 年 3 月 1 日，在茂名技校读书。子：春华、春锋。

二十二世：春华生于 1987 年 6 月 1 日，学历高中，外出务工，配罗红生于 1989 年 10 月 14 日，广东石角镇上术马村人，生一子二女：大女：明路生于 2012 年 10 月 4 日。二女：明容生于 2014 年 6 月 30 日。子：明城。

二十三世：明城生于 2010 年 10 月 8 日。

二十二世：春锋生于 1992 年 7 月 24 日，学历中专，外出务工。

二十一世：日钦（越钦）生于 1971 年 8 月 4 日，学历初中，外出务工，配江云春生于 1973 年 8 月 22 日，学历初中，楼脚村丰富坪队人，生二子：春东、春锦。

二十二世：春东生于 1995 年 5 月 25 日，学历初中，外出务工。

二十二世：春锦生于 1998 年 2 月 18 日，学历初中，外出务工。

子美长子文钦公分支敂鸿公派下戚瑁房源流谱

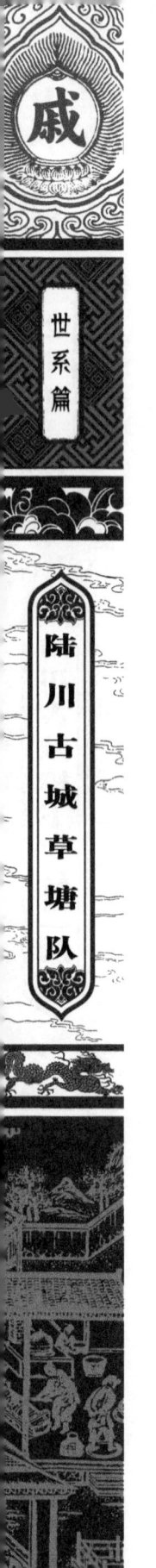

十三世：敂鸿妣陈氏，葬牛肚牢坐北向南，婆葬牛膝拓坐北向南，生二子：戚瑁、戚璠（另续）。

十四世：戚瑁妣郭氏生三子：汉祥（另续）、仁祥（另续）、兴祥。

十五世：兴祥妣黄氏生一子：绍进。

十六世：绍进妣黄氏生三子：显彬、显姜（另续）、显青（另续）。

十七世：显彬妣梁氏生一子：祖昌。

十八世：祖昌妣叶氏生三子：国寿（另续）、国清（另续）、国荣。

十九世：国荣妣王氏生三子：贤记、贤基、贤珍。

二十世：贤记生于1934年11月13日，在家务农，配唐氏抱养一子：来宝。

二十一世：来宝生于1985年2月2日，学历小学。

二十世：贤基生于1936年6月14日，学历小学，配江秀芳生于1940年12月25日，盘龙村委会污坭陂队人，生四子六女：大女：月英已婚文地镇长塘村；二女：武英已婚石角镇榕树村村委会油麻冈队；三女：文英已婚兰山山背村；四女：华英已婚良田镇红杏村；五女：梅英已婚楼脚村陆炭队；六女：晓利已婚石角镇陆续村；子：龙昌、武昌、桂昌、荣昌。

二十一世：龙昌生于1962年12月28日，学历高中，在家经商，配江小琴生于1966年4月25日，盘龙村委会奖福岭队人，生三子三女：大女：嫔婷生于1988年4月23日，学历大专，外出务工；二女：嫔海生于1989年11月13日，学历高中，外出务工；三女：嫔娇生于1991年10月1日，在读大专；子：茂泽、茂营、茂帅。

二十二世：茂泽生于1997年1月20日，学历初中，正在念书。

二十二世：茂营生于1998年7月27日，学历初中，正在念书。

二十二世：茂帅生于2000年7月14日，在古城中心小学读书。

二十一世：武昌生于1966年7月20日，学历大专，古城村卫生所所长，配陈海珍生于1969年1月5日，盘龙村委会大陂队人，学历大专，在防疫站工作，

生二子二女：大女：茂群生于1997年12月21日，在陆川高中读书；二女：茂媛生于1999年5月10日，在古城中学读书；子：茂春、茂龙。

二十二世：茂春生于2005年3月5日，在古城中心校读书。

二十二世：茂龙生于2008年3月11日，在古城中心园读书。

二十一世：桂昌生于1978年7月30日，学历初中，外出务工，配庄素辉生于1983年1月20日，揭阳市上砂镇人，学历初中，生二子二女：大女：茂缘生于2004年7月28日，在古城中心小学读书；二女：茂斯生于2011年4月1日；子：茂勋、茂坤。

二十二世：茂勋生于2006年2月16日，在古城中心小学读书。

二十二世：茂坤生于2012年11月1日。

二十一世：荣昌生于1981年11月27日，学历初中，外出务工，配王春燕生于1985年8月19日，江西小河镇竹兰背队人，学历初中，生二子一女：女：毅萍生于2005年6月29日，在古城中心小学读书；子：茂亿、茂尊。

二十二世：茂亿生于2007年7月2日，在古城中心小学读书。

二十二世：茂尊生于2010年6月6日。

二十世：贤珍享年70岁，入继茂帅。

二十一世：茂帅生于2000年7月14日，在古城中心校读书。

子美长子文钦公分支启鸿公派下绍鸿房源流谱

十二世：维美妣江氏生四子：启威（另续）、启明（另续）、启鸿、启先（另续）。

十三世：启鸿妣氏生二子：戚珀、戚璠（另续）。

十四世：戚珀妣叶氏生三子：汉祥（居住美竹江村）、仁祥（另续）、兴祥（另续）。

十五世：汉祥妣氏生一子：绍鸿。

十六世：绍鸿妣伍氏生四子：显仁、显羲、显礼、显和。

十七世：显仁妣氏生四子：祖文、祖中、祖权（未详）、祖恒。

十八世：祖文妣氏生三子：镇光、荣光、顶寄祖权十五公过继。

十九世：荣光妣氏生四子：汉璋（未详）、汉雄、汉智、汉全。

二十世：汉雄妣王氏生四子：凤达、凤堂、凤东、凤秀。

二十一世：凤达配宋氏生二子：宪宏、贲宏（未配有偶）。

二十二世：宪宏配蒙氏生二子：猷俊、猷龙。

二十三世：猷俊、猷龙。

二十一世：戚凤堂配郑氏生二子：继宏、晓宏。

二十二世：继宏配黄氏生一子：洛轩。

二十三世：洛轩。

二十二世：晓宏配陈氏生一女：紫荟。

二十一世：凤东配黄氏生二子：运宏、范宏。

二十二世：运宏配谢氏生一子：猷铨。

二十三世：猷葵。

二十二世：范宏配氏生一子：猷恒。

二十三世：猷恒。

二十一世：凤秀配宋氏生二子：稳宏、洪宏。

二十二世：稳宏、洪宏。

二十世：汉智妣郑氏生七子：凤宵、凤银（未详）、凤立、凤龙、凤妙、凤雁●。

二十一世：凤宵配曾氏生三子：世宏、力宏、强宏。

二十二世：世宏配杜氏生二子：猷警、猷铬。

二十三世：猷警配黄氏。

二十二世：力宏生一子：猷笙。

二十三世：猷笙。

二十一世：凤立配覃、陈氏生三子：广宏、先宏、辉宏。

二十二世：广宏配儒、朱氏生一子：猷钧。

二十三世：猷钧。

二十一世：凤龙配蔡氏生二子：泰宏、瑞宏。

二十二世：泰宏配曹氏生一子：猷霖。

二十一世：凤妙配项氏生二子：本宏、灼宏，未配偶。

十八世：祖中妣莫氏生五子：泽光、文光（未详）、俊光、杰光、锦光。

十九世：泽光妣氏生三子：汉英、汉岗、汉核。（此三子迁广西落户）

十九世：俊光妣宋氏生一子：汉臣。

二十世：汉臣配赖氏生三子：凤威●、凤武、凤高。

二十一世：凤武配贺氏生三子：日宏、立宏、钦宏。

二十二世：日宏配宋氏生一子：猷艳。

二十三世：猷艳配黄氏生二子：富贵、富裕。

二十四世：富贵、富裕。

二十二世：立宏配黄氏生二子：猷志、猷伟，在南宁安居，职业教书。

二十三世：猷智配陈氏一一子：宗裕。

二十四世：宗裕。

二十三世：猷慧配李氏生一子：昆裕。

二十四世：昆裕。

二十一世：凤高配欧氏生一子：耿宏。

二十一世：凤起配温氏生三子：昌宏、省宏、有宏，汉忠过继杰光原锦光之二子。

二十二世：昌宏配黄氏生二子：猷国、猷河。

二十三世：猷国配张氏生二子：铬杨、裕福。

二十三世：猷河配刘氏生一女：婷婷。

二十二世：省宏配李氏生一子：猷明。

二十三世：猷明。

二十二世：有宏配农氏生四子：猷海、猷广、猷伟、建国。

二十三世：猷海、猷广、猷伟、建国。

二十世：汉德配苏黎二氏生二子：凤超、凤三。

二十一世：凤超配黄氏生一子：剑宏。

二十二世：剑宏配宋氏生二子：猷京、猷幸。

二十三世：猷京配陈氏；猷幸。

二十一世：凤三配陈氏生五子：创宏、尉宏、启宏、浩宏、展宏（未详）。

二十二世：创宏配梁氏生二子：猷宇、猷乐。

二十三世：猷宇配练氏生一女：晓霞。

二十二世：尉宏配覃氏生一子：猷鹏。

二十三世：猷鹏。

二十二世：启宏配刘氏生（双胞女）：猷彩、猷玉。

二十二世：浩宏配施氏生二子：猷深、猷俊。

二十三世：猷深、猷俊。

十九世：廷光配氏生二子：汉兴、汉彪●。

二十世：汉兴配氏生一子：凤敏。

二十一世：凤敏配黄氏生二子：晓宏、伟宏。

二十二世：晓宏、伟宏。

十八世：祖恒妣氏生三子：祖光（未详）、廷光（未详）、英光。

十九世：英光配项氏生三子：汉有、汉芳、汉喜。

二十世：汉有配宋氏生三子：凤为、凤明、凤楼。

二十一世：凤为配庞氏生三子：升宏（未详）、朝宏、廷宏。

二十二世：朝宏配李氏生一子一女。子：猷梆。

二十二世：廷宏配黄氏生一子：俊武。

二十三世：俊武。

二十一世：凤明配黄氏生一子：翔宏。

二十二世：翔宏。

二十一世：凤楼配方氏生二子：前宏（未详）、伍宏。

二十二世：伍宏配黄氏生一子：志远。

二十三世：志远。

二十世：汉芳配梁氏生二子：凤羽、凤亮。

二十一世：凤羽、凤亮。

二十世：汉喜配何氏生二子：凤艺、凤广。

二十一世：凤艺配陈氏生一子：榆彬。

二十二世：榆彬。

二十一世：凤广配黄氏生二子：仲宏、仲霆。

二十二世：仲宏、仲霆。

十七世：显羲妣氏生二子：祖东（未详）、祖桂。

十八世：祖桂妣氏生四子：焕光（八佰、九佰、德兴均迁广西宁明）。

十九世：焕光生二子：汉麟、汉宾。

二十世：汉麟配氏生二子：凤腾、凤桂。

二十一世：凤腾配陈氏生四子：永宏、国宏、信宏、雁宏。

二十二世：永宏配梁氏生二子：猷东、猷宝。

二十三世：猷东配陈氏；猷宝。

二十二世：国宏配韦氏生一子：猷军。

二十三世：猷军。

二十二世：信宏配氏生一子：猷文。

二十三世：猷文。

二十二世：雁宏配蔡氏生二子：猷睿、猷智。

二十三世：猷睿、猷智。

二十一世：凤桂配曾氏生四子：松宏、富宏、旺宏、吉宏。

二十二世：松宏配宋氏生二子：猷盛、猷好。

二十三世：猷盛配周氏生二女。

二十三世：猷好配邓氏生二子：裕潇、裕德。

二十四世：裕潇、裕德。

二十二世：富宏配陈氏生二子：猷聪、猷秋。

二十三世：猷聪、猷秋。

二十二世：旺宏配覃氏生二子：猷锦、猷基。

二十三世：猷锦配廖氏生一子：裕晨。

二十四世：裕晨。

十七世：显礼妣氏生一子：祖原。

十八世：祖原妣氏生一子：炳光。

十九世：炳光配氏生四子：汉明、汉清、汉洲、汉宁。

二十世：汉明配氏生二子：凤英、凤何。

二十一世：凤英配黄氏生一子：令宏。

二十三世：猷喜配赵氏生二子：裕斌、裕深。

二十四世：裕斌、裕深。

二十一世：凤何配黄氏生一子：新宏。

二十二世：新宏配梁氏生二子：猷羽、猷亮。

二十三世：猷亮配梁氏生二子：裕翔、裕轩。

二十四世：裕翔、裕轩。

十七世：显和妣氏生二子：祖杨、祖实。

十八世：祖杨妣氏生七子：大伯、二伯、经光、朝光、七佰、新光（均迁广西宁明落业）、何光。

十九世：何光配氏生一子：汉华。

二十世：汉华配苏氏生六子：凤楷、凤文、凤全、凤胜、凤团、凤结。

二十一世：凤楷配黄氏生一子：金宏。

二十二世：金宏配陈氏生二子：猷杰、猷锋。

二十三世：猷杰。

二十三世：猷锋配杨氏生一子：裕彬。

二十四世：裕彬。

二十一世：凤文配郑氏收养一子：猷强。

二十三世：猷强配何氏生二子：裕杰、猷志。

二十四世：裕杰、猷志。

二十一世：凤全配宋氏生一子：坤宏。

二十二世：坤宏。

二十一世：凤胜配项氏生二子：宁宏、统宏。

二十二世：宁宏配龙氏生二子：猷申、猷荣。

二十三世：猷申、猷荣。

二十二世：统宏。

二十一世：凤团配林氏生三子：全宏、高宏、福宏。

二十二世：全宏配唐氏生二子：猷炬、猷臻。

二十三世：猷炬、猷臻。

二十二世：高宏配钟氏生二子：猷斯、猷林。

二十三世：猷斯、猷林。

二十二世：福宏。

二十一世：凤结配施氏生二子：来宏、财宏。

二十二世：来宏、财宏。

十八世：祖实妣氏生二子：八佰（未详）、秀光。

十九世：秀光配宋氏生四子：汉湖、汉材、汉茂、汉益。

二十世：汉湖配钟氏生五子：凤来、凤仪、凤宽、凤山、凤恩。

二十一世：凤来配谢氏生三子：旭宏、俊宏、顺宏。

二十二世：旭宏配曾氏生二子：猷福、猷刚。

二十三世：猷福、猷刚。

二十二世：俊宏配黄氏生一子一女。女：猷春；子：猷坤。

二十三世：猷坤。

二十二世：顺宏配氏生一子：猷卓。

二十三世：猷卓。

二十一世：凤恩配黎氏生四子：庆宏、佐宏、奖宏、干宏。

二十二世：庆宏配韦氏生二子：猷炫、猷轩。

二十三世：猷炫、猷轩。

二十二世：奖宏配钟氏生二子：猷昀、猷磊。

二十三世：猷昀、猷磊。

二十二世：干宏配李氏生一女：秀莹。

二十一世：凤宽配庞氏生三子：济宏、造宏、泽宏。

二十二世：济宏配周氏生二子一女。女：丽萍；子：猷健、猷钦。

二十三世：猷健、猷钦。

二十二世：造宏配庞氏生一女：锦娟。

二十一世：凤山配叶氏生五子：军宏（未详）、杰宏、光宏、奎宏、敬宏。

二十二世：杰宏配廖氏生一子一女。女：金珍；子：猷源。

二十三世：猷源。

二十二世：光宏配陈氏生二子二女。女：清瑜、喜琪；子：猷铭、猷梓。

二十三世：猷铭、猷梓。

二十二世：奎宏配于氏生一子一女。女：美艳；子：猷翔。

二十三世：猷翔。

二十二世：敬宏配许氏生一子二女。女：尤柔、好多；子：猷更。

二十三世：猷更。

二十一世：凤仪配许氏生五子：寿宏、正宏、明宏、兴宏、宝宏。

二十二世：寿宏配赵氏生二子：猷森、猷灵。

二十三世：猷森配谭氏生二女：裕声、裕涓。

二十二世：正宏配蔡氏生二子：猷珠、猷智。

二十三世：猷珠、猷智。

二十二世：明宏配宋氏生二子：猷雁、猷翔。

二十三世：猷雁、猷翔。

二十二世：兴宏配氏生二子：猷辉、猷煌。

二十三世：猷辉、猷煌。

二十二世：宝宏配陈氏生二子：猷安、猷繁。

二十三世：猷安、猷繁。

二十世：汉材配宋氏生四子：凤梧、凤桐、凤树、凤和。

二十一世：凤梧配蔡氏生二子：景宏、冠宏。

二十二世：景宏配韦氏。

二十二世：冠宏配吴氏生一子：猷彬。

二十三世：猷彬。

二十一世：凤桐配谢氏生三子：堂宏、举宏、超宏。

二十二世：堂宏配谢氏生一子：猷赫。

二十三世：猷赫。

二十一世：凤树配赵氏生四子：云宏、章宏、添宏。

二十二世：云宏配邓氏；章宏；添宏。

二十一世：凤和配施氏生二子：佩宏、兢宏。

二十二世：佩宏、兢宏。

二十世：汉茂配施氏生三子：凤生、凤成、凤发。

二十一世：凤生配宋氏生二子：盛宏、都宏。

二十二世：盛宏配宋氏生二子：猷中、猷栋。

二十三世：猷中、猷栋。

二十一世：凤成配吴氏生一子：显宏。

二十二世：显宏。

二十一世：凤发配赵氏生三子：业宏、宜宏、纯宏。

二十二世：业宏配张氏生一子二女。女：晓玲、丽娇；子：猷俊。

二十三世：猷俊。

二十世：汉益配黄氏生四子：凤勋、凤营、凤林、凤勇。

二十一世：凤勋配黄氏生四子：东宏、雄宏、万宏、阳宏。

二十二世：东宏配吴氏生一子：猷钧。

二十三世：猷钧。

二十二世：雄宏配叶氏生一女：如玉。

二十二世：阳宏配何氏生一子一女。女：芷蕾；子：猷煏。

二十三世：猷煏。

二十一世：凤营配陆氏生三子：深宏、星宏、祥宏。

二十二世：深宏配覃氏生一子：猷政。

二十三世：猷政。

二十二世：星宏配氏生一子：猷豪。

二十三世：猷豪。

二十一世：凤林配钟氏生二子：琪宏、直宏。

二十二世：琪宏、直宏。

二十一世：凤勇配李氏生一子：彬宏。

二十二世：彬宏。

子美公长子文钦公分支启鸿公派下戚璠房源流谱

十三世：启鸿妣陈氏生二子：戚珺（另续）、戚璠。

十四世：戚璠妣李氏生三子：骐祥、丙祥（另续）、驯祥（另续）。

十五世：骐祥妣李氏（迁居钦州大真）生一子：绍兰。

十六世：绍兰（德聪）妣氏生一子：显德。

十七世：显德妣氏生一子：祖芳。

十八世：祖芳妣氏生二子：祥光（未详）、永光。

十九世：永光妣氏生二子：汉仁、汉礼。

二十世：汉礼配氏生三子：凤植●、凤柱●、凤桓。

二十一世：凤桓配氏生三子：武宏、英宏、戚宏。

二十二世：武宏配李氏生三子：尤聪、尤祥、尤明。

二十三世：尤聪、尤祥、尤明。

二十二世：英宏配黄氏生一子：尤贵。

二十二世：戚宏。

子美长子文钦公分支敂鸿公派下戚璠房源流谱

十三世：敂鸿公妣陈氏葬牛肚牢坐北向南婆葬牛膝拓坐北向南，生二子：戚珺（另续）、戚璠。

十四世：戚璠公妣李氏迁移钦州，婆葬黎头咀，生三子：骐祥（迁居钦州另续）、炳祥、驯祥（迁居钦州另续）。

十五世：炳祥公妣叶、华氏葬山塘排婆葬黎咀，生七子：绍统（另续）、绍绪（另续）、六月幼年●、绍纶（另续）、绍纪（另续）、绍绶、绍纬（另续）。

十六世：绍绶妣罗氏葬山塘排坐东北向南，婆葬牛胫板坐东向西，生一子：显雄。

十七世：显雄妣未详葬山塘尾坐东北向西南，婆葬榕木岭顶坐东向西，生三子：未详、子澄（另续）、子越。

十八世：子越妣未详，葬鸡子嶂大软坳坐东北向南，婆葬上北豆坐北向南，生四子：国富、国贵（另续）、国名（70年迁居桂平石龙新村，另续）、国扬（另续）。

十九世：国富妣伍氏，葬榕木岭东北向西南，婆葬榕木岭顶坐东向西，生五子：贤伟、贤清、贤俊、贤良、贤于。

二十世：贤伟配谭氏，葬鸡子嶂坐西南向东北，婆葬高山坐东向西，生五子：德昌、文昌、杰昌、启昌、运昌。

二十一世：德昌生于1944年6月2日，学历小学，配江奎英长径村竹瓦垌村人，生一女三子：女：燕清生于1974年9月27日，学历初中，已婚广东河唇。子：茂鑫、茂泉、茂林。

二十二世：茂鑫生于1964年8月1日，学历初中，外出务工，配姚小芬生于1966年8月10日，学历初中，清湖镇人，生一女三子：女：惠琼已婚；子：永胜、永旺、永森。

二十三世：永胜生于1987年6月29日，学历初中，外出务工。

二十三世：永旺生于1991年5月10日，学历初中，外出务工。

二十三世：永森生于1992年1月9日，学历初中，外出务工。

二十二世：茂泉生于1966年1月1日，学历初中，配温伟凤防城港人，生一女二子：

女莉莉生于 1993 年 10 月 2 日，学历初中，外出务工；子：永新、永桂。

二十三世：永新生于 1991 年 10 月 28 日，学历初中，外出务工。

二十三世：永桂生于 1997 年 10 月 3 日，在陆川读高中。

二十二世：茂林生于 1970 年 1 月 1 日，学历初中，外出务工，配钟少波乌石镇人，学历初中，生二子：永超、永铭。

二十三世：永超生于 1998 年 10 月 16 日，在古城中学读书。

二十三世：永铭生于 2002 年 12 月 21 日，在古城小学读书。

二十一世：文昌生于 1954 年 9 月 2 日，学历高中，配叶华青陆落村上林纲队人，生一子：茂军。

二十二世：茂军生于 1979 年 3 月 15 日，学历初中，配吕翠美清湖镇官冲人，生一子一女。女：红生于 2012 年 10 月 6 日，子：永志。

二十三世：永志生于 2011 年 11 月 16 日。

二十一世：杰昌生于 1954 年 9 月 3 日，学历高中，外出务工，配邹玉琼生于 1959 年 7 月 16 日，北流人，生一女：凤英生于 1994 年 7 月 12 日，学历初中，外出务工。

二十一世：启昌生于 1956 年 9 月 16 日，学历初中，配李焕珍八角村人，生于 1958 年 2 月 10 日，学历高中，生二女二子：大女：燕玲已婚在良田；二女：小环生于 1987 年 12 月 25 日，学历初中已婚在马来西亚；子：茂彬、茂柱。

二十二世：茂彬生于 1983 年 1 月 14 日，学历初中，外出务工，配李连芬八角村人，学历初中，生二子一女：女：文静生于 2008 年 4 月 2 日；子：君昊、君豪。

二十三世：君昊生于 2009 年 8 月 13 日。

二十三世：君豪生于 2010 年 8 月 12 日。

二十二世：茂柱生于 1985 年 7 月 22 日，学历初中，配钟文丽广东石角镇人，学历中师，生于 1986 年 4 月 25 日，现在石角中心校教师，生一子：钟阳。

二十三世：钟阳生于 2009 年 9 月 10 日。

二十一世：运昌生 1960 年 10 月 2 日，学历高中，外出务工，配王志炎古城村官龙坪村人，学历初中，生二女二子：大女：园园已婚桂林，二女：辰慕已婚；子：星星、宽宽。

二十二世：星星生于 1986 年 6 月 5 日，学历高中，外出务工，配张凤英钦州人，生一女：

亦涵生于 2011 年 9 月 11 日。

二十二世：宽宽生于 1988 年 11 月 13 日，学历高中，外出务工。

二十世：贤清公配李氏葬高山塘头坐东向西，婆葬满坳坐北向南，生四子：锡昌、沛昌、礼昌、钦昌。

二十一世：锡昌生于 1961 年 2 月 3 日，学历高中，配银方翠罗城仫佬族人，生于 1964 年 4 月 10 日，学历初中，生一子一女：女：媚媚生于 1995 年 9 月 2 日，在陆川读高中；子：茂嫦。

二十二世：茂嫦生于 1990 年 5 月 28 日，学历初中，配胡来凤广东高州信宜人，生于 1991 年 9 月 23 日，生二女：大女舒娜生于 2011 年 7 月 12 日，二女舒晨生于 2012 年 8 月 24 日。

二十一世：沛昌生于 1962 年 12 月 1 日，学历初中，在红山农场工作，配李惠芳清湖红山农场人，生于 1966 年 6 月 13 日，生一女一子：女：燕银已婚，子：茂恩。

二十二世：茂恩生于 1995 年 5 月 13 日，学历高中，外出务工。

二十一世：礼昌生于 1966 年 10 月 1 日，学历初中，配罗如芬，学历中师，广东石角镇人，生于 1964 年 1 月 1 日，生一子一女：女：尚君生于 2002 年 8 月 18 日，在小学读书；子：茂俊。

二十二世：茂俊生于 2001 年 2 月 4 日，在小学读书。

二十一世：钦昌生于 1969 年 7 月 2 日，学历初中，配刘付焕平古城镇清耳村委长江坝队人，学历初中，生于 1973 年 6 月 14 日，生二女一子：大女：燕盈生于 2005 年 11 月 21 日，在古城村小学读书；二女：媛惠生于 2008 年 10 月 19 日，在古城村小学读书；子：茂聪。

二十二世：茂聪生于 2003 年 7 月 10 日，在古城村小学读书。

二十世：贤俊公配王氏，生一女：兰芳。

二十一世：兰芳配王志明生于 1956 年 5 月 21 日，学历初中，生一女三子：女燕锦已婚，子：茂彪、茂赞、茂东。

二十二世：茂彪生于 1983 年 8 月 11 日，学历高中，配荣芳湖南人，学历初中，生于 1985 年 8 月 12 日。

二十二世：茂赞生于 1987 年 3 月 15 日，学历初中，外出务工。

二十二世：茂东生于1990年8月13日，学历初中，配温纪微良村河冲人，生于1991年3月16日，学历初中。

二十世：贤良公配刘付氏生四子：汉昌、应昌、利昌、军昌。

二十一世：汉昌生于1957年9月1日，学历初中，在红山农场二队工作，配王秀珍盘龙村委火甲三队人生于1958年6月2日，学历初中，生一女三子：女：燕青生于1987年10月6日，已婚；子：茂勇、茂猛、茂康。

二十二世：茂勇生于1983年9月18日，学历初中，外出务工，配丘永青生于1982年11月24日北豆村人，生一子一女。女冰冰生于2006年5月29日，在古城村小学读书；子：昕煜。

二十三世：昕煜生于2007年11月16日，在古城村小学读书。

二十二世：茂猛生于1985年9月9日，学历初中，外出务工。

二十二世：茂康生于1989年10月6日，学历初中，外出务工。

二十一世：应昌生于1961年9月1日，学历高中，在家务农，配叶华娟陆落村水冲队人，生于1963年5月2日，学历初中生一女二子：女：燕敏已婚，在陆落塘肚队，生于1985年3月20日，学历初中；子：茂辉、茂强。

二十二世：茂辉生于1988年9月5日，学历初中，外出务工，配丘海滔生于1992年11月21日，学历初中，生一女一子。女：妙萱生于2013年10月10日。子：健诚。

二十三世：健诚生于2014年12月22日。

二十二世：茂强生于1991年4月5日，学历初中，外出务工，配钟永燕云南人，学历中专，生一子一女。女：安雅生于2014年11月22日；子：冬寅。

二十三世：冬寅生于2013年11月25日。

二十一世：利昌生于1969年4月4日，学历初中，配覃久妹生于1969年1月17日，学历初中，生一子一女。女姗姗生于1996年11月14日；子：茂春。

二十二世：茂春生于1995年1月8日，学历初中，外出务工。

二十一世：军昌生于1972年11月2日，学历初中，外出务工，配李日娟良村村委会白井人，生二子：茂浪、茂国。

二十二世：茂浪生于1999年9月16日，在古城中学读书。

二十二世：茂国生于2002年7月25日，在古城村小学读书。

二十世：贤于公配李氏生四子一女。女琴芳生于1968年10月5日，已婚桥头村；子：瑞昌、永昌●、远昌、建昌。

二十一世：瑞昌配钟秀英生于1962年6月1日，学历初中，生二子一女：女婷婷生于1991年1月1日；子：茂思、茂锋。

二十二世：茂思生于1986年7月29日，学历高中，外出务工。

二十二世：茂锋生于1988年3月18日，学历初中，配阮子艳广东湛江市坡头村人，生一子：弘烨。

二十三世：弘烨生于2011年11月8日。

二十一世：远昌生于1972年3月1日，学历初中，配罗美芬生于1975年4月9日，学历初中，古城村委会丁村队人，生一子二女：大女：茜茜生于1994年12月4日，学历初中，外出务工；二女：丹丹生于1996年6月21日，学历初中，外出务工；子：茂锜。

二十二世：茂锜生于2002年11月13日，在古城村小学读书。

二十一世：建昌生于1974年10月28日，学历初中，配李胜柳古城镇八角村人，生于1974年12月20日，学历中专，生二子：茂程、茂昕。

二十二世：茂程生于2005昕7月17日，在古城中心园读书。

二十二世：茂昕生于2009年8月25日，在古城中心园读书。

子美公长子文钦公分支以乐公派下文和房源流谱

十七世：以乐妣氏生一子：文和。

十八世：文和妣氏生二子：思邦、思华。

十九世：思邦妣氏生一子：德彬（未详）。

十九世：思华妣氏生三子：德荣、德麒、德麟。

二十世：德荣妣氏生一子：玉才。

二十一世：玉才生于1929年1月6日配氏生二子四女。女：大妹、二妹、三妹、四妹；子：兆武、兆成。

二十二世：兆武生于1971年12月15日配氏生二子二女。女：华芬、华芳；子：华健、华鸿。

二十三世：华健生于1994年2月25日；华鸿生于辛己年3月12日。

二十二世：兆成生于1988年7月6日，配氏生二子三女。女：大妹、九妹、十二妹；子：华军、华贵。

二十三世：华军、华贵。

二十世：德麒配氏生一子：润河（未详）。

二十世：德麟妣氏生一子：润卿。

二十一世：润卿配氏生五子：玉富、玉甫、玉辉、玉有、玉胜。

二十二世：玉富配氏生二子三女。女：大妹、七妹、八妹；子：戚强、戚淋。

二十三世：戚强生于1975年10月7日；戚淋生于1981年9月25日。

二十二世：玉甫配氏生二子二女。女：十一妹、十二妹；子：兆河、荻俊。

二十三世：兆河配氏生二女：大妹、二妹。

二十二世：玉辉配氏生三子：兆兴、兆胜（另续）、兆富（另续）。

二十三世：兆兴配氏生三子：华文、华英、华凤。

二十四世：华文生于1998年6月25日；华英生于2010年5月26日；华凤生于2003年6月28日。

二十二世：玉有配氏生二子二女。女：十二妹、戚小红；子：兆灵、兆宝。

二十三世：兆灵生于1993年3月29日；兆宝生于1997年5月8日。

子美长子文钦公分支启仙公派下戚琪房源流谱

十三世：启仙公妣陈、叶氏生一子：戚琪。

十四世：戚琪妣莫氏生二子：驰远、驰征（另续）。

十五世：驰远妣陈氏生一子：绍周。

十六世：绍周妣张氏生二子：显仁、显厚。

十七世：显仁妣黄氏生二子：子群、子章。

十八世：子群公妣郭氏生三子：国兵、国（秀光）、国保。

十九世：国兵公妣李氏葬牛肚牢，婆葬茶窝元生二子：贤勇、贤康。

二十世：贤勇生于1954年12月29日，学历初中，在家务农，配曾德英生于1957年12月1日，学历初中陆落村章皮冲队，生二子二女：大女：育玲已婚在清湖镇石坡村；二女：育娇已婚在广东新寨村；子：育昌、育新。

二十一世：育昌生于1973年8月22日，学历初中，外出务工，配赖三坤生于1976年9月19日，江西省临塘乡下门坡队，生三女二子：大女：婷婷生于1996年2月9日，已婚在博白；二女：丽丽生于1997年6月19日，学历初中，外出务工；三女：佩佩生于1998年12月6日，学历初中，外出务工；子：茂旋、茂发。

二十二世：茂旋生于2001年9月10日，在北豆小学读书。

二十二世：茂发生于2003年4月5日，在北豆小学读书。

二十一世：育新生于1980年12月14日，学历初中，外出务工，配萧凤秀生于1982年10月28日，生二子三女：大女：尚君生于2003年3月10日，在北豆小学读书；二女：荣惠生于2005年7月3日，在北豆小学读书；三女：美汝生于2015年9月9日；子：洪彬、满堂。

二十二世：洪彬生于2007年10月31日，在北豆幼儿园读书。

二十二世：满堂生于1997年6月29日，学历高中，外出务工。

二十世：贤康生于1971年4月29日，学历初中，配余伟平清湖镇水亭村山背队，生于1968年3月22日，学历初中，生二子二女：大女：红梅生于1991年

10月7日，在柳州师范学院读书；二女林林生于1997年5月23日，在陆川中学读书。子：权昌、威昌。

二十一世：权昌生于1993年9月25日，在桂林电子科技学院读书。

二十一世：威昌生于1995年7月3日，在陆川高中读书。

十九世：国（秀光）公配黄氏葬章木窝，生三子四女大女：玉珍已婚博白文地村；二女：玉琴已婚石角街；三女：玉芬已婚清耳村；四女：玉兰生于1974年4月12日已婚楼脚村；子：贤岳、贤强、贤武。

二十世：贤岳生于1956年7月10日，学历初中，在家务农，配郭炳英北豆村瓦瑶田队，生三子二女：大女；育梅已婚良田石纲村；二女；海珍已婚楼脚村；子：炯昌、建昌、恒昌。

二十一世：炯昌生于1981年4月20日，学历初中，外出务工，配黄桂萍生于1986年1月3日文地那大村，生二子：熠坤、熠程。

二十二世：熠坤生于2010年10月28日；熠程生于2013年7月20日。

二十一世：建昌生于1987年12月10日，学历大专。

二十一世：恒昌生于1989年7月7日，学历大专（就读广西医科大学）。

二十世：贤强生于1969年12月4日，学历初中，外出务工，配叶宗惠生于1970年10月17日，学历高中，在陆川林场工作。生二子：锦茜、锦东。

二十一世：锦茜生于1996年11月20日，在陆川高中读书。

二十一世：锦东生于2005年7月13日，在陆川中学读书。

二十世：贤武生于1978年7月29日，学历初中，外出务工，配江彩凤生于1977年10月24日，学历初中盘龙村禾坪岗队人，生一子三女：大女：舒羽生于2005年10月10日,在北豆村小学读书；二女：舒萌生于2008年11月26日，在北豆村幼儿园。三女：舒涵生于2011年6月9日；子：锦凡。

二十一世：锦凡生于2003年2月26日，在北豆村小学读书。

十九世：国保公配李月英生于1940年4月9日，生四子二女：大女：玉先已婚，古城镇良村佛必队。二女：玉萍已婚石台队。子：贤猛、贤东、贤妙、贤益。

二十世：贤猛生于1961年11月13日，学历高中，在家经商，配宋华娟生于1963年5月18日，学历初中，楼脚村桥头队人，生二子一女：女：威锟生于1992年9月10日，学历初中，已婚在盘龙村书房下队；子：浪昌、敞昌。

二十一世：浪昌生于1981年4月7日，学历初中，在外务工，配谢利芬生于1984年7月24日，学历初中，良田龙口村老婆雾队人，生二女一子：大女：飞扬生于2005年1月29日，在古城中心小学读书；二女：菲琳生于2013年7月6日；子：茂鸿。

二十二世：茂鸿生于2009年6月25日，在古城中心园读书。

二十一世：啟昌生于1984年10月8日，学历初中，外出务工，配谢丽丽生于1982年10月4日，初中良田龙口村人，生二子一女：女：樱琼生于2010年8月7日；子：茂盛、茂鑫。

二十二世：茂盛生于2007年1月22日，在古城中心小学读书。

二十二世：茂鑫生于2011年12月3日。

二十世：贤东生于1974年1月21日，学历本科，正科，现在良田镇人民政府任镇长，配蓝丽君生于1972年9月14日，学历高中，滩面村人，现在石化加油站工作，生一子：镇锋。

二十一世：镇锋生于2002年7月18日，在陆川二小读书。

二十世：贤妙生于1975年1月1日，学历初中，外出务工，配余国琼生于1975年11月26日，学历初中清湖镇那若村人，生二子三女：大女：戚欢生于2000年4月24日，在古城中学读书；二女：荣华生于2007年4月16日，在北豆村幼儿园；三女：小田生于2009年7月10日，在北豆村幼儿园；子：军昌、辉昌。

二十一世：军昌生于1996年11月22日，学历初中，外出务工。

二十一世：辉昌生于2001年5月11日，在陆川二小读书。

二十世：贤益生于1980年3月5日，学历初中，外出务工，配赖华光生于1981年12月1日，学历初中陆因村人，生二女一子。大女：嘉珍生于2007年11月23日，在北豆村小学读书；二女：思萍生于2009年4月5日，在盘龙学前班读书。子：华源。

二十一世：华源生于2015年1月23日。

十七世：显原妣氏生一子：永兴。

十八世：永兴妣氏生二子：文明、文清（另续）。

十九世：文明妣黄氏生二子：国成、隆成。

二十世：隆成妣黄氏生三子：天喜（另续）、天和（另续）、天顺●。

二十世：天元妣李氏生四子：基章（另续）亚二●、亚三●、亚四●。

二十一世：天祥生于1893年至1952年妣冯月英生于1901年至1970年，夫妇一生武性刚直，才识敏捷，勤俭持家，基业精取，深于教子，良度宽容和睦于左邻右舍，宗族邻里有纠勇于排解。1959年建鹤地水库，自古城车村迁居石台村落业生七子一女。女：基清适良河村；子：基龙、亚六●、基勋、基茂、亚五●、亚六●、基胜、基猛。

二十二世：基龙生于1922年8月，初中文化，一生以教师为业，40年代初开始曾执教陆川县清湖镇旺山学校、古城镇良村学校、陆因学校、陆落学校、北豆等多所学校；1980年退休，1998年11月病故；配丘茹芳生于1923年，现年92岁，陆川县古城镇北豆村平山坡村人氏，务农。生六子一女。女：戚仕琴，适廉江河唇镇；子：佳元、佳清、佳浪、佳永、佳均、佳廉。

二十三世：佳元生于1942年7月生，初中文化，务农。配李春珍生于1942年，陆川县古城镇良村人氏，务农。生三子三女。长女：戚小亦生于1964年5月，初中文化，适陆川县古城镇盘龙村。二女：戚小丽生于1967年5月，初中文化，适陆川县古城镇古城村；三女：戚小兰生于1975年4月，初中，适廉江石角；子：桂松、桂文、桂武。

二十四世：桂松生于1969年12月，初中文化，务农。配刘仕美生于1972年10月，初中文化，陆川县古城镇清耳村人氏，务农。生一子三女。长女：戚洁生于1998年5月，在校读书；二女：戚恋生于2001年12月，在校读书；三女：戚梅生于2003年8月，在校读书。子：戚达。

二十五世：戚达生于2000年5月，在校读书。

二十四世：桂文生于1975年4月，大学本科，副科级。1999年6月广西大学新闻系本科毕业；2000年考取广西南宁市天等县公安局；2009年考取钦州市地方税务局；现钦州市地方税务局工作。配陆小玲生于1981年5月，广西百色市德宝县隆桑镇人氏，壮族，中专学历，现广西运德集团琅东汽车总站工作。生一女：戚秋烨生于2005年7月，在校读书。

二十四世：桂武生于1977年10月，初中文化，经商，配谢武芬生于1985年，廉江市石角镇人氏，初中文化，外出经商。生二子：戚健、戚渝。

二十五世：戚健生于 2009 年 12 月，在校读书。

二十五世：戚渝生于 2011 年 10 月，在校读书。

二十三世：佳泉生于 1945 年 5 月，大专学历，中学一级教师。广西玉林地区师范学校毕业；陆川县古城镇第二中学总务处副主任；2007 年退休。配刘忠莲生于 1947 年 7 月，广西岑溪县人氏，大专学历，中学一级教师。陆川县古城镇第二中学工作，2003 年退休。生一子一女。女：戚陆琴生于 1976 年 2 月，大专学历，适陆川县沙湖镇。2000 年 6 月广西玉林教育学院英语专科毕业；2006 年玉林教育学院英语函授本科毕业；现陆川县第三中学工作。子：桂春。

二十四世：桂春生于 1978 年 1 月，大学本科，少校军衔。2000 年 6 月解放军外国语学院毕业；现服役广州军区某部队。配黄明圭生于 1981 年 11 月，江西景德镇人氏，大学本科，少校军衔。2003 年 6 月解放军外国语学院毕业；现服役于广州军区某部队。生一子：梓航。

二十五世：梓航生于 2009 年 6 月，在校读书。

二十三世：佳浪生于 1951 年 6 月，高中文化，务农。配丘友清生于 1950 年 11 月，陆川县良田镇旺垌村人，初中文化，务农。生二子二女。长女：戚小菊生于 1980 年 11 月，初中文化，适化州市中垌镇；二女：戚小冰生于 1983 年 5 月，大专学历，适陆川县沙坡镇；子：桂强、桂欢。

二十四世：桂强生于 1977 年 9 月，高中文化。1997 年广西军区边防团服役；现南宁市公交公司工作。配王秋梅生于 1986 年 7 月，壮族，南宁市江南区人，高中文化。现广西南宁市泰康人寿保险公司工作、部门经理。生一女：戚雅宣生于 2010 年 9 月，壮族，在校读书。

二十四世：桂欢生于 1985 年 6 月，初中文化，外出创业，未婚。

二十三世：佳永生于 1953 年 3 月，中专文化，小学高级教师，陆川县古城镇盘龙中心小学副校长；2014 年退休。配李奎英生于 1958 年 8 月，陆川县古城镇八角村人，中专文化，小学高级教师。陆川县古城镇盘龙逸夫小学工作，2014 年退休。生一子二女。长女：戚莹生于 1984 年 6 月，大专学历，适陆川县温泉镇；2006 年 6 月柳州市师范专科学校毕业；现陆川县良田镇初级中学工作。二女：戚清生于 1986 年年 12 月，大专学历；2010 年广西职业技术学院毕业，现广西南宁市工作。子：桂锋。

二十四世：桂锋生于1980年3月，高中文化，现外出创业。配陈珊珊生于1983年8月，陆川县乌石镇人，高中文化，外出创业。生一子：丁允。

二十五世：丁允生于2014年5月。

二十三世：佳廉生于1958年8月，高中文化，务农，配黄祖明生于1960年11月，陆川县古城镇因村人，初中文化，务农。生二子二女。长女：戚雪美生于1982年12月，初中文化，适陆川县清湖镇；二女：戚雪翠生于1984年8月，初中文化，适陆川县古城镇；子：桂栋、桂良。

二十四世：桂栋生于1986年5月，高中文化，现中国人民解放军41军123师服役；二级士官。配黄友雪生于1986年6月，陆川县古城北豆村人，初中文化，现陆川县民政局工作。生二子：宇航、宇辰。

二十五世：宇航生于2011年9月，在校读书。

二十五世：宇辰生于2013年6月，在校读书。

二十四世：桂良生于1987年8月，初中文化，外出创业，配王金谷生于1988年1月，陆川县古城镇长径村人，初中文化，务农。生一子：宇鑫。

二十五世：宇鑫生于2014年12月10日。

二十二世：基勋生于1933年9月，大学学历，正处级；1949年2月在陆川县立中学加入民主青年同盟会；1951年1月中国人民解放军460团宣传队；1954年4月广西军区公安独立营；1955年11月广西军区步兵二团政治处；1968年5月广西军区独立师二团三营九连任政治指导员；1973年3月广东军区独立师二团政治处宣传股任副股长；1978年10月广西区妇幼保健院党办主任；1987年7月广西卫生干部管理学院党委办主任、正处级；2007年5月10日于南宁去世，葬于南宁陵园公墓。妣谭惠珠生于1933年11月，大学学历，广东顺德龙江东头东里村人，副处级，中级经济师职称。湖北财经学院毕业，广西人民银行南宁分行退休。生三子：戚平、戚宏、健枫。

二十三世：戚平生于1962年10月，大学本科，大校军衔，1980年9月考取桂林陆军学院指挥系；1983年9月中国人民解放军41军121师361团1连任排长；1985年3月中国人民解放军41军121师361团1连任连长；

1988年8月中国人民解放军41军121师361团任作训股长；1988年9月中国人民解放军41军121师作训科任副营参谋；1994年5月广西军区作训处任副团职参谋；1999年3月任广西军区边防1团团长；2003年8月中国人民解放军41军123师参谋长、副师长；2005年3月任海军南海航队第六队副支队长；2008年8月任广西陆军预备役步兵师参谋长；2012年3月任贺州军分区参谋长；2013年3月至今任广西陆军预备役师师长。配赵桂萍生于1965年9月，大学本科，河北昌黎县人，现中国工商银行股份有限公司南宁分行工作。生一子：星宇。

二十四世：星宇生于1992年6月，在校读书。

二十四世：戚宏生于1965年6月，大学本科，正处级中国人寿保险广西分公司，总经理。配艾冬梅生于1969年2月，大学本科，陕西百和县人，中国人民财产保险股份公司南宁市支分公司、部门经理。生一女：戚艾嘉生于1995年8月，在校读书。

二十四世：戚兵生于1970年6月，大专学历，现广西北部湾银行工作、部门经理。配宁霞生于1978年5月，广西横县人，本科学历，现南宁迅捷商务有限公司工作。

二十二世：基茂生于1935年9月，高中文化，陆川县清湖镇卫生院工作，曾任会计、支部书记、工会主席；1992年10月退休在家。配工黄桂芳生于1937年4月，广东廉江市石角镇丰满新屋村人，务农。生三子二女。女：戚仕娟生于1963年，高中，适陆川良田镇；二女：戚仕芬生于1970年1月，大专学历，适古城镇长径村。子：佳标、仕伟、健枫。

二十三世：佳标生于1958年3月，高中文化，经商，配余兰英生于1963年7月，陆川县清湖镇那若村人，高中文化，经商。生三子一女。女：戚虹秀生于1995年7月，广西铁道学院就读。子：戚荣、桂新、桂林。

二十四世：戚荣生于1983年7月，玉林地区卫生学校毕业，中专文化，经商，配冯梅丹生于1988年10月，廉江市石角镇人，初中文化，经商。生二子一女。长女：戚诗曼生于2010年7月，在校读书；子：宇轩、宇豪。

二十五世：宇轩生于2011年8月，在校读书。

二十五世：宇豪生于2013年8月，在校读书。

二十四世：桂新生于 1984 年 12 月，高中文化，现广西陆军预备役师服役，二级士官。

二十四世：桂林生于 1987 年 12 月，玉林地区卫生学校毕业，中专文化，经商。配李廖露生于 1988 年 2 月，陆川县乌石镇人，西安市中西医药学校毕业，中专文化，经商。生一女：戚宝宝生于 2015 年 12 月 17 日。

二十三世：仕伟生于 1966 年 9 月，大学本科，郑州机械工业高等专科学校毕业；广西平果县锋华科技股份有限公司厂长、副经理。配黄雪娇生于 1973 年 5 月，百色市平果县四塘镇人，壮族，大专学历，广西右江商业学校毕业，现广西平果县政府工作。生一子一女。女：馨丹生于 1998 年 8 月，天津财经大学就读。子：保平。

二十四世：保平生于 1996 年 7 月，现广西大学就读。

二十三世：健枫生于 1976 年 9 月，大学本科，副科级。1999 年 6 月桂林航天工业学院毕业；2002 年 6 月陆川县滩面工商所、所长；2010 年 9 月陆川县乌石工商所、所长；2012 年 4 月陆川县工商局食品管理股、股长；2015 年 8 月陆川县食品监督管理局党组成员、纪检组长。配赖雪梅生于 1979 年 12 月，陆川县古城镇陆因村人，中专学历；玉林市商业技术学校毕业；现中国人寿保险陆种支公司工作，部门经理。生二子：鸿凯、淞铭。

二十四世：鸿凯生于 2006 年 2 月，在校读书。

二十四世：淞铭生于 2015 年 3 月 11 日。

二十二世：基猛生于 1944 年 4 月，高中文化，1968 年 4 月参加中国人民解放军；现陆川县新一代节能设备厂工作。配凌相珍生于 1947 年 7 月，陆川县古城清耳村人，高小毕业，务农。生三子二女。大女：戚仕梅生于 1975 年 11 月，中专学历，经商，适陆川县古城镇；二女：戚仕琼生于 1987 年 9 月，中专学历，适百色隆林县南宁创业；子：佳慧、佳舒、佳朋。

二十三世：佳慧生于 1971 年 4 月，大学本科，1993 年 6 月博白县师范学校毕业；2007 年 4 月西南师范大学本科毕业；现陆川县米场镇第一初级中学工作。配陈冬梅生于 1970 年 2 月，陆川县温泉镇人，大学本科，副科级；1991 年 12 月陆川县沙坡镇政府、妇联副主席；1999 年 8 月陆川县马坡镇政府、副镇长；2006 年 8 月陆川县地震局党组成员、副局长。生一子一女。女：远航生于 2013 年 2 月，在校读书。子：远帆。

二十四世：远帆生于 2004 年 4 月，在校读书。

二十三世：佳舒生于 1977 年 2 月，中专学历，1999 年 6 月广西轻工业学校毕业，经商。配李玉香生于 1980 年 1 月生，陆川县温泉镇人，中专学历，经商。2000 年 6 月陆川县职业技术学校毕业。生一子一女。女：馨尹生于 2004 年 4 月，在校读书。子：晋华。

二十四世：晋华生于 2010 年 11 月，在校读书。

二十三世：佳朋生于 1980 年 11 月，初中文化，2000 年 12 月参加中国人民解放军；现广西平果县创业。配周丽平生于 1985 年 5 月，陆川县博白县大垌镇人，初中文化，经商。生一子二女。大女：戚美琪生于 2008 年 2 月，在校读书；二女：戚雯暄生于 2013 年 1 月，在校读书。子：文桦。

二十四世：文桦生于 2009 年 8 月，在校读书。

子美长子文钦公分支维周公派下戚照房源流谱

十二世：维周妣冯、李氏生三子：启瑞（另续）、启棠（另续）、启秀。

十三世：启秀（戚三郎）妣廖氏生一子：戚照。

十四世：戚照妣叶氏生二子：有良、有纯（另续）。

十五世：有良妣罗、曾氏生二：弘瀼、弘漂（另续）。

十六世：弘瀼妣温氏生六子：益武（另续）、和武（另续）、顺武（另续）、乐武（另续）、福武（另续）、禄武。

十七世：禄武妣袁氏生三子：可成（另续）、可荣（另续）、可华。

十八世：可华妣苏氏生三子：和成（另续）、和章（另续）、和纲。

十九世：和纲妣杨氏生三子：权湘（另续）、权丰、三子幼年●。

二十世：权丰配冯氏生三子：日文（另续）、日松（另续）、日全。

二十一世：日全葬茶窝元尾配黄友芳生于1914年6月3日，生四子：春梅、春桂、春炎、春胜。

二十二世：春梅生于1939年4月9日，学历初中，级别正科，在古城镇政府工作已退休，配丘玉英生于1943年6月21日，北豆村新塘面队人，生二女二子：大女：伟青已婚在清湖街；二女：伟清已婚在良田镇旺垌村；子：伟东、伟国。

二十三世：伟东生于1968年4月26日，学历初中，在家经商，配黄焕玉生于1969年11月25日，学历初中，良田旺垌村人，生二子二女：大女：戚露生于1993年9月15日，在广西艺术学院，在读研究生；二女：舒舒生于1995年8月27日，在陆川实验中学读书：子：戚茜、茜鹏。

二十四世：戚茜生于1992年6月20日，学历初中，在外务工。

二十四世：茜鹏生于1996年9月21日，在陆川实验中学读书。

二十二世：春桂生于1944年11月11日，学历初中，在陆川水厂工作，已退休，配袁桂珍生于1947年1月7日，学历初中，北豆村新村队人，生三女一子：大女：戚敏生于1973年4月22日，学历中专，已婚在陆川街；二女：冬冬生于1975年11月22日，学历大专，已婚广东云浮交通局；三女：

秋连生于1986年8月28日，学历初中，已婚柳州融水；子：业琦。

二十三世：业琦生于1986年8月28日，学历大专，在珠海市工作。

二十二世：春炎生于1949年8月11日，学历高中，在家务农，配黄秀清，广东石角镇丰满村山下队人，生四女一子：大女：伟红已婚古城镇长径村竹瓦冈队；二女：伟伟已婚广东德庆县莫村镇；三女：伟玉已婚广东石角镇丰满村；四女：伟利生于1994年12月17日，学历高中，外出务工。生一子：英熙。

二十三世：英熙生于2014年10月29日。

二十二世：春胜配简小梅生于1962年7月14日，学历初中，清湖镇合水口队人，生一子一女：女：秋兰已婚在江西陈乌县吉谭镇；子：戚彬。

二十三世：戚彬生于1984年10月8日，学历初中，外出务工，配姜佳佳生于1989年10月20日，河南人，生一女：友雯生于2009年4月26日，在幼儿园读书。

二十二世：春朋生于1964年2月18日，学历小学，在家务农，配简小梅生一子一女：舒婷生于2004年9月27日，在古城中心小学读书。

二十二世：妙金生于1995年1月14日，学历初中，外出务工。

子美长子文钦公分支维美公派下戚琩房源流谱

十二世：维美妣江氏生四子：启威（另续）、启明（另续）、启红、启先（另续）。

十三世：启红妣陈氏生二子：戚琩、戚璠（另续）。

十四世：戚琩妣黄氏生三子：汉祥（另续）、仁祥、兴祥（另续）。

十五世：仁祥妣氏生二子：绍庆（另续）、绍坤。

十六世：绍坤妣氏生一子：显廷。

十七世：显廷妣温氏生一子：子权。

十八世：子权妣李氏生四子：国兴（另续）、国章（另续）、国经（另续）、国英。

十九世：国英妣刘氏生二子一女。女：彩英适上村赖家；子：贤幹（另续）、贤端。

二十世：贤瑞配戚氏生四子二女。长女：小椿适桶口村；二女：小锋适门前岑；子：小平、世贞、世泽、世尧。

二十一世：小平配江氏生二子三女。长女：梛玲适温水浪村陈家；二女：思婷；三女：思曼；子：少聪、少豪。

二十二世：少聪配曾氏生一子一女。女：桉棋；子：永显。

二十三世：永显。

二十二世：少豪。

二十一世：少贞配叶氏生一子三女。长女：梛君适廉江市姜家垌村；二女：思吉适陆田村；三女：思范；子：少华。

二十二世：少华配曹氏生二子：永鑫、永旺。

二十三世：永鑫、永旺。

二十一世：世泽配李氏生二子：少林、少杰。

二十二世：少林配何氏生一子：永辉。

二十三世：永辉。

二十二世：少杰。

二十一世：世尧配刘氏生三子：少龙、少乾、少彬。

二十二世：少龙、少乾、少彬。

六世祖南轩公至十三世系源流图表

| 六世 | 七世 | 八世 | 九世 | 十世 | 十一世 | 十二世 | 十三世 |

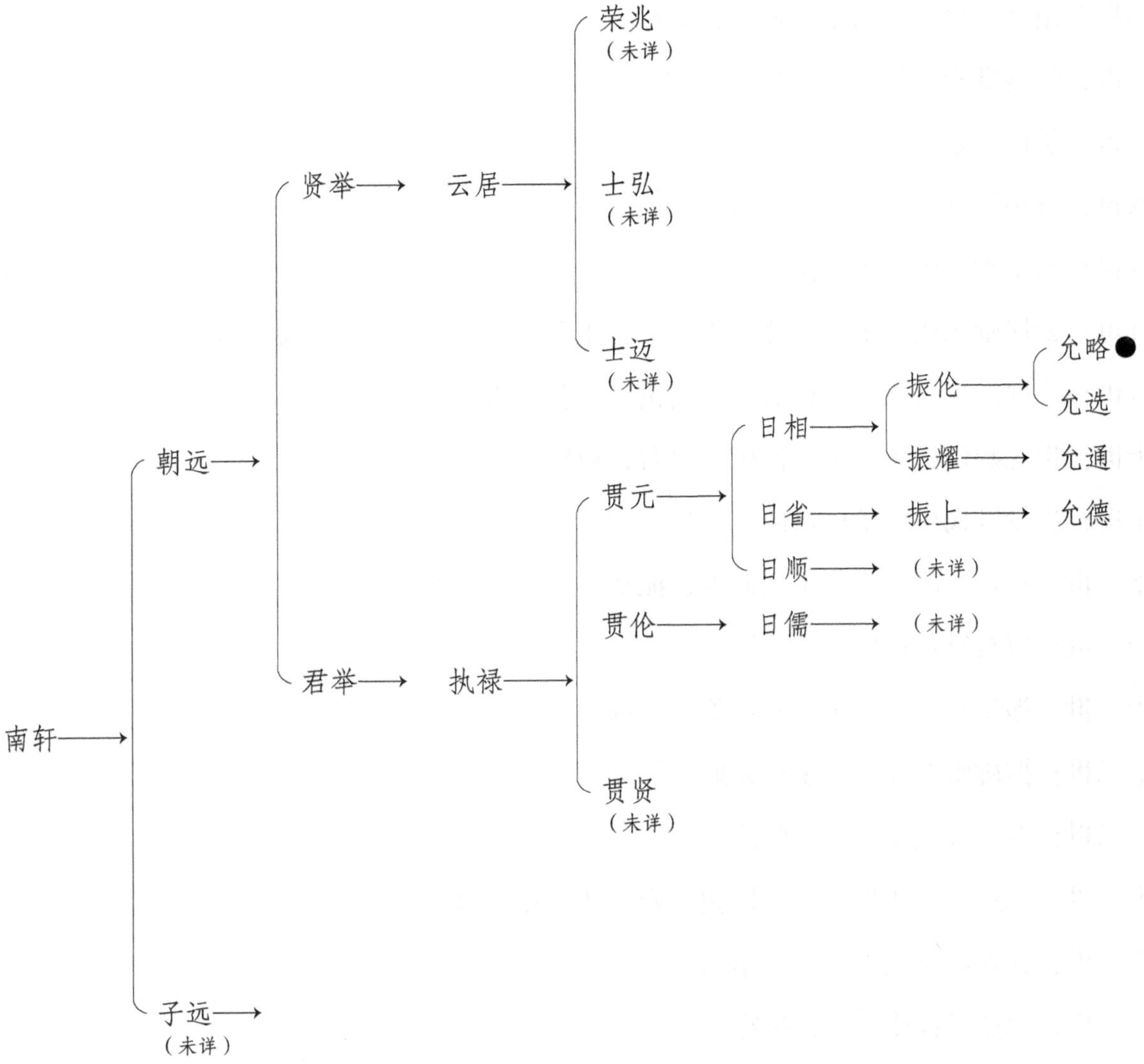

```
南轩─┬─朝远─┬─贤举──→云居─┬─荣兆
     │      │              │  （未详）
     │      │              │
     │      │              ├─士弘
     │      │              │  （未详）
     │      │              │
     │      │              └─士迈
     │      │                 （未详）
     │      │
     │      └─君举──→执禄─┬─贯元─┬─日相─┬─振伦─┬─允略●
     │                    │      │      │      └─允选
     │                    │      │      └─振耀──→允通
     │                    │      ├─日省──→振上──→允德
     │                    │      └─日顺──→（未详）
     │                    │
     │                    ├─贯伦──→日儒──→（未详）
     │                    │
     │                    └─贯贤
     │                       （未详）
     │
     └─子远──→
        （未详）
```

六世祖南轩公至十三世祖世系源流谱

六世：南轩妣卢氏生二子：朝远、子远。

七世：朝远妣刘氏生二子：贤举、君举。

七世：子远（未详）。

八世：贤举妣林氏生一子：云居。

八世：君举妣氏生一子：执禄。

九世：云居妣氏生三子：荣兆（未详）、士弘（未详）、士迈（未详）。

九世：执禄妣李氏生三子：贯元、贯伦、贯贤（未详）。

十世：贯元妣何氏生三子：日相、日有、日顺（未详）。

十世：贯伦妣氏生一子：日儒（未详）。

十一世：日相妣陈氏生二子：振伦、振耀。

十一世：日有妣莫氏生一子：振上。

十二世：振伦妣氏生二子：允略●、允选。

十二世：振耀妣莫氏生一子：允通。

十二世：振上妣氏生一子：允德。

十三世：允选妣麦氏生三子：相朝、相盛●、相杰●。

十三世：允通妣蔡氏生一子：相远。

十三世：允德妣氏生一子：相富。

南轩长子朝远公分支允选、允通公派下相朝房源流谱

十三世：允选妣麦氏生三子：相朝、相盛●、相杰●。

十四世：相朝妣王氏生四子：焞、熠（另续）、焯（另续）、燥（另续）。

十五世：戚焞妣谭氏生三子：光荣、光华、光廷。

十六世：光荣妣伍氏生一子：维南。

十七世：维南妣杨氏生二子：正秀、喜秀（另续）。

十八世：正秀妣胡氏生二子：步有（出继朝秀）、步贤●。

十六世：光华妣谢氏生一子：维伍●。

十六世：光廷妣谭氏生五子：维兴、维友、维才、维良●、维安。

十七世：维兴妣黎氏生二子（未详）。

十七世：维友妣陆氏生三子：安秀、齐秀、存秀。

十八世：齐秀妣伍氏生一子：观连（有桂）。

十九世：观连（有桂）妣陈氏生三子：兆伦（另续）、兆京、兆明。

二十世：兆京妣王梁二氏（随母带来二子）：康友●、培维。

二十一世：培维配张秀辉生于1937年8月7日深山龙村人生三子：亚理、康湛（亚赐）、广芬（锦晶）。

二十二世：亚理生于1962年1月26日高中配李伟娟垌口村人生于1965年3月16日，生三子：景龙、永锋、永刚。

二十三世：景龙生于1989年10月2日技校工作配谢菊艳龙川县人生于1988年7月10日生一子：家瑜生于2014年11月13日。

二十三世：永锋生于1991年4月7日，技校。

二十三世：永刚生于1992年5月21日，大学。

二十二世：康湛（亚赐）生于1971年6月16日配廖利芬生于1970年9月25日兴宁市人，大专，生一女：钰洁生于1998年6月19日。

二十二世：锦昌（广芬）生于1973年6月30日大专配余秋玲绍关市人，生于1979年8月18日，生二子：靖宇、文瀚。

二十三世：靖宇生于 2005 年 8 月 6 日。

二十三世：文瀚生于 2010 年 6 月 25 日。

二十世：兆明配宋氏生三子：进生●、戚晚、亚●。

二十一世：戚晚生于 1942 年 4 月 21 日曾任排里乡党支部书记配蔡嫦桂，生于 1942 年 12 月 5 日黄盘山村人，生三女一子。长女：木萍生于 1968 年 7 月 12 日，适外坡村。次女：少娟生于 1972 年 12 月 13 日，适廉江市区。三女：广喜生于 1976 年 1 月 10 日，适麻章区。子：水清。

二十二世：水清生于 1965 年 9 月 7 日，高中，配陈强生于 1969 年 7 月 21 日，河墩村人生一女三子。女：景婷生于 1990 年 4 月 17 日；子：华拯、李权、康泰。

二十三世：华拯生于 1991 年 11 月 25 日，读广州华立学院。

二十三世：李权生于 1994 年 6 月 3 日，读广州城建学院。

二十三世：康泰生于 1996 年 12 月 2 日，读广州文艺学院。

十八世：存秀妣陈吕二氏生二子：有明、有德。

十九世：有明妣陈氏生一子：兆昌。

二十世：兆昌妣陈氏生二子：培浩、土桂。

二十一世：培浩生于 1928 年 5 月 14 日配邓桂英生于 1937 年 8 月 6 日，三代塘村人生二子：亚武、亚区。

二十二世：亚武生于 1962 年 9 月 2 日配方妹仔白沙河村人生于 1962 年 8 月 23 日生三女一子。长女：广娣生于 1988 年 2 月 18 日，中专；次女：晓杏生于 1990 年 6 月 19 日，初中；幼儿：燕秋生于 1991 年 11 月 27 日，初中；子：广泳。

二十三世：广泳生于 2000 年 2 月 25 日。

二十二世：戚区生于 1970 年 5 月 19 日，初中，配罗娟，博教村人，生于 1973 年 9 月 10 日，生一女二子：女：丽萍生于 2001 年 11 月 11 日；子：广志、建宁。

二十三世：广志生于 1998 年 3 月 28 日。

二十三世：建宁生于 2001 年 11 月 11 日。

二十一世：土桂生于 1933 年 5 月 5 日。

十九世：有德（日养）妣氏生一子：兆观。

二十世：兆观（迁居海南）妣林氏生四子：培松、培廉、培三●、培四●。

二十一世：培松妣罗氏●。

二十一世：培廉妣陈氏生一子：戚洲（落业海南）。

十七世：维才妣氏生一子：园秀。

十八世：园秀妣陈氏生二子：亚成、有恒。

十九世：亚成（有才）妣氏生一子：兆瑞。

二十世：兆瑞妣林氏生三子：培新、培业、进织●。

二十一世：培新妣陆氏生九子：用●、称●、广发、华平、康桂、亚天●、康富、日光、亚才。

二十二世：广发生于1945年4月2日配罗秀华生于1969年9月5日河唇塘口村人（随母带来一子）：华强。

二十三世：华强生于1995年9月9日。

二十二世：华平生于1946年10月26日，1965年服役连干部，79年参加中越自卫还击战荣获二等功。转业国家公务员退休居住廉江新风街配许娣生于1951年6月25日，黎塘村人，生一子一女。女：丽珍生于1974年6月23日，大学，适铺洋，子：广锋。

二十三世：广锋生于1978年3月10日，高中，配周春燕廉江大路边村人，生于1983年4月20日生一子：晋健。

二十四世：晋健生于2002年11月10日。

二十二世：康桂生于1951年8月8日，高中国企工人曾任清远市农机厂副厂长，定居清远市2号区配蒋秀玉湖南人国企退休生于1951年6月5日生一子：境荣。

二十三世：境荣生于1980年2月6日高中配潘少仪清远市人，生于1979年12月9日生一子一女。女：彦琪生于2003年10月28日，子：智健。

二十四世：智健生于2011年12月17日。

二十二世：康富生于1956年7月26日配麦燕东山部村人生于1960年11月27日生二子二女。长女：春滟生于1992年3月19日。次女：思榕生于1995年10月2日；子：鸿概、南涛。

二十三世：鸿概生于1997年12月7日。

二十三世：南涛生于 2001 年 1 月 12 日。

二十二世：日光生于 1959 年 7 月 20 日，参加中越自卫还击战荣获二等功，配陆月美广州市人生一子一女。女：静敏；子：振华。

二十二世：亚才生于 1963 年 10 月 7 日配罗梅博教村人生于 1971 年 6 月 28 日生二子一女。女：境怡生于 1994 年 4 月 1 日，高中；子：华杰、康柱。

二十三世：华杰生于 1992 年 6 月 2 日，配莫景虹，关塘村人，生于 1992 年 11 月 16 日，生二女：长女：雯浠生于 2015 年 8 月 16 日；次女：雯琦生于 2015 年 8 月 16 日。

二十三世：康柱生于 1996 年 11 月 25 日。

二十一世：培业妣麦氏生一子：广富。

二十二世：广富生于 1960 年 12 月 22 日配苏娟梅广西天等县人生于 1964 年 10 月 27 日生三女一子。长女：石柳生于 1989 年 6 月 24 日。次女：木卫生于 1993 年 11 月 14 日。三女：秋娣生于 1996 年 8 月 16 日。子：镇开。

二十三世：镇开生于 1999 年 3 月 2 日。

十七世：维安妣氏生一子：裕秀。

十八世：裕秀妣氏生二子：有光、有廷。

十九世：有光妣氏（黄竹田取一子入继）：兆良。

二十世：兆良妣氏（取一子入继）●。

十九世：有廷妣氏生一子：兆广。

二十世：兆广妣潘氏生一子：培均、培东。

二十一世：培均妣赖惠芬横垌村人生于 1932 年 8 月 9 日生三女三子。长女：木妹生于 1953 年 7 月 5 日适曲龙村；次女：戚雪，适西山；幼女：戚琴，适横桐乡；子：陈养、胜、利。

二十二世：陈养生于 1951 年 10 月 2 日。

二十二世：胜生于 1957 年 5 月 4 日，79 年参加中越自卫还击战。配黄少玲云南望漠县人生于 1972 年 5 月 15 日生二子二女。长女：秀梅生于 1996 年 3 月 25 日。次女：观娣生于 1998 年 6 月 13 日。子：观团、广基。

二十三世：观团生于 1994 年 2 月 6 日。

二十三世：广基生于 2002 年 9 月 25 日。

二十二世：利生于 1963 年 9 月 11 日配张爱英山口仔村人生于 1967 年 9 月 3 日生二子二女。长女：日娣生于 1988 年 8 月 10 日。次女：广生生于 1990 年 10 月 2 日。子：广文、康智。

二十三世：广文生于 1992 年 3 月 5 日，大专。

二十三世：康智生于 1997 年 12 月 22 日。

二十一世：培东配陈氏生五女二子。子：发、忠●。

二十二世：发生于 1955 年 6 月 6 日配莫凤谭卜南村人生于 1959 年 9 月 17 日，生三女二子。长女：广月生于 1990 年 11 月 13 日。次女：秋生生于 1991 年 8 月 8 日。三女：水金生于 1993 年 5 月 28 日。子：广明、水碧。

二十三世：广明生于 1987 年 7 月 16 日。

二十三世：水碧生于 1996 年 5 月 3 日。

十三世：允通妣张氏生一子：相达。

十四世：相达妣何氏生二子：戚炳、戚炫。

十五世：戚炳妣何氏生一子：未详。

十五世：戚炫妣林氏生二子：光珍、光宇。

十六世：光珍妣钟氏生三子：维新、维盛、维元。

十六世：光宇后裔未详。

十七世：维新（未详）；维盛妣陈氏（未详）。

十七世：维元妣谭氏生二子：观禄、亚右。

十八世：观禄；亚右均未详。

南轩长子朝达公分支允德公派下相富房源流谱

十三世：允德妣氏生一子：相富。

十四世：相富妣刘氏生三子：爵进、爵举、爵禄。

十五世：爵进妣直氏生四子：光辉、光文●、光耀、光勇●。

十六世：光辉妣李氏生四子：维高、维胜、维三（未详）、维四●。

十七世：维高妣黄氏生二子：康泰、王辅（未详）。

十六世：光耀妣林氏生三子：维仪、维忠●、维信●。

十七世：维仪妣黄氏生二子：大利（不详）、大德。

十八世：大德妣麦氏生四子：有定●、有静●、有安、有和。

十九世：有安妣全氏生一子：兆胜（未详）。

十九世：有和妣郑氏生一子：兆胜。

二十世：兆胜妣黄氏生一子：戚胜。

二十一世：戚胜配彭美连，杨柑镇人，生于1957年1月11日，生三子：亚英、进养、戚娣。

二十二世：亚英生于1978年11月3日，配黄燕珍，海南省五拾山人，生于1983年，生二女一子：长女：芸娜生于2008年12月1日；二女：芸榆生于2010年9月2日；子：伟杰。

二十三世：伟杰生于2005年2月19日。

二十二世：进养生于1981年4月17日，配肖犁，徐闻县人，生于1987年9月5日，生一女：紫秀生于2013年10月16日。

二十二世：戚娣生于1985年7月17日，配梨洪清，下云圩人，生于1988年11月30日。

十五世：爵举妣林氏生四子：光秀、光杨●、光洪、光珠。

十六世：光秀妣莫氏过海南（未详）。

十六世：光洪妣廖氏生三子：维汉●、维明、亚三●。

十七世：维明妣何氏生二子：大彰、大经。

十八世：大彰妣李氏生六子：有馀、有其、有思、亚四●、亚五●、有爱。

十九世：有馀妣陈氏生六子：兆一●、兆仁、亚九●、兆义、兆礼、兆铸。

二十世：兆仁妣袁氏生二子：培一、培兴。

二十一世：培兴妣林氏生四子：锦一●、亚四（未详）、亚娣（未详）、亚孜（未详）。

二十一世：兆义妣谢氏生三子：长子（未详）、亚九、亚尾●。

二十一世：亚九妣陈氏（未详）。

二十世：兆礼妣罗氏生三子：长子（未详）、日生、亚娣。

二十一世：日生配邓氏生三子：伟才（未详）、伟明（未详）、伟林（未详）。

二十一世：亚娣配韩氏生二子：伟红（未详）、伟生（未详）。

二十世：兆铸妣氏生一子（未详）。

十九世：有其妣陈氏生四子：兆让、兆富、兆强、亚九●。

二十世：兆让妣李氏生一子：杏九。

二十一世：杏九生于1945年8月21日配林华芳生二子二女。长女：马妹生于1977年12月1日，适福建。次女：天妹生于1981年3月16日，适广宁县。子：锦忠、锦桂。

二十二世：锦忠生于1975年1月20日初中配许庆秀生一女一子。女：小庆生于2002年；子（失名）。

二十二世：锦桂生于1984年2月1日，初中。

二十世：兆富（出继一角村）。

二十世：兆强妣莫氏生一子：天扶。

二十一世：天扶妣周氏（未详）。

十九世：有思妣叶氏生一子：兆隆。

二十世：兆隆妣麦氏生三子：马安●、培桂、培兰。

二十一世：培桂配陈氏生二子：蔡荣（未详）、天胜（未详）。

二十一世：培兰生于1949年2月21日初中，配曾三生于1948年10月13日，旧庙村人生三子一女。女：燕清生于1976年10月25日初中，适下六村。子：锦有、锦文、锦才。

二十二世：锦有生于1978年12月4日，学历大学，在外工作，配方碧华生于1976年3月22日大专姓方村人生一子一女。女：鑫琪生于2008年7月14日；

子：伟乐。

二十三世：伟乐生于 2004 年 2 月 2 日。

二十二世：锦文生于 1982 年 6 月 16 日，学历大学配韦洁珍生于 1987 年 9 月 8 日初中三顿村人生一子：戚亿。

二十三世：戚亿生于 2008 年 10 月 26 日。

十九世：有爱妣张氏生四子：兆年、兆广、兆孜、亚尾（出继）。

二十世：兆年妣陈氏生二子：长子（失名）、观胜。

二十一世：观胜生于 1951 年 1 月 16 日初中配麦罗娇荔枝山村人生于 1954 年 6 月 16 日高中生一子三女。长女：秋凤生于 1976 年 9 月 20 日高中，适客路本立村次女：凤英生于 1978 年 12 月 29 日高中，适珍珠湾村。三女：伟燕生于 1982 年 6 月 28 日中专，在外务工。子：天耀。

二十二世：天耀生于 1980 年 6 月初一，配田冬梅生于 1983 年 11 月 8 日，闪亚省人，生一女：樟言生于 2010 年 1 月 3 日。

二十世：兆广妣万氏生一子：天福。

二十一世：天福妣陈氏生二子：伟强（未详）、伟明（未详）。

二十世：兆孜妣陈氏生二子：日生、亚平。

二十一世：日生生于 1963 年 1 月 15 日初中，配骆杰英生于 1964 年 11 月 19 日老师，罗壳顿村人生一子一女。女：戚意生于 1993 年 1 月 13 日大学；子：灿。

二十二世：灿生于 1996 年 1 月 7 日，学历大学。

二十一世：亚平生于 1974 年 6 月 26 日初中配罗伟平生于 1980 年 2 月 27 日架罗仔村人生二子一女。女：欣怡生于 2013 年 11 月 2 日；子：荣煜、荣轩。

二十二世：荣煜生于 2004 年 8 月 16 日。

二十二世：荣轩生于 2013 年 11 月 2 日。

十八世：大经妣欧氏生二子：有希、有光。

十九世：有希妣彭氏生五子：兆权、土连●、亚三●、亚四●、兆丙。

二十世：兆权妣车黄林三氏生二子：长子（失名）、培棠。

二十一世：培棠生于 1951 年 4 月 13 日配陈妹那略村人生于 1957 年 12 月 22 日生四子：锦辉、锦强、锦廷、锦秀。

二十二世：锦辉生于 1980 年 8 月 11 日初中配欧大清广西宾阳新圩镇人生于 1980 年

12月4日初中生二子：振涛、振博。

二十三世：振涛生于2006年5月19日。

二十三世：振博生于2008年10月9日。

二十二世：锦强生于1983年3月21日，初中。

二十二世：锦廷生于1984年12月15日初中配关静娴开平百合镇人生于1989年6月9日初中生一子：振豪。

二十三世：振豪生于2013年1月26日。

二十二世：锦秀生于1989年8月23日。

二十世：兆丙妣劳氏生二子：培成、培就。

二十一世：培成（马保）生于1968年7月15日初中配蒋国新广西人生于1969年9月14日初中生二子二女。长女：惠霞生于1993年9月13日，初中。次女：戚妹生于1995年8月6日，初中。子：锦超、华荣●。

二十二世：锦超生于1992年10月12日，高中。

二十一世：培就（马明）生于1970年1月12日配杨远清远人（已离）续方氏生于1980年，二氏生二子三女。长女：悦妃生于1997年7月26日。次女：盈盈生于2000年10月9日。三女：星明生于2009年6月5日。子：成心、晨州。

二十二世：成心生于2003年12月20日。

二十二世：晨州生于2006年5月12日。

十九世：有光妣张氏生一子：兆宽。

二十世：兆宽妣欧氏生三子：天寿、亚桂、亚细●。

二十一世：天寿生于1953年3月13日配罗梁芳杨柑镇人生于1954年10月28日生三子一女。女：成执生于1978年10月16日，适珍珠湾村。子：长子（失名）●、戚康、日养。

二十二世：戚康生于1980年11月3日高中配韦秋吉广西林县白圩镇高村人生于1986年8月24日初中生一女：淇真生于2011年12月18日。

二十二世：日养生于1985年10月26日初中，配苏少兰苏屋村人生于1985年4月20日。

二十一世：亚桂妣李氏（未详）。

十六世：光珠妣舒氏生三子：维平、维祥●、维朝。

十七世：维平妣莫氏生一子：大尤。

十八世：大尤妣陈氏生三子：有修、陈桂●。

十九世：有修妣彭氏生一子●。

十七世：维朝妣氏生一子：大兴。

十八世：大兴妣氏生二子：有恭、有敬●。

十九世：有恭妣张氏生二子：兆谦、亚娣●。

二十世：兆谦妣占氏生三子：培才、培二●、培三●。

二十一世：培才生于1943年4月28日配梁志娟旧屋地村人，生于1945年10月10日生五子一女。女：大妹生于1980年8月16日，适广宁县。子：日扶、亚二●、蔡生、亚旺、亚平。

二十二世：日扶生于1969年5月15日高中配欧妹杨甘镇人生于1968年10月22日生一子二女。长女：诗婷生于1996年2月2日。二女：诗恩生于2010年3月7日。子：文杰。

二十三世：文杰生于1997年5月20日，初中。

二十二世：蔡生生于1979年11月12日初中经商配凌丽珍新会市人生于1978年5月1日高中，生一子一女。女：文琪生于2009年4月28日。子：文锐。

二十三世：文锐生于2002年3月12日。

二十二世：亚旺生于1976年12月6日初中配马劲芳徐闻县人生于1981年5月12日初中生二子：文宁、文涛。

二十三世：文宁生于2009年3月20日。

二十三世：文涛生于2012年5月23日。

二十二世：亚平生于1980年6月28日初中配陈丽莉肇庆市人生于1982年2月16日生二子：文俊、文鸿。

二十三世：文俊生于2006年12月4日。

二十三世：文鸿生于2009年1月7日。

十五世：爵禄妣林氏生二子：光丙●、光昱。

十六世：光昱妣陈氏生二子：维举（未详）、维业。

十七世：维业妣麦氏生六子：康生（未详）、大芬、大珍（未详）、大全（未详）、大光、大寿。

十八世：大芬妣梁氏生一子：有球。

十九世：有球妣彭氏生一子：兆欣。

二十世：兆欣妣陈氏生三子：陈养、红娣、亚桂。

二十一世：陈养配彭氏生三子：亚生（未详）、林养（未详）、亚胜（未详）。

二十一世：红娣妣李氏生一子：亚强（未详）。

二十一世：亚桂妣陈氏（未详）。

十八世：大光妣石氏生三子：有道、有立●、有德。

十九世：有道妣简氏生三子：兆华、亚桂（未详）、亚马。

二十世：兆华配谭氏生二子：日养（未详）、亚娣（未详）。

二十世：亚马配庞雪娟生于 1961 年天德村人生二子一女。女：戚妹生于 1987 年，适罗湾村。子：伟国、伟志。二十一世：伟国生于 1984 年 5 月 27 日初中配董超风生于 1984 年 9 月 26 日初中云南省人。

二十二世：伟志生于 1989 年 10 月 10 日初中，在外务工。

十九世：有德妣黄氏生二子：亚胜、亚福（未详）。

二十世：亚胜配陆氏生一子：亚生。

二十一世：亚生生于 1954 年 6 月 2 日配邓妹生于 1952 年 10 月 22 日下六村人，生三子一女。女：清华生于 1982 年 12 月 1 日，适开平市布屋村。子：伟才、方才、伟明。

二十二世：伟才生于 1976 年 1 月 3 日高中，在外务工。

二十二世：方才生于 1979 年 1 月 16 日大专，在外务工配王洁英生于 1986 年 7 月 10 日大学广西宾阳县人生一女。女：展兑生于 2012 年 5 月 26 日。

二十二世：伟明生于 1980 年 11 月 2 日，在外务工。

十八世：大寿妣张氏生一子：有明。

十九世：有明妣麦氏生二子：观国●、亚执、亚劳（取子）●。

二十世：亚执生于 1939 年 1 月 18 日配莫玉英生于 1941 年 8 月 24 日杨柑镇人生三子：亚兴、马贵、亚友。

二十一世；亚兴生于 1969 年 2 月 29 日配陈日英生于 1979 年 6 月 22 日杨柑镇人，生二子：文龙、文虎。

二十二世：文龙生于 2005 年 8 月 7 日。

二十二世：文虎生于 2010 年 6 月 24 日。

二十一世：马贵生于 1971 年 9 月 29 日初中配郭丽华生于 1976 年 7 月 17 日，北京人，生一子一女。女：心敏生于 2001 年 3 月 5 日。子：心荣。

二十二世：心荣生于 2003 年 5 月 16 日。

二十一世：亚友生于 1977 年 6 月 1 日初中配梁旺桂生于 1987 年杨柑镇人，生一子一女。女：思静生于 2000 年 3 月 15 日。子：仲文。

二十二世：仲文生于 2002 年 5 月 17 日。

六世祖亚俊公世系源流图表

六世	七世	八世	九世	十世	十一世	十二世	十三世

```
                                                              ┌ 文信 ──→ 廷翟
                                                              │ 文佐●
                                      ┌ 如显●                  │ 文杰 ──→ 廷宴
                             ┌ 有泰● ─┤          ┌ 亚蛮 ──→ 保齐 ─┤ 文伟 ──→ 廷质
                             │        │ 如错 ──→ ┤                │ 文像 ──→ 廷魁
                             │        │          └ 亚和●           │ 文应●
                             │        │          ┌ 亚富 ──→ 马良●   │
                             │        │          │          保加●  └ 文成 ──→ 廷文
                             │        │          └ 亚端 ──→ 天男 ──→ 庆寿●
                             │ 有德 ──┤
                             │        │                            ┌ 廷用
                             │        │                    ┌ 文珠 ─┤ 廷明
                             │        │                    │       └ 龙山
                             │        │           ┌ 天赐 ──┤       ┌ 亚玫
                             │ 有康● │                    └ 文歇 ──┤ 亚司
          ┌ 富微 ──────────── ┤        └ 如闲 ──→ 亚四 ──┤            └ 亚品
          │                  │                           │           ┌ 学礼
          │                  │                           │   ┌ 玄磨 ─┤ 亚龙
          │                  │                           └ 天通 ──┤   └ 亚驳
          │                  │                                   │    （未详）
          │                  └ 有述●                              └ 玄灵 ──→ 亚除●
 亚俊 ──→ ┤
          │                                              ┌ 亚三●
          │                                     ┌ 亚每 ──┤ 亚四●
          │                  ┌ 有贤 ──→ 公满 ──┤
          │                  │                  └ 亚常●
          └ 富俙 ─────────── ┤ 有德 ──→ 公享●
                             └ 有妥●
```

六世祖亚俊公至十三世祖世系源流谱

六世：亚俊妣莊氏生二子：富薇、富僯。

七世：亚俊长子：富薇妣陈氏生四子：有泰●、有德、有仄、有述。

七世：亚俊次子：富僯妣董氏生三子：有贤、有德、有妥。

八世：富薇次子：有德妣欧氏生三子：如显、如错、如闲。

八世：富薇三子：有仄妣何氏●。

八世：富薇四子：有述妣符氏●。

八世：富僯长子：有贤妣方氏生一子：公满。

八世：富僯次子：有德妣李氏生一子：公亨●。

八世：富僯三子：有妥妣蔡氏●。

九世：有德长子：如显妣何氏●。

九世：有德次子：如错妣陈氏生二子：亚蛮、亚和。

九世：有德三子：如闲妣罗氏生三子：亚富、亚端、亚四。

九世：有贤之子：公满妣黄氏生二子：亚每、亚常●。

十世：如错长子：亚蛮妣吴氏生一子：保齐。

十世：如错次子：亚和妣许氏取一子入继：保兴●。

十世：如闲长子：亚富妣黄氏生一子：马良●。

十世：如闲次子：亚端妣薛氏生二子：保加、天男。

十世：如闲三子：亚四妣蔡氏生二子：天锡、天通。

十世：公满长子：亚每妣陈氏生三子：亚荐、亚三●、亚四。

十一世：亚蛮之子：保齐妣朱氏生七子：文信、文佞●、文杰、文伟、文像、文应、文成。

十一世：亚端长子：保加妣杨氏●。

十一世：亚端次子：天男妣陈氏生一子：庆寿●。

十一世：亚四长子：天锡妣陈氏生二子：文珠、文歇。

十一世：亚四次子：天通妣黄氏生二子：玄磨、玄灵。

十一世：亚每长子：亚荐（外出未详），次子：亚三●、三子：亚四妣符氏。

十二世：保齐长子：文信妣陈氏生一子：廷邐。

十二世：保齐三子：文杰妣柯氏生一子：廷宴●。

十二世：保齐四子：文伟妣郑氏生一子：廷质。

十二世：保齐五子：文像妣姚氏生一子：廷魁。

十二世：保齐六子：文应妣李氏●。

十二世：保齐七子：文成妣郑氏生一子：廷文。

十二世：天锡长子：文珠妣曾氏生三子：廷用、廷明●、龙山。

十二世：天锡次子：文歇妣李氏生三子：亚玖、亚司、亚品。

十二世：天通长子：玄磨妣钟氏生三子：学礼、亚龙、亚骏。

十二世：天通次子：玄灵妣陈氏生一子：亚郐●。

十三世：文信之子：廷妣林氏生三子：法正、守直、守恭。

十三世：文伟之子：廷质妣陈氏生一子：守勤。

十三世：文像之子：廷魁妣黎氏生二子：大可、亚蔭。

十三世：文成之子：廷文妣姚氏生一子：大经。

十三世：文珠长子：廷用妣朱氏取一子入继：惟信。

十三世：文珠三子：龙山妣黎氏生三子：守成、守由、守学。

十三世：文歇长子：亚玖妣陈氏生一子：守规。

十三世：文歇次子：亚司妣柯氏生三子：守转、守啼、守恩●。

十三世：文歇三子：亚品妣黄氏生二子：州生●、亚爱●。

十三世：玄磨长子：学礼妣王氏生一子：邓养●。

十三世：玄磨次子：亚龙妣朱氏生一子：亚端●。

十三世：玄磨三子：亚骏（外出未详）。

六世祖亚俊长子富薇公分支廷公派下法正房源流谱

十三世：廷妣林氏生三子：法正（守为）、守直、守恭。

十四世：法正（守为）妣林氏迁居遂溪河头新市村委会上塘村居住，生二子：马扶、子经●。

十五世：马扶妣许氏生一子：圣钦。

十六世：圣钦妣黄氏生三子：汉广、汉高、汉魁●。

十七世：汉广妣符氏生四子：奇蛟●、奇德、奇进、奇猷。

十八世：奇德妣唐氏生四子：亚侬、亚二（不详）、丕彪、老肖●。

十九世：亚侬妣氏生一子：元方。

二十世：元方妣洪氏生四子：之玛、之湖、之琏、之嵘（另续）。

二十一世：之玛妣氏生三子：之琏（入继）、来仪、来成。

二十二世：来仪妣曾氏生二子（不详）。

二十二世：来成妣氏生二子（不详）。

二十一世：之湖妣氏生六子：来永、来远、来兴、来发（不详）、来富（不详）、来贵。

二十二世：来永妣张氏（不详）。

二十二世：来远妣梁氏生二子（不详）。

二十二世：来兴妣欧氏（不详）。

二十二世：来贵妣黄氏生一子：承本。

二十三世：承本配黄氏生三子：瑞仁、瑞义●、瑞三●。

二十四世：瑞仁（德仁）配余氏生一子：建业。

二十五世：建业生于1927年12月21日高中配王惠珠生于1930年5月8日，客路镇湖仔村人，生四子四女。长女：失名●次女：国芳生于1954年9月8日，适雷州纪家乌坑村人。三女：戚曾生于1963年11月21日，适遂城红坎岭村。四女：国荣生于1969年9月18日，适河头向村。子：大子●、戚来、三弟●、巧聪。

二十六世：戚来生于1960年7月11日学历大专，个体户配周锦霞城月镇官田村人生

于1967年6月25日学历大专，遂城一小教师，生一子一女。女：蓝尹生于1992年12月29日，读书。子：浩铭。

二十七世：浩铭生于1997年3月19日，读高中。

二十六世：巧聪生于1972年7月27日大学本科湛师基础教育学院教师配苏海霞徐闻龙塘锦山村人生于1973年11月24日大学本科遂溪二中教师生一子：博轩。

二十七世：博轩生于2000年8月11日，读书。

十九世：亚彪妣符氏生三子：厚泊●、超全●、宝封妣符氏●。

十八世：奇进妣钟氏生二子：海翁、隋行。

十九世：海翁妣氏生一子：先清●。

十九世：隋行妣蔡氏生一子：元隆。

二十世：元隆妣莊氏生一子：之珥。

二十一世：之珥妣氏生一子●。

十八世：奇猷妣吴氏生二子：丕盛、三育●。

十九世：丕盛妣温氏生一子：元会。

二十世：元会妣氏生四子：之藩、之浣、之浩、之洪。

二十一世：之藩妣氏生二子（不详）。

二十一世：之浣妣氏生二子（不详）。

二十一世：之浩妣氏生二子（不详）。

二十一世：之洪妣氏生二子（不详）。

二十一世：之琏妣（祖婆失名）取子入继生一子（不详）。

二十一世：之嵘妣（祖婆失名）生二子（以下不详）。

六世亚俊长子富薇公分支廷公派下守由房源流谱

十三世：龙山妣黎氏生三子：守成（另续）、守由、守学（另续）。

十四世：守由妣张氏生三子：士登（未详）、士奇、士藏。

十五世：士奇妣陈氏生三子：超隆。

十六世：超隆妣蔡氏生三子：国护、国举（另续）、国栋。

十七世：国护妣梁氏生一子：弘智。

十八世：弘智妣陈氏生五子：丕选（另续）、丕振、丕培（另续）、丕纯（另续）、丕杰（另续）。

十九世：丕振妣黄氏生一子：元珍。

二十世：元珍妣黄氏生二子：宗亲、宗爱。

二十一世：宗亲妣吴氏生四子：来新、来丰、来登●、来奇。

二十二世：来新妣陈氏生一子（未详）。

二十二世：来丰妣武氏生一子：德香。

二十三世：德香妣林氏生二子：福梅、亚龙●。

二十四世：福梅妣符、罗二氏生六子：建国、建去●、建江、亚小●、建海（未详）、关林●。

二十五世：建国妣陈氏生二子：应生、应华。

二十五世：建江妣符氏生三子：应权、应玉、亚五。

二十二世：来奇妣祝氏生四子（未详）。

二十一世：宗爱妣黄、梁二氏生一子：来富。

二十二世：来富妣张氏生一子（不详）。

十七世：国栋妣何氏生六子：弘文（另续）、弘才（另续）、弘贵（另续）、弘学（另续）、弘珍（另续）、弘利。

十八世：弘利妣黄氏生二子：丕泰（不详）、丕武。

十九世：丕武妣陈氏生一子：元吉。

二十世：元吉妣陈氏生四子：宗拨、宗奇、宗明、宗春。

二十一世：宗拨妣何氏生一子：来盛。

二十二世：来盛姆王氏生三子：立礼●、德明、德昌。

二十三世：德明姆欧氏生二子：福才●、福利。

二十四世：福利妣何氏生二子：建传（未详）、建统（未详）。

二十三世：德昌妣林氏生一子：福兴。

二十四世：福兴妣林氏（未详）。

二十一世：宗奇妣符氏生二子：来永、来进。

二十二世：来永妣吴氏生二子：德连、德美●。

二十三世：德连配郑郭二氏生二子：瑞辉、瑞敷●。

二十四世：瑞辉配陈氏生二子：建夫、观光●。

二十五世：建夫配陈氏生三子：创纯、应翼、良治（另续）。

二十六世：创纯配陈氏生一子：卜谐。

二十六世：应翼配陈氏生一子：卜亲。

二十二世：来进妣黄氏生六子：世保、德清、德易、德忠、德举、德全。

二十三世：世保妣陈氏生二子：德名、堪培●。

二十四世：德名妣陈氏生三子：瑞洪、亚厚●、瑞典。

二十五世：瑞洪妣庞氏●；瑞典妣林氏●。

二十三世：德清妣何氏生四子：瑞欣、瑞其、瑞珍●、瑞何●。

二十四世：瑞欣妣谭氏生一子：美芝●。

二十四世：瑞其妣冯氏生三子：眉易●、春方、亚三●。

二十五世：春方配符氏生二子：良玉、茂松。

二十六世：良玉配李氏生二子：杨林、赤红●。

二十六世：茂松配王氏生三子：卜群、卜仁、卜欣。

二十三世：德易生一子：瑞堂。

二十四世：瑞常妣蔡氏生二子：凤鸣●、凤山●。

二十三世：德忠妣氏生一子：瑞居●。

二十三世：德举妣李氏生一子：瑞山。

二十四世：瑞山妣陈氏生三子：景常、秀常●、锦常。

二十五世：景常妣王氏生二子：喜和（未详）、李明（未详）。

二十五世：锦堂妣刘氏生二子：应方（未详）、应礼（未详）。

二十三世：德全妣氏生三子：福安、福太、亚鸣●。

二十四世：福安妣黄氏●；福太妣雷氏●。

二十一世：宗春妣氏生一子：良臣。

二十二世：良臣妣林氏生二子：昆生、利生。

二十三世：昆生妣陈、符二氏生三子：岳时、裕时、亚长子●。

二十四世：岳时配王氏生一子：金鑫。

二十五世：金鑫配曹氏。

二十四世：裕时配符氏生三子：海峯（不详）、海杰（不详）、海文（不详）。

二十三世：利生妣陈、钟二氏●。

二十二世：来进妣许氏生二子：龙真、龙开。

二十三世：龙真妣伍氏生二子：瑞武、瑞余。

二十四世：瑞武妣王氏生一子：建养。

二十五世：建养配陈丽英客路干塘村人生于1926年12月3日，生二子：戚春、春二。

二十六世：戚春生于1951年8月6日初中配戴梅英生于1962年6月13日禾民英楼村人生三子：戚晓、戚亮、戚堂。

二十七世：戚晓生于1982年3月3日，学历高中，在外务工。

二十七世：戚亮生于1989年6月17日，学历大专，在外务工。

二十七世：戚堂生于1995年3月9日，读书。

二十六世：春二生于1958年5月29日配梁二、江洪海坎村人生于1963年3月18日，生三子三女。长女：戚景生于1985年7月14日学历初中，适城月移民新村。次女：戚丽生于1987年6月11日本科，大成中学教师。三女：戚花生于1988年4月28日本科，广东倍尔泰医药有限公司采购员。子：戚斌、戚明、戚羽。

二十七世：戚斌生于1984年生于1984年8月15日学历本科（广东志高空调公司市场部副总经理配林燕媚北坡龙谭村人生于1985年9月21日本科，现佛山农业银行工作。

二十七世：戚明生于1991年5月28日大专（永盛石材技术员）。

二十七世：戚羽生于1993年1月21日，在读大专。

二十四世：瑞余配黄氏生二子：亚国●、建文●。

二十一世：宗明妣黄氏生四子：来寿、来全、来辉、来福。

二十二世：来寿妣氏生三子：承周●、承欣、春英。

二十三世：承欣妣蔡氏生一子：瑞洪。

二十四世：瑞洪●。

二十三世：春英妣王氏生一子：瑞春、瑞明（入继）。

二十四世：瑞春配冯玉贵生于1915年3月21日生二子：建华、亚小。

二十五世：建华生于1948年7月20日初中配郑华珍河头干塘村人生于1956年10月20日生四子二女。长女：小兰生于1981年12月29日，适客路镇。次女：小凤生于1987年11月28日，适廉江市。子：妃杨、妃柳、景宁、景培。

二十六世：妃杨生于1984年6月29日，学历高中，配陈氏生一女：美欣生于2008年10月19日；配赖彩娟，廉江市营仔镇生一女：艾希生于2014年12月31日。

二十六世：妃柳生于1986年10月9日，在外务工。

二十六世：景宁生于1991年8月24日，学历中专。

二十六世；景培生于1993年9月11日，学历高中。

二十四世：瑞明配洪惠春生于1923年，生一子：建荣。

二十五世：建荣生于1944年12月17日，配梁妃怀江洪海坎村人生于1963年生一子：福仔。

二十六世：福仔生于1982年9月28日高中，外务工，配陈石莲河头山内仔村人生于1982年4月5日，大专，生一子二女。长女：娉婷生于2009年5月1日，儿童。次女：戚娉生于2012年6月24日，儿童。子：家升。

二十七世：家升生于2007年9月20日，儿童。

二十二世：来全妣氏生一子：承道。

二十三世：承道妣陈氏生三子：德胜、德成●、德真。

二十四世：德胜妣余氏生二子：建玖、亚户●。

二十五世：建玖生于1915年10月3日妣陈惠民生于1918年10月24日生二子：应和、妃六。

二十六世：应和生于1951年10月21日配戴志明乐民英楼村人生于1953年5月8日，

生一子二女。长女：兰芳生于 1978 年 10 月 12 日初中，适坡头区官渡镇。次女：兰珠生于 1983 年 6 月 24 日学历大专。子：戚玉。

二十七世：戚玉生于 1981 年 2 月 11 日初中配罗丽芬北坡架罗村人生于 1982 年 8 月 11 日，初中，生一子：贤斌。

二十八世：贤斌生于 2012 年 11 月 18 日，儿童。

二十六世：妃六生于 1952 年 7 月 9 日初中配陈翠钦河头东边塘村人，生于 1956 年 10 月 9 日，生一子二女。长女：戚霞生于 1981 年 2 月 24 日，适纪家潭仔村。次女：霞英生于 1983 年 12 月 3 日，适客路镇深坑村。子：戚清。

二十七世：戚清生于 1978 年 9 月 6 日配戴喜珍江洪海边村人生于 1990 年 8 月 5 日初中生一子一女。女：智英生于 2013 年 6 月 12 日，儿童。子：颢腾。

二十八世：颢腾生于 2011 年 7 月 2 日，儿童。

二十四世：德真妣陈氏生三子：建乾●、建均、建舜。

二十五世：建均生于 1940 年 9 月 4 日初中妣陈少荣乐民西沟村人生于 1941 年 10 月 30 日，生四子一女。女：戚琴生于 1981 年 7 月 12 日学历中专，适湖南湘潭。子：戚养、戚贵、堪武、戚四。

二十六世：戚养生于 1964 年 11 月 22 日初中配林琴安平林宅村人生于 1961 年 10 月 26 日初中生二子二女。长女：海燕生于 1992 年 10 月 12 日，读书。次女：月连生于 1996 年 10 月 12 日，读书。子：卜炜、卜任。

二十七世：卜炜生于 1998 年 7 月 18 日，读书。

二十七世：卜任生于 2005 年 5 月 16 日，读书。

二十六世：戚贵生于 1969 年 12 月 26 日初中配黄红河头向村人生于 1976 年 3 月 3 日，生二子三女。长女：秋香生于 1998 年 11 月 5 日，读书。次女：小寂生于 2000 年 11 月 27 日，读书。三女：小珍生于 2007 年 2 月 3 日，儿童。子：卜书、卜仁。

二十七世：卜书生于 2004 年 11 月 3 日，读书；卜仁生于 2010 年 11 月 6 日，儿童。

二十六世：堪武生于 1972 年 10 月 12 日初中配余兰芬乐民余村人生于 1981 年 6 月 14 日，生一子二女。长女：柳欣生于 2007 年 11 月 3 日，读书。次女：海萍生于 2009 年 8 月 17 日，读书。子：卜鑫。

二十七世：卜鑫生于 2013 年 2 月 2 日，儿童。

二十六世：戚四生于 1975 年 10 月 30 日，初中配林雪连客路发尾村人生于 1975 年 7 月 12 日初中生一子一女。女：琳怡生于 2008 年 8 月 27 日。子：卜瀚。

二十七世：卜瀚生于 2005 年 5 月 10 日，读书。

二十五世：建舜生于 1948 年 9 月 2 日配黄雪英乐民海山人生于 1949 年 8 月 13 日，生二子二女。长女：霞珠生于 1974 年 6 月 13 日，适河头圩。次女：广日生于 1979 年 8 月 17 日初中，适麻章区李家村。子：旭升、华生。

二十六世：旭升生于 1971 年 9 月 20 日大学本科河头中学教师配林钦文河头村人生于 1976 年 6 月 13 日学历大专河头中学小学教师生一子：博强。

二十七世：博强生于 2003 年 9 月 13 日，读书。

二十六世：华生生于 1977 年 1 月 17 日中专，外务工配庞柳青客路镇了哥湾村人生于 1984 年 11 月 28 日生一子一女。女：雅琪生于 2005 年 8 月 3 日，读书。子：峻瑜。

二十七世：峻瑜生于 2010 年 9 月 22 日，儿童。

二十二世：来辉妣陈氏生一子：德贵。

二十三世：德贵妣符氏生四子：长子●、福付、瑞盛、瑞才●。

二十四世：福付妣氏生二子：建龙●、亚妈（未详）。

二十四世：瑞盛妣徐、周、陈三氏生二子：建连、建才。

二十五世：建连生于 1930 年 7 月配何妃尾江洪英楼塘村人生于 1929 年 6 月 28 日生二子四女。长女：碧蓉生于 1955 年 12 月 15 日，适遂溪附城豆村。次女：丽英生于 1958 年 2 月 4 日，适岭北那杰村。三女：碧珍生于 1960 年 12 月 9 日，适遂溪附城钜官湖村。四女：碧芳生于 1970 年 4 月 19 日适江洪中关村。子：妃保、妃赖。

二十六世：妃保生于 1963 年 12 月 9 日初中配妃妹江洪镇人生于 1968 年 1 月 2 日生一子一女。女：惠平生于 1993 年 3 月 4 日学历高中。子：文杰。

二十七世：文杰生于 1995 年 8 月 16 日，学历高校。

二十六世：妃赖生于 1968 年 8 月 25 日初中配余小琼雷州纪家先锋新宅村人生于 1976 年 9 月 23 日初中生一子二女。长女：尔云生于 2007 年 2 月 22 日，读书；次女欣怡生于 2009 年 1 月 13 日，儿童。子：文俊。

二十七世：文俊生于 2010 年 8 月 30 日，儿童。

二十五世：建才生于1934年6月13日配庞秀芳生于1933年10月12日生二子二女。长女：文珠生于1963年6月16日，高中，适雷州幸福农场。次女：文喜生于1967年11月28日，高中，适海南陵水县。子：日明、日良。

二十六世：日明生于1960年5月6日学历高中现住海南万宁市配骆月珍高州人生于1961年6月30日学历高中，生一子一女。女：吉玲生于1985年10月11日学历大专，小学教师适海南万宁市。子：吉翔。

二十七世：吉翔生于1987年4月5日学历大专，职业医生，配李雪梅生于1991年6月13日，湖南省怀化市麻阳县三里镇大华坪村人，生一子：博艺。

二十八世：博艺生于2014年7月27日。

二十六世：日良生于1965年2月18日，学历高中，现住雷州市幸福农场。

二十三世：承余妣梁氏生二子：瑞付、亚养●。

二十四世：瑞付妣陈氏生一子三女。长女：戚英生于1957年3月18日初中适河头吾良村。次女：戚梅生于1959年5月27日初中适东海开发区草乐坡村。三女：戚秀生于1962年8月22日初中适乐民圩。子：建勋。

二十五世：建勋生于1955年11月28日学历高中配陈五乐民镇大体村人生于1955年12月2日初中生三子二女。长女：娇珠生于1988年8月3日学历大专，外务工。次女：娇连生于1991年1月23日，在读大专。子：戚雄、小飞、小静。

二十六世：戚雄生于1980年12月11日学历中技，外务工配张冰廉江市营仔人生于1991年5月30日初中生二子一女。女：雁萍生于2009年2月16日，儿童。子：卜薪、卜贤。

二十七世：卜新生于2012年8月1日，儿童。

二十七世：卜贤生于2014年6月5日，儿童。

二十六世：小飞生于1984年8月21日学历大专外经商配符英文雷州市客路镇淑宅村人生于1985年9月5日学历大专，生一子：卜权。

二十七世：卜权生于2014年6月7日，儿童。

二十六世：小静生于1986年8月17日初中，外务工配黄晨媚徐闻西坡仔村人生于1987年4月13日初中生二子一女。女：柳燕生于2009年10月4日，儿童。子：卜睿、卜瑞。

二十七世：卜睿生于2014年4月7日；卜瑞生于2015年6月3日，儿童。

二十二世：来福妣氏生四子：承兴、承广、承德、承模。

二十三世：承兴妣氏生一子：德俊●。

二十三世：承广妣氏生一子：亚有●。

二十三世：承德妣氏生一子：福仁。

二十四世：福仁妣彭氏生三子：建国、建太、亚尖。

二十五世：建国配戴美玉江洪镇人生于1931年2月25日生二子四女。长女：戚雪生于1959年11月适雷州市纪家圩。次女：雪仁生于1963年10月适雷州市纪家圩。三女：戚娇生于1968年3月适遂溪。四女：戚娟生于1972年8月适遂溪。子：戚连、小强。

二十六世：戚连生于1959年10月配麦英二江洪镇人生于1961年7月生一子：才香。

二十七世：才香生于1988年10月中专，在外经商。

二十六世：小强生于1967年9月学历大专，现居住广州配林艳武汉人生一女：丽权生于1999年10月，学历初中。

二十五世：建太配陈秀清干坑村人生于1945年6月生一子一女。女：戚妹生于1968年11月适江洪肚村。子：德九。

二十六世：德九生于1970年8月配黄长北灵美村人生于1971年12月生二子三女。长女：金娥生于1997年3月，读书。次女：金花生于1999年6月，读书。三女：金荣生于2001年8月，读书。子：尊友、尊谊。

二十七世：尊友生于1995年4月，读书。

二十七世：尊谊生于2003年10月，读书。

二十五世：亚尖配刘荣芳塘塞村人生四子：戚捌、戚九、戚拾、戚赤。

二十六世：戚捌生于1968年2月12日初中配陈尾河头新市村人生于1969年初中生二子：戚波、戚山。

二十七世：戚波生于1993年学历初中。

二十七世：戚山生于1994年学历初中。

二十六世：戚九生于1974年初战配陈娟河头双村人生于1975年10月18日，生一子一女。女：欣欣生于1995年，学历初中。子：宏浩。

二十七世：宏浩生于2001年，学历初中。

二十六世：戚拾生于 1974 年初中配黄风叶广西南宁人生于 1972 年初中生二子二女。长女：小妹生于 1995 年 9 月，学历初中。次女：小春生于 1997 年 8 月，学历初中。子：戚文、戚武。

二十七世：戚文生于 1999 年 10 月，学历初中。

二十七世：戚武生于 1999 年 10 月，学历初中。

二十六世：戚赤生于 1981 年，学历初中。

二十三世：承模妣邓氏生三子：瑞盘、瑞二●、瑞珠。

二十四世：瑞盘生于 1918 年 8 月配黄乃金港门镇人生于 1926 年 6 月 18 日生三子四女。长女：爱连生于 1946 年 8 月 15 日，适乐民镇西沟村。次女：爱芳生于 1950 年 8 月适乐民镇埠头村。三女：爱珍生于 1959 年 10 月适乐民镇乐民圩。四女：戚尾生于 1962 年 7 月适河头吾良村。子：亚九●、华兴、戚赖。

二十五世：华兴生于 1958 年 9 月 1 日高中配黄英球乐民海山村人生于 1958 年 4 月 1 日，生二子一女。女：月荣生于 1987 年 5 月 6 日初步适东莞市南洲村。子：文辉、文才。

二十六世：文辉生于 1980 年 5 月 28 日学历大专河头中心小学教师配何华玲纪家镇双水东村人生于 1987 年 6 月 28 日学历初中，生二女。长女：栩祯生于 2010 年 7 月 5 日，儿童。次女：咏淇生于 2013 年 4 月 28 日，儿童。

二十六世：文才生于 1983 年 11 月 16 日初中配莫碧凤广西梧州市人生于 1989 年 6 月 15 日初中，生二子一女。女：静茹生于 2013 年 11 月 12 日，儿童。子：哲铭、桓烨。

二十七世：哲铭生于 2011 年 12 月 13 日，儿童。

二十七世：桓烨生于 2015 年 8 月，儿童。

二十六世：戚赖生于 1969 年 2 月 1 日初中配林秀美、乐民英楼仔村人生于 1969 年 5 月 7 日生二子二女。长女：月明生于 1994 年 2 月 8 日，学历中专。次女：月玉生于 1998 年 3 月 8 日，学历初中。子：文龙、文腾。

二十七世：文龙生于 1990 年 5 月 20 日，学历高校，外务工。

二十七世：文腾生于 1996 年 8 月 17 日，学历初中。

二十四世：瑞珠配吴惠权乐民海山村人生于 1933 的 10 月 13 日生二子六女。长女：爱珠生于 1950 年 5 月，适纪家镇潭杰村。次女：爱权生于 1953 年 7 月，适纪家乌坑村。三女：少明生于 1955 年 8 月，适河头吾良村。四女：小玉生于 1958 年 10 月，适乐民西沟村。五女：小英生于 1963 年 8 月，适河头新市村。六女：小洪生于 1968 年 9 月，适河头虎溪村。子：戚妹、戚冬。

二十五世：戚妹生于 1972 年 8 月 29 日初中配杨尾江洪海滨村人生于 1972 年 6 月 8 日初中生二子一女。女：小惠生于 1996 年 9 月 12 日，学历中专。子：勤奋、勤冰。

二十六世：勤奋生于 1993 年 9 月 22 日，学历中专。

二十六世：勤冰生于 1995 年 7 月 20 日，学历初中。

二十五世：戚冬生于 1973 年 12 月 5 日，学历初中配陈惠珍河头吾良东村人生于 1972 年 5 月 6 日初中生三子一女。女：淋敏生于 2004 年 11 月 12 日，读书。子：文权、文波、文谦。

二十六世：文权生于 1994 年 9 月 15 日，初中。

二十六世：文波生于 1995 年 9 月 7 日，初中。

二十六世：文谦生于 1997 年 9 月 11 日，初中。

六世祖亚俊长子富微分支 廷魁 廷质 廷文 公派下 大可 守勤 大经 房源流谱

十三世：廷质妣陈氏生一子：守勤。

十四世：守勤妣莫氏生一子：仕科。

十五世：仕科妣陈氏●。

十三世：廷魁妣黎氏生二子：大可、亚蔭（荫）●。

十四世：大可妣林氏生二子：亚豪、亚茂。

十五世：亚豪妣孙氏生一子：亚旱。

十六世：亚旱妣孙氏生一子：邓保（迁外地落业）。

十五世：亚茂妣郑氏●。

十三世：廷文妣姚氏生一子：大经。

十四世：大经妣吴氏●。

六世祖亚俊长子富微分支龙山公派下守成房源流谱

十三世：龙山妣黎氏生三子：守成、守由、守学。

十四世：守成妣符氏生五子：士祯、次子得道封为戚一真人、士养（另续）、士周●、士忠●。

十五世：士祯妣郑氏生二子：超品、超允（另续）。

十六世：超品妣洪、张二氏生二子：国纪、国顺（另续）。

十七世：国纪妣唐氏生二子：弘义、弘芬。

十八世：弘义妣曹氏生四子：丕张、丕机、丕灵●、丕尖。

十九世：丕张妣陈氏生三子：亚寝●、老青●、亚瘦●。

十九世：丕机妣陈氏生一子：元升。

二十世：元升妣卢氏生一子：宗毓。

二十一世：宗毓妣郑氏生一子（未详）。

十九世：亚尖妣冯氏生一子：元想。

二十世：元想妣氏生一子：宗泰（过洋不辞）。

十八世：弘芬妣陈氏生三子：丕模、丕臻、丕典。

十九世：丕模妣谢氏生三子：元乾、元坤（另续）、元肖（另续）。

二十世：元乾妣谢氏生二子：宗藩、宗立（未详）。

二十一世：宗藩妣刘氏生一子（未详）。

十九世：丕臻妣符氏生二子：元青、元道。

二十世：元青妣方氏生一子：宗端（未详）。

二十世：元道妣雷氏生二子：宗重（未详）、宗培（未详）。

十九世：丕典妣梁氏生二子：元朋、元祥。

二十世：元祥妣陈氏生四子：宗发（未详）、宗廉（未详）、宗圣（未详）、宗四（未详）。

二十世：元寔妣陈氏生二子：宗武●、宗星●。

二十世：元结妣梁氏生一子：宗孟。

二十一世：宗猛妣林氏生二子：来春、来富。

二十一世：宗养妣陈氏生一子：来春。

二十二世：来春妣崔氏生二子：德连、德美●。

二十三世：德连配郑、郭二氏生二子：德连、德美●。

二十四世：瑞辉配陈氏生二子：建夫、观光●。

二十五世：建夫配陈氏生二子：剑纯、应翼、良治。

二十六世：剑纯配韩氏生一子：卜谐。

二十七世：卜谐学历大学本科配张氏生二子：杰琨、杰珺。

二十六世：应翼配林氏生一子：晓星。

二十七世：晓星配梁氏生二子：泽杰、泽锋。

二十六世：良治配陈氏生一子：特艺（就读大学本科）。

六世祖亚俊长子富薇分支龙山公派下守由房源流谱

十四世：守由妣张氏生三子：士登●、士奇、士藏。

十五世：士奇妣张氏生一子：超隆。

十六世：超隆妣蔡氏生三子：国护、国举、国栋。

十七世：国护妣梁氏生一子：弘智。

十八世：弘智妣陈氏生五子：丕选、丕振、丕培、丕杰。

十九世：丕选妣陈氏生二子：元标、元桂。

二十世：元标妣刘氏●；元桂妣吴氏●。

十九世：丕振妣黄氏生一子：元珍。

二十世：元珍妣黄氏生二子：宗亲、宗爱。

二十一世：宗亲妣吴氏生四子：来新（未详）、来丰、来登（未详）、来奇。

二十二世：来丰（老爵）配武氏生一子：德香。

二十三世：德香配林氏生二子：福梅（培兰）、亚龙●。

二十四世：培兰（福梅）配符、罗二氏生六子：建国、建吉●、建江、亚小●、建海●、关林●。

二十五世：建国生于1932年配陈氏生三子一女：广福●、应生、应华。

二十六世：应生（恒久）生于1962年8月18日配徐氏生三子二女。大女：彩慧生于1996年6月6日，读肇庆高校大专。二女：彩亚生于1998年4月1日读雷城高中。子：倩大（海航）、倩山（海兢）、倩川（海宇）。

二十七世：海航（倩大）生于1992年8月29日初中。海兢（倩山）生于1993年9月9日，学历高中。海宇（倩川）生于1995年4月8日，大专。

二十六世：应华生于1965年9月21日配陈氏生于1967年6月6日，生二女。

二十五世：建江生于1942年7月7日高中配符氏生于1944年7月21日生三子二女。女：雪莲、雪珠。子：应权、应玉●、应五。

二十六世：应权生于1972年8月1日，学历初中配陈氏生于1974年10月27日学历中专生二子：柏林、如平。

二十七世：柏林（如铸）生于1998年1月20日如平生于2000年8月23日，读书。

二十六世：应五生于1981年11月18日配高氏生于1982年9月18日，初中，生一女。

十七世：国举妣符氏生一子：弘业。

十八世：弘业妣何、黄二氏生三子：丕瑜、丕聪、丕道。

十九世：丕瑜妣谢氏●。

十九世：丕聪妣黄氏生一子：元兴。

二十世：元兴妣陈氏●。

十九世：丕通妣何氏生一子：元春。

二十世：元春妣柯氏生一子：宗嵋。

二十一世：宗嵋妣陈氏生一子：来亨。

二十二世：来亨妣林氏●。

十七世：国栋妣柯氏生六子：弘文、弘寸、弘贵、弘学、弘珍、弘利。

十八世：弘文妣陈氏生三子：丕珩、丕南、丕奇。

二十二世：来奇妣祝氏生四子（不详）。

二十一世：宗爱妣黄、梁二氏生一子：来富。

二十二世：来富妣梁氏生一子：德金（迁北坑村落业）。

二十三世：德金配符、梁二氏生三子：长子●、瑞明、日法（不上谱）。

二十四世：瑞明配王、梁二氏生二子：日保、日生（不上谱）。

二十五世：日保生于1953年7月21日，处级干部配周氏生于1959年2月23日，生一子：斌斌。

二十六世：斌斌生于1982年8月18日配王洁生于1984年6月13日生一子：宸宇。

二十七世：宸宇生于2013年3月19日，儿童。

十九世：丕培妣陈氏生三子：元称、元养●、元惊●。

二十世：元称妣李氏生二子：宗信、宗春。

二十一世：宗信妣陈氏生四子：（迁江洪蛇头地村定居）。

二十一世：宗春妣陈氏生四子：（迁江洪蛇头地村定居）。

十九世：丕统妣陈氏生三子：元贤、元全、元谷。

二十世：元贤妣符氏生二子：宗干、宗质。

二十一世：宗干妣符氏生一子：来福（未详）。

二十一世：宗质妣黄氏生一子：（不详）。

二十世：元全妣曹氏生一子；宗裕●。

二十世：元谷妣符氏生一子●。

十九世：丕杰妣蔡氏生一子：元财●。

十九世：丕珩配黄氏生二子：元香、元重。

二十世：元香妣符氏生二子：宗彪、宗魁●。

二十一世：宗彪妣陈氏●。

二十世：元重妣黄氏生二子：宗秀、宗宛。

二十一世：宗秀妣吴氏●；宗宛妣黄氏●。

十九世：丕南妣梁氏生一子：元易●。

二十世：丕奇妣陈氏生一子：元安。

二十世：元安妣宠氏生一子：（迁居禁那圩居住）。

十八世：弘寸妣何氏生四子：丕强、丕应●、丕拨●、丕者。

十九世：丕强妣林氏生一子（未详）。

十九世：丕考妣冯氏生一子：元德。

二十世：元德妣陈氏●。

十八世：弘贵妣林氏生四子：丕刚●、丕发、丕秀●、丕鼎。

十九世：丕发妣陈氏生一子：元坚●。

十九世：丕鼎妣陈氏生一子：元使●。

十八世：弘学妣陈氏生三子：丕谨、丕高●、丕简●。

十九世：丕谨妣吴氏●。

十八世：弘珍妣陈氏生三子：丕子●、丕醉●、丕三（未详）。

十八世：弘利妣黄氏生二子：丕泰、丕式。

十九世：丕泰妣陈氏生二子：元惠（未详）、元奥。

十五世：士藏妣陈氏生二子：超任、超吉。

十六世：超任妣梁氏生四子：国宁、国佐、国侯、国风。

十七世：国宁妣林氏生二子：弘道、弘柳●。

十八世：弘道妣蔡氏生二子：丕育、丕僯。

十九世：丕育妣唐氏生一子：元修●。

十七世：国佐妣陈氏生二子：弘经、经春●。

十八世：弘经妣陈氏生四子：丕秋●、丕针●、丕勤●、丕卢●。

十七世：国候妣吴氏生三子：弘宗、弘玺、经璐。

十八世：弘宗妣程氏生一子：丕劳●。

十八世：弘玺妣林氏生二子：丕徒●、丕母●。

十八世：弘璐妣陈氏生一子：丕甫。

十九世：丕甫妣柯氏生四子：元逢、元星、元盛、元隆。

二十世：元逢妣欧氏生一子：宗辉。

二十一世：宗辉妣符氏生三子（未详）。

二十世：元星妣莫氏生二子：宗礼、宗命●。

二十一世：宗礼妣周氏生二子（未详）。

二十世：元盛妣冯氏生二子：宗殷、宗朝。

二十一世：宗殷妣陈氏生二子：宗朝妣柯氏●。

二十世：元隆妣唐氏生一子：宗厚。

二十一世：宗厚妣陈氏生一子：（未详）。

十七世：国凤妣氏生一子：弘亚。

十八世：弘亚妣氏生一子：丕宝●。

十六世：超吉妣符氏生一子：国科。

十七世：国科妣氏生一子：弘献。

十八世：弘献妣陈氏生三子（未详）。

十四世：守学妣黄氏生三子：士临、士进、士持。

十五世：士临妣周氏生一子：常庆。

十六世：常庆妣欧氏生四子：又达、又烈、又显、又明。

十七世：又达妣柯氏（取一子入继）加封。

十八世：加封妣莫氏生二子：作蛮●、作敬●。

十七世：又烈妣陈氏生一子：加泽。

十八世：加泽妣柯氏生二子：作球、作贡●。

十九世：作球妣陈氏生一子：亚汉（未详）。

十七世：又显妣全氏生一子：（未详）。

十七世：又明妣吴氏生一子：（未详）。

十五世：士进妣刘氏生一子：常欣。

十六世：常欣妣黄氏生一子：又杨。

十七世：又杨妣蔡、周二氏生二子：（未详）。

十五世：士持妣李氏生三子：常攀、常熙、常泰。

十六世：常攀妣薛氏生一子：又昌。

十七世：又昌妣邓氏●。

十六世：常熙妣何氏生三子：国振、国相、国伯。

十七世：国振妣黄氏●。

十七世：国相妣劳杜二氏，生一子（未详）。

十七世：国伯妣陈氏生二子：（未详）。

十六世：常泰妣吴氏生二子：国魁、国钦。

十七世：国魁妣黄氏生一子（未详）。国钦妣陈氏生四子（未详）。

二十二世：前上祖公失名待查。

二十三世：德易妣氏生一子：瑞堂。

二十四世：瑞堂妣蔡氏生二子：凤鸣、凤山。

二十五世：凤鸣妣黄氏●；凤山妣黄氏●。

二十三世：德先妣李氏生一子：瑞山。

二十四世：瑞山妣陈氏生三子：景常、秀常●、锦常。

二十五世：景常配黄氏生三子：善和●、阳富、乃明。

二十六世：阳富配陈氏。

二十六世：乃明生于1948年12月6日配氏（已出嫁）生一子：立敏。

二十七世：立敏生于2010年3月6日。

二十五世：锦常配刘氏生二子：应方、应礼。

二十六世：应方生于1993年10月28日配尹氏续彭氏生三子：戚龙、小能、小强。

二十七世：戚龙生于1993年10月28日初中；小能生于1996年1月18日；小强生于1998年6月8日。

二十六世：应礼生于1973年10月21日配催其红生于1981年7月23日生一女：心言生于2004年6月9日。

二十四世：日保配周氏生一子：斌斌。

二十五世：斌斌学历研究生配王洁莹生一子：宸宁。

二十四世：日生生于1963年5月17日配刘氏生于1964年5月19日生二子一女。
女：柏如生于1989年7月5日学历本科生，现在珠海企业翻译。子：斌飞、斌波。

二十五世：斌飞生于1985年7月学历本科，现在珠海市国企工作。

二十五世：斌波生于1987年6月12日，学历本科。

二十三世：德举（上辈失传）生三子：瑞金●、瑞二●、亚雄●。

二十二世：来奇（上辈失传）配何氏生五子：德修●、德文●、亚立●、亚四●、德全。

二十三世：德全妣氏生三子：福安、福太、亚鸣（未详）。

二十四世：福安妣黄氏●；福太妣雷氏●。

二十二世：良臣妣林氏（上辈失传）生二子：昆生、利生●。

二十三世：昆生妣陈氏生二子：岳时、裕时。

二十四世：岳时配王氏生一子：金鑫。

二十五世：金鑫配曹氏生一子：峰明。

二十四世：裕时配符氏生三子：海峰、海杰、海文。

二十五世：海峰配杨氏（未详）。

二十五世：海杰配何氏生一子：耿豪。

二十五世：海文配雷氏生一子：杨林。

二十六世：杨林（上辈失传）生于1966年6月29日大学东莞仟敬配卓氏生于1982年9月21日，学历初中生二子一女。女：慧如学历大学。子：智翔、奇杰。

二十七世：智翔生于2006年6月2日；奇杰生于2008年2月8日。

二十五世：茂松生于1949年3月25日配王氏生于1951年7月24日生三子一女。子：卜乾、卜仁、卜亨。

二十六世：卜乾学历高中生于1971年8月2日配蔡氏生二子一女。子：易杨、易爽。

二十七世：易杨生于1997年1月11日；易爽生于2001年8月27日。

二十六世：卜仁生于1973年9月6日学历初中配陈氏生于1973年11月17日生一子三女。大女：小花；二女：小梅。子：凯杰。

二十七世：凯杰生于2009年3月25日。

二十六世：卜亨生于2006年7月17日配林氏生二子一女。女：国浪。子：易贤、易财。

二十七世：易贤生于2006年7月17日；易财生于2006年7月17日。

六世祖亚俊长子富微分支龙山公派下守由房源流谱

十三世：龙山妣黎氏生三子：守成（另续）、守由、守学（另续）。

十四世：守由妣张氏生三子：士登●、士奇、士藏（另续）。

十五世：士奇妣陈氏生一子：超隆。

十六世：超隆妣蔡氏生三子：国护、国举（另续）、国栋（另续）。

十七世：国护妣梁氏生一子：弘智。

十八世：弘智妣陈氏生五子：丕选（另续）、丕振（另续）、丕培、丕纯（另续）。

十九世：丕培妣陈、王二氏生三子：元称、元养●、元惊。

二十世：元称妣李氏生二子：宗春、宗信。

二十一世：宗春妣吴氏（未详）。

二十一世：宗信妣陈氏生于1850年从雷州杨家镇大房村移居江洪镇蛇头地村落业，
生四子：来一●、来二、来三●、来猷。

二十二世：来二妣氏生一子：德贵。

二十三世：德贵妣氏不详生一子：瑞益。

二十四世：瑞益配黄氏兆仔后湾村人生一子：建基。

二十五世：建基生于1952年10月初中配陈翠锋河头东边塘村人生于1955年11月
生二子：应胜、应利。

二十六世：应胜生于1979年1月初中配刘氏杨柑镇人生于1981年9月生一子一女。
女：意欣生于2008年8月。子：卜勤。

二十七世：卜勤生于2010年5月。

二十六世：应利生于1981年9月初中外务工。

二十二世：来猷妣陈氏后塘港湾村人生二子：德文、德武●。

二十三世：德文生于1989年妣陈氏下坑村人生一子：瑞祥。

二十四世：瑞祥生于1912年妣陈氏旺基塘村人生于1912年生一子：建英。

二十五世：建英（春英）生于1932年配陈氏后塘要湾村人生于1928年生四子：应鑫、
应富、应贵、应贤。

二十六世：应鑫生于1951年8月16日国家公务员配陈尾江洪肚村人生于1953年9月10日生一子：卜成。

二十七世：卜成生于1973年9月10日配陈少珠坑尾村人生于1976年4月8日生二子一女。女：巧浪生于1999年10月2日。子：易伯、易仲。

二十八世：易伯生于1997年7月11日，读书。

二十八世：易仲生于2004年6月12日，读书。

二十六世：应富生于1957年初中配陈二北仔村人生于1955年10月，生五子：卜玉、卜奋、卜川、卜招、卜聪。

二十七世：卜玉生于1981年6月，外务工配李连英生于1983年4月生三女。长女：明柳生于2007年9月。二女：淼淼。三女：桢桢生于2010年10月。

二十七世：卜奋生于1983年10月，初中（广州经商）。

二十七世：卜川生于1985年9月，初中，广州经商配何浪江洪港人学历高中，现遂溪卫生局工作，生一女：静琪生于2013年6月，读书。

二十七世：卜招生于1991年12月，初中（广州经商）。

二十七世：卜聪生于1993年10月，初中（广州经商）。

二十六世：应贵生于1964年10月配氏生二子：卜斌、卜帅。

二十七世：卜斌生于1989年7月（广州经商）配余妹后其下村人生于1991年10月。

二十七世：卜帅生于1991年8月初中（广州经商）配陈霞内塘村人生于1993年9月。

二十六世：应贤生于1969年10月初中（广州经商）配陈东英企水海角村人生于1971年8月高中，生一子二女。长女：可儿生于1998年10月。次女：可女生于2008年8月。子：卜卓。

二十七世：卜卓生于2002年4月，读书。

六世祖亚俊长子富薇分支龙山公派下守由房源流谱

十三世：龙山妣黎氏生三子：守成（另续）、守由、守学（另续）。

十四世：守由妣张氏生三子：士登●、士奇、士藏（另续）。

十五世：士奇妣陈氏生一子：超隆。

十六世：超隆妣蔡氏生三子：国护（另续）、国举（另续）、国栋。

十七世：国栋妣柯氏生六子：弘文（另续）、弘才（另续）、弘贵（另续）、弘珍（另续）、弘利。

十八世：弘利妣黄氏生二子：丕泰（另续）、丕武。

十九世：丕武妣陈氏生一子：元吉。

二十世：元吉妣氏生四子：长子（不详）、二子（失名）、三子（不详）、廷风（迁安罗村）

二十一世：二子（失名）妣氏葬在调风村中母湾岭坐南向北生四子：龙氧●、德氧、维二●、龙朱。

二十二世：德氧葬在调风村回镜岭坐北向东南配苏氏生一子：凯南。

二十三世：凯南葬在调风仕礼岭坐南向北配吴氏生三子一女。女：惠英适雷高镇雷高村。子：永成、永明、永昌。

二十四世：永成生于1954年3月16日学历高中配伍琴连生于1955年2月2日，生四子：林坚、林艳、林弟、林水。

二十五世：林坚生于1975年9月13日配陈耿生于1975年5月16日生一子一女。珠玉生于1993年10月24日，子：珠宁。

二十六世：珠宁生于1996年2月日。

二十五世：林艳生于1980年6月1日配陈梦雪生于1983年3月16日生一子一女。女：乃丹生于1985年10月6日。子：湾洋。

二十六世：湾洋生于2006年3月9日。

二十五世：林弟生于1985年10月6日。

二十五世：林水生于1990年6月29日配苏军榕生于1988年生一子：耀民。

二十六世：耀民生于2013年1月23日。

二十四世：永明生于1959年8月22日配陈霞英生于1962年生二子二女。长女：维妹生于1986年适雷州阜石镇梅家村；次女：金花生于1992年学历初中外务工。子：林丰、林桂。

二十五世：林丰生于1987年9月6日，学历大学外务工。

二十五世：林桂生于1990年9月18日，学历中专，在外务工。

二十四世：永昌生于1966年12月15日初中配陈妃汝东兴村人生于1965年2月16日生三子一女。女：林梅生于1989年7月1日，初中适广西桂林。子：林仁、林艺、林权。

二十五世：林仁生于1987年10月16日，在外务工。

二十五世：林艺生于1991年11月15日，初中，外务工。

二十五世：林权生于1993年11月27日，初中，外务工。

二十二世：龙朱妣氏生四子：玉周、玉文●、玉武●、德徐。

二十三世：玉周配邓氏生一子：团究。

二十四世：团究配程氏生三子：荣南、妃赤、妃红。

二十五世：荣南配沈氏生一子：梁宁。

二十六世：梁宁生于1963年5月14日配林妹生于1964年3月5日生二子：大兴、家育。

二十七世：大兴生于1988年9月25日，初中，在外务工。

二十七世：家育生于1992年2月18日，初中，外务工。

二十五世：妃赤和于1973年8月24日初中，配陈梅珍生三子二女。长女：汝珠生于1970年3月7日初中，适电白。次女：锦红生于1977年5月24日，初中适湛江市。子：南琼、南智、智彬。

二十六世：南琼生于1964年3月10日初中配潘琴宏生于1963年11月7日生二子二女：长女：巧凤适湖南次女：巧蝶生于1993年4月24日，外务工。子：巧明、巧静。

二十七世：巧明生于1987年1月2日。

二十七世：巧静生于1991年5月28日。

二十六世：南智生于1967年7月27日，初中配郑小金生于1970年9月25日，生二子二女。长女：柳燕生于 1991 年 10 月 5 日，初中。次女：柳梅生于 1993 年 7 月 3 日，立足，适清远市。子：巧腾、巧丰。

二十七世：巧腾生于 1995 年 7 月 2 日，初中。

二十七世：巧丰生于 1992 年 11 月 5 日，初中。

二十六世：智彬生于 1972 年 8 月 22 日配周秀清生于 1975 年 1 月 9 日生三子：巧亮、巧林、巧高。

二十七世：巧亮生于 1996 年 8 月 2 日，初中，在外务工。

二十七世：巧林生于 1999 年 1 月 11 日，初中。

二十七世：巧高生于 2000 年，初中。

二十五世：妃红配陈梁梅生二子五女。长女：佛弟适东平渡子头村。次女：南连适调风镇后坡村。三女：佛玉适调风镇后降村。四女：适廉江市。五女：高丽。子：南准、南强。

二十六世：南准生于 1996 年 9 月 4 日，初中。

二十六世：南强生于 1947 年 6 月 25 日，初中。

二十三世：德徐葬于凤官窗下港冰厂坐西南向东北妣氏生三子：凤彩、益●、妃安●。

二十四世：凤彩葬于调风北马坐东北向西南妣陈氏生一子：妃庆。

二十五世：妃庆生于 1948 年 5 月 17 日配李氏生二子二女。长女：小燕适调风南田村。次女：吉花适调风关宅村。子：科宁、科鸿。

二十六世：科宁生于 1976 年 5 月 15 日，初中，配蔡梅珠生于 1973 年 3 月 6 日，生二子一女。女：永婷生于 1997 年 2 月 29 日，读书。子：永平、永鹏。

二十七世：永平生于 1995 年 4 月 19 日，读书。

二十七世：永鹏生于 1999 年 11 月 19 日，读书。

二十六世：科鸿生于 1976 年 4 月 10 日，初中配郑丽生于 1975 年 12 月 10 日生二女。长女：妙云生于 2002 年 5 月 10 日，读书。次女：俳捷生于 2007 年 8 月 8 日，读书。

六世祖亚俊长子富微分支龙山公派下守由房源流谱

十三世：龙山妣黎氏生三子：守成（另续）、守由、守学（另续）。

十四世：守由妣张氏生三子：士登●、士奇、士藏（另续）。

十五世：士奇妣陈氏生一子：超隆。

十六世：超隆妣蔡氏生三子：国护（另续）、国举（另续）、国栋。

十七世：国栋妣柯氏生六子：弘文（另续）、弘才（另续）、弘贵（另续）、弘珍（另续）、弘利。

十八世：弘利妣黄氏生二子：丕泰（另续）、丕武。

十九世：丕武妣陈氏生一子：元吉。

二十世：元吉妣氏生四子：长子（不详）、二子（失名）、三子（不详）、廷风（迁安罗村）。

二十一世：廷风妣周氏生二子：朝文、朝选。

二十二世：朝文妣曹氏生三子：海国、亚批、康祥。

二十三世：海国妣潘氏生四子一女。女：少芳生于1952年6月17日适调风坑尾村。子：妃桥、维新、妃四、妃伍。

二十四世：妃桥生于1938年9月29日配杨丽娟调风中关村人生于1943年9月8日生一子五女。长女：英弟生于1961年9月3日，适西湖村人。次女：华荣生于1962年6月7日，适徐闻曲界圩。三女：朝英生于1965年5月12日，适英利镇英利圩。四女：朝娣生于1970年5月5日，适曲界圩。五女：华琴生于1980年8月17日，适附城镇南田村。子：戚景。

二十五世：戚景生于1974年4月17日，学历本科配冯林梅（离婚）生一子：高玮。

二十六世：高玮生于2006年4月11日，读书。

二十四世：维新生于1948年9月5日配陈凤兰调风镇坎园村人生于1950年9月25日生二子二女。长女：春霞生于1976年12月7日适调风镇东平村东平圩。次女：春玲生于1981年10月12日适调风镇东平圩。子：堪培、培广。

二十五世：堪培生于1972年9月9日初中配关美琼调风镇关宅村人，生于1970年

2月1日生一子二女。女：一漫生于 2007 年 7 月 8 日，读书。子：永智。

二十六世：永智生于年月日。

二十五世：堪广生于 1974 年 7 月 24 日配何秀明曲界三和村人生于 1978 年 7 月 5 日生一子一女。女：一雅生于 1998 年 12 月 18 日。子：永毅。

二十六世：永毅生于 2006 年 9 月 15 日，读书。

二十四世：妃四生于农历 8 月 18 日，学历高中配符秀金调风井仔村人生于农历 9 月 16 日，生二子：振华、振兴。

二十五世：振华生于农历 10 月 16 日，学历大学本科。

二十五世：振兴生于农历 3 月 17 日学历初中配邓雪娇东里镇西村仔人生于农历 6 月 1 日，初中。

二十四世：妃伍生于农历 1964 年 8 月 14 日，学历高中，配邓碧芳东里镇西村仔人，生于 1967 年 11 月 12 日生三子一女：女：春香生于 1991 年 5 月 20 日，适太平镇逗坡村；子：堪宏、堪扶、振忠。

二十五世：堪宏生于 1986 年 7 月 3 日，学历大学本科。

二十五世：堪扶生于 1988 年 10 月 7 日初中配潘小荣调风镇草朗仔村人生于 1989 年 7 月 10 日生一子一女。女：春秀生于 2008 年 12 月 13 日，儿童。子：永杰。

二十六世：永杰生于 2010 年 9 月 1 日，儿童。

二十五世：振忠生于 1993 年 6 月 13 日，初中。

六世祖亚俊世系金山公派下源流谱

十八世：金山，取外姓子入继生一子：家兴。

十九世：家兴，配卢氏生三子：志民●、总光、康保。

二十世：总光生于 1936 年 6 月 22 日，学历小学，配梁氏福洋村人生于 1944 年 5 月 17 日生三子：永川、华龙、华仁。

二十一世：永川，生于 1963 年 5 月 10 日，学历大学，深圳教育局工作。配黄氏生于 1968 年 3 月 16 日，学历高中，生一子：拓伟。

二十二世：拓伟生于 1990 年 8 月 2 日，学历大学。

二十一世：华龙生于 1968 年 6 月 8 日，学历高中，勾机老板，配赖氏，生于 1978 年 5 月 6 日，学历高中。

二十一世：华仁生于 1971 年 11 月 20 日，学历高中，深圳公安部门工作。配牟氏，生于 1976 年 8 月 19 日，学历高中，生一子：弘毅。

二十二世：弘毅生于 2008 年 7 月 23 日。

二十世：康保生于 1938 年，卒于 1989 年，配赖氏，取外姓子入继：智聪。

二十一世：智聪，生于 1982 年 4 月 17 日，学历初中，在外打工。

十九世：家利配何氏生一子：兴文。

二十世：兴文，生于 1942 年 11 月 21 日，配邹氏调楼村人生于 1946 年 6 月 8 日，生二子：景华、忠华。

二十一世：景华生于 1971 年 10 月 1 日，学历初中，在外务工配卜氏，遂溪城人，生于 1973 年 4 月 5 日，生二子：鸿龙、文杰。

二十二世：鸿龙生于 1992 年 9 月 2 日，学历大学，在外务工。

二十二世：文杰生于 1997 年 8 月 5 日，学历高中。

二十一世：忠华生于 1974 年 6 月 22 日，学历高中，务农配刘氏四川邻水，生于 1976 年 8 月 11 日，生一子：仁峰。

二十二世：仁峰生于 1998 年 9 月 8 日，学历初中。

十九世：家训配王简二氏生三子：玉成、玉富、玉春●。

十九世：家呢●。

二十世：玉成，生于1935年11月3日，学历初小，务农配林氏三脚墩人，生于1946年5月27日，生二子：国仔、进伟。

二十一世：国仔生于1976年5月16日，学历初中，务农配万氏九斗村人，生于1979年4月7日，生二子：永正、江峰。

二十二世：永正生于2005年11月1日，现在读书。

二十二世：江峰生于2009年11月24日。

二十一世：进伟生于1979年5月19日，学历初中，在外打工，配杨氏外村塘人，生于1981年8月23日。

二十世：玉富生于1938年9月17日，卒于2007年3月2日，配罗氏贵州人生于1970年9月8日生二子：华恩、华彪。

二十一世：华恩生于1991年11月15日，学历初中，在外开勾机。

二十一世：华彪，生于1995年1月6日，学历初中，在外务工。

十九世：家川（未详），家豪生一子：玉秀。

二十世：玉秀配蔡、钟、肖三氏生三子：亚发、秋旺、秋贵。

二十一世：亚发生于1938年，卒于1997年，配邹氏生二子：华武（未详）、景玉。

二十二世：景玉生于1968年9月27日，学历初中，务农配李氏罗过岭村人，生于1976年8月22日，学历初中，生二子：裕华、裕兴。

二十三世：裕华生于1999年9月19日，现在读书。

二十三世：裕兴生于2002年5月19日，现在读书。

二十一世：秋旺生于1950年10月17日，学历初小，务农配黄氏洋武塘村人生于1953年10月29日生二子：永祥、永葵。

二十二世：永祥生于1975年8月22日，学历初中，在外开勾机配陈氏洪家村人，生于1980年9月10日，生一子：礼豪。

二十三世：礼豪生于1999年5月18日，现在读书。

二十二世：永葵生于1978年6月29日，学历初中，在外打工配胡氏胡宅村人生于1982年11月10日，生一子：裕林。

二十三世：裕林，生于2009年11月9日。。

二十一世：秋贵生于1955年9月19日，卒于2008年5月2日，配郑氏新安村人

生于 1958 年 6 月 10 日，生二子：永军、永途。

二十二世：永军生于 1989 年 11 月 9 日，学历初中，在外打工配黄氏甘林人生于 1992 年 3 月 8 日。

二十二世：永途生于 1992 年 2 月 25 日，学历初中，在外打工配梁氏沙坡村人生于 1996 年 7 月 9 日，生一子：宇轩。

二十三世：宇轩生于 2014 年 5 月 7 日。

六世祖亚俊世系后裔"待考""待查"源流谱

二十世：祖公失名。

二十一世：良臣配林氏生二子：利生、昆生。

二十二世：利生配陈、钟氏●

二十二世：昆生配陈、符氏生三子：岳时、裕时、亚长子●。

二十三世：岳时配王氏生一子：金鑫。

二十四世：金鑫配曹氏。

二十三世：裕时配符氏生三子：海文、海杰、海峯（三人后代不详）。

二十世：祖公失名。

二十一世：来奇配何氏生四子：德修●、德信●、亚立●、亚四●。

二十一世：祖公失名。

二十二世：德全生三子：福安、福太、亚鸣（不详）。

二十三世：福安配黄氏●。

二十三世：福太配雷氏●。

二十一世：祖公失名。

二十二世：德举生三子：瑞金●、瑞玉●、亚雄●。

二十一世：祖公失名。

二十二世：德先配李氏生一子：瑞山。

二十三世：瑞山配陈氏生三子：景常、秀常●、锦常。

二十四世：景常配黄氏生二子：喜和、李明（以上二人后代不详）。

二十四世：锦常配刘氏生二子：应方、应礼（以上二人后代不详）。

二十一世：祖公失名。

二十二世：德忠生一子：瑞居●。

二十一世：祖公失名。

二十二世：德易生一子：瑞堂。

二十三世：瑞堂配蔡氏生二子：凤鸣、凤山。

二十四世：凤鸣配黄氏●。

二十四世：凤山配黄氏●。

二十一世：祖公失名。

二十二世：德清配何氏生四子：瑞欣、瑞其、瑞珍●、瑞何●。

二十三世：瑞欣配谭氏生一子：戚美芝●。

二十三世：瑞其配冯氏生三子：眉易●、春方、亚三●。

二十四世：春方配符氏生二子：良玉、茂松。

二十五世：良玉配李氏生二子：戚杨林、戚赤红（夭折）。

二十五世：茂松配王氏生三子：卜群、卜仁、卜欣。

二十世：祖公失名。

二十一世：世保配陈氏生二子：德X（失名）、堪培●。

二十二世：德X（失名）配陈氏生三子：瑞洪、亚厚●、瑞典。

二十三世：瑞洪配庞氏●。

二十三世：瑞典配林氏●。

二十世：祖公失名，生二子：德连、德美●。

二十一世：德连配郑、郭二氏生二子：瑞辉、瑞敷●。

二十三世：瑞辉配陈氏生二子：建夫、观光●。

二十四世：建夫配陈氏生三子：创纯、应翼、良治（不详）。

二十五世：创纯配陈氏生一子：卜谐。

二十五世：应翼配陈氏生一子：卜亲。

十七世：超隆之子戚国护配梁氏生一子：弘智。

十八世：弘智配陈氏生五子：丕选、丕振、丕培、丕纯、丕杰。

十九世：丕选配陈氏生二子：元标、元桂●。

二十世：元标配刘氏生一子：戚宗。

十九世：丕振配黄氏生一子：元珍。

二十世：元珍配黄氏生二子：宗亲、宗爱。

二十一世：宗亲配吴、吴二氏生四子：来新、来丰、来登、来奇。

二十二世：来新配陈氏生一子（不详）。

二十二世：来丰配武氏生一子：德香。

二十三世：德香配林氏生二子：福梅、亚龙●。

二十四世：福梅配符氏、罗氏生六子：建国、建去●、建江、亚小（失）、建海、笑林●。

二十五世：建国配陈氏生二子：应生、应华。

二十五世：建江配符氏生三子：应权、应玉、亚三。

二十二世：来奇配祝（或何）氏生四子：德修●、德信●、亚立●、亚四●。

二十一世：宗爱配黄、梁二氏生一子：来富。

二十二世：来富配张氏生一子（后代不详）。

十九世：丕培配王、陈氏生三子：元称、元养●、元悚●。

二十世：元称配李氏生二子：宗信、宗春。

二十一世：宗信配陈氏取宗亲子入继：来猷。

十九世：丕纯配陈氏生三子：元贤、元全、元谷。

二十世：元贤配符氏生二子：宗干、宗质。

二十一世：宗干配符氏养一子：来福。

二十二世：来福配黄氏●。

二十一世：宗质配黄氏养一子（后代不详）。

二十世：元全配曾氏生一子：宗裕●。

二十世：元谷配符氏●。

十七世：国举配符氏生一子：戚弘业。

十八世：弘业配何、黄二氏生三子：丕瑜、丕聪、丕通。

十九世：丕瑜配谢氏●。

十九世：丕聪配黄氏生一子：元兴。

二十世：元兴配陈氏●。

十九世：丕通配何氏生一子：元春。

二十世：元春配柯氏生一子：宗宝。

二十世：宗宝配陈氏生一子：来亨。

十七世：国栋配柯氏生六子：弘文、弘才、弘贵、弘学、弘珍、弘利。

十八世：弘文配陈氏生三子：丕珩、丕南、丕奇。

十九世：丕珩配黄氏生二子：元香、元重。

二十世：元香配符、蔡二氏生二子：宗彪、宗魁●。

二十一世：宗彪配陈氏●。

二十世：元重配黄氏生二子：宗秀（配吴氏●止）、宗宛（配黄氏●）。

十九世：丕南配蔡氏生一子：元易●。

十九世：丕奇配陈氏生一子：元安（配庞氏生一子，迁往紫那圩住）。

二十一世：宗拨配何氏生一子：来成。

二十二世：来成配王氏生三子：立礼●、德明、德昌。

二十三世：德明配欧氏生二子：福利、福才。

二十四世：福利配何氏生二子：建傅、建统（以上二人后代不详）。

二十三世：德昌配林氏生一子：福兴。

二十四世：福兴配林氏●。

五世祖长公世系六世至十三世源流图表

六世	七世	八世	九世	十世	十一世	十二世	十三世

宁宗（未详）
子深（未详）

景春 → 宗豪 → 时举 → 龙持 →
- 德贵 →
  - 仰望 → 戚真
  - 仰颜 → 仲信
  - 仰明 →
    - 仲世
    - 仲文
- 德松 →
  - 仰周 →
    - 仲华
    - 仲荣
  - 仰太 → 仲存
- 德顺（迁居屋背埔）

薛岭 → 景才（未详）
景兴（未详）

继宗 → 道全（接下页）

宗宥 →
- 彩鹏 →
  - 元进 → 鼎全（未详）
  - 元秀 → 鼎才（未详）
- 彩凤 →
  - 元惠
  - 元赞 → 日炳
- 松富 →
  - 元勋 →
    - 鼎铉
    - 鼎臣 → 震宗 →
      - 洪华
      - 洪发
      - 洪达
  - 鼎仁 → 震烈 →
    - 仕泰
    - 仕斌
    - 仕兴
  - 元标 →
    - 鼎新（未详） 震滚
    - 鼎昌（未详）
  - 元懿 → 鼎天 → 成聪 → 洪烈
    - 鼎国● （此公自石城上角垌迁居广西防城）
  - 元坤●

宗兴 →
- 维珠 → 元馨 →
  - 鼎仲
  - 鼎吾
- 彩爵●
- 彩禄 → 元弼 →
  - 鼎傅
  - 鼎业

宗亮 →
- 贵善 → 元彬●
- 贵章●
- 德贤 →
  - 一权 → 元初（未详）
  - 一龙 → 振蛟（未详）
  - 成斌●
- 德达 → 王福（未详）

宗盛 →
- 德胜 →
  - 一元 → 乔初 → 日兴（未详）
  - 应举 → 鼎春 →
    - 日文 →
      - 朝相（未详）
      - 朝会
      - 朝珍
      - 朝焕
    - 日义 →
      - 朝秀（未详）
      - 朝栋（未详）
      - 朝祖（未详）
      - 朝瑞
      - 朝纳
      - 朝瑜
      - 朝瓒●
    - 日信 →
      - 朝章
      - 朝祯
- 德儒

五世祖长公世系六世至十三世源流图表

六世 七世 八世 九世 十世 十一世 十二世 十三世

- 继宗 → 道全 →
  - 宗贤 → 维朝 → 应位
  - 宗富 →
    - 维纲 → 应鳌、应奇
      - 应奇 → 明慧、明仕
    - 维卿 → 应龙●、应凤
      - 应凤 → 日新●、日全●
    - 维翰 → 惠甫●
    - 维良 → 应宽
  - 宗贵 →
    - 维益 → 元通、元达●
      - 元通 → 鼎初 → 日省 → 朝隆
    - 维正 → 元略●、元选●
    - 维茂 → 许养●
    - 维约 → 公孙、元真
  - 宗玉 → 双池 →
    - 寿山 → 念山（迁南山）、怀山、益儒（未详）、敬山（迁山溪洋）
      - 怀山 → 肖岳 → 凤朝、凤兰
    - 牙周 → 凤飏 → 君相（黄垌坑）
    - 牙彬 → 凤平 → 元进 → 耀爵、耀珍、耀珠

- 务宗 →
  - 子和 →
    - 君政（未详）
    - 君俸 →
      - 维礼、维坤 → 士顕、亚养（其父失名，维礼或维坤所生，缺考）、亚弟
      - 维乾 → 士高、士魁
    - 君治（未详）
    - 君盛 → 维元 → 遂甫、达甫、道甫
    - 君辅 → 维克、维奇
  - 子顺 → 君善 → 维富、维贵、维华

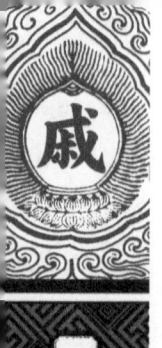

五世祖长公世系六世祖至十三世祖源流谱

五世：长公生于洪武二十五年（壬申1392年）卒葬时间地址不详，妣龚氏生五子：宁宗、子深、薛嶺、继宗、务宗。

六世：宁宗生于景素三年（壬申1452年）妣后裔未详待考。子深生于景素六年（乙亥1455年）妣李氏后裔未详待考。薛嶺生于天顺二年（戊寅1458年）卒葬时间地址不详，妣黄氏生三子：景春、景才、景兴。

七世：景春妣周氏生一子：宗豪。

八世：宗豪妣邓氏生一子：时举。

九世：时举妣利氏生一子：龙持。

十世：龙持妣袁梁二氏生三子：德贵、德松、德顺。

十一世：德贵妣阮氏生三子：仰望、仰颜、仰明。

十二世：仰望妣未详，生一子：戚真。

十三世：戚真妣未详。

十二世：仰颜妣关氏生一子：仲信。

十三世：仲信。

十二世：仰明生二子：仲世、仲文。

十一世：德松妣欧氏生二子：仰周、仰太。

十二世：仰周妣欧氏生二子：仲华、仲荣。

十三世：仲华、仲荣。

十二世：仰太妣苏氏生一子：仲存。

十三世：仲存。

十一世：德顺妣欧氏生一子：迁居屋背埔。

七世：景才，薛嶺公之次子（未详）。

七世：景兴，薛嶺公之三子（未详）。

五世祖长公世系三子薛嶺公至十三世源流谱

六世：薛嶺妣黄氏生三子：景春、景才、景兴。

七世：景春妣周氏生一子：宗豪。

七世：景才、景兴（未详）。

八世：宗豪妣邓氏生一子：时举。

九世：时举利氏生一子：龙持。

十世：龙持妣袁、梁二氏生三子：德贵、德松、德顺。

十一世：德贵妣阮氏生三子：仰望、仰颜、仰明。

十一世：德松妣欧氏生二子：仰周、仰太。

十一世：德顺妣欧氏生一子，（迁居屋背埔）。

十二世：仰望妣氏生一子：戚真。

十二世：仰颜妣关氏生一子：仲信。

十二世：仰明妣氏生二子：仲世、仲文。

十二世：仰周妣欧氏生二子：仲华、仲荣。

十二世：仰太妣苏氏生一子：仲存。

十三世：戚真（又名七郎名旺三郎）妣氏生一子：戚顯。

十三世：仲信妣邓氏生一子：日尚。

十三世：仲世妣氏生一子：日千。

十三世：仲文妣氏生一子：日旭。

十三世：仲华妣阮氏生四子：日锦、日芹、日才、日灵。

十三世：仲荣妣氏（未详）。

十三世：仲存妣阮氏生三子：日杰、日秉●、日焕。

五世祖长公世系四子继宗公至十三世源流谱

六世：继宗生于天顺六年（癸未1462年）卒葬时间地址不详，妣关氏生一子：道全。

七世：道全妣陈刘二氏，道全公与婆三人同葬上角垌右边高聚山坐西向东，妣陈氏生七子，后续娶刘氏生一子，共八子：宗宥、宗兴、宗亮、宗盛、宗贤、宗富、宗贵、宗玉。

八世：宗宥妣邓氏生三子：彩鹏、彩凤、松富。

九世：彩鹏，宗宥公长子，生二子：元进、元秀。

十世：元进、彩鹏公长子，妣氏不详，生一子：鼎全。

十一世：鼎全（未详）。

十世：元秀，彩鹏公次子，妣氏不详，生一子：鼎才（未详）。

九世：彩凤，宗宥公次子，生二子：元惠、元赞。

十世：元惠（未详）。

十世：元赞生一子：日炳。

九世：松富，宗宥公三子，宗宥祖与婆，松富祖与婆四人同穴葬上角垌村右边岭坐南向北逆水大王谭。妣吴氏生四子：元勋、元标、元懿、元坤。

十世：元勋妣黄氏，元勋祖与婆与鼎臣祖三人同墓上角垌右边高聚山道全祖坟下坐西向东。妣黄氏生三子：鼎铉、鼎臣、鼎仁。

十一世：鼎铉（未详）。

十一世：鼎臣妣黄、杨二氏生一子：震宗，居上角垌。

十二世：震宗妣江氏生三子：洪华、洪发、洪达。

十三世：洪华、洪发、洪达（待续）。

十一世：鼎仁妣李氏，鼎仁祖与婆二人同穴上角垌左边岭杨树坑白坟左边水界有石碑为谢姓同墓，生二子：震烈、震滚。

十二世：震烈妣吴氏，震烈公移居樟木埇村右边头坡山侍西向东。取来一子：仕泰，生二子：仕斌、仕兴。

十三世：仕泰、仕斌、仕兴（待续）。

十世：元标生二子：鼎新、鼎昌。

十一世：鼎新、鼎昌（均未详）。

十世：元懿生二子：鼎天、鼎国●。

十一世：鼎天生一子：成聪。

十二世：成聪妣陈氏，此公自石城上角峒迁居防城光坡勤色癸住，生一子：洪烈。

十三世：洪烈妣林、梁二氏生二子。

八世：宗兴生三子：维珠、彩爵●、彩禄。

九世：维珠生一子：元馨。

十世：元馨生二子；鼎仲、鼎吾。

十一世：鼎仲、鼎吾（均未详）。

九世：彩禄生一子：元弼。

十世：元弼生二子：鼎傅、鼎业。

十一世：鼎傅、鼎业（均未详）。

八世：宗亮生二子：贵善、贵章●。

九世：贵善生一子：元彬●。

八世：宗盛妣林氏生四子：德贤、德达、德胜、德儒。

九世：德贤，宗盛公长子，生三子：一龙、一权、成斌●。

十世：一龙生一子：振蛟。

十一世：振蛟（未详）。

十世：一权生一子：元初。

十一世：元初（未详）。

九世：德达，宗盛公次子，生一子：王福。

十世：王福（未详）。

九世：德，宗盛公三子，生二子：一元、应举。

十世：一元生一子：乔初。

十一世：乔初生一子：日兴。

十二世：日兴（未详）。

十世：应举妣吴氏生一子：鼎亲。

十一世：鼎春妣梁氏生三子：日文、日义、日信。

十二世：日文妣邓氏生四子：朝相、朝会、朝珍、朝焕。

十二世：日义生七子：朝秀、朝栋、朝祖、朝瑞、朝纲、朝瑜、朝瓒。

十二世：日信、朝章、朝祯。

八世：宗贤妣庞氏生一子：维朝。

九世：维朝生一子：应位。

十世：应位●。

八世：宗富妣梁杨二氏生四子：维纲、维卿、维翰、维良。

九世：维纲生二子：应鳌、应奇。

十世：应鳌（未详）。

十世：应奇生二子：明慧、明仕。

十一世：明慧、明仕（均未详）。

九世：维卿生二子：应龙●、应凤。

十世：应凤生二子：日新●、日全●。

九世：维翰生一子：惠甫●。

九世：维良生一子：应宽（未详）。

八世：宗贵妣黄氏生四子：维益、维正、维茂、维约。

九世：维益，宗贵公长子，生二子：元通、元达●。

十世：元通妣谭氏生一子：鼎初。

十一世：鼎初妣梁氏生一子：日省。

十二世：日省妣李氏生一子：朝隆。

十三世：朝隆妣陆氏生一子：秉仁。

九世：维正生二子：元略●、元选●。

九世：维茂生一子：许养●。

九世：维约生二子：公孙、元真。

十世：公孙、元真（均未详）。

八世：宗玉妣邹氏生一子：双池。

九世：双池，卒后葬遂溪蒲泸岭金狗坑，妣葬龙头蓝村海尾，生三子：寿山、牙周、牙彬。

十世：寿山妣刘氏，生四子：念山、怀山、益儒（未详）、敬山（迁山溪洋）。

十一世：念山迁南三木渭；怀山妣邓氏生一子：肖岳。

十二世：肖岳妣邹氏葬遂邑头铺营元岭仔生二子：凤朝、凤兰。

十三世：凤兰妣庞氏生三子：元发、元达、元盛。

十四世：元发，迁居白水塘；元达（未详）；元盛（迁黄竹宜）。

十世：牙周迁居长桐坑村妣黄氏生一子：凤飚。

十一世：凤飚妣陈氏生一子：君相。

十二世：君相妣尹氏生三子：耀京、耀荣、耀宗。

十世：牙彬生一子：凤平。

十一世：凤平生一子：元进。

十二世：元进（居廉江石城长岭咀村），生三子：耀爵、耀珍、耀珠。

五世祖长公世系五子务宗公至十三世源流谱

六世：务宗妣马氏生二子：子和、子顺。

七世：子和生五子：君政、君俸、君治、君盛、君辅。

八世：君政妣陈氏（未详）。

八世：君俸妣江氏生三子：维礼、维坤、维乾。

九世：维礼、维坤（原谱所著失名，其后裔有：士顕、亚养、亚弟）。

十世：士顕、亚养、亚弟（均未详）。

九世：维乾生二子：士高、士魁。

十世：士高、士魁（均未详）。

八世：君治妣姚氏（未详）。

八世：君盛妣姚氏生一子：维元。

九世：维元妣王氏生三子：遂甫、达甫、道甫。

十世：遂甫、达甫、道甫（均未详）。

八世：君辅妣黎氏生二子：维尧、维奇。

九世：维尧，生二子（后裔未详）；

维奇，生二子（后裔未详）。

七世：子顺，生一子：君善。

八世：君善，妣陈氏生三子：维富、维贵、维华。

九世：维富生二子；维贵、维华生一子。

长公三子薛嶺公分支戚真公派下戚显房源流谱

十二世：仰望生一子：戚真。

十三世：戚真称二郎名胜三郎，生一子：显。

十四世：显称一郎妣氏，生一子：英。

十五世：英称四郎又泰三郎又昌二郎，生一子：应瑛。

十六世：应瑛妣陈氏，自其祖父三代俱称郎或道门口语所传姑不具惟乃仰望公玄孙由此名而修续不致落缺。生五：昌维●、昌璿●、昌平●、昌连、昌富（另续）。

十七世：昌连，生四子：戚裕、戚超（妣苏氏未详）、戚信、戚通。

十八世：戚裕妣吴氏，取戚信子入继：英进。

十九世：英进（出）妣陈氏，生四子（未详）。

十八世：戚信妣卢、陈二氏，生四子：英进、华进、兰进、芹进（均未详）。

十八世：戚通妣彭氏，生一子：秀进（未详）。

长公三子薛嶺公分支仲信公派下日尚房源流谱

十三世：仲信妣邓氏，生一子：日尚。

十四世：日尚妣林氏，生一子：元爵。

十五世：元爵妣陈氏，生一子：应邦。

十六世：应邦妣赵氏，生六子：昌贵、昌余（未详）、昌化、昌燕、昌有、昌时●。

十七世：昌贵，生三子：戚宗、戚兰、戚松●。

十八世：戚宗妣李氏，生一子：世进。

十九世：世进，生一子：戚泗。

二十世：戚泗妣赖氏，生一子：裕兴（未详）。

十八世：戚兰，生一子：兴进。

十九世：兴进妣杨氏，生二子：亚保（未详）、亚养（未详）。

十七世：昌化妣张、詹二氏，生五子：戚杨、戚普、戚标、戚汉●、戚携。

十八世：戚杨妣陈氏，取戚携长子入继：乾进。

十九世：乾进妣黎氏，生三子：维栋、维和、维就。

二十世：维栋妣李氏（未详）。

二十世：维和妣邓氏生二子：培兴、锦兴。

二十一世：培兴妣欧氏生三子：启龙、启凤●、启口（失名）。

二十二世：启龙妣苏氏生三子：立权●、立保、立海。

二十三世：立保妣符氏生一子：洪华。

二十四世：洪华生于1985年，初中学历。

二十五世：立海生于1955年，高中学历,配黎氏生于1960年，初中学历,化州黎廷村人，生三子：胜华、才华、辉华。

二十四世：胜华生于1977年,初中学历,配杨氏生于1977年,初中学历,吴川坡吨村人，生一子二女：大女：佳思生于2002年；二女：金宁生于2006年；子：燕浩。

二十五世：燕浩生于2005年。

二十四世：才华生于1983年，初中学历，配杨氏，生于1987年，初中学历，吴川高岭村人，生一子二女：大女：海婷生于 2007 年；二女：海涛生于 2010 年；子：燕鸿。

二十五世：燕鸿生于 2009 年。

二十四世：辉华生于 1989 年，初中学历，配杨氏生于 1987 年，初中学历，化州杨梅下低村人，生一子一女：女：土群生于 2010 年；子：燕洲。

二十五世：燕洲生于 2012 年。

十八世：戚普妣陈氏，生四子：德进、惠进、付进、全进。

十九世：德进妣李氏生二子：金来、亚养（均未详）。

十九世：惠进妣黎氏生一子：亚田（未详）。

十九世：付进妣陈氏（未详）。

十九世：全进（未详）。

十八世：戚标，取戚携子入继：迺进。

十九世：迺进妣陈氏（未详）。

十八世：戚携妣陈、江二氏，生四子：乾进（出）、坤进、泰进、迺进（均未详）。

十七世：昌燕，生二子：戚声、戚明。

十八世：戚声妣黄氏生四子：玉保、有进、开进、亚四（均未详）。

十八世：戚明妣陈氏生四子：时进、奇进、维进、声进（均未详）。

十七世：昌有，生二子：戚臣、戚伦。

十八世：戚臣，取胞弟长子入继：明进。

十九世：明进妣谢氏，生二子：维龙、维光。

二十世：维龙妣谭氏生三子：龙兴、成兴、亚弟。

二十一世：龙兴，生三子：启彬、二子（失名）、三子（失名）。

二十二世：启彬，生三子：立廷、亚德、亚福。

二十三世：立廷妣庞氏，生一子；建华。

二十四世：建华生于 1932 年，配杨氏生于 1932 年，吴川合山村人，生三子：燕新、燕有、燕强。

二十五世：燕新生于 1969 年，初中学历，配黄氏生于 1970 年，初中学历，河唇新宝仔人，生三子二女：大女：海莹生于 1998 年；二女：海连生于 2005 年；子：永春、永明、永源。

二十六世：永春生于 1997 年；永明生于 2000 年；永源生于 2003 年。

二十五世：燕有生于 1974 年，初中学历，配李氏生于 1975 年，吴川低垌村人，生二子一女：女：冬梅生于 2003 年，子：永豪、永祥。

二十六世：永豪生于 2000 年；永祥生于 2005 年。

二十五世：燕强生于 1977 年，初中学历，配钟氏生于 1979 年，初中学历，生二子二女，大女：桂兰生于 2007 年；二女：秋梅生于 2009 年；子：永浩、永飞。

二十六世：永浩生于 2011 年；永飞生于 2013 年。

二十一世：成兴配李氏生五子：（失名）、启余妣陈氏●、启洪妣谭氏●、启来（未详）、启焕。

二十二世：启焕配李氏生四子：立均、立荣、立六●、立福●。

二十三世：立均生于 1907 年，配詹氏生于 1909 年，官渡高站村人，生二子：康寿●、洋华。

二十四世：洋华生于 1959 年，初中学历，配王氏生于 1958 年，初中学历，廉江飘竹村人，生三子二女：女：燕飞、木燕；子：燕富、燕贵、燕兴。

二十五世：燕富生于 1979 年，初中学历；燕贵生于 1981 年，初中学历，配袁氏生于 1984 年，初中学历，王母山村人，生二女二子：长女：钰澜生于 2008 年；次女：丽诗生于 2009 年；子：永昌、永晟。燕兴生于 1988 年，高中学历。

二十六世：永昌生于 2013 年；永晟生于 2015 年。

二十三世：立荣生于 1920 年，配陈氏生于 1928 年，廉江马木咀村人，生三子：春华、明华、昌华。

二十四世：春华生于 1959 年，配李氏生于 1957 年，初中学历，化州隔河村人，生三子：燕深、燕林、燕成。

二十五世：燕深生于 1976 年，初中学历，配陈氏生于 1976 年，初中学历，廉江白沙路村人，生二女二子：大女：梅仙生于 2004 年；二女：梅林生于 2002 年；子：永琪、永钊。

二十六世：永琪生于 2006 年；永钊生于 2008 年。

二十五世：燕林生于 1982 年，初中学历，配陈氏生于 1986 年，初中学历，廉江石塘村人，生二子：永权、永林。

二十六世：永权生于 2007 年；永林生于 2008 年。

二十五世：燕盛生于1986年，初中学历，配陈氏生于1989年，初中学历，化州杨梅村人，生一女：今飞生于2012年。

二十四世：明华生于1954年，初中学历，配钟氏生于1964年，初中学历，杨柑松村人，生六子：燕春、燕光、燕辉、燕生、燕秀、燕才。

二十五世：燕春生于1985年，配林氏生于1985年，初中学历，吴川塘掇石埠村人，生一女：林梅生于2001年。

二十五世：燕光生于1988年，初中学历，配黎氏生于1984年，初中学历，肇庆沙浦芥人，生一子：永森。

二十六世：永森生于2001年。

二十五世：燕辉生于1991年，初中学历。燕生生于1994年，大专学历；燕秀生于1996年；燕才生于2009年。

二十四世：昌华生于1967年，初中学历，配杨氏生于1966年，初中学历，吴川南埔村人，生一女三子：女：燕婷生于1992年；子：燕宽、燕发、燕进。

二十五世：燕宽生于1994年；燕发生于1996年；燕进生于1996年。

二十世：维光妣杨氏，生五子：凤兴、仪兴、礼兴、智兴、信兴●。

二十一世：凤兴配彭氏，生三子：启成、启梅、启恩（未详）。

二十二世：启成配全、李二氏，生一子：立英●。

二十二世：启梅配欧、杨二氏，生一子：立益（外出）。

二十一世：仪兴配陈氏，生二子：启闰、启泽●。

二十二世：启闰配李氏，生五子：立福、立满、立芳●、立冠、立国●。

二十三世：立福配陈、骆二氏，生二子：连华、凤华。

二十四世：连华生于1949年，配谭氏生于1976年，初中学历，宾阳新桥谭广村人，生三女三子：大女：燕敏生于2000年；二女：雄连生于2002年；三女：燕苗生于2008年；子：燕志、燕杰、燕金。

二十五世：燕志生于1996年，初中学历；燕杰生于1998年，初中学历；燕金生于2006年。

二十四世：凤华生于1957年，初中学历，配刘氏，广西玉林人，生二子：燕港、燕湖。

二十五世：燕港生于1989年，初中学历；燕湖生于1992年，初中学历，配李氏生于1992年，高中学历，信宜丁宝村人，生二子：锦海、明佳。

二十六世：锦海生于2011年；明佳生于2012年。

二十三世：立满生于1914年，配陈氏生于1922年，廉江石塘村人，生二子：英华、汉华。

二十四世：英华生于1949年，高小学历，配邝氏生于1953年，吴川灵垌村人，生五子：燕飞、燕镖、燕初、燕铎、燕坤。

二十五世：燕飞生于1975年，初中学历，配骆氏生于1977年，高中学历，吴川佩埇村人，生二女二子：大女：永清生于2003年；二女：永梅生于2005年；子：永坚、永泽。

二十六世：永坚生于2002年；永泽生于2007年。

二十五世：燕镖生于1977年，初中学历，配李氏生于1976年，初中学历，化州田寮村人，生一女一子：女：永艳生于2012年；子：永雄。

二十六世：永雄生于2005年。

二十五世：燕初生于1948年，初中学历，配蒙氏生于1985年，广江镇红良乡。

二十五世：燕铎生于1988年，初中学历；燕坤生于1990年，初中学历。

二十四世：汉华生于1957年，初中学历，配詹氏生于1961年，初中学历，官渡垌悄村人，生三子：燕海、燕基、燕钟。

二十五世：燕海生于1986年，初中学历，配邓氏生于1988年，初中学历，廉江良垌沙塘村人，生一子：永轩。

二十六世：永轩生于2012年。

二十五世：燕基生于1987年，初中学历，配林氏生于1987年，初中学历，吴川塘掇林屋村人，生一子：永彬。

二十六世：永彬生于2011年。

二十五世：燕钟生于1991年，初中学历。

二十三世：立冠配邓氏，廉江塘溪岭村人，生三子：仙华、保华、振华。

二十四世：仙华生于1960年，初中学历，配黎氏，生于1964年，初中学历，化州笪桥黎廷村人，生二子：燕东、燕康。

二十五世：燕东生于1989年，初中学历。燕康生于1996年，初中学历。

二十四世：保华配王氏，生于1965年，初中学历，廉江良垌飘竹村人，生二子：燕聪、燕明。

二十五世：燕聪生于 1995 年，初中学历；燕明生于 2001 年。

二十四世：振华生于 1967 年，初中学历，配戴氏生于 1966 年，初中学历，廉江角塘村人，生二女二子：大女：舒婷生于 1992 年，初中学历；二女：舒华生于 1995 年，初中学历；子：燕恒、燕燈。

二十五世：燕恒生于 1997 年，初中学历；燕燈生于 1999 年。

十九世：贵进，生四子：维福（未详）、维禄（未详）、维寿（未详）、维全。

二十世：维全，生三子：员兴●、秀兴、富兴。

二十一世：秀兴，生一子：启松。

二十二世：启松配谭氏，生三子：立振、立忠、立球。

二十三世：立振生于 1949 年，初中学历，配王氏生于 1955 年，廉江飘竹村人，生二子：秋华、锦华。

二十四世：秋华生于 1975 年，大专学历，配李氏生于 1979 年，初中学历，化州茅山村人，生三女二子：大女：燕玲生于 2001 年；二女：春玲生于 2004 年；三女：海玲生于 2005 年；子：燕毅、燕冰。

二十五世：燕毅生于 2007 年；燕冰生于 2010 年。

二十四世：锦华生于 1978 年，初中学历，配杨氏，生于 1980 年，初中学历，吴川高岭村人，生三女：雅婷生于 2010 年；金融生于 2009 年；雅舒生于 2012 年。

二十五世：立忠生于 1952 年，高中学历，配宋氏生于 1956 年，初中学历，官渡那黄村人，生四子：贵华、晓华、权华、球华。

二十四世：贵华生于 1980 年，初中学历，配李氏生于 1980 年，初中学历，吴川低垌村人，生二子：鸿涛、鸿鑫。

二十五世：鸿涛生于 2005 年；鸿鑫生于 2007 年。

二十四世：晓华生于 1984 年，初中学历，配陈氏生于 1983 年，初中学历，廉江白沙路村人，生一子：鸿辉。

二十五世：鸿辉生于 2013 年。

二十四世：权华生于 1988 年，初中学历。

二十四世：球华生于 1989 年，初中学历。

二十五世：立球生于 1955 年，初中学历，配王氏生于 1959 年，初中学历，廉江上表坡村人，生二子：静华、超华。

二十四世：静华生于19853年，初中学历，配李氏生于1989年，初中学历，吴川长岐盘溪后背后村人，生一子：鸿详。

二十五世：鸿详生于2001年。

二十四世：超华生于1994年，初中学历。

二十一世：富兴配庞氏，生二子：启有●、启月（未详）。

长公三子薛嶺公分支仲世公派下日千房源流谱

十三世：仲世，生一子：日千。

十四世：日千妣苏氏生一子：元清。

十五世：元清妣庞氏生一子：应运。

十六世：应运妣黎氏生三子：昌龙、昌鳌、昌积。

十七世：昌龙、昌鳌、昌积（均未详）。

长公三子薛嶺公分支仲文公派下日旭房源流谱

十三世：仲文，生一子：日旭。

十四世：日旭，生一子：元相。

十五世：元相，生四子：应举、应章、应思（未详）、应志●。

十六世：应举，生一子：昌荣●。

十六世：应章，生一子：昌正。

十七世：昌正，生三子：戚凤、戚端。

十八世：戚凤，生一子：才进。

十九世：才进，生一子：观佑（未详）。

十八世：戚端，生一子：朝进。

十九世：朝进，生一子：星安（未详）。

二十三世：瑞强，平坦簕竹车村迁回龙地，生于1940年，配叶氏，生于1940年，化州柑村人，生二子：兴华、陈华。

二十四世：兴华生于1965年，初中学历，配陈氏生于1964年，初中学历，廉江高桥渡板村人，生一女三子：女：燕珍生于1992年，大学学历；子：燕超、燕明、燕勇。

二十五世：燕超生于1988年，高中学历。燕明生于1990年，初中学历。燕勇生于1995年，初中学历。

二十四世：陈华生于1976年，初中学历，配翟氏生于1978年，初中学历，吴川翟屋村人，生一女二子：女：燕清生于2005年；子：燕豪、燕钦。

二十五世：燕豪生于2007年；燕钦生于2008年。

长公三子薛嶺公分支仲华公派下 日锦、日芹、日才、日灵 房源流谱

十三世：仲华妣阮氏生四子：日锦、日芹、日才、日灵。

十四世：日锦妣李氏生一子：元念。

十五世：元念妣詹氏生三子：应阡、应德●、应万。

十六世：应阡，生一子：昌陆。

十七世：昌陆，生一子：戚容●、取戚惠（入继）。

十八世：戚惠妣陈氏生四子：居进、贫进、通进、好进。

十六世：应万妣关、林二氏，生一子：昌明。

十七世：昌明妣陈氏生三子：戚恭、戚邦、戚惠（出）。

十八世：戚恭妣陈氏，取外姓子入继。

十八世：戚邦妣李氏生四子：耀进、超进、李进、何进、能进。

十九世：超进，生二子：维成（未详）、维杰。

二十世：维杰妣陈氏生二子：瑞兴、仲兴●。

二十一世：瑞兴妣吴氏生三子：水兵、启发、康六。

二十二世：启发生于1934年，配杨氏生于1936年，吴川南埇村人，生三女：大女：芹娣生于1996年；二女：燕霞生于1997年，初中学历；三女：燕桃生于1999年。续配李氏生于1957年，高中学历，越南河内人，生一女一子：女：燕榕生于2002年；子：海龙。

二十三世：海龙生于2000年。

十九世：何进，生一子：维国。

二十世：维国妣李氏生一子：全兴。

二十一世：全兴妣叶氏生四子：启新、启华、日保（未详）、观保（未详）。

二十二世：启新配江氏生三子：兆兴、兆华、兆青。

二十三世：兆兴生于1956年，初中学历，配黄氏生于1971年，初中学历，吴川中塘村人，生三女二子：大女：华凤生于1998年；二女：华英生于2000年；三女：华燕生于1992年；子：洋贵、涛贵。

二十四世：洋贵生于 1990 年；涛贵生于 1998 年。

二十三世：兆华生于 1972 年,初中学历,配林氏生于 1975 年,初中学历,吴川文屋村人, 生一女二子：女：秋颜生于 2002 年；子：恒贵、培贵。

二十四世：恒贵生于 2000 年；培贵生于 2004 年。

二十三世：兆青生于 1975 年,初中学历,配林氏生于 1978 年,初中学历,廉江峰背村人, 生三子：翼贵、涛贵、耀贵。

二十四世：翼贵生于 2003 年；涛贵生于 2007 年；耀贵生于 2009 年。

二十二世：启华生于 1933 年,配谢氏生于 1979 年,龙头罗里村人,生三子：兆生、 兆秀、兆才。

二十三世：兆生生于 1957 年,初中学历,配王、陈二氏,王氏生于 1962 年,初中学历, 廉江飘竹村人,陈氏生于 1980 年,初中学历,廉江平坦圩人,陈氏生一女： 键敏生于 2008 年,王氏生三子：荣贵、华贵、超贵。

二十四世：荣贵生于 1987 年,初中学历。华贵生于 1992 年,初中学历。超贵生于 1994 年,初中学历。

二十三世：兆秀生于 1966 年,初中学历,配王氏生于 1968 年,初中学历,化州木 仔桥村人,生一女二子：女：嘉玲生于 1996 年；子：文贵、明贵。

二十四世：文贵生于 1992 年,初中学历。明贵生于 1993 年,初中学历。

二十三世：兆才生于 1968 年,初中学历,配林氏生于 1970 年,吴川林屋村人,生 三女二子：大女：春玲生于 1994 年；二女：春梅生于 1995 年；三女： 春如生于 2000 年；子：豪贵、良贵。

二十四世：豪贵生于 1996 年,初中学历。良贵生于 2003 年。

十九世：能进妣张氏生三子：维喜（未详）、维仁、维祥。

二十世：维仁,生一子：德兴。

二十一世：德兴妣伍氏生三子：土福●、启鎏、启钦。

二十二世：启鎏生于 1943 年,配吴氏生于 1942 年,化州埇表村人,生三子：兆贵、 兆明、兆深。

二十三世：兆贵生于 1967 年,初中学历,配蒙氏生于 1967 年,广西玉林人,生三女一子： 女：柳灵、柳英；子：乾贵。

二十四世：乾贵生于 1994 年,初中学历。

二十五世：兆明生于1969年，初中学历，配张氏生于1969年，初中学历，吴川大路村人，生三女一子：大女：亚冰生于2003年；二女：海英生于1998年；三女：水如生于1996年；子：洪贵。

二十四世：洪贵生于2000年。

二十三世：兆深生于1981年，配林氏生于1981年，吴川社山村人，生二女一子：大女：莹莹生于2007年；二女：海莲生于2009年；子：添贵。

二十四世：添贵生于2011年。

二十二世：启钦生于1949年，配伟氏生于1961年，初中学历，广西大办村人，生三女一子：大女：日英生于1986年，初中学历；二女：梅娟；三女：梅英生于1993年，初中学历；子：海杰。

二十三世：海杰生于1990年，初中学历。

二十世：维祥妣蔡氏生四子：甫兴●、茂兴、水兴●、善兴。

二十一世：茂兴生于1924年，配邓氏生于1925年，廉江大光坡村人，生三子：启标、启芬、启盛。

二十二世：启标生于1956年，高中学历，配陆氏生于1963年，高中学历，云南里达瓦村人，生一女三子：女：海英生于1992年，大专；子：亚大●、海有、海游。

二十三世：海有生于1990年，初中学历。海游生于1994年，初中学历。

二十二世：启芬生于1967年，初中学历，配杨氏生于1966年，初中学历，吴川高岑仔村人，生三女二子：海文、海成。

二十三世：海文生于1995年，初中学历。海成生于2001年。

二十二世：启盛生于1971年，配张氏生于1971年，初中学历，吴川大路村人，生四子：海尚、海光、海林、海坤。

二十三世：海尚生于1995年，初中学历；海光生于1997年；海林生于1999年；海坤生于2000年。

二十一世：善兴生于1946年，配谭氏生于1951年，初中学历，化州高佳村人，生三子：启春、启秋、启东。

二十二世：启春生于1975年，初中学历，配王氏生于1973年，初中学历，廉江飘竹村人，生三子：海柱、海信、海涛。

二十三世：海柱生于1998年；海信生于2001年；海涛生于2003年。

二十二世：启秋生于1978年，初中学历，配庞氏生于1985年，初中学历，吴川曲田村人，生一女一子：女：晓宇生于2011年；子：海彬。

二十三世：海彬生于2009年。

二十二世：启东生于1981年，大学学历，配李氏生于1985年，化州鸡笠垌村人。

十四世：日才妣陈氏生二子：元其●、元周。

十五世：元周妣钟氏生三子：应广、应亮、应有妣陈氏●。

十六世：应广，生三子：昌和、昌乐、昌口（未详）。

十七世：昌和妣蒋氏生四子：戚新、戚芹、戚观、戚胜。

十八世：戚新妣黎氏生一子：万进。

十八世：戚观妣陈氏生二子：寿进、田进（均未详）。

十八世：戚芹妣陈氏。

十八世：戚胜妣蒋氏生三子：逢进、均进、连进。

十七世：昌乐，生四子：戚康、戚照、亚八、亚九。

十八世：戚康妣毛氏生五子：亚观、亚二、完进、陆生、成进。

十六世：应亮，生二子：昌喜、昌义。

十七世：昌喜，生一子：戚义。

十八世：戚义妣蒋氏生一子：亚观。

十四世：日灵妣谭氏生三子：元光、元茂、元聪。

十五世：元光妣伍氏生二子：应魁、应文。

十六世：应魁妣房、庞二氏生二子：昌用●、昌行。

十七世：昌行妣卢氏生四子：戚彬、戚仁、亚乙、亚养。

十八世：戚仁妣李氏，取外姓子入继：可进。

十九世：可进，生三子：维京、维X、维X（二人不知何名）。

二十世：维京妣陈氏生二子：国兴、宣兴。

二十一世：国兴妣陈、骆二氏生三子：启炎●、启富、启寿●。

二十一世：宣兴妣符、陈二氏生五子：启文、启章、启青、启秀、观寿●。

二十二世：启文生于1940年，配王氏生于1945年，廉江飘竹村人，生三子：兆丰、兆富、兆有。

二十三世：兆丰生于1967年，初中学历，配吴氏生于1970年，吴川白合村人，生二子一女：女：详丽生于1994年，初中学历；子：桂平、桂安。

二十四世：桂平生于1991年，初中学历。桂安生于1995年，初中学历。

二十三世：兆富生于1973年，配陈氏生于1980年，化州新屋村人，生三子二女：大女：详裕生于2005年；二女：玉玲生于2011年；子：桂金、桂忠、桂国。

二十四世：桂金生于1998年；桂忠生于2000年；桂国生于2012年。

二十三世：兆有生于1979年，初中学历，配苏氏生于1987年，初中学历，四会市人，生一子：桂丰。

二十四世：桂丰生于2009年。

二十二世：启章生于1942年，配赵氏生于1949年，官渡上垌村人，生四子：兆宏、兆龙、兆发、兆盛。

二十三世：兆宏生于1969年，初中学历，配吴氏，生于1971年，初中学历，廉江江口村人，生二女二子：大女：秋娥；二女：春晓；子：桂勇、桂俊。

二十四世：桂勇生于1992年，大学学历；桂俊生于1998年。

二十三世：兆龙生于1971年，初中学历，配陈氏生于1973年，初中学历，廉江上坡村人，生三女四子：大女：春桃生于1991年，初中学历；二女：春连生于1993年，初中学历；三女：春燕生于2005年；子：桂如、桂德、桂富、桂有。

二十四世：桂如生于1996年，初中学历；桂德生于1998年，初中学历；桂富生于1998年，初中学历；桂有生于2002年。

二十三世：兆发生于1973年，初中学历，配林氏生于1974年，初中学历，吴川步龙村人，生三女二子，子：桂秋、桂东。

二十四世：桂秋生于2002年；桂东生于2004年。

二十三世：兆盛生于1982年，配马氏生于1982年，龙头上根村人，生一女一子：女：金盈生于2012年；子：桂棋。

二十四世：桂棋生于2008年。

二十二世：启青生于1949年，初中学历，配李氏生于1945年，化州茅山村人，生四子：兆飞、兆兵、兆志、兆广。

二十三世：兆飞生于1975年，初中学历，配李氏生于1976年，初中学历，化州田寮村人，生二女三子：大女：舒琪生于1999年；二女：舒敏生于2000年；子：桂福、

桂禄、桂寿。

二十四世：桂福生于2004年；桂禄生于2009年；桂寿生于2009年。

二十三世：兆兵生于1986年，初中学历，配蔡氏生于1988年，初中学历，遂溪草谭国山仔村人，生一子：宇靖。

二十四世：宇靖生于2012年。

二十三世：兆志生于1988年，大学学历。

二十三世：兆广生于1981年，初中学历。

二十二世：启秀生于1952年，初中学历，配林氏生于1954年，初中学历，廉江良垌新村人，生二子：兆春、兆光。

二十三世：兆春生于1982年，初中学历，配林氏生于1984年，初中学历，吴川田头屋村人，生二子：桂杰、桂铭。

二十四世：桂杰生于2012年；桂铭生于2013年。

二十三世：兆光生于1987年，高中学历，配梁氏生于1989年，初中学历，吴川合水村人，生一子：桂广。

二十四世：桂广生于2013年。

十六世：应文妣陈氏生二子：昌秀、昌茂。

十七世：昌秀妣黄、林二氏生一子：戚周。

十八世：戚周妣黄、陈二氏生二子：参进、和进（出）。

十七世：昌茂生三子：戚经、土德、戚恒。

十八世：戚恒妣王氏，取戚周次子和进入继：和进妣陈氏。

十五世：元茂妣钟氏生一子：应凤。

十六世：应凤妣陈氏生三子：昌佳、昌新、昌启。

十七世：昌佳，生二子：戚苞、戚乔。

十八世：戚苞妣陈、黄二氏生一子：贤进。

十八世：戚乔妣何氏生一子。

十七世：昌新，生一子：戚欣。

十八世：戚欣妣林氏生二子：邦进（妣陈氏）、联进。

十七世：戚启，生二子：戚超、戚源。

十八世：戚源妣林氏生三子：肇进、招进（妣占氏）、宽进。

十五世：元聪，生一子：应高。

十六世：应高，生三子：昌宁、昌静、昌□（出继应万）

十七世：昌宁，生一子：戚礼。

十八世：昌静，生二子：戚坚、戚有。

十九世：戚坚妣叶氏生二子：亮进、广进。

长公三子薛岭公分支仲存公派下 日粲/日焕 房源流谱

十三世：仲存妣阮氏生三子：日粲、日东●、日焕。

十四世：日粲姆袁氏生一子：元德。

十五世：元德妣谢氏生二子：应韬●、应明。

十六世：应明妣陈氏生五子：昌悦、昌怡、昌恒、昌栋、昌美。

十七世：昌悦妣叶氏生二子：戚敬●、戚球●。

十七世：昌怡妣陈氏生二子：戚龙、戚魁（未详）。

十七世：昌恒妣黄氏生四子：戚辉（妣庞氏）●、戚琼、戚培（出）、戚佑。

十七世：昌栋妣林氏生三子：戚杰（妣庞氏）●、戚坤（妣骆氏）●、戚茂（未详）。

十七世：昌美，取昌恒之子入继：元进、喜进（均未详）。

十九世：光进（戚琼公之子）妣陈、李二氏生二子：维庆、维才、田保。

二十世：维庆妣陈氏生四子：锡兴、厚兴、梓兴、桂兴。

二十一世：锡兴生于1940年，初中学历，配严氏生于1946年，化州大沙田村人，生三子：启柳、启桃、启杨。

二十二世：启柳生于1968年，初中学历，配张氏生于1968年，初中学历，吴川岑背村人，生一女三子：女：海飞生于1995年；子：海盛、海富、海宇。

二十三世：海盛生于1988年，初中学历，配李氏生于1987年，初中学历，化州茅山村人，生一女一子：女：桂棋生于2012年；子：桂源。

二十四世：桂源生于2001年。

二十三世：海富生于1990年，初中学历，配王氏，廉江良垌琴珠垌村人，生一子：桂林。

二十四世：桂林生于2012年。

二十三世：海琼生于1992年。

二十二世：启桃生于1974年，初中学历，配李氏生于1974年，初中学历，化州田寮村人，生二女二子：大女：晓丽生于1999年；二女：晓燕生于2000年；子：海华、海青。

二十三世：海华生于2003年；海青生于2005年。

二十二世：启杨生于 1974 年，初中学历，配王氏生于 1979 年，初中学历，廉江良垌飘竹村人，生三女一子：大女：燕飞生于 2003 年；二女：燕洪生于 2005 年；三女：燕湄生于 2011 年；子：海剑。

二十三世：海剑生于 2007 年。

二十一世：厚兴生于 1942 年，配林氏生于 1974 年，吴川林屋村人，生三子：启君、启周、启生。

二十二世：启君生于 1965 年，配严氏生于 1969 年，初中学历，化州大沙田村人，生二女二子：大不莲生于 1996 年；二女：建平生于 1998 年；子：海胜、海振。

二十三世：海胜生于 1992 年；海振生于 1994 年。

二十二世：启周生于 1968 年，初中学历，配陈氏生于 1968 年，初中学历，廉江马木咀村人，生三女一子，子：海松。

二十三世：海松生于 1999 年。

二十二世：启生生于 1971 年，初中学历，配李氏生于 1976 年，初中学历，化州田寮村人，生四子：海平、海发、海宇、海荣。

二十三世：海平生于 1998 年；海发生于 2000 年；海宇生于 2002 年；海荣生于 2004 年。

二十一世：梓兴生于 1946 年，配陈氏生于 1950 年，廉江香脚地村人，生二女二子，子：启郁、启聪。

二十二世：启郁生于 1971 年，初中学历，配宋氏生于 1974 年，初中学历，廉江米合村人，生一女二子，子：海丰、海金。

二十三世：海丰生于 1998 年；海金生于 2000 年。

二十二世：启聪生于 1981 年，初中学历，配李氏生于 1986 年，初中学历，遂溪黄略大鸭村人，生二子：海志、海勇。

二十三世：海志生于 2005 年；海勇生于 2007 年。

二十一世：桂兴生于 1954 年，初中学历，配陈氏生于 1958 年，初中学历，廉江石塘村人，生三女一子，子：启剑。

二十二世：启剑生于 1995 年，初中学历，配黄氏生于 1982 年，初中学历，吴川小洋村人，生二女二子：大女：泽文生于 2008 年；二女：琼舟生于 2011 年；子：家成、家振。

二十三世：家成生于 2006 年；家振生于 2012 年。

二十世：维才，娶陈氏（出嫁），生一子：裕兴。

二十一世：裕兴生于 1959 年，初中学历，配赵氏生于 1967 年，初中学历，官渡上峒村人，生二女一子，子：启忠。

二十二世：启忠生于 1988 年，中山大学毕业。

十四世：日焕妣叶氏生四子：元会、元傅、元位、元伯。

十五世：元会妣林氏生二子：应举、应葵。

十六世：应举妣陈氏生二子：XX、昌发●。应葵妣江氏二子：昌林（妣黄氏）、昌杰（生一子）。

十五世：元傅妣陈、房二氏生三子：应国、应信、应和●。

十六世：应国妣彭氏生二子：昌典、昌X（未详）。

十七世：昌典妣陈氏生三子：献才●、亚立●、戚良（妣林氏）。

十六世：应信妣陈氏生七子：昌光●、昌璜●、昌顺（妣严氏）●、昌寿●、昌锦（妣陈氏，取别姓子入继）、昌稳●、昌允●。

十五世：元位妣胡氏生四子：应彩、应升、应相、应贵。

十六世：应彩妣占氏生一子：昌定（妣林氏）。

十六世：应升妣吴氏生二子：昌济（妣麦氏，取别姓子入继）、昌才。

十七世：昌才配陈氏生一子：铨。

十六世：应相妣梁氏生一子：昌瓒●。

十六世：应贵妣苏氏生二子：昌厚、昌全。

十七世：昌厚妣邓氏生二子：观保●、黄养●。

十七世：昌全妣张氏生一子（未详）。

十五世：元伯妣麦氏生四子：应秀、应寿、应诸、应登。

十六世：应秀妣李氏生二子：昌宗、昌荫（出）。

十七世：昌宗妣李氏生一子：戚权（妣李氏，外姓入继）。

十七世：昌荫妣吴氏生三子：戚平、戚祥、戚寅（均未详）。

十六世：应诸妣吴氏（入）：昌保。

十七世：昌保妣李氏生三子：戚谦、戚替、戚楦（均未详）。

十六世：应登妣杨氏生五子：昌保（出）、昌佑、昌亿、昌仪（未详）、昌伍。

十七世：昌伍妣林氏生一子：戚仍。

十八世：戚仍，生二子：炳进、仁进●。

十九世：炳进妣宁氏生二子：维燕、维芬。

二十世：维燕妣庞氏生一子：国兴。

二十一世：国兴生于1907年，配陈氏生于1903年，廉江上坡村人，生四子：启林、启棠、启宣、启柏。

二十二世：启林生于1950年，配陈氏生于1955年，廉江横埇村人，生三子：志洪、志忠、志成。

二十三世：志洪生于1963年，初中学历，配李氏生于1966年，初中学历，吴川吴杨村人，生一女一子，子：佳豪。

二十四世：佳豪生于2007年。

二十三世：志忠生于1967年，中山大学毕业。

二十三世：志成生于1980年，初中学历，配杨氏生于1973年，初中学历，吴川冷水村人，生一女一子，子：佳俊。

二十四世：佳俊生于2012年。

二十二世：启棠生于1957年，初中学历，配吴氏生于1957年，初中学历，化州月亮坡村人，生五子：志伟、志生、志豪、志有、志桃。

二十三世：志生生于1983年，初中学历；志伟生于1985年，初中学历；志豪生于1988年，同中学历。

二十三世：志有生于1994年，初中学历，配冼氏生于1992年，吴川黄坡冼村人，生一女。

二十三世：志桃生于1994年，初中学历。

二十二世：启宣生于1964年，初中学历，配陈氏生于1965年，廉江秧脚地村人，生一女四子：女：海燕生于1987年；子：志超、志秋、志东、志杰。

二十三世：志超生于1988年，初中学历；志秋生于1990年，初中学历；志东生于1993年，初中学历；志杰生于1998年。

二十二世：启柏生于1967年，初中学历，配李氏生于1969年，化州田寮村人，生一女一子：女：金妹生于2002年；子：志铎。

二十三世：志铎生于1998年。

二十世：维芬妣占氏生二子：荣兴、华兴。

二十一世：荣兴妣陈、全二氏生二子：启豪、启初、启光。

二十二世：启豪生于1954年，高中学历，配黄氏生于1963年，初中学历，吴川小洋村人，生三子：志明、志光、志亮。

二十三世：志明生于1977年，高中学历，配麦氏生于1978年，初中学历，吴川塘草村人，生二子：佳茂、佳盛。

二十四世：佳茂生于2001年；佳盛生于2002年。

二十三世：志光生于1985年，大学学历；志亮生于1989年，初中学历。

二十二世：启初生于1963年，高中学历，配林氏生于1964年，吴川西埇村人，生三子：志辉、志权、志永。

二十三世：志辉生于1985年；志权生于1987年，华农毕业；志永生于1989年，广州大学毕业。

二十二世：启光生于1966年，初中，配王氏生于1965年，廉江上表坡村人，生二子：志春、志潇。

二十三世：志春生于1992年，大专学历；志潇生于2002年。

二十一世：华兴生于1937年，高中学历，配陈氏生于1939年，廉江包山村人，生二子：启安、启何。

二十二世：启安生于1959年，初中学历，配林氏生于1959年，初中学历，廉江新村人，生二子：志军、志文。

二十三世：志军生于1984年，初中学历，配庞氏生于1984年，初中学历，化州柴岑村人，生一子：佳杰。

二十四世：佳杰生于2001年。

二十三世：志文生于1987年，初中学历。

二十二世：启何生于1967年，初中学历，配邓氏生于1967年，初中学历，廉江塘溪岑村人，生三子：志佳、水旺●、志坤。

二十三世：志佳生于1994年；志坤生于2004年。

长公三子薛嶺公分支戚真公派下戚显房源流谱

十二世：仰望妣氏生一子：戚真。

十三世：戚真妣氏生一子：戚里。

十四世：戚显妣氏生一子：戚英。

十五世：戚英妣氏生一子：应瑛。

十六世：应瑛妣陈氏生五子：昌维●、昌睿●、昌平●、昌连（另续）、昌富。

十七世：昌富，此祖由化州龙地迁良垌勤竹车村，妣氏生二子：戚珍、戚信。

十八世：戚珍妣氏生一子：万进。

十九世：万进妣氏生二子：维兰、维德。

二十世：维兰妣氏生一子：国有。

二十一世：国有妣氏生二子：秦养、二子●。

二十二世：秦养配胡氏生二子：亚进、旺强。

二十三世：亚进生于1975年12月，初中，配王氏生于1974年8月，初中学历，生一女二子：女：亚兵生于2009年7月；子：标辉、呈刚。

二十四世：标辉生于2007年7月；呈刚虾仔生于2011年8月。

二十三世：旺强生于1977年12月，初中学历，配江氏生于1976年8月，初中学历，生一女一子：女：志倩生于2000年8月；子：芮宁。

二十四世：芮宁生于2002年10月。

二十世：维德，生三子：国均、国保、国X（失名）。

二十一世：国均，生三子：启才、土福●、启荣。

二十二世：启才配陈氏生二子：卫强、二子●。

二十三世：卫强。

二十二世：启荣配陈氏生四子：有强、瑞强、敏强、四子●。

二十三世：瑞强（迁回化州龙地村）。

二十三世：有强配李氏生四子：亚海●、日建、中和、建兴。

二十四世：日建生于1969年3月，初中学历，配黄氏生于1978年5月，初中学历，

生一女一子：女：单婵生于 1998 年 7 月；子：华秋。

二十五世：华秋生于 1999 年 10 月。

二十四世：中和生于 1971 年 10 月，初中学历，配苏氏生于 1969 年 6 月，初中学历，生一女一子：女：嘉玲；子：嘉良。

二十五世：嘉良生于 1999 年 2 月。

二十四世：建兴生于 1973 年 7 月，初中学历，配卢氏生于 1977 年 3 月，初中学历，生一子：军豪。

二十五世：军豪生于 2004 年 6 月。

二十三世：敏强生于 1946 年 9 月，配占氏生于 1958 年 10 月，生一女二子：女：水兰；子：仕彪、建彪。

二十四世：仕彪生于 1983 年 5 月，大学学历，配谢氏生于 1982 年 3 月，大学学历，生一子：展图。

二十五世：展图生于 2010 年 11 月。

二十四世：建彪生于 1986 年 8 月，高中学历，配叶氏生于 1983 年 6 月，初中学历。

二十一世：国保配朱氏生二子：启兴、启珍。

二十二世：启兴配陈氏生三子：富强、进强、亚华。

二十三世：富强配黎氏生四子：建文、建飞、建平、建荣。

二十四世：建文生于 1956 年 6 月，初中学历，配陈氏生于 1955 年 3 月，初中学历，生二子：文勇、文生。

二十五世：文勇生于 1980 年 9 月，高中学历，配骆氏生于 1985 年 10 月，初中学历，生一女一子：女：钰华生于 2008 年 12 月；子：浩森。

二十六世：浩森生于 1985 年 12 月，初中学历。

二十五世：文生生于 1985 年，初中学历。

二十四世：建飞生于 1959 年 6 月，毕业于航空飞行学院，湛江工作，配林氏生于 1971 年 2 月，高中学历，生一子：维龙。

二十五世：维龙生于 2012 年 2 月。

二十四世：建平生于 1965 年 9 月，初中，湛江工作，配庞氏生于 1972 年 9 月，生一子：戚键。

二十五世：戚键生于 2005 年 1 月。

二十四世：戚健荣生于1972年6月，初中，湛江工作，配宋西生于1973年，生一子：浩杰。

二十五世：浩杰生于2000年12月。

二十三世：进强生于1942年3月，配曾氏生于1948年9月，生二子：建辉、建峰。

二十四世：建辉生于1972年4月，初中学历，配袁氏生于1974年4月，初中学历，生二子：名锟、柏杨。

二十五世：名锟生于1998年9月；柏杨生于2003年12月。

二十四世：建峰生于1981年2月，初中学历，配徐氏生于1985年12月，初中学历，生一子：智茗。

二十五世：智茗生于2012年8月。

二十三世：亚华生于1953年3月，配李氏生于1970年7月，生一女：小霞。

二十二世：启珍配陈氏生二子：志强、少强。

二十三世：志强配叶氏生三子：水六、六仔、黎军。

二十四世：水六生于1966年4月，初中学历，配林氏生于1966年7月，初中学历，生二女一子：女：青青、丽丽；子：炽培。

二十五世：炽焙生于1997年1月。

二十四世：六仔生于1968年8月，初中学历，配简氏生于1969年5月，初中学历，生二女二子：女：莹莹、荃荃；子：炽良、炽才。

二十五世：炽良生于1991年8月；炽才生于1998年2月。

二十四世：黎军生于1973年11朋，配黄氏生于1979年5月，生一女一子：女：文；子：颂昆。

二十五世：颂昆生于2003年4月。

二十三世：少强配杨氏生四子：永志、成跃、胜仔、戚兵。

二十四世：永志（给黄桐杭村养）；成跃（给黄桐杭村养）；胜仔生于1973年6月，初中学历，配郑氏生于1978年10月，初中学历，生一子：东明。

二十五世：东明生于2003年2月。

二十四世：戚兵生于1967年8月，初中学历，迁海南住，配刘氏生于1978年3月，初中学历，生二女：艳丽、艳涵。

二十一世：国X（失名）维德公之三子，生一子：启安（现居良垌）。

二十二世：启安配宋氏生四子：增强、荣强、文强、汉强。

二十三世：增强生于 1948 年 5 月，配劳氏生于 1952 年 11 月，生二子：建明、建兴。

二十四世：建明生于 1975 年 4 月，中学学历，生二子：栋华、栋剑。

二十五世：栋华生于 1999 年 12 月；栋剑生于 2005 年 2 月。

二十四世：建兴生于 1977 年 3 月，初中学历，配全氏生于 1977 年 3 月，初中学历，生二子：晓军、志海。

二十五世：晓军生于 1997 年 9 月；志海生于 2007 年 3 月。

二十三世：荣强生于 1948 年 1 月，初中学历，配梁氏生于 1946 年 7 月，生二子：成君、建君。

二十四世：成君生于 1974 年 7 月，初中学历，配钟氏生于 1979 年 6 月，生二子：珀源、珀铭。

二十五世：珀源生于 2006 年 7 月；珀铭生于 2009 年 12 月。

二十四世：建君生于 1976 年 5 月，初中学历。

二十三世：文强生于 1953 年 4 月，初中学历，配陈氏生于 1958 年 1 月，初中学历，生一子：建愉。

二十四世：建榆生于 1985 年 5 月，初中学历，配杨氏生于 1987 年 11 月，初中学历。

二十三世：汉强生于 1958 年 10 月，初中学历，配肖氏生于 1958 年 12 月，生三子：建忠、建国、建波。

二十四世：建忠生于 1982 年 11 月，初中学历，配张氏生于 1985 年 3 月，初中学历，生二子：冠铭、冠靖。

二十五世：冠铭生于 2003 年 5 月；冠靖生于 2008 年 5 月。

二十四世：建国生于 1984 年 6 月，初中学历，配苏氏生于 1990 年 7 月。

二十四世：建波生于 1986 年 8 月，初中学历。

十八世：戚信，生一子：戚进（失名）。

十九世：进（失名），生二子：维平、维志。

二十世：维平，生一子：国球。

二十一世：国球，生一子：华山。

二十二世：华山配麦氏生三子，（迁台湾，香港住）。

二十世：维志配全氏生四子：长子（失名）、国文、三子（失名）、国兰。

二十一世：国文配邹氏生一子：启明。

二十二世：启明，生一子：亚金。

二十三世：亚金配陈氏（居龙地）。

二十一世：国兰配陈氏生四子：少宏、有源、有廉、有平。

二十二世：少宏（迁广西北海住）配劳氏，生于 1924 年 11 月，生三子：华森、二子（失名）、贤智。

二十三世：华森生于 1948 年 6 月，初中学历，配赵氏生于 1951 年 12 月，初中学历，生一子：兆东。

二十四世：兆东生于 1980 年 3 月，从教。

二十三世：二子（失名）配张氏，生于 192 年 1 月，生一子：兆威。

二十四世：兆威生于 1987 年 9 月。

二十三世：贤智生于 1956 年 12 月，配王氏生于 1960 年 1 月，生一女：兆瑜生于 1992 年 2 月，大学学历。

二十二世：有源生于 1928 年 3 月，配陈氏生于 1930 年 2 月，生二子：贤东、贤均。

二十三世：贤东生于 1955 年 3 月，初中学历，配王氏生于 1950 年 3 月，生一女二子：女：玉妹生于 1994 年 4 月，初中学历；子：兆洲、兆伟。

二十四世：兆洲生于 1992 年 3 月，初中学历；兆伟生于 1996 年 4 月，高中学历。

二十三世：贤均生于 1972 年 6 月，初中学历，配陈氏生于 1970 年 7 月，生一女二子：女：晴晴；子：兆坤、兆权。

二十四世：兆坤生于 2003 年 8 月；兆权生于 2006 年 3 月。

二十二世：有廉配占氏生于 1934 年 6 月，生四子：贤富、强仔、贤中、亚志。

二十三世：贤富生于 1957 年 9 月，初中学历（迁北海），配鲁氏生于 1956 年 8 月，初中学历，生二女二子：女：海燕生于 1987 年 11 月；占明生于 1985 年 1 月；子：兆伟、兆聪。

二十四世：兆伟生于 1989 年 8 月，高中学历，配陈氏生于 1991 年 2 月；

二十四世：兆聪生于 1991 年 12 月，高中学历，配谢氏生于 1995 年 1 月，生一子：培洋。

二十五世：培洋生于 2016 年 6 月。

二十三世：强仔生于 1967 年 2 月，初中学历，配林氏生于 1967 年 12 月，初中学历，生二子一女，女：兆群生于 1990 年 1 月，中专学历。

子：兆才、兆龙。

二十四世：兆才生于 1992 年 11 月，生一女：舒怡生于 2016 年 2 月。

二十四世：兆龙生于 1994 年 10 月，配李氏生于 1993 年 4 月。

二十三世：贤中生于 1969 年 3 月，初中学历，配李氏生于 1964 年 4 月，生二子一女。女：兆丽生于 1992 年 11 月。子：兆文、兆武。

二十四世：兆文生于 1990 年 5 月配龙氏生于 1990 年 5 月，生一女：舒婷生于 2012 年 8 月。

二十四世：兆武生于 1993 年 7 月。

二十三世：亚志生于 1972 年 12 月，初中学历，配陈氏生于 1973 年 5 月，初中学历，生二子：兆钦、兆永。

二十四世：兆钦生于 1994 年 5 月；兆永生于 1995 年 8 月。

二十二世：有平生于 1935 年 2 月，初中学历，配张氏生于 1942 年 8 月，初中学历，生一子：永瑜。

二十三世：永瑜生于 1976 年 2 月，大学学历，配张氏生于 1977 年 2 月，高中学历，生一女一子：女：沛沛生于 2006 年 2 月；子：兆艺。

二十四世：兆艺生于 2002 年 2 月。

二十一世：国新（迁湛江麻章居住）配潘氏生三子：土会、光佑。

二十二世：土会配徐氏生三子：之新、增保、日洪（改姓陈）（以上为旧族谱所抄，与新版不符）。

二十二世：陈之新，生一子：陈洋浩。

二十三世：陈洋浩生于 1998 年 3 月，广州读书。

二十二世：真保配郑氏生于 1951 年 2 月，生二子：陈永荣、陈永志。

二十三世：陈永荣生于 1976 年 3 月，初中学历，配简氏生于 1974 年 4 月，生一子：陈文源。

二十四世：陈文源生于 2004 年 3 月。

二十三世：陈永杰生于 1974 年 3 月，初中学历，配龙氏生于 1971 年 5 月，生一女国际劳动节思茹生于 2003 年 3 月。

二十二世：陈日红生于 1952 年 7 月，初中学历，配王氏生于 1952 年 8 月，生一子：陈俏华。

二十三世：陈俏华生于 1979 年 9 月，大专学历，配陈氏生于 1980 年 9 月，高中学历，生一子：陈乐怡。

二十四世：陈乐怡生于 2010 年 4 月。

六世祖继宗分支鼎臣公派下佳色房源流谱

十三世：洪华配朱氏生二子：佳色、佳贤（另续）。

十四世：佳色配梁氏生五子：子仁、子义（未详）、子礼（未详）、子才（出继佳贤）、子信（未详）。

十五世：子仁生三子：均振、均廷（未详）、均焕（未详）。

十六世：均振配魏氏生一子：维志。

十七世：维志生二子：世成、世昌（另续）。

十八世：世成生一子：有庆。

十九世：有庆配钟氏生一子：兆贤。

二十世：兆贤生于1944年，配杨氏生三子：培富、培贵、培聪。

二十一世：培富生于1964年，学历初中，务农，配陈氏化州笪桥人，生二女二子：长女玲玲生于1988年，学历初中，适新华洪田村；次女锦霞生于1990年学历初中，适良垌良田村；子：锦宁、锦宇。

二十二世：锦宁生于1992年，读中技。

二十二世：锦宇生于1994年，读高中。

二十一世：培贵生于1996年，学历初中，务农，配罗氏生于1970年，学历高小，生二子：锦宽、锦鸿。

二十二世：锦宽生于1993年，学历初中，出外打工。

二十二世：锦鸿生于1995年，在读高中。

二十一世：培聪生于1972年，学历高中，务农，配陈氏生于1975年，学历初中，化州笪桥人，生三子：锦霖、锦顺、锦浩。

二十二世：锦霖生于2005年，读小学。锦顺生于2009年，儿童。锦浩生于2011年，儿童。

十四世：佳贤配陈氏，取胞兄之子子才入继，改名子常。

十五世：子常配陈氏生三子：均和●、均耀、均胜。

十六世：均耀配叶氏生五子：维新、维彬、维相、维楷、维（均未详）。

十六世：均胜妣吴氏生二子：维荣、维锦●。

十七世：维荣生三子：世庚●、世权●、世逢。

十八世：世逢配黎氏生一子：有德。

十九世：有德配陈氏生二子：兆林、火生●。

二十世：兆林配林氏生一女二子：女小云生于 1971 年，学历高小，适良垌上角垌村；
子：培光、培辉。

二十一世：培光生于 1973 年，学历初中，务农，配林氏生于 1977 年，学历初中（遂溪人），生二子：锦桃、锦松。

二十二世：锦桃生于 1997 年，在读初中。锦松生于 1999 年，在读小学。

二十一世：培辉生于 1977 年，学历初中，务农，配金氏，生于 1978 年，学历初中，生一子：锦贵。

二十二世：锦贵生于 2003 年，在读小学。

十八世：世昌生一子：有炎。

十九世：有炎配邹氏生二子：兆忠；配高氏生一子：兆春。

二十世：兆忠生于 1945 年，学历初中，配邹氏生于 1954 年，学历初中，在外务工。

二十世：兆春配陆氏（广西宜山市人）生一子二女：长女培金生于 1981 年，大学本科；
子：培龙。

二十一世：培龙生于 1979 年，大学本科，配陈氏（茂名市牛头镇人）生一子：晋铭。

二十二世：晋铭生于 2009 年，儿童。

长公四子继宗公分支鼎仁公派下仕泰、仕斌公房源流谱

十二世：震烈（鼎仁公长子移居樟木埇落业，葬樟木埇村右边头坡山）妣吴氏生三子：仕泰、仕斌、仕兴（仕斌、仕兴在此分房）。

十三世：仕泰妣黄氏生三子：佳凤、佳龙、佳祥。

十四世：佳凤妣张氏生五子：子茂、子斌、子振、子佳、子殿。

十五世：子茂（不详）。

十五世：子斌妣严氏（不详）。

十五世：子振生一子：均平。

十六世：均平妣陈氏生二子（不详）。

十五世：子佳生一子：均常。

十六世：均常（不详）。

十五世：子殿妣谢氏生三子：均成、均锦、亚晚。

十六世：均成妣陈氏（未详）；均锦（不详）；亚晚妣谢氏（不详）。

十四世：佳龙（未详）。

十四世：佳祥妣黄氏生二子：子发、子新。

十五世：子发妣李氏生一子：均儒。

十六世：均儒妣潘氏生三子：悦朝、悦廷、悦瓒●。

十七世：悦朝妣曹氏生二子：常经、明经。

十八世：常经妣吴氏（未详）；明经妣邓氏（未详）。

十七世：悦廷生一子：彦经。

十八世：彦经妣骆氏（未详）。

十三世：仕斌妣李氏生一子：佳辈。

十四世：佳辈妣陈氏生一子：子英。

十五世：子英妣林氏生一子：均求。

十六世：均求妣李氏生一子：维善。

十七世：维善妣邓氏生四子：世方、世昌、世官、世宏。

十八世：世方妣吴氏生一子：有文。

十九世：有文葬埇尾山坐西南向东北配邹氏，葬头坡山坐西向东，生二子：兆光、兆静。

二十世：兆光配马氏同葬尾山坐西南向东北，生二子：培裕、培寿。

二十一世：培裕生于一九二六年九月初五，卒于二零零七年六月初二，配彭、陈二氏，彭氏葬瓦窑门坐西北向东南；陈氏生于一
九二七年二月十一日，卒于二零一二年四月二十一日，生二子：锦成、锦余。

二十二世：锦成生于一九六一年四月十三日，配余氏生于一九六五年八月二十八日，生二子：永荣、永华。

二十三世：永荣生于一九八六年正月二十五日。永华生于一九八七年十一月初四日。

二十二世：锦余生于一九六五年十一月十四日配江氏生于一九六八年九月初七日，生三子：永海、永权、亚三●。

二十三世：永海生于一九九二年九月二十二日；永权生于一九九五年九月十三日。

二十一世：培寿生于一九三四年十月初一，卒于二零零三年四月初六，葬埇尾山坐西向东配肖氏生于一九三八年正月二十四日，卒于二零零九年五月十八日，生一子：锦伟。

二十二世：锦伟生于一九八零年二月十二日，配邓氏生于一九八二年九月二十八日，生二子：永辉、永沃。

二十三世：永辉生于二零零五年正月二十六日；永沃生于二零零八年五月二十一日。

二十世：兆静生于一九一一年五月十二日，卒于一九六一年十二月初一日，享年61岁，葬于头坡坐西向东，配邓氏生于一九一四年四月十八日，卒于一九九三年九月初二日，享年88岁，葬后背山坐东向西，生二子：培兴、培豪●。

二十一世：培兴生于一九二四年十一月初九亥时，配彭、马二氏，彭氏葬埇尾山坐西向东；马氏生于一九三六年十月初七日卒于二零一二年四月十二日，葬山腰村边坐东向西，生二子：锦荣、亚贵●。

二十二世：锦荣生于一九六四年十月十九日，卒于一九九八年十二月二十六日，葬山腰村边坐东向西，配吴氏生一子：永鹏。

二十三世：永鹏生于一九九二年五月十六日。

十八世：世昌配李氏生一子：有光。

十九世：有光葬瓦窑门坐西北向东南，配吴氏葬瓦窑门坐西北向东南，生七子：亚一●、

亚二●、亚三●、兆维、兆祯、亚六●、兆保。

二十世：兆祯生于一九一一年四月十二日，卒于二零零三年八月十七日，配陈氏生于一九二四年三月初九日，卒于二零零五年四月初一日，同葬樟木埇后背山，同坐东向西。生三子：亚一●、培胜、培琼。

二十一世：培胜生于一九五五年八月初四日，配欧阳氏，生于一九六六年八月十四日，生一子：锦超。

二十二世：锦超生于一九八八年五月八日，配刘氏生于一九八八年十二月初一日，生一子：永熙。

二十三世：永熙生于二零一三年十月初二。

二十一世：培琼生于一九六四年正月初二，配梁氏生于一九七零年六月十九日，生二子：锦能、锦耀。

二十二世：锦能生于一九九九年正月初四日；锦耀生于二零零九年五月初三日。

二十世：兆保生于一九一八年二月初七，卒于一九九九年十二月二十二日，葬瓦窑门坐西北向东南，配吴氏生于一九二七年十月十七日，生三子：亚一●、亚二●、培钦。

二十一世：培钦生于1963年7月7日，配韦氏生于1966年2月4日，生二子：锦源、锦焕。

二十二世：锦源生于1993年1月20日。锦焕生于1995年12月24日。

十八世：世官配黄氏生一子：有坤。

十九世：有坤葬后背山坐东向西，配吴氏生一子：兆金。

二十世：兆金生于1933年6月5日，葬山腰埇尾山，配吴黄二氏生一子：培平。

二十一世：培平生于1958年10月9日，卒于2001年5月19日，葬瓦窑门坐西北向东南，配梅氏生于1963年12月23日，生一子：戚峻。

二十二世：戚峻生于1983年6月28日，配陈氏生于1984年3月4日，生一子：永业。

二十三世：永业生于2010年5月3日。

十八世：世宏配陈氏生一子：有啟。

十九世：有啟●。

长公四子继宗公分支鼎仁公派下仕兴公房源流谱

十三世：仕兴、仕泰二人同穴葬上角垌杨树坑白墳大地泥墳同墓，配张氏，生四子：佳信（未详）、佳德、佳智（未详）、佳傅（未详）、佳信配邓氏。

十四世：佳德、佳傅二人同葬大坡水口下崩坎园，配张氏葬杨树坑路下坐西向东，生四子：子荣、子华、子连、子科。

十五世：子荣葬头坡大塘边坐西向东，配梁氏葬头坡震烈祖墓南边坐西南向东北，生一子：均高。

十六世：均高、世文二人同葬埇尾黄天鹅燕仔地坐西南向东北，南边为李氏坟墓，配陈氏葬于头坡大塘边子荣祖左边坐西向东，生三子：维炳（另续）、维兴、维振（另续）。

十七世：维兴葬于瓦窑门坐东向西，桉岭大坎山，配何氏葬地塘岭河坎坐南向北，生七子：世文、世行、世忠、世信（另续）、世丙、世芬、世芳。

十八世：世文生于丁巳年六月二十七日，卒于丁亥年正月初三日，寿七十一岁；配陈氏生于丁亥年十一月初五晨时，卒于丁酉年十一月二十七日寅时，享年七十岁。文公与均高公同葬埇尾燕仔地坐西南向东北，陈氏葬黄天鹅坐南向北，生四子：有龙、有才（另续）、有昌（另续）、有辉（另续）。

十九世：有龙配李氏生三子：兆珍、亚保、亚田。

二十世：兆珍葬于埇尾山坐西南向东北，配叶氏葬于凉亭庙坐东向西，生二子：培龙、培凤。

二十一世：培龙生于辛亥年正月十二日戌时，葬于下底垌山口坐南向北配彭氏无子。

二十一世：培凤生于丁巳年二月初二日丑时，葬于头坡山坐西向东配李氏生三子：锦兴、锦海、锦富。

二十二世：锦兴生于1952年9月27日申时，配梅氏生于1962年2月7日辰时，生一子：永发。

二十三世：永发生于2002年1月24日亥时。

二十二世：锦海生于1957年5月25日酉时，配彭氏生于1959年12月1日辰时，生二子：永春、永强。

二十三世：永春生于 1985 年 7 月 2 日亥时，配伍氏生于 1984 年 10 月 17 日丑时，生一子：标炫。

二十四世：标炫生于 2009 年 4 月 18 日子时。

二十三世：永强生于 1986 年 8 月 24 日亥时。

二十二世：锦富生于 1963 年 8 月 21 日辰时，配刘氏生于 1969 年 12 月 26 日酉时，生四子：永国、永东、永才、永富。

二十三世：永国生于 1992 年 9 月 6 日子时；永东生于 1995 年 9 月 14 日巳时；永才生于 2000 年 3 月 27 日巳时；永富生于 2002 年 2 月 2 日戌时。

十九世：有才生于庚申年二月二十三日辰时，卒于壬辰年五月十九日巳时，寿三十三岁，配高氏生于己巳年十一月二十七日辰时，卒于庚午年六月初三日巳时，寿七十二岁，才公葬于瓦窑门维兴公坟左边坐东向西，高氏葬于瓜田坑村对面公山坐西向东北，生一子：兆海。

二十世：兆海生于年三月初七日午时，卒于癸卯年十一月二十八日子时，寿八十三岁，配简氏生于癸巳年二月初十酉时，寿八十六岁，海公葬于后背山凉亭庙上，简氏葬于右边，生六子：培源、观兴●、培才、培煜、焙文、培周。

二十一世：培源生于庚戌年十二月二十四日戌时，卒于 1971 年 12 月 8 日，寿六十二岁，迁葬于水抱村墩仔坡坐北向南，配梁氏生于辛亥年八月初八日戌时，卒于 1952 年，终年四十二岁，迁葬瓦窑门山坐西向东，生一子：戚标。

二十二世：戚标生于 1949 年 2 月 7 日子时，毕业于中共湛江市委党校，大专学历，先后任廉江市委宣传部理论组组长、廉江市广播电视局副局长，配吴氏生于 1950 年 8 月 5 日，生一子：永杰。

二十三世：永杰生于 1990 年 9 月 26 日。

二十一世：培才生于 1917 年 4 月 7 日午时，卒于 2007 年 3 月 23 日，卒于面前岭坐南向北，配吴氏生于乙丑年六月二十八日，葬于 1981 年 1 月 29 日，葬于瓦窑门坐西北向东南，生一子：锦清。

二十二世：锦清生于 1964 年 4 月 15 日丑时，配黄氏生于 1964 年 7 月 25 日午时，生二子：永洁、永宁。

二十三世：永洁生于 1993 年 6 月 17 日申时。永宁生于 1995 年 4 月 15 日午时。

二十一世：培煜生于庚申年八月十八日卯时，葬于凉亭庙上坐东向西，配张、陈二氏，张氏葬于大路埇坐西南向东北，陈氏生于己巳年八月十七日戌时，葬于凉亭庙上煜公右边，生五子：锦华、锦东、锦新、锦勇、锦升。

二十二世：锦华生于1950年4月4日辰时，供职于廉江市商业局，配黄氏生于1954年11月13日，供职于廉江市烟糖公司，生一子：豪天。

二十三世：豪天生于1980年1月8日申时，毕业于广东工业大学硕士研究生，现任职广州工商银行，配臧氏生于1984年12月8日，毕业于华南农业大学本科，任职广州工商银行，生一子：允献。

二十四世：允献生于2014年4月12日晚十点半。

二十二世：锦东生于1953年6月24日亥时，配谢氏生于1955年5月24日，生一子：永军。

二十三世：永军生于癸亥年六月二十八日寅时，配梁氏生于1985年5月7日，生二子：戚洲、标钧。

二十四世：戚洲生于2010年10月21日辰时；戚钧生于2013年1月16日酉时。

二十二世：锦新生于1963年10月20日戌时，配吴氏生于1968年2月12日，生二子：永恒、永诗。

二十三世：永恒生于1985年5月27日卯时，配全、李二氏生一子：标浩。

二十四世：标浩生于2009年2月初五辰时。

二十三世：永诗生于19964年5月26日卯时。

二十二世：锦勇生于1966年5月4日，配马氏生于1970年1月8日，生一子：永纬。

二十三世：永纬生于1992年6月7日卯时。

二十二世：锦升生于1968年7月26日辰时，配高氏生于1975年3月10日卯时，生二子：栩嘉、海明。

二十三世：栩嘉生于1996年3月9日未时；海明生于1998年9月3日酉时。

二十一世：培文生于己巳年四月二十日亥时，配黄氏生于丁丑年五月十七日，生三子：锦春、亚军、日红。

二十二世：锦春生于1962年4月27日巳时，配赖氏生于1965年7月22日卯时，生一子：永淇。

二十三世：永淇生于2000年4月26日（农历3月19日亥时）。

二十二世：亚军生于1964年9月17日巳时，配赵氏生于1968年9月12日寅时，生一子：景荣。

二十三世：景荣生于1995年6月20日（农历5月23日丑时）。

二十二世：日红生于1974年3月14日辰时，配林氏生于1974年1月10日戌时，生二子：永霖、永彬。

二十三世：永霖生于1997年7月5日酉时；永彬生于2000年9月23日巳时。

二十一世：培周生于癸酉年四月初二日辰时，配卢氏生于1936年10月11日酉时，生三子：锦发、锦强、锦明。

二十二世：锦发生于1962年3月20日丑时，配陈氏生于1965年9月19日，生二子：永光、永锋。

二十三世：永光生于1985年7月14日未时，毕业于良垌中学，现就业于广东省珠江海运有限公司。

二十三世：永锋生于1987年11月19日巳时，2006年至2010年在中山大学本科，现在中国科学院攻读理学博士学位，从事海洋科学研究工作，配魏氏生于1985年11月28日卯时，大学本科。

二十二世：锦强生于1964年3月23日寅时，配杨氏生于1965年1月27日未时，生二子：永焕、永锐。

二十三世：永焕生于1991年5月29日戌时，在读江西渝州科技职业学院。永锐生于1993年11月28日亥时，在读广东海洋大学。

二十二世：锦明生于1969年7月27日丑时，配黄氏生于1970年9月23日戌时，生二子：永耀、永坤。

二十三世：永耀生于1998年10月9日申时；永坤生于2001年2月19日子时。

十九世：有昌生于甲申年八月十四日寅时，于辛卯年二月十七日身故●。

十九世：有辉生于庚午年九月十三日子时，卒于丙戌年二月十二日申时，配赵氏生于辛未年十一月初二日辰时，卒于丙戌年五月初四日酉时，有辉葬于樟木埇后背岭坐东向西，赵氏葬于山腰村左边坐东向西，亚华葬于埇尾山村边坐西向东，亚陈葬于头坡坐西南向东北，生四子：兆福、亚华●、亚陈●、兆寿。

二十世：兆福生于庚子年闰三月初一，卒于甲申年三月初七寅时，葬头坡坐西南向东北，配杨氏，杨氏葬于河坎山坐西向东，生一子：培南。

二十一世：培南配马氏生三子：戚飞、戚家华、锦标。

二十二世：戚飞配王氏生二子：泰榕、理彭。

二十三世：泰榕生于1993年10月6日；理彭生于1996年10月15日。

二十二世：家华生于1965年4月20日，配欧阳氏生于1972年11月22日，生二子：乃业、倪海。

二十三世：乃业生于1996年3月11日。倪海生于2000年5月24日。

二十二世：锦标生于1968年，配李氏，生二子：永健、永康。

二十三世：永健生于1994年；永康生于1995年。

二十世：兆寿葬于后背山坐东向西，配吴氏，吴氏葬于高面山河坎，坐南向北，生三子：培成、培伟、培东。

二十一世：戚培成享年五十六岁，葬埔尾山，坐西南向东北，配吴氏，享年五十多岁，葬后背山坐东北向西南，生一子：锦健。

二十二世：锦健生于1965年3月23日，配欧阳氏生于1965年9月4日，生三子：永冲、永松、永钦。

二十三世：永冲生于1987年9月20日（退伍军人），配杨氏生于1990年6月20日，生一子：标煜。

二十四世：标煜生于2012年9月8日。

二十三世：永松生于1990年6月20日，高中毕业。

二十三世：永钦生于1993年7月7日。

二十一世：培伟生于1941年3月15日午时，配黄氏生于1942年9月27日丑时，生五子：锦灵、锦辉、锦雄、锦志、锦龙。

二十二世：锦灵生于1964年8月13日子时，配黄氏生于1966年1月11日申时，生三子：永健、永彬、永良。

二十三世：永健生于1990年2月15日子时。

二十三世：永彬生于1991年7月5日子时，在读广州民航学院。

二十三世：永良生于1993年5月25日巳时。

二十二世：锦辉生于1967年9月29日巳时，配庞氏生于1972年11月13日申时，生二子：金兴、航盛。

二十三世：金兴生于1992年12月28日寅时；航盛生于1998年闰5月16日辰时。

二十二世：锦雄生于 1970 年 9 月 4 日辰时，配劳氏生于 1971 年 11 月 5 日丑时，生一子：永莲。

二十三世：永莲生于 1998 年 1 月 23 日丑时。

二十二世：锦志生于 1972 年 11 月 11 日未时，配陈氏生于 1973 年 5 月 17 日戌时，生三子：永航、永家、永轩。

二十三世：永航生于 1997 年 3 月 26 日午时；永家生于 1998 年 12 月 29 日寅时；永轩生于 2001 年 7 月 11 日戌时。

二十二世：锦龙生于 1976 年 8 月 21 日子时，配邓氏生于 1982 年 7 月 12 日子时，生一子：永金。

二十三世：永金生于 2008 年 9 月 28 日辰时。

二十一世：培东生于 1944 年 10 月 4 日丑时。

十八世：世信与婆同葬于山腰地塘边下坐东北向西南，配高氏生二子：有馀、木生●。

十九世：有馀迁葬山腰村边右边葬山腰村边右边葬与木生公同穴坐东向西，配陈氏迁葬埇尾坐西向东，生一子：兆标。

二十世：兆标生于辛卯年八月十五日辰时，配林氏生于丙午年十月初四丑时，葬河坑座南向北，兆标之长子刘保葬头坡山，坐西向东，生四子：刘保●、培云、培辉、培发●。

二十一世：培云生于戊辰年九月初九日午时，迁葬头坡山坐西向东，配吴氏生于 1931 年 7 月 3 日酉时，培云之子亚保葬于埇尾山，坐东南向西北，兆标之四子培发葬于山腰村边右边，坐东向西，云生三子：锦胜、亚保●、锦昌。

二十二世：锦胜生于甲午年三月初七丑时，配袁氏生于 1958 年 7 月 14 日酉时，生二子：永明、永洪。

二十三世：永明生于 1980 年 7 月 21 日戌时，配黄氏生于 1987 年 1 月 3 日卯时，生二子：标杰、标坤。

二十四世：标杰生于 2006 年 10 月 29 日寅时；标坤生于 2009 年 6 月 25 日子时。

二十三世：永洪生于 1982 年 9 月 3 日午时，配朱氏生于 1984 年 9 月 26 日亥时，生二子：标健、标涛。

二十四世：标健生于 2008 年 6 月 1 日戌时；标涛生于 2011 年 4 月 2 日戌时。

二十二世：锦昌生于 1959 年 12 月 25 日，配吴氏生于 1964 年 12 月 3 日，生二子：

永文、永武。

二十三世：永文生于1987年10月6日，配邹氏生于1988年11月26日，生一子：标辉。

二十四世：标辉生于2011年8月11日。

二十三世：永武生于1995年7月6日。

二十一世：培辉生于辛未年12月1日，配陈氏生于1936年6月2日，葬于湛江麻章狮子岭，坐西南向东北，生二子：锦思、伟雄。

二十二世：锦思生于1961年3月6日，配陈氏生于1967年11月9日，生一子：永恒。

二十三世：永恒生于1993年10月8日。

二十二世：伟雄生于1963年4月8日，配罗氏生于1969年3月24日，生一子：耀文。

二十三世：耀文生于1997年5月8日。

二十一世：培明自新华洪田塘迁至樟木埇带来一子女：戚亚平。

二十二世：亚平迁至湛江农垦雷州农场落业。

十四世：佳倩妣邓氏（未详）。

十五世：子华妣李氏生二子：均富、均国。

十五世：子连妣李氏生五子：均豪、均杰、均贵、均荣、均求。

十七世：维振妣氏生四子：世胜、世贤、世隆、亚四（以上四兄弟不知道是维炳或维振所生（未详）。

十八世：世胜妣李氏生一子：英生。世贤妣氏生二子：有智、亚田（未详）。

十九世：有智妣氏生二子：亚江●、兆禧。

二十世：兆禧配罗氏（无子）续取李氏生一子：刘生（未详）。

十八世：世隆配苏氏生五子：有隆、有和、有应、龙德（未详）、有瑞。

十九世：有隆配郑氏生二子：田安（未详）、火养（郑氏后出嫁）。

二十世：火养出继世柱（能那山人）。

十九世：有和配全氏生二子：亚四（未详）、亚八（未详）。

十九世：有瑞配吴氏生二子：亚邓（未详）、木生（未详）吴氏后来出嫁。

十八世：维兴公之次子十八世祖世行配陈氏生三子：有珍●、有进、有田（未详），行祖葬于头坡坡边上坐西向东，陈氏葬于面前岭坡边上坐东向西。

十九世：有进配欧阳氏续娶杨氏生一子：观安（未详）。

十八世：维兴公三子十八世祖世忠配全氏生二子：有富、颐祥。

十九世：有富配李氏生一子（不知何处）；颐祥出家为僧。

十八世：维兴公之五子十八世祖世丙（未详）葬于面前岭路边。

十八世：维兴公之六子十八世祖世芬配吴氏生二子：有爵（未详）、有相。

十九世：有相配邓氏生三子：永福●、兆周（未详）、兆勤●。

十八世：维兴公之七子十八世祖世芳配苏氏生三子：有凳、田生●、有章。

十九世：有凳配吴氏生一子：观福●。有章配孔氏生一子：兆南。

二十世：兆南配黄氏（后不知去向）。

长公四子继宗公分支洪烈公派下佳任、佳相房源流谱

十二世祖：成聪，妣陈氏生一子（洪烈）。

十三世祖：洪烈，生于乙卯年（清康熙13年，即1675的）七月十四日戍时，一妣林氏生佳任，二妣陈氏生佳相，三妣梅氏生一子（不记名），四妣梁氏生于丙子年（1695年）8月12日酉时，生一女适凌门。约公元1700年前后（康熙年间），此公自石城羊角垌（含广东湛江廉江安铺镇上角垌村）迁居至广西防城港新兴村委光坡镇簕色葵村，万代子孙安居乐业。安居后再将其父成聪尸骨从广东石城羊（上）角垌迁来簕色葵，安葬在今三队屋后背岭。

十四世祖：佳任，生于壬午年（1702）年十月十三日巳时，妣钟氏生三子：子元、子贵、子亮。

十四世祖：佳相，妣姓氏不详，生三子：子先、子清、子乾。

十五世祖：子元，生于乙卯年（1735年）六月二十九日未时，有两妣，周氏生于癸丑年（1733年）11月初九子时，生四子（戚兴、戚成、戚贤、戚宽）；孙氏生于壬子年（1732年）7月29日辰时，生子不记名。

十五世祖：子贵，妣苏氏生四子：戚秀、戚和、戚、戚十五世祖：子亮，妣郑氏生一子：戚朋。

十五世祖：子先，妣缪氏生四子：戚瑞、戚凤、戚芳、戚辉。

十五世祖：子清，妣林氏生二子：戚璠、戚球。

十五世祖：子乾，妣黄氏生二子：戚信、戚仰。

十六世祖：戚兴（子元之子），生于丙子年（1756年）十二月初二日子时，妣李氏，生于戊寅年（1758年）7月29日子时，生一子（悦右），养一子（悦左）及养一孙女，出生于辛丑年（1781年）闰五月初九。

十六世祖：戚成（子元之子），妣陆氏生二子：悦高、悦仲。

十六世祖：戚贤（子元之子），生于丁亥年四月二十九日寅时，妣李氏生于己丑年七月二十日巳时，生四子：悦文、悦德、悦林、悦进。

十六世祖：戚宽（子元之子）妣苏氏生一子：悦志。

十六世祖：戚秀（子贵之子）妣黄氏生三子：悦章、悦富、悦贵。

十六世祖：戚和（子贵之子）妣吴氏生四子：悦斌、悦超、悦明、悦利。

十六世祖：戚（子贵之子）妣黄氏生三子：悦朗、悦尚、悦光。

十六世祖：戚（子贵之子）妣朱氏生一子：悦胜。

十六世祖：戚朋（子亮之子）妣骆、莫二氏生二子：悦连、悦财。

十六世祖：戚瑞（子先之子）妣霍、徐二氏生一子：悦恒。

十六世祖：戚凤（子先之子）妣高氏生一子：悦熙。

十六世祖：戚芳（子先之子）妣潘氏生三子：悦荣、悦华、悦全。

十六世祖：戚辉（子先之子）妣翟氏生二子：悦玺、悦新。

十六世祖：戚璠（子清之子）妣李氏生二子：悦能、悦壮。

十六世祖：戚球（子清之子）。

十六世祖：戚信（子乾之子）妣谢氏生二子：悦敏、悦政。

十六世祖：戚仰（子乾之子）妣张氏生一子：悦惠。

十七世祖：悦左（戚兴之子）妣庞氏生三子：习经、达经、会经。

十七世祖：悦右（戚兴之子）生于壬子年（1792年）正月十二巳时，妣王氏生于壬子年（1792年）十月初一酉时，生五子：富经、建经、祐经、奇经、线经。

十七世祖：悦高（戚成长子）妣张氏生二子：幼绿、全经。

十七世祖：悦仲（戚成次子）妣苏氏生一子：元经。

十七世祖：悦文（戚贤长子）妣霍氏生一子：善经。

十七世祖：悦德（戚贤次子）生于戊午年十月二十七日子时，妣邓氏生于庚申年六月初八未时，生二子：时经、满经。

十七世祖：悦林（戚贤三子）妣黄、梁二氏生三子：李养（他姓入继）、李福、亚观。

十七世祖：悦进（戚贤四子）妣徐氏生一子：联经（乳名亚引）。

十七世祖：悦志（戚宽之子）妣钟氏生四子：定经、纯经、乾经、镇经。

十七世祖：悦章（戚秀长子）妣宋氏生二子：理经、昆经。

十七世祖：悦富（戚秀次子）。

十七世祖：悦贵（戚秀次子）。

十七世祖：悦斌（戚和长子）妣吴氏生二子：业经、田经。

十七世祖：悦超（戚和次子）。

十七世祖：悦明（戚和三子）。

十七世祖：悦利（戚和四子）。

十七世祖：悦朗（戚长子）妣邓氏。

十七世祖：悦尚（戚次子）。

十七世祖：悦光（戚三子）。

十七世祖：悦胜（戚长子）生二子：亚弟、亚三。

十七世祖：悦连（戚朋长子）妣黄氏生四子：崇经、顺经、应经、就经。

十七世祖：悦财（戚朋次子）妣张氏生二子：平经、安经。

十七世祖：悦恒（戚瑞之子）妣刘氏生四子：仕经、必经、殿经、试经。

十七世祖：悦熙（戚凤长子）妣邓氏生二子：纬经、考经。

十七世祖：悦荣（戚芳长子）妣吴黄二氏生六子：世经、维经、红经、进经、成经、绅经。

十七世祖：悦华（戚芳次子）妣苏氏生四子：代经、论经、会经、盛经。

十七世祖：悦全（戚芳三子）。

十七世祖：悦玺（戚辉长子）妣温氏生二子：仁经、义经。

十七世祖：悦新（戚辉次子）妣林氏生二子：广经、大经。

十七世祖：悦能（戚璠长子）妣邓氏生四子：齐经、威经、意经、禄经。

十七世祖：悦壮（戚璠次子）。

十七世祖：悦敏（戚信长子）妣邓氏生四子：福经、寿经、康经、宇经。

十七世祖：悦政（戚信次子）妣黄叶陈三氏，妣黄氏生二子：程经（亚火公）、文经（止）。

十七世祖：悦惠（戚仰之子）。

十八世祖：习经（悦左之子）妣苏氏生三子：臣余。

十九世祖：臣余（习经之子）生二子：成志、成信。

二十世：成信（臣余之子）妣黄氏生三子：戚军、戚炳、戚相。

二十一世：戚军（成信长子）妣黄氏，解放前迁居台湾。

二十一世：戚炳（成信次子）生于1920年6月11日，妻苏炳坤生于1922年10月15日，企沙镇牛路缸瓦冲人，生三子：汝富、汝桂、汝创。

二十二世：汝富（戚炳长子）生于1953年10月14日，配妻李兰，钦州北区那蒙人，继养生一女：戚焕焕生于1991年6月8日。

二十二世：汝桂（戚炳次子）生于1958年1月7日，配妻杨彩全生于1960年2月7日，

本镇栏冲村春天岭人，生二子：日清、峻伟。

二十二世：汝创（戚炳幼子）生于1966年8月17日，配妻陈秀群生于1962年2月9日，钦州龙门南村人，生二子一女，子：国伟、国金。女戚冬梅生于1989年9月19日。

二十三世：日清（汝桂长子）生于1984年1月9日，配妻宋丽芬生于1983年10月23日，桂林荔浦双江镇人，生一女，戚继丹生于2010年5月18日。

二十三世：峻伟（汝桂次子）生于1986年8月27日，配妻钟华艳生于1986年2月14日，本镇新兴村塘尾人，生一子：贵程。

二十三世：国伟（汝创长子）生于1990年11月28日。

二十三世：国金（汝创次子）生于2001年8月1日，在读。

二十四世：贵程（峻伟之子）生于2015年7月9日。

十八世祖：缐经（悦右之子）生于辛卯年（1831年）九月初一卯时，终于光绪二十八年（壬寅年1902年）十月初八日丑时；妣房氏生于甲午年（1834年）六月初一日午时，终于光绪三十一（乙巳年即1905年）十月；生四子：臣旺、臣钦、臣钧、臣喜；一女适龙门。

十九世祖：臣旺（缐经之子）妣郭氏生一子：成勋。

二十世：成勋（臣旺之子）妣温氏生二子：戚甫、戚邦。

二十一世：戚甫（成勋之子）配妻陈甫英生三子三女：长子汝荣、次子汝光、幼子汝锋。大姑嫁光坡镇红星村（旧称生鸡啼村，现建核电站搬迁大龙安置点）二姑嫁光坡镇栏冲村山口组黄屋，十姑嫁光坡镇新兴村火筒镜赵屋。

二十二世：汝荣（戚甫长子）配妻骆氏，生一子一女：子日东；女：祖娇姐，适光坡镇大坡村黄屋。

二十二世：汝光（戚甫次子）生于1942年，配妻马许英，生于1942年，企沙牛路村人，生四子二女。子：日辉、日景、日仕、日财；长女永珍生于1967年，适茅岭乡平石中间村曾姓，小女永玲生于1970年，适企沙镇大板村杨姓。

二十二世：汝锋（戚甫幼子）生于1953年7月14日，终于1988年7月14日。配妻邓翠英，生于1956年1月3日，本镇新兴塘尾组人，生二子二女。子：桂华、桂任。大女戚永艳生于1979年11月17日，适本镇新兴火筒镜赵姓；四女戚桂红生于1985年9月22日，适东兴市松柏黄姓。

二十三世：日东（汝荣之子）生于1960年2月12日，配妻骆瑞凤，生于1961年12月31日，原光坡镇沙港中间村人，生一子二女。子：有利。大女彩玲生于1986年9月8日，适公车镇大板村吴姓；二女雪玲生于1989年1月22日，适防城镇水营村韦姓。

二十三世：日辉（汝光之子）生于1963年，配妻裴彩英生于1967年，生二子一女。子：有建、浩然。女海娟，生于1989年，适东兴市区李姓。

二十三世：日景（汝光之子）生于1973年6月16日，配妻吴金梅生于1978年6月15日，生一子一女。子：桂滨；女桂萍，生于1997年10月12日。

二十三世：日仕（汝光之子）生于1976年。

二十三世：桂华（汝锋长子）生于1980年8月4日，中专学历，配妻陈雪华，生于1982年10月21日，防城茅岭乡沙坳村长生组人，生二女：大女戚力方生于2010年3月25日；二女戚力尹生于2015年8月20日。

二十三世：桂任（汝锋次子）生于1983年1月4日，配妻凌秋霞，生于1985年6月12日，防城茅岭乡大坝村大宝坝组人，生一子：鑫源。

二十三世：日财（汝光之子）生于1984年7月8日，配妻陈燕生于1985年1月17日，生二子：文杰、文豪。

二十四世：有建（日辉之子）生于1987年。

二十四世：有利（日东之子）生于1992年11月12日，现就读于柳州工学院。

二十四世：浩然（日辉之子）生于2003年。

二十四世：桂滨（日景之子）生于2003年1月24日，在读。

二十四世：文杰（日财之子）生于2009年9月15日，在读。

二十四世：鑫源（桂任之子）生于2010年2月20日。

二十四世：文豪（日财之子）生于2003年9月27日。

二十一世：戚邦（成勋之子）配妻黄邦英生三子三女。子：汝宽、汝勤、汝权。长女六姑适光坡镇中间平村吴姓；二女八姑适光坡镇沙港村斗流骆姓；三女九姑适光坡镇龙眼坪杨姓。

二十二世：汝宽（戚邦之子）生于壬申年（1932年）11月29日，配妻陈佩芳生于1936年3月13日，光坡镇牛角冲人，生二子三女。子：日军、日琪。长女永英生于1963年10月19日，适光坡镇新兴火筒镜赵姓；二女永芳生

于1969年5月29日，适公车镇园涡组梁姓；三女永娟生于1971年12月17日，适本镇光坡村高滩坟赖姓。

二十二世：汝勤（戚邦之子）生于1934年12月3日，配妻黄树珍生于1941年9月6日，光坡镇官山寮村人，生三子一女。子：日亮、日添、日成。女永莲生于1964年3月2日，适光坡镇栏冲村增步角高姓。

二十二世：汝权（戚邦之子）生于1939年9月7日，配妻李明枢生于1947 12月11日，光坡镇阿婆田人，生三子一女。子：日升、日强、日林。女永燕嫁港口区渔迈车辽小区118号。

二十三世：日军（汝宽之子）生于1955年4月1日，配妻骆小莲生于1966年10月1日，光坡镇沙港村人，生一子一女。子：有贵。女晓玲生于甲子年（1984年）11月2日，适防城镇黄竹塘村江姓。

二十三世：日亮（汝勤之子）生于1967年4月11日，配妻钟明宏生于1971年8月2日，光坡新兴老赖坝人。生一子一女。子：友杰。女晓岚生于1991年7月14日，适钦州港犀牛脚村罗姓。

二十三世：日升（汝权之子）生于1968年6月23日，配妻朱冬兰生于1972年8月10日，钦州市钦北区新棠镇新街人，生一子：有林。

二十三世：日强（汝权之子）生于1970年12月5日，配妻黄波生于1975年8月13日，钦州市钦北区新棠镇旧街人，生一女瑶珺生于1999年9月7日。

二十三世：日添（汝勤之子）生于1971年7月12日，配妻林积利生于1969年6月8日，光坡镇光坡村人。生一女：慧岚生于2004年3月10日。

二十三世：日成（汝勤之子）生于1975年9月5日，现配妻黄名萍生于1976年8月3日，防城区人。生二子：家强、家裕。长女戚家欣系原配曾氏所生，生于2000年5月5日。

二十三世：日林（汝权之子）生于1975年12月18日，配妻李琳锋生于1979年11月20日，广西武鸣县城县城人，生一女：艺馨生于2004年7月30日。

二十三世：日琪（汝宽之子）生于1976年3月19日，配妻赵桂芬生于1976年10月5日，光坡新兴火筒镜人，生一子一女。子：振海；女：海雲生于2004年8月29日。

二十四世：有贵（日军之子）生于1987年3月15日，配妻高海娟生于1992年2月8日，

企沙街人。

二十四世：友杰（日亮之子）生于1993年8月8日。

二十四世：有林（日升之子）生于1996年3月30日。

二十四世：振海（日琪之子）生于2003年2月28日。

二十四世：家强（日成之子）生于2003年7月29日。

二十四世：家裕（日成之子）生于2008年5月7日。

十九世祖：臣钦（缘经之子）生于甲子年（1864年）九月初三日，终于光绪三十一年（乙巳年）1905年；妣黄氏生于癸亥年（1863年）十一月十八日申时，生三子：亚三、亚五成光、亚六）。

二十世祖：成光（臣钦之子）生于癸卯年（1903年）八月十六日辰时，终于1972年3月。妣黄氏生于乙巳年1905年二月二十八日，终于1983年，生二子（戚明、戚朗）。

二十一世：戚明（成光之子）生于1925年，终于1986年。妣沈氏生二女。伟娟生于1948年9月27日，适防城镇；伟莲生于1950年11月，适防城镇。

二十一世：戚朗（成光之子）生于戊子年1948年9月20日卯时，配妻李荣珍防城石岭新屋村人，生于辛卯年（1951年12月6日）生二子：汝鹏、汝翔。

二十二世：汝鹏（戚朗之子）生于乙卯年（1975年）9月24日寅时，初中文化，配妻张冬英，防城镇四街人，生于己未年1979年11月8日，中专文化，生一子：日锐。

二十二世：汝翔（戚朗之子）生于（辛酉年）1981年11月6日辰时，高中文化，配妻黄丽荣，防成华石中三浪村人，生于（丙寅年）1986年8月10日，生一女：紫桐生于（己癸年）2013年3月16日。

二十三世：日锐（汝鹏之子）生于乙酉年2005年8月24日寅时，现就读于防城镇一小。

十九世祖：臣喜（缘经之子）生于庚午年（1870年）三月十七日，终于1916年10月；妣陈氏生于戊辰年（1868年）八月初四日巳时，终年不详；生一子二女。子：成纯；女：二姑生于壬寅年（1902年）十二月四日巳时，适潘龙；三姑生于巳酉年（1909年）八月初一日，适白沙丫曾姓。

二十世祖：成纯（臣喜之子）此公自簕色葵迁居朱沙港（今红沙村新分户），生于戊戌年（1898年）十一月三十日寅时，终于戊辰年（1988年）十一月；妣黄

氏生于戊戌年（1898年）十月十九日子时，终年于1958年5月；生三子五女。子：戚玉、戚松、戚芬；女（其中三女存活）：二姑玉珍适企沙黄泥潭黄氏；七姑连芳适企沙牛路村郭氏；八姑秀英适大菉那排村田中组韦氏，后人现居住那梭街。

二十一世：戚玉（成纯之子）生于丁巳年（1917年）二月二十一日申时，终于己丑年（2009年）7月18日（农历闰五月二十五日）未时。妻刘佩芳，红沙村独田口人，生于丁卯年（1927年）正月初八巳时，生四子一女。子：汝星、汝钧、汝贵、汝仕；女：汝梅生于1960年3月30日，适红沙石龙朱氏。

二十二世：汝星（戚玉之子）生于己丑年（1949年）五月七日申卯时，曾任光坡镇红沙小学校长。配妻苏桂娟，红沙村新一组人，生于1953年3月3日，生二子一女。子：日宇、日宙；女：日艳生于1982年9月10日戌时，初中毕业，适东兴市马路镇大桥村何氏，现住防城。

二十二世：汝钧（戚玉之子）生于壬辰年（1952年）二月初十日子时，防城二轻局职工，已退休。配妻胡彩兰，东兴市江平镇人，生于1954年8月8日，江平镇食品公司职工，已退休。生一子一女。子：日蔚；女：日霞生于1981年10月12日，初中毕业，适防城水营村韦氏。

二十二世：汝贵（戚玉之子）生于壬寅年（1964年）十月初十日子时，本科毕业，历任江山乡副乡长、华石镇副书记等职务，现在防城区工业园区管理委员会工作。配妻杨薇，江山乡白龙村万欧尾组人，生于庚戌年（1970年）4月25日子时，大专毕业，教师，生一子：日扬。

二十二世：汝仕（戚玉之子）生于丙午年（1966年）十一月二十五日未时，初中毕业，现住防城新发三巷。配妻刘英，生于1960年4月7日，防城区平旺乡人，小学毕业，生二女：日莹生于1989年9月8日，高中毕业；日丽：生于1996年12月30日，现就读于防城中学（高中）。

二十三世：日宇，小名阿宝（汝星之子）生于乙卯年（1975年）九月二十四日，本科毕业，港口区公车中学教师。配妻许尚贤，防城大王江人，生于1983年12月13日，生一子：文腾生于2014年5月13日丑时。

二十三世：日宙（汝星之子）生于丁巳年（1977年）十一月二十五日亥时，中专毕业，住红沙村新一组。配妻李玉兰，防城区滩营乡立高村人，生于1985年正月十五日，生二子：文祥生于2008年7月21日；文琪生于2012年11月6日。

二十三世：日蔚（汝钧之子）生于1979年7月1日午时，大专毕业，现在大亚湾核电服务公司防城港分公司工作。

二十三世：日扬（汝贵之子）生于甲戌年（1994年）1月6日，现就读于广西民族大学。

二十一世：步松（成纯之子）生于甲子年（1924年）五月十二月，终于辛卯年（2011年12月），配妻刘玉森（出卒生年月不详）。育一继子继女。继子：潘升；继女：潘玉娟，适钦州龙门西村黄氏。

二十二世：潘升（戚松继子）生于1947年3月15日，配妻黄秀红生于1955年12月26日，生二子三女。子：泽理、泽臣；女：泽甘、泽华、泽慧。

二十三世：泽理（潘升之子）生于1975年11月27日，初中毕业，配妻廖灵，大菉镇那丁村人，生于1974年9月27日，生一子一女。子：俊宇生于1999年5月28日，在读初中；女：映虹生于1995年4月20日，在读广西教育学院大专。

二十三世：泽臣（潘升之子）生于1985年4月27日，初中毕业，配妻高华娟，防城区茅岭乡沙坳村人，生于1985年7月14日，生一子一女。子：俊良生于2010年3月6日；女：秋如生于2004年8月2日。

十八世祖：建经（悦右之子）生于（戊寅年）（丁丑年）1817年3月27日，妣傅氏生于（乙酉年）（甲申年）1824年11月29日午时，生四子：臣敬、臣升、臣庆、臣武。

十九世祖：臣敬（建经之子）妣不详，生二子：成保、成才。

二十世祖：成保（臣敬之子）妣钟氏生四子三女。子：戚满、戚显、戚福、戚强。女：大姑适企沙韦姓；三姑适光坡镇官山辽黄姓；六姑适企沙牛路裴姓。

二十一世：戚显（成保之子）配妻黄秀芳，生一子四女。子：汝勇。女：大姐适企沙牛路马姓；二姐适光坡镇牛角冲陈姓；五妹适光坡镇红沙村黄姓；六妹适光坡镇新兴中间冲枫木隆钟姓。

二十一世：戚福（成保之子）生于1932年6月25日，配妻马敬英生于1939年4月3日，企沙镇牛路村人，生四子一女。子：汝就、汝才、汝景、汝朗；女：玉桂生于1966年9月，适光坡镇栏冲春天岭何姓。

二十一世：戚强（成保之子）生于1943年10月1日，配妻吴桂春生于1949年9月19日，光坡镇中间坪村杨梅坪组人，生三子二女。子：汝标、汝盈、汝雄；女：戚桂玲生于1966年2月20日，适企沙镇牛路簕山李姓，教师；戚爱芬生于1970年10月18日，玉林岑溪市南渡镇孔姓，高级工程师。

二十二世：汝勇（戚显之子）生于1960年7月19日，配妻房艳生于1960年8月1日，继养一子：桂华。

二十二世：汝就（戚福之子）生于1963年9月28日，配妻李青娟，生于1965年4月12日，钦州北区那蒙镇人，生一子一女。子：华东；女：戚华敏生于1990年3月12日，适光坡镇新兴村茅坪黄姓。

二十二世：汝标（戚强之子）生于1964年5月16日，配妻杨春凤，生于1968年7月12日，光坡镇新兴龙眼坪村人，生一子一女。子：海明；女：倩莲生于1986年5月10日，适光坡镇中间坪红石潭吴姓。

二十二世：汝盈（戚强之子）生于1968年7月24日，配妻陈明霞，生于1973年3月11日，港口区人，生一子：淀远。

二十二世：汝才（戚福之子）生于1969年6月19日，配妻凌秀春生于1970年6月7日，光坡镇新兴中间冲人，生一子一女。子：振华；女：戚凌艳生于2002年11月7日。

二十二世：汝景（戚福之子）生于1972年10月28日，配妻邓艳，生于1974年1月7日，光坡镇新兴塘尾人，生一子一女。子：桂明；女：雯雯生于1995年7月19日。

二十二世：汝雄（戚强之子）生于1974年4月12日，配妻郭桂岚，防城区那梭那夏人，生一子一女。子：振杰；女：戚郭婷生于2001年1月2日。

二十二世：汝朗（戚福之子）生于1983年12月9日，前生有一女：戚慧敏生于2004年5月18日，后配妻韦尚秀生于1985年7月21日，防城区水营人。生一子：伟鑫（原配所生）。

二十三世：海明（汝标之子）生于1990年12月23日，配妻陈荣娇生于1990年6月7日，防城华石镇河角村人，生二子：宇卓、宇轩。

二十三世：桂华（汝勇之继子）生于1991年6月1日。

二十三世：振华（汝才之子）生于1993年2月16日，配妻陈雅凤生于1993年2月5日，防城区滩营乡不角村人,生一子一女。

二十三世:华东(汝就之子)生于1994年7月7日。

二十三世:淀远(汝盈之子)生于1999年11月15日。

二十三世:桂明(汝景之子)生于2002年4月13日。

二十三世:振杰(汝雄之子)生于2003年10月26日。

二十三世:伟鑫(汝朗之子)生于2009年8月1日。

二十四世:宇卓(海明之子)生于2010年5月10日。

二十四世:宇轩(海明之子)生于2014年6月28日。

十九世祖:臣庆(建经之子)生于(戊午年)(丁巳年)1857年6月29日,妣黄氏生于1858年5月29日,生三子:成居、成意、成修。

二十世祖:成居(臣庆之子)生一子:戚劝。

二十一世:戚劝(成居之子)生于1926年6月19日,配妻庞胜英生于1936年12月1日,生二子四女。子:汝德、允信。女:桂珍、二姐、小珍、小勤。

二十二世:汝德(戚劝之子)生于1965年5月5日,配妻蒋成春生于1963年8月16日,生一子:海艺。

二十二世:允信(戚劝之子)生于1971年9月25日,配妻旷玉丽生于1986年11月16日,生一子一女。子:永康生于1999年9月5日;女:戚永其生于2010年5月3日。

二十三世:海艺(汝德之子)生于1989年3月28日,配妻米金莲生于1988年12月24日。

二十三世:永康(允信之子)生于1999年9月5日。

二十世祖:成意(臣庆之子)生于乙酉年1885年7月15日,妣刘氏生于庚戌年(1870年)二月初七日,生一子一女。子:戚谏;女:二姑适光坡新兴大龙口钟姓。

二十一世:戚谏(成意之子)生于1933年7月9日,配妻吴结英,生于1932年9月8日,光坡镇中间坪村大牛窝人,生四子三女。子:汝齐、汝满、逢春、汝俐;女:戚胜英生于1957年10月17日,适光坡镇沙螺辽大冲口苏姓;戚胜珍生于1960年11月13日,适防城区那勤施姓;戚胜芳生于1965年11月2日,适光坡新兴村火筒镜赵姓。

二十二世:汝齐(戚谏之子)生于1962年12月24日,配妻钟海娟生于1966年

11月2日，港口区公车白沙村人，生二子：峰华、雄华。

二十二世：汝满（戚谏之子）生于1968年10月6日，配妻余永玲生于1966年5月18日，企沙北港村人，生三子：恒华、峻华、展华。

二十三世：逢春（戚谏之子）生于1971年6月29日。

二十二世：汝俐（戚谏之子）生于1975年9月4日。

二十三世：峰华（汝齐长子）生于1987年10月1日，毕业于广西电力职业技术学院，现在防城中一重工就业。

二十三世：雄华（汝齐次子）生于1989年11月16日，毕业于四川西南科技大学，现就职于防城港市港口区政府办，配妻蒋莹生于1992年12月11日，毕业于广西师范学院，现在东兴市工商银行工作。

二十三世：恒华（汝满之子）生于1994年8月16日。

二十三世：峻华（汝满之子）生于2005年6月30日。

二十三世：展华（汝满之子）生于2007年4月4日。

十九世祖：臣武（建经之子）妣毅氏生六子：成颗、成邱、成益、成全、成堂、成莲。

二十世祖：成邱（臣武之子）生于年月日，妣刘氏生于年月日，生二子：戚和、戚合。

二十一世：戚和（成邱之子）生于1931年7月15日，配妻吴秀英生于1935年2月2日，光坡镇中间坪村杨梅坪人，生三子四女。子：汝河、汝章、汝枢；女：二姑适光坡新兴塘尾邓姓；五姑适公车白沙三角井吴姓；六姑适光坡新兴火筒镜赵姓；七姑适光坡新兴塘尾邓姓。

二十二世：汝章（戚和之子）生于1962年9月21日，配妻凌秀凤生于1963年10月2日，本村凌家人，生二子：日良、鸿辉。

二十三世：日良（汝章之子）生于1986年6月16日，配妻张晓明生于1988年1月2日，防城区滩营乡那屋背人，生一子：有才。

二十三世：鸿辉（汝章之子）生于1988年12月8日，配妻陈海华生于1994年2月20日，防城镇三波人。

二十三世：鸿志（汝枢之子）生于1996年10月13日。

二十三世：鸿武（汝枢之子）生于2005年6月11日。

二十四世：有才（日良之子）生于2009年2月3日。

二十世祖：成全（臣武之子）生于年月日，妣李氏生于丁巳年七月二十四日，企沙镇牛

路籪山人,生二子一女。子:戚勤、戚恳;女:戚田辉生于1957年6月8日,适公车镇白沙村三角井陈姓。

二十一世:戚勤(成全之子)生于1951年4月6日,配妻阮氏越南人,生一子一女。子:汝岸;女:戚明靖生于1996年7月12日,适公车镇大龙村黄姓。

二十一世:戚恳(成全之子)生于1953年7月15日,配妻李建英,生于1965年7月13日,光坡镇新兴火筒镜人,生二子:汝周、汝弟。

二十二世:汝周(戚恳之子)生于1989年3月15日。

二十二世:汝弟(戚恳之子)生于1991年9月17日。

二十二世:汝岸(戚勤之子)生于2001年6月20日。

十八世祖:幼经(悦高之子)妣温氏生二子:臣明、臣周。

十九世祖:臣明(幼经之子)妣陈取臣周之子入继:成伯。

二十世祖:成伯(臣周之子过继给臣明续后)妣吴氏生二子:戚森、戚林。

二十一世:戚森(成伯之子)配妻苏氏生二子:汝芳、汝积。

二十二世:汝芳(戚森之子)配妻钟慧英生三子一女。子:日坤、日任、日富、日隆。

二十三世:日坤(汝芳之子)配妻黄凤艳生一子一女。子:友添;女:戚思梅。

二十四世:友添(日坤之子)。

十九世祖:臣周(幼经之子)妣雷氏生一子成芳。

二十世祖:成芳(臣周之子)妣吴氏生二子:戚康、戚宁。

二十一世:戚康(成芳之子)生于1930年1月17日,配妻吴秀芳生于1935年9月11日,生四子四女。子:汝伟、汝坚、汝严、汝友;女:映莲、映芳、爱凤、小红。

二十二世:汝伟(戚康之子)生于1963年8月26日,配妻吴小明生于1965年11月8日,生二子一女。子:永亮、永胜;女:海华生于1989年2月14日。

二十二世:汝坚(戚康之子)生于1968年2月29日,配妻赵桂娟生于1970年1月22日,生二子:日申、日治。

二十二世:汝严(戚康之子)生于1974年1月25日,配妻吴宝玲生于1978年5月9日,生一子一女。子:日靖;女:海玲生于2010年11月10日。

二十二世:汝友(戚康之子)生于1977年3月25日,配妻陈秀梅生于1985年11月3日,生一子一女。子:日杰;女:海琪生于2005年8月26日。

二十三世：日申（汝坚之子）生于1990年5月11日。

二十三世：日治（汝坚之子）生于1991年10月25日。

二十三世：永亮（汝伟之子）生于1992年10月11日。

二十三世：永胜（汝伟之子）生于1995年2月28日，配妻谭静生于1997年10月8日，生一子一女。子：钰昌；女：艺凡生于2013年12月22日。

二十三世：日靖（汝严之子）生于2001年闰4月29日。

二十三世：日杰（汝友之子）生于2009年6月14日。

二十四世：钰昌（永胜之子）生于2016年1月16日。

十八世祖：全经（悦高之子）妣李氏生一子：臣湖。

十九世祖：臣湖（全经之子）妣黄氏生二子：成合、成珍。

二十世祖：成合（臣湖之子）妣黎氏生三子：戚山、戚英●、戚友●。

二十一世：戚山（成合之子）配妻陈氏生三子：汝福、汝兴、汝胜。

二十二世：汝福（戚山之子）生于1930年12月26日，配妻钟氏生一子：日光。

二十三世：日光（汝福之子）生于1957年10月8日，配妻杨素云生于1958年。生二子一女。子：文武、文海。

二十三世：日宝（汝兴之子）生于年月日，配妻钟氏生于年月日。生一子一女。子：友满；女：戚慧夏。

二十三世：爱文（汝兴之子）配妻黄旭敏。生三女：慧茹、慧亭、慧娟。

二十四世：文武（日光之子）生于1985年1月2日，配妻杨小霞生于1987年11月15日，于2013年生一子。

二十四世：文海（日光之子）生于1988年11月12日。

二十世祖：成珍（臣湖之子）妣苏氏生三子：戚坤、戚海、戚雄。

二十一世：戚坤（成珍之子）配妻吴氏生二子：汝平、汝湘。

二十二世：汝平（戚坤之子）生于丙子年（1936年）十二月二十五日，配妻钟瑞英生于戊寅年（1938年）七月二十一日，生三子三女。子：日锦、日春（永生）、日胜。

二十三世：日锦（汝平之子）生于甲辰年（1964年）正月初五日，配妻苏树娟生于乙巳年（1958年）正月十一日。生二子：友为、友卿。

二十三世：永生（汝平之子）生于1966年11月6日，配妻吴春梅生于1967年。生

一子：晓晖。

二十三世：日胜（汝平之子）配妻陈艳玲生于1973年3月17日，生二子：友程、友志。

二十四世：友为（日锦之子）生于1990年2月4日，配妻黄春华生于1990年3月15日。

二十四世：晓晖（永生之子）生于1990年10月19日。

二十四世：友程（日胜之子）生于1991年7月9日。

二十四世：友卿（日锦之子）生于1992年1月21日。

二十四世：友志（日胜之子）生于1993年8月12日。

二十二世：汝湘（戚坤之子）生于1938年3月15日，终于2002年6月18日，配妻刘洁春生于1945年4月25日，光坡镇红沙村人，生二子二女。子：悦彬、耀椿；女：长女戚凤梅生于1975年4月29日，适防城垌美黄宏银；次女戚艳红生于1978年12月6日，适东兴松柏谭家锋。

二十三世：悦彬（汝湘长子）生于1969年8月11日，配妻李艳生于1975年10月5日，生一子：家铭。

二十三世：耀椿（汝湘次子）生于1972年12月6日，配妻彭丽纯生于1974年4月29日，生一子一女。子：堡童；子：戚继锓生于1998年7月18日。

二十四世：家铭（悦彬之子）生于2000年11月7日。

二十四世：堡童（耀椿之子）生于2011年6月17日。

二十一世：戚雄（成珍之子）配妻黄氏，钦州大直镇人，生一子：汝业。

二十二世：汝业（戚洪之子）生于甲申年二月初十日，配妻黄连辉生于庚寅年六月十四日，光坡镇栏冲村老虎港人，生一子四女。子：华昌；女：戚雪英生于甲寅年八月初十日，适光坡栏冲村茅坡丫黄姓；戚金英生于丁巳年正月初三日，适防城区茅岭曾姓；戚滟生于辛酉年二月二十四日，适崇左陈姓；戚靖英生于丁卯年二月二十日，适东兴市东郊麦姓。

二十三世：华昌（汝业之子）生于己巳年八月二十五日，配妻黄美芳生于戊辰年七月十八日，系上思县公正村人，生二女：戚紫渝生于2011年5月23日；戚紫萱生于2013年8月16日。

十八世祖：元经（悦仲之子）妣王、林、梁三氏，取习经之子臣贤入继。

十九世祖：臣贤（元经之子）妣刘氏生六子：成佳●、成福●、成何●、成满●、成仁、成新。

二十世祖：成仁（臣贤之子）妣温氏生一子二女。子：戚宣。

二十一世：戚宣（成仁之子）配妻黄氏生一子四女。子：汝祥。

二十二世：汝祥（戚宣之子）生于1935年9月17日，配妻吴凤英生于1934年12月14日，生一子五女。子：日生。

二十三世：日生（汝祥之子）生于1961年12月18日，配妻杨秀叶生于1959年4月6日，生二子一女。子：友军、志伟。

二十四世：友军（日生之子）生于甲子年十月初三日，配妻陈红艳生于1986年6月，生二子：昌荣、昌隆。

二十四世：志伟（日生之子）生于1998年8月9日。

二十五世：昌荣（友军之子）生于2009年11月21日。

二十五世：昌隆（友军之子）生于2012年3月5日。

二十世祖：成新（臣贤之子）妣郭氏生四子。子：戚谋、戚尤、戚尧、戚钦。

二十一世：戚尤（成新之子）配妻裴氏生二子：汝辉、汝仲。

二十一世：戚尧（成新之子）配妻李氏生四子：汝达、汝岳、汝群、汝帮。

二十二世：汝辉（戚尤之子）生于1945年10月6日，配妻吴卓英生于1947年5月16日，生三子三女。子：振东、建东、栋遑。女：秋梅生于1972年10月；建英生于1975年10月；建梅生于1978年6月。

二十二世：汝仲（戚尤之子）配妻高秀华生于19年10月4日，生三子二女。子：日发、日展、振南。

二十三世：振东（汝辉之子）生于1967年6月10日，配妻何平生于1969年7月24日，生一子一女。子：建国；女：惠雯生于1991年6月。

二十三世：建东（汝辉之子）生于1980年11月10日，配妻杨春清生于1985年10月24日，生二子：家明、家亮。

二十三世：栋遑（汝辉之子）生于1983年7月日，配妻钟艳霞生于1985年4月日，生一子一女。子：家详；女：思仪生于2007年7月。

二十三世：日发（汝仲之子）生于1976年3月12日，配妻刘文华生于1974年3月13日，生二子：锡军、锡国。

二十三世：日展（汝仲之子）生于1978年9月3日，配妻林彩霞生于1976年10月4日，生一子一女。子：锡伟。

二十三世：振南（汝仲之子）生于1980年3月12日，配妻谢香兰生于1985年2月16日，生一子二女。子：继源。

二十四世：建国（振东之子）生于1989年10月日，配妻谢香兰生于1989年1月，生一子：鸿涛。

二十四世：家明（建东之子）生于2006年7月16日。

二十四世：家亮（建东之子）生于2012年2月13日。

二十四世：家详（栋逞之子）生于2009年8月4日。

二十四世：锡军（日发之子）生于200年3月13日。

二十四世：锡国（日发之子）生于2013年7月2日。

二十四世：锡伟（日发之子）生于200年1月9日。

二十四世：继源（振南之子）生于2013年3月17日。

二十五世：鸿涛（建国之子）生于2013年4月日。

二十二世：汝岳（戚尧之子）生于1949年11月11日，配妻骆彩群生于1951年6月24日，生二子一女。子：育慰、华东。

二十二世：汝群（戚尧之子）生于1957年6月24日，配妻黄春艳生于1957年7月20日，生二子一女。子：栋嘉、永健；女：戚艳丽。

二十二世：汝帮（戚尧之子）生于1966年9月2日，配妻陈爱芳生于1968年9月6日，生一子一女。子：兴东。

二十三世：育慰（汝岳之子）生于1974年12月19日，配妻黄小梅生于1982年2月16日，生一女：家原生于2012年4月6日。

二十三世：华东（汝岳之子）生于1979年3月5日。

二十三世：栋嘉（汝群之子）生于1981年8月16日，配妻吴丽珍生于1983年12月18日，生一子：思耀。

二十三世：兴东（汝帮之子）生于1992年8月27日。

二十四世：思耀（栋嘉之子）生于年月日。

十八世祖：时经（悦德之子）生于乙酉年四月初一日辰时，妣黄氏生于乙未年五月二十日戌时，生三子：臣发、臣成、臣职。

十八世祖：满经（悦德之子）养时经之次子臣成继后。

十九世祖：臣发（时经长子）生于丁巳年七月二十六日戌时，妣陈氏生于丙辰年十一月

初九日辰时，生二子：成田、成庄。

十九世祖：臣职（时经幼子）配妻不详，生一女适光坡镇栏冲弯角山黄姓（旧洋尾田辽屋），生三子：黄明光、黄庆光、黄美光。

二十世祖：成田（臣发长子）生于光绪十一年，阴历乙酉年正月二十二日，公历1885年3月8日辰时，初中文化，卒于公历1959年10月29日，享年75岁。妣郑田芳生于1883年11月8日（立冬），新兴关草田人，卒于公历1969年11月20日，享年87岁。生一子三女。子：戚光；女：大女生于公历1905年1月3日，适钦州龙门对面中间村平石曾门；三女生于公历1908年10月28日，适新兴村塘尾组邓镇雄，有一子邓发新；四姑生于公历1914年4月9日，适沙牛路箣山村李家，后迁九龙寨生二子一女，子：李心和、李心平，后人：李香锋。

二十一世：戚光（成田之子）生于公历1907年2月2日，卒于公历1981年10月18日，行侠仗义，威望极高，曾带领村民抗击贼寇数次，解放后本村首任生产队长，深受群众爱戴。妣黄光英生于公历1911年4月5日，光坡镇栏冲山口里头村人，卒于公历1995年4月4日。生二子四女。子：汝椿（三公）、汝生（六公）；女：二姑戚秀芳生于公历1933年4月5日，适光坡镇沙螺辽大冲口村苏海其，生一子苏满贞；四姑戚庭芳生于公历1938年10月23日，适企沙邱日山；五姑戚玉芳生于公历1944年12月23日，适光坡镇栏冲春天岭村韦新泰；七姑戚美新生于公历1953年11月20日，适新兴村塘尾组邓达明。

二十二世：汝椿（戚光长子）生于公历1935年12月10日。1958年毕业于钦州师范36班，后在湛江专区师范学院深造（现雷州师范）一生勤奋好学，胸襟宽广，待人热情大方，识书达礼，群众好评，口碑远扬。历任六个公社、乡镇中心校及小学校长，从教40年，桃李满天下，卒于公历2012年8月19日14时，享年七十八岁。配妻钟朝芳（又名钟英）生于公历1938年9月12日，本村枫木隆钟锦第七女，生三子三女。子：日锋、四弟、日铭；女：戚小梅生于癸卯年四月十一日，适光坡镇中间坪火烧潭庞兴文；戚东萍生于甲辰年一月十七日，适茅岭吴福兴；戚日霞生于癸丑年乙丑月丙寅日，适东兴那超陆超俊。

二十二世：汝生（戚光次子）生于1947年农历十一月十三日，国家公务员。20年电影、20年水产工作。曾任防城港市水产局办公室主任兼保卫科科长等职务。配妻黄少凤生于1951年农历五月二十三日，光坡镇红沙迈人，国家职工。生二子：日程、日政。

二十三世：日锋（汝椿长子）生于丁未年乙巳月丁亥日，广西大学中文系毕业，曾任防城糖厂办公室主任兼企业管理办公室主任、港口区矿产资源管理局办公室主任、港口区自来水厂副厂长等职务，现任防城港市港口区土地整理中心主任。配妻褟茵生于1969年10月12日，防城镇华石八百村褟大高三女，教师，生一子一女。子：晋嘉；女：戚冰雁生于1994年6月20日，就读于广西师范大学。

二十三世：日铭（汝椿幼子）生于辛亥年三月初八日，防城师范毕业，现任防城区鲤鱼江小学校长。配妻颜艳晖生于一九七三年正月初九日。防城镇三街人，教师，生一女：戚越生于公历2000年10月17日，就读于防城实验学校。

二十三世：日程（汝生长子）生于1974年农历正月十二日，科级公务员，防城港市渔政支队工作。配妻彭丽红生于1980年农历六月二十八日，防城茅岭人，教师，生一女：璐瑶生于2006年3月26日。

二十三世：日政（汝生次子）生于1976年农历九月初五日，国家职工，原在水产企业，后港务局工作。配妻叶长丽生于1976年农历四月十四日，合浦闸利人，生一子：戚可。

二十四世：戚可（日政之子）生于2001年9月3日。

二十四世：晋嘉（日锋之子）生于2009年10月5日。

二十四世：冰雁生于1994年6月20日。

二十四世：竣淋、晋溶。

二十世祖：成庄（臣发次子）生于戊戌年十二月二十一日寅时，配妻房氏生于己亥年五月十七日戌时，本镇栏冲村人，生二子：戚坚、戚新。

二十一世：戚新（成庄次子）配妻赵桂英，本镇火筒镜人，生于1930年7月23日，终于2008年正月初二日，享年78岁。生三子二女。子：汝强、汝卫、汝佳。女：戚春芳生于1955年月，适本镇新兴龙眼坪杨伟任；戚春英生于1965年9月4日，适公车镇沙港皇城坳骆姓。

二十二世：汝强（戚新长子）生于1962年9月4日，配妻黄彩玲生于1964年7月23日，本镇栏冲村细冲组人，生一子二女。子：龙辉；女：戚美玲生于1983年4月15日，钦州大番坡陆姓；戚存梅生于1986年3月23日。

二十二世：汝卫（戚新次子）生于1968年6月13日，配妻邓翠娇生于1970年9月9日，本镇新兴村塘尾组人，生一子一女。子：贵兴；女：戚明月生于1991年1月10日，适江山乡李姓。

二十二世：汝佳（戚新幼子）生于1974年4月15日，配妻谢秀艳生于1973年10月1日，本镇光坡村松柏山组人，生一子：凤欣。

二十三世：龙辉（汝强之子）生于1985年9月10日，配妻郑茵生于1984年7月23日。合浦公馆人，生二女：戚星月生于2009年2月1日；戚星梦生于2011年7月19日。

二十三世：贵兴（汝卫之子）生于1993年8月19日，配妻刘仕华生于1995年12月27日，东兴市江平镇江龙村人，生一女：戚星宇生于2015年农历10月初七日。

二十三世：凤欣（汝佳之子）生于1996年2月14日。

十八世祖：满经（悦德之子）养时经之次子臣成继后。

十九世祖：臣成（满经养子）配妻钟氏，生三子：琪昌、琪有、琪斌。

二十世祖：琪昌（臣成长子）配妻不详，生一女：戚桂珍，适公车镇周尾村骆姓。

二十世祖：琪有（臣成次子）配妻骆氏，生一子四女。子：戚富；女：大姑本镇栏冲村旧洋黄姓；二姑适企沙山新村裴姓；四姑适钦州龙门南村满姓；六姑适本镇栏冲村山口中间村黄姓。

二十世祖：琪斌（臣成幼子）配妻不详，生一女嫁公车镇白沙三角井村陈姓。

二十一世：戚富（琪有之子）生于1930年7月28日，配妻张富英生于1934年5月3日，本镇光坡大坡村人，生三子一女。子：汝通、汝寿（不交族谱费不续）、汝年；女：戚艳凤生于1967年，适本镇红沙村黄子建。

二十二世：汝通（戚富长子）生于1963年5月13日，配妻李兰芬生于196年1月13日，钦州市钦北区那蒙乡那蒙镇人。生二子：日勤、龙生。

二十二世：汝年（戚富幼子）生于1976年12月1日，配妻陈冬艳生于1976年3月8日，本镇沙螺辽港口村人。生一子：润伟。

二十三世：日勤（汝通长子）生于 1985 年 7 月 13 日。

二十三世：龙生（汝通次子）生于 1987 年 6 月 16 日。

二十三世：润伟（汝年长子）生于 2004 年 7 月 20 日。

十八世祖：定经（悦志之子）妣吴氏生三子：油公●、四公●、臣伟。

十九世祖：臣伟（定经之子）妣苏氏生三子：成文、成超、成良。

十八世祖：应经（悦连之子）妣黄氏生一子：臣啟。

十九世祖：臣啟（应经之子）妣潘氏生二子：成饭、成结。

二十世祖：成饭（臣啟之子）妣翟氏生三子：戚庭、戚朝、戚品。

二十一世：成庭（成饭之子）配妻陆新秀，生于乙酉年三月二十八日，生二子二女。子：汝泰、汝健。

二十二世：汝泰（戚庭长子）生于 1974 年 10 月 3 日，配妻罗月凤生于年三月二十八日，生一子一女。子：家辉。

二十二世：汝健（戚庭次子）生于 1981 年 9 月 20 日。

二十三世：家辉（汝泰之子）生于年九月二十七日。

二十一世：戚朝（成饭之子）生于 1942 年 1 月 1 日，配妻黄莲生于 1941 年 6 月 21 日，本镇红沙村田辽屋祖人，生八子一女。子：汝颜、继仁、汝纯、汝学、汝武、汝石、汝焕、十弟；女：戚艳英适港口区公车白沙村吴姓。

二十二世：汝颜（戚朝长子）生于 1963 年 9 月 10 日，配妻李继芳生于 1965 年 7 月 6 日，防城区冲仑上那组人，生二子二女。子：港辉、明明；女：戚莹洁生于 1984 年 7 月 15 日，适防城区大录镇那得上村谢姓；戚有艳生于 1986 年 7 月 12 日，适防城区大录镇那得下村韦姓。

二十二世：继仁（戚朝次子）生于 1965 年 7 月 24 日，配妻胡华英生于 1973 年 8 月 19 日，越南南定人，生一子一女。子：峰苹；女：戚滢文生于 1995 年 2 月 3 日，大读。

二十二世：汝纯（戚朝三子）生于 1970 年 10 月 5 日，配妻劳艳珍生于 1978 年 3 月 9 日，钦州市钦北区平吉镇永隆村人，生一子一女。子：耀东；女：戚燕玲生于 2002 年 12 月 16 日，在读。

二十二世：汝学（戚朝四子）生于 1973 年 1 月 28 日，配妻章春惠生于 1971 年 11 月 28 日，防城区华石镇那湾村那境组人，生一子二女。子：靖健；女：戚诗敏生于2000年10月10日,在读;戚靖敏生于2007年1月5日,在读。

二十二世:汝武(戚朝五子)生于1978年7月30日,配妻黄海艳生于1971年11月28日,防城区大录镇万德村派涯组人,生一子一女。子:洪伟;女:戚惠雯生于2007年11月4日。

二十二世:汝石(戚朝七子)生于1982年9月16日,配妻黄少英生于1976年1月5日,钦州市钦南区九龙镇平新村关草塘组人。生一子一女。子:嘉建;女:戚嘉航生于2014年3月3日。

二十二世:汝焕(戚朝八子)生于1984年2月22日,配妻许慧红生于1983年12月1日,生一子一女。子:泽平;女:戚祺彬。

二十二世:十弟(戚朝九子)过继到钦州市青草坪吴家人继养。

二十三世:港辉(汝颜长子)生于1995年2月25日,在钦州大专技校就读。

二十三世:峰苹(继仁之子)生于1997年3月24日,在读。

二十三世:明明(汝颜次子)生于2001年8月17日,在读。

二十三世:耀东(汝纯之子)生于2004年6月6日,在读。

二十三世:泽平(汝焕之子)生于2007年3月27日,在读。

二十三世:嘉建(汝石之子)生于2012年1月12日。

二十三世:靖健(汝学之子)生于2012年5月6日。

二十世祖:成结(臣敞之子)娶吴氏生四子:戚芳、戚枢、戚贤、戚武。

十八世祖:仕经(悦恒之子、戚瑞之孙)娶吴氏生二子:臣汉(止)、臣景。

十九世祖:臣景(仕经之子)娶蒙氏生二子:成友、成礼(止)。

二十世祖:成友(臣景长子)生于乙丑年正月初二日,娶骆氏生二子:戚恩、戚惠。

二十一世:戚恩(成友长子)生于戊戌年正月初四日,娶黄氏生六子二女。子:汝清、汝秀、汝琼、汝龙、汝松、雄福在美国;女:戚汝英生于1928年10月7日,适光坡镇光坡村黄屋;戚桂莲生于1949年3月12日,适本镇红沙罗姓。

二十二世:汝青(戚恩长子)生于己丑年十一月二十四日,配妻郑氏生二子:日欢、日畅。

二十二世:汝秀(戚恩次子)生于辛未年七月初三日,配妻李氏生二子:日枢、日波。

二十二世:汝龙(戚恩五子)生于1936年9月16日,配妻李桂英生于1939年2月初一日,生二子一女。子:日苍、日勇;女:戚日凤生于1966年7月8日,适中国台湾。

二十二世：汝松（戚恩六子）生于1939年12月4日，配妻杨济英生于1939年2月15日，生二子四女。子：日金、日彬。二女戚秀凤生于1964年5月20日，适光坡镇裴姓；五女戚秀英生于1972年11月27日，适光坡镇大龙村；七女戚华娟生于1980年11月11日；八女戚华艳生于1983年5月25日，适广东湛江吴川。

二十二世：雄福（戚恩十子）配妻项氏生一子：戚日汝定居美国。

二十三世：日欢（汝清之子）生于癸巳年四月初一日，配妻黄德芳生于丙申年十一月二十日，生一子一女。子：友权；女：戚友英生于癸亥年正月十一日，中专学历，适四川省峨眉。

二十三世：日金（汝松长子）生于1967年5月20日，配妻钟全珍生于1968年10月14日，生二子：戚懿尹、戚容玮。

二十三世：日枢（汝秀长子）生于1968年4月28日，配妻陈春生于1976年4月6日，生一女：戚少婵生于1997年11月4日。

二十三世：日苍（汝龙长子）生于1970年10月初六，配妻黄子珍生于1973年12月16日，生二子一女。子：颢镫、壹尹；女：宝丹生于1997年1月6日，在读。

二十三世：日波（汝秀次子）生于1972年5月初六，配妻梁志生于1977年1月11日，生一女：戚芳贤。

二十三世：日勇（汝龙次子）生于1975年4月初八，配妻蒋建红生于1982年9月初八。

二十三世：日彬（汝松次子）生于1975年10月5日，配妻刘春梅生于1977年7月7日，生一子二女。子：友亮；女：长女戚友婵生于2006年2月6日；次女戚友玲生于2007年6月15日。

二十四世：友权（日欢之子）生于庚申年五月初八日，中专学历，配妻朱彩艳生于庚申年九月二十七日，生二子：杰峰、杰峻。

二十四世：懿尹（日金长子）生于1994年1月3日，在读。

二十四世：容玮（日金次子）生于1996年2月25日，在读。

二十四世：景镫（日苍长子）生于2004年7月初七日，在读。

二十四世：壹尹（日苍次子）生于2007年6月14日，在读。

二十四世：友亮（日彬之子）生于2013年6月6日。

二十五世：杰峰（友权长子）生于癸未年八月初一日，在读。

二十五世：杰峻（友权次子）生于乙酉年七月十二日，在读。

二十一世：戚惠（成友次子）生于癸卯年二月十二日，妣龙氏生于辛亥年七月二十三日，生四子一女。子：汝文、汝卿、汝汉、汝邦辉（过房给符姓人继养）。

二十二世：汝文（戚惠长子）生于1934年6月4日，配妻钟氏生于1937年6月23日，生三子二女。子：日权、日贵、日安。长女戚凤英生于1966年6月25日，适防城滩头村；次女戚凤金生于1975年1月22日，适公车白沙帮子村。

二十二世：汝卿（戚惠次子）生于1939年11月19日，配妻刘结珍生于1944年11月13日，生二子：日广、日钦。

二十二世：汝汉（戚惠四子）生于1942年4月8日，配妻黄爱芳生于1947年3月24日，生三子：日贤、日利、日旋。

二十三世：日权（汝文长子）生于1957年1月22日，高中学历，任防城汽车总教练，配妻赵艳芳生于1959年6月14日，本镇新兴火筒镜人，生三子一女。子：友生、友甲、友同；女：戚蔓谷生于2006年8月25日，在读。

二十三世：日贵（汝文次子）生于1963年5月16日，配妻包永娟生于1966年2月14日，公车白沙三角井人，生二子：家瑞、家福。

二十三世：日广（汝卿长子）生于1965年10月29日，配妻郑秋娟生于1970年6月12日，生二女：戚友凤生于1996年4月16日；戚菊丽生于2004年4月4日。

二十三世：日安（汝文五子）生于1969年5月17日，配妻房芳生于1969年12月14日，本镇栏冲村人，生一子一女。子：家裕；女：戚菊萍生于1989年12月7日，大专学历，嫁玉林市。

二十三世：日利（汝汉次子）生于1973年12月18日，配妻裴朝芳生于1982年5月1日，生二女：戚友娇生于2001年4月18日；戚晓梅生于2004年4月23日。

二十三世：日旋（汝汉三子）生于1977年5月19日，配妻李芳生于1982年5月1日。

二十三世：日钦（汝卿次子）生于1981年1月13日，配妻黄容生于1982年11月23日，生二子：期毓、期桂。

二十三世：日贤（汝汉长子）生于1989年8月18日，配妻邓爱娟生于1972年5

月25日，生二子一女。子：友朋、樱耀；女：戚家慧生于2013年9月21日。

二十四世：友生（日权长子）生于1982年1月24日，大学学历，毕业在东兴就职，配妻李莉生于1984年1月7日，大专学历，安徽人，生一子：玉藤。

二十四世：友甲（日权次子）生于1984年4月6日，大学学历，毕业在南宁就职。

二十四世：友同（日权三子）生于1987年4月5日，大学学历，毕业在河北唐山就职。

二十四世：家瑞（日贵长子）生于1988年2月21日，中专学历。

二十四世：家福（日贵次子）生于1989年9月11日，中专学历。

二十四世：友裕（日安之子）生于1991年7月16日，中专学历。

二十四世：友朋（日贤长子）生于1991年12月26日。

二十四世：樱耀（日贤次子）生于1992年9月6日。

二十四世：期毓（日钦长子）生于2008年7月4日。

二十四世：期桂（日钦次子）生于2010年3月31日。

二十五世：玉藤（友生之子）生于2011年2月28日。

十八世祖：伟经（悦熙之子）妣罗氏生四子：臣泰、亚德、亚木、邓保。

十九世祖：臣泰（维经之子）妣陆氏生四子：成祥（亚九）、成松、三九公、四九公。

二十世祖：成祥（臣泰之子）妣骆氏生一子：戚喜。

二十一世：戚喜（成祥之子）配妻，生一子：汝金。

二十二世：汝金（戚喜之子）生于壬戌年二月，配妻李继芳生于己巳年二月，生一子一女，继养一子日幸。子：峰源；女：戚日艳适防城大彔镇唐姓。

二十三世：日幸（汝金继子）生于癸巳年六月，配妻苏树莲生一子：家华。

二十三世：峰源（汝金三子）生于戊申年闰七月，配妻张咏梅生于壬子年八月，生二子一女。子：家豪、家齐；女：戚家义生于1999年3月；戚家正生于2008年12月。

二十四世：家华（日幸之子）生于1983年10月，配妻陈梅珍生于1989年2月，生二子一女。子：富城、富铭；女：戚紫阳生于2015年2月。

二十五世：富城（家华长子）生于2010年5月。

二十五世：富铭（家华次子）生于2012年2月。

十八世祖：考经（悦熙次子）妣苏氏生四子：赵保、公生、亚斗、斗生。

十九世祖：赵保（伟经长子）妣钟氏生一子：成嵩。

二十世祖：成嵩（赵保之子）妣氏生一子：戚傑。

二十一世：戚傑（成嵩之子）生于戊戌年六月初五日，配妻黄氏，生一子：汝玉。

二十二世：汝玉（戚傑之子）生于癸酉年四月十六日，配妻凌氏生于丙子年八月二十三日，生二子：日喜、日兴。

二十三世：日喜（汝玉长子）生于甲午年五月初十日，配妻吴氏生于乙亥年十月初三日，生二子：友钦、友传。

二十三世：日兴（汝玉次子）生于戊申年五月初八日，配妻钟彩莲生于癸丑年十月十七日，生一子一女。子：有源；女：戚春丽生于庚年十月二十三日，适防城那天花。

二十四世：友钦（日喜长子）生于乙丑年十二月十六日，配妻赵氏生于1989年2月1日，生一子一女。子：峻睿；女：戚靖茹生于2007年3月25日。

二十四世：友传（日喜次子）生于丁卯年闰六月二十三日，中专学历，现役军人。

二十四世：有源（日兴之子）生于壬申年正月二十一日。

二十五世：峻睿（友钦之子）生于2008年9月27日。

十九世祖：公主（考经次子）妣胡氏生三子：成初、成明、成亮。

二十世祖：成亮（公主幼子）妣黄氏本镇潭油角村人，生一子一女。子：戚欢；女：戚大姐家本镇红沙村刘姓。

二十一世：戚欢（成亮之子）生于1937年9月16日，配妻李秀春生于1945年9月5日，本镇红沙村亚婆田人，现已征地搬迁到光坡大龙安置点定居，生二子二女。子：汝会、汝贤。女：戚明珍生于1969年3月4日，适本镇栏冲村细冲组黄姓；次女戚明芳生于1977年3月24日，适钦州丽江农场莫姓。

二十二世：汝会（戚欢长子）生于1971年10月20日，配妻郭彩英生于1970年3月4日，本镇红沙村亚婆田人，现已征地搬迁到光坡大龙安置点定居，生一子一女。子：日瑞；女：戚金凤生于1996年10月2日，适本镇光坡村啼鸡组骆姓。

二十二世：汝贤（戚欢次子）生于1974年10月4日，配妻杨艳芳生于1975年2月19日，本镇新兴龙眼坪人，生二子二女。子：日峻、日艺；女：长女戚艳利生于1995年6月12日；次女戚艳妹生于2000年1月30日，寄养公车街黄家。

二十三世：日瑞（汝会之子）生于2003年5月25日，在读。

二十三世：日峻（汝贤之子）生于2001年9月13日，在读。

二十三世：日艺（汝贤之子）生于2003年11月26日，在读。

十八世祖：大经（悦新次子）娶苏氏生一子：臣朱。

十九世祖：臣朱（大经之子）娶翟氏生三子：成辉、成坤、成忠。

二十世祖：成辉（臣朱长子）娶邓氏生三子：戚权、戚熙、戚佳。

二十一世：戚权（成辉长子）生于辛未年七月初七日，配妻钟莲芳生于乙巳年十一月十一日，生四子三女。子：汝亮、汝万、汝旭、汝锡；女：大姑适本镇红沙阿婆田李姓，现搬迁光坡大龙安置点；二姑适本镇火筒镜赵桂邦；六姑适防城区华石镇许宇。

二十二世：汝亮（戚权长子）生于辛丑年9月23日，配妻黄瑛生于年月日，生一子：珀敏。

二十二世：汝万（戚权次子）生于甲辰年3月15日，配妻杨明艳生于乙巳年12月24日，生一子二女。子：建辉。

二十二世：汝旭（戚权三子）生于丁未年三月十三日，配妻赵伟英生于1971年5月11日，生一子一女。子：晓东；女：戚适本镇新兴龙眼坪杨姓。

二十二世：汝锡（戚权幼子）生于甲寅年8月19日，配妻刘文琳生于1974年8月19日，生一子一女。子：润政；女：

二十三世：珀敏（汝亮之子）生于丁卯年12月7日。

二十三世：建辉（汝万之子）生于丙寅年7月29日。

二十三世：晓东（汝旭之子）生于癸酉年四月初三日。

二十三世：润政（汝锡之子）生于1997年6月30日。

二十一世：戚熙（成辉次子）配妻吴慧芳，生四子一女。子：建畅、洪铭、汝宁、汝先；女：

二十二世：建畅（戚熙长子）生于1971年7月25日，配妻许进凤生于1976年8月24日，生一子：晋鹏生于2014年3月11日。

二十二世：洪铭（戚熙次子）生于1976年12月15日，配妻蔡坤妤，生于1983年12月22日，生二子：晋瑜生于2005年1月20日；晋铨生于2012年9月18日。

二十二世：汝宁（戚熙三子）生于1979年8月1日，配妻龙艳芬生于1981年8月1日，生一子：晋福生于 2007 年 1 月 20 日。

二十二世：汝先（戚熙幼子）生于 1981 年 12 月 25 日，配妻李海妃生于 1983 年 5 月 28 日。

二十一世：戚佳（成辉幼子）生于 1949 年 12 月，配妻简文芳，生于 1950 年 9 月，生二子：汝兵、汝毅。

二十二世：汝兵（戚佳长子）生于 1974 年 5 月，配妻颜纯芳生于 1973 年 5 月 11 日，生一子：峻国。

二十二世：汝毅（戚佳次子）生于 1976 年 7 月，配妻曾一勋生于 1977 年 5 月 11 日，生一女：戚祺生于 2005 年 8 月。

十八世祖：寿经（悦敏次子）妣谢氏生二子：臣壹、璠啟。

十九世祖：臣壹（寿经长子）妣唐氏生一子：成坚。

二十世祖：成坚（臣壹之子）生于乙酉年九月，妣郭氏生于辛亥三月，生一子二女。子：戚秀；女：戚结英、戚秀英。

二十一世：戚秀（成坚之子）生于 1936 年 7 月，配妻杨氏生于戊子年六月，本镇新兴龙眼坪人，生二子三女。子：汝根、建钊；女：戚汝丽生于 1970 年正月，适本镇红沙朱砂港刘德锦；戚汝英生于 1974 年 11 月，适防城区茅岭江文艺；戚汝玲生于 1980 年。

二十二世：汝根（戚秀长子）生于 1972 年 3 月，配妻江朝丽生于 1977 年 8 月，本镇大龙人，生一子二女。子：江明；女：戚江滢生于 2001 年 9 月；戚江艳生于 2005 年 5 月。

二十二世：建钊（戚秀次子）生于 1976 年 12 月，配妻黄氏生于 1984 年 7 月，防城区滩营人。

二十三世：江明（汝根之子）生于 2009 年 8 月。

十九世祖：璠啟（寿经次子）妣郑氏生一子：成参。

二十世祖：成参（璠啟之子）配妻吴氏生三子五女。子：戚严、戚桥、戚辉；女：戚莲芳生于 1954 年 7 月，适钦州市南区龙门镇南村李兴荣；戚艳凤生于 1957 年 3 月，适本镇新兴塘尾邓达林；戚艳珍生于 1961 年正月，适本村李如泰；戚文利生于 1971 年 5 月，适本镇新兴龙眼坪杨正福；戚艳娇生于 1974 年 7 月，适公车镇白沙曾贤富。

二十一世：戚严（成参之子）生于1963年7月，配妻吴氏生于1965年10月，生一子二女。子：汝雪；女：戚远凤生于1985年11月，适公车镇白沙村邦子钟志贵；戚远梅生于1991年8月，适港口公车镇牛头黄宗慧。

二十一世：戚桥（成参次子）生于1965年10月，配妻黄晓华生于1975年8月，生一子二女。子：汝贞；女：戚婷婷生于2004年5月；戚珊珊生于2006年5月。

二十一世：戚辉（成参七子）生于1969年12月，配妻钟全华生于1971年7月，生二子：洪荣、祖荣。

二十二世：汝雪（戚严之子）生于1988年11月，大学学历，在成都武警部队现役军人。

二十二世：汝贞（戚桥之子）生于1993年10月。

二十二世：洪荣（戚辉长子）生于1991年8月。

二十二世：祖荣（戚辉次子）生于1993年10月。

十八世祖：宁经（悦敏幼子）妣李氏生四子：臣富、臣祯、臣栋、臣荣。

十九世祖：臣富（宁经长子）妣刘氏生三子：成仓（止）、成余、成帮。

二十世祖：成余（臣富之子）生于1914年，终于1986年。妣吴余兴生于1913年，终于2003年，生四子二女。子：戚卿、戚良、戚毅、戚群。女：二女戚伟芳生于1937年，适防城港市光坡镇火同径村赵姓；五女戚明艳生于1946年，适防城港市光坡镇松柏林村夏姓。

二十一世：戚卿（成余长子）生于1934年，配妻苏美芳生于1934年，生二子三女。子：汝云、汝成；女：大女戚汝凤生于1955年，任防城港市第一人民医院护士长，适防城港市那梭镇陈姓；三女戚超男生于1966年，适防城港市防城林业局陈姓；四女戚国芬生于1968年，在光坡镇林业站就职，适防城港市大箓镇廖姓。

二十一世：戚良（成余次子）生于1940年，配妻杨惠珍生于1940年，生四子三女。子：汝杰、汝任、建魂、汝波；女：二女戚艳珍生于1963年，在光坡镇中心校任教，适防城港市光坡镇山口村黄姓教师；三女戚艳玲生于1965年，适防城港市光坡村吴姓；四女戚玲生于1967年，适港口区公车镇黄姓。

二十一世：戚毅（成余四子）生于1943年终于1976年，配妻夏树娟生于1945年，生一子一女。子：汝斌；女：戚汝珍生于1971年，适广西北海市姚姓。

二十一世：戚群（成余六子）生于1952年，配妻吴桂芳生于1952年，生二子一女。子：建夏、汝荟；女：戚汝梅生于1974年，就职港口区政府，公务员，适防城港市光坡镇红沙村（现祖居搬迁到光坡大龙安置点）彭姓公务员。

二十二世：汝云（戚卿长子）生于1960年，国家公务员，现任防城区人事和社会保障局副局长，配妻戚惠英生地1960年，生一子一女。子：拓业；女：戚瑞华生于1997年，在读高中。

二十二世：汝杰（戚良长子）生于1962年，在职教师。原配：梁氏生大女：戚师师生于1983年，适湖北省荆州刘姓。现配：陈雪英生于1968年，生一子：戚懿宸，在读大学。

二十二世：汝斌（戚毅长子）生于1968年，广西大学毕业，现任广西港湾投资有限公司总经理，配妻李永红生于1969年，生一子：戚鉴波。

二十二世：汝任（戚良五子）生于1969年，原配高氏（已故）。生一子一女。子：戚国红；女：戚高华生于1995年，在读大学。

二十二世：建魂（戚良六子）生于1970年，原配陆氏生一子：晓琳；现配韦雪涛生于1984年，生一子：戚晓锋。

二十二世：汝成（戚卿五子）生于1971年，配妻罗海霞生于1971年，生二女：大女戚恬生于1998年，在读高中；二女戚日丽生于2004年，在读小学。

二十二世：汝波（戚良七子）生于1973年，国家公务员，现任防城港市港口区教育局局长，配妻钟影生于1973年，生一女：戚晶晶生于1998年，在读高中。

二十二世：建夏（戚群长子）生于1977年，广西知名企业"广西港湾投资有限公司"创始人、董事长。配妻苏南望生于1979年，生二子：长子戚海靖（2006年生）、次子戚皓扬（2012年生）。

二十二世：汝荟（戚群次子）生于1979年，配妻陈科彤生于1986年，生一女：戚宸华生于2013年。

二十三世：拓业（汝云之子）生于1987，配妻黄巨珊生于1987年。二十三世：懿宸（汝杰之子）生于1992年，在读大学。

二十三世：国红（汝任之子）生于1992年。

二十三世：晓琳（建魂长子）生于1993年。

二十三世：鉴波（汝斌之子）生于1998年，在读高中。

二十三世：海靖（建夏长子）生于2006年，在读。

二十三世：晓锋（建魂次子）生于2010年。

二十三世：皓扬（建夏次子）生于2012年。

二十世祖：成邦（臣富三子）配妻陈邦兴，生二子三女。子：戚活、戚敏。大女生于1946年7月20日，适龙门南村陈姓；三女戚美云生于1954年4月18日，适企沙中学；四女戚美艳生于1957年5月20日，适光坡镇。

二十一世：戚活（戚邦长子）配妻黄氏，生三子二女。

二十一世：戚敏（成邦次子）配妻陈氏生一子一女。子：小原；女：戚小云生于1991年7月10日，大专学历。

二十二世：汝琦（戚活长子）生于1976年9月5日，配妻苏氏，生一子一女。子：日长；女：戚日利生于1994年8月16日，中专学历。

二十二世：汝格（戚活次子）生于1980年10月10日，配妻潘氏，生一子一女。子：日久；女：戚月莉生于2001年。

二十二世：汝思（戚活五子）生于1983年4月18日，大专计算机专业。

二十二世：小原（戚敏之子）生于1995年4月16日，中专学历。

十九世祖：臣祯（宁经次子）姚阮氏生一子：成赞。

二十世祖：成赞（臣祯之子）姚吴氏生三子三女。子：戚畅、戚就、戚胜；女：戚美玲适缩车角黄启堂；戚美莲适皇城坳庞永能；戚小华适本镇火筒镜李树齐。

二十一世：戚畅（成赞长子）生于1947年12月，配妻黄朋芳，生于1952年2月，本镇栏冲村旧洋人，生二子二女。子：汝来、汝华；女：戚艳凤适防城三波村曾东积；戚艳辉适广东雷州，爱人雷振武。

二十一世：戚就（成赞次子）生于1958年1月，配妻朱秀凤生于1963年6月，本镇红沙村人，生一子二女。子：峻霖；长女戚飞燕生于1983年5月；次女戚飞凤生于1986年5月，适湖南，爱人陆安宝。

二十一世：戚胜（成赞三子）生于1962年10月，配妻林春林生于1964年10月，本镇潭油红沙背人，生二子一女。子：传程、高铭；女：戚琳苑生于1989年8月。

二十二世：汝来（戚畅长子）生于1975年6月，配妻黄涓生于1977年10月，本镇栏冲村山口中间村人，生一子一女。子：兆鑫；女：戚明昕，读小学。

二十二世：汝华（戚畅次子）生于。

二十二世：传程（戚胜长子）生于1991年2月。

二十二世：峻霖（戚就长子）生于1992年7月，配妻吴漫宇生于1993年2月，东兴市人。

二十二世：高铭（戚胜次子）生于1993年2月，大学就读。

二十三世：兆鑫（汝来之子）。

十九世祖：臣栋（宁经三子）妣魏氏生二子：成齐、成集。

二十世祖：成齐（臣栋长子）配妻黄谷英生于1944年5月，本镇红沙村人，生二子五女。子：戚锋、戚椿；女：戚桂明嫁本镇潭油村林积雄；戚桂梅适企沙山新村张活德；戚海娟适防城木头滩黄志莹；戚桂花适企沙杨昆山；戚桂艳适企沙吴建堂。

二十世祖：成集（臣栋次子）配妻邓芳生于1952年2月，本镇沙螺辽大冲口人，生一子：戚国彬。

二十一世：戚锋（成齐长子）生于1976年1月，配妻杨惠明，生于1978年2月，本镇新兴龙眼坪人，生二子：料铭、珀铭。

二十一世：戚椿（成齐次子）生于。

二十一世：国彬（成集之子）生于1975年10月。

十九世祖：臣荣（宁经四子）妣符氏生二子一女。子：成标、彩文。

二十世祖：成标（臣荣长子）生于1942年3月，配妻黄桂春生于1951年2月，港口区公车榕木人，生二子一女。子：戚仪、戚玻；女：戚艳防城区大菉廖锦辉。

二十一世：戚玻（成标之子）生于1978年4月，配妻刘海青生于1983年8月，防城三波刘屋人，生一子：一帆。

二十二世：一帆（戚玻之子）生于2005年8月，就读小学。

十八世祖：程经（亚火公）（悦政长子）妣龙氏生四子：臣嵩、臣万、臣山、臣典。

十九世祖：臣嵩（程经长子）妣杨氏生三子：成板、成猷、成扬。

二十世祖：成猷（臣嵩次子）配妻苏氏生二子：戚景、戚锡。

二十一世：戚锡（成猷次子）生于1965年8月，配妻甘炳善生一子：汝鹏。

二十二世：汝鹏（戚锡之子）生于1990年2月。大学毕业，现就职于钦州市钦北区公安分局。

十九世祖：臣万（程经次子）妣钟万芳生二子三女。子：成葵、成达。

二十世祖：成葵（臣万长子）配妻杨氏生一子：戚凯。

二十一世：戚凯（成葵之子）配妻邓氏生三子一女。子：汝信、汝京、汝贞；女：戚寒英生于 1970 年 11 月。

二十二世：汝信（戚凯长子）生于 1976 年 12 月。

二十二世：汝京（戚凯次子）生于 1978 年 12 月，配妻何莉生二子：志滨、志林。

二十二世：汝贞（戚凯三子）生于 1983 年 7 月。

二十三世：志滨（汝京长子）生于 2010 年 9 月 21 日。

二十三世：志林（汝京次子）生于 2010 年 9 月 16 日。

十九世祖：臣山（程经三子）妣吴、裴二氏生六子三女，吴氏生一子一女。子：成品；裴氏生五子：成鑑、成喜、成庆、成兆、成柱。

二十世祖：成品（臣山长子）配妻凌氏生二子二女。子：戚溪、戚彰。女：戚美珍、戚美娟。

二十一世：戚溪（成品长子）生于 1947 年 8 月 20 日，配妻吴氏生一子五女。子：国晃。

二十二世：国晃（戚溪之子）生于 1983 年 10 月。

二十一世：戚彰（成品次子）生于 1952 年正月十七日，初中文化，1971 年入伍，曾任班长、排长，1979 年对越"自卫还击"战中任侦察连参谋（正连级），1982 年专业到原防城各族自治县公安局工作，历任公安局治安科副科长、治安大队大队长、刑侦大队副队长等职务，正科级干部。配妻郭玉芳，生于 1957 年 4 月 28 日，高中文化，原防城各族自治县燃料公司职工。生一子一女。子：国伟；女：戚彩霞生于 1979 年 12 月 12 日，中专文化，小学教师，丈夫张德在防城区人民法院工作。

二十二世：国伟（戚彰之子）生于 1982 年 8 月 14 日，高中文化，原配妻（大房）江玉春，防城黄竹塘人，生一子一女。子：家浩；女：戚洋洋，生于 2004 年 11 月 22 日。现配妻（二房）梁玉平初中文化，广西来宾市人。

二十三世：家浩（国伟之子）生于 2006 年 7 月 12 日。

二十世祖：成鑑（臣山次子）生于 1935 年 3 月 27 日，初中文化，部队正连级干部转业，在防城食品公司退休。配妻梁氏生三子二女。子：戚斌、戚彪、戚勇；女：戚文梦、戚华梅。

二十一世：戚斌（成鑑次子）生于1967年11月24日,初中文化,配妻吴氏生一子一女。子：国良；女：国敏。

二十一世：戚勇（成鑑三子）生于1971年4月20日,中专文化,配妻梁氏生一女：戚玉玲。

二十二世：新铸（戚斌之子）生于1988年2月22日。

二十二世：国良（戚彪之子）生于1992年5月21日,中专文化。

二十世祖：成兆（臣山五子）生于1941年4月21日,配妻黄枢珍,生三子三女。子：戚旭、戚颜、戚勋；女：戚渝萍、戚东华、戚黄珍。

二十一世：戚旭（成兆长子）生于1972年8月15日,配妻钟云莲生二子。子：继有、继文。

二十一世：戚颜（成兆次子）生于1978年7月,配妻廖东艳生一女：戚霖妃。

二十一世：戚勋（成兆幼子）生于1981年4月24日,配妻蒙雪珍生于1983年9月10日,生一子一女。子：继仁；女：戚霈雯生于2011年11月24日。

二十二世：继有（戚旭之子）。

二十二世：继仁（戚勋之子）生于2006年12月12日。

长公四子继宗公分支朝会、朝焕公派下秉员房源流谱

十三世：朝会妣氏未详，生一子：秉员。

十四世：秉员妣氏未详，生二子：子通、子明。

十五世：子通妣氏未详，生四子：均有●、均才、均盛●、均福。

十六世：均才妣许氏生一子：维进。

十七世：维进妣梁氏取维仁第三子入继：世余（未详）。

十六世：均福妣钟氏生二子：维珍、维富。

十七世：维珍妣陈氏生四子：世柱、世良（未详）、世忠（未详）、世才（未详）。

十八世：世柱妣冯氏无子取樟木埇二十世人入继：兆基。

二十世：兆基（世柱之继孙）妣邓氏生五子：培龙、培凤、培明（迁樟木埇）、候养、培杰。

二十一世：培龙长垌尾落业，葬大环岭，妣陈氏，良田沙园村人，葬大环岭，生二子：锦春●（葬大环岭）、锦华。

二十二世：锦华生于1964年8月1日，初中学历，配蓝氏，广西人，生于1966年7月27日，初中学历，生一子：永裕。

二十三世：永裕生于1993年6月7日，初中学历，务工。

二十一世：培凤山寮尾定居，葬大稔湾岭，配陈氏，牛角坑村人，生于1918年4月7日，生一子：锦瑞。

二十二世：锦瑞生于1954年4月11日，初中学历，配肖氏，山寮尾村人，生于1961年4月4日，初中学历，生二子：永何、永利。

二十三世：永何生于1984年6月21日，初中学历，配邹氏，中塘村人，生于1982年9月13日，高中学历，生一子：标城。

二十四世：标城生于2013年2月5日。

二十三世：永利生于1987年3月6日，初中学历，配肖氏，崇山村人，生于1986年7月2日，初中学历。

十七世：维富妣黄氏生一子：世贤。

十八世：世贤妣陈氏公婆同葬大环岭咀，子女未详。

二十一世：培杰黎明场定居，葬黎明场岭，配赖氏新民扶头村人，生于1937年9月1日，生二子：锦雄、锦良。

二十二世：锦雄生于1963年6月16日，初中学历，配陈氏生于1964年10月18日，初中学历，生二子：永聪、永滔。

二十三世：永聪生于1986年11月28日，初中学历；永滔生于1999年7月29日，初中学历。

二十二世：锦良生于1966年5月2日，初中学历，配朱氏，荔枝墩村人，生于1968年8月19日，初中学历，生三子：永明、永艺、永强。

二十三世：永明生于1991年10月15日，初中学历；永艺生于1993年8月9日，初中学历；永强生于1995年8月4日；大专学历。

十五世：子明妣叶氏生二子：均相、均安。

十六世：均相妣叶氏生二子：维龙（未详）、维刚。

十七世：维刚妣廖氏生一子：世能（未详）。

十六世：均安妣全氏生一子：维凤（未详）。

十三世：朝焕妣氏不详，生一子：秉全（未详）。

长公四子继宗公分支朝瑞公派下秉贤、秉彝房源流谱

十三世：朝瑞妣陈氏生五子：秉贤、秉富（未详）、秉彝、秉●、秉圣●。

十四世：秉贤妣李氏生三子：刚公、贤公（未详）、才公。

十五世：刚公妣陈氏生一子：均旺（未详）。

十五世：才公妣黄氏生一子：均相（未详）。

十四世：秉彝妣陈氏生二子：亚养、亚富（未详）。

十五世：五养妣氏未详，生一子：均公（未详）。

长公四子继宗公分支朝章、朝祯派下秉俊房源流谱

十二世：日信（鼎春三子）妣氏未详，生二子：朝章、朝祯。

十三世：朝章葬麻灶岭妣氏未详，生二子：秉周（未详）、秉汉（未详）。

十三世：朝祯葬麻灶岭妣氏未详，生二子：秉俊、秉杰（未详）。

十四世：秉俊妣詹氏公葬瓦窑坡，婆葬山猪埇，生二子：子诚、子才。

十五世：子诚妣陈氏，公葬平田尾，婆葬峰仔尾，生五子：均贵、均荣、均礼、均文、二公●。

十六世：均贵妣谭氏，公葬山猪埇岭，生五子：维扬、维声、维顕（未详）、维光（未详）、维口（未详）。

十七世：维扬妣李氏生一子：世广（未详）。

十七世：维声妣陈氏生一子：世德。

十八世：世德妣黄氏，公葬山猪埇，婆葬对面岭，子女未详。

十六世：均荣妣钟氏，公婆同葬大环岭坐寅，生一子：维经。

十七世：维经妣杨氏，公婆同葬蜂仔尾坐子，生一子：世盛。

十八世：世盛妣陈氏邹氏，盛公葬村后岭，陈氏葬四方坡鹤肩，邹氏葬大环岭下臂，邹氏生三子：有纲、有纪、有伦。

十九世：有纲葬山猪埇与有纪同穴妣肖氏，葬大环岭，生二子：兆荣、兆华。

二十世：兆荣葬大环岭，妣殷氏生于1893年，葬犁壁湾，享94岁，生五女三子：候保、培贤、培聪。

二十一世：候保●葬犁壁湾与二十二世华平同穴。

二十一世：培贤生于1923年4月2日，初小，工人，葬平田尾，享年91岁，配谭氏，新村人，生于1923年2月11日，葬平田尾，享年88岁，生一女四子：华汉、华平、锦连、锦才。

二十二世：华汉●葬犁壁湾。

二十二世：华平●葬犁壁湾与二十一世候保同穴。

二十二世：锦连生于1958年9月9日，小学，住良垌圩，配宇王二氏，葬犁壁湾岭生二子，宇氏生：永英●，王氏生：永斌。

二十三世：永斌生于1988年2月6日，小学，住良垌圩，配邹氏生于1993年10月16日。

二十二世：锦才生于1957年4月28日，初中学历，配陈氏生于1955年2月18日，初中学历，生三子一女：女永静生于1988年6月26日，大专学历，子：永海、永艺、永志。

二十三世：永海（锦才长子）生于1984年6月26日，大专学历，居广州，配陈氏良垌黄琼山人，生于1983年10月10日，大专学历，生一子：标湛。

二十四世：标湛生于2013年5月10日。

二十三世：永艺（锦才次子）生于1986年2月26日，中专学历，居良垌，配张氏，浦苏村人，生于1985年3月6日，初中学历，生二子：标乾、粤翔。

二十四世：标乾生于2009年5月8日；标翔生于2013年5月26日。

二十三世：永志（锦才三子）生于1988年6月26日，大专学历。

二十一世：培聪（兆荣之子）生于1928年10月16日，初小，葬犁壁湾坐丑向未兼艮坤，享年83岁，配梁氏，石岭蝴蝶岭村人，生于1929年10月4日，生五女三子：锦文、锦胜、锦斌。

二十二世：锦文生于1950年4月23日，高中学历，廉江汽车站职工，配罗氏，黎明场人，生于1956年8月15日，初中学历，生一女一子：女永蓉生于1981年4月23日，中学教学；子：永杰。

二十三世：永杰生于1987年8月23日，初中学历。

二十二世：锦胜生于1958年5月10日，高中学历，配邹氏，中塘村人，生于1958年1月1日，初中学历，生二子：永雄、永强。

二十三世：永雄生于1981年8月17日，大专学历，居中山市，配何氏，广东佛山人，生于1979年12月15日，大专学历，生一女：馨瑶生于2008年12月14日。

二十三世：永强生于1983年5月15日，中专学历，居中山市，配江氏，广东揭东县人，生于1982年1月23日，中专学历，生一女：玥莹生于2011年9月14日。

二十二世：锦斌生于1964年2月10日，大专学历，居廉江，配陈氏，横山大岭人，生于1966年12月3日，大专学历，廉江畜牧局公务员股长，廉江市第九、十届政协委员，生一子：永钊。

二十三世：永钊生于 1999 年 6 月 4 日，在读初中。

二十世：兆华（有纲次子）葬山窝园，享年 79 岁，妣潘、黄、李三氏，马蹄埇村人，葬大环岭；黄氏宛窑村人，葬山窝园；李氏石城大路边村人，葬犁壁塘，享年 86 岁；生三子：培辉（黄氏生）、亚田●、培林（李氏生）。二十一世：培辉生于 1933 年 9 月 11 日，小学，配劳氏瑞流村人，生于 1933 年 4 月 24 日，生三女三子：子：锦坤、锦全、锦勇。

二十二世：锦坤生于 1961 年 4 月 14 日，初中学历，配丁氏，广西下王村人，生于 1966 年 11 月 8 日，小学学历，生二子三女：子：永成、永伦。

二十三世：永成生于 1988 年 6 月 24 日，初中学历，配肖氏，崇山村人，生于 1990 年 2 月 18 日，高中学历，生二子：标泉、标铭。

二十四世：标泉生于 2011 年 12 月 12 日；标铭生于 2012 年 1 月 1 日。

二十三世：永伦生于 1998 年 11 月 5 日，初中在读。

二十二世：锦全生于 1965 年 6 月 1 日，学历初中，配陈氏，四川燕山村人，生于 1974 年 5 月 17 日，初中学历，生二子一女：子：永华、永才。

二十三世：永华生于 1995 年 3 月 17 日，初中学历；永才生于 1998 年 8 月 18 日，在读初中。

二十二世；锦勇生于 1970 年 4 月 12 日，初中学历，居赤坎，配周氏，廉山寮村人生于 1973 年 7 月 8 日。初中学历，生二子：永裕、永鹏。

二十三世：永裕生于 1995 年 8 月 19 日，初中学历；永鹏生于 1999 年 7 月 18 日，在读初中。

二十一世：培林生于 1939 年 11 月 11 日，中师学历，中学校长，退休，居湛江赤坎，配许氏，白石坑村人，生于 1940 年 12 月 26 日，生四女一子：女春玲生于 1962 年 4 月 1 日，高中学历，适遂城；秋玲生于 1968 年 5 月 18 日，中专学历，适湛江霞山；锦玲生于 1972 年 9 月 8 日,高中学历，适湛江赤坎；冬玲生于 1977 年 8 月 1 日，大专学历，适湛江；子：锦光。

二十二世：锦光生于 1970 年 4 月 22 日，高中学历，配钟氏，廉江坡塘仔人，生于 1971 年 12 月 17 日，初中学历，生一子：永恒。

二十三世：永恒生于 1996 年 6 月 21 日，在读。

十六世：均礼（子诚四子）公婆同葬本村后岭环，妣谭氏生一子：维清。

十七世：维清葬塘尾山岭，妣梁陈二氏，梁氏葬平田尾坐辰；陈氏葬村后岭坐艮，陈氏生一子：世炳。

十八世：世炳葬大环岭尾，妣钟氏，葬村后岭尾，生三子：有谦、有公、有让（未详）。

十九世：有谦葬本村后岭尾，妣蔡氏蔡窝笃仔上，生三子：兆麟、兆瑞、木养（未详）。

十九世：有公妣周氏，子女未详。

二十世：兆麟葬犁壁湾斗二种上，妣薛氏葬大山下，生二子：培新、培兴。

二十一世：培新葬犁壁湾岭，配周氏葬大地岭，生二子二女：子：锦清、锦汉。

二十二世：锦清葬斗二种上，配黄氏，广西陆川人，生于1968年，生二子：永祥、永禄。

二十三世：永祥生于1986年12月3日，配麦氏生一子：标龙。

二十四世：标龙生于2007年6月4日。

二十三世：永禄生于1988年12月14日，初中学历。

二十二世：锦汉葬大山岭配黄氏，广德保县人，出生1966年7月14日，初中学历，生二子一女，子：永翌、永剑。

二十三世：永翌生于1988年2月27日，高中学历；永剑生于1991年11月6日，初中学历。

二十一世：培兴葬村后背山岭，配陈氏，教华堂村人，生于1925年10月3日，生二女一子，子：锦强。

二十二世：锦强生于1966年4月4日，初中学历，配朱氏，广西博白人，生于1973年11月29日，初中学历，生二子一女，女：永娟生于1994年12月18日，初中学历，子：永锋、永勇。

二十三世：永勇生于1992年9月14日，初中学历；永锋生于1997年6月23日，初中在读，畜牧兽医大专。

二十世：兆瑞（有谦次子）葬大田岭顶，妣陈陈二氏，前婆葬本村后岭尾，后婆葬犁壁湾，生二子：培光（前陈氏生）、华益●（后陈氏生）。

二十一世：华益●葬复坑仔上。

二十一世：培光生于1909年8月25日戌时，妣刘英生于1915年6月11日辰时，洪田仔村人，1987年4月初一日去世。公婆同葬本村后岭，生四子：锦华（单身）、锦兴、先隆●、锦禄。

二十二世：锦兴生于1945年7月23日，配劳氏，端流村人，生于1951年8月24日，生四子二女，子：永宣、永才、永平、永裕。

二十三世：永宣生于1971年5月20日，初中学历，配邹氏，马旺塘村人，生于1976年5月12日，生二子一女；子：芷瑞、健成。

二十四世：芷瑞生于2001年4月17日；健成生于2012年7月7日。

二十三世：永才生于1973年9月29日，初中学历。

二十三世：永平生于1976年9月27日，初中学历，配张氏，广西东兴人，生于1981年6月25日，生二子：锋瑞、梓煌。

二十四世：锋瑞生于2004年10月31日；梓煌生于2009年8月4日。

二十三世：永裕生于1980年11月6日，配杨氏，广西兴县人，生于1986年5月29日，生一女一子，子：泽桉。

二十四世：泽桉生于2011年8月2日。

二十二世：先隆●葬复坑仔下。

二十二世：锦禄生于1949年4月7日，初中学历，配黄氏，铜锣埇长沙村人，生于1950年10月12日，高中学历，生二子二女，子：永明、永荣。

二十三世：永明生于1980年3月16日，初中学历，配肖氏，山寮尾村人，生于1980年11月1日，初中学历，生二子一女：标铖、标榆。

二十四世：标铖生于2000年5月16日；标榆生于2009年8月29日。

二十三世：永荣生于1984年7月14日，中专学历，配李氏，徐闻下桥坑仔佬村人，生于1988年8月12日，中专学历，生一子：桂铭。

二十四世：桂铭生于2014年8月28日。

十六世：均文（子诚之子）妣叶氏生二子：业成（未详）、亚水（未详）、二公（均口）●子诚之子葬坑子岭坐甲。

长公四子继宗分支朝纲公派下秉尧房源流谱

十三世：朝纲妣余、刘二氏，公生于康熙戊寅二月初八辰时，葬在荔枝湾虎岭左边与日义公同葬，妣余氏葬在鸦笄岭土莹，妣刘氏葬在猪㙟岭仔土莹，生二子：秉尧、秉钦（另续）。

十四世：秉尧生于康熙辛丑年六月初八未时，葬荔枝湾虎岭与严公同坟严是国才公长子，妣陈氏，葬猪㙟岭仔近刘氏莹左边，是不迁之祖，生五子：宝公、通公●、友公、昌公（另续）、文公（另续）。

十五世：宝公妣钟氏生一子：均兴。

十六世：均兴妣陈氏生一子：维贵。

十七世：维贵妣周氏●。

十五世：友公生于乾隆戊辰年正月十六亥时，葬鸦笄岭近余氏祖左边，妣陈氏取西山子入继，子：均秀。

十六世：均秀妣文、陈二氏生三子：係文出此公承戚许二姓香烟，谁係此公宗支后裔不得结婚，子：维福、维禄、维寿。

十七世：维福妣罗氏生三子：兴旺、兴国、兴朝。

十八世：兴旺妣钟氏生三子：喜瑛、喜瑞、喜珍。

十九世：喜瑞妣黄氏生二子：光廷、光朝。

二十世：光廷配谭氏生三子：春秀、春年、春寿。

二十一世：春秀配黄氏生三子：亚利、亚祥、亚和。

二十二世：亚利生于1949年8月，初小，配钟氏生于1952年10月，仰塘牛角㙟村人，生二子：亚军、亚色。

二十三世：亚军生于1977年2月，初中学历，配黄氏，生于1977年11月，生三女：彦琪、彦详、彦怡。

二十三世：亚色生于1980年10月，初中学历，配林氏，生于1981年9月垭坑大垌村人，生二女一子：思韵（女）、健锐（女）、桂明。

二十四世：桂明生于2010年10月。

二十二世：亚祥生于1953年4月，配叶氏，生于1954年2月，福山木头塘村人，生二女一子：妹娟（女）、彩霞（女），子：观喜。

二十三世：观喜生于1989年5月，初中学历，配钟氏，生于1991年10月，生一女：莹莹生于2011年6月。

二十二世：亚和生于1964年1月，配张氏，生于1966年3月，仰塘山口仔村人，生四女一子，女：春燕生于1990年10月；亚富生于1990年10月；彩婷生于1991年8月，初中学历；小辉生于1995年8月，初中学历；子：海彬。

二十四世：海彬生于1999年9月，初中学历。

二十一世：春年配赵氏生五子：锦文、锦清、亚日、亚强、亚素。

二十二世：锦文生于1947年8月，配林氏生一子：华贵。

二十三世：华贵生于1976年8月，初中学历，配孔氏，生于1975年11月，生一女二子：桂连（女）生于2008年5月；子：桂森、桂林。

二十四世：桂森生于1999年2月；桂林生于2003年7月。

二十二世：锦清生于1952年3月，配陈氏生于1956年月，鱼龙埠石马头村人，生二子：水友、国泰。

二十三世：水友生于1975年9月，初中学历，配缪氏生于1977年11月，青平人，上木古桉村，生一女一子：石娟（女）生于2006年3月；子：桂锄。

二十四世：桂锄生于2003年5月。

二十三世：国泰生于1978年9月，初中学历，配苏氏生于1984年4月，垭坑山颈村人，生一女一子：可盈（女）生于2011年10月；子：桂铭。

二十四世：桂铭生于2008年7月。

二十二世：亚日生于1953年9月，配李吕二氏，生二女二子：海贤、任钦。

二十二世：亚强生于1963年3月，配罗氏，生于1961年4月，竹墩三行坡村，生三女一子，女：土羡生于1981年10月，初中学历，春娣生于1994年9月，初中学历；水妹生于1996年，初中学历；子：日兴。

二十三世：日兴生于1989年10月，初中学历，配陈氏生于1994年9月，初中学历，垌仔村人。

二十二世：亚素生于1968年3月，初中学历，配赖氏生于1966年10月，雅塘人，

生二子：进聪、海钊。

二十三世：进聪生于1993年7月，初中学历。海钊生于1993年7月，初中学历。

二十一世：春寿生于1936年5月，配曹氏，生于1936年10月，青平牛牯岭村人，生三女二子，子：锦解、亚务。

二十二世：锦解生于1962年11月，初中学历，配罗氏，生于1965年11月，青平白路岭村人，生四女一子，长女海英生于1991年8月，初中学历；二女海芳生于1994年3月，初中学历；三女海娣生于1996年3月；四女小兰生于1997年3月；子：广锋。

二十三世：广锋生于1989年1月，初中学历。

二十二世：亚务生于1968年2月，配黄氏，生于1969年8月，广西靖西人，生三女二子，长女已婚，次女金平生于1997年9月；幼女金娣生于1997年9月；子：海壳、海立。

二十三世：海壳生于1999年3月，初中学历；海立生于2000年6月。

二十世：光朝配谭氏生一子：春发。

二十一世：春发配张氏，生于1927年6月，生四女四子，子：土安、亚秀、广春、土佳。

二十二世：土安生于1950年10月，配罗氏，生于1956年7月，竹墩后塘村人，生二子：木焕、龙生。

二十三世：木焕生于1979年9月，初中学历。

二十三世：龙生生于1982年1月，初中学历，配李氏，生于1988年，云峡兔仔围村人，生一子：桂宇。

二十四世：桂宇生于2001年1月。

二十二世：亚秀生于1962年1月，配罗氏生于1964年10月，青平白路岭村人，生二女三子，长女傍敏生于1990年5月；次女天津生于1997年8月；子：亚生、亚福、天喜。

二十三世：亚生生于1992年2月；亚福生于1994年8月；天喜生于1997年8月。

二十二世：广春生于1964年1月，配罗氏生于1967于7月，鱼龙埠九龙村人，生二女二子，长女游娟生于1995年5月；次女伙娣生于1992年3月；子：观越、路松。

二十三世：观越生于1997年12月；路松生于2002年8月。

二十二世：土佳生于 1971 年 6 月，配曹氏生于 1975 年 5 月，车板人，生一女二子，女海解生于 2002 年 6 月；子：木权、海林。

二十三世：木权生于 2000 年 6 月；海林生于 2004 年 3 月。

十八世：兴国妣李氏生二子：喜琮、喜璇。

十九世：喜琮妣林氏生二子：光荣、光华●。

二十世：光荣配刘氏生二子：春南、亚和●。

二十一世：春南配邓氏生二子：康进、亚统。

二十二世：康进生于 1948 年 8 月，初中学历，配邓氏生于 1954 年 10 月，生三女三子，子：国文、国强、国谋。

二十三世：国文生于 1987 年 10 月，大专学历；国强生于 1994 年 7 月，高中学历；国谋生于 1990 年 2 月，大学学历。

二十二世：亚统生于 1958 年 7 月，初中学历，配黄氏，生于 1976 年 8 月，高桥镇人，生二女一子，长女亚凤生于 2002 年 2 月；次女亚珍生于 2006 年 7 月；子：海鹏。

二十三世：海鹏生于 2005 年 7 月。

十九世：喜璇妣罗生一子：光华●。

十八世：兴朝妣何伍二氏生二子：喜琳、喜秀。

十九世：喜琳妣谭氏生四子：光仁、光义、光智●、观连●。

二十世：光仁妣谭氏生一子：亚胜。

二十一世：亚胜生于 1935 年 1 月，配钟氏生于 1947 年 8 月，仰塘牛角埇村人，生二女二子，长女梅娟生于 2000 年 4 月，初中学历；次女秋英生于 1993 年 10 月，初中学历；子：广浩、观平（锦源）。

二十三世：广浩生于 1994 年 7 月，初中学历；观平生于 1996 年 1 月。

二十二世：观平（锦源）生于 1970 年 5 月，配林氏生于 1974 年 5 月，新村人，生三女一子，长女木娣生于 1995 年 10 月；次女观慧生于 1999 年 10 月，初中学历；幼女石平生于 2003 年 10 月；子：康明。

二十三世：康明生于 2003 年 10 月。

二十世：光义妣梁氏生四子：春富、春桐、亚康、亚生。

二十一世：春富生于 1921 年 12 月，配缪氏，生二女三子，子：振东、亚发、亚金。

二十二世：振东生于1956年7月18日，配何氏，生于1956年2月14日，下苏茅岭村人，生四子：亚兵、亚颗、亚檬、伙寿。

二十三世：亚兵生于1976年3月27日，配黄氏生于1983年9月13日，广西南宁人，生二女一子，长女亭婷生于2011年4月14日；次女嘉嘉生于2012年7月24日；子：景翔。

二十四世：景翔生于2009年6月21日。

二十三世：亚颗生于1980年7月11日，初中学历，配陈氏生于1980年6月1日，安铺港头人，生一子：戚泊宇。

二十四世：戚泊宇生于2015年3月28日。

二十三世：亚檬生于1982年7月24日，初中学历。

二十三世：伙寿生于1984年7月17日，初中学历，配陈氏生一子：铭灏。

二十四世：铭灏生于2015年5月19日。

二十二世：亚发生于1956年6月配李氏生于1956年6月，兔仔围村人，生二女二子：长女；次女美霞生于1995年7月；子：华照、志敏。

二十三世：华照生于1980年12月，初中学历，配庞氏，生于1978年12月，生一女二子：女晓慧生于2009年12月；子：开智、铭浩。

二十四世：开智生于2004年9月；铭浩生于2016年1月22日。

二十三世：志敏生于1985年11月，初中学历。

二十二世：亚金生于1964年9月，配罗氏生于1966年，鱼龙埠九龙村人，生三子：亚辉、亚国、亚恒。

二十三世：亚辉生于1990年8月，初中学历；亚国生于1992年7月13日，初中学历；亚恒生于1995年6月，初中学历。

二十一世：春桐生于1934年11月，配王氏生二子：观进、亚生。

二十二世：观进生于1962年3月，高中学历，配陈氏生于1964年8月，鱼龙埠石马头村，生一女三子：金龙、水富、水平。

二十三世：金龙生于1986年12月，初中学历，配黎氏，教师，生一子：天宇。

二十四世：天宇生于2011年3月。

二十三世：水富生于1987年，初中学历；水平生于1990年9月，初中学历。

二十二世：亚生生于1968年10月，初中学历，配赖氏生于1969年6月，生二女二子，长女嘉欣生于 1994 年；次女嘉慧生于 1995 年；子：志华、志明。

二十三世：志华生于 1992 年，初中学历；志明生于 2002 年。

二十一世：亚康定居营仔镇，配刘氏，仰塘丰田埇村人，生二子：观养、亚宽。

二十二世：观养，湛江工作，配张氏，湛东郊区，生一女：易非。

二十二世：亚宽，初中学历，配曹氏，车板人，生二子：浩宇、海迅。

二十三世：浩宇；海迅。

二十世：光礼配林氏生一子：进光。

二十一世：进光生于 1943 年，配叶氏，下洋塘仔村人，生三子：锦栋、亚新、锦良。

二十二世：锦栋生于 1969 年 11 月，初中学历，配苏氏生于 1967 年 5 月，下洋山领村人，生二子：亚懿、亚志。

二十三世：亚懿生于 1994 年 10 月，高中学历；亚志生于 1996 年 11 月，大学学历。

二十二世：亚新生于 1971 年 12 月，初中学历，配张氏生于 1970 年 8 月，雅塘人，生二女二子，长女君茹生于 2001 年 5 月；次女燕珍生于 2005 年 10 月；子：海锐、海涛。

二十三世：海锐生于 2003 年 10 月；海涛生于 2009 年 2 月。

二十二世：锦良生于 1977 年 11 月，初中学历，配江氏生于 1982 年，生一女一子，女丽秋生于 2003 年 10 月；子：径伟。

二十三世：径伟生于 2000 年 10 月。

二十世：光信配谭氏，生二女四子，子：春裕、亚南、亚寿、亚石。

二十一世：春裕生于 1937 年 6 月，配罗氏，竹墩三行坡村人，生三女二子，子：木春、广锋。

二十二世：木春生于 1970 年 6 月，配方氏生于 1975 年 11 月，青平人，生二女二子，长女秋娣生于 1990 年 12 月；次女如凤生于 1995 年；子：观权、伟烂。

二十三世：观权生于 2000 年 10 月；伟烂生于 2006 年 11 月。

二十二世：广锋生于 1972 年 8 月，初中学历，配麦氏生于 1972 年，圩仔高山村人，生二女一子，长女彩文生于 2001 年 2 月；次女海微生于 2007 年 7 月；子：清华。

二十三世：清华生于 1999 年 3 月。

二十一世：亚南配叶氏，生于 1948 年 3 月，生二女二子，子：亚明、亚茂。

二十二世：亚明生于1974年9月，配郑氏生于1976年8月，横山西山村人，生一女一子，女：绮琪生于2005年7月；子：伟健。

二十三世：伟健生于2008年5月。

二十二世：亚茂生于1976年12月，配吴氏生于1976年3月，青平人，生一女二子，长女广梅生于2003年2月；次女春燕生于2006年7月；子：海权、海潮。

二十三世：海权生于2004年10月；海澎生于2008年5月。

二十一世：亚寿配徐氏，河唇人，生一女一子，子：伊朗。

二十二世：伊朗生于1993年9月，初中学历。

二十一世：亚石生于1950年6月，配陈氏生一女一子，女：观梅；子：水杰。

二十二世：水杰生于1985年9月，配谢氏生于1985年12月，青平人，生一女一子，女：子晴生于2013年4月；子：浩艺。

二十三世：浩艺生于2010年4月。

长公四子继宗公分支朝纲公派下秉尧房源流谱

十三世：朝纲妣余、刘二氏生二子：秉尧、秉钦（另续）。

十四世：秉尧妣陈氏生五子：戚宝（另续）、戚通●、戚友、戚昌（另续）、戚文（另续）。

十五世：戚友妣陈氏生一子：均秀。

十六世：均秀妣文、陈二氏生三子：维福（另续）、维禄、维寿（另续）。十七世：维禄妣刘氏生二子：兴桐、亚四●。

十八世：兴桐妣林氏生二子：喜琼此公由井埇迁往营仔圩定居。

十九世：喜琼妣邓氏生二子：光儒、次子不知名。

二十世：光儒妣曹氏生四子：春成、春就、春和、春合。

二十一世：春成配李氏生二子：锦富、锦贵。

二十二世：锦富配李氏生二女三子，子：华林、华成、华信。

二十三世：华林配罗氏生一女一子，女：罗兰；子：治洪。

二十四世：治洪。

二十三世：华成，湛江工作，配钟氏生一子：洪源。

二十四世：洪源。

二十三世：华信，居湛江，配程氏生一子：汉历。

二十四世：汉历。

二十二世：锦贵配黄氏生四女一子，子：亚芳。

二十三世：亚芳配招氏，烟墩村人，生一女一子，女：舒丽；子：桂鹏。

二十四世：桂鹏。

二十一世：春就配伍氏，生一女六子，子：锦棠、锦英、锦生、锦洪、日光、亚兵。

二十二世：锦棠配罗氏，生四女二子，子：日辉、日华。

二十三世：日辉，广州工作，配洪氏生一子：桂铃。

二十三世：日华配张氏，生二女一子，长女：亚茹；次女：亚旋；子：桂浩。

二十四世：桂浩。

二十二世：锦英配唐氏生四女一子，子：海玲。

二十三世：海玲配麦氏生二女一子，长女家林；次女家慧；子：建裕。

二十四世：建裕。

二十二世：锦生配郭氏生三女三子，子：水坤、林喜、亚标。

二十三世：水坤配邓氏生三子：日斌、日柳、观权。

二十四世：日斌配龙氏；日柳；观权。

二十三世：林喜配林氏生一女二子，子：土胜、土财。

二十四世：土胜；土财。

二十三世：亚标配叶氏生二女一子，子：宗明。

二十四世：宗明。

二十二世：锦洪配韩氏生一女三子，子：胜忠、胜强、荣军。

二十三世：胜忠配罗氏生一女二子，女晓芳；子：桂添、桂满。

二十四世：桂添；桂满。

二十三世：胜强配李氏生一女一子，女晓婷；子：桂利。

二十四世：桂利。

二十三世：荣军配曹氏生一女：晓新。

二十二世：锦光配钟氏生一女三子，子：汉良、汉东、东恒。

二十三世：汉良配郑氏生二女：婷欣、佳雯。

二十三世：汉东配邓氏生一子：紫悦。

二十四世：紫悦。

二十三世：东恒配谭氏生一女：广琪。

二十二世：亚兵配何氏生二女一子，子：日庆。

二十三世：日庆配罗氏生一子：子豪。

二十四世：子豪。

二十一世：春和配张、黄二氏生四子：锦寿、亚来（出继大榄田）、锦江、锦新。

二十三世：海明配陈氏生三女一子，女水欣、桂凤；子：桂钦。

二十四世：桂钦。

二十三世：海发配黄氏生一女一子，女：铬华；子：桂荣。

二十四世：桂荣。

二十三世：海新配陈氏生一女一子，女：慧琼；子：桂杰。

二十四世：桂杰。

二十一世：春合配谭氏生三女五子，子：亚保、亚齐、亚存、亚完、亚局。

二十二世：亚齐配李氏生三女，长女晓霞；次女思敏；幼女不知名；子：辉耀。

二十三世：辉耀，广东电信工作。

二十二世：亚存配谭氏生一女一子，女：燕冰；子：泽艺。

二十三世：泽艺。

二十二世：亚完配温氏，生一女一子，女：冬儿；子：健成。

二十三世：健成。

二十二世：亚局配许氏生一子：洪祥。

二十三世：洪祥。

十七世：维寿（迁往营仔圩）配黎氏生二子：观寿、兴帮。

十八世：兴帮配宋氏生二子：亚春、许连。

十九世：许连配罗氏生一子：光瑞。

二十世：光瑞抱养一子：春华。

二十一世：春华配黄氏，广西靖西人，生一女一子，女：石连生于1997年8月；子：土润生于2000年10月。

长公四子继宗公分支朝瑜公派下秉权、秉任房源流谱

十三世：朝瑜（日义公之六子）妣何、张二氏，公葬排里仔岑咀坐子向午与朝赞公同墓，后迁往营仔水埗厂后背路上大塘西北岑边。生三子：秉权、秉任、秉元●。

十四世：秉权妣龙氏生一子：章公。

十五世：章公妣赖氏生一子：均公●。

十四世：秉任妣赵氏生一子：茂公。

十五世：茂公妣马氏生二子：均选、均合。

十六世：均选妣刘氏生一子：维公（未详）。

十六世：均合妣祝氏生二子：维礼、维和●。

十七世：维礼妣陈氏生四子：世杰、世裕、世棠●、世连。

十八世：世杰妣陈氏，营仔圩人，生四子：有瑞、有栋、有齐、有廉。

十九世：有瑞妣张氏，木头塘村人，生三子：戚发●、戚富●、兆广。

二十世：兆广生于1944年，初中学历，配叶氏生于1944年，下洋村委上塘仔村人，生二女二子，长女美清生于1973年，适犁头沙村；次女琼珍生于1977年，初中学历，适陆丰市东海镇；子：真槐、真诚。

二十一世：真槐生于1967年，中师学历，配黄氏生于1973年，大山曲龙村人，生一女一子，女诗韵生于1995年，大学学历；子：浩铭。

二十二世：浩铭生于2007年。

二十一世：真诚生于1970年，初中学历，配罗氏竹墩村人，生于1969年，生二子：容源、容华。

二十二世：容源生于1997年；容华生于1999年。

十九世：有栋妣黄、周二氏，黄氏北堤村人，周氏赤里山村人，生六子：兆庚、兆坚、兆显、兆钦、兆文、兆武。

二十世：兆庚生于1928年，高中学历，配蔡氏生于1927年，初中学历，石年潭村人，生三女三子，长女石英生于1953年，初中学历，适廉江东街；次女亚娟生于1958年，初中学历，适湛江市；幼女秀荣生于1968年，中专学历，适遂溪

城月镇；子：培柳、戚敏、培任。

二十一世：培柳生于1955年，高中学历，居湛江市，配宁氏生于1957年，吴川振文人，生五女一子，长女思桃生于1980年，大学学历，适湛江赤坎；二女思华生于1982年，大学学历，适中山市；三女思定生于1983年，大学学历，适墨龙江齐齐哈尔市；四女思然生于1986年，大学学历，适湛江赤坎区；五女紫幸生于1995年，大学学历；子：帆毅。

二十二世：帆毅生于1995年，中专学历。

二十一世：戚敏生于1962年，大学学历，配陈氏生于1963年，大学学历，生二女，长女家文生于1988年，大学学历，适深圳市；次女子慧生于1993年，大学学历，适深圳市。

二十一世：培任生于1964年，初中学历，配邓氏生于1970年，高中学历，廉江大岭村人，生一女一子，女锦萍生于1990年，中专学历，适湛江市；子：梓焜。

二十二世：梓焜生于1992年，中专学历。

二十世：兆坚生于1931年，配张氏生于1931年，包圩墩山塘村人，生二女五子，长女亚球，初中学历，适遂溪；次女亚妹，初中学历，适大山曲龙村；子：石燕、培耀、剑锋、培徐、培养。

二十一世：石燕生于1958年，初中学历，配潘氏生于1961年，初中学历，生二女三子，长女桃李生于1983年，初中学历，适湛江东海；次女碧玉生于1988年，初中学历，适本村；子：锦标、锦芳、锦常。

二十二世：锦标生于1980年，初中学历，配赖氏，初中学历，生二女一子，长女华格生于2003年；次女思美生于2005年；子：富棋。

二十三世：富棋生于2009年。

二十二世：锦芳生于1985年，大学学历，配钟氏生于1985年，大学学历，生一女：嘉怡生于2013年。

二十二世：锦常生于1990年，高中学历，配黎氏生于1989年，初中学历，生一女：榕芳生于2014年。

二十一世：培耀生于1962年，初中学历，配陈氏生于1964年，初中学历，车板埇尾村人，生一女二子，女观妹生于1997年，初中学历；子：华清、土城。

二十二世：华清生于1992年，初中学历；

二十二世：土城生于1994年，初中学历。

二十一世：剑锋生于1968年，高中学历，配戚氏生于1969年，初中学历，合河担蚬港村人，生二女一子，长女婷婷生于1993年，大专学历；次女婷欢生于1996年；子：德炫。

二十二世：德炫生于2003年。

二十一世：培徐生于1968年，初中学历，配梁氏生于1973年，初中学历，安铺久受埇村人，生二女一子，长女石晓生于1997年；次女小彤生于1999年；子：广亮。

二十二世：广亮生于1996年。

二十一世：培养生于1973年，初中学历，配黄氏生于1975年，初中学历，新村秧地坡村人，生一女二子；女思桃生于1997年，初中学历；子：广建、景钧。

二十二世：广建生于1999年；景钧生于2008年。

二十世：兆显生于1933年，配黎氏生于1937年，圩仔燕子坡村人，生三女二子，长女春芳，初中学历，适北堤蛇围村人，迁营仔圩；次女戚算，初中学历，适竹墩新屋村；幼女秀华，初中学历，适博教上东坡村。子：培庆、培芬。

二十一世：培庆生于1962年，高中学历，配叶氏生于1959年，初中学历，下洋上塘仔村，生三子：文乐、武强、锦礼。

二十二世：文乐生于1984年，大学学历，配赵氏生于1986年，初中学历，广西梧州人，生一子：柏宇。

二十三世：柏宇生于2012年。

二十二世：武强生于1986年，大专学历，配周氏生于1986年，中专学历，广东信宜人。

二十二世：锦礼生于1989年，大学学历，配钟氏生于1989年，大学学历，梧州市人。

二十一世：培芬生于1967年，高中学历，配伍氏生于1974年，高中学历，鱼龙埠深田村人，生一女一子，女家恩生于1997年，大学学历；子：锦枢。

二十二世：锦枢生于1998年。

二十世：兆钦生于1936年，初中学历，配缪氏生于1941年，青平上古楼村人，生四女二子，长女广娣生于1963年，初中学历，适湛江东海；二女文芳生于1966年，初中学历，适大榄田沙江村；三女换娣生于1969年，初中学历，适鱼龙埠村；四女槐英生于1976年，中师学历，适廉江石城；子：戚军、戚光。

二十一世：戚军生于 1975 年，大学学历，广东高级人民法院秘书长，配梁氏生于 1977 年，大学学历，廉江市人，生一子：建昊。

二十二世：建昊生于 2004 年。

二十一世：戚光生于 1977 年，大学学历，现任东莞市公安局副局长，配钱氏生于 1986 年，大学学历，东莞莞城人。

二十世：兆文生于 1946 年，初中学历，配梁氏生于 1946 年，初中学历，遂溪沙古人，生五女一子，长女朝霞生于 1971 年，初中学历，适鱼龙埠天塘村；二女戚冰生于 1974 年，初中学历，适遂溪草潭；三女华娣生于 1976 年，初中学历，适梧州市；四女春桃生于 1981 年，大学学历，适梧州市；五女日玲生于 1988 年，大学学历，适江西；子：峰华。

二十一世：峰华生于 1984 年，大学学历，配莫氏生于 1986 年，大学学历，茂名市领油镇人。

二十世：兆武生于 1953 年，高中学历，现居湛江市赤坎，配叶氏生于 1955 年，初中学历，下洋上塘仔村人，生一女二子，女月娥生于 1989 年，大专学历，适广州市；子：培燦、培爛。

二十一世：培燦生于 1989 年，高中学历，配罗氏生于 1989 年，中专学历，湛江市人，生一女：嘉生于 2013 年。

二十一世：培爛生于 1991 年，广州学院毕业。

十九世：有齐妣邓氏生三子：亚五●、亚六●、兆立。

二十世：兆立生于 1945 年，初中学历，配叶氏生于 1945 年，初中学历，下洋中塘仔人，生二女四子，长女强英生于 1968 年，初中学历，适大新围村；次女雯生生于 1972 年，适洋青虾师塘村；子：培川、培湛、培第、培冠。

二十一世：培川生于 1975 年，高中学历，配谭氏生于 1986 年，初中学历，青平息安人，生二子：俊元、俊智。

二十二世：俊元生于 2005 年；

二十二世：俊智生于 2007 年。

二十一世：培湛生于 1979 年，大学学历，配陆氏生于 1981 年，高中学历，生一女一子，女碧琪生于 2009 年；子：俊杰。

二十二世：俊杰生于 2012 年。

二十一世：培第生于 1981 年，初中学历，配赖氏生于 1982 年，初中学历，广西柳州人，生一子：博宇。

二十二世：博宇生于 2009 年。

二十一世：培冠生于 1983 年，初中学历，配张氏生于 1983 年，高中学历，海南三亚人，生一子：铭德。

二十二世：铭德生于 2012 年。

十九世：有廉配林黎二氏生二子：兆旭、兆升。

二十世：兆旭生于 1943 年，初中学历，配叶氏生于 1946 年，下洋上塘仔村人，生一女五子，女六妹生于 1980 年，初中学历，适湛江市东海镇；子：培璇、培玑、培轩、培干、培聪。

二十一世：培璇生于 1967 年，初中学历，配曾氏，离异，配孙氏生于 1972 年，初中学历，白沙村人，生二子：锦远、华艺。

二十二世：锦远生于 1990 年，初中学历，配蓝氏生于 1989 年，学历初中，大榄田村人。

二十二世：华艺生于 1992 年，初中学历，配叶氏生于 1992 年，初中学历，下洋上塘仔村人，生一女：楚霞生于 2013 年。

二十一世：培玑生于 1970 年，初中学历，配谢氏生于 1969 年，初中学历，多浪坡龙华村人，生二子：锦强、清华。

二十二世：锦强生于 1995 年，初中学历；

二十二世：清华生于 1996 年，初中学历。

二十一世：培轩生于 1972 年，初中学历，配钟氏生于 1973 年，初中学历，鱼龙埠村人，生一女二子，女艺婷生于 1999 年，高中学历；子：文滔、锦添。

二十二世：文滔生于 2000 年；锦添生于 2008 年。

二十一世：培干生于 1975 年，初中学历，配黄氏生于 1981 年，初中学历，广西梧州人，生一女一子，女华平生于 1995 年，大学学历；子：伟鸿。

二十二世：伟鸿生于 2001 年。

二十一世：培聪生于 1978 年，初中学历，配邓氏，初中学历，沙江村人，生二子：观庭、观乐。

二十二世：观庭生于 2003 年；观乐生于 2003 年。

二十世：兆升生于 1963 年，初中学历，配龙氏生于 1968 年，初中学历，高桥镇人，

生二女二子，长女诗平生于1992年，大学学历；次女静娴生于2010年；子：夏铭、培颂。

二十一世：夏铭生于1999年；

二十一世：培颂生于2001年。

十八世：世裕妣苏氏生三子：有肇、有槐、有群。

十九世：有肇妣苏氏生二子：土金●、兆华。

二十世：兆华生于1939年，初中学历，配罗氏生于1949年，初中学历，生一女一子，女戚营生于1969年，大学学历，适湛江；子：培立。

二十一世：培立生于1972年，大学学历，配刘氏，生于1973年，大学学历，生一子：浩斌。

二十二世：浩斌生于1999年。

十九世：有槐妣李氏，营仔铁路山村人，生二子：康求●、兆新。

二十世：兆新生于1950年，配林氏生于1953年，新村竹仔山人，生二女三子，长女秀辉生于1974年，初中学历，适大榄田黄仰田村；次女彩琼生于1988年，初中学历；子：木进、培锋、培迅。

二十一世：木进生于1973年，初中学历，配邓氏生于1972年，初中学历，新村独田仔村人，生一女二子，女诗韵生于1999年，初中学历；子：锦荣、锦偿。

二十二世：锦荣生于1997年，初中学历；

二十二世：锦偿生于2001年。

二十一世：培锋生于1976年，初中学历，配卢氏生于1979年，初中学历，楼仔村人，生二女一子，长女林琳生于2004年；次女可怡生于2006年；子：锦灏。

二十二世：锦灏生于2010年；培迅生于1991年，大专学历。

十九世：有群妣张氏●。

十九世：有益妣李氏生四子：兆东、兆模、兆惠、戚才。

二十世：兆东生于1944年配陈氏，多浪村人，生三子：培料、培森、培沛。

二十一世：培料生于1967年，初中学历，配全氏，良垌三合村人，生一女二子，女海怡生于1992年，大学学历；子：戚逍、戚遥。

二十二世：戚逍生于1995年；

二十二世：戚遥生于1995年。

二十一世：培森生于1976年，大学学历，配陈氏生于1972年，良垌杨梅埇人，生一女：紫仪生于2001年。

二十一世：培沛生于1981年，大学学历，配何氏生于1985年，大学学历，高州团结农场人，生一女：馨予生于2012年。

二十世：兆模生于1947年，高中学历，配叶氏生于1955年，中学学历，下洋圩人，生三女三子，长女少玲生于1976年，初中学历，适中山市；次女秀凤生于1981年，初中学历，适鱼龙埠龙九村；幼女秀妹生于1986年，初中学历，适四川；子：培焕、培照、培球。

二十一世：培焕生于1978年，初中学历，配赵氏，生于1982年，初中学历，青平太平村人，生一女二子，女：梓慧生于2013年，子：进湛、年华。

二十二世：进湛生于2006年；年华生于2010年。

二十一世：培照生于1983年，初中学历，配何氏生于1983年，初中学历，包墩下师村人，生一子：锦程。

二十二世：锦程生于2012年。

二十一世：培球生于1988年，初中学历，配郭氏生于1990年，初中学历，化州人，生一子：锦滨。

二十二世：锦滨。

二十世：兆惠生于1954年，初中学历，配叶氏生于1957年，下洋中塘仔人，生三女二子，长女土娣生于1986年，初中学历，适西洋垌；次女观娣生于1989年，初中学历；幼女雪清生于1990年，初中学历；子：培全、培武。

二十一世：培全生于1992年，初中学历；

二十一世：培武生于1994年，初中学历。

二十世：戚才生于1959年，初中学历，配伍氏生于1986年，初中学历，豆圩村人，生三女一子，长女观燕生于1991年，初中学历，适湖南；次女水珍生于1991年，初中学历，适广州市；幼女土美生于1998年，初中学历；子：培文。

二十一世：培文生于1990年，初中学历，配林氏生于1990年，初中学历，北堤蛇围村人，生一女：斯茹生于2009年。

长公四子继宗公分支朝隆公派下秉仁房源流谱

十三世：朝隆妣陆氏生一子：秉仁。

十四世：秉仁妣氏（未详）生一子：子良。

十五世：子良妣李、陈二氏生一子：均鸾。

十六世：均鸾妣氏（未详）生三子：维仁●、维庆、维朝●。

十七世：维庆妣陈、邓二氏生一子：世昌。

十八世：世昌妣朱氏生一子：有庆。

十九世：有庆妣陈氏生四子：兆祥、光棠、兆珍、兆信。

二十世：兆祥墓葬洪田塘大山，配全氏，东桥人，葬南蛇岭生四子：培均、培森、培英●、弟●。

二十一世：培均生于1949年2月9日，高中学历，邮电企业工作，退休，配宋氏蟹地村人，生于1949年1月17日，初中学历，生二女一子，长女戚珊生于1975年6月1日，大专学历，企业员工，适廉江；二女宇飞生于1978年7月15日，大专学历，企业员工，适廉江；子：锦杏。

二十二世：锦杏生于1981年8月22日，大专学历，番禺从警，配李敏生，于1980年5月22日，广州南沙区人，学历大专，生孖子：宸宇、浚宇。

二十一世：培森生于1952年5月15日，初中学历，配李氏，碑头村人，生于1952年7月22日，高小，生三女三子，长女燕飞生于1973年2月15日，初中学历，从商，适麻灶；二女水飞生于1977年1月1日，初中学历，从商，适茅峒；三女志飞生于1980年10月10日，中专学历，政府部门工作，适草角塘；子：锦龙、锦海、锦杰。

二十二世：锦龙生于1983年3月2日，大学本科学历，东莞从教，配吴氏，福建人，生于1983年9月16日，高中学历，从商。

二十二世：锦海生于1987年8月26日，大学本科学历，东莞从医；

二十二世：锦杰生于1989年6月23日，大学本科学历，虎门服装设计。

二十世：兆棠墓葬南蛇岭，配杨氏新屋村人，生一子：观兴。

二十一世：观兴生于1950年，高中学历，父逝随母嫁苑瑶村，定居霞山配氏未详，途说生二子。

二十世：兆珍墓葬洪田塘大山咀，配肖氏，西村人，生三子：培良、培强、培全。

二十一世：培良生于1960年1月15日，高中学历，配陈氏，碑屋村人，生于1965年10月10日，初中学历，生二女二子，长女锦明生于1987年3月27日，初中学历，适遂溪坑尾村；二女锦燕生于1995年5月2日，在读高中；子：锦飞、锦尚。

二十二世：锦飞生于1990年11月11日，高中学历；锦尚生于1991年7月15日，在读高中。

二十一世：培强生于1964年7月28日，高中学历，配陈氏，船地村人，生于1968年5月18日，初中学历，生二女二子，长女观娣生于1993年5月1日，中技学历，适塘蓬；二女小燕生于1997年6月14日；子：锦彬、锦旭。

二十二世：锦彬生于1995年9月7日；锦旭生于1999年8月8日。

二十一世：培全生于1968年4月25日，初中学历，配温氏，云南大村人，生于1976年2月11日，初中学历，生二女一子，长女：华金生于1995年6月；二女林芳生于1997年12月；子：锦华。

二十二世：锦华生于2000年12月16日。

二十世：兆信墓葬洪田塘大山，妣潘氏，马蹄垌村人，墓葬南蛇岭，生四子：培荣、培忠、培明、培权。

二十一世：培荣生于1957年7月3日，高中学历，配梁氏，碑头村人，生于1957年10月26日，高中学历，生二女二子，女锦平生于1988年3月6日，中技学历，适廉江；子：锦超、锦聪。

二十二世：锦超生于1986年9月4日，高中学历，配陈氏遂溪河头东坑西村人。

二十二世：锦聪生于1991年2月6日，在读大本。

二十一世：培忠生于1963年2月5日，高中学历，配黎氏，蛇窖人，生于1965年4月29日，高中学历，生三女一子，长女锦玲生于1994年3月23日；二女锦寓生于1996年9月3日；三女锦欣生于2000年5月28日；子：锦志。

二十二世：锦志生于1991年9月10日，在读大本。

二十一世：培明生于1970年10月4日，高中学历，配陈氏，北朗村人，生于1971年7月15日，高中学历，生一女二子，女莹莹生于1993年5月28日，中技学历，从医；子：锦涛、锦辉。

二十二世：锦涛生于1995年1月24日，高中学历；锦辉生于1997年4月28日，高中学历。

二十一世：培权生于1973年8月22日，高中学历，配陈氏，遂溪外伴塘村人，生于1975年11月22日，初中学历，生一女一子，女晓娟生于1998年4月19日，在读高中；子：王锦。

二十二世：王锦生于2000年1月22日。

长公四子继宗公分支凤兰公派下元发房源流谱

十三世：凤兰妣庞氏生三子：元发、元达（未详）、元盛（另续）。

十四世：元发妣庞氏生三子：耀祖、耀都（未详）、耀孔（未详）。

十五世：耀祖妣孙氏生二子：日高、日亲。

十六世：日高妣庞氏生四子：景文、景忠（出）、景和、景行（未详）。

十七世：景文妣李氏生四子：康廷、保廷（未详）、福廷（出）、佑廷。

十八世：康廷（未详）。

十八世：保廷（未详）。

十八世：佑廷妣万氏生一子●。

十七世：景和（取景文三子入继）：福廷。

十八世：福廷妣万氏生一子：作佳。

十九世：作佳妣李李二氏生二子：维惠、维通。

二十世：维惠妣陈黄二氏生五子：志元、志隆、志才、志全、志彪。

二十一世：志元妣陈林二氏生一子：阿牛●。

二十一世：志隆妣李氏生二子：迁梁屋、全秀。

二十二世：全秀妣李氏生二子：超龙、超凤●。

二十三世：超龙配黄氏生一子：建芳。

二十四世：建芳生于1978年，初中学历，配陈氏生于1977年，初中学历。

二十一世：志才妣郑氏生三子：全新、全信、全祯●。

二十二世：全新配李氏生三子：超平●、超云、超宇。

二十三世：超云生于1946年，初中学历。

二十三世：超宇生于1954年，初中学历，配李氏生于1949年，初中学历，生三女一子，子：建球。

二十四世：志球生于1987年，初中学历。

二十二世：全信配陈氏生一子：超贤。

二十三世：超贤生于1951年，初中学历，配陈氏生于1956年，初中学历，生二子：

建春、建明。

二十四世：建春生于1978年，初中学历，配杨氏，生于1980年，初中学历，生二女一子，子：欣浩。

二十五世：欣浩生于2007年，在读。

二十四世：建明生于1980年，初中学历，配李氏生于1981年，初中学历，生一女二子：欣贤、欣毅。

二十五世：欣贤生于2007年，在读；欣毅生于2011年，在读。

二十一世：志全妣梁氏生三子：全贵、全钦、全玉。

二十二世：全贵葬村南边大园岭，妣彭氏葬蛤地，生三子：超英、超裕、超盛。

二十三世：超英生于1939年，高中学历，配林氏，生于1946年，生一女三子：建军、建森、建泉。

二十四世：建军生于1973年，初中学历，配钟氏生于1972年，初中学历，生三子：宇超、宇亮、宇鹏。

二十三世：宇超生于2003年；宇亮生于2006年；宇鹏生于2008年。

二十四世：建森生于1977年，初中学历，配王氏生于1979年，初中学历，生二女。

二十四世：建泉生于1980年，初中学历，配李氏生于1980年，初中学历，生一子：皓翔。

二十五世：皓翔生于2010年。

二十三世：超裕生于1945年，大专学历，配卢氏生于1949年，初中学历，生一女四子：建华、建周、建文、建鑫。

二十四世：建华生于1976年，初中学历，配李氏生于1980年，初中学历，生一女一子：俊杰。

二十五世：俊杰生于2009年。

二十四世：建周生于1982年，初中学历，配郭氏生于1990年，初中学历，生三女。

二十四世：建文生于1984年，大学本科学历；建鑫生于1988年，初中学历。

二十三世：超盛生于1964年，初中学历，配黄氏生于1963年，初中学历，生二女三子，子：建平、建宇、建豪。

二十四世：建平生于1989年，学历大专；建宇生于1991年，大专学历；建豪生于1996年，高中学历。

二十二世：全钦配陈氏生于 1922 年，生一子：超和。

二十三世：超和生于 1957 年，初中学历，配李氏生于 1964 年，初中学历，生二女二子，子：建业、建健。

二十四世：建业生于 1987 年，初中学历；建健生于 1995 年，高中学历。

二十二世：全玉配李氏公葬西边岭，婆葬五角岭，生三子：超俊、超秀、超明。

二十三世：超俊生于 1949 年，初中学历，现居梅菉，配林氏生于 1948 年，初中学历，生一女二子：建飞、建忠。

二十四世：建飞生于 1975 年，高中学历，配郑氏生于 1977 年，初中学历，生二子：欣荣、欣华。

二十五世：欣荣生于 1999 年，在读；欣华生于 2001 年，在读。

二十四世：建忠生于 1980 年，大专学历，配梁氏生于 1982 年，初中学历，生一女一子，子：欣铭。

二十五世：欣铭生于 2011 年，在读。

二十三世：超秀生于 1957 年，初中学历，现居霞山，配陈氏生于 1962 年，初中学历，生一女二子，子：建新、建辉。

二十四世：建新生于 1988 年，大学本科学历；建辉生于 1990 年，大学学历。

二十三世：超明生于 1973 年，初中学历，配曹氏生于 1972 年，初中学历，生一女一子，子：建锋。

二十四世：建锋生于 2001 年，在读。

二十一世：志彪配李氏生一子：全芳●。

二十世：维通妣氏不详，生三子：志高、次子失名、志享。

二十一世：志高妣陈氏生二子：全富、全兴●。

二十二世：全富妣李氏生一子：超华。

二十三世：超华生于 1939 年，初中学历，配朱氏生于 1952 年，生三女二子，子：建余、建兴。

二十四世：建余生于 1977 年，初中学历，配麦氏生于 1986 年，初中学历，生一子：宇锋。

二十五世：宇锋生于 2011 年，在读。

二十四世：建兴生于 1985 的，初中学历。

二十一世：志享妣叶氏生一子：全佳。

二十二世：全佳配郑氏生四子：超富、超汉、超文、超贵。

二十三世：超富生于1946年，初中学历，配林氏生于1952年，生二子：建超、建成。

二十四世：建超生于1976年，配陈氏生于1983年，初中学历，生一女一子，子：宇俊。

二十五世：宇俊生于2003年，在读。

二十四世：建成生于1983年，初中学历，配杨氏生于1983年，生一女。

二十三世：超汉生于1949年，初中学历，配陈氏生于1956年，生一子：建雄。

二十四世：建雄生于1983年，高中学历，配李氏生于1997年，高中学历，生一子：宇贵。

二十五世：宇贵生于2009年。

二十三世：超文生于1952年，初中学历，配庞氏生于1952年，初中学历，生二子：建荣、建林。

二十四世：建荣生于1982年，初中学历，配郑氏生于1987年，大学学历；建林生于1987年，中专学历。

二十三世：超贵生于1959年，初中学历，配莫陆二氏生于1969年，初中学历，生二子陆氏生一子，子：建全、建福、建瑞。

二十四世：建全生于1988年，高中学历。

二十四世：建福生于1990年，初中学历，配蔡氏，初中学历，生一子：国民、国志。

二十五世：国民生于2013年；国志生于2015年。

二十四世：建瑞生于1999年，初中学历。

十六世：日亲妣龙氏，取日高次子景忠入，生二子：景辉（未详）、景诚（未详）。

十七世：景忠妣林氏生三子：振廷、瑞廷（未详）、秀廷（未详）。

十八世：振廷妣庞马二氏生三子：作行、作文（未详）、作忆（未详）。

十九世：作行妣杨刘二氏生二子：维发（未详）、维盛。

二十世：为盛妣李氏生二子：志兴、次子迁南三姓粟村。

二十一世：志兴妣李氏生三子：全瑞、全泰、全森。

二十二世：全瑞取全泰长子汉云入继。

二十三世：汉云配孙氏生一子：建德。

二十四世：建德，初中学历，配陈氏生于1972年，初中学历，生一女二子：培钦、智钦。

二十五世：培钦生于 1996 年在读；智钦生于 1997 年在读。

二十二世：全泰配庞氏生于 1918 年，生四子：汉云（出）、汉文、汉英、汉明（出）。

二十三世：汉文，高中学历，现居梅录，配陈氏，初中学历，生二子：建和、建英。

二十四世：建和生于 1972 年，大专学历，现居梅录，配李氏生于 1974 年，高中学历，生二子：景钦、桂钦。

二十五世：景钦生于 1997 年；桂钦生于 2009 年。

二十四世：建英生于 1977 年，大专学历，现居梅录，配陈氏生于 1978 年，中专学历，生二女。

二十三世：汉英生于 1947 年，高中学历，配李氏，初中学历，生二子：建才、建国。

二十四世：建才生于 1976 年，初中学历，配林氏生于 1978 年，初中学历，生一女。

二十四世：建国生于 1979 年，高中学历，配黄氏生于 1981 年，初中学历，生一女二子，子：栋钦、国钦。

二十五世：栋钦生于 2009 年；国钦生于 2013 年。

二十二世：全森配李氏，取全泰四子汉明入继：汉明。

二十三世：汉明生于 1954 年，大专学历，配李氏生于 1954 年，初中学历，生三女二子，子：建伟、建龙。

二十四世：建伟生于 1979 年，高中学历，配李氏，初中学历，生三女。建龙生于 1990 年，高中学历。

二十世：前辈失名，维束生二子：亚恩●、志泉（出）。

二十世：前辈失名，咸礼配杨氏取志泉入继。

二十一世：志泉妣符氏生五子：全均、全英、全茂（出）、全昌、全余。

二十二世：全均配袁氏生一女二子：汉周、汉芬。

二十三世：汉周生于 1963 年，初中学历，配戚氏生于 1963 年，初中学历，生三女二子，子：嘉雄、嘉勇。

二十四世：嘉雄生于 1993 年，大学本科；嘉勇生于 1995 年，在读高中。

二十二世：全英配李氏，生于 1942 年，生一女三子，子：汉才、汉荣、汉章。

二十三世：汉才生于 1966 年，初中学历，配李氏生于 1970 年，初中学历，生一女一子：嘉聪。

二十四世：嘉聪生于 1998 年。

二十三世：汉荣生于 1972 年，初中，配梁氏生于 1979 年，初中学历，生一女一子：嘉文。

二十四世：嘉文生于 2004 年。

二十三世：汉章生于 1975 年，初中学历，配陈氏生于 1975 年，初中学历，生二子：嘉和、嘉锐。

二十四世：嘉和生于 2008 年；嘉锐生于 2009 年。

二十二世：全茂（出继志荣）配李氏生于 1942 年，初中学历，生五子：汉泉、汉乾、汉锐、汉剑、汉东。

二十三世：汉泉生于 1966 年，初中学历，配杨氏生于 1962 年，初中学历，生三女一子，子：家春。

二十四世：家春生于 1993 年。

二十三世：汉乾生于 1969 年，初中学历，配林氏生于 1974 年，初中学历，生一女一子：家兴。

二十四世：家兴生于 2000 年。

二十三世：汉锐生于 1974 年，初中学历，配莫氏生于 1979 年，初中学历，生二子：家耀、家铭。

二十四世：嘉耀生于 2002 年；嘉铭生于 2004 年。

二十三世：汉剑生于 1979 年，中专学历，配陆氏生于 1979 年，大专学历，生一子：家健。

二十四世：家健生于 2009 年。

二十三世：汉东生于 1980 年，初中学历，配陈氏生于 1982 年，生一女一子：家岚。

二十四世：家岚生于 2010 年。

二十二世：全昌配林氏生一女一子，子：汉伟●。

二十二世：全余取全均次子入继：汉芬。

二十三世：汉芬。

二十一世：志坚（取维森子入继）生于 1945 年，初中学历，配李氏生于 1958 年，生三子：全裕、全荣、全华。

二十二世：全裕生于 1976 年，高中学历，配李氏生二子：超仁、超群。

二十三世：超仁生于 2008 年；超群生于 2012 年。

二十二世：全荣生于 1977 年，高中学历，配庞氏，初中学历，生一女一子，子：超发。

二十三世：超发生于 2003 年。

二十二世：全华生于 1981 年，高中学历，配陈氏生于 1983 年，高中学历。

二十二世：上辈失名，福海配马氏，现住黄坡圩，生二子：卫东、卫有。

二十三世：卫东生于 1954 年，初中学历，配陈氏生于 1956 年，初中学历，生二子：志华、志明。

二十四世：志华生于 1980 年，初中学历，配黄氏生于 1983 年，初中学历，生一女一子，子：耀斌。

二十五世：耀斌生于 2007 年。

二十四世：志明生于 1987 年，初中学历，配翁氏生于 1988 年，高中学历，生一女。

二十三世：卫有生于 1965 年，初中学历，配李氏生于 1970 年，初中学历，生一女二子：志伟、志峰。

二十四世：志伟生于 1992 年，初中学历；志锋生于 1997 年，高中学历。

二十二世：上辈失名，福有，现住霞山，生四子：卫富、卫贵、卫华、卫福。

二十三世：卫富生于 1951 年，初中学历，配林氏生于 1958 年，初中学历，生二子：志峯、志强。

二十四世：志峯生于 1997 年，初中学历，配黄氏生于 1982 年，初中学历，生二子：建明、展成。

二十五世：建明生于 2007 年；展成生于 2011 年。

二十四世：志强生于 1981 年，高中学历，配周氏生于 1985 年，大专学历。

二十三世：卫贵生于 1954 年，初中学历，配李氏生于 1957 年，初中学历，生一子：志炜。

二十四世：志炜生于 1983 年，大学本科学历，配张氏生于 1985 年，大学本科学历。

二十三世：卫华生于 1956 年，初中学历，配庞氏生于 1963 年，高中学历。

二十三世：卫福生于 1963 年，初中学历，配林氏生于 1973 年，高中学历，生一子：志杰。

二十四世：志杰生于 1997 年，在读。

长公四子继宗公分支凤兰公派下元盛房源流谱

十三世：凤兰配庞氏生三子：元发（居白水塘另续）、元达（未详）、元盛（迁大朗村后再迁黄竹宜）。

十四世：元盛配李氏生一子：迺隆。

十五世：迺隆配李氏生一子：朝升。

十六世：朝升配黄氏生一子：德隆。

十七世：德隆配钟氏生一子：谨礼。

十八世：谨礼配陈氏生一子：德庭。

十九世：德庭配钟氏生四子：作林、作栋、作樑、作泰（另续）。

二十世：作林配陈氏（过继作栋之子为昌为继子）。

二十一世：为昌配庞氏生一子：兴华。

二十二世：兴华（妣失姓名）生三子：长子失名、次子失名、家祥。

二十三世：家祥（葬于本村西北坐寅向申兼民坤分金）配陈氏博立东边调村人，生于1933年9月1日，生四子四女，大女土群生于1954年1月19日，适坡头镇麻丁塘边村；二女康凤生于1956年8月29日，适坡头镇麻东塘尾村；三女亚信生于1964年1月11日，适坡头镇麻丁月湾村；四女日梅生于1969年11月9日，适坡头镇麻丁塘边村；子：馀和、馀陆、馀丰、馀富。

二十四世：馀和生于1961年1月14日，学历高中，配谢氏，林口昌村人，生于1957年11月7日，生二子二女，大女土江生于1985年6月28日，适坡头镇黄章村；二女康子生于1987年6月26日，适坡头镇担黎村；子：志超、志勇。

二十五世：志超生于1989年11月5日，学历大专，配许氏，坡头博立村人，生于1994年12月3日，初中，生一子一女：女：雅轩生于2013年9月12日；子：振宇。

二十六世：振宇生于2012年5月20日。

二十五世：志勇生于1991年9月17日，学历初中。

二十四世：馀陆生于 1966 年 10 月 6 日，学历初中，配陈氏龙头兰村人，生于 1969 年 9 月 28 日，初中，生二子：志辉、志远。

二十五世：志辉生于 1996 年 7 月 31 日，学历初中。

二十五世：志远生于 1998 年 6 月 20 日，学历初中。

二十四世：馀丰生于 1972 年 10 月 5 日，学历初中，配苏氏，广西来宾人，生于 1976 年 8 月 13 日，生二子一女，女飞燕生于 1998 年 8 月 25 日，学历初中；子：志高、志明。

二十五世：志高生于 1995 年 4 月 12 日，学历初中。

二十五世：志明生于 1996 年 12 月 16 日，学历初中。

二十四世：馀富生于 1975 年 10 月 24 日，学历初中，配刘氏坡头塘林村人，生于 1978 年 6 月 28 日，学历初中，生一子一女，女春梅生于 1997 年 2 月 21 日；子：志信。

二十五世：志信生于 1999 年 2 月 2 日，读书。

二十世：作栋配陈氏生四子：为昌（过继给作林）、为仪、为邦、为德。

二十一世：为仪配陈氏生四子：兴隆（未详）、兴祥、兴化（未详）、（失名）。

二十二世：兴祥配林氏生二子：土有●、建飞。

二十三世：建飞生于 1951 年 4 月 18 日，学历高中，配冯氏，云南省宝山人，生于 1965 年 1 月 8 日，生二子一女，女何妹生于 1985 年，学历中山大学博士生，子：洪涛、戚炜。

二十四世：洪涛生于 1987 年 7 月 2 日，学历高中。

二十四世：戚炜生于 1989 年 10 月 2 日，学历本科。

二十一世：为帮配陈、冯二氏生一子：兴荣。

二十二世：兴荣妣失名生二子二女。女：大女秀英；二女秀妹适何村未详。子：均失名●。

二十一世：为德（作栋四子）配冼氏生二子：兴元、兴棠。

二十二世：兴元配黄氏生一子：土贵。

二十三世：土贵生于 1940 年 8 月 13 日，配梁氏，广西同峤溪县人，生于 1944 年 7 月 28 日，生一子：观华。

二十四世：观华生于 1983 年 10 月 13 日，学历大专，配袁氏，坡头西边村人，生于 1984 年 6 月 29 日。

二十二世：兴棠葬于本村北坐申向寅兼庚甲，配陈氏，响水洞村人，生于 1924 年 9 月 6 日，生五子二女，大女秀容生于 1954 年 11 月 10 日，适乾塘镇三涡村；二女秀英生于 1967 年 9 月 18 日，适湖光藤牌村；子：康梅、真明、康留、土池、日森。

二十三世：康梅生于 1949 年 4 月 17 日，学历高中，配窦氏，官渡镇新村人生于 1957 年 2 月 16 日，生二子一女，女伟容生于 1977 年 10 月 16 日，适湛江市霞山；子：伟雄、爱昆。

二十四世：伟雄生于 1980 年 1 月 12 日，大专学历，配陈氏，黄竹宜村人，生于 1980 年 5 月 19 日，初中学历，生一子：嘉涛。

二十五世：嘉涛生于 2007 年 12 月 5 日。

二十四世：爱昆生于 1982 年 6 月 27 日，学历高中，配钟氏，龙头镇大塘村人，生一女一子：佳歆生于 2012 年 10 月 24 日；子：家瑞。

二十五世：家瑞生于 2015 年 11 月 28 日。

二十三世：真明生于 1952 年 10 月 18 日，学历初中，配叶氏，坡头镇三叉村人，生于 1962 年 5 月 1 日，生二子一女，女：景红生于 1986 年 10 月 10 日，适龙头镇进步村；子：观锦、景春。

二十四世：观锦生于 1983 年 10 月 1 日，高中学历，配陈氏，坡头梧村人，生于 1983 年 11 月 1 日，初中学历，生一子一女：女：艺欣生于 2016 年 1 月 7 日；子：真焰。

二十五世：真焰生于 2011 年 10 月 1 日。

二十四世：景春生于 1988 年 1 月 6 日，初中学历。

二十三世：康留生于 1956 年 10 月 1 日，初中学历，配曾氏乾塘镇沙横村人，生于 1962 年 12 月 13 日，生二子二女，大女佗弟生于 1989 年 5 月 3 日，适坡头镇张屋村；二女土凤生于 1993 年 3 月 24 日，初中学历；子：日荣、康林。

二十四世：日荣生于 1991 年 1 月 23 日，初中学历。

二十四世：康林生于 1994 年 5 月 25 日，初中学历。

二十三世：土池生于 1962 年 6 月 12 日，高中学历，配李氏，南三调东村人，生于 1960 年 11 月 12 日，初中，生二子一女，女田英生于 1991 年 1 月 14 日，学历大专；子：真彪、土金。

二十四世：真彪生于1989年5月28日，大专学历。

二十四世：土金生于1992年10月15日，大专学历。

二十三世：日森生于1969年2月4日，学历初中，配陈氏，坡头镇大珊园村人，生于1969年12月5日，生一子一女，女宇婷生于1998年4月4日，读书；子：宇辉。

二十四世：宇辉生于1995年12月15日，读书。

二十世：作樑配李氏生二子：为祯、为祥（未详）。

二十一世：为祯配李氏生二子：兴祖、兴祺。

二十二世：兴祖配郑氏生三子：家雄、家豪、家富。

二十三世：家雄生于1956年6月8日，学历初中，配林氏，湛江市绿塘村人，生于1958年8月13日，生二子：海华、海波。

二十四世：海华生于1987年1月2日，大学本科。

二十四世：海波生于1996年10月4日，湛二中读书。

二十三世：家豪生于1957年6月8日，学历初中，湛化集团公司任职，配李氏，南三调东村人，生于1961年11月16日，高中，生二女，大女海英生于1989年10月14日，大学本科；二女伟琪生于1992年12月20日，技校读书。

二十三世：家富生于1962年6月9日，学历初中，湛江盐务局任职配李氏，湛江市人，生于1969的1月10日，初中。生一子：海权。

二十四世：海权生于1998年1月12日，湛二中读书。

二十二世：兴祺（又名合芳）生于1930年12月29日，1949年参加中国人民解放军，51年参加抗美援朝，58年回国，调湖北省洪湖县武装部任职，1977年调湛江市法院，坡头区法院，副处级离休，配陈氏，黄竹宜村人，生于1937年9月14日，生二子二女，大女少兰生于1960年2月19日，适山东省；二女春兰生于1969年3月13日，高中学历，湛江开发区检察院任职；适坡头下坡村。子：秋洪、春洪。

二十三世：秋洪生地1963年10月24日，高中，配王氏湖北省洪湖县人，生一子：泽龙。

二十四世：泽龙生于1999年8月16日，读书。

二十三世：春洪生于1969年3月13日，大专学历，中海石油湛江公司任职。

二十世：作泰配莫氏生一子：为经（又名济兴）。

二十一世：为经配陈氏，黄竹宜村人，生三子：兴乾、其余二子失名。

二十二世：兴乾（又名日康）配李氏生一子：景生。

二十三世：景生生于1943年3月2日，高中学历，湛江市园林处任职，配茅氏湖光镇梅录坡村人，生于1947年9月19日，中专学历，生二子一女，女喜夏生于1976年5月5日，学历大专，适湛江市宝满村；子：世杰、世钦。

二十四世：世杰生于1971年9月27日，高中学历，湛江市园林处任职，配林氏，海康东里村人，生于1972年2月9日，中专学历，生一子一女，女馨文生于1994年2月23日，移居加拿大；子：孝慈。

二十五世：孝慈生于2009年2月21日，加拿大藉。

二十四世：世钦生于1973年12月30日，学历大专，湛江市结防所任职，配吴氏，茂名市文明村人，学历大专，生于1975年5月3日，生一子一女，女冉霖生于2012年7月6日；子：定佳。

二十五世：定佳生于2004年11月18日，读书。

长公四子继宗公分支耀京公派下日明、日清房源流谱

十三世：耀京妣邹氏生二子：日明、日清。

十四世：日明配庞氏生一子：思仁。

十五世：思仁配陈氏生三子：文富●、文贵●、文德。

十六世：文德妣郑氏生二子：庆福、庆禄。

十七世：庆福妣曾氏生二子：戚乾、戚坤。

十八世：戚乾妣许氏生三子：廷高、廷富●、廷发。

十八世：戚坤配王何二氏取一子：阿昭●。

十九世：廷高配陈氏生二子：国龙●、亚生●。

十九世：廷发配钟氏生二子：国流、国新。

二十世：国流配陈氏生于1931年8月14日，生四子：德福、德国、德运、德合。

二十一世：德福生于1957年8月9日，配万氏生于1960年4月15日，生一子三女。长女：树印生于1981年10月5日，嫁遂溪九丈村；次女：树生生于1984年4月25日，嫁遂溪边坡岭；三女：木娟生于1986年6月11日，嫁河南省；子：王实。

二十二世：王实生于1989年10月3日。

二十一世：德国生于1961年7月27日，配刘氏生于1967年3月9日，生二子：志添、境耀。

二十二世：志添生于1994年1月2日。

二十二世：境耀生于1995年4月26日。

二十一世：德运生于1966年3月20日，配卢氏生于1965年8月19日，生一子四女。长女：景生生于1992年6月11日；次女：景养生于1992年6月11日，嫁遂溪横岭；三女：景兰生于1994年5月22日，给大铺头人养；四女：清琼生于1996年10月23日；子：境志。

二十二世：境志生于1990年4月12日，配蔡氏生于1991年3月9日，生一女。女：秋榆生于2012年10月16日。

二十一世：德合生于1972年10月27日，配李氏生于1973年5月14日，生二子一女。
女：思其生于1999年4月4日；子：柳智、柳强。

二十二世：柳智生于1997年7月24日。

二十二世：柳强生于2001年7月8日。

二十世：国新生于1932年6月24日，配杨氏生于1944年12月7日，生二子：德结、德允。

二十一世：德结生于1971年9月4日，配吴氏生于1976年8月13日，生一子一女。
女：苗欣生于2007年8月18日；子：成岍。

二十二世：成岍生于2003年4月5日。

二十一世：德允生于1976年9月4日，配何氏生于1987年6月6日，生一女：蓝颖生于2009年5月20日。

十七世：庆禄妣韦氏生一子：成才●。

十四世：日清妣钟李二氏葬沙母湾面前岭坐壬向丙与李氏同墓，钟氏葬在吴川蓝村蛇地嘴岭坐寅向申分金，生五子：思贤、思信、思忠、思智、思朝。

十五世：思贤妣陈氏葬在本村嘴头岭坐癸向丁陈氏葬在沙母湾村前岭与庆宁同墓，生二子：文斌、文秀。

十六世：文斌妣赵氏生四子：庆旺、庆宁●、庆馀●、庆标。

十七世：庆旺妣钟氏生二子：真养、阿生●。

十八世：真养配招氏生二子：阿新●、阿义●。

十七世：庆标妣洪氏生五子：戚江、戚河、戚淮、戚水养●、戚华。

十八世：戚江妣林周二氏生四子：廷敏、廷政、廷庚、廷敬妣刘氏●。

十九世：廷敏妣徐氏生三子：侯寿●、国仁、国义●。

二十世：国仁配吴氏生三子：德富、德辉、德志。

二十一世：德富生于1912年6月5日卒于1977年8月12日，配杨氏生于1924年6月23日，生四子：成如、成光、成润、成协。

二十二世：成如生于1950年1月19日，配陈氏生于1948年7月5日，生二男二女。
长女：耀明生于1980年10月12日，嫁江西省；次女凤珠生于1983年7月13日，嫁廉江市；子：俊毅、铭刚。

二十三世：俊毅生于1976年9月9日，配梁氏生于1981年11月17日，生三子：

桂林、桂源、桂焕。

二十四世：桂林生于 2007 年 9 月 9 日。

二十四世：林源生于 2009 年 9 月 20 日。

二十四世：桂焕生于 2011 年 2 月 20 日。

二十三世：铭刚生于 1985 年 9 月 7 日。

二十二世：成光生于 1953 年 7 月 9 日，配杨氏生于 1958 年 3 月 18 日，生四子：俊任、俊通、俊宇、俊晓。

二十三世：俊任生于 1982 年 7 月 6 日，配廖氏生于 1974 年 1 月 6 日，生一子：祝瑞。

二十四世：祝瑞生于 2012 年 11 月 10 日。

二十三世：俊通生于 1984 年 8 月 13 日，配韩氏生于 1985 年 7 月 20 日，生一子：桂驿。

二十四世：桂驿生于 2012 年 1 月 4 日。

二十三世：俊宇生于 1987 年 1 月 8 日。

二十三世：俊晓生于 1994 年 1 月 20 日。

二十二世：成润生于 1958 年 3 月 16 日，配刘氏生于 1957 年 8 月 9 日，生一子一女。女：淑娴生于 1990 年 4 月 29 日，大学；子：霖韬。

二十三世：霖韬生于 1987 年 6 月 29 日，大学。

二十二世：成协生于 1966 年 4 月 15 日，配杨氏生于 1966 年 10 月 9 日，生二子一女。女：树芳生于 2000 年 10 月 9 日；子：林恩、林熙。

二十三世：林恩生于 1997 年 8 月 6 日。

二十三世：林熙生于 2012 年 9 月 8 日。

二十一世：德辉配陈氏生六子：景由、田董●、成泰、成裕、成茂、树仔●。

二十二世：景由生于 1946 年 7 月 21 日，配范氏生于 1958 年，生三女一继子。长女：王宇生于 1992 年 2 月 25 日；次女：榴妹生于 1994 年；三女：东燕生于 1996 年 12 月 13 日；继子：戚全。

二十三世：戚全生于 1987 年 7 月 21 日。

二十二世：成泰生于 1953 年 4 月 12 日，配赵氏生于 1957 年 7 月 1 日，生一子六女。长女：燕春生于 1982 年 2 月 3 日，嫁遂溪分界；次女燕平生于 1983 年 9 月 14 日，嫁遂溪中间岭村；三女：兰喜生于 1984 年 12 月 15 日，嫁

遂溪林屋村；四女：陈飞生于 1987 年 6 月 21 日；五女：树妙生于 1988 年 12 月 8 日，嫁遂溪米赤村；六女：章玲生于 1998 年 8 月 17 日；子：石聪。

二十三世：石聪生于 1990 年 10 月 22 日。

二十二世：成裕生于 1955 年 1 月 15 日，配罗氏生于 1962 年 7 月 3 日，生三子一女收养一女，成裕之女琴芳生于 1988 年 7 月 16 日，嫁河南省；收养一女思娜生于 1988 年 7 月 16 日，嫁海南省；子：华轩、华建、境潘。

二十三世：华轩生于 1983 年 6 月 5 日，配王氏生于 1988 年 6 月 11 日，生一女：钰君生于 2012 年 12 月 21 日。华建生于 1986 年 11 月 23 日。境潘生于 1991 年 11 月 29 日。

二十二世：成茂配陈氏生一女：境婵生于 1987 年 4 月 29 日，出嫁。

二十一世：德志生于 1919 年 7 月 23 日，卒于 2002 年 11 月 19 日，配陈氏生于 1928 年 2 月 16 日，卒于 2013 年 11 月 21 日，生三子：成谦、成祥、光华●。

二十二世：成谦生于 1947 年 5 月 23 日，配钟氏生于 1949 年 7 月 9 日，生二子一女：女：伟芳生于 1974 年 2 月 19 日，嫁黄略叶屋村；子：俊彬、亚二●。

二十三世：俊彬生于 1978 年 3 月 23 日，配张氏生于 1981 年 9 月 6 日，生二子：敏聪、鹏飞。

二十四世：敏聪生于 2003 年 2 月 28 日；

二十四世：鹏飞生于 2009 年 6 月 20 日。

二十二世：成祥生于 1962 年 7 月 1 日，配卢氏生于 1965 年 7 月 14 日，生一子双胞女：长女宇玲生于 1991 年 2 月 25 日；次女宇婷生于 1991 年 2 月 25 日；子：俊钊。

二十三世：俊钊生于 1989 年 6 月 17 日。

十九世：廷政妣吴黎二氏，生四子：士灵●、候王●、国芝、国兰。

二十世：国芝配陈氏生一子：德余。

二十一世：德余配陈氏（改嫁）。

二十世：国兰配朱氏生二子：亚小●、德华。

二十一世：德华生于 1938 年 6 月 5 日，卒于 2008 年 12 月 22 日，配陈氏生于

1937年11月3日，生二子三女，长女：雪平生于1968年2月17日，嫁遂城；次女：逢娟生于1971年8月26日，嫁遂城；三女：彩凤生于1974年12月22日，大学嫁海康辉阳村；子：成家、成明。

二十二世：成家生于1961年5月5日，配邹氏生于1961年3月3日，生一女二子：女：婷婷生于1985年6月3日，嫁湛江南三；子：俊溪、建辉。

二十三世：俊溪生于1982年12月29日，配朱氏生于1983年10月9日，生一子：桂烊。

二十四世：桂烊生于2009年5月29日。

二十三世：建辉生于1990年8月8日。

二十二世：成明生于1963年8月4日，配陆氏生于1965年4月5日，生四女一子，长女：思柳生于1986年6月29日，大学嫁港门；次女：思丽生于1988年7月30日，嫁茂名；三女：思颖生于1990年6月7日，嫁乐民；四女：清远生于1995年9月8日；子：杰文。

二十三世：杰文生于1992年11月28日。

十九世：廷庚配陈氏生二子：国忠、灵庆●。

二十一世：国忠配戴氏，生二子：景山●、木维●。

十八世：戚河配朱氏生二子：廷进、廷杰●。

十九世：廷进配黄氏生五子：候生●、国候、国宁●、国纪（妣戴氏出嫁）●、国伦。

二十世：国候配黎氏生四子：德贵、阿焕●、阿娣、阿勤。

二十一世：德贵生于1927年5月28日，卒于1993年6月27日，配房氏生于1930年8月17日，生五子：成照、阿经●、阿谷●、成意、成杰。

二十二世：成照生于1953年10月25日，营长，配周氏生于1953年7月1日，生一女一子：女：小慧生于1983年3月21日；子：无名●。

二十二世：成意生于1964年9月7日，配叶氏生于1966年2月2日，生一女三子：女：晓奇生于1994年3月23日；子：永昌、堂武、俊威。

二十三世：永昌生于1987年5月16日；堂武生于1988年12月25日；俊威生于1990年8月24日。

二十二世：成杰生于1973年5月7日，配李氏生于1978年8月8日，生一子：豪深。

二十三世：豪深生于2007年10月9日。

二十一世：阿娣生于 1943 年 8 月 9 日。

二十一世：亚勤生于 1944 年 2 月 16 日，配戚氏生于 1954 年 11 月 27 日，生三女一子，长女：志芳生于 1982 年 4 月 18 日；次女：志英生于 1987 年 9 月 15 日；三女：志清生于 1992 年 4 月 25 日；子：成驰。

二十二世：成驰生于 1984 年 10 月 19 日，配谭氏生于 1987 年 7 月 17 日，生一子：坚雄。

二十三世：坚雄生于 2013 年 11 月 10 日。

二十世：国伦配梁氏生五子：德羡、德章、德扬、德禄、德业。

二十一世：德羡生于 1938 年润 7 月 30 日，副局级，配梁氏生于 1937 年 2 月 27 日，中师，生四子：成孟、成赞、成颜、成杰。

二十二世：成孟生于 1965 年 3 月 12 日，本科正局级，配陈氏生于 1968 年 3 月 7 日，本科，生一子：皓泰。

二十三世：皓泰生于 1994 年 10 月 30 日，国大学历。

二十二世：成赞生于 1967 年 7 月 29 日，本科正股级，配胡氏生于 1971 年 6 月 23 日，大学，生一子：烜睿。

二十三世：烜睿生于 2000 年 6 月 12 日。

二十二世：成颜生于 1970 年 9 月 28 日，本科学历，配魏氏生于 1973 年 7 月 4 日，大学，生一子：博荣。

二十三世：博荣生于 2007 年 9 月 26 日。

二十二世：成杰生于 1973 年 8 月 20 日，大学学历，配刘氏生于 1981 年 8 月 21 日，大学学历，生一女一子：女：凌菲生于 2009 年 8 月 29 日；子：耿堃。

二十三世：耿堃生于 2011 年 3 月 4 日。

二十一世：德章生于 1943 年 10 月 12 日，配罗氏生于 1952 年 8 月 25 日，生二女二子，长女：艳红生于 1989 年 7 月 10 日，大学学历，嫁杨柑；次女：艳丽生于 1991 年 7 月 17 日，大学学历；子：成增、成壮。

二十二世：成增生于 1985 年 6 月 30 日，大学学历。成壮生于 1987 年 11 月 12 日。

二十一世：德杨生于 1951 年 12 月 6 日，配陈氏生于 1952 年 11 月 4 日，生一女双胞胎子：女：荣梅生于 1980 年 12 月 9 日，嫁北海；子：成满、成活。

二十二世：成满生于 1979 年 1 月 10 日，配黄氏生于 1980 年 3 月 10 日。

二十二世：成活生于1979年1月10日，配邓氏生于1983年10月10日，生二子：境釜、梓昊。

二十三世：境釜生于2007年1月17日；梓昊生于2009年12月16日。

二十一世：德禄生于1954年6月1日，卒于2010年10月28日，配陈氏生于1957年3月25日，生一女一子：女：淑昕生于1984年6月6日，国本；子：成柳。

二十二世：成柳生于1982年8月19日，大学学历，配昌氏生于1985年10月1日，生一女：凯妍生于2013年7月23日。

二十一世：德业生于1957年8月17日，配王氏生于1959年7月1日，生双胞胎女一子，长女：晓暖生于1984年2月11日；次女：晓娴生于1984年2月11日；子：成智。

二十二世：成智生于1985年7月11日，卒于2010年6月16日，配陈氏生于1988年11月1日，生一子：高源。

二十三世：高源生于2010年8月11日。

十八世：戚淮妣邹氏生四子：廷拔、廷超、廷升●、廷艳●。

十九世：廷拔配麦氏生四子：亚佑●、国庆、国祥、阿贤●。

二十世：国庆配卢氏生四子：树文●、亚生●、南统、德友。

二十一世：南统生于1946年8月20日，配越南氏生一女三子：女：亚金生于1996年8月5日；子：远仔、佳仔、球仔。

二十二世：远仔生于1990年5月17日；佳仔生于1991年9月4日，配李氏生于1992年8月10日，生一子：俊轩。

二十三世：俊轩生于2012年1月4日。

二十二世：球仔生于1994年12月19日。

二十一世：德友生于1951年1月17日，卒于2000年4月3日，配杜氏生于1951年12月20日，生三女一子，长女：树琴生于1981年7月25日，嫁湖北省武汉市；次女：惠连生于1985年8月9日，嫁河南省护沟县；三女：观莉生于1994年11月20日；子：景峰。

二十二世：景峰生于1979年11月6日，配陈氏生于1992年9月16日，生二子：永恒、锦晖。

二十三世：永恒生于 2011 年 3 月 17 日；锦晖生于 2013 年 5 月 9 日。

二十世：国祥配谢氏生三子：德兴、候荣●、树来●。

二十一世：德兴生于 1942 年 10 月 27 日，配陈氏生于 1948 年 1 月 4 日，生一女三子：女：树芬生于 1973 年 9 月 10 日，嫁沙坡村；子：成大、成贵、观华。

二十二世：成大生于 1969 年 2 月 18 日，配黄氏生于 1971 年 5 月 15 日，生一女：文汐生于 1996 年 7 月 16 日。

二十二世：成贵生于 1975 年 9 月 11 日，配梁氏生于 1978 年 11 月 14 日，生二女一子：长女：韵琪生于 2002 年 3 月 24 日；次女：韵洁生于 2005 年 7 月 14 日；子：俊爵。

二十三世：俊爵生于 2008 年 11 月 20 日。

二十二世：观华生于 1985 年 3 月 16 日。

十八世：戚华配陈氏生二子：王笑、亚美。

十九世：王笑、亚美（均未详）。

十六世：文秀妣袁氏生二子：庆华、阿二●。

十七世：庆华妣昌氏生四子：戚纶、戚纪、戚楷、戚彬。

十八世：戚纶妣龚氏生二子：廷瑚、廷琏。

十九世：廷瑚配林氏生六子：阿灵●、国安、国平、国康、国乐、国和。

二十世：国安配杨氏生三子：王有配褐氏●、德贤、德才。

二十一世：德贤妣吴氏续娶蔡氏，以上二氏无子续王氏生二子：妾周氏生一子，共三子：成尧、亚敏●、亚权配越南人（出嫁）。

二十二世：成尧军校配梁氏生于 1928 年 2 月 20 日，生五子：俊明、俊岳、俊灿、俊展、普章。

二十三世：俊朋生于 1957 年 6 月 18 日，配陈氏生于 1960 年 12 月 5 日，生一女四子：女：碧琪生于 1992 年 11 月 23 日，大学学历；子：华业、华滔、华锋、华成。

二十四世：华业生于 1981 年 10 月 1 日，配詹氏生于 1981 年 10 月 15 日，生一女一子：女：宇玲生于 2002 年 8 月 19 日；子：宇宁。

二十五世：宇宁生于 2004 年 7 月 11 日。

二十四世：华滔生于 1985 年 8 月 28 日，大学学历；华锋生于 1990 年 6 月 27 日，大学学历；华成生于1996年5月18日，卒于2013年8月13日。

二十三世：俊岳生于1960年3月20日，配彭氏生于1964年4月2日，生二女二子：
长女：健秀生于1989年8月16日；次女：健丽生于1991年6月28日；
子：河泽、境壮。

二十四世：河泽生于1986年8月9日，配吴氏生于1989年7月18日，生一子：浩研。

二十五世：浩研生于2012年3月6日。

二十四世：境壮生于1987年10月5日。

二十三世：俊灿生于1964年11月8日，本科大学，配邓氏生于1974年4月2日，
生一女一子：女：馨文生于2007年11月22日；子：杰斌。

二十四世：杰斌生于2003年8月18日。

二十三世：俊展生于1967年8月24日，本科大学，配殷氏生于1975年3月2日，
生一女一子：女：艺凌生于1996年11月4日；子：浩森。

二十四世：浩森生于2000年4月2日。

二十三世：普章生于1969年11月19日，配张氏生于1970年12月8日，生一子：
润璞。

二十四世：润璞生于1997年11月3日。

二十一世：德才配王氏生二子：亚满●、亚海●。

二十世：国平配欧氏生四子：德元、德亨、德利、德贞●。

二十一世：德元配黄氏续配陈氏生五子：成源、成泉、阿伟●、成丰、阿高●。

二十二世：成源生于1923年9月26日，卒于2010年1月17日，配梁氏生于
1928年12月6日，生二子：亚锦、俊堂。

二十三世：亚锦生于1948年2月5日，卒于1984年8月1日。

二十三世：俊堂生于1957年11月11日，配林氏生于1961年3月12日，生二子：
桂兴、桂盛。

二十四世：桂兴生于1981年6月15日；桂盛生于1983年10月28日，大学学历，
配陈氏生于1984年5月10日，生二女：长女：咏怡生于2010年11月
24日；次女：琬莲生于2012年7月3日。

二十二世：成泉生于1932年3月11日，卒于2013年9月21日，配梁氏生于
1935年11月8日，生三子：俊佳、王景●、俊旋。

二十三世：俊佳生于 1961 年 9 月 16 日，配李氏生于 1960 年 10 月 13 日，生一女四子：
女：桂珠生于 1989 年 8 月 18 日；子：树修●、桂考、桂宜、桂实。

二十四世：桂考生于 1984 年 8 月 28 日，配罗氏生于 1989 年 11 月 28 日，生一子：
炽樾。

二十五世：炽樾生于 2009 年 12 月 14 日。

二十四世：桂宜生于 1987 年 5 月 9 日，配邹氏生于 1991 年 3 月 4 日，生一女：紫
怡生于 2012 年 10 月 25 日。

二十四世：桂实生于 1991 年 11 月 30 日。

二十三世：俊旋生于 1978 年 10 月 12 日，配戴氏生于 1984 年 7 月 10 日，生二女：
长女：苑淇生于 2011 年 6 月 15 日；次女：钰儿生于 2013 年 11 月 28 日。

二十二世：成丰生于 1938 年 9 月 1 日，配杨氏生于 1944 年 9 月 18 日，生二女五子：
长女：翠连生于 1976 年 8 月 20 日，嫁遂城镇新安村；次女：凤连生于
1979 年 9 月 16 日，嫁深圳东门；子：俊和、俊帅、华崧●、俊颖、俊琛。

二十三世：俊和生于 1972 年 4 月 27 日，配陈氏生于 1973 年 11 月 25 日，生四女一子：
长女：丽诗生于 1994 年 6 月 5 日；次女：诗敏生于 1996 年 8 月 26 日；
三女：敏霞生于 1998 年 8 月 1 日；四女：诗华生于 2000 年 10 月 8 日；
子：柏龄。

二十四世：柏龄生于 2003 年 8 月 25 日。

二十三世：俊帅生于 1974 年 7 月 10 日，配廖氏生于 1981 年 9 月 27 日，生一女一
子：女：芊蔓生于 2001 年 4 月 6 日；子：桂梓。

二十四世：桂梓生于 2003 年 4 月 24 日。

二十三世：俊颖生于 1983 年 10 月 12 日。

二十三世：俊琛生于 1994 年 2 月 7 日。

二十一世：德利配李氏生二子：阿标●、成科。

二十二世：成科生于 1938 年 10 月 11 日，卒于 1998 年 12 月 13 日，配钟氏生三女一子：
长女：果仔生于 1976 年 8 月 5 日，嫁徐屋村；次女：意仔生于 1977 年
9 月 18 日，嫁遂溪关塘；三女：美华生于 1982 年 11 月 21 日，嫁廉江
良垌；子：俊托。

二十三世：俊托生于 1979 年 9 月 10 日。

二十世：国康配邹氏生三子：德乾、德坤、德享（出继国和）。

二十一世：德乾配林氏生二子：成玉、成程。

二十二世：成玉配周氏生一子：俊勇。

二十三世：俊勇生于1969年3月8日，配卢氏生于1968年9月21日，生一子：浩然。

二十四世：浩然生于1997年6月19日。

二十二世：成程生于1945年11月17日。

二十一世：德坤配陈氏生二子：阿爵●、阿敦●。

二十世：国乐配王氏生二子：德纯、亚就●。

二十一世：德纯配陈氏生一子：成华。

二十二世：成华生于1949年9月20日，卒于2011年2月18日，配陈氏生于1941年7月25日，生四女二子：长女：小丽生于1960年8月16日，嫁边坡岭；次女：小惠生于1965年7月29日，嫁文考塘；三女：小兰生于1968年1月28日，嫁龙湾仔；四女：小琴生于1971年8月27日，嫁良垌；子：俊泼、俊兴。

二十三世：俊泼生于1961年9月2日，配杨氏生于1965年11月15日，生三女一子：长女：燕飞生于1989年12月26日；次女：桂婵生于1994年12月14日；三女：桂娜生于1997年2月1日；子：桂桓。

二十四世：桂桓生于1990年12月6日。

二十三世：俊兴生于1973年1月10日，配黄氏生一子：耀威。

二十四世：耀威生于1998年6月6日。

二十世：国和配钟氏，一子：德享（入继）。

二十一世：德享配赵氏生五子：成基、阿球●、阿彬●、妹屎●、阿贞●。

二十二世：成基卒于1983年1月15日，配王氏生于1927年7月29日，生五子：阿国●、俊升、俊喜、俊庚、俊强。

二十三世：俊升生于1954年6月9日，配郭氏生于1971年10月15日，生一子：宇康。

二十四世：宇康生于2003年5月6日。

二十三世：俊喜生于1957年11月15日，配梁氏生于1961年5月6日，生三女二子：长女：美连生于1980年5月13日，嫁永华村；次女：燕秋生于1985

年8月27日，嫁西厅七村；三女：燕珍生于1991年6月27日，嫁章木根；子：桂新、桂华。

二十四世：桂新生于1981年10月13日，卒于2008年8月3日；桂华生于1987年6月16日，配陈氏生于1984年8月2日，生一女：木英生于2012年9月1日。

二十三世：俊庚生于1961年11月22日，配林氏生于1965年7月30日，生一子：瑞祥。

二十四世：瑞祥生于1987年6月8日。

二十三世：俊强生于1970年5月4日，配周、邱二氏，邱氏生二女：长女：玉婷生于1996年8月7日；次女：雅婷生于2008年7月6日。

十九世：廷琏配陈氏生五子：国梅、国林、阿田●、国南、国标。

二十世：国梅配陈氏生四子：德明、德成妣龚氏●、德仲、德升。

二十一世：德明配戴、杨二氏，生四子：阿荣●、亚二●、亚三●、成进。

二十二世：成进生于1949年11月2日，配肖氏生于1953年12月5日，生一女二子：女：丽芳生于1992年8月7日，嫁马安古洋村；子：俊懂、俊广。

二十三世：俊懂生于1978年9月23日，配李氏生于1977年2月24日，生二女一子：长女：玉锦生于2005年5月3日；次女：观真生于2007年6月9日；子：景冠。

二十四世：景冠生于2002年3月11日。

二十三世：俊广生于1979年9月6日，配龚氏生于1983年8月21日，生一子：伟民。

二十四世：伟民生于2011年12月5日。

二十一世：德仲配蔡氏生五子：成忠、成庆、景留●、阿四●、阿五●。

二十二世：成忠生于1947年3月6日，配沈氏生于1951年11月27日，生三女二子：长女：碧连生于1980年11月3日，嫁马安新建村；次女：平霞生于1983年1月30日，嫁麻章赤岭村；三女：春娜生于1985年9月24日，嫁云浮郁南大方镇；子：俊献、俊纲。

二十三世：俊献生于1978年1月25日，配何氏生于1986年6月18日，生二子：文昊、慕宁。

二十四世：文昊生于2010年6月4日；慕宁生于2012年6月4日。

二十三世：俊纲生于 1989 年 7 月 6 日，配陈氏生于 1990 年 11 月 13 日，生二女：
长女：理冰生于 2009 年 10 月 22 日；次女：紫淇生于 2012 年 4 月 28 日。

二十二世：成庆生于 1949 年 8 月 5 日，卒于 2004 年 11 月 9 日，配罗氏生于 1965
年 11 月 28 日，生二女二子：长女：金凤生于 1986 年 11 月 24 日，嫁
打古凼；次女：王琴生于 1990 年 2 月 28 日；子：王艺、王颖。

二十三世：王艺生于 1992 年 2 月 28 日；王颖生于 1995 年 11 月 16 日。

二十一世：德升配肖氏生一子：成倍。

二十二世：成倍生于 1964 年 7 月 1 日，配黄氏生于 1977 年 9 月 15 日，生二女二子：
长女：景卫生于 2002 年 2 月 24 日；次女：景娴生于 2004 年 4 月 27 日；
子：海剑、海桥。

二十三世：海剑生于 2007 年 3 月 2 日；海桥生于 2010 年 1 月 23 日。

二十世：国林配梁氏生一子：德清配李氏●。

二十世：国南配肖氏生六子：德君、德耀、德周、德隆妣陈氏●、德恩、德养。

二十一世：德君配杨氏生五子：成业、成燕、成标、成维、伟华。

二十二世：成业生于 1948 年 5 月 13 日，配郑氏生于 1950 年 11 月 24 日，卒于
2010 年 4 月 24 日，生五子：无名●、俊生、俊达、俊广、俊雷。

二十三世：俊生生于 1974 年 8 月 25 日。

二十三世：俊达生于 1976 年 9 月 6 日，配陈氏生于 1978 年 12 月 24 日，生二女一子：
长女：敬涵生于 2005 年 3 月 7 日；次女：泽丹生于 2009 年 10 月 10 日；
子：轩铭。

二十四世：轩铭生于 2007 年 1 月 7 日。

二十三世：俊雷生于 1988 年 12 月 9 日。

二十二世：成燕生于 1951 年 10 月 5 日，配杜氏生于 1951 年 12 月 30 日，生一女一子，
子：志武。

二十三世：志武生于 1980 年 9 月 5 日，配黄氏生于 1988 年 4 月 14 日，生二子：伟斌、
伟明。

二十四世：伟斌生于 2003 年 7 月 18 日；伟明生于 2009 年 3 月 29 日。

二十二世：成标生于 1954 年 7 月 27 日，配吴氏生于 1959 年 2 月 12 日，生二女四子：
长女：树红生于 1992 年 7 月 7 日；次女：王韬生于 1996 年 9 月 10 日；

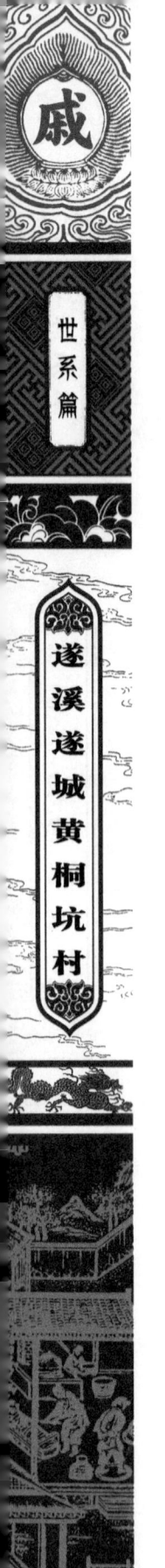

子：俊本、阿二●、俊焕●、观浩。

二十三世：俊本生于 1983 年 12 月 29 日；观浩生于 2001 年 9 月 8 日。

二十二世：成维生于 1957 年 1 月 15 日，配陈氏生于 1962 年 2 月 21 日，生一女二子：女：思玲生于 1985 年 9 月 15 日，嫁广州松江；子：俊林、俊城。

二十三世：俊林生于 1983 年 2 月 12 日，配利氏生于 1985 年 7 月 15 日，生二子：展硕、展锐。

二十四世：展硕生于 2011 年 4 月 4 日；展锐生于 2012 年 4 月 21 日。

二十三世：俊城生于 1986 年 11 月 27 日。

二十二世：伟华生于 1966 年 6 月 28 日，大学学历，配陆氏生于 1968 年 9 月 2 日，生一女：靖渝生于 1999 年 2 月 25 日。

二十一世：德耀生于 1921 年 9 月 24 日，卒于 2007 年 12 月 1 日，配杨氏生于 1931 年 4 月 17 日，生二女四子：长女：树兰，嫁韩屋仔；次女：小芳，嫁海康；子：成伟、成贤、成廉、成焦。

二十二世：成伟生于 1951 年 4 月 24 日，配陈氏生于 1953 年 3 月 3 日，生三女五子：长女：树连生于 1982 年 7 月 2 日，嫁青平；次女：树娟生于 1988 年 8 月 18 日，嫁营下；三女：树清生于 1996 年 12 月 10 日；子：俊忠、俊胜、无名●、俊尧、俊东。

二十三世：俊忠生于 1979 年 7 月 28 日，配李氏生于 1981 年 9 月 21 日，生二女一子：长女：曼婷生于 2009 年 1 月 9 日；次女：曼茵生于 2010 年 8 月 17 日；子：浩云。

二十四世：浩云生于 2012 年 9 月 29 日。

二十三世：俊胜生于 1984 年 11 月 6 日，配黄氏生于 1988 年 10 月 19 日，生二子：贵驰、羽仪。

二十四世：贵驰生于 2009 年 1 月 15 日；羽仪生于 2011 年 1 月 13 日。

二十三世：俊尧生于 1990 年 5 月 19 日；俊东生于 1996 年 1 月 11 日。

二十二世：成贤生于 1954 年 11 月 23 日，配肖氏生于 1959 年 1 月 29 日，生二女二子：长女：金连生于 1987 年 3 月 25 日，嫁四九；次女：田春生于 1989 年 4 月 3 日，嫁海南；子：俊宝、俊良。

二十三世：俊宝生于 1981 年 1 月 25 日，配袁氏生于 1982 年 1 月 2 日，生二女：长女：

金菲生于 2009 年 2 月 7 日；次女：林慧生于 2010 年 8 月 8 日。

二十三世：俊良生于 1984 年 8 月 28 日，配陈氏生于 1987 年 6 月 15 日。

二十二世：成廉生于 1959 年 9 月 25 日，配陆氏生于 1961 年 11 月 1 日，生二女二子：长女：景珍生于 1986 年 10 月 30 日，嫁北门；次女：桂春生于 1992 年 1 月 12 日，本科大学；子：俊佩、俊瑾。

二十三世：俊佩生于 1984 年 12 月 20 日，配姚氏生于 1988 年 7 月 14 日，生一子：桂颖。

二十四世：桂颖生于 2013 年 10 月 4 日。

二十三世：俊瑾生于 1988 年 7 月 6 日。

二十二世：成焦生于 1967 年 8 月 28 日，配刘氏生于 1965 年 11 月 2 日，生三子：景昌、俊尚、俊凤。

二十三世：景昌生于 1989 年 5 月 17 日；俊尚生于 1990 年 8 月 4 日；俊凤生于 1990 年 8 月 4 日。

二十一世：德周配蔡氏生一子：田就。

二十二世：田就配凡氏生四女一子：长女：观雪生于 1992 年 7 月 2 日；次女：境娣生于 1994 年 4 月 25 日；三女：田喜生于 1996 年 4 月 25 日；四女：树丽生于 1997 年 10 月 15 日；子：康林。

二十三世：康林生于 2002 年 8 月 26 日。

二十二世：德恩生于 1939 年 9 月 9 日，配陈氏生于 1946 年 10 月 10 日，生二女二子，子：小经、小纬。

二十二世：小经生于 1974 年 11 月 5 日，配李氏生于 1977 年 7 月 11 日，生一女：钰钰生于 2002 年 4 月 9 日。

二十二世：小纬生于 1974 年 1 月 5 日，配蔡氏生于 1975 年 11 月 5 日，生一女：可蓝生于 2013 年 1 月 23 日。

二十一世：德养生于 1945 年 4 月 11 日，配肖氏生于 1947 年 6 月 14 日，卒于 1982 年 9 月 24 日，生二女二子：长女：信梅生于 1968 年 9 月 11 日，嫁老花村；次女：月珍生于 1974 年 11 月 24 日，嫁石头奶；子：成冠、成力。

二十二世：成冠生于 1970 年 10 月 13 日，配黎氏生于 1970 年 10 月 24 日，生二女二子：

长女：东玲生于 1993 年 11 月 10 日；次女：东娜生于 1994 年 10 月 30 日；子：王柳、翼仔。

二十三世：王柳生于 1972 年 7 月 19 日；翼仔生于 1998 年 9 月 2 日。二十二世：成力生于 1976 年 2 月 11 日，配刘氏生于 1977 年 6 月 19 日，生二女一子：长女：文慧生于 2001 年 5 月 2 日；次女：文蕙生于 2009 年 2 月 1 日；子：俊彬。

二十三世：俊彬生于 2006 年 9 月 4 日。

十八世：戚纪配房氏生三子：廷碧、廷玉、廷珊。

十九世：廷碧配文氏生三子：国炳●、国发、候旺（未详）。

二十世：国发配余、梁二氏生四子：阿文●、德禄、候树●、德寿。

二十一世：德禄配梁氏，取戚姓之子入断：成跃。

二十二世：成跃生于 1970 年 4 月 9 日，配钟氏生于 1975 年 4 月 15 日，生二女二子：长女：灿丽生于 2001 年 2 月 29 日；二女：玉如生于 2006 年 8 月 6 日；子：境良、境豪。

二十三世：境良生于 1995 年 8 月 6 日；境豪生于 1977 年 6 月 22 日。

二十一世：德寿生于 1931 年 7 月 16 日，卒于 1974 年 2 月 2 日，配陈氏生于 1936 年 10 月 1 日，生二女三子：长女：亚彩生于 1962 年 1 月 10 日，嫁北拉；次女：小玲生于 1970 年 12 月 14 日，嫁白沙水；子：成彬、成栋、成超。

二十二世：成彬生于 1957 年 6 月 20 日，配王氏生于 1958 年 12 月 5 日，生一子一女收养一女：女：彩连生于 1980 年 11 月 21 日，嫁礼村；养女：晓妹生于 1987 年 8 月 14 日，嫁屋仔洋；子：俊海。

二十三世：俊海生于 1982 年 12 月 1 日，配陈氏生于 1987 年 7 月 9 日，生二女一子：长女：洁怡生于 2007 年 8 月 13 日；次女：洁莹生于 2010 年 11 月 8 日；子：伟潮。

二十四世：伟潮生于 2013 年 1 月 20 日。

二十二世：成栋生于 1959 年 7 月 29 日，配文氏生于 1964 年 4 月 20 日，生一女二子：女：小燕生于 1987 年 11 月 11 日，触电天；子：志生、华火。

二十三世：志生生于 1983 年 7 月 7 日，配陆、郑二氏生于 1986 年 9 月 16 日，生一女一子：女：卉枝生于 2004 年 9 月 4 日；子：桂嵘。

二十四世：桂嵘生于2007年11月13日。

二十三世：华火生于1985年2月19日，配陈氏生于1987年6月18日，生一女一子：女：楚玲生于2010年3月21日；子：子游。

二十四世：子游生于2013年4月10日。

二十二世：成超生于1964年2月19日，卒于2011年2月24日，配麦氏生于1964年8月26日，生二子：俊群、田仔。

二十三世：俊群生于1985年9月29日，配吴氏生于1983年10月4日，生一女二子：女：铭姬生于2005年6月22日；子：桂庭、桂轩。

二十四世：桂庭生于2008年4月28日；桂轩生于2010年4月26日。

二十三世：田仔生于1989年4月26日。

十九世：廷玉配杨氏生四子：阿陈●、阿益●、阿怡●、阿浩●。

十九世：廷珊配陈氏生三子：国秀、亚周●、亚九●。

二十世：国秀配杨氏生四子：德荣●、德茂、德坤●、德富●。

二十一世：德茂卒于2011年9月12日，配袁氏，取戚姓之子入继：成志。

二十二世：成志生于1967年9月3日，配刘氏生于1969年1月25日，生六女一子：长女：景雪生于1992年5月18日；次女：田洁生于1995年4月16日；三女：诗岚生于1996年12月30日；四女：四妹生于1997年9月9日，送他人收养；五女：五妹生于1999年6月28日，送他人收养；六女：美拉生于2001年11月22日；子：宇航。

二十三世：宇航生于2006年6月17日。

十六世：文秀妣袁氏生二子：庆华、亚二●。

十七世：庆华妣昌氏生四子：戚伦（另续）、戚纪（另续）、戚楷（不详）、戚彬。

十八世：戚彬妣欧氏生一子：廷瑞。

十九世：廷瑞配朱氏生二子：国成、阿明（未详）。

二十世：国成配王氏生二子：阿春●、阿秋●。

十五世：思信配陈氏生三子，公葬沙母湾日清公左边，婆葬处不明，生三子：文敬、文升、文效。

十六世：文敬配陈氏，公葬在荒田岭，婆葬在公左边，生五子：庆荣、庆朝、庆香配黄氏、陈●、庆茂。

十七世：庆荣配许氏生一子：戚英。

十八世：戚英配龚氏取飑之子入继：廷新。

十九世：廷新配杨氏生三子：亚养●、亚灵●、国修。

二十世：国修配阮氏生三子：德来●、阿候●、阿九。

二十一世：阿九生于1933年12月9日，配卢氏。

十七世：庆朝配赵氏生六子：戚飑、戚安、戚明、戚兴、戚相、戚升。

十八世：戚飑配黄氏生三子：廷思、廷豪、廷新。

十九世：廷思配陈氏生五子：陈广●、国丰●、国永、国祯、国祥●。

二十世：国永配卢氏生二子：阿旺●、德兴●。国祯配蓝氏生四子：阿顺●、德文、德昭、阿朝●。

二十一世：德文配陈氏生二子：景山●、成和。

二十二世：成和生于1957年10月19日，配梁氏生于1959年8月26日，生三子二女，长女王燕生于1989年10月11日，嫁塘缀林屋村；次女田英生于1991年8月16日；子：俊琅、景威●、景桃。

二十三世：俊琅生于1982年3月6日，配杨氏生于1985年10月23日，生一子一女，女诗彤生于2013年6月16日；子：王浩。

二十四世：王浩生于2011年6月25日。

二十三世：景桃生于1987年11月12日。

二十一世：德昭妣肖氏生一子：成佳。

二十二世：成佳生于1953年5月17日，配钟氏生于1962年7月8日，生二子二女，长女秋晓生于1983年7月15日；次女秋云生于1987年11月2日，嫁遂溪岭北圩；子：秋文、秋武。

二十三世：秋文生于1984年9月6日；秋武生于1991年3月16日。

十九世：廷豪配方氏生二子：华六●、田生●。

十八世：戚安配卢氏生一子：廷志。

十九世：廷志配陈氏生三子：土养●、土富●、亚林●。

十八世：戚明配全氏生二子：廷玺●、廷才。

十九世：廷才，阿纪。

十八世：戚兴配许氏生一子：廷标。

十九世：廷标配欧氏生一子：国球。

二十世：国球配郭氏生二子：阿让●、阿辉●。

十八世：戚相配王氏生二子：廷安、廷贵●。

十九世：廷安配刘氏生四子：长子失名●、国兴（妣钟氏）●、国荣（妣陈氏）●、国秋●。

十八世：戚升妣刘氏生二子：廷文、廷章。

十九世：廷文配黄氏生四子：国铨、国登、国熙（配刘陈二氏●）、国恩。

二十世：国铨配黎氏生三子：亚养●、德春、德光。

二十一世：德春配杨氏生五子：田安●、成崧、阿三●、文富、成威。

二十二世：成崧生于1936年1月14日，卒于2006年7月9日，配黄氏生于1942年5月19日，生三子一女，女小婵生于1978年10月16日，嫁麻章；子：俊斯、俊慧、智波。

二十三世：俊斯生于1971年8月16日，配沈氏生于1973年11月22日，生二子：志远、湖锐。

二十四世：志远生于1996年9月18日；湖锐生于2007年2月2日。

二十三世：俊慧生于1973年10月18日，配黄氏生于1974年10月11日，生一子：思浩。

二十四世：思浩生于2001年1月27日。

二十三世：智波生于1976年1月26日。

二十二世：文富生于1946年7月16日，迁居湛江东纯村，配陈氏，生一子：俊敏。

二十三世：俊敏生于1981年3月17日，配李氏生于1985年8月10日，生一女：女依明生于2013年3月2日。

二十二世：成威生于1951年9月6日，配欧氏生于1957年1月29日，生一子二女；子：俊如。

二十三世：俊如生于1984年6月8日，配陆氏生于1983年5月1日，生一子二女，长女柳怡生于2008年4月26日；次女柳诗生于2013年4月4日，子：柳杰。

二十四世：柳杰生于2011年5月15日。

二十一世：德光生于1911年6月16日，卒于2002年1月8日，配钟氏生于1915

年9月17日，卒于1993年2月8日，生五子：成忠、成德、成连、成芳、成艺。

二十二世：成忠生于1941年8月23日，适居阳春成西大道四巷9号，配冯氏生于1949年1月13日，生一子一女，女海燕生于1974年9月1日；子：俊昌。

二十三世：俊昌生于1978年9月19日，配梁氏生于1979年9月4日，生一子：文嘉。

二十四世：文嘉生于2008年4月18日。

二十二世：成德配韦氏生二子：观宇、王宙。

二十三世：观宇生于1993年9月8日；王宙生于1995年4月1日。

二十二世：成连生于1949年1月15日，配吴氏生于1961年3月27日，生二子二女，长女华英生于1988年7月4日，嫁湖南来阳；次女华建生于1991年10月25日；子：俊君、华茂。

二十三世：俊君生于1983年8月8日，大学，配黎氏生于1985年5月13日。华茂生于1985年10月14日。

二十二世：成芳生于1954年7月13日，配欧氏生于1962年11月10日，生二子二女，长女海云生于1989年7月22日；次女海娜生于1991年6月28日；子：华权、王兴。

二十三世：华权生于1990年7月12日；王兴生于1995年5月13日。

二十二世：成艺生于1957年7月15日，配陆氏生于1959年3月8日，生三子二女，长女观珠生于1988年3月28日，嫁遂溪北坡林场；次女青兰生于1991年4月10日；子：观夏、田虾●、王杰。

二十三世：观夏生于1986年5月2日；王杰生于1993年8月19日，配陈氏生于1995年12月16日，生一子：桂璟。

二十四世：桂璟生于2013年12月11日。

二十世：国登配梁梁郑三氏生五子：德胡配李氏出●、阿和●、王良●、德全、珍宝。

二十一世：德全生于1945年6月28日，配潘氏生于1954年，生一子一女，出走时怀有身孕，女泽芳生于1980年10月10日；子：金毓。

二十二世：金毓生于1988年，被潘氏带往广西马山古灵乡桥老村小都屯。

二十一世：珍宝生于1951年7月25日，落业湛江，配陈氏生于1953年1月7日，生二子二女，长女嫦娟生于1979年8月12日，嫁重庆三建绿春坝村；

次女月兰生于1981年10月12日,嫁廉江良垌大坡福村;子:成毓、桂瑜。

二十二世:成毓生于1977年4月3日,配吴氏生于1979年12月11日,生三子:长子无名、耀文、继元。

二十三世:耀文生于2008年1月9日。继元生于2012年4月16日。

二十二世:桂瑜生于1983年10月21日,跆拳道四段任湛江市赤坎区跆拳道训练基地,跆拳道协会、振东跆拳道馆馆长,总教练,配林氏生于1988年5月25日,生一子:倍源。

二十三世:倍源生于2012年9月26日。

二十世:国思配李氏生二子:阿庆●、德严。

二十一世:德严生于1940年9月23日,配黄氏生于1966年12月6日,生一子二女,长女树兰生于1989年2月28日,嫁高州市官冲低山村;次女树梅生于1991年5月27日,嫁吴川振文大桥彭屋村;子:王晓。

二十二世:王晓生于1987年10月4日。

十九世:廷章配许氏生四子:阿益●、阿和●、国祈●配蔡氏出、周灵●。

十七世:庆茂配陈氏生五子:戚仁、戚义、戚礼、戚智、戚信●。

十八世:戚仁配房氏生三子:廷珍、廷珠、廷宝。

十九世:廷珍配陈氏生二子:国泰、亚贤●。

二十世:国泰配陈氏生一子:德宽。

二十一世:德宽配许、肖二氏生一子:亚用●。

十九世:廷珠配杨氏生四子:国崧、国柱、国海●、国森●。

二十世:国崧配孔氏生一子:光前●。

二十世:国柱配苏氏生三子:长子失名●、德新、德卯●配李氏出。

二十一世:德新配赖氏生一子:成林。

二十二世:成林生于1939年4月17日,遂溪城落业,配肖氏生于1941年5月9日,生二子二女,妾黄氏生于1959年5月20日,长女玉兰生于1965年7月4日,迁珠海市区落业;次女玉青生于1971年4月27日,迁珠海市区落业;三女玉琼生于1975年1月8日,本科嫁珠海市;子:俊龙、俊彪。

二十三世:俊龙生于1962年1月8日,配钟氏生于1961年12月21日,生二子二女,长女桂瑚生于1986年12月17日,大学,迁珠海市区落业;次女桂婧生于1989年6月27日，嫁遂溪城；子：桂寓、桂棒。

二十四世：桂寓生于1984年6月27日，高技；桂棒生于1992年5月24日。

二十三世：俊彪生于1968年6月22日，本科，遂一中任教，配周氏生于1977年11月10日，生二子：桂川、桂响。

二十四世：桂川生于1999年9月4日；桂响生于2001年6月24日。

十九世：廷宝配许氏生五子：国家、阿章●、国升配黎氏出●、国彬、候信●。

二十世：国家配梁全二氏，生三子：德忠配王氏●、良养●、德森。

二十一世：德森配肖氏生一子：成锦。

二十二世：成锦生于1957年5月9日，配李氏生于1962年1月19日，生二子一女，女凤英生于1984年9月26日；子：俊兴、俊华。

二十三世：俊兴生于1983年1月29日，配庞氏生于1985年12月2日，生一子一女，女思慧生于2011年5月24日；子：桂孀。

二十四世：桂孀生于2009年7月12日。

二十三世：俊华生于1987年1月28日。

二十世：国彬配陈氏生三子：阿东、德水、德兆。

二十一世：阿东生于1937年6月26日，配梁氏生于1977年11月15日，生一子二女。长女珍燕生于1999年6月21日；次女万丽生于2003年3月29日；子：成昊。

二十二世：成昊生于2010年8月29日。

二十一世：德水生于1945年1月17日，配陈氏生于1945年6月14日，生二子二女，长女亚平生于1973年9月24日，嫁遂溪桃溪村；次女如芳生于1976年2月1日，嫁遂溪合塘村；子：成恳、成交。

二十二世：成恳生于1978年12月11日，配黄氏生于1982年8月22日，生二子一女，女铭慧生于2005年6月29日；子：俊棱、俊元。

二十三世：俊棱生于2009年5月12日；俊元生于2012年4月3日。

二十二世：成交生于1983年4月5日，配陈氏生于1985年5月6日，生一子：俊煜。

二十三世：俊煜生于2012年3月2日。

二十一世：德兆生于1951年8月5日，配梁氏生于1955年9月15日，生二子一女，女海清生于1985年4月15日，嫁湖南尖山村；子：成香、成湛。

二十二世：成香生于1979年8月17日，配谢氏生于1978年11月22日，生三子：俊基、俊钧、俊达。

二十三世：俊基生于2006年12月2日；俊钧生于2008年3月24日；俊达生于2013年11月29日。

二十二世：成湛生于1981年10月23日，配陈氏生于1990年8月7日，生一子：俊烽。

二十三世：俊烽生于2013年8月15日。

十八世：戚义原配葬村岭仔咀。

十八世：戚礼与婆同葬下低村，配刘氏生三子：阿富●、廷耀、廷辉。

十九世：廷耀配邹氏生一子：满通●。

十九世：廷辉配何氏生四子：阿路●、阿贵●、国英、国坤●配利氏出。

二十世：国英生于1895年，卒于1950年11月11日，配吴符二氏生于1899年，卒于1984年4月10日，生四子：德方、德尧、三子●、德甫。

二十一世：德方生于1925年4月10日，卒于1980年4月10日，配余氏生二子，卒于1965年8月8日，子：候乐●、成统。

二十二世：成统生于1958年7月6日，配何氏生于1964年10月24日，生四子：田余、树允●、烈仔、关仔。

二十三世：田余生于1985年10月27日；烈仔生于1990年1月13日；关仔生于1992年10月9日。

二十一世：德尧生于1928年11月27日，卒于2004年2月8日，配王氏生于1948年9月28日，生一子：成益。

二十二世：成益生于1978年12月19日，配陈氏生于1983年12月19日，生二子：景驰、俊柳。

二十三世：景驰生于2005年9月7日；俊柳生于2008年2月22日。

二十一世：德甫生于1931年10月13日，配陈氏生于1937年7月17日，生三子三女，长女亚连生于1962年1月19日，嫁黄略镇茅村；次女树梅生于1967年10月18日，嫁遂溪龙驾村；三女树杏生于1972年2月26日，嫁广东河源龙川东光新村；子：成赞、水生●、成榕。

二十二世：成赞生于1964年6月15日，配陈氏生于1965年9月13日，生三子：

树柏、王奋、景慧。

二十三世：树柏生于1987年9月26日；王奋生于1989年6月8日；景慧生于1996年10月5日。

二十二世：成榕生于1982年8月3日。

十八世：戚智配陈欧二氏生四子：廷琳、廷球、叔仔●、廷琛。

十九世：廷琳配吴陈二氏生一子：国聪。

二十世：国聪配利氏生五子：华九、候应●、德凤、德源、田梅。

二十一世：华九生于1936年7月19日；

二十一世：德凤生于1945年9月2日，81年湛江地区武术比赛第二名，配陈氏生于1947年6月15日，生二子二女，妾莫氏生于1969年1月9日，生一子，共三子二女；长女：亚芳生于1969年1月1月9日，嫁白沙水；次女亚青生于1974年6月15日，嫁边岭；子：成璀、成耀、成燕。

二十二世：成璀生于1970年4月5日，配陈氏生于1968年7月19日，生二子一女，女文丽生于1992年10月20日，嫁遂溪后公岭村；子：俊文、俊武。

二十三世：俊文生于1992年10月20；俊武生于1995年8月3。

二十二世：成耀生于1977年2月10日，配李氏生于1980年11月8日，生一子二女，长女洁玲生于2001年12月18日；次女洁琪生于2005年10月10日；子：钰宇。

二十三世：钰宇生于2005年10月10日。

二十二世：成燕生于1987年9月8日，配陈氏生于1994年6月21日，生一子：俊智。

二十三世：俊智生于2012年10月15日。

二十一世：德源生于1948年8月6日，配陈氏生于1948年12月19日，生三子一女，女亚英生于1970年11月10日，嫁遂溪学田村；子：成宋、成纯、成信。

二十二世：成宋生于1973年8月19日，配钟氏生于1975年9月21日，生二子：武强、文君。

二十三世：武强生于1995年1月18日；文君生于1996年10月5日。

二十二世：成纯生于1976年4月30日，配黎氏生于1978年2月28日，生一子二女，长女：亚婷生于2002年6月1日；次女：亚瑶生于2004年11月14日；子：俊杰。

二十三世：俊杰生于 2006 年 7 月 9 日。

二十二世：成信生于 1978 年 12 月 13 日，配付氏生一女，女映雪生于 2005 年 1 月 17 日。

二十一世：田梅生于 1951 年 9 月 22 日，配戴氏生于 1953 年 10 月 17 日，生一子一女，女巧明生于 1980 年 9 月 7 日；子：文韬。

二十二世：文韬生于 1983 年 5 月 18 日。

十九世：廷球配叶氏生二子：国杨、国才。

二十世：国杨配王氏生二子：德宏●配陈氏、候炳●。

二十世：国才配梁氏生三子：候平●、候旺、九。

二十一世：候旺生于 1927 年 12 月 26 日。九生于 1942 年 9 月 25 日。

十九世：廷琛配李氏生二子：国胜、国就。

二十世：国胜配李氏生四子：德慧、树同●、亚海●、亚达●。

二十一世：德慧生于 1939 年 4 月 9 日，配邹氏生于 1947 年 7 月 2 日，生五子一女，女树许生于 1972 年 12 月 6 日，嫁遂溪洋新村；子：成立、成廖、成铺、成集、亚本●。

二十二世：成立生于 1968 年 6 月 18 日，配梁氏生于 1967 年 12 月 7 日，生二子三女，长女丽敏生于 1989 年 10 月 19 日；次女丽明生于 1991 年 2 月 22 日，嫁廉江龙湾村；三女观娣生于 1992 年 7 月 29 日，嫁遂溪沙塘村；子：俊豪、俊国。

二十三世：俊豪生于 1996 年 7 月 23 日；俊国生于 1998 年 10 月 19 日。

二十二世：成廖生于 1970 年 1 月 20 日，配周氏生于 1972 年 11 月 23 日，生二子一女，女晓玲生于 1993 年 6 月 2 日；子：杰明、境鑫。

二十三世：杰明生于 1991 年 5 月 11 日；境鑫生于 1995 年 9 月 24 日。

二十二世：成铺生于 1975 年 4 月 17 日，配孔氏生于 1975 年 4 月 17 日，生二子一女，女景微生于 2004 年 11 月 19 日；子：田生、水宇。

二十三世：田生生于 2000 年 10 月 7 日；水宇生于 2007 年 5 月 25 日。

二十二世：成集生于 1977 年 12 月 16 日，配袁氏生于 1980 年 5 月 7 日，生二子一女，女晓冰生于 2007 年 9 月 2 日；子：俊飞、俊钒。

二十三世：俊飞生于 2005 年 8 月 9 日；俊钒生于 2011 年 4 月 9 日。

二十世：国就配赵氏生三子：进发、德喜、德献。

二十一世：进发生于 1946 年 11 月 15 日，配莫氏生于 1957 年，生一子二女，长女燕英生于 1990 年 8 月 16 日；次女燕秋生于 1992 年 2 月 8 日；子：观园。

二十二世：观园生于 1995 年 8 月 5 日。

二十一世：德喜生于 1953 年 2 月 16 日，配罗氏生于 1956 年 3 月 16 日，生三子二女，长女海兰生于 1983 年 6 月 29 日，嫁遂溪乐民下坡村；次女海逢生于 1985 年 6 月 4 日；子：华强、树贤、成球。

二十二世：华强生于 1981 年 10 月 10 日；树贤生于 1989 年 4 月 27 日；成球生于 1991 年 6 月 13 日。

二十一世：德献生于 1956 年 9 月 13 日，配袁氏生于 1958 年 6 月 19 日，生二子一女，女马珍生于 1985 年 2 月 28 日，嫁陕西宝鸡市；子：成岢、成楠。

二十二世：成岢生于 1986 年 10 月 5 日，配方氏生于 1986 年 10 月 16 日，生一子：俊焙。

二十三世：俊焙生于 2007 年 11 月 10 日。

二十二世：成楠生于 1988 年 11 月 12 日。

十六世：文升配邹氏生一子：庆邦。

十七世：庆邦配陈氏生六子：戚方●、戚广、候生●、戚凌、戚胜、戚和。

十八世：戚广配李氏生五子：廷茂、廷华、廷兰、廷藩、廷荣。

十九世：廷茂配邹氏（未详）。廷华配严李二氏生二子：阿球●、阿九●。

十九世：廷兰配杨氏生三子：阿华●、金光●、阿美●。

十九世：廷藩配许氏生四子：阿广●、国章、国樑、阿生（出继）。

二十世：国章配陈氏生四子：德荣、德谋、德松、德瑞。

二十一世：德荣，团长，迁广州市落业，配陆氏，生四子：志明●、耀华、耀峯、耀敏。

二十二世：耀华生于 1961 年 6 月 19 日，广州落业，配夏氏生于 1968 年 8 月 15 日，生一子：志鹏。

二十三世：志鹏生于 1987 年 5 月 4 日，广州落业。

二十二世：耀峯生于 1963 年 10 月 5 日，大学，广州落业，配杨、李二氏，杨氏生于 1979 年 12 月 9 日，生一子；李氏生于 1981 年 9 月 5 日，生一女，女亚艺生于 2005 年 7 月 10 日；子：睿捷。

二十三世：睿捷生于 1988 年 3 月 5 日，广州落业。

二十二世：耀敏生于 1968 年 9 月 4 日，大学，广州落业，配喻氏生于 1972 年 10 月 3 日，生一女：丹妮生于 1993 年 2 月 5 日。

二十一世：德谋配杨氏生于 1940 年 9 月 15 日，生三子：成竹、成宪、成芬。

二十二世：成竹生于 1964 年 5 月 27 日，配王氏生于 1966 年 3 月 24 日，生一子一女，女敏贞生于 1991 年 2 月 1 日；子：俊杰。

二十三世：俊杰生于 1989 年 10 月 19 日。

二十二世：成宪生于 1966 年 5 月 1 日，配王氏生于 1970 年 10 月 28 日，生三子：伟龙、伟君、俊宏。

二十三世：伟龙生于 1988 年 6 月 4 日；伟君生于 1991 年 6 月 11 日；俊宏生于 1993 年 7 月 18 日，配黎氏生于 1995 年 12 月 20 日。

二十二世：成芬生于 1974 年 9 月 11 日，配梁氏生于 1984 年 12 月 2 日，生一女：乐妍生于 2012 年 4 月 1 日。

二十一世：德松生于 1938 年 12 月 17 日，配邹氏生于 1946 年 5 月 14 日，生三子：成长、成远、成托。

二十二世：成长生于 1970 年 5 月 18 日，配卢氏生于 1968 年 11 月 10 日，生二子一女，女丽霞生于 2000 年 7 月 9 日；子：俊源、俊光。

二十三世：俊源生于 1997 年 9 月 29 日；俊光生于 2004 年 8 月 9 日。

二十二世：成远生于 1972 年 12 月 29 日，配郑氏生于 1975 年 5 月 28 日，生一子一女，女美玲生于 1997 年 3 月 10 日；子：俊猛。

二十三世：俊猛生于 1995 年 6 月 29 日。

二十二世：成托生于 1977 年 11 月 15 日，配朱氏生于 1979 年 5 月 14 日，生一子：俊颖。

二十二世：俊颖生于 2008 年 5 月 2 日。

二十一世：德瑞生于 1942 年 6 月 25 日，配麦氏生一子，出嫁，子：志仔。

二十二世：志仔生于 1975 年 11 月 25 日，配周氏生于 1978 年 4 月 4 日，生一子：俊松。

二十三世：俊松生于 2003 年 4 月 10 日。

二十世：国樑配梁氏生二子：德盛、鸡仔●。

二十一世：德盛配陈氏生三子，迁遂溪黄略落业，子：景学、玉强、景德。

二十二世：景学配陈氏生二子，黄略落业，子：光龙、茂森。

二十三世：光龙，黄略落业；茂森，黄略落业。

二十二世：玉强配吴氏生一子，黄略落业，子：冠权。

二十三世：冠权，黄略落业。

二十二世：景德配郑氏生二子，黄略落业；子：光明、艺霖。

二十三世：光明，黄略落业；艺霖，黄略落业。

十九世：廷荣配黎氏生八子：观太●、周保●、候平●、国槐、观保●、国春●、土胜●、阿生●。

二十世：国槐配利氏生一子：德胜。

二十一世：德胜生于1944年1月4日，配蔡氏生于1954年2月19日，生一子二女，长女珠原生于1975年9月13日，嫁广西文理；次女文英生于1978年7月12日，嫁广东廉江营仔山脚村；子：成开。

二十二世：成开生于1981年4月7日，配陈氏生于1986年7月19日，生一子：俊钏。

二十三世：俊钏生于2013年5月12日。

十八世：戚凌配钟氏生五子：廷恩、廷忠、阿明●、廷顺、廷献。

十九世：廷恩配钟氏生二子：国荣、阿太●。

二十世：国荣配陈氏生六子：候发●、景山●、德和、王安●、景有●、亚文。

二十一世：德和配徐氏出，又配刘氏，生二子，落业台湾；子：光敏、光强。

二十二世：光敏配刘氏生一子，台湾落业，子：文彦。

二十三世：文彦，台湾落业。

二十二世：光强，台湾落业。

二十一世：亚文生于1933年11月9日，配吴氏生于1938年1月2日，生五子：长子无名●、成顺、成利、成友、成琼。

二十二世：成顺生于1963年4月8日，配陈氏生于1965年6月17日，生一子：俊耀。

二十三世：俊耀生于1991年12月19日。

二十二世：成利生于1966年3月15日，配赵氏生于1966年12月14日，生一子一女，女云艺生于2001年7月13日；子：俊炽。

二十三世：俊炽生于1994年11月17日，本科大学。

二十二世：成友生于1969年5月23日，配叶氏生于1972年9月15日，生一子：俊浩。

二十三世：俊浩生于1998年4月2日。

二十二世：成琼生于1973年11月13日，配李氏生于1976年4月10日，生一子一女，女祝铭生于1999年5月28日；子：俊熙。

二十三世：俊熙生于2004年3月2日。

十九世：廷忠配杨氏生三子：国兴、国让、候文配黄氏出●。

二十世：国兴配陈氏生五子：德谦、候福●、阿彬●、德良、阿杵●。

二十一世：德谦配钟氏生一子：成亮。

二十二世：成亮生于1956年9月23日，中山大学，配林氏生于1957年8月6日，生一子：俊宜。

二十三世：俊宜生于1984年9月26日，大学，配李氏生于1986年8月13日。

二十一世：德良生于1939年9月11日，配陈氏生于1946年3月1日，生一子一女，女亚珍生于1968年3月17日，嫁湛江霞山；子：成燽。

二十二世：成燽生于1972年7月10日，配卢氏生于1972年1月28日，生一子二女，长女嘉琳生于1996年10月11日；次女嘉雯生于1999年7月25日；子：俊棋。

二十三世：俊棋生于2004年8月2日。

二十世：国让配张梁二氏生三子：德彬、张养、阿万●。

二十一世：德彬生于1934年10月4日，配陈氏生二子一女，女常利生于1977年8月9日，嫁广东遂溪边湾村；子：志伟●、成荣。

二十三世：成荣生于1978年10月16日，配钟林二氏，钟氏生于1986年6月15日，生一子一女，出，林氏生于1982年5月4日，生一子：林儿，共二子一女。女家燕生于2005年6月1日；子：家顺、林儿。

二十三世：家顺生于2009年2月25日；林儿生于2013年5月27日。

二十一世：张养生于1942年（未详）。

十九世：廷顺配林氏生二子：国本、国德。

二十世：国本生于1918年11月26日，卒于2004年4月2日，配徐氏生于1925年12月27日，卒于1999年9月20日，生三子：德柳、德高、王才。

二十一世：德柳生于 1962 年 9 月 12 日，配叶氏生于 1965 年 8 月 8 日，生二子一女，女丽红生于 1989 年 10 月 29 日；子：成乔、景成。

二十二世：成乔生于 1987 年 12 月 11 日，配许氏生于 1993 年 8 月 19 日。景成生于 1991 年 3 月 24 日。

二十一世：德高生于 1965 年 11 月 21 日，配庞氏生于 1968 年 2 月 14 日，生二子一女，女敏怡生于 1996 年 12 月 11 日；子：王强、成觉。

二十二世：王强生于 1993 年 4 月 29 日；成觉生于 1995 年 4 月 22 日。

二十一世：王才生于 1969 年 2 月 13 日。

二十世：国德生于 1929 年 9 月 1 日，卒于 2010 年 2 月 23 日，配肖氏生于 1927 年 7 月 18 日，卒于 2009 年 3 月 5 日，生一子：德礼。

二十一世：德礼生于 1962 年 10 月 3 日，配蓝氏生于 1972 年 1 月 28 日，生四女一子，长女树引生于 1991 年 9 月 6 日，嫁遂城镇分界村；次女树福生于 1993 年 4 月 11 日；三女王婵生于 1995 年 3 月 23 日；四女明珍生于 1997 年 9 月 26 日；子：景庞。

二十二世：景庞生于 1999 年 7 月 24 日。

十九世：廷献配梁氏生二子：国维、国瑞。

二十世：国维卒于 1986 年 1 月 29 日，配陈氏生于 1924 年 6 月 14 日，卒于 2006 年 4 月 6 日，生二子：康贵、德由。

二十一世：康贵生于 1953 年 9 月 15 日；德由生于 1956 年 5 月 6 日，配欧氏生于 1957 年 7 月 4 日，生二子二女，长女燕珍生于 1981 年 1 月 20 日，嫁霞山市调罗村；次女燕华生于 1982 年 9 月 15 日，嫁广西麻垌镇容村；子：景良、燕飞。

二十二世：景良生于 1985 年 5 月 23 日；燕飞生于 1987 年 12 月 8 日。

二十世：国瑞迁廉江石头岭村安居，配肖氏，生三子：德强、德福、德恩。

二十一世：德强生于 1953 年 4 月 5 日，廉江石头岭落业，配龚氏生于 1955 年 3 月 7 日，生四子一女，女伟仙生于 1994 年 10 月 26 日；子：成元、成头、成弟、成新。

二十二世：成元生于 1978 年 2 月 19 日，廉江石头岭村落业，配董氏生于 1984 年 5 月 9 日，生二女，长女玫希生于 1984 年 5 月 9 日；次女玫霖生于 2012 年 1 月 23 日。

二十二世：成头生于 1981 年 1 月 12 日，廉江石头岭村落业，配李氏生于 1981 年 8 月 1 日，生二子：志聪、俊翰。

二十三世：志聪生于 2005 年 11 月 14 日，廉江石头岭村落业；俊翰生于 2007 年 2 月 4 日。

二十二世：成弟生于 1983 年 12 月 10 日，廉江石头岭村落业，配黄氏生于 1984 年 9 月 12 日，生二子：玺洋、玟洛。

二十三世：玺洋生于 2009 年 3 月 26 日，廉江市石头岭村落业；玟洛生于 2010 年 8 月 1 日。

二十二世：成新生于 1985 年 12 月 26 日，廉江石头岭村落业，配李氏生于 1983 年 12 月 14 日，生一子一女，女梓锐生于 2013 年 6 月 3 日；子：泽宇。

二十三世：泽宇生于 2011 年 1 月 13 日，廉江石头岭村落业。

二十一世：德福生于 1956 年 9 月 25 日，廉江石头岭村落业，配吴氏生于 1960 年 6 月 17 日，生二子二女，长女燕妹生于 1980 年 7 月 27 日；次女亚六生于 1986 年 9 月 14 日；子：成桃、成波。

二十二世：成桃生于 1983 年 6 月 19 日；成波生于 1989 年 7 月 1 日。

二十一世：德恩生于 1963 年 4 月 27 日，廉江石头岭村落业，配庞氏生于 1964 年 12 月 17 日，生三子：水金、李明、金辉。

二十二世：水金生于 1985 年 11 月 17 日，廉江石头岭岭村落来；李明生于 1994 年 7 月 28 日；金辉生于 1996 年 2 月 25 日。

十八世：戚胜配蔡氏生四子：廷佐、廷任、阿文（未详）、阿缪●。

十九世：廷佐配陈氏生四子：阿旺●、国贤、阿敏●、田庆●。

二十世：国贤配全氏生三子：候珍●、阿保●、候锡●。

十九世：廷任配阮氏生二子：国善、国权。

二十世：国善配郑氏生一子：阿某●。

二十世：国权生于 1922 年 10 月 18 日，卒于 2009 年 5 月 18 日，配钟氏生于 1928 年 5 月 6 日，卒于 2001 年 10 月 15 日，生三子：德何、德中、德齐。

二十一世：德何生于 1951 年 2 月 19 日，配陈氏生于 1955 年 8 月 30 日，生二子二女，长女翠群生于 1984 年 9 月 7 日，大学，嫁吴川王村港海田村；次女，翠芳生于 1987 年 4 月 25 日；子：成龙、志兴。

二十二世：成龙生于 1992 年 12 月 1 日；志兴生于 1996 年 2 月 6 日。

二十一世：德中生于 1953 年 8 月 10，配苏氏生于 1955 年 8 月 16 日，生二子三女；长女景柳生于 1980 年 11 月 14 日，嫁雷州市三角村；次女美珍生于 1986 年 4 月 28 日，嫁廉江市合江村；三女景翠生于 1991 年 7 月 16 日；子：成武、观飞。

二十二世：成武生于 1982 年 9 月 27 日，配梁氏生于 1985 年 2 月 7 日，生一子一女，女林娟生于 2012 年 8 月 28 日；子：展浩。

二十三世：展浩生于 2009 年 9 月 9 日。

二十二世：观飞生于 1989 年 2 月 6 日。

二十一世：德齐生于 1963 年 12 月 12 日，配陈氏生于 1964 年 6 月 26 日，生二子二女，长女美燕生于 1988 年 1 月 26 日；次女旭然生于 1988 年 11 月 25 日；子：林杰、志颖。

二十二世：林杰生于 1992 年 1 月 25 日；志颖生于 1996 年 7 月 20 日。

十八世：戚和配蔡氏生二子：廷福●、真成●。

十六世：文效配房氏生六子：庆石●、庆甲●、庆松、庆日●、庆昌、阿晚●。

十七世：庆松配肖氏生二子：戚有、亚流●。

十八世：戚有配陈氏生二子，又配冯氏出嫁；子：廷瓒、亚保●。

十九世：廷瓒配徐氏生三子，续欧氏，生一子：庆明●、国清●、候全配杨氏●。

十七世：庆昌妣肖氏生一子：戚隆。

十八世：戚隆妣叶氏生三子：廷贞、廷就●、廷禄●。

十九世：廷贞妣陆氏生三子：国金、国碧、国桥。

二十世：国金配梁氏生一子：德豪。

二十一世：德豪生于 1942 年 6 月 19 日，配彭氏生于 1951 年 9 月 27 日，陈氏生一子：成啟。

二十二世：成啟生于 1989 年 9 月 21 日，配吕氏生于 1992 年 6 月 8 日，生一子：俊鑫。

二十三世：俊鑫生于 2001 年 5 月 7 日。

二十世：国碧配王氏生一子：阿茂●。

二十世：国桥生于 1927 年 8 月 16 日，配邹氏生于 1936 年 9 月 24 日，生二子四女，长女亚欢生于 1962 年 6 月 26 日，嫁遂城白水塘村；次女亚宜生于 1965 年

12月29日,嫁河头新国村;三女金英生于1969年1月26日,嫁遂城山心村;四女树爱生于1976年4月26日;子:德林、树潭。

二十一世:德林生于1957年12月11日,配余氏生于1962年5月18日,生四子:景柱、景颜、王恩、家福。

二十二世:景柱生于1982年5月18日,配陈氏生于1982年3月10日,生三女,长女雪欣生于2005年8月9日;次女梓涵生于2008年1月2日;三女梓灵生于2009年10月1日。

二十二世:景颜生于1985年4月28日;王恩生于1987年8月25日;家福生于1990年10月25日。

二十一世:树潭生于1974年10月7日,配梁叶二氏,梁氏生一子出,叶氏生于1980年9月4日,生一子一女,女芷晴生于1998年6月6日;子:王业、芷锋。

二十二世:王业生于1994年1月1日;芷锋生于1999年10月13日。

十五世:思忠妣苏氏生二子:文刚、文泰。

十六世:文刚妣欧氏生四子:阿保、阿二、阿有、阿五(均外出未详)。文泰妣黄氏生四子:庆瑞、庆富●、庆铨、阿晚●。

十七世:庆瑞妣欧氏取庆铨次子入继:戚荣。

十八世:戚荣妣陈氏生五子:廷琚、廷璇●、廷景(未详)、廷闰、廷瑸●。

十九世:廷琚妣朱氏生四子:国初、国顺、国华、国礼。

二十世:国初配陈氏生六子:田福●、阿连●、候忠、候弟●、德政、候树●。

二十一世:候忠配陈氏生一子,居住台湾,子已失联系不知其名。

二十一世:德政生于1938年6月1日,配李氏生于1940年8月26日,生三子:成海、成何、成有。

二十二世:成海生于1967年1月30日,配庞氏生于1972年8月15日,生二子:俊渝、俊期。

二十三世:俊渝生于1988年8月15日;俊期生于2010年11月10日。

二十二世:成何生于1971年11月8日,配陈氏生于1976年4月3日,生一子:俊彬。

二十三世:俊彬生于2006年6月26日。

二十二世:成有生于1976年12月22日,配梁氏生于1979年2月26日,生一子:

锦华。

二十三世：锦华生于 2006 年 7 月 22 日。

二十世：国顺配陈氏生三子：德聚、德群、德秀。

二十一世：德聚生于 1941 年 7 月 7 日，配麦氏生于 1946 年 8 月 7 日，生二子一女，女秋平生于 1980 年 8 月 29 日，嫁湖南；子：成敏、成柏。

二十二世：成敏生于 1978 年 11 月 24 日，配钟氏生于 1938 年 8 月 23 日，生一女，女佩儿生于 2006 年 10 月 12 日。

二十二世：成柏生于 1986 年 9 月 13 日。

二十一世：德群生于 1946 年 6 月 7 日，配利氏生于 1952 年 11 月 10 日，生二子一女，女晓燕生于 1983 年 2 月 21 日，嫁遂城信岭村；子：成柯、成柳。

二十二世：成柯生于 1990 年 2 月 28 日；成柳生于 1992 年 12 月 19 日。

二十一世：德秀生于 1955 年 10 月 30 日，配陈氏生于 1957 年 9 月 1 日，生四子一女，女思兰生于 1986 年 7 月 24 日，卒于 1989 年 3 月 27 日；子：成允、景乔、华图、景兔。

二十二世：成允生于 1982 年 4 月 6 日，配李氏生于 1990 年 1 月 12 日。景乔生于 1984 年 9 月 11 日；华图生于 1988 年 7 月 25 日；景兔生于 1990 年 9 月 26 日。

二十世：国华生于 1915 年 3 月 3 日，卒于 2009 年 2 月 7 日，配方氏生于 1923 年 8 月 29 日，卒于 2008 年 2 月 28 日；生四子：德建、德浩、德远、德稷。

二十一世：德建生于 1960 年 8 月 27 日，配黄氏生于 1965 年 10 月 7 日，生一子一女，女晶晶生于 1983 年 5 月 26 日，嫁遂城礼村；子：德浩。

二十二世：成琪生于 1994 年 10 月 21 日。

二十一世：德浩生于 1963 年 6 月 18 日，配利氏生于 1965 年 10 月 14 日，生一子四女，长女：艺艺生于 1984 年 10 月 2 日，嫁湖北；次女玲玲生于 1988 年 6 月 24 日，嫁马六良；三女丽丽生于 1990 年 2 月 18 日；四女懿君生于 1996 年 7 月 12 日；子：成利。

二十二世：成利生于 1986 年 5 月 17 日，配朱氏生于 1991 年 7 月 13 日，生一女，女润柳生于 2013 年 7 月 19 日。

二十一世：德远生于 1966 年 1 月 27 日，配吴氏生于 1970 年 1 月 5 日，生二女，长女芷君生于1998年9月5日；次女芷怡生于2001年8月30日。

二十一世：德稷生于1969年6月8日，配李氏生于1971年8月17日，生三女，长女茵茵生于1971年8月17日；次女慧韵生于2007年1月17日；三女慧铭生于2009年9月23日。

二十世：国礼妣卢氏生一子：德飞。

二十一世：德飞生于1951年1月2日，配陈氏生于1952年6月2日，生二子二女，长女秀梅生于1974年10月16日；次女思美生于1995年12月12日；子：成荣、成平。

二十二世：成荣生于1977年1月1日，配梁氏生于1983年9月10日，生一子：俊鹏。

二十三世：俊鹏生于2010年7月30日。

二十二世：成平生于1981年12月30日，配龙氏生于1985年8月28日。

十九世：廷闰配房氏生一子：国信。

二十世：国信卒于1985年1月24日，配梁氏卒于1986年5月27日，生四子：王寿、候英●、德琴、德航。

二十一世：王寿生于1945年6月10日。

二十一世：德琴生于1955年4月2日，配肖氏生于1965年6月15日，生一子一女，女境遥生于1996年6月3日；子：成用。

二十二世：成用生于1990年7月15日。

二十一世：德航生于1962年11月22日，配梁氏生于1971年10月28日，生二子四女，长女云宇生于1992年3月12日；次女云丽生于1993年12月12日；三女云清生于1995年10月25日；四女金辉生于1997年5月6日；子：华灿、观湘。

二十二世：华灿生于1999年8月4日；观湘生于2004年2月12日。

十七世：庆铨配蔡氏生二子：戚光、戚荣。

十八世：戚光配许氏（未详），生六子：廷建（出）、廷勋、廷安、灶明●、廷有（出）、阿六●。

十九世：廷勋配许氏生一子：亚明（未详）。廷安配许氏，出（未详）。廷有配陈氏，出（未详）。

十五世：思智妣刘氏生四子：文明、文燦、文光、文辉●。

十六世：文明妣刘氏（未详）

十六世：文灿妣薛氏生三子：庆发、阿四●、阿生●。文光妣陈氏生一子：庆才。

十七世：庆发妣欧氏（未详）。庆才配陈氏生二子：观生●、亚三●。

十五世：思朝妣庞氏生一子：文保。

十六世：文保配利氏生二子：庆隆●、庆忠。

十七世：庆忠妣颜氏生二子：戚仲、戚进。

十八世：戚仲妣李梁二氏生四子：廷秀、廷馨●、廷香、廷和。

十九世：廷秀妣韩氏生一子取一子：阿何●、阿升●。廷香妣欧氏生一子：国珍妣肖氏●。廷和妣莆氏生二子：王进●、亚九●。

十八世：戚进配钟氏生三子：长子失名●、廷芳、廷芬。

十九世：廷芳配万氏生二子：阿欲●、国勤●。廷芬配阮氏生三子：国楚、阿贤●、阿强●。

二十世：国楚（副营长）配车氏生四子：德平、亚清、亚结●、德泽。

二十一世：德平生于1946年1月21日，配黄氏生于1955年6月19日，生二子二女，长女爱明生于1980年9月1日，嫁东港南村；次女爱华生于1980年9月1日，嫁遂溪山笃村；子：成东、成山。

二十二世：成东生于1976年3月1日，配黄氏生于1977年11月23日，生二子二女，长女梦茹生于2001年8月23；次女梦婷生于2004年4月10日；子：文锋、华海。

二十三世：文锋生于2006年6月6日；华海生于2010年2月20日。

二十二世：成山生于1982年9月25日，配陈氏生于1987年3月15日。

二十一世：亚清生于1952年4月15日，配李氏生于1960年3月10日，生二子养一女，养女春晓生于1984年7月10日，嫁遂溪新建村；子：成聪、成秋。

二十二世：成聪生于1980年12月13日，配詹氏生于1980年8月28日，生三子养一女，养女嘉玲生于2013年11月4日；子：凯伦、凯翔、凯帆。

二十三世：凯伦生于2005年11月8日；凯翔生于2007年10月21日；凯帆生于2009年9月10日。

二十二世：成秋生于1982年8月3日，配李氏生于1981年5月29日，生一女离婚，女凯莹生于2005年8月23日。

二十一世：德泽生于1955年2月2日，卒于2002年1月7日配菁氏生于1959年11月26日，生三子一女，女艳艳生于1993年3月9日；子：王喜、明朗、真华。

二十二世：王喜生于1987年7月15日，卒于1988年；明朗生于1991年10月27日；真华生于1994年6月10日。

长公世系四子继宗公分支耀珍公派下日敏房源流谱

十三世：耀珍妣游氏生二子：日敏、日有（另续）。

十四世：日敏妣周氏生四子：思明、思德、思敬、思茂。

十五世：思明妣陈氏无子，取思德次子入继：亚佑。

十六世：亚佑妣欧氏无子，取庆腾入继：庆胜。

十七世：庆胜妣梁氏生一子：华生。

十八世：华生●。

十五世：思德妣钟梁二氏生四子：文智、亚佑（出）、亚保、文锦。

十六世：文智妣洪温二氏生二子：庆珍、庆珠妣黄氏●。

十七世：庆珍妣姚氏生二子：有和、有畅。

十八世：有畅妣肖氏李氏生一子：肖权●。

十八世：有和妣李氏生四子：廷举、廷爵、田富●、田贵●。

十九世：廷举妣黄氏生二子：国新、国球。

二十世：国新妣陈氏生二子：观瑞●、德群。

二十一世：德群配陈氏生三子：锦献、锦平、锦华。

二十二世：锦献配翁氏生二女，大女：洁莹生于2005年2月21日；次女：黄娣生于2009年6月12日。

二十二世：锦平生于1975年7月28日，配李氏生于1980年9月8日，生一子：梓廷。

二十三世：梓廷生于2000年3月18日，在读。

二十二世：锦华生于1977年7月5日，配陈氏生于1981年11月21日，生二子：树文、光灿。

二十三世：树文生于2004年10月20日。

二十三世：光灿生于2006年11月10日。

二十世：国球生于1921年5月2日，配周氏生二子：王庆、德添。

二十一世：王庆生于1960年8月27日，从教，配冯黄二氏生于1970年9月26日，从教，生一子二女。大女：舒颖生地1987年6月26日，政府部门工作；

二女：铭书生于1995年8月1日，在读小学，子：锦斌。

二十二世：锦斌生地1991年2月2日，北大研究生。

二十一世：德添生于1966年8月27日，配陈氏生于1966年11月14日，生二子：泽仙、泽优。

二十二世：泽仙生于1995年3月16日，在读北京理工大学。

二十二世：泽优生于2003年3月12日，在读小学。

十九世：廷爵妣宋氏生七子：国胜、国钦●、国焕、国联●、国茂、国华●、国基。

二十世：国胜配黎氏生三子：德南、德强、德柳。

二十一世：德南生于1942年2月20日，配钟氏生于1948年2月25日未时，生二子：锦瑜、锦勇。

二十二世：锦瑜生于戊申年5月21日辰时，配刘氏生于戊申年6月21日寅时，生二子：思越、思璇。

二十三世：思越生于辛未年10月26日未时。思璇生于丙子年4月9日丑时。

二十二世：锦勇生于丙辰年9月4日申时，配吴氏生于丁巳年7月18日戌时，生二子一女：女：海韵生于癸未年5月25日子时；子：泽沛、泽轩。

二十三世：泽沛生于2002年5月6日巳时，在读中学；泽轩幼儿园。

二十一世：德强生于1945年11月5日寅时，配麦氏生于1972年9月15日午时，生三子：锦昌、锦滔、锦鹏。

二十二世：锦昌生于1992年8月巳时，配林氏生于1992年6月18日未时，生一子：海力。

二十三世：海力生于2013年2月23日巳时。

二十二世：锦滔生于1994年7月23日。

二十一世：德柳生于巳丑年7月3日丑时，配王氏生于癸巳年11月22日巳时，生二子：锦毅、锦波。

二十二世：锦毅生于巳年7月13日巳时，配张氏生于1979年11月5日，生一女一子：女：海铭生于2010年5月8日；子：嘉逸。

二十三世：嘉逸生于2013年7月23日。

二十二世：锦波生于甲子年7月13日巳时。

二十世：国焕配梁氏生一子：德汉。

二十一世：德汉生于1954年4月1日，配钟氏生于1952年8月2日，生二子：锦应、锦槐。

二十二世：锦应生于1976年12月21日，配潘氏生于1980年5月20日，生二女一子：大女：海欣生于2003年1月19日，读书；二女：晓雯生于2010年7月12日；子：海洋。

二十三世：海洋生于2012年3月9日。

二十二世：锦槐生于1978年7月24日，配万氏生于1983年11月5日，生一女一子：女：韵蓝；子：睿轩。

二十三世：睿轩生于2010年11月2日，在读。

二十世：国茂妣张氏生三子：德信、德棠、德军。

二十一世：德信配麦氏生于1966年1月7日，生一女二子：女：康连生于1994年8月20日；子：锦秀、锦福。

二十二世：锦秀生于1989年10月10日，务工；锦福生于1992年4月27日，务工。

二十一世：德棠生于1962年10月2日，配李氏生于1966年5月20日，生二女二子：大女：香莲生于1995年11月25日；二女：玉玲生于1998年6月22日；子：锦升、锦锋。

二十二世：锦升生于1994年3月27日，务工，配吴氏生于1996年7月24日。

二十二世：锦锋生于2001年4月15日。

二十一世：德军生于1966年6月30日，配李氏生于1975年4月30日，生四女一子：大女：锦霞生于1996年5月12日；二女：锦婷生于1998年4月23日；三女：锦欣生于2000年6月16日；四女：锦娣生于2002年10月2日；子：锦柯。

二十二世：锦柯生于1994年10月30日，务工。

二十世：国基妣陈氏生二子：德成、德新。

二十一世：德成生于1959年10月2日子时，配卜龙二氏，卜氏生锦志、龙氏生锦章，生于1964年11月5日，生三女二子：大女：思桃生于1991年4月27日；二女：文文生于2000年12月12日；三女：欣欣生于2002年1月20日；子：锦志●、锦章。

二十二世：锦章生于2006年12月25日辰时。

二十一世：德新生于1966年12月4日辰时，广东航道局工作，配蔡氏生于1971年5月13日是，从教，生一女：奇奇生于2001年7月29日，现就读中央音乐学院。

十六世：亚保，生二子：土生●、康养●。

十六世：文锦妣龚氏生一子：庆胜。

十七世：庆胜●。

十五世：思敬妣欧、周、利三氏，生三子：文积、文福、文禄。

十六世：文积妣黎氏生三子：观太●、真灵●、庆才。

十七世：庆才妣钟氏生二子：有辉、亚德●。

十八世：有辉妣杨氏生二子：观贤●、康贤●。

十六世：文福妣洪氏生一子：庆祥。

十七世：庆祥妣刘氏生一子：有庚。

十八世：有庚妣肖氏生三子：日连、华善、廷南。

十九世：日连生于1921年9月3日，配谢氏，生一子：国东。

二十世：国东生于1966年1月16日，配唐氏生于1970年8月11日，生三子二女：大女：海燕生于1987年12月13日；二女：海敏生于1990年9月30日；子：海波、海建、海颖。

二十一世：海波生于1989年5月20日，就读南京大学；海建生于1992年5月14日，就读大专；海颖生于1994年12月18日，务工。

十九世：华善妣郑氏生二子：维雄、维仁。

二十世：维雄，台湾落业；维仁，台湾落业。

十九世：廷南生于1930年12月13日，配肖氏生于1933年4月9日，生三子：国初、国财、国标。

二十世：国初配黄氏生于1958年5月10日，生二子：穗原、德森。

二十一世：穗原生于1978年8月16日，配何氏生于1977年6月19日，生一子：鹏辉。

二十二世：鹏辉生于2000年12月16日。

二十一世：德森生于1980年5月20日，配罗氏生于1978年7月8日，生二子：建钊、锦瑞。

二十二世：建钊生于2006年6月9日；锦瑞生于2007年11月11日。

二十世：国才生于1961年9月23日，配冯氏生于1966年5月2日，生二子：德生、德参。

二十一世：德生生于1988年12月3日，务工；德参生于1989年12月20日，务工。

二十世：国标生于1968年9月13日，配周氏生于1971年6月26日，生一女二子：女：小妹生于1990年8月5日；子：德林、日伟。

二十一世：德林生于1988年2月24日，务工；日伟生于2001年9月4日。

十六世：文禄妣严氏生一子：庆举。

十七世：庆举妣胡氏生二子：庞富（出）、亚广●。

十五世：思茂妣邹氏生一子：文路。

十六世：文路妣郑氏生一子：庆福。

十七世：庆福妣陈、梁二氏，无子●。

长公世系四子继宗公分支耀珍公派下日有房源流谱

十三世：耀珍妣游氏生二子：日敏（另续）、日有。

十四世：日有，生二子：思旺、思相。

十五世：思旺妣朱氏，取胞弟长子入继：文瑞。

十六世：文瑞妣岭氏生三子：庆万、庆富（出）、庆贵。

十七世：庆万妣刘氏生三子：有明、有态、有光。

十八世：有明妣陈氏生一子：廷钦。

十九世：廷钦妣劳氏生一子：景福●。

十八世：有态妣陈氏生二子：廷安、廷汉●。

十九世：廷安妣钟氏，无子●。

十八世：有光妣陈氏生二子：田富●、廷兴。

十九世：廷兴妣罗氏生四子：国坤、真胜●、国良●、亚明●。

二十世：国坤妣陈氏生一子：德勤。

二十一世：德勤生于1963年10月2日，配叶氏生于1963年2月29日，生二子：锦龙、锦武。

二十二世：锦龙生于1986年10月18日，配肖氏生于1989年3月29日，生一女一子：女：振美生于2011年8月5日；子：振发。

二十三世：振发生于2009年10月20日。

二十二世：锦武生于1992年9月9日，中山大学就读。

十七世：庆贵妣黄、黎二氏，生三子：有章、有衡、黄七●。

十八世：有章妣刘、徐、全三氏，生三子：廷发●、廷春。

十九世：廷春妣劳氏生二子：国雄、国伟。

二十世：国雄配肖氏生一子：康祥。

二十一世：康祥配黎氏生二子：锦明、锦权。

二十二世：锦明生于1980年7月29日，配王氏生于1979年6月3日，生二女一子：大女：雅丽生于2004年8月30日；二女：雅静生于2010年1月5日；

子：诗颖。

二十三世：诗颖生于 2002 年 2 月 16 日。

二十二世：锦权生于 1987 年 10 月 10 日，广州工作，配甘氏生于 1989 年 12 月 23 日，生一子：家杰。

二十三世：家杰生于 2008 年 1 月 10 日，大学在读。

二十世：国伟配孙氏生一子：德松。

二十一世：德松生于 1977 年 4 月 12 日，配梁氏生于 1985 年 3 月 1 日，生一女三子：女：秋婵生于 2005 年 8 月 23 日；子：锦阳、锦缘、锦洲。

二十二世：锦阳生于 2004 年 6 月 16 日；锦缘生于 2007 年 8 月 25 日；锦洲生于 2009 年 5 月 25 日。

十八世：有衡妣杨氏生二子：康昌●、康金●。

十五世：思相妣张氏生三子：文瑞（出）、亚祐、文太（庆贵入继）。

十六世：阿祐，取文瑞次子入继：庆富。

十七世：庆富妣利氏生四子：有昭、有芬、有孚、有昕。

十八世：有昭妣许氏生三子：周龙、康佑●、后王●。

十九世：周龙妣陈氏（出嫁）●。

十八世：有芬妣许氏生四子：大口●、田义●、观贤●、四子●。

十八世：有孚妣廖氏无子●。

十八世：有昕妣陈氏生二子：田进、廷芳●。